I0281553

H. J. Wetzen, B. Welte

Kirchenlexikon oder Encyklopädie der katholischen Theologie und ihrer Hilfswissenschaften

Generalregisterband

H. J. Wetzen, B. Welte

Kirchenlexikon oder Encyklopädie der katholischen Theologie und ihrer Hilfswissenschaften
Generalregisterband

ISBN/EAN: 9783337225964

Hergestellt in Europa, USA, Kanada, Australien, Japan

Cover: Foto ©Lupo / pixelio.de

Weitere Bücher finden Sie auf **www.hansebooks.com**

Kirchen-Lexikon

oder

Encyklopädie der katholischen Theologie

und ihrer Hilfswissenschaften.

Herausgegeben

unter Mitwirkung der ausgezeichnetsten katholischen Gelehrten Teutschlands

von

Dr. H. J. Wetzer und Dr. B. Welte.

Generalregisterband.

Freiburg im Breisgau,
Herder'sche Verlagshandlung.
1860.

Druck von B. G. Teubner in Leipzig.

Das Register zum Kirchenlexikon von Wetzer und Welte wird hiermit der Oeffentlichkeit übergeben.

Schon ein flüchtiger Blick gewährt Einsicht in die Schwierigkeiten des Zustandekommens dieser Arbeit, die das Ergebniß jahrelanger, erschöpfender Thätigkeit und ängstlicher Gewissenhaftigkeit ist. Nichtsdestoweniger hätte das Register früher erscheinen und gediegener werden können, wenn dem Verfasser vor der Arbeit Alles so klar und handhablich gewesen wäre, wie es ihm während derselben klar und handhablich geworden ist.

Dennoch wird das Register seinen Zweck, den Leser des Kirchenlexikons gleichsam in den vollständigen geistigen Besitz dieses monumentalen Werkes einzusetzen, in einer, jeden Billigen befriedigenden Weise erreichen.

Auf Vollständigkeit in dem Sinne, daß jeder irgendwo in den 12 Bänden des Werkes vorkommende Name auch im Register erscheint, mußte schon deshalb verzichtet werden, weil das Register sonst, trotz der kleinen Typen, zu umfangreich und theuer geworden wäre. Das Register mußte sich darauf beschränken, dem Leser erstlich ein Mittel an die Hand zu geben, um möglichst mühelos und schnell alles Wichtige aufzufinden, was über irgend einen Artikel des Kirchenlexikons irgendwo in einem der 12 Bände desselben vorkommt. Wird schon dadurch das Werk selber in gewissem Sinne ergänzt, so sucht das Register zweitens das Kirchenlexikon noch weiter zu vervollständigen, indem es Personen und Sachen, denen kein eigener Artikel gewidmet ist, z. B. Katholikenverfolgungen, mit Bezeichnung der Bände und Seitenzahlen, worin etwas darüber zu lesen ist, in sich aufgenommen hat.

Einige Winke in Bezug auf den Gebrauch des Registers mögen hier am Orte sein.

Die mit **fetter Schrift** gedruckten Namen haben im Kirchenlexikon eigene Artikel; die mit gesperrter Schrift gedruckten Namen beziehen sich auf manchmal im Werke irrig angegebene, im Register dagegen berichtigte Verweisungen. Die mit gewöhnlicher Schrift in die alphabetische Reihenfolge eingeschobenen Namen sind Ergänzungen im oben angedeuteten Sinne. Ein Sternchen hinter einer Zahl bedeutet, daß daselbst eine Stelle aus einem Werke wörtlich vorkommt, oder doch umfassend citirt ist. Solche Sternchen sind besonders hinter Namen häufig, welche in der gelehrten Welt Bedeutung errungen haben. Zwei Sternchen bedeuten, daß am angegebenen Orte ein Factum oder eine Meinung berichtigt oder bekämpft wird, drei Sternchen endlich bedeuten die Angabe berühmter Ausgaben, Commentare, Uebersetzungen.

Daß manche Mängel des Kirchenlexikons auch in das Register übergegangen, daß z. B. ein und dieselbe Sache unter verschiedenen Namen vorkommt, wär nicht immer zu vermeiden.

In den spätern Bogen erst wurde den Zahlen hinter den Namen die Inhaltsangabe in Klammern beigefügt, nachdem sich das frühere Verfahren, auch bei den zahlreichsten Artikeln, die Zahlen ohne weitere Angaben abzudrucken, als unzweckmäßig erwiesen hatte.

In Beziehung auf die Zahlen wurde es bei größeren Artikeln also gehalten, daß der Angabe des Bandes und der Seitenzahl, wo er zu finden ist, unmittelbar die Angabe der übrigen Bände folgt, in welche dann der betreffende Band wiederum eingeschoben wird. So steht z. B. der Artikel Gott im IV. Band, Seite 589—610; dieser Angabe im Register folgt die des ersten, zweiten, dritten, dann wiederum des vierten, dann des fünften und aller übrigen Bände. Folgt bei kleinern Artikeln der mit Fettschrift gedruckten Zahlenangabe eine Reihe anderer Zahlen, so weisen letztere den eben angegebenen Band an, z. B. **Gregor von Tours IV. 749—751**; dieser Angabe folgen die Zahlen 117. 146. 156, dann der I., II. Band u. s. w., alle mit Ausnahme des zuerst angegebenen vierten. Weitere Gebrauchsanweisungen dürften durch Uebung im Gebrauche des Registers überflüssig werden.

Welch' wichtiges literarisches Hülfsmittel das Kirchenlexikon von Wetzer und Welte ist, darf hier wohl kaum hervorgehoben werden; dagegen sei gestattet, die Ueberzeugung auszusprechen, daß das Register trotz gerne zugestandener Mängel die Benützung und Ausbeutung des Werkes ebenso sehr erleichtere als steigere, und so jedem Besitzer die wichtigsten Dienste leisten kann.

Möge Gott der Herr die mühevolle Arbeit segnen, und der Beurtheiler die alte Mahnung beherzigen, daß Tadeln leicht, Bessermachen schwerer sei.

Freiburg, im Januar 1860.

H.

A.

Aachen XII. 1—6. a) Geschichtliches II. 157 (Fürstenversmlg) 603 V. 774 (Kongreß) VI. 294 (Kröng.) VII. 895 (Kaiserwahl) — 900 ff. 905 ff. — b) Kirchengeschichtliches II. 689 (Collegiatstift) III. 270. — 405 (Dom) V. 399 (Roarentaufe) VI. 270 (Kreuzherrn in) VII. 824 (Orgel) VIII. 746. 748 (Bm.) IX. 874 (Barmherzige Schwst. in) X. 788. (Cllgtstift) 801 (Jesuiten in) XI. 496. (Ursulnn in) XII. 31 (Alimann in) 235 — 1183 ff. (Tänzer in) — c) Synoden I. 419. (über Armensorge) 463—531 (Augstregl bestätigt) 787. 791. 793. (J. 817; Klosterreform) II. 310. (J. 817) 525. (J. 816) III. 252. IV. 181. (über Nonnenklöster) 767. V. 183. (J. 817) 207. (J. 862) 791. (nur ausgeschrieben) VI. 430. VII. 227. (J. 816) 271. (J. 271) 718. (J. 836) VIII. 774. (J. 817) 855 ff. (J. 836) X. 212. (J. 816) 309. 362. 400. 401. 432. XI. 67. 1155. XII. 532 — 558. (J. 817.) [VI. 254.

Aaron, Abt, angebl. Bf. v. Krakau

Aargau, Cant. VII. 231 (Klöster im). IX. 853. 856 ff. XII. 1327.

Aaron, der ältere Bruder Moses I. 1—2. Stab II. 213. 652. 876. III. 518. IV. 206. 416. V. 279. 280. VI. 11. 31. 502. VII. 351. 354. 350. 364. [Kloster des Hl. 040.

Aaron, engl. Martyrer. IV. 777.

Aas, das I. 2.

Ab, s. Monat.

Abaddon, Engel des Abgrundes I. 2.

Abarca la Sierra, Großinquisitor VI. 557.

Abälard, Peter, der Scholastiker († 1142) I. 2—7. 268. (***) 269. 420. 465. 466. 839. (***) II. 641. 653. III. 207 ff. 221. IV. 512—625. V. 630. VI. 278. 683 f. VII. 319. (Ethik des) 637. (üb. Tanchelin) VIII. 872. IX. 293 — 389. (*) 390. 391. (***) 708. 717 ff. (System des) 727. 732. (*) 738 ff. (*) X. 70. (***) XI. 619. 645. (**) 604 ff. XII. 384. 1140.

Abänderlichkeit der Religion I. 7; vgl. Religion, Vernunftreligion Perfectibilität des Christenthums.

Abarbanel, Rabbi († 1508) I. 7—8, dazu IX. 651. XII. 1112.

Abarim, das Gebirge I. 8. dazu 384 f. VII. 364. 497. VIII. 46 ff.

Abba, Vater I. 8.

Abba Aricha, Rabbi XII. 1108. [848.

Abbas, ibn, 1. Lehrer des Islam V.

Abbas, Abbasiden, s. Kalifh, dazu VII. 196. (Onkel Mohmds.) VIII. 310. X. 243. (R. d. G. v. Persien.)

Abbildung der Engel III. 558. [503.

Abbio, ein Führer der Ostphalen IX.

Abbitte, die I. 8—9, dazu I. 757.

Abbo von Fleury, gl. Abt († 1004) 9—10. II. 306. IV. 100. 240. VIII. 871. 873. XI. 1120. XII. 390. 391. 1032. [I. 10, dazu IV. 794.

Abbot, Gg., Ezb. v. Cntbry († 1033)

Abbreviatoren der päpstlichen Kanzlei 10. [1760] VII. 325.

Abbt, Thomas, philos. Schftst. (†.

Abbuna, Name des abyssin. Metropoliten, s. Abyssinien, dazu VII. 243. [V. 849.

Abdallah al Mohasibi, moham. Gl.

Abdallah ibn Zobeir, Kalifh II. 242.

Abdankung vom Amte, s. Amt, Resignation.

Abderrahman, Kalifh († 852) III. 754. V. 705. XI. 65.

Abdias, Pphi., s. Obadja.

Abdinghofen, Kloster in Paderborn VII. 17. 18.

Abdon, der Richter I. 10. IV. 906.

Abdon, Levitenstadt I. 10.

Abdruck, persönlicher, s. character hypostaticus (II. 451).

Abdul Motaleb, Großvater Mohammeds VII. 156. [812).

Abdul-Wahab, s. Wehabiten (XI.

Abdur Razzak, moham. Gl. V. 858.

Abecedarier, s. Wiedertäufer.

Abecedarius, der Hymnus a solis ortus cardine I. 481.

Abel, Name v. 5 bbl. O. I. 10—11.

Abel, der Bruder Kains I. 11—12. VI. 9. VII. 754. X. 101.

Abel, Gl. VI. 592 ff.; — Valentin, Abt VII. 724.

Abeliten, Secte der I. 12.

Abelleno, Bf. v. Genf IV. 410.

Abelly, Bf., Gegner der Jansenisten († 1691) I. 12. VIII. 307.

Abendgebet, I. 12—13.

Abendgebet der Juden, s. Tyerbilla (X. 894).

Abendgottesdienst I. 13. VI. 751. VII. 333. 334. XII. 339. (Trauergottesdienst.)

Abendläuten I. 13.

Abendmahl, Abendmahlslehre I. 13 — 19. 13 ff. 231. 553. 568. (Azymiten) 569. 683. II. 315. 880. III. 750 ff. (Eulogie) IV. 239. (Frohnleichnam) 264. 620. V. 254. 255 ff. 523 ff. VI. 62 ff. (Kelch) 523. VII. 83. (Messe) 802. VIII. 71. (ein Preisgesang auf das) 360. 801. 807. IX. 188. 189. 507. ff. (Sacramente) X. 22. 102. (***) XI. 133. (Transsubstin.) 194. 195 ff. 219. 660. XII. 405. 1194. (Aussetzung des)

Abendmahlsfeier, Communion, s. Hauscommunion I. 19 — 23. 127. (Agapen) 215. (luther.) 396. 569. II. 168 ff. 169. 721. 760. 869. III. 751. (Eulogien d. moral. Erneuerung der) VI. 118. 536. VII. 72. 83. 101. 445. 527. (bei den Chaldäern) 688. 754. 789. IX. 207. XI. 198. (unter beiderlei Gestalt) XII. in Gallien 89. 1189. (erstmalige)

Abendmahlslehre, häretische, protestantische I. 524. 905. II. 68. 109. 145. 148. 167 ff. 182. 196. 212—282. (Kalvin) 452. 770. 772. 776. III. 223. 937. V. 235. (anglican.) VIII. 168 ff. IX. 188. 189 ff. 882. 884. X. 361. 580. XI. 112. (Bosnien) 352. 823. 895 ff. 912. 939. 959. 1319 ff. 1320 ff. XII. 77. 148.

Abendmahlsprobe, s. Gottesurtheile.

Abendmahlsstreit, besonders der im 10. Jahrhdt., s. Sacramentsstreit, dazu: I. 818 ff. 821 ff. (Berengar) 905. II. 300. 929 ff. III. 355. V. 151. VI. 300. 357. 663. VII. 494. 470. 698. (Occams) VIII. 168 ff. IX. 697. 810. XI. 1204. 1319 ff. [1326 ff.

Abendmette, VII. 137.

Aben-Esra, Rabbi des 12. Jhhdt. I. 23—24. IV. 209. V. 890. VI. 29. 914. IX. 16. XII. 1111.

Abensberg, Graf Conrad I., Ebf. v. Salzburg IX. 594.

Aberglaube I. 24—25. 40. 60. 185. 216. 217 ff. 331. 334. 651. 734 ff. III. Bekämpfung 546. IV. 498. V. 151. VII. 122. 125. 126. IX. 493. 753 ff. X. 253 ff. 490. XI. 65 ff. 312. 650. 1246. XII. 176 buddhist.

Aberglaube bei den Hebräern I. 25. 40. 217. XI. 1246 ff.

Aberglaube, dessen Behandlung in der Katechese I. 25—26.

Abesan, s. Ebzan.

Abez, Stadt I. 26. (302.)

Ab-, Auffahrt, s. laudemium (VI.

Abfall d. Niederlande, s. Niederlande.

Abfall v. Glauben, v. d. Kirche I. 26. 38. 517. III. 187. V. 648. 650. 836. (macht irregulär) VI. 76. IX. 216. 217. (vom Mönchthum) X. 780 ff. (des Teufels) XI. 590. 591.

Abgaben, bei den Hebr., kirchliche u. bürgerliche I. 26—27. VIII. 764 ff.

Abgaben d. Geistlichen I. 26—36. II. 417. 427. (Census) 546. III. 400. V. 639. VI. 188 ff. VIII. 63. (Palliengelder) 280. 811. XI. 613. 1047. XII. 652 ff. an den Staat 659. Papst 660. 1047.

Abgaben der Juden im teutschen Reich V. 895.

Abgaben, kirchliche I. 56. 178. 744. II. 427 (exactio). III. 179. VI. 24 (Kanzleitaxen). 197. 202. 805. VIII. 326 (Peterspfg.). X. 386. XI. 1256 (Zehnten).

Abgar, König von Edessa, sein Briefwechsel mit Christus I. 36 — 37. 439 ff. 938. II. Abgarbild Christi 522. ff. R. Uchamo III. 802. V. 882.

VI. 135. VII. 620. X. 821. 911. XII. 769.
Abgar Baar Mann, christl. König (abgesetzt um 216 n. Chr.) I. 27—28.
Abgefallene, lapsi I. 38—40. II. 35 ff. 231. 879. 987. III. 61 ff. 160. 254. 768. 937. VI. 613. VII. 39 ff. 557. 658 ff. VIII. 310. IX. 668. XII. 493.
Abgestorbene, s. Geisterwelt, Gespenst; Fürbitte für sie, s. Fürbitte (IV. 257), Exequien, Requiem XI. 801 (bei den Mohammedanern).
Abgötterei als eine Form und Wirkung des Aberglaubens I. 40—41.
Abgötterei, s. Götzendienst.
Abgötterei bei den Hebräern I. 41—43., s. Götzendienst der alten Hebr.
Abgott, Abgötterei (Begriff) I. 40.
Abhängigkeit des Menschen von Gott I. 43—45.
Abhängigkeit des Leibes von der Seele I. 45. [XII. 155. 156. ff.
Abhidharma Pitaka, buddhist. Schrift
Abhören der Katechumenen I. 45.
Abia I. 45. a) der 2. Sohn Samuels, b) ein Sohn Jerobeams I., c) jüd. Kg. I. 471. IV. 909. V. 527., d) die Mutter des Hiskia und e) ein Nachfolger Eleazars.
Abiathar, Name von 2 Hohepriestern I. 46., dazu 135. 136. V. 279. 282. 136. IX. 554. [(V. 485 ff.)
Abib, der Monat, s. Jahr der Hebräer
Abibaal, Kg. v. Tyrus V. 213. XI.
Abichab, Rabbi Isaac II. 678. [347.
Abicht, der Kantianer VII. 326.
Abidanab, Sauls Sohn IX. 637.
Abidschna, die 5 Wissenschaften der Buddhisten XII. 107. 170.
Abigail, ein Weib und eine Schwester des Königs David I. 46. III. 48.
Abihu, Sohn Aarons VII. 464.
Abila, Stadt V. 141.
Abilene, die Landschaft I. 46. 303.
Abimaël, Sohn Joctans V. 697.
Abimelech I. 46—47. a) Philisterkönig IV. 429. V. 838. IX. 621. b) der Usurpator von Sichem X. 115.
Abingdon, Kloster in Britannien III. 338. 339. IV. 273. [David 47.
Abisai, der Schwestersohn Königs
Abiud, Sohn Zorobabels XI. 1295.
Abkürzungen, s. Handschriften der Bibel (IV. 856 ff.)
Ablaß I. 47—53., vgl. Fürbitte, thesaurus meritorum I. 39. 178. II. 173. 220. 232. 252. 204. 313. III. 498. 608. IV. 305. 370. 424; V. 250. VI. 126. VIII. 600 ff. IX. 74. 648. 693. 695 ff. X. 404. XI. 112. 219. 224. 239. 241. 242. 244. 889 ff. 1049. 1310. Anmkg. 1113 ff. 1325. XII. 1157. 1158.
Ablaß und dessen Gewinnung I. 53—56 II. 817. V. 404. 876. 879. VI. 266. 870. VII. 109. (des Lyoner Vereins) 589. (-gelder)
Ablaßbullen X. 910. -handel XI. 219. -prediger II. 95. X. 767.
Ablesen der Predigt, s. Predigt (VIII. 049.) [(IV. 380 ff.)
Ablobung, s. Gelübde b. d. a. Hebr.
Ablösung des Zehentens, s. Zehentfreiheit (IX. 1362.)
Ablution I. 56. VII. 101. VIII. 863.
Abneigung, die I. 56. [657. 841.
Abner, Sauls Feldherr 56. I. V.
Abo, Bm. IV. 71. 72. 73.
Abolition, Abolitionisten, s. Sclaverei und Christenthum (X. 218 ff.)
abortus, Fehlgeburt XII. 6—7., dazu XII. 837. [910 ff.).
abortus procuratio, s. proc. ab. (X.
Aboth, s. Feste, jährl. d. a. Hebr. (IV. 48 ff.)
Abotriten, s. Obotriten.
Abraham der Erzvater I. 57—58. 181. 199. 327. 329. 337 ff. 343. (Apokr. Schrift) 863. 865. 885. II. 241. 529. III. 11. 314. 391. 492. 834. 894. IV. 310. 372. 374. 424 ff. 866. 901. 903. 919. V. 515. 838. 846. 847. 860. IV. 5. 60. 601. 722. 790. VII. 36. 78. 308 ff. 336. 348. 304. 462. 625. 634. 755. VIII. 48. 397. IX. 486. 621 ff. X. 114. 235. XI. 461. 1257. XII. 281. 745. 1012. 1013. 1217 ff.
Abraham ben Dior, Rabbi V. 902.
Abraham, hl. Einsiedler XII. 788. — ein Bf. v. Freising IV. 207.
Abraham Echellensis, s. Echellensis.
Abraham a Santa Clara (Megerle, Ulr., I. 58. dazu 529. 818.
Abrahamiten, böhmische Deisten zu Kaiser Josephs II. Zeit I. 58—59. V. 802. [219. 653 ff.
Abraxas, das Wort I. 59—60., dazu abrenuntiatio diaboli XI. 646.
Abrona, Lagerplatz der Isr. I. 60.
abruptio missae, s. defectus missae.
Absalom, Sohn Davids I. 60—61. 136. 392. III. 49. IV. 492. 646. V. 687. VII. 67. X. 45 [V. 784.
Absalom, bbl. Psn. (Maccabäerzeit)
Absalon, Bf. v. Seeland VI. 645.
Absalon, schwed. Primas d. 12. Jhrh., s. Axel. [Rgsbg. IX. 111.
Absberg, Heinrich IV. von, Bf. v.
Abschätzung des Vermögens, s. Census
Abscheu, der I. 61. [(II. 427 ff.
Abschiedsgruß, s. Gruß bei d. a. Hebr. (IV. 815 ff.)
Abschiedspredigten I. 61.
Abschreiben und Schreiben, ob an Feiertagen verboten XII. 552.
Abschwörung der Ketzerei I. 62—63. V. 050. [I. 33. VIII. 72.
Absentgelder, s. Abgaben, dazu
Absetzung, vom Amte, s. Kirchenamt, Deposition, Privation, vgl. translocatio.
Absicht Gottes bei der Schöpfung, s. Schöpfung; — bei Spendung der Sacramente IX. 544 ff.
Absicht des Redenden I. 63—64.
Absolute, das I. 64—67; vgl. Gott, Mensch, Pantheismus, Trinität xc. VII. 172. (Begriff vom)
absolutio, Gebet, s. Libera (VI. 514 ff.)
Absolution der Lebenden, der Verstorbenen, Generalabsolution I. 67., s. Buße, Reservatfälle dazu 741. 744. 740. II. 226 ff. 780. 781. IV. 402. VII. 201. (montanst.) 719. (Wirkg. der letzten Oelung) 865. Streit über die) VIII. 606. 783. IX. 695. 696. X. 541.
Abstammung der Menschen, s. Adam.
Abstammung, uneheliche, ein Weihehinderniß V. 836. [549.
Abstenius, Frz., Bf. v. Neustadt VII.
Abstinentes, was Enkratiten, Priscillianisten I. 67. [X. 348.
Abstinenz I. 67—68., -tage IV. 204.
Abstract I. 68.
Abt, Aebtissin, Abtei I. 69—71. 188. 790. 797 ff. II. 705. 817. III. 105. IV. 367. 406. VI. 65. 298. VII. 225. 226. 810. 811. (Stimmrecht auf Concilien) 812. 820. VIII. 282. 777. 832. Reichthum der frz. Abteien IX. 254 ff. X. 311. 540. XI. 89. 163. 243. 713. 714. 766.
Abthalion, Rabbi XII. 1105.
Abtheilung a) der Worte in den Bibelhandschriften b) der bbl. Bücher in Capitel und Verse I. 71—73. 394 ff. s. Paraschen, Pericopen, Hephtaren, Harmonie der Evangelien, Titlol. VIII. 291. X. 590.
Abtödtung, s. Selbstpeinigung, Sinnlichkeit.
Abu Abeida, Feldherr Omars VII. 770.
Abubeker, d. Kaliph († 634 n. Chr.) I. 73—75. dazu 262. III. 109. 110. 114. IV. 346. V. 855. VI. 14. 250. VII. 188. 770. 808. [Gl. V. 818.
Abu Bekr el machzumi, mahommed.
Abuhab, Isaac, R. 015. V. 907.
Abu Hanifa, moham. gl. V. 848.
Abukara, Theod., Bf. u. k. Schriftst. des 8. Jhdts. I. 75. [188.
Abu Lahab, Onkel Mohammeds VII.
Abu Lais, mohammed. Moralthlg. V. 854.
Abulfaradsch, Gregorius, s. Barhebräus.
Abulfeda, Ismael ebn Ali arab. Gel. (geb. 1273) II. 959. IV. 860. IX. 488. X. 116 ff. V. 696. VI. 250. 252. Anmkg. 722. [IX. 066 ff.
Abul Hasan Schadeli, der Anachoret
Abundantius, I. Bf. Trient XI. 175.
Abundius, St. V. 431.
abusus sacramenti, V. 836 ff.
Abu Suud, Mufti VII. 369.
Abu Thaleb, Haupt der Koreischiten 261. VII. 186. 187.
Abu Zeid, Chronist VII. 522.
Abu-zinad, moham. Gl. V. 848.
Abwaschung (ablutio) bei der Taufe X. 652 ff. 673.
Abydenus, Histor. I. 578. X. 959.
Abyssinien und Aethiopien I. 76—77. III. 408. 504. V. 302. 734. VI. 384 (Sakriste in) 546. VII. 243. VIII. 214. IX. 446. 782.
Acacianer, s. Acacius. [X. 366. 367.
Acacien (Bäume) I. 77—78. A.-holz
Acacius I. 78. a) arr. Ebf. v. Caesarea in P. († 363) II. 974. III. 337. IV. 215. VII. 43. b) Pich. v. CPl. († 480) I. 228. 660. IV. 370. 3. 761. V. 99. 329 ff. VII. 231. 237 ff. X. 167. 424. c) Bf. v. Beroë in Syrien. d) Bf. v. Amida in Mesopotamien.
Acacius (Achatius), St. VI. 337. XII. 775. 777. VII. 260. 651. — Metropolit. v. Seleucia I. 630. — von Melitene IX. 8.
Academie, s. Universitäten (XI. 427 ff.), dazu IV. 411. in Genf VI. 541. (julianische) VII. 154. (platon.) 317 (Ethik der ältern und neuern) VIII. 17. jüd. IX. 314. frz. 369 ff. röm. X. 210 ff. (philos. der Griechen) XI. 447. XII. platonische in Florenz 360. literar. d. kath. Gel. 963 ff.
Acca, Bf. in Kent VII. 394. [I. 78.
Accad, Stadt in Babylonien
Accaron, s. Ekron.
Accente (im hebr. Bibeltext) I. 79.
Accentus, s. Kirchengesang, dazu VII. 396 ff.
Acceptanten der Constitution Unigenitus s. Unigenitus.
Accesse, Inbegriff der von dem Priester vor Darbringung des hl. Meßopfers zu verrichtenden Gebete I. 79.
Accesse bei Wahlen I. 79. vgl. Papstwahl.
Acciajuoli, der Nuntius II. 615.
Accidentiarier und Substantiarier IV. 88. X. 413. XI. 993.
Accidenz, s. Substanz. [396).
Accidenzien, s. Stolgebühren (X.
Acclamation bei der Wahl zu einem Kirchenamt I. 79.
Acco, Ptolemais, Stdt. I. 79. 154. 479. 394. II. 356. 361. III. 33. V. 115 (Sitz des tschn. Hauses) 319. VI. 759. VII. 586. VIII. 50. X. 120. 598. (Bm.) XI. 337. XII. 425. 694. 967.
Accommodation I. 80. A.-stheorie, rationl. III. 832. 833 ff. X. 63. XI. 344. 629. XII. 812.
Accommodationsstreit (über manche Gebräuche der Chinesen) XII.

7–10. 183. 144. 952. II. 454. III. 242. V. 618. 647.
Accumulation der Pfründen, s. Cumulation (II. 941 ff.).
Accusation, s. Strafverfahren geistl. (X. 394 ff.).
acerra thuris, s. Rauchfaß.
Achab, s. Ahab. [756).
Achaja I. 82. vgl. Griechenland (IV.
Achan, s. Achor.
Achan, bbl. Psn. V. 813.
Achatius, St. III. 528.
Achas, s. Ahas.
Achasja, s. Ahasja.
Achasverus, s. Ahasverus.
Achat, der Edelstein III. 385.
Achatius, der hl., s. Acacius, St.
Achelab, s. Abelab.
Achery, d', s. d' Achery.
Achigian, Andr., Bf. V. 464. [40.
Achillas, Bf. v. Alxdn I. 428. VII. 38.
Achilleskirche in Rom IX. 351.
Achimaaz, s. Ahimaach.
Achimelech, s. Ahimelech.
Achis, Philisterkönig I. 82–83. dazu III. 47. 49. VIII. 311.
Achitob, Hpstr. V. 57.
Achitophel, s. Ahitophel.
Achmeta, s. Ecbatana. [855.
Acholius, Bf. v. Thessalonich X.
Achor, das Thal I. 83.
Achsa, bbl. Psn. VII. 894.
Achsaph, Stadt im Stamme Asser I. 83.
Achterfeld, Thlg., s. Hermes und Hermesianismus (V. 131 ff.), dazu VI. 213. VII. 313.
Achtung I. 83. 757. III. 451.
Achtung des Seelsorgers als Bedingung seiner Wirksamkeit I. 84–86. vgl. Andersgläubige. [Thephilla (X. 894 ff.).
Achtzehngebet der Juden, s.
Acindynus, Barlaams Schüler, Hesychiast I. 616.
Ackerbau der Israeliten in Palästina I. 86–88., s. Ernte d. d. Hebr. (III. 694.), Feste, jährl., d. a. Hebr. (IV. 45 ff.).
Ackerbesitz der Israeliten I. 88. vgl. Armenpflege b. d. Hebr., Jubeljahr.
Ackermann, Exeg. XI. 35. — Placidus, Abt v. Mariastein XII. 768.
Acolythen I. 88. V. 164. VI. 129. 274. VII. 82. 821 ff. IX. 116. 117. A.-weihe X. 429.
Acosmismus, der VII. 444. VIII. 77.
Acosta, P. Geschichtschreiber Indiens VI. 725.
Acosta, Uriel XII. 10–11.
Acqui, s. Aix.
Acs, Stadt, Bm. XI. 090.
Acre, St. Jean, s. Acco.
acta disputationis Archelai cum Manete VI. 794 ff.
acta martyrum I. 88–89. vgl. Christenverfolgungen (II. 502 ff.) Märtyrer, martyrologia (VI. 908. 909 ff.).
acta Sanctorum I. 89–91. 351. 382. 519. II. 363. VI. 112. 698. (O. Ben.) VII. 119. VIII. 89 ff. IX. 90. (des Benedcro. 418.) XII. 554 ff.
Actenschluß, s. Duplik (III. 343).
actor ecclesiae I. 91., s. defensor ecclesiae (III. 172 ff.), Kastenvogt, Kirchenvogt (VI. 39. 199 ff.). vgl. Syndicus (X. 589.). [gute.
Actuelle Intention, s. Meinung,
Adada, Stadt in Juda I. 91.
Adalar, St. erster u. letzter Bf. v. Erfurt II. 660 ff.
Adalbero, Ebf. v. Rheims. Primas (J. 971) IX. 202. XII. 379. — Bf. v. Würzburg IV. 631. XI. 1157. (J. 1055) XII. 1018. — Neffe des hl. Ulrich v. Augsbg. XI. 372. 390 ff. — Bf. v. Metz V. 704. VI. 598.
Adalbert, Ebf. v. Bremen I. 91. 257. IV. 630. V. 9. 14 ff. 859. VI. 509. XII. 200. 539.
Adalbert, d. hl., Bf. v. Prag u. Ap. der Preußen I. 91. II. 139. 151. 184. 509. IV. 550. VI. 240. 744. 751. VII. 273. 767. 904. VIII. 539. 541 ff. 635. 661. IX. 347. X. 229. XI. 400. [I. 91–92.
Adalbert, Bf. v. Augsb. (st. 909.)
Adalbert II. Ebf. v. Hamburg XI. 671. IX. 85. 602. — v. Mainz V. 32. 36. 317. XI. 846. Bf. v. Worms Gegner Hrs. IV. XI. 1150.
Adalbert und Clemens, berüchtigte episcopi vagabundi des 8. Jhdts. I. 92. II. 628.
Adalbert, I. Ebf. v. Magdeburg (st. 981) I. 92. II. 901. VI. 730. VII. 70. 492. VIII. 539. XII. 14.
Adalbert, Mkgf. v. Tuscien V. 757 ff. 359. — A. v. Schleifras, A. III. v. Harstall, Aebte von Fulda XII. 426. 427 ff.
Adaldag, Ebf. v. Hamb. (J. 988) I. 772. II. 145. VI. 407. IX. 690 ff.
Adalgar, Ebf. v. Hamburg-Bremen (J. 888) XII. 758.
Adalgisel, Sohn des major domus Arnulf III. 2.
Adalgott, St., Bf. v. Chur II. 541.
Adalwin, Bf. v. Regensbg. IX. 93 ff. Ebf. v. Slzbg. X. 220.
Adam, I. Mensch I. 92–94. 188. 327. 328 ff. (als Autor) 342. 732. II. 211. 273. 528. 531. 532. III. 313. 391. 655 ff. 677. 778. IV. 260. 261. 267. 374. 434 ff. 446 ff. 919. V. 563. 625. 851. VI. 610–798. (bei Manes). VII. 65. 364. 754. 842. VIII. 117. 351. 628. 876. X. 665. XI. 30. 640. 1303. XII. 405. 454 ff. 1216 ff.
Adam, Stadt am Jordan I. 94.
Adam Kadmon, der geistige Urmensch VI. 1 ff.
Adam von Bremen, Hist. Nordeuropas (J. 1067) I. 94. III. 720. IV. 629. 818. V. 9. 859. VI. 145. VII. 646. IX. 690. 691 ff. XI. 582. 583. 111 ff.
Adam v. Fulda, Dichter VII. 405. 406. VIII. 526. — v. St. Victor, Hymnendichter VIII. 523. — der Indianer XII. 52. [–1779) III. 928.
Adam Friedr., Fbf. v. Würzbg. (1755
Adama, bbl. On. I. 94. VI. 601.
Adamantius, Bein. des Origenes (s. d.), dann ein angebl. Gegner der Marcioniten VI. 820.
Adami, Stadt I. 94.
Adamiten I. 94–95. 278. II. 184. III. 432. IV. 390. 580. V. 418. VI. 244. VIII. 000. [12.
Adamiten in Böhmen XII. 11–
Adamnan, Abt II. 433.
Adamus, Melch. Hist. VII. 426. [336.
Adana am Euphrat III. 391. Bm. XI.
Adar, der Monat IV. 922. V. 485.
Adara, s. Edrei.
Adasa, Flecken in Judäa I. 95.
Adauctus, St. III. 14.
Adcitat, der, s. Proceß (VIII. 797.).
Adda, Rabbi XII. 1107.
Addäus, Nachfolger des Apostels Thaddäus I. 438.
Addas, Schüler des Manes VI. 795 ff.
Addebald, s. Hildebold (XII. 558.).
addictio, Uebergebung zu Hand und Haft III. 821.
Ad Dominici gregis custodiam, Bulle II. 743. 744. 782. IV. 186 ff. VI. 476. IX. 410 ff. XII. 52. 680 ff.
Adelaide, Bm. X. 546.
Adelberga, Tochter des Königs Desiderius VII. 271.
Adelbert, s. Adalbert.
Adelgundis, St. († 684) XII. 12.
Adelhard, Aebte von Corbie II. 890 ff. VI. 697. VII. 270. VIII. 168. der Arithmetiker VIII. 872.
Adelheid, die hl., Gemahlin Kaiser Ottos I. (geb. 931, † 999) XII. 12–15. II. 640. 641. V. 756. VII. 898. 900 ff. 903 ff. VIII. 881. 862. XI. 390. 1104.
Adelheid I. II. III., Aebtissinnen von Quedlinburg VIII. 883 ff. — die 2. Gemahlin Kaiser Heinrichs IV., s. Heinrich IV. (V. 13 ff.) XI. 465. Ludwigs IX. d. Hl. XII. 381. [317.
Adelhelm, hl. Abt v. Engelberg XII.
Adelmann, Bf. v. Brixen XII. 747.
Adelphianer, VII. 82.
Adelung, Gl. III. 173. 383.
Adelwald, Sohn Theodelindens, Lngbdkg. V. 314. 592. 593.
Adelwin, Ebf. v. Salzburg VI. 34.
Adelwold, Ebf. v. York XI. 1220.
Ademar von Chabannais, Chronist des 11. Jahrhdts. XII. 16.
Ademar von Puy, s. Kreuzzüge, dazu II. 635.
Aden, arian. Kche. zu V. 302.
Adeodatus, Papst (672–676) I. 95. s. Deusdedit (III. 122.), dazu X. 88.
Aderbeidschan in Medien VII. 8. 528.
Aderbergan, chald. Bm. XI. 337.
Aderbijan, Provinz, s. Persien VIII. 311.
Adescancastre, Schule zu III. 251.
Ad exstirpandos, Constitution, V. 649. [114.
Adhami, moham. Mönchsorden III.
Adiabene, Nestorr. in VII. 525.
Adiaphora I. 95–97.
Adiaphoristen des 16. Jhdts. I. 97–98. 214. II. 148. IV. 88 ff. 276. VI. 432. 771. VII. 32.
Adida, bbl. On I. 98–99. [I. 99.
Adithaim, Stadt im Stamme Juda
Adler, der I. 99. II. 469. 471 ff. III. 802. VI. 185. VII. 521.
Administration, Administrator, s. Capitel (II. 324 ff.). vgl. Gewalt (IV. 498). A. des Kirchenvermögens Sache des Bischofs, s. Kirchengut IX. 821. X. 589. XII. 640 ff. 654.
Admission, s. Postulation.
admonitio charitativa VIII. 802.
Admonitoren der Ordensgenerale VII. 809.
Admont, Kloster III. 589. IV. 825. 631. VII. 724. IX. 105. 505. 913. X. 790. XI. 972. 1157.
Ado, St., Ebf. VII. 575. XII. 1232.
Adod, phönic. Gttht. VIII. 437.
Adolf, Ebf. v. Cöln VII. 906.
Adolf von Nassau, Kaiser (1292–1298) XII. 16. 24. 26. II. 89. 91. VII. 23. 588. — b) Ebf. v. Mainz III. 141. 142. 661.
Adonai I. 99., s. Jehova, dazu I. 99. II. 784. IV. 604. V. 513.
Adonia, ein Sohn Davids, dann Name von zwei Leviten I. 99–100. 769. III. 40. V. 857. 784. VII. 474. IX. 584.
Adoni-Besek, canaan. Kg. I. 909.
Adonis, phönic. Gttht. I. 42. IV. 636. VIII. 436.
Adoptianer, Adoptianismus I. 100–101. 132. 146. IV. 767. VI. 430. ff. 455. VIII. 241. 419. ff. 441. XI. 66. ff. XII. 372.
Adoption, Annahme an Kindesstatt I. 101–102. VII. 648. XI. 819.
Adoraim, bbl. On. I. 102. [Fußkuß.
Adoration, s. Anbetung der Hostie.
Adorno, Joh. Aug., der bekehrte XII. 218.
Ad quercum, Syn. in Chlcd. VII. 648.
Adrammelech, a) der Götze, I. 102. X. 82. — 2 Söhne Sanheribs.

Alfasi, Rabbi XII. 1110.
Alfons, St., s. Liguori (VI. 521). Rodriguez (XII. 1042.).
Alfons de Castro, s. Castro (XII. 219.).
Alfons I. von Congo II. 785.
Alfons, Name vieler portug. u. span. Kge u. Prnzn. a) v. Arragonien, II. 203. 264. 265. III. 745. V. 772 (I.) VII. 371. 585. 589. IX. 624. (d. Kämpfer, † 1134) X. 128. XI. 69. 785. — b) von Castilien und Leon I. 165. (d. IV.) 771. (d. III.) II. 810. IV. 22. 24. (d. X.) V. 630. 633. 892 (VIII.) VI. 883. 935. XI. 464. (VI. v. Cast.)
Alfons I. von Portugal, der Eroberer (1110—1185) I. 165—166. 585. II. 550. 565 ff. X. 262. 264. (V.) XII. 730.
Alfons III. v. Portugal V. 784.
Alfonsus Tostatus (Tostado), gl. Bf. I. 165.
Alfred (Aelfred d. h. Elfkönig) d. G., Kg. v. Engl. (671—900) I. 166. 952. III. 338. IV. 687. V. 628. 748. VI. 879. 902. VII. 646. VIII. 328. IX. 887. X. 385. XI. 1219 ff. XII. 1214.
Alfrik, Scholstkr. IX. 714.
Algäu, Christianisirung VI. 739.
Algasali, mohamm. Dgmtkr. V. 851.
Algazel, literar. Vmttlr. zw. d. Orient u. Occident I. 421.
Algerus von Lüttich, Schriftst. († vor 1128) XII. 28—29. II. 309.
Algier, Algerien I. 125. II. 352. IV. 168. VI. 384 ff. (Lazaristen in) 519. VII. 167. (Jesuiten in) X. 217. XI. 283. 322. 323. 703.
Algonkins, die IV. 730.
Ali, Schwgrsohn Mohammeds und 4. Kalipb (597—660 n. Chr.) I. 167.; s. Kalipb, Sonniten dazu I. 262. III. 109. 110. 114. 925. IV. 646. V. 851. 891. VI. 14. VII. 868. IX. 665.
Aliaga, Isidor, Ebf. v. Valenzia VI. 757.
Aligernus, Abt v. Montecassino VII. 272. 615.
Alitta, s. Mithra (VII. 174.)
Alkimus, Hhprstr. der Maccabäerzeit I. 167—168., 579. III. [85. VII. 774.
Alkuin, s. Alcuin.
All der endlichen Dinge I. 168., s. Pantheismus, Schöpfung, Welt.
Allaicheber, B. XII. 432.
Allatius (Allacci) Leo, Gl. d. 17. Jhdrts. I. 168—169. 615. 616. 719. II. 2, 47. 702. III. 930. IV. 536. 725. V. 718. 823. VI. 91. 891. VII. 119. 134. 568. IX. 206. 813. X. 148 ff. 525. 726. 883. XI. 533. 717. XII. 58. 743. 487.
Allegation, Anführung fremder Worte oder Schriftstellen I. 169—171.
Allegorie, die I. 171., vgl. Fabel (III. 866) II. 5. V. 211. VII. 458. VIII. 113. XI. 209.
Allegorische Auslegung der Bibel. s. Mystischer Sinn der Bibel.
Allegri, Bf. v. Pavia XII. 939. —
Allegri, Gregorio, Componist VII. 416. 417.
Alleinseligmachende Kirche, s. Kirche.
Alleluiahgesang — Tractus I. 171—172. II. 156. IV. 654. VII. 98. 397. 398. 882. IX. 21.
Allemand, L., Bf. von Arles († 1441) I. 172. 648.
Allen, Wilh., Cdl.-Ebf. v. Mecheln († 1594) I. 172—173. III. 272. IX. 368. [59. 61.
Allerchristlichster König I. 173. V.
Allergläubigster König I. 173. 783.
Allerheiligen, Abtei XII. 725.
Allerheiligenfest 173—174. II. 87. 671. IV. 692. VII. 701 (Octave des) VIII. 88. XII. 778.
Allerheiligen-Litanei, s. Litanei (VI. 539.), dazu I. 780. VI. 530. 552. VIII. 808. XI. 72. X. 429. 430.
Allerheiligstes bei den Christen, s. Ciborium, Hochwürdigstes Gut, Tabernakel, dazu II. 39. 458 (Uebertragung des) IV. 644. IX. 210. X. 21 ff. (Segen mit dem) 28.
Allerheiligstes bei den Israeliten, s. Bundeslade, Stiftshütte, Tempel zu Jerusalem, vgl. Sinai, dazu VI. 503. VII. 349 ff.
Allermartyrerfest, s. martyrum omnium festum (XII. 777.)
Allerseelentag I. 174., dazu 13 (Gebet in der Octave) 182. II. 606. IX. 212. XI. 132. 827. XII. 337.
Allgegenwart, s. Gott.
Allgegenwart des Leibes Christi, s. Ubiquitätslehre.
Allgemeinbegriffe, s. universalia. [539.
Allgemeines Gebet I. 174—175. VI.
Allgemeingültigkeit der Religion I. 175.
Allgemeinheit der Kirche, s. Kirche, Katholicismus, Katholisch.
Allgemeinheit der Religion, s. Religion, vergl. Paganismus (VIII. 33), Philosophie (VIII. 409), Rationalismus (XI. 618), Religionsphilosophie. [Gott.
Allgenügsamkeit Gottes, s.
Allgüte, s. Gott.
Allioli, J. F., der Bibelübersetzer XII. 1212.
Allmacht, s. Gott.
Allocutionen, ppstl. II. 345.
Allus, Dn. II. 465.
Allwissenheit, s. Gott.
Almagro, Klstr. II. 259.
Almagro, Diego, der Eroberer Chilis XII. 35. 42.
Al-Marum, Kaliph von Cordova VII. 524. XII. 253.
Almasius, St. VII. 538.
Almeida, Msnär. II. 241.
Almenat, der Jupiter der alten Araber V. 846.
Almeria, Bm. X. 263.
Almodad, Sohn Joctans V. 697.
Almohaden, die in Spanien X. 106.
Almondar, Kg. v. Hira I. 389.
Almosen, das 176—177., vgl. Wohlthätige Zwecke, Wohlthätigkeit (XI. 1125), dazu I. 178. IV. 378. V. 266. (am Hochzeitstag) VII. 62. IX. 365 (A.- u. Unterstützungsanst. in Rom) XI. 874. XII. 164 (buddhist. Vollkommenheit) 1065.
Almosenier, der I. 177. 325. V. 273.
Almosenprediger I. 178. X. 192.
Aloger, Alogianer I. 178—179., 321. VII. 267 ff. [gen).
Aloger III. I. 29—31. (Berichtigun-
Alombrados, Secte der, s. Erleuchtete (V. 606.) [IV. 839. 840.
Alonzo v. Cartagena, Bf. v. Burgos
Alopuen, der VII. 523.
Aloysius von Gonzaga, St. (1568—1591) I. 179—180. IV. 724. IX. 358. X. 335. XI. 477. 716. XII. 720.
Alozza, Saturn der alten Araber V. 846. [Heristall VI. 324. 679.
Alpais, Concubine des Pipin von
Alpha und Omega I. 180—181.
Alphabet des Ben Syra III. 367. — des Cyrill VI. 749.
Alphachar, Rabbi Juda VI. 87.
Alphäus hieß der Vater a) Jacobus d. j., b) des Levi I. 181. II. 190. 629.
Alphanus, Ebf. v. Salerno V. 469.
Alpharabius, s. el Farabi. [VII. 274.
Alphen, van, G.-vicar XII. 583 ff.
Alpirsbach, Klstr. II. 40. [259.
Alram, Abt von Kremsmünster VI.
Al-Raschid, Kaliph XII. 253.
Alsaticae formulae, die IV. 112.
Alstedius, Thlg. VI. 791. [287.
Alt, Gallus, Abt v. St. Gallen IV.
Altäre bei den Hebräern I. 181—182.
Altäre bei den Christen, verschiedene Arten derselben I. 182, dazu 710 (A. für Beatifete) III. 601 ff. (Entweihung der) IV. 365. VI. 25. 105. 109. 188. 306 (Busen der) 406. VII. 83 ff. VIII. 469. 497. 710. IX. 199. 211. XI. 1320. XII. 421. 1125 (Sepulcrum in).
Altäre in der Stiftshütte, s. Stiftshütte, Tempel zu Jer..
Altaich, Klstr., s. Niederaltaich dazu I. 705. IV. 567 ff. VIII. 178.
Altardiener I. 181. VI. 215. 216.
Altareinweihung I. 182—185, III. 805. IV. 206 ff.
Altarentblößung, s. Charwoche (II. 456 ff. 458). [69).
Altarkerzen I. 185., vgl. Kerze (IV.
Altaropfer, s. Oblationen.
Altarschmuck I. 185. II. 881. 909. 926. IV. 644. VI. 129. 188. 498. VII. 97. IX. 893 ff. XI. 1040. XII. 759.
Altarssacrament, s. Abendmahl.
Altartuch, s. Altarschmuck.
Altdorf, Abtei im Elsaß VII. 650.
Altenburg, s. Sachsen-Altenburg.
Altenburg, VII. 148 (Luther u. Miltiz in) VIII. 567 (Klstr.).
Altenburg, Herm. v., Teutsch-O.-M. VIII. 671.
Alten-Oetting, s. Oetting.
Altenstein, preuß. Minister († 1840) III. 308. 310. VIII. 750.
Alter, canon. I. 185—188. V. 833 ff. VIII. 833. XI. 766. XII. 275.
Alter, hohes, der Menschen in der Urwelt I. 188—189. V. 98. VIII. 216 ff. X. 45.
Alter: Kindes-, Jünglings-, Mannes-, Greisenpflichten I. 189—190.
Alter, F. C., Bblhögbr. I. 925.
alternatio mensium II. 750. VII. 66.
Alternativpfründen, s. Wechselpfründen.
Alterthum, germanisches, s. Germanen (XII. 472 ff.)
Altes Testament, s. Bibel (I. 910 ff.). Testament (X. 758.).
Altfeldzehent, der XI. 1200. 1203.
Altfrid, Bfe. v. Münster und Hildesheim IV. 300. V. 191. IX. 506. XII. 815 ff.
Althammer, Gegner der Antitrinitarier des 16. Jhdts. I. 287. VII. 865.
Althan, Quintin von, Luthrr. VII. 734. [Landessprachen.
Althebräische, das, s. Palästinensische
Altheim in Bayern, Syn. zu V. 758.
Altieri, Cdl. VII. 768.
Altinum, Bm. V. 169.
Altlucianisten, Secte der VI. 609.
Altlutheraner, s. Preußen (VIII. 732.) Scheibel (IX. 654 ff.).
Altmann, Bf. v. Passau († 1090) XII. 31—32. 1018. IV. 101. 631. VI. 259. 480. VII. 17. XI. 965 ff. 1187.
Alto, St. Stifter v. Altomünster XII. 32.
Altoettingen, Wallfahrt, s. Oetting.
Altomünster, Klstr. in Bayern, I. 705. IV. 206. XII. 32.
Altona, die Katholiken in XI. 587.
Altorf, Univst. X. 62. 233. XI. 888.
Altovita, Antonio, Ebf. v. Florenz XII. 360 ff.
Altrömische Mythologie IV. 480.
Altstadt, Münzer in VII. 376.
Alttestamentliche Sacramente, s. Sacramente (IX. 518 ff.). [sches Gesetz.
Alttestamentliches Gesetz, s. Mosai-
Altwin, Bf. v. Brixen XII. 1202. 1203.
Alt-Zelle, Klstr. VII. 22. [X. 46.
Alumnat, Alumnen I. 190. II. 669.

Alumnaticum, s. Abgaben (I. 32 und Anmkg. 2. 191). [309.
Alvarez de Paz, ascet. Schftst. XII.
Alvarez, Diego, Ebf., Gegner des Molinismus († 1055) XII. 33.
Alvarez Pelayo, Vertheidiger der päpstl. Gewalt XII. 33. 54. V. 700.
Alvarez Didacus II. 759. 791.
„ „ Joh., Leidensgenosse des standhaften Prinzen IV. 20. 24. 30.
Alvaro I. II., Kge. v. Congo II. 755.
Alvaster, Klstr. II. 160.
Alytarchia, s. Asiarchen.
Alzog, Joh., Kchhistor. (geb. 1805) II. 528. IV. 4. 211. VI. 131. Anmkg. 151. IX. 680. XII. 723.
Amadei, erster Stifter der Serviten X. 98.
Amadeus VIII. v. Savoyen, als Gegenpapst Felix V. († 1451) I. 190—191. 172. 190. 848. 849. II. 390. 756. IV. 38. VI. 370. 415. VII. 587. VIII. 74. 481. X. 60. XI. 978.
Amadeus Victor, Kg. v. Sardn. II. 610.
Amalarius, Liturgist (um 820) I. 191. 477. 831. VIII. 770. IX. 453. X. 427.
Amalarius, Bf. v. Trier († um 814) XII. 33—34. V. 779. VI. 64. VIII. 656. [396. 823. VIII. 169.
Amalarius v. Metz II. 310. 525. VII.
Amalasuntha, die Tochter Theodorichs II. 398 ff. IV. 558. IX. 44. 337. XII. 1025.
Amalekiten, die I. 191—192., s. Canaan, dazu I. 354. III. 48. IV. 314. 345. 402. V. 812. 861. VI. 7. (Gebirge der) 69. 618. 809. VII. 154. 362. VIII. 138. IX. 637. X. 171. 173.
Amalfi, Stadt VI. 459.
Amalhard, s. Amalarius.
Amalie v. Hessen III. 302. [XI. 1019.
„ „ Kaiser Josephs I. Gemahlin
Amalrich von Bena oder Chartres, der Häretiker († um 1204) I. 192—194. 205. 421. II. 183. III. III. 147. VI. 358. IX. 729. 754. 891. XII. 335, 925. 951.
Amalrich, Kg. v. Jerusalem XI. 1094.
Amandus, St., Ap. d. Belgier († 684) I. 194. 402. III. 2. 3. IV. 148. 153. 231. 473. (Bf. v. Elcon.) V. 308. 700. VI. 32. 335. 678 ff. IX. 591. 307. (Bf. v. Straßburg) XII. 12.
Amandus, Bf. v. Bordeaux XII. 1128.
Amandus v. Busel, Fürstabt v. Fulda XII. 426. [1148.
Amandus, Bf. v. Worms XI. 1147.
Amandus, Joh., Histor. VII. 806. VIII. 684. 685.
Amasa, Feldherr Davids V. 687.
Amator, Bf. v. Auxerre, Vorgänger des hl. Germanus († 418) IV. 262. XII. 68.
Amathitis, bbl. On. I. 194—195.
Amathurit, Em. III. 540.
Amatus, St. Bf. v. Rusko III. 79. — gl. Mönch VII. 274.
Amauri, s. Amalrich.
Amazia, Kg. v. Juda 840—811 v. Chr. I. 195. s. Hebräer (IV. 910) III. 397. 518. V. 539. 691. X. 61. XI. 502.
Ambon I. 196. 858. III. 127. IV. 653.
Amboina, die Insel IV. 139. XII. 507.
Amboise, Gg. v., Crl.-Ebf., Minister I. 195—196.
Amboise, Vschwörg. v. II. 50. V. 304. Verordnung v. II. 52. Pacificationsedict V. 309. [VI. 406. VII. 566.
Ambolagium, s. Anabolagion.
Ambros Catharinus, s. Catharinus.
Ambrosianischer Kirchengesang I. 196—197. 201. VII. 388.
Ambrosianischer Lobgesang (Tedeum) I. 197., s. Te Deum laudamus (X. 694).
Ambrosianische Liturgie VI. 552 ff.
Ambrosiaster, Commentator der Briefe Pauli I. 197—198.
Ambrosius von Alexandrien, der Unterstützer des Origenes I. 198. VII. 828.
Ambrosius Autpertus a) gl. Abt v. St. Vincent († 778). b) gl. Abt v. Montecassino († 834) XII. 34.
Ambrosius der Schlesier, ein Reformator Siebenbürgens V. 323.
Ambrosius Camaldulensis, Bevollmächtigter Eugens IV. († 1435) 198. vgl. Baseler Conc., Eugen IV.
Ambrosius von Lombez, Erbauungsschriftst. († 1778) XII. 34.
Ambrosius von Mailand, einer der 4 großen lat. Kchnlhrr. († 397) I. 198—200. dazu I. 190. 197. 323. 436. 447. 448. 505. 535. 562. 568. 700. II. 62. 100(*). 116. 155. 227(*). 929(*). III. 139. 208 (*). 407. 409. IV. 77. 312. 431. 474. 638. 639. V. 95. 254. 300. 308. 431 (Te deum). 947 ff. VI. 183. 185. 204 (*). 214 (*). 229. 267. 752. 900. VII. 44. 220. 295 (Mrlft.). 299 ff. (*). 357. 388 ff. 391. 396. 505 (*). 538. 633. 657 (***). 805 (*). 806. VIII. 73. 160. 196 (Pastrl.). 240. 241. 339. 377. 389. 520 (*). 647. 750 (*). 768 (*). 770. 837. 848 (*). IX. 40. 190 ff. (*). 201. 514 (*). 526. 528. 763. 815. X. 25 (*). 167. 214. 682. 694 (*). 778. 857. XI. 152 ff. (*). 250. 666. 680. XII. 20 (*). 119 ff. 453 (*). 844 (*). 783. 985. 1126 (*). 1221 ff.
Ambrosius de Sansedonio, d. sel. II. 413.
Ambrosiuskirche in Rom IX. 356 ff.
Amburbalien, s. Procession. [II. 280.
Ameaux Pierre, d. Genfer Rathsherr
„ „ Benoite, das emancipirte Weib IV. 392.
Amed, s. Diarbekir.
Amelia, die Stadt wird christl. V. 863.
Amelius (Gentilianus), Neuplatoniker I. 200—201. VII. 541.
Amelius, Pch., Bf. v. Sinigaglia (†) VII. 823.
Amen I. 201.
Amerbad, pars. Gthbl. VIII. 157.
America, Antheil der Kirche an der Entdckg. u. Christianisg. 201—204. I. 888. 889. (Klöster in) II. 349. 382 ff. III. 242. 529 ff. IV. 730 (Missionen). 809 (Untsuchgn. des Grotius). V. 166 (Hieronymin.). 840 (Entdeckung). VI. 528 (Tigrr. in). VII. 121. (Methodstn.). 138 (Mexico). 167 (Missionen). 604 (Ofvtn. in). VIII. 13. 591 ff. 874 ff. (Quäker). X. 217 (Gsch. d. Sclaverei). 267 (Kchnstatist.). 455 ff. 845. XI. 259. 495 ff. 668. 748. XII. 69. 70 (Entdeckng.). 226. 248. 260 (Cortez in). 483 Oblaten in). 591 ff. 811.
America, Pflanzung u. Gesch. d. Kirche daselbst XII. 34—50. s. Brasilien (II. 140.) Grönland (IV. 774.) Nordamerika (VII. 638.) Paraguay (VIII. 120.) Südamerika (X. 436.) Westindien (XI. 897.).
Amerpach, Vitus, Humanist († 1557) I. 204.
Amersfoort, d. Seminar in V. 500.
Ames, Wilh., d. Quäker VIII. 875.
Amethyst, d. Edelstein III. 385.
Amictus, (Humerale) I. 204. 220. VI. 215. VII. 190. VIII. 807.
Amida zerstört VII. 620.
Amiens, Stadt u. Bm. II. 260. 262. 872. VI. 307. IX. 297. XII. 18. 104. 105 (goth. Kche. in) 1248.
Amiens, Peter v., s. Peter v. Amiens VIII. 316).
Amiot, Jes. Mßnr. in China († 1794) 204.
Amlik, Amlak, die Amalekiten; s. d.
Ammanatus, Cdl. XII. 740.
Ammianus Marcellin, Histor. I. 204—205. II. 499. XI. 461. 462.
Ammon, prot. Thlg. IV. 271. [687.
Ammon, von Absalom ermordet V.
Ammoniter, die, I. 205—206., s. Canaan u. Canaaniter, Rabath-Ammon, dazu I. 208. 354. 391. IV. 268. 314. 425. 900 ff. V. 506. 514. 687. 790. 817. VI. 601. 618. VII. 184. 760. VIII. 292. IX. 200. 922. XI. 462. 503.
Ammonius Saccas, Philosph I. 206—207. 161. IV. 475. 851. VII. 541. 827. 878. XII. 1317.
Ammonius, Ascet VII. 225.
Ammonius, d. älteste der 4 langen Brüder, s. Brüder, die langen dazu I. 757. VII. 847. [237.
Amöneburg, Klstr. II. 62. 461. IV.
Amolo, gl. Ebf. v. Lyon I. 219. IV. 627. IX. 714.
Amon, St. XI. 320.
Amon, Kg. v. Juda I. 207.
Amonius, Mönchspsch. 207—208.
Amorbach, Klstr. I. 708. IX. 501.
Amoriten, die I. 208., s. Canaan u. Canaaniter, dazu I. 205. III. 574. IV. 268. V. 146. 152. 506. VI. 8. VII. 364. X. 31.
Amort Eusebius, gl. Agstner I. 208. VI. 549. VIII. 306. X. 936.
Amortisation, A.-sgesetze I. 208—212. V. 933 ff. VI. 158. IX. 659 ff. XI. 1017. XII. 659.
Amos, der 3. der 12 kln. Prophtn. I. 212—213. dazu I. 195. IV. 883. V. 589. 600. VII. 105. 109. VIII. 619. 621. X. 836.
Amotion, s. Kirchenamt.
Amovibilität, Inamovibilität der Pfarrer VIII. 363 ff.
Ampel, die I. 213. [568.
Amperbach, Vitus, Convertit XI.
Amphibolie, s. reservatio mentalis Lüge (IX. 217 ff.) (XII. 741 ff.).
Amphilochius, St., Bf. v. Iconium († nach 392) 213—214.
Amphipolis, Stdt. 214. VI. 720.
Ampringen, Joh. Casp. v., Hoch- u. Dtschmstr. X. 817.
Amram, Mutter des Moses VII. 357.
Amru, d. Kaliph IV. 346. [153 ff.
Amschaspands, die VII. 172. VIII. 38.
Amsdorf, Nicol. v., d. Freund Luthers I. 214—215. dazu 98. II. 204. IV. 80. VI. 670. 734. 771 ff. VII. 11. 31. 35. 56. 57. 340. 493. VIII. 384. IX. 571. X. 212. 868. 591. XI. 1164. 1171.
Amsterdam, Stdt. II. 632. IV. 805. V. 024. (Infralapsarier in) VI. 308. (Labadisten in) XII. 574. 575. (d. Rite. in) 1115 (Judenschln.).
Amt Christi, Aemter Christi I. 215. s. Christus (II. 518.).
Amt, geistl., s. Kirchenamt.
Amt mit Choral, figurirtes I. 215—216. V. 223. VII. 102. XII. 1000.
Amtseid, III. 466. VIII. 408. IX. 251.
Amtseinsetzung, canon., s. provisio canonica.
Amtsentsetzung, canon., III. 106 ff. VI. 231. VIII. 780.
Amtsgewalt, s. Competenz, Mißbrauch der A. (XII. 804.).
Amtsgnaden, -gaben X. 256. [281.
Amtskleidung des Hohenpriesters V.
Amtsvergehen der Geistln. s. Disciplinarvergehen (III. 177 ff.). Excesse (815 ff.). Gefängnißstrafe (IV. 348). Strafverfahren (X. 304). Verbrechen u. Vergehen (XI. 551 ff.) dazu XII. 626 ff. 804 ff.
Amulet I. 217—219. III. 387. V. 836. bei den Mohammdn. XI. 801.
Amulo, s. Amolo.
Amurat III., Sultan XI. 437.
Amyot, Jacob, gallican. Prälat u.

Angers, Bm. I. 821. III. 253. (Schule zu) V. 496. XI. 870. XII. 148.
Angilbert, Erzcaplan Carls d. G. VI. 455. A., Ebf. v. Mailand VI. 751.
Angilram von Metz (Ingelram), (st. 791) I. 253. 325. II. 320. V. 398. VIII. 850. XII. 55 ff.
Anglic, Joh., gl. Trinitarier XI. 257.
Anglicanische Gefühlsmoral VII. 323.
Anglicanische Kirche, s. Hochkirche v. England.
Anglokatholicismus, s. Tractarianismus (Puseyismus) XI. 109 ff.
Anglus, Richard, s. Richardus Anglus (IX. 34 ff.).
Angoulême, Bm. XII. 1248. [298.
Angra, Bm. st. d. Azoren I. 126. II.
Angrogne, Syn. zu XI. 787. 789.
Angstläuten, das I. 254. VI. 204.
Anguilbert, Theod., gl. Jre VII. 142.
Angulo, d. Msndr VIII. 121. XII. 41.
Angustia loci, Unbedeutendheit des Ortes XII. 55.
Anhalt, Rückkehr des Herzogs und der Herzogin zur Kirche I. 254. (1825).
Anhören der Messe, Krchngbot IV. 344. XII. 549 ff.
Anian, St., Bf. v. Orleans IV. 412.
Aniane, Klstr., s. Benedict v. Aniane, dazu III. 683.
Aniani Breviarium, s. Breviarium Alaricianum.
Anicet, Ppst. (157—168) I. 254—255. III. 520. IV. 927. V. 428. VI. 38. 134. 811. VII. 874. VIII. 573. X. 254. [I. 255.
Anim, Stdt. im Gbge Juda
Animuccia, Musiker VII. 409.
Anjou, das Haus V. 705; s. Carl v. A., Ludwig v. A.
Anklageproceß, s. Strafproceß.
Ankyra, Syn. dist., s. Ancyra.
Anna, Mutter der Gottesgebärerin I. 255—257., s. Hanna, dazu V. 688 ff. VI. 837. 861. 873. VII. 24.
Anna, s. Hanna IV. 864. a) die Mutter Samuels VII. 107. IX. 616. b) Frau des ältern Tobias. c) Tochter Phanuels V. 574. d) Mutter der Gottesgebärerin.
Anna Boleyn, die Buhlerin Heinrichs VIII. s. Boleyn, Anna.
Anna v. Cleve I. 626.
" v. Engld. I. 29. 896. V. 233.
" v. Ostanglien I. 249. III. 395. IV. 780.
Anna v. Polen VIII. 550. XII. 632 ff.
" Catharina v. Oestreich, Servitin X. 745.
Annalen der Verbreitung des Glaubens, die VII. 169.
Annalia, s. Abgaben.
Annano, die angebl. Tonart VII. 395.
Annas, Hhpstr. I. 256. V. 282. 470. 530. VI. 9.
Annaten, s. Abgaben, dazu I. 30. 646. II. 97. 747. 755. 954. III. 460. 767. VIII. 57 (in Engld.). X. 82. 316. XII. 386.
Annati, P., Gl. VIII. 221.
Anneaux, der Rath V. 654.
Annecy, Sitz des Bms. v. Genf IV. 410.
Annegarn, Gl. VI. 154. VIII. 222.
Annerich III., Pch. v. Antiochien VII. 892. [260.
Annianus aus Celeda, Diacon VIII.
anni cleri I. 256—257.
anniversarius, Jahrtag, I. 257. s. Exequien, Jahrtagsstiftungen.
Anno II., St., Ebf. v. Cöln I. 257—58. dazu 91. II. 188. III. 806. IV. 700. 702. 898. V. 14 ff. 319. VII. 17. 227. 539. XII. 199. 200. 236. 239. 239. 240.
Anno, Abt v. St. Gallen IV. 293.
Anno, Bf. v. Freysing VII. 524.
Annualprocesse, die II. 207.
Annullirung der Ehe, s. Ehe. [564.
Annunciacao, P. Fernaudo da XII.
annulus piscatoris, Fischerring I. 258—259. II. 154. VIII. 112. XII. 821.
Annunciaden I. 258. 797.
annus bissextius, s. Jahr d. Hebrr.
annus caventiae, s. Abgaben, dazu I. 261.
annus claustralis I. 259.
annus decretorius, directorius, Normaljahr I. 259. VIII. 148. IX. 172. 185. 186. 430 (vom J. 1245). 452. XII. 613. 663.
annus deservitus, I. 259—260. s. Sterbjahr.
annus discretionis I. 260.
annus gratiae, s. Sterbejahr.
Anomöer, arr. Partei I. 261., s. Eunomianer, dazu I. 78. 123. 232. 417. 438 ff. II. 535. 538. V. 311. 185 ff. VI. 516. X. 202. XII. 1040.
anonymus Haserensis, s. Haserensis anonymus (IV. 883.).
Anquetil du Perron, d. Orientlst. († 1805) VIII. 156. 159.
Anräuchern, das X. 28.
Anreden, Arten der II. 403.
Anrufung der Heiligen, s. Heilige, dazu IV. 256. 258 ff. VIII. 616. IX. 815. XI. 209. 242. 243.
Ansar und Mohadscherun, die ersten Anhänger Mohammeds I. 261—262., vgl. Hedschra, Sunniten, dazu V. 890. VII. 187.
Ansbald, St., Abt von Prüm VIII. 841.
Anschar, s. Ansgar.
Anschauen Gottes I. 262—264., vgl. Glaube, Seelenschlaf, Vergeltung.
Anse, Syn. zu II. 640.
Ansegisus, St., Abt v. Fontenelle I. 765. Capitulariensammlung des II. 307. 331. XII. 364. 365.
Ansegisus, Ebf. v. Sens I. 876. V. 750. XI. 668.
Anselm, St., Ebf. v. Ctrbry. I. 264—268., dazu I. 143. 419. 721. II. 314. III. 101. 221. 253. 348. 379 ff. IV. 326. 564. 596. 768. 850. V. 48 ff. 225. 392. VI. 343. 865. VII. 302 (als Moralst.). VIII. 167. 420. 672. IX. 359. 390 ff. 716. 718. 738. 744. 745. X. 216. XI. 296. 464. 466. 628. 774. 1222. XII. 54. 468. 779 ff.
Anselm von Havelberg, († 1158) I. 268. IV. 897.
Anselm von Laon, d. Scholasticus († 1117) I. 268—269., dazu I. 3. IV. 541 ff. IX. 716.
Anselm von Lucca, a) der ältere, s. Alexander II. Ppst., Pataria b) der jüngere, Freund Gregors VII. Schriftst. († 1086) I. 269—270. VI. 512. VIII. 74.
Anselm, Ebf. v. Mailand II. 307. VI. 754. 756. XII. 692.
Anselm von Padua, VII. 401.
Anselm, Abt von Gemblours XII. 450. ein paradoxer Magister IX. 451.
Anserl, was Rosairl.
Ansgar, St., d. Apostel des Nordens († 865) I. 270—271. II. 144. 349. 901. III. 19. 305. 349. 719. 720. 852. IV. 70. 312. 313. 516. 517. 683. V. 273. VII. 573. VIII. 168. 698 ff. 841. XII. 530. 539. 752.
Anstrengung, eine buddhist. Vollkommenheit XII. 164.
Antecedens decretum, s. Prädestination. [98.
Antella, 1. Stifter der Serviten X.
Antependium, s. Altar, Altarschmuck.
Antequerra, der Rebell VIII. 124.
Anterus, Papst (235—236) I. 272. 712. III. 875. VI. 953. IX. 117.
Antgar (Otgar), Bf. v. Mainz I. 785. VI. 768. VIII. 856.
Anthemius, einer der letzten weström. Ksr. (ermord. 472) V. 157. XI. 728. Bf. v. Salamis I. 622. Baumeister, Gründer des byzant. Styles im 6. Jhhdt. X. 244. [VIII. 518.
Anthenogenes, Dichter und Märtyrer
Anthimus, eutych. Pch. v. Cstpl. I. 128.
Anthimus, Phil. VII. 315.
Anthologien, exeget., s. Catenen.
Anthropolatrie, s. Götzendienst.
Anthropomorphie, Anthropopathie, s. Anthropomorphismus.
Anthropomorphismus, I. 272—273., s. Ebenbild Gottes, Gott, Paganismus, Humanismus, dazu II. 177. VII. 457.
Anthropomorphiten, Audianer, Secte des 4. Jhdts. I. 272. VII. 91. 181. 845. 847 ff.
Anthusa, Mutter des Chrysostomus II. 534. VIII. 18.
Antichrist I. 273—275. 762. II. 479. IV. 449 ff. 809. VI. 787. VII. 146. 367 (die 4 des R. Mosheim). VIII. 167. X. 267. XI. 678. 929 ff. XII. 17.
Antidikomarianiten, Gegner Mariä I. 275—276., vgl. Maria, d. hl. Jngfr. (VII. 835.), dazu V. 95. 818. VI. 843. 877.
Antigonus, Kge. v. Macedonien IV. 272 (Gonatas). VII. 462. XII. 181. d. letzte Maccabr. IV. 916. V. 139. 280. VII. 402.
antilegomena, s. Canon.
Antilibanon, s. Libanon, Palästina, dazu I. 194. 390. 563.
Antillen, s. Westindien.
Antilope, s. Gazelle.
Antimachiavellisten VI. 716 ff.
Antimontanisten, extreme VII. 266.
Antimund, Msndr IV. 147.
Antinomismus, I. 276—284. 132. II. 152. IV. 557 ff. 560. V. 557. VI. 9. 39. VII. 129. 788. VIII. 896. IX. 821. 835. X. 81 ff. XII. 1193.
Antiochenische Schule I. 284., s. Katechetenschulen (XII. 633 ff.). III. 249. 703.
Antiochenische Synoden I. 285., dazu I. 432. 448. 493. III. 770. IV. 2. 748. V. 310. 456. 507. 918. VI. 352. 910. VII. 851. VIII. 258 ff. 439. 662. X. 202. 431. XI. 31. XII. 781.
Antiochia, Stadt a) am Orontes I. 285—286., dazu I. 574. 840. II. 498. III. 154. 395 (Fstthm.). IV. 248 (chrstl. Fstthm.). V. 169 ff. 917. VI. 111 (Kchngebäude). VII. 42 ff. (melet. Schisma). VIII. 317. 318 (Gefang.). X. 578 (Synagoge in). 823. 858. XI. 529. XII. 649. 691 (Fürstenthm.). b) in Phrygia major I. 285—286, dazu I. 620. 621. III. 357. VI. 350 (hl. Lanze). 822. 834. VII. 248 (arabisch). VIII. 244 ff. (Paulus in). 467.
Antiochien, Patriarchat I. 286—287., dazu I. 162. 309. 435. 494. 573 ff. 608. II. 446. 835 ff. 841. 843. 964. III. 171. 737. 709 ff. 778. V. 315. 400. 404 (jacobit.). 893 ff. 627. 839. 862. VI. 545. 827. VII. 231. 238. 242. 560. IX. 62. 214. 258 ff. 320. 332. 344. 669 (Schismtkr. in). X. 87. XI. 331. 332. 336. 339.
Antiochus, Name von 12—13 syrisch-griech. Königen I. 287—290. A. I. Soter (282—262 v. Chr.) VIII. 60. A. II. Theos (262—246 v. Chr.) und A. VI. Theos (ermdt. 143 v. Chr.) III. 96. V. 783. VI. 351. VIII. 160. X. 43. A. III. d. Gr. (220—187 v. Chr.) I. 291. 490. 497. III. 95. IV. 273. 914. X. 43. A. IV. Epiphanes (175—164 v. Chr.) I. 153. 242. II. 497. III.

95. 603. IV. 307. 517. 574. V. 506. 528. VI. 561. 690. 705. 711. VII. 56 ff. 773. VIII. 861. IX. 603. X. 90. 390. 578. A. VII. Sidetes (139—131 v. Chr.) III. 96. 264. V. 528 ff. VI. 69. VIII. 661. A. V. Eurator († 162 v. Chr.) III. 95. 519. VI. 690. 706. 707. VIII. 861.
Antiochus, Mönch, Verfasser der Pandecten der hl. Schrift VII. 301.
Antipas, Blutzeuge VIII. 292.
Antipas Herodes, der Tetrarch, I. 290—291. 388. 404. 410. 590. III. 917. V. 140. 141. 741. VIII. 397. IX. 651. X. 707. XII. 2.
Antipater, Stthltr. IV. 915 ff. V. 138. 139 (Vater des Herodes). VI. 719. [(Sohn Jasons).
Antipater V. 506 (der Cyrenaiker,
Antipathie, s. Sympathie.
Antipatris, Stdt. I. 291.
Antiphon, I. 291., 198. VI. 551. VII. 97. IX. 549. XI. 827. 831.
Antiphonarium, I. 291. 215. IV. VI. VII. 300. 303. 410. 653. 822.
Antiprobabilismus, s. Probabilismus.
Antiregalisten und Regalisten, s. Regalienstreit in Frankreich (IX. 69.).
Antitacten, Antinomisten, s. Antinomismus. [(IX. 634.).
Antithetisch, s. Satz, vschdne. Arten
Antitrinitarier I. 291—298. s. Trinität, Tritheismus, Unitarier, Socinus, dazu I. 428. II. 3 (in England). 41 ff. 461. III. 103. 161. 162. 376. 906. IV. 415. VI. 531. VII. 264 (montanist.). 530. VIII. 56. 250. 555. 620. X. 60 91 ff. 233 ff. 544 ff. XII. 30. 31.
Antitypus, s. Typus. [XI. 333.
Antivari, Com. VII. 108 (Missnäre in).
Antlaß (Entlaß-) woche IV. 899.
Antoine, Pl. Gbrl., Jes., Moraltblg. XII. 55—56. VII. 306. VIII. 186.
Antoinette, Aebtissin v. Orleans I. 796.
Anton Ulrich, Hzg. v. Braunschweig-Lüneburg (1633—1714) I. 298—299. 877. II. 289. 611.
Anton v. Navarra, Kg. I. 593. 901. II. 51. 52. V. 364 ff. [705.
Anton v. Vienne, Chorh. des Hl. II.
Anton Paul, d. Pietist X. 250.
Antonia, die Burg in Jerusalem V. 529. 530 ff. VI. 691.
Antonin, Mrtr. VI. 415.
Antonin, Bf. v. Ephesus II. 839.
Antoninssäule in Rom IX. 374.
Antoninus Pius, r. K. (138—161 n. Chr.) I. 299—300. II. 232. III. 938. 939. V. 940. VI. 822. 924. VII. 547. VIII. 460. X. 153. 154. 212. XII. 774. 775.
Antoninus, St., Ebf. v. Florenz († 1459) I. 302—303. II. 406. III. 242. VI. 148 ff. VII. 303. VIII. 466. XI. 690. XII. 359. 362.
Antonio, Bf. v. Ceylon X. 185.
Antonius, der Gr., Vtr. der Mönche I. 300—301., dazu I. 60. 207. 208. 221. 475. 492. 494. 536. 787. II. 797 ff. V. 179. 180. VII. 168. 225. VIII. 2. 623. X. 87. 151. XI. 1031. XII. 56. 636. [XI. 967.
Antoniusorden, **Antoniter** I. 301.
Antonius de Corduba, Comitr des Lombdn VI. 588.
Antonius v. Lebrija, s. Lebrija, A. A. von (VI. 400).
Antonius von Padua, St. I. 303—304. II. 245. 740. III. 526. 559. IV. 716. V. 359. X. 290. XII. 918.
Antonius, d. Dichter X. 104 ff.
Antonius von Dominis, s. Dominis (III. 243).
Antonius vom Kreuze I. 888.
Antoniusfeuer, das XII. 56.
Antrad, Abt VII. 524. [VII. 169.
Antrittspredigten I. 304—305. A. u. Abschiedspredigten der Bischöfe II. 403.
Antura, Missnäre in VII. 167.
Antwerpen V. 506 (Sm.). VII. 1. 603. 608. 609 (Friede v.). 636 (Klstr.). IX. 769 ff. X. 655 (Syn.). XI. 167. (Trappisten in).
Antwerpener Polyglotte VII. 269. VIII. 577 ff.
Anubis, ägypt. Gttht. VIII. 36.
Anwartschaften auf Pfründen I 305—308., vgl. Collationsrecht, dazu III. 450. VIII. 71. IX. 220. XI. 191. 244. 215.
Anzahl der Engel, die III. 685.
Aod, Richter, s. Ehud.
Aosta, Syn. IV. 184.
Apamea, Stadt VI. 351.
Apelles, der Gnostiker, und **Apelliten** I. 306 307. IV. 560. VI. 520.
Aphara, bbl. Ort III. 017.
Apharsachäer, **Apharsäer**, **Apharsatachäer**, die Pflanzvölker I. 308.
Aphek, bbl. Ort. I. 308—309.
Aphrodite, Gttht, vgl. Astarte, Aschera dazu II. 877. 961. IV. 300. V. 846. VIII. 41.
Aphthartodoketen, (Phantasiasten), Secte des 6. Jhrhdts. I. 309—310. 444. V. 730. VII. 241.
Apis und Mnevis, d. hl. Stiere II. 5. VI. 11. VII. 772. VIII. 36.
ἀπογραφη, s. Census.
Apokalypse I. 310—325., dazu I. 179. 273 ff. 330. 331. 334. 337. 344 (des Moses). 345 (des Elias). 346 (Zacharias). 553 ff. (apokryph.) 682 ff. 805. II. 125. 440. 479. 859. III. 161. 796. 801. IV. 862. VI. 20 ff. (Canon). 819 (v. Marcion verworfen). VII. 146. VIII. 337. 821. IX. 630. 762. X. 63. XI. 677 ff. XII. 53. 54. 56. 824.
Apokalyptiker, die XII. 335.
Apokatastasis, (Wiederbringung aller Dinge, s. Gnosis, Origenes,) Dinge, die 4 letzten (XII. 288).
Apokrisiarius I. 325. VI. 411.
Apokryphen I. 325—334. 479. 653. 910. 911. 929. II. 440, III. 837 ff. VI. 371. X. 87.
Apokryphen-Literatur I. 334—355. 911. 043. II. 588. 855. V. 122. 488. VI. 9. 801. 836 ff. 847. 933. VII. 625. X. 157. 648 ff. 835. 911. XII. 958.
Apollinaris, St. a) Abt v. Montecassino VII. 271. b) aus Antiochien, Apostelschlr., 1. Bf. von Ravenna VII. 253 (?). IX. 43. XII. 119. 1011.
Apollinaris, **Sidonius**, Bf. v. Clermont († 482 od. 487) I. 355—356. II. 571. III. 758. VI. 650. 789. VIII. 638. IX. 201. 919 (und 2 gleichnamg. Bwandte.). XI. 688.
Apollinaris, **Claudius**, **Apologet** und Bf. v. Hierapolis I. 356—357., dazu I. 362. 364. V. 161. X. 8.
Apollinaris, d. j., Urheber der Apollinaristen, s. d., dazu II. 470. III. 14. 607. 609. VI. 802. VII. 233. 874. VIII. 142. X. 847. 851.
Apollinaris V. 168 (v. Laodicea). 296 (Freund des Athanas.).
Apollinariskirche in Rom IX. 357.
Apollinaristen, Secte des 4. und 5. Jhhdts. I. 357—359., dazu I. 363. 404. II. 518. III. 147. 155. 220. 224. 614. IV. 742. VII. 44. 236. 504.
Apollo, griech. Gtthl. VII. 545. VIII. 21. 204 (Orakelsprüche des).
Apollodor, Mythograph VII. 460.
Apollonia, Std. I. 359., s. Assus, dazu VI. 720.
Apollonia, St. I. 359.
Apollonius von Tyana, Neupythagoräer um Christi Zeit I. 359—360. 363. III. 700. V. 186. VIII. 397. 425. [Erlpb. VI. 715 ff.
Apollonius, Feldherr des Antioch.,
Apollos, d. Johannesjünger, frühester Missionär I. 360—361., dazu I. 159. II. 677. VIII. 249.
Apolog, s. Fabel.
Apologeten I. 361—364. 464. 511. III. 375. IV. 185 (moderne). V. 939 ff. (Justin.). VI. 19. 528. 928. VII. 48 (Melito). 147. 153 ff. VIII. 400 (des Judthms.). 415. 870. IX. 720 (mittelalter.). X. 2. 649. 891. XI. 859. XII. 809.
Apologetik I. 364—369., vgl. Irenik, Ireniker (V. 823.), Polemik und Polemiker (VIII. 536.), Religionsphilosophie (IX. 152 ff.), dazu V. 898—902 (thalmud.). VII. 636 ff. (d. h. Origines gefördert.). XII. 307.
Apologie I. 369. VII. 288 (d. chrstl. Moral.).
Apologie der Augsburger Confession, s. Symbolische Bücher (X. 688.), dazu II. 233 ff. 779. III. 408. VII. 30.
Apostasie, s. Abfall.
Apostel Christi I. 390—371., Jünger, die 72, dazu I. 348 (apokryph. Brfe.). 352 (apokr. Evgln. der) II. 15. V. 663. VI. 97 ff. 195. 546. 549 (Lrge.). 846. VII. 758. VIII. 51. 92 ff. 307. 396. X. 69. XI. 1126.
Apostel, Basilica der 12 VIII. 397.
Apostelbriefe III. 95. XI. 21.
Apostelbrüder, s. Apostelorden.
Apostelconcil I. 621. 629. V. 536. VIII. 382. 335. XI. 30.
Apostelfeste, s. apostolor. divisio, omnium commemor.
Apostelgeschichte, Evangelien (III. 787 ff.), ferner I. 333 ff. 350 ff. 619 ff. 627. IV. 861 (Handschrftn.). VI. 801—819. VII. 633. XII. 503 ff.
Apostelorden I. 371., dazu I. 282. II. 390. V. 323.
Apostelschüler I. 300. II. 540. 580. 673. V. 119. VIII. 72. 307. 870. IX. 43. X. 261. 289. XI. 239. 1146.
Apostolat, das, s. Bischof, Papst, dazu IV. 364. VIII. 651.
apostoli, was litterae dimissoriae, s. Dimissorialien.
apostolicae sedis gratia, der Titel I. 371—372; vgl. Bischof.
Apostolicität, s. Apostel-, Kirche.
Apostolicum, Bulle V. 506.
Apostoliker, die I. 372., XII. 951.
Apostolische Canones und Constitutionen, s. constitutiones et canones apostolor.
Apostolische Kanzleiregeln, s. Kanzleiregeln. [410. 411 ff.
Apostolische Nuntien, s. Legaten VI.
Apostolische Väter I. 373—374. 619. II. 580. III. 156. 826. V. 119. 591 ff. VIII. 90. 210. 573.
Apostolische Vicariate, s. Vicarius
Apostolischer König I. 373. VI. 860.
Apostolischer Protonotar, s. protonotarius apostolicus. [Papst.
Apostolischer Stuhl, s. curia Romana, apostolicus XI. 668.
Apostolisches Glaubensbekenntniß, s. Glaubensbekenntniß.
Apostolorum Antiochenae Synod. canones II. 301. 905. [I. 351 ff.
Apostolorum certaminis historia I.
apostolorum definitio canonica Sanctorum II. 301.
apostolorum divisio XII. 56.
apostolorum liminum visitatio, s. visitatio liminum apostolorum.
apostolorum omnium commemoratio XII. 57. [II. 301.
apostolorum ordinatio ecclesiastica
apostolus, s. Pericopen (VIII. 295.).

Apostoolen, mennon. Parthei VII. 60.
Apotaktiker, syr. Gnrstkr. IV. 560.
Apotheose, Vergötterung eines Menschen I. 374–376. IV. 636. VI. 318 (in Tibet). VIII. 557. 637 (Christi).
Apparition, s. Verzückung (XI. 661.).
Appellanten, s. Jansenius u. Jansenismus (V. 496 ff.). Utrecht (XI. 509 ff.) dazu II. 611. V. 499. VI. 757. 758. XI. 509. XII. 830. 840 ff.
Appellation, s. Rechtsmittel (IX. 63 ff.), dazu VI. 22 ff. (an den Papst.) VII. 136. IX. 628 ff. X. 404. XI. 221.
Appellation vom Papst an ein allgemeines Concil I. 276. II. 207. VI. 807. VIII. 482. XI. 508. [236 ff.
Appenfelder, Jh. Gg., der Mucker II.
Appenzell, Ctn. IX. 855.
Appia, Weib des Philemon, s. Philemon (VIII. 389).
Appian, Histor. III. 517. [118).
Appii forum s. forum Appii (IV.
Appion, Erklärer des „Sechstagewerkes" XII. 56.
Application, s. Accommodation.
Application der Messe, s. Messe.
Approbation s. Censur.
Approbation eines Geistlichen I. 376–377., vgl. Sendung des Seelsorgers (X. 88.). II. 941. III. 862. V. 303. VI. 24 (Sporteln für). 163. VIII. 366. 835. IX. 215. 606.
Apries (Hophra) v. Aegypten IX. 922.
Apsis, Nische der alten Basiliken I. 377.
Aptunga, F. v., s. Felix v. Aptunga.
Apulejus, alter Schriftstlr. VIII. 572.
Apulien, s. Neapel (VII. 496.).
Aqs, Bm. XII. 830.
Aquae Sextiae, s. Aix (XII. 21.).
Aquarii I. 377. s. Encratiten, Hydroparastaten. [IV. 173.
Aqua Spartanus, Franciscr.-Gnrl.
Aquaviva, der Jes.-Gnl. I. 377–381. II. 758. 793. VI. 490. 778. 864. VII. 204. VIII. 21. 620. X. 203. XII. 226. 955. [826.
Aquila, christenfeindl. Proconsul VII.
Aquila, Caspar, der Apostat I. 99. X. 326. VII. 467.
Aquila aus Synope, Bibelübers., I. 138. 139. 933. VII. 535. X. 533.
Aquilas und Prisca (Priscilla) I. 381–382. 361. II. 572. 877. VIII. 246.
Aquileja, Pchat. und Synoden I. 382–383., vgl. Venedig, dazu I. 463. 499 ff. 784. II. 526 ff. IV. 679. 682. V. 891 (Syn.). 168. 318. VI. 35. 466. 752 ff. VII. 44 (Syn.). VIII. 215. 241. 263. IX. 440 ff. X. 194. XI. 175. 255. 366. 634. 692. 727. XII. 120. 490. 1206.
Aquin, Thomas v., s. Thomas von Aquino (X. 911.).
Aquisgrani, s. Aachen.
Aquitanien, s. Frankenreich, Gallien.
Ar, Hptstdt. v. Moab I. 383. VII. 144. XI. 491.
Araber, s. Arabien, Ausbreitung d. Chrstthms., vgl. Caaba, Cusch, Gothen, Hedschra, Mauren, Schulen, hohe, der Juden. — I. 261. 576. 631. II. 357 ff. 902. III. 332. IV. 345. 757 ff. V. 103 (mohamed.). 302 (Homeriten). 500. 510 ff. 696 (Joctan). 846 ff. (Islam) 860 (Ismael) VI. 618. VII. 248 ff. (Saracenen). 524 (Hft. über die Nestor.). 561 (Erobgn.). 617 (über Nimrod). 621 (Christiansg.). VIII. 673. X. 151. 624. XI. 293. 503. XII. 780.
Arabien, I. 383–388., dazu I. 74. 75 (Mhmds. in). 102 (Amalekiter ein arab. Stamm). 410. 632 (A. felix). 827. III. 99. 864. 750 (A. felix). IV. 346. 846. V. 890 (Juden in). VI. 219. 221. 722. VII. 244 (Monophys. in). 525 (Nestorr. in). VIII. 385. IX. 484. X. 60. 170 ff. XI. 31. 337. 513. 514. 812. XII. 66. 68. 72.
Arabien, Ausbreitung des Christenthumes daselbst I. 388–389., s. Araber, Arabien.
Arabisch-aristotelische Philosophie, s. Aristotelisch-scholastische Philosophie. [cils VII. 555 ff.
Arabische Canones eines Nicänerconcils
Arabische Uebersetzung der Bibel, s. Bibelübersetzungen.
Arabischer Dialect, s. Semitische Sprachen (X. 61). dazu VI. 60. 638. 640. VIII. 404 ff. 407.
Ara coeli, Klstr. in Rom VII. 146.
Arad, Stdt. im Stamme Juda I. 389–390.
Arad, Reich VII. 361.
Arad, ungar. Bm., s. Gran (IV. 663).
Aradus, Stdt. I. 390. VIII. 430.
Araf, Mittelzustand der Moslemin im Jenseits V. 852. [168.
Arago Emanuel, d. Republikaner IV.
Aragonien, Kgr. II. 25. 551. IV. 370. VI. 934 (Entstehng). VII. 586. VIII. 463. X. 262 ff.
Aram, Aramäer I. 390–393., vgl. Syrien, Sem, dazu I. 387. 391. 471 ff. 566. V. 860. VI. 692. VII. 76.
Aramäischer Dialect, s. Semitische Sprachen, dazu VIII. 53. 401 ff. IX. 772 ff.
Aramazd, armen. Gtlbt. I. 439.
Aram Zoba, das Reich I. 391. 851. 852. III. 12.
Aranda, Pedro, Graf, Minister Carls III. von Spanien († 1799) II. 615. V. 566. X. 442. 835. XI. 901.
Araoz, Jesuit V. 553.
Ararat, d. Berg I. 393., dazu 438. VII. 627. XII. 773.
Arasen, Jon., isländ. Bs. V. 860.
Arator, St., Bs. v. Verdun XI. 588.
Arator, lat.-chrstl. Dichter des 6. Jhhdts. I. 393–394. VIII. 522.
Araucaner, die XII. 45. [353. VII. 8.
Araxes, d. Fluß, s. Chabor, dazu IV.
Arba, Stadt des, s. Hebron.
Arba, Stammvater der Enakiter, s. Enakiter.
Arba Kanphot, der kleine Talmud der Juden I. 394–395.
Arba Turim, das Buch V. 907.
Arbeit, knechtliche, am Sonntage I. 395., vgl. Heiligung der Sonn- u. Feiertage (XII. 551 ff.).
Arbela (Beth Arbel), bbl. Ort. I. 395.
arbitrii receptum II. 736 ff.
Aribo, s. Aribo.
Arbogast, d. Franke X. 858. XII. 1222.
Arbon (Arbor felix), Ort. I. 148. 150. II. 698. IV. 295. 496.
Arbrissel, R. v., Ordensstifter, s. Fontevraud, Robert von Arbrissel.
arca für die Hauscommunion XII. 417.
Arcadelt, Sänger VII. 407.
Arcadius, oström. Kr. (395–408) I. 395–396. 469. II. 536. 839. III. 441. 926. V. 313 ff. 627. VI. 613. 910. VII. 612. X. 388. 595. 500. 859. XI. 725. XII. 618. 916. 1016.
Arcan-Disciplin I. 396–398., dazu I. 16. 806. II. 928. IV. 435. VI. 19. VII. 232. 433. 535 ff. XI. 140.
Archäologie, biblische I. 398–404. II. 14. V. 810. VI. 555. 787.
Arche Noahs VII. 625. IX. 664.
Archelaus, St. VI. 794. A. Bs., Gegner des Manes VI. 795. 796.
Archelaus, Ethnarch von Judäa, Samaria und Idumäa (verbannt um 12 n. Chr.) I. 404–405. 280. 546. III. 728. IV. 917. V. 575. VIII. 50.
Archeväer, Volksstamm I. 405.
Archicapellanus, Archicancellarius, s. Almosenier, dazu V. 273.
Archidiacon und Archidiaconate I. 405–407., s. Generalvicar, vgl. Chartophylax, dazu I. 827. II. 496. 546. 821. 913. 914. III. 130. 131. 246. IV. 650. V. 164. 169. 835. VI. 191. VII. 527 (d. d. Nestorr.). 750. VIII. 188 (ehmal. v. Passau). 613 (Posen). 664. 773. 774. 811. 824. IX. 64. 72. 116. X. 67. 521. 669.
Archidiaconate der engl. Bmr. V. 245.
Archiereus, Titel der hohen Geistlichkeit bei den Griechen I. 407.
Archimandrit, bei den Griechen der Abt, s. Abt, dazu I. 051. II. 825. IV. 285. VIII. 832.
Archinard, Gl. IV. 907. [39.).
Archiökonomos, s. Kastenvogt (VI.
Archiota, s. Archiv.
Archipelagus, das Chrstthm. im asiatischen XII. 566 ff.
Archipresbyter I. 407–409. 827. 832. II. 945. V. 164. 196. 333. VIII. 831. IX. 16. X. 67. 524. 791.
Architectur, s. Baukunst, chrstl.
Archivar, Archiv XII. 68., vgl. Chartophylax, dazu VIII. 115. [831.
Archontiker, gnost. Secte IV. 560. VI.
Arcimboldi, der Legat († 1555) I. 409–410. II. 510.
Arco, die Grafen; Joseph III. Adam, Bs. v. Seckau IX. 914 ff. Sigismund, Marschall des Tridentinerconciles XI. 189. [443 ff.
Arcona, alte Festung auf Rügen IX.,
Arctatorische Fristen, s. Fristen (IV. 235.).
Arctatorische Ladung, s. Citation.
Arcudius, Petrus, gl. griech. Priester († nach 1633) XII. 58.
Ardaban, Geburtsort Montans VII. 253.
Ardericus, Ebs. v. Mailand VI. 754.
Ardibeheschi, pars. Gttht. VIII. 157.
Ardingho, Bs. v. Florenz XII. 358.
Ardo, s. Smaragdus (X. 231.).
Ardringhelli, Nuntius XI. 184.
Arendt, der Convt. XII. 1056. 1061.; Gl. V. 944. VI. 156. [Athen I. 410.
Areopag, Gerichtshof im alten
Areopagita, Dionys, s. Dionysius Areopagita (III. 163.).
Ares, der Kriegsgott VIII. 41.
Aretas, Name mehrer arab., zu Petra residirender Könige I. 410. III. 13. 728. 791. IV. 915. V. 506.
Arethas, Ebs. v. Cäsarea in Cappadocien I. 58–59. IX. 761.
Aretino, Leo VIII. 535.
Arevalo, P., Gl. IX. 922 ff.
Arezzo, Bm. V. 766. VIII. 474.
Argensola, Histor. IV. 41. [552.
Argentier, l', Abt von Clairvaux II.
Argentinische Republik, s. Rio de la Plata.
Argentoratum, s. Straßburg.
Arglist, s. List.
Argos, Bm. XII. 506.
Argumentation, s. Allegation.
Argwohn I. 411., vgl. Ehre.
Arialb, d. Patarener VIII. 207.
Ariamir, Kg. XII. 130.
Arianer, s. Arius, Vandalen, dazu I. 161. 162. 699. 700 ff. II. 535. III. 78. 155. 161. 261. 237. 273. 378. 392. 614. 747. 769 ff. IV. 370. VI. 515 ff. 825 ff. 900 (Sueven in Spanien). VII. 41. 42 ff. 561. VIII. 219. 439. 705. XII. 1171.
Arianismus, s. Arius, dazu I. 124. 199 ff. 213 ff. 232. 261. 300. 334 ff. 357. 437. 456. 492. 499. 502. 566. 661. 662. II. 216 ff. 460 490. 501. 518. 834. 964. 972. 974 III. 13 ff. 154. 220. 249. 603 736. 758. 760. 764. 765 ff. 766. 875

906. 927. IV. 2. 80 ff. 148 ff. 211. 252. 253. 408. 428. 582. 673. 682 ff. 736. 739. 741. 743. 757 ff. V. 185 ff. 197. 302. 309 ff. 591. 592 ff. 711. 914. 947 ff. VI. 140. 368. 480. 611. VII. 330 (ein moderner Vertheidiger). 704. 814. VIII. 3. 72. 73. 102. 389. 415. 516. 510. 843. IX. 120. 201. 396. 457. 624 ff. 821. X. 194. 201 ff. 674. 848. 851. 855. 856 ff. 859. XI. 92. 249 ff. 272 ff. 365 ff. 520 ff. 675. 723. 1147. 1270. XII. 129. 201. 202. 241. 334. 916. 1040.

Arias Montanus, gl. Thlg., s. Montanus, Ben. Ar. (VII. 265).

Arias Sebastian, d. barmh. Bruder II. 175.

Aribo, Bf. v. Freising XII. 59—60. II. 874. 875. III. 556. 557. IV. 206.

Aribo, Ebf. v. Mainz II. 512. III. 304. VII. 18. XI. 1107. XII. 1248.

Arier V. 616. VII. 8. XII. 1323 ff.

Arigler, Exegt. VII. 455.

Arima, japan. Reich V. 500. 502.

Arimathäa, bbl. Ot. I. 412., s. Rama (IX. 13.).

Arimathia, Jos. v. XII. 496.

Ariminum, s. Rimini (XII. 1040).

Aringhi, Kunstschriftst. II. 6. VI. 43.

Ariobert, 2 Longobardenherzoge V. 745. VI. 594.

Ariost, d. Dichter († 1533) XII. 1157.

Ariowald, Lngbdukg. V. 315. VI. 593. XII. 118.

Aristages, armen. Pch. I. 410. IV. 732.

Aristeas, Nachrichten über die Septuaginta I. 162 ff. VII. 449.

Aristides, Apologet des 2. Jhrhdts. I. 412. I. 361. IV. 845. [315.

Aristipp, Philos. III. 618. 619. VII.

Aristo, St. IX. 35.

Aristobul, Herrscher der Juden IV. 915. V. 529. 875. IX. 584.

Aristodem, der Götzendiener V. 769.

Aristokritos, d. Manichäer VI. 802.

Ariston, von Pella, der Apologet XII. 60—61.

Aristoteles und sein System I. 193. 498. II. 904. III. 324. 345 (**). 375. 609. 730 (*). 921. 357 (Psychologie). 360. 430. 477 (Politik). 391 ff. (*). 594 ff. (*). V. 431. 936. 940 (**). VI. 663. 366. 397 (Ethik). 422. VII. 118 (*). 141 (Uebsezgn.). 317 (Schic. des). 792. VIII. 204. 408. IX. 755 (*). X. 187. 863 ff. XI. 161. 428 (*). XII. 415. 453 (*). 975 (*).

Aristotelisch-scholastische Philosophie I. 413—427., s. Philosophie, Scholastik, dazu I. 143. 192 ff. II. 69. 183. 192 ff. 286. 314. 904. III. 148. 221. 324. 345. 375. 380. IV. 64. 109 (***). 360. 429. 564. 850. V. 84. 339. 714 (***). 738. 901. VI. 393. VII. 180. VIII. 602. 603. IX. 532. 638. 713. 743. 744 ff. X. 435. 685. 922 (***). XI. 272 ff. 294 ff. 550. XII. 253. 292. 433. 1263. 1278. 1277. 1294.

Arithmetik, s. mittaltle., Quadrivium.

Arius I. 428—436., s. Arianer, Arianismus, dazu II. 829. 843. 844. 859. III. 609. 759. 763 ff. 770. 928. V. 160. 336 ff. 456. 530. 919. VI. 814. VII. 551. ff. VIII. 340. X. 87. XII. 508. 635. 743.

Arkiten, canaan. Volksstamm I. 436., s. Canaan, vgl. Sinlier.

Arles, Stadt in Südfrankreich, C. Bm. u. Syn. I. 436—437. 433. 403. II. 85. 101 (Syn.). 246. 404 (Syn.). 673. 828. 844 (Syn.). III. 250 (Schule). 256 ff. (Syn.). V. 181 ff. (Syn.) 266. 337 (Syn.). 889. VI. 73. 363 (Syn.). 410 (Biert. über Gallien). 447 ff. 483. 508. Syn.: 515. 610. 611. 617. 681. 788. VII. 38. 878 (Syn.). VIII. 441 (Syn.). 773 (Primatialsitz). IX. 272. 919. (Bm.) 669 (Syn.). X. 59. 354. 550 (Syn.). 575 (Bm.). XI. 1295 (Bm.). 257 (Klstr.). 249 (Syn.). XII. 1199 (Bm.).

Armagh, Ebm. II. 654. V. 240. 826 ff. (Gründng.). VI. 775. VIII. 773. XII. 499. 500 ff.

Armagnac, George d', Ebf. v. Toulouse XI. 96 ff.

Armantarius, Sl. XII. 936. [sel. armarium, armariolum, s. Tabernaa.

Armbänder der hebr. Frauen, s. Putzsachen b. d. a. Hbr. (VII. 667).

Armbruster, der Schwärmer IX. 533.

Arme von Lyon, s. Waldenser.

Armenanstalten, vgl. Wien. A.-Diaconen IV. 875.

Armenbibel, s. biblia pauperum.

Armeneid III. 469.

Armenien, Kgschls. I. 437—445., s. Gregor d. Erl., dazu I. 301 (Kloster). 303. 605. 606. 608. 632 (Groß-A.). III. 352. 756. IV. 574 ff. VII. 75 (Mesrop in). 168 (Missionäre in). 225 (Mönchthum). 243 (Monophys.) 246. 525 (Reform). 619. VIII. 52. 214. IX. 7. 206. XI. 129 ff. 235 ff. XII. 67. 72.

Armenier I. 631. 632. 741. 779. II. 167. 170. III. 253. 408. 540. 711. 742. 748. IV. 32. 38. V. 459. 537. VI. 118 (Kirchenplätze bei den). VII. 165 (in Rom). VIII. 309. 310 (schismat.). 446. 447. IX. 829. X. 13. 625. XII. 569 (in Indien). 900 (in Oestreich).

Armenische Bibelübersetzungen I. 913. VII. 4. A. Kirchenväterübersetzungen III. 711. A. Liturgie VI. 511. 517. A. Mönche I. 633.

Armenische Christen, s. Chaldäische Christen, Mechitaristen.

Armenische Sprache VI. 172.

Armenmatrikel VII. 62.

Armenpflege, I. 445—455., s. causae piae, Wohlthätigkeit, dazu II. 730 ff. IV. 397. 819 ff. V. 538 (in Braunschw). 719. 721. 924 ff. VI. 190. 197 ff. VII. 63. 164. VIII. 186.

Armenpflege bei den Hebräern V. 875.

Armenquarte in Bayern VIII. 878.

Armenschulen VII. 139. [land).

Armensteuer II. 731. III. 537 (in England).

Armentisch, s. mensa pauperum.

Armenwesen, französ. vor 1789 IX. 256.

Arminianer I. 455—457., vgl. Collegianten, dazu I. 626. II. 282. 632. 847. III. 264 ff. IV. 572. 801 ff. V. 443. VII. 336. IX. 190. X. 13. 78. 573 (symbol. Schftn.). 587. XI. 501. 512 ff. 761. [VI. 350.

Arminius, Jacob I. 455. V. 624.

Armleder, der Judenverfolger V. 805.

Armorica, s. Bretagne.

Armuth I. 457—460., vgl. Armenpflege, Communismus, Pauperismus, Socialismus (XII. 930 ff.), dazu IV. 128. 129 ff. 131. 385 ff. 397. VI. Gelübde der: 223. 808 ff. 811. VII. 23 (evangel.). X. 349 (A. Christi). 1126.

Arn (Arno), Alcuins Freund, I. Ebf. v. Salzburg († 821) I. 460—463., dazu I. 702. 706. II. 474. IV. 821. V. 398. 399. VI. 33 ff. 430. 749. VII. 752. VIII. 241. IX. 94. X. 224. XII. 561. 1082.

Arnauld, Name einiger Jansenisten, bes. A. Antoine, Dr. der Sorbonne, Wortführer seiner Parthei († 1694 als Flüchtling), s. Jansenius (V. 489) II. 125 ff. 608 (Heinrich, Bf. v. Angers). III. 332. 814. V. 493 (Angelica). 609 VI. 422. 426. VII. 306. VIII. 161. 162. IX. 233. 486. 508. 618. X. 156. XI. 19. XII. 828.

Arnautische Sprache VI. 719.

Arnd, Joh., prot. religiös-mystischer Schriftstlr. († 1621) I. 463—464., 239. 870. VIII. 452. 641. X. 274. 277. XI. 1284.

Arnd, Ed., Schrftst. über d. franzöf. Revltn. IX. 262.

Arnim, d. Feldmarschall IV. 624. Achim von A. XII. 131. 135.

Arno, s. Arn.

Arno, St., Bf. v. Würzburg XI. 1185.

Arnobius, Rhetor und Apologet des Christenthms. im 4. Jhhdt. I. 464—465. 363 ff. 593. III. 933. VI. 311. VII. 154. 460.

Arnobius der jüngere, semipelag. Bf. in Gallien I. 465. X. 59.

Arnold aus Cöln, Mssnär. V. 723.

Arnold von Brescia, der Demagog (hinger. 1155) I. 465—466. 103. 639 ff. II. 800. III. 743. IV. 222. 223. V. 630. 632. VI. 615. VIII. 783.

Arnold von Lübeck, Chronist († 1212) XII. 61. 554.

Arnold, Gottf., Ketzerhistor. († 1714) I. 466—467. II. 204. 468. III. 273. 807. IV. 870. VI. 155. VII. 246. X. 283.

Arnoldi, Bf. v. Trier III. 181. VIII. 752. 335. IX. 335.

Arnoldi, Barthol. (Usingen), Gegner Luthers († 1532) I. 467—468.

Arnolf v. Vohburg, Chronist III. 556 ff. 559. IX. 92 ff.

Arnon, der Fluß 468.

Arnstadt, Reichstag zu VII. 898.

Aernte b. d. Hbn. I. 57 ff. [553.

Aernten, ob an Feiertagen erlaubt XII.

Arnulf, Bayerhzg. VII. 895. XI. 376.

Arnulph, Ebfe. von Mailand VI. 751. 755.

Arnulph, der Heilige, Bf. v. Metz († 641) I. 468. II. 943. V. 153. 155. XII. 1032.

Arnulph, Ebf. v. Rheims IV. 694. V. 761. IX. 203. XII. 379. [883.

Arnulph, Bf. v. Halberstadt VIII. 882.

Arnulph, fränk. majordomus III. 2.

Arnulph, Ksr. († 899) I. 614 ff. III. 558. IV. 115. 116. 207. 888. V. 751. 754. VI. 623. VII. 669. VIII. 172. IX. 95. 113. 114. XI. 1185.

Aroer, bbl. Ot. I. 468—469.

Arpad, Gebiet u. Stadt, s. Aram und Hamath.

Arpad, Führer der Ungarn VI. 742.

Arphachsad, der Sohn Sems I. 469. VI. 818.

Arphad, s. Aram.

Arras, Bm. und Stadt III. 666. 668. IV. 851. V. 155 (Teufelssabbath zu). VI. 479. IX. 290. XII. 211. 1032.

ἄρρητα τά II. 214.

arrha, s. Mahlschatz. Mengeld.

Arrian, Epictets Schüler III. 618. V. 507. VII. 76. 318. X. 33.

Arrigoni, Ebf. v. Lucca XII. 741.

Arrogation, Form der Adoption, s. d.

Arsaces VI. (Mithridates I.) Kg. I. 469.

Arsaces, armen. Kg. XII. 622.

Arsacius, Bf. v. Cstpl. XII. 76.

Arsenianer, s. Arsenius, griech. Pch.

Arsenius, der Diacon, Erzieher des Arcadius I. 496.

Arsenius, meletian. Bf. s. Athanasius, dazu V. 525 (?). VII. 41.

Arsenius, griech. Pch. († 1267) I. 470.

Arsenius, d. Legat im 9. Jhhdt. VII. 577. IX. 95. XII. 533. 534.

Arsinoë, ägypt. Landschaft VII. 505.

Artaud, Antoine François Marie. Histor. († 1838) VI. 158.

Augustiner, berühmte I. 467. 559. II. 432. 700. 790. V. 390. 457. VI. 231. 635. 647. 651. VII. 531. 643. 763. 765. VIII. 89. 848. IX. 479. X. 89. 150. 350. 452. 944. XI. 973. XII. 17. 33. 83. 302. 825. [803.

Augustin'sche Krankenschwestern X.

Augustinus, Aurelius, St., der große Kirchenvater (geb. am 13. Novemb. 353, † am 28. August 430) I. 531—542. 126. 128. 163. 185. 189 (*). 199. 221. 223 (*). 273 (*). 275 (**). 323. 353 (*). 359. 384. 419 (*). 440 ff. 505. 509. 527. 530. 686. 748 ff. 764 (*). 787. 944 (*). II. 16 (*). 72. 86. 129 (***). 195. 396. 520. 525. 633 (***). 643. 653. 722. 773. 781. 786. 788. 792. 929. III. 52 ff. (*). 54. 55. 197. 201 (Damtl.). 207. 217. 233. 235. 238. 258 ff. 334. 378. 380. 390. 422. 484 (**). 489. 585. 656. 685 (*). 801 (**). 912. 920. 922. 927. 928. 933. IV. 1. 6. 10. 77. 107 (**). 243. 264. 265. 319 (**). 321 ff. (*). 328. 376. 417 ff. 431 (*). 437(*). 460. 475. 489. 520 (*). 606 (*). 626. 640. 654. 686. 810 (*). 844. 870. V. 61. 126 (Erg.). 138 (**). 173. 184. 255(*). 259. 262. 292 ff. (**). 300. 305 (*). 308. 327. 332. 339. 386. 392. 409. 460. 491 ff. 514 ff. (*). 580. 626. 628. 694. 778 (*). 818. VI. 19. 49. 55 (*). 73. 74 ff. (*). 142. 188 ff. 195. 229. 236. 264 ff. (*). 277 (*). 309. 405 ff. (*). 490. 493. 594. 610 (*). 613. 706. 800 (*). 812. 817. 866. 874. 885. 891. 915 ff. 922 (*). VII. 90. 92 ff. (*). 98. 118 (*). 226. 227. 295 (Moralsystem). 300. 358. 431 ff. (über Mysterien). 415 (confss.). 451 (Exegt.). 457 (*). 487 (über d. Natrgsch.). 491. 533. 538. 542 (üb. Plotin). 541 (**). 545 (Orakelsprüche). 569. 632. 708. 780. 794 (*). 806. 821. 857 (*). 885. VIII. 115 (*). 163. 169. 191. 196. 197 (*). 220. 240. 265. 266 ff. (*). 295 (*). 301. 376. 389 (*). 416. 478. 520 (als Dichter). 620. 628. 629 ff. (*). 647. 663. 771. 778. 805. 828. 838 (als Dichter). 843. 844. IX. 49 (*). 167. 200 ff. 379. 590. 508 (*). 810 ff. (*). 629. 643. 669. 711. 738. 763 ff. (*). 772. 917. X. 7 (*). 8. 9 (*). 13. 40 (*). 56 ff. (*). 65. 102. 164. 167. 188. 214. 259. 329. 347 (*). 354. 361. 376. 431. 432. 433. 478 (*). 480 (*). 487. 553 (*). 591 (*). 619. 630. 673 (*). 676 (*). 690 (*). 681. 686. 694. 778. 830 (de civ. Dei). 864 (*). 877. 938. XI. 150. 153 ff. (*). 171 (*). 250. 275. 598 (*). 599 (*). 649. 650. 658. 689. 707. 767 (*). 825 (*). 938. 1298. 1301 (*). 1323 (*). XII. 201. 264 (**). 265 (***). 418. 451 ff. (*). 467. 468. 544. 778. 783 (**). 802. 835 ff. (*). 938. 1162 (*). 1168 (*). 1177 (*). 1231 (*). 1257. 1320.

Augustinus, Apostel der Angeln, Ebf. v. Canterbury († 604 oder 610) I. 542—545., s. Angelsachsen, dazu I. 789. 854. II. 80. 314. III. 148. 149. 251. 401. IV. 681. 778. 779. VI. 315. 403. 410. VIII. 241. X. 201. XI. 1090. 1215 ff. XII. 99.

Augustinus Triumphus, Kchschrftst. XII. 83—84. († 1328). V. 760.

Augustinuskirche in Rom IX. 310.

Augustow, Bm. IX. 472.

Augustus, C. Jul. Cäsar Octavianus, erster röm. Kaiser (geb. 63 v. Chr. † 14 n. Chr.) I. 545—546. dazu I. 401 ff. II. 39. 376. 428. 429. 932. III. 11. 422. 538 ff. 600. V. 139. 571. 881. VI. 13. 651. VIII. 143. 390. IX. 339 ff. 612. XI. 3 ff. XII. 356. 617. 829. 1232.

Aukkopf, pädagog. Schftstlr. VII. 181.

aula chori, s. Choraule. [261 ff.

Aulaire, St., Bf. v. Poitiers IX.

aumônier in Frankreich, vgl. Almosenier, dazu IV. 106 ff. 169.

Aunacarius, Bf. v. Auxerre XII. 89.

Aura, Auramazda, was Ormuzd, s. d.

Auranitis, die Landschaft, s. Hauran.

Aurasius, St. XI. 63. [594.

aurea bulla Caroli IV. IX. 161. XI.

aurea flamma, s. Oriflamme.

Aurelian, der Consul X. 571 ff.

Aurelian, r. Ksr. (290—270 n. Chr.) II. 2. VII. 808. VIII. 259. IX. 487. X. 825. XI. 722. [568. XII. 294.

Aurelius, St. III. 64. V. 214. XI.

Aurelius, Bf. v. Carthago VIII. 268. 272.

Aurelius, Kaiser, s. Marcus Aurelius.

Aureolus, Petrus, Commentir. des Lombarden VI. 580. IX. 882.

Aurifaber, s. Faber Aegidius.

Aurillac, Klstr. X. 550.

Aurival, s. Arevalo, Gl.

Aurivillius, C., Gl. X. 577.

Ausbreitung des Christenthums in alle Länder I. 546—548., vgl. Missionen, Missionsanstalten, dazu I. 148. 241. 243. 270. 286. 299. 30. 309. 439 ff. 642. 554 ff. 620. 692. 698 ff. 788 ff. 807. 855. II. 61. 63 ff. 79 ff. 141 (Brasilien). 184 ff. 205. 215 ff. 218. 297. 318. 334. 347. 463 ff. 473. 481 ff. 491. 504. 509 (Preußen). 540. 673. 693. 698. 717. 784. 827 ff. 835. 840. 872 (Sachsen). 877. 898. 909. III. 18 ff. 163. 305. 402. 555. 719 (Esthen). IV. 70 (Finnen). 134 (Ignaz Xaver, St.). 145—214 (Gothen). 219. 231 (Friesland). 233 (Kstanglier). 295. 409. 550—552 (Gothen). 774 (Grönland). 776 ff. (England). 852. V. 398. 479. 480 ff. (in Böhmen). 508. 819. 825 ff. 858. 862 ff. VI. 32 ff. 293. 301 ff. 367. 350. 401 ff. 520. 589. 616. 620. 821. VII. 374. 615 (Normannen). 659. 758 ff. 887 ff. 911 ff. VIII. 71 ff. 121. 171. 397. 537. 597. 664. IX. 8. 35. 443. 455. 501. 590. 652. 688. 811. 894. 968. X. 117. 123. 194. 220. 290. 416. 430. 450. 475. 812. XI. 303. 325. 330. 365. 399. 634. 671. 710. 751. 864. 963. 1097. 1146. 1195. 1197. 1216. XII. 34 ff. 66 ff. 248. 290. 372. 503. 563. 771. 914 ff. 1200 ff.

Ausbreitung des Protestantismus, s. Msfn. d. 16. Jhds., dazu I. 238. 467. 758. 902 ff. II. 13. 145. 204. 274 ff. 356 ff. 359. 495 ff. (in China). 543. 601. 907 ff. 977 ff. (mißlingt b. d. Griechen). III. 20 ff. (in Dänemark). 123. 133. 274. 296 ff. 355. 405—533 ff. (England). IV. 14. 16. 68—105 (in Oestreich). 276. 286 ff. 337. 410—667 (Niederlande). 773 (mißlingt b. d. Griechen). 785 (in England). 849. V. 148 ff. 171 ff. 192. 323. 355. 366 ff. 534. 800. VI. 65 ff. 68. 238. 305. 323. 354. 356 ff. (in Polen). 370 (in Lausanne). 521. 530 (in Polen). 731. 950. VII. 26 ff. (in Meißen). 75. 129 ff. 132 (der Methodisten). 427. 493. 721 ff. (in Oestreich). VIII. 7. 52. 181. 322. 351 ff. 551 ff. 601. 657. 692. IX. 38. 112. 325. 446. 600. 685. 842. 867. 913. X. 123. 184. 185. 456. 531. 566. 626. 816. XI. 305. 402. 426. 585. 609. 745 ff. 748. 897 ff. 903. 916. 992. 1020. 1284. 1312. XII. 3. 48 ff. 70. 111 ff. 509. 575 ff. (Holland) 854. 1250. 1257.

Auserwählten, die VI. 51. 94 ff. 102.

Ausgaben der Bibel, s. Bibelausgaben. [II. 889 ff.

Ausgaben des corpus juris canonici

Ausgehen des hl. Geistes s. Trinität, vgl. filioque.

Ausgesetzte Kinder, s. Kinder, ausgesetzte.

Ausgießung des hl. Geistes I. 548—549., vgl. Gabe, Geistesgaben, Gnade.

Auslegung der Bibel, s. Exegese.

Auslösung der Erstgeburt, s. Erstgeburt.

Ausonius, Dichter VIII. 240. X. 103 ff.

Auspfarrung I. 549., s. Pfarrei (VIII. 357).

Auspicius, St. XI. 320.

Ausrufung der Verlobten I. 550. IV. 634. VI. 221 ff. (Kleider-) 631. VIII. 367. XI. 173. XII. 279. 280. 1310.

Aussätzige des Mittelalters XII. 84—86., s. Leprosenhäuser, dazu IV. 127. 152. 277. IX. 10. X. 193. XII. 84 ff. 202.

Aussatz bei den Hebräern I. 550—552. VII. 351. IX. 165.

Aussegnung der Wöchnerinnen I. 552—553. VII. 351. [738.

Aussen in Oestreich, Aufruhr in VII.

Aeußere Mission, s. Mission. [407.).

Außergerichtlicher Eid, s. Eid (III.

Außerordentliche Ersitzung, s. Verjährung (XI. 610 ff.).

Aussetzung der Kinder (bei den Hebräern) III. 543. V. 859. VI. 99 ff. X. 663.

Aussig, Aufruhr in VII. 746.

Ausstellung des Hochwürdigsten I. 553. IV. 241. 332. V. 254 ff. IX. 207. 210. X. 21. [269.

Aussteuer der hebräischen Braut V.

Australien I. 554—561., s. Südseeinseln, Sydney, dazu VII. 168 (Missen.). 887 (Otaheiti). VIII. 192. 450 ff. (Missionen in). X. 440. 461. XI. 669. 748. XII. 71. 749. 451 (die Maristen in).

Austrasien, s. Franken, Frankenreich.

Austria, Juan d', der Sieger bei Lepanto VI. 688. VIII. 391. 394.

Ausurianer, die X. 600 ff. [Gauzbert.

Autbert, Apostel der Schweden, s.

Autbertus, hl. Bf. XII. 12.

Authari, Lngbdkg. VI. 591.

Authentie I. 561. V. 669. VI. 290 ff.

Authentiken der Reliquien XII. 86—87.

Authentisch, Erklärung des Wortes 949; authentische Bibelauslegung, s. Exegese (III. 833.); authentische Tonarten VII. 391. [IV. 789.

Authiernus, Schüler St. Columbans

Autissiodorum, Auxerre.

Auto da fe, s. Inquisition, span. (V. 855 ff.).

Autokephaler, Autokephalie I. 561. IX. 46 ff.

Autolykos der Heide, s. Theophil von Antiochien.

Autun, Bm. Congaten., Syn. XII. 87—88. 355. I. 387. 662. II. 189. IV. 476. V. 312. VI. 478. 555. 682. IX. 265. X. 631. [Paris VIII. 145.

Auvergne, Wilhelm III. v., Bf. v.

Auxentius, arian. Bischof von Mailand im 4. Jhdt. I. 562. 199. 433. 435. III. 14. 707. V. 95. 169. 186. VI. 752. 904. VIII. 389.

Auxerre, altes Bm., Syn. v. 581. XII. 88—89., dazu I. 395. II. 335 ff. IV. 402. 513 (Versammlung zu). V. 356 (Schule zu). VI. 206 (Syn.). VIII. 204. XII. 101 (goth. Kche in).

Auxesis, s. Hyperbel (V. 432.).

Auxilius, Gefährte des hl. Patrik V. 825.

Avjou, der Abbé II. 462

Ava, apost. Vicrt. VII. 168 (Missionäre in). XI. 325. XII. 566. [161.).

Avabana, s. Buddhismus (XII. 156.

Avalokiteschwara, Verehrung des XII. 178. 179.

Avancinus, Nicol., gl. Jes. († 1685) XII. 89. II. 868. VIII. 153.

Avaren, die I. 562—563. s. Magyaren, dazu II. 347. III. 556. 630. IV. 104. 757. 821. V. 101. 102. 307 ff. (Hunnen). VI. 32. 455. 745. VIII. 73. 172. 241. IX. 592. X. 224. XI. 1136. [3.
Averik, der armen. Schismatiker VII.
Aveiro, die Familie V. 564. VIII. 593. 594. [305.
Avellanische Decretalensammlung II.
Ave Maria, englischer Gruß I. 563. 252. 780. III. 333. 586. IV. 336. IX. 397. XII. 23 (A.-geläute.
Ave maris stella, Hymnus IV. 118. VIII. 522.
Aven, Thal Avén I. 563—564.
Aventicum, Arenches (Wiflisburg), ältestes Bm. I. 862. VI. 307. 891.
Aventinus, Joh., der Geschichtschreiber XII. 89—90.
Averroes (Ibn Roschd), span.-arab. Gl. († 1206) I. 421. VI. 750. X. 921. XI. 559. XII. 253. 1110.
Avesta, Zendavesta, s. Parsismus (VIII. 158 ff.), Zendvolk (XII. 1323).
Avicenna (Ibn Sina), arab. Gl. († 1037) IV. 850. VII. 141. XII. 1264.
Avignon, Bm., Stadt und Syn. XII. 90—91. 180. 192. 829. 1247. II. 266. IV. 308 (Geißler in). V. 640. 658 (Inquisitn. in). VI. 368. 177 (päpstl.). 941 (französ.). VII. 147 (Miliz in). 411 (Syn.). VIII. 486. 492. XI. 87. 492 (Ursfrn), s. Schisma, pystls. 515.
Avignon, das Exil der Päpste in I. 564—565. 137. 777. 779. II. 96. 576. 577. 595. 598. 814. III. 144. 344. IV. 210. 718 ff. V. 765 ff. VI. 22. 643. VII. 401 ff. VIII. 108. 206. 327. 328. IX. 323. 324. 338. 710. X. 120. XI. 95. 471. 472 ff. 786. XII. 959.
Avila, Klstr. II. 965 ff. X. 898.
Avis-Orden in Portugal I. 565—566. II. 259. IV. 27. V. 635. VII. 857. IX. 328.
avisamenta, die churfürstln. II. 747.
Avitus, Bf. v. Clermont V. 889.
Avitus, Ebf. v. Vienne († 523) 566. II. 216. 217. 346. 488. 489. 816. III. 603. IV. 152. 410. 333. VI. 682. 789. VIII. 67. 521 ff. IX. 919. X. 194. XI. 718. XII. 596.
Avold, Klstr. IV. 220.
Avranches, Bm. und Schln. V. 357. 359. VI. 343.
Avva, die Residenz I. 566. IX. 602.
Awiter, s. Canaan.
Axel (Absalon), Primas von Schweden († 1201) I. 566—567. VI. 615. IX. 443. 444. 648.
Axuma, Chronik von I. 76.
Aygleriuš, Bernh., Abt VII. 275.
Aymand, Abt von Clugny II. 639.
Aymer von Villars, der Templer, s. Villars.
Aymo, s. Haymo (IV. 898). [129.
Azara, F. v., der Jesuitenfeind VIII.
Azaria, Rabbi X. 577.
Azazel, Asasel, der. am Versöhnungstag I. 567—568. IV. 60.
Azeglio, d', sardin. Minister (geb. 1798) XII. 1083. [II. 106. 141.
Azevedo, d', gl. Jes. Mssnär. I. 784.
Azmon, die Grenzstadt I. 568. [305.
Azor, Joh., gl. Jes. XII. 91. VII.
Azot, s. Asdod.
Azteken, die in Mexiko XII. 37 ff.
Azuma, Chronik v. I. 76. [589. 680.
Azymiten I. 568—569. II. 167. VII.
Azzo, Kanzler V. 759.
Azzo, Bf. v. Vercelli I. 817.

B.

Baader, der Philosoph, s. Franz von Baader (XII. 393.).
Baal, Gottht. der semit. Völker I. 570—571. vgl. Teufel, dazu s. I. 42. 133. 134. 337. 391. 438. 491. 574. 575. 576. 755 ff. III. 3. 522. 523. IV. 269. 345. 635. V. 513. 592. VI. 94. VII. 270. 521. VIII. 35. 400. IX. 602. X. 246. XI. 317 (Aymer-B.).
Baalah, Name zweier Städte und eines Berges in Juda I. 571. III. 43. IV. 266. XI. 481.
Baalath, Stadt I. 571.
Baal Baalsamin (Melkarth) VIII. 436.
Baalbel d. h. Stadt des Baal, Sonnenstadt I. 571. 572. XI. 336.
Baal-Berith, der Götze I. 570. X. 115.
Baal-Chen, s. Kijun.
Baal-Drmerum VIII. 437.
Baal-Ethan VII. 220.
Baal-Gad, bbl. On. I. 571—572.
Baal-Hermon, Strich des Antilibanon I. 572.
Baalis, Kg. d. Ammoniter II. 569.
Baal-Meon, Stdt im Stamme Ruben I. 572—573.
Baal-Peor, Peor, moabit. Gltbl. I. 573. 570 ff. 586. 587. VII. 184. 364.
Baal-Perazim, bbl. On. I. 573.
Baal-Sebub, Belzebub, s. Baal, Teufel.
Baal-Thamar, Ort im Stamme Benjamin I. 573.
Baaltis, phönic. Gttht. VIII. 436.
Baaniten, die VIII. 237. 239.
Baba bathra, der Tractat X. 576.
Babäus, Bf. v. Seleucia VII. 522.
Babel, s. Babylon.
Babenberger, das Haus der IV. 886 ff. VII. 56. 531. XI. 1186. XII. 804 ff.
Babenhausen, Redemptoristen in VI. 527.
Babeuf, François Noël, der Communist der I. französ. Revolution († 1797) IV. 394.
Babila, s. Babylas. [VIII. 308 ff.
Babu, Mtrplt. v. Seleucia I. 830.
Babuanen-, Batanen- und Babilinieln, Missionen auf den X. 453.
Babylas, Bf. von Antioch. und Mrtr. I. 573—574. III. 64.
Babylon, die Weltstadt I. 574—575. I. 317 (das Rom der Apocalypse). 329. 331. 473. 484 ff. 588. 627. 755. III. 40. 344. 851. IV. 450. 451 (Bibelcoder). VI. 30 (Karaiten in). 705 (Terebinth in). IX. 602. 603. X. 773. 828. XI. 814. XII. 72. 1107. 1160 (Judenschule in).
Babylon, Ebm. XI. 334. Bicht. der Chaldäer V. 616. XI. 337.
Babylonien, das Reich I. 576—577. vgl. Chaldäa und Chaldäer (II. 446 ff.), Cyrus (II. 980) I. 484 ff. 570. 763. II. 956. III. 515. 617. 712. 714. 805. IV. 492. VII. 69. 77. 816. 756. VIII. 335. 337. IX. 775. X. 182 ff. XI. 814.
Babylonisches Exil der Juden, s. Exil der Hebräer (III. 850 ff.), vgl. Diaspora (XII. 281), dazu II. 531. 980. III. 850. 862. 863. IV. 912. V. 334. 516 ff. 521. 528. 542 ff. 775. 776. VI. 792 (— des Manasses bestritten). VIII. 131. 385. IX. 124. 607. X. 532. 534. 578. XI. 1236.
Babylonisches Exil der Päpste 577, s. Avignon, das Exil der Päpste in. [XII. 281 ff.
Babylonische diaspora der Juden
Babylonischer Thurm, s. Thurm, babylon.
Baccalaurei IV. 648. 651. XI. 431. 532. Anmkg. XII. 1261.
Baccanaristen, rälte Cleriker des Glaubens Jesu, Nachfolger der Jesuiten I. 577—578.
Bacchides, Feldherr des Demetrius Soter I. 578—579. 167. 168. 689. III. 95. V. 783. VI. 706.
Bacchus und Sergius, St. X. 88.
Bacci, der Oratorianer VII. 512.
Bacciochi, Felix Pascal, Napoleons I. Schwager († 1841) XII. 741.
Bach, Joh. Sebast., der große Musiker (st. 1750) VII. 419.
Bachelot, Mssnär X. 465.
Bachylus, Ebf. v. Corinth XII. 506.
Backen, das I. 579, vgl. Häuser b. d. a. Hbn.
Backen, das, ob an Feiertagen erlaubt XII. 553.
Backenstreich, s. Firmung.
Backmeister, Histor. VII. 735.
Bacon, Roger, der größte Experimentalphysiker des Mittelalters († 1292 oder 1294) I. 580—581. VI. 642. VII. 919. VIII. 20. 21. 22. IX. 724. 753. X. 922. XII. 1145.
Bacon von Verulam, der Philosoph und Staatsmann († 1626) XII. 92—96. VI. 275. V. 721. VI. 717. VII. 323. VIII. 20. 21. 22. 24 ff. IX. 193. X. 33. XI. 625. XII. 1289.
Bacon, Joh., gl. Carmltr. VI. 886. IX. 882.
Bacs, s. Kolocza (VI. 240 ff.).
Bactriana, s. Medien.
baculus pastoralis, s. Bischofsstab (II. 34).
Bade, thlg. Schftst. VII. 105. 107.
Baden im Aargau, Stadt, Religionsgespräch daselbst 1526. I. 581—583. 238. 581. 683. III. 372. 869. VII. 708. IX. 847. XI. 1320. Conferenzen zu IX. 192. 854 ff. XII. 538. Friede vom 7. Septmb. 1714. IX. 173. Capucinerinnen in I. 642.
Baden, das Großhzthm., a) Kathls., s. Freiburg, Ebm. (IV. 186.) Univs. (188.), Oberrheinische Kirchenprovinz (XII. 857.), dazu I. 187 (Krls). 211. 212. 236 (Mssion.). 260 (Krls). 800. II. 752. V. 144 (Herrnhtr. in). VII. 159. VIII. 30 (Schulwesen in). IX. 152. 153. 803 (Lehrersem.). 832. 875 ff. (barmh. Schw.). XII. 861. 863 ff. 867. 868 ff. 876. b) Akthls. I. 603. II. 23. 326. 797. 819. 820. 824. 864. 867. 868. 869. 914. II. 630. 896. IV. 400. VI. 26. 186. 195. 334. VIII. 226 229. 841. 836. IX. 187. 224. 818. 819. X. 52. 109. XI. 173. 612. 1262. 1264.
Baden bei Wien, Gegenreformation in VII. 735. [68.
Baden, Bernh.-Gust., Abt u. Cdl. VI.
Badurad, St., Bf. v. Paderborn VIII. 5.
Bähr, protest. Thlg. II. 469. III. 771. IV. 312. VI. 502. VII. 778. VIII. 783. IX. 402. X. 366 ff. 373.
Bär, der große und kleine, Gestirn I. 605. IV. 493.
Bär, der, Bild des Ingrimmes I. 605.
Baesa, israel. Kg. I. 583. 472. 806. III. 514. IV. 909. V. 513. VII. 464. 408.
Bagai, Donatistensyn. zu III. 259.
Bagdad, Reich, Pichal. I. 591. II. 448. IV. 248. VI. 15—28 (Karder in). VII. 169 (Mssnäre in). 525. 620 (Zstörng.).
Bagration, Fürst Gg. von V. 508.
Bahia, Ebm. II. 141. VII. 169. VIII. 895.
Bahman, pers. Gottht. VIII. 157.
Bahram, Prfg. VI. 796.
Bahrdt, Karl Friedr., der „Doctor

mit der eisernen Stirn," gl. Abenteurer I. 583—585. IV. 191. VIII. 28.
Bahrgericht, s. Gottesurtheile (IV. 620. 624.).
Bai, Componist VII. 417.
Baillard, die Schulbrüder der Gebrüder IX. 781.
Baillet (Augustin François, st. 1508?) Gl. VI. 575.
Baillet, der Skeptiker III. 578.
Baini, Schriftst. VII. 402. 412. 417.
Bairut, s. Berytus. [VIII. 58.
Baithosäer, s. Sadducäer.
Bajanismus, der, s. Bay.
Bajazid, Bejazet, Sultane. B. I. Dschilderim (st. 1403). VIII. 388. B. II. und Alexander VI. (1481—1512) I. 585. VI. 350. X. 133.
Bajolenier, Partei der Albigenser, I. 143 ff. 282.
Bajonne, s. Bayonne.
Bajus, s. Bay.
Baiso, Guido von, Glossator VI. 511.
Balaam, Bileam, der zweideutige Prophet I. 586—588. 8. 277. V. 488. VII. 106. 181. 361. 571 ff. X. 190.
Baladan, Gideon, Bf. v. Lemberg IV. 438.
Baladan, s. Merodach-Baladan.
Baladitische Maroniten VII. 108.
Balak, moabit. König I. 588. VII. 106. 181. 364. [las.
Balas, Alexander, s. Alexander Ba-
Balbek, s. Baalbek.
Balbi, H., der Epigrammatiker V. 731. XII. 1273 ff.
Balbina, die Hlg. XII. 96.
Balbinus, Bohuslav, böhm. Geschichtschreiber XII. 96—97.
Balbinus, Cäcilius, Kir. VI. 953.
Balch, exilirte Juden in III. 919. VII. 525 (Nestor. in).
Baldachin, Traghimmel I. 588—589., vgl. Tabernakel.
Balde, Jacob, Jesuit, trefflicher lat. Dichter (†1018) I. 589—590. VIII. 529. [(† 1018) XII. 97.
Balderich II., Bf. v. Lüttich
Baldram, Bf. v. Strßbg. X. 401. 407.
Balduin, Graf von Flandern, Gegner Heinrichs III. VI. 461.
Balduin IX., Graf von Flandern (ermordet 1208) I. 590—591. XII. 694 ff. B. II. lat. Kfr. (1228—1261) II. 47. VI. 683. XII. 705.
Balduin, Könige von Jerusalem; B. I. († 1118) IV. 624. 642. V. 770. 785. X. 237. XII. 687. 689. B. II. († 1131) III. 391. IV. 247. V. 771 ff. X. 710. 718. B. III. (1143—1162) IV. 249. B. IV. (1173—1185) XI. 1094 ff. XII. 603. B. V. (1185—1188) II. 392. XII. 693.
Balduin, Franz, der Jurist († 1573) I. 592—593.
Baldur, Balder, nordgerman. Gttht VIII. 40.
Baldus, St., Bf. v. Tours XI. 104.
Balestrius, Leonard de, letzter kath. Ebf. v. Rhodus XII. 1038.
Balize, die Colonie X. 412—145.
Balk, Hermann, Heermeister V. 110. VIII. 666. 667 ff. IX. 870.
Balkis, d. Königin I. 387. IX. 456. 856.
Ball, John, der Communist IV. 300.
Ballabene, Tonsetzer VII. 416.
Ballei, s. Ritterwesen und Ritterorden, gstl. (IX. 329), dazu II. 714. IX. 329. X. 811 ff.
Ballerini, die gel. Brüder Peter und Hieronymus I. 593. V. 328. VI. 550. VIII. 788. 850. 855 ff. IX. 625. 626. XI. 1270.
Ballen, Blanca Theresia v. II. 554.
Balma, Joh., apostol. Vicar XII. 560.
Balmes, Jaime, der große Theolog. Philosoph und Politiker (geb. 28. (10?) Aug. 1810. † 9. Juli 1848) XII. 97—99. I. 301. VI. 864.
Balsam, der I. 593—594. XI. 1203.
Balsamon, griech. Canonist des 12. Jhrhdts. I. 594. 561. II. 303. 454. 455. III. 815. IV. 37. VI. 209. 827. 864. VII. 631. VIII. 340. X. 652.
Baltasar, s. Belsazar.
Balthasar, einer der hl. 3 Könige, s. Dreikönigsfest (III. 285).
Balthasar, Hzg., Bf. v. Mecklenburg IX. 866. [265.
Balthasar, J. H., luther. Thlg. VIII.
Balthasar, der halbblinde Reformator VII. 724.
Baltherus (Walter), Biograph des hl. Fridolin IV. 219 ff. [103.).
Balthildis, St., s. Bathildis (XII.
Baltimore VII. 168 (Mssnäre in). 639 ff. (Bm.).
Baltis, Götze I. 577. III. 3.
Baltzer, theol. Schfistllr V. 133 ff. IX. 656.
Baluzius, Stephan, Gl. († 1718) I. 594—596. 132. 220. 564. 777. II. 739. III. 875. IV. 113. VI. 512. 811. 891. XII. 760.
Bamberg, Bm. u. Stadt I. 596—599. 372. 774. 844. II. 199. 200. 333. III. 270. 841. IV. 645. V. 3 ff. 158 (Hrnbrbug). 326. 702. VI. 466. VII. 137 (Krls). 496. 534. 910. VIII. 151. 378. 576. IX. 247. 386. 866. 896. XI. 614. XII. 372. 740. 1250.
Banci, Stühle der Geistlichen III. 886.
Bandellus, Matteo, gl. Dominier. I. 599.
Banduriuß, Anselm, Gl. VII. 563.
Baneas, s. Cäsarea.
Banér, schwed. General († 1641) III. 300.
Banez, der Dominicr. II. 786 ff.
Bangigkeit, s. Affecte.
Bangkok, die Stadt XII. 561. 565.
Bangor, Kloster bei Chester in England und Kloster in der irischen Provinz Ulster XII. 99—100. II. 247. 696. III. 148. 251. IV. 295. VI. 775. VII. 504.
Bann bei den Hebräern I. 599. 600. 895. IV. 387. X. 392.
Bann, excommunicatio II. 600—604. s. Excommunicatio.
Bannez, Thomist VII. 202.
Bannherren, die Basler VII. 700.
Banniolcs, Leon di, Rabbi V. 902.
Banz, Heinr. v., Bf. von Lebus VI. 403.
Banz, das Kloster XII. 1117 ff.
baptisma, -us, s. Taufe; baptismus clinicorum, s. clinische Taufe.
Baptisten, s. Menno, Wiedertäufer.
baptisterium, I. 604—605., vgl. Taufstein (X. 681.). II. 6. 7. IV. 895. X. 661. 668.
Barabbas, der Raubmörder I. 608. [IX. 324.
Baracelli (Baroncelli), der Tribun
Baradäus, Bf. v. Edessa I. 608. V. 450. VII. 242. VIII. 214.
Bar-Hebräus (Abulfaradsch) I. 605—608. V. 465. 467. VI. 692. VII. 524.
Baraitha, die VII. 144.
Barak, Israels Retter I. 608—609. III. 51. IV. 906.
Barafa, die Stadt I. 609.
Barat, die Jungfrau IV. 182.
Baraza, Apstl der Moxos XII. 45.
Barbados, die Insel, IX. 898. 903. 904. 908. [461. X. 336. 613.
Barbara, St. I. 600. VII. 651. IX.
Barbara, die Kaiserin, s. Sigismund.
Barbareskenstaaten, s. Barbarossa.
Barbarigo, Gr., Ebf. XII. 913. 919.
barbarorum lex, s. lex barbarorum.
Barbarossa, die Seeräuberkönige I. 609—610. II. 352. XI. 184.
Barbarossa, s. Friedrich I. Kaiser (IV. 222.).
Barbelioten, s. Borborianer.
Barberini, die II. 340. 567. 681. V. 643. VII. 337. XII. 488.
Barberis, de, Inquisitor V. 651.
Barbets, Waldenser, s. d.
Barbeyrac, Jean, Schrftst. VII. 290. [276.
Barbo, Ludovico, d. Benedtnr VII.
Barbosa, Petr., ber. Canonist des 16. Jhrhdts. XII. 100. I. 251. VI. 168.
Barbur, Joh., d. Jacobite V. 465 ff.
Barcelona, Judenschule V. 590; Entstehung der Grafschaft VI. 934 (Rolaseus in). VII. 629. [467.
Barcepha, Mos., jacobit. Schrftst. V.
Barclay, Robert, der Quäker († 1690) I. 610—611. VIII. 875. 876.
Barclay, Wilh., engl. Jurist I. 762; Gg. der Verschwörer IV. 800.
Bardanes Philippicus, Monothelet und Usurpator (711 v. Ch.) II. 833. III. 913. VI. 893. VII. 251.
Bardas der Günstling IV. 762 ff. V. 600 ff. VIII. 411 ff.
Bardesanes und Harmonius, syr. Gnostiker des 2. Jhdts. I. 611—612. 37. 279. 439. III. 214. 392. 393. 649. IV. 500. VIII. 519. XII. 1005.
Bardo, St., Ebf. von Mainz VI. 760.
Barelete, s. Barletta.
Barelles, der Fanatiker XI. 96.
Bärenklau, Gl. XI. 859.
Baret, s. Birett.
Barettiner, s. Humiliatenorden.
Barfüßermönche (discalceati) I. 612—613., s. Capuciner (II. 336.) Franciscus und Francisco (IV. 133.), dazu I. 579. II. 302 ff. IX. 237. X. 741.
Bari, Judenschule in XII. 1113. Syn. I. 407. IV. 768. V. 49. VII. 598. XI. 406.
Baris, Burg in Jerusalem V. 529. 529. 533. [Elymas.
Barjesu Elymas, der Zauberer, s.
Barka in Afrika XI. 293. 322.
Barklay, s. Barclay.
Bar-Kochba (eigentlich Simeon), Haupt des Aufstandes der Juden 127 n. Chr., s. Akiba, dazu V. 531. 886 ff. VII. 714. VIII. 51. X. 153.
Barlaam und d. Hesychasten, I. 613—618. s. Nabelschauer II. 702. VII. 81. VIII. 893. X. 149. XII. 598.
Barlaimont, Graf Carl von VII. 600.
Barletta, Gabriel, der neapolitan. Volksprediger I. 618.
Barlow, protest. Bf. VII. 150.
Barmherzige Brüder, s. Brüder, barmh.
Barmherzige Schwestern, s. Schwestern, bmh. (IX. 871.).
Barmherzigkeit I. 618—619. 176 ff.
Barmherzigkeit Gottes, s. Gott.
Barmherzigkeit, Schulschwestern von der IX. 781.
Barnabas, der Apostel I. 619—623. 286. 373. 409. 622 (acta et passio B. in Cypro). II. 589. 964. V. 508. 536. VI. 552. VII. 450. VIII 244 ff. 402. IX. 577. XI. 1233. XII. 505. [416.
Barnabei, Ercole, Componist VII.
Barnabeo, Hieron., Oratr VII. 512.
Barnabiten, I. 623—625, s. Zaccaria (XI. 1232), dazu I. 243. III. 254. 358. 785. IV. 837. VII. 158. 230. IX. 85. X. 799. XI. 487. 1004. 1033. 1233. XI. 440. 460. 471. 566. 824.

gers IX. (R. nach 1265) I. 737—738. VIII. 177.
Bebold, Chrstph, der Convertit X. 854.
Beicht, die I. 738—742.(f. Buße, Generalbeicht, Gewissenserforschung, Reservatfälle, dazu II. 315. 780. V. 257 ff. VII. 128 (öffentl. b. Reltbodstn). 721. IX. 44. 191. X. 20. 241. XI. 200. 1285. 1327. XII. 270. 367 (der Geistl.). 1065 (allg.).
Beicht bei den Buddhisten XII. 170. 173. 186.
Beichtbücher (Pönitentialbücher) I. 742—743. f. poenitentiale Romanum, dazu II. 225. 306. 319. 405. IV. 423. VIII. 63. 279. 605. IX. 76.
Beichtconcurs I. 743—744. 50.
Beichtfacultäten I. 376. III. 852.
Beichtgebot I. 744, f. Gebote der Kirche.
Beichtgeld, f. Beichtpfenning.
Beichtkind, f. Beichtvater.
Beichtpfennig I. 744.
Beichtsiegel I. 744—746. V. 723. VI. 231 (Verlßng des). 660 ff. (angebl. verletzt). IX. 215. 855. XI. 582.
Beichtspiegel I. 746.
Beichtstuhl I. 746—747.
Beichtvater I. 747. 741. II. 229. 235. 408. VII. 633 (in Klöstern) VIII. 604 ff. IX. 577. 619. X. 582. XI. 1271 ff. XII. 367.
Beichtzettel I. 747. VIII. 367.
Beidhavi, Commentator des Koran VI. 251. [1061. 1064 ff.
Beidtel, östr. Histor. VI. 109. XI. 1059.
Beifall des Predigers I. 747—750, vgl. Predigt.
Beinkleider der Orientalen VI. 221 ff.
Beinwil, das Kloster XII. 768. 769. 1035. [13. XI. 1243.
Beiram I. 750. IV. 205. V. 855. IX.
Beischlaf macht unrein IX. 164.
Beispiele im katechet. und homilet. Unterricht I. 750—751.
Beißel, Conrad, der Tunker XI. 324.
Beistandes, Frauen des guten IV. 151.
Beit Lachm, f. Bethlehem.
Bekehrung I. 751—753, vgl. Bedingung die Religion zu ändern, Conversion.
Bekehrung Pauli, f. Pauli Bekehrung.
Bekehrungen gewaltsame; f. Carl der Große, Emmanuel von Portugal, Ludwig XIV.
Bekenner I. 753—755. 711—714 ff. III. 64. VI. 907. 908.
Bekenngeld, f. Census.
Bekenntniß, f. Beicht, Glaubensbekenntniß, Symbolik.
Bekenntnißschriften, f. Symbolische Bücher. [110. 113. 114.
Bektaschi, mohammed. Orden der III.
Bel, f. Baal. [274.
Bel und der Drache I. 755—757. III.
Bela, Stadt VI. 601.
Bela, Name von 4 ungar. Kgn. aus dem Geschlechte Arpads. B. I. (1061—1063). VI. 747. IX. 102. XI. 401. — B. II. (1131—1141). IV. 657. — B. IV. (1235—1270). III. 664. VI. 304. XI. 401. 968. XII. 1321.
Belderbusch, cöln. Minister VI. 862 ff.
Belehnungen mit Kirchengütern, f. Kirchenlehen.
Beleidigung I. 757. S. Abbitte, Sühnversuche, Tugenden (die 3 göttlichen), vgl. Zorn.
Belen, celt. Gttht VIII. 40.
Beleth, gl. Thlg IV. 653. VII. 473.
Belgard, Chrstbm in VII. 914.
Belgica confessio, f. confessio Belgica.
Belgien, kirchl. Stellung in der Gegenwart, Kgschle. XII. 106—114. dazu I. 194 (Chrstn). 726. 728. 729. IV. 704 (Unterrichtswesen). V. 149. 402. 404. 406. 498. 644. V. 317. (Christiansa). 491. 493. 504. 805. VI. 325. 403 ff. (Christiansa) 491. 604. 679 (Kgrch). VII. 159 (Mssnn in). 600 ff. (Abfall der Niederlande). 603 (Obsrtn in). VIII. 89. IX. 208. 290. 783. 804. X. 50. 55. XII. 209 ff. 310. 419. 493. 584 ff. 670.
Belgiojoso, Graf, Befehlshbr in Ungarn VII. 741.
Belgrado, der Internuntius XII. 589.
Belgrad-Semendria, Bm. XI. 333.
Belial, f. Teufel (X. 774 ff.).
Belisar, Feldherr Justinians I (†565) II. 309. IV. 588. V. 918 ff. VII. 239 ff. VIII. 800. IX. 337. 340. X. 145. 146. XI. 558. 728.
Belitan, f. Baal, Kijun. [VI. 84.
Beliten, Verehrer des Belus I. 757.
Bellarmin, Franz Rom. Robt, der **Cardinal** († 1621) I. 757—763. 180. 381. 740 ff. 919. II 235. 303. 407. 604. 701. 737 ff. 790. 791. 793. III. 187. 726. 915. IV. 275. 344. 435. 658. 756. V. 288. 412. 709. 910. 912. VI. 74. 339. 365. 418. 433. 455. 491. 563. 872. VII. 204. 305 (Mrlthla). 558. VIII. 221. 232. 389. 536. IX. 315. 360. 453. 524. 548. X. 203. 315. 903. 904. 907. 931. XI. 355. 800. 865. 872. XII. 440. 441. 893. 1067. 1321.
Bellay, Eustache du, Ebf. v. Paris V. 555. XI. 211. [168. 169.
Belle-Fontaine, Trappistenklstr XI.
Belleisle, der Diplomat VI. 857.
Bellermann, Gl. I. 59 ff.
Bellesobrius, f. Beausobre.
Belley, Bm. I. 862.
Bellin, Bf. v. Padua XII. 917.
Belloy, Baptiste de, Ebf. v. Paris VIII. 147. XII. 591.
Belohnung, f. Vergeltung.
Belsazar, der letzte König von Babylon I. 763—764. II. 447. III. 24. 26.
Beltis, die Gttht, f. Baltis.
Beludschistan XII. 72.
Belus, myth. König I. 574. 737.
Belus (Nahr-Naaman), der Fluß I. 79. VIII. 429. X. 118.
Belustigung, freiwillige, am Sittlich-Bösen I. 764—767. vgl. Sünde (X. 502).
Belzebub, f. Baal, Teufel.
Belzunce, Bf. v. Marseille XII. 771.
βῆμα, Fest des Lehrstuhles, Hauptfest der Manichäer VI. 801.
Bembus, Petrus, gel. Cdl († 1547) I. 767—769. III. 633. VIII. 571. XII. 599.
Benaja, Führer der Krethi und Plethi unter David I. 769—770 II. 437. X. 45.
Bene-Berak, Judenschule zu I. 138.
Benedicamus Domino! liturg. Formel I. 770. VII. 102.
Benedict, Name von 11 Päpsten I. 770—785. B. I. (Bonosus; reg. 574—578). IV. 679. VIII. 263. — B. II. (reg. 684—685). II. 831. V. 747. 918. XI. 64. — B. III. (reg. 855—858). V. 709. VI. 460. 648. VII. 573. VIII. 104. B. IV. (reg. 900—903). I. 815. — B. V. grammaticus († 965). V. 759. VI. 462. 637. VII. 899. 901. — B. VI. (reg. 972—973). II. 88. 911. VI. 461. 744. VII. 901. XII. 1104. — B. VII. (ein Graf von Tusculum; reg. 975—983). II. 88. 220. 911. V. 760. VI. 744. VII. 707. VIII. 174. XI. 1104. XII. 1138. — B. VIII. (reg. 1012—1024). I. 847. II. 639. 661. IV. 695. 818. V. 4. 6. 763. VII. 17. XII. 351. 382. 936. — B. IX. (ein Graf v. Tusculum; † 1056). I. 242. II. 151. 591. 639. III. 14. IV. 696 ff. 699. V. 7. 8. 9 ff. VI. 254. VIII. 105. 106. IX. 387. X. 360. XII. 389. 1321. B. X. Ggp. Nicolaus II. († 1059). I. 770. VII. 879. I. 776 ff. II. 91. 591. 655. 680. IX. 878. X. 725. XI. 679. XII. 1030. B. XII. (in Avignon; reg. 1334—1342). I. 31. 263 (*). 564. 613 ff. 777 ff. 794. II. B. XI. (der sel.; reg. 1303—1304). 550. 553 597. IV. 175. 760. V. 728. VI. 22. 625. IX. 221. 304 ff. X. 13. XI. 100. 637. 856. XII. 388. 389. 745. B. XIII. Gegenpst., f. Luna, Peter de. B. XIII. (ein Orsini; reg. 1724—1730). I. 113. 145. 156. 180. 182, 253 (*). II. 174. 272. 324. 613 ff. 750. 757 ff. 612. 670. III. 56. 96. 97. 187. 663. 850. 851 ff. IV. 39. 40. 471. 711. 719 ff. V. 729. 768. 912. VI. 276. 885. 887. 889. VII. 222. 470. VIII. 186. 192. 214. 215. 889. IX. 355. X. 68. 957. XI. 509. 707. 714. 1017. 1022. 1230. XII. 301. 441. 493. 675. 740. 925. 973. 1026. 1064. 1149. 1195. — B. XIV. (Prosper Lorenz Lambertini; reg. 1740—1758). I. 32. 141. 173. 382. 490. 718. 763. 780. 781 ff. 832. 846. 853. 881. 892. II. 2. 108. 161. 174. 207. 209. 258 331. 408. 413. 424. 481. 613 ff. 618. 623. 671. 690. 691. 714. 734. 739. 756. 757 ff. 761. 767. 945. 951. 953. III. 43. 44. 73 ff. 150. 187. 212. 409. 418. 500. 883. 906. IV. 69. 81. 203. 204. 231. 264. 331. 332. 402. 662. V. 564. 565 ff. 613. 614. 619. 642. 646. 650. 728. 794 ff. 968. VI. 35. 63. 163. 169. 150. 171. 173. 315. 339. 419. 452. 521 ff. 524. 726. 766 ff. 808. 872. 878. 883. 886 ff. VII. 165. 168. 222. 286. 380. 500. 644. 824. VIII. 306. 367 ff. 565. 592. 831. 889. IX. 65. 119. 209. 225. 247. 248. 379. 341. 345. 348. 355. 357. 369. 370. 374. 376. 377. 384. 404. 549. 087. 658. X. 126. 201. 218. 268. 415. 424. 470. 583. 602. 614. 636. XI. 255. 535. 661. 664. 707. 712 ff. 1022. 1033. 1110. 1193. 1280. 1309. XII. 22. 55. 118. 121. 144. 149. 218. 225. 226. 274. 302. 303. 426. 427. 441. 460. 470. 494. 556. 557. 698. 702. 761. 767. 777. 918. 1017. 1020. 1062. 1094. 1121. 1197. 1306. 1316.
Benedict XIV., Gegpst neben Munoz (1424—1429). VII. 371.
Benedict Arias Montanus, f. Montanus.
Benedict Levita, der Diacon I. 785. II. 307. 331. VIII. 855. 856 ff. 859.
Benedict, St., v. Nursia, Stifter des Benedictinerordens I. 785—787. 788 ff. 795. II. 282. 396. 797. III. 101. 262. IV. 98. 99. 367. 810. VI. 229. 938. VII. 220. 806. 816 ff. IX. 167. XII. 213. 751. 907. 1233.
Benedict von Aniane I. 787. 791. II. 101. 638. 932. III. 252. VI. 431. VII. 227. X. 215. 231. 401. 406. XII. 2. 364.
Benedict VII., Bf. v. Würzbg XI. 1186; — Bf. v. York VII. 394.
Benedict, St. an der Loire, f. Fleury.
Benedicta, Marien XII. 621.
Benedictbeuern, bayer. Benedictinerstift XII. 114—115. I. 705. 707. 789 ff. VII. 51. X. 696. XI. 378. [550.
Benedictina, die Bulle I. 778. 794. II.
Benedictiner, berühmte, f. Clugny, St. Gallen, Montecassino, Farfa, Mauriner, dazu I. 132. 850. 877. II. 79. 121. 270. 423. 432. III. 339. 939. IV. 98. 99. 100. 101. 429. 443. 475. 512. 516. 561. 625. 672. 712. 817. 866. V. 117. 179. 203. 257. VI. 70. 205. 207. 370. 455. 461. 583. 619. 643. 682. 932. 953. VII. 52. 70. 534. VIII. 350. 487. 645. 889. IX. 1. 41. 657. X. 130. 140. 230. 231. 356. 547. 550. 934. 935. XI. 469. 874. XII. 34. 35. 115. 316. 342. 348. 441. 554. 770.

784. 789. 942. 963. 1117. 1119. 1249. 1318. [XII. 1035.
Benedictinercongregation, schweizer.
Benedictinerinnen, s. Benedictinerorden, I. 793 ff. II. 340 (B. v. Calvarienbg). X. 804. XII. 788.
Benedictinerorden I. 787—797. 242. 251. 612. 642. 651. 779. 893. II. 272. 314. 548. 553. 795. 805. 932. III. 2. 75. 103. 186. 320. 903. IV. 155. 213. 241. 443. 444. 549. 665. 798. 819. 866. V. 396. 449. 564. 547. 610. VI. 65. 258. 481. 521. 698. 702. 898. 938. VII. 180 (Schulen des) 226. 289 ff. 632. 641 (in N.-America) 810. 815 ff. 817. VIII. 2. 19. 21. 777. IX. 85. 296. 664. 682. X. 159. 462. 694. 799. XI. 560 ff. 1163. XII. 297. 319. 383. 579 595 ff. 1215. 1238. 1294. 1328.
Benedictinerregel, s. Benedict, St., Benedictinerorden, dazu IV. 110. IX. 648.
Benediction der Aebte und Aebtissinnen I. 797—799. VII. 632.
Benediction, s. Segnung, dazu I. 182. II. 174. 695. III. 505 (einer Kirche). 751 (der Eulogien). 777 (Feld- und Gartenfrüchte). 803. 854 (die mit Exorcismen verbundene). 935. IV. 496. 537 (der Glocken). 584. VI. 203 (Kirchweihe). VII. 251 (der Monstranz). VIII. 64. 72. 301. 368. IX. 415. X. 21. 628. 896. XII. 1068.
benedictionale I. 799., vgl. Ceremoniale.
Benedictus, das Gebet X. 25.
Beneficiat, s. beneficium ecclesiasticum, dazu I. 802. III. 652 ff. (Beerbung des). V. 185. VI. 26. 119 ff. VII. 223 ff. IX. 220 ff. 223. X. 425. 790.
beneficii, das Indigenat, Erforderniß zur Erwerbung eines, s. Indigenat, Indult.
beneficii innovatio, s. innovatio benef.
beneficium, auch privilegium competentiae I. 799—800, vgl. privilegium canonis.
beneficium ecclesiasticum I. 801—805, s. Curatbeneficien, Commende, permutatio beneficii, provisio canonica, Simonie, Suspension, Temporalien, Wahlpfründen, Tischtitel, dazu II. 310. 706. 714. 733. 796 ff. 709. 817. 851. 911 ff. III. 90. 272. 876. V. 610. 673 ff. 681. 833 ff. (Irregit). VI. 23 (Kanzleiregeln). 26. 118 (Kchnami). 170 (Pfrundgüter). 191. 362 (Pfrundgeld). 805. VII. 118. 611 (Vertheilung der). 820 (Competenzgrd für d. Ordntn). VIII. 262. 358. 620. 610 ff. 643. 644. IX. 84. 89 ff. 220. 229. 251. 566 (famlaristu). X. 183. 536. 736 ff. 766 ff. XI. 27. 237. 667. 1261 ff. XII. 650. 651. 1011. 1245. 1247. 1255.
Beneke, F. E., Mrlibig VII. 329.
Benevent, Edm. und Syn. I. 477. 781. II. 682. VI. 465 ff. (Stdt). VII. 496 (Gebiet). 583 (Syn.). VIII. 167. X. 426. XI. 674.
Beneventanus Petrus, s. Petrus Beneventanus.
Benevoli, Orazio, Compnst VII. 416.
Bengali, Christengemeinde in XI. 293. — Missnäre in VII. 168.
Bengel, Dr. E. G. V. 455.
Bengel, Joh. Albr., luther. Thlg I. 805. 464. 923 ff. II. 480. IV. 863. VI. 289. X. 62. 620. XII. 58.
Benhadad, Könige von Syrien I. 805—806. 133. 393. 472. 583. III. 12. 18. IV. 311. 882. 893. V. 688. 691. 785. VII. 408. VIII. 817. 819. IX. 12.
Benianus, Ebf. v. Mailand VI. 752.
Benignus, der heilige (Gedächtnißtag 1. Novbr) I. 806. XII. 67. 219. [retb IX. 240.
Benignus de Salviatis, Ebf. v. Nazareth IX. 240.
Benincosa, Ursula, die selige X. 834 ff.
Benisius, s. Botero.
Benitius, Phil., der Servite X. 98.
Benjamin, Stammvater und Stamm I. 806—807. II. 652. IV. 205. V. 439. 511. 525. 527 ff. VI. 208. 504 ff. 720. VII. 183. 623. 789. VIII. 49. 56. 241. 765. IX. 9. 12. 636. X. 31. [ponist VII. 413.
Bennet Biscop, Abt X. 844; — Componist VII. 413.
Benno, der heilige, von Meißen, Slavenapostel I. 807—808. II. 564. 584. VII. 21 ff. 26. VIII. 571. X. 831. XII. 420. 1018.
Benno, Fortf. Fleurys VI. 151.
Bennoniten, in Warschau die Liguorianer VI. 525.
Benoni, s. Benjamin.
Benschen, das jüdische XI. 26.
Benson, anglic. Bf. VII. 121.
Bentley, Rich., der Philolog († 1742). III. 84. 189. VIII. 838.
Benzel, Freund Dalbergs III. 4.
Beobachtung, geistliche I. 808—809.
Berachoth, der Tractat X. 576.
Berard, Gegenabt in Farfa III. 905.
Berardi, C. S., Canonist.
Berault-Bercastel, Kchhist. VI. 152.
Berberei, s. Nordafrica.
Berchtesgaden, Abtei VII. 370.
Berceo, Gonzalo, Dichter, s. Gonzalo Berceo (IV. 573).
Berctwald, Ebf. v. Cirbry II. 80.
Berdolet, Bf. v. Aachen XII. 6.
Berea, bbl. Ort I. 809.
Beredtsamkeit I. 809—814, vgl. Casualreden, Predigt, Kanzelredner der. VI. 40. VII. 179 ff.
Berengar I., Mkgf. v. Friaul, König von Italien (ermordet 924) I. 814—816. IV. 115. V. 754.
Berengar II., Mkgf. v. Ivrea, König von Italien († 966) I. 816—818. 129. V. 756 ff. 637. 654. VII. 898. IX. 31. XI. 1186. XII. 13.
Berengar von Tours, der Häretiker I. 818—826. 18. 19. II. 188. 640. IV. 698. VI. 344 ff. 465. 484. VII. 100. 275. 580. VIII. 168. IX. 714. 885. VI. 115. 136. 159. 465. 674. XII. 29. 148. 342. 606. 924. 909.
Berengar von Montefalcone, Mystiker VIII. 804.
Berengar, Bf. v. Passau VIII. 174.
Berengarianer, s. Berengar von Tours.
Berenice, Frauenname I. 826. B., Herodes Agrippas Tochter V. 141. XI. 32; — des Ptolemäus Philad. Tochter I. 287. 288.
Berg, Graf Engelbert von, s. Engelbert, d. hl. (III. 500).
Berg des Gesetzes Gottes, s. Sinai.
Bergamo III. 333. V. 871. X. 242.
Bergbau, der I. 826—827. VIII. 45. 834 (phönic.).
Bergen, norw. Bm. VII. 646.
Bergerac, Friedr. von V. 375.
Bergerbuch, s. Concordienformel.
Berghamsteda, Syn. X. 215.
Berghauer, Schfist. V. 732.
Berghaus, Heinr., der Geograph (geb. 1797) VII. 610. XI. 907 (über die kath. Kirche in Nd-america).
Bergier, Apologet der Kirche († 1790) III. 580. IX. 701.
Berichte der Bischöfe an den apostol. Stuhl I. 827—836. VI. 195. 197 ff. 334. VIII. 99. 471. XI. 714.
Berichte der Decane und Pfarrer an den Bischof I. 827—836. VI. 195. 197 ff. 334. VIII. 99. 471. XI. 714.
Beringer, Abt IX. 450.
Beringerius, s. Berengar.
Berkeley, George, Gegner der Freigeister († 1754) V. 395.
Berkheim, bad. Minister VI. 207. 298.
Berlepsch, der Exeget VIII. 826.
Berlin, die Stadt I. 783. III. 568 ff. (Franzosen in). IV. 203 (Freimaurerloge in). V. 898 (Juden in). VIII. 733 (Gen.-Syn.). 734 (Lichtfreunde). 730 ff. (Katholiken). 742 (Todtenamt für Voltaire). 754 (Revolutn v. 1848). IX. 874 (barmh. Schwstn). XI. 924.
Bermond, die Familie XI. 492. 493.
Bern, Stadt, Canton und Universität II. 72. 759. III. 903. IV. 287. V. 895 (Judenpflg). VI. 239. 369. 371. VII. 132 (Romiers in). 382 (Un.). IX. 848 ff. XI. 952. 958. —1321 (Reformn).
Bernacer, der Kleriker V. 704.
Bernard, Claude, der arme Priester († 1641) I. 836. [XI. 16.
Bernard, Missionär in Tibet (1851) XI. 16.
Bernard de la Tour, Grbschr II. 378.
Bernard, Eb. Primas v. Toledo XI. 69. 401.
Bernardin de Bustis VII. 466.
Bernardino, P., s. Petrus Bernardinus.
Bernardus, Abt v. Clairvaux, der große Kirchenlehrer I. 836—843. 5. 6. 140. 272. 372. 483. 466. 863. 592. II. 37. 197 ff. 549. 553. 565. 641. III. 100. 140. 186. 221. 333. 742. 743. 826. 842. IV. 223. 513. 625. V. 189. 301. 318. 392. 396. 431. 629. 737. 827. 892. VI. 156. 218. 281. 399. 540. 583. 682. 697 ff. 756. 775 ff. 806 ff. 882. VII. 157. 229. 302 (als Moralisbl). 443. 416. 636. 736. 824. VIII. 107. 196. 200. 823. 647. IX. 64. 138. 294. 332. 451. 526. 529. 589. 615. 708. 717. 727. 739. X. 13. 40. 42. 190. 196. 300. 470. 471 ff. 718. 934. XI. 591. 645. 674. 689. 1158. XII. 384 ff. 424. 450. 692. 925. 1032.
Berner, der Diacon V. 703.
Bernetti, der Cardinal XII. 702.
Bernhard, ein Apostel der Pommern im 12. Jhrhdt. I. 843—844. VII. 611. VIII. 597.
Bernhard von Botono, Canonist († 1266) I. 844. II. 408. III. 70. IV. 754. IX. 311.
Bernhard von Compostella, Name von 2 Canonisten I. 844. II. 408. 734. VIII. 343.
Bernhard von Pavia, Canonist I. 844. II. 733. IV. 753. XII. 937.
Bernhard, Ebf. v. Salzburg XI. 979; — Bf. v. Halberstadt VI. 730. VII. 149.
— St., Bf. v. Hildesheim V. 191. VIII. 882.
— St., Bf. v. Merseburg XII. 1018. — 1. Kirchenvorsteher von Münster VII. 374; — Bf. v. Passau VII. 31.
Bernhard von der hl. Theresia, Bf. v. Babylon VII. 166.
Bernhard I., Abt v. Rheinau XII. 1035.
Bernhard von Galen, Fbf, s. Galen.
Bernhard von der Lippe, Bf. III. 721.
Bernhard, Carls d. G. Enkel, König von Italien II. 347. VI. 754.
Bernhard von Weimar, Herzog († 1639) III. 296. IV. 20. 878 ff. XI. 479. 877 ff.
Bernhardi, Barth., der Apostat II. 13.
Bernhardin von Siena, St. I. 844—848. II. 322. VI. 540. VII. 466. 602. VIII. 647. IX. 729. XI. 978. 283.
Bernhardin, Bruder des Cardinals F. Ximenes XI. 1209. [lanten.
Bernhardiner, verbesserte, s. Feuillanten.
Bernhardinermönche, s. Cistercienserorden. [rinnen.
Bernhardinerinnen, s. Cistercienserinnen.
Bernhardsberg, das Hospiz auf dem X. 195 ff. 199.

Bernhardnskirche in Rom IX. 347.
Bernice, s. Berenice.
Bernier, Etienne Alx. J. B. M., Verweigerer des Constitutionseides († 1806) I. 845—846.
Bernis, Franc. Joach., der Cardinal I. 846—847. II. 619. 620. III. 579. V. 667. 804. IX. 200. 358.
Berno, Abt von Clugny II. 638. VII. 221.
Berno, Abt von Reichenau I. 847—848. V. 118. VIII. 811.
Berno, Bf. v. Schwerin, erster Apostel von Rügen IX. 443. 864. 865.
Bernrad, Missionär XII. 815.
Bernried, Kistr VIII. 233.
Bernried, Paul von XI. 896.
Bernward, der 13. Bf. von Hildesheim I. 848—851. 807. IV. 304. 566. V. 191. VII. 119. 903. 906. VIII. 882. X. 831. XI. 670. 1105. 1106.
Bernward, Bf. v. Würzburg XI. 1186.
Bernwolf, Bf. v. Würzburg XI. 1184 ff.
Beröa, bbl. On. I. 851. 78 (Bm.). 809. III. 769 (Bm.). VI. 720. X. 578 (Synagoge).
Beromünster, Stift I. 642.
Berosus, babylon. Priester um 300 v. Chr., Geschichtschr. v. Babylon I. 328. 331. 484. 575 ff. 576. III. 40. VII. 9. 498. 499. 616. X. 959. [Berytus.
Berothai, bbl. On. I. 851—852, vgl.
Berruyer, Jos. Isaac, gl. Jesuit († 1758) I. 852—853. 854. XII. 556.
Berryer, Pierre Antoine, der Anwalt (geb. 1792) VI. 326.
Berseba, bbl. On. I. 853—854. 60. V. 830. VIII. 50.
Berstett, Freiherr, bad. Minister († 1837) XII. 876. [244. IV. 778.
Bertha, fränk. Königstochter I. 854.
Berthari, Lngbdkg VI. 591.
Bertharius, hl. Abt v. Montecassino VII. 271.
Berthes, Kchhist. VI. 154.
Bertheau, der Exeget IV. 353. 373. IX. 318. X. 321. [I. 854—855.
Berthier, Wilh. Frz, der Jesuit
Berthier, Alx., Marschall Napoleons I. († 1815) VIII. 487.
Berthold, Apostel der Liven I. 855—856. 141. III. 721. VI. 520. IX. 324. XI. 1228.
Berthold, Churfürst u. Ebf. v. Mainz (1495—1504) I. 856—857. IX. 143.
Berthold von Regensburg, der Prediger I. 857—858. III. 49. 50. VII. 138. IX. 107. XI. 971. VII. 423. 424.
Berthold von Rorbach, ein Vorläuser Calvins I. 858—859. VIII. 804.
Berthold, St., Abt v. St. Florian IV. 104.
Berthold, der selige, Stifter des Carmeliterordens II. 363 ff.
Berthold, der selige, I. Abt v. Garsten VI. 259.
Berthold, Name vieler Bischöfe, z. B. von Chiemsee II. 475. X. 884 (teutsche Theologie); — von Eichstädt (1364) X. 309; — von Straßburg X. 689; — von Würzburg XI. 1189.
Berthold von Kärnthen, s. Zähringen.
Berthold, prot. Thlg. III. 218. VI. 560. VII. 465.
Bertholsdorf, s. Herrnhuter.
Bertorius, Abt von Montecassino V. 918.
Berti, Laur., Theolog des 18. Jhdts († 1766) I. 859. VI. 152.
Bertin, der heilige, Abt in St. Omer († um 709) I. 859—860. VI. 335.
Bertrada, das Kebsweib Philipps I. v. Frankr. I. 860. IV. 110. V. 852. VIII. 167. XI. 464 ff. XII. 383. 1000.
Bertrams Polyglotte I. 910. VIII. 553.
Bertrand de l'Isle, Bf. v. Toulouse XI. 95; — Bf. v. Tulle VII. 1197; — Ludwig, der hlg. XII. 41.
Bertulf, Ebf. v. Trier XI. 250, Abt XII. 118. [ben, Pflicht.
Beruf I. 860—861, vgl. Stand, Le-
Berülle, Pierre de, Stifter der frz. Oratorianer I. 861—862. II. 307. 374. VI. 383 ff. VII. 336 ff. 514. X. 270. 949. XI. 701. XII. 594.
Berwig, Bund zu V. 440.
Beryll, der Edelstein III. 385.
Beryllus, Bf. v. Bostra I. 294. 380. VII. 830.
Berytus, jetzt Bairut, Beirut, s. Berothai, dazu IV. 882. V. 507 (Gericht in). 888 (Chstnvslg). VI. 983. VII. 169 (Märtyrer in). VIII. 430. 436. 809 (Rechtsschule). X. 624. 625. XI. 336. 338 (Bm.).
Besançon, Erzbisthum I. 862—863. II. 200. 758. III. 262. IV. 409. V. 350 (Hospitalten). VI. 360. 372. 447 (Syn.). VII. 376 (Münster in). XI. 405. 593. XII. 223. 225. 785.
Beschimpfung, s. Beleidigung, Ehre.
Beschitzl, Elias, jüd. Gl. VI. 31.
Beschneidung I. 863—865. 623. II. 237 (der Frauen). 678 ff. IV. 845. V. 857. VI. 89. 250. VIII. 245. IX. 517 ff. X. 652. XI. 1013. 1014.
Beschneidung-Christi-Fest VII. 538.
Beschuhte Carmeliter, s. Carmeliterorden.
Beschwerden, s. Religionsbeschwerden, dazu corpus catholicorum und evangel.
Beschwerden der teutschen Nation wider Rom XI. 1161.
Beschwörung, s. Exorcismus.
Besessene, Besessenheit I. 865—867, vgl. Stigmatisation, Tänzer, dazu I. 471. III. 580 ff. 853. VIII. 816. X. 63. 771. 776. XI. 643. 649. XII. 349. 712.
Besetzung der Bisthümer, s. Bischof, II. 23 ff.; Wahl, canon.
Besitz (possessio) I. 867—870. II. 562. 672. 723 ff. III. 480 ff. VI. 186 ff. IX. 568. X. 931. XII. 930. 1143.
Besoldus, Christoph, Jurist und Convertit († 1638) I. 870—873. 239.
Besombes, Mrlthlg VII. 306.
Besor, bbl. Bach I. 873.
Besprengung mit Weihwasser I. 873—874. III. 504 ff. X. 28. XII. 831.
Besprengungen mit Ysop XI. 1227.
Bessarion, Cardinal († 1472) I. 874—877. 426. II. 382. IV. 32. 34. 35. 770. VI. 807. 827. VIII. 603. IX. 446. X. 205. XII. 600.
Bessel, Gottfr. v., Abt von Göttweih, Chronist I. 877. IV. 632.
Besserung, s. Bekehrung.
Besserungs- und Bußanstalten, gstl., s. Correctionsanstalten, Gefängnißstrafen.
Besserungstheorie, strafrechtliche II. 894. IV. 348. VIII. 795.
Bessur, s. Bethzur. [110.
Bestami, mohammed. O.-Stifter III.
Bestätigung, s. Confirmation.
Besteuerungsrecht der Kirche, s. Abgaben, clericalische.
Bestialität VI. 80 ff. IX. 215. [Beruf.
Bestimmung des Menschen, s. Mensch,
Besuche bei Kranken VI. 255.
Besuche, behutsame der Geistlichen in Frauenklöstern XII. 274.
Betanzos, Alfons, Missnär XII. 41.
Beten, s. Gebet.
Betglocke (IV. 537).
Betencour, P. de, Stifter der americ. Bethlehemiten I. 888. XII. 41.
Bet- und Bußtage, s. Fasten.
Bethabara, Ort, wo Johannes taufte I. 877—878.
Bethanien, bbl. On. I. 878. 877. 890. VI. 385. VII. 711.
Bethar, erobt V. 887.
Betharbel, s. Arbela.
Bethaus, oratorium, Capelle I. 878—884. II. 247. V. 271 (bsl. Betsaal). VI. 25. 188. VII. 102. VIII. 224. 361. IX. 205.
Bethaven, die Wüste von III. 616.
Beth-Baal-Meon, s. Baal-Meon.
Bethbara, s. Bethabara.
Beth-Basi, bbl. On. I. 884—886.
Bethbessen, s. Bethbasi.
Bethdagon, Stadt III. 3.
Betheden, s. Eden III. 391.
Bethel, bbl. On. I. 885. 212. II. 6. 617. V. 514. 527 (Kälberdienst). VI. 12 (Kälberdienst). VIII. 50. 822. IX. 616.
Bethesda, Teich I. 885—886. 800.
Beth-Garwa, Nestorr in VII. 525.
Bethhoron, Bethoron I. 889. 571.
Bethlehem, Ritterorden der hl. Jungfrau v. (auf Lemnos) VIII. 452.
Bethlehem I. 886—887. III. 301. 627 (Kistr). 774. 775. IV. 642. V. 171 ff. (Hieronym. in). 532 (Christen in). 571. 574. VI. 830. VII. 694 (Obsvtn in). 816 (Mönche in). 857 (Hieronym. in). VIII. 50. IX. 475. X. 624. 625 ff. XI. 795. XII. 608.
Bethlehemiten, Mönche a) in England, b) in Amerika I. 887—889. XII. 41. 653 (Kreuzherrn).
Bethlen Gabor, Fürst von Siebenbürgen († 1629); — Johann, Kanzler u. Histor. († 1678) III. 287. 288 ff. IV. 16. 18. VII. 747. 749. XI. 403.
Bethmann-Hollweg, Moritz Aug. von, der Staatskirchenpolitiker (geb. 1795) VII. 164.
Beth-Meon, s. Baal-Meon.
Bethphage, bbl. On. I. 889—890. VII. 714.
Bethphania, s. Dreikönigsfest.
Beth-Rechob I. 391.
Bethsabee, s. Bathseba.
Bethsaida, bbl. On. I. 890, s. Bethesda IV. 409. VIII. 330. 396.
Bethsames, s. Bethsemes.
Bethsean, canaan. Königsstadt I. 890—891. VIII. 50. IX. 908.
Bethsemes, Stadt im Stamme Juda I. 891.
Beth-Soferim, die Schulen VII. 621.
Bethsoron, s. Bethsur.
Bethsur, Stadt im Stamme Juda I. 891—892. [908 ff.
Bethulia, bbl. On. I. 892. V. 504.
Bethzecha, bbl. On. I. 892. VII. 336.
Bethzur, s. Bethsur.
Betort der Juden außerhalb der Synagogen, s. Proseuche.
Betrachtung, Meditation I. 892—893. III. 818. VII. 443 ff.
Betrachtung, buddhist. Vollkommenheit XII. 164. 170.
Betrug I. 893. III. 135. 857. XI. 580.
Betstühle, s. Kirchenstühle.
Bettelorden, die verschiedenen I. 893—895. 578. 793. II. 304. 494. 641. III. 76. 237 ff. IV. 120 ff. V. 768. VII. 229. 810. 811. 816. VIII. 365. X. 589. 738. 740. 917. XI. 791. 930. 1092 ff. XII. 1294.
Bettini, Musiker VII. 407.
Betylien, phönic. Fetische VIII. 437.
Beurius, der Liguorist VI. 530.
Beurlin, Jac., der Tübinger Kanzler († 1561) I. 895. 237. VIII. 697.
Beute, Kriegsbeute I. 896.
Beuve, St., Madeleine de XI. 493.
Beveridge, Wilh., Gl. († 1708) I. 896. VI. 157. VII. 556.
Bevollmächtigung, s. Mandat; — svertrag, s. Vertrag. [in Rom IX. 363 ff.
Bewahr- und Versorgungsanstalten

Beweggrund I. 896—902, vgl. Wirkung.
Beweggründe für die katholische Religion, die 50 I. 269; — die 22 XI. 365.
Beweis der Ehe, ehelicher Geburt, kirchl. Gemeinschaft XII. 115—116.
Beweis, -mittel, -verfahren, s. Gerichtsverfahren, Proceß, instrumentum etc.
Beweise für das Dasein Gottes I. 267 (ontolog.). II. 568. IV. 595 ff. (ontolog.). 600 (phys.). 601 (moral.). VI. 587 (von Locke). IX. 500. XI. 1111 ff.
Beweise gegen die Todesstrafe XI. 53 ff.
Bewußtsein, messianisches, s. Messias; — sittliches, s. Gewissen, Naturgesetz.
Beyrut, s. Berytus.
Beysan, s. Bethsean.
Beza, Theodor, der Reformator (geb. 1519, gest. 1605) I. 902—909. 237. 455. II. 73. 280. 281. 282. III. 319. 922. IV. 88. 411. V. 289. 290. 341. 353. 366. 368. VI. 534. VII. 761. 763. VIII. 355. 558. 628. IX. 192. X. 97. 338. 572. 573. 745. XI. 96. 512. XII. 330. 1314. 1315.
Bezeb, bbl. On. I. 909, s. Bethzecha.
Bezer, bbl. On. I. 999, s. Barasa.
Bezeth, s. Bethzecha.
Beziers III. 238. (Bm.) VII. 765. (Klstr).
Bezirksdiacone, s. Cardinal.
Bianchi, Andr., gl. Jesl (✝ 1657) XII. 116.
Bianchini, Franc., Alterthumsforscher und Astronom (✝1720) I. 909.
Bianchini, Jos., der Oratorianer, s. Blanchinus.
Blandrata, s. Blandrata.
Bias, der Weise IX. 400.
Bibars, Mamelukensultan II. 809. X. 823.
Bibel, die I. 909—915, dazu Evangelien und Apostelgeschichte, Pentateuch, Sprachgebrauch des A. und N. T., Testament (altes und neues) Text des A. und N. T., dazu I. 222 (prot. Criterium der Dogmen). 308 (Apelles Ansicht). 561. 852 (Bibel ein Roman). II. 102 ff. 192. III. 79 ff. 83. 87. 219 (Quelle der Dogmena.). 265. 489. IV. 190. V. 107. VI. 27. 160. 402 (Inspiratn der). 800 (manich. Auffassung). VII. 284 (Erkthquelle d. Moral). 465 (üb. d. Ktrgsp). 683 ff. (— und Oberthhr). 832 (Origenes über die). VIII. 84. 877. IV. 235. 236. 497. 498 ff. X. 111. XI. 190. [Glaubens.
Bibel, Analogie der, s. Analogie des
Bibel der Mormonen, s. Mormonen (XII. 811).
Bibel, ihre Integrität, s. Integrität d. hl. Sch.
Bibel, die Werthheimer, s. Werthheimer Bibel.
Bibel, Widersprüche in derselben, s. Widersprechende Stellen in den bbl. B.
Bibelausgaben I. 915—928, s. Polyglottenbibeln, Simon (Rich.) dazu II. 100. 200. 230. III. 190. IV. 572. VII. 142. VIII. 711. X. 93. 157 ff. 810 ff. XII. 593. 1100.
Bibelauslegung, s. Exegese (III. 822), Kritik (VI. 297), Hermeneutik (V. 123).
Bibelchristen, nordamerikan. XII. 40.
Bibelgesellschaften I. 928—930. 77 (britt.). 555—556 (amerikan.). 557. VI. 54. VIII. 493. 745. XI. 900. XII. 1214.
Bibelhandschriften, s. Handschriften der Bibel.
Bibelhandschriften, Abtheilungen der Worte und Bücher, s. Abtheilung.
Bibellesen der Laien I. 930—932, vgl. Uebersetzungen der Bibel (XII. 1210) IV. 799. V. 75 (Hrs VIII). VIII. 409. XII. 443. [Accente.
Bibeltext, Accente im Hebräischen, s.
Bibelübersetzungen I. 932—952, dazu Uebersetzung der Bibel, Regeln für die (XI. 358) Uebersetzungen der Bibel, neuere (XII. 1210), Alexandrinische Uebersetzung, Vulgata; ferner abyssin.), 110 (kopt.), 130 (des Aquila), 162 ff. (Septuag.), 235 (schwed.), 411 (armen.), 607. 608. II. 40. 199. 200. 244. 526. 711. 930. III. 14. 108. 355. 383. 392. 567 (Emser'sche) 872. 873 ff. IV. 89. 116. V. 75. 171 ff. (des Hieron.). 227 (Hrs VIII). 388 ff. 475. 551. 782 (Luthers). 613. 881. 928. VI. 12. 287 ff. 357. 662 (Luthers). 749 (mähr.). VII. 145 (alttest.) VIII. 324. 352. 846. IX. 489 ff. 506. 605 ff. 620. X. 93. 150. 163. 207. 619 ff. XI. 190. 305 ff. 640. 785. 886 ff. 924. 933. 1033. XII. 4. 441 ff. 633. 673. 712. 987. 1001. 1006. 1249. 1252. 1315.
Bibelverbote, s. Bibellesen der Laien.
Biberach, Rchsstdt XI. 290. 921.
Bibiana, die hl. (Gdchtnßtg 2. December) II. 1.
Biblia, s. Bibel.
biblia pauperum, Armenbibel II. 1—2. 200. VI. 755. VIII. 19.
biblia pentapla, hexapla etc., s. Polyglottenbibeln. [VIII. 553.
biblia polyglotta Vatabli I. 916.
biblia regia VIII. 577.
Bibliander (Buchmann), Orientalist (✝ 1564) II. 2. V. 881.
Biblias, St. VIII. 625.
Bibliothek, alexandrin. I. 161.
Bibliothek, allgemeine teutsche, s. Nicolai (VII. 570).
Bibliothek, vaticanische II. 2—3. IV. 497. 728. V. 301. VI. 422. VII. 500. 614. VIII. 233. IX. 370 ff.
Bibliotheken der Benedictiner I. 792; — der Propaganda VIII. 815.
Bibliothekar, s. Chartophylax.
Biblische Archäologie, s. Archäologie, biblische. [bbl. (II. 709).
Biblische Commentare, s. Commentar,
Biblische Concordanzen, s. Concordanzen, bbl. (II. 710).
Biblische Chronologie, s. Chronologie, bbl. (II. 528).
Biblische Einleitung, s. Einleitung, bbl. (III. 486).
Biblische Geographie, s. Geographie, bbl. (IV. 424).
Biblische Geschichte, s. Geschichte, bbl. (IV. 475). [530).
Biblische Glossen, s. Glossen, bbl. (IV.
Biblische Hermeneutik, s. Hermeneutik, bbl. (V. 123). [287).
Biblische Kritik, s. Kritik, bbl. (VI.
Biblische Lectionen in der Liturgie, s. Lectionen, bbl. [11).
Biblische Meere, s. Meere, bbl. (VII.
Biblische Parallelstellen, s. Parallelst., bbl. (VIII. 138).
Biblische Philologie, s. Philologie, bbl. (VIII. 403) VIII. 406.
Biblische Sprache, s. Semitische Sprachen, Palästinensische Landessprachen.
Biblische Sprache, das Kreuz in der, s. Kreuz in der Bibelsprache.
Biblische Theologie, s. Theologie, bbl. (XII. 1191). [290).
Biblische Tropen, s. Tropen, bbl. (XI.
Biblische (Lesestücke) Vorlesung, s. Pericopen (VIII. 293). [1198).
Biblische Wunder, s. Wunder, bbl. (XI.
Biblischer Text, s. Text des Alten und Neuen Testamentes.
Biblischer Text, rabbin. Leistungen in Bezug auf den, s. Masora.
Bibracte, s. Autun.
Bickel, prot. Krslhrr III. 75. 858. VI. 169. VII. 771.
Biddle und die Biddlianer, engl. Antitrinitr II. 3. VI. 530.
Bidellus, s. Biddle.
Biederkeit, s. Offenherzigkeit.
Biel in der Schweiz II. 40.
Biel, Gabr., der letzte Sententiarier (✝ 1495) II. 3—4. 630. VI. 587. VII. 200. 201. 803. IX. 235. 750.
Bielefeld, Hamelmann in XII. 540.
biennium canonicorum II. 4.
Biesfeld, Weihbsf v. Trier VIII. 842 ff.
Biester, Joh. Erich, der Jesuitenriecher II. 4.
bifaciare, trifaciare VII. 156.
Bigamie, s. Ehe (III. 409), dazu V. 267. 656. 657. 836 (ein Weihehndnß). XII. 209.
bighini, s. Beghinen und Beghbarden, Fraticellen.
Bignon, Gl. IV. 112. 113.
Bihar, das Land XII. 152.
Biselbog, slav. Gtthl. VIII. 40.
Bikschu, Bikschuni, buddhist. Bettelmönche und Nonnen XII. 108. 174. 186.
Bild, bildlicher Ausdruck II. 5.
Bild, Vitus, gl. Bendcter VIII. 350.
Bild Buddhas, das XII. 171. 176.
Bilder Christi, s. Christusbilder.
Bilder bei den Hebräern II. 5—6. V. 784. VI. 84. X. 897.
Bilder in den Kirchen II. 6—8, s. Christusbilder, Evangelistenbilder, Gnadenbild, Sculptur, chrstl. dazu I. 131 (Agnusdeibilder). II. 469. 936. III. 334. 588. VI. 274 ff. (Kreuzweg). 779 (Malerei VIII. 193. 469. 905 (bei Processionen) XI. 242. 1317.
Bilderanbetung II. 8—9. 459. 631 ff. V. 510.
Bilderbrecher, s. Iconoclasten.
Bilderstreit II. 9—12. 459. 572 ff. 831. 841. I. 325. III. 689 ff. 691 ff. 757 ff. 762 ff. V. 816 ff. 719 ff. 821 ff. 176. VII. 560. 863 ff. VIII. 241. 442. IX. 241. X. 89. 845. 849 ff. XI. 1238. XII. 372.
Bildersturm II. 12. 9. 10. III. 131. 741 ff. 813. VII. 559 ff. 508. 604 (niederländ.). 700 (in Basel). VIII. 230. IX. 201. 821. X. 356 ff. 387.
Bilderverehrung II. 12—13. 572 ff. 831. 928 (heidn.) I. 77 (in Abyssin). 132 (bekämpft). 664 (von den Bogomilen verworfen) III. 626. 741. IV. 683 ff. 808. 930. VII. 527. 613 (Nilus kein Gegner). IX. 21. X. 358. 582. 583. XI. 112. 230. 243. 1318 ff. XII. 630.
Bilderverbote III. 54. 545.
Bildhauerei, s. Sculptur.
Bildungsanstalten, geistliche s. Alumnat, Convict, Dom- und Klosterschulen, Seminarium, cler., Universitäten, dazu III. 247. IV. 163 ff. 403 ff. 721. 803. V. 248 (in England). 801 ff. (zu Jos. II. Zt). 865 (in Rom). VI. 476 (im Kirchenstaat). 608 (in Posen). VIII. 261. 450. IX. 367 (in Rom). XI. 1077 ff. (in Wien). XII. 903.
Bileam, s. Balaam.
Bilenberg, Bf. VI. 244.
Bilha, Magd der Rahel, das Städtchen II. 13. 571. V. 436. VII. 408. IX. 9. 434.
Billaud-Varennes, der Jacobiner (✝ 1819) IX. 282. 285.
Billican, Theod., Theolog des 16. Jhdts II. 13—14. 145. IX. 557.
Billigkeit, s. Epikie (III. 623).
Billuart, Charles-René, Dominicaner Provinzial (✝ 1757) II. 14.
Billung, die sächs. VII. 659 (Herm). 697.

Bimbisara, Kg. v. Kossala XII. 153.
Binchois, Aegid., Componist VII. 402.
Bindemann, Gl. VII. 836.
Binewald, Malh., der Reformator VIII. 553.
Bingen, das Kloster auf dem Rupertsberg bei V. 188 ff.
Bingham, Jos., der Archäolog († 1723) I. 402. 403. II. 14. — Missionär der Sandwichsinseln X. 481. XII. 1125.
Biniten I. 403. X. 465. XII. 103.
Binius, Gl II. 738.
Binterim, Ant. Jos., der Thlg (geb. 1779) I. 213 (**). 674. 677. II. 404. III. 95. 915. VI. 63. 112. 163. 179. 175. 215. 764 ff. 777. 873. VII. 473. X. 582. XII. 57. 60. 102. 415.
Birague René, frz. Botschafter beim Tridentinerconcil XI. 227.
Birch, R., Bibelausgabe des I. 925.
Birger, der Jarl IV. 72 ff.
Birger, Gregorssohn, Ebf. XII. 1215.
Birgitta, s. Brigitta (I. 160).
Birinus, der Missionär I. 249. IV. 780.
Birma, Reich in Hinterindien III. 483 ff. (Einbalsamiren der Leichen). XI. 325. XII. 73 (Christen in). 152 (Buddhisten in). 566.
Birmingham, Colleg bei IV. 803. Bm. VIII. 102.
Biro, M., der ungar. Luther, s. Devai.
Birret, Baret II. 14. VI. 217. 218 (der prot. Prediger). 274. VII. 90.
Birretation, die XI. 433 Anmkg.
Birs Nimrud, der alte babylon. Thurm X. 960.
Bisantium, s. Besançon.
Biscerre auf dem Libanon VII. 169.
Bischenberg, Lgrr VI. 528.
Bischöfe, neueste Versammlungen der teutschen XII. 888.
Bischöfliche Consecration, s. Bischofsweihe.
Bischöfliche Consistorien, s. Consistorien (I. 821 ff.).
Bischöfliche Curie, s. Curien (I. 956).
Bischöfliche Generalvicare, s. Generalvicar VI. 407.
Bischöfliche Gewalt, s. Bischof, Diöcesanrecht, Pseudoisidor
Bischöfliche Hofcapläne, s. Hofcaplan (V. 270 ff.).
Bischöfliche Inthronisation, s. Inthronisation.
Bischöfliche Kirche, s. Hochkirche.
Bischöfliche Kleidung II. 23. 35. VI. 215. 216 ff.
Bischöfliche Pönitentiare, s. Pönitentiare (VIII. 640).
Bischöfliche Schulen, s. Dom- und Klosterschulen.
Bischöfliche Seminare in Frankreich IV. 163.
Bischöfliche Sendgerichte, s. Sendgerichte (X. 66).
Bischöfliche Vicare, s. Vicarius, Generalvicar.
Bischof (Amt, Name, Ursprung, Inhalt desselben, Gewalt, Ehrenrechte, Wahl, Consecration, Erledigung des bischöfl. Stuhles) II. 14—34, vgl. Chorbischof, Coadjutor, Exarchie, Erzbischof, Fürstbischof, Hierarchie, episcopus in partibus, Priester, Synode, Variationsrecht, Triennalbericht (XII. 1197), visitatio liminum apostolorum, Wahl, dazu I. 174. 310. 325. 332, 371. 503. 549. 664 ff. 709. 714. 733. 778. 816. 817 ff. 821. 827. 913 ff. II. 651 (griech.). 789. 799. 827. 879. 880. III. 77. 107. 117. 118 ff. (französ.). 124. 146. 151. 176. 178 ff. 424. 460. 466. 550 ff. 569. 698 ff. 809 (Examen des Neugewählten). 810 (ernennt die Examinatoren) 819 (exclusiva b. d. Wahl eines). IV. 78. 79. 153 (französ.). 398. 538. V. 220. 241 ff. 244 (anglican. im Vhltn. zur Krone). 540 ff. 623. 624. 666. 931 ff. VI. 27. 39. 100 ff. (Kche) 119 ff. 129. 166. 181 ff. 185. 505 ff. 218. 225. 294 ff. 298. 419. VII. 62. 96. 630. 676. 677. 721 (ein Vorrecht). 759. 806. 811 (Insignien). 812 (Aufsicht über Nonnenklstr). 818 ff. (Ordinarii, Ordination). VIII. 112. 262. 356 ff. 359 ff. 362 (Vhltß zum Pfarrer). 365. 370. 468. 469 ff. 646. 659. 660 ff. 768 804. 808. 811. 824. 832 ff. IX. 64 ff. 131. 174. 214. 215 ff. 222. 224. 626 ff. 696. 920 ff. X. 20. 214. 308 ff. 314. 429. 468 (Suffragan). 539. 540. 581 ff. 602. XI. 27. 30. 58. 222 (Würde d.). 229. 236 ff. 240. 613. 667. 827. XII. 644 ff. (Rechte hins. d. Kchvmögens). 1001 ff. (Insignien). 1233 (Vhltß zu den Schulen).
Bischofsbibel, die XII. 124.
Bischofsheim, Klstr I. 82. II. 708. XI. 783.
Bischofsring II. 34. 35. VI. 217. XII. 1002. 1041.
Bischofssitz, s. Cathedra.
Bischofssprengel, s. Bisthum.
Bischofsstab, Hirtenstab II. 34. S. Krummstab, dazu VI. 217. VIII. 804. XII. 1002.
Bischofswahl, s. Wahl, canon. (XI. 766). II. 28 ff. IV. 106 ff. 158. 169. 171 ff. V. 241 (anglican). VII. 810.
Bischofsweihe II. 34—35. 32 ff. 247. III. 13. 809. V. 242 (anglic.) 623. 834 (Alter für die) VI. 410. VII. 821. 822. VIII. 150 (der anglican. Bfe). 470. 813. 835. XI. 712.
Biscop, Abt II. 432. 433. V. 504.
Biscupez, der Priester V. 425.
Bisochi, bizochi, s. Fraticellen, Bizochen.
Bissen, Probe des geweihten IV. 620.
Bissi, Histor. XI. 1005. 1090.
Bisol, Mitstifter des Templerordens X. 710.
Bisthum II. 35—38, vgl. Circumscriptionsbulle, Eparchie, Patriarch, s. dazu II. 19. 36. 705 ff. V. 241 (Einkünfte der anglic.) VI. 166. 187. 208. VIII. 110. 626 ff. IX. 89 ff. X. 611. XII. 36. 38.
Bisthumsadministration, s. Diöcesanrecht, -statuten, u. s. w.
Bisthumsadministrator, s. Domcapitel, vgl. Coadjutor.
Bisthumspatrone, s. Schutzpatron, Diöcesanpatrocinium.
Bisthumsverweser, s. Domcapitel.
Bithynien, das Küstenland II. 38—39. II. 661. VII. 551. VIII. 335. 336 ff.
Bitten, erste, s. Anwartschaften.
Bittgänge II. 39. VI. 457. 537. 759. 833. VIII. 803. 807 ff.
Bittgebet, s. Fürbitte, Gebet.
Bittopfer, die Messe als VII. 91.
Bitttage, Bittwoche } s. Bittgänge.
Bivio, Missionäre in VII. 168.
Bizochen II. 39—40. 322. ; vgl. Franciscus und Franciscanerorden, Fraticellen.
Blaarer, Ambros, der Reformator († 1564) II. 40. 74. VII. 28. XI. 395. 396. 397.
Blacas, fran. Thlg. III. 382.
Blacas, Graf, frz. Gsdtr IV. 159.
Blaitmaicus, St. XI. 782.
Blanais, Bf. v. Syra X. 622.
Blanca, frz. Königin V. 473. VI. 630. 631. VIII. 205 ff. XII. 385.
Blancas, Hieron. V. 657.
Blanchard, der Priester XII. 102.
Blanchinus, gel. Oratorianer II. 40—41.
Blancmenil, Parlmtsglo VI. 954 ff.
Blancus, Hugo, Cdl IV. 703.
Blandina, St. I. 41. VIII. 624.
Blandrata, Gg., der Arzt, ein Patron des Socinianismus II. 41—42. I. 297. IV. 415. VI. 537. VII. 732. VIII. 560. 620. X. 124. 232.
Blankenburg, Graf Anno v., Bf. v. Minden VII. 150.
Blankenfeld, Joh., Bf. v. Dorpat und Reval VI. 520.
Blanquart, de Bailleul, Ebf. v. Rouen XII. 1048.
Blarer, der Fürstpropst von Ellwangen XII. 615.
Blasco, Histor. V. 709. 710.
Blasia, die Frau des Stifters der Jesuaten V. 545 ff.
Blasien, St., das berühmte Benedictinerstift auf dem Schwarzwalde II. 41—42. 297. IV. 286. 429. 631. VI. 158. VII. 534. IX. 114. XI. 880. XII. 317.
Blasinstrumente der Hebräer VII. 422 ff.
Blasius, St., s. Blasiustag.
Blasiustag, Halsweide II. 45. 43. 45. VI. 900. VII. 648. XII. 1033.
Blasphemie, Gotteslästerung II. 45—46. vgl. Religionsspötterei (IX. 183) IV. 303. VII. 631. IX. 215. 562. X. 353. XI. 580.
Blassoni, Clara, die Oberin V. 397.
Blastares, Math., Canonensammler des 14. Jhdts. II. 303. III. 815. XII. 488.
Blastus, röm. Prstr, Gnstkr IV. 560. VI. 820. VII. 875.
Blatter, Thom., Pstor im Wallis X. 197.
Blaubeuren, Klstr XI. 357.
Blauren von Wartensee, s. Blaarer.
Bleeks Hypothese über die Offenbarung St. Johannis I. 314.
Blemmida, Nicephorus, gl. Grieche des 13. Jhdts II. 46—47. II. 719. IV. 769.
Blennorrhea urethrae macht unrein IX. 164
Blesdik, Nicol., Prediger V. 789.
Blesilla, Tochter der hl. Paula II. 47. VII. 233. 234.
Blindeninstitute III. 703.
Blois, frz. Bm., Stadt IV. 674. V. 375. 377 ff. (Bsmlgn). 853 (Edict v. 1618). XII. 220. 1246.
Blondel, ref. Thlg d. 17. Jhdts II. 47—48. V. 708. 709. VI. 225. VIII. 851. 855.
Blosius, Louis (de Blois), myst.-ascet. Schftstll. VII. 308.
Blosset, Francisca v., erste Stifterin der Genovefanerinnen IV. 413.
Blount, Carl, der Deist II. 48. III. 80.
Blum, Peter, Jos., Bf v. Limburg VI. 529.
Blumenfest, das, s. Pfingsten.
Blumenthal, Gg. v., letzter kath. Bf. v. Ratzeburg IX. 38.
Blutacker (Hakeldama) V. 885 ff.
Blutartikel, die 6 Hrs VIII V. 74.
Blutbill, die II. 924.
Blutfluß macht unrein IX. 164.
Blutgericht, Thorner, s. Thorn.
Bluthochzeit, die Pariser (24. Aug. 1572) II. 48—56. IV. 722. V. 372.
Blutige Opfer b. a. Hbr VII. 770 ff.
Blut-Jesu-Fest, s. Sanguinis pretiosi festum (XII. 1083).
Bluträcher bei den Hebräern II. 56—57. I. 489. 490 ff.
Blutrache, s. Wiedervergeltung, dazu VI. 895 (bei den Maroniten). XII. 202 (auf der Insel Sardinien). 478 (b. d. alten Teutschen).
Blutrath, der s. g. des Herzogs Alba VII. 604.
Blutschande s. Incest (V. 600).
Blutsfreundschaft, s. Verwandtschaftsverhältniß (XII. 1227), vgl. Schwägerschaft (XI. 817).

Blutsfreundschaft als Ehehinderniß III. 442 ff.
Bluttaufe, s. Taufe (X. 669. 678).
Blutzehnten, s. Zehnten, Zehentrecht (VI. 1260. 1265).
Blutzeuge, s. Martyrer.
Boabdil, letzter Maurenfürst von Granada VI. 936
Boas, bbl. Psn V. 545. IX. 475. 477.
Bobadilla, der Jesuit II. 415. V. 551. VIII. 182. XI. 988. XII. 1257.
Bobbio, italien. Klstr. XII. 118—119. I. 151. II. 700. V. 5. 760. VI. 555. 593. 740.
Bobola, der selige (ermordet am 16. Mai 1657) XII. 116—118.
Bobolenus, Abt v. Bobbio XII. 118.
Bocalin (über Machiavell) VI. 717.
Bocasoti, s. Bizochen, Fraticellen.
Boccaccio, der Dichter († 1375) I. 599. III. 30. 32. 38. VIII. 23. 328. XII. 360.
Bochara, exilirte Juden in III. 840.
Bochart, Sam., Gelehrter († 1667) II. 57—58. 321. 389. V. 357. VI. 617.
Bock, der am Versöhnungstag (Sündenbock) I. 567. IV. 50. VII. 762.
Bockinger, der Hauptmann XI. 1323.
Bockhold (Johann von Leyden), Schneider und König von Zion III. 899 ff. IV. 391. 392. XI. 955. 956 ff.
Bocquillot, Lazare André, Rögl (st. 1728) VI. 171.
Bocskai (Botschkai), Stephan, der Rebell († 1606) VII. 740. 741. XI. 403. 998.
Bodenstein, s. Carlstadt.
Bodenstein, Sohn des Carlstadt X. 894.
Bodhi, vollkommene Weisheit der Buddhisten, ihre Eigenschaften XII. 166. [164.
Bodhidharma, buddhist. Patrch XII.
Bodhisatwas, die 2 buddhist. Schutzgeister XII. 156. 157. 178.
Bodhyanga, die 7 Tugendmittel der Buddhisten XII. 166.
Bodleyan'sche Bibliothek VII. 919.
Bodmann, Burg am Bodensee VII. 893.
Bodmann, Rupert v., Fürstabt von Kempten VI. 68.
Bodmer, Joh. Jac., der Schweizer Dichter (st. 1783) VI. 378.
Böheim, Hans, der Communist IV. 300. XI. 1190.
Böhler, Ornhtr VII. 122.
Böhme, Jacob, der Theosoph II. 58—61. IV. 511. 606. VI. 3. 6. 303. 387. X. 77. 278. 894.. XII. 393. 394. 998. 1060.
Böhmen, a) Einführung des Christenthums daselbst, Geschichtliches II. 61—64. I. 91. IV. 708. VI. 622. 749. VII. 593 ff. VIII. 541. IX. 96. 98. X. 216. 229. XI. 864 ff. 1185. XII. 1311; b) Kirchengeschichtliches, s. Prag, dazu I. 65. 167. II. 624. (Barnabiten). 644 (Basire). III. 287 ff. 399 ff. 565 (Häret). IV. 14. 18. V. 400 ff. 402 ff. 413. (Hussiten). 473 ff. 560 (Jesuiten). 726 ff. VI. 213. 750 ff. VII. 727. 733 (Protstts in). 736 ff. (Recatholisg). 741. 747 (Auswanderung). VIII. 161 (Reslözl). 418 (Piaristen). IX. 437. 681 ff. X. 124. 132. 134. 799. 800 ff. 872 (Kchstats). 742 (Tertiarr in). XII. 11 ff. (Mcamiten). 228. 652 ff. 712 (Leibeigenen). 713 (Krls). 894 ff.
Böhmer, Justus Henning, prot. Kirchenrechtslehrer (st. 1749) II. 64—65. 323. 800. 894. 890. III. 69. 150. IV. 227. 228. V. 114. VI. 168. 187. 418. 513. 624. IX. 360. 739.
Böhmische und mährische Brüder II. 65—69. 184 (Adamiten). 381. I. 94 ff. III. 180. V. 142 ff. 177. 402. 428 ff. 436 ff. VI. 243. 357. 534. VII. 727. 728. 736. 748. VIII. 25. 556 ff. 557 ff. 561 ff. 698. X. 571. 572. XI. 403. [1214.
Böhmische Bibelübersetzungen XII.
Bönike, Geschichtschreiber der Würzburger Hochschule VII. 682.
Bör, nordgerm. Gttht VIII. 39.
Börne, Ludw., polit. Schrftst. (st. 1837) VI. 927.
Böse, das, s. Sünde, Uebel, Zulassung, dazu VI. 798 ff. VII. 133 (Ursprung des). 790 ff. 841 (Origs über d). IX. 27. 451. X. 840. XI. 822. XII. 402 ff.
Bösler, Mstr VII. 865.
Böotische Verfassung, s. Verfassung.
Böttcher, Friedr., prot. Thlg V. 249 ff.
Böttiger, K. W., Histor. (geb. 1790) XII. 415 ff.
Boëmund, die Kreuzfahrer, Fürsten von Antiochien II. 591. 592. VIII. 167. XII. 688. 689.
Boëthius, A. M. T. S., der Philosoph (hinger. 524 oder 520). II. 69—70. 166. 419. III. 200. 252. 379. IV. 513. 598. VII. 385. VIII. 572. IX. 711. 743. 757. X. 921. 922. XI. 204. XII. 1263.
Bogdo-Lama VI. 319.
Bogislav XIV, Pommerherzog VIII. 602.
Bogomilen, s. Basilius, Haupt der Bogomilen (I. 663), dazu II. 281. 841. III. 775. IV. 559. VI. 803. VII. 82. VIII. 893. IX. 23. 822. X. 304.
Bogoris, Bulgarenfürst, s. Bulgaren, dazu I. 205. IV. 114. VII. 579. VIII. 173. X. 226.
Boil, Bernh., Abt I. 202.
Boimont, Jac. v., Landeshptmann VII. 740.
Boisgelin, Jean de Dieu, Erzbf v. Aix (st. 1804) I. 70. IX. 259. 260 ff. XI. 107.
Boisserée, Gebrüder, aus Köln, Kenner und Sammler alter Kunstschätze XII. 104. 496.
Boki, Häuptling auf den Sandwichinseln X. 460. 461. 465.
Boläus, Jac., Thlg VIII. 170.
Boldetti, Gl. VI. 43.
Boleslaus, Herzoge und Großfürsten von Polen, s. Polen, vgl. Böhmen, Pommern; Bol. I. Chrobry II. 185. III. 19. 183. IV. 550. V. 677. 759. VI. 254. 751. VII. 903. 904 ff. 911. VIII. 539 ff. 541. 542. 612. B. II. Smialy (1076) IV. 551. VIII. 541. X. 334 ff. B. III. Krzywousti (Krummaul) IV. 552. VIII. 542. 543 ff. 597. B. IV. (1146) VIII. 544 ff.
Boleslav, die Fürsten, s. Böhmen, Einführung des Chrstthms, Pommern, dazu I. 843 ff. II. 63. V. 3. 677 (B. II.). VI. 254 (B. d. G.). 751 (B. I. und II.). VIII. 635. XI. 865 ff.
Boleyn, Anna, die Buhlerin Heinrichs VIII v. Engl. (enthauptet 1536) I. 602. 635. II. 602. 907. 923. IV. 82. 785 ff. V. 62 ff. 225 ff. 828. VI. 847. VIII. 149. X. 530. 942. 943. XI. 810.
Bolingbroke, Heinr. St. John, der Freigeist II. 70—71. III. 80. VI. 923. VII. 269. IX. 184. XI. 733.
Bolivia, das Christenthum im Staate VII. 168. X. 449. XII. 44 ff.
Boll, Bernhard, 1. Ebf. v. Freiburg († 1836) IV. 187. V. 360. XII. 876 ff. 883. 880.
Bollandisten, s. acta sanctorum.
Bollandus, s. acta sanctorum, dazu VIII. 89. IX. 908. XII. 554 ff.
Bologna, Stadt, Bm. und Syn. XII. 119—123. 23. I. 778. II. 611. III. 239. 969. V. 159 (Hexenbestrafg in). 769 (erobert). VII. 587. IX. 897 (plast. Kunstwke). X. 602 (Syn). XI. 185. 195. 196. 242. 687.
Bologna, Universität II. 629. 848. 947. 844. IV. 106. 649 ff. 721. 752. 758. V. 339. 831 ff. VI. 201. 513. 514. 583. 723. VIII. 74. 327. 342. 461 ff. 466. IX. 311. X. 634. 921. 922. XI. 432. 436. 442. XII. 1257.
Bolozudes, der Ungar X. 123.
Bolsec, Hieron., Excarmelit und Histor. II. 71—73. 280. 773. V. 654.
Bolsena, Messe von II. 73. IV. 239.
Bolzheim, Joh., Gel. († um 1535) II. 73—74.
Bombastus Paracelsus v. Hohenheim, der Arzt, s. Theophrastus (X. 892).
Bombay in Ostindien V. 619. VII. 169 (Msnäre in). VIII. 159.
Bomberg'sche Bibelausgabe, I. 915. 916. VI. 86 ff.
Bon, Joh., Stifter der Boniten I. 5[illegible].
Bona, Cardinal († 1764) II. [illegible] 569. V. 224. VI. 171. 175. 204. 4[illegible]. 698. VII. 99. 300. 393. 805. IX. 210. X. 41.
Bona, Polenkönigin VI. 536. VIII. 552.
Bonacina, Canonist VI. 316. XII. 251.
Bonacolsi, die, in Mailand VI. 806.
Bonacursius, mittelaltl. Gl. IX. 720.
Bonadies, s. Gafor.
bona fides (im röm. Recht) II. 775—776.
Bonaire, Chrstthm auf XII. 592.
Bonald, Louis Charles Maurice de, Erzbf v. Lyon, s. d. folgd. Art., dazu IX. 195. 298. 261. XII. 913.
Bonald, Louis Gabriel Ambroise, religiös-polit. Schrftstllr († 1840) XII. 124—126. VI. 682.
Bonamir, Ebf. v. Smyrna VIII. 450.
Bonaventura (Joh. Fidanza) St., der 6. große lat. Kchnlehrer († 1274) II. 76—79. 246. 284. I. 143. 550. 894. 897 ff. III. 101. 140. 221. IV. 130. 454. 850. V. 260. 301. VI. 184 ff. 685. 686. 866. 869. 875. VII. 303 (als Moralst). 446. 885. 691. 717. 799—800 (**). VIII. 524 (als Dichter). IX. 523. 708. 722 ff. 879. X. 206. 929. 934. XI. 1003.
Bon de Merbes, Mrlthl. VII. 306.
Bone, H., Dichter VIII. 530.
Bonfrère, Jac., gl. Jes. († 1643) XII. 126. II. 634. X. 170.
Bonhold, Joh., d. Mstor VIII. 553.
Bonifacius, St., Apostel der Teutschen II. 79—84. 31. 183. 215. 219 ff. 358. 464. 473. 525. 643. 872. II. 92. 148. 151 ff. 372. 701. 703. ff. 724. 789. III. 23. 78. 104. 251. 705. 781. 462. 557. 660 ff. IV. 155. 206. 233. 235 ff. 239. 249 ff. 690. 602. 731. V. 216. 217. VI. 85. 410. 620. 765. 874. VII. 148. 226. 270. 895. VIII. 377. 457. IX. 2. 98. 129. 291. 501. 592. 615. X. 290. 416 ff. 796. XI. 488. 709. 710. 783. 828. 1090 ff. 1099. 1100. 1149. 1181. 1184. 1203. 1238. XII. 32. 115. 426. 559. 560. 595. 658. 846. 1201.
Bonifacius, Name von 9 Päpsten 84—98. B. I. St. (reg. 418—422) I. 653. 826. 839. II. 127. III. 750. 939. V. 182. VI. 825. IX. 671. XII. 511. 759. 1021. — B. II. (reg. 530—532. I. 248. V. 745. VII. 805. XI. 692. XII. 512. — B. III. (reg. 607). I. 697. VII. 427. — B. IV. St. (reg. 608—615). II. 173. III. 122. IV. 692. V. 314. VI. 592. VIII. 89. 427. XII. 57. 778 — B. V. (reg. 619—625) III. 123. — B. VI. (reg. 896). II. 815. IV. 115. VIII. 104. B. VII. (Cardinal Franco, Gegenpapst Benedicts VI., † 985) I. 207. 911. II. 772. VII. 901. VIII. 105. XII. 1138. — B. VIII. (Benedict Gaëtani,

reg. 1294—1303) I. 251. 505. 594. 595. 597. 628. 648 ff. 654 ff. 661 ff. 679. 680. 700. 705. 656 ff. 801. II. 51. 301. 776. 880. III. 30. 77. 105. 149. 346. 373. 395 ff. 410. 653. 843. IV. 174. 290. 652. V. 476. 477. 621. 677. 345. 474. 760. 876. VII. 51. 275. 895. 809. 919. VIII. 179. 204. IX. 304. 342. 351. X. 311. 727. 730. 732. XI. 1 ff. 70. 679. 680 ff. 687. 972. 1152. XII. 25. 25. 123. 201. 368. 740. 1321. 1322. — B. IX. (Peter Tomacelli, reg. 1389—1404.) I. 161. 577. II. 633. 793. III. 144. 267. 661. IV. 782. V. 640. 726. 767. 877. VI. 644. 675. VII. 24. 73. VIII. 6. 842. IX. 37. 330. 488. X. 134. 135. 263. 358. 745. XI. 573. 584. 1229. XII. 1311.
Bonifacius, Statthalter in der Provinz Africa I. 125. IV. 414. XI. 539. 726. XII. 1222.
Bonifacius v. Montferrat, der Kreuzfahrer XII. 425. 694 ff.
Bonifacius, ein angebl. Apostel der Preußen I. 185.
Bonifacius, Märtyrer der theb. Legion VI. 415. [370.
Bonifacius, St., Bf. v. Lausanne VI.
Bonifaciusverein XI. 919. XII. 993.
boni homines, bons hommes hießen: a) die Grammontenser, s. Grandmont, Orden v. (IV. 665); b) die Minimen zu Paris; c) die Chorherren des Johann Vicenza in Portugal; d) die Sackbrüder in England II. 98—99.
boni homines, die Katharer in Frankreich II. 99. s. Katharer.
Boninsegni, Prälat V. 870.
Bonivertus, 1. Bf. v. Fünfkirchen IV. 255. VI. 746.
Bonitius, St. XII. 965.
Bonizo, Bf. v. Sutri im 11. Jhdt II. 160.
Bonn, Stadt und Universität, s. Cöln, dazu II. 199. 333. 676. III. 106. 308. IV. 368. V. 131. VI. 213. 300. VII. 666. VIII. 749. XI. 448.
Bonnac, de, Bf. v. Agen IX. 261.
Bonnard, Msnär XI. 327.
Bonneau, Marie, die fromme IV. 414.
Bonnet, speculat. Thlg III. 352.
Bonnet, Charles, Naturforscher (†1793) [V. 91.
Bononia, s. Bologna.
Bonosianer, s. Bonosus.
Bonosus, Bischof v. Sardica, Stifter der Bonosianer im 4. Jhdt II. 100—101. III. 275. 701. 770. V. 168 ff. 793. VI. 643. VIII. 441. X. 200.
Bonosus (Hatto), Abt v. Fulda IX. 3.
Bonstetten, Albr. v., Schrftst. III. 500.
Bonumbra, Legat VI. 19.
bonum conjugale, Heirathsgüter XII. 126. Vgl. Mahlschatz, Paraphernalgut (XII. 921).
Bonus, der Einsiedler X. 912. 916.
book of canones Jacobs I. V. 229 ff. 234. 239. 243.
Boonen, Jac., Ebf. v. Mecheln V. 490.
Boos, Mart., d. Schwärmer VI. 68. 533. IX. 629. 830 ff.
Boosianersecte, s. Boos.
Booz, s. Ruth.
Bora, Catharina v., s. Luther (VI. 664 ff.)
Boranga, Msnär X. 454.
Borborianer, gnost. Partei II. 101—102. IV. 560. VI. 33.
bordarii, bordaliagium XII. 714.
Bordeaux, Stadt, Edm. u. Syn. V. 808 (Josephitinen in). VI. 729. VIII. 240. 779. IX. 200. XI. 494 (Ursulinercongg.). XII. 26. 1129. 1248.
Bore, ein Reformgehülfe Josephs II. IV. 483.
Borel, Adam, und die Borelisten II. 102—103.
Borgia, Cesare, Sohn Alexanders VI. († 1520) II. 103—104. I. 147. 157. IX. 349.
Borgia, Franz, St., 3. General der Jesuiten († 1572) II. 104—108. 757 ff. V. 702. IX. 369. X. 336. 900. XI. 76. 477. XII. 1143. 1195. [108.
Borgia, Stefano, Cardl († 1804) II.
Borgia, Rodrigo, s. Alexander VI., Pst; — Alfons, s. Calixtus III., Pst; — Johann, Cdl VII. 768.
Borgia, Lucretia, s. Alexander VI. und B. Cesare.
Borgonnon, Msnär XII. 35.
Boris, St. IX. 460.
Boris Godunow, der Fürst V. 525.
Bornhofen, Wallfahrtsort VI. 529.
Borro, der Tausendkünstler († 1695) II. 108—110.
Borromäus, der heilige Carl von († 1584, Gdchtntg 4. Nov.) II. 110—121. 130. 179. 340. 408. 477. 624. 625. 632. 689. 708. 743. 767. 768. IV. 332. 348. 423. 538. V. 308. 341. 342. 396. VI. 42. 70. 197. 199. 522. 553. 678. 758. VII. 69. 158. 166. 333. 409. 509. VIII. 58. 232. 484. 649. 664. IX. 295. 336. 252. 376. 815. 851. 873. 874. X. 199. 201. 242. 563. 602. XI. 86. 216. 221. 225. 230. 233. 241 ff. 246. 638. 491 ff. 494. 1030. XII. 273. 604 ff. 918.
Borromäus, Carl, Graf (J. 1694) VII. 379. [937.
Borromäus, Jacob, Bf. v Pavia XII.
Borromäusverein II. 121. VII. 8. VIII. 752. [gesellschaft V. 651.
Borrow, Reisender der engl. Bibel-
Boruth, Carantanenherzog VI. 32 ff.
Borziwoi, der 1. christl. Böhmenherzog II. 63. VI. 622. 750. XI. 864. XII. 1311.
Boschenstein, Johann, Rftor VIII. 552.
Boschgeusen, die VII. 605.
Bosheit, die II. 123, s. Laster.
Bosheitssünden, s. Sünde (X. 507).
Bosio, Gl. VI. 43.
Bosnien, apostol. Vicariat VII. 168 (Msnäre in). XI. 332. 334. 470.
Boso, der 1. Bf. von Merseburg I. 121—122. IV. 629. VII. 70.
Boso, Fürsten V. 704 ff. 750. 751 (Provence). VII. 574 (Burgnd).
Boso, Mönch in Corvey VII. 18.
Bosor, s. Bezer, Bosra.
Bosra, bbl. On. II. 122—123. I. 294 (Syn.). VII. 168 (Klstr in). 830 (Bm.). VIII. 51 (Bm.). XI. 31. 337 (Bm.). [VII. 297.
Boss, J. G., Bf. v. Chur-St.-Gallen
Bossuet, Jacques Benigne, Bischof v. Meaux II. 123—130. 565. 665. 666. III. 381. IV. 7. 8 ff. 95. 294. 507. 639. V. 316. 358. 497. 646. 647. VI. 55. 155. 426. 428. 917. VII. 198 ff. 308. VIII. 647. 739. 896 ff. 898. IX. 192. 194. 420. X. 34. 39. 164. 702 ff. XI. 19. 329. 629. XII. 225. 316. 409. 470. 546. 625. 701. 1053. 1059. 1196.
Bostain, der Resch-Gluth a V. 591.
Bostanebene, die X. 177.
Boston, Bm. VII. 639 ff.
Bostra, s. Barasa, Bosra.
Botani-Bay I. 554 ff. X. 206. 272. 250. 452. 456. 461. 574.
Botero, Giovanni, der früheste Gegner Machiavellis († 1617) II. 130.
Bothwell, Graf Jacob VI. 853 ff.
Botonus, der Canonist, s. Bernhard von Botono.
Botrus, der Priester III. 255.
Botsak, pr. Thlg des 17. Jhdts X. 954.
Bottari, Giovanni Gaëtano, Gl. (st. 1775) VI. 44.
Boucho, apost. Vicar XII. 565.
Boucquoy, der Heerführer III. 268. IV. 17.
Boudie, Litgfr. XII. 441.
Boudon, Heinr. Maria, ascet. Schriftstlr († 1702) XII. 126.
Bougainville, Louis Antoine, der Seefahrer (st. 1811) X. 450.
Bouhours, Dominique, gl. Jesi († 1702) II. 130—131.
Bouillon, Führer des 1. Kreuzzuges, s. Gottfried von B. (IV. 624).
Boulainvilliers, Henry, Comte de, Schrftst. († 1722) II. 131.
Boulanger, Nicolas Antoine, der Encyklopädist II. 131.
Boulay, Cesare Egasse du, Geschichtschrbr der Universität Paris († 1678) II. 131. IX. 660. 687. XI. 426. 804.
Boulogne, Edict v. V. 373.
Boulogne, Etienne Antoine, Bf. v. Troyes († 1825) XII. 127—128.
Bouquet, Gl. IX. 448.
Bouray, Jacques Pasquier, Stifter der Hospitaliterinnen zu Loges V. 348.
Bourbon, das Haus V. 363 ff.
Bourdaloue, Louis, der Kanzelredner († 1704) I. 131—134. 129. VI. 917. VIII. 739. [106.
Bourdeille, Cl. v., Ebf. v. Tours XI.
Bourdin (Burdinus), Gegenpapst II. 261. 262. 591. IV. 371. 666. 712. V. 35 ff. 37 ff. VI. 729. VIII. 107. XI. 69. XII. 1032.
Bourges, Edm. und Stadt I. 220 (Univs.). II. 356. V. 473. 621 (Syn.). 630. VI. 410 (Legation). VII. 587 (Convent zu). 671 (Schule). VIII. 215. X. 150. XII. 104 (goth. Schein).
Bourges, pragmatische Sanction von IV. 158. VIII. 482. 638.
Bourget, Bf. XII. 483.
Bourgogne, Componist VII. 405.
Bourignon, Antoinette, die Schwärmerin († 1680) I. 134—136. X. 278. XII. 907 ff.
Bouterweck, Friedr., Literärhistor. († 1828) IV. 573. 673. 674. VI. 635. VII. 326.
Bouthillier de Rancé, Stifter der Trappisten II. 124. VI. 701. XI. 164 ff.
Boverius, Geschichtschreiber des Capucinerordens II. 338. 340.
Bovius, der Carmeliter II. 790. 792.
Bowden, Histor. IV. 711.
Bower, Archimbald, der Plagiator († 1766) II. 136—137. V. 674.
Boyer, der Präsident v. Haity († 1850) XI. 902.
Boyle, Rob. († 1691) II. 568.
Bozra, s. Barasa.
Brabant, Christianisirung, s. Belgien.
Bracarensis Martini capitula II. 306.
Braccara, s. Braga (XII. 128 ff.)
Bracciolini, Poggio, s. Poggio Bracciolini (VIII. 535).
Bradwardin, Thom., der. Thlg († 1349) II. 137—138. XI. 929. 938.
Brady, Msnär und Bf. in Australien X. 462. 546 ff.
Brälel, Componist VII. 407.
Branken, Bf. XII. 569.
Braga, portug. Erzbisthum und Synoden XII. 128—130. II. 632. 633. III. 345 (1. Syn.). IV. 243. VI. 216. 465 (Syn.). 620. 900. VIII. 806. X. 6. 432. 771. 772 (Syn.). [V. 607.
Bragança, Constantin, Statthalter
Braganza, das Haus X. 265. XI. 480.
Brahe, Tycho de, der Astronom († 1601) IV. 275.
Brahma, ind. Gthl, vgl. Schiwa, Wischnu, s. dazu VI. 318. VIII. 37. XII. 151. 158. 497.
Brahmanen, Brahmanismus V. 617. VI. 318 ff. VII. 440. X. 184. XII. 151. 160 ff. 170. 175. 176. 184 ff.
Bramante, der Baumeister († 1514), s. Rom.

Brand, Sebast., Dichter des Narrenschiffes († 1521) IV. 270. VIII. 527.
Branda, Castiglione, Bf. von Piacenza XII. 998.
Brandenburg, das Haus, s. Brandenburg, Hermann von Lebuin.
Brandenburg, die Mark II. 138—140, vgl. Preußen, d. kath. Kche in (VIII. 735), dazu I. 145 ff. II. 154. III. 302. IV. 827 ff. IX. 482. X. 133. 134. 137 ff. 294. XII. 712. 851 ff.
Brandenburg, das Bisthum I. 138. 218. III. 812. IV. 629. 889. V. 759. VII. 19. 897.
Brandenburg, die Reformation in, vgl. Preußen, Reformation in (VIII. 670), dazu I. 145. 779. III. 265. 266. VI. 670. IX. 697. 699. X. 671.
Brandenburg, Stadt I. 132 (Agricola in). X. 898 (Juden in). VII. 690.
Brandenburg, die Nationalversammlung in VIII. 754.
Brandenburg, Markgraf Wilhelm von, letzter Erzbischof von Riga VI. 520. IX. 325.
Brandenburg, Erzbischöfe und Administratoren von Magdeburg aus dem Haus VI. 732. 733 ff.
Brandopfer. IV. 50. 51. VII. 777. 778 ff. 780.
Brandopferaltar im Tempel zu Jerusalem X. 707. 713.
Brandstiftung, das Verbrechen der XII. 130. IX. 215.
Branimir, Kroatenfürst X. 223.
Braniß, der Philosoph (geb. 1792) IX. 707.
Brankalee, Leo, Edl VII. 907.
Brasart, Componist VII. 402.
Brasilien II. 140—142. 106. I. 203. 204. VII. 107 (Mssnäre in). VIII. 120. 121. X. 265. 441. 443 ff. 447. XI. 679. XII. 46 ff.
Brassicanus, Name mehrer ber. Psn II. 142. VIII. 372 ff. (Joh., Bf. v. Lunköping). X. 505 (Joh. Alex.) XI. 996 (Dr. Ambros).
Brauen, das, ob an Feiertagen erlaubt XII. 553.
Braulio, Bf. v. Saragossa X. 630.
Braun, Name mehrer ber. Personen; V. 132 ff. hermes. Mrlthl. VII. 308. VIII. 29 (d. Pädagog). 711 (Prediger zu Peißen). X. 328 (Placidus, Histor. der Bischöfe v. Augsburg). XII. 1223 (gl. Thlg).
Braunau, Klstr V. 132. 560. VII. 744. 745. IX. 41.
Braunsberg III. 683 (Priestersem.). VIII. 551. 705 (Mssion in). 562. 705 (Jesuiten in).
Braunschweig, Stadt und Herzogthum I. 204. 167 (Mssion in). III. 302. IV. 203 (Freimaurerloge). V. 538. 897 (Judenrtrbg). VIII. 300 (Lilas). IX. 187 (Kulk). XI. 369 (Biblthk). [476.
Braunschweig, Otto von XI. 473. 474.
Braut, geistl., bei der Einkleidung II. 142, vgl. Ordensprofeß. Primiz.
Brautexamen II. 142—143. VIII. 367. XI. 173. [812.
Brautführer II. 143. V. 262. VIII.
Brautkranz, II. 143, s. Hochzeit, dazu V. 263. VII. 815 (der Nonnen).
Brautleute V. 261. 267. 268 ff.
Brautring II. 143—144, s. Hochzeit V. 263.
Brautring bei den Hebräern V. 270.
Brautring der Nonnen VII. 815.
Brautschatz, s. Mahlschatz (VI. 747).
Brazza, Bm. XII. 1321. [47.
Brebeuf, 1. Apostel der Huronen XII.
Breckling, der Gichtelianer IV. 511. X. 278.
Breda, apost. Vet VII. 2; — Friedenscongr. VII. 606.
Brederode, Rittmeister VII. 604.
Bredow, Gabr. Gottf., Schulmann († 1814) X. 583.
Bregenz am Bodensee I. 150. II. 699. 700. IV. 295. VI. 741.
Breisach XI. 498 (Ursulinerinnen in).
Breitinger, Joh. Jac. († 1776) X. 62.
Bremen, Bisthum II. 144—145. 91. 752. 901. I. 91. 94. 270 ff. 855. III. 19. 20. 305. IV. 818. 852. 888. VI. 645. VII. 573. IX. 504 ff. (Mssion). 800. 811. X. 351. 810. XI. 586 ff. 588. 671 ff. XII. 61. 530. 539 ff. 561. 712. [867.
Bremgarten, Klstr I. 642.
Brendan, St. II. 694.
Brenner, Dogmtkr IX. 769.
Brentano, Clemens, der Romantiker († 1842) XII. 130—139. 459. 613.
Brentano, Christian, rlgsr Schrfist. († 1851) XII. 139—142. 130. 138.
Brentano, Dominik v., pr. Thlg († 1797) VIII. 142. XII. 1100.
Brenz, Joh., der sog. Reformator Würtembergs († 1570) II. 145—150. 212. I. 236. 895. 903. VI. 357. 770. 810. VII. 33. 711. VIII. 348. 697. 699. IX. 556 ff. 864. X. 257. XI. 200. 357. 1201.
brephiotrophia, s. causae piae.
Bres, Guido v., rf. Thl. II. 760. XII. 576. [Brescia.
Brescia, Arnold von, s. Arnold von
Brescia, J. von, s. Jacob von Brescia.
Brescia, Stdt u. Bm. I. 179. 241. II. 466. 622. III. 333. IV. 312. V. 871. VI. 40. VII. 68. VIII. 388. 895. X. 212. XI. 175. 488 ff. 492. XII. 341.
Breslau, Bisthum II. 150—154. 323. III. 270. 310. 400. 841. IV. 242. 263. 551. VI. 106. 209 (Univs.). 240. 260. 354. 355. VII. 147 (Osiander in). 860. 904. VIII. 540. 612 ff. 732 (prot. Syn.) 734 (Lichtfreunde). 746. 748. 753 (Convict). 749. IX. 446. 682. 683. 688. X. 340. 790. XII. 992 ff.
Bretislav, Böhmhzg I. 242.
Bretschneider, Karl Gottl. v., rational. Thlg (geb. 1776) I. 223. III. 369. 801. VIII. 409. [1005.
Breuner, Ph. F., Abt. v. Wien XI.
Breve II. 154, s. Rescripte pstl., dazu I. 190. 950 ff. VI. 170. XI. 640.
Breven, Secretariat der II. 950.
breviarium, s. Brevier.
breviarium Alaricianum (Aniani) XII. 142. VIII. 851. [ricianum.
breviarium Aniani, s. br. Ala-
breviarium extravagantium II. 733. I. 841.
Brevier, das II. 154—158. 115. I. 97. 232. 233. 291. 451. III. 108. 184. IV. 55. VI. 125. 185. 552. 888. VII. 137. 335. 882 ff. VIII. 57. 481. IX. 227. X. 201. 563. 620. 694 ff. 950. XI. 210. 241. 668. 952. XII. 270 ff. 501. 624. 891. 893. [XII. 847.
Brevier, Revision des alten Pariser
Breviergebet, Chordienst, s. Brevier, Collecten, Chor, Gebet.
Brevy, Syn. v. III. 51.
Brez, der Waldenser XII. 799 ff.
Brézé de Dreux, Bf. v. Moulins X. 71.
Brian Walton, s. Walton.
Briccius, St., Bf. v. Tours VI. 907. XI. 103.
Briçonnet, Bf. v. Meaux III. 872. 874. 902.
Bridferth, der Mönch XI. 1220.
Brief an Diognet, s. Diognet (III. 150).
Brief des Jeremias V. 521.
Briefe, apokryph. der Apostel I. 352 ff.
Briefe des Johannes, s. Johannes, Briefe des.
Briefe des Origenes VII. 838.
Briefe, katholische (von Jacobus, Petrus, Johannes, Judas) II. 158—159. 987 ff. IV. 861. V. 470. 692. VI. 590. VIII. 334. [rinth III. 167.
Briefe, katholische des Dionys von Ko-
Briefe Pauli, s. Paulus (VIII. 241).
Brielle, Wiege des Protests der Niederlande XII. 575.
Brienen, van XII. 880.
Brienne, Lomenie de, Ebf. v. Toulouse, Minister IX. 252 ff. XI. 98.
Brieux, St., Bm. XII. 1249.
Brigham Young, der Mormonenapostel IX. 538 ff. XII. 813.
Brigide, s. Brigitta. [159—160.
Brigitta, die hl. von Irland II.
Brigitta, die hl. von Schweden († 1373, Gdchtnßtg 8. Oktbr) II. 160—161. III. 264. IV. 176. V. 877. VI. 42. IX. 335. XI. 472. 476. XII. 3. 369.
Brigittenorden II. 161—164. III. 263. 264. 344. V. 71. VII. 229. 706. X. 804. XII. 32.
Brinkmann, der Propst II. 140.
Briquemaut, Hugenottenführer II. 52. [VI. 153. XI. 195.
Brischar, Forts. v. Stolbergs Kgsch.
Brismann, Joh., Rstor VII. 806. VIII. 684.
Brissot, Jean Pierre, der Girondist (hing. am 31. Okt. 1793) IX. 277.
Bristol, Methodisten in VII. 123.
Britannien, Briten, s. Großbritannien, Angelsachsen, dazu II. 842. 843. III. 251. IV. 274. 814. V. 894 (Juden in). VI. 616. 822. VII. 873. 850 ff. (Osterpraxis in). IX. 268.
Britisch-America, s. America (XII. 47. 48).
Brittinianer I. 527 ff.
Britto, Johannes de, der selige (ermordet 4. Febr. 1693) XII. 142—146.
Brixen, Bisthum und Synoden II. 164—166. IV. 263. 817. VI. 482. 723 ff. 878. VII. 873. IX. 909. 900. 916. X. 50. 51. 753. XII. 1201 ff. 1206.
brocarda, brocardica, generalia II. 166—167. IV. 543.
Brocardus, Rsndr X. 923.
Brochard, s. Burkhardt.
Brockhaus, Herm. Orientlst VIII. 159.
Brod, ungesäuertes (azyma) II. 167. Vgl. Azymiten.
Brod und Wein, ausgetheilt an Hochzeitsleute V. 265.
Brod, s. panagia, Opferbrod.
Broda, Andr., der Gegner des Jacobellus II. 167—169. V. 402.
Brodbrechung II. 169—171. V. 256. VI. 123. 506. 517. 854. VII. 764. VIII. 200.
Brode, ungesäuerte, s. Osterkuchen.
Brogen, Klstr IV. 443. 444.
Broglie, Abbé Charles de, Ordsstftr IV. 496.
Brokmann, Joh. Heinr., Dompropst in Münster († 1837) XII. 146—148. 630. 640. [VI. 387.
Bromley, Thom., der Philadelphier
Broomhall, Mssnär X. 458.
Brouet, der Jesuit V. 551.
Brouffel, Parlmtsmtgld VI. 954.
Brown (Braun) und die **Brownisten** II. 171—172. V. 611. VIII. 660. X. 79. [1213.
Brucioli, Antonio, Bibelübers. XII.
Bruce, David III. 309.
Bruch, J. Fr., philos. Morlst VII. 312.
Bruchium, Stadttheil von Alexandrien I. 230.
Bruchsal, das Generalvicariat X. 291.
Bruck, Klstr. VI. 523.
Brucker, Joh. Jac., Geistlicher u. Geschichtschrbr der Philosophie († 1770) I. 202. VI. 642. IX. 701. 707. XII. 469.
Brück, der Kanzler IV. 67. 511 ff. XI. 487.
Brüder, barmherzige, des Jo-

hannes von Gott II. 175—177. V. 213. 345. 726. VII. 158. 230. XI. 497.
Brüder, böhmische und mährische, s. Böhmische und mährische Brüder.
Brüder der heil. Maria von Evora, s. Avisorden.
Brüder des hl. Joseph, s. Schulbrüder.
Brüder, die langen (Enthymius, Eusebius, Dioscur, Ammonius) II. 177—179. 536. 839. VII. 847. 848 ff.
Brüder Jesu II. 179—181., s. Antidikomarianiten, dazu I. 350. V. 95. 469. 470. 712. 793. 892. VI. 838. 843. IX. 583 ff. X. 148. 152.
Brüder und Schwestern des freien Geistes II. 181—184. I. 282. II. 236. 251. 728. 729. IV. 390. VI. 517. 814. 822. VIII. 894. IX. 822.
Brüder, american. Seele der, s. Tunkers.
Brüder Mariä, s. Marienbrüder.
Brüder der christl. Liebe vom hl. Hippolyt V. 213. VII. 611.
Brüder des hl. Kreuzes in N.-America
Brüder des Todes, s. Tod, B. v. g. XII. 1194.
Brüder der christlichen Schulen, s. Schulbrüder und Schulschwestern (IX. 750).
Brüder, die minderen, s. Franciscus u. Franciscanerorden, Minoriten.
Brüder der hl. Familie IX. 782.
Brüder des Kriegsdienstes Christi, s. Schwertbrüder (IX. 868).
Brüder vom gemeinschaftlichen Leben, s. clerici et fratres vitae communis.
Brüder des Ordens von der hl. Dreifaltigkeit zur Erlösung der Gefangenen, s. Trinitarier.
Brüder von der Buße, s. Tertiarier.
Brüdergemeinde, s. Herrnhuter.
Brüderliche Zurechtweisung, s. Zurechtweisung.
Bruderschaft II. 172—175, s. Rosenkranzbr. (IX. 389). B. vom guten Tode (XII. 1194), vgl. Tertiarier (X. 730), dazu I. 52. 53. 835. II. 119. 816. 630. 794. IV. 332. V. 665. 801. VI. 889 (B.-Fest). VIII. 80. 6841. IX. 362 ff. (Bn. in Rom). 649. XI. 224. 985. 1010 (Kumka). 1011 ff. 1040. 1065. 1233. XII. 196. 772.
Brügge, Stadt VI. 528. 943; Bm. VII. I. 2.
Brügglersecte, die VI. 239. IX. 635.
Brühl, Moriz, Histor. V. 570. VI. 766.
Brulart, Magdal., die fromme V. 348.
Brünn, Bm. in Mähren II. 184.
Brüssel, Stadt und Universität V. 913. VI. 605 (Univs.). VII. 602 (Geusen in). 684 (Nuntiatur). XII. 109. 111.
Brumel, Anton, Componist VII. 405.
Brumis, Conr., gl. Thl. I. 432.
Brunek, Ueberfall zu VII. 595.
Brunelleschi, der Baumeister († 1444) XII. 300.
Brunetti, Anna, Stifterin einer Congregation IX. 784. X. 805.
Brunhilde, die Königin I. 697 ff. 700. IV. 153. 468. 683. 684. 719.
Bruning, der Vasall VII. 805.
Brunnen, s. Cisternen.
Brunnen Jacobs, der X. 118. 1052.
Brunner, Dr. Sebast., Schriftstlr XI.
Bruno, Apostel der Preußen und Russen (ermordet am 11. Febr. 1008 oder 1009) II. 184—185. 139. 506. III. 720. V. 782. VIII. 661.
Bruno, Bischof v. Olmütz (1237) II. 186.
Bruno, ein Geschichtschreiber aus Gregors VII. Zeit II. 185—186.
Bruno, Heinrichs II. Bruder, Bischof von Augsburg V. 3. 4.
Bruno, der hl. Erzbischof v. Cöln († am 11. Okt. 965) II. 186—188. 675. III. 845. VI. 509. VII. 808. IX. 31. XII. 14. 331 ff.
Bruno, Stifter des Carthäuserordens († 1101) II. 188—192. 377. I. 68. VI. 363. XII. 384.
Bruno, Giordano, der Philosoph (verbr. 1600) II. 192—195. I. 368. 427. 496 ff. VI. 5. VII. 320. XI. 62.
Bruno, Eusebius, Bischof v. Angers († 1081) XII. 148.
Bruno, St. von Asti, Bf. v. Segni VII. 274. VIII. 142.
Bruno, Bf. v. Minden VII. 150; — v. Naumburg VII. 493.
Bruno, St., Bf. v. Würzburg XI. 1186.
Bruno, Bf. v. Werden XI. 329.
Bruns, Raimund, der Dominicaner VIII. 736.
Brus, Anton, Ebf. v. Prag VII. 729. VIII. 637 (v. Wien). XI. 950.
Bruschius, Caspar, der Poet V. 253.
Brus, General der Kreuzherren v. r. Stern XII. 666.
Brussa, armen. Bm. XI. 336.
Brustklopfen, das II. 195.
Brustkreuz, s. pectorale.
Brustnadeln bei den Geistlichen XII. 209.
Brustschild des Hohenpriesters, s. Ephod.
Bruy, François, Histor. I. 137.
Bruys, Peter v., Stifter der Petrobrusianer († 1149) II. 196—198. 641. I. 611. V. 630.
Brydaine, Jacob, der große Missionär († 1767) XII. 148—150.
Bryoniten, Secte in Nordamerika XII. 49.
Brzeske, Syn. von VI. 437 ff.
Bubastis, ägypt. Göttin VIII. 36.
Bubna, Joh., Feldobrist VII. 741.
Bubulcus, Bf. v. Windisch I. 149. II. 846.
Bucer, der Reformator († 1551) II. 198—199. 145. 201. 212. 278. 280. 328. 360. 390. 771. 776. III. 105. 503. 573. 883. IV. 775. 920. V. 117. 150. VI. 323. 669. 770. 810. VII. 30. 31 ff. 381. 382. VIII. 348. IX. 189. 553 ff. 559 ff. 608. 963. X. 92. 97. 404 ff. XI. 395. 396. 518. 786. 789. 1164. XII. 241.
Buch, H. M., Stifter einer Genossenschaft der Schustergesellen II. 919.
Buch, das große von Tübingen I 18.
Buchanan, Claudius, Schriftstlr über Ostindien XII. 150.
Buchanan, Georg, schott. Histor. und Dichter († 1582) XII. 150—151. I. 761. V. 440. VI. 237.
Bucharest, s. Bukarest.
Buchau, Frauenstift IV. 185.
Buchdruckerkunst, ihre Erfindung und erste Stellung gegenüber der Kirche II. 199—200. I. 889. 904. IV. 773. V. 126. 323. 612. 657. 896. VI. 118. 659. 768. VIII. 181. 684. 815. IX. 81. 467. 866. XI. 439. XII. 599. 1234—1274 (in Wien).
Bucher, Aegid, Gl. I. 230.
Buchheim, Franz Anton, Bf. v. Neustadt VII. 550 ff.
Buckkinder, s. Mantelkinder.
Buchmann, s. Bibliander.
Buchmann, Gelehrte dieses Namens I. 831. 914. X. 556. 557 ff.
Buchmayr, Ant., Bf. von St. Pölten VIII. 571.
Bucholtz, Gl. XI. 209.
Buchstabenschrift, s. Schriftzchn.
Buchstäbliche Exegese der Bibel VII. 450 ff.
Buck, Sigfried, Bf. v. Kamin VIII. 600.
Buckingham, der Günstling Carls I. v. E., Minister V. 384. 445.
Buckingham, gl. Reisender VIII. 291.
Bucquoi, der Feldherr, s. Boucquoi.
Budäus, Wilh., der Humanist († 1540) XII. 151. I. 600. XII. 719.
Buddeus, Joh. Frz., luth. Thlg u. eclect. Philosoph († 1729) II. 200—203. I. 223. VII. 290. 374.
Buddha XII. 152 ff. 156. 164. 165. 171 ff.
Buddhagoscha, buddhist. Missnär XII. 182. 184.
Buddhanuddhi, buddhist. Missnär XII.
Buddhismus, Lamaismus, Schamanismus XII. 151—188. II. 481. IV. 134. 558. VI. 318 ff. VII. 525. 791. VIII. 37. X. 156. 164. XI. 10 ff.
Budissin (Bautzen), Bm., s. Lausitz.
Budissin, Stift, s. Bautzen.
Budschan-Rembudschi, der Lama XI. 14.
Budweis, Bisthum in Böhmen II. 203. VIII. 637.
Bücher, carolinische I. 11.
Bücher, Verein zur Verbreitung guter, s. Borromäusverein.
Bücher der Könige, s. regum libri.
Bücher, liturgische, s. Liturgien (VI. 543).
Bücher, sibyllinische, s. Sibyllinische Bücher.
Bücher, symbolische der Protestanten, s. Symbolische Bücher (X. 561).
Büchercensur, s. Censur, index libror. prohibit.
Büffel I. 203—204.
Bülow, Friedrich II. v., Bf. v. Schwerin IX. 866.
Bündnisse, Associationen II. 193—196.
Buenos-Ayres VII. 167 (Jesuiten in). 166 (ein Colleg in). X. 443. 444. 448.
Büraburg, Bisthum II. 215. I. 82. 219. 464. III. 600. IV. 237. VI. 765. VIII. 5.
Bürgerschule, die artistische in Wien XII. 1260. 1263.
Bürgerschulen, die höhern.
Bürgschaft, —svertrag, s. fidejussio XII. 351 ff. 1226.
Bürkl, Barnabas, der Abt XII. 319.
Büsching, Gl. V. 933.
Büßer, s. Bußgrade. 170 ff.
Büßer, brahman. und buddhist. XII.
Buffalo, Liguorianer in VI. 526; — Missnäre in VII. 168; — Bm. VII. 640; — Schulschwestern in IX. 783.
Buffier, der Jesuit III. 840.
Buffon, Georges Louis Leclerc, Graf, Naturforscher V. 283. VI. 200.
Bugenhagen, der Reformator († 1558) II. 204. 147. I. 96. 198. III. 22. V. 427. VI. 65. 606. VII. 31 ff. VIII. 601. IX. 561. XI. 91. 179.
Buglius, der Missionär I. 483.
Buil, der Abt von Montserrat XII. 35.
Buisukvere, Missnäre in VII. 169.
Buke, Johann, Bf. v. Olmütz VII. 768.
Bukarest, Pfarr in VI. 527; — Oesterreicher in XI. 794.
Bul, s. Jahr der Hebräer.
Buldus, s. Bonlav.
Bulan, Chazarenkönig I. 905.
Bulgaren, ihre Bekehrung und ihr Verhältniß zur römischen Kirche und zum Patriarchat von Constantinopel; Schisma II. 204—206. III. 237. IV. 114. 115. 758. 763. 764. V. 509. 510 ff. 752. VII. 169. 579. VIII. 173. 192. 415. IX. 458. X. 221. 225. 226. XI. 332 ff. XII. 512.
Bulgari, Ketzer II. 206. I. 143. VIII. 209. 238.
Bulgarus, der Canonist IV. 543; s. Rathsherr V. 832.
Bulhak, der Metropolit v. Wilna IX. 472.
Bull, Gg., anglican. Thlg († 1710) II. 206—207. VI. 359.
Bull, Componist VII. 413.
bulla, s. Bulle.
bulla in coena Domini II. 207—209. IX. 216. XI. 480. 1035. 1293.
bulla retractationum VIII. 482; — salvatoria III. 746.
bulla Sabbatina VI. 264.

bullarium II. 209.
Bulle, die II. 209–212, s. Circumscriptionsbulle, Rescripte, päpstl., dazu I. 949. 952. VI. 170. 265 (Kreuzb.).
Bulle, goldene, s. aurea bulla.
Bullenfälschung, s. Fälschung.
Bullinger, Heinr., der Antistes, Nachfolger Zwingli's (†1575) II. 212. 149. 390. 771. 773. 774. IV. 88. V. 891. VI. 536. VII. 761. X. 98. XI. 1204. 1312.
Bullus, s. Bull.
Bulsano, der Dogmatiker X. 872.
Bulwer, Romanenschreiber (geb. 1803) XII. 1060.
Bumüller, Joh., Histor. XI. 720. 1167.
Bund, der alte und neue, s. Bibel, Erlösung (III. 665), vgl. Testament, altes und neues (X. 765), Propheten (VIII. 815).
Bund, schmalkaldischer, s. Schmalkaldischer Bund.
Bund, schwäbischer XI. 365 ff.
Bund, teutscher, Bundesacte und Wienercongreß XII. 188–193. I. 865 ff. 883. 1027. V. 900. IX. 173. XI. 1078.
Bundehesch, das parsische VIII. 159.
Bundesacte, schweizerische v. 1815. IX. 855.
Bundesacte, teutsche VIII. 148. X. 168. XII. 188 ff. 856.
Bundeseide, jüdische III. 471.
Bundesgenossen, die 15 s. g. III. 356.
Bundeshütte, s. Stiftshütte.
Bundeslade II. 212–215; vgl. Stiftshütte, dazu II. 571. III. 55. 514. IV. 50. 311. VI. 711. IX. 39. 318. 585. 651. X. 102. 703. 708. [baon.
Bundesstaat, gabaonitischer, s. Ga-
Bundesstaaten, Concordate mit den teutschen I. 750 ff.
Bungo, japan. Vasallenreich IV. 138. V. 500.
Bunsen, der Ritter Christian Karl Josias (geb. 1791) III. 310. 521. VII. 5. XII. 570. 703.
Bunsen, H. von V. 599.
Buol-Schauenstein, Freiherr v., Bf. v. Chur II. 542.
Buonaparte, Napoleon, s. Napoleon I.
Buonarotti, der Communist IV. 396.
Buonarotti, der große Maler, s. Angelo.
Burchard, Borchard, s. Burkhardt.
Burdinus, Martin, s. Bourdin.
Burg, Arthur, s. Latitudinarier (VI. 359); der Bischof v. Mainz XII. 865. 867. 877.
Burgio, Joh. Ant., Legat VII. 727.
Burgkirchen, s. Bethaus.
Burgo, Joh. de, der Casuist I. 406.
Burgos, Edm. X. 267. 269.
Bürgschaftsvertrag, s. Verträge (XII. 1224).
Burgunder, ihre Bekehrung zum Christenthum, Kchgschte II. 215–218. I. 358. 491. 697 ff. 800. 848. II. 566. 806. 814. 815. III. 603 (Burgunder). IV. 409 ff. V. 314. VI. 368. 507. XI. 722 ff. 729. XII. 1232.
Buridan, Joh., der Nominalist (um 1350), s. Johannes Buridanus.
Burigny, Jean Levesque, der Historiker († 1785) XII. 196. 197.
Burkard, Bf. v. Worms († 1025) II. 218–219. I. 167. 308. III. 68. XI. 1150.
Burkard, St., 1. Bf. v. Würzburg († 752 oder 753) II. 219–220. VI. 298. XI. 1151. 1182. 1183 ff. 1187.
Burkard, Bf. v. Halberstadt XII. 1018. VIII. 583.
Burkard, Chronist des päpstl. Hofes IX. 642; — Bf. v. Cambray VII. 635. [509. IV. 283.
Burkard, Aebte v. St. Gallen III. 508.
Burkhard, 1. Bf. v. Meißen (968) II. 218. VII. 20.
Burkhard, Hzg v. Alemannien VII. 898. XI. 371.
Burkhardt, s. Spalatinus.
Burkhardt, Joh. Ludwig, gel. Rsndr († 1817 in Kairo) V. 787. VI. (692. 810. VIII. 290 ff. X. 29 ff. 173 ff.
Burleigh, Walter, der Scholastiker IX. 726.
Burling, Wilh., Quäker X. 218.
Burmann, Gl. XI. 534.
Burnet, Th. Latitudinarier VI. 359.
Burnet, Gilbert, antikath. Histor. († 1715) II. 220–221. 632. 908. I. 636. XII. 197.
Burnitz, W. G., der Propst XII. 1311.
Burnouf, Gl. XII. 157.
Burrough, Edw., d. Quäker VIII. 875.
Burrus, s. Borro. [515 ff.
Burrus Africanus, Prätorianer VII.
bursa, Futteral zur Aufbewahrung des Corporale VIII. 290.
Bursen, die, der Universitäten, s. Sorbonne, Universitäten, Wien, dazu III. 662. XII. 680.
Bursfeld, ehemal. Benedictinerabtei II. 221–222. V. 216.
Bursfelder Congregation II. 222–223. VII. 151. 229. VIII. 842. XII. 1250.
Burton, der Eiferer VI. 360; — Edw, anglic. Gl. VI. 142.
Bury, anglican. Thlg IX. 193.
Bus, Cäsar v., Stifter der Doctrinarier († 1607) II. 223. VII. 159. XI. 492. 515.
Busbeck, der ber. IX. 769.
Busca, Anton, Administrator V. 774.
Busch, Joh., Klsterrefmtor I. 222. VII. 594.
Busche, Burkh., Domdecan VII. 151.
Busche, H. v. d., s. Hermann von dem Busche. [585 ff.
Buscher, Statius, protest. Thlg X.
Busenbaum, Herm., der Casuist († 1668) II. 223–225. VI. 311. VII. 296. 306.
Buß, Franz Jos., kathol. Schrftstllr (geb. 1803, Professor in Freiburg) II. 454. III. 590. IV. 70. VII. 162. 310. X. 49. 50 ff. 252. XI. 436 (Anmerkg). 450. XII. 305. 859. 870. 896. 847. 958. 900.
Bußbrüder Christi, s. Augustiner-Eremiten.
Bußbücher, s. Beichtbücher.
Bußcanones II. 225–226. I. 404. III. 431. VI. 789. IX. 74 ff.
Bußdisciplin, s. Bußcanones, Bußgrade, dazu I. 404 ff. II. 780. IV. 423. VI. 249. VIII. 605.
Buße, Sacrament der II. 226–229, s. Bußcanones, Fragepflicht des Beichtvaters, Genugthuung des Menschen poenitentium reconciliatio, Rechtfertigung, Reue und Leid, Sacramente II. 747. 752. III. 258. 582. VIII. 340. 366. 367. IX. 74. 648. 696. X. 327. 755. XI. 112. 173. 199 ff.
Bußgrade II. 229–230. I. 404. 426. 601. VI. 160. 235. VIII. 605 ff. IX.
Bußgürtel, s. Cilicium. [74 ff.
Bußkampf, der pietistische X. 279.
Bußprediger II. 230–231, vgl. Fastenpredigten.
Bußpriester, Aufhebung der VII. 500; — bstlr. VIII. 604.
Bußpsalmen II. 231, s. Psalmen VII. 155. IX. 72. 234.
Bussolari, der Demagog XII. 937.
Bußrecht I. 742.
Bußregister, s. Beichtbücher.
Bußstrafen, s. Redemption der Kirchenbußen. [(XII. 761).
Bußstrenge, altkirchl., s. Maranatha
Bußtage der Juden, s. Fasten bei den Juden (III. 915).
Bußübungen VIII. 63.
Bußwerke II. 231–236, s. Genugthuung des Menschen, dazu I. 225. 405. 913. II. 8. 9. 477. 600. IV. 4. VI. 31. IX. 74 ff. XII. 699.
Bußwesen, das alte XII. 208 ff.
Butler, Alban, der Legendenschreiber († um 1782) XII. 197. III. 235. 959. VI. 412.
Butler, Carl, Fortsetzer der Legende des B. Alban († 1832) XII. 197.
Butler, Samuel, der Dichter des Hudibras († 1680) VIII. 660.
Buto, der Retter Liafwins VI. 402.
Butterbriefe II. 236. VI. 315.
Butterwoche, -thürme VI. 314. 315.
Buttler, Eva von, s. Buttler'sche Rotte.
Buttler, Weltphilsph V. 92.
Buttler'sche Rotte II. 236–238, vgl. Wiedertäufer VII. 368. X. 283 ff.
Butzer, M., der Refor X. 404.
Buxton, Gegner der Sclaverei in den Vereinigten Staaten X. 218. 219.
Buxtorf, Johann d. ä., der Orientalist II. 238–239. 370. I. 916. III. 319. 367. VI. 89. IX. 620. X. 275. XII. 536.
Buxtorf, Johann der Sohn, Orientalist († 1664) II. 239–240. I. 775. VI. 409.
Buxtorf, Joh. Jacob, Professor in Basel († 1704) II. 240. VI. 914.
Buxtorf, Joh., Professor in Basel (geb. 1663) II. 241.
Byblus, Stadt VIII. 430. 436.
Bylevelt, Johann v., apost. Vicar in Holland XI. 508.
Byron, George Noel Gordon, der Dichter († 1824) XII. 799. 808 ff.
Byssus, der III. 483. VIII. 764. X. 366. 367.
Byzanz, s. Konstantinopel. [chrstl.,
Byzantinische Baukunst, s. Baukunst,
Byzantinische Historiker VI. 144 ff.; — Liturgien VI. 546 ff. [VI. 760.
Byzantinischer Styl in der Malerei
Byzantinisches Reich, s. Griechisches Kaiserthum (IV. 756).
Bzovius, s. Baronius, dazu V. 344. VI. 149. 442. 777. VIII. 556.

C.

(Die in C fehlenden Artikel suche man in K.)

Caaba, Hauptheiligthum der Mohammedaner II. 241–243. I. 388. III. 925. IV. 922 ff. V. 847. VII. 186. 188. XI. 798 ff. (Wallfahrt). 813. 1244. [I. 249.
Caadwalla, Kg v. Wessex, wd bekehrt
Cabanis, Pierre Jean Georges, der Arzt (st. 1808) VI. 925.
Cabasilas, Nicole, Schriftst. VI. 397.

Cabassut, Canonist VI. 168.
Cabeca, d. Statthltr VIII. 121.
Cabral, der Entdecker Brasiliens (1500) I. 241.
Cabranies, Mssnär XII. 42.
Cacatius, der Carantanenfürst VI. 33.
Cacault, d. Gesandte VIII. 480.
Caccia Galeotto, der Edelmann VII. 507.
Cacots, s. Cagots.
Cadalo, s. Cadolaus.
Cadmon, angelſ. Dichter V. 87.
Cadmus (Thaut), der phönicische VIII. 437.
Cadolaus, Bſ. v. Parma, als Gegenpapst Honorius II. (1061) XII. 198—200. 123. 384. 1022. I. 155. II. 43. 262 ff. 364. 641. III. 16. IV. 699. V. 14. 39. 52. 319. 629. 653. VI. 756. 866. VIII. 106. 599. IX. 453. X. 718.
Cadom, Religionsgespräch zu XI. 639.
Cadonici, Canonicus VI. 789.
Cadulus, Bſ. v. Naumburg-Zeitz VII. 493.
Cladwalla, Kg v. Wessex IV. 780.
Cäcilia, St. (gemartert um 230—231.) II. 243. XI. 462 ff.
Cäcilialirche in Rom IX. 347.
Cäcilianus, der Donatist III. 255. 256 ff. 259. 261. VII. 552 ff.
Cäcilianus, der Diacon IX. 607.
Cädmon, angelſ. Dichter († 680) II. 244.
Cälestiner, s. Cölestiner.
Cälestius und Cälestinianer, s. Pelagius (VIII. 264), dazu V. 628. VIII. 241. XI. 1297. XII. 802 ff.
Caën, Klstr in VI. 344.
Cäre, s. Ceremonie.
Caerion, Edm. III. 329.
Cärularius, Mich., s. Cerularius.
Caesalpinus, Andr., der Philoſ. I. 427.
Caesaraugusta, s. Saragossa.
Caesaraugustana collectio canonum, s. Canonensammlungen.
Cäsar Borgia, s. Borgia.
Cäsar, Cajus Julius, der Triumvir (ermordet am 15. März 44 v. Chr.) IV. 916. V. 794. 911. VI. 12 ff. IX. 337. XII. 219. 922. 993. 1198. 1276. 1290.
Cäsarea, Name mehrer von Fürsten und Völkern zu Ehren der vom Kaiser so genannten Städte II. 244—245; a) in Palästina II. 878. I. 230. III. 759—815 (Erzbt). V. 139. 140. 534. 784. VI. 341. 545. VII. 830. VIII. 50. 51 (Edm.). 69—214 (Erzbt). 397. 609. IX. 5 (Judenschule). XI. 1239; b) C. Philippi; c) in Cappadocien II. 660. 661. III. 170. 249. 614. IV. 74. 731. 739. VI. 546. 908. VIII. 253 (Paulus in). XII. 53. 56 (Edm.).
Caesarea Libani, s. Arkiten.
Cäsareopapie II. 245, s. Collegialsystem, Territorialsystem, Reformationsrecht, vgl. Peter d. G., Pseudoisidor, dazu I. 635 ff. II. 675. III. 533 ff. 605. IV. 155. 758 ff. VI. 896 (vthdgt). 901. VIII. 467. 543 ff. 707 ff. IX. 141 ff. 406 ff. 466 ff. 473 ff. 654 ff. X. 51. 614. 738. XI. 793. XII. 33.
Cäsariner, eine Partei des Franciscanerordens II. 245—246. III. 525. 526.
Cäsarini, der Cardinal, s. Julian Cäsarini (V. 911).
Cäsarius, der hl. Diacon (gemart. 160) II. 246.
Cäsarius, hl. Bischof von Arles († 542) II. 246—249. III. 231. 250. 262 (Regel des). IV. 4. 95. 152. 155. 157. V. 307. 333. 746. VI. 235. 453. VII. 91 (üb. d. Messe). 505. IX. 10. 918. 919. X. 60. 575. XI. 825.
Cäsarius von Heisterbach, Geschichtschreiber (st. nach 1227) II. 249. VIII. 541.
Cäsarius von Nazianz, Bruder Gregors von Nazianz I. 249—250.
Cäsarius von Prüm (Güterverzeichniß des Klosters) II. 250.
Cäsarius von Spanien, s. Cäsariner (II. 245). III. 525. 526.
Cagliari, Erzbisthum auf Sardinien XII. 200—202. V. 747. VI. 611. XII 936.
Cagliostro, der s. g. Graf Alexdr, der Abenteurer († 1795) IV. 499.
Cagots, die Parias der französischen Pyrenäen XII. 202—203.
Cahors, Inquisitionstribunal in V. 658.
Caich, Böhmenapostel VI. 622. 623.
Caifong-Fu, Juden in V. 896.
Caillau, A. B., Gl. VIII. 222.
Cairo, die Hauptstadt Aegyptens, s. Kairo.
Cajaner, ein Name der a) Kainiten, s. d, b) Gegner der Wassertaufe II. 250—251.
Cajetan, der Cardinal (Thomas de Vio) II. 251—254. 414. 416. VI. 472. 589. 656. X. 350.
Cajetan von Thiene, der hl. Stifter des Theatinerordens, s. Theatiner (X. 832 ff.), dazu II. 608. XI. 477.
Cajetaner, s. Theatiner.
Cajus oder Gajus, Name mehrerer bibl. Psn II. 254.
Cajus oder Gajus, der hl. Papst (283—296) II. 254—255. 294. 321 ff. III. 172. VI. 612. VII. 232 IX. 253.
Cajus, der röm. Presbyter, Gegner des Chiliasmus II. 255—256. 438. 440. 473. V. 119. VI. 20.
Calabrien, s. Neapel.
Calabrien, die Cistercienſercongregation von I. 351.
Calach, bbl. On. IX. 214.
Calahorra, Bm. VIII. 624.
calamus, s. fistula.
Calanzbrüder, s. Kaland- oder Kalendgesellschaft.
Calaris, Name v. Cagliari.
Calas, Jean, das Opfer eines Justizmordes (9. März 1762) II. 256—257. XI. 739.
Calasanza, Joseph, Stifter der Piaristen († 1648. Gdchtnßtg 28. Aug.) II. 257—258. VII. 181. VIII. 447. IX. 366. X. 602. XII. 214. 324.
Calatrava, Ritterorden von II. 258—259. 516. 736. I. 665. IX. 328.
Calatricus, St. VII. 718.
Calchi, apostol. Vicar XII. 666.
Calcutta, ap. Vert. V. 619. VII. 167 ff.
Caldau, das Lamakloster XI. 12.
Caldra, Compouist VII. 417.
Calderon, Don Pedro de la Barca, der große Dichter († 1687) XII. 203—206. IV. 489. V. 657. VI. 596. VIII. 395. 529. XI. 1249.
Caldonius, afric. Bſ. VII. 661.
Caleb, der Sohn Jephune's, bbl. Psn. II. 259. IV. 919. V. 613. VII. 363. 593 ff. IX. 319.
calendae, s. Conferenzen, gstl.
calendaria martyrum, s. Martyrologien.
Californien, Mssn. in VII. 169. Bm. VII. 139.
Caligula, r. Ksr 37—41 n. Chr., s. Claudius I., dazu II. 290. 309 ff. V. 140. VIII. 337. 400. 402. X. 390. XI. 664.
Callinius Mutius, Ebſ. v. Zara X. 563. 564.
Calixt (Callisen) Georg, der 1. gemäßigte luther. Theolog († 1656) II. 266—270, s. Syncretismus (X. 584 ff.) II. 392. III. 673. IV. 518. IX. 192. 193. X. 284. 594. 954. XII. 629.
Calixt, andere prot. Theologen dieses Namens III. 878. X. 292. 293. 599.
Calixtiner, s. Hussiten- und Hussitenkriege, Utraquisten.
Calixtinum pactum (Wormser Concordat), s. Concordate (II. 745 ff.), dazu II. 24 ff. 262. IV. 272. V. 39 ff. VI. 358. VII. 630. IX. 137. 161. XI. 591. XII. 659.
Calixtus (Kallist), Name von 3 Päpsten II. 259—266. — Cal. I. (reg. 219—233). IV. 810. VI. 41. — Cal. II., (Guido von Burgund; 1119—1124) II. 24. 43. 510. 641. 745. 818. IV. 712. V. 36 ff. 52. 317. 623. 645. 696. 770. VI. 358. VII. 635. 911. VIII. 167. 233. 543. 597. 664. X. 469. 470. XI. 98. 105. 462. XII. 129. 252. 384. 917. 1032. — Cal. III. (Alfons Borgia; 1455—1458) II. 43. 350. 391. 661. 154. 263. 876. IV. 41. 198. 587. VI. 265. 315. VII. 593. 855. VIII. 109. 462. IX. 355. X. 284. XI. 129. XII. 740. 937.
Calixtus III. vorher Johannes, Abt v. Struma, Gegenpapst Alexanders III. s. d. vorgn. Art. (II. 266), dazu V. 631.
Calixtuskirche in Rom IX. 347.
Callebe, s. Gallus, St.
Calles, Sigm., Jesuit und Geschichtschreiber, s. Kaldi.
Callier, P. Wilh. III. 503.
Callinikus, meletian. Bſ. v. Pelusium VII. 41.
Callirrhoë III. 391.
Callistus, s. Calixtus.
Calmarer Union I. 509. 510. III. 20.
Calmet, Augustin, der gelehrte Benedictiner († 1757) II. 270—272. 321. 322. 457. 713. I. 794. IV. 97. 491. V. 514. 684. 778. VI. 245. 604. VII. 117. 497. 600. 617 (**). VIII. 827. 829. XI. 320. 562. 1239. XII. 1036.
Calne, bbl. On. II. 272—273. Gelencia-Ktesiphon.
Calov, Abraham, der lutheranische Eiferer († 1686), s. Calixt, Gg.; Syncretismus, dazu X. 277. 924.
calumnia, Verläumdung II. 273.
Calumnien-Eid, Gefährdeeid II. 273. vgl. Eid (III. 467). III. 479. VIII. 293.
Calvarienberg, Golgatha II. 273—274. I. 297. IV. 643. 645. V. 86. 102. 533. VI. 111. 271 ff. 274 ff.
Calvarienberg, Benedictinerinnen U. L. F. vom I. 796 ff. IV. 725.
Calvaristen, die II. 274.
Calvin, Calvinismus II. 274—282.
a) Calvin I. 41. 72. 73. 212. 229. 232 ff. 365. 392. 506. 769. 773. 777. 779. 919. 929. II. 19. 23. 237 ff. 240. 592. 740. 825. 905. 907. III. 63. 225. 388. 408. 410. 544. 902. 903. 922. IV. 257. 392. 410. 411. 415. V. 227. 290. 341. 362. 624. 654. VI. 223. 357. 517. 534. 536. 537. VII. 33. VIII. 65. 355. 558. 628. 658. 830. IX. 51. 515. 522. 559. 566. 851. X. 14. 79. 92 ff. 96. 124. 232. 338. 405. 573. 877. XI. 96. 134. 159. 232. 708. 1267. 1303. XII. 1314 ff.
b) Calvinismus, s. Calvin, Hugenotten (V. 362), vgl. Zwingli (XI. 1310), Ausbreitung des Protestantismus, Kryptocalvinismus, Protestantismus, Syncretismus, dazu I. 141. 148. 149. 522 631 ff. 790. 977 ff. II. 455 ff. III. 341. IV. 68. 773. V. 229 ff. 235. 363 ff. 537. VI. 300 ff. VII. 732. 761. VIII. 355 (Pfalz). 557 (Polen) 738. 864. IX. 146. 560 ff. 842. X. 466. 954 ff. XI. 402. 403. 417 ff. 482. 504. XII. 492. 575 (Staatsreligion in Holland).
Calw I. 152. — Grafen von V. 215.
Camaldoli, s. Camaldulenſerorden.

Camaldulenserorden, II. 282—285. I. 494. II. 198. 774. 792. III. 15. IV. 818. VI. 220. VII. 228. VIII. 665.
Camargo, d. Probabilist VIII. 789.
Cambalu, das Christenthum in V. 723. 724.
Camble-Leute, die, nordamerikan. Secte XII. 49.
Cambodscha, Missionäre in XI. 327.
Cambray, Erzbisthum XII. 209—212. III. 378 ff. IV. 7 ff. 668. 851. VII. 1. 395 (Bildschnit. 441 (Syn.). 637. IX. 290. XI. 184. 202. 394. XII. 573. 738. 1032. 1194. 1248.
Cambresis, Friede von VII. 137.
Cambridge, Stadt und Universität II. 285—286. 199. 920. I. 806. III. 883. IV. 81. 82. V. 232. 248. 450. VI. 520 ff. XI. 114. 1143. 1143. XII. 92. 780.
Cambyses, der Vater des Cyrus I. 980. II. 135. III. 361. VII. 623. 772.
Camera Romana, s. curia Romana.
Cameracum, lat. Name für Cambray.
Camerarius, Joach., Gl. († 1574) I. 613. VII. 733. IX. 760.
Camerino, Bm. VII. 764.
Camhi, Kir v. China XII. 9. 10. II. 453.
Camillus von Lellis, Stifter der Väter des guten Sterbens († 1614). II. 286—287, dazu XI. 516 ff.
Camisarden, Cevenols der Sevennen II. 287. III. 900. V. 386. XI. 657.
Camisaten, die in der griech. Kirche III. 107.
Camos, der Götze V. 785. IX. 785.
campanarius, campanae, s. Glockner, Glocken.
Campanella, der Philosoph, s. Thomas Campanella (X. 931).
Campanus, s. Antitrinitarier.
Campanus, Joh. Ant., gel. Bischof († 1477) II. 287—288.
Campeggio, s. Campegius.
Campegius Laurentius, der Cardinal († 1539) II. 288—289. 14. 233. I. 600. IV. 83. V. 64. 65. VII. 50. VIII. 657. 688 ff. X. 404. XI. 987. 1142. XII. 121. 1025. 1275.
Campegius, Thomas, Bischof von Feltri († 1564) II. 289. I. 258. XI. 184. 185 ff. 189.
Campegius, Alexander Joh. Baptist, s. Campegius, Thomas.
Campian, der Jesuit XII. 955.
Campilitium, Lilienfeld; s. d.
Campillo, Miery, Großinquisitor V. 658.
Campo, der meuchlerische Mönch III. 904. 905.
Campo Formio, Friede von (17. Okt. 1797) VII. 664. 665.
Campo maggiore, Kloster XII. 1207.
Campomanes, Graf Pedro Rodriguez von, span. Minister († 1802) X. 635.
Campulus, Schatzmeister VI. 455.
Camus, Armand Gaston, der Revolutionär († 1804) IX. 201.
Camus, Bf. v. Belley IX. 194.
Camus, Pierre, der Lucian des Episcopates III. 579. IX. 261 ff.
Cana, Flecken in Galiläa II. 290. V. 577. 703. VIII. 50.
Canaan II. 290—297. 250. 321. 449. 630. 959. I. 853. III. 574 ff. 615. 616. IV. 56. 314. 366. 430. 852. 866. V. 152. 153. 311. 320. 420. 501. 511. 526. 696. VI. 8. 69. 281 ff. 518. 601. 618. VII. 342 ff. 363 (Einzug in) 625. 760. VIII. 291. 428. 430. X. 29. 44. 169. 235. XI. 1215. 1269. XII. 281.
Canaaniter, s. Canaan; dazu I. 570. 608 III. 264. V. 813 ff. VII. 353 (Verwandtenehen). 468. IX. 209. X. 60. XI. 1232.
Canada, die Kirche in VII. 167. XI. 167. XII. 47. 483.
Canal, Jos. de, Kchhistor. XII. 362.
Canarische Inseln, Bm. Canaria II. 297—298. 315. 590. I. 126. 208. 392. 457. 889. III. 454 (Einbalsamiren d. Leichen). X. 256. 267. XI. 470. XII. 282.
Canatha III. 58.
cancellaria apostolica, apostol. Kanzlei, s. curia Romana (I. 952).
Cancer, Ludwig, der Missionär XII. 41.
Canciani, Gl. IV. 113.
Cancor, Gründung von Lorsch durch d. Grafen VI. 597 ff.
Candia, s. Creta.
Candida, Karl. d. Johnte V. 774.
candida casa, Bm., s. Whitern.
Candidian, Bsch v. Aquileja I. 392. — d. kaiserl. Bevollmächtigte in Ephesus III. 607. 608 ff.
Candidus, Mönch in Fulda VIII. 522.
Candidus, St. VI. 414.
Canisius, Heinr., der Kanonist († 1610) II. 298. 616. VI. 16. VIII. 604.
Canisius, Petrus, der erste teutsche Jesuit II. 298—300. 432. 670. I. 353. III. 870. 871. IV. 14. V. 117. 342. 559. 799. 921. VI. 49. 51. 877. 878. 884. VII. 305 (als Mrithia). 726. 918. VIII. 182. 231. 558 ff. IX. 582. X. 336. 531. XI. 225. 988 ff. 1191. XII. 302. 303. 696. 819. 1281. 1287. 1290.
Canne, s. Calne.
Canning, George, engl. Minister († 1827) VII. 528.
Cano, del, der Seefahrer II. 794.
Canon (Kirchengesetz) II. 300. VI. 170.
Canon, eine Art Kirchenlied VIII. 519.
Canon der Bibel, s. Kanon bibl (VI. 16).
canon missae, s. Messe, dazu IV. 371. 856. VI. 661 ff. VII. 99. XII. 277.
canon Sanctorum, s. Canonisation.
Canonensammlungen II. 300—313, s. die Art. über codex, corpus juris canonici, Pseudoisidor, Synode, vgl. Pannormia, poenitentiale, dazu I. 218. 780. 857 ff. II. 68. 169. 501. III. 75. IV. 851. V. 739. 952. VI. 171. VII. 631. VIII. 54 ff. IX. 115. 204. 405. X. 620. XI. 305. 825. 1293. XII. 803.
canones Africani, V. 679.
canones apostolorum, s. constitutiones (I. 555).
canones de fide und decreta de fide I. 229.
canones poenitentiales, s. Bußcanones.
Canonicalhäuser II. 309. 956. VII. 768. VIII. 628.
Canonicatus II. 309—310. 778. VI. 64. VII. 62. VIII. 663. IX. 226. X. 806.
Canonici, II. 310—311. vgl. Chor, custos, dazu I. 525. 664. 670. II. 1. 530. III. 228. 247. 459. IV. 184. V. 244. (anglican) 835. VI. 26. 440. VIII. 626. 663. IX. 119. 223. X. 365. 400. 800 (tsche Congglu). XI. 961. 975 ff. (in Wien) XII. 297.
canonici in herbis, s. Ehrencanoniker.
Canonicität, s. Kanon, bbl.
canonicorum biennium, s. biennium canonicorum.
canonis privilegium, s. privilegium canonis (VIII. 792).
Canonisation, Heiligsprechung II. 311—313. vgl. Heilige, dazu I. 710. 755. 782. II. 306. III. 520. IV. 129. V. 727 ff. (des Joh. v. Nepom.). 761. VI. 562. 807. VIII. 831. IX. 460. XI. 382. 661 (C.sprozeß).
Canonischer Gehorsam, s. Gehorsam, Oberlenz.
Canonischer Prozeß, s. Prozeß.
Canonisches Recht, s. corpus juris canonici II. 868 ff., Kirchenrecht (VI. 168 ff.).
Canonische Stunden, s. Brevier.
Canonisches Leben, vita canonica, s. Chrodegang, Canonici, dazu II. 661. 664. IV. 183. 184. VIII. 47. 48.
Canonische Wahl. s. Wahl.
Canonisten II. 313. 797. IV. 183. V. 277. VI. 227. VII. 143. X. 395.
Canonistische Casus, s. Casus.
Canontafeln auf dem Altar, s. Altarschmuck.
canonum concordia, s. concordia canonum.
canonum syntagma, s. syntagma canonum.
Canossa, das Schloß IV. 705. 710. V. 22. XII. 13.
Canova, Antonio, der Bildhauer († 1822) IX. 343. 379. 907.
Canova, A., Bf. XI. 333.
Canstein, K. H. von, Stifter der C.schen Bibelanstalt in Halle († 1749) I. 928. IV. 143.
Cantabrigia, Cambridge.
Cantacuzenos, Johannes, der Usurpator I. 615. IV. 769. V. 639.
Cantalice, der hl. Felix v., s. Felix v. C.
Cantate, der 4. Sonntag nach Ostern II. 313—314.
Canterbury, das älteste Bisthum Englands II. 314. 87. 137. 138. 261. 329. 432. 907. I. 10. 245. 250 (Primitiv). 264 ff. 542 ff. 545. 632 (Emichu). 719 ff. III. 338. 348. 398. 404. IV. 516. 778. 781. V. 54 ff. 58 (Heinr. II in). 224 ff. 240. 543 ff. 468. 504. 634. VI. 343 ff. 346 ff. 349 ff. 360. 410. VII. 646. VIII. 149. 344. 522. 733. 783 (Primatialsitz). IX. 73. 387. X. 812. XI. (Hall Colleg). 930. 934. 810 ff. 1216. 1252. 1224. XII. 1004.
cantica, s. Poesie, chrstl.
canticum canticorum, s. Hohes Lied (V. 273); c. graduum, s. Gradualpsalmen (IV. 654).
Cantoirs, die russischen II. 825.
Cantonalpfarren in Frankreich III. 117 ff. IV. 165.
Cantor, Choraufseher, Chorregent, Vorsänger II. 314—315. 327. 494. IV. 653. VII. 387. VIII. 774.
Cantova, Missnär X. 455.
Cantu, Cesare, der Historiker (geb. 1805) XI. 724. XII. 611.
Cantuaria, Canterbury.
cantus Ambrosianus, s. Ambrosianischer Kirchengesang.
cantus antiphonus, s. Antiphon.
cantus Gregorianus, s. Gregorianischer Kirchengesang.
Canus, Melch., der gel. Dominikaner († 1560) II. 315—318. 254. 676. VI. 182 ff. 878. VII. 285 ff. 305. 861. 863. IX. 244. 751. 752 ff. X. 254. 256. 866. XI. 199. 718 ff. XII. 1082.
Canut (Knut) der Große, König von Dänemark (1011—1035) II. 318—320. III. 19. IV. 829. V. 763. VI. 90. VII. 646. IX. 134. 386. 691. X. 195. 629. XI. 672. 1221.
Canut, der Heilige, Dänenkönig († am 10. Juli 1086) II. 320. III. 720.
Canut IV. v. D. III. 721. C. VI. v. D. XII. 909.
Caorle, ehemal. Bm. XI. 572.
Cap, das, s. Vorgebirge der guten Hoffnung.
Capefigue, Baptist Honoré Raymond, Histor. (geb. 1799) V. 386.
Capella, Marcianus Minneius Felix, Gel. (um 470 n. Chr.) IV. 804. VII. 180. VIII. 871.
Capellan, s. Kaplan.
capellani episcopales, pontificis, s. Hofcaplan.

capellani castrorum, s. Feldprediger.
capellanus, s. Kaplan.
Capellari, della Columba, Großprior V. 774. [(IV. 726).
Capellari, Mauro, s. Gregor XVI.
Capelle, s. Bethaus, Feldcapelle, Kaplan, Kirche als Gebäude.
Capellus, L., Gl. II. 230. 240. VI. 292. — Jacob, hug. Thlg VI. 414.
Caper, Joh., ein Reformator in Polen VIII. 558.
Capernaum, was Capharnaum.
Capet, Hugo, König I. 639. 987—996. II. 105. V. 364. 761. IX. 293. X. 359. XII. 388 ff. 1032.
Capharnaum, bbl. O. II. 320. IV. 409. V. 577. VII. 464. VIII. 50. 330. X. 278 (Synage).
Caphthor, Caphtorim, hamit. Volkszweig II. 321—322. 295. 334. 435. III. 3. VIII. 398.
Capistran, Johannes, der große Volksprediger († 1456) II. 322—325. 152 ff. 263. 264. I. 845. IV. 177. V. 426. VI. 540. VII. 157. 590. 602. VIII. 351. 647. XI. 177. 978. XII. 423.
Capitel der Bibel, s. Abtheilung.
Capitel, die 25 des Hatto IV. 884 ff.
Capitel, das Collegium an einer Cathedral- oder Collegiatkirche II. 324—326. s. Capitular, Consens d. C., Convent, Custos, vgl. Generalvicar, dazu II. 25 (Bischofswahl). 319. 664. 676 IV. 162. V. 244 ff. VI. 334. VII. 62 (Gut). 712. VIII. 663. 836. X. 364. 541. 603. XI. 575 (im Venetian.).
Capitelsconferenzen, s. Conferenzen.
Capitelsdecan, s. decanus capituli.
Capitelseid VIII. 836.
Capitelsgang III. 226.
Capitelwürden I. 327. 325. 778. III. 146. 246. VI. 120 ff. VII. 712. VIII. 312. 605 ff. 774. X. 375. 886.
Capito, Wolfgang Fabricius, der Reformator († 1542) II. 327—328. 276. 278 771. 776. I. 921. III. 871. 983. 920. VII. 797. IX. 553. 693. 963. X. 32. 404. XI. 786. 1312.
capitula Angilramni, s. Angilram.
capitula episcoporum, capitularia, Sammlungen von Kirchengesetzen II. 328—329. 306. 477. V. 103.
capitula Martini Bracarensis, s. capitula episcoporum.
capitula tria, s. Dreicapitelsstreit.
Capitular II. 329—330, s. Convent, dazu II. 310. 324. 817. VII. 818 ff. VIII. 836. X. 365. XI. 221.
capitularia episcoporum, s. capitula episcoporum.
capitularia regum Francorum II. 330—331. 307. 347. 558. 559. 649. 767. I. 70. 150 (*). 219. 305. 406. 449. 596. 982. III. 935. IV. 153. V. 679. 700. VI. 91. 106. VIII. 224 ff. IX. 150. 504. 834. XI. 1259. XII. 80. 230. 354. 365. 366. 653. 656.
Capitularien der fränkischen Könige, s. capitularia reg. Francor.
Capitulariensammlung des Ansegisus I. 785. [laris.
capitularis mensa, s. mensa capitu-
Capitularvicar II. 331—332, s. Capitel, vgl. Generalvicar, dazu II. 664. III. 190. 819. V. 835. VII. 712. X. 612. XI. 669.
Capitulation der Bischöfe, Wahlcapitulation II. 332—333. 28. 817. [1609 VII. 742. 743.
Capitulationsresolution, die s. g. v.
capitulum clausum, ein hinsichtlich der Mitgliederzahl geschlossenes Dom- oder Collegiatcapitel II. 333. 309. [311. 497.
Caplan, s. Kaplan.
Capland, s. Vorgebirge der guten Hoffnung.
Capmann, Gl. VI. 628. [901.
Capodistria, Bm. XI. 254. 255. XII.
Capo d'Istrias, Joh., Graf v., griech. Präsident (ermdt 1831) VII. 535.
Cappa, s. Kleider, bl.
Cappacini, Franz, Cardinal († 1845) II. 333—334. XII. 212—213. IV. 729. XII. 586. 876.
Cappadocien II. 334, vgl. Caphtor I. 213. IV. 738. VI. 679. 933. 953. VII. 266. VIII. 335. 336 ff.
Cappel, Schlacht bei XI. 1323.
Cappenberg, Graf Gottfried v., der Norbertiner VII. 636.
Capranica, der Cardinal II. 266. VIII. 481. IX. 367.
Caprara, Cardinal-Legat († 1810) II. 334—335. VI. 475. 607. XII. 1027.
Capreolus, Joh., ein Commentator des Lombarden VI. 587.
capsa, s. pyxis.
Capua, Erzbisthum XII. 213—214. II. 100. 791. V. 759 (wd. Ebm). 863 (wd. Erstl). [tei II. 335—336.
Capuciati, häretisch-politische Par-
Capuciner, minores capucini, II. 336—341. 642. 859. I. 117. 983. III. 76. IV. 132. 133. 535. 816. V. 618. 619. VII. 158. 165. 169 ff. 691. 739. 809. VIII. 232. 321. IX. 472. 509. 509. 851. X. 197. 199. 452. 741. 799 (Cflstr in Tschld). XI. 131. 575. 999. XII. 42. 47. 590. 686. 1204.
Capucinerinnen, s. Capuciner. [1207.
Capuze, s. Cucullus.
Caracalla (Marc Aurel Antonius Bassianus), röm. Ksr, ermordet 217 n. Chr. I. 149. 623. II. 148. V. 89. VII. 628. IX. 385. XI. 721.
Caracci, Annibale und Ludovico, Maler VI. 785.
Caracci, G. Anton, Histor. IV. 59.
Caraccioli, Marino, Cardinal († 1538). II. 341—342. VII. 213. 514. XI. 384.
Caraffa, altadelige Familie in Neapel; G. Giovanni Pietro, s. Paul VI, Ppst; Theatiner; Antonio, Cdl. († 1594.). II. 209 (bullarium); Carlo, Malteser, Cdl (geb. 1517) IV. 724; Geronimo, Nuntius (1626) VII. 747. XII. 1239.; Vincenz, Jos., General VIII. 449; Olivio, Ebf v. Neapel IX. 565.
Caramuel, Gl. IX. 220.
Carantaner, Carantanien, s. Gurk, Kärnthen.
Caranza, s. Carranza.
Caraunus, Sl. XII. 219.
Caravita, Jesuit I. 577 ff. [218.
Carben, Victor v., d. Priester IX. 236.
Carbonaria, die religiös-politische geheime Secte in Italien XII. 214. 1083. VI. 475.
Carcassonne, Bisthum IV. 159. IX. 253. 254; Inquisitionstribunal in V. 658. 659.
Carchemisch, s. Charchemisch.
Cardanus, Hieronymus, der gl. Abenteurer († 1575) XII. 214—217. XI. 559. [127. 789.
Cardenas, Bischof v. Assumcion VIII.
Cardinal II. 342—343, s. Conclave, dazu II. 747. 854. III. 553 (Titel des). V. 164. 834. VIII. 210. IX. 80. 116 ff. 330. X. 540 ff. 604. XI. 216. 237. 742.
Cardinalcollegium II. 343—344, s. curia Romana (I. 945 ff.). III. 818. VIII. 110 ff. 602. IX. 921. X. 208. XI. 230.
Cardinalcongregationen II. 344—345. 311. 312. 343. 426. 715. I. 553 ff. III. 68. IV. 724. V. 611 ff. 649. VIII. 627. 815. 829. IX. 214. XI. 190 ff. 246. 465. [VIII. 627.
Cardinalconsistorien II. 345. 821.
Cardinaldecan, s. Decan des Cardinalcollegiums.
Cardinaldiacon II. 342. IV. 263. IX. 116.
cardinales protectores s. protectores cardinales (VIII. 629).
Cardinalkirchen in Rom IX. 345 ff. 351.
Cardinalscreirung II. 342. IV. 261.
Cardinalshut II. 345—346. I. 342.
Cardinaltugenden, die IV. 840. X. 334. 978. XI. 309.
Cardo, Simon de VIII. 204.
carena, s. Karena.
Carenzjahre I. 32. 250. II. 417.
Caret, der Mönch I. 558. VII. 889 ff. X. 463. [72. 1209.
Carillo, Alfons, Ebf. v. Toledo XI.
Carissimi, Musiker VII. 416.
Carl der Große, Kaiser († 28. Jan. 814) II. 346—349. 138. 141. 173. 215. 331. 350. 419. 473. 525. 541. 647. 649. 767. 808 ff. 938. I. 100 ff. 102. 115. 116. 146. 182. 219. 325. 395. 400. 450. 451 ff. 468. 563. 708. 785. 790. 791. 918. III. 7. 18. 19. 103. 247. 251 ff. 281. 304 333. 405. 432. 475. 497. 558. 601. IV. 8. 104. 153. 154. 207. 222. 221. 238. 249. 250. 290. 489. 537. 619. 622. 629. 689. 701. 762. 821. 852. 883. V. 190. 206. 273. 307. 398 ff. 532. 822. 889. VI. 34. 66. 145. 199. 258. 293. 339. 401. 430 ff. 455. 456. 553. 598. 620. 626. 718. 753. 766. VII. 148. 157. 226. 227. 270 ff. 374. 376. 395 ff. 398. 561. 622. 630. 646. 652. 653. 699. 824. 868. 869. 905. VIII. 5. 19. 111. 173. 241. 298. 299. 327. 457. 490. 523. 542. 568. 622. 807. 839. 855. 872. IX. 34. 128 ff. 292. 301. 343. 344. 501 ff. 503 ff. 592. 648. 709. 925. X. 47. 70. 195. 215. 224. 231. 290. 357. 398. 399. 400. 406. 416 ff. 421 ff. 858. 861. 862. XI. 67 ff. 250. 251. 578. 582. 583. 589. 635. 720. 798. 805. 940 ff. 965. 1118. 1183 ff. 1258. XII. 1. 2. 33. 201. 335 ff. 278. 298. 343. 348. 366. 372. 374. 376. 415. 459. 557 ff. 651 ff. 658. 713. 715. 745. 751. 815. 817. 916. 938. 964. 1024. 1082. 1129. 1198. 1202. 1233. 1254.
Carl IV., Kaiser I. 152. 599. II. 585. 729. III. 141. 390. IV. 368. 410. 897. V. 639. 640. 727. 895. VI. 67. 243. 351. 403. 732. VII. 73. 145. 146. 150. VIII. 630. 842. 885. IX. 93. 94. 100. 137. 305. 321. 865. 866. X. 132. 133. 402. 689. XI. 470. 584. 791. 1152. XII. 228. 361. 426. 496. 685. 705 ff. 746. 845. 898. 937. 1311.
Carl V., Kaiser († 1558) II. 349—354. 49. 104. 105. 110. 212. 232. 298. 329. 341. 372. 373. 383 ff. 414. 601. 681. 683. 684 ff. 757. 776. 860 ff. I. 97 ff. 103 ff. 147. 452. 519. 520 ff. 610. 624. III. 20. 346. 423. 501. 643. 645. 705. 706. 809. 883. IV. 12. 13. 14. 25. 26. 264. 306. 307. 606 ff. 668. 723. 789. 920. V. 62 ff. 73. 75 ff. 117. 147. 150. 167. 192. 339. 548. 553. 561. 653. 654. 678. 720. 773. 774. 795. 840. 896. 897. VI. 431. 472. 549. 636. 713. 723 ff. 806. 848. 849. 938. 940. 916. 947. VII. 1. 46. 137. 309. 600 ff. 917. VIII. 121. 189. 231. 350. 383 ff. 458. 601. 701. IX. 86 ff. 141. 145 ff. 152. 156. 565. 698 ff. 816. 80. 121. 196. 217 ff. 255. 256. 257. 268. 326. 567. 816. 832. 833. 911. 946. 947. XI. 91. 177. 192. 194. ff. 203. 323. 385. 393. 416. 510. 518. 606. 760. 1141. 1157. 1158 ff. 1160 ff. 1182. 1210. 1211. XII. 30. 37. 47. 121. 210. 211. 219. 261. 262. 416. 573 ff. 662. 733. 911. 1035. 1130. 1279.
Carl VI., Ksr I. 511. 610. 613. II. 781. III. 329. IV. 190. 656. 665. V. 648. 794. 805. VI. 68. 856. 888. VII. 338. IX. 173. 600. X. 233. 636. XI. 404.

1016. 1019. 1025. 1192. XII. 696. 697. 1284. 1286. 1292.
Carl VII., Ksr I. 675. V. 794. VI. 856. 858. VII. 678. XII. 391.
Carl II. der Kahle, der Carolinger († 877) III. 104 ff. 164. 252. 842. 856. IV. 98. 115. 466. V. 108. 203 ff. 208. 357. 709. 749. 780. VI. 602. 647. VII. 574. 576. 623. VIII. 168. 457. 840. IX. 884. 886. X. 70. 300. XI. 93. 503. 593. 594. 782. XII. 210. 230. 531. 533. 790. 936. 1232.
Carl der Dicke, 884—887 Alleinherrscher des caroling. Reiches, st. 888 IV. 115. 207. V. 751. VII. 656. VIII. 6. IX. 95. XII. 755. 1022. 1320.
Carl III. der Einfältige, der Carolinger (893—929) V. 1. VII. 647. IX. 405. X. 310. XII. 230.
Carl, Könige von Frankreich: (C. I. II. und III., s. Carl d. Gr., Kahle, Einfältige). Carl IV., Sohn Philipps des Schönen († 1328) I. 89. 91 ff. XII. 388. — C. V. (1364—1380) III. 400. IV. 171. 172. VI. 884. VIII. 145. XI. 474. — C. VI. (1380—1422) I. 96. 575. 577. V. 291. VI. 893. VII. 851 ff. X. 312. XII. 389. 825. — C. VII. (1422—1461) I. 263. 754. II. 615. III. 746. V. 621. VII. 587. 588. 825. 851 ff. VIII. 638. IX. 295. XII. 390. 1048. 1108. — C. VIII. (1483—1498) I. 682. 687. 838. II. 857. III. 594. IV. 170. V. 642. VI. 408. 943 ff. VII. 152. VIII. 343. IX. 377. 642 ff. X. 165. XII. 390. — C. IX. (1560—1574) I. 50. 52 ff. 338. 873. IV. 158. V. 365. 369 ff. 555. 778. VII. 537. VIII. 622. IX. 295. X. 208. 572. XI. 97. 608. 993. XII. 738. 1048. — C. X. (1824—1830) I. 461. IV. 164. VI. 326. IX. 297. 376. X. 633. XII. 222.
Carl X., Gegenkönig Heinrichs IV. V. 379.
Carl von Anjou, Bruder Ludwigs IX. v. Frkr. († 1285) II. 354—357. 593. 810. III. 399. V. 637. VI. 377. 584. 585. 902. X. 118. XI. 469.
Carl, Könige von England, Irland und Schottland: C. I. (1625—1649) I. 863. 919 ff. III. 80. IV. 725. 786. 795 ff. V. 229. 230 ff. 384. 444. 445. 610 ff. 820. VI. 350. 360. 499. VIII. 658. ff. 865. XI. 502. 762. XII. 93. — C. II. (geb. 1630 † 1685) I. 3. 221. 420. 910. 922. II. 688. IV. 797. V. 222. 231. 232 ff. 416. 830. 895. VI. 494. 572. VII. 669. VIII. 278. 659. 865. IX. 232. 479. 480. X. 627. XI. 763. XII. 939.
Carl, Könige von Spanien; C. I., s. Carl V. Kaiser. — C. II. V. 617. VI. 480. — C. III. (geb. 1716, † 1788) I. 609. 615 ff. 620. 756. V. 566 ff. 658. 868. VIII. 128. IX. 370. X. 636. 637 ff.
Carl II. von Apulien, Papst Cölestins V. Zeitgenosse I. 88. 641. V. 322. VI. 177. VII. 585.
Carl, Könige von Neapel und Sicilien; C. I., s. Carl von Anjou. C. II., s. Carl von Apulien. C. III., s. Carl III. von Spanien.
Carl, Könige von Schweden: C. IX. der Vater Gustav Adolphs (reg. 1602—1611) IV. 822. — C. X. Gustav v. Zweibrücken (reg. 1654—1660) I. 387 ff. — C. XI. (1672—1697) VI. 28. IX. 481. — C. XII. (1697—1718) IX. 696. XI. 1287.
Carl, Herrscher von Sardinien; C. III. Emanuel I. 613. XII. 470. 721. 1084. C. IV. Emanuel XII. 470. C. Felix XII. 702.
Carl von Durazzo, König von Sicilien VII. 276. XI. 474 ff.
Carl der Kühne VI. 942.
Carl Leopold, Hzg. von Mecklenburg-Schwerin XII. 559.
Carl Ludwig, Hzg. v. Lucca XII. 741.
Carl Robert, Ungarkönig IV. 657.
Carl Theodor, Chfst v. Bayern III. 568. 572. V. 350. 603. VII. 994 ff.
Carl, Erzherzog, Statthalter (17. Jhdrt) VII. 736 ff.
Carl, der Erzherzog, Feldh. III. 5. IV. 189. XII. 537.
Carl, Ludwigs d. F. Sohn III. 351. 406.
Carl I. Erzhzg., Bf. v. Breslau I. 153.
Carl August, Ebf. v. München-Freysing X. 602.
Carl, Cardinal von Lothringen, s. Lothringen.
Carl Philipp, Fbf. v. Würzburg XII. 426.
Carl Martell (der Hammer), der Hausmeier († 741) II. 357—358. 81. 82. 219. 461. 524. III. 814. 856. IV. 150. 155. 156. 233. 690. 691. 692. VI. 176. 324. 657 ff. 661 ff. VII. 138. 226. VIII. 457. 839. IX. 140. XI. 103. 889. 1099. XII. 234. 235. 364. 658. 998.
Carlmann, Carolinger dieses Namens II. 358—359. 83. 219. III. 115. 463. 856. IV. 218. 250. V. 209 (Carls d. Kahl. Sohn). 780 ff. (Kg.) VII. 29. 226 (Bruder Carls d. Gr.). 270 (Kg.). 375. 892. XI. 1151. 1183. 1238.
Carlo v. Borromeo, s. Borromäus.
Carlos, Don, Philipps II. Sohn VIII. 391.
Carlos, Don, der Prätendent XII. 98.
Carlowitz VI. 294. XII. 800.
Carlowitz, Minister VII. 32.
Carlstadt (Andreas von Bodenstein), der Reformator († 1541) II. 359—361. 12. 204. 278. III. 134. 371. V. 654. VII. 20. IX. 519. 552 ff. X. 387. XI. 915.
Carlstadt, Johannes, s. Dracontius (III. 274).
Carlstadt, griech. Bm. VI. 294.
Carmel, Vorgebirge, Stadt II. 361—362. 363. V. 282. VII. 100 (Missionäre auf dem). VIII. 45 ff. 428.
Carmel, Fest Mariä vom Berge, s. Scapulierfest.
Carmeliter, berühmte I. 71. 790. III. 108. 635. 879. IV. 97. V. 721. VI. 150. 151. 586. VII. 531. VIII. 788. IX. 882. X. 808. XI. 937.
Carmeliterorden II. 362—368. 865. I. 528. 894. IV. 561. V. 323. 388. 449. 618. 721. VI. 260. 363. 441. 887. VII. 158. 165. 228. 642. VIII. 89. 310. IX. 85. 109. 167. 286. 351. 580. 649. X. 624. 900 (C. barf.). 904. 901. 902. XI. 97. 493. XII. 579. 917. 1215. 1288.
Carmignano, der Marchese IX. 365.
Carmilien, s. Ruben.
Carneol, Edelstein III. 383.
Carnesecca, Pietro, s. Palearius.
Carnet, Thig V. 493 ff.
Carneval, s. Fastnacht.
Carnot, Lazare Nicolas Marguerite, der Revolutionsminister († 1823) IX. 280. 287.
Carnotum, s. Chartres.
Carolinen, Missionen auf den X. 455.
Carolinger, das Haus der, s. d. Art. Arnulf, Carl, Carlmann, Ludwig, Pipin, Lothar, dazu I. 188. 330. 528. II. 814. III. 78. 104. 903. VI. 157. 602 ff. VIII. 830. 855. IX. 129. XI. 730. XII. 376.
Carolinische Bücher, s. Bilderstreit.
Caroll, John, Bf. v. Maryland VII. 643.
Caron (Carontis), Componist VII. 405.
Carp Strigolnik, der Ketzer IX. 18 ff.
Carpasia, Bm. XII. 525. 973.
Carpathus, Bm. XII. 524.
Carpentarius, Joh., luth. Propst v. Lorich VI. 590.
Carpentier, gel. Benedictiner IV. 332.
Carpin, der Missionär I. 451.
Carpocrates, Carpocratianer, s. Karpokrates (VI. 36).
Carpophorus, St. II. 850. Heir des Kallist XII. 206. 207.
Carpus, St. III. 64.
Carpzov, berühmte sächs. Gelehrtenfamilie II. 368—372. I. 469. III. 491. V. 158. VI. 292. IX. 48. X. 277. 280. 295 (G. J. B.).
Carraccioli, Legat XI. 1158. 1166.
Carracciolo, Franz. St., Stifter einer Congregation XII. 218.
Carranza, Bartholomäus, Primas v. Spanien unter Philipp II. († 1576) II. 372—374. 314 ff. 414.
Carré, der „Evangelist“ IX. 836.
Carrich, Widerleger des Febronius V. 326.
Carrier, der Terrorist (guillot. 1794) IX. 288.
Carron, Schrftst. IX. 280. 285 ff.
Cart, Jean François, Bf. v. Nîmes XII. 829.
carta caritatis der Cistercienser II. 549.
Cartaphilus, s. Ewiger Jude.
Carteuna (heute Tennez), Bm. XI. 675.
Cartesius (Descartes), der Philosoph II. 374—376. 123. 513. 671. 761. 765. I. 427. 516. 537. 709. III. 121. 377. IV. 275. 358 ff. 591. 596. 875. V. 221. 358 ff. 608. VI. 390. 664. 925. VII. 319. VIII. 81. 161. 421 ff. IX. 401. 490. X. 72. 74. 75. 434. XI. 621. 622. 1116. XII. 267. 397. 608. 997. 998.
Carthäuserorden II. 377—380. I. 795. II. 642. 792. III. 165. IV. 102. 786. V. 70. 686. VI. 229. 624. VII. 54. 228. 507. XI. 96. XII. 384. 966. 1215.
Carthäuser, berühmte II. 377 ff. IV. 476. V. 85. 150. VI. 342. 587. X. 531. XII. 23.
Carthago, Bisthum II. 376—377. 865 ff. I. 125. 127. 408. 447. 532 ff. 570. III. 64 (Christenflgg). 249. 254. 260 ff. (Religionsgespräch). 937 ff. IV. 253. V. 887 (Juden in). VII. 220 (Melochdst). 266 (Monianstn). 658. 789. VIII. 431. 433 (Stadt). 773. IX. 667 (novatian. Schisma). X. 746. XI. 540 ff. 677. 726. Synoden I. 36. 401. 457. 648. 649. III. 582. (4. Conc.) 810. 815 ff. IV. 534. 891. V. 628. 679. 881. VI. 19. 21. 71 ff. 215. 408. VIII. 207 ff. 290 ff. 621. 656. 662. 770. 771. IX. 190. 534. X. 56. 308. 353. 429. 430. 432. XI. 83. 1298.
Carus, röm. Ksr 282—283 n. Chr. III. 152.
Carus, Gl. VII. 328. 447.
Carvagial, s. Carvajal.
Carvajal, Joh. der Legat II. 380—382. 263. 264. 748. 749. V. 426. VII. 557. 592. XII. 1273.
Carvalho, Bisch v. Lissabon XII. 732.
Carvalho, Graf, s. Pombal.
Carvll, Agent V. 449.
Casa candida, s. Whitern.
Casa santa, s. Loretto.
Casanati, Cdl. VI. 422. IX. 371.
Casanova, s. Leonardo da Porta Mauritio.
Casas, Bartolomeo de las, der Schutzengel der Ureinwohner Amerikas († 1566) II. 382—386. I. 202 ff. III. 242. VI. 588. VII. 139. X. 217. 218. 256. 437. 439. XI. 699. 1211. XII. 36. 41.
Casaubon, Isaac († 1614), Gl. I. 267. II. 629. III. 919. V. 357. VI. 149. X. 512. 584. XII. 526. 1039. Mericus († 1671).

Casavini, Jul. Crl VI. 827.
Casel, Joh., der Humanist I. 267.
Caselli, Thlg IV. 258. X. 99.
Cassilles, Bf. XII. 41.
Casimir (Kazimierz), Könige von Polen II. 386—389. C. I. († 1058) I. 151. 639. VI. 883. IX. 337.—C. II. (reg. 1177—1194). VIII. 545 ff.—C. III. d. Große (1333—1370) VI. 438. 440. 442. VIII. 550.—C. IV. (1447—1492) der Heilige II. 774. III. 185. VI. 354. 400. VIII. 550.—C. V. (1648—1668; K. 1672) VIII. 541. 561.
Casimir, Mkgf v. Brandenburg I. 673. VIII. 685 ff.
Casimir I., Pfalzgraf V. 928.
Caslar, Disputen zu VI. 795.
Casluchim, Volksstamm II. 389—390. 321. 438.
Casoglio, der Formschneider IX. 366.
Caspar, hl. König III. 285.
Caspar, Max, Bf. v. Münster VII. 374.
Caspari, Ergt VII. 675 ff.
Cassau, chrstl. Tartarenfürst I. 92.
Cassander, Gg., der Theolog († 1566) II. 390—392. VII. 822. IX. 193.
Cassel, Colloquium zu II. 392—394. jüd. Consistor. in V. 899.
Cassian, Joh., Patriarch des abendländischen Mönchthumes II. 394—398. 530. 932. I. 787. 789. IV. 95. 155. 605. V. 861 (de incarn.) VI. 229. 483. 916. VII. 226. 300 (als Mrlthlg). VIII. 826. IX. 303 (Coll. XVIII). X. 347.
Cassian, 1. Bf. v. Seben und Martyrer I. 698. VI. 814.
Cassini, der Astronom († 1845) I. 909.
Cassino, Diöcese, s. Montecassino.
Cassiodor, Magnus Aurelius, der ostgoth. Reichskanzler II. 398—400. 158. 396. 400. 429. III. 109. 251. 379. 489. 596. 628. IV. 308. 588. V. 126. 320. VI. 143 (als Kchhist.). 909. VII. 220. 385. 657 (***). 824. VIII. 871. 872 ff. IX. 711. 712. XI. 677. XII. 636. 637.
Cassius, St. I. 870. VI. 415.
Cassius, ein Berg bei Antiochien VI. 228.
Castallo, der Reformator, s. Calvin, dazu I. 903. 906. 909 (Streit mit Beza). II. 279 ff. (Bibelübers.). 390. V. 274. 654.
Castel, Edmund, s. Polyglotte, engl.
Castellane, de, Bf. v. Toulon IX. 263.
Castellane, de, Arn. v. IX. 273.
Castellanus, Alb., gl. Thlg. III. 325. XII. 1064.
Castelli, der Generalfiscal XII. 202.
Castello, Insel, Bm. XI. 572.
Castellobranco, Bm X. 268.
Castelnau, Peter von (ermordet am 15. Jan. 1209) II. 400—401. I. 144. III. 238. XII. 91. 385.
Castiglione, Cardinal Branda de VI. 553.
Castilien, Entstehung des Königreichs VI. 934 ff.; d. Inquis. in V. 651; —Isabella v. V. 839 ff. X. 262 ff.
Castillon, Gen. Vic. IX. 288.
Castor, s. Dioscuren.
Castorkirche zu Koblenz XII. 231.
Castracane, Urtheil des Cardinals über Magnetismus XI. 655.
Castracani, ghib. Familie in Lucca VI. 625.
Castraten, Eben der III. 438.
Castro, Alphons de, gl. Franciscaner XII. 219. I. 367. II. 254.
Castro, Christoph, span. Jesuit XII. 219.
Castro, Leon de, gl. Domherr VII. 268.
Castro, Paul de, Canonist II. 933. IV. 842.
Castro Palao, Ferd. de, Mrlthlg VII. 306.
Castro, der Krieg v. XI. 479.
castrum doloris, Katafalk, s. Begräbniß, Tumba.
Casualreden, Arten v. II. 401—403. 721. I. 61. 304. 505. III. 27. 94. IV. 648. V. 681. 878. 879. VI. 562. VII. 171. 812. VIII. 120. 775. IX. 567. 807. X. 240. 392. 683. XI. 170. 174. 301. 802. 1125.
Casuistik II. 403—408. vgl. Probabilismus I. 395. V. 906 (ibalmrk) VI. 311. VII. 286 ff. 303. 470. VIII. 163 (jesuit.). 279. XI. 82. XII. 170 (buddhist.).
casula, Meßgewand, s. Kleider hl. (VI. 210.), Messe (VII. 98 ff.). vgl. cucullus, dazu VI. 63. 216. VIII. 710. 712 (Abschaffg der in Preußen).
Casus, canonistische, moral. und liturg. I. 408—409. VII. 811.
casus reservati, s. Reservatfälle.
Catacomben, s. Katacomben.
Cataldino, Jes. Missnär VIII. 123.
Catalonien, Entstehung VI. 934 ff. VII. 628 (Gengatn in). 630 (Rolakle in). X. 261 ff.
Catania, Bisthum V. 867; Univers. XI. 442.
Catechese, Catechismen, s. Katechet, Katechetik, Katechismus.
catechismus Romanus, s. Symbol. Bücher (X. 563), dazu I. 416. 731. 732. 743. II. 106. 115. III. 55. 202 ff. 353. 934. IV. 314. 435. VII. 719 (*). VIII. 481. IX. 215. 512. 543. 758. X. 201. 563 ff. 666. 771. XI. 643. 611. 751. 858.
Catelina, s. Johannes I., P.
Catenen II. 408—411. vgl. Scholien II. 712. 875. III. 250. V. 820. VIII. 810. X. 920.
Catesby, der Verschwörer VIII. 862 ff.
Catharina, St., Nothhelferin VII. 651.
Catharina von Alexandrien, St. II. 411. X. 176. 179.
Catharina von Bononien, St. II. 412.
Catharina von Genua, St. II. 412—413.
Catharina von Ricci, St. II. 413.
Catharina von Schweden, St. II. 442. I. 160. 161. XI. 476.
Catharina von Siena, St. II. 411—412. IV. 718. V. 475. VI. 42. 727. 889. VII. 447. X. 741. XI. 476. XII. 85. 389. 1011.
Catharina von Aragonien, Heinrichs VIII. rechtmäßiges Weib I. 602. 907. 923. IV. 83. 785. V. 59 ff. 65 ff. 225. VI. 847. 848. X. 530. 912. XI. 1112.
Catharina von Medici, Königin von Frankreich († 1589) I. 49. 50. 53. 602. V. 363 ff. 378. VIII. 622. XII. 735.
Catharina II., Kaiserin von Rußland (1762—1796) III. 9. V. 568. 805. VIII. 564 ff. 466. 470. 472. X. 617. XI. 710. 741.
Catharina, Gemahlin Johanns III. v. Schweden V. 343. VIII. 615. 616.
Catharina, Princessin v. Württmbg VIII. 490.
Catharina, Gemahlin Karls II. von England VII. 672.
Catharine, Gemahlin Sigismunds II. v. Polen V. 313.
Catharinenkloster auf dem Sinai X. 176. 178 ff.
Catharinentag (in Böhmen mit Octave) VII. 701.
Catharinenthal, das Kloster IV. 108.
Catharinus Ambrosius, der Thlg des Dominicanerordens II. 413—416. 254. VI. 716. IX. 547. 647. X. 255. 256.
Cathedra II. 416. 821 (exedra). 668. XII. 1003 (bisch. Thron).
Cathedrale II. 416—417, vgl. Collegiatkirchen III. 246. 253. 400. 605. 877. VI. 186. 736. 931. VII. 37. (Münster). 711. VIII. 612. 824. X. 395. 628. 757. 906. XII. 297 (Dom).
Cathedralen, berühmte, s. Kirchengebäude, berühmte.
cathedraticum I. 32. 34.
catholicus rex, s. Allergläubigster König.
Cato, der Stoiker IX. 399. 400.
Cato, der Bischofscandidat IV. 150.
Cattaro, Bm., s. Zara (XII. 1323.)
Catten, s. Chatten.
Catull, der Poet I. 215. IX. 643.
Catulla, Stifterin v. St. Denys III. 193.
Cauchon, Pierre, Bf. von Beauvais VII. 853. 854.
Cauda, s. Claude, Insel.
Caulet, Bf. v. Pamiers IX. 90. 91.
causae im Decret Gratians, s. decretum Gratiani.
causae honestae, eine der XII. 55.
causae majores II. 418. 613. 755. 678. VIII. 626. 664. IX. 714.
causae piae II. 418—420. VI. 495. VII. 170. IX. 650. X. 374. 375. XI. *1125.
Causalitätsgesetz, s. Wirkung.
Causis, Michael de (M. von Deutschbrod), d. Mönch. V. 176. 405. 409. 410.
Cautinus, der Bischof IV. 150.
Cautionseid, s. Eid (III. 460).
Cautius, der Seeräuber II. 514.
Cava, Klstr I. 262.
Cavaignac, Eugen Eleonore, der General (geb. 1802) XII. 15.
Cavaillon, Bf. IX. 267.
Cavalier, Jean, Führer der Cevenols II. 287.
Cavalieri, Emilio del, Componist VII. 411. 415.
Cave, Wilh., Literärhistoriker II. 420—421. 633. V. 950. VI. 157. 169. 612. 933. VIII. 332. 311. XI. 675. 677. 678. XII. 920.
Cavellus, gl. Ire IX. 878. 880.
Carone-Marazzi, das Ministerium XII. 1083. 1081 ff.
Cawnpur, Missnäre in VII. 169.
Cayenne, Juden in V. 898; apostol. Präfectur X. 410.
Cazalès, s. Mauro.
Cazères, Francisca de la Croix XI. 491.
Ceadda, Bf. v. York XI. 1083. 1217.
Cech (Tscheck), der Eroberer Böhmens II. 62.
Cecil, Minister der Elisabeth von England V. 410. VI. 834.
Ceder, die II. 421—422. VI. 511. VII. 782.
Cedes, s. Kades.
Cedrenus, Chronograph I. 337.
Cedron, Bach, Stadt II. 422—423. IV. 491. V. 535. 791. VI. 69. VII. 711. XI. 1256.
Cefalu, Bm. V. 867.
Ceillier, Remy, Gel. († 1761) II. 423—424. 879. VII. 290. VIII. 221.
Celano, Thomas von IV. 130.
Celebrant, Celebration II. 424. VII. 202.
Celerinus, St. III. 64.
Celerinus, Anhänger des Novatus VII. 600.
Celestius, der Priester III. 255.
Celles, s. Floris, Joach. v.
Celidonius, Bf. v. Lausanne VI. 367.
Celius, d. Rhetor X. 405.
Cellarius in den Klöstern, Kellner II. 424. s. Keller- und Küchenmeister (VI. 64).
Celle, die Stadt XI. 589.
Celle'scher Abschied VII. 33.
Celles, Theod. von, Stifter der Kreuzherren VI. 200.
Cellitenbrüder, s. Alexianer, Lollharden.

Celson, s. Chelius.
Celsin, St. XI. 320.
Celson, Chorherr von VII. 629. 630.
Celsus, Gl. IX. 200.
Celsus, der christenfeindliche Philosoph I. 362. V. 185. VI. 811. 839 Anmkg. VII. 177. 290. 831. 836. XII. 60.
Celten, s. Kelten.
Celtes, Konrad, der Humanist (†1508) VI. 233. XI. 413. XII. 228. 846. 1275.
Cencius, s. Crescentius.
Cendebäus, Feldherr des Antiochus VI. 707.
Ceneda, Bm. I. 605.
Censoren, röm., s. Census.
Censur, der Bücher II. 424–426, s. index librorum prohibitorum; dazu III. 241. V. 659. VIII. 713 ff. 722 (in Preußen). IX. 81. 321. XI. 1176.
censura eccles. orient. V. 523.
Censuren, kirchliche II. 426—427. 412. 817. I. 67 (Absolution v. d.). 600. 601. III. 429. 440. IV. 488. V. 676. VI. 180 ff. 200. VII. 862. VIII. 780. X. 511. XI. 765 ff. XII. 1245.
Censurrecht XI. 437.
Census, der röm. II. 427—429, vgl. Quirinus. [441. 445 ff.).
Centralamerica, s. Südamerica (X.
Centralisirung der Stiftungen, s. causae piae.
Centraloceanien, Missionen in X. 467.
Centuaria, Wilh., Bf. v. Pavia XII. 937.
Centurien und Centuriatoren, Magdeburgische II. 429—432. I. 403. 627. III. 514. IV. 86 ff. 270. VI. 148. 155. 968. VII. 42. 575. XI. 444.
Ceolfried, Abt v. Weremouth-Jarrow II. 432—433. V. 505. XI. 87.
Ceolwulf, Kg. v. Northumbrien III. 101. [phalonia.
Cephalonia, Bm., s. Zante und Ce-
Cerastes, die Hornschlange II. 432—
Cercari, Cdl I. 199. [434.
Cerda, J. L. de la, der Jesuit I. 340.
Cerdo, Lehrer des Marcion, Gnostiker II. 434–435. I. 500. IV. 560. V. 100. 428. VI. 818.
Cerebrasius, Petrus IV. 74 ff.
Ceremoniale II. 435—436, vgl. pontificale, rituale Roman., dazu V. 623. VII. 823 ff. X. 695.
Ceremonialgesetz, s. Gesetz (XII. 482), vgl. Pentateuch.
Ceremoniarius II. 436.
Ceremonie, kirchl. II. 436—437, vgl. Cult, Liturgie III. 495 (Eheeinsegn). IX. 541 ff. 589 ff. X. 667 (b. d. Taufe). 670. XII. 1002 (Pontificalamt). 1065.
Coreostata, s. Leuchter.
Ceres, d. Göttin VII. 435.
Cerethi und Phelethi II. 437—438. I. 769. VI. 218. 284 ff. X. 391.
Cerezuela, Ebf. v. Toledo XI. 72.
Cerfroy, das Kloster XI. 257.
Ceridwen, kelt. Gttht VIII. 40.
Cerinth, Cerinthianer II. 438–441. 477. 478. I. 179. 321. 347. III. 160. 224. IV. 559. VI. 843. VII. 571. X. 665. XI. 678. XII. 30.
Cerle, der Vicar IX. 91.
Cerularius, Mich. der Patriarch († 1059) II. 441–442. 245. 841. I. 560. 580. IV. 767. VI. 406. VII. 615. IX. 18. 457. 460. X. 359. 360. XII. 605.
Cervantes, der Dichter († 1616) V. 357. VI. 938. VIII. 395.
Cervara, Trappisten in XI. 168.
Cervini, s. Marcell II. P.
Cesariokirche in Rom IX. 354.
Cesena, Bm. V. 865. VIII. 493.
Cesena, Mich., der Fraticelle IV. 177. VI. 621. 696.
Cespedes, der Missnär XII. 256. 257.
cessatio a divinis, Einstellung des Chorgebetes u. feierlichen Gottesdienstes II. 442–443. V. 675. VI. 181.
Cessation, Aufhören eines Gelübdes durch IV. 379. [VI. 880.
Cestius, röm. Feldherr V. 520. 785.
Cethim, s. Chittim.
Ceuta, Bm. I. 126. X. 263. 264. 267.
Ceva, Heinr., der Fraticelle IV. 175.
Cevallos, Augustin Rubin de, Großinquisitor VI. 557.
Cevenols, s. Camisarden.
Ceylon, Insel, s. Singhalesen, dazu IV. 137. V. 619. VII. 167 (Oratori). 522 (Rektorr). XII. 73. 150 (Christenthum auf). 152. 172. 175. 180. 181 ff. (Buddhisten auf).
Chabbert, der letzte Mauriner XI. 108.
Chabor, Fluß und Landschaft II. 443—444. vgl. Gozan, dazu II. 447. 451 (Fl.). III. 849 (L.). 852 (Fl.). VII. 77.
Chabot, François, der Excapuciner (hinger. 1791) IX. 282.
Chabot, Bf. IX. 252.
Chadidscha, Mohammeds I. Frau III. 925. VII. 183 ff.
Chagis, Rabbi Jac. VII. 144.
Chagnoald, Schüler des hl. Columban VI. 739.
Chaijm, Jacob, ber. jüd. Gl. I. 916. 917. VII. 373. [III. 849.
Chalach, das Arachosia der Alten
Chalant, Cdl. VIII. 464. 465.
Chalcedon, Concil v. 451 II. 444—446. 39. 301. 558. 619. 720. 840. I. 100. 162. 226. 230. 442 ff. 480. 631. III. 130. 171 ff. 277. 599. 611. 755. 776. IV. 92. 254. 420. 760. 762. V. 98 ff. 208 (Symbol von). 329. 330 ff. 508. 535. 732. 864. IV. 39. 191. 218. 449. 451 ff. 545. 876. VII. 231. 235. 243 (anathematisirt). 244 ff. 522. 564. 712. VIII. 51. 263. 361. 767. IX. 488. 629. 670. 671. X. 152. 168. 247. 537. 851. 861. XI. 261. 581.
Chalcis, Bm. XII. 520.
Chaldäa und Chaldäer II. 446—448, s. Astrologie, Babylonien, Zabier, dazu I. 469. 576. III. 12. IV. 812. VII. 185. 497. 524. IX. 922. X. 44. XI. 337 ff. XII. 76 (Heimath der Astrologie).
Chaldäische Christen II. 448—449. III. 746. IV. 32. 38. VII. 526. VIII. 211 (Nestors Licht).
Chaldäische Bibelübersetzgn I. 934—936. — Sprache X. 60 ff.
Chaldaeorum Ur, s. Ur.
Chaldib, die Mundart VII. 528.
Chalif, s. Kalifh.
Chaliza, s. Leviratsehe.
Chalkondylas, Demetrius, gl. Grieche († 1511) VI. 145. 467. XII. 600. 1314.
Challoner, engl. Publicist XII. 1080.
Chalons, Bmr. und Syn. v. 813. II. 449. I. 3. 395. IV. 159. V. 345. 406. 746. VI. 303. 369. 499. 682. VII. 718. IX. 253. 273. 297. XII. 1247. 1249.
Chalwati, mohammed. Mönchsorden III. 112 ff. [1796) VII. 328.
Chalybäus, H. M., Philosoph (geb.
Chalybon, s. Helbon.
Cham II. 499, vgl. Japhet, Sem, dazu II. 279. 290. 528. 529. 956. I. 329 (angebl. Urhbr d. Magie). 342 (angebl. Schriftstlr). 653. IV. 421. V. 152. 153. 503. 881. VI. 9. 519. VII. 30. X. 60.
Chambery, Ebm. V. 871. XI. 405.
Chamerota, gl. Thl. VIII. 769.
Chaminade, Schulbrüder von IX. 761. [530.
Chamisso, der Dichter († 1838) VIII.
Chamos, moab. Götze VII. 185. 219.
Champagni, Pierre de, s. Innocenz V. (V. 638). [Champeaux.
Champeaux, Wilh., s. Wilhelm von
Champollion-Figeac, Orientist († 1832) III. 432.
Chamsegara, Rektorr in VII. 525.
Chamsin, der in Aegypten I. 109. VI. 361. 791.
Chamstein, Ludw. v., Bf. v. Freysing IV. 210. [gan VII. 332.
Chandler, Samuel, Gegner des Mor-
Chanel, der Missnär I. 558 ff. X. 467.
Chanina ben Theradion, der Martyrer XII. 1106.
Chantal, Baronin von, Stifterin der Salesianerinnen II. 449—451. IV. 141. VII. 156. IX. 577.
Chantelou, Claude de, der Mauriner VI. 693.
Chanterac, der Abbé VIII. 898.
Chapman, John, Gegner Morgans
Charpuis, Gl. III. 858. [VII. 332.
Chaptal, Minister IX. 563.
character hypostaticus II. 451.
character indelebilis II. 451. IV. 77 ff. VII. 821. VIII. 768. IX. 536 ff. X. 667.
Charchemisch, Stadt II. 451—452. IV. 912. V. 516. VII. 498.
Charente, Bf. IX. 253. [454. XII. 77.
Charenton, hugen. Syn. II. 452—
Charfreitag, s. Charwoche, dazu I. 353. II. 231. III. 902. IV. 95. 215. 644. V. 900. VII. 334. VIII. 56. 190. 191. [468.
Charibert, Frkkg II. 854. IV. 152. 154.
Charisma, s. Geistesgaben, überna-
charisterium, s. Abgaben. [türl.
Charitas, die christl., s. Tugenden, die 3 göttl.
Charitas, St. X. 244.
charitas, Breve VIII. 486.
charitativum, s. Abgaben.
Chariton, St. V. 938. VI. 365.
Charkow, antitrin. Syn. zu VI. 607.
Charlas, Ant., gl. Priester IX. 92.
Charles, Ordensstftr XII. 1325.
Charlestown, Bm. VII. 639 ff. [16.
Charlier, Aegid. I. 645. V. 422. VI.
Charlier, Johann, s. Gerson.
Charlotte von Cypern I. 965.
Charnacé, der Gesandte IV. 824. 825 ff.
Charonne, Klstr IV. 293.
Charpentier, Hubert, Stifter der Calvaristen I. 274.
Charsamstag, s. Charwoche, dazu Prophetien am VII. 713. 794. 852. 885. IX. 207. XI. 689.
Chartophylax, Archivare der griech. Kirche II. 453—455. VI. 440.
Chartres, Bm. XII. 219—221. III. 253 (Schule). IV. 159. 246. V. 738. 952. VIII. 346. IX. 252 ff. X. 129. XII. 104. 105 (goth. Kche).
Chartreuse II. 190 ff. 377 ff.
Chartultius, Histor. XI. 400.
chartularius, s. Chartophylax.
Charvaz, Ebf. v. Genua XII. 463.
Charwoche II. 455—461, s. Passion, hebdomas magna, Fastenzeit II. 231. III. 911. IV. 644 ff. (hlgs Grab in d. Kirche). 809. VI. 263. VII. 137. 156. IX. 72. 207. X. 415. 524. 525. XI. 1207. 1208.
Chasdai, ben Isaac, Rabbi II. 905.
Chasidäer, jüd. Secte XII. 1117.
Chasluim VIII. 398.
Chassebras, Priester IX. 232.
Chateaubriand, der Dichter und Staatsmann XII. 221—223. 124. 465. 913. IV. 642. VII. 289. VIII. 129. 130. 163. 480. IX. 348. X. 237.
Chateaubriand, Edict von V. 363.
Chateau-Cambresis, Friede von V.
Chateauneuf, s. Castelnau. [363.
Chatel, der Abbé II. 461—463.
Chatelet, die Marquise XI. 733 ff. 735.
Chatellon, der Generalvicar V. 609.
Chatillon, Klstrschle I. 636.
Chatillon, Großinquisitor V. 859.
Chatillon, die 3 Brüder V. 363 ff.

Chatten, Christianisirung der II. 463—464. IV. 237 ff. VI. 822.
Chaucer, Geoffroy, Dichter († 1400) IV. 781.
Chaulieu, Dichter († 1720) III. 579.
Chaumette, der Jacobiner (guillot. 1794) IV. 899. IX. 278. 281. 282.
Chauvelin, der jesuitenfeindliche Abbé V. 565.
Chauvin, Calvin; s. d.
Chauvirey, Henriette de, Aebtissin I. 797.
Chavalcha de Vico, Bl. V. 475.
Chavila, Sohn Joctans V. 897.
Chavin de Malau, Bl. IV. 131. VII. 691.
Chazaren, werden Christen II. 464—465. 905. V. 891 (Judenthum bei den). X. 225.
Chebar, Fluß, s. Chabor.
Chebdadi, Abraham, Vorsteher der Schule von Nisibis VII. 621.
χειρογραφήσαντες, die I. 38.
Chelidonius, Abt, Bischof I. 862. V. 152 ff. VI. 417 ff. 585.
Chelles, Klstr bei Paris XII. 103.
Chellus, bbl. Ort II. 466.
Chelm, Bm VI. 443.
Chemin Dupontès, Jean Bapt., Sectenstifter X. 880 ff.
Chemnitz, Mart., luth. Theolog des 16. Jhhdts II. 465—468. 886. I. 237. IV. 88. V. 428. VI. 563. VII. 339. VIII. 700. IX. 541. X. 569. 560. 619. XI. 358. 364. XII. 52.
Cherbury, der Deist, s. Herbert.
Cheregati, s. Chieregati.
Cherier, kath. Kchhist. VI. 154.
Cherson, Stadt und Bisthum II. 465. VIII. 566. 567. IX. 475.
Cherubim II. 468—473. III. 566 ff. 612. 801. 802. IV. 268. V. 202.
Cherubini, Luigi, der Componist († 1842) VII. 420.
Cherubinorum bullarium magnum II. 209.
Chetilmar, Carantanenfürst VI. 33.
Chevalerie, Orden der X. 717.
Chevron, Missuär X. 467.
Cheylus, de, Bf. IX. 252.
Chézard de Matel, Johanna Maria, Stifterin der Frauen des fleischgewordenen Wortes IV. 179.
Chiapa, amerikan. Staat u. Bisthum II. 385. X. 445.
Chicago, Bm VIII. 639. 640.
Chichester, Bm IX. 312.
Chiemsee, Kloster und Bisthum II. 473—475. I. 705. IV. 105. VI. 32. 481. VII. 370. VIII. 177. 675. X. 884. XI. 709.
Chieregati, Franz, der Nuntius II. 475—477. 601. XI. 177.
Chieti, Ebm. V. 867.
Chifflet, die Gelehrtenfamilie XII. 223—224. I. 220. IV. 252. X. 935. XI. 691. XII. 663. 1029.
Chigi, Fablo, der Nuntius VII. 160.
Chija, Rabbi V. 680.
Chijun, der II. 5. IV. 635.
Chilan, das Collegium zu VII. 100.
Childebert I., Frankenkönig (J. 531) I. 150. IV. 148. 406 ff. 561. VII. 385. XII. 912.
Childebert II., Frankenkönig († 596) I. 602. II. 847. IV. 749. IX. 291. XII. 234. 332.
Childerich I., Chlodwigs Vater, Frankenkönig (reg. 456—481) II. 488. IV. 412. XII. 233. 375.
Childerich II., Frankenkönig I. 707. VI. 323. 335. 478. X. 289.
Childerich III., der letzte Merowinger XI. 1183.
Chile, das Christenthum in VII. 166. 168. X. 443. 444. 448 ff. XII. 45.
Chiliasmus, Chiliasten II. 477—480. 136. 251. 255. 438. 440. 716. 850. 897. I. 322. 805. III. 46. 936. V. 418. 689. 821. VI. 387. 500. VII. 47. 146. 255 ff. 505. VIII. 72. 118. 321. IX. 821. 825. X. 251. 287 ff. 300. 476. 544 ff. XI. 678. 929. 952 ff. 958 ff. XII. 335 ff. 497. 571. 625. 812.
Chillingworth, William, der Deist († 1644) IV. 508. VI. 359.
Chilmegisil, Bf. VI. 368.
Chilperich I., der Merowinger († 584) IV. 153. 154. XII. 1233.
Chilperich II., der Merowinger († 720) II. 357.
China, Kirchengeschichtliches II. 480—486. s. Accommodationsstreit, dazu II. 484 ff. 508 (Christenpflga). 610 (Cdl. Tournon verfolgt). 611. 613 (Accommodationsstreit). 782 (Confucius). I. 202 (Gesandtschaften). 782 (Christenpflga). III. 242 (Accommodationsstreit). 782. 849 (Juden in). 875 (Accommodationsstreit). IV. 139 (hl. Franz Xaver will nach). V. 647. 723 (Missionen in). 867 (Juden in). VI. 317 ff. (Lamaismus). 384 (Lazaristen). VII. 167. 168 (Missionäre in). 471 — 522. 525 ff. (Rektorr in) 537 (Jahresanfang). 694. VIII. 8 (ein Missionsfond für) 13 ff. (Früchte des Despotismus) 31. 36. 77 (Heidenthum in). 595 (Jesuiten in). IX. 180 (Heidenthum). 782 (Missionen). 815 (eine christliche Lehre im heidnischen). X. 156 (Sluiter). 261 ff. (Christenthum in). 450. 451 (Missionen). XI. 14 ff. (Christianisirung). 668 (Missionen). 721. XII. 7 ff. (Accommodationsstreit). 70 ff. (Aussichten für die Zukunft). 73 ff. (Kirchenstatistisches) 152. 172. 183 ff. (Buddhisten in). 254 (— und Corea). 607 (der früheste Missionär in). 1287 (Accommodationsstreit).
Chindaswinth, Gothenkönig in Spanien III. 748. IV. 566. X. 630. XI. 63.
Chinesische Sprache I. 204. IX. 773.
Chioggia, Bm V. 871. XI. 872. XII. 916.
Chios, die Insel II. 486. IV. 756. XI. 332. XII. 524.
Chiquitos-Missionen, die XII. 45.
Chirotheken, s. Kleider, hl.
Chirothesie, Chirotonie, s. Handauflegung.
Chirurgische Praxis macht den Geistlichen irregulär V. 836.
Chittim, der Volkszweig der II. 486—488. III. 187. V. 507.
Chiusi, Bm V. 809. VIII. 473.
χλαμύς der Alten VI. 224.
Chlodwig I., Gründer des Frankenreiches († 511) II. 488—490. I. 173. 508. III. 2. 759. 877. IV. 146. 219 ff. 584. V. 333. VI. 335. VII. 385. 391. VIII. 539. IX. 120. 204. X. 398. 408 ff. XI. 588. 730. XII. 210. 220. 233. 355. 372. 374. 721. 912. 1096. 1148.
Chlodwig II., Frankenkönig († 656) II. 872. 943. III. 529. IV. 219. 263. 466. XII. 103. 363.
Chlodwig III., Frankenkönig XI. 715.
Chloë, die Christin in Korinth II. 490. VIII. 249.
Chlotar I., Frankenkönig († 561) I. 150. II. 847. 848. IV. 147. 148. 152. 155. 468. VII. 8. IX. 10. XII. 234. 651.
Chlotar II., Frankenkönig (reg. 584—628.) I. 150. 703. II. 898. III. 2. 103. 122. 528. IV. 117. 148. 152. 153. 155. V. 273. VI. 478. VIII. 144.
Chlotar III., Frankenkönig (reg. 655—670) II. 872. IV. 98. VI. 478. XII. 341.
Chlotar IV. (reg. 718—720) XII. 357.
Chlotilde, die heilige, Frankenkönigin II. 490—492. 488. IV. 116. 150. 466.
Chlum, die Ritter, Husens Begleiter V. 406. 407 ff.
Chlumezensk. Kosakenhetman II. 398.
Choba, bbl. Ort. II. 492.
Chobab, der Wegweiser, s. Jethro.
Chobal, s. Choba.
Choke, Stadt, s. Chub.
Choderich, der Ripuarier XII. 233.
Choiseul de Stainville, Etienne François, Duc de, Minister († 1785) I. 846. II. 615. V. 563 ff. X. 635. 641. XI. 739.
Choisy, Fr. Timoleon de, Kchhist. VI. 152.
Cholasteh, das Buch XI. 1231.
Chomer, hbr. Hohlmaß VI. 694 ff.
Choniates, byz. Histor. VI. 145.
Chonos, s. Colossä.
Chor, Chordienst, Chorgebet II. 492—494. 154 (Brevier). 442 (Einstellung des Chorges.). 457. 460 (in der Charwoche). 497 (Chorvicar). I. 658. VII. 397. 817. VIII. 642. 618 ff. XI. 1062.
Chor, s. Kirche als Gebäude.
Choral, -gesang I. 190 ff. 215. II. 314. IV. 290. 689. VII. 393 ff. 653 ff.
choraliter legere, Bedeutung des Ausdruckes VII. 397.
Choralmesse I. 215. XI. 341.
Choraufseher, s. Cantor.
Choraule, Singsaal II. 494.
Choraule, Chorflöter II. 494—495. VIII. 774.
Chorazin, bbl. Ort II. 495. IV. 409.
Chorbischof II. 495—496. I. 232. 462. III. 631. IV. 521. 830. V. 826. VII. 566. X. 309.
Chordad, pars. Gottheit VIII. 157.
Chordienst, s. Chor.
Chorgebet, s. Chor.
Chorherren, s. Canoniker.
Chorinsky, Graf Franz v., Bf v. Olmütz II. 184.
Choriter, Stamm der V. 282.
Chorknaben II. 494. VII. 400.
Chorkönig X. 400.
Chormantel, Pluviale II. 496. VI. 216. VIII. 867.
Chormesse, s. Choramt.
Choronaim, Stadt VII. 185.
Chorregent, s. Cantor.
Chorrock, s. Kleider, hl., dazu VIII. 366.
Chorstühle II. 496 — 497. VI. 181.
Chorvicare II. 497. 315. 333.
Choschen, das V. 281.
Chosroes, die Perserkönige, s. Kosroes.
Chosronab, Missionsstation VIII. 311.
Chreia, Chrie, die II. 497—498.
Chreucin, Versammlung in VIII. 559.
Chrétien de Troyes, mittelalt. Dichter XII. 495 f. 497.
Chrie, s. Chreia.
Chrisma, s. Oele, hl. (VII. 712.)
Christ, Margar. von X. 742.
Christbaum, s. Weihnachten (XI. 820 ff.)
Christen, Entstehung des Namens II. 498. 572. I. 280. III. 414. IV. 271.
Christen, Aelteste bei den, s. Aelteste bei den Christen.
Christenlehre II. 498 — 499, vgl. Katechese.
Christenlehrpflicht, s. Christenlehre.
Christenthum, das II. 499—502, s. Ausbreitung des Christenthums, Christus, Erlöser, Jesus Christus, Kirche, Messias, Offenbarung, Uroffenbarung (XII. 1218), dazu II. 477 (schwärmerische Auffassung des). I. 176 ff. (ein fortlaufendes Almosen). 218 (und Aberglauben). 273 ff. (antichristl. Princip) III. 81 ff. 87 ff. (Deismus). 158 (Verhältniß zum Heiden- und Judenthum). 191 ff. (Glaubenslehren des). 401 (entwickelt den Begriff des Eides). 719 (und die Essäer). IV. 121 (ein Beispiel von werkthätigem) 131 (Früchte für die Civilisation). 498 (und Platonismus).

553 ff. (falsche Ansichten vom). V. 847 (Einfluß auf den Islam). VI. 97 ff. (Kirche). 156 (Kirchenglaube). 320 (u. der Lamaismus). 570 (Locke's Ansicht vom). VII. 175 (angebl. Zweig des Mithracultus). 428 (Mysterien). VIII. 17 (Erziehungswesen im) 80 (und Pantheismus). IX. 128 (Reich Gottes). 256 (und die Revolution). X. 64 ff. (rationalist. Meinungen vom). 376 (und die Stoa). 546 ff. (eine Verzerrung des). 863 (als Wissenschaft). 893 (und die Theosophie). XI. 616 ff. (und Rationalismus). XII. 185 (und der Buddhaismus). 1143 (Verhältniß zum Socialismus).

Christenthum, das, und die Armuth, s. Armenpflege, Pauperismus, Socialismus, Wohlthätigkeit.

Christenthum, das, und die Familie III. 892 ff. XI. 814 ff.

Christenthum, Einfluß desselben auf das Gefängnißwesen, s. Gefängniß.

Christenthum, Einfluß desselben auf die Strafrechtspflege, s. Criminalrecht.

Christenthum, Stellung des Weibes im Heidenthum und im, s. Weib.

Christenthum, Vervollkommnung des, s. Perfectibilität des Christenthums (XII. 942).

Christenthum und Sclaverei, s. Sclaverei und Christenthum (X. 212).

Christenverfolgungen II. 502—508, vgl. Ausbreitung des Christenthums, Katholikenverfolgungen. a) — in der römischen Kaiserzeit I. 229 (verboten). II. 225 (decische). 255 (diocletian.). 404. 571 (die früheste). 582 (neronische). 717 (aufgegeben). 843. 880 (diocletian.). 966. 969 (decische). 971 (diocletian.). III. 59 ff. (decische). 153 (diocletian.). 245 (des Domitian). 424. 759 (valerian.). IV. 54. 747 (des Maximin). 845 (zu Hadrians Zeit). V. 89. 819 (des Septimius Severus). 917 (zahme des Julian). VI. 201. 300 (eine Frucht der). 314. 823 (des Marc Aurel). 908 ff. (des Licinius). 952 (des Maximinus). VII. 442 (Bedeutung der). 516 (neronische). VIII. 256 (neronische). 339 (diocletian.). 455 ff. (decische). 573. 623 (des Septim. Severus). 767. 870. 902 (diocle.). IX. 198. 210. 667. X. 83 (des Septim Sev.). 154 (Stillstand in den). 261 (neron.). 354 (valerian.). 758 ff. 842 (des Maxim.). XI. 128 (unter Trajan). 366. 531 (des Valerian). XII. 505. 819 (des Domitian). — b) in Europa I. 674 (eine Saat des Guten). III. 754. 758 (in Spanien). IV. 72 (im Norden). 215 (gothische). 295 (zu St. Gall's Zeit). 629 ff. (wendische). VI. 211. 747 (in Ungarn). VIII. 667 (in Preußen). IX. 487 (gothische). 623 (in Spanien). X. 261 (in Spanien). XI. 68 (in Spanien). 860 (gothische). — c) in Asien I. 479 (in Armenien). II. 86 (in Persien). 481 ff. (in China). III. 392 (persische). IV. 137 (in Indien). V. 500 ff. (in Japan). 532 (in Palästina). VIII. 212 (in Jerusalem). 307 ff. (in Persien). 372 (des Herodes Agrippa). 608. IX. 198. X. 117 (samaritan.). X. 842 (in Klein-Asien) 859 (die persischen beendiget). XI. 325 ff. (in Hinterindien). XII. 257 ff. (in Korea). — d) in Africa I. 389 (in Yemen). V. 302 (homerit). VIII. 301 (zu Diocletians Zeit). — e) in Australien, s. Australien, Südseeinseln.

Christfest, Weihnachten XI. 824.

Christgeschenke XI. 829 ff.

Christi Auferstehung, s. Auferstehung Christi.

Christi Himmelfahrt, s. Auffahrtstag, Jesus Christus.

Christi Monogramm, s. Monogramm Christi.

Christian, erster Bischof von Preußen († 1241) II. 508—509. 139. V. 115. VIII. 665 ff. 667. IX. 609.

Christian I. von Schweden, Norwegen und Dänemark (reg. 1448—1481) II. 265. 500.

Christian II. von Schweden II. 509—511. I. 409 ff. III. 20. VIII. 322.

Christian III. von Dänemark und Norwegen (reg. 1533—1559) II. 204. 510. III. 20. 21. V. 860. XI. 487.

Christian IV. von Dänemark (1588—1648) III. 291 ff. IV. 18. 824. V. 898.

Christian von Anhalt III. 257. 289 ff.

Christian von Beauvais XI. 1092. 1093 ff.

Christian von Braunschweig, der Abenteurer, s. dreißigjähriger Krieg.

Christian, Ebf. v. Mainz (J. 1181) VI. 615.

Christian, Hzg v. Mecklenburg XII. 768.

Christian August, Herzog von Sachsen-Zeitz, Convertit II. 511.

Christian Wilhelm von Brandenburg, s. Brandenburg.

Christianer, s. Christen.

Christiani, Graf XI. 1234.

Christianissimus rex, s. Allerchristlichster König.

Christianitas, s. Archipresbyter.

Christie, W., der Unitarier VI. 531; — Puseyit XI. 110. [413.

Christin, 1. lat. Ebf v. Gallez VI. 442.

Christina, die heilige XII. 224. VI. 619.

Christina, Schwestern der hl. IX. 753.

Christina, Aebtissin von Gandersheim IV. 302.

Christina, Königin von Schweden († 1689) II. 511—514. 2. 109. 374. 608. I. 157. 158. IV. 807. V. 301. 645. VI. 321. 550. VIII. 161. 183. IX. 343. 370. 371. 379. XI. 920. 1093. XII. 965.

Christliche Archäologie, s. Archäologie, christl.

Christliche Armenpflege, s. Armenpflege, christl.

Christliche Erziehung, s. Erziehung vom christlichen Standpunkte aus (XII. 321).

Christliche Philosophie, s. Philosophie, Platonismus, Scholastik, Franz von Baader, Görres, Hermes, Staudenmaier.

Christliche Stellung des Weibes, s. Weib, seine Stellung im Heidenthum und Christenthum.

Christliches Begräbniß, s. Begräbniß, christl.

Christmette, Christnacht, s. Weihnachten.

Christologie, s. Messias.

Christoph, Bf v. Augsburg XII. 61; — letzter Ebf v. Bremen II. 145; — ein armen. Bf VI. 441. — Ebf v. Verden XI. 585.

Christoph von Forli, Observantengeneral VII. 692.

Christoph, Herzog von Würtemberg, Refor († 1568) II. 147 ff. VI. 947. 948. XI. 205. 393. 608.

Christorden in Portugal II. 516—517. X. 264.

Christorden, andere II. 509. VIII. 665. 668. IX. 328.

Christo sacrum, Partei der Reformirten in Holland II. 514.

χριστοτόκος, s. Chalcedon, Nestorius.

Christoval de la Laguna, St., Bm II. 297.

Christus in dogmatischer Hinsicht II. 517—619, s. Amt Christi, Antichrist, Charwoche, Erlöser, Jesus Christus, Gott, Logos, Messias, Offenbarung, Trinität, Wunder, s. dazu I. 13 ff. (Einsetzung der Eucharistie). 17. 15. 100 (Adoptianische Meinung). (Hypostasie). 116 (Geburtsjahr). 129 (Naturen in). 176. 193 (des Amalrich von Bena). 503 (Auferstehung). 611 ff. (der himmlische des Bardesanes). 664 (Meinung der Bogomilen von). 655. II. 102. 541 (Wesensgleichheit mit dem Vater). 498 (der Name). 499 ff. (sein Werk). 717 (seine Gottheit). III. 75. 100 (Muster der Demuth). 147. 220 ff. (irrige Ansichten von). 272. 314 (Meinung der Drusen). 357 (die Ebioniten und). 892 ff. (und die Familie). IV. 141 ff. (eine pantheistische Auffassung von). 316 (Gebet im Namen Jesu). 416 (Genugthuung durch). 445 (Weltgericht). 447 ff. (unser Helfer). V. 254 (Venerabile). 275 (Liebesverhältniß zwischen Christus und seiner Kirche). 288 (Höllenfahrt). 489 ff. (Jansenismus). 538. 540 (Prophezeiungen über). 545 (eine Benennung). 740 (und Johannes d. Tfr). 779 (ein Vorbild). VI. 92 (Kinder Gottes). 97 ff. (Kirche). 263 (Kreuz). 310 (Monogramm). 350 (lanceae festum). 576 (Logos). 584—653 (Luther über das Werk). 797 (als Urmensch des Manes). VII. 66. 68. 104 (Messias). 83 (Messe). 107 ff. (Aemter). 233 ff. 244 ff. 252 (häretische Meinungen über). 292 (das christl. Leben). 386 (heiligt den Gesang). 440 (Mystik). 521 (nestorian. Ansichten). 539 ff. 854 (Wesensglchht mit dem Vater). 715. 786 (ophit. Ansichten). 842 ff. (Origenes über). VIII. 70. 114 (Lehrmethode). 196 ff. 239 (häret. Ansichten von). 243 (und Paulus). 275 (pelagian. Ansichten). 340 (Gottht.) 396. 439. 610 (angebl. Ablaßertheilung durch). 772. 824 (Propheten). 848 (in den Psalmen). 877 (der Quäker). IX. 53 ff. (justificatio per). 127 ff. (Reich Gottes). 182. 807 ff. (und die Sacramente). 862 (Schwenkfelds Ansichten über). X. 91 (häret. Meinungen über). 99—101 (ophit. Meinungen). 112 (Prophezeiungen über). 655 ff. (und Tatian). 755 (Tertullian über). 771 (und der Teufel). 901 (thesaurus meritorum). 925 (Thomas v. Aquin über). XI. 139 ff. (Eucharistie). 352 (Ubiquitätslehre). 773 (die Wahrhl). 823 (Weigel über). 862. 866 ff. 949. 959. 1231. XII. 185. 188 (und Buddha). 405. 481. 1163 (Sündlosigkeit). 1216 (Uroffenbarung).

Christusbilder II. 519—524. 6 ff. 928 ff. I. 37. 87. III. 546. V. 509. VI. 37. 779 ff. 811.

Chrobaten, s. Kroaten.

Chrodegang von Metz, der heilige II. 524—526. 310. 660. I. 405 ff. III. 216. 251. 252. V. 704. VI. 65. 113. 597. 598. 852. VII. 138. 180. 227. 232. 375. 538. VIII. 569. 663. 778. X. 47. 362. XII. 2. 796. 815.

Chrodieldis, die Nonne XII. 234.

Chromatius, Bischof von Aquileja II. 526—527. V. 627. VII. 848.

Chronicon paschale II. 527—528. V. 938. VI. 144. 763. VIII. 341. X. 152. XII. 742.

Chronik, Bücher der, s. Paralipomena.

Chronologie, Abschaffung der christlichen in Frankreich IX. 281.

Chronologie, biblische II. 528—532. I. 721. III. 169. V. 211. 485. VI. 898. VII. 105. 872. VIII. 217. 314. XI. 762.

Chronologie, christliche, s. d. vorigen Art., dazu Aera, Cyclus, Kalender, Neujahr, Tag.

Chronologie, mohammedanische, s. Hedschra.
Chronos, Moloch, Saturn VII. 221.
Chrypffs (Krebs), Name des Cusa, s. Nicolaus von Cusa.
Chrysanthus III. 14. VII. 547.
Chrysaphius, der Eunuch IV. 91. VII. 233.
Chrysipp, der Stoiker III. 620. X. 378.
Chrysochlier, die VIII. 237 ff.
Chrysogonus, der heilige I. 225.
Chrysogonuskirche in Rom IX. 347.
Chrysolith, der Edelstein III. 3[illegible].
Chrysologus, Petrus, Erzbischof von Ravenna II. 532—534. III. 938. IV. 465. V. 295. 308. 861. VI. 186. VII. 538. IX. 44. X. 214. XII. 452.
Chrysoloras, Manuel, gl. Grieche († 1415) I. 198. VIII. 536. XI. 1229. XII. 360. 1276.
Chrysopolis XII. 784 (Kloster) 1316 (Bm)
Chrysopras, s. Goldpraser.
Chrysorrhoes, s. Johannes von Damascus.
Chrysostomus, der Kirchenvater II. 535—540. 45 ff. (*) 156. 169 (*) 179. 227 (*) 394. 528. 702 (***) 839. 906 (***) 937. 971 ff. I. 78 (Acacius gegen) 182. 364. 382 (*) 396. 397 (*) 448 (als Wohlthäter) 488. 498 (*) 573 (*) 713 (heilig gesprochen) 813. III. 155. 230. 249. 272 ff. (*) 356 (ein moderner Feind des) 407. 409. 527. 735. 845. (**) 912 (über Vigilfasten) 932. 934. IV. 81. 218 (fördert Missionsanstalten). 243 (***) 376 (*) 637 (*) 638. V. 286. 300. 303 (*) 305 (*) 308. 580 ff. 593 (**) 597. 627. 843 (ein Schüler des) 888 (**) VI. 25. 156 (***) 171 (***) 185. 265 (*) 306. 509. 546 ff. (als Liturg.) 881 (**) 910 (ein Freund des). VII. 45. 89 (*) 300 (Moraltheolog) 393. 427 ff. (Homilien) 452 (als Bibelausleger) 455. 522. 538. 597 (Litg.) 612. 847 (*). VIII. 64 (**) 196. 220. 266 (**) 290. 375 (*) 376. 617 (als Prediger). 661 ff. (*) 760 (*). IX. 457. 526. 528. 763 ff. (*) 816 (Schutzpatron zur Zeit des). X. 101. 164 (***) 204. 213 (gegen Sclaverei). 333 (*) 361. 431 (gegen die subintroductae). 597. 600. 683. 778. 846 (ein Mitschüler des). 850. 856. XI. 150 ff. 171 (*) 691. 825 (*) 831. XII. 76. 77. 453. 548 (*) 712. 762. 920. 1233 (für Religionsunterricht).
Chud, das Volk II. 540.
Chubb, Thomas, der Deist (geb. 1678, st. um 1747) III. 60. 88 ff. IX. 184.
Chunibilt, Nonne II. 82.
Chunitrut, Nonne II. 82.
Chur, bbl. Bf. VI. 11.
Chur, Bisthum II. 540—542. 758. 759. I. 634. 608. III. 3. IV. 69. 289. 299. 309. VI. 527. 617. 765. VII. 768. IX. 203 ff. 854. X. 51. 193. XI. 176. XII. 1201 ff.
Churhessen, s. Hessenkassel.
Churverein zu Rhense, s. Rhense (IX. 303).
Chusai, der Rathgeber I. 60.
Chusor Phta, Kabire VIII. 436.
Chyträus, David, luther. Theologe der Reformationszeit II. 542—545. 467. I. 237. IV. 89. V. 525. VII. 494. 733. X. 583. 594. XI. 993.
Chytrus, Bm. XII. 525.
Ciaconius, der Dominicaner V. 641. 765.
Cibo, Joh. Bapt., s. Innocenz VIII., [Papst.
Ciborium II. 545.
Cicala, Cdl XI. 212. 246.
Cicé, de, Bf. IX. 252.
Cicero, Marcus Tullius, der große Redner (ermordet 43 v. Chr.) I. 788. II. 248. 512. 574. 877. 904. III. 620. IV. 477. 499. 504. 596. 609. V. 170. 339. 341. 627. VI. 40. 313. 357. 398. 620. VII. 118. 206. 427. 480. VIII. 871. 872. IX. 117. 613. 752. 761. X. 23. 33. 34. 42. 188. 210. XI. 596. 597. 750. 770. 1277. 1290.
Cid, Graf Rodrigo Diaz von Bivar, gen. el Campeador († 1099) VI. 935.
Cienfuegos, Cdl X. 107.
Cilicia II. 543—546. 321. V. 461. (jacobit. Pcht). VI. 679. VII. 268 (Montanisten in). VIII. 69. X. 613. XI. 330. XII. 1268.
Cilicium II. 546.
Cilly V. 397 ([illegible]) VII. 737 (Protestanten in). 739 (Capucin. in).
Cimabue, Giovanni, Maler († um 1300) VI. 781.
cingulum, s. Kleider, hl., Messe.
Cincinnati, Bm. VII. 108. 639 ff.
Cinnamus, byz. Hist. VI. 145.
Cionani, Stadt XI. 521. 522.
Circa, Bernardus, s. Corpus juris canonici.
circadura, s. Abgaben, circuitores.
circelliones, s. Circumcellionen.
Circesium, s. Charchemisch.
circuitio, s. Abgaben, circuitores.
Circuitores, Visitatoren II. 546. I. 33. 406. VI. 196.
Circumcellionen, die donatistischen III. 257. IX. 669. 821.
Circumcisi, Pasagini, mittelalt. Secte II. 546—547, s. Passagier (XII. 920).
Cirignola, Bm. V. 867.
Circumscriptionsbullen, päpstliche II. 547—548. 37. III. 334.
Cirken in Rom IX. 381.
Cironius, der Canonist II. 734. IV. 754. IX. 320.
Cirta, Stadt XI. 540.
Cisleu, s. Jahr der Hebräer.
Cison, s. Kison.
Cisteaux, das Kloster I. 837. II. 518 ff. 565. IV. 866. 867.
Cistercienser, verbesserte, s. Feuillanten.
Cistercienserinnen II. 553 ff. IX. 71. X. 805.
Cistercienserorden, Zweig der Benedictiner II. 548—555. 153. 259. 400. 795. I. 779. 792 ff. 798. IV. 62. 102. 819. 820. V. 610. 649. VII. 228. VIII. 178. IX. 446. X. 800. XI. 90. 1038. XII. 344. 906. 1266.
Cisternen II. 555.
Citanova, Bisthum, s. Heraklea.
Citate des Alten Testamentes im Neuen, s. Allegation.
Citation, gerichtliche II. 555—556.
Citela, Kircheninstrument VII. 394.
Cither, die VII. 386. 422.
Citirweise des corpus juris canonici II. 890 ff.
Citirweise im Decrete Gratians III. 69.
Città della Pieve, Bm. V. 865.
Città di Castello, Bm. V. 865.
Civilconstitution des Klerus in der I. franzöf. Revolution I. 846. III. 70. IV. 675. 677. VIII. 485. IX. 258. 260 ff. X. 631. XII. 243. 244.
Civilehe, bürgerliche Ehe II. 556—558. III. 408 ff. IX. 279 ff. X. 632. XII. 1084.
Civilgerichtsstand der Geistlichen II. 558—561, s. privilegium canonis, vgl. Gerichtsbarkeit, gstl., s. dazu II. 733. 918. XI. 1060. XII. 1011.
Civilgesetz, s. Gesetz.
Civilis, der Bataver XII. 232.
Civilproceß, s. Civilrecht, Proceß.
Civilrecht und **Civilproceß** (Einfluß der Kirche auf dieselben) II. 561—563. III. 67.
Civilrecht, Verbot des Studiums desselben für die Geistlichen und sein Verhältniß zum canonischen Recht II. 563.
Civilta cattolica, die XI. 655.
Civita Castellana, Bm. V. 865. VIII. 192.
Civitas Trevirorum, s. Trier.
Civita Vecchia, Stadt VI. 459.
Cirila, Ebf v. Toledo XI. 65 ff.
Claffo (Gobehec), Longobardenkg VI. 559. 590.
Clairet, Kstr XI. 165 ff.
Clairvaux, Clarevallis, Tochterabtei von Cisteaux II. 565—566, s. Bernardus, Abt von Clairvaux, dazu I. 124. II. 549. VI. 645. 776. XI. 215.
Clandestinität, s. Ehe, heimliche.
Clara, die heilige Ordensstifterin II. 566—567. III. 595.
Clara mons, s. Clermont.
Claravallis, s. Clairvaux.
Clarendon, Constitutionen von I. 722. V. 55. 56.
Clareniner, Schüler des Angelo di Cordona II. 567.
Clarisserinnen, s. Clara, die hl. Ordensstifterin, dazu I. 779. II. 340. 341. 860. III. 559. IV. 132. IX. 785. X. 805. XI. 991. XII. 682.
Clarke, Adam, der Bibliograph und Methodistenprediger II. 567.
Clarke, Samuel, vier berühmte Männer dieses Namens, besonders der 1729 verstorbene Polyhistor II. 567—570. IV. 781. 678. VI. 568. VII. 321.
Clarus, Ludw., Literärhistor. IV. 573. VIII. 615.
Classen der Engel III. 586.
Classen der hebr. Priester VIII. 782.
Classiker, die alten I. 790. IV. 687. VII. 590.
Claude, der arme Priester, s. Bernard Claude.
Claude, Canda, Insel bei Kreta II. 570.
Claude, Jean, Vorkämpfer des Hugenottenthums XII. 224—225. 124. V. 449.
Claude, St., Abtei und Bisthum I. 862. III. 738 ff. 740. VI. 682. XII. 1326.
Claudianisten, donatist. Secte III. 259.
Claudianus, Ecdicius Mamertus, der Dichter II. 570—571. VI. 788. VIII. 521.
Claudius, der heilige, Bischof von Besançon XII. 225.
Claudius, der Kaiser und die erste heidnische Christenverfolgung II. 571—572. I. 82. 127. 224 ff. 230. 281. IV. 4. 917. V. 140. 141. 862. 875. VI. 680. VII. 515 ff. VIII. 331. 821. IX. 604. X. 155. 809. XI. 7. 861. XII. 1008.
Claudius II., röm. Kaiser 268—270 n. Chr. II. 842. III. 169. XI. 722. XII. 617. 1008.
Claudius Apollinaris, s. Apollinaris Claudius.
Claudius, Jesuitengeneral XI. 716.
Claudius, Matth., der Wandsbecker Bote († 1815) IV. 124. XII. 430.
Claudius von Turin, der Bilderstürmer II. 572—574. 12. III. 333 ff. V. 779. IX. 201. XI. 790. XII. 1198.
Claus von der Flüe, s. Flue, Nicolaus von der.
Clausen, prot. Thlg II. 9. X. 555. 557.
Clausenburg, die Jesuiten in V. 560.
Clausur, s. Kloster, dazu I. 726. IV. 385. VI. 230. VII. 807. 817. XI. 216. 217. X. 743. XI. 576.
Claver, der selige, der Negerapostel XII. 225—228. 41.
clavium potestas, s. Schlüsselgewalt.
clavorum et lanceae festum XII. 228.
Clemangis, Nicolaus de (Clemange), der große Theologe II. 574—580.

96. I. 137. III. 710. IV. 40. 470 ff. VIII. 466. IX. 80. XII. 102.

Clemencet, der Mauriner IX. 489.

Clemens I. Papst (Romanus) II. 580—590. 17 (*). 209. 477. 636. I. 712. III. 157 (**). 168. 350. 754. V. 121 (**). VI. 532. 617 (*). VII. 206 (als Moralldig). VIII. 72 (in Pannonien?). 101. 255 (*). 294. 333 (bezeugt Petrus Tod in Rom). 338. 831 (*). 849 (**). IX. 117 (*). 347 (seine angebl. Wohnung). 459 (seine Reliquien). X. 225 (seine Reliquien). 318 (*). XI. 274.

Clemens II—XIV., Päpste II. 590—622. — **Cl. II.** (Suidger von Bamberg; reg. 1046—1047) I. 507. 775. II. 639. III. 14. 15. IV. 605. 607. V. 8. 9. VI. 461. X. 512. XI. 1187. — **Cl. III.** (Paulinus; reg. 1187—1191) II. 654. 888. III. 721. IV. 662. 666. V. 41. 631. 689. VI. 776. VIII. 840. IX. 345 (ein Kloster des). 692 (*). 865 (*). X. 542. XI. 1225 (bestätigt die Unabhgkt der schott. Kche). 1228 (*). 1261 (und der Saladinzehent). 1267 (*). XII. 54 (St. Andreas eximirt). 1321. — **Cl. III. Gegenpapst**, s. Guibert (Erzbischof von Ravenna). — **Cl. IV.** (Guido Foulquois le Gros; reg. 1265—1271) I. 581 (und R. Bacon). II. 77 (*) 173 (bestätigt die Gonfalonieri). 354 ff. 550 (*). 739. 800. 810. 811. IV. 716. 927 (canonisirt Hedwig von Polen). V. 393 (*). VII. 584 (*). IX. 220 (Decretale „licet ecclesiarum"). 682 (canonisirt Hedwig von Polen). X. 250 (bestätigt die Sorbonne). 724 (*). 921. XI. 960 (*). 1091 (*). XII. 740. 972. — **Cl. V.** (Bertrand de Got; reg. 1312—1352) I. 29 (*). 561 (Avignon Residenz). 565. 605 (Syn. v. 1312). 633 (*). 777. 794 (die Clementina). II. 183 (**). 207. 628 ff. (die Clementina). 654 (canonisirt Cölestin V.). 680. 700. 706 (*). 888 (die Clementina). 887. 891. III. 398. 668 (**). IV. 171 (sucht die Franciscaner zu beruhigen). 210 (*). 895 (über die Haustaufe). V. 45. 47 (diplomat. Händel). 126 (ordnet Unterricht in den semit. Sprachen an). 724. 765. VI. 177 (Avignon Residenz). 641 (und R. Lullus). VII. 919 (bedt Oxford). VIII. 107. IX. 78 ff. (beruft 1311 die Synode von Vienne). 304. 306. 342. 377 (stellt den Lateran wieder her). X. 106 (und das Concil von Vienne). 428 (*). 725. 727 ff. (und die Templer). 742 (*). XI. 70 (und die Templer). 321. 679 ff. (und das Concil von Vienne). 1181 (*). XII. 123. 388. 1005. 1023 (und die Templer). 1232. — **Cl. VI.** (Peter Roger; reg. 1312—1352) I. 561. 779. 793. II. 681. IV. 175 (Bulle gegen die Minoriten-Missionäre). 176 (*). 368 ff. (gegen die Geißler). 717 ff. (Wahl). 849. V. 455. 639. 876 (Bulle über das 50j. Jubiläum). 953. VI. 177. 641. VIII. 107. IX. 305 (und Ludwig d. Bayer). 323 ff. X. 689. 901. 907. XI. 95. 1152. XII. 1233. — **Cl. VII., Gegenpapst**, s. Robert von Genf. — **Cl. VII.** (Julius von Medicis; reg. 1523—1534) I. 147. 172 (Beatification des Card. Allemand). 624 (fördert die Barnabiten). 760. II. 253. 288. 336 ff. (und Matteo de Bassi). 338 (*). 350 ff. 412 (gestattet d. Verehrung der Catharina von Bononien). 475. 575. 654 ff. (wird mißhandelt). 658. 757. 860. III. 594. 645. 661. IV. 39 (Ferrerius für). 133 (und die Capuciner). 281 (letzter kaiserl. Fußkuß). 307. 470. 660. 788 (und Heinrich VIII.). V. 62 ff. (und Heinrich VIII.). 118 (ein Irrthum des). 225 (und Heinrich VIII.). 345 (*). 877. 951 (beatificirt den Justiniani). VI. 177 (kauft Avignon). 355 (*). 613. 713. VII. 68 (und Angela Merici). 406. 723. VIII. 231. 453. 483. 683 (*). 691 ff. (und die Reformation in Preußen). IX. 71. 145 (in Rom belagert). 349. 369. 371. 399 (*). 467 (will die Russen uniren). 565 ff. (und Sadolet). 621. 681 ff. (ein interessantes Schreiben an). 904. X. 165. 242 (und die Somasker). 208. (Concordat mit Carl V.). 312. 328 (ermahnt zu Synoden). 530 (und Heinrich VIII.) 789. 832. 919. XI. 177 (sucht vergeblich die Kirchentrennung zu hindern). 178 (*). 394. 576 (die Bulle ad Sacrum B. Petri). 606 (arbeitet gegen ein deutsches Nationalconcil). 637 (und Gibertus). 760. 1142 (und Heinrich VIII.). 1233 (bestätigt die Barnabiten). 1317 (und Zwingli). XII. 121 (krönt Carl V.). 360. 815. 960 (beatificirt den Peter v. Luxemburg). 1318. — **Cl. VIII. Gegenpapst**, s. Munoz, Aegidius. — **Cl. VIII.** (Aldobrandini; reg. 1592—1605) I. 55. 255. 529 (bringt die Barfüßer nach Frankreich). 627. 652. 745 (*). 759 (und Bellarmin). 794 (*). 930 (beschränkt das Bibellesen). 950. 951. II. 31 (*). 155. 157 (verbessertes Brevier). 174 (eine Constitution des) 366 (*). 567 (bestätigt die Capucinerinnen). 687. 698. 791. III. 187. 310 (und Heinrich IV. v. F.). 311. 417. IV. 15. 62 ff. (*). 832 (die Bulle Graves). 725 (*). 755. V. 213 (*). 379. 611 (*). 708 (**). 877 (Jubiläum vom J. 1600). VI. 43. 177. 437. 473. 512 (liber septimus). 539 (die Constitution Sanctissimus). 552 (Bulle v. 1604). VII. 135 (bestätigt die Piaristen). 410. 511 (und Heinrich IV.). 811 (*). 871 (und Heinrich IV). VIII. 58 (und Palestrina's Sohn). 171 (*). 232. 290 (canonisirt den R. v. Penaforte). 396 (*). 807 ff. (*). IX. 17 (*). 249 (eherechtliche Aussprüche). 313 (Bauten in Rom). 345. 349. 351 ff. 368 (errichtet das Clementinum). 371 (mehrt die Vatican. Bibliothek). 400 (ein merkwürdiges Schreiben an). 618 (*). 624. X. 199. 242 (das Clementinum). 261. 265. 337 (canonisirt den Stanislaus Kostka). 452 (gründet das Bisthum Neosegovia). 602 (*). XI. 81. 82. 447. 522 (ruft den Valentia nach Rom). 561 (*). 578. 593 (und Heinrich IV. v. F.). 713 (*). 997. XII. 121 (schlichtet zwischen Bologna und Ravenna). 311. 361. 410 (*). 805 (die Constitution Etsi). 958. 1024. (schlichtet zwischen Bologna und Ravenna). 1041 (*). 1187 (und T. Tasso). 1315. — **Cl. IX.** (Julius Rospigliosi; reg. 1667—1669) I. 780. II. 344. 345. V. 496. 547. 621. 644. VI. 872. VIII. 110. 448. IX. 353. 354. 872. X. 265. XII. 9. 564. 1027. — **Cl. X.** (Aemilius Altieri; reg. 1669—1676) I. 53. 790. II. 108. 209. 567. 671. III. 1. 801. V. 644. VI. 43. 888. VII. 630. VIII. 110. 494. IX. 232. 814. X. 25. 337. XI. 1033. XII. 90. 403 (*). 674 (die Constitution Superna). 693. 961 (*). 973 (*). 1045 (canonisirt die Rosa v. Lima). — **Cl. XI.** (ein Albani; reg. 1700—1721) I. 141 (und Alberoni). 298 ff. 378. 443 (bestätigt eine armenische Congregation). 526. 781. 880 (*). II. 2. 412 (eine Canonisation). 458 (*). 481 (Missionen in China). 690. 761 (*). III. 417. 895. IV. 10 (*). 11. 41 (und Ferrara). 293 (beleidigt die Gallicaner). 711. V. 167 (vereinigt die Hieronymiten mit der Congregation von Fiesole). 309. 499 (*). 616 (gegen den Gallicanismus). VI. 43 (*). 701 ff. 872. 858. VII. 165 (gründet ein Missionscolleg). 222. 281. 339. 764. VIII. 110. 484. IX. 205 (und Renaudot). 343. 346. 347. 349. 350. 355. 363. 368. 377 (Bauten u. Stiftungen in Rom). X. 291. 455. 563 (*). XI. 426 (*). 406. 507 (und die Jansenisten). 1014 (gegen die Türken). 1192. XII. 10 (Mission in China). 22. 41 (*). 301 (*). 493. 684. 685. 731 (ordnet die Kirche in Portugal). 740. 830 (Unigenitus). 1079 (ein Indult für Oestreich). 1195. — **Cl. XII.** (Lorenz Corsini; reg. 1730—1740) I. 206. 782. II. 380. 690. 757. 793. III. 56. IV. 203. 204. VI. 270. 894. VII. 105. 858. VIII. 110. IX. 119. 342. 357. X. 638. XI. 707. 713. XII. 351. 420. 494. 842. 720. 1312. — **Cl. XIII.** (Carlo de la Torre di Rezzonico; reg. 1758—1769) I. 373 (Titel des Königs von Ungarn). 840. 853. II. 431 (eine Canonisation). III. 282 ff. (*). 920 (Ablaß). IV. 332. V. 325. 320 ff. (und der Febronianismus). 865 ff. (für die Jesuiten). 795. VI. 315 (*). 522 ff. 859. 861 (und Maria Theresia). VII. 658. VIII. 44 (soll den Palafox heilig sprechen). 110. 192 (*). 470 (*). 565. 595 (neue Bestätigung des Jesuitenordens). IX. 306 (für die Jesuiten). 343. 374. 376. 377 (Bauten u. Stiftgn in Rom). X. 638. 639 (und Neapel). XI. 511 (gegen die Jansenisten). 1234. XII. 43 (Missionen in Peru). 218 (*). 296. 656 (gestattet das Herz-Jesu-Fest). 918. 1024 (macht Ferrara zum Erzbisthum). 1027 (Verminderung der Feiertage). 1042. — **Cl. XIV.** (Lorenzo Ganganelli; reg. 1769—1774) I. 846 (und Card. Bernis). II. 108. 208 (gegen die Bulle in coena Domini). 756 (*). III. 595. V. 326 (Stellung zu den kathol. Höfen). 567 (*). 796. VI. 272. VII. 390. VIII. 44 (Canonisation des Palafox). 110. 192. 379 (reducirt einen Festtag für Bayern). 481. 485 (*). 590 (und Pombal). IX. 296. 307 (Aufhebung der Jesuiten). 346. X. 200. 636. XI. 511 (und die Jansenisten). 1025 (Reduction der Feiertage). 1030. 1234 (und F. A. Zaccaria). XII. 22 (ein Feind des). 41 (*). 218 (eine Canonisation). 470 (und Gerdil). 820. 1027 (Reduction von Feiertagen).

Clemens von Alexandrien II. 622—628. I. 72. 124. 276 (*). 321. 353 (Apocalypse des Petrus). 363 (als Apologet). 505. 653 (**). II. 144. (*). 158. 471. 929. 960. III. 52 (über 2 der 10 Gebote). 59. 97. 201 (**). 214 (*). 353 ff. (*). 376 (als Eklektiker). 786. 788. 794 ff. (über die Evangelien). 930 ff. (*). IV. 204. 417. 553 (*). 559. 592 ff. (über die Philosophie). V. 121 (**). 431. 580 (*). 712. 713. 894 (*). VI. 36 (*). 79. 183 ff. 214 ff. (*). VII. 295. 297. 358 (*). 437 (*). 445. 451 (*). 571 (**). 825. VIII. 337. 504 (**). 506 ff. 512 (*). 518 (als Hymnendichter). 820. IX. 742 (*). 762 ff. 767. X. 4 (als Anthropolog). 84 (*). 112. 376 (lobt die Stoiker). 778. 751 (**). 821 (*). XI. 145 ff. (**). 274.

755 (Läugnung der Vorsehung, des Christenthums). 756 (*). XII. 60. 168 (über die indischen Büßer). 171 (*). 453. 634. 1105 (*). 1171 (über Jesu Sündlosigkeit).
Clemens, Irrlehrer zur Zeit des heiligen Bonifacius II. 628. I. 92.
Clemens, der erste Bischof von Metz VII. 138. XII. 795.
Clemens, Bf v. Breslau II. 151.
Clemens, gl. Thlg VII. 596. 597. XI. 605.
Clemens August, Erzbischof von Cöln, s. Droste-Vischering.
Clemens August, letzter Chfst von Trier IX. 407.
Clemens August Hyacinth von Bayern II. 675.
Clemens Prudentius, s. Prudentius.
Clemens, Titus Flavius, Martyr III. 48.
Clemens Wenceslaus, Bf v. Augsburg XII. 286.
Clemens Wenceslaus, Chfst von Trier III. 573. IV. 456. V. 327. 503. VII. 667. IX. 334. 407. XI. 253. XII. 862.
Clemenskirche in Rom IX. 347.
Clement, François, der Mauriner XII. 228—229.
Clement, Jacques, der Königsmörder († 1589) V. 378. 556. IX. 315.
Clementina, die Bulle I. 794.
Clementinen II. 628—629., s. Clemens V., Papst, vgl. liber septimus, dazu II. 596. III. 858. VII. 676. IX. 79. 221. XI. 685 ff.
Clementinen (homiliae et recognitiones Clementinae), s. Clemens I., Papst (Romanus), dazu I. 352. III. 6. V. 308. X. 155.
Clementinum (collegium) in Rom II. 604. IX. 308. X. 242.
Clementinum in Prag VII. 727.
Cleophas (Klopas) II. 629. VI. 840.
Clericalconvicte, s. Convict.
Clericalseminar, s. Seminarium, clericalisches.
clerici ἀκέφαλοι, regionarii, s. clerici vagantes.
clerici et fratres vitae communis II. 630., s. Groot, Gerhard, dazu I. 13 (ein Berrecht der). IV. 563. VI. 302. 587. VII. 190 ff. 229. IX 11. X. 932. XI. 992.
clerici palatini, s. Almosenier.
clerici vagantes II. 629—630.
clericis laicos, die Bulle II. 90.
clericorum itinerarium, s. itinerarium clericorum.
Clericus, Kleriker II. 630—631., s. Geistlicher, Klerus, Stand, geistl., decorum clericale (XII. 267).
Clericus (le Clerc), Joh., prot. Thlg. II. 631—635. III. 578. VI. 899. VIII. 315. IX. 62. XII. 494.
Clericus, Pierre de, exaltirter Jansenist XI. 510. 511.
Clermont, Bisthum und Synoden XII. 229—230. 383. 687. I. 50. 301. 366. II. 635. 640. IV. 159. VI. 650. 675. 919. VIII. 317. IX. 253 ff. 919. 920. X. 310. XI. 465.
Clermont-Tonnerre, Bischof VI. 370. IX. 252.
Clerogamie, s. Cölibat.
Clerus, s. Klerus.
Cles, Cardinalbischof von Trient VI. 723. XI. 177.
Cletus, Papst II. 635—636., s. Anaclet, dazu I. 721. 722. VI. 532.
Cleve, die Kirche im Herzogthum III. 418; — barmh. Schwestern in XI. 674.
Climacus, s. Johannes Climacus.
Clinische Taufe II. 636—638. IV. 995. V. 835. VI. 52. VII. 505. 659. IX. 531. X. 674.
clocca, s. Glocken.
Clodius, Bibelausgabe des I. 917.
Clonodo, das Christenthum in VII. 914.
Cloots, Anacharsis, der Revolutionsnarr (ß. 1794) IX. 281.
Clovesthofen, Synode zu I. 545. VII. 394.
Clugny, das Kloster II. 638—642. I. 6 (Abälard in). 171 (Stammort des Allerseelentages). 773 (ein Geschenk an). 774. 792 (Congregation von). II. 198 ff. (und die Petrobrusianer). 281. 795 (Congregation von). III. 15 (und Damiani). 252 (Schule von). 517 (Exemtion). 859 (keine familiares mehr). 905. IV. 99. 697 (Gregor VII. in?). V. 6 (Kaiser Heinrich II. in). 30 (Gelasius II. in). 215 (als Musterkloster). 317. 909 (Josephitinnen in). VI. 259 (Verbreitung der Satzungen von). VII. 17 (Meinwerk in). 227 (Musterkloster). VIII. 167 (ein Papst aus). IX. 387 (ein König Mönch in). 624 (Musterkloster). XI. 245 (vertreten beim Tridentiner Concil). 463 ff. 1089 (Abt Majolus). XII. 28 (wird beschenkt). 88 (Ruine). 378 ff. (Musterklstr). 484 (Radulph Glaber in). 1032.
Clüver, Phil., Geograph IX. 442.
Cnidus, Stadt in Kleinasien II. 642.
Co, s. Cos.
Coadjutor, der II. 642—646. 817. I. 307. VII. 819. VIII. 640. XI. 244.
Cobad, Perserkg V. 890.
Cobbet, engl. Geschichtschreiber II. 908. III. 534. 538. IV. 791. 802. XII. 1060.
Cobenzl, Ludw., Graf von V. 807.
Cobham, Lord (O. Oldcastle) XI. 936.
Coblenz, Stadt IV. 578 (Revolution in). VII. 591 (Cusa in). 865 (Congreß in). IX. 874 (barmh. Schwstn in).
Coblenzersynoden XII. 230—231. 531.
Coburg, s. Sachsen-Koburg.
Coccejaner, s. Coccejus.
Coccejus, Johann (Koch), Urheber der Föderaltheologie II. 646—647. IV. 846.
Coccejus, Samuel, preuß. Großkanzler († 1755) VIII. 739.
Coccius, Jodok, Thlg II. 432.
Cochem, Pater, s. Martin Cochem (XII. 772).
Cochin, Bisthum V. 617 ff. 860. X. 184. 266.
Cochinchina, s. China, dazu VII. 108. VIII. 595. XI. 327. XII. 564.
Cochläus, Johannes (Dobeneck), Gegner Luthers II. 647—648. 776. I. 908. III. 372. V. 253. VI. 077. VII. 26. 367. 352. IX. 450. 886. X. 568. XI. 969. 1109. 1123. 1165. 1171.
Cock, s. Coccejus, Joh.
Cock, Theodor van, der Provicar V. 499. XI. 507 ff.
Cocus, Conradus, s. Wimpina.
Codde, Peter, der Jansenist II. 011. V. 499. XI. 505. 507 ff. XII. 466. 881.
codex argenteus, s. Ulphilas.
codex aureus, der im Escurial III. 708.
codex canonum ecclesiae Africanae II. 648—649. 304.
codex canonum ecclesiae Romanae II. 649. 305.
codex canonum ecclesiae universae II. 649.
codex Gregorianus, s. codex Justinianeus.
codex Hadrianeus II. 649—650. 300. V. 200.
codex Justinianeus II. 650—651. I. 447 ff. 659. IV. 542. 753. V. 949. VIII. 794. IX. 214.
codex repetitae praelectionis, s. codex Theodosianus.
codex Theodosianus, s. codex Justinianeus, dazu II. 663. IV. 626. VI. 507. X. 800.
codices der Bibel, s. Handschriften der Bibel.
Codicill, s. Letztwillige Verfügungen.
Codinus, Gl. VI. 145. 581.
Codria, Andeutische XII. 1260. 1272.
Coeffeteau, Nicolas, Schftstllr XII. 231—232.
Coeur, Bf v. Troyes X. 71.
cognat, cognatio, s. Verwandtschaftsvblth (XII. 1227).
Cohen, Cohanim, Priestergeschlecht der neuern Juden II. 652—653., vgl. Priester b. d. J., s. dazu VI. 31. IX. 6. X. 851.
Coimbatur, apost. Vert in Indien V. 619.
Coimbra, Bisthum und Universität VIII. 505. 506. XI. 447. XII. 731.
Coke, Dr. Thomas, der Methodist VII. 127. 130.
Cola di Rienzo, s. Rienzo.
Colarbasus, s. Colorbasus.
Colberg, Bisthum, s. Kolberg.
Colbert, Ebf. v. Rom VII. 469.
Colbert, Jean Baptiste, Finanzminister Ludwigs XIV. († 1683) I. 505. 506. II. 130. 483. VI. 699. VII. 469. IX. 205.
Colchier, s. Casluchim.
Coldingham, Klstr III. 395.
Colemann, der Secretär VII. 670. 672.
Cölestin, Name von 5 Päpsten II. 653—656. — Cöl. I. (der heilige; reg. 422—432) I. 127. II. 86. 972. III. 607. 608 ff. 750. 801. IV. 465. V. 182. 332. 825. VI. 445 ff. VII. 663. VIII. 272. 273. 828. IX. 352. X. 59. 562. XII. 77. 120. 122. 511. — Cöl. II. (Guido Castelli; reg. 1143—1144) I. 4. 839. V. 630. VI. 615. IX. 331. XI. 927. XII. 385. — Cöl. III. (Hyacinth Bobocardi; reg. 1191—1198) II. 582. 670. 733. 734. 736. III. 440. 721. IV. 102. V. 41. 42 ff. 317. 631. 689. IX. 354. 358. X. 811. XI. 537. 763. 850. 1228. XII. 909. — Cöl. IV. (G. v. Castiglione; † 1241) II. 802. V. 630. VI. 874. — Cöl. V. (P. v. Murrone; reg. 1194) II. 88 ff. 91. 508. IV. 173 ff. VII. 275. XI. 321. XII. 302.
Cölestinerorden, der II. 655—656., s. Cölestin V. Papst, vgl. Clareniner, dazu I. 777. IV. 174. VII. 275.
Cölestis, hl. Bf. v. Metz VII. 138.
Cölestius, s. Cälestius und Cälestianer.
Cölesyrien, s. Syrien.
Colet, Jean, Gl. III. 641. 642.
Coleti, Nicole, Gl. II. 738.
Coletta, St. II. 587.
Coletta, Pietro, Historiker X. 630 ff.
Cölibat II. 656—663., s. Keuschheit, vgl. Concubinat, subintroductae, dazu II. 247 (bestätigt durch das Concil v. Agde) I. 474 ff. (Ascese). 524 (eine Aufhebung). 630 (Gegner des). 820. III. 15 ff. (ein Kämpe für). 440 (Bltrg zum Eherecht). 546 (*). IV. 300 (ein Scheingrund der Gegner). 462 (Praxis in Gallien). 551 (ein Kämpe für). 701 ff. (*). 765 ff. (in der griech. Kirche). 791 (eine Aufhebung). V. 108 (*). 523 ff. (*). 626 (*). 680 (bestätigt durch einen Gegenpapst). VI. 249 (bei den koptischen Priestern kein). 317 (der Bonzen). 677 (Luther ein absoluter Gegner des). VII. 133 (vthdgt). 192 ff. (die Cölibat-

Kürmer und Möbler). 223 (Gelübde). 258 (bei den Montanisten). 557 ff. (*). 729 (Aufhebung als Abwehr des Protestismus). 816 (*). 821 (Standespflicht des Clericats). VIII. 200 ff. (großartige Verletzungen des). 444 (verachtet). 616 (*). IX. 9 (*). 191 (theilweise Aufhebung als Mittel zur Vereinigung mit den Protestanten). 474 (Aufhebung ein Mittel der russischen Propaganda). X. 131 (ein mittelalterlicher Gegner des). 201 (*). 401 (Gegner des). 426 (*) 430. 582 (Praxis in der griech. Kirche). XI. 112 (und die Puseyiten). 216. 217 (*). 237 (*). 821 (und Ehe). 875 (ein Gegner des). 985. 1316 (und die Reformation). XII. 209 (*). 780 (durchgeführt in England). 822 (*). [V. 435.
Cölicola, Himmelsanbeter II. 663.
Colidei, s. Culdeer.
Coligny, Odet de Chatillon, Ebf v. Toulouse XI. 96. [IX. 295.
Coligny, Otto von, Bf v. Beauvais
Coligny, Gaspard de, Admiral, Hugenottenhaupt (geb. 1517, ermdt 1572) II. 50. V. 363 ff. XII. 735.
Colin, P. XII. 484.
Colladon, der Apostat X. 96.
Collation, canonische II. 663—664. 733. I. 803. VIII. 831.
Collation, s. Fasten.
Collationsrecht, bischöfliches II. 664—665. III. 124. VII. 97 ff. 689. VIII. 640. 834.
Collator, s. Collationsrecht.
Colle, Em V. 869.
Colle, Bonifaz von, ein Stifter der Theatiner X. 832.
Collecten (Meß- und Breviergebete) II. 665–666.
Collecten (Sammlungen) II. 666. VI. 189. 727.
collectio Caesar-Augustana II. 309.
collectio trium partium II. 308. 309.
collectores elemosynarum I. 178.
collegia pietatis, s. Pietisten, dazu II. 370. VIII. 452. X. 276 ff.
collegia virginum, s. Frauenstifte.
Collegialität der Geistlichen II. 666—667.
Collegialrechte (Gesellschaftsrechte) II. 667.
Collegialsystem II. 667—668. III. 628. VIII 352. IX. 86.
Collegianten, Rhynsburger II. 668—669. X. 79.
Collegiat- oder Domcapitel, s. Capitel, Capitular, Capitularvicar, vgl. Consistorium, Ordinariat.
Collegiatkirche II. 669., vgl. Cathedrale, dazu II. 309. 310. III. 269. 640. VI. 267. 188. 931. VII. 227. 374. VIII. 227. 612. IX. 365.
Collegiatstift II. 669–670. 333. III. 227. 247. VI. 23. VIII. 626. 824. X. 365. 788. 806. 886.
Collegien zur Bildung von Missionären VII. 165.
Collegien, päpstliche, s. Cardinalcollegien, Curia Romana, Curien.
Collegium Anglicanum VI. 721. VII. 165. IX. 368.
Collegium apostolicum, was Propaganda; s. d.
Collegium Belgicum zu Rom, s. Löwen, Univst.
Collegium Borromaeum in Mailand II. 117. 118. VII. 166.
Collegium Clementinum, s. Clementinum.
Collegium de propaganda fide, s. Propaganda.
Collegium Germano-Hungaricum II. 670–672. III. 503. IV. 721 ff. V. 553. 920. VII. 165. 311. IX. 368. X. 50. XI. 417. 1012. XII. 1038.
Collegium Ghislieri in Rom IX. 368.
Collegium Graecorum IV. 721. VII. 165. IX. 368.
Collegium Helveticum, s. Coll. Borromaeum.
Collegium Hibernorum II. 672. IX. 368.
Collegium Hibernorum zu Paris VII. 165. 166.
Collegium Illyricum von Loretto VII. 166.
— Maronitarum IV. 721. VI. 894.
— Mazarini VI. 955.
— Nazarenum, Pamfili IX. 368.
— Petri S. in Montorio VII. 165.
— philobiblicum, das pietistische X. 280.
— Picenum IX. 369.
— rabbinicum XII. 1116.
Collegium Romanum II. 665. IV. 721. V. 568. VI. 201. 476. 637. IX. 369. XI. 417.
Collegium, Würzburger V. 922. XI. 1191.
Collenbusch, Samuel, Sectirer IX. 828.
Collet, Theolog XII. 242—243. VII. 306. IX. 517.
Collins, Anthony, der Freidenker (geb. 1676; † 1729) II. 568. III. 80. 83 ff. VI. 923. VII. 289. VIII. 190.
Collision der Gesetze, Pflichten, Privilegien VIII. 383. 761. XII. 1231.
Collonich, die Erzbischöfe, s. Kollonits.
Colloredo, Anton Theod., 1. Ebf. v. Olmütz VII. 789.
— Fabio, Ebf v. Lucca VI. 804.
— Hieronymus, Ebf v. Salzburg († 1812) III. 568. 572. VI. 35. VII. 514. IX. 601. 915.
Collusion im Anklageprozeß II. 672—673. III. 73.
Collyridianer, s. Antidikomarianiten.
Colmar, Joseph Ludwig, Bischof von Mainz XII. 243—248. VI. 769. VIII. 647. IX. 874. XII. 726.
Colmas, der Poet VIII. 525.
Cöln, Bisthum II. 673—677. 83 (und Bonifaz). 144 ff. 187. 188. 334. 390. 391 (Reformationsversuche). 748. 749. 942 ff. (St. Cunibert in). I. 177. 271 (Streit mit Ansgar). 372. 649. 841 (Ketzer in). 831 (Inquisition). III. 143. 251. 270 (Besoldungen in). 286. 306 ff. (Kirchenstreit). 418 (*). 568 (und der Febronianismus). 590 ff. (und der hl. Engelbert). IV. 668. 775. V. 44. 193—320 (Antifebronianismus). 650. VI. 198 (Krls). 315 (Fastendispensen). 627. 678 (und Lüttich). 705 (von Mainz getrennt). 875 (ein Marienfest im). VII. 1. 191 ff. 374 (und Münster). 577 (Wirren im). 664 ff. (Nuntiatur im). 968 (und Osnabrück). VIII. 61 (Gschls). 746 (preußisch). 748 ff. (Krls). 751. 753. IX. 132 ff. (Ebfsthm). 560 (säcularisirt). 879 f. (Ketzer im). X. 686 ff. (Mystiker im). XI. 193. 249 (St. Maternus im). 253 (säcularisirt). 336 (Cölner Wirren). 508 (Nuntiatur). 1067 (Cölner Wirren). 1175 (Opposition gegen Luther). XII. 331 ff. 334. 529. 557 (Hillebold). 703 (Cölner Wirren v. 1837). 1127 (St. Severin).
Cöln, a) Stadt XII. 231—241. 104 (Kirchenbauten). 1182 ff. 1185. I. 143 (Albert d. G. in). II. 183 (Ketzer in). 334 (ein Nuntius in). 377. III. 296 (die hl. 3 Könige in). 871 (Jesuitencolleg in). IV. 337. 775 (Gropper in). V. 27 (Fürstentag). 29. 30. 33 ff. 117 (Reformation in). 559 (Jesuiten in). 892 (Judenpflgg). VI. 270 (Kreuzherren in). 300 (Krypten). 342 (Klstr). 410 (Legation). 464. 474 (P. Leo XII. in). 583. 620. VII. 32 (Reformationsversuche). 374. 625 (Dom). 661 (Nuntiatur). 907. VIII. 1. IX. 5 (Rabbiner in). 153. 299 (Dom). 313 (Maria von Medicis in). 390 (eine Bruderschaft in). 771 (schottische Benedictiner in). 896 (Kunstwerke). X. 685 (angebl. Heimath Taulers). 690 (Tauler in). 801 (Jesuiten in). 916 (Thomas von Aquin in). XI. 125. 559 (Paulini in). 1208 (Dom). — b) Universität I. 143. III. 251 (Lehranstalten). IV. 775. V. 84. 156. 328. VI. 15. 311. 370. 587. VII. 666. IX. 238. 239. 879 ff. XI. 365. 441. 893. XII. 428. 1288.
Cölner Synoden XII. 241—242. 1127. IV. 184. 537. V. 194. 266. 659. VI. 207. 551. 764 (angebl. vom J. 346). 885 (Jahr 1413). VII. 149. 594. VIII. 143. X. 397. XI. 1147.
Col-Nidre, das Gebet II. 677—678. III. 469 ff. V. 61. 906.
Kolocz, die Kirchenprovinz, s. Kolocza.
Coloman, der heilige Glaubensbote VI. 84 ff.
Coloman, der hl. Königssohn († 1012) VII. 50. VIII 174. XI. 968.
Coloman, Ungarkönig IV. 657. VI. 747. XII. 1321.
Colombière, P. la XII. 556.
Colombius, Joh., s. Jesuaten.
Colombo, Klstr XII. 985.
Colombo, Jac. I. 624 ff.
Colonat, s. Coloman.
Colonia Agrippina, Cöln; s. d.
Colonna, die Familie II. 679—691. 90. 92 ff. 94 (Sciarra). 700 (Aegidius). I. 776 ff. (Sciarra, Joh., Jac., Edle). III. 744 (Stephan). V. 640 ff. (Joh., Ghibelline). 840 (Prosper). VII. 417 (Paul, Componist). VIII. 327 (Edl Joh.). IX. 323. 324. 352 (Edl Joh.). 361. XI. 234 (Ebf. Marc Anton). 443 (Pompejus).
Colorbasus, der Gnostiker II. 691—692. IV. 560. V. 100. VI. 831.
Colossä, die Stadt II. 692—693. VIII. 389. 446. XII. 1038.
Colosser, Pauli Brief an die VIII. 253.
Colosseum, das in Rom IX. 383 ff.
Colov, gl. Protst III. 490.
Colowrater Vertrag, der II. 153.
Columba, der heilige II. 693—696. 936. I. 251. III. 403. IV. 778. V. 501. VII. 617.
Columban, der heilige II. 696—700. 80. 100. 463. 541. I. 150 ff. 702. 706. III. 251. 262. IV. 98. 156. 295. 296. 410. V. 398. 780. VI. 502. 739. VII. 850 ff. VIII. 522. XII. 118.
Columbini, Stifter der Jesuaten, s. Colombino.
Columbus, der Entdecker Americas XII. 248—250. 35. I. 201. II. 382. V. 840. VIII. 436. XI. 897.
Columna, Aegidius de II. 700—701.
Colville, Bisthum VII. 640.
Comapagna, Em X. 265. 267.
Combe, la, der Pater IV. 836 ff. V. 718. VIII. 754. 896.
Combé, die Frau von IV. 180 ff.
Combefis, Franz, gel. Dominicaner II. 701—703. I. 662 ff. VI. 892. VIII. 589. XII. 488. 784.
Comenius, Joh. Amos, das Haupt der mährischen Brüder (geb. 1592, † 1672) II. 67 ff. III. 274. V. 436. VII. 181. 748. VIII. 24. 25. IX. 497. 500.
Comes (Perikopenverzeichniß) VIII. 295. 296. 299.
Concha, s. Kirche als Gebäude.
coemeterium, s. Grab, christliches.
coemeterium Callisti in via Appia II. 260.
Comines, Philippe de, frz. Histor. († 1509) IX. 842.

Comitolus, Jesuit, Gegner des Probabilismus VIII. 786.
Commachio, Bisthum, Stadt V. 865. VII. 379.
Commemoration der Heiligen u. s. w. II. 703–705. III. 235. IV. 56. VII. 100. VIII 339. XI. 132.
commendatitiae literae, bischöfliche Empfehlungsscheine II. 705. 721. III. 146. VI. 540.
Commendaturäbte, s. Abt (I. 71), dazu II 612. IV. 102. VII. 227. 276. XI. 163. 10[illegible] 1060. XII. 466.
Commende (custodia, guardia) II. 705–706. 243. 747. 854. I 790. 802. III. 165. V. 639. VIII. 372. X. 153. XII 359. 600.
Commendengelder, s. Abgaben.
Commendone, päpstlicher Legat, Cardinal II. 706–709. 334. IV. 94. 674. V. 342. VII. 405. VIII. 562. X. 336. XI. 61 205. 216. 225. 691. XII. 1195
commensalitium der Ordinanden II. 709 VII. 820.
Commentar, biblischer II. 709–714., vgl. Exegese, Glossen, bbl., Scholien.
Commentare des canonischen Rechts, s. Glossen und Glossatoren des römischen und canonischen Rechts (IV. 542).
Commenthurei II. 714.
Comminge, Joh. von, Cardinal I. 777. XI. 95.
Comminges, Bm. IX. 253.
Commissarius, landesherrlicher, päpstlicher, bischöflicher II. 714–715. III. 89. 249.
commissi, s. conversi.
Commissionsgelder, s. Abgaben.
commissorium (rescriptum commissoriale) II. 715.
Commodianus, ein christlicher Schriftsteller II. 715–717. 479. VIII. 519. X. 104.
Commodus, L. Aelius Aurelius Antonin., röm. Kaiser II. 717. I. 498. III. 391. VI. 823. XI. 963. XII. 203. 363.
Common prayer book, s. Prayer-book.
commune sanctorum, s. Brevier.
Communicanten, s. Abendmahlsfeier.
communicantes, s. Messe.
communicatio idiomatum, Mittheilung der Eigenthümlichkeiten II. 717–718., s. Trinität, dazu VII. 236. 842. XI. 349. 352 ff. 416.
communio laica, reductio ad communionem laicam II. 718–719. III. 77. 108. V. 201. VI. 180. VII. 39. 40 IX. 567.
communio naturarum, Vereinigung der göttlichen und menschlichen Natur in Christus II. 719–721., s. Christus, Jesus Christus, Substanz, Trinität.
communio peregrina, Versetzung eines Geistlichen in die Fremdengemeinschaft II. 721.
communio sanctorum, s. Gemeinschaft der Heiligen.
Communion, s. Abendmahlsfeier, Hochwürdigstes Gut, Kindercommunion, Messe.
Communion bei den Jansenisten V. 494.
Communionbank, s. Abendmahlsfeier.
Communionreden II. 721–722.
Communiontuch, s. Abendmahlsfeier. [722.
Communionunterricht, erster II.
Communismus, der wahre und falsche II. 723–731. I. 177. 416 (christl.). IV. 398 (Gemeinschaft der Güter, Frauen, Männer). 560 (bei den Gnostikern). VI. 221 (geistlicher). 330 (des Lamennais). VI. 164. 694. IX. 279 (frzös.). 572 (des Saint-Simon). X. 73 (modernster). 638 (ein practischer Vertreter des). 931 (und Campanella). XI. 955. 956. 1178. XII. 813 (der Mormonen). 930 (Pauperismus). 1143 (Socialismus).
Communleben, s. Chrodegang, Canonici.
Comnenus, s. Komnenen. [255.
Como, Bisthum II. 758. V. 871. XI.
Comogell, der heilige XII. 100.
Compactaten, die Prager I. 615. II. 381. 806. V. 413. 423.
Compaternität, geistliche Verwandtschaft II. 731–732. III. 441. VIII. 212.
Compatronat II. 732. VI. 121 ff. VIII. 228. 640 ff.
Compton, B. v. London V. 119.
Compensation, s. Ersatz.
competentes, s. Katechumenen.
competentiae privilegium, s. beneficium (I. 789).
Competenz, Zuständigkeit II. 732–733. 559. VI. 774. VII. 820.
Competenz der teutschen Reichsgerichte IX. 158.
Competenz, die preußische VIII. 614.
compilationes decretalium II. 733–734. V. 742. VIII. 343. X. 634 ff.
Completorium, s. Brevier, dazu II. 780. XII. 1065.
Complex und Complicität II. 734–735. IX. 216. XI. 582.
Complutenser Polyglotte I. 920 ff. VIII. 575 ff. IX. 237. XI. 1212. XII. 28.
Complutum, s. Alcala de Henares (XII. 27).
Compostella, Bernh. von, s. Bernhard von Compostella.
Compostella, San Jago di, Wallfahrtsort II. 735–736. 180. 262. 558. I. 126. III. 239. IV. 245. 380. V. 459. 755. VI. 724. VII. 150. IX. 822 X. 262. 263. 267. 269. XI. 1066.
Compostella, San Jago di, Orden von IX. 328.
Compromiß (in Streitsachen) II. 736–737. 817.
Compromiß bei Wahlen, s. Wahl, canon.
Compromiß, niederländ. VII. 602.
computatio graduum, s. Verwandtschaftsverhältniß (XII. 1227).
coena Domini, bulla in, s. bulla in coena Domini.
Coena, Ebf von York, s. Aelbert.
concentus, die Singart VII. 396.
Conception, J. B. de la, der Trinitarier XI. 259.
Conception, Fest der, s. Mariä Empfängniß (VI. 865).
Concessions-Assecuration, die österreichische von 1571 VII. 733 ff.
Conciliabulum, das II. 737–738.
Conciliensammlungen II. 739. IV. 609. VI. 865. X. 610 ff.
Concilium, s. Synode.
Concilium, heiliges in Rußland, s. Synode, dirigirende (X. 611 ff.).
concilium Tridentinum, s. Trient, allgemeine Kirchenversammlung von.
Concina, Daniel, der Moraltheologe II. 738–739. 407. VI. 341. 787. VII. 286. 308. VIII. 788 XI. 953.
Conclave, das II. 739–740., s. Papstwahl, dazu IV. 707. XI. 223.
concomitantia corporis et sanguinis Christi V. 245 ff.
Concord, die Adventisten in IX. 640.
concordantia regularum I. 787. VII. 817.
Concordanzen, biblische II. 740–741. VI. 388–389
Concordat, bayerisches a) vom J. 1817. I. 30. 31 (Anmkg). 598. II. 751. V. 821. VII. 370. VIII. 185. X. 856. b) andere: VIII. 183. XI. 1088.
Concordat, französisches von 1801, s. Artikel, organische II. 333. 755. 813. III. 116. 117. IV. 160. 677. VI. 208. 760. VIII. 147. 379. 488. 740. IX. 288. 297. X. 632. XI. 1156. XII. 102. 211. 241. 315. 669.
Concordat, holländisches II. 753. 755. VII. 2 XII. 585. 586.
Concordat von Hammelburg XII. 428.
Concordat, österreichisches von 1855. XI. 1070 ff. XII. 905 ff. 1299 ff.
Concordat, polnisches VIII. 866.
Concordat, preußisches II. 751. III. 305. 307 ff. VIII. 717 ff.
Concordat, russisches VIII. 866 ff.
Concordat, westindisches XI. 902. 905. 909.
Concordate II. 741–760., vgl. Circumscriptionsbullen, jura circa sacra.
Concordate, englische, s. Concordate, dazu II. 854.
Concordate, französische, s. Concordat, frz. v. 1801, dazu I. 734 ff. II. 128 (J. 1516). 751. 854. IV. 158. V. 621 (J. 1516). VI. 470. VIII. I. 492 (von 1813). XII. 926.
Concordate, italienische II. 756. V. 868 (sicilian.). 869 (toscan.). 872 ff. (sardin.). VIII. 491 (toscan.). X. 636 (neap.). XII. 938.
Concordate mit den teutschen Bundesstaaten II. 750 ff. XI. 1079. XII. 868. 869.
Concordate, spanische und portugiesische II. 757. X. 107. 268.
Concordate, schweizerische I. 641. II. 750.
Concordate teutscher Nation, s. Aschaffenburger Concordat, Frankfurter Concordate.
Concordate, verschiedene VIII. 183. XI. 978. 1079. XII. 659. 868.
Concordia, Bm V 871.
Concordia canonum II. 760. 302. IV. 672. V. 739. VII. 630. [339.
Concordie, die des hl. Dunstan III.
Concordienbuch und Concordienformel, s. Symbolische Bücher der Protestanten (X. 569), dazu I. 98. 237 239. II. 267. 268. 544. 885. III. 182. VI. 506 770. 774. VII. 381. 740. 894. VIII. 702. IX. 561. 817. X. 580. 593. XI. 350 ff. 354 ff. 821. XII. 512.
Concordienorden III. 8. [I. 282.
Concorrenser, Partei der Albigenser
Concubinat, das II. 760–761, vgl. Cölibat, Gewissensehe, s. dazu I. 154. 648. 729. II. 561. 635. 818. III. 431. 415. 550. IV. 130 VI. 50 ff. 117 ff. 464. 465. 755. VII. 581 ff. 594. VIII. 206. IX. 78 ff. X. 362. XI. 172 ff. 214. 551. 810. XII. 198. 275. 752 ff.
Concupiscenz, s. Ascese (XII. 62), Begierlichkeit.
Concurrenz der kirchlichen Feste XII. 251–252., vgl. Occurrenz der Feiertage, Ferien und Vigilien (XII. 891).
Concursprüfung II. 761–763. 714. VIII 833. XI 1012. 1060.
Concursus divinus, göttliche Mitwirkung II. 763–764. IV 573 ff. VII. 202. X. 839. XI. 751. 850.
Condat, Kltr., s. Claude, St.
Condé, Prinz Louis von, Haupt der Hugenotten († 1569), und Prinz Louis von, der Große († 1686) I. 905. 906. II. 50. V. 303 ff. 367 ff. IX. 230 ff.

Condé, Louise von, die Trappistin XI. 167.
Condillac, Etienne Bonnot de Mably, der Philosoph II. 764—766. III. 621. V. 283. VI. 924. VII. 322. IX. 422. X. 72. 187.
Condobauditen, was Tritheiten, s. Tritheismus.
Condolmieri, Gbl. V. 400.
Condom, Bm IX. 252 ff.
Condorcet, Marie Jean Antoine Nicolas Caritat, Marquis de, der Philosoph († 1794) VIII. 164.
conductio, s. Pachtvertrag (VIII. 3), Verträge (XII. 1226).
Conferenzen, geistliche (Capitels- und Pastoralconferenzen) II. 767—769. 118. I. 832. III. 409. VI. 11. 331. X. 603. XII. 914.
Conferenzen der Lehrer, s. Lehrervereine (XII. 707).
Confessio, s. Glaubensbekenntniß.
Confessio im Altare, s. Sepulcrum im Altar (XII. 1125).
Confessio Augustana, s. Augsburger Confession.
Confessio Belgica II. 769—770. X. 572. XII. 576.
Confessio marchica X. 571.
Confessio Tetrapolitana II. 776—777. 138. 328. 770. I. 521. IV. 920. IX. 558. X. 405. 570.
Confessio Wirtembergica II. 147. 148.
Confessiones Helveticae II. 770—776. 631. IV. 202. 831 ff. 928. V. 351. VIII. 559. IX. 851. X. 570.
Confessiones, verschiedene: des Dositheus X. 566; — des Gennadius X. 565; — des Hosius V. 310; — des Metrophanes Kritopulos X. 567; — des Peter Mogilas VIII. 348. X. 568.
confessor, Beichtiger, s. Bekenner.
Confirmation, kirchliche Einsetzung II. 777—779, s. Collation, Kirchenamt, provisio canonica, Präsentation.
Confirmation, protestantische II. 779—780. IV. 77 ff. IX. 521 ff.
Confiteor, das II. 780—782. IV. 933. VII. 97. 335.
Conformisten, die englischen, s. Dissenters.
Confucius, Kong-fu-tse, der Religionsstifter II. 782—784. 481. VIII. 30. IX. 815. XII. 8. 9.
Confutation der Augsburger Confession I. 520. 523. VII. 30. X. 568.
Confutationsbuch, das protestant., vom J. 1559. II. 886. X. 500.
Congo, das Christenthum in II. 784—785. I. 126. VI. 642.
Congregatio concilii Tridentini interpretum, s. Cardinalcongregationen, dazu I. 307. II. 174. 916. VIII. 152. 366. 370. 371. X. 539. XI. 246. 1269. XII. 251.
Congregatio de auxiliis divinae gratiae II. 786—794. 605. III. 311. IV. 548. VI. 492. VII. 200. 201. VIII. 233. XI. 565. XII. 33.
Congregatio de propaganda fide, s. Propaganda.
Congregatio indicis, s. Index librorum prohibitorum.
Congregatio rituum, die I. 713. 714 ff. II. 311. 312. 315. V. 165. VII. 83. 251. VIII. 218. IX. 211. X. 22 (*). XII. 87. 251.
Congregatio seminariorum I. 780.
Congregation von Bethlehem, s. Bethlehemiten.
Congregation von Clugny, s. Clugny.
Congregationalisten, die V. 811. XII. 49.
Congregationen der Hochschulen X. 431.
Congregationen des römischen Hofes, s. Cardinalcongregationen, Curia Romana.
Congregationen auf allgemeinen Synoden II. 795—796. 852. X. 606. 613.
Congregationen, religiöse II. 794—795. 365. 367. 551. 554. 863. I. 792. 793. 794. III. 75 ff. 106. 241. 280. IV. 102. 133. 188. V. 801. VI. 938. VII. 810. IX. 110. X. 741. 798. XI. 243. 447. 577. 635. 821. 1034. XII. 1035.
Congregationen, religiöse, der Frauen, s. Frauen, religiöse Congregationen und Vereine von.
Congregationsdecrete XII. 251.
Congrua, die des canon. Rechtes II. 796—797. 733. I. 800. 801. III. 71. 75. VIII. 362. 373.
Congruismus, s. Congregatio de auxiliis, Molinos.
Cönobiten, monachorum primum genus II. 797—798. 281. I. 220. 651. 726. III. 501. V. 166. VI. 228 ff. VII. 225. 230. VIII. 2. 602. IX. 302. 303.
Conon, Papst II. 798. 531. I. 707. III. 813. VI. 85.
Conon, geistl. Würdenträger dieses Namens II. 260. 261. VII. 635.
Conon, der tritheistische Bischof von Tarsus, s. Cononiten.
Cononiten, die II. 798—799. VII. 242. XI. 295.
Conrad, Name von 4 teutschen Kaisern: Conr. I. von Franken (reg. 911—918) IV. 278. 888. 887 ff. V. 1. IX. 95 ff. 130. XI. 1186. XII. 815. — Conr. II., der Salier (reg. 1024—1039) IV. 304. 310. V. 763. VI. 67. 463. 466. 755. 766. VII. 18. 149. 150. 273. 492. 493. VIII. 883. IX. 101. 134. X. 195. 289. 291. XI. 176. 841. 1110. XII. 937. 1225. 1246.
Conrad III., der Hohenstaufe II. 799—801. 43. I. 838 ff. III. 743. IV. 208. 222. 625. V. 77 ff. 318. 610. VI. 615. 807 ff. VII. 72. IX. 137. 772. XI. 927. 966. XII. 488. 692. 845.
Conrad IV., der Hohenstaufe II. 801—805. 354. 809. I. 737. 738. IV. 229. 230. V. 636 ff. IX. 107.
Conrad der heilige, Bischof von Constanz XII. 251—252. 442. 1031. II. 263. III. 498. 507. XI. 372 ff. 842.
Conrad von Marburg, der Ketzerrichter II. 805—809. III. 532. V. 659.
Conrad, Name vieler kirchl. Würdenträger, z. B. II. 152 (v. Breslau). IV. 821 (Ebf. v. Salzbg). V. 191 ff. (von Hildesheim). VII. 23 (von Meißen). IX. 103. 105 ff. 109 (5 Bischöfe von Regensburg). XI. 1188. 1189. 1191 (1 Bischöfe von Würzburg).
Conrad, Hzg. von Lothringen VII. 808. 809.
Conrad, Hzg von Marsorten V. 115. VIII. 665. 666 ff.
Conrad, Sohn Kaiser Heinrichs IV. V. 22. 26 ff. XI. 461. 465.
Conrad, der arme I. 672.
Conradin, der Hohenstaufe II. 809—811. 355. 593. III. 33. V. 48. XI. 169.
Conradus ex fagis, s. Wimpina.
Conring, Herm., der Polyhistor († 1681) VI. 716. X. 587. XI. 428.
Consalvi, Ercole, der Cardinal-Staatssecretair II. 811—815. 333. 335. 743. 757. IV. 158. VI. 475. 476. VII. 222. VIII. 227. 487. 490. 493. 748. IX. 289. X. 632. XII. 189. 191. 192. 212. 316. 666. 703. 740. 864 ff. 869.
Consanguinität, s. Verwandtschaftsverhältniß (XII. 1227).
Conscientiarii, Gewissener II. 815.
Consecration der Aebte, s. Benediction der Aebte und Aebtissinnen.
Consecration der Altäre, s. Altareinweihung.
Consecration der Bischöfe, s. Bischofsweihe.
Consecration der Hirtenstäbe VI. 299.
Consecration der Hostie I. 16. 20. VII. 100. VIII. 73. 207. [illegible]5. XI. 133 ff. XII. 277. 278.
Consecration der Kelche VI. 61.
Consecration der Kirchen, s. Kirchweihe.
Consecration des Papstes, s. Papstwahl.
Consecration der Priester, s. Ordination, Priesterweihe.
Consecrationen, verschiedene, s. Geweihte Sache, Segnung, Sacramentalien (XII. 1073 ff.).
Consens, Willenserklärung II. 815—816.
Consens der Betheiligten II. 816—817. VI. 192. 193. VIII. 226.
Consens der Ehegatten II. 817—818. 760. III. 436. 437. 491. 502. VIII. 151. 152. IX. 247. XII. 1310.
Consens des Capitels II. 817. 325. 332. 818. IV. 407. VI. 121 ff. 193. VIII. 661.
Consens der Eltern und Vormünder II. 817—820. III. 419. 450. IV. 495.
Consenserneuerung der Ehegatten, s. revalidatio matrimonii.
Consensus Genevienis, Helveticus, Tigurinus, s. confessiones Helveticae.
Consensus repetitus fidei vere Lutheranae X. 587. 588. IX. 571.
Consensus Sendomiriensis VII. 733.
Considerationen, die der Ignatianischen Exercitien III. 848.
Consiglieri, Paul, 1. Stifter der Theatiner X. 832 ff.
consignatio energumeni III. 582.
consilia evangelica, s. Räthe, evangelische.
consistentes, consistentia (4. Stufe der Bußwerke) I. 601. II. 229 ff. VII. 557.
Consistorialgegenstände der Cardinäle, s. Cardinalcongregationen.
Consistorialverfassung, s. Consistorien, protestantische.
Consistorien, päpstliche und bischöfliche II. 821—822. 325 ff. 345. IV. 406. VII. 136. 760. 819.
Consistorien, protestantische II. 822—825, vgl. Superintendent.
Consistorien, russische II. 825.
consolamentum, s. Albigenser.
Constans I., Kaiser II. 825. 830. 843. 844. I. 431 ff. III. 258. 259. VI. 738. 928. IX. 624. 669. XII. 232. 334.
Constans II., Kaiser II. 825—827. III. 812. VI. 901. VII. 248. IX. 16. X. 819. XI. 715. XII. 783.
Constantia auf Cypern, s. Salamis.
Constantia, die Halbschwester Constantins d. Gr. II. 827. 828. I. 430. XII. 620.
Constantia, Gemahlin Roberts von Frankreich XII. 391; — Wenzels I. Schwester XII. 682; — Gemahlin Kaiser Heinrichs VI. V. 40. 43. 632.
Constantia, Aebtissin von Las Huelgas II. 551.
Constantin I., der Große, Kaiser II. 827—830. I. 128 (macht d. Kirche frei). 300 (Brief an den Mönchsvater Antonius). 395 (*). 429 f. (sucht die arian. Streitigkeiten beizulegen). 431. 436 (gegen die Donati-

ften). 440 (ein Freundschaftsbündniß). 492 ff. (Athanasius gegen). 503 (*). 637 (Heiliggrabkirche). 674. 735 (Lichter bei der Leiche). II. 458 (*) 479 (Christenthum Staatsreligion). 519 (Bilder Christi). 520 (und die Kunst). 579. 638 (wünscht im Jordan getauft zu werden). 647. 650 (Edicte feit). 673 (und Maternus von Cöln). 825. 834 (neue Staatenordnung). 843. 872 (bestellt 1100 Todtengräber für Konstpl). 926 ff. (öffentl. Verherrlichung des Kreuzes). 937. III. 234 (*). 256. 257 (gegen die Donatisten). 550 (verbietet die absichtliche Tödtung eines Sclaven). 608 (Dianatempel zu Ephesus zerstört). 760 (eine Lobrede auf). 761 (er fördert die Arbeiten des Eusebius). 855 (Dalmatius, Bruder des). 884 (Kreuz auf Kriegsfahnen). IV. 264 (soll dem Papst die Füße geküßt haben). 372 (Briefe von). 429 (baut ein Kloster). 460 (*). 535. 638 (Begräbnißstätte). 642 (Heiliggrabkirche). 732 (ein Freundschaftsbündniß). 756 ff. 760 (der 1. Bf v. CStpl). 895. V. 66 (ein Grund für die Annahme des Christenthums). 337 ff. (sucht die arian. Streitigkeiten beizulegen). 508 (eine Gesandtschaft an). 531 (Auferstehungskirche in Jerusalem). 536 (Festfeier der 30j. Regierung). 785. 863 (Folgen der Kirchenfreiheit) 913. 951 ff. VI. 111 (Rotunden zur Zeit des). 135 (fördert die Arbeiten des Eusebius). 205 (Kirchweihe in Jerusalem). 260 (und das Kreuzzeichen). 266 ff. (Kreuzerfindung). 273 (schafft die Strafe der Kreuzigung ab). 279 (Wallfahrten nach Jerusalem). 300 (Kreuzesfahne). 313 (und Lactanz). 357 (Constantins Palast) 417 ff. (*). 496 (*). 520 (gegen die Marcioniten). 826 (2 Basiliken des). 898 (angebl. Begründer der päpstl. Macht). VII. 35 (Geschenke an Papst Melchiades). 142 (baut eine Michaelskirche). 232 (Monogramm Christi). 545 (und Porphyr). 547 (gegen die Neuplatoniker). 551 ff. (1. Nicänerconcil). 560 (eine Vision des). 620 (Kämpfe mit den Sassaniden). 649 (Kirchenbauten). 663 (*). 878 (*). 987 (Feier der Ostervigiliennacht). VIII. 1. 51 (Kirchenbauten). 360 (Folgen der Emancipation der Kirche). 608 (als pontifex maximus). IX. 41 (ein Geschenk des). 132. 184 (Folgen der Emancipation der Kirche). 323 (angebl. in einer porphyrenen Wanne getauft). 342 (baut eine Kirche in Rom). 344. 345 (Bauten in Rom). X. 101 (ein verbannter Dichter). 214 (erleichtert die Sclaverei). 721 (nimmt Sarmaten auf). 211 (Sophienkirche). 281 (theilt Spanien ein). 288 (gründet angebl. das Bisthum Speyer). 306 (*). 550 (fabelhafte Schenkung an P. Silvester). 823 (läßt 50 Exemplare der Bibel anfertigen). 906 (legt den Hafen von Thessalonich an). XI. 240 (hebt Trier). 723 (und die Völkerwanderung). 795 (Folgen der Emancipation der Kirche). 964. 1259. XII. 17 (*). 54. 87 (in Autun). 129 (macht Braga zu einer Hansestadt). 201. 232 (und Maternus von Cöln). 235 (die Heidentempel zu Cöln). 301 (Constantins Geschenke an Kirchen). 508 ff. (Folgen der Emancipation der Kirche). 518. 617 (Reichstheilung). 646 (Folgen der Emancipation der Kirche). 652 (Immunitätserklärungen). 800 (eine Vision des). 927 (soll das Patriciat eingeführt haben). 986.

Constantin II., Kaiser, Sohn Constantins d. G. II. 830. 825.

Constantin III., byz. Kaiser, Nachfolger des Heraklius im J. 641. I. 825. 826. V. 747. VII. 218.

Constantin IV., Pogonatus II. 830—831. 842. I. 129. 770. III. 203. 813. 818. VI. 293. 454. VII. 248. VIII. 110. 236. IX. 47. XI. 305.

Constantin V., Kopronymos II. 831—832. 11. I. 325. 651. 652. V. 509. 510. 717. VII. 550. 587. 824. VIII. 230. X. 355. 356 ff. XI. 1238. XII. 525. [550 ff. 824.

Constantin VI. (reg. 780—797) VII.

Constantin VII., Porphyrogenitos II. 832—833. I. 659. IV. 742. V. 521. 822. VI. 145. VII. 119. X. 845. XI 533. XII. 13. 14.

Constantin IX. (reg. bis 1054) II. 441. IV. 768. V. 532. X. 359. 365.

Constantin XI., der letzte byzantin. Kaiser (reg. 1448—1453) IV. 771. VII. 589. [lehrte I. 420. VII. 274.

Constantin, der Africaner, der ge-

Constantin, armen. Pich I. 443.

Constantin, Gegenpapst Stephans IV. (im J. 767) VIII. 230. X. 356.

Constantin, Abt von Ntelo VII. 270.

Constantin, 2 Metropoliten von Kiew IX. 461. [Paulicianer VIII. 236 ff.

Constantin Sylvanus, Stifter der

Constantine, Jesuiten in VII. 167.

Constantinopel II. 834—842. a) Patriarchat, s. griechische Kirche, Patriarchat, dazu I. 286 (Rang unmittelbar nach Rom). 309 (Ketzereien im). 325 (der Apocrisiar in). 396 (Unruhen in). 431 (Arianer im). 435 (Arianismus im). 445 (armen. Picht. errichtet). 470. 569 (gegen Unionsversuche). 615 (Nabelschauer im). 719 (Patriarch Johannes X.). II. 206 (und die Bulgarei). 302 (Photius). 441 (das Schisma). 535 (Chrysostomus Erzbischof). 872. 976 ff. (Reformationsversuche im). III. 73 (die defensores ecclesiae im). 171 (Eifersucht gegen Alexandrien). 627 (Origenistenstreit). 763 (Arianismus im). IV. 37 (gegen die Religionsvereinigung). 90. 91 ff. (die Flaviane). 251 (Dreicapitelstreit). 756 ff. 760 ff. V. 315 (theolog. Streitigkeiten). 521 ff. (Pich Jeremias). 600 ff. (Pich Ignatius). 732 (Johannes der Faster). 747 (Kirchenstreitigkeiten). 752 (Photius). 755. 822 (Zeit der Bilderstürmer). VI. 30 (Karaiten im). 437 (und Rußland). 477 (Streitigkeiten). 815 (Akoimeten im). 825 (Unionsversuche). 910. VII. 3 (Katholikenpflanz im). 57 (Mennas Pich). 238 (Kirchenstreitigkeiten). 490 (Nectarius Pich). 535 (und die neuarmen. Kirche). 555 (in einem Canon des Nicänum erwähnt). 562 (und Rom). 564. 567 f. (Pich Nicephor). 589 ff. (Unionsversuche). 862 (Ketzereien im). 818 (Chrysostomus im). VIII. 214. 312 (Tribut an den Sultan). 319 (und Peter der Große). 318 (Pich Parthenius). 441 (Photius). 516 (Ketzereien im). IX. 460 (und Rußland). 495 (Secten im). X. 115 (Anthimus). 204. 588 (Gennadius). 582 (Bilderstreit). 626 (ein Gegner der Unionsversuche). XI. 261 (Symbol). 332. 336 (latein. und armen. Picht). 792 (Losreißung von Rom). 1212 (Xiphilin. Pich). XII. 76 (Atticus). 508 ff. 519 ff. (Reihe der Titularpatriarchen). 1317. b) Stadt, s. Griechisches Kaiserthum, dazu I. 225 f. (Anastasius d. Biblioth. in). 241 (Reliquien des hl. Andreas). 300. 431 (Athanas verbannt). 470. 563 (Avaren vor). 860 (Brand in). 675 (Sophienkirche). 876 (fällt). II. 451. 535 ff. (Chrysostomus in). 629 ff. (und Constantin d. G.). 831 (erobert). 927 (christl. Kirchen in). III. 166. 173 (ein sonderbares Diptychon). 526 (der Ordensgeneral Elias in). 553 (Folgen des Falles von). IV. 37 (Fall). 215 (gothische Gesandtschaft in). 230 (Fall von). 673 (Statue der Victoria fort). 741 (Gregor von Nazianz in). 771 (erobert). V. 101 (von den Avaren belagert). 170 ff. (Hieronymus in). 741 (Papst Johannes I. in). 755 (päpstl. Gesandtschaft in). 822. VI. 111 (Kirchen in). 900 (Reliquien der 40 Märtyrer). 910. VII. 167. 168 ff. (Missionäre in). 260 (Montanisten in). 589 (die Dardanellen bei). 849 (Hof in). VIII 3 (ein Kloster des Pachomius). 482 (Wiedereroberungspläne). IX. 337 (schadet als Hauptstadt Rom nicht). X. 204 (Chrysostomus' Reliquien in). 211 (Sophienkirche) 563 (Georg der Synkelle in). 851 ff. (K. Theodos I.). 860 (Theodos II.). XI. 332 (fremde Protestanten in der). XII. 28 (der hl. Alexius angeblich in). 1115 (Judenschule). c) Synoden, s. Trullanische Synoden, dazu I. 129 (über die Naturen in Christo). 213. 219. 250. 350 (gegen die Apollinaristen). 470 (Verbannung des Arsenius.) 480. II. 206. 454. 973 (Cyrill von Jerusalem erhält Genugthuung). 979 (der Calvinismus verdammt). III. 14 (das Nicänum bestätigt). 261. 279 ff. (Dreicapitelstreit). 416. 419 (gegen die Ehe mit Ketzern). 610 (gegen Eutyches). 627. 738 (gegen die Arianer). IV. 90. 251 (Dreicapitelstreit). 673 (Arianismus beseitiget). 743. 771. 895 (gegen die Baptisterien in den Häusern). V. 201 (gegen die himmlische Fortschrittstheorie). 271 (die buchstäbl. Deutung des hohen Liedes verworfen). 286 (für die Ewigkeit der Höllenstrafen). 510 (ein Räuberconcil). 918. VI. 118 (gegen Eutyches). VII. 44. 45. 233. 241. 559 (Sieg des Bildersturms). 561. 848 (ad quercum). 819. VIII. 111 ff. (Aftersynoden). IX. 671. X. 5 (lehrt die Dichotomie der Seele). 6 (Präexistenztheorie verworfen). 88. 173 ff. 607 ff. (die allgemeinen). 661 (Beschwerde wegen Bilderwegnahme). XI. 263 (über das Dogma der hl. Dreifaltigkeit). XII. 1168 ff. (über die Willen in Christo). 1317.

Constantinopolitanisches Glaubensbekenntniß VII. 98. XI. 261.

Constantius I., Chlorus, Stifter der Flavischen Dynastie († 306) II. 842—843. 827. I. 148. III. 13. 152. 544. IV. 776. V. 86. VI. 507. IX. 288.

Constantius II., Flavius Julius, der Sohn Constantins d. G. (reg. 337—361) II. 843—845. I. 77 (will die Abyssinier arianisiren). 78 (ein Werkzeug des). 431. 433 ff. (und der Arianismus). 437 (und die Synode von Arles). 403 (undankbar gegen Athanasius). 562 (eine Creatur des). II. 825 (mit Constans I. gegen das Heidenthum). 976 (Brief des Cyrill von Jerusalem an). III. 250 (gegen die Donatisten). 762 (und Eusebius von Emisa). 766 (für den Arianismus). IV. 2 (und Papst Felix II.). 216 (läßt die Gothen ins römische Gebiet). 217. 428 (und die Synode von Ancyra). 737 (sein Leibarzt). V. 185 ff. (für den Arianismus). 302 (ein arian. Missionär des). 338

(tritt gegen Hosius von Corduba nicht auf). 588 (als Judenfeind). 913 (sein Nachkomme Julian). 919 (einmal für Athanasius). VI. 515. (Werkzeug der Arianer). 611 ff. (verfolgt den Lucifer von Calaris). 752 (Mailänder Synode von 355). 928 (und der Apologet Maternus). VII. 42 (und Meletius). VIII. 73. 102 (und P. Felix II.). 230 (verbannt den Paulinus). 440 (Synode von Sirmium). 663 (Hilarius an). IX. 669. 670 (kirchl. Parteien zur Zeit des). X. 87 (und Serapion von Thmuis). 90 (eine Gesandtschaft an). 201 ff. (kirchl. Bewegungen). XI. 92 (und das Bisthum Toulouse). 520. 522. XII. 232 (und Maternus). 1040 (als Werkzeug der Arianer).

Constantius, Mitregent des Honorius (im J. 421). II. 845–846. V. 314.

Constantius, Ebf. v. Mailand (592–600) VI. 753.

Constantius, der erste bekannte Bf v. Lorch I. 700. VIII. 171 ff.

Constanz, Bisthum II. 846–849. I. 148. 149 ff. (und die Alemannen). 152 (zur Kirchenprovinz Mainz). II. 40 (die Reformation in). 44 (St. Blasien gehört zum). 74 (die Reformation im). 698 (zur Zeit Columbans). 758 ff. (Kirchenstatistik). III. 3 (Einthing). 5 (Dalbergs Regierung). IV. 297 (Gall mag nicht Bischof werden). 299 (St. Gallen getrennt). 308 (Bischof Rodt gegen Gaßner). V. 328 (gegen den Febronianismus). 805 (und Joseph II.). VI. 207 (*). 740. 765 (nicht im Decret des Papstes Zacharias). VII. 531 (ein Historiker des). IX. 405 (zerrissen). 566 (säcularisirt). 846 (gegen die Reformation). 852. X. 25 (eine Stelle aus dem Benedictionale). 27 (*). 50 ff. XII. 252 (Bf. Konrad). 442 (Bf. Gebhard). 746. 857 ff. (Oberrheinische Kirchenprovinz). 859. 860. 1202 (Jurisdiction im heutigen Tyrol u. Vorarlberg). 1250 (der Wettersegen). 1326 ff. (und Zurzach).

Constanz, die Stadt I. 148. 149 (Windisch nach — verlegt). 151 (Schottenklöster). 521 (confessio Tetrapolitana). 524 (muß das Interim annehmen). II. 40 (ein Reformator in). 71 (reformatorische Plünderungen). 776 (conf. Tetrap.) IV. 189 (die Universität Freiburg in). 226 (Kaiser Friedrich II. in). 225 (Friede von 1183). 755. VI. 626 (Redemptoristen in). 911 (Massius in). IX. 156 (das Reichskammergericht in). 558 ff. (conf. Tetrap.). 697 (in der Reformationszeit). XI. 204 (ein projectirtes Concil). 371. 1052. XII. 252. 259 ff. (das Dornenkronenfest in).

Constanzerconcil II. 849–855. I. 19 (*). 29 (*). 137 (d'Ailly beim). 306 (eine Verzichtleistung Martins V.). 603 (*). 613. 641. 856. II. 1 (*). 33 ff. (*). 168. 221 (Johann von Minden beim). 323 (hussitische Nachwehen). 505. 746 ff. (reformator. Bestrebungen des). 754 (Concordat mit der französ. Nation). 795 ff. (Congregationen der Nationen). 859 (*). 903 (und Balthasar Cossa). III. 105 (Abgesandte von St. Denys). 113 (bestätigt Dietrich II. von Köln). 111 (Dietrich von Niem beim). 312 (gegen den Fürstenmord). 499 (Hugo von Einsiedeln beim). 811 (*). 813 (über Exemtionen). IV. 41–69 (ein Gegner Balth. Cossas). 286. 291 (die Beschlüsse ein Fundament des Gallicanismus). 309 (gegen die Flagellanten). 470 ff. (ein Hauptredner des). 552. 783 (Wiclef und die Hussiten). V. 155. 175 (Hieronymus von Prag). 218 (und die Abtei Hirschfeld). 405. 406 ff. 413 (Hus und der Hussitismus). 474 (Verbot der Communion unter beiden Gestalten). 733 (gegen Fürstenmord). 743. 708 (und B. Cossa). VI. 23 (ein Hauptklagepunkt des). 153 (ein Geschichtschreiber des). 351 (Bischof Laskary beim). 445 (ein Geschichtschreiber des). 587 (der Hussomastix). 844 ff. (Beilegung des Schisma). 902 (Martin V.). VII. 51 (für Klosterreform). 66 (*). 74. 229 (versöhnt die Franciscaner). 371 (und Martin V.). 531 (Retter beim). 593. VIII. 108 (Beseitigung des Schisma). 180. 639 (*). 786 (Verhandlungen über Fürstenmord). IX. 65 (*). 90 (Reformen). 142. 465 (Religionseinigung mit den Griechen). 542 (*). 653 (ein Geschichtschreiber des). 845 (vergebl. Reformversuche). X. 126 (*). 132 (und Sigismund). 311 (*). 313 (*). 605 (alle 10 Jahre soll ein ökumen. Concil gehalten werden). 607. XI. 198. 613 (*). 835 (gegen Wiclef). 939. 976. 977 (— und Wien). 1170. 1229 (Zabarella beim).

constitutio ecclesiastica, s. Verordnung, kirchliche.

constitutio Unigenitus, s. Unigenitus.

Constitutionescodices, s. Corpus juris canonici.

Constitutionelle Geistlichkeit (in Frankreich während der 1. französ. Revolution), s. Civilconstitution des französ. Klerus.

Constitutionen, s. Diöcesanstatuten.

Constitutionen, päpstliche, s. Rescripte.

Constitutiones et canones apostolorum II. 855–859. 301. 302. 404. 587. I. 257. 448. 504. 508. III. 69. 75. 94. 128. IV. 221. V. 295. VI. 117. 181. 543. VII. 290. 297. 387. 772. 888. X. 525. XI. 831. 1207.

constitutiones principum II. 850.

Constitutionseid (Landesverfassungseid) III. 406. 473. VIII. 836.

Constitutum Vigilii III. 279. XI. 692.

Consubstantialis, ὁμοουσιος, mitwesenhaft II. 859–860. I. 430 ff. IV. 559 ff. V. 311. VII. 551 ff. XI. 260 ff.

consueindo, s. Gewohnheitsrecht.

Consulenten, die der Inquisition V. 655.

Contarini, Cardinal II. 860–861. III. 371. VIII. 571. X. 326. XI. 139.

Contarn, Pich v. Cstvp (II. 978. 979. IV. 773.

Contemplation, s. Mystik, dazu I. 263. VI. 396 ff. VII. 226. 374 ff. VIII. 890 ff. X. 928.

Contenson, Vinc., der Rigorist VIII. 306.

contestatio, in der hl. Messe was praefatio (VII. 90).

Conti, kaiserl. General III. 294.

Conti, der Bruder Condés IX. 230.

continentes, s. Asceten.

continentia, s. Enthaltsamkeit.

Contini, Joh., Ketzer VII. 411.

Contius (le Conte), Canonist II. 899. IV. 753.

Contoblakas, gl. Grieche IX. 233.

Contract, s. Verträge.

Contraremonstranten, s. Arminianer, Gomaristen.

Contreras, Ebf v. Toledo XI. 71 ff.

contritio, s. Reue und Leid.

Controverspredigten II. 862. I. 512. vgl. Polemik.

Controversschriften VI. 563. VIII. 536.

contumacia, s. Ungehorsam.

Conven, Adam, gel. Jesuit XII. 252–253.

Covenant, der schottische II. 862–863. IV. 798. V. 611. VI. 360.

Convenensa der Albigenser I. 144.

Convent in Klöstern II. 863.

Convent, der Naumburger VII. 494.

Conventikel, Winkelversammlung II. 863, vgl. collegia pietatis, s. VIII. 658. X. 823.

conventio, s. Verträge (XII. 1224).

conventio cleri Gallicani XI. 49.

Conventionalstrafe (stipulatio poenae) II. 863–865. IX. 246.

Conventual, s. Convent.

Conventualen, fratres conventuales des Franciscanerordens und der Carmeliter II. 865. VII. 168. 691.

Conventualmesse, s. Messe.

Conversano, Bm V. 887.

Convers in den Klöstern II. 865–866. I. 529. 651. III. 866. 889. V. 215. VIII. 210. XI. 536. 537.

Conversion (Bekehrung) II. 866–869, s. Aufnahme eines Akatholiken in die Kirche; Bedingung, die Religion zu ändern oder nicht zu ändern; Rücktritte zur katholischen Kirche (XII. 1049 ff.), vgl. Religionsvereinigung, Tractarianismus.

Convertiten, Enterbung der III. 507 ff.

Convertiten, Erbeinsetzung der III. 651.

Convict, das II. 869–871. I. 190. III. 552. IV. 157. 403. X. 46.

Convocationen, die des englischen Klerus V. 224. 225 ff. 244.

Convulsionäre, s. Jansenius, dazu II. 613. V. 499. XI. 655. XII. 1184.

Conza, Ebm V. 867.

Conzié, de, Ebf IX. 252.

Cook, James, der Entdecker Australiens (erm. 1779) VII. 887.

Cooperator, der II. 871. V. 196. X. 790.

Cor, Mich., der Rector II. 276.

Copernicus, Nicol., der Astronom († 1453) II. 193. IV. 275. VII. 546.

Copiatae, Todtenbestatter II. 871–872. V. 164. XI. 1127.

Copitar, Barth., Geschichtschreiber X. 221 ff.

Coppie, der Libertiner IV. 302.

Coppus, Alan, Gl. II. 432.

Copulation, Copulationsschein, s. Trauung.

Cor, hebr. Hohlmaß, s. Chomer.

Coracion, der Chiliast II. 478.

Koranda, der Hussitenprediger V. 419.

Corazzo, Kstr IV. 102.

Corbaria, Pietro, der Gegenpapst VII. 58.

Corbaro, Angelina, die Ordensstifterin V. 347.

Corbeil, Isaac ben Joseph de, jüd. Gl. V. 907.

Corbie (Corbeja antiqua), das Kloster II. 872–873. 515. 698. I. 270. IV. 818. V. 393. VII. 457. 697. XII. 103. 260. 295. 466.

Corbinian, der heilige, erster Bischof von Freysing II. 873–875. I. 702. 704. IV. 150. 206. 207. XII. 59. 60.

Cordara, Jul. Cäsar, gel. Jesuit VII. 850.

Cordatus, Conr., Thlg. der Reformationszeit VII. 31.

Cordeliers (Sack- oder Strickträger), in Frankreich die regulirten Franciscaner.

Corderius (Corder), Balthasar, gel. Jesuit II. 875–876.

Cordier, Mathieu, der Jesuit II. 273.
Cordona, Angelo di, Stifter der Clareniner II. 567.
Cordova, Bisthum, Schule und Synoden XII. 253—254. 1110 (Judenschule). III. 928 (Katholikenverfolgung). IV. 22 (erobert). V. 336 ff. (Osius von). 652 (Inquisition). 890 (Schule in). 883 (Judenverfolgung). VI. 934. 935 (Chalifat). X. 249 (Sun) XI. 68 (Syn.).
Cordova in Südamerica, die Jesuiten in VII. 167. XII. 40.
Cordova, Gonzalez Fernando de, span. Feldherr III. 290. [135.
Cordt, Anhänger der Bourignon II.
Core und seine Rotte II. 876—877. I. 1. 277. 279. VI. 9. VII. 363. X. 151. XII. 943.
Corea, Mission XII. 254—259. 74. VII. 167.
Coria, span. Bm. X. 269.
Corfu, Erzbisthum X. 623. XII. 1319.
Coriander, die Pflanze II. 876—877.
Corinth und die Korinther II. 877 —878. 490. 585 (Clemens I. Brief an die). I. 361 (und Paulus). III. 167 (Dionys von). VII. 386. 833 (Brief an die). 873 (Osterpraxis). VIII. 247. 249 ff. (Paulus in). 335. IX. 667 (Schisma). X. 254. 578 (Synagoge). XI. 31 (Titus Justus in). XII. 506 (Ebm). 514 (Bischöfe von).
Cornaro, Eobf v. Brescia XI. 489; — Bch v. Venedig XII. 611.
Cornelimünster, Kloster I. 787.
Cornelius, der Hauptmann II. 878. 244. 438. III. 356. IV. 895. V. 354. VIII. 331. 332.
Cornelius, der Papst II. 879. 637. I. 127. III. 65. 160. 876. 938. IV. 295. VI. 366. 408. 615. VII. 659. 660 ff. IX. 115 ff. 667 ff. 071. 614. X. 353. 425. XII. 208.
Cornelius a Lapide, der Exeget II. 879—880. VI. 12. VIII. 757. X. 372. XI. 836. XII. 706.
Cornelius, Peter von, der große Künstler (geb. 1787) VI. 786.
Cornelius, Schftstlr der Gegenwart XII. 542.
Cornelius Fronto, alter Schriftsteller XII. 749. 750.
Cornelius Nepos, Geschichtschreiber II. 321.
Corner, prot. Thlg X. 569.
Corneto, Bm V. 565.
Corona clericalis, tonsura Petri, s. Tonsur.
Coronae, Kronleuchter III. 94.
Coronae spineae festum, Fest der Dornenkrone XII. 259—260.
Coroticus, Brittenfürst VII. 617.
Corozain, s. Chorazin.
Corporale II. 880—881. VI. 63. VIII. 290.
Corporation, geistliche (corpus ecclesiasticum) II. 881—882.
Corporationsacte der irischen Katholiken, s. Irland.
Corpus Catholicorum et Evangelicorum II. 882—883. IV. 21. V. 874. VIII. 715 ff. IX. 151. 173. 890.
Corpus doctrinae, Sammlungen protest. Glaubensnormen II. 883—886, s. Symbolische Bücher (der Protestanten), dazu II. 467 (Prutenicum). 544 (Misnicum). VII. 33. X. 570. 596.
Corpus ecclesiasticum, s. Corporation, geistliche.
Corpus Evangelicorum, s. corpus Catholicorum.
Corpus juris canonici II. 886—894. 91. III. 70 (Bildung des). 858. IV. 542 (Glossatoren). 752 (die Decretalen Gregors IX.).
Corpus juris civilis, s. codex Justinianeus, vgl. corpus juris canonici.
Corpus juris clausum, s. Extravagantes.
Correa, der Missionär II. 143.
Correctionsanstalten, geistliche II. 894—895, s. Gefängnißstrafen, vgl. Criminalgericht, geistliches; Gesetzgebungsrecht der Kirche.
Correctionsrecht, s. Disciplinargesetze.
Correctores Romani II. 895—896. 889. 892. III. 69. IV. 722. 753.
Correctoria biblica I. 948.
Correggio, Antonio (Allegri), der Maler († 1534) VI. 784.
Correro, Schftstlr IV. 172.
Corrodi, Heinrich, prot. Thlg II. 896—897. III. 490. X. 66.
Corrupticolae, s. Aphthartodoketen.
Corsica, die Insel II. 614. III. 330. IV. 685. VI. 459 ff. VII. 564. XII. 463.
Corsini, Ebf v. Florenz XII. 359.
Cortesius (Cortezi), Alexander und Paulus, die Humanisten II. 897—898. VI. 587 ff.
Cortez, Fernando, der Eroberer von Mexico XII. 260—262. 35. 37. VII. 169.
Cortina XII. 1066.
Cortona, Bisthum V. 863. 869. VIII. 475.
Cortone, Pietro, Maler VI. 786.
Cornud, der Edelstein III. 394.
Corvey (Neucorbie), Kloster, Schule, Bisthum II. 898—902. 63. 187. 221. 873. I. 270. III. 104. 116. IV. 248. 516. 629. VI. 470. VII. 17. 396. 594. VIII. 5. 169. 747. 749. IX. 3. 443. 505. 566. XI. 717. 916. 927. 1120. XII. 756.
Corvinus, Johannes, s. Hunyades.
Corvinus Mathias, der Ungarkönig (reg. 1458—1490) II. 265. 381. 898. IV. 12. 230. 658. 736. V. 426. IX. 596. XI. 439 (Anmkg). 978. 981. 984. XII. 432. 1273.
Cos, die Insel II. 902.
Coscia, Cdl. I. 781. II. 612.
Cosenza, Ebm V. 667.
Cosimo, s. Cosmus von Medicis.
Cosmas und Damianus, die heiligen II. 902.
Cosmas, Chronist VIII. 635.
Cosmas von Jerusalem, Bf. v. Majumna, Dichter V. 710. 717. VIII. 519.
Cosmas Indicopleustes, der Mönch I. 389. V. 616. VII. 522. X. 181.
Cosmas- und Damiankirche in Rom IX. 354. 357.
Cosmas und Damians Ritterorden II. 902.
Cosmus (Cosimo) von Medicis, Herrscher von Toscana II. 902—904. 650. V. 709. XI. 166. XII. 720.
Cosri, Cusari, eine Apologie des rabbin. Mosaismus II. 904—905. V. 891. 902.
Cossa, Balthasar, s. Johann XXIII. Papst (V. 767).
Cossandey, der Illuminat V. 605.
Cossart, gel. Jesuit VI. 310.
Costa, B. da, Msnär XII. 143.
Costa, Janus a, Glossator IV. 754.
Costarica X. 445.
Costnitzer Concordate, s. Concordate.
Coswick, Convent zu IV. 86.
Cotelier (Cotelerius), Jean Baptiste, Herausgeber der apostolischen Väter II. 905—906. 550. 587. 833. V. 595. VII. 357. 631.
Cotrowe, Bm V. 867.
Cotschin, Ebm XII. 72.
Cotta, Landulf und Herlenbald, die Patarener VIII. 207 ff. [XII. 430.
Cotton, Pater Pierre II. 432. V. 558.
Coucy, Rob. von, Baumeister IX. 295.
Coudrin, Stifter der Picpusgenossenschaft VIII. 449 ff.
Coulanus, gel. Gegner des Richard Simon X. 160.
Courayer, Pierre François le, der excommunicirte Gelehrte XII. 262 —264.
Courçon, Rob. von, Cardinallegat XI. 437. 438. XII. 925.
Courius, Titularbischof V. 490. [934.
Courteney, Bf. v. London XI. 931.
Couserans, Bm. IX. 253.
Cousin, Victor, der Philosoph (geb. 1792) III. 382. VIII. 372. 709. 744. 746 ff. IX. 745.
Coustant, Pierre, der Mauriner XII. 264—266. X. 201.
Coutances, Bisthum IV. 159. IX. 252. XII. 1248.
Couthon, Georges, der Blutmensch (guillot. 1794) IX. 270.
Covenant, was Convenant, s. d.
Coverdale, prot. Bf VIII. 150.
Cozreb, der Mönch IV. 207.
Cramer, der Fortsetzer Bossuets V. 391. VI. 155. 845. IX. 332. 391. 701. 750. X. 381.
Cranganor in Indien V. 617. 690. 897. X. 266.
Cranmer, Thomas, der Reformator II. 906—908. IV. 83. 785. 790 ff. 793. V. 69 ff. 72. 76. 225 ff. 252. VI. 356. 649. VII. 382. VIII. 349. X. 405. 530. 914. XI. 810. XII. 58.
Crato, Leibarzt Kaisers Max II. II. 67.
Crayer, Caspar, Maler VI. 786.
Creatianer, Creatianismus, s. Seele, vgl. Generatianismus.
Creationstheorie F. v. Baaders XII. 402.
Creatur, s. Gott, Mensch, Schöpfung, Seele, Welt, vgl. Pantheismus.
Credenz, Credenztisch im Sanctuarium II. 909. VI. 42. 116.
Credner, prot. Thlg. III. 782. 786. V. 942 ff. VII. 626 (**).
Credo, s. Messe.
Crell, Johann und Samuel II. 617. X. 232. 590.
Crell, Nicolaus, s. Kryptocalvinisten.
Crell, Paul VI. 301.
Cremona, Bisthum V. 871. VI. 637. X. 113. XI. 491. XII. 1130.
Crepin, Klstr VI. 336.
Crescens, Begleiter des hl. Paulus II. 909. 647. VI. 762. XII. 372.
Crescens, St., Sohn der hl. Symphorosa X. 575.
Crescens, der Cyniker II. 909— 911. V. 967. 938. VI. 821. X. 647.
Crescentia, die hl. Martyrin XII. 266.
Crescentia Maria, die ehrwürdige von Kaufbeuern XII. 266.
Crescentio, der Cardinallegat V. 920. XI. 107. 198. 202.
Crescentius, römischer Consul II. 911—912. 88. I. 262. III. 594. IV. 371. 694. 695. 703. 817. V. 20. 35. 760. 761 ff. VII. 901. 903 ff. VIII. 105. IX. 381. XII. 200. 936.
Cresconius, der Canonist und Bischof des 7. Jhdts II. 306. 760. III. 69.
Cresimir, Kroatenherrscher XII. 1323.
Crespy, Friede von XI. 185.
Creta (Kandia), die Insel II. 912— 913. 322 (das biblische Caphthor?). 438 (**). 605 (der Verlust an die Türken tödtet einen Papst). VII

221 (Molochdienst). VIII. 247 (Paulusbauf). IX. 583 (Cap Sidero). X. 22 (Mission auf). XI. 30. 31 (der erste Bischof von). XII. 956 (Bisthum Gnosita auf).
Cretenet, Jacques, Stifter der Josephiten († 1666) V. 808.
Cretineau-Joly, Geschichtschreiber des Jesuitenordens V. 570. IX. 307 ff.
Creuzer, Gg. Friedrich, der Symboliker († 1858) I. 175. 217. III. 3. 172. IV. 736.
Creyghton, anglican. Thlg X. 627.
crimen complicitatis, f. Complex.
crimen falsi, f. Fälschung.
Criminalgericht, geistliches II. 913—917. 733. VII. 136. 157. 581. X. 66 ff. 394. XII. 1011.
Criminalproceß, geistlicher, f. Strafverfahren (X. 394).
Criminalrecht, geistliches, f. Criminalgericht, geistliches; Gesetzgebungsrecht der Kirche.
Criminalrecht und Criminalproceß, weltlicher, Einfluß der Kirche auf denselben II. 917—919. IV. 317 ff. 615 ff.
Crimthan, f. Columba, de.
Crispinian, der heilige XII. 621.
Crispinus, Bf v. Pavia III. 624.
Crispus, Martrr XII. 621.
Crispus, angebl. Bischof von Regina II. 919.
Crivelli, der Musiker VII. 411.
Crombach, der Jesuit XI. 485.
Cromwell, Oliver, der Protector II. 919—923. 3. I. 687. III. 900. IV. 796. V. 611. VI. 500. 680. VII. 514. VIII. 865. XI. 502. 787.
Cromwell, Thomas, der Minister II. 923—924. 314. 907. IV. 83. 785. 787 ff. 789. V. 66. 67 ff. 71. 74. 75. 225 ff. 828. X. 530. 943. XI. 810. [tectors IV. 797.
Cromwell, Richard, Sohn des Pro-
Croumer, Martin, Coadjutor des Hosius, Geschichtschreiber V. 343. VI. 254.
Crosner, der Hofprediger II. 925. III. 567.
Crösus, der König VIII. 447.
Crotus Rubeanus II. 924—926. III. 637.
Crösus, f. Benator.
cruciferi, crucifratres, f. Geistlicher, Kreuzherren.
Crucifix, Kreuzbild II. 926—929. I. 185. 211. VI. 260 ff. 277. VIII. 805.
Cruciger (Kreuziger), Caspar, der Reformator II. 929—930. VI. 671. VII. 31. 32. [555. 558.
Cruciger, Felix, der Lutheraner VIII.
Crumau, Wenzel von V. 426.
Crusius (Kraus), Martin, der gelehrte Lutheraner II. 930—931. I. 238. IV. 773. V. 522 ff. VII. 290. 324. 833.
Crussol, de, Bf IX. 252.
crux fidelis inter omnes, der Hymnus IV. 118.
crux pectoralis, f. Pectorale.
Cruz, C. da, Missiår XII. 565. 569.
Cruzada, f. Kreuzbulle.
Crypten, f. Krypten.
Cryptocalvinisten, f. Kryptocalvinisten. [240 ff. VII. 730.
Csanad, das Bisthum III. 330. VI.
Csenges, Synode zu VII. 732.
Csoma Körösi, Gl. XII. 154. 179.
Ctesiphon, f. Calne.
Cub, f. Chub.
Cuba, die Insel II. 383. X. 267. XI. 901. 908. XII. 37.
Cuba, Dietrich II. von, Bf. v. Samland VI. 610 ff.
Cubricus, Name des Manes; f. d.
Cucullnus, der Missionär X. 454.
cucullati, f. Kugelherrn.
cucullus, cuculla, Kapuze II. 931—933. V. 465.
Cucusus, Verbannungsort des Chrysostomus II. 537.
Cudworth, Ralph, der Philosoph II. 632. VI. 6. 359. VII. 324.
Cuenca, Bm X. 209.
Cugnac, Bf v. Lectoure IX. 252.
Cujacius (Cujas), Jacob, der Rechtsgelehrte II. 933—936. 734. IV. 544. 754. VIII. 571. XII. 988.
Cujavien, das Bisthum IV. 552. VI. 355.
Cujus regio ejus et religio, der Grundsatz IV. 15. V. 653. IX. 85. 88.
Culdeer, die Ceile-Dae Großbritanniens II. 936. 696. IV. 197.
Culemann, Geschichtschreiber VII. 151 ff.
Culman, Leonh., ein Reformator VII. 885. 886.
Cult, marianischer, f. Marienfeste.
Cultgebräuche, f. Liturgie.
Cultkleidung, f. Kleider, heilige.
Cultsprachen, f. Kirchensprachen.
Cultus, christlicher, katholischer, Cultformen II. 936—941. S. Gottesdienst, Liturgie, Religionsübung.
Cultus der Buddhisten XII. 171.
Cultus der Parsen VIII. 158.
Cultus latriae — duliae — hyperduliae II. 941. I. 231. IV. 930. V. 255 ff. VII. 90. 103.
Cumberland, Richard, Moralphilosoph († 1718) VII. 323.
Cumean, angels. Schftst. I. 743.
Cumulation der Beneficien II. 941—942. 635. 706. 747. VI. 120 ff. VII. 566. 706. IX. 224. 229. X. 183. XI. 194. 106. XII. 389.
Cuneo, Bm V. 871.
Cunibert, der heilige, Bischof von Cöln II. 942—943. I. 438. III. 2. 78. IV. 155. XI. 456. XII. 236 ff. 559 ff. 1032. [VI. 594.
Cunibert, Schriftst. der Longobarden
Cuno, Abt v. Sigberg IX. 451 ff. 454.
Cuphranor, 1. Bischof v. Rhodus XII. 1037.
Cura animarum, Vollmacht dazu, f. Approbation eines Geistlichen, Curatus.
Curaçao, ap. Vert. XI. 911. XII. 205.
Curatbeneficien II. 943. VI. 119. VIII. 835.
Curatel, f. Vormundschaft.
Curatel der Kirchenverwaltung, f. Kirchenvermögen.
Curator an Universitäten XI. 448.
Curator, Vermögensverwalter II. 944. S. Tutor, Vormundschaft.
Curatus, presbyter curatus II. 944. 943. I. 376.
Curcelläus, der Remonstrant II. 631.
Curçon, Robert, Gl. XII. 423.
Cureton, William, Gl. V. 598 ff.
Curia Rhaetorum, f. Chur.
Curia Romana, die II. 944—955. 343 ff. 952. 955. III. 179. 425 ff. VI. 170. 198. VII. 137. VIII. 606. 830. IX. 214. 404.
Curialen, f. Curialien.
Curialien, von Geistlichen stets zurückgewiesen II. 955.
Curialstyl II. 955. VI. 170. IX. 213.
Curiander, Abel, Gl. III. 319.
Curie, römische, f. Curia Romana.
Curien II. 955—956, f. Consistorium, Curia Romana, Ordinariat.
Curium, Bm. XII. 525.
Curopalates, Histor. X. 123.
Curtius, prot. Thlg. II. 293. VII. 33.
Curtius Rufus, Histor. I. 153. XII. 1290.
Curtmann, Pädagog IX. 790.
Cusa, f. Nicolaus von Cusa.
Cusani, Marcus de Sadis, Stifter der Doctrinarier III. 166 ff.
Cusanus, Augustin, Bf. v. Pavia XII. 838.
Cusari, f. Cosri.
Cusch, Cuschiten II. 956—958. I. 76. IV. 352 ff. V. 605. 696. VI. 519. VII. 616. IX. 464. 486.
Cuschan-Rischathaim, König von Mesopotamien II. 958. IV. 908. VII. 77. 894. [XII. 723.
Cuspinian, der Humanist IX. 239.
cussinus I. 185.
Custine, Adam Phil., Revolutionsgeneral (guillot. 1793) VI. 788.
custos, f. Küster, Mesner.
custos, Domcustos II. 958—959. 327.
Cutha, Cuthäer II. 959. IX. 601 ff.
Cuthbert, der heilige, Bischof in England II. 959—960. I. 250. VIII. 201. XI. 1217. 1222.
Cuvier, der große Naturforscher († 1832) VII. 627.
Cuyaba, Bisthum II. 141. X. 268.
Cycladischen Inseln, Kirchenprovinz der XII. 623 ff.
Cyclus (Goldene Zahl — Sonntagsbuchstabe — Epacten) II. 960—964. 528 (Chronologie) I. 115 (Aera). 230 (und Anatolius). V. 455 (hebr. Jahr). VI. 161 ff. (Kirchenjahr). VII. 537. 876 ff. 879 ff. (Oster-) VIII. 872.
Cymbel, Instrument VII. 423.
Cynismus II. 909 ff. VII. 315.
Cypern, Einführung des Christenthums, Metropolitankirche daselbst II. 964—965. I. 257 (wird vom Patriarchat Antiochien unabhängig). 819 (Heimath des Barnabas). II. 322 ff. (identisch mit Caphtor ?). 361 (Carmeliter auf). 456 ff. (und die Chittim). III. 626. 627 (und der heilige Epiphanius). V. 180 (Hilarion auf). 772 (Johanniter). VI. 630 (Ludwig der Heilige auf). 820 (Maroniten daselbst). VII. 268 (Missionäre). 243 (Monophysiten). 886 (Zuflucht der syrischen Christen). 589 (König Johann von). 848 (Syn.). IX. 577 (Salamis auf). X. 89 (ein Bischof von). 623 (Statistisches über die Katholiken auf). 725 (Templer auf). XI. 332 (Katholiken auf). 334 (Bisthum Famagusta). XII. 525 (Kirchenstatistisches). 694 (von Löwenherz erobert). 968 (Streitigkeiten wegen). 973 (ein Bischof von Carpasia).
Cypresse, die VII. 626.
Cyprian (Thascius Cäcilius), der Heilige II. 965—969. I. 51 (*). 52 (*). 364 (gegen die Juden). 475. 508. 712 (Briefe über die Märtyrer). 754 (für die Verehrung der Bekenner). II. 16 (*). 17 (*). 155 (empfiehlt die Vesper). 225 (über die Wichtigkeit des Bußwesens). 637 (**). 879 (Briefwechsel mit P. Cornelius). III. 59. 61. 62 ff. 161 (Ketzertaufstreit). 255. 875 (lobt den P. Fabian). 933 (*). 937. IV. 74 (Ketzertaufstreit). 419 (*). 638 (*). V. 295. VI. 71 ff. (Ketzertaufstreit). 91 (erzählt ein Mirakel). 165 (wird als Kirchenpatron verehrt). 183 (unter den Kirchenvätern). 337. 405 (*). 614 ff. VII. 52 (über einen Volksgebrauch während des Meßopfers). 89 (über das Meßopfer). 153. 154 (entlehnte Stellen des). 298 (als Moraltheologe). 386 ff. (*). 424. 632 (*). 658 (und das Novatian. Schisma). 708. 785. VIII. 68 (***). 110 (über die ältere Papstwahl).

D.

(Märtyrerverzeichniß). — D. II. (Poppo; reg. 1048) I. 775. II. 166. 581. IV. 69. V. 10. VI. 462.
Damberger, der Historiker VI. 293. 902. VIII. 612. IX. 324. X. 145. 730. 733. XI. 657 ff. (**). 1108. XII. 199 ff. 252. 375 ff. 408. 732 ff. 1138.
Damenstift, s. Canonissinnen.
Dames du sacré coeur, s. Herzens Jesu, Frauen des.
Damian und Cosmas, die Heiligen, s. Cosmas und Damian.
Damiani, Petrus, der heilige, Cardinalbischof III. 15—17. 243 (Einsiedelei des). I. 154 (ein Gesinnungsgenosse des). 531 (gegen Unordnungen des Klerus). 775 (*). II. 310 (stellt die vita communis her). IV. 246 (ein zweiter). 367 (ein Bußwerkzeug des). 698 ff. (*). V. 8 ff. (über K. Heinrich III.) 14 ff. (in Deutschland). VI. 185 (doctor ecclesiae). 553 (sucht den röm. Ritus vergeblich in Mailand einzuführen). 571 (*). 577 (*). VII. 273 (ein Gesinnungsgenosse des). 579 (flieht). 582 (beruhigt Mailand). VIII. 207 (in Mailand). 523 (als Dichter). 647 (als Kanzelredner). IX. 528 (**). X. 359 (und Stephan X.). 363 (*). XII. 190 (*). 273 (gegen das Schachspiel). 295 (*). 355 (in Florenz). 961. 962 (*).
Damianistinnen (strenge Clarisserinnen) II. 566. XI. 994.
Damianus, monophys. Patriarch von Alexandrien III. 17. VII. 212.
Damianus, der hl. Bf. v. Pavia XII. 930.
Damiens (Robert der Teufel), Königsmörder (hinger. 1757) V. 563. 564.
Damm, s. Freidenker.
Dammesek, s. Aram.
Dämonen, s. Teufel, vgl. Gespenst, s. dazu I. 25. III. 581 (Energumenen). 583 (Engel). V. 155 ff. (Hexenprocesse). 296 (Hölle). 609 (Anrufung). VI. 4 ff. (die der Kabbala). VII. 841 (Origenes über die). X. 650 ff. XI. 1251 ff. (Zauberei).
Dämonencult der alten Araber V. 846.
Dämonenlehre der Thalmudisten V. 904.
Daemoniaci, Teufkianer, s. Teuf.
Dämonische, s. Besessene.
Dämonische Ekstase, s. Verzückung.
Dämonische Stigmatisation, s. Stigmatisation.
Dämonische Sünde X. 517. XI. 316.
Dan, Stammvater und Stamm III. 17—18. 719. I. 318. IV. 266. 311. V. 430. 514. 527. 781. VI. 12. VII. 468. VIII. 49. 50. 399. IX. 317. 613. X. 120. XI. 1293.
Dan, die Stadt III. 18. II. 61 (goldenes Kalb). VIII. 50.
Dan, der Fluß V. 787.
Danby, Lord Schatzmeister VII. 669.
Daudino, Chr. II. 707.
Dandolo, Geschichtschreiber XII. 961.
Dänen, werden christlich III. 18—22. 720 ff. I. 270 ff. II. 389 ff. (Canut d. G.). 509 ff. IV. 774 (Grönland). 851. VII. 646. VIII. 166. IX. 446. 668 ff. XI. 1098.
Dänen, Geschichtliches II. 509. III. 338. 625. IV. 682 ff. VII. 807. 900. IX. 134. XI. 808. 1101. 1219. 1222.
Dänen, Kirchengeschichtliches I. 409 (Reftion.). 566 (Ebf. Absalon). II. 89 (im Interdict). 318 ff. (Canut d. G.). 708 (kein Legat geduldet). III. 349 (Ebbo in). 372 (Dr. Eck eingeladen). IV. 708 (und Gregor VII.). 880 (Haugianer). V. 141 (Herrnhuter in). 898 (Juden in). VI. 378 (Laslo verbannt). 614 (Ebm. Lund). 670. 671 (wird lutherisch). IX. 396 (der Peterspfennig). 446 (Rügen bekehrt). 689 (Schleswig). 837 (neueste Ketzereien in). 841 ff. (Schweden). X. 742 (Tertiarier in).
Daniel, Bischof von Winchester III. 22—23. II. 81. IV. 780.
Daniel, Prophet und Buch III. 23—27. 515 ff. I. 152. 274. 287 ff. 310. 348. 605. 669. 755. 763. IV. 268. 611. 911. V. 590. VI. 559. 775. VII. 108. 109. 498. 830. 833. X. 63. 532. 534. 576. XI. 172. 1298. XII. 824.
Daniel, der Carmeliter II. 363.
Daniel, der Heilige von Padua XII. 917.
Daniel, der Stylite X. 423 ff.
Daniel, russ. Großfürst V. 637.
Daniel, Fürst von Galizien IX. 463.
Daniel Gabriel, Historiker XII. 267. V. 496. VII. 470. 881. VIII. 787. 792.
Dankbarkeit IX. 815. XI. 315. 703.
Dankgebet, s. Gebet.
Dankopfer, s. Opfer, dazu III. 695. IV. 47. 49. 386. VII. 91 ff. 777. 779.
Dankpredigten III. 27.
Dankpsalmen, s. Psalmen.
Dannenmayer, Math., Kirchenhistoriker III. 27—28. II. 208. V. 359. 801. VI. 153. XI. 1013. 1059.
Dante Allghieri, der Dichter III. 28—40. I. 767. 768. II. 355. 507. VI. 757. 781. VII. 141. VIII. 23. 325. 528. XI. 655. XII. 360. 704. 792. 915. 1005.
Danton, Georges, der Revolutionär (hinger. 1794) IV. 401. 676. 900. 901. IX. 281.
Danz, Kchhist. VI. 157.
Danzer, Mrlthlg. VII. 307.
Danzig I. 91 (der hl. Adalbert in) VIII. 552. 558. 684. 703 (Reftion. in). 580 (privilegium religionis in).
Daphne, Lustort und Vorstadt von Antiochien III. 40. I. 574. VII. 773.
Dar al Schafi, Kistr. VI. 694.
Darasi, s. Mohammed Darasi.
Darcimoles, Ebf. v. Aix XII. 21.
Dardania, s. Samothrake.
Daria, St. III. 14.
Darike (Darius d'or) IV. 347.
Darius, Name von 3 Perserkönigen III. 40—41. a) D. I. Hystaspis (521—485 v. Chr.) III. 24. 26. 713. 715. 852. IV. 912. 913. VI. 336. VII. 10. VIII. 154. 304. 306. IX. 603. X. 710. XI. 1295. — b) D. II. Nothus (reg. 423—405 v. Chr.). IV. 913. VIII. 306. IX. 603. — c) D. III. Kodomannus (reg. 336—330 v. Chr.) I. 153. VIII. 306. IX. 603.
d'Argens, Jean Bapt. Boyer, der Philosoph († 1771) III. 578.
d'Argentré, Bf. VI. 555.
d'Argonne, Natalis Bonaventur VIII. 220 ff.
Darlehen, mutuum III. 41—45. V. 434. IX. 208. 494. XI. 647 ff. 1178 ff. 1181. XII. 1226.
Darlehnsvertrag, s. Darlehen.
Darmesek, s. Damascus.
Darnley, Graf, Staatsmann VI. 552 ff.
Darstellung Jesu im Tempel, Fest der, s. Mariä Lichtmeß (VI. 840).
Datarius und Datarie III. 45—46. 425. 426 ff. II. 106. 951 ff. V. 833. IX. 214. XI. 190.
Dathon, s. Neapolis am Strymon.
datio in adoptionem, s. Adoption.
Datius, Ebf. v. Mailand VI. 752.
Daub, Carl, pr. Thlg. u. Phlsph. († 1836) III. 622. VI. 835. VIII. 381. XI. 56.
Dauer des hl. Meßopfers, s. defectus missae (XII. 275).
Daumer, Gg. Friedr., Philosoph und Convertit VII. 250.
Daun, Graf Leop. Jos. Maria, Feldmarschall († 1766) VI. 859.
Daut, Johann Maximilian, der Schwärmer III. 46.
Davelay, Msnr. XII. 257. 258.
David, der zweite König des auserwählten Volkes III. 46—49. I. 46. 60 (u. Absalom) 83 (u. Achis). 99. 135 (ein Kundschafter des). 192 (besiegt die Amalekiter). 206 (Rachekrieg wider die Ammoniter). 341 (ein apokryph. Psalm). 391 (gegen Hadadeser). 473 (ein Sangmeister des). 475 (und Goliath). 629 (ein Freund des). 769 (ein Held des). 807 (Königswahl). 886. II. 437 (seine Leibwache). 530 (Chronologisches). III. 12 (erobert Damask). 191 (ein Gegner des). 396 (und die Edomiter). 514. 518 (besiegt die Edomiter). 616 (Schlacht im Walde Ephraim). 658 (in Sünde empfangen). IV. 56. 268 (Anhänger). 269 (Vertrauter). 311 (und die Stadt Gath). 314. 374 (eine Münze aus der Zeit). 416 (als Büßer). 491 ff. (ein Weib des). 570 (und Goliath). 645 (Grab des). 852 (und König Thoi). 907 (Verdienste des). 919 (eine Residenz des). V. 98 (ein Sangmeister). 213 (und Hiram). 218 ff. (Vorbild Christi). 511 (und die Jebusiter). 528 (Stadt des). 545 (Vater des). 687 (Heerführer Joab). 782 ff. (und Jonathan). 784. 793. 875 (erobert Jatur). 880 (der Stamm Juda für ihn). VI. 245 (göttliche Wahl). 281 (Kriegswesen). 618 (gegen die Amalekiter). VII. 67 (und Mephiboseth). 107 (Christus in den Psalmen des). 185 (und die Moabiter). 383 (Tempelmusik des). 421 (als Musiker). 474 (und Nathan). 623. VIII. 131 (Quelle für die Geschichte des). 134. 136. 399 (und die Philister). 430 (Phönicier). 817 (Demuth gegen die Propheten). 819. 844 ff. (Psalmen des). IX. 4 (erobert Rabbath-Ammon) 119 (Quelle für die Geschichte des). 126. 476 (Stammtafel). 584 (und sein Nachfolger). 617 (ein Zeitgenosse des). 637 ff. (und Saul). X. 45 (und Semei). 114 (in Siceleg). 191 (Stadt des). 192. 200 (in der Wüste Ziph). 642 (als Tänzer). 703 (Vorbereitung zum Tempelbau). 738. 894 (Gebete zur Zeit). 897 (Theraphim des). XI. 481 (und Urias). 742 (Voltaires Zerrbild von).
David von Augsburg, der Prediger III. 49—50. I. 857. VIII. 647. IX. 107 ff.
David von Dinanto, s. Dinanto.
David, Erzbischof von Menevia III. 50—51. I. 148. XII. 100.
David, der sagenhafte König V. 735 ff.
David, der Nuntius VI. 440.
David, Philosoph I. 442.
David ben Sakai, s. Sakai.
David von Krak, Sarazenenfürst XII. 696.
David I. von Schottland X. 89.
Davidis, Franz, der Socinianer II. 41 ff. X. 124. 232.
Debelay, Ebf. v. Avignon XII. 90.
Debeltes, Bm. XII. 506.
Debir, s. Kirjath Sepher.
Debora, die Prophetin III. 51. I. 608. 609. IV. 906. V. 477. VII. 468. VIII. 820. 844.
Debreyne, Trappist und Arzt XI. 662. XII. 1161. 1162.
Decalog, der III. 51—56. I. 732. II.

5. 213. 214. IV. 348. V. 220. VII. 342 ff. 436 ff. 486. 755. X. 156. 176 ff. 923 ff. XI. 579.
Decalog der Buddhisten XII. 162 ff.
Decan des Cardinalcollegiums, Cardinaldecan III. 56. II. 342 ff. 945 ff. V. 665. IX. 404.
decani, s. nonni.
decani urbani et rurales, s. Landdecan.
Decanica, decaneia III. 56—57. 130. VIII. 894.
Decanie, Christianität I. 408. VI. 333 ff.
Decanus capituli III. 57. 246. 400. I. 406. 409. II. 26. 203. 327. 714. 733. V. 246 (in England). VI. 110 ff. 191. IX. 214. X. 524. 791.
Decapolis, Zehn-Städte-Land III. 57—58. IV. 269. VII. 891. VIII. 51.
Decentius, Bf. v. Eugubium V. 828.
decimae, s. Zehenten.
Decimationssteuer, s. Abgaben, clericalische, Zehenten Saladins.
Decimatoren, s. Zehentrecht.
Decische Christenverfolgung, s. Decius.
Decisiones Rotae Romanae, s. Rota Romana.
Decisivdecrete, entscheidende Erkenntnisse III. 58—59. IV. 235. VIII. 800. IX. 63.
Decius, der Kaiser, und die decische Christenverfolgung III. 59—65. I. 125. 221. 475. 573. 574. II. 225. III. 160. 162. 804. 876. 937. IV. 5. 295. 748. VII. 225. 501. 506. 619 ff. 658. 660. 831. VIII. 260. 816. 455. X. 87. XI. 530. 722. XII. 19.
Decius, Philipp, berühmter italien. Rechtsgelehrter III. 65—66.
declaratio cleri Gallicani, s. Gallicanismus, dazu II. 127. 755 IV. 659. V. 647. VIII. 468. XI. 1015. XII. 107. 491.
declaratio Thorunensis X. 571. 572. 955.
Declaration der teutschen Bundesstaaten an Rom II. 752.
Declarationes congregationis cardinalium conc. Trid. interpretum III. 66—67. 74. II. 341. XI. 246.
Decorum clericale XII. 267—276.
Decret, s. Decisivdecrete.
Decretalen und Decretalensammlungen, s. Canonensammlungen, Corpus juris canonici, Compilationes decretalium, Kirchenrecht, dazu I. 785. 841. II. 91. 95. 564. III. 346. 857. VI. 170. 513. 685. VIII. 3. 262. 279. 313. 794. IX. 161. X. 634. XI. 694 ff. XII. 491.
Decretalen Gregors IX., s. Gregor IX.
Decretalen, pseudo-isidorische, s. Pseudoisidor (VIII. 819).
Decretist und Legist III. 67—68.
decretorius annus, s. annus decretorius.
decretum absolutum, s. Prädestination.
decretum Gelasianum VII. 50. IX. 922.
Decretum Gratiani III. 68—71, s. Correctores Romani, Palea, dazu II. 17. 76. 309. 408. 733. 760. 820. 886. 888. 898. III. 182. 630. 857. IV. 542. 672. V. 679. 832. 952. VI. 418. VIII. 783. IX. 166. 221. X. 388. 432. XII. 29. 638. 839. 1135.
Dedan, das Volk III. 71. IX. 186.
Dederoth, s. Johann von Minden.
Defecte des Ordinanden, s. Irregularität.
defectus aetatis, ein Weihehinderniß I. 187.
Defectus congruae III. 71—72, s. Congrua.
defectus firmae fidei VII. 505.
Defectus missae XII. 276—278.
defensio declarationis cleri gallicani IV. 294.
Defensor ecclesiae III. 72—73. I. 91. VI. 189. VIII. 115. IX. 909.
Defensor fidei, Ehrentitel Heinrichs VIII. von England IV. 784. V. 61.
Defensor matrimonii III. 73—74. 447. XI. 47. 1280.
Deficientengehalte III. 74—75.
Definitio canonica apostolorum III. 75, s. Canonensammlungen, Constitutiones apostolorum.
Definitionen und Definitoren geistlicher Orden III. 75—76. 108. 187. 239. 240. I. 528. IV. 816. VI. 334. VII. 809. 810. 816. X. 524. 663. XI. 766.
Definitivproceß II. 30. V. 621. VIII. 627.
Definitoren in Decanaten III. 76—77. 108.
defloratio virginis, s. stuprum.
Deformität, s. Irregularität.
Degradation, Kirchenstrafe der III. 77—78. 108. I. 600. II. 718. 719. IV. 871. VI. 180. XII. 805.
Dei gratia, Dei et apostolicae sedis gratia etc. III. 78—79.
Deipara, s. Maria, die hl. Jungfrau.
Deismus, der III. 79—89. a) Deismus I. 58. 59. 368. II. 48. IV. 120. 121. 200. 319. V. 221 ff. 272 ff. 283. 602 ff. 902. VI. 528. 529. 560. 573. 923. VII. 481. VIII. 190. 274. IX. 172. 183 ff. 281. 422 ff. 564. X. 71. 108. 345. 890. XI. 616. 624 ff. 1143 ff. XII. 180. — b) Deisten I. 58. II. 70. 131. III. 577 ff. IV. 100. VI. 087. 792. VII. 330. 318.
Delean, die Mutter IX. 873.
Delegat, der III. 89, vgl. Commissarius, Delegirte, Mandirte Gerichtsbarkeit.
Delegationen im Kirchenstaat, s. Curia Romana, Italien, Kirchenstaat.
Delegirte Gerichtsbarkeit III. 89—91, vgl. Mandirte Gerichtsbarkeit, s. dazu II. 715. IV. 460 ff. VII. 136. IX. 696. X. 425. XI. 244.
Delfini, der Nuntius II. 113. 605. 708. VII. 495. XI. 205. 206. 225. 608.
Delft, Prediger in V. 625; — Secirer in IX. 837.
Delgado, Ign., ap. Ver. II. 485.
Delict, das III. 91—93, s. Excesse der Geistlichen, vgl. Strafverfahren.
Delila, die IX. 614.
Delinquent, s. Delict.
Delinquenten, Vorbereitung zum Tode XII. 562.
Delinquentenpredigten III. 94.
Delitzsch, Frz., prot. Gl. IV. 842. VI. 705. VIII. 28. 404. 405. X. 246. XI. 514.
Dellamotte, Carl, Methodist VII. 121.
Delminio, Em. XII. 1321.
Delpech de l'Etang, Marie, Stifterin der Josephitinnen V. 868.
Delphin, Ebf. v. Lyon XI. 1083.
Delphini (Leuchter) III. 94—95.
Delphini, Pietro, Camaldulenser II. 284.
Delphinus, Joh. II. 605.
Delrio, gel. Jesuit XII. 278—279.
Delsignore, Archbist. VI. 132 ff.
de Marca, der Canonist, s. Marca.
Demas, Begleiter des hl. Paulus III. 96.
Demeritenhäuser, s. Correctionsanstalten, vgl. Emeritenanstalten.
Demeter, die Göttin VIII. 41.
Demeter, Ignaz, der zweite Erzbischof von Freiburg († 1842) IV. 187. VII. 30. 226. X. 318. XII. 898. 1007. 1243.
Demetrius, der heilige X. 909.
Demetrius, die in der Bibel vorkommenden Männer dieses Namens III. 95—97. a) D. Soter I. 79. 167. 280. 469. 578. VI. 680. 691. 708. VII. 462. — b) D. Nicanor VI. 706. VIII. 861.
Demetrius Doson VI. 719.
Demetrius Phalereus I. 162 ff.
Demetrius Poliorketes VI. 719.
Demetrius, der 12. Bischof von Alexandrien III. 97—99. VII. 820 ff. VIII. 606.
Deminutio beneficii III. 99, s. beneficium ecclesiasticum, Temporalien-Abtrennung.
Demnie, Otto d. hl. in VII. 914 ff.
Demochares, Anton, der gelehrte II. 889.
Democrit, der jonische Philosoph (um 400 v. Chr.) III. 148. 921. VI. 921. XI. 756.
Demosthenes, der große Redner († 322 v. Chr.) VI. 509. X. 34. XII. 1277.
Demuth, die Tugend der III. 100—101. 617. X. 40 ff. XI. 309.
Denar, s. Geld.
Denarius Sancti Petri, s. Peterspfennig.
Dendrolatrie (Baumdienst) IV. 634.
Denis, Joh. Mich. Cosmus, Jesuit und Dichter III. 101—103. VIII. 529. XI. 1060. XII. 1277.
Denk, Johannes, der Antitrinitarier I. 286. III. 103. X. 77. 91. XI. 127.
Denrik, Bf. v. Boston VII. 613.
denunciatio evangelica, s. Proceß.
Denunciationspflicht vor und nach Eingehung einer ungiltigen Ehe XII. 279—280.
Denunciationsproceß, s. Criminalrecht, Proceß, Strafverfahren, vgl. inquisitio haereticae pravitatis.
Denwich, die Insel VIII. 192.
Denys, St., die berühmte Abtei III. 103—106. 2. 164. 333. I. 4. 71. 840. II. 524. IV. 89. 413. 413. V. 186. VI. 324. VII. 406. 649. 650. 825. VIII. 143. 146. 167. X. 312. 415. 400 f. XI. 1. 717. XII. 18.
Denzinger, prot. Thlg. V. 509. VI. 555.
Deocarus, der heilige XII. 849.
Deodatus, Papst, s. Adeodat, Deusdedit.
Deo gratias, Responsorium III. 106. VII. 102.
Deogratias, Bf. v. Carthago III. 746 ff. XI. 512.
de Ponte, s. Du Pont.
Deposition, Amtsentsetzung III. 106—107, s. Bischof, Kirchenamt, dazu I. 600. II. 719. III. 77. 78. 137. VI. 123. 180. VIII. 790. IX. 224. XI. 515. 581. 1271. XII. 805.
De profundis, Psalm II. 23.
Deputati der Oratorianer VII. 513.
Deputatus in der griechischen Kirche III. 107.
Deputatus in Landcapiteln III. 107—108, vgl. Sendgerichte.
Derbe, Stadt in Lycaonien III. 108. VI. 679. 691. VIII. 215.
Derdertan, Priester VIII. 310. 311.
Dereser, Thadd. Anton, theolog. Schriftsteller III. 108—109. V. 311 ff. 515. VII. 606. XII. 1100.
Derketo, s. Atargatis dazu III. 3. V. 161. VIII. 35. IX. 603.
Dernbach, Abt von Fulda V. 926, Bischof v. Würzburg XI. 1192.
Derrajah, Hauptort der Wechabiten XI. 813.
Derry (Londonderry), Kstr. II. 694.

Deruvian, der heilige VI. 616.
Derwisch, bei den Mohammedanern III. 109—114. I. 217. V. 857.
Desaguliers, der Freimaurer IV. 197.
De salute animarum, die Bulle II. 326. 751 ff. III. 334. VI. 179. 209. VIII. 9. 614 ff. 749. XI. 253.
Desbosses, der Jesuit VI. 426.
Descartes, s. Cartesius.
Descendent, s. Verwandtschaftsverhältniß (XII. 1227).
Descensus Christi ad inferos, s. Höllenfahrt Christi.
Deschamps, Jacques, Doctor der Sorbonne XII. 280.
Desertion, Desertionsproceß, s. Verlassung, bösliche.
Deservitenjahr, s. annus deservitus.
Desideratus, Bischof von Verden IV. 152.
Desiderius, Bischof von Vienne IV. 152. 156.
Desiderius, Abt v. Mieso, s. Victor III. P.
Desiderius, Longobardenkönig III. 115—116. 514. II. 346. VI. 145. 594. VIII. 230. X. 357.
Designatio personae, s. provisio canonica.
Desmolets, der Oratorianer VI. 435.
Desmoulins, Camille, der Freund Dantons IX. 281 ff.
Desnos, Bf IX. 253.
d'Espence, s. Espencäus.
Desportes, Bf IX. 253.
Desportes, Philippe, Lector Heinrichs III. v. Frankreich III. 340.
Desservant (in Frankreich) III. 116—120. IV. 165. 166. 169.
Detentionsbesitz, s. Besitz.
Detentionshäuser, s. Correctionsanstalten, geistliche.
Determinismus und Indeterminismus III. 121. 920. IV. 195. VII. 481.
de Thon, s. Thuanus.
Detroit, Bm. VII. 639 ff.
Detrusio in monasterium, s. Klosterverweisung.
Deurhoff, Wilhelm, der speculative Korbmacher III. 121—122.
Deus in adjutorium III. 122.
Deus in pyxide I. 231.
Deusdedit, Cardinal II. 309. VI. 753.
Deusdedit, Adeodatus, Papst III. 122—123. 87. 209. I. 95.
Deuterocanonisch, s. Kanon, biblischer, dazu I. 320. 900. X. 820 ff.
Deuteronomium, s. Pentateuch.
Deutinger, Theolog und Philosoph VII. 328. 329. XII. 978.
Deutleben, Valentin, Geschäftsträger XII. 419.
Deutsche Concordate, s. Concordate teutscher Nation.
Deutsches Reich, s. Reich, teutsches.
Deutschland, s. Teutschland.
Deutschlin, der Prädicant IX. 236.
Deutschorden, s. Teutschorden.
Deuz, Rupert von, s. Rupert von Deuz.
Deutz, Klstr. IX. 452.
Deval, Mathias, der Luther Ungarns III. 123—124. V. 323. XI. 402.
Deventer, Bisthum II. 630. III. 639 (Schule). 647 (Propstei).
Devolutionsrecht III. 124—126. II. 664. VIII. 641. 834 ff.
Devolutiv- und Suspensiveffect IX. 66.
Devonius, Balduin, mittelalt. Gl. IX. 720.
Devoti, der Kanonist XII. 280—281.
Devotio domestica qualificata, s. Hausandacht.
de Wette, protest. Theolog, s. Wette, de.
Dews der Parsen VII. 172. VIII. 39.
Dexter, Flavius Lucius, der Kirchenschriftsteller III. 126—127.
Deza, Don Diego, Großinquisitor VI. 401. 937.
Dezewicki, Math., Bf. v. Pomerellen VIII. 703.
Dhaher, Chalif V. 593.
Dharani, Aberglaube der XII. 176. 178.
Dharma-Lama VI. 319.
Dharma-Mahamatara, die XII. 181.
Dhyana, die höchste buddhist. Vollkommenheit XII. 164.
Diabolus, s. Teufel.
Diacon, s. Diaconat.
Diaconat II. 127—128, s. Regionarius, Subdiaconat, dazu I. 437. 446. II. 15. 17 ff. 660. 915. III. 803. IV. 221. V. 250. VI. 129. 216. 406. 408. 596. VII. 62. 97. 819. VIII. 307. 640. 650. 771. 851. IX. 116. 210. X. 360. 425 ff. XI. 1126. XII. 822.
Diaconatsweihe III. 128—130, vgl. Subdiaconatsweihe, s. dazu V. 834 ff. VII. 821. VIII. 653. 771. IX. 208.
Diaconia, s. Armenpflege.
Diaconica, s. Decanica.
Diaconicum III. 130, s. Kirche als Gebäude.
Diaconissae III. 130—132. IV. 221. VI. 117. 129. VIII. 115. X. 673. 674. XI. 1123. 1126 ff. XII. 618. 1092.
Diaconissen bei den Protestanten III. 132. IX. 878.
Diacovar, Bm. VI. 240 ff.
Diagramm, ein ophitisches VII. 769.
Dialecte, orientalische, s. Semitische Sprachen.
Dialectik des Mittelalters I. 414 ff. III. 202 ff. VIII. 412 ff. IX. 731 ff. XII. 975 ff.
Dialectik im modernen Sinne, s. Philosophie, Encyklopädie der philosophischen Wissenschaften (XII. 974 ff.).
Diamant, der III. 386.
Diamper, Synode zu V. 617.
Diana, s. Artemis.
Diana, Gel. VII. 306. XII. 251.
Dianatempel zu Ephesus III. 600.
Diapason, Diapente (Oktave, Quinte) im Tonsystem VII. 399 ff.
Diarbekir II. 143. VII. 168. 169. XI. 336.
Diascovich, Gg., Bf. v. Fünfkirchen VII. 728.
Diaspora, die Juden in der XII. 281—282. 1014. 1107. V. 846 ff.
Diatessaron, s. Apokryphen-Literatur.
Diatessaron in der Musik VII. 399 ff.
Diaz, Andreas, der Barfüßer I. 529.
Diaz, der Missionär X. 454.
Dibon, Name von 2 Ortschaften III. 132.
Dicastus, Gg., der Konsistorialpräsident VII. 748.
Dichotomie, Strafe der X. 390.
Dichtkunst, christliche, s. Poesie, christliche (VIII. 517).
Dichtkunst, hebräische, s. Poesie, hebräische (VIII. 531), Psalmen.
Dicta Gratiani III. 132, s. Decretum Gratiani.
Dictatus Gregorii VII. III. 132.
Dicuil, irischer Theolog V. 827.
Didactik, s. Pädagogik, Lehrart (XII. 706).
Didacus, der heilige XII. 282—283. II. 687. VI. 588.
Didascalia apostolorum, s. constitutiones et canones apostolorum.
Didaskalie, Lehrgabe IV. 364.
Diderot, Denis, der Gründer der Encyclopädie III. 132—133. 579. I. 854. II. 764. V. 283. IX. 276. 472. 424. X. 72. XI. 736. XII. 435.
Didier de la Cour, Stifter der Congregation von Vannes I. 704. XI. 580 ff.
Didius Julianus, der Schattenkaiser X. 83.
Didrachmon, s. Geld (IV. 375).
Didymus, der blinde III. 133. 774. I. 323. V. 171. VI. 802. IX. 440. XII. 635.
Didymus von Turin V. 512.
Didymus, Gabriel, ein Gehilfe Luthers III. 133—134.
Die, Hugo von, Erzbst. II. 189. X. 98. XI. 98. XII. 88. 91. 990.
Dié, Bm. I. 862.
Diebstahl III. 134—136. V. 836 (macht irregulär). IX. 562 ff. (Kirchen-). X. 302 (Strafe des). 390. XI. 590. XII. 1306 (Wild-).
Diebstahl bei den Hebräern III. 136. VII. 345.
Diedenhofen, Synode zu V. 203. VIII. 856.
Diener Mariä, s. Serviten.
Diener der Synagoge X. 580.
Dienstag, der IX. 5. 74. 76.
Dienstkleid III. 466. V. 931. VIII. 836.
Dienstkleides, Verletzung des III. 473.
Dienstlüge, s. Lüge.
Dienstunfähigkeit der Geistlichen III. 136—138, s. Deficientengehalte, Deposition, Emeritenanstalten, Suspension, Irregularität, Tischtitel.
Dienstvergehen der Geistlichen, s. Amtsvergehen.
Diepenbrock, Melchior, Cardinal-Fürstbischof von Breslau XII. 283—284. 1007. II. 154. VII. 309 IX. 568. X. 385. 535. 793.
Dieringer, Franz Xaver, der Dogmatiker (geb. 1811) II. 8. 121. III. 382. VII. 428. 430. IX. 709. X. 8. XI. 42. XII. 1069 ff.
Dies decretorius, s. annus decretorius.
Diesen, der heilige, s. Disibod.
Dies fixa III. 138—140. IV. 54 ff. VI. 162 ff. VII. 471.
Dies irae, Hymnus III. 140. I. 174. IV. 574. VIII. 524. X. 56.
Dies natalis, s. dies fixa.
Diessen am Ammersee, Klstr. XII. 789.
Diestel, der Mucker IX. 823.
Diesterweg, Friedr. Adolph Wilhelm, der Schulmann (geb. 1790) VIII. 31. XII. 1241.
Dietenberger, Joh., der Bibelübersetzer X. 508. XII. 1212.
Dieterich, G., Tonsetzer VII. 407.
Diethelm, Abt von Sanct Gallen IV. 286. 287.
Diether von Isenburg, Erzbischof und Churfürst von Mainz III. 140—143.
Diethmar, erster Bischof von Prag VII. 707.
Diethmar von Merseburg, s. Dithmar.
Dietho, Bf. v. Würzburg XI. 1186.
Dietmayr, Bertold von, Abt von Melk VII. 52 ff.
Dietpold, Bf. v. Passau VIII. 176.
Dietrich von Apolda (Thüringen), Chronist III. 143.
Dietrich I., Graf von Heinsberg, Erzbischof von Köln III. 143.
Dietrich II., Graf von Mörs, Erzbischof von Köln III. 143.
Dietrich II., Graf von Wied, Erzbischof von Trier III. 143—144.
Dietrich, Erzbischof von Magdeburg († 1367 oder 1368) III. 144.

Dietrich, Erzbf. v. Mainz VI. 599.
Dietrich von Niem, der reformatorische III. 144—145. II. 576. V. 179. 798. 768. VIII. 7. 463. XI. 470. 584.
Dietrich, der poetische Bruder VIII. 526.
Dietrich von Treyden, ein Apostel der Liven III. 721.
Dietrich von Bern, s. Theoderich.
Dietrich III., Frankenkönig V. 355.
Dietrichstein, Franz von, Erzbf. von Olmütz VII. 768.
Dieu, Louis de, Orntlst. VIII. 407.
Diez, Bm. XI. 250.
Diffamatio, verstärkt infamatio III. 145. XI. 461. XII. 840.
Diffessionseid III. 468. 477. 479. V. 668.
Digby, der Verschwörer VIII. 862 ff.
Digne, Bm IV. 159. IX. 253 ff.
Dignitar II. 327 ff. III. 145. VI. 119 ff.
Dignität, Prälatur III. 145—146. II. 327. 684. 817. VI. 246. 248. VIII. 312.
Dijon, Bisthum und Stadt I. 862. II. 840. IV. 150. VI. 682. VII. 396. XI. 405. 1090.
Dilatorische Einreden III. 492. 494.
Dilatorische Fristen IV. 235. 236.
Dilatorische Ladung, s. Citation.
Dilatorische Termine, s. Fristen.
Dilfeld, G. C., Pietistengegner X. 278.
Diligenzeid, s. Eid.
Diller, Mich., prot. Thlg. d. 16. Jhdts. VIII. 354.
Dillingen, Stadt X. 325. 326. 336. XII. 81. 82. — b) Universität IV. 288. VII. 918. IX. 568. X. 257. 258. XI. 444—447.
Dillon, A. R., Ebf. v. Toulouse IX. 253. XI. 98.
Dimessen, Congregation der IV. 178 ff.
diminutio beneficii, s. deminutio beneficii.
Dimissorialien III. 146—147. 551. VI. 24. 540. VII. 820. IX. 65. XI. 194.
Dimitry, russ. Ketzer IX. 18.
Dimna, die Levitenstadt III. 147.
Dimöriten III. 147, s. Apollinaristen.
Dina, die Tochter Jacobs V. 439. VI. 501. X. 114.
Dinanto, David von III. 147—148. I. 192. 193. 295. 421. IX. 720. 754. 891.
Dinelli, gel. Domcr. VI. 787.
Dinge, All der endlichen, s. All der endlichen Dinge.
Dinge, gleichgültige, s. Adiaphora, Adiaphoristen.
Dinge, die 4 letzten XII. 284—294, s. Eschatologie, Gericht, göttliches, über die Welt.
Dingliche Einreden III. 493.
Dingliche Klagen II. 559.
Dingolfing, Synode zu IV. 206. IX. 96.
Dinoth, Abt von Bangor III. 148—149. 251. XII. 100.
Dinouard, der Abbé XII. 101.
Dinus Mugellanus, der Canonist III. 149. II. 887. VI. 513.
Dioclsarea, zerstört V. 888.
Dio Cassius, röm. Histor. (um 155 v. Chr.) VI. 413.
Diöcesanbischof, s. Bischof.
Diöcesankatechismus III. 149.
Diöcesanpatrocinium III. 149—150.
Diöcesanrecht III. 150—151. I. 31. II. 21.
Diöcesanritualien, s. Rituale Romanum.
Diöcesanstatuten (statuta dioecesana) III. 151—152. VIII. 224.
Diöcesansynode, s. Synode (X. 610), dazu I. 782. II. 767. III. 810. VIII. 476. IX. 50. X. 602. 611. XII. 37.
Diocletian (Cajus Valerius), der Christenverfolger II. 152—154. I. 88. 115. 221. 225. 231 ff. 437. 464 ff. 518. II. 650. 827. 829. 842. 843. 880. 918. III. 761. 804. IV. 103. 409. 428. 776. V. 165. 336. 455. 500. VI. 311. 609. 802. 812. 813. VII. 649 ff. VIII. 71. IX. 198. 388. 909. X. 825. XI. 717. 722. 963. XII. 845. 742. 984. 1136.
Diodor Siculus, Universalhistoriker zu Christi Zeit VII. 9 (*). 15 (*). 618. VIII. 304. IX. 484. X. 15. 31.
Diodor von Tarsus, Bischof III. 154—156. I. 441. V. 507. VI. 644. VII. 45. IX. 8. 762. X. 846.
Diogenes, erster Bischof von Cambray XII. 210.
Diogenes von Apollonia, jon. Philosoph IX. 871.
Diogenes von Laerte, Schriftst. (um 210 n. Chr.) V. 906. VII. 314. X. 210. XII. 571.
Diogenes von Synope, der Cyniker (414—324 v. Chr.) I. 455. VII. 315.
Diognet, Brief an denselben III. 156—159. I. 373. 622. 623. II. 477. VI. 394. VII. 206. 445.
Dion, Stadt III. 55.
Dionys, angebl. I. Bischof v. Augsburg I. 609.
Dionys, Bischof v. Mailand, Athanasius Freund I. 562.
Dionys von St. Marthe, Prior VI. 897.
Dionys von Halikarnaß, Archäolog (um 30 v. Chr.) IV. 651. XII. 749. 1277.
Dionysianische Aera, s. Aera, Cyclus, Dionysius exiguus.
Dionysius von Alexandrien III. 159—163. 61. 170. I. 72. 295. 322. 358. 428. II. 404. 478. IV. 891. V. 310. 713. VI. 72. 73. VII. 47. 265. 424. 505 ff. 829. 844. 877. VIII. 258 ff. X. 524. 683. XII. 1168. 1179 ff.
Dionysius Areopagita III. 163—165. I. 5. III. 103. 104. 379. 558. 722. 932. VI. 5. 383. VII. 245. 296. 445 (*). 514. VIII. 102. 528. 720. 880. X. 581. 691. 864. XI. 1215. XII. 543.
Dionysius Carthusianus III. 165—167. II. 398. VII. 504.
Dionysius von Corinth III. 167—168. 105. VIII. 143. XII. 208. 922. 986.
Dionysius exiguus III. 168—169. I. 115. 116. 724. II. 305. 648. 619. 607. V. 197. VII. 240. 880. VIII. 850. XII. 1320.
Dionysius, der heilige, Bischof von Paris, einer der 14 Nothhelfer III. 103. 161. VII. 650. VIII. 143.
Dionysius, Papst III. 169—170. 161. I. 295. IV. 2. VIII. 259. XII. 119. 1041.
Dionysos, griech. Gttht. VIII. 41.
Dior, Abraham ben VI. 27.
Dioscur, Patriarch zu Alexandrien III. 170—172. 611 ff. I. 220 ff. 630. 800. II. 445. IV. 91 ff. V. 329. VI. 248. 249. 546. 551. VII. 226. 234.
Dioscur, einer der langen Brüder II. 177 ff. VII. 847. 848.
Dioscur, Märtyr. III. 64.
Dioscur, Gegenpapst des zweiten Bonifacius II. 86. VIII. 102.
Dioscuren, die beiden III. 172.
Diospolis, s. Lydda, Theben.
Diotrephes III. 172.
Dippel, Joh. Conrad, der Abenteurer III. 173. VIII. 711. IX. 824. X. 283. 290.
Diptychen III. 173—175. 278. VI. 126 ff. 337 ff. VII. 95. 99.
Directivrubriken IX. 435. XII. 276.
Directorium, Kirchenkalender III. 175.
Directorium, das französische IX. 256.
Dirigirende Synode von Athen, s. Neugriechische Kirche.
Dirigirende Synode von Sanct Petersburg, s. Synode, dirigirende.
Dirin, s. Dedan.
Dirschau, Reformation in VIII. 560.
Discalceati, s. Barfüßermönche.
Disciplin, kirchliche, s. Disciplinargesetze.
Disciplin der Energumenen III. 591 ff.
Disciplin in Schulen, s. Schulzucht.
Disciplin in Klöstern (Mortificationen) XII. 294—296. II. 247.
Disciplina arcani, s. Arcandisciplin.
Disciplinargesetze III. 175—176. 570. II. 319. VIII. 368. IX. 71. X. 17. 18. XI. 216. 1327.
Disciplinarsache III. 176—177.
Disciplinarverfahren III. 177. XI. 481.
Disciplinarvergehen III. 177—178. II. 915. XI. 581.
Discretionsjahr, s. annus discretionis.
Discus, s. Patena.
Disenberg, Klstr. XII. 295.
Disentis, Klstr. II. 541. IV. 1.
Disibod, der heilige XII. 295.
Disibodenberg, Klstr. V. 188 ff.
Dismembration der Kirchenpfründen I. 804. X. 736.
Disparagium, s. Mißheirath.
Disparitas cultus, s. Ehehindernisse, Ehe, gemischte.
Dispensation (rechtmäßige Befreiung von einem bestehenden Gesetze) III. 178—180. I. 187 ff. (bezüglich des canon. Alters). 784 (Venedig verbietet die Einholung). II. 493 (vom Breviergebet). III. 623 (Epikie). 692 (Erschleichung der). 879 (Arten der). 908 (vom Fasten). IV. 380 (von Gelübden). VI. 24 (unentgeltlich). 419. VII. 814 (der Novizen). VIII. 751 ff. (und Privilegium). IX. 695 ff. (eine Vollmacht der Schlüsselgewalt Petri). X. 541. (und Suspension) XI. 216 (beschränkt). 244 (unentgeltlich). XII. 55 (Gründe für). 86. 660.
Dispensationsrecht II. 19. 21 (bsls.). 747. III. 423. 879 ff. (in welcher Art in der Hierarchie vertheilt). VIII. 477. IX. 695 ff. 921 XI. 221. 1061 (ppstls.). XII. 228 (ppstls.). 237 (bsls.). 764.
Dispensen in Eheangelegenheiten, s. Ehedispensen, vgl. Ehehindernisse.
Dispositionswerke, s. Werke, gute.
Disputationen, öffentliche, auf den Hochschulen XI. 441 Anmkg.
Dissenters, die englischen III. 180, s. Hochkirche, dazu I. 687. IV. 794. 798. VIII. 858. 864. X. 79. XI. 424 ff.
Dissidenten, polnische und ronge'sche III. 180—182. S. Ronge, Rongeaner, dazu I. 389. II. 617. VI. 343. VIII. 364. 734. 752. XI. 1067. XII. 632.
Distinctionen, s. Decretum Gratiani.
Distributionen an den Stiftern, s. Präsenzgelder.
Dithelsten, ein Beispiel von I. 615. 617.
Dithmar (Thietmar) von Merseburg, der Chronist III. 182—184. II. 122. 185. 901. IV. 690. VI. 254. VII. 20. 70. 71. VIII. 537 ff.
Ditmar, erster Bischof v. Prag II. 63. VI. 751. VIII. 635.
Ditrich, J. W., der Dechant XII. 1312.
Ditterich, Jos., apost. Vicar für Sachsen XII. 295—297. VI. 377.

Diurnalien (Brevierausgaben) III. 184.
Divina commedia des Dante III. 33 ff.
Divination, s. Wahrsagerei, Weissagung.
Divisio apostolorum, s. apostolorum divisio (XII. 56).
Divisio beneficii I. 804. X. 736.
Divodurum, lat. Name für Metz; s. d.
Dixipp, byzant. Histor. VI, 145.
Dlugossus (Longinus), Johannes, der älteste Geschichtschreiber Polens III. 184—185. II. 387. IV. 551. VI. 254. 442. VIII. 538. 612. IX. 475. 682.
Dobberan, Klstr. IX. 861.
Dobda, ir. Thlg. V. 827.
Dobeneck, s. Cochläus.
Dobmayer, Marian, der Dogmatiker III. 185—186. 382. VII. 428—429. X. 866.
Dobner, P. Gelasius, der Geschichtschreiber V. 728 ff.
Dobo, Frz., Histor. X. 124.
Dobrawa (Dubrawka), Polenherzogin VII. 899. VIII. 537 ff. X. 229.
Dobrin, Ritterbrüder von, s. Christi-Orden der Ritter.
Dobriluch, Klstr. VII. 22.
Dobrowsky, Jos., slav. Geschichtschreiber († 1829) IV. 730. X. 227.
Doctor angelicus, ecstaticus, mellifluus etc. III. 186.
Doctor, Doctorat, s. Grade, gelehrte, dazu V. 185. 736. XI. 431. 433.
Doctrinaires, les pères, s. Väter der christlichen Lehre.
Doctrinale Auslegung der Bibel, s. Exegese (III. 825. 833).
Doctrinarier, s. Bus, Cäsar von.
Doctrinarier in Italien (padri della dottrina christiana) III. 186—187. XI. 492.
Dodanim, der Volksstamm III. 187. V. 507. IX. 305.
Dodilo, Bf. v. Havelberg VII. 690.
Döderlein, Joh. Christoph, rationalist. Theolog III. 190—191. 362. IV. 124. V. 700. XII. 929.
Dodo, 1. Abt v. St. Denys III. 103. 104.
Dodo, Chorbischof III. 473.
Dodona III. 187.
Dodwell, Henry, Chronolog und Literarhistoriker III. 187—190. 88. II. 568. VI. 140. 157. IX. 417. XII. 778.
Doëg, der Idumäer III. 191.
Dogma III. 191—200. S. Glaube, Glaubensbekenntniß, Kirchenglaube, Philosophie, vgl. Häresie, Unglaube, Vernunft (Vernunftglaube, Rationalismus, Religionsvereinigung, dazu I. 113 ff. (Verhältniß zur Philosophie). 580 (Gefahren für das). III. 381 ff. (und der Eclecticismus). VI. 50 (und die Katholicität). 161. VII. 288 (Seele der Moral). 860. 861 (und Orthodoxie). IX. 190. 191.
Dogmatik III. 200—215. (Vgl. Scholastik, Theologie). I. 95. 96 (über die res mediae). 223—511 (Augustin als Dogmatiker). 580 (Roger Bacon). II. 316 ff. (M. Canus). III. 190 (eine lutherische). IV. 550 (des Gnosticismus). 743 (des hl. Gregor von Nyssa). V. 211 (des Bischofs Hippolyt). 669 (und Bibel). 717 (die erste systematische). VI. 161. 523 (des hl. Liguori). 563 (und die loci theologici). VII. 282 ff. (Verhältniß zur Moral). 836. 838 (des Origenes). VIII. 315 (und Petavius). 502 ff. (und der Platonismus). IX. 331 (des Robert Pulleyn). 497 (des Raimund von Sabunde). 675 (Schleiermacher'sche). X. 919 (des Thomas von Aquin). XII. 1080.
Dogmatik, buddhistische, s. Buddhismus (XII. 154 ff.); — mohammedanische V. 651 ff.; — parsische, s. Parsismus; — protestantische, s. Symbolische Bücher.
Dogmengeschichte III. 215, vgl. Dogma, Dogmatik, s. dazu I. 413. VI. 158. 161. XI. 140. XII. 1102.
d'Ohsson, M., Gl. V. 551. 555 ff.
Doimus, der heilige, Apostelschüler XII. 1320. 1321.
Doketen (Doceten) und **Doketismus** III. 222—224. I. 309. II. 102. 518. III. 674. 709. 800. IV. 856. VI. 799. 818. IX. 633. X. 43. 155. 658.
Doklad, der russische X. 617.
Dolce, Carlo, Maler II. 213. VI. 796.
Dolcino, Frh., Ketzer (verbrannt 1307) I. 371. IV. 389. XII. 337.
Dôle, Bisthum IX. 263. XI. 406.
Doles, Tonsetzer VII. 419.
Dolet, Stephan, Buchdrucker, Humanist und Dichter (verbrannt 1546) III. 224—226.
Dollatoris, der Decan III. 275. [248.
Doller, ein Gegner Wessenbergs XII.
Döllinger, Jos. Joh. Ignaz, der berühmte Theologe (geb. 1799) I. 307. II. 51. 328. 478. 925. III. 247. 355. 356. 866. 878. 897. IV. 81. V. 428. VI. 154. 772. 902. VII. 191. VIII. 101 ff. 651. XI. 137. 140. 141 ff. 679. 1270. XII. 29. 206. 993. 1050. 1180.
Dolorer, Caspar, der Prior XI. 930.
Dolscius, Paul der Doctor II. 930. V. 572.
Dom, Domkirche XII. 297—301, s. Capitel, Capitular, Cathedrale, dazu VII. 375. VIII. 836.
Dombau, s. Baukunst.
Domcapitel, Domcapitular, s. Bischof, Capitel, Capitelwürden, Capitular, Capitularvicar, Cathedrale, Erzbischof, dazu VII. 375. VIII. 663. X. 611. 613. XI. 237. 667. XII. 189. 191.
Domcaplan, s. Kaplan.
Domchorvicar, s. Chorvicar, Capitel.
Domcustos, s. Custos.
Domdecan, s. Decanus capituli.
Domherr, s. Canonici, Capitular.
Domicellar-Convict II. 218.
Domicellaren, unpräbendirte Canoniker III. 226—227. 217. 219 ff. II. 310. IV. 931 ff. VIII. 151.
Domicil (Wohnsitz) III. 227—230. 247. 218. 551. II. 310. VI. 735. VII. 820. VIII. 774.
Domine non sum dignus III. 230. II. 460. V. 30. VII. 101.
Domingo, die Insel San, s. Haiti.
Dominica, die Insel XI. 903. 906.
Dominica (dies) III. 230—236. S. Feria, vgl. Werktag, s. dazu I. 911. III. 139. IV. 205. VI. 208. 235. 308. 316. VIII. 370. 371. IX. 205. X. 629. XI. 698. 875. XII. 250. 519 ff.
Dominica capitilavii, s. Palmsonntag.
Dominica in albis, s. Weißer Sonntag.
Dominica mediana, s. Passionssonntag.
Dominica scrutinii, s. Oculi.
Dominicale, das (linteolum) I. 21. XII. 447.
Dominicaner, berühmte I. 143. 302. 618. 632. 790. II. 14. 106. 192. 198. 251. 315. 372. 382. 413. 411. 701. 738. 786. 787. 807. 936. III. 76. 143. 341. 370. 373. 633. 806 ff. 969 ff. IV. 39. 62. 110. 119. 306. 673. V. 47. 48. 109 (?). 146. 150. 328. 389. 393. 451. 474 ff. 479. 618. 742. VI. 15. 16. 146. 152. 442. 462. 623. 629. 667. 751. VII. 27. 443. 469. 580. 855. VIII. 279. 349. 461. 481. 669. 674. 786. 788. IX. 48. 626. 639. X. 140. 264 ff. 291. 531. 563. 685. 707. 911. 931. XI. 385. 401. 603. XII. 32. 231. 359. 385. 441. 487. 492. 493. 739. 748. 805. 807. 1038. 1039. 1064. 1121. 1194. 1287.
Dominicaner in Frankreich, s. Jacobiner.
Dominicanerinnen, Orden der I. 853. III. 241. IX. 106. 107. 785. X. 806.
Dominicanerorden, s. Dominicus, der hl.
Dominici, Joh., Cdl. V. 415.
Dominicum, Bedeutung des Wortes im Mittelalter III. 236—237.
Dominicus, der heilige, und der **Dominicanerorden** III. 237—242 A) Der heilige Dominicus I. 144 (Anlaß seiner Stiftung). 803 (Bettelorden). II. 400. III. 113 (ein Biograph des). IV. 127. 128. VI. 730. VIII. 209. X. 744. XII. 297. — B) Dominicanerorden I. 143 (Pflege der Wissenschaft). 202 (für die Indianer). 304 (und Anton von Padua). 527 (und die Augustinereremiten). 633 (ein Kloster des). 759 (Streit mit den Jesuiten). 887 (gleiche Tracht der Reichlebemiten). 893 (als Bettelorden). 949 (Correctorium des). II. 76 ff. (Streit mit der Sorbonne). 252 (ein Prophet des). 385 (und die Indianer Amerikas). 481 (in China). 484 (Accommodationsstreit). 783 ff. (Accommodationsstreit). 785 (in Congo). 786 (und congregatio de auxiliis). III. 253 (wissensch. Bestrebungen). 500 (in Cöln). IV. 102 (Einverleibung von Florinensern). 127 ff. (und die Franciscaner). 307 (ein Visitator des). 544 (Verdienste um die Cultur). 774 (Missionen in Grönland). V. 109 (Mystiker des). 155 (und die Hexenprocesse). 321 (Honorius III. bestätigt den). 384 (der erste Cardinal aus dem). 459 (in Frankreich). 501 (Mission in Japan). 614 (und die Inquisition). 619 (Missionen in Indien). 636 (Bestätigung von Innocenz III.). 647 (Accommodationsstreit). 649 (und die Inquisition). 651 (Staatsinquisitoren). 722 (Missionen bei den Mongolen). VI. 270 (und die crucifori). 364 (Privilegien im Beichthören und Predigen). 443 (Verdienste um die Ruthenen). 645 (erstes Kloster in Dänemark). 656 (und Luther). 736 ff. (die magistri S. palatii aus dem). 860 ff. (über die conceptio Mariae). 872 (Ende des Streites über Mariä Empfängniß). 888 (und der Rosenkranz). 932 (ein Feind des). VII. 150 (in Minden). 157 (Missionsthätigkeit des). 159 (Missionen). 168 (Missionsstationen). 228 (Bestimmung des Ordens). 275 (ein Kloster durch den Abt von Micso.). 611 (in N. America). 919 (und Oxford). VIII. 19 (Schulen des). 209 (und die Ketzer). 233 (und Paul V.). 458 (und die Humanisten). 669 (helfen Preußen christianisiren). 737 ff. (und Friedrich II.). 787 (verwirft den Probabilismus). IX. 233 ff. (und die Humanisten). 237 ff. (besonders Reuchlin). 349 (in Rom). 484 (helfen die Russen bekehren). 641 (und Savonarola). 643 ff. 879 (Streit über Mariä Empfängn.). X. 184 (Missionen in Indien) 217 (für die Indianer). 444 (Missionsthätigkeit in Südamerica). 452 (in Australien). 458 (Streitigkeiten daselbst). 744 (eine Bruderschaft aus dem).

880 (Klöster in Teutschland). 924 (Streit um den Leib des hl. Thomas). XI. 325 ff. (Missionen in Tong-Kin). 791 (gegen Waldhauser). 967. 971. 1038 (in Wien). 1091 ff. (ein Gegner des). 1151 (in Worms). XII. 7 ff. (Accommodationsstreit). 36 ff. (für die Indianer). 43 (Missionen in Amerika). 239 (in Cöln). 297 (für Städte berechnet). 563 ff. (in Hinterindien). 566. 568 (Missionsthätgkt.). 577 (in Holland). 590 (heutzutage in Holland). 625 (in Paris). 1287. 1288 (in Wien).

Dominicus Loricatus III. 242—243. 75. IX. 74. XII. 291.

Dominicus à Jesu Maria XI. 1063.

Dominicus, heiliger Bischof von Cambray XII. 210.

Dominicus von Osma, s. Dominicus, der hl.

Dominis, Marcus Antonius de, der Patriarch und Apostat III. 243—244. VIII. 60. XI. 247. XII. 231. 1321.

Dominium utile, directum etc. III. 562. VII. 678.

Dominus ac redemptor noster, Breve II. 620. 621. V. 508.

Dominus vobiscum III. 244—245. VII. 101.

Domitian, Bf. v. Ancyra VII. 840.

Domitian, Titus Flavius III. 245—246. 617. I. 324. II. 582. 638. IV. 410. V. 882. 880. IX. 283. XI. 33. 125. 665. XII. 819. 822.

Domitius, erster Bischof von Heraklea XII. 506.

Domius, der heilige, 1. Bf. v. Salona XI. 30.

Domkirche (Name) III. 246. 289. II. 416. 958. VI. 28.

Domkirchen als Gebäude, berühmte, s. Kirchengebäude.

Domna, die heilige IV. 891.

Domnus, der Papst, s. Donus.

Domnus, Pich. v. Antiochien III. 611. VII. 233.

Domnus, Bf. v. Sirmion VII. 552 ff.

Dompaire, Judenschule zu IX. 16.

Dompelers, s. Mennoniten.

Dompfarrer, s. Cathedrale, Domkirche.

Domprädende, s. Prädende.

Dompropst III. 246—247. S. Archidiacon, Capitelwürden, Dotation der Kirchenämter, Propst.

Domscholaster, der (scholasticus) III. 247—249. 226. 252. II. 494. XI. 435.

Dom- und Klosterschulen III. 249—254. Vgl. Pädagogik, Pfarrschulen, Quadrivium, Seminarium I. 146 (York und Tours). 790 (der Benedictiner). 847 (in Reichenau). 819 (und Bernward von Hildesheim). 875 (St. Salvator bei Messina). II. 1 ff. (Armenbildung). 4 (die Scholastiker der). 44 (St. Blasien). 285 (Anfang der Hochschulen). 310 (Kanut fördert). 399 (und Cassiodor). 494 (die Choralen der). 640 (Clugny). 900 ff. (Corvey). III. 220 (Entstehung der). 247 (der scholasticus). 329 (zu Llan-Illtut). 402 (Rathnefing). 403 (angelsächs. Lehrer). 507 ff. (St. Gallen). IV. 73 (zu Abo). 100 (Fleury). 104 ff. (St. Florian). 106. 163. 164. 170 (kleine Seminarien in Frankreich). 212 (Freysing). 237 (Fritzlar). 249 (Fulda). 255 (Fünfkirchen). 275 ff. (St. Gallen). 299 (St. Gallen). 657 (in Gran). 752 (in Utrecht). 754 (Feste in). 853 (Reichenau). V. 107 (in Lobbes). 214 (in Hirschau). 358 (zu Ciuon). 625 (Croyland). 826 (in Irland). 922 (in Würzburg). VI. 259 (Kremsmünster). 343 (und Lanfrank). 364 (eine Schrift über). 746 (in Ungarn). VII. 16. 17 (Hildesheim und Paderborn). 180 (Schulen im caroling'schen Zeitalter). 273 (Montecassino). 889 ff. (in Osnabrück). VIII. 8 (Paderborn). 168 (Corvey). 417 (Piaristen). 689 (Magdeburg). IX. 1 ff. (und Rhabanus Maurus). 11 ff. (und die clerici et fratres vitae communis). 149 (Reichenau). 293 (Rheims). 450 (Benedictiner bei Lüttich). 506 (sächsische). 502 (im Salzburg'schen). 595. 701 ff. (und die Scholastik). 713 (im caroling'schen Zeitalter). X. 54 (Urtheil über). 406 ff. (in Straßburg). 469 (Fontevraud). 698 (Tegernsee). 880 (der theologus an Stiftern). XI. 93 (in Toulouse). 100 (in Tours). 252 ff. (im Erzstifte Trier). 430 (Geburtsstätten der Hochschulen). 635 (Lothars Schule in Verona). 805 (Prüm). 842 (Schule in Deventer). 1060 (in Dijon). 1186 (im Würzburg'schen). XII. 342 (zu Fécamp). 364 (Fontenelle). 595 ff. (Verdienste der Benedictiner um). 716 (zu Lüttich.) 818 (zu Münster). 832 (zu Lüttich). 852 (in Nürnberg). 964. 1233 (in Vienne). 1240 (Wazo und Lüttich)).

Domstift (Hochstift), s. Collegiatstift, dazu I. 494. VI. 23. VIII. 626.

Domus almae Lauretanae translatio XII. 301—304.

Domus demeritorum, s. Correctionsanstalten.

Domus emeritorum, s. Emeritenanstalten.

Domvicar II. 331. V. 191.

Dona annalia XII. 653.

Dona, Pietro, Ebf. XII. 918.

Donald, Schottenkönig VII. 617.

Donani, Donatar, s. Schenkung.

Donar, Donnergott der germanisch-skandinavischen Mythe VIII. 40. XII. 475.

Donat, Aelius, der Grammatiker, Lehrer des hl. Hieronymus IV. 278. V. 167. VIII. 871. XII. 596. 597.

Donati in Klöstern II. 606.

Donati, Alexander, gel. Jesuit XII. 304.

Donatianus, der heilige IX. 290.

Donatio Constantini Magni I. 303. VI. 175 ff. VIII. 849 ff. 853. IX. 310. X. 355. XII. 950.

Donatio Caroli M. X. 195.

Donatisten, die III. 254—261. S. Circumcellionen, dazu I. 430 ff. 539. II. 828. III. 378. V. 380. 626. 917. VI. 73. 76. 812. VII. 35. 789. VIII. 68. 220. 207. 621. IX. 537. 542. 608 ff. X. 80. 354. 398. XI. 83. 249.

Donatus, s. Donatisten, dazu II. 965. 966. V. 338. VII. 789.

Donatus (Toluan), Gefährte des hl. Kilian VI. 84 ff.

Donatus, erster Bischof der Normannen in Dublin VII. 646.

Donatus, Bischof von Bagai III. 259.

Donatus, der heilige, Bischof von Zara XII. 1319.

Donatus von Besontio (Vesuntinus) und seine Nonnenregel III. 262—263.

Dondi, Bf. v. Padua XII. 919.

Donino, Nicole Sau, Bf. v. Lucca XII. 740.

Donnereiche bei Geismar, die II. 82. 464.

Donnerlegion, s. Legio fulminatrix.

Donnerstag, grüner, s. Charwoche.

Donnet, Erzbf IX. 298.

Dönniges, Gl. V. 756.

Donoso Cortes, der Staatsmann XII. 304—307.

Donus, Name von 2 Päpsten III. 263. — D. I. (reg. 676) I. 772. II. 88. VII. 248. 249. X. 47.

Donum supernaturale, s. Gaben.

Doornik, s. Tournay.

Doppelehe Philipps von Hessen II. 180. III. 878. V. 150. IX. 895.

Doppelfeste, kirchliche IV. 55 ff. IX. 212. XII. 250. 1085.

Doppelklöster (monasteria duplicia) III. 263—264. S. Brigittenorden, dazu I. 251. 860. III. 305. IV. 110. 779. 820. VI. 229 ff. VII. 560. 567. XI. 783.

Doppelpfründen XI. 710.

Doppelverwandtschaft XII. 1230.

Dor, die Hafenstadt III. 264.

Dorchester, Bm. XI. 1223.

Dordrechter Synode III. 264—267. I. 456 ff. 626. II. 383. 668. 775. V. 443. VII. 80. IX. 193. X. 78. 572. 573. XI. 761 ff. XII. 192. 576.

Doré, der Dominicaner VI. 887.

Doring, Math., gl. Frander. VI. 690.

Dorische Tonart VII. 292.

Dorlene, chald. Schule zu VII. 521.

Dormitorium, s. Kloster.

Dornbusch, der brennende X. 178.

Dornenkrone Christi VI. 631.

Dornenkrone, Fest der, s. Coronae spineae festum (XII. 250).

Dorner, prot. Thlg. VII. 261.

Doron, s. Dedan.

Dorothea, Schutzheilige von Preußen III. 267.

Dorotheus, Mtrplt. von Monembasia V. 525. VI. 938.

Dorovernum, alter Name von Canterbury; s. d.

Dorpat VI. 520 (Luther in). VIII. 679 (ehemal. Bm.).

Dorso, Conrad, der Domner. II. 807.

Dos, s. Mitgift.

Dosa ben Archinas, Rabbi XII. 1165.

Dosithcowschtschina, russ. Secte XI. 21.

Dositheus, der falsche Messias III. 267—268. I. 278. VII. 55. X. 157.

Dositheus, Pich. v. CStpl. IV. 773.

Dositheus, Pich. v. Jerusalem V. 537.

d'Ossa, s. Johannes XXII., Papst (V. 765).

Dossel, Graf Rainald von, Ebf. v. Cöln II. 675.

Dotalgut der Kirche III. 268—269. 576. VI. 159. VIII. 834.

Dotation der Kirchenämter III. 269—272. 274. 906. I. 801 ff. II. 309. 310. VI. 191. VII. 62. VIII. 373. 626. XII. 641 ff.

Dothain, Dothan III. 272

Douarre, Bf I. 500.

Douay, Stadt und ehemal. Universität III. 272. 727. I. 272. VI. 490 ff. 493. 531. XI. 447.

Douglas, apost. Ver. v. London XII. 441.

Douzi, Synode zu V. 210. 218.

Dowdal, Ebf. v. Armagh V. 829.

Dowland, Tonsetzer VII. 413.

Dowraka, die Königin, s. Dobrawka.

Doxologie, die größere und kleinere III. 272—273. V. 430. VI. 170. VII. 97. 335. 307. VIII. 518. 808. IX. 227. XI. 274.

Doxologie, eine hebräische XII. 536.

Doxologie des Omerzählens VII. 770.

Drabicius, der Reformator III. 273—274. IX. 78.

Drabik, s. Drabicius.

Drach, J., s. Draconites.

Drache, der III. 274. S. Bel und der Drache; Georg. St.; Teufel.

Drachme, s. Geld.

Draconites, Enthusiast für Luther III. 274—276. V. 150. VIII. 584. XI. 1164.

Dracontius, Dichter des Hexaëmeron III. 748. VIII. 521. IX. 923. 924.

Drago, s. Drogo.

Dragonaden, die s. g., s. Ludwig XIV., dazu II. 125. V. 356. XI. 981.

Drahomira, die böhmische II. 63. VI. 623.
Drake, Francis, der Seefahrer († 1596) X. 451.
Drama, christliches, s. Poesie, Calderon (XII. 203), Lope de Vega.
Draskowich, Bf. v. Fünfkirchen V. 341. XI. 207. 208. 225. 226. 231. 241. 373.
Dreicapitelstreit, der III. 277—280. 852 ff. I. 701. II. 842. IV. 251. 678. 767. V. 508. 536. VI. 502. 752 ff. VII. 57. 240 ff. 849 ff. VIII. 215. 263. IX. 40. 670. 920. X. 648. XI. 569. 675. 692. XII. 709. 1201.
Dreieinigkeit, s. Trinität.
Dreieinigkeit, Congregation von der, in Rom III. 280—281. VII. 507.
Dreieinigkeit, Frauen von der hl. IV. 183.
Dreieinigkeitsfest, Dreifaltigkeitsfest, festum Trinitatis III. 281—283. VI. 162 ff.
Dreieinigkeitsorden für Auslösung der Gefangenen, s. Trinitarier.
Dreifache Krone des Papstes, s. Tiara.
Dreifaltigkeit, s. Trinität.
Dreifaltigkeitsfest, s. Dreieinigkeitsfest.
Dreihaupt, der wendische Götze, s. Triglav.
Dreikönigsfest (festum Magorum, Epiphanie, Theophanie u. s. w.) III. 283—286. S. Häuserweihe, dazu V. 574. 735. 919. VII. 115. 852. VIII. 297. X. 911. XI. 058. 080 831.
Dreikönigswasser II. 286. XI. 831. XII. 548.
Dreimännergericht, das VI. 421.
Dreipersönlichkeit Gottes, s. Trinität.
Dreißigjähriger Krieg III. 286—303. S. Gustav Adolf, Westphälischer Friede, dazu I. 230. II. 452. 901. IV. 16 ff. 21. 106. 213. 632. V. 427. 560 ff. 928. VI. 68. 227. 600. VII. 152. 744 ff. 748 ff. VIII. 8. 183 ff. 394. IX. 147. 312. 509. 651. X. 274. XI. 478. 877 ff. 915. 1000. 1001 ff. 1088. 1192. XII. 663. 855 ff.
Dreißigster, siebenter, neunter Leichengottesdienst, s. Exequien.
Dreizack, s. Osterkerze.
Drepanius, Latinus Pacatus, der Panegyriker X. 103. 104. XI. 462.
Dreschen, das III. 303—304.
Dreschmaschinen, s. Dreschen, das.
Dresden, die Stadt VI. 378. VII. 21. XII. 296.
Drexelius, Jeremias, der ascetische Schriftsteller III. 304. IV. 213.
Drey, Joh. Sebastian von, der Theologe XII. 307—309. 874. 1183. 1219. I. 364. 896. III. 382. 647. VI. 53 ff. VII. 189. IX. 410. X. 866 ff. XI. 837.
Drieschius, s. Drusius.
Dritter Brauch des Gesetzes, der s. g. VII. 594.
Dritter Orden, s. Tertiarier.
Droctovenus, Abt IV. 467.
Drogo, Bischof von Metz III. 304—305. 350. 351. I. 325. XI. 668. 1149. XII. 796.
Drogo, Carls des Kahlen Sohn V. 357.
Drontheim, Bisthum III. 305—306. 405. VI. 16. VII. 646. XII. 1318.
Droste-Vischering (Clemens August), Erzbischof von Cöln III. 306—311. 335. II. 677. IV. 401. V. 133. 136. VI. 209. 213. VIII. 491. 749. 751. IX. 874. X. 382. 384. XI. 1007. XII. 428. 637 ff. 703. 820. 862.
Druiden, Druidenthum der alten Celten I. 661. VIII. 40. 203. 266 Anmkg.
Drusen, die III. 311—318. VI. 511. 895. IX. 665. X. 624. XI. 338.
Drusilla, Tochter des Herodes Agrippa III. 318. V. 141.
Drusius, Johannes, der niederländische Gelehrte III. 318—320.
Druthmar, Christian, Mönch von Corbie III. 320—321.
Drzewicki, der Bischof VIII. 552. 554 ff.
Dschagatai, Dschingischans Sohn V. 734.
Dschebel el Tur, s. Oelberg, Thabor.
Dschebel-Musa, Mosesberg, s. Sinai (X. 175).
Dschelaleddin Rumi, mystischer Dichter der Perser († 1262 n. Chr.) V. 858.
Dschem, Bruder Bajazeths I. 865.
Dschemaal, ibn, über die Eigenschaften des Mufti VII. 369.
Dschemschid (Jima), der Liebling des Ormuz VIII. 153. 305. 306.
Dschin, sagenhafter Sohn Japhets V. 503.
Dschingischan, der mongolische Eroberer († 1227) V. 734.
Dschinnen, die des Islam V.
Dschobhal, die der Drusen III. 316.
Dschondisapur, medicin. Schule zu VII. 525.
Dschoneid, der Sufi V. 857 ff.
Dschordschani, mohammed. Commentator V. 851.
Dschulamerik am Zab, das Schloß VII. 526.
Dsong K'haba, Reformator der Lama XII. 184. 187.
Dsu-Nowas, der Homeritenkönig und Christenverfolger I. 899. V. 890.
Dualismus als philosophisches System III. 321—328. S. Grund, Seele, Sünde, Welt, dazu I. 144. 278. II. 590. 703. III. 570. IV. 554 ff. V. 429 ff. (Hylozoismus). VI. 797 ff. 801 ff. (absoluter). VII. 63 (Mensch). 479 ff. 791 ff. VIII. 155. 235. 236. X. 211. 434. 879. XI. 937.
Dublin, Stadt und Universität XII. 309—310. V. 240 (anglican. Kchenprovnz.). 248. VII. 130 (Methodisten in). 166 (Colleg in). 646 (normann. Bm.). 690 ff.
Dubois, der Cardinal-Premierminister III. 328—329. I. 665. V. 648. XII. 211.
Dubourg, der Abbé XI. 98.
Dubrach Mac Volubair, der Barde V. 825.
Dubrav, Bf. v. Olmütz, Historiker IV. 506. VII. 768.
Dubrawka, s. Dobrawka.
Dubricius, heiliger Erzbischof von Caerleon in Wales III. 329—330. 51. 148. XII. 100.
Dubuque, Bisthum VII. 639 ff.
Du Cange, s. Du Fresne.
Ducas, byzant. Hist. VI. 145.
Duchoborzen, Secte der IX. 22.
Ducis, B., Tonsetzer VII. 407.
Duclos, Charles Pineau, Historiker († 1772) III. 329.
Ducreux, Gabriel Marie, Geschichtschreiber III. 330—331. VI. 152.
Dudith, Andreas, der Apostat III. 330—331.
Dudley, Graf, der Verschwörer VI. 850. 852.
Dudley, Robert VII. 608.
Dudo, Bf. v. Paderborn VII. 149.
Duduläus, Schfist. III. 806 ff.
Duell, s. Zweikampf.
Dufay, Wilh., Tonsetzer VII. 402. 403.
Dufetre, Bf. v. Nevers X. 71.
Du Fresne, Charles, Herr von Cange, der gelehrte III. 331—332. II. 527. 703. VI. 25. 365. 880. VII. 40. 375. XI. 304 ff.
Dufriche Desgenettes, der Pfarrer II. 174.
Duguet, der Oratorianer III. 332.
Dujarrie, der Pfarrer IX. 763.
du Jon, s. Junius, Franz (V. 927).
Dukes, jüd. Gl. VI. 26. 29.
Dulau, Ebf. v. Arles IX. 271. 272.
Dulcin, Haupt der Apostler, s. Apostelorden.
Duldung, s. Glaubensfreiheit, Toleranz.
duliae cultus, s. cultus duliae.
Dulignon, der Labadist VI. 308.
Duma, Sohn Ismaels. b) Stadt im Stamme Juda III. 332—333. V. 681.
Dume, Kloster XII. 129.
Du Moulin, der Jesuitenfeind V. 556.
Du Mont d'Urville, Jules Sebastien César, der Admiral († 1842) VII. 869.
Dumoulin, s. Corpus juris canonici (II. 859).
Dumpelers, s. Mennoniten.
Dunaan, der Himjaritenkönig V. 302.
Dungal, ein Kämpe der Orthodoxie III. 333—334. II. 573. V. 827.
Dunin, Lorenz, der Jesuit III. 331.
Dunin, Martin, Bischof von Posen III. 334—338. 310. VI. 182. VIII. 505.
Dunkelmänner, Briefe der, s. Epistolae obscurorum virorum.
Dünkelsbühel, Nicolaus von, der Wiener Rector VII. 51.
Dunkers (Tunkers), Secte in America III. 338.
Du Noyer, Madame, s. Noyer.
Dunsberg, von, preuß. Minister VIII.
Duns Scotus, s. Scotus.
Dunstable, Joh., Tonsetzer VII. 406.
Dunstan, Erzbischof von Canterbury III. 338—339. 348. II. 314. IV. 100. V. 827. VI. 410. XI. 1220.
Dunstar, die Peruvianskirche in VI. 616.
Dupanloup, Bf. v. Orleans XII. 912.
Duperron, Jacques Davy, der berühmte Cardinal III. 339—342. II. 603. 604. 702. 793. V. 493. VII. 330. 871.
Dupetit-Thouars, Abel, der Seemann VII. 869. X. 457. 461.
Duphot, frz. General II. 812. VIII. 487.
Du Pin, Ludwig Elias, der gelehrte III. 342—343. I. II. 423. 898. IV. 472. 850. 868. V. 316. 326. 344. 918. VI. 158. 367. 597. 725. 925. VII. 155. 178. 222. 469. VIII. 221. 316. 342. 593. 620. IX. 193.
Du Plessis, Bf IX. 252.
Du Plessis Mornay, der protestant. Papst III. 340 ff. V. 381. 382.
Duplex, s. Festtage.
Duplik (in Prozeßsachen) III. 343.
Dupont, Louis, gel. span. Jesuit III. 343—344.
Dupont, Ebiebf IX. 298.
Dupont des Loges, Paul Gg. Maria, Bf. v. Metz XII. 795.
Duprat, Bf. v. Clermont V. 555.
Durup, Pierre, der Gallicaner IV. 202.
Dura, bbl. Ort. s. III. 344.
Duräus, der Schotte IX. 193.
Durand, der Zimmermann II. 336.
Durand von Huesca IV. 127.
Durand Ursinus, der Mauriner VI. 897. 898.
Durandus a Sancto Portiano, der Scholastiker III. 344—346. 186. 230. I. 427 ff. 526. IV. 81. V. 623. 789. VI. 363. VII. 200. 201. 409. 697. 885. VIII. 191. IX. 79. 714. 725. 735. 748. XI. 298. 659. 1115.
Durango. Bm X. 205. 267.
Durante, Francesco, Tonsetzer († 1755) VII. 418.
Duranti, Bf. v. Mende X. 735.
Durantis, Wilhelm, Bischof und Rechtsgelehrter III. 346. IV. 514. V. 513. IX. 311.

Durazzo, lat. Ebm. XI. 333.
Dürer, Albrecht, der große Maler III. 346—347. VI. 945. XII. 817. 851.
Durfort, Ebf. IX. 253.
Dürftigkeit, s. Armuth.
Durham, Bisthum X. 150. XI. 1218.
Durham, anglican. Bf. VI. 531.
Dürr, prot. Thlg. des 16. Jhhdts VIII. 697.
Dusares (Dhu-Sair), ein Name des Moloch VII. 219.
Düsseldorf VI. 798 (Malerschule). VIII. 752 (Verein für Verbreitung religiöser Bilder). IX. 874 (barmh. Schwestern in).
Düsterdieck, prot. Thlg. V. 598.
Duvergier d'Hauranne, der Jansenist XII. 716.
Duzak, die parsische Hölle VII. 174. VIII. 157.
Dyk, Anton van, der Maler († 1641) VI. 786.
Dyophysiten, s. Monophysiten.
Dyotheleten, s. Monotheletismus.
Dyrrhachium, Ebprov. XII. 506. 515.
Dzierzowski, der Primas V. 340. VIII. 556. 559 ff. 703.

E.

Eadbald, Kg. v. Kent I. 246. 248. IV. 779.
Eadmer, Freund des Anselm von Canterbury III. 348.
Eanbald, 2 Ebfe. v. York XI. 1219.
Earlombert, Kg. v. Kent I. 246.
Easterwin, der Abt V. 505.
Eata, Bf. XI. 1217.
Eaton, Jos., Sectirer I. 284.
Ebal a) Berg des Gebirges Ephraim. b) Sohn Joctans. c) Sohn Sobals III. 348—349. IV. 307. V. 813. VIII. 445 ff. X. 114.
Ebbo, Erzbischof von Rheims III. 349—352. 18 ff. IV. 312. 693. 851. V. 203. 273. VII. 575. VIII. 166. 604. 856 ff. IX. 202. 698. X. 216.
Ebbo, Gefährte Ansgars I. 270.
Ebed-Jesu Bar Bricha (servus dei, filius benedicti), gel. Armenier III. 352. 362. I. 630.
Ebed-Melech, Hofbeamter des Zedekia III. 352.
Ebel, Joh. Wilh., der Mucker VII. 365. IX. 623.
Ebenbild Gottes (göttliche Ebenbildlichkeit) III. 353—355. I. 93. 415. IV. 438. VII. 65. 345. X. 1 ff. XI. 632. XII. 459.
Eber, Paul, der Reformator III. 355. I. 96. VI. 301. 432. 947. VII. 32. X. 414. 590.
Eberhard, Bfe. v. Bamberg I. 597. III. 79.
Eberhard, Dompropst, ein Gründer von Einsiedeln III. 497 ff.
Eberhard, 2 Ebfe. v. Salzburg II. 471 ff. VI. 34 ff. IX. 594. 595. 910. 911.
Eberhard, Frankenherzog VII. 805 ff.
Eberhard, Grafen v. Württemberg IX. 233. 234. 438.
Eberhardiner, die XII. 758.
Eberhards-Clausen XI. 797.
Eberis, Bf. v. Minden VII. 149.
Eberlin, Johann, ein Reformator III. 355—356.
Ebernburg Sickingens VII. 707.
Ebersberg, Kloster XI. 1106. XII. 311.
Ebersdorf, Herrnhuter in V. 141.
Ebioniten III. 356—361. S. Nazaräer. I. 275 (die frühesten Antidikomarianiten). 293 (und Antitrinitarier). 318 (Offenbarung Johannis gegen sie). 315 ff. (und die Apokryphen). 623 (Brief des Barnabas). II. 477 (sind auch Chiliasten). 518 (Ansicht über Christus). 558 (Theosophie der). III. 75 (Abendmahlsfeier der). 157 (und der Brief an Diognet). 223 (Gegenfüßler der). 799 (Johannes gegen). IV. 845 (zu Kaiser Hadrians Zeit). VI. 843 (die frühesten Antidikomarianiten). VII. 872 ff. (Osterpraxis der). VIII. 396 (angeblich vom Apostel Philippus bekämpft). IX. 821 (Gesetzeshochmuth der). XII. 1159 (Thebutis, der Haupturheber der).
Eblendus, angebl. Verfasser der teutschen Theologie X. 877.
Ebner, die 2 Schwestern X. 857.
Eboracum, York; s. d.
Eborius, Bf. v. York XI. 1215.
Ebrard, Gl. V. 513.
Ebregisil, Bf. v. Cöln II. 674. XII. 234. 331. 332. 333.
Ebroin, der Hausmeier VI 323 ff. 478. VII. 592.
Ebzan, der Richter III. 361. IV. 906.
Ecbatana, Hauptstadt Mediens; Stadt in b) Phönicien, c) Persien III. 361. 848. V. 910. VII. 9. 10.
Ecbert, der heilige, s. Egbert.
Echarde, s. Ekkeharde.
Echellensis, Abraham, gel. Maronite III. 361—362. 352. 777. I. 341. VI. 543. VIII. 590.
Ecclesia episcopalis, filia, matrix, s. Mutterkirche.
Ecclesiarcha, s. Chartophylax.
Ecclesiastes, der Prediger III. 362—366. 866. VII. 144. VIII. 455. IX. 587. 660. X. 63. XII. 553.
Ecclesiasticus, Buch Jesus, des Sohnes Sirach III. 366—370. IV. 552. VI. 18. 366 ff. VIII. 861. X. 577.
Ecebolius, der Sophist I. 592.
Ecgbert, s. Egbert.
Echard, Jacques, Verfasser der Scriptores ordinis Praedicatorum III. 370.
Echter, Fürstbischof, s. Julius, Juliusuniversität.
Echternach, Kloster XI. 1100; — Springprocession zu XII. 1164.
Echtheit, s. Authentie.
Eck, Johann (aus Ingolstadt), der berühmte Bekämpfer der Reformation des 16. Jahrhunderts III. 370—373. I. 552. 563 (Religionsgespräch in Baden). II. 290 (Wormsercolloquium). 327 (und Capito). 341 (Mitexecutor der Bannbulle wider Luther). 359 (disputirt mit Carlstadt zu Leipzig). 776 (hilft die Tetrapolitana widerlegen). III. 145 (Brief über seinen Tod). IV. 775 (tadelt den Gropper). V. 559 (Jesuiten seine Nachfolger). VI. 472 (Bannbulle wider Luther). 563 (sein enchiridion locorum communium). 585 (findet in Mölk eine merkwürdige Handschrift). 657 (Bannbulle wider Luther). VII. 28 (Streit mit Melanchthon). 148 (Miltitz gegen). 382 (Unterhandlungen in Regensburg). VIII. 182 (Schrift über L. Käser). 383 (Religionsgespräch in Regensburg). 459 (Bannbulle). IX. 241 (Schüler Reuchlins). X. 328 (Wessenbergs Urtheil über ihn). 340 (ein Rivale des). 568 (Mitarbeiter der confutatio). XI. 965 (die Bannbulle in Wien). 1095 (ein Gesinnungsgenosse). 1109 (und Wimpina). XII. 1212 (Bibelübersetzung).
Eck, Dr. Johann, Official des Ebsftn. v. Trier XI. 1166. 1170. 1171. 1172.
Eck, Leonhard von, bayer. Kanzler III. 370. V. 253. IX. 241. XI. 392 ff. 1157.
Eck, Oswald von, ein Reformator VII. 859.
Eckard, Mkgfn. v. Meißen VII. 492.
Eckart, Martin, Professor II. 393.
Eckharde, s. Ekkeharde.
Eckelin, Bf. v. Merseburg VII. 71.
Eckenberg, der lutherfreundliche Caplan VII. 722.
Ecker, Joh. Frz. von, Fbf. v. Freising XII. 769.
Eckermann, Thlg. III. 792.
Eckhart, Meister, der Mystiker III. 373—374. 221. II. 153. VII. 446. IX. 894. X. 725 ff. 751. XI. 655 ff. 690. 875. XII. 827.
Eckhart, J. G., Convertit und Historiograph III. 374. XII. 1086.
Eclecticismus in der Philosophie u. sein Einfluß auf die Theologie III. 374—382. I. 201. V. 106. VII. 325 ff. 540. VIII. 507.
Eclecticismus in der protest. Theologie, s. Syncretismus. [Budeus.
Eclectische Philosophie moderne, s.
Ecclesius, Ebf. v. Ravenna IX. 44.
Ecstasis, s. Verzückung.
Ecthesis des Kaisers Heraklius, s. Monotheleten, dazu II. 628. V. 746 ff. VI. 901. VII. 247. X. 102. 649. XII. 753.
Ecuador, das Christenthum in der Republik X. 449. XII. 42.
Edd, ein Bekenner Englands VI. 834.
Edda, die nordische IV. 578. V. 650 ff.
Eddi, der Sänger VII. 394.
Eddo, Bf. v. Straßburg I. 151. X. 401 (?).
Edelfried, König von Northumbrien I. 247 ff. XI. 1216. XII. 100.
Edelknaben allein kommen in Hochstifte III. 227.
Edelmann, J. Christian, der Freidenker III. 382—383. IV. 191. VIII. 713.
Edelsteine, die verschiedenen der Bibel III. 383—387.
Edelstetten, Klstr. XII. 789.
Eden, der Garten III. 387—391. I. 93 ff. 691 ff. IV. 309. VII. 78. VIII. 117. X. 637.
Eder, Gg., der Rath VII. 736.
Edessa III. 391—395. a) Bisthum, Schule u. Stadt I. 36 ff. 38. 381. 405. 591 ff. 608 ff. 611. 629 ff. 940. 938. III. 249. 394. 613 ff. 762. IV. 866. V. 807. VII. 78. 169 (Missionäre in). 522. 524. 525. 620. 621 (Schl.). 673 (Osterpraxis). IX. 6 ff. X. 849. XI. 462. XII. 1233. — b) mittelalterl. Staat II. 800. III. 395. 743. IV. 248. X. 894. 911. XII. 689. 691. 692.
Edgar, angelsächs. König III. 338. 339. VI. 80.
Edgeworth, Henry, Beichtvater des 16. Ludwig († 1807) IX. 276.
Edict des Decius III. 81.
Edict des Hadrian IV. 845. [752.
Edict von Mailand II. 826. VI.
Edict von Nantes, s. Hugenotten, dazu I. 665. II. 125. IV. 6. 94. V. 379. 384. 448. 559. 646. VI. 444. 634. VIII. 736. X. 702. 959. XI. 657. XII. 225. 578. 701.

Edict von Romorantin II. 50. V. 659.
Edict, das theologische VII. 57.
Edict der Union, französ. V. 377.
Edict über Fastenmandate III. 917.
Edict, Wormser, s. Wormser Reichstag und Edict.
edicta der Pandecten II. 650.
Edictalcitation, s. Citation.
Edilberga von Northumbrien I. 218. II. 87. IV. 779.
Edilfried, König v. Northumbrien, s. Edelfried.
Ediltrhyda, die heilige, Königin und Stifterin von Ely III. 395—396.
Edilwalch, Kg. v. Sussex I. 249. 250. IV. 781.
Edinburg, Univs. V. 391. [808.
Editha, Ottos I. Weib VI. 730. VII.
Editionseid III. 468. 477. 479.
Edmer, s. Eadmer.
Edmund, der heilige, Erzbischof von Canterbury III. 397—398.
Edmund, hl. König v. Ostanglien III. 338. XI. 1219.
Edom und Edomiter (Idumäa) III. 396—397. a) Edom I. 191. 192. 195. 394. 826 ff. III. 333. 863. IV. 425. V. 138. 329. 544. 699. 788. VI. 7. 8. VII. 185. 384. 871. 876. VIII. 50. 51. IX. 922. X. 160. XI. 513. — b) Edomiter, s. Esau, dazu II. 122. III. 618. 705. IV. 314. V. 329. 691. 790. VIII. 399. X. 31. XI. 462. XII. 1014.
Edom, das Gebirge, s. Seir.
Edred, angels. König III. 338.
Edrei, Name von 2 biblischen Städten III. 398.
Eduard der Bekenner, König v. England († 978) V. 54. 894.
Eduard I., König v. England (reg. 1272—1307) II. 89. 90. 94. III. 398. V. 894. VI. 338. VII. 141. IX. 679. X. 735. XI. 1228. XII. 16.
Eduard II., König von England (reg. 1307—1327) III. 399.
Eduard III., König von England III. 398—402. II. 137. XI. 929. 930 ff. XII. 388.
Eduard IV., König von England († 1483) V. 642. XI. 1226.
Eduard VI., König von England (reg. 1547—1553) II. 183. 905. III. 833. 837. 896. IV. 790 ff. 792. V. 74. 227. 629. VI. 237. 356. 817. 850. VIII. 150. 572. X. 531. XI. 1227. XII. 218.
Edwin, König v. Northumbrien I. 248. II. 87. III. 338. IV. 779. XI. 1216.
Egbert, der heilige, ein Apostel der Teutschen III. 402—403. 251. II. 80. 81. IV. 232. IX. 201. XI. 1097.
Egbert, Erzbischof von York III. 403—405. I. 743. II. 306. 310. 751. VI. 215. XI. 1097. 1218.
Egbert, Bf. v. Bamberg II. 532.
Egede, die Missionäre Grönlands III. 405. IV. 775.
Egelrich, Abte von Croyland V. 626.
Eger, Capistran in II. 323; — eine Zusammenkunft in V. 421; — Luther in VII. 728; — Wallenstein ermordet in III. 299.
Egestorpe, Klstr. VII. 150.
Egfried, angels. Könige I. 218 ff. III. 395. V. 504. X. 815. XI. 1083.
Eggehard, Bf. v. Schleswig XI. 1106.
Eggenburg, wieder katholisch VII. 735.
Egge, erster apostol. Vicar in Sachsen XII. 286.
Egica, westgoth. Kg. in Spanien IV. 596. V. 651.
Egidio, Fra, Pth. v. Grado XI. 571.
Egilbert, Bf. v. Freysing IV. 207 ff.
Egilo, Ebf. v. Sens VIII. 841.
Egilward, Bf. v. Würzburg XI. 1185.
Egimeni, der gel. Grieche VI. 467.
Eginhard (Einhard), Freund und Biograph Karls d. G. III. 405—406. VI. 457. 647. X. 836. XII. 384. 1123.
Eginhard, Bf. v. Würzburg XI. 1167.
Egino, Bf. v. Dalby, von Lund VI. 845. IX. 841.
Egloffstein, Joh. von, Bf. v. Würzbg. V. 922.
Egloiph, ein Reformator St. Gallens IV. 286.
Eglon a) König von Moab, b) eine Hauptstadt Canaans III. 406. 481. IV. 906. VII. 184.
Egmont, Lamoral, Graf von (hinger. 1568) VII. 600 ff. XII. 574.
Egoismus, s. Selbstsucht.
Egwin, der heilige, Bf. v. Worcester V. 625.
Egypten, s. Aegypten.
Ehe, das Sacrament der III. 407—411. I. 186 ff. 523. 655. 725. II. 142 ff. 172. 441. 561 ff. 732. 817. 818 ff. III. 345. 415. 431. 442. 446. 494. 582. 509. 771. 778. IV. 38. 306. 481. 482. 557. V. 77 ff. 235 (anglican.). 809 (Josephsehe). 944. VI. 390 ff. 417 ff. 609. 677. VII. 66 (Mensch). 156 (Mindelrath). VIII. 210 ff. 358. 367. 444. 850. IX. 64. 150. 587. 618. X. 258. 659. 759. 890. XI. 201. 222. 225. 231 ff. 237. 581. 954. 958. 1231. XII. 115 (Beweis der).
Ehe bei den alten Germanen XII. 478.
Ehe bei den Juden III. 411—415. II. 653. III. 412. 415 (E.-Vertrag). 413 ff. 717 (keine bei den Essäern). IV. 178. V. 288 (Hochzeit). 290 (des Hohenpriesters). 690 (zwischen Juden und Christen). VII. 352 ff. 782. IX. 477.
Ehe bei den Mohammedanern III. 413—415. VII. 360.
Ehe bei den alten Römern III. 442. XI. 817. 819.
Ehe, bürgerliche, s. Civilehe.
Ehe, Einsegnung der, s. Einsegnung.
Ehe, gemischte III. 415—420. I. 783. II. 333 ff. 869. III. 306. 335 ff. 411. 435. 440. 496 (Einsegnung). IV. 660. 729. 891. 896. V. 604. 830. 899 (mit Juden). VIII. 388. 505. 749. 751. IX. 417. 419. 473 ff. 657. X. 737. XI. 75. 583. 1067.
Ehe, heimliche (Gewissensehe) III. 420. 417. IV. 95 (in England). 502. VIII. 151. XI. 231 ff. 237 (das Tridentinum über). XII. 1310 (Winkelehe).
Ehe mit Leprosen XII. 56.
Ehe, putative III. 420. VI. 417.
Ehe zur linken Hand III. 420—421.
Ehe, zweite III. 421—422. VII. 257. 263. 682. XI. 819.
Ehen auf dem Sterbebett, s. Sterbebett, Ehen auf dem.
Ehen der Sklaven und Leibeigenen XII. 714 ff.
Ehen der Negersklaven XII. 227.
Ehebruch III. 422—423. I. 232. 437. III. 409 ff. 411. 439. 440. 445. 417. 690 ff. IV. 306. V. 626. 836 (macht irregulär). VI. 60 ff. 231. 418. 905. VII. 352. 571. 832. IX. 74. X. 352. XI. 561. 615. 621. 1271.
Ehecansens, s. Consens der Ehegatten, Eltern.
Ehedispensen III. 423—428. II. 620. III. 430 ff. 571. 572. 679 ff. V. 609. VI. 24. VII. 606. VIII. 471. IX. 226. 248. XI. 237. 1036. 1269.
Ehegatten, deren Pflichten III. 428—429. 445 ff. VII. 614. XII. 46 ff. 1274.
Ehegerichtsbarkeit III. 429—430. 73. 129. II. 821. 823. IV. 461. VI. 760. XI. 47. 237. 1279 ff.
Ehegesetzgebung III. 430—433. 437. 820. II. 673. III. 431. 435 f (protest.). 485. 550. V. 197. 62 900. VII. 136. 808. 909. VIII. 74. XI. 237. 1035 Anmkg. 1061. 12 (tempus clausum). 1278. 1327.
Ehegüter, s. bonum conjugale, Mah schatz, Paraphernalien.
Ehehindernisse III. 433—444. I. 1 (wegen Adoption). 157 (Alter). 55 II. 142. 731. 817 ff. III. 416 ff. 42 423 ff. 445. 446. 509. 755. V. 80 802 ff. 809. 838. 900. VI. 82. 36 808. VII. 582. 806. 818. VIII. 151 f 212. 468. 469. IX. 246 ff. 322. 551 817 ff. XI. 224. 237. 463. 596. 76 1036 Anmkg. XII. 279. 718. 751 1227 ff. 1310.
Ehehindernisse bei den Mohammedanern III. 412. 413 ff.
Ehehindernisse bei den alten Römern XI. 817.
Ehelich — unehelich III. 444—446 S. Adoption, Beweis der Ehe (XII 115), Legitimation durch nachfolgende Ehe.
Eheliche Pflicht III. 445—446.
Ehelosigkeit, s. Cölibat.
Ehematrikel, pfarramtliche VI 127 ff. XI. 175.
Eherecht — Ehesache III. 446. S. Ehegerichtsbarkeit, Ehegesetzgebung, dazu II. 22. III. 73 ff. IV. 366. VIII. 772. 812. IX. 279. X. 634. 639. 826. XI. 615. 1213. XII. 209. 609. 821. 921.
Ehescheidung III. 446—448. II. 818. 907. IV. 770. V. 207. VI. 250. VII. 575 (Hincmars Votum über). VIII. 480 ff. IX. 270 ff. X. 258. 942 ff. XI. 237. 615. 875. 1275. 1279. XII. 969.
Ehescheidung bei den alten Römern XI. 819.
Eheverbot, s. Ehehindernisse, dazu IV. 83. VI. 63. 64. XI. 430.
Eheverkündigung, s. Ausrufung der Verlobten.
Eheverlöbniß III. 448—450. 435. 451. 467. I. 198. 350. 918. II. 142 f. 964. VI. 747 ff. VIII. 812.
Eheverlöbniß bei den Juden VI. 806.
Ehevertrag III. 450—451.
Ehezwistigkeiten X. 475.
Ehingen, das Convict in X. 52.
Ehrabschneidung, s. Ehre.
Ehre III. 451—459. 690 (Restitutionspflicht). I. 757. V. 836. XI. 511.
Ehrenberg, Philipp Adolf, Bf. v. Würzburg XI. 1191.
Ehrenbezeugung, s. Ehre.
Ehre Gottes, s. Gott.
Ehrencanoniker III. 459—460. I. 307. II. 28. 310. 325. 333. XI. 765.
Ehrengeschenke der Geistlichen an den Papst III. 460.
Ehrenmutter, s. Brautführer, Hochzeit.
Ehrenrechte des Papstes, Bischofs, s. Papst, Bischof.
Ehrentag, s. Hochzeit.
Ehrentrudis, Schwester des hl. Rupert IX. 591.
Ehrgeiz, s. Ehre.
Ehrlosigkeit, s. infamia.
Ehud, ein Befreier Israels III. 460—461. IV. 906. VII. 184.
Ehvaz, die Stadt VI. 796.
Eichendorff, Joseph, Freiherr von, der Romantiker († 1857) XII. 138. 204. 205.
Eichhorn, Joachim, Abt von Einsiedeln III. 490.
Eichhorn, Ambros, Histor. († 1820) II. 44.

Eichhorn, der Jurist II. 742. 743. 820. III. 474. 886.
Eichhorn, Johann Gottfried, der Gelehrte III. 461–462. I. 756. II. 83. 219. III. 369. 491. 724. 726. 766. 792. 830 ff. IV. 848. 864. V. 274 ff. VI. 560. 914. VIII. 249. X. 66. XI. 815. 834. 1237.
Eichsfelde, Wiedertäufer im VII. 378.
Eichstädt, Bisthum und Stadt III. 462–464. 271. 887. I. 708. II. 83. 219. 675. IV. 830. 883. VI. 765. IX. 566. 772. XI. 783. 1066. 1102. 1203.
Eid (Eicus, Ido), Bf. v. Meißen VII. 20 ff.
Eid, der III. 464–469. S. Reinigungs-, Religions-, Suprematseid, vgl. Meineid. S. dazu I. 832 (der Bfe.). II. 30. 31 (der neugewählten Bfe.). III. 570 (der Bfe.). IV. 59. 366. 461. 617. 621 ff. 650. V. 931 (der Bfe. gegen den Landesherrn). VII. 59. 678. VIII. 878. X. 67. 256. XI. 960. 1278. XII. 842.
Eid bei den Juden III. 469–471. 474. II. 678. IV. 460. V. 906.
Eid bei den Mohammedanern III. 471–473.
Eid des franz. Klerus in der Revolution von 1789, s. Civilconstitution.
Eide der Freimaurer IV. 399.
Eidesbelehrung III. 478.
Eidesbruch III. 473. 474. VII. 16. XI. 560.
Eidesentbindung III. 473–474.
Eideserfüllung III. 474.
Eidesformeln III. 470. 475 ff. X. 67.
Eideshelfer III. 474–475. IV. 617. VIII. 801. IX. 166. X. 67. XII. 342 ff. 842.
Eidesleistung III. 475–478. 446. 449. 450. 470 ff. 474. 475.
Eidesmündigkeit III. 478. 465. I. 187.
Eidesvermahnung III. 478. 465. 475. VII. 16.
Eidesverweigerung III. 478–480.
Eiferopfer, d. hebr. VII. 782.
Eifersucht III. 480.
Eigendünkel, s. Ehre.
Eigene Sünde, s. Sünde.
Eigenliebe, s. Selbstsucht.
Eigenschaften (Attribute) Gottes, s. Gott.
Eigenthum, s. Besitz, Communismus, Gemeinschaft der Güter, Gesellschaft, Socialismus, Pauperismus, Titel.
Eigenthum des Kirchengutes, s. Kirchenvermögen.
Eigenthum, Restitution in Betreff des äußeren III. 659.
Eigenthumsrecht der Kirche, s. Kirchenvermögen.
Eigenthumsrecht in Beziehung auf Klöster und Ordensglieder III. 480–482. VI. 729 ff. VII. 678.
Eilbert, Bf. v. Minden VII. 150.
Eigil, Abt von Fulda IX. 2. X. 417.
Eilftausend Jungfrauen, die, s. Ursula (XII. 233. 237).
Eimonius, Ketzer X. 600.
Einald, der Archidiacon V. 704.
Einbalsamiren der Leichen III. 482–485. VI. 429.
Eine, das, der Neuplatoniker XII. 542.
Einem, J. H. Chr. v., Fortsetzer Mosheims VI. 155.
Einfaches Gelübde IV. 378. XI. 763.
Einführungsreden, s. Antrittspredigten.
Eingebung, göttliche, s. Inspiration.
Eingegossene Tugenden XII. 448.
Einhard, s. Eginhard.
Einheit Gottes, s. Gott.
Einheit und Einigkeit der Kirche, s. Kirche.
Einkindschaft (unio prolium) III. 485–486.
Einkleidung der Ordensmitglieder III. 486. VII. 633. 663. 808. 812. 813. VIII. 792 ff.
Einkommen der hebräischen Könige VI. 248; — Priester VIII. 766.
Einkommen der Kirche, s. Kirchenvermögen.
Einkünfte, Verwendung der kirchlichen XI. 240.
Einleitung, biblische III. 486–491. II. 371. VI. 292. X. 208 ff. XI. 926. XII. 350.
Einreden, exceptiones im processualen Sinne III. 491–494, vgl. Klage, processuale I. 808. VI. 512. VIII. 797. IX. 63. 67. XII. 1277.
Einsegnung, priesterliche, der Ehe III. 494–497. I. 874. II. 143. 144. IV. 502. 896. V. 263. VIII. 152. 367. X. 29. XI. 174. XII. 1310.
Einsegnungen, verschiedene, s. Consecration, Segnungen.
Einsetzung, kirchliche, s. Confirmation, provisio canonica, vgl. Investitur.
Einsiedeln, Abtei und Wallfahrtsort III. 497–501. V. 215. VI. 67. X. 635. XI. 379. 1310. XII. 26. 297. 326.
Einsiedler des hl. Augustin, s. Augustiner-Eremiten.
Einsiedler-Brittinianer, s. Augustiner-Eremiten.
Einsiedler von Camaldoli, s. Camaldulenserorden.
Einsiedler-Cölestiner, s. Franciscus und Franciscanerorden.
Einsiedler des hl. Damian, s. Cölestiner.
Einsiedler am Engelsthore zu Rom III. 501–502.
Einsiedler des hl. Basilius I. 651.
Einsiedler des hl. Hieronymus, s. Hieronymiten.
Einsiedler des hl. Johannes des Täufers III. 502.
Einsiedler des hl. Macarius VI. 703 ff.
Einsiedler des hl. Paulus, des Einsiedlerpatriarchen III. 502–504. XI. 979.
Einsiedler A. L. F. v. Gonzaga III. 502.
Einsiedler von Mariä Heimsuchung, s. Salesianerinnen.
Einsiedler von Monte-Luco in Umbrien III. 502.
Einsiedler von Monte-Senario, s. Serviten.
Einsiedlerinnen, s. Clara, die hl.
Einsiedlerinnen des hl. Peter von Alcantara II. 567.
Einsiedlerinnen vom Berge Varese I. 625.
Eintritt in die Kirche III. 504–505.
Einweihung der levitischen Priester VI. 502.
Einweihung einer Kirche, s. Kirchweihe.
Einweihungspredigten III. 505–506.
Einwilligung, s. Consens.
Eiselein, der Doctor (in Constanz) V. 411.
Eisenach, Luther in XI. 1164.
Eisenbeil, der Pfarrer XII. 682.
Eisengrein, Martin, der gelehrte Convertit III. 506–507. IV. 141. XI. 991.
Eisengrein, Wilhelm, gl. Thlg. II. 432.
Eisenmenger, Johann Andr., Verfasser des entdeckten Judenthums XII. 311–313. 800. II. 678. V. 437. 907.
Eisenschmid, Gl. IV. 373.
Eitelkeit, s. Ehre, Selbstsucht.
Ejub, ägypt. Sultan XII. 686.
Ekbert, Legat und Ebf. von Preußen, Livland, Esthland VIII. 674 ff.
Ekdibba, Stadt, s. Achib.
Ekel, Fabian, der Wiedertäufer VIII. 693.
Ekkeharde, die gelehrten Mönche St. Gallens III. 507–513, vgl. Notker, dazu IV. 284. 285. VII. 652. 900. VIII. 325. X. 56.
Ekron, eine Hauptstadt der Philister III. 513–514. VIII. 390.
Ekstase, s. Verzückung.
Ektheſis, s. Ecthesis.
El, s. Kijun.
El, der phönicische Kronos VIII. 436.
Ela, König von Israel III. 514. IV. 909.
Elam, Elamiten III. 514–518. VI. 618. VIII. 307. X. 60.
Elan, der Richter IV. 906.
Elasar, Rabbi XII. 1106.
Elath, der Seehafen III. 518. IV. 854 ff. VII. 12. 13.
Elberfeld, Mucker in IX. 825.
Elbing, Gründung von VIII. 668. 669; — Reformation in VIII. 554. 560. 654. 704. 705.
Elchanan, bbl. Pf. IV. 570. IX. 616.
Eldad und Medad, das Buch I. 344.
Eldena, das Kloster VIII. 599. IX. 36. 446.
Eleale, Stadt im Ostjordanland III. 518.
Eleasa, Ort in Judäa III. 518. I. 909.
Eleasar, der dritte Sohn Aarons, Hoherpriester. b) Sohn des Abinadab, Hüter der Bundeslade. c) ein Held Davids. d) ein Sohn des Mathathias. e) ein Heldengreis der Maccabäerzeit III. 518–519. 520. I. 2. V. 279 ff. 814. 884. VII. 351. 449. 773.
Eleasar, ein Führer der Zeloten V. 530.
Eleaten, die altgriech. Philosophenschule der III. 322. V. 429. VIII. 76 ff. 78.
electi, s. Katechumenen.
electi unter den Manichäern VI. 800.
eleemosynarius, s. Almosenprediger.
Eleemosynarius Johannes, s. Johannes Eleemosynarius.
Elementarschulen, s. Schule, Volksschule (XII. 1233).
Elemente im Abendmahl, s. Abendmahl.
Elemente der Welt, s. Welt, vgl. Substanz.
elenchus personalis, doctrinalis VIII. 365.
Eleonore de Guyenne, Gemahlin Ludwigs VII. von Frankreich († 1204) V. 53. VIII. 344. XII. 355. 969.
Elephant, der III. 519–520. I. 330.
Elephantiasis, s. Aussatz.
Elephantine (jetzt Dscheſiret Assuan), Nilinsel VII. 522.
Elesbaan, König v. Abyssinien V. 302 ff.
Eleusa, ehemal. Bm. in Palästina VII. 612.
Eleusius, semiarian. Bf. v. Cyzicus XII. 1200.
Eleutharius, St. VII. 650.
Eleutherius, s. Eutharius.
Eleutherius von Ravenna, Exarch III. 122.
Eleutherobius, der Magister VII. 722.
Eleutheropolis, Stadt in Judäa III. 520–521. VIII. 51.
Eleutherus v. Tournay, der hl. V. 83.
Eleutherus, der Papst III. 520–521. 103. 163. I. 246. 608. IV. 776. V. 819. VI. 335. 816. 617. VII. 253. VIII. 626. XII. 363. 922.

Eleutherus (Nahr el Kebir), Fluß III. 521.
Elevation, s. Messe.
Elfenbein, das III. 521–522. 519.
Elfred, s. Alfred.
Eli, s. Heli.
Elias, der Thisbite III. 522–525. 539. 540. I. 133. 134. 329. 345. 477. IV. 892. V. 98. 293. 777. 796. 797. VI. 219. VII. 775. VIII. 919 ff. 920. IX. 662. X. 192. 910. XI. 43.
Elias, 1. Ordensgeneral der Franciscaner III. 525–527. I. 304. IV. 133.
Elias Levita, der jüdische Gelehrte III. 527. 883. I. 600. II. 239. IV. 850. VII. 86. 143. 914. XII. 1114.
Elias, Bisch. v. Aquileja I. 392. XI. 569 ff.
Elias, Bisch. v. Jerusalem VII. 238. IX. 489.
Elias, nestorian. Bisch. II. 448.
Elias von Cortona II. 245. 246.
Eliascapelle X. 170.
Eliaskloster II. 362.
Eljakim, s. Jojakim.
Eliberis, latein. Name von Elvira; s. d.
Elieser, Diener Abrahams V. 839.
Elieser, der Prophet VIII. 919.
Elieser ben Hyrcan, der Kabbalist XII. 1105–1106.
Eligibilitas, die passive Wahlfähigkeit III. 527–528. 569. II. 30. XI. 766.
Eligius, der heilige, Bischof von Noyon III. 528–529. 2. I. 194. IV. 149. 231. 263. 413. 409. VI. 64. 335. 907. IX. 657. XII. 103. 912. 1181.
Elihu (im Buche Job) V. 695.
Eliland, Klosterstifter X. 606. XII. 115.
Elimäer, Perser, s. Persien.
Elimelech, bbl. Pfn. IX. 475.
Eliot, John, Apostel der nordamerican. Indianer III. 529–530.
Elipandus, Ebf. v. Toledo I. 100. VIII. 241. IX. 713. XI. 86. 67 ff.
Elisabeth, die Mutter Johannis des Täufers III. 530. V. 739 ff. VI. 875. XI. 1232.
Elisabeth, Aebtissin von Schönau III. 530–531. VIII. 101. XI. 483.
Elisabeth, die heilige Landgräfin von Thüringen III. 531–533. 143. II. 249. 805. IV. 474. 716. V. 119. 346. VIII. 19. X. 742. 812. XI. 1189.
Elisabeth Barthon, s. Barthon.
Elisabeth vom Kreuz V. 348.
Elisabeth von Reute, die selige XII. 313–314.
Elisabeth, die „jungfräuliche" Königin v. England III. 533–539. 555. 896. I. 172. 908. II. 113. 506. IV. 342. 785. 792 ff. V. 228. 369. 372. 440. 414. 929. VI. 237 ff. 938 ff. VII. 608. VIII. 72. 149 ff. 232. 392. 454. 572. 657. 861. X. 219. 531. XII. 92. 93.
Elisabeth, die Madame, Schwester Ludwigs XVI. (guillotin. 10. Mai 1794).
Elisabeth, Markgräfin v. Brandenburg II. 140.
Elisabeth von Hannover, Convertitin VII. 197.
Elisabetherinnen, s. Elisabeth, die hl. Landgräfin, Schwestern, barmh., dazu V. 167. 346 ff. X. 743. 805. XI. 1066 ff. XII. 992.
Elisäus (Elisa), der Prophet III. 539–540. 272. 523. I. 362. 361. 806. IV. 842. 882 ff. V. 283. 513. 691. 785 ff. 817 ff. 822. VII. 185. IX. 589.
Elisäus, der armenische Geschichtschreiber III. 540–541. I. 441 ff.
Elischa, Volksstamm V. 507.
Elissa, König VIII. 431.
Elkesäer III. 358 ff. XII. 209.
Elkindi, arab. Gl. I. 420.
Elkosch, bbl. On. VII. 461.
Ellbogen, Luther in und bei VII. 728.
Elle, die hebr. VI. 893 ff.
Ellendorf, der Bücherschreiber I. 843. VIII. 851.
Ellenhard, Bf. v. Freisingen IV. 208.
Eller, Klstr., s. Helera.
Eller, Elias, der Mucker IX. 824.
Elliot, s. Eliot.
Ellipse (in der Rhetorik) III. 541–542.
Ellwangen, Kloster und Stadt I. 152. 707. V. 359. VI. 300. IX. 405. XII. 307. 308. 615. 857. 859.
Elmer, s. Eadmer.
Elmo, der hl. III. 649.
Elnon, das Kloster I. 460. 462. V. 356 ff. 780.
Elohim, der Name Gottes II. 784. IV. 804. V. 511. VII. 352. VIII. 287. 436.
Elon, Eloniten III. 542. XII. 1232.
Eloy, s. Eligius, St.
Elpidius, Rhetor und Dichter VI. 832. VIII. 521.
Elsaß, Kirchengeschichtliches I. 149 ff. (Christianisg.). V. 277 ff. (ein Kloster im). 560 (Parlament). VII. 159 (Missionen im). X. 397 ff. (Straßburg).
Elster (Plea), Barthelom., der Prädicant VII. 724.
Elstow, der glaubensmuthige V. 229.
Eltern, ihre Pflichten III. 407. 889 ff. VII. 345. VIII. 17 ff. 210 ff.
Eltern bei den Hebräern III. 542–543.
Eltern und Vormünder, Einwilligung der (in Ehesachen), s. Consens der Eltern und Vormünder.
Elternmord (parricidium) III. 542. VII. 329. XII 17 ff.
Elternsegen X. 23.
Eltheco, Ort in der philistäischen Niederung III. 543. IV. 266.
Eltz, Jacob von, Ebfst. v. Trier VIII. 842. XI. 251.
Elul, s. Jahr bei den Hebräern.
Elvas, Ebm. X. 263. 266.
Elvenich, Peter Jos., der Hermesianer (geb. 1798) V. 132. VII. 329.
Elvira, Synode daselbst III. 543–547. II. 404. 660. IV. 77. V. 336 ff. VI. 125. VII. 557. X. 105. 261. 425. 431. XI. 62. XII. 499. 765.
Elxai, der falsche Prophet, s. Elkesäer.
Ely, Klstr. III. 393. Bm. V. 241.
Elymais, Elymäer, s. Elam.
Elymas, Bar-Jesu, der Zauberer I. 620. VIII. 244.
El-Zagal, der Maurenkönig von Granada VI. 936.
Elzevir'sche Bibelausgaben I. 922.
El-Zobri, mohammed. Gel. V. 848.
Emaddedin-Zengi, der Fürst III. 395.
Emanation, das pantheistische System der III. 547–550. 357. IV. 554 ff. (Gnosticism.). V. 137 (ein Gegner der). 904 (der neuern Juden). VI. 36 (des Karpokrat). VII. 543 (neuplaton.). 790 (und der Optimismus). VIII. 79 (Verh. zum Pantheismus). 155 (und Parsismus).
Emancipation (im civil- und kirchenrechtlichen Sinne) III. 550–551. 226. 507. VI. 476. VIII. 836.
Emancipation der Katholiken in Großbrittanien I. 761. IV. 801 ff. V. 831 (in Irland). VII. 699 ff. (und Dan. O'Connell). XI. 904 (in den engl. Colonien). XII. 1039 ff.
Emancipation der Juden, s. Judenemancipation.
Emancipation der Schule, s. Schule, Unterrichtsfreiheit.
Emancipation der Sclaven, s. Sclaverei und Christenthum.
Emancipation des Weibes IV. 388 ff. IX. 576. XI. 814 ff.
Embalner, Valentin, Abt von Melk VII. 52.
Emboli, s. Amphipolis.
Embolismus a) Nachschrift eines Briefes; b) Ueberschuß an Tagen; c) Gebet zwischen dem Paternoster und der Brotbrechung II. 551. VI. 551.
Embricho, Bf. v. Regensburg IX. 94.
Embrun, Bm. V. 746.
Embryo, der menschliche III. 552. X. 603. XII. 6.
Emden, Calvinismus II. 265; — Mennonitenversammlung zu VII. 59.
Emerentiana, die heilige XII. 314.
Emeritenanstalten III. 552–553. XI. 27. 28.
Emeritenfonds XI. 27. 28.
Emeritenpfründe XII. 314.
Emery, Jacques André, Generalsuperior der Sulpitianer XII. 314–316. VIII. 491. IX. 277.
Emesa (Hems) V. 80 (Heliogabal in). X. 46 (Pfrstschle zu). XI. 337 (Bm.).
Emim, Emiter III. 553. 574. II. 294. IX. 209.
Eminenz, der Titel III. 553. II. 343. XI. 490.
Emiter, s. Emim.
Emlyn, Thomas, der Unitarier VI. 530.
Emmanuel, König von Portugal wider die Juden III. 553–555. II. 516. V. 840. 594. VI. 266. X. 261.
Emmanuel, Hzg. v. Savoien III. 287.
Emmanuel, Herrscher von Kongo II. 785.
Emmaus, Name von 2 bibl. Ortschaften III. 555. VII. 600. VIII. 50. X. 107. 108. XI. 2.
Emmaus, Kloster bei Genda III. 640.
Emmelia, Mutter Basilius d. G. I. 650. 652. 660. 661.
Emmeram (Haimeram) der heilige, Apostel der Bayern III. 555–557. 663. I. 702. 703. IX. 92. 93 ff. XII. 50.
Emmeram, gefürstete Abtei zu Regensburg III. 557–559. 6. I. 703. 704. IV. 885. V. 215. VII. 70. IX. 92. 93 ff. 99 ff.
Emmerich, St., Sohn des hl. Königs Stephan VI. 746 ff.
Emmerich, Anna Katharina, die Nonne in Dülmen XI. 664. XII. 131. 136 ff. 139.
Emmerich, Joseph, Ebfst. v. Mainz V. 841.
Emoraim, Erklärer der Mischna VII. 144.
Emoriter, s. Amoriter.
Empedokles, der Philosoph VIII. 78.
Empeytaz, L., der Momier VI. 296 ff. VII. 132.
Empfang der hl. Sacramente, Kirchengebot IV. 344.
Empfängniß Mariä, s. Mariä Empfängniß (VI. 865).
Empfängniß Mariä, Orden von der III. 559. XI. 477.
Empfangsfeierlichkeiten der höchsten geistlichen Würdenträger III. 559–560.
Emphasis, die Redefigur III. 560–561.
Emphyteuse, Erbpacht, Erbzinspacht III. 561–564, vgl. Kirchenleben, Mieth- u. Pachtvertrag, dazu VI. 190 ff. 193 ff. VII. 678. VIII. 645. XI. 1258. XII. 655. 1228.
Emporheben der Hände beim Gebet, s. Gebet.

Englischer Gruß, s. angelus domini, Ave Maria.
Enicho, Bf. v. Freysing IV. 200.
Enkratiten, s. Encratiten.
Enneaden des Plotin XII. 542.
Enneberg, der Bezirk II. 168.
Ennemoser, Jos., Schrift. über Magnetismus XI. 654. 655.
Ennodius, Magnus Felix, der gelehrte Bischof von Pavia III. 595—597. 755. 756. V. 329. 330. VI. 752. VIII. 52. 100. 521. X. 575.
Enns, wieder katholisch VII. 730.
Enoch, s. Henoch.
Ἑνωτικόν, s. Henoticon.
En Rimmon, s. Rimmon.
Entbindung von den Ordensgelübden, s. Säcularisation der Geistlichen.
Entblößung der Altäre, s. Charwoche.
Entblößung des Hauptes beim Gebet, s. Gebet.
Enterbung der Kinder und Eltern im Allgemeinen III. 597.
Enterbung auf den Grund des Religionswechsels III. 597—599.
Entführung, raptus violentiae III. 599—600. VIII. 211. IX. 215. XI. 681.
Enthaltsamkeit, die Tugend der III. 600—601. Vgl. Keuschheit.
Enthaltungsgelübde bei den Hebräern IV. 386 ff.
Enthauptung, Strafe der X. 360. 416.
Enthebung, zeitweilige, vom Kirchenamte, s. Suspension.
Enthusiasten, s. Messalianer.
Entsagung vom Amte, s. Resignation.
Entschädigung, s. Ersatz.
Entscheidungserkenntnisse, s. Decisiv-decrete.
Entscheidungseid, s. Eid.
Entscheidungsjahr, s. annus discretionis.
Entsetzung vom Amte, s. Deposition.
Entweihung (execratio) der Kirchen und Altäre III. 601—602. Vgl. Reconciliation der Kirchen, s. dazu IV. 408. VI. 203. VIII. 373. IX. 562.
Entziehung des Pfründeeinkommens, gewaltsame X. 736 ff.
Entziehung des Pfründeeinkommens, rechtliche X. 536.
Entzündung, ihr Unterschied von der Ekstase XI. 660.
Ennedin, Synode von II. 42; — Vergleich von VII. 732; — Lutherthum in X. 124.
Enzio (Heinz) der König, K. Friedrichs II. Sohn († 1272) II. 803. 811. IV. 229. 230. 715.
Eoban, der heilige IV. 233.
Eon, Eudo von Stella, der Sectirer III. 602—603.
Eorpwald, ein König der Ostangeln I. 248. IV. 780.
Eostre, altengl. Göze I. 215.
Epacten, s. Cyklus.
Epalle, apostol. Vicar I. 500. X. 408.
Epaon, Synode daselbst, concilium Epaunense III. 603—604. I. 566. II. 217. 846. 847. IV. 410. VI. 368. 682.
Epaphras, Gründer der christlichen Gemeinde zu Kolossä III. 604. II. 693. VIII. 253.
Epaphroditus von Philippi (?) III. 604.
Eparchie, Diöcese des griech. Bischofs III. 604—605. I. 325. VIII. 831. IX. 475
Eparchien in Griechenland XII. 502 ff.
Eparchius, der heilige IV. 152. XII. 16.
Epée, l'. Abbé, Charles Michel, Begründer des Taubstummenunterrichtes († 1789) X. 113.
Eperjes, die Freistadt und das Bisthum IV. 366. 663. VII. 730. XII. 426.
Epha, hebr. Hohlmaß, s. Maße.
Ephes, Ebf. V. 762.
Epheser, Briefe an die, s. Paulus.
Ephesius (Enresius) Bf. in Rom VI. 613.
Ephesus, Stadt und Bisthum III. 606—607. I. 361 (Apollos in). III. 796 (Johannes in). 815 (Exarchat). V. 593. 595 (Brief des Ignaz v. Antiochien an). 937 (Justin und Tryphon in). VI. 828 (der Metropolit Marcus Eugenicus). VII. 145 (und Milet). 772 (Bischof Onesimus). VIII. 214 (Exarchat). 217 (Paulus in). 267 (Cölestius in). 262 (Stadt). 651 (Bischof Timotheus). X. 231 (und Smyrna). 578 (Synagogen in). XI. 21. 22 (Bischof Timotheus). 345 (Schule).
Ephesus, dritte allgemeine Kirchenversammlung von III. 607—610. I. 100 (Naturen in Christo). 287 (*). 441 (Annahme durch die Armenier). 563 (**). II. 650 (*). 964 ff. (schlichtet wegen Cypern). 072 (und Cyrill v. Alxdn.). IV. 2 (ein Brief des P. Felix I.). 574 (und die Armenier). 767 (Annahme der 12 Capitel des Cyrill v. Alxdn.). V. 507 (*). 843 (und Isidor von Pelusium). VI. 678 (das Fest Mariä Himmelfahrt). VII. 522 (und die Nestorr.). VIII. 308 (und Nestorius). 340 (ein Fragment des Petrus von Alxdn.). 662 (Schreiben des Cyrill v. Alxdn.). IX. 7 (Rabulas). X. 152 (und Simeon d. Stylite). 848 (und Theodor von Mopsueste). 851 (eine Schrift gegen). 860. 881 (und Theodos II.). XI. 281 (bestätigt Symbole). 272 (über die hl. Dreifaltigkeit). XII. 519.
Ephesus, Räubersynode daselbst III. 610—612. I. 229. 630 ff. II. 445. 737. IV. 92. V. 186. VI. 448 ff. VII. 234. XII. 508 ff. 519.
Ephod, Schulterkleid des jüd. Hohenpriesters III. 612. I. 204. 868. IV. 346. V. 281.
Ephod als christlich-kirchliche Kleidung, s. Amictus.
Ephra, s. Ophra.
Ephräm der Syrer, Kirchenvater III. 612—615. I. 322 (lobt die Apokalypse). 482 (***). 505. 937 ff. (**). II. 45 (*). III. 273 (Doxologien). 393 (als Lehrer). 394 (Blüthe der schola persica). 931 (*). V. 456 (in Nisibis?). 457. 839 (ein Schüler des). VI. 299 (vom Hirtenstab). 802 (*). 894 (Liturgie der Maroniten von ihm abgeleitet). 908. VII. 5 (***). 299 (als Mrtlbig.). 303 (Verdienste um Kirchengesang). 674 (*). VIII. 119 (über das Paradies). 220 (als Exeget). 518 ff. (als religiöser Dichter). IX. 126 (*). 764 (dem Abendlande bekannter Exeget). XI. 761 (***). XII. 453 (ist Creatianer).
Ephräm, Pich. von Antiochien VII. 810.
Ephraim, Stammvater und Stamm III. 615—616. I. 885. IV. 314. V. 514. 526. 782. 793 812. 814. VI. 790. 791. VIII. 49. 50. IX. 602.
Ephraim, Gebirge und Wald III. 616. 348. IV. 200. VI. 784. VIII. 45 ff. IX. 12. 209. X. 114. XI. 1245.
Ephraim, Stadt an der Wüste III. 616—617. VI. 385.
Ephrata, s. Bethlehem, Sepharad.
Ephrata, wiedertäuf. Klstr. XI. 321.
Ephron, Name von 4 bibl. Orten III. 617.
Ephyra, s. Corinth.
Epictetus, der Stoiker III. 617. 730. 931. I. 95. V. 161. VI. 921. VII. 315. 488. 613. VIII. 164.
Epicur, der Philosoph († 271 v. Chr.), s. Epicuräismus, dazu III. 84. IV. 506. VI. 313. X. 40. 71. X. 756.
Epicuräismus, Weltanschauung des III. 618—623. V. 283. VI. 367. VII. 315. 310. IX. 864. X. 376.
Epigonation VI. 217. VIII. 832.
Epik, christliche, s. Dante, Poesie (christliche), Tasso.
Epikie, Billigkeit III. 623 VIII. 781.
ἐπίκλησις des griech. Canon VII. 101.
Epimachus, der heilige VI. 66.
ἐπιμανίκια, die VI. 217.
Epiphanes, Sohn des Karpokrates, s. Karpokrates, dazu I. 278. IV. 560. IX. 821.
Epiphania, späterer Name der Stadt Hamath, s. d.
Epiphania, s. Dreikönigsfest.
Epiphanius, hl. Bischof von Pavia († 497) III. 624—625. I. 216. II. 918. III. 596. IV. 583. 587. VII. 704.
Epiphanius, der heilige, Erzbischof von Salamis und Kirchenlehrer III. 625—628. I. 170 (ein Wirbes). 275 (*). 334 (über die Menge der Apokryphen). 372. 653 (über die Basilidianer). II. 434. 435 (**). 500 (*). III. 410 (über Auflösbarkeit der Ehe). 715 (über die Diöcer). 931 ff. (*). IV. 870 (Ketzerlexicon). V. 160 (über Hierax). 165 (*). 171 ff. (und Hieronym.). 435 (Hypsistarier). 623 (*). 820 (Fragmente aus Irenäus). VI. 609 (*). 794 ff. (*). 802 (*). 820 (gegen Marcion). 837 (*). 876 (über den Tod Mariä). VII. 37. 38 ff. (*). 81 (gegen die Euchiten). 134 (Fragmente aus Methodius). 253 (**). 255 (**). 264 (*). 474 (**). 602 (*). 822 (*). 825 (**). 829 (**). 845 (gegen die Origenisten). 881 (*). VIII. 61 (*). 234 (bei der hl. Paula). 314 (***). 380 (Ketzerlexicon). 820 (kennt 72 alttestamentl. Propheten). 827 (über die Prolenchen). 843 (*). 862 (Ketzerlexicon). IX. 117 (*). 440 (gegen Origenes). 619 (über die Laster der Gnostiker). X. 657 (gegen Tatian). XI. 265 (*). XII. 29. 30 (über die Alogier). 073 (Biograph des Bischofs Philo).
Epiphanius Scholasticus, Uebersetzer zu Cassiodors Zeit III. 628. V. 935. VI. 9. VIII. 340 ff.
Episcopalen, die, nordamerican. Secte XII. 45 ff.
episcopalis mensa, s. mensa capitali.
Episcopalkirche, s. Hochkirche.
Episcopalschulen, s. Dom- und Klosterschulen.
Episcopalsystem, katholisches, s. Bischof, Hierarchie, Papst.
Episcopalsystem, protestantisches III. 628—630. S. Collegialsystem, Territorialsystem, Superintendent, dazu II. 114. IV. 808. VI. 300. VIII. 94 ff. 332. IX. 85. XI. 501 ff.
Episcopat, der, s. Bischof, Erzbischof, Hierarchie, Papst.
Episcopatsweihe, s. Bischofsweihe.
Episcopius, Haupt der Arminianer I. 455. 457. II. 631. 632. 647. III. 265. 268. V. 78. 573.
episcopus chori, s. Chorbischof, Cantor.
episcopus in partibus (sc. infidelium) III. 630—632. II. 34. III. 704. VI. 411. VII. 619. X. 469. XI. 251 f.

688 (***). 723 (Klagen über Sittenverderbniß der Christen). XII. 506 (*). 625 (eine Quelle des). 742 (Fragmente). 965 (*). 986 (über B. Pinytus). 1191 (schweigt über Theognost).
Eusebius, Bf. v. Dorpläum III. 610. 611. IV. 91. VII. 233.
Eusebius von Emisa (Emesenus) III. 762—763. 928. I. 364. 493. IV. 429. IX. 762. X. 301.
Eusebius, der Eunuch II. 814. III. 737.
Eusebius, Ebf. v. Gran III. 502 ff.
Eusebius, Bf. v. Laodicea VIII. 259.
Eusebius, heiliger Papst III. 767—768. 765. VII. 35. VIII. 102. XI. 1273.
Eusebius, Bischof von Nicomedien III. 763—764. I. 429. 430 ff. II. 830. VII. 41 ff. 552. 554 ff. VIII. 516. XII. 742.
Eusebius, Bischof von Samosata, Martyrer III. 764—765.
Eusebius, Bf. v. Thessalonich VIII. 871.
Eusebius Bruno, Bischof von Angers I. 821.
Eusebius von Vercelli, der Freund des Athanasius III. 765—767. I. 433. 562. II. 525. VI. 229. 515. 611. 612. VII. 43. 226. 227. VIII. 663.
Eusebiuskirche in Rom IX. 347.
Eupicius, der heilige IV. 152. V. 779. XII. 721.
Eustachius (Eusthatius), heiliger Martyrer III. 768—769.
Eustasius und Agil, die frühesten Missionäre in Bayern I. 701. 702 ff.
Eustathius, hl. Martyrer, f. Eustachius.
Eustatius, St., das Christenthum auf der Insel XII. 592.
Eusthatianer, f. Arius, Eusthatius, Bischof von Antiochien u. von Sebaste, dazu III. 432. IV. 90. VII. 42 ff.
Eusthatius, Bischof von Antiochien III. 769—770. I. 430. V. 458. VII. 42. 43. 45. 552 ff.
Eusthatius, Bischof von Sebaste III. 770—771. I. 118. IV. 305. XII. 76.
Eusthatius, Erzbischof von Thessalonich III. 771—773.
Eustochium, Julia, die heilige III. 773—775. S. Hieronymus, dazu V. 628. VII. 233. 234.
Eustochius, der heilige, Bf. v. Tours XI. 103.
Eustorgius, der heilige, Bf. v. Mailand VI. 752.
Eustratius, gl. Thlg. III. 932.
Eutactus, Sectenstifter IV. 306.
Euthalius, f. Stichometrie.
Eutharius, Bischof von Lorch III. 775.
Eutharius, Bf. v. Tournay VII. 7.
Euthymius, f. Brüder, die langen.
Euthymius, Patriarch von Constantinopel V. 755.
Euthymius Zigabenus, der gelehrte Basilianer III. 775—776. I. 281. 663. IX. 487. 761.
Eutokius, arian. Presbyter I. 430.
Eutropius, Günstling des Kaisers Arcadius I. 395 ff. III. 735. X. 595.
Eutyches, der Irrlehrer III. 776—777. I. 630. 631. 660. II. 441. 533. 918. III. 171. 610. 753. IV. 91. 526. V. 98. VI. 248. 816. VII. 233 ff. IX. 44. 488. XI. 156. XII. 229. 912. 1016.
Eutychianer, die Monophysiten III. 777. S. Eutyches, der Irrlehrer, Monophysiten, dazu I. 226. II. 518. III. 224. IV. 8. V. 329. 844. VI. 448 ff. VII. 244. 623. VIII. 214. 220. X. 550. 852. 961. XI. 332.
Eutychianus, der heilige Papst III. 777. 845. II. 254. X. 105.
Eutychius (Said ibn Batrik), Patriarch von Alexandrien III. 777. I. 161. VI. 591. 893.
Eutychius, melchit. Pch. u. Kchnhist. III. 97. VI. 144.
Eutychius, Pch. v. Cstpl. I. 309. III. 97. 270. V. 739. XI. 675.
Euzoius von a) Cäsarea, b) Antiochien, Arianer XII. 834—835. I. 430. 435. VII. 43.
Eva, die Stammmutter III. 778. 314. I. 342. 664. IV. 439. VI. 9. 845. 846. VII. 754. X. 761.
Evagrius, Bf. v. Cypern II. 964.
Evagrius Scholasticus, der Kirchenhistoriker III. 778—779. I. 116. 502. IV. 90. VI. 140. VII. 45. 522. 564. XII. 1317.
evangeliarium und evangelistarium III. 779. VI. 551. VII. 99. VIII. 296. X. 581.
Evangelien und Apostelgeschichte III. 779—801. Vgl. Apostel, Jesus Christus. S. I. 207. 332. 342. 346. V. 852 (?). VI. 819 ff. 836 ff. X. 63. 890.
Evangelien, die apokryphen, f. Apokryphen-Literatur.
Evangelien, Synopse der, f. Synopse der Evangelien.
Evangelienconcordanz, f. Concordanzen, bibl.
Evangelienharmonie, f. Harmonie der Evangelien.
Evangelienpredigt, f. Pericopen.
Evangelische Räthe, f. Räthe, evangelische.
Evangelisch-katholisch, das Prädicat, f. Katholisch (VI. 59).
evangelistarium, f. evangeliarium.
Evangelisten, die vier, f. Evangelien und Apostelgeschichte.
Evangelisten, ein Votum über die Glaubwürdigkeit der III. 188.
Evangelistenbilder III. 801—802. IV. 933.
Evangelium in liturgischer Hinsicht III. 802—804. S. Lectionen, Messe, defectus missae (XII. 278).
Evangelium, ewiges, f. Ewiges Evangelium (XII. 335).
evangelium Mariae, f. Magnificat.
Evangelium, Eid auf das III. 475. 476.
Evangelium, das von Basilides erläuterte XII. 21.
Evaristus, die Martyrer, besonders der Papst III. 804—805. V. 262. VIII. 360. IX. 115.
Evaristus, der Novatianer VII. 661.
Evelpistus, Martyrer V. 938.
Eveque, l', Roger de Pont, Ebf. v. York XI. 1224.
Everaclus oder Euraclus, der heilige XII. 746.
Evergisil, Bf. v. Cöln XII. 331 ff.
Evergislus, der heilige, f. Euergistus, Bischof v. Cöln.
Evermodus, der heilige, Bf. v. Ratzeburg IX. 36.
Everwin, Propst von Steinfelden I. 372.
Evesham, Budeturkistr. V. 625.
Evilmerodach (Verehrer des persischen Mars) III. 805. V. 775.
Evodius, I. Bf. v. Antiochien I. 286. V. 593.
Evodius bei Nicephor VI. 883.
Evora, Erzbisthum und Universität I. 565. II. 156. IV. 108. VI. 199. X. 263. 266. XI. 417. XII. 129.
Evrald von Nevers, der Ketzer XII. 925.
Evreur, Bm. IV. 159. IX. 252.
Evroul, St., Klstr. II. 285. VII. 818.
Ewald, die 2 heiligen Brüder und Glaubensboten III. 805—806. II. 80. IX. 501.
Ewald, Georg Heinr. August von, der Orientalist (geb. 1803) III. 389. IV. 476. V. 519. 520. 544. VIII. 407. 532. IX. 779.
Ewige Anbetung, f. Anbetung, ewige.
Ewiger Jude III. 806—809.
Ewiges Evangelium, das XII. 335—337. X. 800.
Ewiges Gesetz, f. Gesetz (XII. 479).
Ewiges Leben, f. Seligkeit.
Ewiges Licht III. 809. I. 213. VI. 330. VII. 785. VIII. 366. IX. 210.
Ewigkeit, die IV. 807. XI. 605.
Ewigkeit Gottes, f. Gott.
Ewigkeit der Höllenstrafen, f. Hölle, dazu V. 257 ff. XII. 288 ff.
Exactionen, f. Abgaben.
Examen der neugewählten Bischöfe III. 809—810. Vgl. Informativproceß.
Examinationscommission in geistlichen Angelegenheiten, die preußische VIII. 723.
Examinatoren, Synodalexaminatoren III. 810. II. 761. X. 643.
Exarchat von Ravenna III. 810—814. Vgl. Ravenna. II. 11. 525. IV. 588. IX. 340. X. 355. XI. 715.
Exarchen, Mittelglied zwischen Patriarchen und Metropoliten III. 815. 998. I. 651. VI. 105. VIII. 110. 214. 773.
Exaudi, der 6. Sonntag nach Ostern III. 815.
Exceptionen, f. Einreden, processuale.
Excesse der Geistlichen III. 815—817. Vgl. Delict. VIII. 795. X. 241.
Exchester, Synode zu II. 767.
exclusiva, Vorrecht bei der Papstwahl III. 817—819. S. Papstwahl.
excommunicatio, f. Anathema, Bann, Maranatha (XII. 761), Sacramentensperre, dazu I. 229. 737. II. 426. 427. 734. III. 423. IV. 203. 535. 871. V. 675. VI. 180 ff. VII. 59 (Menno über die). 557. 709. VIII. 152. 366. 368 ff. 374. 469. 782. 783. 797. IX. 5. 73. 80. 216. 645. 695. 921. X. 244. 251. 514. 541. XI. 216. 210. 551. 1178. 1271. XII. 6. 620. 805 ff. 1018. 1245.
Excommunication der Häretiker, f. bulla in coena Domini.
Excommunicationen bei den Juden I. 599 ff.
exeat, f. Dimissorialien.
Execration, f. Entweihung.
Execution im processualen Sinne III. 820—821. IX. 66.
Execution letztwilliger Bestimmungen, f. Letztwillige Verfügungen.
Execution päpstlicher Erlasse III. 819—820.
Execution reichsgerichtlicher Erlasse IX. 159 ff.
exedra, exedrae (Wortbedeutung) III. 821—822. S. Ambon.
Exegese, Auslegungskunst III. 822—840. S. Hermeneutik, Kritik, dazu Catenen, Chronologie, Commentar, Glossen (bibl.), Mystischer Sinn der Bibel, Parallelstellen, ferner I. 71. 162. 222. 399 ff. 587. II. 270. 537 ff. 646. 648. III. 332. IV. 88. 565. 687. 867. V. 211. 524. 841. VI. 30. 61. 290. 521. 676. VII. 61. 448. VIII. 452. 810. IX. 15. 16. 191. 311. 450 ff. 695. X. 63. 91 ff. 94. 160 ff. (prot.). 238. 255. 847. XI. 111. 190. 192. 886. 926. 1143. 1312. 1318. 1323 ff.
Exeget, Interpret III. 841. S. Commentar.
Exegeten, berühmte, f. Commentar, dazu I. 165. II. 238 ff. 253. 254. 270. 875. 879. III. 319. 320. 393. 776. 872. V. 172. 361. VI. 86. 88. 304. 688. VII. 373. 831. IX. 450. X. 62 ff. 160. XII. 19. 321. 349. 360. 526. 635 ff. 795. 973.
Exegetik, f. Exegese.

Exemte Bisthümer in Deutschland X. 787.
Exemte Prälaten, s. praelati nullius dioeceseos (VIII. 640).
Exemtion, Befreiung von der Jurisdiction des unmittelbar vorgesetzten Kirchenobern III. 841—844. 541. II. 243. 427. IV. 303. VII. 226. 227. 633. 810. XI. 216.
Exequatur, landesherrliches, s. Genehmigung, landesherrliche.
Exequien III. 844—847. VI. 514. VII. 701. IX. 207. 211. X. 86.
Exequien für Andersgläubige XII. 337—340. XI. 75.
Exerciren, ob an Feiertagen erlaubt XII. 552.
Exercitien, geistliche (exercitia spiritualia) III. 847—848. 871. IV. 135. VII. 171. XII. 270.
Exeter, Bm. V. 241.
Exhortationen, s. Paränesen.
Exil der Hebräer a) assyrisches, b) babylonisches III. 848—852. S. Babylonisches Exil, Diaspora (XII. 391), vgl. Hebräer, Juden.
Exil, babylonisches, der Päpste, s. Avignon.
Exilfürsten, die jüdischen in Babylon V. 856. 859. 890.
exitus episcopi, s. Abgaben der Geistlichen (I. 32).
Exocatacölen am Hofe des Patriarchen von Constantinopel III. 852—853.
ex opere operato, s. Opus operatum.
Exorcismus, der III. 853—854. I. 789. 867. III. 581 (der Besessenen). 856. IV. 309. VIII. 709 (b. d. Taufe). IX. 200. 532. 590. X. 28. 608. XI. 831. 1218. XII. 854 (b. d. Taufe). 1065. 1073. 1181 ff.
Exorcist, s. Ordines, dazu V. 161. VI. 129.
Expilly, Afterbischof IX. 265.
expositi, s. Expositur.
Exposition, s. Ausstellung des Hochwürdigsten.
Expositionsaltar, s. Hochwürdigstes Gut.
Expositur, expositi III. 854—855.
Expropriationsgesetze XII. 837.
Exspectativen, s. Anwartschaften.
Exsuperantius, der heilige IV. 2.
Exsuperius, Bischof von Toulouse III. 855. VI. 414 ff. XI. 92 ff.
Externsteine, die s. g. XI. 920.
Extraditionen (Zurückerstattungen) des Kirchenvermögens III. 855—857.
extravagantes, Extravagantensammlungen III. 857—858. S. corpus juris canonici, dazu II. 733. 890 ff. 892 ff. VI. 23.
Exucontianer I. 123. XII. 743.
ex voto, s. Votivtafeln.
Eybel, Joseph Valentin, der josephin. Kanonik III. 858—859. IV. 403. V. 801. 805. IX. 321. XI. 1026. 1029. 1033. 1052. XII. 250. 470.
Eyck, Hubert und Jan van, die Maler III. 859. VI. 785.
Eymericus, der Inquisitor V. 650 ff.
Ezechias (Hiskias), der König III. 859—862. I. 456. 488. 508. IV. 635. 911. V. 96. 275. 334. 540. 891 VI. 791. VII. 69. 465. VIII. 534. 817 ff. IX. 6. 906. X. 60. 192. 245. 319.
Ezechiel, der Prophet III. 862—864. 390. 850. I. 3. 346. 372. II. 444. 447. V. 457. 539. 775. VII. 108. 109. 112. 498. 833 (*,*). VIII. 821. IX. 645. X. 43. 576.
Eziongeber, bbl. Ortsname III. 864—865. I. 131. IV. 854. VII. 12. 13.
Ezzelino da Romano, der Ghibellinenwütherich (✝ 1259) IV. 228.
Eznich, der Uebersetzer, s. Eznig.

F.

Fabel, Apolog III. 866.
Faber, Aegid, der Prediger III. 870.
Faber, Basilius, ein berühmter Schriftsteller und Schulmann III. 866.
Faber (Fabri, Heigerlin), Bischof von Wien (1530—1541) III. 867—869. 870. I. 582. 583. II. 776. VII. 519. XI. 986 ff. 988. 1317. XII. 1279.
Faber, Felix, gel. Dominicaner III. 869—870. X. 535.
Faber (Guido du Faur), Gesandter beim Tridentinerconcil III. 875. XI. 213. 214.
Faber, Johann Augustanus, Günstling des Erasmus III. 869—870. X. 568. XI. 1102.
Faber, Johann von Heilbronn, der Prediger III. 870. 869.
Faber, Johann Montinus, der Rechtsgelehrte III. 869.
Faber, Johannes a Carvinio, der Hofcaplan III. 870.
Faber, Mathias, Jesuitenprediger III. 871. 872.
Faber, Nicolaus, der gelehrte Hofmeister III. 875.
Faber, Oratorianer, der Fortsetzer Fleurys, s. Fleury, Claude, dazu IV. 97. VI. 150. X. 702.
Faber, Pierre (le Favre), der erste Genosse des hl. Ignaz von Loyola III. 871—872. V. 550 ff. VI. 316 ff. VII. 850.
Faber, Sixtus, der Dominicaner (✝ 1591) III. 870.
Faber Stapulensis (Jacques le Fèvre d'Etaples), der angebliche Kryptocalvinist (✝ 1537 oder 1547) III. 872—874. 875. 902. I. 858. 946. II. 276. V. 123. VI. 726. VIII. 575. IX. 557. XI. 352. XII. 1314.
Faber, Vitus, s. Faber (Guido du Faur).
Faber, Berühmtheiten dieses Namens, besonders de la Boderie III. 874—875.
Fabian, Papst III. 875—876. 63 ff. I. 712. II. 879. VII. 650. 660. VIII. 646. 663. IX. 116. 117. 909. X. 661. XI. 92.
Fabian, Bischof v. Antiochien um 250 III. 875.
Fabiana, Wien; s. d.
Fabiola, die fromme VIII. 88.
Fabri, s. Faber, Johann, Bischof von Wien.
Fabri, Honoratus, der Probabilist VIII. 787.
Fabriano, Bm. V. 865.
Fabrica ecclesiae III. 876—877. S. Baulast, beneficium ecclesiasticum, Dotalgut, Kirchenvermögen, dazu I. 250. 679 ff. II. 666. III. 119. 260. VI. 160. 191.
Fabricius, Georg, der Rector zu Meißen. b) Johann, der Synkretist. c) Johann Albert, der Literarhistoriker. d) Theodor, der Lutheraner III. 878—879. I. 75. 298. 344. 354. 355. V. 936. VII. 26. VIII. 410. IX. 192. X. 130. XI. 293.
Fabrikbetrieb, s. Communismus.
Facchinetti, J. A., s. Innocenz IX. Papst (V. 643).
Facultäten, geistliche III. 879—882. 180. IV. 163. V. 800. IX. 214. 216.
Facultäten der Hochschulen, s. Universitäten.
facultates in bianco, s. Dimissorialien.
Facundus, Bischof von Hermiane in Africa III. 882—883. X. 848. XI. 183.
Fadinger, Stephan, der Bauernführer VII. 745.
Faenza, Bm. V. 865.
Fagius, Paul, der Reformator III. 883. 527. II. 190. X. 405. XI. 35.
Fagnani, Prosper, der Canonist III. 883—884. II. 407. VI. 168. VIII. 370. X. 712. XI. 1268. XII. 251.
Fahnen, vexilla III. 884. VI. 300. VIII. 803.
Fahneneid, s. Eid.
Fahnenträger VI. 129.
Fahnenweihe III. 884—885.
Fahr, Klstr. IX. 856.
Fahrende Schüler XII. 1234.
Fährmann, s. Nauclerus.
Fairfax, Gl. V. 611.
Fairfax, Robert, Musiker VII. 400.
Falasca, Basil XII. 487.
Falcandus, Hugo, Geschichtschreiber Siciliens III. 885.
Falcidische Quart III. 885—886. IV. 60. VI. 186. 197. VIII. 879. XII. 647.
Falco, Chronist, s. Falcandus.
Falcon, Constantius, flamef. Minister XII. 564.
Falconieri Mellini, Cdl. II. 850.
Falconieri, Alexander, ein Stifter der Serviten X. 98. XII. 972.
Falc(t)onia, Proba, Dichterin X. 103.
Faldistorium, Faltstuhl III. 886. II. 35. VI. 181. XII. 1003.
Falk, Jacob, jüd. Gl. XII. 1114.
Falkenberg, Dietrich von, Commandant in Magdeburg III. 295. 296.
Falkenberg, Johann, der Dominicaner V. 482.
Falkenburg, Engelbert von, Ebf. v. Cöln XII. 240.
Falkenstein, Ebf. v. Cöln II. 675.
Falkenstein, Johann Heinrich v., Geschichtschreiber III. 887.
Fall der Engel, s. Engel.
Fall des Menschen, s. Adam, Erbsünde, Eva.
Fälle, vorbehaltene, s. Reservatfälle.
Falmouth, Liguorianer in VI. 528.
Falsche Aufklärung, s. Aufklärung, wahre.
Falschmünzer, Strafe der III. 888.
Fälschung, stellionatus III. 887—888.
Fälschung der Bullen IX. 216.
Falten der Hände beim Gebet, s. Gebet.
Faltstuhl, s. Faldistorium.
Faludy, Franz, der Jesuit VIII. 261.
fama fraternitatis, Schrift des J. V. Andreä I. 240.
Famagusta, Bm. XI. 334.
famiglia pontificia, Hofstaat des Papstes, s. Curia Romana.
Familiares in den Klöstern III. 888—889. S. conversi.
familiaritas, s. commensalitium.
Familie bei den Hebräern, s. Ehe bei den Juden.
Familie, christliche III. 889—894. S. Ehe, Weib, vgl. Cölibat, Gemeinschaft der Güter, Frauen, dazu IV. 305. 481. VI. 389 ff. VII. 63 ff. 475.
Familiengrabstätten III. 894—896. S. Grab, das jüdische, Kirchhof.
Familienstipendien, s. stipendium.
Familisten, Secte der III. 896—897.

Fanatismus, fanatici, Fanatiker, fanatisch III. 897—901.
Fano, Bm. V. 865. [338 ff.
Fano, Joh. v., der Provincial II.
Farabi, el, arab. Gl. I. 420.
Farbe, die der kirchlichen Kleider und Paramente III. 901—902. I. 105. V. 632. VI. 63. 217. 218. VII. 97.
Farben der Amtskleidung des jüd. Hohenpriesters V. 281.
Farben, hinsichtlich der Tracht der Geistlichen, verbotene VI. 218.
farcimen VII. 398.
Farel, Wilh., der Reformator III. 902—903. I. 903. II. 278. IV. 392. 410. VII. 781. VIII. 850. X. 97. XI. 705. XII. 1311.
Farnsworth, Richard, der Quäker VIII. 875.
Farfa, eines von den im Mittelalter berühmtesten italienischen Klöstern (Montecassino, Nonantula und Farfa) III. 903—905. II. 685. XI. 1059.
Farina, der Meuchler II. 117. [919.
Farina, Modest, Bf. v. Padua XII.
Farnese, Alexander, Cardinal IV. 89. VII. 606. IX. 379.
Farnese, Ottavio, Cardinal V. 920. XI. 182. 187. 188.
Farnese, Rapuntius, Bf. v. Bologna XII. 121.
Farnesianer, s. Farnovius.
Farnovius, Stanislaus, Stifter eines Zweiges der polnischen Antitrinitarier III. 905—906.
Faro, Bm. X. 266.
Faro, der heilige, Bischof v. Meaux IV. 152. IX. 501.
Faröerinseln, s. Grönland, Island.
Farsetti, Ebf. XII. 1025.
Farsistan, s. Persien.
Farzuul-Zale, Bisthsitmer XI. 337.
Fasanus, s. Johann XVIII. Papst (V. 782).
Fasching, s. Fastnacht. [218.
fascinare, Bedeutung des Wortes I.
Fassa, der Bezirk II. 166. [272.
Fassionen der Pfründen III. 906.
Fasten, jejunare, jejunium III. 907—915. S. superpositio, Stationsfasttage, Xerophagien, dazu I. 67. (Abstinenz). 118 186. 477. 664 (der Bogomilen). 820 (Verbote). II. 236 (Butterbriefe). 441. IV. 205. 344. 345. 378. V. 102. 465 (bei den Jacobiten). VI. 31. 120 ff. 314. 879. VII. 153 (Franz v. Paula über das). 258. 263 (montanist. Verbesserung). 527 (bei den Chaldäern). VIII. 377. 444. 851. IX. 18. 74. 76. 101. X. 700. 720. 762. XI. 165. 166. 169. 216. 244. 689. 871. 890. 1048. 1315. XII. 550.
Fasten bei den Juden III. 915—916. S. Speisegesetze, mosaische, dazu II. 50. VI. 349.
Fasten bei den Mohammedanern, s. Islam, Ramadan. [ten.
Fastenbetrachtungen, s. Fastenpredig-
Fastengebot, s. Fasten.
Fastenmandate, Fastenpatente III. 916—917. Vgl. Hirtenbrief.
Fastenpredigten a) Fastenbetrachtungen, b) Buß-, c) Leidenspredigten III. 917—918. S. quadragesimale, dazu II. 133.
Fastenspeisen, s. Fischspeisen, Xerophagien.
Fastenstreit, s. Osterfeierstreit.
Fastenwoche, s. Charwoche.
Fastenzeit, s. Charwoche, Fasten, dazu I. 744. IV. 238. VII. 731. VIII. 192 ff. 297. 365.
Fastidius, der brittische Pelagianer III. 918—919. IV. 161. [IV. 332.
Fastnacht, Carneval III. 919—920.
Fasttage, s. Fasten, Xerophagien.
Fatalien in Prozeßsachen, s. Fristen.
Fatalismus, fatalistische Weltanschauung III. 920—925. S. Pantheismus, Prädestination, Zufall, dazu IV. 852. VII. 483. 504. X. 651.
Fatima, die Tochter Mohammeds III. 925. I. 167. IX. 685.
Fatimiden, Geschlecht der, s. Fatima, dazu VI. 15. 279. X. 244.
fatum, das, s. Fatalismus.
Fauchet, der Afterbischof IV. 277. 281.
Faucoult, s. Falcandus.
Faugues, B., Componist VII. 402.
Faulfisch, s. Hieronymus von Prag.
Faur, Gui du, s. Faber (Guido du Faur).
Fauriel, Claude Charles, der Literärhistor. († 1844) XII. 407. 498. 914.
Faust- und Fehderecht, das s. g., s. Gottesfriede, vgl. Vehmgerichte.
Faustina, Weib des Marc Aurel VI. 822.
Faustinus und Jovita, die heiligen Brüder XII. 341. VIII. 389.
Faustinus, der Luciferianer III. 925—927. VI. 613.
Faustinus I. (Soulouque), der Negerkaiser XI. 889.
Faustius, Isaac, der Theologe II. 393.
Faustus, der Manichäer III. 927.
Faustus von Riez, Bischof III. 927. II. 570 ff. IV. 331. 332. VI. 483. 610. 917. VIII. 804. IX. 919. 920. X. 59.
Faustus Socin, s. Socinus.
Fava, der Augiersürst VII. 704.
Faviana, Kloster, Sterbeort des hl. Severin III. 748.
Fawkes, Guy, der Verschwörer (hinger. 1605) VIII. 862.
Faydit, Peter, der Tritheist XI. 297.
Febre d'Etaples, s. Faber Stapulensis.
Febronius, Justus, s. Hontheim.
Februar, der Monat VI. 882.
Fecamp, die Abtei XII. 341—342. 104. VI. 478. XI. 1090.
Fechenbach, Georg Carl von, letzter Fürstbischof von Würzburg XI. 1194.
Feder, Michael, theol. Schriftsteller III. 928—929.
Feder, Joh. Gg. Heinrich, der Antikantianer († 1821) VII. 325.
Fedrius, Sigism., der Thlg. II. 315.
Fegfeuer, purgatorium III. 929—934. S. Limbus, Scheol, dazu I. 169. II. 196. 235. IV. 32. 38. 256. 362. 370. 456. 490. 930. V. 199 (Himmel). 281 (Hölle). 405. VII. 527. IX. 191. X. 523. XI. 112. 239. 242. 243. 1232. 1325. XII. 284. 285. 340.
Fehltritt, rechtlich strafbarer, s. Delict.
Fehmgerichte des Mittelalters XII. 342—348. 1065. VIII. n. XI. 387.
Feier der Sonn- und Festtage, s. Heiligung der Sonn- und Festtage.
Feierkleider der alten Hebräer VI. 222.
Feierreden, die zehn X. 580.
Feiertage, s. Festtage.
Feiertage, Occurenz der, s. Occurrenz.
Feiertages, Verlegung eines, s. Translation eines Festes.
Feiertage, politische der Engländer V. 239.
Feiertagsschulen, s. Pfarrschulen (XII. 956).
Feier, Gg., Histor. X. 123.
Feilmoser, Andr. Ben., der Theologe XII. 348—350. 491. 785. 796. V. 669. VI. 22. 293. VII. 189.
Feindesliebe, Tugend der III. 88. XI. 319.
Felbiger, Johann Ignaz, der Schulmann III. 934—935. V. 790. VII. 652. VIII. 29. IX. 840. XI. 1030.
Feldarbeit, im Sabbathjahr verboten IX. 494. [bau.
Feldbau bei den Hebräern, s. Acker-
Feldbischof, der österreichische, s. Feldprediger, dazu XI. 668. 1069. 1071.
Feldcapellen III. 935.
Felder, Herausgeber des Gelehrten-Lexicons III. 109. VI. 253. 921.
Feldhoff, Schftst. VI. 617.
Feldkirch, das General-Vicariat in II. 105.
Feldkreuze III. 935—936.
Feldpater, s. Feldprediger.
Feldprediger (Feldkapläne, capellani castrorum) III. 936.
Feldpriester bei den Hebräern VIII. 762.
Feldsberg, Kloster II. 176. VII. 724, — barmh. Brüder in VII. 744.
Feldwegcapellen, s. Bethaus, Feldcapellen.
Feldzehent, der XI. 1200. 1205.
Felgenhauer, Paul, der Schwärmer III. 936—937.
Felicianer, s. Adoptianer.
Felicissimus, der Schismatiker III. 937—938. I. 40. 125. 232. II. 879. VII. 658. IX. 667.
Felicitas, der heiligen Martyrin und ihrer sieben Söhne ächte Leidensacten III. 938—940.
Felicitas und Perpetua, s. Perpetua und Felicitas.
Felinus, J., der Antiprophet III. 274.
Felix, Manichäer zu Augustins Zeit IV. 1.
Felix und Regula, die heiligen IV. 1—2. III. 14. 638.
Felix von Cantalicio, der heilige XII. 350—351. II. 340. 611. VII. 18. XI. 477.
Felix, Name von 5 Päpsten IV. 2—4. Fel. I. (reg. 269—274) III. 489. VII. 210. VIII. 259. 662. XII. 1126. — Fel. II. (reg. 355) III. 254. IV. 78. VII. 238. VIII. 102. IX. 354. — Fel. III. (reg. 483—492) I. 78. III. 171. 928. V. 99. VI. 483. 550. VIII 102. 110. XI. 554. XII. 512. — Fel. IV. (der heilige, aus Benevent; reg. 526—530) II. 86. XII. 722. — Fel. V., Gegenpapst Eugens IV., s. Amadeus.
Felix, der Landpfleger IV. 4—5. 58. I. 224. 917. VI. 352. VIII. 253. IX. 688.
Felix Minutius, s. Minutius Felix
Felix von Aptunga, I. 437. III. 255.
Felix von Nola, der heilige IV. 5—6. V. 515. VIII. 240. XI. 797.
Felix von Urgel, s. Adoptianer, dazu III. 333. VI. 430. 455. IX. 713. XI. 66. 67.
Felix, burgund. Bf., Bekehrer der Ostangeln IV. 262.
Felix, I. Bf. v. Florenz XII. 356.
Felix, hl. Bf. v. Metz VII. 138.
Felix, Bf. v. Ravenna II. 893.
Felix, Bf. v. Saragossa IX. 623.
Felix, Bf. v. Trier VI. 906. 907.
Felix, d. hl., von Valois XI. 256 ff.
Felix, der hl., Bf. v. Zara XII. 1319.
Fell, John, Bf. v. Oxford, Bibelausgabe des I. 923.
Fell, Thomas, der Quäker VIII. 875.
Feller, Franz Xaver, der gelehrte Exjesuit IV. 6—7. III. 573. VI. 637. 864. IX. 388. X. 344. XII. 557.
Felonie, die XII. 1225.
Felsberg, Kloster, s. Feldsberg.
Feltre, Bisthum, s. Italien, dazu II. 289. XI. 175. XII. 1201.
Feltri, Jul. v., Cdl. XII. 1023.
femina circumdabit virum, die Stelle VII. 111 ff.
Feneberg, Joh. Mich., der Sectirer IX. 820 ff.
Fénélon (François de Salignac de la

Fides, St. X. 211. [348. 349.
Flecht, Kloster II. 165. VII. 169. XII.
Fieschi, Sinibald, s. Innocenz IV. Papst (V. 636).
Fiesole, Bisthum und Stadt V. 167. 840. VIII. 471. XII. 356. 358. 359.
Fiesole, Fratre Giovanni da, Maler VI. 781. IX. 375.
Figuralamt, s. Amt.
Fickler, Joh., Secretär IV. 212.
Filangieri, Gaetano, Rechtsphilosoph und Staatsmann († 1788) VII. 497.
Filesac, Gl. VIII. 359. 360.
Filial IV. 69. S. Pfarrei, Pfarrkirche, Mutterkirche.
Filioque, der Zusatz im Symbol, s. Ferrara-Florenz, Trinität, dazu IV. 763. 766 ff. 770. V. 465. 523. 752. VI. 457. 827. VIII. 444.
Fillastre, Guillaume, Parteigänger des Peter von Luna IV. 69—70. I. 850. XII. 342.
Filles de la charité, s. Schwestern, barmherzige (IX. 872).
Filling, F. P., Propst vom St. Bernhardsberg X. 199.
Fillutius, Writhlg. VII. 305.
Filomena, St., s. Philumena.
Filser, moderner Myst. VII. 309.
Findelhäuser IV. 70. VI. 89. XI. 705.
Findlinge, s. Kinder, ausgesetzte (VI. 89), Findelhäuser. 693.
Fingerbreite, hebr. Längenmaß VI.
Fingerwaschung, s. Handwaschung.
Fink, Heinr., Schriftsteller über Musik VII. 406.
Finnen werden Christen IV. 70—74. IX. 642.
Firdusi (Abul Kasem Mansur), Verfasser des persischen Königsbuches (um 940—1020 n. Chr.) VIII. 306.
Firley, Palatin von Krakau XII. 632.
Firmian, verschiedene geistliche Würdenträger aus dem Grafengeschlechte VIII. 186. IX. 600. 914. XI. 1066.
Firmilian, Bischof von Cäsarea in Cappadocien IV. 74. VI. 71. 73. VIII. 259. X. 353.
Firmbuch VI. 127.
Firmpathen VIII. 212. 813.
Firmung, das Sacrament der IV. 74—80. S. Sacramente, dazu II. 451. 731. 779. III. 444. IV. 206. 766. 770. 853.
Firmungsreden II. 403.
Firmungsreise des Bischofs und Empfangsfeierlichkeiten XII. 354—355.
Firmus, Bf. v. Numidien III. 278.
Firn, Anton, Reformator in Straßburg II. 329. X. 404.
Fiscannum, latein. Name von Fécam, s. d.
Fisch als Symbol I. 397. IV. 641. VII. 232.
Fisch des Jonas V. 778. [98).
Fischer, latinisirt Piscator s. d. (XII.
Fischer, Christoph, Theolog der Reformationszeit IV. 80—81.
Fischer, C. Ph., der Philosoph XII. 978.
Fischerring, I. 258. II. 154. VIII. 112. XII. 1040. 1041. [XII. 551.
Fischfang, ob an Feiertagen gestattet
Fischfang, ob den Geistlichen erlaubt XII. 272.
Fischfang, das Recht zum XII. 1308.
Fischspeisen IV. 81. 205.
Fisher, John, Bischof von Rochester IV. 81—84. I. 635. 636. II. 923. III. 842. 847. 872. IV. 784. 786. V. 61. 63. 69 ff. 226. VI. 727. X. 530. 940. 942. 945. XII. 600.
Fisher, Samuel, der Quäker VIII. 875.
Fistula, die IV. 84.
Fixsterne IV. 494.
Flaccilla, Kaiserin III. 926.
Flacianer, s. Flacius.
Flacius, Math., der Achill des reinen Lutherthums IV. 85—89. 276. I. 194 (und Amalrich v. B.). 214 (ein Unsinn des). 236 (als Störenfried). 403 (als Centuriator). 627 (Geschichtsfälscher). 758 (eine Gegenschrift Bellarmins). II. 204 (und Bugenhagen). 429 ff. (als Centuriator). 432 (eine Gegenschrift). 543 (und Heßhus). III. 355 (und Paul Eber). V. 87 (*). 126 (Hermeneutik). 152 (und Heßhus). VI. 148 (als Centuriator). 353 (ein Gegner). 772 (gegen die Majoristen). VII. 33 (und Melanchthon). 56, 57 (ein Gegner). 340 (ein Gegner). 733 (Flacianer). 891. 894 (und Otfried von Weißenburg). VIII. 332 (**). 898 (als Muster von Toleranz). IX. 561 (Sacramentsstreit). X. 121 (als Verläumder). 412 ff. (und die Strigelianer). 590 ff. (und die Synergisten). XI. 358 (*). 364 (und C. Ulenberg). 989 ff. (Flacianer in Oestreich). 993 (Flacianer).
Flagellanten, s. Geißler.
Flamminger, mennonit. Partei VII. 60. XI. 960.
Flaminius, Marcus Antonius, der Poet IV. 89.
Flandern, Kirchengeschichtliches, s. Belgien, Holland, Niederlande (Abfall der), dazu I. 796. II. 163. III. 529. IV. 444. V. 566. VII. 603. 636.
Flavia Neapolis, Sichem; s. d.
Flavian, Papst, s. Fabian.
Flavian von Antiochien IV. 89—91. II. 535. VII. 45. 238. X. 846. 856.
Flavian von Constantinopel, Patriarch IV. 91—92. I. 229. 230. 631. II. 445. III. 171. 610. 611. V. 99. VI. 448. VII. 233 ff. IX. 918.
Flavian von Sebaste, Bischof III. 155.
Flavin, der Glaubensneuerer XI. 96.
Flaviniacum (Flavigny), Abtei in Burgund XII. 355. II. 423. IV. 512. V. 390.
Flavius Josephus, s. Josephus Flavius.
Fléchier, der Kanzelredner IV. 92—95. III. 330. VIII. 847. 739. XI. 97. 330. XII. 520.
Flectamus genua IV. 95.
Fleetheirathen, Winkelehen in England IV. 95—96.
Flegetanis, der sagenhafte Dichter XII. 497.
Fleischesvergehen, s. Keuschheit, dazu Ehebruch, stuprum, Sollicitation, vgl. Concubinat, Ehe, heimliche.
Fleischesvergehen, Strafe der bei Geistlichen IX. 563.
Fleischmann, der Magister XII. 852.
Fleix, Friede von V. 375.
Flensburg, Colloquium in VI. 66.
Fletcher, der Methodist VII. 129.
fletus, erste Stufe der Kirchenbuße, s. Bußgrade.
Fletwood, Ol. Cromwells Schwiegersohn V. 530.
Fleurienser, s. Floriacenser.
Fleury, der Cardinal und Minister IV. 96. VI. 857. XI. 731. XII. 140. 830.
Fleury, Claude, der Kirchengeschichtschreiber IV. 96—98. II. 123. 932. IV. 7. 8. 704. VI. 150. 151. X. 356. 358. 424.
Fleury (Floriacum), St. Benedict an der Loire, berühmte Abtei IV. 98—101. I. 786. VII. 270. X. 861.
Flexier de Reval, s. Feller.
Flicken, ob an Feiertagen erlaubt XII. 552.
Flinn, der Missionär X. 461.
Fliscus, Sinibald, der Glossator IV. 754.
Flodoard (Frodoard, Floard), der Chronist IV. 101. 549. V. 754. 756. VI. 146. 460. 461. IX. 292.
Flora, Joachim von, s. Joachim von Flora.
Flora, Kloster IV. 102. V. 680.
Florebert, der heilige VI. 403.
Floreff, Kloster VII. 636.
Florencourt, der Publicist XII. 1056. 1057. 1241.
Florens, ein Bischof in Siam XII. 565.
Florentin, heil. Bischof v. Sion X. 191.
Florentinische Malerschule VI. 780.
Florentius (Bavonius) Mönch zu Worcester, Chronist IV. 101—102.
Florentius, s. Florinus.
Florentius, Martyrer VI. 416.
Florentius Radewin, s. Radewin.
Florentius, Stifter der Gogelherren VI. 302. [Florenz.
Florenz, Anton von, s. Antonius von
Florenz (Florentia), Ebm. XII. 355—362. I. 302. 777 (Streitigkeiten im). V. 860 ff. 896 (Juden im). VIII. 349 (ein Prediger im). IX. 530 ff. (Savonarola). X. 98 (Aufkommen der Serviten). XI. 230 (und das Tridentinerconcil). 1220 (und Zabarella).
Florenz, Stadt und Staat, s. Toscana, dazu II. 412 (eine Vermittlerin). 903 (Cosimo von Medicis). III. 29. 30 ff. (und Dante). 40 (Lehrstuhl zur Erklärung der divina commedia). IV. 64 (Humanismus in). 275 (Galilei in). 718 ff. (Streit mit dem Papste). V. 12 (eine Zusammenkunft in). VI. 40 (Katacomben unter). 468 ff. (die Medici). 712 ff. (und Machiavelli). VII. 154 (platonische Academie). 559 (Friede mit Neapel). VIII. 343 ff. (ein Vorläufer der Reformation). 461 ff. (Neapel im Krieg mit). IX. 530 ff. (Savonarola). XII. 360. 361 (Kunst und Wissenschaft in). 509 ff. (die Humanisten in).
Florenz, allg. Concil in, s. Ferrara-Florenz.
Florenz, Pseudoconcil im J. 1787, s. Pistoja, Aftersynode zu.
Florez, Henrique, der Kirchenhistoriker Spaniens XII. 362—363. VI. 158. IX. 622. X. 105. XII. 1081.
Floriacenser, Florienser, Congregation der IV. 102. V. 680.
Floriacum, s. Fleury, Abtei.
Florian, hl. Martyrer zu Lorch an der Enns IV. 102—103. I. 699. 702. VIII. 171. IX. 103. XI. 1050. XII. 965.
Florian, St., regulirtes Chorherrenstift bei Linz IV. 103—106. I. 92. VII. 723. X. 800. XI. 966.
Florian de Ocampo, der Chronist VII. 309.
Florianus, s. Florinus. & [VI. 557.
Florida Blanca, Minister († 1808)
Florida, Halbinsel II. 106. XII. 40.
Florienser, s. Floriacenser.
Florigerus, M., s. Matthäus von Westminster.
Florinus, der Gnostiker XII. 363. IV. 560. VII. 675.
Floris, Kloster, s. Flora. [106—107.
Florus, gel. Priester von Lyon IV.
Florus, Magister IX. 714.
Florus, Hausmaier IV. 155.
Florus, Mönch von Adrumet X. 57.
Floß, gl. Theol. VI. 703. IX. 883. 885. 888.
Flöte, die VII. 386. 422 ff.
Flotte, Pierre, der Kanzler II. 993.
Fluch, kirchlicher, s. Anathema, Bann, Maranatha. [925.
Fluchen und Schwören III. 717. XII.

Frauenorden, buddhistische XII. 168.
Frauenroth, Klstr. XII. 1180.
Frauenstifter, collegia virginum IV. 183—185.
Frauenverein für Armenunterstützung IX. 871.
Fräulein, englische, s. Englische Fräulein.
Fravitas, Bsch VII. 231.
Frayssinous, Denys, Graf von, Unterrichtsminister IV. 185—186. VI. 326.
Fredegar, Scholastikus, Fortsetzer des Gregor von Tours XII. 408.
Fredegisus, der Dialectiker IX. 714.
Fredegunde, das Weib des Chilperich von Neustrien IV. 153. 468. 749. VIII. 144. XII. 1048.
Freher, Marquard, Gl. VI. 147.
Frei, der Priester IX. 260.
Freiberg, Klstr in VII. 22; — Dom zu IX. 806.
Freiburg, Canton und Bisthumssitz in der Schweiz I. 802. II. 118. 768. III. 869. VI. 360. 372. 374. 627. IX. 843. 853. 857 ff. XI. 167.
Freiburg, Erzbisthum IV. 186—188. S. Oberrheinische Kirchenprovinz (XII. 855 ff.), dazu I. 63. II. 333. 752. 767. 849. III. 125. 371. IX. 141. 875. 876. X. 52. 768. 788. 790. 807. XI. 497. 498. XII. 428. 871 ff. 884.
Freiburg im Breisgau, Stadt und Universität IV. 188—190. 67. 270. 288. 517 (Glareanus in). I. 641 (Basler Domherren in). II. 327 (Capito in). 333 (Domherren in). 870 (das Convict in). III. 27 (Dannenmayer in). 108 (Dereser). 370 (Dr. Eck). 648 (Erasmus). 867 (ein berühmter Zögling). VII. 181 (Pädagogium). 509 (ein berühmter Prediger in). 679 (Bibliothek). 725 (Studienzwang für Adelige). IX. 233 (Reuchlin). 320 ff. (zur Zeit Josephs II.). 899 (das Münster). X. 55 (Un.). 112 (Victorin Strigel in). 817 (Schüler). 840 (Thamer in). XI. 303 (St. Trudpert bei). 355 (Reichstag von 1503). 430 ff. (Un.). 447 (Jesuiten lehren in). 497 (Ursulinerinnen in). 808 (Wanker in). 882 (Schlacht bei). 1153 (Reichstag von 1498). 1230 (Johann XXII. dankt ab in). XII. 1152 (Un.). 1252 ff. (Prof. Weyer).
Freidenker, Freigeisterei IV. 190—191. S. Deismus, Encyklopädisten, Freimaurer, Illuminaten, Rosenkreuzer, Scepticismus, dazu IV. 121. 144 ff. V. 232. VI. 484. 530. 573. 923. VII. 570. VIII. 161. 189. X. 66. XI. 738.
Freidenker, atheistische (Gewissener), s. conscientiarii.
Freie Gemeinden IV. 304. VIII. 734. X. 82.
Freigrafen, Freischöppen XII. 343.
Freiheit des menschlichen Willens IV. 191—196. S. Freiheit und Gnade, Gnade, dazu I. 693 ff. II. 539. III. 85. 920. IV. 320. 495. 564. VI. 567. 610. 662 ff. VII. 133 ff. 199. 481 ff. 483. VIII. 273 ff. 627 ff. 776. IX. 58. X. 209. 476. 889. XI. 101. 305 ff. 616 ff. 752. 754 ff. 822 ff. 866. 1300. 1308.
Freiheit, abstracte, s. Communismus, Socialismus.
Freiheit, politische IV. 531. IX. 69. X. 321.
Freiheit der Kirche, s. Kirchenfreiheit, vgl. jura circa sacra, Genehmigung, landesherrliche.
Freiheiten, gallicanische, s. Gallicanismus.
Freiheitsstrafen II. 894. IV. 348 ff. X. 358 ff.
Freiheit und Gnade XII. 408—415. S. Freiheit, Gnade, dazu Augustinus, Bay, Calvin, Cölestin I., congregatio de auxiliis, Gebet, Gerechtigkeit (urspral.), Gottschalk, harmonia praestabilita, Hilarius von Arles, Jansenius, Lucidus, Luther, Manichäer, Molina, Pelagianismus, Prädestination, Prosper von Aquitanien, Rechtfertigung, Stand der Gnade, Semipelagianismus, Theodicee, Welt.
Freilassung, s. Leibeigenschaft (XII. 793), Sklaverei.
Freilassung von Verbrechern II. 917.
Freimaurer, Freimaurerei IV. 196—204. S. Illuminaten, Rosenkreuzer, vgl. Arcandisciplin, s. dazu I. 783. II. 508. 613. III. 4. 719. IV. 579. V. 233. 802 ff. 857. 801. VI. 310. 475. 530. 557. 858. 874. 850. VIII. 493. 722. X. 343. 346. 442. XI. 901. 1024. XII. 101. 106. 108. 110 ff. 887.
Freimaurerpolitik XII. 577.
Freimuth XI. 769.
Freischaarenzüge, schweizerische IX. 857.
Freistadt, wieder kathol. VII. 736.
Freistätten, hebräische, s. Asylstädte.
Freitag, der IV. 204—205. 238. III. 907. VIII. 297. IX. 74. X. 347. 348.
Freitag bei den Mohammedanern IV. 205—206. 348 ff. 923. I. 750. V. 855. VI. 15. VII. 358.
Freiung, s. Asyl, Asylrecht.
Freiwillige Armuth, s. Armuth.
Freiwillige Belustigung, s. Belustigung, freiwillige.
Freiwillige Opfer VII. 779 ff.
Freja, s. Fro.
Frejus, Bisthum IV. 96. 159 ff. V. 705. VI. 453. IX. 273 ff. XII. 1248. 1328.
Frellon, der Buchhändler X. 94.
Fremde Sünden, s. Sünde.
Fremdlinge des Thores, s. Proselyten (XII. 1013 ff.).
frères tailleurs, Schneiderbrüder II. 910.
Freret, Nicole, der Atheist III. 578.
Fréron, Gegner Voltaires VI. 941. XI. 738. XII. 101.
Fresne, du, s. Dufresne.
Fresnel, Gl. V. 690. IX. 486.
Freude als Affect I. 63.
Freudenreicher Rosenkranz IX. 393.
Freunde, Gesellschaft der, s. Quäker.
Freundschaft, die XI. 315.
Freundschaftsinseln, Missionen auf den X. 457.
Frey, Januar, Abt XII. 1030.
Freyberg, Pancraz von, Aftor. VII. 859.
Freysing, Bisthum und Stadt in Bayern IV. 206—214. S. München-Freysing, dazu I. 92. 461 (Arn von Salzburg in). 702. 704 ff. (seine Rolle bei der Christianisirung Bayerns). II. 82 (Gründung). 675 (ein Project wegen). 873. 874 (Corbinian zu). V. 326 (Verbot der Schrift Hontheims). VI. 461 (u. Leo VII.). VII. 309 (heutiger Zustand). 665 (im Nuntiaturstreit). 667 (gegen die Emser Punctatoren). VIII. 378 (Pfingstfeier in). IX. 105 (Streit mit Regensburg). 566 (säcularisirt). X. 50 (Errichtung eines Seminares). XI. 437 (und die Universität Ingolstadt). 975 ff. (Beziehungen zu Wien). XII. 59 (Bischof Aribo). 700 (und Meichelbeck). 1202 (zu Salzburg).
Friaul, Synode von XII. 415.
Friaul, Patriarchat VI. 806.
Frideburga, die Besessene IV. 296 ff.
Fridellus, Bischof VI. 813.
Fridigern, der Gothenführer IV. 214—218. S. Gothen, dazu XI. 339. 849. 724.
Fridolin, der heilige, erster Apostel Alemanniens IV. 219—221. 146. I. 148. 151. II. 300.
Friedberg, Capistran in II. 323.
Friedenheim, Gottlob von, s. Loen, Joh. Mich. (VI. 574).
Friedenskuß, osculum pacis IV. 221—222. V. 265. VI. 547. VII. 101. XII. 618.
Friedenspräliminarien, die Passauer, s. Passauer Friedenspräliminarien.
Friedenstheologie, s. Irenik.
Friedhof, s. Gottesacker.
Friedland, der Herzog von, s. Wallenstein.
Friedland (Trotzendorf), Reformator IX. 866.
Friedrich, der Presbyter auf Island V. 849.
Friedrich, Ebf. v. Cöln VII. 634.
Friedrich, Ebf. v. Mainz (im 10. Jahrhundert) II. 157.
Friedrich, Ebf. v. Magdeburg VI. 733.
Friedrich von Hessen, Fürstbf. v. Breslau II. 153.
Friedrich, Bf. v. Augsburg XII. 81.
Friedrich, heiliger Bf. v. Lüttich II. 261.
Friedrich, Bf. v. Naumburg VII. 492.
Friedrich, Bf. v. Worms XI. 1153.
Friedrich Carl, Fbf. v. Bamberg VI. 645.
Friedrich Carl, Chfst. v. Mainz XII. 427.
Friedrich I., **Barbarossa**, **Kaiser** IV. 222—226. I. 103. 155 (u. Alexander III.). 288 (und Anselm von Havelberg). 466 (überliefert Arnold von Brescia dem Papste). 592 (Nachhall der Streitigkeiten mit dem Papste in Palästina). 863 (drei Afterconcilien). II. 165 (privilegirt Brixen). 266 (gibt seine Afterpäpste auf). 591 (P. Clemens III.). 676 (electores principes). 800 (Kampf mit Rom). 810 ff. III. 477 (*). IV. 208 (ein Biograph). 209 (Schisma). 264 (der Fußkuß). 410 (*). V. 40 ff. (Heinrich VI.). 54 (und Alexander III.). 79 ff. (und Heinrich der Löwe). 115 (sein Sohn hebt den Teutschorden). 191 (*). 275 (beruft Reliquien nach Hohenburg). 509 (Kreuzzug). 620 (Bild der Krönung Lothars im Vatican). 631 (Afterpäpste). 657 (Investiturstreit). 832 (seine Juristen). VI. 177 (Mathildische Güter). 260 (ein Kreuzfahrer mit). 280 ff. (Kreuzzüge). 358 (III. Laterauconcil). 590 (Anhänger). 615 (und Lucius III.). 645 (läßt eine Unthat hingehen). 731 (ein Anhänger). VII. 21 (Bischof Gerung). 22 (Schenkung an Meißen). 150 (desgleichen an Minden). VIII. 176 (Anhänger des). 544 ff. (und Polen). 884 (eine Schwester?). IX. 35 (und Ratzeburg). 103 (Kampf mit dem Papste). 138 (teutsches Reich). 504 (schlägt dem Erzstifte Salzburg tiefe Wunden). 864 (bestätigt das Bisthum Schwerin). X. 196 (die Zähringer). 289 (ist Kastvogt von Speyer). 402 ff. (Anhänger). 542 (Synode von Sutri). 697 (privilegirt Tegernsee). 912 (ein Vorfahre des Thomas von Aquin). XI. 176 (privilegirt das Bisthum Trient). 466 (Urban III. wider). 490 (Abbildung der Aussöhnung mit Alexander III.). 571 (Uebereinkommen mit dem Papste). 636 (Zusammenkunft mit Lucius III.). 848 (Gründe der Aussöhnung mit den Welfen im J. 1158). 927 ff. (der treue Rathgeber Wibald). 966 ff. (Wien). 1150 (Anhänger). 1151 (anwesend bei der Einweihung des Cölner Domes). 1188 (Heerfolge des Bischofs von Würzburg). XII. 2 (erhebt Carls d. G. Gebeine). 122 (pri-

vilegirt die Universität Bologna). 692 (Kreuzzüge). 851 (privilegirt Amberg und Bamberg). 937 (Krönung in Pavia). 1034 (Schirmvogt über Rheinau).

Friedrich II., Kaiser IV. 226—230. I. 143 (und Albert II. von Magdeburg). 602 (*). 720 (politische Grundidee). 737 (und Albert der Böhme). II. 25 (*). 354 (knechtet das Volk). 509 (veranlaßt die Sendung von Rittern Christi nach Preußen). 541 (und Chur). 593 (sein letzter Sprosse). 675 (ein Günstling des). 676 (sieben Churfürsten). 746 (Verzichtleistungen auf das Regalienrecht). 801 (und Conrad IV.). 809 (und Conradin). 810 ff. III. 35 (in Dantes Hölle). 143 (ein Anhänger). 526 (gewinnt den Ordensgeneral Elias). 532 (Kreuzzug). 590 (u. Engelbert von Cöln). 653 (verzichtet auf das Spolienrecht). IV. 23 (ein Mittler zwischen ihm und dem Papste). 269 (ein Anhänger). 712 ff. (und Gregor IX.). 717 (Privilegien an die Kirche). 759 (und das griechische Kaiserreich). V. 43 (Geburt). 83 (der Nebenbuhler). 115 (Kreuzzug). 149 (und Elisabeth von Thüringen). 319 (Kreuzzug). 388 (Hugo a S. Caro). 607 (Anschuldigung der Blasphemie). 632 (eine Schrift über). 619 (Verordnungen wider Ketzerei). 683 (Investiturstreit). VI. 67 (begünstigt die Abtei Kempten). 177 (Mathildische Güter). 280 ff. (Kreuzzüge). 358 (Kaiserwahl von der IV. Lateransynode genehmiget). 621 (ein Nachäffer). 683 (vergebliche Unterhandlungen). 767 (ein Zeitgenosse). 808 (Kaiser Manuel gegen). 871 (Wahl des Nachfolgers Gregors IX.). VII. 22 (Privilegium an Melken). 141 (und Michael Scotus). 275 (verwüstet Montecassino). 900. 908. 909 ff. (u. Otto IV.). VIII. 177 (Anhänger). 327 (Walther von der Vogelweide). 696 (begünstigt den Teutschorden). IX. 105 (privilegirt Regensburg). 107 (sein Kanzler). 139 (teutsches Reich). 361 (päpstliche Omnipotenz). 436 (Absetzung). 438 (ein Pseudo-Friedrich). 841. 845 (eine Folge des Zerwürfnisses mit dem Papste). 870 (Teutschorden). 911 (bestätiget die Errichtung des Bisthums Seckau). X. 119 (und Sicilien). 310 (Verzichtleistungen auf das Spolienrecht). 396 (Verordnung wider das s. g. Strandrecht). 811 (fördert den Teutschorden). XI. 136 (errichtet die Universität Neapel). 613 (anerkennt die Testirfreiheit der Bischöfe). 503 (ein Anhänger). 853 (im Kampfe mit den Welfen). 971. 1011 (Wien). 1151 (und Worms). 1189 (Heerfolge des Bischofs von Würzburg). XII. 120 (Bm. Bologna). 359 (und Florenz). 657 (Verzicht auf das Spolienrecht). 695 (Kreuzzüge). 858 (belebt die Waldströmer). 972 (excommunicirt mit allen Anhängern). 1034 (der Abt v. Rheinau mit). 1040 (Prophezeiung seines Todes). 1101 (Entstehung des Schwabenspiegels). 1137 (gründet die Universität Neapel).

Friedrich III., Kaiser IV. 230—231. I. 649. 673. 856. II. 264. 323. 390 ff. 749. III. 141. IV. 188. 653. 734. V. 401. VI. 349. 807. 942 ff. VII. 549. 587 ff. VIII. 181. 481 ff. IX. 143. 156. 221. 233. 238. 370. 905. IX. 439 Anmkg. 978. 981. 983. 1000. 1153. XII. 432. 1272 ff. 1327.

Friedrich I., König von Preußen (reg. 1688—1713). II. 201. V. 111. 436. VIII. 708. 709. 712. 722. 736. IX. 198. XII. 312.

Friedrich II. König von Preußen (geb. 1712, gest. 1787). III. 9. 578. 621. 683. IV. 191. V. 90. 291. 539. 568. 605. 791. VI. 31. 151. 646. 717. 856. VIII. 581. 602. 737 ff. 741. 749. 751. 887. IX. 148. 180. 425 ff. 687. 808. 820. 828. 827. X. 817. 956. XI. 731 ff. 740. 712 ff. XII. 101. 128. 435. 713.

Friedrich I., Churfürst v. Sachsen X. 238.

Friedrich III., Churfürst v. Sachsen, der s. g. Weise XII. 416—421. I. 147. 214. II. 360. III. 134. 587. VI. 061. 770. VII. 119. 377. 493. IX. 552. X. 259 ff. XI. 606. 1158 ff. 1163 ff. 1169.

Friedrich II., Landgraf von Hessen, Convertit IV. 231.

Friedrich, Pfalzgraf von Zweibrücken, der Convertit IV. 231.

Friedrich I., König von Dänemark (1523—1533) II. 510. III. 20. 21.

Friedrich II., König von Dänemark II. 467.

Friedrich III., König von Dänemark (reg. 1648—1670). II. 100 ff. VI. 607. XI. 568.

Friedrich I., König von Würtemberg (gest. 1816) VI. 471 ff. IX. 406.

Friedrich II., der letzte Babenberger (st. 1246) II. 810. XI. 967.

Friedrich, Herzoge von Oestreich II. 851. VI. 621.

Friedrich, Mkgf. v. Brandenburg X. 137. 138 ff.

Friedrich, Herzog von Schleswig IX. 693. [293.

Friedriche von Baden II. 503. III. 290.

Friedrich von Aragonien, der Usurpator Siciliens II. 89. 90. 91 ff.

Friedrich II., von Dänemark I. 143.

Friedrich August, Churfürsten von Sachsen, s. August (Friedrich) II. und III.

Friedrich August I., König von Sachsen (st. 1827) XII. 296.

Friedrich August, blödsinniger Herzog von Preußen VIII. 735.

Friedrich Ferdinand, Herzog v. Anhalt-Köthen I. 251.

Friedrich, Pfalzgrafen bei Rhein: Fr. II. der Weise (reg. 1483—1556) VIII. 354. — Fr. III. der Fromme (reg. 1515—1576) II. 52. 773. V. 151. 928. VII. 761. 762. VIII. 354. XI. 492. — Fr. IV. VIII. 355. — Fr. V. (der Winterkönig; gest. 1632) III. 288 ff. IV. 16. 17 ff. 830. V. 230. 271. 411. VII. 744. 746. VIII. 355. IX. 147.

Friedrich Wilhelm, der große Churfürst von Brandenburg (geb. 1620, gest. 1688). VIII. 707. 708. 735.

Friedrich Wilhelm, Könige von Preußen; **Fr. W. I.** (reg. 1713—1740) II. 61. 779. V. 898. VIII. 736. 737. 887. — **Fr. W. II.** (reg. 1780—1797) I. 254. VII. 887. VIII. 710. 737. — **Fr. W. III.** (reg. 1797—1840) I. 130. 253. 251. II. 517. 751. III. 310. VIII. 613. 727. 743 ff. IX. 89. 106. 654. 688. XII. 641. 792. 1019. — **Fr. W. IV.** (reg. 1840—1859). II. 140. III. 310 ff. 337. VIII. 732. 751. IX. 196. XII. 240. 641.

Friedrich Wilhelm, Herzog von Mecklenburg-Schwerin XII. 789.

Friedrichstadt (in Schleswig), die Kirche zu IX. 694.

Fries, Jacob Friedrich, Philosoph (st. 1843) VII. 328. VIII. 496. XII. 609.

Fries, Lorenz, Histor. IV. 733.

Friese, Kchnhistor. VIII. 538 ff. 615.

Friesländer, Kirchengeschichtliches IV. 231—233. S. Willibrord, Wulfram Sleidinger, dazu I. 789. II. 80. 81. 83 ff. 358. 810. 943. III. 403. IV. 618. 620 (lex der). V. 2. VI. 410 ff. IX. 505. X. 475. XI. 1195.

Frigga, die nordische, s. Fro.

Frint, Jacob, Bf. v. St. Pölten IV. 233—234. VIII. 518. 570. XI. 1061. 1073. [VIII. 800. IX. 63. 65.

Fristen im Processe IV. 234—237.

Fristen für Besetzung eines Kirchenamtes, s. provisio canonica.

Fritigern, s. Fridigern.

Fritigild, Marcomannen-Königin I. 700. II. 62. VI. 821.

Fritilas, Bf. v. Heraclea XII. 518.

Fritschbaus, Joh., Histor. VI. 734.

Fritz, Samuel, Missionär XII. 43.

Fritz, Dr. Theob., Moraltheolog in Kloster-Neuburg VII. 533.

Fritze, Joh., Histor. VI. 734.

Fritze, Ph., Verfasser eines Ketzerlexicons IV. 870.

Fritzlar, Kloster und Bisthum IV. 237—238. II. 82. 464. VII. 635. IX. 502. X. 117. XI. 1050 ff.

Frizonius, Peter, Verfasser der Gallia purpurata I. 595.

Frimersheim, Peter, Histor. VI. 005 ff.

Fro, Freja, Frigga, nordgerman. Gottheit I. 241. VI. 40. VIII. 39. 40. XII. 475.

Fröbel, der Literat X. 72. 110 ff.

Fröben, Buchdrucker I. 921. III. 613.

Froben, Fürstabt I. 146.

Frodoard, s. Flodoard.

Frohnaltar, Gnadenaltar XII. 421. S. Altäre. [schaft.

Frohndienste, s. angariae, Leibeigen-

Frohnfasten (angariae) IV. 238—239. 95. 371. 205. III. 907. 912. VIII. 379. IX. 227.

Frohnleichnam, Congregation vom hl. I. 793.

Frohnleichnamsbruderschaft, eine XI. 1011 Anmkg.

Frohnleichnamsfest IV. 239—241. I. 13. 231. 520. 521. 553. II. 73. V. 254 ff. 338. 388. VI. 163. 236. 362. VII. 259. 701. IX. 212. 223. X. 21. 86. XI. 469. 470. XII. 925.

Frohnleichnamsoctav IV. 239 ff. 241 ff. VII. 252. XI. 1320.

Frohnleichnamsprocession IV. 241—242. 210. VIII. 701. 803. 807. X. 106. XI. 1049.

Frohnleichnamsstücke, s. Lope de Vega, Poesie (christl.), Calderon (XII. 203).

Frohnleichnamstag, s. Frohnleichnamsfest, Frohnleichnamsprocess.

Froissart, Jean, Chronist u. Dichter des Mittelalters IV. 242.

Froment, Antoine, der Histor. (geb. 1509) III. 902. IV. 410. XI. 708.

Fromm, Andreas, der Propst V. 112.

Fromme Stiftungen, s. causae piae, Stiftungen.

Fronde (Unruhen während der Minderjährigkeit Ludwigs XIV. von Frankreich) II. 123. VI. 851. IX. 229.

Fronmesse, s. Frohnaltar.

Fronlinus, der hl. XII. 356.

Fronto, Gnbf. VI. 753.

Fronton le Duc, gelehrter Jesuit IV. 242—243. II. 250. 291. V. 357. VII. 357. X. 203.

Froschauer, der Züricher Buchhändler VI. 671. [191.

Frötschl, Vigil, Bf. von Passau VIII.

Frothar, Bf. v. Toul X. 231.

Fromund, der kunstsinnige Mönch X. 690. 700.

Frowin, der Abt XII. 317.

Fructuosus, Bischof von Tarragona und Märtyrer IV. 243. I. 652. 789. [IV. 243—245.

Fructuosus, Erzbischof von Braga

fractus medii, s. Abgaben.
Frugiferus, 1. Bf. v. Triest XI. 255.
Frühgeburt, s. abortus (XII. 6).
Frühmesse VII. 102. 333. XII. 854.
Frühmesser IV. 245. VI. 26.
Frumentius, der heilige, Apostel Abyssiniens I. 76 ff. 943. II. 845. V. 302. 303. VI. 546.
Frundsberg, Georg von, der Feldhauptmann (st. 1528) XI. 389. 1167.
Fuchs, die Schweizergeistlichen IX. 854.
Fuhlaneger, die VIII. 13.
Fuhrmann, Verfasser eines Handwörterbuches I. 78. VI. 894.
Fulbert, der treffliche Bischof von Chartres IV. 246–247. 891. VIII. 523. IX. 714. XII. 382.
Fulcher, Patriarch v. Jerusalem IV. 247. VIII. 469.
Fulcher, mittelalt. Reisender XI. 1292.
Fulco von Neuilly, der Kreuzprediger XII. 421–426. 894. VI. 251.
Fulco von Rheims, der Nachfolger Hincmars V. 327. 357. VI. 902. IX. 202. XII. 121 ff.
Fulco, Bf. v. Beauvais IX. 391.
Fulco, Ebf. v. Gnesen IV. 551.
Fulco, Bf. v. Krakau VIII. 545. 546.
Fulco, Bf. v. Orleans XII. 381.
Fulco, hl. Bf. von Pavia XII. 985.
Fulco, Ebf. v. Paris VIII. 145.
Fulco, Ebf. v. Toulouse III. 238. X. 94. XI. 91. 99.
Fulco, Bf. v. Worms XI. 1149.
Fulco v. Corbie, Abt XII. 422.
Fulco Scotus, der heilige XII. 937.
Fulco von Treguier, Bf. der Esthen III. 721.
Fulco, Fucault, König von Jerusalem IV. 247–248. I. 592. XI. 485.
Fulcoald, Abt von Farfa III. 903.
Fulda, Kloster und Schule IV. 248–250. I. 71. 750 (v. Bonifacius gestiftet). II. 83 (Gründung). 85 (Beisetzung des hl. Bonifacius). 464 (Gründung). III. 251 (Carl d. G. hebt die Schule). 350. 351 (Ebbo v. Rheims in). 939 (ein gelehrter Mönch aus). IV. 249 (und St. Gallen). 626 ff. (und der Mönch Gottschalk). 889 (ein Schüler aus). 898 (Haymo von Halberstadt in). V. 214 (bevölkert Hirschau). 217 (und die Abtei Hersfeld). 926 (Unterhandlungen zwischen den unzufriedenen Capitularen und Bischof Julius von Würzburg). VI. 466 (vom Papst an den Kaiser). 647 (Servatus Lupus in). VII. 148 (Geschenke an). 396 (Pflege der Musik in). 880 (ein Schüler). IX. 1 ff. (Abt Rhabanus Maurus). 439 (ein Gelehrter aus). X. 416 (der heilige Sturmi). XI. 383 (Hutten in). 447 (Universität). 1060 (Vorläuferin von). 1081 (Sturm in). 1204 (St. Wunnebald besucht). XII. 297 (Kultur der Umgegend). 449. 1096 (Geschichtschreiber von).
Fulda, Bisthum und Stadt XII. 426–428. I. 783 (Gründung). II. 333 (4 Canoniker und 4 Vicare). 753 (kommt zur Metropole Freiburg). III. 125. 271 (Dotation des Bms.). V. 892 (Judenverfolgung). VII. 377 (Thomas Münzer gefangen in). IX. 566 (säcularisirt). 875 (barmherzige Schwestern in). XII. 657. 869. 871. 884 ff. (Oberrheinische Kirchenprovinz).
Fulgentius Ferrandus, der gelehrte Diacon zu Carthago IV. 250–252. II. 306. 789. V. 745.
Fulgentius, Bischof von Ruspe in Africa IV. 252–254. 250 ff. V. 331. 845. VII. 210. 789. X. 59. XI. 285. 550. 555. 556. 691. 828. 829. XII. 57.
Fulger, Geheimsecretär VIII. 469.
Fullenser, s. Feuillanten.
Fullo, Petrus, der Monophysit IV. 254. 3. I. 228. 444. III. 753. V. 509. VII. 236. 238. X. 167.
Fulnek, mähr. Brüder in VII. 748.
Fulrad, Abt v. St. Denys III. 104.
Fuls, Leonh., der Feldobrist VII. 741.
Fumel, Bf. IX. 253.
Funnay, japan. Bm. X. 264.
Funchal, das Bisthum I. 126. X. 264. 266. XII. 732.
Fund, Michel, der Reformator VI. 603 ff.
fundatio beneficii I. 803.
fundationes missarum, s. Meßstiftungen.
Fünfkirchen, Bisthum IV. 254–255. 662. III. 331. 502. 503. VI. 242. VII. 730. XI. 402. XII. 904 ff.
Funk, der Osiandrist VIII. 608.
Fürbitte (suffragium, intercessio) IV. 255–262. S. Gebet, Heilige, dazu IV. 490. V. 456. VI. 102. VII. 466. VIII. 616. IX. 814.
Furcht, Affect der I. 123.
Furcht Gottes, s. Gottesfurcht.
Fureirius, Franz, der Domner X. 563. 564.
Furmann, Dav., Propst v. St. Florian IV. 100.
Fürsehung, göttliche, s. Vorsehung.
Furseus, der heilige, Missionär, Abt, Stifter v. Lagny IV. 262–263. I. 249.
Fürst dieser Welt, s. Teufel.
Fürst, Julius, der Orientalist VIII. 404 ff.
Fürstabt, s. Abt.
Fürstbischof, Rang und Titel IV. 263.
Fürstenberg, Franz Egon und Theodor, Bischöfe von Hildesheim und Paderborn V. 198. VIII. 7. 8. 9. 747.
Fürstenberg, die Straßburger Bischöfe IX. 482. X. 402. 407.
Fürstenberg, Friedr. Wilh. Franz von, Minister und Generalvicar von Münster XII. 428–431. 146. 671. 820. 913. III. 306. VI. 862. VII. 919. VIII. 30. XI. 915.
Fürstenconcordate, s. Frankfurter Concordate.
Fürstenfeld, Klstr. IV. 209.
Fürstengericht, kaiserliches, im Mittelalter IX. 156.
Fürstenschulen, die XII. 605.
Fürth, Thalmudschule in XII. 1115.
Fuscarari, Aegid, Bischof von Modena X. 563. 564.
Fußbekleidung der alten Hebräer VI. 221.
Füssen, Klstr. IV. 206. VII. 802. X. 373. XII. 1201.
Fußkettchen, s. Putzsachen.
Fußkuß, adoratio IV. 262–263. VIII. 100. 112. XII. 821.
Fußspur Buddhas, Verehrung der XII. 172.
Fußwaschen bei den Hebräern, s. Reinigungen.
Fußwaschung am grünen Donnerstag IV. 264–265. II. 458. IX. 529.
Füster, der Revolutionspater XII. 1295.
Fux, Jos., Tonsetzer VII. 417.

G.

Gaab, prot. Gl. IV. 711.
Gaas, Berg auf dem Gebirge Ephraim IV. 266.
Gabaa, Stadt im Stamme Benjamin IV. 266. I. 573. VIII. 822.
Gabal, pers. Bm. VIII. 300.
Gabaon (Gibeon), die Bundesstadt IV. 266. V. 813. VI. 311.
Gabathon, Philisterstadt IV. 266. VII. 464. VIII. 399.
Gabe (im theologischen Sprachgebrauch) IV. 266–267. S. Geistesgaben, vgl. Simonie.
Gaben, gottgeweihte, s. Oblationen.
Gabet, der Missionär XI. 12 ff. 15. XII. 158.
Gabirol, Salomo ben VI. 721.
Gabler, Joh. Phil., prot. Theolog IV. 267–268. V. 708. XII. 1193.
Gabriel, der Erzengel IV. 268. I. 337. 563. III. 586. 860. VI. 252. VII. 186 ff.
Gabriel Severus, Bischof u. Apologet X. 587. XII. 432.
Gabriel Sionita, der gelehrte Maronite III. 362. VIII. 579. XII. 432.
Gabriel, a) von Verona, Generalinquisitor, b) Severus, Apologet der griech. Kirche, c) Sionita, d) der Capucinermissionär XII. 432–433.
Gabriel a Sancta Maria, Ebf. von Rheims IX. 296.
Gabriel von Catalaunum V. 454.
Gabriel, Tarichs Sohn, Patriarch der Kopten VI. 540.
Gabrieli, Musiker VII. 411. 415.
Gabrieliten, die III. 134.
Gad und die Gaditer IV. 268–269. 271. 272. I. 209. V. 439. VI. 791. VII. 183. 349. 364. 760. VIII. 49. 291. 817. 819. IX. 632. XI. 503.
Gadara, Gerasa, Gergesa, Hauptstadt von Peräa IV. 269. III. 58. VIII. 291 ff.
Gäa, die Gottheit VIII. 41.
Gäbler, Bernh., Schftst. VIII. 755.
Gaëta, Johann v., s. Gelasius II. P.
Gaëta, Erzbisthum und feste Stadt II. 685. IV. 371. V. 750. 867. VI. 459. VIII. 493.
Gafor, Franchinus, Tonsetzer VII. 405. 408.
Gailane, die mörderische Herzogin I. 707. 709. VI. 85.
Gailer von Kaisersberg, der Prediger IV. 269–271. 189. II. 73. VI. 651. VIII. 647. X. 402. 409.
Gainas, der Gothenführer I. 395 ff. X. 595.
Gaisbeuern, das Christenthum sehr frühe in I. 152.
Gaisruck, Cajetan, Cdl.-Ebf. VI. 553.
Gajaner, s. Aphthartodoketen.
Gajaniten (Julianisten) VII. 241.
Gajus, s. Cajus.
Galaad (Gilead), Landschaft und Gebirge IV. 271–272. 513. 668. 883. 907. I. 639. 640. V. 436. 457. 508. 513. VI. 309. 692. 791. VII. 153. 760. VIII. 381.
Galaad, Vater Jephtas V. 514.
Galaistère, Bf. IX. 253.
Galandius, s. Galland.
Galard de Terraube, Bf. IX. 252.
Galata, Missionäre in VII. 168.
Galater, Pauli Sendschreiben an die VIII. 249.
Galatien, Gallo-graecia IV. 272–273. 573. I. 231. 661. VI. 679. VII. 266. VIII. 335 ff. 446. X. 644. 767.
Galba, Servius Sulpicius, röm. Kaiser (ermordet 69 n. Chr.) I. 317. XI. 31. 32. 664.
Galbanum, eine Harzart (Mutterharz) IV. 273.
Galbinus, hl. Ebf. v. Mailand VI. 756.

Gatterer, Joh. Christoph, Historiker (st. 1799) XII. 432.
Gaubald, Bf. v. Regensburg IX. 93.
Gaudanus, Nicol., Jesuit VII. 726.
Gaudentius, der heilige, Bischof v. Brescia IV. 312. VI. 908. VIII. 358 XI. 691.
Gaudentius, 1. Ebf. v. Gnesen I. 91. IV. 551.
Gaudos, s. Claude, Insel.
Gaufried von Monmouth, s. Galfried v. M.
Gaufried II., Bf. v. Chartres XII. 220.
Gaugericus, der heilige XII. 210.
Gaulon, Stadt in Basan IV. 312. I. 404. 640. V. 140. 141. VIII. 41. 64.
Gaulonitis, s. Gaulon.
Gaulthier, s. Gauthier.
Gaume, clas. Schftstlr. III. 701. X. 71. XI. 820.
Gaunilo, der Mönch I. 267.
Gauslin, Bf. v. Padua XII. 917.
Gautama, s. Buddha.
Gauthier, Bf. v. Langres XII. 425.
Gauthier, François Louis, ascet. Schriftsteller XII. 440.
Gauthier, apost. Vicar von Mittel-Tunkin XI. 326.
Gauzbert (Autbert), ein Apostel der Schweden IV. 312—313. I. 270. 271. II. 901. IX. 840. 841.
Gavantus (Gavanti), berühmter Liturgiker XII. 440—441. 893. VI. 873. IX. 435. 657. X. 614.
Gaytanus, Jac. VII. 823.
Gaza, Grenzfestung der Philister IV. 313 I. 153 (zerstört). III. 3 (Dagontempel). V. 532 (erobert). 889 (Christenvfg.). VI. 139 (Kstr.). VII. 225 (Wüste). VIII. 50 (wichtig). 389 (Bm.). 399 (Philisterstadt). IX. 614 (Simson in). XII. 696 (eine Schlacht bei).
Gazali, el, s. Algazel.
Gazelle, die IV. 314. VIII. 47.
Gazer, Geser, cananit. Königsstadt IV. 314 IX. 586.
Gazipur, Missionäre in VII. 169.
Gazir, Missionäre in VII. 169.
Gazoinus, Bischof von Straßburg X. 400.
Gazzaniga, Petrus Maria, der gelehrte Dominicaner XII. 441—442.
Geba, s. Gabaa.
Gebal, bibl. On. IV. 314.
Gebären macht unrein IX. 164. 165.
Gebäude, kirchliche (in rechtlicher Beziehung) IV. 314—315. 497.
Gebbethon, Philisterstadt, s. Gabbathon.
Gebeck, Vitus Adam von, Bischof v. Freysing IV. 213.
Gebern, s. Parsismus.
Gebet (gratiarum actio, laudatio, petitio) IV. 315—330. I. 26 (in der Katechese). 232 (-Bücher). 252. II. 195 (Brustklopfen beim). IV. 250 (Bittg.). 259 (Nothwendigkeit des). 365 (Bittg.). 611 (als Bestandtheil des Gottesdienstes). 929 ff. (Heilige). VI. 170. 555 (als Theil der Liturgie). VII. 81 (übertriebenes der Messalianer). 332 (Morgeng.). 839 (Origenes über das). VIII. 460 (gegen die bestimmte Anzahl von). IX. 74 (Redemption der Kirchenbußen). XI. 633 (Kant über das).
Gebet am Abend, s. Abendgebet.
Gebet am Morgen, kirchliches, s. Morgengebet.
Gebet, allgemeines I. 174. VI. 539. VII. 335.
Gebet der Geistlichen II. 157 ff. XII. 270 ff.
Gebet des Herrn, s. Vaterunser.
Gebet beim Angstläuten I. 254.
Gebet bei Tische, s. Tischgebet.
Gebet bei Processionen VIII. 807.
Gebet der Kirche IV. 330—331. S. Gebet.
Gebet für den Landesherrn, s. Landesherr, Gebet für ihn.
Gebet für die Kranken, s. Krankengebet.
Gebet für Sterbende, s. Sterbegebete.
Gebet im Namen Jesu IV. 309. 331.
Gebet, innerliches, s. Guyon.
Gebet, innerliches, das angebliche A und O aller Religion V. 606.
Gebet, inspirirtes bei den Quäkern VIII. 877.
Gebet Mosis VIII. 845.
Gebet, vierzigstündiges IV. 332—338. II. 603.
Gebet, eine buddhistische Vollkommenheit XII. 164.
Gebet, passives, s. Barlaam, Guyon, Molinos, Quietismus.
Gebete bei den Juden, s. Thephilla (X. 894), dazu I. 12. II. 677. IV. 52. 611. VII. 380. 770. XI. 25.
Gebete vor der Darbringung des heiligen Meßopfers, s. Acceß.
Gebete bei den Mohammedanern IV. 205. V. 854 ff. XI. 1242.
Gebete bei den Parsen VIII. 39. 158.
Gebete bei den Skandinaviern VIII. 40.
Gebetbücher, s. Andachtsbücher.
Gebetsformeln IV. 333—337. S. Englischer Gruß, Litanei, Rosenkranz, Vaterunser.
Gebetsöl, s. Oelung, letzte.
Gebetsriemen der Juden, s. Thephillin.
Gebetsritual, hebräisches, für das Jahr VI. 721.
Gebhard, Abt von Hirsau V. 215 ff.
Gebhard, der heilige, Bischof von Constanz XII. 442—443. 1018.
Gebhard II., Truchseß, apostasirter Erzbischof und Churfürst von Cöln IV. 337—342. 722. II. 675. IX. 222. X. 406. XI. 916. XII. 241.
Gebhard, 3 Bischöfe von Regensburg VII. 901. IX. 100 ff.
Gebhard, Erzbischof von Salzburg, Primas v. Teutschland IV. 25. 631. 821. IX. 593. XII. 32. 1019. 1202.
Gebhard, Graf von Henneberg, Bf. v. Würzburg XI. 1188.
Gebizo, der Legat VI. 293.
Gebot, Verbot IV. 342—344. S. Räthe (evang.).
Gebot, sein Unterschied vom Gesetz XII. 479.
Gebote Gottes, s. Decalog.
Gebote der Kirche, die fünf IV. 344—345. 610 (Theilnahme am Gottesdienst). I. 744 (Beichtg.). III. 907 (Fasten). VI. 123 (Kirchenbesuch). 125. VII. 259 (Fasteng.). 721 (österliche Zeit). X. 347 (Fasten). XII. 549 (Heiligung der Sonn- u. Festtage).
Gebote, Publication der kirchlichen, s. Promulgation.
Gebotene Feiertage, s. Reduction der kirchlichen Festtage.
Gebräuche, kirchliche, s. Ceremonie.
Gebrechen, körperliche, machen unfähig zum hebräischen Priesteramt VIII. 703.
Gebrechen, körperliche, machen irregulär V. 834 ff.
Gebsattel, Freiherr L. A. von, 1. Ebf. von München-Freysing VII. 340 ff.
Gebser, Histor. IX. 611.
Geburt, Beweis der ehelichen, s. Beweis der Ehe (XII. 115).
Geburt, Legitimation der unehelichen, s. Legitimation durch nachfolgende Ehe.
Geburt, geistige, s. Wiedergeburt.
Geburtstage der Heiligen und Martyrer, s. dies fixa.
Geburtstage der Kirchenpatrone, s. Patrocinium.
Gecken-Berndchen, das Cölner XII. 1185.
Gedächtniß der Heiligen, s. Commemoration.
Gedalja, s. Godolia.
Geddes, Alexander, der Bibelübersetzer XII. 443—446.
Gedenktafeln, s. Votivtafeln.
Gedeon, Gideon, der Held IV. 345—346. I. 11. 43. 47. VI. 722. VII. 67. 789.
Gedike, Gl. VIII. 722.
Gedimin, Großfürst von Lithauen V. 479.
Geduld, die Tugend der X. 756.
Geduld, eine buddhistische Vollkommenheit XII. 164.
Gefährdeeid, s. Calumnieneid, Eid.
Gefährten Mohammeds (Ashab-ar-Rasul) IV. 346—347. 205. I. 73. 137. 107. 261. VI. 250. VII. 187.
Gefallene, lapsi, s. Abgefallene.
Gefangene, Congregationen für II. 795.
Gefangene, Fürsorge für V. 809.
Gefangenen, Besuch bei den XII. 215.
Gefangenen, Loslassung der V. 635. VII. 882.
Gefangenen, Orden für Befreiung der, s. Rosasker, Trinitarier.
Gefangenenpflege in Rom IX. 365 ff.
Gefangenschaft, babylonische, s. Exil der Hebräer (III. 850).
Gefangenschaft, babylonische, der Päpste, s. Avignon.
Gefängniß, Gefängnisse, frühere Mitaufsicht der Kirche über dieselben IV. 347—348. VIII. 795.
Gefängnisse, geistliche, s. Correctionsanstalten.
Gefängnißstrafen, kirchliche IV. 348—349. II. 894. VI. 180. 231.
Gefäße, kirchliche (ministeria sacra) XII. 446—448. I. 21. II. 545. IV. 365. 497. VI. 62. 63. VII. 251. VIII. 209. IX. 41.
Geffcken, prot. Thlg. III. 53. 54.
Gefühl, Gefühlsleben IV. 349—352.
Gefühlsmoral, anglicanische VII. 323.
Gegnäsius, der Paulicianer VIII. 236 ff. 239.
Geheime Gesellschaften IV. 106. V. 802. VIII. 723. 836. IX. 399.
Geheimlehre, das Christenthum als, s. Arcandisciplin.
Geheimnisse, religiöse, s. Mysterien (VII. 428).
Geheimnisse (in der Moral) XII. 448. S. Tugenden, göttliche (XI. 311).
Geheimschriften, s. Apocryphen-Literatur.
Gehenna, Stätte der ewigen Verdammniß IV. 352. V. 255. 287 ff. 533. VII. 219. 714.
Gehon, Gihon, Paradiesesstrom (Nil) IV. 352—354. III. 357 ff. 849.
Gehon, jacobit. Bm. V. 462.
Gehorsam als Gegensatz vom Ungehorsam, s. Ungehorsam.
Gehorsam, als sittliches Motiv I. 898 ff. IV. 497.
Gehorsam, canonischer, s. Obedienz, vgl. Competenz.
Gehorsam Christi III. 677.
Gehorsam, vollkommener IX. 24.
Gehorsam, freiwilliger, s. Räthe, evangelische.
Geiger, Franz, der „Schweizer Theolog“ IV. 354—355. XII. 527. 1255 ff.
Geilana, Herzog Gosberts Weib, s. Gailana.
Geilawind, Klosterstifterin X. 696. XII. 114.
Geiler von Kaisersberg, s. Galler v. Kaisersberg.
Geisa, Magyarenfürsten IV. 662. VI. 744 ff. X. 122. XI. 400.

Geisa, die Jungfrau V. 703.
Geisberg, Abt v. St. Gallen IV. 286.
Geisenfeld, Klstr. IX. 101.
Geiserich, Vandalenkönig, s. Genserich.
Geisbüttner, Moralthlg. VIII. 381.
Geismar, Bekehrungen in II. 464.
Geißel, Johann v., Ebf. v. Cöln (geb. 1796) II. 677.
Geißelung, als ascet. Mittel, s. Selbstgeißelung.
Geißelung, als Leibesstrafe bei den Hebräern VI. 271. 421. XII. 294.
Geißhäuter, s. Myconius.
Geißhüttner, Joh., Moralthlg. VII. 397.
Geißler, Flagellanten IV. 367—370. Vgl. Tänzer (XII. 1181) s. dazu II. 600. IV. 30. 209. VIII. 525. IX. 75. XII. 294 ff.
Geißlingen II. 40.
Geist (im theologischen und philosophischen Sinne). IV. 355—360. S. Mensch, Seele, Spiritualismus, vgl. Gespenst: s. dazu X. 434. XI. 861 ff.
Geist, heiliger, dritte Person in der Gottheit, s. Trinität, dazu Gott, Logos, Geistesgaben, Sacramente, Wiedergeburt, Pneumatomachen I. 295 ff. III. 660. IV. 39 ff. 75 ff. 687. 873 ff. V. 659 ff. 670 ff. VI. 97 ff. 797 (bei Manes). VII. 202. 840. VIII. 115 (als Paraclet). 375. X. 92. 231. 565. 661. 710. 854. 893.
Geist, Andr., Abt V. 216.
Geist, Orden vom hl. IX. 361.
Geist, Sünden wider den hl. X. 515.
Geister, böse, s. Dämonen, Teufel.
Geister, selige, s. Engel, Heilige, Himmel.
Geister, die s. g. starken, s. Deismus, Freidenker.
Geister, Verehrung der bösen auf Ceylon XII. 190. 181.
Geistererscheinung, s. Gespenst, Todtenbeschwörung.
Geistersehen, das IV. 361. 458.
Geisterseher IV. 360—361.
Geisterunterscheidung, die Gabe der IV. 361.
Geisterwelt IV. 361—362. S. Engel, Geisterseher, Gespenst, Gnosis, Schöpfung, Teufel, Todtenbeschwörung.
Geistes, Ausgießung des heiligen, s. Ausgießung des heiligen Geistes.
Geistesgaben, übernatürliche (Charismen) IV. 362—365. I. 549. 693 ff. IV. 78 (als Wirkungen der Firmung). 266 (Gabe). 435. 437 ff. 547 (Gnade). VII. 261 ff. VIII. 520. X. 890. XI. 294. 659. 832.
Geistigkeit Gottes, s. Gott.
Geistliche Beredsamkeit, s. Beredsamkeit.
Geistliche Conferenzen, s. Conferenzen.
Geistliche Confirmation, s. Confirmation.
Geistliche Correctionsanstalten, s. Correctionsanstalten.
Geistliche Erziehungsanstalten, s. Alumnat, Convict, Seminarium, vgl. Generalseminarien.
Geistliche Gerichtsbarkeit, s. Gerichtsbarkeit.
Geistliche Kleidung, s. Kleidung, gstl.
Geistliche Orden, s. Orden, geistl.
Geistliche Sache (res spiritualis) IV. 365—366. 538. 858. VI. 169 ff. 188 ff. IX. 72.
Geistliche Stiftungen, s. Stiftungen.
Geistliche Verbrechen und Vergehen, s. Delict, Verbrechen u. Vergehen.
Geistliche Verwandtschaft, s. Compaternität.
Geistliche Weihen, s. Ordines.
Geistliche Würde, s. decorum clericale (XII. 267 ff.), vgl. Achtung des Seelsorgers.
Geistliche, durch Ausübung der Chirurgie irregulär V. 836. XII. 271.
Geistliche dürfen nicht jagen V. 478. XII. 272.
Geistliche dürfen keinen Procurator annehmen VIII. 811. 813.
Geistlichen, Approbation der, s. Approbation eines Geistlichen.
Geistlichen, Testirfreiheit der, s. Testirfreiheit der Geistlichen.
Geistlichen, Verlassenschaft der, s. Verlassenschaft der Geistlichen.
Geistlicher, Welt- und Klostergeistlicher IV. 366—367. S. Clericus, Regulargeistlicher.
Geistlicher Matrikel, s. Matrikel der Geistlichen.
Geistlicher Stand, s. Klerus, Stand, geistl.
Geistlicher Vorbehalt, s. reservatum ecclesiasticum.
Geistlicher Zehent, s. Zehenten.
Geistlichkeit, s. Hierarchie, Klerus.
Geizes, Laster des IX. 538. X. 511. XII. 271.
Gekrönten, die vier, s. coronati quatuor.
Gelasius, Name von 2 Päpsten IV. 370—371. Gel. I. (reg. 492—496) I. 712. II. 155. 858. 937. III. 73. 174. 552. 877. 928. IV. 411. V. 333. 612. VI. 183. 266. 339. 453. 550. 649. 879. 882. VII. 98. 99. 523. VIII. 200. 644. IX. 117. 348. X. 476. 562. 822. 835. XI. 153. 156. 555. XII. 650. 1042. 1320. — Gel. II. (Johannes von Gaëta; reg. 1118—1119) I. 50 Anmkg. II. 261. 262. 610 ff. 745. V. 35. 36. 685. 832. VI. 876. VII. 274. 635. VIII. 167. IX. 624. X. 469. XII. 1049.
Gelasius von Cycicum, Geschichtschreiber des 1. Nicänerconcils IV. 371—372. VII. 552 ff.
Gelboe (Gilboa), Gebirge IV. 372. VIII. 445 ff.
Geld und Gewichte bei den alten Hebräern IV. 372—375. S. Handel, vgl. Maaße.
Geldenhauer, der Reformator V. 150.
Geldstrafen IV. 375—376. VI. 180. X. 388. 392.
Gelegenheitsreden, s. Casualreden.
Gelehrter Eid III. 478.
Gelehrte Schulen, s. Alexandrinische Schule, Dom- und Klosterschulen, Katechetenschulen, Mittelschulen, Schulen, hohe der Juden (XII. 1102), Universitäten.
Gelen, Histor. XII. 333. 559. 1128.
Gelhuflus, Cistercienser, Gesandter der Hussiten V. 421 ff.
Gelimer, Vandalenkönig V. 049. XI. 558. 728.
Gelito, Peter, Bf. v. Olmütz VII. 768.
Gellert, Christian Fürchtegott, Moralphil. (st. 1769) VII. 325.
Gellinek, jüd. Gl. VI. 4. 6.
Gellius, Aulus (Agellius), Verfasser der noctes Atticae VI. 321.
Gelobtes Land, s. Canaan, Palästina.
Gelobt sei Jesus Christus, der Gruß IV. 376.
Gelübde überhaupt und Klostergelübde insbesondere IV. 376—386. S. Ordensgelübde, votum simplex et solemne, dazu I. 457 (der Armuth). 599. 651. II. 656 ff. (Cölibat). 805. III. 431 ff. 440. 445. 446. 486. 551 (Entbindung von einem). IV. 365. 367. 565. 811 ff. 841. V. 514 (ein unüberlegtes). VI. 77. VII. 223. 632 (der Nonnen). 806 ff. 811. VIII. 469. IX. 23 ff. 167. 258. X. 721 (der Templer). 740. XI. 763. 1323.
Gelübde bei den alten Hebräern IV. 386—388. 381. VII. 351.
Gelübdeopfer, hebr. VII. 779 ff.
Gemara, Gemaristen, s. Thalmud, dazu III. 367. V. 282. VI. 759. VII. 145. VIII. 406. X. 239. 642. 627. 630.
Gembloursˈ (Geminiacum), ehemal. Kloster in Brabant XII. 448—451. IV. 512. V. 704. X. 130.
Gemeinde bei den Hebräern VII. 354.
Gemeinde, kirchliche, s. Pfarrei.
Gemeindevorsteher bei den Hebräern und ersten Christen I. 114. 115.
Gemeinschaft, Beweis der kirchlichen, s. Beweis der Ehe (XII. 105).
Gemeinschaft d. Güter, Frauen und Männer IV. 388—398. 900. II. 723 ff. IX. 508. X. 73. 74. 931. XII. 1143.
Gemeinschaft der Heiligen, s. Heilige, dazu II. 155. 780. IV. 258. VI. 165. IX. 203. X. 906 ff. XI. 798. XII. 84. 85.
Geminiacum, Gembloursˈ; s. d.
Geminiankirche, eine VI. 615.
Gemischte Auslegung III. 525.
Gemischte Ehen III. 415.
Gemischte Einreden III. 402.
Gemischte Synoden, s. Synode.
Gemischte Verbrechen, s. Verbrechen und Vergehen.
Gemistus, Georg, genannt Pletho I. 426.
Gemmen, Abraxas. I. 59.
Gemmingen, Carthäuserkloster XII. 27.
Gemmolli, s. Gefäße, kirchliche.
Genebrand, Gilbert, gl. Thlg. II. 432.
Genehmigung, landesherrliche (placetum regium) IV. 398—402. I. 754. II. 21. 417. 616. V. 725. 800. 804. 920 ff. VIII. 813 (Promulgation). IX. 42. 406. XI. 640. 1222.
General eines geistlichen Ordens, s. Ordensgeneral.
Generalabsolution, vollkommener Ablaß in articulo mortis IV. 402. Vgl. Absolution X. 21.
Generalabl. Begriff I. 71.
Generalbaß, der VII. 414.
Generalbeichte IV. 402—403. VII. 160.
Generalbeichte, protestantische VIII. 710.
Generalcapitel, s. Definitionen, Definitoren.
Generalcongregation, s. Congregationen auf allgemeinen Synoden.
Generalia, allgemeine Rechtsregeln, s. Brocarda.
Generalminister der Franciscaner und Capuciner IV. 816.
Generalseminarien, die josephinischen IV. 403—406. 149. V. 359. 801. VI. 340. 604. VII. 143. VIII. 485. IX. 320. X. 50. XI. 1042 ff. 1060. XII. 1206.
Generalstaaten, s. Niederlande.
Generalsuperintendent, s. Superintendent.
Generalsuperior, s. Ordensobere.
Generalvicar, bischöflicher IV. 406—408. I. 406 (erhält Rechte des Archidiacons). II. 326 (amtlicher Rang). 821 (und die Consistorien). 761 (und der Pfarrconcurs). 945 (Entstehung des Amtes). 946 (Wohnung). III. 107 (kann vom Amte entsetzen). 180 (bedarf Ermächtigung zu Dispensationen). 319 ff. (als Executivbehörde). 681 (Facultäten). VI. 704 (mandirte Gerichtsbarkeit des). VII. 136 (Stellung des). 759 (und der Official). 810 (und das Ordinariat). VIII. 606 (mancherorts zugleich Pönitentiar). 663 (früheres Aufkommen des Amtes). 835 (nimmt die institutio auctorisabilis vor). IV. 214 (Uebertragung von Reservaten). 971 (sede impedita). X. 68 (verdrängt die bischöflichen Sendgerichte). XI. 210 (das Tridentinerconcil gegen die Ueberladung des). 609 (Definition).

Generalvicariat, s. Generalvicar.
Generationismus (Traducianismus) XII. 451—462. III. 658. X. 7 ff.
Genesareth, der See IV. 408—409. I. 290. 305. V. 787. VII. 70. VIII. 46. IX. 664. XI. 2.
Genesis, s. Pentateuch.
Genesis, die kleine I. 330. 337. 342.
Genesis, Völkertafel der, s. Völkertafel der Genesis.
Genesius, Schauspieler und Martyrer IV. 409. I. 356.
Genesung, körperliche, oft eine Wirkung der letzten Oelung VII. 719.
Genet, Eleazar. Confessor VII. 407.
Genf, Bisthum IV. 409—411. III. 502. 729 (Bischof Salonius). IV. 140 (Franz v. Sales). V. 865 (Judenverfolgung in). VI. 387 ff. (Lausanne). IX. 566 (ein Hirtenbrief). 577. 850 ff.
Genf, Stadt und Reformation in I. 235 (J. V. Andreä in). 903 ff. (Beza in). II. 72. 78 (u. Bolsec). 191 (Grafschaft). 278 ff. (wird durch Calvin Metropole des romanischen Protestantismus). 733 (der consensus Genevlensis). III. 902 ff. (und Farel). IV. 392 (Libertiner in). 415 (Gentile in). VI. 237 (Knox in). 372 (kommt zum Bisthum Lausanne). 517 (Libertiner in). 536 (Lismanus in). VII. 132 (Romiers in). IX. 836 (Irvingianer in). X. 51 (Romiers in). 94. 96 (Servets Verbrennung). XI. 100. 708 ff. (Viret in).
Genf, Robert von, s. Robert von Genf.
Genfer Katechismus, s. confessiones Helveticae.
Genga, della, s. Leo XII. P. (VI. 473).
Gengenbach, Kloster X. 406.
Genitori genitoque, s. Pange lingua.
Gennadius von Marseille, Kirchenschriftsteller IV. 411. 421. II. 571. 716. III. 918. 925. 927. VI. 613. 917. VIII. 267. 272. IX. 589. 919. X. 59. 104. XI. 691. XII. 453.
Gennadius, Ptch. v. CStpl. VII. 534. X. 565.
Gennadius, Ebf. v. Nowgorod IX. 10.
Genossenschaften, religiöse, s. Bündnisse (XII. 193), Bruderschaft, Frauen, religiöse Congregationen und Vereine von.
Genoude, Antoine Eugen, Publicist (st. 1849) III. 392.
Genovefa, die heilige, Schutzpatronin von Paris IV. 411—413. 463. VI. 404. VII. 650. XII. 922.
Genovefakirche zu Paris IX. 208. 209.
Genovefaner, Chorherren zu Paris IV. 413.
Genovefanerinnen, Töchter der heiligen Genovefa zu Paris IV. 413—414.
Gensberg, Buchdrucker V. 190.
Genserich, Vandalenkönig IV. 414—415. I. 499. 500. II. 504. III. 746. VI. 446. 450. VIII. 621. X. 860. XI. 539. 675. 676. 727. XII. 759. 1222.
Genstein, Johann v., Ebf. von Prag VIII. 630.
Gent, Bisthum, Stadt, Staatsuniversität VI. 604. VII. 608. XII. 109. 111. 112.
Gent, Heinrich v., s. Heinrich v. Gent.
Genterfriede v. J. 1576 VII. 606.
Gentile, Johann Valentin, der Antitrinitarier IV. 415. I. 297. II. 41. 280. III. 319. V. 654. VIII. 561. X. 97. 233. XI. 427.
Gentilianus, Philosoph, s. Amelius.
Gentilis, Albericus VI. 717.
Gentilis de Montefiore, Crd. XII. 185.
Gentilly, Concil zu VIII. 290.
Gentz, Friedrich von, der östreich. Publicist (st. 1832) XII. 613. 614.
Genua, Stadt und Bisthum XII. 463. 702. I. 633. II. 163. 208. 264. 265. V. 474. 871 ff. XI. 168. 788.
Genua, der Staat I. 202. II. 614. V. 912. VII. 590. VIII. 232. IX. 464.
Genuflectentes I. 601. II. 230. VI. 52. 235.
Genuflexio, s. Kniebeugung.
Genugthuung Christi, s. Erlöser, opus supererogatorium, thesaurus meritorum.
Genugthuung des Menschen IV. 415—424. S. Buße, Rechtfertigung, Sacramente, thesaurus meritorum, vgl. Prädestination, s. dazu I. 752. IX. 74. X. 523. XI. 200.
Geographie, biblische IV. 424—428. S. Meere, bbl.
Geometrie, mittelalterliche, s. Quadrivium.
Geonim, die, s. Gaon.
Georg, der Ritter Sanct IV. 428. I. 702. VI. 165. 660. VII. 649 ff. XI. 503. 079. XII. 1320.
Georg, Ritterorden vom hl. IV. 428. VII. 548. IX. 329.
Georg, Bf. v. Bamberg I. 597 ff.
Georg, Ptch. v. CStpl. VII. 249.
Georg Cyprius, s. Syncellus.
Georg, 2 Pröpste von St. Florian IV. 105. 106.
Georg, Metropolit von Kiew IX. 460.
Georg, der Monophysit VII. 246.
Georg, Bf. v. Nicomedien VI. 865.
Georg, Bischof von Laodicea in Phrygien IV. 428—429. I. 232. 261. VII. 43.
Georg, ein Reformator Siebenbürgens V. 323.
Georg Syncellus, s. Syncellus, Georgius.
Georg von Trapezunt, Gelehrter IV. 429. I. 426. XII. 1277.
Georg, Ebf. v. Verden XI. 585.
Georg, Herzog von Sachsen, ein Hauptgegner der Reformation des 16. Jhdts. (st. 1539) II. 647. 648. III. 371. 561 ff. 567. VI. 606 ff. 670. VII. 26. 378. VIII. 065. 885. XI. 1161. 1173. XII. 417.
Georg von Anhalt, prot. Hzg. X. 121.
Georg, Herzog v. Lüneburg III. 293.
Georg, Name von 4 englischen Königen; Gg. I. (reg. 1714—1727) II. 70. III. 328. 329. IV. 900. V. 233. — Gg. II. (st. 1760) VI. 857. 858. — Gg. III. (reg. 1760—1820) IV. 801. V. 90. 831. VIII. 275. 426. X. 531. — Gg. IV. (reg. 1820—1830) II. 753. VII. 700.
Georg, König von Tonga X. 458.
Georgetown, die Kirche in XI. 904.
Georgianum in München VII. 370.
Georgien, das Land, s. Transcaucasien (XI. 120), dazu V. 508. VII. 70. 168. IX. 822.
Georgii, L., Gl. VII. 255. 256 ff. 264.
Georgiskirche in Rom IX. 354.
Georgische Bibelübersetzung I. 943.
Ger, Sohn Judas V. 879.
Gera, ein halber Schekel IV. 372. 373.
Gerace, sicilian. Bm. V. 867.
Gerach, Klstr. VII. 737.
Geradheit, s. Offenherzigkeit.
Gerald, der Prediger IV. 244.
Geramb, Maria Joseph, der Trappist XII. 463—465. IV. 642.
Gerara, biblischer Ortsname IV. 429. I. 48. V. 839.
Gerard, Ebf. v. York XI. 1223.
Gerard, Bischöfe von Cambray XII. 210.
Gerard, Abt von St. Gallen IV. 293.
Gerard, Balthasar, der Mörder V. 561.
Gerardus, der heilige VI. 241. 465.
Gerardus Odonis, ein Commentator des Lombarden V. 586.
Geras, die Canonie VIII. 567.
Gerasa, s. Gadara.
Geräthe, gottesdienstliche I. 191. IV. 356. 497. VI. 62. 63. 166. XII. 446 ff.
Geräthe im Tempel zu Jerusalem X. 707 ff.
Gerbais, der Gallicaner IV. 293.
Gerbe, die Insel XI. 514.
Gerber, Schftst. IV. 466.
Gerberga, Aebtissinnen v. Gandersheim IV. 301. 302.
Gerberon, Gabriel, der jansenistische Mauriner XII. 465—469. I. 668. IV. 512. IX. 454.
Gerbert, Papst, s. Sylvester II.
Gerbert, Martin, Fürstabt von St. Blasien IV. 429—430. 220. I. 197. II. 44. V. 118. VII. 309. 387. 398. 534. 654. VIII. 191. 329. XII. 1120.
Gerbet, der speculative Theolog III. 382. VI. 874.
Gerdil, der Cardinal, philosoph. und theolg. Schriftsteller XII. 469—472. 857. IV. 7. V. 327. XI. 1310.
Gerecht, Gerechtigkeit IV. 430—433. 442 (Idee der). I. 177 (Almosen Gerechtigkeitspflicht für Pfründeninhaber). XI. 309 ff. (eine Cardinaltugend). 771 (identisch mit Wahrheit).
Gerechtigkeit Gottes, s. Gott, dazu IV. 431. 448 ff. V. 247. VIII. 633 ff. X. 338. 517 ff. XI. 506. 1300 ff.
Gerechtigkeit, Fremdlinge der, s. Proselyten (XII. 1013).
Gerechtigkeit und Heiligkeit des Menschen, ursprüngliche IV. 433—443. S. Stand der Gnade, vgl. Erbsünde, Rechtfertigung, s. dazu I. 93. 112. 695. III. 671. VII. 65. VIII. 117 ff. IX. 53 ff. XII. 409.
Gereon, der heilige VI. 415. 416. 417.
Gereonskirche zu Cöln V. 33. XII. 234 ff.
Gergesa, s. Gadara.
Gergesiter, s. Canaan, Gadara.
Gerhard von Florenz, Papst, s. Nicolaus II.
Gerhard, heiliger Abt von Brogne, Klosterreformator IV. 443—444.
Gerhard der heilige, Bischof von Csanad VI. 747. XI. 400. 401.
Gerhard, Bf. v. Würzburg XI. 1189 ff.
Gerhard, Bf. v. Angoulème VI. 359.
Gerhard, der Franciscanerzelote IV. 173.
Gerhard, 1. Vorsteher der Johanniter V. 770.
Gerhard, Johann, luther. Thlg. IV. 444—445. 518. I. 239. 464. III. 428. VI. 563.
Gerhard, Andr., der Marburger Theologe, s. Hyperius.
Gerhard, Paul, der Liederdichter IV. 445.
Gerhard Gerhardsson, s. Erasmus, Desiderius.
Gerhard, Papst, s. Lucius.
Gerhard, der hl. von Toul XII. 379.
Gerhoh, der Propst, s. Geroch.
Gericht, göttliches (jüngster Tag) IV. 445—457. I. 318 ff. 391 (in der Apocalypse). 400 (ein Apologet über das). 501 ff. (Auferstehung der Todten). II. 477 (und der Chiliasmus). V. 203 (Himmelreich). 285 (und die Hölle). VII. 129 (Wesley über das). 258 (montanist.). 843 (Origenes über das). X. 892 (Theophrastus Paracelsus über). XII. 281 ff. (die 4 letzten Dinge).
Gericht, göttliches, im Thale Josaphat V. 790 ff.
Gericht, göttlichen, mohammedanische Vorstellung vom V. 852 ff.
Gericht, göttlichen, parsische Vorstellung vom VIII. 157 ff.
Gericht, specielles über den Menschen,

s. Gericht, göttliches, vgl. Seelenschlaf.
Gericht und Gerichtsverwaltung bei den alten Hebräern IV. 457—460. Vgl. Synagoge, die große (X. 576), s. dazu I. 114. III. 915. IV. 47. 459. VI. 270. 421. VII. 354. VIII. 336. 661. IX. 563. 565. X. 389. 534. XI. 2. XII. 1103.
Gerichtliche Citation, s. Citation (II. 555).
Gerichtlicher Eid der alten Hebräer III. 471.
Gerichtlicher Eid der Gegenwart III. 467.
Gerichtsbarkeit, s. Proceß. [437.
Gerichtsbarkeit, academische XI. 435.
Gerichtsbarkeit, anglicanische V. 243.
Gerichtsbarkeit, peinliche, Einfluß der Kirche auf die, s. Criminalrecht, Gefängnisse.
Gerichtsbarkeit, geistliche IV. 460—462. S. Civilgerichtsstand der Geistlichen; Jurisdiction, geistl. (XII. 626), Criminalgericht, geistliches; Gesetzgebungsrecht der Kirche; Kirchenamt, dazu IV. 406. VI. 783. VII. 136. VIII. 796. IX. 158 ff. X. 639. XI. 1046.
Gerichtsbasiliken I. 657. 674.
Gerichtshof, bischöflicher, s. Consistorium, Ordinariat, Gerichtsbarkeit, gstl. [mana.
Gerichtshof, päpstlicher, s. Rota Ro-
Gerichtshof, schiedsrichterlicher, s. audientia episcopalis.
Gerichtshof über Bücher, s. index librorum prohibitorum.
Gerichtshof über Ketzer, s. inquisitio haereticae pravitatis.
Gerichtsverfahren IV. 462. S. Criminalgericht, geistliches, Execution, Proceß, Strafverfahren.
Gerig, der Bischof IX. 611. 612.
Gerlach, Bf. v. Worms XI. 1131.
Gerlach, Moralphilosoph VII. 328.
Gerlach, der Tübinger Repetent und Griechenbekehrer I. 238. V. 522 ff.
Gerlacher, s. Billican.
Gerlindis, Aebtissin von Odilienberg V. 279.
Germain, der Mauriner VI. 699.
Germain en Laye, Friede von V. 371.
Germain des Près, das Kloster IV. 467. 468. VI. 920. VII. 261. IX. 255. 489. XI. 503. XII. 466. 467.
German, Kilian, der Abt IV. 286.
Germanen, die alten XII. 472—479. S. die Artikel üb. die einz. Volksstämme, Völkerwanderung, dazu I. 205 (Land). 489 (Asyle u. Asylrecht bei den). III. 249 ff. (geistige Robheit der). 464 (Eid bei den). IV. 150 ff. (Franken in Gallien). 573 (in Asien?). 621 (Ordalien). 690 (Christiansg.). VI. 367 (Christianisirung). VII. 450 (Mythologie). VIII. 39 ff. (Religion der). IX. 442 (auf Rügen). X. 214 (Sclaven bei den). 221 (und die Slaven). 288 ff. (die Nemeter). XI. 814. 819 (das Weib bei den). [326.
Germanenthum im Mittelalter IX.
Germania sacra, s. Hansiz.
Germanicia, jacobit. Bm. V. 460. 462.
Germanisches Recht III. 474.
Germanus der heilige, Bischof von Auxerre IV. 462—464. S. Pelagius, Pelagianismus, dazu I. 246 (in England). III. 50 (ein Schüler des). 329 (in England). IV. 411 (und Genovefa). 413. 514 (ein Schüler des). V. 182. 184 (und Hilarius von Arles). 825 (und der hl. Patrik). VI. 650 (wider den Pelagianismus). IX. 815 (Verehrung des). 919 (ein Biograph des). XII. 88 (Bisthum des). 100 (reformirt Bangor). 921 (ein Nachfolger des).
Germanus, Bf. v. Capua XII. 213.
Germanus, Pich v. Cstpl. II. 10. IV. 746. V. 510. VI. 876. VIII. 519. X. 582.
Germanus von Cyzicus VII. 251.
Germanus, der heilige, Bischof IV. 466—469. 152. VI. 555. VII. 385. VIII. 141.
Germar, Fr. H., prot. Thlg. V. 127.
Germer, Bf. v. Toulouse XI. 93.
Germinius, der Arianer X. 202.
Germon, gel. Jesuit IX. 448. XII. 265. 266.
Gerngroß, der Judenverfolger V. 597.
Gero, Abt von Einsiedeln III. 496.
Gero, Bf. v. Halberstadt IV. 848.
Gero von Magdeburg I. 851. VI. 731.
Gero, Mkgf. v. Sachsen VII. 879. 899.
Geroch, der gelehrte Propst zu Reichersberg IV. 469—470. V. 887. VI. 482. VIII. 233. IX. 103. XI. 849.
Gerold, 1. Bf. v. Lübeck X. 553 ff.
Gerold, Bf. v. Freysing IV. 209.
Gerold, Bf. von Mainz VI. 745.
Gerold II., Abt v. Rheinau XII. 1034. 1036. [burg X. 388.
Geroldseck, Walter v., Bf. v. Straß-
Gerona, Bisthum X. 267. 269 (Judenschule in). XII. 1111.
Geronicus, der hl. X. 105. [338.
Gerresheim, Stift im Bergischen IV.
Gerrha, Gerrhäer IV. 846.
Gerrits (Gerardi) Mennonit VII. 60.
Gerschom, Levi ben, Rabbi V. 891. 902. VI. 500. 501. XII. 1112.
Gerschoniten, die VI. 503. [317.
Gersdorff, prot. Thlg. VIII. 901. X.
Gerson (Charlier), Johannes, der Kanzler IV. 470—473. I. 137 (ein Lehrer des). 426 (als Mystiker). 845 (vertheidigt das Baselerconcil). 761 (***). II. 77 (**). 79 (**). 406 (als Casuist). 574 (ein Kampfgenosse des). 577 (für Benedict XIII.). 851 (und das Constanzerconcil). III. 221 (als Mystiker). IV. 39 (gegen die Flagellanten). 270 (***). 370 (gegen die Flagellanten). 476 (Evangelienharmonie des). 719 (über Gregor XI.). V. 85 (als Reformator). 155 (gegen das Zauberunwesen). 175 ff. (gegen Hus). 405. 406. 408. 412 (wider Hus). 474 (eine Controversschrift). 733 (gegen den Tyrannenmord). VI. 197 (*). 363 (angebl. Vfssr. der Nachfolge Christi). 887 (veranlaßt das Fest Mariä Verlobung). VII. 304 (als Moralthlg.). 446 (Mystiker). 842 (das Concil über dem Papst). VIII. 466 (für die Pisaner Grundsätze). 786 (gegen den Tyrannenmord). 890 (gegen Aftermystik). IX. 729 (als Mystiker). 748 ff. (vermittelt Scholastik und Mystik, Nominalismus und Realismus). X. 619 (Evangelienharmonie des). 934 ff. (ob Verfasser der Nachfolge Christi). XI. 895 (als Reformator). XII. 102 (als Quelle des Kirchenrechts).
Gerstmann, Bf. v. Breslau II. 153.
Gerstungen, der Tag zu V. 17 ff. 26.
Gertrud, die heilige, Aebtissin zu Nivell in Brabant IV. 473—474.
Gertrud, die heilige von Eisleben IV. 474. VI. 342. XII. 788.
Gertrud, Lothars III. Tochter V. 77.
Gerücht und Notorietät, s. Notorietät und Gerücht (XII. 538).
Gerung, Abt v. Hirsau V. 214.
Gerung, Bf. v. Meißen VII. 21 ff.
Gervas, Ebf. v. Rheims I. 531. IX. 293.
Gervasius und Protasius, zwei Heilige Mailands IV. 474—475. IX. 200. XII. 1126.
Gervasius (Dorobernensis), gelehrter Mönch IV. 475.
Gervasius, gel. Prämonstratensergeneral IV. 475.
Gervinus, Gg. Gottfried, Geschichtschreiber (geb. 1805) III. 50. VIII. 714. XII. 485. 498. 499.
Gervilio, Bf. v. Mainz VI. 765.
Gerwold, Abt von Fontenelle XII. 304.
Gerontokomien (Pfleganstalten für Greise), s. causae piae.
Gery, St., s. Gangericus.
Gesang, s. Musik, christl. Liturgik.
Gesang, ambrosianischer, s. Ambrosianischer Kirchengesang.
Gesang, gregorianischer, s. Gregorianischer Kirchengesang.
Gesang bei den Hebräern VII. 421.
Gesangbücher IV. 333. VIII. 529. XII. 718. [phon.
Gesangweise der Psalmen, s. Anti-
Geschenke bei den Hebräern IV. 475.
Geschenke, in unserer Zeit übliche, s. Neujahrsgeschenke, Pathengeschenke, Weihnachten.
Geschichte, biblische IV. 475—476.
Geschichte der biblischen Literatur III. 487.
Geschlechtsliebe, s. Familie, christl.
Geschlechtsregister jüd. Priesterfamilien, s. Cohen.
Geschlossene Zeit, s. Zeit, geschlossene.
Geschur, s. Gessur.
Geschwister, s. Familie.
Gesellenbund, der von Kolping gestiftete II. 919. VII. 163. XII. 193 ff. 993.
Gesellschaft, Gesellschaftstheorie IV. 477—485. S. Familie, Leben, Mensch, Staat, vgl. Communismus, Gemeinschaft der Güter, Lamennais, Pauperismus, Recht, Saint-Simon, Socialismus.
Gesellschaft Jesu, s. Jesuiten.
Gesellschaft des hl. Herzens Jesu IV. 485—486. I. 578. IV. 181 ff.
Gesellschaft Mariä XII. 1325.
Gesellschaft, religiöse, s. Religionsgesellschaft.
Gesellschaften, geheime, s. Geheime Gesellschaften.
Gesellschaften, religiöse von Frauen, s. Frauen, religiöse Congregationen.
Gesellschaften für Ausbreitung des Glaubens, s. Missionsanstalten.
Gesellschaftsinseln, s. Otaheiti.
Gesellschaftsrechte, s. Collegialrechte.
Gesellschaftstheorien, s. Gesellschaft.
Gesellschaftsvertrag, s. Vertrag.
Gesellschaftsvertrag, der staatliche, s. Rousseau.
Gesenius, Friedrich Heinrich Wilhelm, Orientalist und Exeget (st. 1842) I. 570 ff. II. 321. 473. 496 ff. III. 516. IV. 902 ff. VIII. 404. 496. IX. 1. 607. 778. XII. 706.
Geser, s. Gazer.
Gesetz (Begriff; natürliches; positiv-göttliches; alt- und neutestamentliches; kirchliches und staatliches) XII. 479—483. S. Gebot, Gewohnheitsrecht, Naturgesetz, Pflicht, Recht, Rechtsphilosophie, ferner Bischof, Canon, Canonensammlungen, Cardinalcongregationen, Kirchenrecht, Kirche, Papst, Staat, Promulgation.
Gesetz, göttliches, s. Decalog.
Gesetz, kirchliches, s. Canon, Kirchenrecht, Papst. [setz.
Gesetz, mosaisches, s. Mosaisches Ge-
Gesetz, natürliches, s. Naturgesetz.
Gesetz, das s. g. organische von Epidaurus VII. 535.
Gesetze, ethische, s. Moral.

Gesetze und Pflichten, Widerspruch der, s. Widerspruch der Gesetze und Pflichten.
Gesetzesfreude, Fest der IV. 53.
Gesetzgebungsrecht der Kirche IV. 487—488. S. Censuren, Gerichtsbarkeit, geistliche, Hirtenamt, Kirchenstrafen, Papst.
Gesner, Joh. Math., der Schulmann (st. 1761) V. 354. 512. VI. 536.
Gespenst, Gespensterglaube IV. 488—490. S. Geisterseher, Swedenborg, Todtenbeschwörung, Todtenerscheinung, vgl. Zauberei, Aberglaube.
Gessen, Gosen, das Ländchen IV. 490—491. 904. V. 439. VII. 359. 634. IX. 1. XI. 1291.
Gessius Florus, der Statthalter III. 358. IV. 917. V. 529.
Gessur, Name von 2 Gebieten IV. 491—492. I. 392. VI. 692.
Gestirndeutung V. 635. VII. 345. XII. 74 ff.
Gestirndeutung bei den alten Hebräern IV. 492.
Gestirndienst, s. Götzendienst, dazu I. 367 ff. IV. 492. V. 875. 915. VII. 172. VIII. 153. 580. IX. 180.
Gestirnkunde bei den alten Hebräern IV. 492—494.
Gestirnkunde I. 320. VIII. 873. XII. 74 ff.
Geinaldo, Carlo, Tonsetzer VII. 411.
Gesundheit, Restitutionspflicht hinsichtlich der III. 649 ff.
Get, der hebräische Scheidebrief III. 413.
Geta, der Kaiser VII. 828.
Geth, s. Gath.
Gethsemane am Oelberg IV. 494. II. 423. V. 885. VII. 714.
Getreide, s. Ackerbau.
Geusen, der adelige Revolutionsverein der VII. 602 ff. 604 ff. XII. 492. 574 ff. 589.
Gewalt (väterliche, häusliche, kirchliche, staatliche) IV. 494—496. S. Familie, Gesellschaft, Kirche, Staat.
Gewalten, kirchliche, s. Hierarchie.
Geweihte Sache (Wasser, Kerzen, Asche, Palme, Kräuter) IV. 496—498. S. Segnung (X. 24 ff.).
Geweihte der heiligen Jungfrau a) in Frankreich, gestiftet 1815 vom Bischof Mazenod. b) gestiftet 1816 in Piemont. c) Maristen von Lyon XII. 483—484.
Gewerbe, Ausübung derselben den Geistlichen untersagt XII. 271.
Gewichte bei den Hebräern, s. Geld und Gewicht, vgl. Maaße.
Gewinnung des Ablasses, s. Ablaß und dessen Gewinnung.
Gewissen, das IV. 498—502. S. Gesetz, Naturgesetz, Freiheit des menschlichen Willens, Moral, Mensch, Probabilismus, Sünde, dazu I. 897. 899. IV. 351. 602. V. 837. VI. 567 ff. VII. 486. VIII. 781.
Gewissen, enges, s. Enges Gewissen (XII. 319).
Gewissen, irrendes, s. Irrendes Gewissen (XII. 623).
Gewissen, verwirrtes, s. Verwirrtes Gewissen (XII. 1231).
Gewissener, s. Conscientiarii.
Gewissenhaftigkeit, s. Gewissen.
Gewissenlosigkeit, s. Gewissen.
Gewissensehe IV. 502. S. Ehe, heimliche, dazu VI. 805. XII. 1310.
Gewissenserforschung IV. 502—504. S. Beicht, Beichtspiegel.
Gewissensfälle, s. Casus, Casuistik, Probabilismus, Reservatfälle.
Gewissensfreiheit, s. Glaubensfreiheit, vgl. Toleranz.
Gewissenspflichten, s. Pflicht (VIII. 382).
Gewohnheitsrecht IV. 504—506. S. Recht, Rechtsphilosophie, dazu VI. 107 ff. VII. 694. VIII. 639.
Gewohnheitssünden, s. Sünde (X. 507).
Gewold, Christoph, der Historiker IV. 506.
Gex, Landvogtei IV. 140. XI. 737.
Gepsa, s. Geisa.
Geyssel, Bf. v. Speyer III. 311.
Gezelt, s. Stiftshütte.
Geziatims, s. Cagots (XII. 202).
Gfrörer, Aug. Friedr., der Geschichtschreiber (geb. 1803) I. 335 ff. 354. 384. 619. II. 220. 833. III. 295. 715 ff. 719. IV. 620. 665. 666. 834. 889. V. 6 ff. 13. 547. 560. 707 ff. 757. 760 ff. VI. 157. 434. 456. 460. 620. VII. 904 ff. IX. 403. 839. 851 ff. 857 ff. 893. XI. 593. 594. XII. 800.
Ghazan, Chan von Persien VIII. 309.
Gherardo, der Chiliast, s. Sagarelli.
Ghibellinen und Guelphen, s. Welfen und Gibellinen.
Ghiberti, der Künstler XII. 360.
Ghirlandajo, Dom., Maler VI. 781. VII. 782. X. 206.
Ghiselin d'Ankerts, Sänger VII. 407.
Giaaphar, jacobit. Bm. V. 462.
Giaur (Gawr), der Ausdruck IV. 506. VIII. 153.
Gibail u. Botri, türk. Bm. XI. 339.
Gibbethon, s. Gabathon.
Gibbon, Edwards, der Geschichtschreiber IV. 506—511. I. 205. II. 290 (*). III. 885. VIII. 772. X. 151. 855. XI. 524. 543. 730.
Gibbons, Tonsetzer VII. 413.
Gibea, s. Gabaa.
Gibeon, s. Gabaon.
Gibertus, M., Bf. von Verona XI. 637.
Gibiliter, die VIII. 430.
Gibraltar VII. 167. 168.
Gibson, anglican. Thlg. VII. 122. XI. 1144.
Gichtel und Gichtelianer IV. 511—512. II. 61.
Gideon, s. Gedeon.
Giesebrecht, Dr. W., Gl. V. 113.
Gieseler, Joh. Carl Ludw., protest. Kchnhistor. (st. 1854) I. 126 (*). 338. 615. 729. II. 967. III. 60. 793. V. 412. 489. 708. VI. 157. VII. 254. 581. VIII. 333. XI. 1159. 1168.
Gießen, Stadt und Universität II. 209. IX. 14. X. 53. 278. 588. 783.
Giftschütz, Pastoraltheologe VI. 233.
Gigantenvolk, s. Enakiter.
Gihon, s. Gehon.
Gilbert, Methodist VII. 130.
Gilbert, Bf. v. Lissabon XII. 730.
Gilbert von Porré, Bischof v. Poitiers, eines der 4 Labyrinthe Frankreichs IV. 512—514. I. 841. III. 744. VI. 584. VII. 906. IX. 727 ff. 740. 746. XI. 804. 805. XII. 925. 1032.
Gilbert und Gilbertinerorden, s. Guilbert.
Gilberte, verschiedene: a) Mönch zu Flavigny, Geschichtschreiber des 1. Kreuzzuges; b) Crispinus, gel. Abt v. Westmünster; c) G. universalis, Bischof v. London; d) de Oilandia, gel. engl. Abt; e) magnus, Cisterciensergeneral; f) Abt v. Gemblours; g) von Dornik, gel. Franciscaner IV. 512.
Gilboa, s. Gelboa.
Gildas, St., Abtei I. 5.
Gildas (sapiens; Albanius; Badonicus), Historiker IV. 514—515. I. 246. 247. 252. XII. 100.
Gilead, s. Galaad.
Gilgal, s. Galgal.
Gilles, St., Klstr. II. 401.
Ginzel, Kchnhistor. VI. 154.
Gioberti, Vincenzo, der Philosoph XII. 484. 1083. III. 382.
Giotto (Ambrogiotto Burdone), Maler (st. 1336) VI. 781. XII. 360.
Giraldus von Cambrien, Archidiacon von Brechene, fruchtbarer Schriftsteller IV. 515—516. I. 249. V. 827. VI. 108. 350.
Giraldus, Bf. v. York XI. 1215.
Girath, Isaac ben VI. 721.
Girgenti, sicilian. Bm. V. 807. XII. 1139.
Girondisten, die ideellen Republikaner der I. französ. Revolution IX. 270 ff.
Girone, Klstr. II. 365.
Gisa, die Arianerin VII. 701.
Gisbert, der Probabilist VIII. 789.
Gisch, Dorf I. 109.
Gise, Tidemann, Bf. v. Culm VIII. 704. 705.
Gisela, Gemahlin Stephans des Heiligen VI. 746 ff.
Gisela, Normannenherzogin VII. 647.
Giselher, Ebf. von Magdeburg IV. 695. VI. 730. VII. 71.
Gislai, Jacob, Jesuit u. Martyrer V. 501.
Gislebert, s. Gilbert.
Gislemar, ein Apostel Schwedens IV. 516—517. II. 901. XII. 360.
Gislemer von Rheims III. 349.
Gislenus, St., Klstr. IV. 444.
Gisulph, Abt von Montecassino VII. 271.
Gissur, Missionär auf Island V. 859.
Giustiniani, Bf. v. Padua XII. 918 ff.
Gizzi, der Cardinal I. 641. II. 759.
Glaber, Radulph, Chronist des 11. Jahrhunderts XII. 484—485. I. 281. 289 (*). II. 639. VII. 556.
Glandèves, Bm. IX. 254.
Glanfeuil, Klstr. I. 789. VII. 274.
Glapnio, der Barfüßer XI. 1104.
Glareanus (Heinrich Loriti), Polyhistor der Reformationszeit IV. 517—518. VII. 408.
Glarus, der Kanton V. 351. 654. IX. 855. XI. 1310.
Glasgow, Ebm. V. 611. XII. 54. 55.
Glasmalerei, s. Malerei (VI. 785 ff.).
Glassius, Salomon, luther. Theologe des 17. Jhdts. IV. 518. V. 126. 127. X. 558.
Glastonbury, Kloster III. 338. 339. IV. 237. 780. VII. 304. XI. 1081. 1090. 1091.
Glatz, Jesuitencolleg in VII. 746.
Glaube (Glauben, Wissen, Schauen) IV. 518—523. S. Unglaube, vgl. Orthodoxie, Vernunft, s. dazu I. 5. 223. 413 ff. 502. 510 ff. 537 ff. 564. 733. II. 195. 228. 250. 317. 398 ff. 570. III. 191 ff. 375. 377 ff. 655 ff. 668 ff. 892 ff. IV. 33 ff. 255. 206. 434. 499. 530 ff. 620. 812. 871. 873. V. 128 ff. 284. 358. VI. 158 ff. 671. 916. VII. 124. 293. 429 ff. 441. 843. 900 ff. VIII. 116. 412. IX. 55. 167. 168. 393. 498. 507. 702 ff. X. 525. 591. XI. 305. 406. 519. 616. 770. 948. 1253. 1307. XII. 321 ff. 398 ff. 609. 929. 944 ff. 975 ff. 1164 ff. 1217.
Glaube, alleinseligmachender, s. Prädestination.
Glaube, gerecht und selig machender, s. Rechtfertigung, dazu IX. 54 ff. 861 ff. XII. 1324.
Glaube, katholischer, s. Katholicismus, Kirchenglaube, Orthodoxie, vgl. Häresie.
Glaube, falscher und wahrer, s. Häresie, Orthodoxie.
Glaube an Auctoritäten, s. Auctoritätsglaube.
Glaube, der angeblich allein vernünftige, s. Vernunft (Rationalismus).

Glaube, übernatürlicher, s. Tugenden, göttliche.
Glauben, Abfall vom, s. Abfall vom Glauben, Abgefallene.
Glaubens Jesu, Frauen des, s. Herzens Jesu, Frauen des.
Glaubens, Analogie des, s. Analogie des Glaubens, der Schrift.
Glaubens, Vereine zur Verbreitung des, s. Missionsanstalten, Propaganda.
Glaubensartikel, s. Dogma.
Glaubensbekenntniß IV. 523—528. Vgl. Symbolische Bücher, s. dazu I. 186 (freie Wahl des). II. 171 (bei der Brodbrechung in der mozarabischen Liturgie). III. 205 ff. (u. die Dogmatik). 216 ff. (Dogmengeschichte). IV. 333 (als Gebetsformel). 530 (als Grundlage der Religionsgesellschaften). VI. 172 (in der Landessprache). X. 554 (und die Symbolik). XI. 313 (Nothwendigkeit der äußern Offenbarung des).
Glaubensbekenntniß des R. Albo I. 145.
Glaubensbekenntniß, apostolisches I. 47. 504. IV. 524. V. 294 ff. VI. 172. IX. 411.
Glaubensbekenntniß, athanasianisches, s. Athanasianisches Glaubensbekenntniß.
Glaubensbekenntniß von Chalcedon II. 445. VII. 214.
Glaubensbekenntniß der Collegianten II. 669.
Glaubensbekenntniß des Dositheus [X. 566.
Glaubensbekenntniß der s. g. französisch-katholischen Kirche II. 462.
Glaubensbekenntniß des Gregor von Nazianz IV. 749.
Glaubensbekenntniß, hugenottisches X. 572.
Glaubensbekenntniß, karaitisches VI. [31.
Glaubensbekenntniß des Maimonides V. 903.
Glaubensbekenntniß, nestorianisches VII. 526 ff.
Glaubensbekenntniß, das s. g. lange I. 285.
Glaubensbekenntniß, nicänisches, s. Nicäa, erste Synode, dazu II. 769. III. 609. V. 90. 294. 647. VI. 828. VII. 554. VIII. 517. IX. 628. XI. 189. 261.
Glaubensbekenntniß des Metrophanes Kritopulos X. 567.
Glaubensbekenntniß des Peter Mogilas X. 566.
Glaubensbekenntniß des Pilgrim von Passau VIII. 174.
Glaubensbekenntniß, rongeanisches III. 181.
Glaubensbekenntniß, mohammedanisches, s. Islam.
Glaubensbekenntniß, schiitisches IX. 666.
Glaubensbekenntniß, tridentinisches, s. Catechismus Romanus, Trient, allg. Kirchenversammlung von; vgl. Tractarianismus, s. dazu VIII. 484. X. 257. XII. 486. 1056 ff.
Glaubensbekenntnisse der Juden, s. Decalog, Kabbala, Mosaisches Gesetz, Thalmud.
Glaubensbekenntnisse, protestantische, s. confessio, confessiones, Symbolische Bücher (X. 567 ff.).
Glaubensdecrete, päpstliche X. 582.
Glaubenseid, processualer (juramentum de credulitate) XII. 485. S. Eid (III. 467).
Glaubenseid, tridentinischer (juramentum professionis fidei) XII. 485—487. S. Religionseid.
Glaubenseid, protestantischer X. 565.
Glaubensfreiheit und Glaubenszwang IV. 528—532. Vgl. Toleranz, s. dazu I. 539. II. 667. 883. III. 173. 260. 312. IV. 87 ff. 872. VII. 379. VIII. 277. 721. 736 ff. (in Preußen). 741. IX. 88. 187. 216. 655 ff. XI. 501. 921. XII. 110 (in Belgien). 562 ff. (in Holland).
Glaubensgeheimnisse, s. Mysterien.
Glaubenslehre, s. Dogmatik.
Glaubensmengerei, s. Syncretismus.
Glaubensnormen, s. Glaubenssache.
Glaubenssache IV. 532—533.
Glaubenssatz, s. Dogma.
Glaubenswahrheiten, die 8 neuen des Baseler concils I. 648.
Glaubenszwang, s. Glaubensfreiheit.
Gläubige, die Mitglieder der Kirche Christi IV. 533. V. 665. VI. 160.
Gläubigen- und Katechumenenmesse IV. 533—535. I. 306. 867. VI. 52. 63. 543. 547. 554. VII. 92. 93. 98. 156. VIII. 650.
Glaubwürdigkeit der biblisch. Schriftsteller, s. Authentie.
Glaukias, der angebl. Dolmetsch I. 653.
Gleichgültige Dinge, s. Adiaphora.
Gleichheit der Menschen, s. Communismus.
Gleichnisse Christi, s. Parabeln.
Gleichstellung der Confessionen, s. Parität, vgl. Glaubensfreiheit.
Gleim, Joh. Wilh. Ludw., der Halberstädter Poet (st. 1803) III. 102. X. 343. XII. 1055.
Gleink, Klstr. VII. 724.
Glieb, St. IX. 460.
Gliederparallelismus, s. Parallelstellen, bbl.
Glocester, s. Gloucester.
Glocken (campanae, nolae, cloccae) IV. 535—539. 22. III. 505. VI. 169. 188. 202. VII. 892. VIII. 372. IX. 497. X. 363. 422. 609. XII. 1066.
Glockenpathen, s. Glocken.
Glockentaufe, s. Glocken, dazu V. 760. X. 669.
Glockenthürme I. 658. [129.
Glöckner, campanarius IV. 539. VI.
gloria in excelsis, s. Doxologie, Messe, dazu I. 215. III. 430. VIII. 376. 377. 518. XII. 276. 278.
gloria patri III. 273. VIII. 193.
Gloria, das, in welchen Messen nicht vorkommend VII. 97.
Glorreicher Rosenkranz IX. 398.
Glossa, der Professor VIII. 555.
Glossa ordinaria, s. Bernhard von Botone.
Glossarien, s. Corpus juris canonici, Glossen und Glossatoren.
Glossatoren, s. Glossen.
Glossen, biblische IV. 539—542. S. Exegese, dazu I. 260. VI. 690. VIII 623. XII. 782.
Glossen und Glossatoren des römischen und canonischen Rechtes IV. 542—544. Vgl. Schollen, s. dazu I. 844. II. 883. III. 76. IV. 754. VI. 408. 514. VIII. 55. [616 ff.
Gloucester, Bm. V. 240. 241 ff. VI.
Gluchow, die Versammlung in VIII. 559.
Glück und Unglück IV. 544.
Glückseligkeit IV. 545—546. S. Seligkeit.
Glückseligkeitstheorie, s. Eplenrdismus, Eudämonismus, Moral, Moralphilosophie.
Glücksspiele, Enthaltung von denselben Standespflicht der Geistlichen IV. 546—547. XII. 273.
Glyceria, St. XII. 506.
Glycerius, röm. Kaiser, später Bf. von Salona III. 625. XI. 728. XII. 1320.
Glycerius, Ebf. v. Mailand VI. 752.
Gmeiner, unbedeutender Kirchenhistoriker V. 801. VI. 153.
Gmolinski, Bf. VI. 437.
Gmünden, Reformation und Gegenreformation in VII. 723. 736.
Gnadau, Herrnhutergemeinde V. 144.
Gnade, Arten der IV. 547—548. S. meritum de congruo, dazu I. 539 (Augustins Lehre). 751 (Bekehrung). II. 786 ff. (congregatio de auxiliis). III. 407 ff. (der Ehe). 635 ff. 668 ff. 690. IV. 74 ff. (durch die Firmung). 88 (Flacianer). 101 (Willensfreiheit). 258. 308. 315 ff. 362 (Geistesgaben). 434 ff. 564 ff. V. 259 (Wirkungen der Eucharistie). 490 (Irrlehren über die). 837 (und Irreligiosität). VI. 51 (Lehre von der). 95 (Kindschaft Gottes). 490. 491 (Lehre des Lessius und Hamelius). VII. 65 (Freiheit und Gnade im Menschen). 200 ff. (Irrthümer des Molina). 213 (und Molinos). 293 ff. (Stellung der Lehre in der christlichen Moral). 707 ff. (Mittheilung der Gnade durch die hl. Sacramente). VIII. 116 (des hl. Geistes). 273. 275 ff. (pelagianische Meinungen). 627 ff. IX. 55 (Rechtfertigung). 213 (der Reue). X. 327 (Stand der). 477 ff. (u. die Sünde). XI. 305 (Tugend). 311 (göttliche Tugenden). 615 (Versuchungen). 649 (Verzückung). 867 ff. (gute Werke). 948 (Wiedergeburt). XII. 398 (Baader'sche Theosophie). 408 (und Freiheit). 482 (u. Gesetz). 1065 (Sacramentalien). 1172 (Selbstlaufe). 1207 (Uroffenbarung).
Gnade und Freiheit, s. Freiheit und Gnade.
Gnadegottesbruderschaft XI. 1013.
Gnadenaltar, s. Fronaltar (XII. 421).
Gnadenauxilium, s. congregatio de auxiliis.
Gnadenberg, Herrnhutergemeinde V. 144.
Gnadenbild IV. 548—549. 832. III. 500. XI. 784 ff.
Gnadenbriefe, päpstliche IV. 549—550. Vgl. Butterbriefe, Rescripte, päpstl.
Gnadencommission des Papstes, signatura gratiae II. 949 ff.
Gnadenedict, französ., das s. g. V. 385.
Gnadenfeld und Gnadenfrei, Herrnhutergemeinden V. 144.
Gnadengaben, s. Geistesgaben, übernatürliche.
Gnadenjahr, s. annus gratiae, Sterbejahr.
Gnadenlehren, verschiedene I. 531. 840. II 786 ff. IV. 572. V. 492 ff. VI. 848 ff. VIII. 264 ff. 627 ff. IX. 53 ff. X. 56 ff. 255. 256. 590. XI. 101. 1117. XII. 407. 468.
Gnadenmittel, s. Sacramente.
Gnadenorte, s. Gnadenbild, Wallfahrten.
Gnadenquartal I. 201.
Gnadenrescripte, s. Gnadenbriefe.
Gnadenschatz, s. thesaurus meritorum.
Gnadenstand, s. Stand der Gnade.
Gnadenwahl, s. Prädestination.
Gnadenwirkung, s. Gnade, Rechtfertigung, Sacramente.
Gnapheus, ein Reformator VIII. 696.
Gnesen, Bf. IX. 253.
Gnesen, polnisches Erzbisthum, Stadt IV. 550—552. II. 151. 152. 509. 752. 942. III. 334. 337. V. 677. VI. 182. 240. 254. 354. 356. 410. 442. VII. 904. 912. VIII. 539. 540 ff. 554. 597. 612 ff. 635. 665. 679. 748. 773. XII. 632.

Gnilsolan, Maximus, Bf. v. Lausanne VI. 372.
Gnome, Denkspruch IV. 552—553. VIII. 113.
Gnomensammlungen, hebräische VIII. 534.
Gnosis, Gnosticismus und Gnostiker IV. 553—560. a) Gnosis, die wahre I. 160 (alexandrinische Schule). 303 (Apologeten). 413 (und der Scholasticismus). 500 (Christenthum). 624 (des Clemens von Alexandrien). III. 97 (Schöpfer der). 375 (eclectischer Character). IV. 520 ff. (und der Glaube). 743 (des Gregor von Nyssa). VII. 298 (des Clemens von Alexandrien). 445 (eine Theorie der christlichen Mystik). XI. 412 (Rückwirkung auf das Christenthum). b) Gnosticismus I. 12. 41 (Abgötterei). 94 (eine Secte). 124 (ägyptische Schule). 200 (ein Gegner des). 254 (Blüthe des). 278 ff. (Antinomismus des). 331. 342 (Unzahl von Apokryphen). 372 (die frühesten Apostoliker). 397 (gegen die Arcandisciplin). 506 (Auferstehungslehre). 568 (Name des Teufels). 671 (hemmt die Kunstentwicklung). II. 101 (die Borborianer). 438 (Cerinthianer). 624 (ein Gegner). III. 220 (Beurtheilung). 224. 268 (der Jude Dositheus). 376 (Quelle und Character des). 432 (Meinungen über die Ehe). 548 ff. (Emanationstheorie). 614 (ein Gegner des). 626 (und Epiphanius). V. 137 (ein halber Gegner). 598 (Ignaz von Antiochien wider). 819 (ein Gegner). 847 (bei den Juden in Arabien). VI. 5 (und die Kabbala). 9 (der Kainianer). 794 (und der Manichäismus). 922 (ist materialistisch). VII. 571. 572 (und die Nicolaiten). 785 (die Schlangenbrüder). 790 ff. (und der Optimismus). VIII. 261 (Verhältniß zum Pelagianismus). 402 ff. (und das Judenthum). 506 ff. (und der Platonismus). 778 (Priscillianisten). IX. 515 (Spiritualismus des). 619 (und Sanchez de matrimonio). 667 (häretisch, nicht aber schismatisch). 768 (Schöpfungslehre der). 821 (Character des). X. 6 (Präexistenz der Seele). 100 (eine Secte). 154 (und Simon der Magier). 301 (Spiritualismus des). 643 ff. (und die Taskodrugiten). 753 (Tertullian wider). XI. 122 (und die Bibel). 274 ff. (Verhältniß zur Dreifaltigkeitslehre). 278 (eine unrichtige Ansicht Ritters). 629 ff. (Anschluß an die heidnische Mythologie). 941 (die Peratiker). 988 (ein neu entdecktes Werk des). 1127 (eine Secte). c) Gnostiker, berühmte I. 109. 308. 611. 653. II. 434. 438. 691. V. 100. 428. VI. 36. 811. 816. 829. VII. 55. 330 ff. VIII. 777. 862. IX. 632. 917. X. 644. XI. 525. XII. 363. 807.
Goa, Erzbisthum, Stadt IV. 560—561. 136. 139 (Franz Xaver in). II. 387 (Carmeliter in). V. 617 (Klstr.). 618. 619. 658 (Inquisition). X. 264 (Metropole des portugies. Indien). 268 (Suffraganbisthümer). XII. 72. 73 (schismatisches Treiben). 143 (Missionsbezirk).
Goar, der heilige, Glaubensbote am Mittelrhein IV. 561—562. II. 463. XII. 238.
Goar, Jacques, Herausgeber des euchologium graecorum XII. 487—488. V. 262. 264 ff. VI. 217. 543. 545. 547 ff. X. 583.
Goar, St., Priorei zu XI. 506.
Gobarus, Stephan, der Tritheist VI. 134. VII. 242. XI. 295.
Gobat, prot. Bf. in Jerusalem V. 536.
Gobel, Jean Baptiste Joseph, Revolutionsbischof (guillot. 1794) IV. 676. 900. IX. 265. 266. 278. 281. 282.
Gobelinus, Persona, Verfasser des Cosmodromium IV. 562—563. VIII. 7.
Goch, Johann von (J. Pupper), ein Reformer des 15. Jahrhunderts IV. 563—566. XI. 893.
Godart, St., Benedictiner (um 1132) V. 629.
Goddam, Adam, ein Commentator des Lombarden VI. 586. [1319.
Godeassy, Jos., Ebf. v. Zara XII.
Godeau, Bf. zu Grasse, Redner, Dichter, Geschichtschreiber IV. 566. VI. 149. VII. 308.
Godebrand, ein Apostel der Normannen VII. 645.
Godefridus (Viterbiensis), Verfasser des Pantheon XII. 488—489.
Godefried, s. Gottfried.
Godehard von Mainz XI. 1107.
Godehard, Abt von Hersfeld V. 217.
Godehard (Gotthard), der heilige, 14. Bischof von Hildesheim IV. 566—568. II. 849. V. 191. VI. 258. VIII. 174. X. 831.
Godenbach, Joh., Tonsetzer VII. 405.
Godescalcus, s. Gottschalk.
Godescard, Legendenschreiber VI. 412.
Godewald, Bf. v. Würzburg XI. 1185.
Godfrov, Friedensrichter VII. 670. 671.
Godolia, Gedalja, der Sohn Achicams, Statthalter IV. 568—569. V. 518. VII. 183.
Godric, Abt V. 620.
Goëten, s. Asceten.
Goethals, s. Heinrich von Gent.
Goffine, Leonhard, Verfasser des Unterrichts- und Erbauungsbuches IV. 569. I. 107 (*).
Goffredus Tranensis, s. Glossen u. Glossatoren.
Gog, Führer von Magog, s. Magog (VI. 742).
Gogelherren, s. Kugelherren.
Göggingen, Frauen vom hl. Herzen Jesu in IV. 486.
Gogo, König von Riua X. 458.
Golan, s. Gaulon.
Goldast, Melchior, gel. Historiker († 1635) III. 867. IV. 711. VI. 897. IX. 204. XII. 1100. 1101.
Goldastinae formulae IV. 113.
Goldene Bulle, s. aurea bulla.
Goldene Hochzeit, s. Hochzeit, goldene.
Goldene Kette der Neuplatoniker VII. 547 ff.
Goldene Legende, s. Jacobus de voragine, Legende.
Goldene Rose, s. Rose, goldene.
Goldene Zahl, s. Cyclus.
Goldener Leuchter, s. Stiftshütte, Tempel zu Jerusalem.
Goldenes Bisthum II. 152.
Goldenes Kalb, s. Kalb, goldenes.
Goldhagen, s. Bibelausgaben.
Goldpraser, der Edelstein III. 386.
Goldschekel, der IV. 373.
Golffrich, der Domprädendar XII. 189.
Golgatha, s. Calvarienberg.
Goliath, der Riese IV. 569—570. 311. I. 135. 332. 341. 479. III. 47. V. 782. VII. 823. X. 738. [570—572.
Golius, Jacob, der Orientalist IV.
Golmayer, Ebf. XII. 491.
Golowinsky, Ignaz, Ebf. VIII. 567.
Golscher, Historiker II. 806. 808 ff.
Gomadan in Jemen I. 387.
Gomarus und die Gomaristen IV. 572. 804 ff. I. 455. 456. 826. III. 204. VII. 336. IX. 190. XI. 512. 761. XII. 576.
Gomer, das Urvolk IV. 572—573. V. 803.
Gomez, span. Schriftsteller VI. 401.
Gomorrha, s. Sodoma, dazu VI. 601. VII. 15. VIII. 117.
Gomorrhianus, das Buch III. 16.
Gondisalvi, Joh., Gl. I. 421.
Gondy, Jean François, Ebf. v. Paris VI. 384. VIII. 146. XI. 702.
Gondy, Pierre, Ebf. von Paris VI. 778.
Gonfalonieri, Bruderschaft der II. 173.
Gongora, Luis de, span. Sprachverderber IV. 674.
Gontery, Kanzelredner XI. 494.
Gonzaga, Aloys, s. Aloysius von Gonzaga.
Gonzaga, hervorragende Persönlichkeiten aus dem Hause III. 502. V. 341. VI. 808. VIII. 615. XI. 206. 208. 210. 212 ff. 216 ff. 220. 223 ff. 225. 226.
Gonzaga, Francesco, Prediger X. 205.
Gonzalez, Gellez Emmanuel, der Jurist; b) Thyrsus, Gegner des Probabilismus XII. 491. VII. 306. VIII. 788. 792.
Gonzalez, Rochus, Jesuitenmissionär VIII. 123.
Gonzalo, Berceo, der erste namhafte Dichter der Spanier IV. 573—574. 24.
Goold, Bf. v. Melbourne X. 549.
Gopherholz, das VII. 626.
Göppingen, Station in I. 236.
Gordian, der heilige VI. 66.
Gordian, angebl. Bf. v. Sevilla III. 122.
Gordian, Name von 3 röm. Schattenkaisern I. 573. VII. 541. VIII. 398.
Gordias, I. König v. Phrygien VIII. 447.
Gorganius, der heilige V. 704. VII. 149.
Gorgias, der Feldherr IV. 574.
Gorheim, Jesuitenanstall bei Sigmaringen X. 801.
Gori, Missionäre in VII. 160; — Katholiken in XI. 131.
Gorium, Zeitgenosse des König. einer der Targmanitschk IV. 574—575. I. 441. VII. 80. [833.
Gorius, Christina, die Närrin IX.
Gorka, General von Großpolen VIII. 556 [Gorkum.
Gorkum, Heinrich von, s. Heinrich v.
Gorkum, die 19 Märtyrer vom XII. 491—493.
Görlitz, Capistran in VII. 626.
Gorm, der alte IX. 690.
Görres, Joh. Joseph IV. 575—581. 360. 361. I. 119. III. 187. 243. 310. VI. 390 (*). 835. 847. VII. 309. 437. 439 ff. 447. IX. 300. 311. 891. X. 373. 535. 545. 690. XI. 38. 658. 661. 1078 ff. XII. 104. 135. 392. 489 ff. 703. 724. 1058. 1161.
Görres, Guido, Sohn des Vorigen XII. 489—490. 131. 136. III. 867.
Gortyna, Erzbisthum, Stadt auf Creta IV. 581. XI. 31. XII. 506. 516.
Görz, Erzbisthum und Stadt XII. 490—491. 922. 1223. I. 382. II. 176. VI. 35. 166. VII. 693. IX. 915. XI. 175. 250. 251. 254. 255. 575. 1051.
Gorz, Johannes von, s. Johannes von Gorz.
Gorz, Klstr. V. 704. 705.
Gosan, s. Gozan.
Gosan, s. Gessen.
Goslar V. 17. 79. VII. 149.
Gospodi pomiliu, Gebet VII. 375.
Gossan, s. Gebon.
Goßner, Johann, der Schwärmer IX. 827. 831.

Gottesdienstordnung, östreichische XI. 1017 ff. 1060.
Gottesdienstordnung, württembergische IX. 406. 415.
Gottesfriede, treuga Dei IV. 612—615. V. 7. VI. 238. 258. 370. VIII. 167. 795. IX. 437 ff. XI. 463. XII. 382. 854.
Gottesfurcht IV. 615—616.
Gottesgebärerin, s. Maria, die hl. Jungfrau (VI. 644).
Gottesgebärerin, Gegner der, s. Antidikomarianiten, Nestorius und die Nestorianer.
Gotteshaus, Bedeutung des Ausdruckes in der Bibel IV. 616.
Gottesherrschaft, s. Theocratie.
Gotteslästerung, s. Blasphemie.
Gotteslängnung, s. Atheismus.
Gottesleute, s. Leibeigenschaft.
Gottesliebe der Essener III. 717.
Gottesraub, s. sacrilegium.
Gottesreich, s. Reich Gottes, Jerusalem, das neue.
Gottessabbath II. 478.
Gottesurtheile, Ordalien IV. 616—624. Vgl. Zweikampf, s. dazu I. 132. II. 806. 917. V. 11. 58. 157. 207. VI. 554. VIII. 176. 357. 795. 801. IX. 166. X. 67. 253 ff. XI. 971. XII. 843.
Gottesverband, Ausscheidung vom I. 225 ff.
Gottesverehrung, s. Gottesdienst, Cultus.
Gottfried von Bouillon, der Kreuzfahrer IV. 624—625. 728. 642. I. 591. V. 24. 26 ff. VI. 280. 464. 480. 679. VIII. 51. IX. 327. XI. 501. XII. 987 ff. 1190.
Gottfried a) Abt von Admont, Verfasser von Homilien; b) von Angers, Abt von Vendome, Staatsmann und Schriftsteller; c) ein Schüler Abälards und Biograph des hl. Bernhard; d) Gaufredus a mala terra, Historiker Calabriens; e) ein Erzbischof von Bordeaux; f) von Monmouth, s. Galfried; g) von Viterbo, Chronist; h) der Genfer Jurist; i) von Straßburg, Dichter von Tristan und Isolde. IV. 625—626.
Gottfried, I. Bf. v. Breslau II. 150.
Gottfried von Cöln, Chronist II. 806.
Gottfried, Ebf. v. Mailand VI. 755.
Gottfried, Missionär und Martyrer II. 139.
Gottfried von St. Omer, Mitstifter des Templerordens X. 716.
Gottfried, Ebf. v. Royen XII. 1040.
Gottfried von Straßburg, Dichter (um 1207). IV. 626. VIII. 528. XI. 1129.
Gottfried von Vendome, Staatsmann und Schriftsteller IV. 625. XI. 464.
Gottfried von Viterbo, Chronist IV. 625. IX. 105.
Gottfried, ein Herzog von Toscana VII. 380.
Gottfried, der Pfalzgraf V. 40.
Gotthalm, der selige, Diener des hl. Coloman VII. 50. 51.
Gotthard, s. Godehard.
Gotti, der Cardinal XII. 493—494.
Göttingen, Stadt und Universität III. 461. V. 407. 841. VII. 366. IX. 494. 496. XI. 349. 381.
Göttinnen der alten Germanen VIII. 39 ff. XII. 475 ff.
Göttliche Ebenbildlichkeit, s. Aehnlichkeit mit Gott, Ebenbild Gottes.
Göttliche Gesetze, s. Gesetz (XII. 481 ff.).
Göttliche Mitwirkung, s. concursus divinus.
Göttliche Tugenden, s. Tugenden, göttliche.
Gottschalk, Fulgentius, der häretische Mönch IV. 626—629. 107. 841. 898. I. 219. III. 922. V. 506. VI. 848. VIII. 838. IX. 3. 713. 881. XI. 670. 671. 1155. XII. 754.
Gottschalk, der Wendenfürst, Stifter eines großen wendischen Reiches um die Mitte des eilften Jahrhunderts, Bekehrer seines Volkes und hl. Martyrer IV. 629—630.
Gottschalk, Bf. v. Freysing IV. 207.
Gottsched, Joh. Christoph, der literarische Jupiter (st. 1766) I. 709. IV. 879.
Göttweih, Benedictinerabtei in Oestreich IV. 630—633. I. 877. VIII. 175. 567. IX. 600. XI. 966. 1187.
Göze, Joh. Melchior, der orthodoxe Pastor (st. 1786) IV. 124. VI. 481.
Götzendienst, Abgötterei: a) Naturdienst; b) Thierdienst; c) Gestirndienst; d) Anthropolatrie IV. 633—636. S. Heidenthum, Paganismus, dazu: I. 24 (und Aberglaube). 40 (Abgott). 102 (Adrammelech). 110 (in Aegypten). 149 (bei den Alemannen). 241 (der Angelsachsen). 360 (des Apollonius von Tyana). 363 (ein Gegner des). 388 (der Araber). 487 (der Assyrier). 488 (Astartedienst). 544 (Auges Auftreten wider). 575 (in Babylon). 699 (bei den Bayern). 755 (und Daniel). II. 12. 13 (ein angeblicher). 63 (ausgerottet in Böhmen). 81 (u. Bonifacius). 215 (Burgund). 241 (in der Caaba). 463 (ausgerottet bei den Chatten). 503 (und Christenverfolgungen). 694 (der Picten). 698 (in der Schweiz). 782 (und Confucius). 955 (eine kirchenrechtliche Folge des). III. 172 (Dioscuren). 897 (christliche Anschauung vom). IV. 59 (Fetischismus). 256 (ein vorgeblicher). 847 (in Hainen). V. 479 (in Litthauen und Polen). 548 und (die Offenbarung). 609 (incantatio). 816 (in Arabien). VI. 84 (Kijun, der oberste Götze der Semiten). 304 (der Kumanen). 318 ff. (in Indien). 745 (Ausrottung bei den Ungarn). VII. 172 (Mithradienst). 343 ff. (und das mosaische Gesetz). 756 (und Offenbarung). 753. 775 (Abhaltung vom, nicht einziger Zweck der Opfer). VIII. 33 (Paganismus). 153. 305 (Parsismus). 435 (der Phönicier). 585 (Vielgötterei). IX. 278 (zur Zeit der I. franz. Revolution). 602 (verschiedener Völker). XI. 1253 (Zauberei). XII. 8 (in China). 151 ff. (Buddhismus, Lamaismus, Schamanismus). 475 (der Germanen). 1323 (des Zendvolkes).
Götzendienst bei den Hebräern, s. Abgötterei bei den Hebräern, vgl. Aberglaube, s. dazu I. 1 (goldenes Kalb). 41. 133. 134. 195. 207 (durch Könige gefördert). 212 (Amos gegen). 472 (ein Gegner des). 487. 489 (Astartedienst). 491. 570 ff. (Baalsdienst). 853 (in Berseba). 885 (Bilderdienst). II. 6 (Götzenbilder). III. 3 (Dagoncult). 523 (und Elias). IV. 274 (in Gilgal). 847 (Stätten des). 906 ff. V. 335 (Osea wider). 527 (des Jeroboam). 540 (u. Isaias). 592 (Baals- u. Astartedienst). 690 (durch Joasch). 775. 777 (auch ägyptischer bei den). 786 (durch Joram). 790. 811 (ein Gegner des). 817 (Höhencult). V. 888. 890. VI. 11 (goldenes Kalb). VII. 54 (durch Menahem). 219 (Molochdienst). 342 ff. (und das mosaische Gesetz). 303 (und Moses). 824 (sieben Gebote des Noe). 754 (und die Offenbarung). 775 (und die Opfer). IX. 126 (durch Roboam). 922 (durch Sedekias). X. 246 (Zephania wider den). XI. 56 (Necromantie).
Goudinel, Musiker VII. 408.
Goussan, de, Bf. IX. 252.
Gousset, Thom., Cdl.-Ebf. v. Rheims IX. 297 ff. XI. 655. 1293. XII. 1179.
Goutteß, der Afterbischof IX. 281.
Governatore, der von Rom II. 946.
Gowaz, bfl. Administration X. 265.
Gozan, Gosan (Gauzanitis, Kauschan) IV. 636—637. II. 443. 444.
Gozarta, jacobit. Bm. V. 462. 464.
Gozbert, Abt von St. Gallen IV. 278 ff.
Gozbert, der Diacon IV. 281.
Gozzoli Benozzo, der Maler VI. 781.
Grab, das christliche IV. 637—641. Vgl. Katakomben. Leichenhäuser, s. dazu VI. 203. 428.
Grab, das heilige, zu Jerusalem IV. 641—644. S. Kreuzzüge, dazu II. 349. 835. IV. 810. V. 88. VI. 206 ff. VII. 694. VIII. 51. XI. 340. 796. XII. 249. 495.
Grab, das heilige, in der Kirche, in der Charwoche IV. 644—645. II. 460.
Grab, Väter vom heiligen XII. 494—495.
Grab bei den alten Hebräern und spätern Juden IV. 645—647. Vgl. Scheol.
Grabberaubung, s. sacrilegium.
Grabcapelle VII. 376.
Grabe, Ernst, prot. Thlg. IV. 647—648. VI. 920. VII. 266 ff. XI. 136 ff.
Grabes, Ritterorden des heiligen V. 772.
Grabmäler in und um Rom, antike IX. 385.
Grabreden (Leichenreden) IV. 648. XI. 170.
Graccbill, Herrnhutergemeinde V. 144.
Gractau, s. Grazian.
Gräcismus, der VIII. 54.
Gräco-Galatia, s. Galatien.
Grade, gelehrte IV. 648—653. XI. 431 ff. 708.
Grade der Verwandtschaft, s. Verwandtschaftsverhältniß (XII. 1228).
Gradisca, Bm. XI. 254.
Grado, das Patriarchat I. 382. V. 318. 851. VI. 466. 806. VIII. 215. XI. 508 ff.
Graduale in der Messe IV. 653—654. I. 215. VII. 98. 387. 410. X. 88.
Gradualpsalmen, Stufenpsalmen IV. 654—655.
Gräffe, der Katechet VI. 49.
Grahamstown, apost. Vert. XI. 751.
Gralsage, die XII. 495—499. VIII. 528. XI. 1129 ff. 1131 ff.
Gramberg, prot. Thlg. VIII. 136.
Grammont, Orden von, s. Grandmont, Orden von.
Gran, Kirchenprovinz Ungarns IV. 655—664. III. 503. VI. 240 ff. 294. 304. 479. 745. VII. 729. 730. 749. VIII. 260 ff. 773. XI. 400. 402. 403. 1007. 1008. XII. 1006.
Granada, Erzbisthum, Stadt XII. 499—500. 88 (angebl. Verschwörungsproject). 961 (Peter Paschasius in). 1110 (Juden in). II. 175 (Stiftung der barmh. Brüder in). IV. 25 (letzter Krieg gegen). V. 652 (erobert). 839 ff. (letzter Krieg gegen). 891 (Juden in). VI. 935 ff. (Mauren in). VII. 629 (Mauren in). X. 261. 263. 287. 269 (und Spanien). XI. 1210 (und Ximenes).
Granada, Ludwig von, s. Ludwig v. Granada (VI. 628 ff.).
Granat, der Edelstein III. 394.
Granatbaum, malus punica IV. 664—665. VIII. 47.
Grancolas, Jean, der Sorbonner Doctor XII. 500—502.
Grand, Joh., Ebf. v. Lund VI. 645.

Grandi, Guido, Canonist III. 69.
Grandisavor, perf. Cbm. VIII. 309.
Grandmont, Orden von IV. 665—666. I. 792. II. 98. VII. 228.
Grange, der Missionär X. 467.
Granier, Bf. v. Genf IV. 140.
Granier de Cassagnac, Adolph, der Hofstylist (geb. 1806) IX. 286. X. 113.
Grant, prot. Missnär. VII. 528.
Granvella, Antonio Perrenot de, Cardinal und Minister IV. 666—672. 721. I. 690. 691. II. 147. 351. 373. 661. III. 719. VI. 535. VII. 1. 600 ff. VIII. 577. XII. 798 ff.
Granza, der Krieger IX. 444.
Graptus, Theod., s. Theod. Graptus.
Gras, geb. Marillac, die Wittwe IX. 871 ff.
Graser, der Pädagog VIII. 30.
Grasse, J., gl. Jesuit XII. 256.
Grasse, Bm. IV. 568. IX. 254.
Gräße, Joh. Georg Theodor, Literarhistor. (geb. 1814) IV. 669. VI. 587. 588 ff. XII. 499.
Grassi, Achill, Advocat des Tridentinerconciles XI. 188.
Grassi, Carlo, Bf. v. Montefiascone XI. 235.
Grati, Ludovico, Bf. X. 99.
gratia efficax, sufficiens etc., s. congregatio de auxiliis.
gratiae, s. Gnadenbriefe.
gratiae exspectativae, s. Anwartschaften.
Gratian, Joh., s. Gregor VI. P.
Gratiani, Anton Maria, Secretär, s. Grazian.
Gratiani, der Guardian I. 303.
Gratiani decretum, s. decretum Gratiani.
Gratianus, Sammler des corpus juris canonici IV. 672—673. 870. I. 832. II. 309. 887. III. 132. 435. 440. VI. 510. VII. 771. XI. 763. XII. 120. 122. 561.
Gratianus, Sohn Valentinians I., röm. Kaiser IV. 673. I. 199. II. 927. 974. III. 234. 259. V. 947. VI. 905. VII. 44. VIII. 440. 606. 778. IX. 669. X. 103. 854 ff. XII. 617. 1221.
Gratien, päpstliche, s. Gnadenbriefe.
Gratius, Orinin, der Magister III. 634. 636 ff.
Gratry, relig. Schftst. X. 841.
Gratulation am Namensfeste VII. 466.
Gratus, Bf. v. Carthago III. 250.
Graz, Stadt und Universität IV. 404 (Seminar). 864 (Un.). VI. 35 (Bm.). VII. 667 (ein josephin. Bischof von). 693 (Obsvtn in). 724 (Lutherthum). 736 ff. (Protestanten in). 744 (Orden in). IX. 875 (barmh. Schwestern in). 914. 915 (projectirtes Bisthum). X. 55 (stiftungsmäßig katholische Universität). XI. 444 ff. (Un.). 447.
Graubünden, kirchengeschichtliches II. 115. 540 ff. VI. 08. VII. 166. IX. 943 ff.
Graudenz, die Reformation in VIII. 580.
Graue Schwestern, s. Schwestern, barmherzige.
Graun, Carl Heinrich, Tonsetzer (st. 1759) VII. 419.
Gravamina, s. Religionsbeschwerden.
Grave, Bf. IX. 263.
Graveson, Ignaz Hyacinth Amat von, der Kirchenhistoriker IV. 673. VI. 152.
Gravina, sicilian. Bm. V. 667.
Gravier, der Msnr. XII. 47.
Gravius, H., Thlg. VI. 491.
Gray, Johanna, Nachfolgerin Eduards VI. (hinger. 1554). IV. 701. 792. VI. 817. 849.
Gray, Walter, Ebf. v. York XI. 1225.
Grazian, Balthasar, span. Jesuit und Schriftsteller; b) Gratiani, Maria, Biograph des Cardinals Commendone IV. 673—674. II. 709. VI. 950.
Gregentius, Metropolit der Homeriten V. 303.
Grégoire, Henri, Bischof von Blois, der Revolutionsmann IV. 674—678. V. 459. VIII. 147. IX. 257. 276. 281. 298.
Gregor, Name von 16 Päpsten IV. 678—730. — Gr. I. der Große (reg. 590—604) I. 21 (Abendmahlsfeier). 166 (***). 182 (Altäre zur Zeit). 197 (und die Kirchenmusik). 215 (Schöpfer des Chorals). 244 (sucht England zu bekehren). 251 (ein Correspondent des). 325. 449 (Armenvater). 477 (**). 542 (ein Kloster des). 756 (*). 759 (und die Angelsachsen). 809 (*). 854 (und Abt Augustin). 944 (*). II. 7 (über Bilderverehrung). 12. 101 (verwirft die Taufe der Bonosianer). 209. 211. 314 (sucht England zu bekehren). 396 (und Cassian). 601 (und der Islam). 661 (*). 840 (*). 841 (und Johannes Nesteutes). 937. 971 (und Patr. Cyriac von Constantinopel). III. 73 (hebt die defensores ecclesiarum). 94 (*). 140 (Dichter des dies irae?). 250 (bischöfl. Schulen in Rom). 280 (bewegt die Bischöfe zur Annahme der Beschlüsse von Cstpl.). 281 (**). 552 (**). 630 (*). 638 (Mönch nach der Regel des hl. Equitius?). 649 (*). 667 (einigt die Kirchen von Cuma und Misene). 753 (über den Patr. Eulogius). 802 (*). 811 (*). 911 (ordnet die Fastenzeit). 938 (lobt Felicitas und deren Söhne). IV. 3 (der Urgroßvater des). 81 (*). 84 (*). 490 (Heiligenerscheinungen). 585 (und die Gothen). 623 (*). 638 (*). 750 (und Gregor von Tours). 754 (Gregorifest). 778 (sucht England zu bekehren). 779. V. 301 (*). 309 (Homilien von). 399 (liber pastoralis). 431 (als Hymnendichter). 509 (über Bilderverehrung). 593 (*). 732 ff. (und Gregor der Faster). 745 (angebl. Wunder Johannes I.). 746 (*). 753. VI. 185 ff. (einer der 4 großen latein. Kirchenlehrer). 215 (Manipel zu seiner Zeit). 291 (als Exeget). 315 (*). 331 (unterhält die Lampe in der Paulskirche zu Rom). 339 (missae votivae pro rege). 366 (noch keine Heiligenleiber versendet). 388 (u. der hl. Leander). 405 ff. (Homilien). 483 (*). 407 (Altar des). 540 (Liturgie). 551 ff. (sacramentarium). 591 (*). 592 (u. Theodelinde). 753 (gegen Agilulph). 832 (*). 882 (*). 897 (***). 910 (über ein Martyrologium). VII. 98 ff. (und das hl. Meßopfer). 221 (Legaten in Sicilien). 228 (viele Nonnen). 301 (moralia des). 454 (als Exeget). 504 (*). 849 (*). 885 (Segnung der Osterkerze). VIII. 63 (unentgeltliche Verleihung des pallium). 71 (Reliquienversendung). 100 (servus servorum Dei). 195 (als Pastoraltheologe). 220 (gegen Ketzer). 264 (eine Sendung des). 296 (Homilien). 326 (patrimonium Petri). 329 (Petri Kettenfeier). 389 (*). 427 (und Kaiser Phokas). 805 (*). 647 (als Exeget und Homilet). 738 (*). 808 (siebengestaltige Procession). IX. 33 (über schlechte Priester). 40 (*). 46 (Ravenna unter). 201 (falsche Reliquien). 497 (und Papst Sabinianus). 518 (*). 620 (und das Concil von Sardica). 711 (Quelle für Isidor von Sevilla). 763 (als Exeget). X. 16 (*). 99 ff. (servus servorum Dei). 426 (dehnt den Cölibat aus). 100 (servus servorum). 432 (gegen subintroductae). 500 (*). 562 (wählt Kleriker zu Cubicularen). 630 (Quelle des Tajo von Saragossa). 672 ff. (über Taufe). 843 (und Canterbury). XI. 299 (**). 569 (gegen die Schismatiker von Venedig). 578 (Dichter des veni creator). XII. 87 (*). 193 (kauft verstoßene Kinder). 201 (hilft die Gärten cultiviren). 213 (*) 351 (empfiehlt Stimmungsreisen). 453 (*). 512 (ordnet kirchl. Angelegenheiten in Griechenland). 618 (agnus Dei). 848 (über Vermächtnisse an die Kirche). 1042 (*). 1136 (erhebt Neapel zum Erzbisthum). 1320 (*). — Greg. II. (ein Römer; reg. 715—731) I. 219. 704. 708. II. 10. 81. 82. 521. 873. 874. III. 23. 813. V. 510. VI. 178. VII. 309. VIII. 808. IX. 341. 345. XI. 65. 85. XII. 268. 546. — Greg. III. (ein Syrer; reg. 731—741) I. 173. 705. 707. II. 82. 358. 461. III. 462. 814. V. 510. VIII. 172. IX. 347. 355. XI. 1099. 1102. XII. 80. 512. — Greg. IV. (ein Römer; reg. 827—843) I. 270. II. 505. III. 719. VI. 458. VII. 396. 573. VIII. 68. 104. 855. IX. 659. X. 89. XI. 525. — Gr. V. (Bruno, ein Teutscher; reg. 996—999) II. 912. III. 594. VI. 785. VII. 615. 903 ff. VIII. 111. 852. X. 551. XI. 1105. XII. 380. 351. 936. 985. — Greg. VI. (ein Gegenpapst Benedicts VIII.; reg. 1012—1018) I. 212. 773. VIII. 695 ff. — Greg. VI. (Johannes Gratian, Gegenpapst Benedicts IX.; reg. 1044—1046) I. 775. II. 591. 661. V. 7 ff. VIII. 108. X. 542. XI. 1189. XII. 707. — Greg. VII. (Hildebrand, der größte aller Päpste; reg. 1074—1085) I. 154 ff. (macht den Anselm von Lucca zum Papste). 257 (ein Anhänger des). 269 (und Anselm von Lucca). 407 (**). 719 (ein Anhänger). 775 (und Benedict X.). 781 (officium des). 807 ff. (der hl. Benno). 823 (und Berengar von Tours). II. 24 (gegen die Investitur). 31 (Formel des Bischofseides). 155 (gibt dem Brevier seine Grundlage). 168 (Conciliabulum zu Brixen). 185 (ein Schriftsteller für). 200 (bullarium). 211 (Kennzeichen unächter Bullen aus dem Zeitalter). 541 (ein Anhänger des). 592 (ein Gegenpapst). 635 (denkt an die Befreiung des hl. Grabes). 640 (in Clugny). 658 (und der Cölibat). 735 (*). 745 (gegen die Investitur). 835 (rettet die Welt vor Cäsareopapie). 938 (Herrschaft des gregorian. Ritus). III. 15 ff. (und Damiani). 20 (regelt die kirchl. Verhältnisse Dänemarks). 132 (dictatus Gregorii). 320 (**). 570 (Bischofseid). 594 (Engelsburg). 720 (und Nordeuropa). IV. 399 (und das placetum regium). 551 (*). 631 (ein Anhänger des). 665 (und der ordo Grandimontensis). 682 (ein würdiger Vorgänger). 696 ff. 817 (und Wibert von Ravenna). V. 12 (als Gesandter vor dem Kaiser). 17 ff. (und Heinrich IV.). 78 (ein kleines Abbild). 191 (Gegner). 391 (ein Anhänger). 635 (und Innocenz III.). 637 (verbietet den Slavoniern den Gottesdienst in der Landessprache). 677 (Gnesen im Interdicte). 683 (Parteien zur Zeit). VI. 67 (Kempten zur Zeit). 157 (ein Geschichtschreiber des). 172 (gegen das Slavische als Kirchen-

sprache). 279 (denkt an die Befreiung des hl. Grabes). 281. 294 (und die Kroaten). 346 (und Lanfranc). 436 (russische Gesandtschaft an). 463 (und Leo IX.). 554. 550 (Florente über). 599 (und Heinrich IV.). 682 (*). VII. 150 (Wormser Synode). 228 (und die Klöster). 273 ff. (Abt Desiderius von Montecassino). 493 (und Eppo von Naumburg). 496 (belehnt die Normannen mit Benevent). 580 (und Berengar von Tours). 676 (der Bischofseid). VIII. 167 (Gegenpäpste). 175 (ein allzu energischer Anhänger). 233 (ein Vertheidiger). 328 (Betrag des Peterspfennigs). 510 ff. (und Nordeuropa). 544. IX. 78 (kirchl. Reformen). 103 (ein Antigregorianer). 135 (sein Kampf mit dem Staate). 138 (und Heinrich IV.). 147 (Grundsätze über die Regalien). 263 (Absetzung des Bischofs Manasses). 337 ff. (die Stadt Rom). 345 (Gefangennahme). 387 (Einführung des Peterspfennigs). 460 (und Nordeuropa). 642 (Schreiben nach Schweden). X. 131 (ein Gegner). 195 (u. Heinrich IV.). 347 (*). 348 (Fastenmilderung). 360 (Gesandter an die Kaiserin Agnes). 432 (gegen die subintroductae). 542 (u. die Synode von Sutri). XI. 105 (und Berengar von Tours). 463. 466 (ein würdiger Nachfolger). 537 (erhebt den Stifter des Ordens von Vallombrosa). 571 (das Patriarchat Venedig). 591 (ein Gegner). 636 (und Verona). 674 (Abt Desiderius von Montecassino). 844 (*). 854 (Parteien zur Zeit). 1150 (Absetzung in Worms). 1187 (ein Anhänger). XII. 31 (ein Gregorianer). 88 (Synode in Autun). 198 (und Cadalo von Parma). 383 (Briefe an den König v. Frankreich). 463 (gibt Corsica zu Lehen). 643 (und der Major Kerz). 687 (Streit mit Heinrich IV.). 831 (halbe Anhänger). 909 (Concil zu Poitiers). 1018 (Gregorianer in Quedlinburg). 1202 ff. (Streit mit Heinrich IV.). 1248 (ein Vorläufer). — Gr. VIII., Gegenpapst, s. Bourdin. — Gr. VIII. (Anton de Mora; reg. 1187) XI. 81. 82. 1261. XII. 1135. 1321. — Gr. IX. (Cardinal Hugolino; reg. 1227—1241) I. 304 (maßregelt den Franciscanergeneral Elias). 527. 528 (die Brittinianer und Johann-Boniten). 632 (ein Zeitgenosse). 713 (Decretaliensammlung). 725 (*). 737 (ein Legat des). II. 31 (Bischofseid). 135 (Abkürzung des Breviers). 166 (*). 245 ff. (maßregelt den Franciscanergeneral Elias). 379 (*). 408 (canonistische casus). 568 (Orden der hl. Clara). 628 (Decretalensammlung). 642 (*). 654 (sein Nachfolger). 679 (gegen die Colonnas?) 715 (*). 733 (Decretalen). 802 (gegen K. Friedrich II.). 805 (und Conrad von Marburg). 809 ff. (Verfahren gegen Ketzer geordneter). 896 ff. (und das corpus juris canonici). 891. 935 (Dcrtlnsmlg). III. 144 (und Dietrich von Niem). 239 (spricht den Dominicus heilig). 241 ff. (Verwendung des hl. Dominicus). 397 (*). 525 ff. (der hl. Franciscus und dessen Orden). 532 (Schreiben an Elisabeth von Thüringen). 570 (Bischofseid). IV. 23 (und Ferdinand der hl. von Leon und Castilien). 72 (*). 128 ff. (Dominicaner und Franciscaner). 227 ff. (und K. Friedrich II.). 389 (für Milderung der Franciscanerregel). 526 (Gesandtschaft an die Griechen). 537 (Einführung der Betglocke). 543 (Decretaliensammlung). V. 116 (Friede mit K. Friedrich II.). 388 (und Hugo a S. Caro). 458 (wird vom Geiste der Blasphemie befreit). 607 (eine Anklage wider K. Friedrich II.). 612 (Bücherverbote). 636 (u. Innocenz IV.). 649 (Dominicaner werden Inquisitoren). 659 (und Conrad von Marburg). 742 (und Johannes Teutonicus). VI. 67 (ein Privileg für Kempten). 212 (ordnet die kirchlichen Verhältnisse Bosniens). 304 (Christianisirung der Kumanen). 370 (und der hl. Bonifacius von Lausanne). 513 (Dcrtlnsmlg). 589 (*). 684 (Lyonerconcil). 729. 888 (*). VII. 493 (*). 638 (Norbertiner). 907 (als Gesandter in Teutschland). 177 (*). 279 (Dcrtlnsmlg.). 606 ff. 664 (Christianisirung Preußens). 673 (Diöcesaneintheilung Preußens). IX. 106 ff. (Bisthum Regensburg). 221 (Decretalensammlung.). 354 (Titel von der Eustachiuskirche in Rom). 463 (sucht die Russen mit Rom zu vereinigen). 534 (Decretalensammlung). 588 (*). 870 (Streitigkeiten der Schwertbrüder). X. 351 (Kreuzbulle wider die Stedinger). XI. 436. 438 (fördert die Pariser Hochschule). 573 (*). 710 (eine Canonisation). 712 (Dcrtlnsmlg.). 853 (und K. Friedrich II.). 867 (Friede von San Germano). XII. 123 (und die Universität Bologna). 272 (*). 682 (und die Kreuzherren). 695 (Kreuzzüge). 739 (*). 1021 (und Raymund der Ungeborne). 1121 (*). — Gr. X. (Theobald Visconti; reg. 1271—1276) II. 78. 146. 355 ff. 594. 600. 654. 655. 739. IV. 31. 768. V. 639. 722. VI. 177. 645. 682. 855 ff. VII. 275. VIII. 112. 459. IX. 90. 204. 436. 438. 439. 514. X. 196. XI. 855. 1190. XII. 387. — Gr. XI. (Peter Beaufort; reg. 1370—1377) I. 564. 565. 625. 793. II. 44. 161. 412. 690. III. 144. 601. 843. V. 166. VI. 442. 512. 642. 894. VII. 146. IX. 330. X. 99. XI. 472. XII. 389. 846. — Gr. XII. (Cardinal Angelo Corrario; †. 1417) I. 156. II. 390. 517. 577. 850. 852. V. 409. 768. VI. 644 ff. 757. VII. 678. VIII. 95. 342. 459 ff. 535. IX. 912. X. 136. 137. XI. 573. 594. 729. 1126. — Gr. XIII. (Hugo Buoncompagno; reg. 1572—1585) I. 677 (und Baronius). 683 (und Bartholomäus de martyribus). 652 (*). 693 (die Bulle provisionis nostrae). 733 (Verdammung des Bay). 793 (einigt Congregationen). II. 65 (Te Deum gelegentlich der Bluthochzeit). 118 (bestellt den ersten Nuntius für die Schweiz). 119 (Abweisung von Beschwerden). 338 (läßt die Capuciner nach Frankreich). 342 (bestellt 56 Cardinalpriester). 366 (begünstigt die Carmeliter). 374 (ehrt Carranzas Grab). 670 (zweiter Begründer des Germanicum). 671. 709 (und Commendone). 800 (*). 895 (ein correcior Romanus). III. 187 (gibt den Doctrinariern eine Kirche). 502 (*). 503 (das Germanicum). 870 (*). IV. 3. 108 (und Peter von Fonseca). 144 (erhebt den Caspar Franc). 267 (verdammte Sätze des Bajus). 338 (Gebhard II. von Cöln). 341 (gegen Gebhard II. v. Cöln). 671 (durch Granvella zumeist Papst). 710 (bringt Gregors VII. Namen ins Martyrologium). V. 339 (Doctorat des St. Hosius). 343 (Vorbild). 344 (erhebt den Hosius). 376 (billigt die Liga wider die Hugenotten). 464 (und die Maroniten). 499 (*). 560 (Gesandtschaft aus Japan). 854 (Milderung der Inquisition). 877 (Jubiläum von 1575). VI. 12 (Kalenderverbesserung). 415 (*). 473 (und Leo XI.). 512 (liber septimus). 723 (ein Freund des). 725 (und S. Maffei). 776 (Untersuchung wider Maldonat). 873 (approbirt das Fest Mariä Erwartung). 898 (*). 904 (Einigung der Maroniten mit Rom). 938 (sucht die Moriskos zu gewinnen). VII. 68 (privilegirt die Ursulinerinnen). 268 (Polyglotte von Antwerpen). 410 (Kirchengesang). 509 (fördert die Oratorianer). 511 (ehrt den Neri). 881 (Kalenderverbesserung). 917 (ein Schüler des). VIII. 57 (und Palestrina). 109—113 (Ritus der Consecration des Papstes). 183 (empfiehlt die Annahme der Beschlüsse von Trient). 484 (Rosenkranzfest). 579 (Polyglotte von Antwerpen). 615 (sendet Possevin als Nuntius nach Schweden). 815 (bereitet die Propaganda vor). 815 (*). IX. 295 (Carl von Rheims). 334. 345. 347. 348. 353. 355. 367. 368. 376. 377 (und die Stadt Rom). X. 50 (Germanicum). 264 (errichtet das Bisthum Macao). 313 (*). 366 (die Constitution Consuevorunt). 452 ff. (fördert die Südseemissionen). 834 (und Ursula Benincosa). 902 (*). XI. 188 (Advocat des Concils von Trient). 447 (Germanicum). 477 (und Urban VII.). 492 (fördert die Ursulinerinnen). 505 (und die Kirche von Utrecht). 716 (und Vitelleschi Mutius). 990 (dotirt ein Convict in Wien). XII. 22 (und Cardinal Albani). 123 (Landsleute aus Bologna). 216 (unterstützt den Carbanus). 738 (der Cardinal von Lothringen). 776 (und Baronius). 918 (ein Legat des). 986 (*). 1074 (Trennung verschiedener Bisthümer von Ravenna). 1195 (u. Franz Toledo). 1315 (fördert eine polnische Bibelübersetzung). — Greg. XIV. (Nicolo Sfondrato; reg. 1590—1591) I. 377. 621. 758. 759. 850. II. 345. V. 642. VI. 227. VIII. 911. IX. 343. X. 514. XI. 516. XII. 6. 7. 68. 1130. 1195. — Gr. XV. (Alexander Ludovisio; reg. 1621—1623) I. 169. 180. 797. II. 2. 191. 344. 352. III. 244. 595. 618. 689. 871. IV. 139. 413. V. 853. VII. 512. VIII. 111. 146. 447. 815. IX. 358. 371. 390. XII. 116. 123. 220. 231. 959. 1035. — Gr. XVI. (Mauro Capellari; reg. 1831—1846) I. 162 (errichtet das apost. Vcrt. Alexandrien). 255 (Verwerfung der antiochen. Synode von 1806). 929 (Warnung vor den Bibelgesellschaften). II. 141 (Bm. Cuyaba errichtet). 154 (und Diepenbrock). 265 (Mitglied der Camaldulenser). 662 ff. (wider die Cölibatsstürmer). 855 (*). III. 106 (genehmigt die Errichtung eines neuen Capitels von St. Denys). 418 (gemischte Ehen). IV. 204 (gegen geheime Gesellschaften). 289 (St. Gallen und Chur). 733 (Gregor der Erleuchter im Martyrologium). V. 133 ff. (und die Hermesianer). 774 (ein Neffe des). 873 (sardin. Concordat). VI. 327 (und der Avenir). 525 (canonisirt den hl. Liguori). 605 (Univs. Löwen). VII. 2 (niederländ. Concordat). 140 (und Mezzofanti). VIII. 450 (Südseemission). 493 (und Pius IX.). 566 (russ. Kirche). IX. 344. 347.

348. 354. 375 ff. 384 (und die Stadt Rom). 401 (*). 418 (Schreiben an den Bischof von Rottenburg). 473 ff. (und Rußland). 601 (Cardinal Schwarzenberg). 855 (gegen die Badener Conferenzbeschlüsse). 910 (Ebf. Zängerle). X. 185 (apost. Vert. Ceylon). 220 (gegen den Sclavenhandel). 266 (*). 268 (ap. Vicariate in Indien). 446 (Bisthümer in Südamerica). 466 (apost. Vert. Westoceanien). 468 (apost. Vert. Neucaledonien). 563 (gegen Bautain und Hermes). XI. 620 (*). 629 (Lob einer Schrift d'Affres). 668 (Mission in Australien). 906 (ap. Vert. auf Jamaica). 907 (sendet Jesuiten nach Jamaica). 1241 (Ebf. Roman Zängerle). XII. 23 (Edl. Albani). 72 (Schisma in Ostindien). 118 (und Andreas Bobola). 196 (die Jesuiten in der Schweiz). 213 (Cappacini). 283 (macht Diepenbrok zum Cardinal). 339 (über Exequien für Andersgläubige). 465 (Gerambs Reise nach Rom). 702 ff. (Nothwendigkeit des Kampfes um Kirchenfreiheit). 732 (*). 750 (macht den Angelo Mai zum Cardinal). 798 (macht Mezzofanti zum Cardinal). 986 (und die hl. Philomena). 1047 (Approbation des Ordens der christl. Liebe). 1208 (Mitglied der Camaldulenser). 1214 (gegen die englische Bibelgesellschaft).
Gregor von Cappadocien, Gegenbischof des Athanasius I. 432. 433.
Gregor von Elvira, Bischof VI. 516.
Gregor, Chronist von Farfa III. 904. 905.
Gregor der Erleuchter, ein Apostel Armeniens IV. 730—733. I. 438. 439 ff. V. 455. VI. 547. VII. 165. XII. 67.
Gregor von Heimburg, der Humanist IV. 733—736. 482. II. 854. VI. 807. VII. 25. 595. XII. 853.
Gregor von Nazianz, der heilige IV. 736—743. I. 182 (*). 213 (ein Freund des). 356 (gegen die Apollinaristen). 435 (muß in einem Privathaus Gottesdienst halten). 436 (gegen den Arianismus). 650 (Freund Basilius d. G.). 660. 662. II. 249 (Bruder des). III. 931 (*). IV. 90 (als Vermittler). 500 (*). 723 (Grab des). V. 170 ff. (ein Schüler des). 201 (*). 305 (als Homilet). 431 (als Hymnolog). 435 (*). 623 (*). 854. 917 (Epitheta Julians des Abtrünnigen). VI. 21 (über den biblischen Canon). 70 (*). 142 (**). 181 (*). 185 (gehört unter die griech. Kirchenlehrer). 215 (*). 298 (erwähnt des Hirtenstabes). 546 (Liturgie des). VII. 44 (Bf. v. Cstpl.). 45 (*). 233 (*). 290. 299 (als Moralist). 432 (über Mysterien). 500 (*). 504 (**). 844 (über Origenes). VIII. 196 (Apologeticus des). 339 (zeugt für das Fest Peter und Paul). 378 (*). 416 (als Philosoph). 519 (als Dichter). 647 (als Homilet). IX. 109 (*). 762 (als Scholiast). X. 148. 423 (**). 671 (Prädicate der Taufe). 778 (nimmt den Stolz als Sünde der gefallenen Engel an). 856 (ein Lob des). 861 (faßt die Trinitätslehre als Theologie auf). XI. 150 (*). 268 (*). 287 (*). XII. 453 (Unklarheit in Bezug auf den Ursprung der Seele). 778 (zwei Reden auf Martyrer). 785 (ein Zeitgenosse). 1233 (*).
Gregor von Nyssa, der heilige Bruder Basilius des Großen IV. 743—747. I. 182 (kennt steinerne Altäre). 184 (kennt das Gebot der Consecration). 207 (citirt den Ammonius Saccas). 323 (*). 358 (wider die Apollinaristen). 364 (schreibt wider die Juden). 438 (Gegner des Arianismus). 505 (schreibt über die Auferstehung des Fleisches). 508 (*). 509 (*). 660 (u. Basilius der Große). II. 404 (Eintheilung der Sünden). III. 60 (Edict des Philipp Arabs wider die Christen). 130 (die Schwester des). 613 (Lob Ephräms des Syrers). 614 ff. (*). 931 (unterscheidet 3 Ordnungen der Gestorbenen). IV. 243 (***). 639 (kennt das Liegen der Leichen auf dem Rücken). 736 (und Gregor von Nazianz). 747 (über Gregor den Wunderthäter). VI. 49 (als Katechet). 509 (correspondirt mit Libanius). 881 (**). 908 (Quelle über die 40 Martyrer). 909 (*). VII. 299 (als Moraltheolog.). 452 (als Exeget). 504 (**). 858 (kennt die Lesung der 12 Prophezeiungen). VIII. 824 (Lesungen in der Osternacht). IX. 762 (huldigt der allegorischen Auslegung). X. 361 (Rede am Stephanstag). 435 (eine dogmatische Schrift). 778 (betrachtet den Neid als die Sünde der gefallenen Engel). 842 (Lobrede auf den hl. Theodor). XI. 151 ff. (über Transsubstantiation). XII. 453 (Unklarheit in Bezug auf den Ursprung der Seele). 1191 (**).
Gregor, Bf. v. Neocäsarea VI. 886. VII. 503.
Gregor von Rimini, ein Commentator des Lombarden VI. 556.
Gregor, ein Erzbischof von Syrakus VIII. 441.
Gregor der Thaumaturge, der heilige IV. 746—749. 74. II. 404. III. 62. VII. 830. VIII. 142. 259.
Gregor von Tours, der heilige Bischof und Geschichtschreiber IV. 749—751. 117. 146. 156. I. 702. III. 881. VI. 62. 144 ff. 147. 416. 678. 877. VIII. 143. 806. 808. IX. 11. 448. X. 90. XI. 85. 104. 825. XII. 332. 333. 373. 408. 1048.
Gregor von Utrecht, ein Schüler des hl. Bonifacius IV. 751—752. VI. 402.
Gregor von Valentia, Moraltheolog VII. 305.
Gregor, Bibliothecar von Farfa III. 904. 905.
Gregoras Nicephor, der Pch. IV. 31.
Gregorianische Messe, s. Sacramentarium.
Gregorianischer Kirchengesang I. 196 ff. 215. II. 493. IV. 280. VII. 390 ff. 393. 853.
Gregorianisches Jahr, s. Gregor XIII. (Papst), Kalender.
Gregorianus, der Jurist II. 650.
Gregorii IX. decretales (2. Theil des corpus juris canonici) IV. 752—754. S. Bernhard von Botono, compilationes decretalium, codex Justinianeus, corpus juris canonici, correctores Romani, Decretalensammlung, decretum Gratiani, Glossen, Gregor IX. (Papst).
Gregorius, Pch. v. Antiochien (im J. 588) III. 778.
Gregorius, armen. Pch. I. 440.
Gregorius, Pch. v. Cstpl. (st. 1821) VII. 535.
Gregorius Mammas, Pch. von Cstpl. IV. 771. V. 600. 601.
Gregoriusfest, das IV. 754—755. Vgl. Eselsfest, Unschuldigen-Kinder-Fest; dazu XI. 432.
Gregoriusritter, Orden der IV. 728.
Greiffenklau, Carl Philipp, Bf. von Würzburg XI. 1192. 1193.
Greiffenklau, Richard von, Chfst. von Trier VIII. 842. IX. 334. XI. 251.
Greifswalde, Stadt und Universität II. 269 (bei der Partei der Calixtiner). VIII. 599 (der Abt von Eldena gründet die Stadt). 600 (Einweihung der Un.). 602 (Katholiken in). IX. 446 (Gründung der Stadt). XI. 436 (Univ.).
Greith, Carl, der gelehrte Domdecan (geb. 1807) XII. 529. 979 ff.
Gremiale (Schooßtuch) des Bischofs IV. 755.
Grenada, Grenadillen, die Inseln XI. 903. 905. 910.
Grenesfeld, Wilh. von, Ebf. v. York XI. 1206.
Grenoble, Stadt und Bisthum II. 260 (Bf. Hugo). 377. 380 (Chartreuse bei). IV. 159 (Bm.). 179 (Orden in). V. 349 (Hospitaliter). 383 (Hugenotten in). VI. 642 (Suffraganbisthum von Lyon u. Vienne). IX. 253 ff. XII. 1247 (Weihnachtschwestern in).
Grenville, William Wyndham, Lord (st. 1834) IV. 801 ff. X. 218.
Gretna-Green, s. Fleetheirathen.
Gretser, Jacob, der gelehrte Jesuit IV. 755—756. 711. VI. 163. 261. 506 ff. 608. VII. 378. VIII. 233. X. 101.
Grey, Johanna, s. Gray.
Gribaldo, Math., der Antitrinitarier, s. Blandrata.
Griechen, die alten I. 40 (Abgötterei). 152 (Alexander d. G.). 217 (Aberglaube). 413 (Philosophie). 497 (Athen). 655 (Basiliken der). III. 375. 618. 730 (Philosophie). IV. 488 (Mythen) 617 (Ordalien bei den). 847. V. 507 (Stammvater). VI. 921 (Phil.). VII. 179 ff. (Erziehung). 383 (Musik). 458 (Mythen). 675 (in den Propheten). 756 (und das Volk Israel). VIII. 14 (Erziehung). 40 ff. (Mythologie). 77 ff. 415. 418. 498 ff. (Philosophie). 589 (Religion). IX. 180 (Religion). X. 212 (Sclaverei). 376 (Philosophie). 391 (Strafen bei den). 649 (Tatian über die). XI. 815 ff. (Frauen bei den). XII. 81 (angebl. Buddhistenmissionäre). 975 (Philosophie).
Griechen, eine Mahnrede und Rede an die V. 944. 945.
Griechen, Vereinigung der Lateiner mit den, s. Religionsvereinigung.
Griechenland, geographisch IV. 756. II. 486 ff.
Griechenland, Kirchenhistorisches und Kirchenstatistik XII. 502—525. S. die Artikel über die einzelnen Provinzen und Bisthümer, vgl. Griechische Kirche, Neugriechische Kirche.
Griechische Baukunst, s. Basiliken, Baukunst (christl.).
Griechische Bibelausgaben I. 920—929.
Griechische Bibelhandschriften IV. 859.
Griechische Bibelübersetzungen I. 130. 933—931.
Griechische Collegien, s. collegium graecorum.
Griechische Concordanzen II. 741.
Griechische Kirche a) Streit mit der lateinischen und Schisma; b) Wiedervereinigungsversuche IV. 760—774. I. 21 (Abendmahlsfeier). 102 (Bilderstreit). 106 (Vorfeier des Geburtsfestes Christi). 162 (Pcht. Alexandrien). 169 (ein berühmter Theologe der). 173 (Allerheiligenfest). 182 (Altäre der). 184 (Consecration der Altäre). 239 (Protestantisirungsversuche). 407 (Archidiaconen und Archiereus). 408

(Archipresbyter). 510 (Auferstehungsfeier). 613 ff. (die Hesychiasten). 643 ff. (und das Baseler Concil). 651 ff. (Basilianer). 719 (Ptch. Beccus). 741 (Lehre von der Beicht übereinstimmend mit den Lateinern). 874 (ein Held der). 883 (Hausoratorien). II. 10 ff. (Bilderstreit). 143 (Brautkronen). 144 (ein gold. und ein silberner Brautring). 167 (Gebrauch des ungesäuerten Brodes). 169 ff. (Brechung der Prosphora). 227 (Buße ein Sacrament). 301 ff. (Canonensammlung). 660 (der Cölibat). 834 (Constantinopel). 841 (Beschränkung des Patriarchates von Constantinopel). 866 (Schisma). 877 (Corinth). 930 ff. (Protestantisirungsversuche). III. 120 ff. (Diaconatsweihe). 131 (Diaconissinnen). 270 (Dreicapitelstreit). 281 (kein festum Trinitatis). 408 (Sacrament der Ehe). 410 (eine Begünstigung der). 419 (gemischte Ehen). 421 (zweite Ehe). 485 ff. (Eheeinsegnung). 751 ff. (Eulogien). 803 ff. (Evangelium in liturgischer Hinsicht). 901 (Trauerfarbe). 913 (Fasten). 934 (Fürbitten für die abgeschiedenen Seelen). IV. 3 (Eutychianismus). 81 (und die Synode von Ferrara-Florenz). 90 (einfache Priester können firmen). 91 (Ptch. Flavian). 535 (eine alte Formel). V. 175 (ein Apologet der). 500 (die Bilderbrecher). 752 (und Photius). 755 (Aussöhnung mit den Lateinern). 762. 763. 911 (und Eugen IV.). VI. 14 (Julian. Kalender). 17 (Kanon). 39 (Oekonom). 77 (Ketzertaufe). 91 (Kindercommunion). 134 (Kirchenhistoriker). 171 (Kirchensprache). 204 (Ceremoniell der Kirchweihe). 214 (das weiße Kleid der Neugetauften). 217 (Kleider der Geistlichen). 229 (Klöster). 264 ff. (Hochzeiten). 279 (Kreuzmachen bei den Griechen). 299 (bischöfl. Insignien). 338 (Gebet für den Landesherrn). 405 (Lectionen). 480 (Michel Cerularius). 637 (ein Kenner der). 876 (Mariä Himmelfahrt gleichfalls am 15. August). 877. 909. VII. 70 (ein Fest). 99 (Gebet für den Papst). 100 (Elevation). 229 ff. (Mönchthum). 335 (Morgengebet). 584 ff. (Union mit den Lateinern). 718 (letzte Oelung). 720. 863 (Fest der Orthodoxie). 873 (Osterpraxis). VIII. 52 (in Palästina). 70 (Panagien). 148 ff. (in Teutschland). 194 (Passionswoche). 214 (Patriarchate). 312 (Tribut des Patriarchen an den Sultan). 378 (Pfingstfest). 441 ff. (Photius). 516. 706 (Priesterweihe). 768. IX. 187 (Religionsvereinigungen). 507 ff. (Lehre von den Sacramenten). 671 (Schisma). X. 100 (ein Titel). 348 (Beschränkung der Abstinenztage). 430 (Subdiaconat). 565 (symbolische Bücher). 581 (Synaxarien). 582 (syncelli). 622 (Katholiken). 663. 667 (Taufe). XI. 331 (unter der Türkenherrschaft). 793 (und die Walachei). 1208 (Xerophagien). XII. 228 (Fest der Auffindung der hl. Nägel). 487 (Euchologium). 544 (die Handwaschung).

Griechische Kirche im Königreich Griechenland, s. Neugriechische Kirche.

Griechische Kirchen in Rußland, s. Rußland.

Griechische Kirchenhistoriker VI. 134 ff.

Griechische Kirchenväter VI. 185 ff.

Griechische Philosophie, s. Griechen, die alten.

Griechische Sprache VIII. 53 ff. 404. 405. X. 316.

Griechische Zeitrechnung I. 115. 116. II. 531. VI. 14.

Griechischer Kanon, s. Kanon, biblischer.

Griechischer Text der Bibel I. 163. X. 821.

Griechisches Kaiserthum (330—1453) IV. 756—760. 769. I. 102. 226. 395. 500. 591. II. 8 ff. 599. 825. 827 ff. 830. 831 ff. III. 734. 735. V. 41. 225. 313. 321. 500 ff. 763. 821. 889. 898. 911. 913. 948. VI. 278 ff. 581. 683. 807. 893. VII. 884 ff. VIII. 214. 225 ff. 516. IX. 132 ff. 339.

Griechisches Kirchenregiment, s. Cäsareopapie.

Griechisches Kreuz, Andreaskreuz I. 241. II. 927. VI. 277. 278.

Griechisches Schisma, s. Griechische Kirche, Cerularius, Photius.

Griechisch-katholisch, das Prädicat VI. 59.

Griechisch-unirte Kirche, s. Unirte Griechen.

Griechisches Seminar in Palermo VII. 105.

Griesbach, Joh. Jac., Herausgeber des griechischen Textes des Neuen Testamentes (st. 1812) I. 924. 925. III. 794. IV. 863. VI. 288. X. 66. 620. XI. 359. XII. 929.

Griffin, gl. Thlg. VII. 290.

Griffiths, apostol. Vicar des Kaplandes XI. 750. 751.

Grimaldi, Fr. M., gl. Jes. VI. 201.

Grimkiel, 1. Bischof v. Drontheim III. 305.

Grimlaycs Einsiedlerregel III. 2.

Grimm, die gelehrten Brüder Jacob Ludwig (geb. 1785) und Wilhelm Carl (geb. 1786) I. 37. II. 516. 523. III. 50. IV. 582. V. 711. XI. 854.

Grimma, Convent zu VII. 33.

Grimmelstein, Graf Berthold von XII. 1100.

Grimoald, Abt v. St. Gallen IV. 278. 279. VII. 652.

Grimoald, Fürsten II. 573. 874. 943. VI. 594.

Grischovius, Gl. I. 403.

Grocyn, der Humanist III. 641. XII. 600.

Gröden, der Bezirk II. 166.

Grodno, Reichstag zu VI. 691.

Grois-Bois, Trappisten bei XI. 188.

Grone, Hstrkr XI. 1109.

Gröningen, Bm. V. 409. XI. 504.

Grönland, Christenthum in IV. 774—775. III. 405. V. 144. XII. 34. 1318.

Gronov, Johann Friedrich der ältere, Philolog XII. 525.

Gronow, Jacob, der händelsüchtige Sohn des Vorigen XII. 525—526.

Groof, van, apostol. Vicar I. 500. XII. 73. 589. 590. 591.

Groot, Gerhard, s. clerici et fratres vitae communis, dazu II. 630. VI. 302. VIII. 19. IX. 11. 478. XI. 892.

Gropper, Johann, Theologe der Reformationszeit IV. 775—776. II. 328. 861. III. 372. VIII. 842. XI. 100. 989.

Gros, J. M., der Pfarrer IX. 273.

Groß zu Trockau, Bbf. v. Würzburg XI. 1194.

Großalmosenier in Frankreich I. 177 ff. IV. 161. 167.

Großarmenien, s. Armenien, Jacobiten.

Großbritannien, Geschichte von der Einführung des Christenthums bis zur Reformation IV. 776—781. S. Angelsachsen, Britannien, Irland, Schottland, dazu I. 9 (Abbo v. Fleury in). 70 (Aebte in). 146 (Alcuin). 166 (Alfred d. G.) 252. 264 (Anselm von Canterbury). 542 (Apostel von). 710 (Thomas Becket). 724 (Beda venerabilis). 789 (Benedictiner in). 794 (Lanfrancs Congregation). 857 (Bethlehemiten in). II. 25 (Kirchenfreiheit). 80. 87 (Bonifacius). 99 (die Sackbrüder). 137 (Bradward in). 260 (Calixt II. in). 263 (Cusa Legat). 264. 266 (Kreuzzug). 285 (Cambridge). 314 (Canterbury). 319 (Knut von Dänemark). 432 (Abt Ceolfried). 694 (Columba). 854 (Concordat). 959 (Sanct Cuthbert). III. 19 (Dänen). 251 (Klosterschulen). 329 (Dubricius). 349 (Eadmer). 395 (St. Edilsfryda). 397 (St. Edmund). 398 (Eduard III.). 402 (St. Egbert). 403. IV. 101 (Mönch Bavonius). 273 (Galfried von Monmouth). 515 (Girald von Cambrien). 709 (und Gregor VII.). 719 (Wicliffe wird unterstützt). 819 (Guilbertiner). 849 (Alex. v. Hales). V. 42 ff. (Richard Löwenherz). 53 (König Heinrich II.). 84 (ein Historiker). 179 (Higden). 318 (u. Honorius II.). 320 (Lauigkeit wider Kreuzzüge). 321 (Leben des Papstes). 322 (und Honorius IV.). 505 (der. Klstr.). 625 (Abt Ingulf). 633 ff. (u. Innocenz III.). 642 (Ehestreitigkeiten). 677 (im Interdict). 683 ff. (Investiturstreit). 765 (Johann ohne Land). 737 (Joannes Salisberiensis). 827 (Irland). 894 ff. (die Juden in). VI. 270 (Kreuzherren). 282 ff. (Kreuzzüge). 338 (Gebet für das königl. Haus). 343 (Lanfranc). 349 (Langthon). 410 (Legaten). 464 ff. (und die Päpste Leo). 583 (Wicliffiten). 775 (Malachias). 860 (ein Marienfest). 910 (martyrologia). VII. 177 (Mithradenkmale). 394 ff. 406 ff. 413 (Kirchenmusik). 531 (Newbridge). 593 (Cusa in). VIII. 344 (Peter von Blois). IX. 309 (Löwenherz). 329 (ein Ritterorden). 331 (Cardinal Pullein). 398. 712 ff. 875. 882. 892 (Scholastiker). X. 735 (Aufhebung der Templer). 842 (Ebf. Theodor). XI. 259 (Trinitarier). 442 ff. (Universitäten). 460 (und Urban II.). 469 (Legaten in). 473 ff. (und Urban VI.). 929. 936 (Wicliffe und Wicliffiten). 1083 (Bischof Wilfried). 1090 (ein Historiker). 1215 (York). XII. 99 (Bangor). 659 (Investiturstreit). 694 ff. 966 (Kreuzzüge).

Großbritannien seit der Reformation IV. 781—803. S. Emancipation der Katholiken in, Hochkirche, Elisabeth, Königin von England, Heinrich VIII., Irland, Oates, O'Connell, dazu I. 172 (Cardinal Allen). 203 (Missionen in America). 308 (Deisten in). 452 (Armenpflege). 458 (und die Arminianer). 554 (Missionen in Australien). 578 (Paccanaristen in). 610 (Robert Barclay). 625 (Robert Barns). 635 (die Nonne von Kent). 687 (Richard Baxter). 701 (Katholiken in). 923 (Bibelausgaben). 928 (Bibelgesellschaften). II. 50 ff. (unterstützt die Hugenotten). 113 (Elisabeth). 138 (ein Kirchenhistoriker). 171 (die Brownisten). 199 (Bucer in). 206 (G. Bull). 221 (Gilbert Burnet). 253 (Heinrich VIII. und Thomas de Vio). 282 (Calvinismus in). 373 (Carranza in). 420

(William Cave). 566 (Katholikenverfolgung). 553 (Cistercienser wiederum in). 602 (der defensor fidei). 707 (Commendone in). 738 (Conciliensammlung). 775 ff. (Bekenntnißschriften). 863 (Covenant). 906 (der Reformator Cranmer). 919 (Oliver Cromwell). 923 (Thomas Cromwell). 977 ff. (will die Griechen protestantisiren helfen). III. 79 (Deisten). 187 (Dodwell). 298 (der Winterkönig). 529 (und Nordamerica). 533 (die jungfräuliche Königin). 577 (Deisten). 585 (englische Fräulein). 641 (Erasmus in). IV. 17 (und Kaiser Ferdinand II.). 62 (Johann Fisher). 85 (Winkeleben). 203 (Verbreitung der Masonei). 507 (ein Historiker). 667 (Maria bloody). 819 ff. V. 59 (Heinr. VIII.). 144 (Herrnhuter in). 174 (Wicliffe). 221 (Hobbes). 368 ff. (und die Hugenotten). 391 (Hume). 440 (Jacob I.). 445 (Jacob II.). 468 (Jacobiten). 499. 522 (Antheil am Versuche, die Griechen zu protestantisiren). 561 (kein fester Fuß für Jesuiten). 602 (geh. Gesellschaften). 611 (die Independenten). 619 (sucht in Rom Missionäre für Bengalen). 644 (und die Irländer). 650. 774 (Erbe der Malteser). 828 ff. (und die Iren). VI. 237 (Reformationszeit). 387 (Leada). 480 (Wilhelm IV.). 530 (Lindsey). 531 (Lingard). 564 (Locke). 634 (u. Ludwig XIV.). 646 (Friede von Luneville). 666 (Heinrich VIII. und Luther). 792 (Deisten). 847 (Maria bloody). 851 (Maria Stuart). 858 (und Oestreich). 923 (Philosophie). VII. 128 (Methodisten). 167. 169 (Missionäre in). 514 (Oratorianer). 669 (Oates). 699 (O'Connell). 852 (Jungfrau von Orleans). 890 (Osterfeierstreit). 858 (auf Otaheiti). 910 (Oxford). VIII. 149 (Ebf. Parker). 192 (Passionisten in). 231 (Bannbulle). 232 (und Jacob I.). 277 (William Penn). 348 (Peter Vermilio in). 391 (und Philipp II. von Spanien). 395 (Elisabeth). 494 (Pius V.). 394 (Titelbill). 536 (Poggio in). 571 (Reformationszeit). 581 (Polyglotten). 657 (Presbyterianer). 772 (Priestley). 862 (Pulververschwörung). 864 (die Puritaner). 874 (und Quäker). IX. 60 (Staatsreligion). 278 ff. (und die 1. französ. Revolution). 312 (Richelieu). 420 (Rousseau in). 479 (Friede von Ryswik). 493 (Sabbathler in). 783 (Orden). 797 (eine Prophezeiung über). 837 ff. (Secten). X. 71 (Philosophie). 79 (Separatisten). 109 (Deisten). 185 (auf Ceylon). 207 (und Sixtus V.). 219 ff. (Sclavenfrage). 452 ff. (in der Südsee). 530 (Suprematseid). 545 (Swedenborgianer). 546 (in der Südsee). 628 (Bisthum Jerusalem). 633 (Talleyrand). 937 (Reformationszeit). XI. 22 (Deisten). 58 (Toland). 79 (Emancipation der Katholiken). 168 (Trappisten in). 424 (Uniformitätsacte) 499 (Usher). 733 (und Voltaire). 747 (am Cap). 907 (in Westindien). XII. 16 (Eduard I.). 54 (St. Andrews). 70 ff. (in Asien). 92 (Bacon v. Verulam). 107 (und Belgien). 309 (Dubliner Universität). 392 (Görres Klage über). 443 (Geddes). 565 ff. (in Hinterindien). 575 ff. (Holland). 704 (Neuaufrichtung der Hierarchie). 778 (Königin Mathilde). 807 (Thomas Moore). 824 (Newton). 1007 (Prideaux). 1051 ff. (Converilien). 1085 (und Sardinien). 1132 (Shrewsbury). 1214 (Bibelübersetzungen).

Großcommenthure, s. Comthurei.
Große Woche, s. Charwoche.
Großer Bann, s. Bann bei den Hebräern.
Großer Rosenkranz IX. 398.
Großer Zehent XI. 1260.
Grossetto, Bm. V. 869. VIII. 474.
Großgebaur, Theophil, der Pietist VIII. 452.
Großlama, s. Dalai Lama.
Großmann, Caspar, prot. Thlg. II. 771.
Großmeister, s. Dominicanerorden, Johanniterorden.
Großmeister bei den Freimaurern IV. 198.
Großmufti, s. Mufti.
Großpönitentiar, s. Pönitentiar, päpstlicher.
Großwardein, das Bisthum, s. Gran, dazu IV. 663. VI. 240 ff. 746. VII. 730. XI. 404. 426.
Grosulanus, Ebf. v. Mailand VI. 756.
Grotius, Hugo, der gelehrte IV. 803—810. I. 102 (**). 456. 457. 626. 949. II. 470. 834 870. III. 362. V. 275. VII. 320. VIII. 314 ff. IX. 63. 86. 190. 193. 196. 371. X. 79. 164. 424. 594. 738. 745. 951. XI. 533. 834. 881.
Grübel, der Poet XII. 851.
Grubenheimer, ein Name der Waldenser, s. Waldenser.
Gruber, August, Ebf. von Salzburg IX. 601. 916. XI. 1210. XII. 1207.
Gruet, Jacques, der protest. Martyrer II. 280. V. 654. X. 35.
Gruft, Todtengruft IV. 810. S. Katakomben.
Grumbach, Argula von, die Schwärmerin III. 370.
Grumbachische Händel IV. 810—812. V. 921. VI. 950. XI. 1191.
Grund, zureichender, letzter IV. 812—814.
Grundrechte, die vom Frankfurter Parlamente aufgestellten XII. 991.
Gründonnerstag, s. Charwoche, dazu I. 128. II. 208 (Verlesung der Nachtmahlsbulle). 456 ff. IV. 844. 890. VII. 713 (Oelweihe am). VIII. 191. 663. IX. 72. 207.
Gründonnerstag, Fußwaschung am, s. Fußwaschung.
Grundsatz, s. Princip.
Grundsätze, sittliche, s. Moral.
Grünenstein, Wolfgang von, Abt VI. 68.
Gruner, J. F., prot. Theolog IV. 814—815.
Grünewalder, der Aftercardinal IV. 210 ff.
Grünhagen, Schftst. XII. 539.
Grüningen, Dietrich von, Landmeister VIII. 677.
Grünthal, Klstr. IX. 478.
Grusien, Iberien, s. Transcaucasien.
Grusinische Bibelübersetzung, s. Georgische Bibelübersetzung.
Gruß bei den alten Hebräern IV. 815—816.
Gruß, englischer, s. Ave Maria.
Gruter, Lambert, Bf. v. Neustadt VII. 549 ff.
Grynäus, Schüler Luthers II. 238. 276. 771. IV. 85. VII. 373. 730.
Grzymulton, Tractat von VI. 440.
Guadalajara, Bm. X. 265. 267.
Guadeloupe, Wallfahrtsort zu U. L. F. von V. 166. XII. 39.
Guadeloupe, die Insel, s. Westindien.
Guaiferius, der Mönch VII. 274.
Gualbert, der hl. Johannes, Stifter des Ordens von Vallombrosa VI. 700. VII. 228. XI. 535 ff.
Gualdus, Gabriel, der Probabilist VIII. 790.
Gualther, Bf. v. Cambray XII. 210 ff.
Guamanga, Bm. X. 265. 267.
Guanchen der Canarien II. 297.
Guaranis, die in Südamerica VIII. 124.
Guarda, Bisthum X. 263. 266.
Guardia, s. Commende, Guardian.
Guardian, der IV. 816. 131. 367. II. 337. VII. 810.
Guarini, Cl. IV. 429.
Guarinoex, der Kazike XII. 35.
Guarnerii, Wilh., Tonsetzer VII. 407.
Guarnerius, s. Irnerius.
Guastalla, Synode zu V. 31.
Guastallinerinnen, s. Angeliken.
Guatemala, Bisthum und Staat in Südamerica I. 869. X. 265. 267. 445. 448. XI. 447. XII. 41.
Guayana, Bm. X. 265. 267. XII. 42.
Guayra, Provinz in Südamerica VIII. 121 ff.
Guba, V. 462. 464 (jacobit. Bm.). 465 ff. (jacobit. Synode zu).
Gubazes, ein Häuptling der Laster VI. 386.
Gubbio, wird christlich V. 863; — Bisthum V. 865.
Gubrinum, jacobit. Synode zu V. 460 ff.
Gudiel, Gonzalez, Ebf. v. Toledo XI. 70.
Gudrun, das altdeutsche Gedicht VIII. 526.
Guelfen, s. Welfen und Ghibellinen.
Guénée, Abbé, literar. Gegner Voltaires XI. 743.
Gueret, der Jesuit V. 557.
Guericke, H. E. F., der Altlutheraner (geb. 1803) VI. 137. 390. 510. VIII. 561. 732. XI. 768. 1286.
Guernes, de, Bf. IX. 253.
Guerra, Maria, Bf. v. Merida X. 445.
Guerrero, Pedro, Ebf. v. Granada V. 710. XII. 500.
Gugger, Cölestin, Abt v. St. Gallen IV. 288.
Gugler, der Theologe XII. 526—529. Vgl. Widmer (XII. 1255 ff.).
Guhrauer, der Biograph des Leibnitz VI. 428.
Guiana, das Land I. 204. X. 446. XI. 669. 904 ff. 908. XII. 47.
Guibert von Nogent, s. Wilberte.
Guibert oder Wibert von Ravenna, der Gegner Gregors VII. IV. 817. 706. 707. II. 592. V. 24 ff. VIII. 167. IX. 103. XI. 463. 636. 674. XII. 198. 200. 1018. 1203.
Guibert, Abt, Gegner des Mißbrauches der Reliquienverehrung IX. 201.
Guibert, Rhetor des Mittelalters VIII. 871.
Guicciardini, Francesco, Geschichtschreiber u. Staatsmann (st. 1540) II. 101. 602. IV. 920. V. 818. IX. 645. 616.
Guidetti, Giovanni, Musiker VII. 410. VIII. 57.
Guidi, Schftst. II. 413.
Guidiccione, Crd. V. 551. 552.
Guidiccione, Bischöfe v. Lucca XII. 740.
Guidlee, Ordnsgnl. XI. 517.
Guido, der heilige, s. Vitus.
Guido, Abt von Farfa III. 905.
Guido, Cardinal (um 1267) VIII. 541. IX. 169.
Guido von Arezzo, Förderer der Tonkunst IV. 817—819. I. 774. 793. V. 705. VII. 389. 393. 400 ff. VIII. 873.
Guido, Bfe. v. Lausanne VI. 369.
Guido, Ebf. v. Mailand (1045—1071) VI. 755. VII. 582.

Guido, Ebf. v. Rheims IX. 293.
Guido, Ebf. v. Verona XI. 637.
Guido, Ebf. v. Vienne V. 32. XII. 1232.
Guido, Herzog von Spoleto I. 614. IV. 115.
Guido, Herr v. Joinville, Gründer von Spitälern V. 345.
Guido von Lusignan, f. Lusignau.
Guigo, Carthäuserprior II. 378. 380.
Guilbert und Guilbertinerorden IV. 819—820.
Guillebert, der Prediger VIII. 161.
Gulliman, Gl. II. 815 ff.
Guillon, Abbé XII. 102.
Guinard, der Jesuit V. 556 ff.
Guinea, Christenthum in I. 126. II. 785. VII. 169. X. 218. XI. 668.
Guiscard, Robert, f. Rob. Guiscard.
Guisen, Haus der, a) Charles, der Cardinal v. Lothringen, f. Lothringen, Carl (XII. 733); b) François la balafré, Feldherr (ermordet 1563); c) Henri I., ermordet 1588; d) Charles, Herzog von Mayenne (ft. 1611); e) Henri II., ft. 1664. I. 901 ff. II. 49 ff. 52. V. 363 ff. VIII. 295 ff. XI. 226. XII. 731.
Guismar, Johanna, die Edelfrau IX. 360.
Guimund, Bf. von Aversa I. 819. 824 ff.
Guizot, François Pierre Guillaume, franzöf. Staatsmann und Historiker (geb. 1787) IV. 186. V. 653. IX. 314. 781 ff. 785. XII. 97.
Guma, jacobit. Bm. V. 464.
Gumal, jacobit. Bm. V. 461.
Gumarga, jacobit. Bm. V. 461.
Gumbert, Gundelbert, Ebf. von Sens XII. 529.
Gumbert, der Graf XI. 1183.
Gumpoldskirchen, Gegenreformation in VII. 735.
Gundeberga, die Tochter Theodolindens VI. 693.
Gundechar II., Bf. von Eichstädt IV. 883.
Gundelard, Abt v. Lorsch VI. 598.
Gundelbert, f. Gumbert.
Gundelfingen, Heinrich von, der elende Abt von St. Gallen IV. 285 ff.
Gundemar, Gothenfürst IV. 585.
Gundemar, Mitstifter des Templerordens X. 716.
Gundepert, Longobardenherrscher VI. 594.
Gunderich, Ebf. v. Toledo XI. 65.
Gundioch, Gundeuch, Burgunderkönig II. 216.
Gundoald, Bf. v. Straßburg X. 400.
Gundobald, Burgunderkönig (495 n. Chr.) I. 566. II. 216. 217. 490 ff. IV. 672. VI. 682. XII. 1198.
Gundulph, Häretiker in Gallien IV. 820. VIII. 238.
Gundulph, Vater des Anselm v. Canterbury I. 264.
Gundvultdeus, Bf., f. Quodvultdeus.
Guni, Sohn Naphthalis VII. 468.
Guntemund, Vandalenkönig XI. 555.
Gunthar, der berüchtigte Erzbischof von Cöln XII. 629—635. S. Hincmar von Rheims, dazu I. 271. VII. 574. 576. 579. XII. 230.
Gunthar, Bf. v. Regensburg IX. 96.
Günther von Krapfeld, I. Bf. v. Gurk IV. 821.
Günther, Anton, der christliche Philosoph (geb. 1785) III. 328. 382. IV. 359. 524. 814. IX. 736. X. 75. 306. XI. 685. 778. XII. 1090.
Guntram, Frankenherrscher V. 746.
Gunzendorf, Joachim von, der Lutheraner VII. 734.
Gunzo, der Alemannenherzog I. 151. II. 699. IV. 296. 297 ff. VI. 740.
Gunzo, Bf. v. Worms XI. 1149.
Guria, Missionäre in VII. 169.
Gurk, Bisthum IV. 820—822. II. 474. IV. 210. 263. VI. 34. 345. VII. 630. IX. 593. 910. 915 ff. XI. 1029.
Gurk, Raimund von, Cardinal III. 364.
Gürtel bei den alten Hebräern VI. 219 ff.
Gürtel, der f. g. heilige IV. 867.
Gury, der Theologe IX. 651. XI. 663.
Gusman, P. Martin, der Observant VII. 692.
Gustav II. Adolph, der Schwedenkönig IV. 822—835. II. 452 (und der Traum vom Untergang des Katholicismus). 513 (seine Tochter wird katholisch). III. 274 (Drabicius wider). 291. 293. 294 ff. (dreißigjähriger Krieg). 662 (versucht die Hochschule Erfurt emporzubringen). IV. 19 (und Tilly). 806 (und Hugo Grotius). VI. 157 (Gfrörer über). VIII. 602 (eine Folge des Bündnisses mit Pommern). IX. 147 (und das teutsche Reich). 189 (Leipziger Versuch zur Einigung der Protestanten). XI. 478 (und Richelieu). 586 (in Verden). 877 (und Jean de Wert). 1155 (bei Worms). 1192 (in Würzburg). XII. 663 (stärkt die Opposition wider den Kaiser). 855 (u. Wallenstein).
Gustav Adolph von Baden, der Mönch XII. 1035.
Gustav-Adolph-Verein, der IV. 845. VIII. 734. XI. 917. 926.
Gustav I. Wasa, der Schwedenkönig (ft. 1560) I. 235. II. 510. III. 21. VIII. 322 ff. IX. 842. XI. 457.
Gustav III., Schwedenkönig (reg. 1771—1792) V. 698. XI. 743.
Gut, das hochwürdigste, f. Hochwürdigstes Gut.
Gut, das höchste IV. 835—836. S. Anschauen Gottes, Himmel, Seligkeit.
Gut, höchstes der Stoiker X. 378.
Güte Gottes, f. Gott.
Gute Meinung, f. Meinung, gute.
Gute Werke, f. Werke, gute.
Gütergemeinschaft, f. Communismus, Gemeinschaft der Güter, Saint-Simon, Socialismus.
Guthlac, der Mercier V. 625.
Gutier, Garcias, Ebf. XI. 70.
Gutkowski, Bf. v. Podlachien IX. 474.
Gütlin, der Pfarrer I. 254.
Gutmann, Aegid, der Theosoph X. 894.
Gutrum, angelf. Kg. I. 166.
Guttenberg, Henne, genannt Gensfleisch (ft. um 1468), f. Buchdruckerkunst.
Guttenberg, Gottfried II., Bf. von Würzburg XI. 1192.
Gutzkow, Otto der heilige in VII. 915.
Gutzkow, Carl Ferd., Schriftsteller (geb. 1811) VI. 927. IX. 672.
Guy, der Großpräceptor X. 735. 736.
Guyana, f. Guiana.
Guyon, die Schwärmerin IV. 836—839. 8 ff. II. 126 ff. VII. 308. VIII. 696. 897. XII. 998.
Guyon, Abbé, ein Gegner Voltaires XI. 738.
Guzman, Fernan Perez de, span. Held, Dichter und Schriftsteller IV. 839—840.
Guzzeta, P. G. VII. 165.
Gylas, der Ungar X. 123.
Gymnasien, f. Mittelschulen, dazu I. 624. III. 248. XI. 455.
Gyongyos, Kloster VII. 693.
Gyraldus, Bf. II. 298.
Gyrovagi, nichtsnutzige Mönche IV. 840—841. III. 258. VI. 228. VII. 226.
Gyula, Fürst von Siebenbürgen VI. 241.
Gyula, ungar. Fürsten, werden christlich VI. 743. 746.
Gyut, f. Taetra.

H.

Haa, jacobit. Bm. V. 463.
Haag, der reformatorische Graf von IV. 144. XI. 1067.
Haare, das Tragen derselben bei den Geistlichen XII. 268 ff.
Haas, Dr., Herausgeber der Neuen Sion X. 220.
Haas, der Bauer VIII. 611.
Habakuk, der Prophet IV. 842—844. I. 346. 755. II. 447. VII. 106. 109. VIII. 821.
Habeas-corpus-Acte V. 449.
Habenichts, der Ritter Walter von VIII. 317. XII. 697.
Haberkorn, der Theologe II. 393.
Habert, Isaak, der früheste Gegner des Jansenismus IV. 844. VII. 306. XII. 1070.
Habesch, f. Abyssinien.
Habet-Deus, Bf. v. Tamalluna XI. 553.
Habit, f. Kleidung, geistliche (VI. 218), decorum cluricale (XII. 268 ff.).
Habituelle Intention, f. Meinung, gute.
Habituelle Sünde, f. Laster, Sünde.
Habsburg, das Haus, f. Rudolf I. (IX. 436), dazu die Namen der einzelnen Herrscher, ferner II. 351. V. 230. VI. 463. 633. VII. 549. IX. 140. 147. 514 ff. X. 132. 135 ff. XI. 392. 477 ff. XII. 894. 1034.
Habsucht, Laster der, bei Geistlichen XII. 271.
Hadad, syr. Götze IX. 326.
Hadad, Sohn Ismaels V. 861. [851.
Hadadeser, Könige von Soba I. 301.
Hadad-Rimmon, bei Megiddo IV. 844. S. Rimmon.
Hadamar, Mönch von Rheinau XII. 1034.
Hadassa, f. Esther.
Hadatha, jacobit. Bisthum V. 461.
Haddarschan, Rabbi Moses und Simon XII. 1113.
Hades-Pinto, die Gottheit VIII. 41.
Hadid, f. Adid.
Hadoind, hl. Bf. IV. 152.
Hadoram, Sohn Jectans V. 807.
Hadowart, Bf. v. Minden VII. 148.
Hadrach, Orien. IV. 844.
Hadriac und Zboron, die Pacien von VI. 438.
Hadrian, die Päpste, f. Adrian.
Hadrian, röm. Kaiser IV. 844—846. 841. I. 139. 299. 361. 412. II. 520. 651. III. 97. 359. 503. 769. V. 531. 534. 896 ff. VI. 36. 266. 822. VIII. 870 ff. X. 153. 212. 575. XII. 341. 518. 617. 774. 775. 1106
Hadrian, Abt zu Cirbry X. 844.
Hadrianoms codex, f. Codex Hadrianous.
Hadrianopolis, Bisthümer der Kirchenprovinz XII. 521.
Hadwig, Herzogin von Schwaben II. 569 ff. 512.

Hafenreffer, prot. Gl. I. 238. VI. 563.
Haferitz, Wiedertäufer VII. 377.
Haftgeld, das IX. 246.
Hagada, s. Midrasch, dazu I. 136. VII. 145. XII. 1102 ff.
Hagar, die Magd Abrahams, s. Hagariter, dazu I. 57. V. 860. VII. 450. IX. 622.
Hagarener, s. Hagariter.
Hagariter, Nomadenvolk IV. 846—847. I. 366.
Hagek, B. Wenzel, böhm. Chronist V. 727.
Hagen, Cornel, Gesandter II. 977. IV. 773.
Hagen, Joh. v., Klosterreformator II. 222.
Hagen, der Prediger I. 236. II. 148 ff.
Hagen, Friedr. Heinr. von der, der Germanist (geb. 1780) I. 230. IX. 333.
Hagenau im Elsaß II. 328. IX. 183. X. 91. 92. XI. 183. 204. 1096.
Hagenbach, Carl Rudolf, prot. Thlg. (geb. 1801) X. 675. 676 ff. XI. 137 ff.
Haggai, der Prophet IV. 846—847. 913. VI. 774. 775. VII. 113. VIII. 921. 845. X. 576.
Hagiographen, s. Testament, altes, dazu I. 668. 935. III. 735.
Hagius, der Chronist IV. 300 ff.
Hagleitner, der Priester IX. 833 ff. XII. 1207.
Hagn, Theodor, gl. Benedictiner VI. 260.
Hagulstadt, das Kloster XI. 1217. 1218.
Hahn, der Lutheraner, s. Gall.
Hahn, Chr. Ul., Gl. IV. 871.
Hahn auf Kirchthürmen VI. 263.
Hahn, der weiße V. 908.
Hai, der Rabbi XII. 1109.
Hajastan, s. Armenien.
Hale, die Nonne V. 349.
Haime, John, Methodistenprediger VII. 128 ff.
Haimeram, St., s. Emmeram.
Haimo, s. Haymo.
Haine, religiöse Bedeutung IV. 847—848.
Haiterbach, Kloster II. 249. 250. VIII. 341.
Hakeldama I. 847. V. 855 ff.
Hakem Biamrillah, der Fatimide III. 312 ff. 316 ff. 925. IV. 642. V. 532. 896. XII. 686.
Hakkadosch, Rabbi Juda, s. Juda, genannt Hakkadosch.
Halkoben, Rabbi Mose IV. 269.
Hakon der Gute, s. Normannen.
Hakon, Jarl, s. Normannen.
Halacha, s. Midrasch, vgl. Schulen, hohe der Juden (XII. 1102 ff.) s. dazu I. 138. VII. 145. XII. 1104. 1107. 1113. 1114.
Halawan, Nestorianer in VII. 525.
Halberstadt, Bisthum und Stadt IV. 848—849. I. 142 (ein Bischof). II. 215 (Gründung). 352 (und Carl V.). III. 290 (protestantisch). 661 (Nordthüringen kommt zum). IV. 19 (ein Erzherzog belehnt mit). 652 ff. (ein Privileg des Capitels). 898 (Haimo von). V. 62 (zerstört). 759 (Christianisirung der Slaven). VI. 730. 734 (und Magdeburg). 765 (unter Mainz). VII. 492. VIII. 881 (Einweihung der Domkirche). XI. 596 (zur Zeit Gustav Adolphs). XII. 663 (Durchführung des Restitutionsedictes).
Halbpfaffen, s. Pfaffe.
Haled, angeblich das alte Helbon V. 85.
Hales, Johann, der Latitudinarier III. 265. VI. 359.
Hales, Alexander von, der Scholastiker IV. 849—851. S. Scholastik, dazu I. 143. 423. 580. II. 76. 77. V. 301. 639. VI. 585. 869. VII. 303. 447. 470. 800.
Ha-Levi, Rabbi I. 24. II. 904. V. 902. VI. 29. 721. XII. 1110.
Halicz, griechisch-unirtes Bisthum in Galizien VI. 436 ff. 442 ff. XII. 903 ff.
Halikarnassus, die Stadt IV. 851.
Halitgar, seit 817 Bischof von Cambrai und Arras IV. 851. II. 308. III. 349. V. 779. VI. 357. VII. 302. VIII. 604. IX. 698.
Hall, Stadt in Schwaben II. 145. 147. VII. 693. 739.
Hallard, Ebf. v. Lyon III. 14.
Halle, Stadt und Universität I. 142 (Aktion in). 646. II. 64. 201. IV. 142 ff. (Francke). V. 791 ff. (Aktion in). VII. 376 (Münzer in). 610. VIII. 22 (Waisenhaus). 724. 734 (prot. Bsmlg.). IX. 14 (J. J. Rambach in). X. 61. 62 (Semler in). 282 (Pietisten in). 381 (die Stolberge in). 949 (Burg des Pietismus). XI. 811 (Wegscheider in).
Hallel, großes XII. 536—537.
Haller, Berthold, der Schweizer Reformator XII. 537. I. 542. 563. IX. 846. 847 ff. XI. 1322.
Haller, Albrecht von, der Physiolog und Dichter († 1777) V. 796. X. 151. XI. 741.
Haller, Carl Ludwig von, der Restaurateur der Staatswissenschaften XII. 537—538. 1055 ff. IV. 400. XI. 348.
Haller von Sido, Missionär auf Island V. 859.
Hallmann, der Doctor, s. Beghinen.
Halloix, Pierre, gelehrter Jesuit XII. 538. VIII. 575 ff.
Hallweil, Graf Ferd. von, Bf. von Neustadt VII. 551.
Halseigene, s. Leibeigenschaft.
Halsketten der hebräischen Frauen VIII. 868 ff.
Halskrausen, die der Geistlichen XII. 270.
Halstan, Schwedenkönig IX. 841 ff.
Halsweihe, s. Blasiustag.
Ham, s. Cham.
Hamadan, Stadt und Bm. VII. 525. VIII. 309. IX. 12.
Hamasus, s. Amulo.
Haman, der Günstling des Ahasver IV. 851—852. I. 135. III. 722.
Hamansfest, s. Feste der Hebräer.
Hamann, Joh. Georg, der „Magus aus Norden" († 1788) V. 104. VII. 874. XII. 394. 436. 609.
Ha Maor, der Karäer VI. 29.
Hamath, syrische Hauptstadt IV. 852. I. 392. 851. V. 527. IX. 556. 602. X. 82.
Hamathiter, s. Canaan.
Hamberger, Gl. VI. 147.
Hamburg, ehemal. Bisthum und Stadt IV. 852—853 und XII. 539—540. I. 91 (Adelbert). 270 (Ansgar, 1. Ebf.). II. 144 ff. (und Bremen). 319 (und die dänischen Missionäre). 204 (Reformation in). 901 (Gründung). III. 305 (Drontheim ursprüngl. bei). 349 (Ansgars Weihe). 719. 721 (und die Esthen). IV. 203 (Freimaurerloge). VI. 65 ff. (Reformation in). 356 (Lasko in). 467 (Adelbert von Bremen). 605 (Bm. Lübeck bei). 606 (Aktion). IX. 689 (Mission in Dänemark). 836. 839 (Mormonen in). 841 (und Schweden). 864 (Mecklenburg). X. 282 (der Pietismus in). XI. 587 (und Verden). 668 (päpstl.). 669 (apostol. Vicar in). XII. 561 (Bremen.). 1115 (Judenschulen).
Hamel, Sigm., Musiker VII. 415.
Hamelius, Joh., der Jesuit II. 786. VI. 490 ff. VII. 306.
Hamelmann, Hermann, der Superintendent XII. 540—542.
Hamersleben, Stift bei Halberstadt V. 390. 391.
Hamiter, s. Canaan, Phönicien, Philister, Völkertafel.
Hamjarem, s. Homeriten.
Hammelburg, Klstr. II. 87. 464.
Hammer, nord. Bm. III. 305. VII. 646.
Hämmerken, s. Thomas v. Kempen.
Hammer-Purgstall, Freiherr Jos. von, der berühmte Orientalist (geb. 1774, gest. 1856) I. 217 (*). II. 212. 838. V. 858. 861. VI. 251. VII. 185. XI. 1000.
Hammerschmied, Schriftsteller über Musik VII. 415.
Hammersleben, Klstr V. 390 ff.
Hammon, Arzt, Jansenist V. 493.
Hammond, Bibelausgabe von I. 633.
Hampden, John, der Puritaner II. 920.
Hamsa (al Hadi), ein Stifter der Drusenreligion III. 312 ff. 316. 317.
Hamuncioten, s. Photinus.
Hamza, ein Onkel Mohammeds VII. 186. 187.
Hanameels, der Acker V. 517.
Hanan, Vorsteher der Schule von Nisibis VII. 621.
Hanani, der Sohn Azurs, Prophet I. 472. V. 513. 517. VIII. 818. 819.
Handal, Achmed ibn, mohammed. Gl. V. 849.
hanc igitur oblationem, Gebet VII. 100.
Hand (Manualpfründen) X. 375.
Hand, John, der Menschenfreund VII. 166.
Hand, todte X. 638.
Hand- und Spanndienst der Parochianen bei Kirchenbauten, s. Baulast.
Handauflegung, religiöser Gebrauch der IV. 853. VIII. 766. 768. 769 ff. IX. 208.
Handausgaben der Bibel I. 927 ff.
Handbreite, die, als hebr. Längenmaß VI. 673.
Handel bei den alten Hebräern IV. 853—856. 372 ff. (Geld). 909 (unter Salomo). III. 519. 521 (Elfenbein). VI. 602 (Maaße). VIII. 430 (Phönicien). IX. 585. 557 (unter Salomo). 661 (Schifffahrt).
Handel der Alten I. 111. 388. 387. III. 519. 521. V. 359. VII. 462. VIII. 430. IX. 664.
Händel, Georg Friedrich, der große Tonsetzer († 1759) VII. 419.
Handelschaft, inwieferne dem Geistlichen erlaubt VIII. 780. XII. 271.
Handkrausen, bei Geistlichen verpönt XII. 270.
Handlohn, s. laudemium.
Handlung, heilige IV. 856. S. Cultus, vgl. geistliche Sache.
Handry, Stephan, veranlaßt die Stiftung der Handriettten V. 345.
Handschriften der Bibel: a) die hebräischen der protocanonischen Bücher; b) die griechischen der deuterocanonischen, und c) des Neuen Testamentes IV. 856—864. S. alexandrinische Uebersetzung, Bibelausgaben, Bibelübersetzungen, dazu I. 72. VI. 287 ff. VII. 350. 522 ff. X. 820. XI. 20.
Handschuhe bei den Hebräern VI. 222.
Handschuhe, Insignie des Bischofs II. 23. VI. 217. XII. 1001 ff.
Handwaschung bei den Juden IX. 165. XI. 26.
Handwaschung in der heiligen Messe XII. 543—545.
Handwerke, die Ausübung von solchen den Geistlichen untersagt XII. 271.
Haneberg, Daniel, der Orientalist

(geb. 1816) III. 369. 491. V. 513. VII. 115. 616 (Anmkg.). 624. VIII. 247. 901. XII. 138.
Hänel, Jacob, genannt Gallus, Musiker (st. 1591) VII. 412.
Hanl, Carl, Bf. VI. 244.
Hanna hieß a) die Mutter Samuels, b) die Frau des ältern Tobias, c) die Tochter Phanuels IV. 864.
Hanna, die Mutter der Gottesgebärerin, s. Anna.
Hanno II., Ebf. v. Cöln, s. Anno.
Hannover, Stadt und Land II. 223 (u. Bursfeld). 309 (Freiwohnungen der älteren Vicare). 327 (nur Ein Dignitar). 329 (Anforderungen an einen Capitular). 549 (eine Bulle Leos XII. für). 665 (Besetzung der einen Dignitarstelle in Hildesheim). 753 (Concordat mit). 778 (landesherrl. Recht bei Wahlen). 779 (Confirmation in). 819 (Eherecht). 824 (protest. Consistorien in). 868 (Alter der Convertiten). 914 (geistl. Strafgewalt). III. 125 (das Devolutionsrecht). 138 (Anstalt für dienstunfähige Geistliche). 182 (und die Rongeaner). 271 (Dotation). VI. 422 (Leibniz in). 475 (Concordat). VII. 197 (Unionsbestrebungen). VIII. 300 (Liturgisches). 833 (Verleihung der Kirchenämter). IX. 187 (Bestimmungen hinsichtlich der Religionsübung). 191 ff. (Versuche zur Einigung der Religionsparteien). 804 (Schulwesen). X. 524 (die Superintendenten in). XI. 587 (Verden hannöverisch). 589 (Katholiken in). XII. 866 (und der Wessenbergianismus).
Hansiz, Marcus, Jesuit und Kirchenhistoriker IV. 864—866. VII. 549. 551. 752. VIII. 181. 182 (*). 188. XI. 1023.
Hanthaler, Chrysostomus, der Bibliothekar von Lilienfeld XII. 545. 728. IV. 106.
Hantwill, Johann, Mönch u. Dichter IV. 866.
Hanun, Ammoniterkönig I. 206.
Hanusch, J. J., Moralphil. VII. 329.
Harmaculi XII. 1323.
Hapal, die Insel X. 458.
Haphsa, eines der Weiber Mohammeds VI. 251.
Haphtaren, Schlußabschnitte I. 72. X. 580. 950 ff.
Hara, Landschaft in Assyrien IV. 866. III. 840.
Harald, nordische Könige dieses Namens I. 270. II. 901. III. 19. 720. IV. 708. VII. 615. 997. IX. 691.
Haran, alte Stadt in Mesopotamien IV. 866. V. 400. 462. VI. 692. VII. 78. XI. 462.
Hardenberg (Novalis), Friedrich, der Dichter (st. 1801) VI. 6. 396. VIII. 530. XII. 1088.
Hardenberg, Carl August, Fürst von, Staatskanzler (st. 1822) II. 751. V. 112. VIII. 748. XII. 190.
Hardenberg, prot. Theolog des 16. Jhdts. V. 151 ff.
Harderad, Abt von Hirsau V. 214.
Harding, der 3. Abt von Citeaux IV. 866—867. II. 548.
Hardouin, Jean, der gelehrte Jesuit IV. 868—869. 308. I. 852 ff. II. 738. III. 387 ff. V. 208. VI. 158. 805. VII. 176. IX. 620. 630. XI. 102. XII. 263. 269. 364. 803. 1312.
Hardouin, Bf. v. Piacenza XII. 985.
Hardt, Hermann von der, Orientalist, Alterthumsforscher u. Sammler historischer Urkunden IV. 867—868.
Harduicus, Ebfe. v. Magdeburg VI. 731.
Harduin, der Ascet XII. 361.
Hared, 1. Bf. v. Schleswig IX. 691.
Hared Baret, jacob. Bm. V. 461.
Harenberg, prot. Gl. II. 224. IV. 303. V. 434. 701.
Häresie IV. 869—873. a) Häresie I. 26 (Apostasie). 95 (Adiaphora). 277 (Antinomismus). 510 (u. Aufklärung). II. 667 (Conversion). III. 78 (u. Freidenkerei). 191 (Dogma). 375 (Eclecticismus). 547 (Emanationstheorie). IV. 159 (und die Kirchenlehre). VII. 479 (Naturalismus). 861 (Orthodoxie). IX. 65 (in Bezug auf die Rechtfertigungslehre). 167 (und Religion). X. 303 (Spiritualismus). 477 (und die Sünde). 863 (Theologie). XI. 109 (und der Puseyismus). 406 (Unglaube). 616 (und Rationalismus). XII. 942 (u. die Perfectibilität des Christenthums). b) Häresieen I. 5 (des Abälard). 18 (Abendmahlslehre). 75 (Islam). 143 (Katharer). 192 ff. (des Amalrich von Bena). 267 (des Gaunilo). 278 (der Antinomisten). 292 (Antitrinitarier). 371 (Apostoler). 428 ff. (Arianismus). 467 (eine Geschichte der). 521. 696 (Bautain). 699 (Bajus). 757 (Begliten). 819 (Berengar von Tours). II. 70 (Bolingbroke). 72 (Bolsec). 134 (pietistische). 167 (Jacob von Mies). 181 (Brüder des freien Geistes). 195 (der Petrobrusianer). 228 (in Betreff der Buße). 250 (Kainiten). 276 ff. (Calvinismus). 397. 438 (Cerinthianer). 569 (des Clarke). 805 (und ein Inquisitor). III. 132. 173 (Freidenkerei). 181 (Rongeanismus). 273 (Doketismus). 254 (Donatisten). 357 (Ebioniten). 373 (des Meisters Eckhart). IV. 190. 197 (Freidenkerei). 513 (Gilbert von Porrée). 553 (Gnosticismus). V. 128 (Hermesianismus). 144 (Herrnhuter). 362 (Reformirte in Frankreich). 403 (der Hussitismus). 473 (die Pastorellen). 489 (Jansenismus). 611 (der Index). 648. 650 (u. die Inquisition). VI. 301 (Cryptocalvinismus). 307 (Labadisten). 350 (Latitudinarier). 387 (in Amerika). 492 (des Lessius und Hamelius). 583 (Lollharden). 612 (Luciferianer). 655 ff. (Lutherthum). 794 (Manichäismus). 816 (Marcioniten). VII. 28 (Mennoniten). 190 (Molinismus). 215 (Molinos). 233 (Monophysitismus). 245 (Monotheletismus). 253 (Montanismus). 368 (Muckerei). 528 (Nestorianism.). 765 (Ophiten). VIII. 205 (der Pastorellen). 209 (Patarener). 235 (Paulicianer). 265 (Pelagianismus). 451 (Muckerei). 611 (Pöschlianer). 777 (Priscillianisten). 875 (Quäkerei). 889 (der Quietismus). IX. 15 (in Rußland). 187 (und Religionsvereinigung). 251 ff. (und die Revolution). 403 (Sabbathier). 518 (in Bezug auf die hl. Sacramente). 818 (verschiedene). X. 57 (Semipelagianismus). 100 (Sethianer). 233 (Socinianismus). 275 (Pietismus). 544 (Synergisten). 580 (Synergismus). 643 (Taskodrugiten). XI. 158 (in Bezug auf Transsubstantiation). 294 (Tritheisten). 427 (Unitarier). 745 (Waldenser). 821 (Weigelianer). 929 (Wicliffitismus). 952 (Wiedertäufer). 1290 (Pietismus). XII. 11 (Adamiten). 29 (Aloger). 48 ff. (in America). 335 (und das ewige Evangelium). 571 (Hippolyt über verschiedene). 811 (die Mormonen). 978 (Passagier). 941 (Peratiker). 1170 (Symmachianer). 1181 (Tänzer). 1159 (Thebutis). 1207 (in Tyrol). c) Häretiker I. 39. 59. 67. 94. 97. 100. 123. 131. 132. 141. 143. 165. 178. 214. 235 ff. 261. 275. 279. 291. 309. 357. 371. 377. 455. 465. 611. 613. 653. 726. 902. II. 3. 39. 40. 41 ff. 65. 99. 100. 101. 102. 109. 165. 171. 192. 195. 198. 204. 206. 226. 287. 359. 434. 546. 691. 798. 818. III. 103. 225. 677. 776. 896. 902. 927. IV. 1. 96. 190. 197. 415. 511. 564. 628. 837. 882. V. 91. 100. 175. 221. 263. 309. 395. 606. 748. 817. VI. 39. 266. 516. 585. 610 687. 771. 829. VII. 27. 55. 81. 121. 377. 570. 571. 706. VIII. 439. 516. 621. 772. IX. 6. 391. 431. 449. 569. 632. 861. 917. X. 76. 98 f. 106. 204. 300. 337. 351. 364. 367. 412. 545. 644. XI. 22. 58. 349. 535. 708. 731. 791. 875. 880. 891. 936. 1095. 1123. 1143. 1265. XII. 443. 1314.
Häresie, Abschwörung der, s. Abschwörung der Ketzerei.
Häretiker, Taufe der, s. Ketzertaufe.
Haret Barei, jacobit. Bm. V. 463.
haereticae pravitatis inquisitio, s. inquisitio haereticae pravitatis.
Harfe, das Musikinstrument VII. 394. 422.
Häring, Rudolf, der Professor IV. 211.
Harkelische Bibelübersetzung I. 939.
Harlay de Champvalon, Erzbischof von Paris XII. 545—548. VIII. 144. IX. 90. 91.
Harlem, Bisthum und Stadt V. 499. 500. XI. 504. XII. 575. 577. 588.
Harmenopulos, Constantin, Verfasser eines Auszuges des canonischen Rechtes II. 303.
harmonia confessionum, die s. g. II. 884.
harmonia praestabilita des Leibniz IV. 873—881. XI. 758.
Harmonie der Evangelien IV. 881—882. S. Synopse der Evangelien, dazu I. 207. III. 791 ff. X. 645. XI. 29.
Harmonik, s. Musik.
Harmonische Verhältnisse der gregorianischen Tonreihe VII. 390 ff.
Harmonisten oder Harmoniten, gestiftet von Georg Rapp IV. 882. IX. 839.
Harmonius, Sohn des Bardesanes, s. Bardesanes, dazu III. 392. IV. 588. VIII. 518.
Harms, Claus, der Lutheraner (st. 1855) I. 62. 131.
Ha Rod, der Karäer VI. 29.
Harphius, Heinrich, der Mystiker IX. 729.
Harpsfeld, Nicol., der Theologe II. 432.
Harrach, geistliche Würdenträger aus dem Geschlechte der Reichsgrafen von IV. 210. XI. 1014. XII. 440.
Hartenstein, G., Herbartianer VII. 328.
Hartford, Bm. VII. 640.
Hartfried, Abt von Hirsau V. 214. 215.
Hartknoch, Historiker VIII. 692. 693 f.
Hartley, der Socinianer III. 923. VIII. 772.
Hartmann, Abt von Rheinau XII. 1036.
Hartmann, der Spitalmeister XII. 685.
Hartmann, Abt von Fulda V. 217.
Hartmann, Sohn Rudolphs v. Habsburg XII. 1034.
Hartmann, Mönch in St. Gallen IV. 284. XI. 370.
Hartmann, Bf. v. Lausanne VI. 369.
Hartmann, Gl. VIII. 409.
Hartmann, 1. Regularpropst von Neuburg, Bf. v. Brixen VII. 532.
Hartmann, geb. Rath, Ritter von XII. 865.
Hartmot, Abt v. St. Gallen IV. 279.
Hartung von Capell, Rath VII. 567.
Hartwich, Ebf. von Magdeburg XII. 1018.
Hartwich, Ebfe. v. Bremen-Hamburg I. 141. 855. V. 78 ff. 80 ff. XI. 671 f. 1228.

dan). 104 (Messiasidee). 140 (Micha). 143 (Midrasch). 184 (Moab u. Moabiter). 219 (Molochdienst). 336 (Moria). 342 ff. (Mosaisches Gesetz). 357 (Moses). 462 (Nabajoth). 463 (Nachtwachen). 464 (Nahum). 468 (Nephthali). 474 (Nathan). 497 (Nabuchodonosor). 499 (Nebusaradan). 501 (Nehemias). 569 (Nicodemus). 616 (Nimrod). 618 (Ninive). 619 (Nisibis). 623 (Noe). 664 (Numenius). 674 (Obadia). 714 (Oelberg). 755 (und die Offenbarung). 760 (Og). 772 (Heliopolis). 773 (Onias). 775 (Opfer). 893 (ein Schophel). VIII. 44 (Palästina). 53 (Sprache zur Zeit Christi). 171 (Paradies). 131 (Bücher der Chronik). 215 (Patriarchen). 280 ff. (die 5 Bücher Mosis). 201 (Perda). 312 (Pest unter den). 375 (Pfingstfest). 385 (die Pharisäer). 398 (die Philister). 427 ff. (Phönicien). 453 (Pontius Pilatus). 521 (Prophetenschulen). 527 (Betort). 543 (Psalter). 561 (und die Ptolemäer). 900 (Quirinus). IX. 3 (Rabbath Ammon). 4 (Rabbi). 6 (Rabsace). 9 (Rachel). 12 (Ortsnamen). 48 (Razis). 119 (Bücher der Könige). 125 (Roboam). 209 (Rephaiten). 214 (Resen). 316 (B. der Richter). 433 (Ruben). 475 (Büchlein Ruth). 484 (Saba). 563 (Sadducäer). 579 (Salim). 580 (Salmanassar). 583 (Salome). 585 ff. (Salomo). 602 (Samaria und Samaritaner). 605 (Pentateuch der Samaritaner). 613 (Simson). 616 (Samuel). 621 (Sara). 636 (Saul). 660 (Scheol). X. 31 (Sela). 45 (Semei). 69 (und Sennacharib). 100 (Sisak). 114 (Sichem). 120 (Sidon). 142 (Silo). 143 (Siloë). 147 (Simon). 154 (der Magier Simon). 169 (die Wüste Sin). 170 (Sinai). 186 (Siniter). 190 ff. (Zion). 235 (Sodoma). 245 (Zephanja). 317 (Buch der Sprüchwörter). 365 (Stiftshütte). 532 (Susa). 533 (Susanna). 576 (Synagoge, die große). 577 (Synagogen). 629 (Berechnung des Tages). 703 (Tempel zu Jerusalem). 765 (Bibel). 819 (Bibeltext). 825 (der Thalmud). 836. 837 (Orte und Personen). 838 (Verfassung). 897 (die Theraphim). 909 (ein Demagog). 909 (Ortsnamen). 950 (Thora- u. Thoralesen). 955 (Thebal). 958 (Thubalkain). XI. 29 (Titloi). 33 (Tobias). 56 (Necromantie). 172 (Traumdeuterei). 346 (Tyrus). 362 (Uhren). 491 (Uria). 664 (und Vespasian). 795 (Wallfahrten). 833 (Buch der Weisheit). 1233 (Zabulon). 1236 (der Prophet Zacharias). 1291 (Zoan, Zoar). 1293 (Zoran). 1294 (Serubabel). XII. 231 (und die Diaspora). 536 (großes Hallel). 1012 (Proselyten). 1102 (hohe Schulen).

Hebräern, Aberglaube, s. Aberglaube bei den Hebräern.
Hebräern, Abgaben, s. Abgaben bei den Hebräern.
Hebräern, Abgötterei, s. Abgötterei bei den Hebräern.
Hebräern, Ackerbau, s. Ackerbau der Israeliten in Palästina.
Hebräern, Ackerbesitz, s. Ackerbesitz bei den Israeliten.
Hebräern, Aelteste, s. Aelteste bei den Israeliten.
Hebräern, Altäre, s. Altäre bei den.
Hebräern, Armenpflege, s. Armenpflege bei den.
Hebräern, Arzneikunst, s. Arzneikunst bei den Juden.
Hebräern, Astrologie, s. Gestirndeutung bei den.
Hebräern, Asylstädte, s. Asylstädte bei den.
Hebräern, Aussatz, s. Aussatz bei den.
Hebräern, Baukunst, s. Baukunst bei den.
Hebräern, Begräbniß, s. Begräbniß bei den.
Hebräern, Bilder, s. Bilder bei den.
Hebräern, Bluträcher, s. Bluträcher bei den.
Hebräern, Dichtkunst, s. Poesie, hebräische (VIII. 531).
Hebräern, Diebstahl, s. Diebstahl bei den.
Hebräern, Ehe, s. Ehe bei den Juden.
Hebräern, Eid, s. Eid bei den Juden.
Hebräern, Eltern, s. Eltern bei den.
Hebräern, Erbe, s. Erbe bei den.
Hebräern, Ernte, s. Ernte bei den.
Hebräer, Exil der, s. Exil der.
Hebräern, Fasten, s. Fasten bei den Juden.
Hebräern, Feste bei den, s. Feste, jährliche, der alten Hebräer.
Hebräern, Festungen bei den, s. Festungen und Festungskrieg bei den alten.
Hebräern, Fische, Fischfang, s. Fische, Fischfang bei den alten.
Hebräern, Frauen, s. Frauen bei den alten.
Hebräern, Gastfreiheit bei den alten, s. Gastfreiheit.
Hebräern, Geld und Gewichte bei den, s. Geld und Gewichte.
Hebräern, Gelübde, s. Gelübde bei den alten.
Hebräern, Gericht und Gerichtsverwaltung, s. Gericht und Gerichtsverwaltung bei den.
Hebräern, Geschenke bei den alten, s. Geschenke.
Hebräern, Gestirnkunde, s. Gestirnkunde bei den alten.
Hebräern, Gottesdienst, s. Gottesdienst bei den alten.
Hebräern, Gräber bei den, s. Grab, das jüdische (IV. 645).
Hebräern, Gruß, s. Gruß bei den alten.
Hebräern, Handel, s. Handel bei den alten.
Hebräern, Häuser, s. Häuser bei den alten.
Hebräern, Herbergen, s. Herbergen bei den.
Hebräer, Himmel der V. 201.
Hebräern, Hochzeiten, s. Hochzeit bei den alten.
Hebräern, Hoherpriester, s. Hoherpriester bei den.
Hebräern, Jagd bei den, s. Jagd.
Hebräern, Jahr bei den, s. Jahr der Hebräer.
Hebräern, Kinder, s. Kinder bei den.
Hebräern, Kleidung, s. Kleidung der Männer und Frauen bei den alten.
Hebräern, Königthum, s. Königthum, König bei den.
Hebräern, Krieg, s. Krieg bei den.
Hebräern, langer Tag bei den, s. langer Tag der Juden.
Hebräern, Leibesstrafen, s. Leibesstrafen bei den alten.
Hebräern, Leichen, s. Leichen, ihre Behandlung bei den alten.
Hebräern, Maaße, s. Maaße bei den alten.
Hebräern, Musik, s. Musik und musicalische Instrumente bei den.
Hebräern, Neumond, Fest bei den, s. Neumond als Fest.
Hebräern, Opfer bei den, s. Opfer, mosaische.
Hebräern, Osterkuchen bei den, s. Osterkuchen.
Hebräern, Osterlamm bei den, s. Osterlamm.
Hebräern, Priester, s. Priester bei den alten (VIII. 760).
Hebräern, Propheten bei den, s. Propheten im alten und neuen Bunde.
Hebräern, Putzsachen, s. Putzsachen bei den alten.
Hebräern, Reinigungen bei den, s. Reinigungen.
Hebräern, Ruhetag bei den, s. Sabbath.
Hebräern, Schifffahrt, s. Schifffahrt bei den alten.
Hebräern, Schriftzeichen bei den, s. Schriftzeichen, hebräische.
Hebräern, Steinigung bei den, s. Steinigung, Todesstrafe bei den alten.
Hebräern, Strafen, s. Strafen bei den alten.
Hebräern, Tanz bei den, s. Tanz.
Hebräern, Tischgebet bei den, s. Tischgebet der Juden.
Hebräern, Trauer, s. Trauer bei den alten.
Hebräern, Wucher, s. Wucher bei den.
Hebräer, Zehnte der, s. Zehnte, der bei den Juden.
Hebräern, Zeugen bei den, s. Zeugen (XI. 1283).
Hebräer, Pauli Brief an die VIII. 254.
Hebräische Sprache, s. Palästinensische Landessprachen, Semitische Sprachen.
Hebriden, Inseln II. 694.
Hebron, die Stadt IV. 918—920. I. 58. 60. 490. II. 259. III. 48. 574. VI. 790. 839. VII. 034. VIII. 50. IX. 317. 319. 622. X. 114. 200. XI. 2. 1294.
Hecker, ein Gehilfe Wöllners VIII. 723.
Hedan, Herzoge der Thüringer I. 707. 708. VI. 85.
Hedderich, Thlg. VII. 666.
Heddo, Bf. v. Straßburg I. 406. X. 399 ff. 401.
Hedio, Kaspar, der Reformator IV. 920—921. II. 279. 323. 329. 776. VI. 810. VII. 711. X. 404. 465.
Hedschra, Name der mohammedanischen Zeitrechnung IV. 921—924. V. 855. VII. 157. 537. IX. 12. X. 629.
Hedschas, Juden in I. 358.
Hedschasch, der Wütherich V. 848.
Hedwig, die heilige, Gemahlin Herzogs Heinrich I. von Schlesien und Polen IV. 924—927. II. 504. VIII. 548. IX. 682.
Hedwig, die ungarische Königstochter, und Jagello V. 480 ff. 483.
Hedwig, Gemahlin des Wladislaw Lokietek VIII. 550.
Heer, Histor. II. 44. [534.
Heerbrand, der Tübinger Doctor V.
Heeren, Arnold Herm. Ludw., der Historiker (st. 1842) I. 575. V. 512. XII. 1151.
Hefele, Carl Jos. von, der berühmte Theologe (geb. 1809) II. 809. III. 242. VI. 763 ff. VIII. 395. IX. 934. XII. 499. 506. 765. [VIII. 173.
Heft, Graf Ulrich I., Bf. von Basel
Hegariter, s. Hagariter.
Hegel, Georg Friedr. Wilh., der Philosoph (st. 1831) und der Hegelianismus I. 118 ff. 248. 497. 516. 604. III. 325. 835. 924. V. 362. VI. 6. 926. VII. 175. 327. VIII. 76. 31 f. 64 ff. 792. IX. 70. 744. X. 75. 799. 483. 878. XI. 51. 269 ff. 289. 357. 358. 621. 1113 ff. XII. 288. 396. 611. 944. 977. 1089.
Hegel, Carl, Sohn des Vorigen, Histor. XII. 357. 358.
Hegelmaier, Prof. Gottfried X. 341.
Hegesippus, der erste christliche Kir-

chenhistoriker IV. 927—928. I. 255. 913. 914. III. 246. V. 534. VI. 134.
Hegge, Jacob, der Reformator VIII. 553. 684.
Hegumenes, Prior bei den Griechen, s. Abt, dazu II. 825. VIII. 832.
Heidegger, Johann Heinrich, der Züricher Thlg. IV. 928—929. II. 776. III. 490. V. 350.
Heidelberg, Stadt und Universität I. 169. 463. II. 145. 888. III. 70. 108. IV. 928. V. 85. 161. 351. 842. 923. VI. 444 ff. 895. VII. 28. 191. 218. 762. IX. 242. X. 295. 414. XI. 482. 894. 923 ff. 1121. XII. 312. 313. 929.
Heidelberger Bibliothek I. 169. IV. 725.
Heidelberger Katechismus VII. 762. IX. 173. 561. X. 570. XI. 452.
Heidelberger Polyglotte VIII. 553.
Heiden, s. Paganismus.
Heidenchristen I. 286. II. 621. V. 534 ff. XII. 644 ff.
Heidenheim, Kloster, s. Wunnebald, der hl., dazu I. 708. II. 83. XI. 783. 1100. 1103.
Heidenreich, 1. Bischof v. Kulm VIII. 674. 675.
Heidenthum, s. Paganismus.
Heidenthum und Aberglaube I. 25.
Heidenthum, Stellung des Weibes im, s. Weib.
Heidenthum, Geheimschriften des I. 326 ff. 330 ff.
Heidenthum, seine Mysterien im Verhältniß zum Christenthum VII. 435 ff.
Heidenthum, das moderne I. 511 f. III. 79 ff. 577. IV. 190. 197. V. 603. VII. 790 ff. VIII. 87 ff. IX. 640. 726.
Heidnische Moral, Verhältniß zur christlichen VII. 283 ff.
Heidnische Tugend XI. 310 ff.
Heidnische Religionen, Gültigkeit der I. 175.
Heifede, die Kirchen in I. 655.
Heigerlin, s. Faber, J.
Heigl, Gl. VII. 827.
Heile, Joseph van, der Bollandist I. 90.
Heiland, s. Erlöser, Messias.
Heilige, Gemeinschaft, Anrufung, Verehrung und Fürbitte der Heiligen IV. 929—933. I. 24 (Mißbrauch der). 96 (Verehrung). 173 (Fest aller). 264 (und die Anschauung Gottes). 710 (Beatification). 753 (confessores). II. 311 (Canonisation). 941 (cultus duliae). III. 545 (und die Engel). IV. 55 (Gedächtnißtage). 255 (Fürbitte). 370 (Verwerfung ihrer Verehrung). 638 (und das christliche Grab). 788 (und Heinrich VIII. v. E.). V. 459 (ein Gegner der Verehrung der). 523 f. (Jeremias II. über). VI. 93 ff. (Kinder Gottes). 102 (Gemeinschaft der). 165 (Kirchenpatrone). 183 (Kirchenväter lauter). 265 (und Kreuz und Leiden). 412 (Lebensbeschreibungen). 539 (und die Litaneien). VII. 285 (ihr Leben eine Erkenntnißquelle der Moral). 466 (und der Namenstag). 471 ff. (natalitia der). VIII. 217 (Schutzpatrone). 222. — 739 (und Friedrich II.). IX. 197 (Reliquien der). 814 ff. (Schutzpatrone). 253 (series sanctorum). X. 653 (Taufnamen von den). 903 ff. (und der Gnadenschatz der Kirche). XI. 112 (die Puseyiten über die Anrufung der). 242 ff. (u. das Tridentinum). 352 (der frühest canonisirte). 797 (und Wallfahrten). XII. 337 (Gemeinschaft der). 773 (die zehntausend). 777 (und die Martyrer). 1125 (sepulcrum im Altar). 1164 (Heiligkeit). 1197 (Translation der Reliquien).
Heilige der letzten Tage, s. Mormonen.
Heilige Gefäße, s. Gefäße.
Heilige Handlungen, s. Handlung, hl.
Heilige Kleider, s. Kleider, hl.
Heilige Lanze VI. 350. XII. 705.
Heilige Nacht, s. Weihnachten.
Heilige Sachen, s. geistliche Sache, Kirchensache.
Heilige Zeiten, s. Kirchenjahr.
Heiligen, Anrufung der, s. Heilige.
Heiligen, Commemoration der, s. Commemoration.
Heiligenbeil, die Tagfahrt in VIII. 680.
Heiligenbilder, s. Bilder, Gnadenbild.
Heiligenerscheinung, s. Vision, Verzückung, vgl. Gespenst.
Heiligenfeste, Perikopen für die VIII. 266.
Heiligen, Fürbitte der, s. Fürbitte, Heilige.
Heiligen, Gemeinschaft der, s. Heilige, Kirche.
Heiligenkreuz, Klstr. VI. 481.
Heiligenpfleger, s. Kastenvogt.
Heiligenschein, gloria IV. 933—934.
Heiligenstock, s. Feldkreuze.
Heiligen, Verehrung der, s. Heilige.
Heiligenverehrung der Abyssinier I. 77.
Heiligenverehrung, die, und Wahab XI. 813.
Heiliger Geist, s. Logos, Trinität.
Heiliger Rock, s. Rock, der heilige.
Heiliges Feuer, s. Antoniusfeuer (XII. 56).
Heiliges Grab, s. Grab, heiliges (IV. 641 ff. 644 ff.).
Heiliges Jahr, s. Jubeljahr.
Heiligkeit Gottes, s. Gott.
Heiligkeit der Kirche, s. Kirche.
Heiligkeit, Titel des Papstes, s. Papst.
Heiligkeit, ursprüngliche des Menschen, s. Gerechtigkeit, ursprüngliche, vgl. Sünde, Tod.
Heiligsprechung, s. Canonisation.
Heiligung, s. Rechtfertigung, vgl. Genugthuung.
Heiligung der Sonn- und Festtage XII. 549—553. 89. 91. I. 395. 524. II. 647. IV. 344. IX. 491.
Heilkunst bei den alten Hebräern, s. Arzneikunst bei den Juden.
Heilsordnung, oeconomia salutis IV. 934. III. 668. VII. 843.
Heimathlose, deren kirchliche Verhältnisse IV. 934—935. III. 229. VIII. 151. XI. 173.
Heimburg, s. Gregor von Heimburg.
Heimliche Ehe, s. Ehe, heimliche (III. 420), Gewissensehe (IV. 502), Winkelehe (XII. 1310).
Heimsuchung Mariä, Fest der, s. Mariä Heimsuchung.
Heimsuchung, Orden von der, s. Chantal (II. 450), dazu VII. 158. IX. 577. 783. XI. 703.
Heine, Heinrich, der Poet (geb. 1800) VI. 927. VIII. 530. X. 303.
Heineccius, Joh. Gottlieb, der Jurist (st. 1741) VI. 77.
Heinichen, Gl. VI. 141.
Heinius, prot. Thlg. II. 393.
Heinrich, der hl. Prior VII. 23.
Heinrich a Sto. Ignatio, der Rigorist VII. 306.
Heinrich von Hessen, s. Heinrich von Langenstein.
Heinrich der Petrobrusianer I. 841. II. 195 ff.
Heinrich von Gorincha, gl. Theolog X. 929.
Heinrich von Lausanne, Afterbußprediger V. 158.
Heinrich von Nördlingen, Mystiker X. 686. 687. 877.
Heinrich von Susa, der gelehrte Cardinal III. 346.
Heinrich, ein Apostel der Finnen IV. 71 ff. IX. 842. XII. 1215.
Heinrich, Bischöfe von Augsburg V. 14. XII. 81. 82.
Heinrich, Bf. v. Bamberg XII. 1019.
Heinrich, Bf. v. Chur II. 541. XII. 1202.
Heinrich, Ebf. v. Cöln III. 373.
Heinrich, Bfe. v. Freysing IV. 208 ff.
Heinrich, Bf. v. Gnesen IV. 551. V. 633.
Heinrich, Bf. v. Merseburg VII. 73.
Heinrich, Ebf. v. Ravenna III. 17.
Heinrich, Bfe. v. Regensburg IX. 104. 111 ff.
Heinrich, Bf. v. Trient XII. 1202.
Heinrich, Bf. v. Würzburg XI. 1186. 1188.
Heinrich Isaac (Arrigo tedesco), Tonsetzer VII. 405. 408.
Heinrich, Name von 7 teutschen Kaisern V. 1—48. a) Heinr. der Finkler (st. 936) II. 138. 219. III. 19. 719. VI. 350. 743. VII. 18 ff. 70. 659. 895. VIII. 880. IX. 131. 326. 583. 680. XI. 371. 372. 1121. 1149. XII. 320. 924. 713. — Heinr. II. der Heilige (reg. bis 1024) I. 56. 596 ff. 773. 774. 847. 849. 850. II. 122. 185. 639. III. 152. 184. 499. IV. 104. 304. 367. 568. V. 49. 190. 217. 396. 762 ff. VI. 258. 730 ff. 755. VII. 17. 20 ff. 71. 149. 273. 492. 493. VIII. 177. 540. 853. IX. 101. 133. 593. 604. XI. 842. 1107. 1150. XII. 97. 230. 361. — Heinr. III. (reg. 1039—1056) I. 241. 775. 607. 820. II. 591. 639. III. 14. 15. IV. 207. 304. 367. 624. 695 ff. V. 49. 319. 682. VI. 463 ff. 755. 806. VII. 70. 149 ff. 273. 579. VIII. 111. 174. 175. 206. 883. 984. IX. 101. 102. 593. X. 359. 512. 699. XI. 673. 965. 1109. 1110. XII. 31. 1246. 1247. — Heinr. IV., der Gegner Gregors VII. (reg. 1056—1106). S. Gregor VII., Welfen u. Ghibellinen, dazu I. 155 (Alexander II. gegen). 257 ff. (und Hanno von Cöln). 269 (ein Gegner). 612 (barfuß in Canossa). 775 ff. (Agnes). 751 (bereitet noch Benedict XIII. Verlegenheiten). 807 (ein Gegner). II. 151 (**). 155. 156 (ein schriftstellerischer Gegner). 221 (u. Burkfeld). 610 (ein Vermittler). 745 (Anfang des Investiturstreites). III. 17 (und Damiani). 594 (die Engelsburg). IV. 208 (Gegner u. Anhgr.). 224 (die Lombardei). 399 (kirchenrechtliche Folgen des Streites mit Gregor). 624 (belehnt Gottfried von Bouillon). 699 ff. (und der Papst). 817 (ein Anhänger). 818 (Bisthum Halberstadt). V. 10. — 78 (ein Nachbild des Kampfes mit dem Papste). 191 (und Hezilo von Hildesheim). 217 (Abtei Hersfeld). 319 (Kadaloh). 682 ff. (Investiturstreit). VI. 67 (schlimme Folgen des Kampfes). 254 (eine Urkunde). 322 (und Lambert von Aschaffenburg). 370 (ein Anhänger des). 481 (Leopold von Oestreich). 599 (Adalbert von Bremen). 731 ff. (Erzstift Magdeburg). VII. 72 (und Merseburg). 150 (in Minden). 493 (Absolution der Anhänger). 532 (ein Schwiegersohn). 580 (Verordnung über die Papstwahl). 810 (u. Otto, der Pommernapostel). VIII. 111 (Bestimmungen über die Papstwahl). 167. 168 (Paschalis wider). 174. 175 (und das Bisthum

Passau). 206 (eine Bischofswahl in Mailand). 542 (eine Schwester). 884 (eine Tante des). IX. 102 (und Regensburg). 136. 138 (u. das teutsche Reich). 337 ff. (Verwüstung Roms). 563 (Salzburg). X. 131 (ein Anhänger). 195 (Fahrt nach Canossa). 360 (und Stephan X.). XI. 463 ff. (und Urban II.). 591 (ein Anhänger). 635 ff. (Bisthum Verona). 843 ff. (Welfen und Ghibellinen). 854 (Kampf mit dem Papste). 1150 (und Worms). 1187 (und Würzburg). XII. 199 (Kadaloh). 210 (Bm. Cambray). 643 (Urtheil von Kerz über den Kampf mit Gregor). 659 (treibt Simonie). 687 (Kreuzzugsplane). 714 ff. (*). 817 (Bm. Münster). 845 (Nürnberg). 856 (soll den ersten Burggrafen von Nürnberg ernannt haben). 917 (Bisthum Padua). 1018 (Gregorianer). 1202 ff. (Parteien in Tyrol). — Heinr. V. (reg. 1106—1125) II. 24. 43. 260 ff. 640. 745. IV. 371. 469. 712. 848. V. 27. 28 ff. 312. 317. 629. 683 ff. 832. VI. 481. 731. 766. VII. 274. 634. 678. 910. VIII. 107. 167. 168. 543. 884. IX. 102. 103. 136. 137. X. 269. 399. XI. 321. 591. 841. 845 ff. 1150. 1182. 1187. XII. 29. 210. 317. 659. 817. 831 ff. 845. 1032. 1034. — Heinr. VI. (reg. 1190—1197) II. 591. 654. 810. IV. 226. V. 83. 683. 689. VI. 624. VII. 906. IX. 138. 139. 310. X. 803. 811. 1188. XII. 61. 488. — Heinr. VII., Graf von Luxemburg (st. 1313) I. 137. II. 595. 596 ff. 803. III. 31. VI. 624. IX. 106. 108. 140. 304. X. 132.

Heinrich I., König von England V. 48—53. I. 266. II. 281. III. 80. VIII. 167. IX. 331. X. 472. XII. 384. 779 ff.

Heinrich II., König v. England V. 53—59. I. 155. 719 ff. II. 314. IV. 273. 515. 819. V. 82. 683. 705. 738. 827 ff. VI. 410. 616. VIII. 344. 345. IX. 310. XI. 1225. XII. 693. 966 ff.

Heinrich VIII., König v. England V. 59—77. S. Hochkirche, dazu I. 29 (Finanzmaßregeln). 452 (Anfänge der Armensteuer). 625. 626 (und Barns). 635 (die Nonne von Kent). 723 (verketzert den Th. Becket). II. 212 (Widmung eines Werkes an). 253 (Ehescheidung). 289 (Campeggio). 314 (und Cranmer). 341 (Gesandter an). 350 (und Kaiser Karl V.). 602 (und Papst Clemens VII.). 707 (Einführung des Calvinismus). 906 ff. (ein Werkzeug des). 920 (bereitet die Revolution vor). 923 (ein Minister des). III. 22 (Bugenhagen). 372 (Doctor Eck in). 401 (ein Nachfolger). 533 (die Tochter des). 597 (Schrift wider Luther). 641. 642. 643 (und Desid. Erasmus). 868 (ein Gesandter bei). IV. 82 ff. — 95 (eine angebliche Folge seines Lebens). 666 (und Granvella). 781. 783 ff. (sein Land). V. 553 (und die Jesuiten). 828 (die Irishmen). VI. 236 (und Knox). 470 (Bündniß mit dem Papste). 606 (und Luther). 817 (Maria bloody). VII. 30 (und Albrecht von Mainz). 34 (Melanchthon). 426 ff. (Bündniß mit den Protestanten des Festlandes). 708 (und Oecolampad). VIII. 231 (Bannbulle wider). 326 (Abschaffung des Peterspfennigs). 571 (Reginald Pool). 657 (die Presbyterianer). X. 530 (der Suprematseid). 989 ff. (und Morus). XI. 193 (Zustände nach seinem Tode). 487 (Klosteraufhebung). 719 (und der Humanist Vives). 810 (und Warham). 1141 (Wolsey). XII. 121 (Campeggio).

Heinrich III., König v. England III. 397 ff. V. 321. 637. 804. VI. 832. XI. 469.

Heinrich IV., König v. England (reg. 1399—1413) II. 601. IV. 782. 783. VII. 531.

Heinrich V., König v. England (reg. 1413—1422) II. 163. 570. VII. 531. 851. XI. 936.

Heinrich VII., König v. England (st. 1509) III. 401. IV. 82. V. 59. 642. VII. 531. 851 ff. X. 938. XI. 1140.

Heinrich, Name von 4 französischen Königen: H. I., der dritte Capetinger (reg. 1031—1060) I. 820 ff. VI. 343. IX. 293. XII. 382 ff. 999. — Heinr. II. (reg. 1547—1559) I. 220. II. 49. 50. IV. 171. V. 363. 555. 898. 920. VII. 137. VIII. 189. IX. 295. XI. 190. 197. 202. 341. 787. XII. 216. 733 ff. — Heinr. III., der letzte Valois (ermordet 1589) I. 220. 758. II. 51. 98. III. 310. 538. IV. 62. 171. V. 343. 373 ff. 556. VI. 243. IX. 296. X. 207. 208. 658. XII. 78. 832. 989. — Heinr. IV. (geb. 1553, ermordet 1610) I. 624 (schützt die Barnabiten). 758 (und Bellarmin). 761 (unterstützt Venedig). 907 (eine Gesandtschaft an). II. 176 (unterstützt die barmh. Brüder). 603. 604. 605. 608 (und der Papst). 792 (ein Liebling der Jesuiten). III. 340 ff. (Bekehrung). 875. IV. 16 (und die teutschen Protestanten). 140 (eine Erwerbung). 724 (wird excommunicirt). 794 (und Jakob I.). 803 (zeichnet den Hugo Grotius aus). V. 370. 371 ff. 378 ff. 381 (und die Hugenotten). 442 (und Jacob I.). 555 (und der Jesuitenorden). 556 ff. — 659 (nur noch 2 bischöfl. Inquisitionstribunale). 928 (und du Jon). VI. 635 (das Edict von Nantes). VII. 511 ff. (seine Abfälle und Bekehrungen). 871 (und Armand d'Ossat). VIII. 233 (Theilnahme ob seiner Ermordung). 393 (und Philipp II. von Spanien). 620 (ein Vermittler beim Papste). IX. 71 (begünstigt die Recollecten). 146 ff. (ehrgeizige Plane). 296 (und das Erzbisthum Rheims). 315 (ein Anhänger). 877 (ein Gegner). X. 208 (und Sixtus V.). 315 (ein Pathenkind). 572 (die hugenottische confessio fidei). 958 (und de Thou). XI. 62 (Bekehrung). 108 (Salbung). 493 (Madelaine de St. Beuve). XII. 78 (ein Anhänger). 231 (Coëffeteau). 922 (und Paris). 988 (François Pithou). 1195. 1196 (Toletus). 1198 (eine Erwerbung).

Heinrich der Löwe und Barbarossa V. 77—83. S. Friedrich I., Kaiser, Welfen und Ghibellinen, dazu II. 799. 800. III. 721. IV. 208. 630. V. 40. 42 ff. 191. VI. 805. VII. 906. VIII. 6. IX. 35. 105. 138. 864. XI. 671. 672. 848 ff. 928. 1151. XII. 61. 348. 818. [s. Raspe.

Heinrich Raspe, der Gegenkönig,

Heinrich von Gent, der Scholastiker V. 83—84. III. 198. IX. 722. 880. 881.

Heinrich von Gorcum, Philosoph und Theolog des 15. Jahrhunderts zu Cöln V. 84. VI. 587.

Heinrich, Archidiacon von Huntingdon und dessen historia Anglorum V. 84.

Heinrich von Langenstein, der gelehrte V. 84—85. IX. 728.

Heinrich, Herzoge von Bayern II. 800. V. 77. VI. 492. VII. 900. 902. IX. 100. XI. 848. 966. 1104.

Heinrich von Burgund, Hugo Capets Kronvasall XII. 377.

Heinrich, Herzoge von Mecklenburg IX. 865. XI. 846. 847.

Heinrich, Herzog von Sachsen-Meißen VII. 421 ff. VIII. 685 ff.

Heinrich, Herzoge von Schlesien IV. 924 ff. IX. 683.

Heinrich III. von Castilien V. 893. 894. X. 71.

Heinrich Julius, Herzog von Braunschweig, Administrator IV. 849.

Heinrich, Ebfe. v. Mainz VI. 767 ff.

Heinrich, Bf. von Minden VII. 151.

Heinrich, Ebf. v. Trier IX. 97.

Heinrich, Bfe. v. Schleswig IX. 683 ff.

Heinrich, Ebf. v. Sens X. 70.

Heinrich, Bfe. v. Verden XI. 586.

Heinrich von Zweibrücken, Bf. von Worms XI. 1151.

Heinrich, Bfe. v. Rheims IX. 294. XII. 1033.

Heinrichau, Klstr. V. 924.

Heinsberg, Ebf., s. Dietrich I., Graf v.

Heinse, Joh. Jac. Wilh., der Wielandianer (st. 1803) VIII. 530. XII. 134.

Heinsius, Gl. IX. 371. XII. 525.

Heinz, Friedrichs II. Sohn, s. Enzio.

Heirath, s. Ehe.

Heirathsdispensen, s. Ehedispensen.

Heirathsgut, s. Ehegut.

Heirathsvertrag, s. Ehecontract.

Heitersheim, die Johanniter in V. 772. 774.

Heitzung, Jac., Rktor. VI. 68.

Hekl, der Häuptling X. 466.

Hela, nordgermanische Gttht. VIII. 40 (vgl. Hellia).

Helbon (Aleppo?) V. 85.

Helclas, Hbpstr. V. 811. 815.

Held, der kaiserl. Vicekanzler XI. 397.

Heldalfense, Klstr. IV. 474.

Helding, Weihbischof v. Mainz, s. Sidonius, Michael.

Helena, die heilige, Mutter Constantins d. G. V. 86. I. 879. 956. II. 273. 827. III. 767. IV. 641. VI. 266. 268. 273. 274. 350. 416. 933. VIII. 217. IX. 333. 334. 385. X. 179. XI. 795. XII. 236. 705.

Helena, s. Olga.

Helena, die des Simon Magus I. 278. 308. X. 156.

Helenius. Bf. v. Tarsus VIII. 259.

Helera, Klstr. IV. 219.

Helfenstein, Graf Ulrich von I. 236.

Helfer, Ansar, Anhänger Mohammeds I. 262.

Helfert, Canonist III. 75. V. 739.

Helfferich, Thlge. VII. 302. 447. XII. 866.

Heli, Eli, der Hohepriester IV. 86—87. 279. I. 478. IV. 906. IX. 316. 317. 616. X. 894.

Heliand oder altsächsische Evangelienharmonie V. 87—88. VI. 476. VII. 890. XI. 920.

Helias, die selige IX. 771.

Helie, Gerhard III. 638.

Helfried, gl. Mönch v. Hirsau V. 214.

Helinand, der Cistercienser VI. 416.

Heliodor a) Schatzmeister des Königs Seleukos III. Philopator; b) Bf. von Tricca, Verfasser der Aethiopica; c) ein Freund des hl. Hieronymus; endlich d) Priester in Antiochien, Gegner der Manichäer V. 88—89. 168. I. 348. VI. 712. VII. 773. X. 43. 153.

Heliodor, der hl., Bf. v. Sitten X. 194.

Heliogabal, sein Verhältniß zum Christenthum V. 89—90. 887. X. 107. XII. 624.

Heliopolis, die ägypt. Priesterstadt, s. On, Baalbek.

Helizena, die Stifterin von Hirsau I. 152. V. 213.

Helkias, s. Helcias.
Hell, der Exjesuit und Astronom XI. 1050.
Helladius, Ebf. v. Toledo IV. 555. V. 610. XI. 63.
Hellanicus, 1. Ebf. von Toledo XII. 1037.
Hellas, s. Griechenland.
Hellenismus, der, als Culturstufe V. 555 ff. VII. 791 ff.
Hellenisten, die griechisch sprechenden Judenchristen V. 90. S. Judenchristen.
Hellenopolis, Bm. XII. 920. 921.
Hella, nordgerman. Göttin VIII. 40. XII. 475. 476.
Helluin, Abt I. 265.
Helmold, der sächs. Chronist XII. 553–554. IX. 443. XI. 670. 672.
Helmreich, Aebte von Lorsch VI. 598.
Helmstädt, die ehemal. Universität I. 298. II. 267. 269. 544. 969. IV. 867. V. 97. 152. VI. 509. VII. 197. 366. VIII. 321. IX. 192. X. 567. 585. 586. 588.
Helmstadt, Klstr. XII. 1250.
Helnham, angelsächs. Bm. I. 250.
Heloise, die berühmte I. 4 ff. IX. 723.
Helori, der Juristenpatron, s. Ivo.
Helsing. Bm. VI. 536.
Helvetien, s. Schweiz.
Helvetische Bekenntnißschriften, s. confessiones Helveticae.
Helvetius, Claude Adrien, der Atheist V. 90–95. 283. II. 764. III. 621. VI. 924. VII. 322. 323. X. 40. 72. 73. XI. 739.
Helvidius, Schüler des Auxentius V. 95. 793. VI. 843.
Helvidius, der Antidikomarianite I. 275. II. 100. 180. VI. 843.
Helyot, Pierre, Verfasser der histoire des ordres monastiques religieux et militaires V. 96. I. 527. II. 283. XI. 515. 516. 560. 1095 ff.
Heman a) Sohn Joels und Enkel Samuels, b) der weise Esrachite V. 96. VIII. 845.
Hemeling, Hans, der Maler VI. 765.
Hemmeram, St., s. Emmeram.
Hems, Bm., s. Emesa.
Hendinl, Burghdrfge. II. 215.
Hengist, der Angelsachse I. 244.
Hengstenberg, Ernst Wilh., berühmter prot. Theolog und Herausgeber der evangel. Kirchenzeitung (geb. 1802) I. 557. II. 471. 487. III. 25. 36. 491. 516. IV. 593. 919. VI. 12. 245. 708. VII. 463. IX. 1. 196. X. 115. 373. XI. 346. 1237.
Henhöfer, der Pfarrer IX. 832 ff.
Henichius, prot. Thlg. II. 393.
Henke, Heinr. Phil. Conrad, luther. Theologe V. 96–97. IV. 709. VI. 158. IX. 732.
Henkel, prot. Thlg. III. 391. V. 111. 112.
Henneberg, Grafen von, Bfe. von Würzburg XI. 1156. 1188.
Henning, luth. Thlg. VII. 33; — Bf. VIII. 600.
Hennuyer, Bf. v. Lisieux II. 55.
Henoch a) ein Sohn Kains; b) erster Sohn Rubens; c) ein Sohn Madians; d) Sohn Hareds, Vater des Methusalem V. 97–98. I. 327. 330. 331 ff. 336. 339 (Apokryphen). III. 524. VII 36. 115. VIII. 216. XI. 43. XII. 1217.
Henoch, das Buch I. 77. 326. 328.
Henochiten, s. Ruben.
Henoticon des Acacius und Kaisers Zeno V. 98–99. 329. I. 78. 138. 228. IV. 3. VII. 237 ff. VIII. 66. X. 167. 574.
Henricianer, die Secte der II. 196. V. 630. IX. 822.
Henricus à Fracta, Bf. von Bologna XII. 120.
Henricus, Cdl. v. Ostia VI. 513.
Henrion, Kchhist. VI. 152. VIII. 309.
Henriquez, Jesuit I. 379.
Henschen, Gottfried, der Bollandist XII. 554–555. I. 90. II. 735. VIII. 89. XI. 303. XII. 723. 777.
Hentenius, Joh., der Bibelübersetzer I. 950.
Hentlam, Schule zu III. 329.
Hephaistos, der Gott VIII. 41.
Hephästion, Freund Alexanders d. G. I. 374.
Hephiter, die II. 294 ff. VI. 618.
Hepidan, der Mönch IV. 284.
Heraclas, Bf. v. Alxdn. I. 160. 161. VII. 826. 828. 844.
Heraclas, Schüler des Ammonius Saccas I. 206.
Heraclea, Stadt und Kirchenprovinz II. 839. III. 815. IV. 760. V. 329 ff. VIII. 214. XI. 254. XII. 506. 518. 519 Anmkg.
Heracles, griech. Gottheit, s. Herkules.
Heracleon, alexandrin. Gnostiker des 2. Jahrhunderts V. 100–101. III. 800. IV. 560.
Heraclianus, Bf. v. Toulouse XI. 93.
Heraclides, Martyrer VII. 826.
Heraclit, der jonische Naturphilosoph (um 500 v. Chr.) III. 322. 606. 921. VI. 922. VIII. 76 ff. 78 ff. IX. 674. X. 376.
Heraclius, byzantin. Kaiser V. 101–103. 315. 531. 594. I. 563. II. 527. 825 ff. III. 122. 812. VI. 265. 293. 893. 901. VII. 244 ff. VIII. 51. X. 102. 222. XII. 783 ff.
Heraclius, Ptch. von Jerusalem XII. 693.
Herard, Ebf. v. Tours V. 103. XI. [104.
Heraudin, Afterbischof IX. 266.
Herbart, Joh. Fridr., der Philosoph (st. 1841) VII. 828. VIII. 496. IX. 744. X. 211.
Herbelot, Gel. X. 98.
Herbergen bei den alten Hebräern V. 103–104. S. Gastfreiheit.
Herberstein, geistl. Würdenträger aus dem Geschlechte der V. 799. VI. 533. XI. 1051.
Herbert, Ebf. v. Tours XI. 104 ff.
Herbert, Graf von Vermandois I. 129.
Herbert of Cherbury, Lord Edward, der früheste namhafte englische Deist III. 80 ff. VI. 253. 564.
Herbst, gelehrter Theologe XII. 555–556. III. 491. 725 ff. 860. 863. IV. 843 ff. VI. 711. 939. VII. 189. VIII. 334. IX. 123. 778. XI. 834. 836.
Herburga, die Aebtissin XII. 816.
Herbut, poln. Gesandter beim Tridentinerconcil XI. 222.
Herder, Johann Gottfried von, der teutsche Classiker V. 104–107. I. 241 (Herausgeber von Andreas Dichtungen). 589 (würdigt den Balde). II. 409 (komische Auffassung der Cherubim). III. 4 (und Dalberg). 362 (eine Exegese). 389 (Auffassung des Paradieses). 490 (als Exeget). V. 274 (buchstäbliche Deutung des hohen Liedes). VI. 390 (*). 490 (baut auf Lessing fort). VII. 374 (u. der Kreis in Münster). VIII. 530 ff. (Verdienste um die christl. Dichtkunst). X. 383 (Urtheil über den Konvertiten Stolberg). 932 (Proben aus Campanella). XI. 923 (ein Schüler des). XII. 528 (u. Gügler). 929 (ein Gutachten über den Heidelberger Paulus). 1055 (über den Convertiten F. Stolberg). 1087 (und Schlegel).
Herderich, Mönch von Hirsau V. 214.
Here, die Göttin VIII. 41.
hereditas, s. Erbschaft, Erbrecht.
Hereford, anglican. Bm. I. 250. V. 241.
Herford, Frauenstift IV. 198.
Herennius, der Neuplatoniker I. 206. VII. 541.
Herford, Kloster IV. 183. VI. 929. XII. 756.
Hergenröther, theol. Schftstl. X. 435.
Heribert, Ebf. v. Mailand (st. 1045) I. 281. VI. 75. 755.
Heribert, Ebf. v. Rheims IX. 292.
Heribert, der Mystiker VII. 856.
Hericus (Heiricus), Mönch und Dichter IV. 466. V. 358.
Heridäus, Ebf. v. Rheims XII. 378.
Heriger, Abt von Lobbes, Lehrer und Schriftsteller V. 107–108. VI. 335. VIII. 168. 169. IX. 714. XII. 832.
Heriger, Ebf. v. Mainz V. 1.
Herimbert, 1. Bf. v. Minden VII. 148.
Heringisten, Secte der IX. 832.
Herkommen, s. Gewohnheit.
Herkules, der Halbgott V. 778. X. 595. XII. 631.
Herkules, der phönicische VIII. 437. 438.
Herlembad Cotta, der heilige, Haupt der Pataria VIII. 207 ff. XI. 466.
Herluca, die heilige Klausnerin VIII. 233.
Herluin, d. hl., Abt v. Bec IV. 512. VI. 343. 345.
Hermagoras, 1. Bf. v. Trier XI. 254.
Hermanarich, s. Ermanarich.
Hermanfred, Bf. v. Sitten X. 195 ff.
Hermanfried von Thüringen VIII. 10.
Hermann von dem Busche, der Humanist V. 108–109.
Hermann von Fritzlar, der Mystiker V. 109–110. III. 50.
Hermann von Lehnin und das vaticinium Lehninense V. 110–114. II. 140. XII. 793.
Hermann, Abt von Niederaltaich in Niederbayern V. 114. VIII. 177.
Hermann v. Salza, vierter Großmeister des Teutschordens V. 114–116. 321. VIII. 666. IX. 609. 870. X. 611.
Hermann II. von Wied, Ebf. von Cöln VIII. 7.
Hermann von Wied, Erzbischof u. Churfürst von Cöln V. 116–117. II. 298. 875. 077. IV. 338. 775. 920. V. 32. XI. 193. XII. 241.
Hermann von Langeln, Mönch V. 112.
Hermann, Bf. v. Metz XII. 1018.
Hermann I. Bf. v. Würzburg XI. 1189.
Hermann, ein Markgraf v. Baden XI. 968.
Hermann, Schwabenherzog VII. 895.
Hermann Alemannus, ein Uebersetzer des Aristoteles VII. 319.
Hermann, Gottfried, Philolog (st. 1848) XII. 605.
Hermannus Contractus, Mönch von Reichenau V. 117–119. 10. 11. 760. I. 847. VI. 66. 147. VII. 98. VIII. 523. 874. IX. 140 589. X. 542.
Hermannstadt in Siebenbürgen VII. 729 ff. 731. VIII. 620. X. 123 ff.
Hermant, gel. Canonicus XI. 19.
Hermas (pastor Hermae) V. 119–123. I. 355. 373. 374. II. 478. 906 (*,*). VII. 255. 266. 444. VIII. 294. 451. X. 112. XII. 800.
Hermas, Schüler des Manes VI. 795 ff.
Hermelaus, St. XII. 1018.
Hermenegild, Gothenfürst IV. 581. 585. VI. 388.
Hermeneutik, biblische V. 123–127. vgl. Exegese, s. dazu I. 932 ff. II. 710 ff. IV. 539. 559. VI. 40. 61. 899. VII. 448. X. 161. 103. 297. 315 ff. XII. 1210 ff.
Hermeneutik, mohamdn. VI. 251 ff.
Hermerich, Gothenfürst in Spanien (411 n. Chr.) VI. 900.

Hermes, griech.-ägypt. Gottheit I. 326 ff. 329. VIII. 41. 203.
Hermes und der Hermesianismus V. 127—136. II. 333 ff. III. 306. 307. 352. IV. 401. 729. VI. 213. VII. 190. 194 ff. VIII. 751. XI. 619. 620. XII. 614. 1099.
Hermes, J. D., luther. Prediger VIII. 721 ff. 723 ff.
Hermiaulien, die X. 43.
Hermias, der Philosoph (Verfasser der irrisio gentilium philosophorum) V. 136—137. I. 362. IV. 376.
Hermias, Irrlehrer in Galatien X. 42.
Hermias Sozomenus, der Kchnhstr., s. Sozomenus.
Hermogenes, der Irrlehrer V. 137—138. IV. 560. X. 43. 753. 754. 891.
Hermogenes, Bf. v. Cäsarea in Kappadocien III. 770.
Hermogenianus, der Jurist II. 650.
Hermon, Gebirge, s. Libanon, dazu I. 194. IV. 491. VI. 509. 510. VIII. 46 ff. X. 103.
Hermonymus von Sparta, Gl. IX. 233.
Hernals, der Protestantismus in VII. 734. 735. 743.
Herodes der Große, der Idumäer V. 138—140. I. 290. 291. 388. 404. 480. 545. II. 244. 424. 890. 916. V. 280. 526. 529. 571. 575. VIII. 50. 51. 386. 387. 455. IX. 602. X. 711 ff. XII. 1104 ff.
Herodes Agrippa, die beiden V. 140—141. a) Her. A. I. I. 826. III. 761. IV. 529. 917. V. 469. 875. VI. 312. VIII. 332. 334 ff. — b) Her. Agr. II. I. 640. 826.
Herodes Antipas, s. Antipas.
Herodian, Histor. I. 374.
Herodianer, jüdische Secte zur Zeit Christi V. 141.
Herodianertempel zu Jerusalem X. 711 ff.
Herodias, Tochter des Aristobul V. 141. I. 290. V. 140. 741. VIII. 397. IX. 518.
Herodot, der „Vater der Geschichtschreibung" (st. 408 v. Chr.) I. 400. 484. 576. II. 980. III. 40. 452. 483 ff. 515. IV. 851. 868. VI. 519. 694. 735. VII. 9. 145. 174. 618. VIII. 305. 306. 399. 446 ff. IX. 484. 908. X. 14. 15. XI. 362. 814 ff. XII. 630.
Heroenverehrung bei den alten Arabern V. 816.
Heroische Tugend, s. Tugend (XI. 308).
Herold, Ebf. v. Salzburg IX. 593.
Heron, Martyrer VII. 826.
Heroopolis, die Stadt IV. 490. IX. 1.
Heros, Bf. v. Orleans VIII. 268. 270.
Herrad, die Nonne in Hohenburg V. 279.
Herrand, Bf. v. Halberstadt IV. 818.
Herrera, Fernandez de, Odendichter (st. zwischen 1578—1589) VI. 635.
Herrera, Antonio de Tordesillas, Historiker (st. 1625) XII. 36.
Herrgott, der Sankt-Blasianer II. 41.
Herrlich, Abt v. Göttweih IV. 632.
Herrnchiemsee, s. Chiemsee.
Herrnhuter, V. 142—145. S. Zinzendorf, dazu II. 68. VII. 121. IX. 157. 822. X. 80. XI. 900. XII. 49.
Herrnried, Kloster XII. 830.
Hersau, s. Hirschau.
Hersfeld, s. Hirschfeld.
Herten, Abt XII. 1036.
Hertford, Synode zu X. 843.
Heruler, das Volk der VI. 580. VII. 703 ff. XI. 728.
Hervais, der Großprior X. 470.
Hervaeus Natalis, Brito, der Dominicaner V. 146.
Hervet, Gentian, der Theolog VI. 543.
Herveus, Ebf. v. Rheims IX. 292.
Herzan, Cardinal V. 803.
Herzberg, Ewald von, preuß. Minister (st. 1795) VIII. 716.
Herzberger, s. Otto, Anton.
Herzegowina, die XI. 333.
Herz-Jesu-Andacht XI. 1050.
Herz-Jesu-Fest XII. 556—557.
Herz-Jesu-Gesellschaft, s. Gesellschaft des hl. Herzens Jesu.
Herz-Jesu-Schwestern (dames du sacré coeur), s. sacré coeur, dames du.
Herzogenburg, Stift VIII. 567.
Herzogenbusch in Holland III. 639. VII. 1. 2. XII. 580. 583 ff.
Hes, keltischer Götze VIII. 40.
Hesbon, s. Hesebon.
Hesebon, Hesbon, die Stadt V. 146.
Heser, gel. Jesuit X. 955.
Hesiod, griech. Dichter um 1000 v. Chr. VII. 460. IX. 765. X. 863. XII. 595. 1290.
Heß, Leonh., der Jesuit II. 786.
Heß, der Maler VI. 786.
Heß, Reformator v. Breslau IX. 684.
Heß, Joh., der Zwinglianer I. 582. 583. IX. 684.
Heß, J. J., prot. Gl. VIII. 142.
Hesselberg, Gl. X. 749.
Hessels, Johann u. Leonhard, die Theologen V. 146—148. S. Bay, dazu XI. 227 ff.
Hessen, Kirchengeschichtliches bis zur Reformation I. 201 (Amortisationsgesetz v. 1401). 769 (Benedictiner). II. 82 ff. (Bonifacius). 215 (Bm. Büraburg). 463 (Christianisirung). IV. 624 (Wahrgericht). VI. 322 (ein gelehrter Mönch). XII. 712 (Leibeigenschaft).
Hessen, Reformation in V. 148—151. II. 265. 393 (ein Religionsgespräch). 779 (Confirmation). 930 (ein Reformator). IV. 562 (Sanct Goar). V. 674 (und Luther). VII. 27 (ein Reformator). X. 590. 594 (Glaubensstreitigkeiten).
Hessen, Kirchenrechtliches und Kirchengeschichtliches seit der Reformation I. 307. 603 (Krls.). II. 326 (Krls.). 557 (Kammerverhandlungen). 560 (Krls.). 752 (Concordatsverhandlungen). 797. 819. 825. 868. 914 (Krls.). III. 139 (Krls.). 192 (Rongeanismus). IV. 231 (ein Convertit). 652 (Rangreglement). 826 (Krls.). VI. 25. 202 (Krls.). 769 (zu Napoleons I. Zeit). VIII. 226. 228 (Krls.). 747 (zu Napoleons I. Zeit). 825 (Krls.). 837. IX. 155 (Cassel wird Churfürstenthum). 157 (Religionsfreiheit). X. 524 (Krls.). XII. 867 ff. (Oberrheinische Kirchenprovinz).
Heßhus, Tilemann, der Stocklutheraner V. 151—152. I. 904. II. 543. IV. 89. VI. 301. VII. 763. VIII. 354. IX. 701. 702. X. 590 ff. 594.
Hestia, griech. Gottheit VIII. 41.
Hesychasten, s. Barlaam, Nabelschauer.
Hesychius, Lieblingsschüler des Hilarion III. 52. IV. 540. V. 180. VI. 201. VII. 37. 427. VIII. 408.
Hesychius III., Bf. v. Salona XII. 1320.
Heterodoxe, Verhalten des Seelsorgers gegen, s. Andersgläubige.
Heterodoxie, s. Orthodoxie (VII. 860).
Heterusiasten I. 123. 261.
Hethiter, Abkömmlinge des Heth V. 152—153. S. Canaan, dazu II. 294 ff. V. 439. VII. 353.
Hetto, s. Hatto.
Hetum, König I. 443.
Hetzel, Bf. v. Straßburg X. 401.
Hetzer, der Antitrinitarier, s. Antitrinitarier, dazu II. 328. X. 77. 91.
Heumann, prot. Histor. V. 708.
Heuristische Methode, s. Lehrart.
Hevila, s. Chavila.
Heviter, Völkerschaft in Canaan V. 153. S. Canaan, dazu II. 294 ff.
Heuschrecken, Landplage im Orient V. 153—154. 700. VII. 361. VIII. 48.
Heuschreckenprophezeiung V. 699.
Hexaëmeron, das IX. 767.
Hexapla, s. Alexandrinische Uebersetzung, Septuaginta.
Hexapla des Hieronymus VI. 291.
Hexapla des Origenes VII. 631. 634 ff.
Hexe von Endor, s. Endor.
Hexenprocesse, Hexen, Hexerei V. 154—160. I. 25. II. 369. 807. IV. 725. V. 207. 328. 612. 654. 655. 657. VII. 467. 575. IX. 322. 827. 828. X. 949. XI. 586. 1152. 1154 ff.
Hexenbad, das IV. 623 ff.
Hexenmal, s. Stigmatisation.
Hexenwage, die IV. 157.
Hexham II. 960. XI. 1084.
Heycamp, van, der Generalsecretär XII. 588.
Heyden, Melch., Astor. VI. 734.
Heyto, s. Hatto.
Hezel, W. F., Bibelkritiker VI. 293.
Hezilo, Bf. von Hildesheim V. 191.
Hezroniten, s. Ruben.
Hjaltti, Missionär auf Island V. 859.
Hibel, J. Th., der Liguorianer VI. 528.
Hicks, Elias, der Quäcker VIII. 677.
Hiddekel, Strom in Eden III. 367. 388 ff.
Hiddensee, Klstr. VIII. 599. IX. 446.
Hidulph, der heilige I. 704.
Hiel, bbl. Pin. V. 526.
Hiemantes (Katechumenen) II. 230. III. 581.
Hieracas (Hierax, der Aegyptier) und die Hierakiten V. 160—161. III. 432. X. 677.
Hierapolis, Stadt a) in Westphrygien; b) in Syrien, das Mabug der Syrer V. 161. I. 285. II. 669. V. 461. 466. VII. 258. VIII. 90. 396. 397. 446.
Hierapolis, Bm. I. 226.
Hierarchie V. 161—165. S. Kirchliche Hierarchie.
Hierarchie, anglicanische V. 236 ff. VIII. 150.
Hierarchie, buddhistische XII. 168. 180. 186 ff.
Hierarchie, chaldäische VII. 527.
Hierarchie der Freimaurer, s. Freimaurer.
Hierarchie, manichäistische VI. 801 ff.
Hierarchie der Mormonen XII. 812.
Hierarchie, mosaische V. 279.
Hierarchische Grade der syr. Jacobiten V. 464.
Hierax, s. Hieracas.
Hierax, Martyrer V. 938. 939.
Hierocäsarea, Bm. XII. 1318.
Hierocles, Gegner des Christenthums V. 165—166. I. 206 (*). 360. 363. VI. 312. VIII. 426.
Hierocles, der Neuplatoniker V. 165. VII. 547. VIII. 515. 810.
Hieroglyphen, die altägyptischen I. 110.
Hieronymiten, spanische und italienische V. 166—167. I. 529. II. 98. 383 ff. 517. 806. III. 705. VI. 937. VII. 229. 764. XII. 35. 36. 961.
Hieronymus, der heilige, Kirchenvater V. 167—174. I. 79 (*). 163 (**). 185 (nur während des Evangeliums Lichter in den Kirchen). 207 (**). 213 (*). 273 (tadelt den Anthropomorphismus). 320 (**). 326 (**). 346 ff. (*). 348 (unterschobene Schriften). 412 (*). 447 (über Armenpflege). 464 (über das Traumgesicht des Arnobius). 478 (*). 488 (ein Zeitgenosse). 573 (Bethamar). 574 (über Babylas). 712 (*). 944 ff.

Himmelsheere, Gott der Heerschaaren V. 202. S. Cherubim, Engel, Gott, Jehova.
Himmelreich, das V. 202—203. S. Gericht (jüngstes), Reich Gottes, Wiedergeburt.
Himmelsreise Mohammeds VII. 187.
Himloben, gl. Thlg. VI. 213.
Himjariten, s. Homeriten.
Hin, hebr. Flüssigkeitsmaß VI. 695.
Hinabstürzens über den Felsen, Strafe des X. 391.
Hincmar d. ä., Ebf. v. Rheims V. 203—208. I. 103. 253. 451. 482. 771. II. 37. 574. 767. III. 104. 349. 351 (Ebbo). 751. 753. 972. IV. 626 ff. 763 ff. V. 750. VI. 460. 603. 648. VII. 302. 575. 578 ff. VIII. 523. 838. 858. 860. IX. 204. 292. 714. XII. 80. 230. 531. 754. 842. 924. 1140.
Hincmar d. j., Bf. von Laon V. 208—210. S. d. vor. Artikel.
Hing Kiub, Bischof VII. 523.
Hingerichtete, Begräbniß derselben XII. 561—562.
Hinrichtung, s. Todesstrafe.
Hinrichtung, Arten derselben bei den alten Hebräern, s. Strafen bei den alten Hebräern.
Hinrichtung, Verhalten des Seelsorgers dabei XII. 562—563.
Hinnoms-Thal, s. Gehenna.
Hinterberger, Thlg. V. 307.
Hinterindien, das Christenthum in XII. 563—569. S. Tunkin, vgl. Indien, s. dazu X. 264. 451. XI. 325 ff. XII. 73. 481 591.
Hinterlassenschaft, s. Erbschaft.
Hinterlassenschaft, Anordnungen in Betreff der, s. Letztwillige Verfügungen.
Hinterlassenschaft der Geistlichen, s. Verlassenschaft.
Hiob, der biblische, s. Job.
Hiob, Pich. v. Moskau V. 525. IX. 469.
Hiracius, poln. Bf. VI. 437. [I. 673.
Hipler, Wendel, der Bauernhäuptling
Hippo, das Bisthum I. 125. 535 ff. II. 159. 377. 613. 618. IV. 1. 474. V. 884. VI. 19. 21. XI. 540.
Hippokrates, der Arzt XI. 692. XII. 1264. 1277.
Hippolyt, Cardinal XII. 938.
Hippolytus, Bischof und kirchlicher Schriftsteller aus der alexandrinischen Schule V. 210—213 und XII. 569—572. I. 389. II. 256. V. 300. 308. VII. 674. 877. VIII. 96. IX. 97. 838. XI. 274. 1270. XII. 200. 206 ff. 629. 765. 941. 1105. 1166 ff. 1180.
Hippolytus, Brüder der christlichen Liebe vom heiligen (in Mexico für Krankenpflege) V. 213. II. 175 ff. VII. 159.
Hippon, eine der 10 Städte im Jordangebiet III. 58.
Hira, Reich I. 388. 380.
Hirakli, Katholiken in X. 621.
Hiram, König von Tyrus V. 213. VIII. 431. IX. 556. X. 703. XI. 346.
Hirschau (Hirsau), berühmtes Kloster im Speyer'schen V. 213—216. I. 152. 792 (Congregat. von). II. 150. 751. 863. III. 880. VI. 590. VIII. 228. IX. 3. XI. 1120. XII. 449.
Hirscher, Joh. Baptist von, der berühmte Theologe (geb. 1788) III. 452. VII. 189. 307. XI. 602. XII. 308. 628. 887 ff. 1152.
Hirschfeld (Hersfeld), Abtei (in Niederhessen) V. 216—218. IV. 567. 898. VI. 322. 766. VIII. 183. X. 417 ff. XI. 1173.
Hirta, jacobit. Bm. V. 460. 461.
Hirten, Schwestern vom guten, s. Schwestern.
Hirtenamt, geistliches V. 218—220. S. Kirchenamt, Pastoral, Seelsorger, vgl. Gesetzgebungsrecht der Kirche, s. dazu I. 84 ff. IV. 488. VIII. 91 ff. (Papst). 356 (Pfarrei). X. 332 ff. — 473 (Sühnversuche). XII. 1006 (Privatseelsorge).
Hirtenamt, montanistisches VII. 259.
Hirtenamt an Weihnachten XI. 827.
Hirtenbrief V. 220—221. S. Fastenmandate, vgl. Genehmigung, landesherrliche, dazu II. 20. VI. 170.
Hirtenrede der anglican. Bischöfe V. 243.
Hirtenstab, s. Bischofsstab, Krummstab.
Hiskias, König, s. Ezechias.
Hispaean, Bm. XI. 336.
Hispalis, s. Sevilla.
Hispanica aera I. 115.
Hispaniola, s. Domingo, dazu XII. 35.
Historische Auslegung der Bibel, s. Exegese (III. 832. 837), vgl. Mystischer Sinn der Bibel (VII. 418).
Historischer Beweis für das Dasein Gottes IV. 602.
Hita, Juan Ruiz, span. Priester und Dichter V. 221.
Hitto, Bf. v. Freysing IV. 207.
Hitterbius, Melch., gl. Thlg. X. 632.
Hitzla, Ferd., Thlg. (geb. 1807) III. 363. 861 (**). 864. VIII. 138. X. 321.
Hlassa in Tibet VI. 318. XI. 15. XII. 184.
Hlavsa, Prager Bürgermeister VII. 727 ff.
Hoadley, Bf. II. 570.
Hoba, s. Choba.
Hobab, Schwager des Moses VI. 69.
Hobartstown, Bm. X. 546.
Hobbes, Thomas, der Philosoph V. 221—223. I. 26. II. 568. III. 80. 490. 923. IV. 478. VI. 253. 923. VII. 320 ff. X. 738.
Hobrecht, s. Obrecht.
Hochaltar, s. Hauptaltar.
Hochamt V. 223—224. S. Amt mit Choral, dazu II. 436. 909. IV. 84. VI. 498. 506. VII. 102 ff. VIII. 809. IX. 40. 72. XI. 830. XII. 1000.
Hochkirche von England V. 224—253. I. 687 (ein würdiger Geistlicher der). 688 (und Jacob II.). 928 (Bibelgesellschaft). II. 171 (Seelenbildung aus der). 908 (Cranmer). 923 (Thomas Cromwell). III. 535 ff. (und Königin Elisabeth). IV. 786 ff. 793 (und Großbritannien). 82 (Cardinal Fisher). V. 441 ff. (und Jacob I.). 448 (Jacob II.). 450 ff. — 835 (Bisthum Jerusalem). 611 (die Independenten). 804 (ein Nachahmungsversuch der). 828. 831 (und die Irländer). VI. 217 (Cultkleidung). 225 (Fortbestand der Hierarchie). 359 (die Latitudinarier). 360 (William Laud). 847 (Mary bloody). 851 (Maria Stuart). VII. 120 (Methodisten). 671 (Verfahren wider die Katholiken). 919 (Oxford). VIII. 658 (Presbyterianer). 733 (Nachahmungsversuch der). 755 (Priesterthum in der). 864 (Puritaner). 874 (Quäker). X. 79 (Parteien). 944 (Thomas Morus). XI. 109 (und der Puseyismus). 1141 (Wolsey).
Hochmann, E. Ch., der Mucker IX. 824.
Hochmeister, s. Teutschorden.
Hochmuthes, Laster des III. 456. IV. 636. X. 778. 779.
Hochschulen, s. Universitäten.
Hochstaden, Ebf. v. Cöln II. 675.
Höchstes Gut, s. Gut, das höchste.
Hochstift, s. Collegiatstift, Stift.
Hochstraten, s. Hoogstraten. [53. 84.
Hochverrathes, Verbrechen des IV.
Hochwart, Laurentius, ein angesehener Prediger und Historiker des 16. Jahrhunderts V. 253. IV. 212.
Hochwürdigstes Gut — Sanctissimum, Venerabile V. 254—261. I. 13 (Abendmahl). 185 (Altarschmuck). 553 (Ausstellung des Hochwürdigsten). III. 504 (Eintritt in die Kirche). IV. 230. 241 (Frohnleichnamsfest und -Procession). VI. 235 (genuflexio). VIII. 808 (Processionen). IX. 207 (Renovation der Eucharistie). 210 (Reposition des). X. 628 (Tabernakel).
Hochzeit, die V. 261—267. S. Ehe, dazu II. 142 (Brautexamen). 163 (Brautführer, -kranz, -ring). V. 769 (Johannissegen). IX. 18 (eine russisch-ketzerische Meinung hinsichtlich der). XI. 172 (Trauung). 174 (Trauungsreden). 1266 (tempus feriatum).
Hochzeit bei den Mohammedanern, s. Ehe bei den Mohammedanern.
Hochzeit bei den alten Hebräern und neuern Juden V. 268—270. S. Ehe (III. 413).
Hochzeit, goldene, silberne V. 267—268.
Hochzeitsbinde, s. Hochzeit.
Hochzeitsfeier, altgriechische XI. 618.
Hochzeitsfeier, altrömische XI. 618.
Hochzeitsmahl, s. Hochzeit.
Hochzeitsmesse, s. Hochzeit.
Hochzeitsring, s. Brautring, Hochzeit, Trauung.
Hochzeitsschmäuse, Theilnahme der Geistlichen an XII. 274.
Hodassi, Juda, der Karaite VI. 29.
Hodegos des Anastasius Sinaita I. 228.
Hodgskins, prot. Bf. VIII. 150.
Hodgson, Herausgeber der buddhist. Schriften XII. 154.
Hoditha, jacobit. Bm. V. 461.
Hody, Humfried, Gf. I. 163.
Hoë von Hohenegg, Mathias, der Zelote V. 270—271. VII. 743. XI. 891.
Hoek, der Humanist XI. 894.
Hofclerus, s. Almosenier, Hofkaplane, Pönitentiar.
Hofer, Andreas, der Tyrolerführer XII. 349.
Hoffbauer, Kantianer VII. 326.
Hoffbauer, Clemens Maria, der erste teutsche Liguorianer VI. 525. XII. 135.
Hoffmann von Fallersleben, Germanist und Dichter (geb. 1798) VII. 599.
Hoffnung, Tugend der XI. 310. 313 ff. XII. 448.
Hofgericht, kaiserliches IX. 156. 157.
Hofkapläne, bischöfliche und fürstliche V. 271—273. VI. 25. X. 365.
Höfler, Konstantin, der Historiker (geb. 1811) I. 739. V. 632. VI. 158. IX. 885. X. 120. XI. 673.
Höfler, Professor M. Leonhard XII. 1278. [52
Hofmann, Caspar, Abt v. Melk VII.
Hofmann, Christ. Ludw., Medicinalordnung des XII. 249.
Hofmann, Candidat, der religiöse Schwärmer X. 738 (?).
Hofmann, Dan., luther. Thlg. IV. 85.
Hofmann, Melch., Mystiker IX. 884.
Hofmannianer, Secte der XI. 957.
Hofrath, der kaiserliche Reichs- IX. 157.
Hofstaat der hebräischen Könige VI. 247 ff.
Hofstaat des Papstes II. 954 ff.
Hofstätter, Heinr. von, Bf. v. Passau VIII. 187.

Hofstede de Groot, prot. Kchnhist. VI. 157.
Hof- und Landgerichte, kaiserliche IX. 155 ff.
Hoga, Bischof Johann von XII. 819.
Hogerbeets, der Republicaner IV. 805.
Högner, Wolfg., der Provincial I. 871.
Hoheitsrechte, s. jura circa sacra.
Hohenbaum, Abt XII. 1036.
Hohenburg (Odilienburg), Kloster V. 277—279. VII. 702 ff.
Höhencult, der hebräische, s. Götzendienst bei den Hebräern, dazu I. 195. 472. V. 817. VI. 791. VIII. 137. IX. 606.
Hohenems, Marcus Sittich, Cdl.-Ebf. IX. 598 ff. XI. 206. 215.
Hohenheim, Theophrastus Paracelsus, s. Theophrastus.
Hohenlohe, Grafen von, Hochmeister X. 812.
Hohenlohe, Fürst Franz Carl, Bf. IX. 407. XII. 859.
Hohenrechberg, Conrad von, Abt v. Einsiedeln III. 499.
Hohenstaufen, das Geschlecht der, s. Welfen und Ghibellinen.
Hohenstaufen, Otto v., Bf. v. Straßburg X. 401. 403.
Hohenstein, Wilh. v., Bf. v. Straßburg X. 404. 410.
Hohenwart, Graf Sigismund, Fbf. v. Wien VI. 527. XI. 1063. XII. 393.
Hohenzollern, Geschlecht und Land, s. Zollern.
Hohepriesteramt Christi II. 818. III. 677 ff. IV. 487.
Hohepriesters, Schulterkleid des, s. Ephod.
Hohepriester bei den Hebräern V. 279—282. Vgl. Leviten, Priester, s. dazu I. 1. 99. 114. 665. IV. 50. VI. 219. 221. VII. 350. 354. 449. VIII. 60. 432. X. 576. 703.
Hohes Lied, canticum canticorum V. 273—277. IV. 314. VII. 144. 533. VIII. 57. 535. IX. 387. X. 63. 847. 923. XI. 833. 1108. XII. 928. 1210.
Höhlen V. 282—283. S. Carmel, Gräber, Palästina, vgl. Katakomben.
Hohlmaße, hebräische VI. 694.
Hoitband, der Apostel VIII. 7.
Holbach, der Encyclopädist V. 283—284. II. 131. III. 579. 923. VI. 568. 925. X. 92.
Holbein, Hans, der Maler (geb. 1450) XI. 755.
Holcott, Robert, ein Commentator des Lombarden VI. 586.
Holda, Hulda, die Frau VI. 85. XII. 455.
Holden, Thlg. IX. 194.
Holeschau, der Aufruhr in VII. 740.
Holk, der General IV. 20. 832 ff.
Holland, Geschichte und Statistik der Kirche von XII. 572—593. Vgl. Belgien (XII. 106 ff.), Niederland, Utrecht, Kirche von, s. dazu I. 381. 455 (Arminius und die Arminianer). 579 (Paccanaristen in). 626 (Oldenbarneveldt). 729 (Beghinen in). II. 25 (Krls.). 81 ff. (u. Bonifacius). 171 (Brownisten). 282 (Calvinismus in). 350 ff. (und Carl V.). 758 (Concordate). 977. 978 (Antheil an den Protestantisirungsversuchen der Griechen). III. 121 (ein Schwärmer in). 264 ff. (Dordrechter Synode). 288 (im 30j. Krieg). 291. — 318 (van der Driesche). 638 ff. (Erasmus). 712 (Jansenisten in). IV. 10 (Bund gegen Frankreich). 232 (Christianisirung). 401 (u. Joseph II.). 540 (Edm. Goa). 667 (Granvella). 901 (Hugo Grotius). V. 501. 502 (auf Japan). 561 (Jesuiten in). 618 ff. (in Indien). VII. 2 (apostol. Vicariat). 61 (Mennoniten in). 167. 168 (Missionäre in). 857 (Colonien von). VIII. 876 (Quäker in). IX. 275 (und die französ. Revolution). 801 (Schulwesen). X. 184. 438 ff. (Eroberungen und Colonien). 451 (Seefahrten). XI. 715 (das Cap). 787 (große Unterstützung der Waldenser). 898 (in Westindien). 918 (und Westphalen). XII. 70 ff. (auf Japan). 100 ff. (und Belgien). 503. 587. 588 ff. (in Hinterindien). 591 ff. (die kathol. Kirche in den Colonien).
Hollaz, prot. Thlg. I. 223.
Hölle, die V. 284—288. S. Gehenna, Teufel, Vergeltung, vgl. Fegfeuer, limbus, Scheol, s. dazu IV. 456 ff. 929. V. 852. 905. VI. 530. IX. 427. 838. X. 42. 782. 900 ff. XI. 1232. XII. 284. 431.
Höllenfahrt Christi V. 288—301. 582. VI. 530. VII. 33. VIII. 628.
Höllenstrafen, s. Hölle.
Holler, der Pfarrermacher IV. 405.
Höllisches Feuer, s. Antoniusfeuer.
Holofernes V. 503. 504. 905 ff.
Holstein, Kirchengeschichtliches von II. 135. IX. 688 ff. XI. 670 ff. XII. 712.
Holstenius, Lucas, berühmter Bibliothekar der vaticanischen Bibliothek V. 301—302. I. 157. 269. III. 527. IV. 918. V. 321. VII. 301. VIII. 351. 371. XI. 533. 692.
Holum, isländisches Bisthum III. 305. V. 850.
Holzammer, Johannes, der Priester XII. 789.
Holzhauser, Bartholomäus, Stifter eines Vereines von in Gemeinschaft lebenden Weltpriestern I. 634. II. 475. XI. 1192.
Holzhauser, Philipp, Stifter der Bruderschaft vom guten Tode XII. 1194 ff.
Holzhuter, Thomas, der Centuriator II. 430.
Holzinger, der Mönch IX. 231.
Holztragens, das hebr. Fest des IV. 51. 52.
Holzzehent, der XI. 1260.
Homagium, s. Erbeid, Investiturstreit (V. 685).
Homberg, die Zusammenkunft in V. 143 ff.
Homburg in Oestreich, Gegenreformation in VII. 735. I. 218 (*). 310 (u. Apions Spielerei).
Homer, der althellenische Sänger III. 772. 920. IV. 488. 868. V. 913. VI. 391. 679. VII. 6. 179. 460. 622. IX. 643. 662. 762. 765. X. 120. 646. 653. 844. 863. XI. 56. 57. XII. 595. 596. 1277. 1290.
Homeriten, Christenthum bei denselben V. 302—303. I. 388. 369. V. 606. 847. 800. IX. 485.
Homiletik V. 303—307. S. Beredsamkeit, Homilie, Katechetik, Pastoral, Predigt, dazu I. 542. II. 112. 120.
Homiliarium, das des Paul Warnefried V. 307—308. VII. 271. VIII. 622.
homiliarium, anglicanisches V. 228. 231. 236.
Homilie V. 308—309. Vgl. Paränesen, s. dazu II. 120. 538. IV. 688. VII. 831. 832 ff. VIII. 294. 510. 622. 647.
Homilien, angebliche des Clemens Romanus II. 887.
Homilien, jüdische VIII. 401.
Homousianer u. Homoiousianer V. 309—311. S. Trinität, dazu I. 281. 430 ff. II. 859. V. 170. VI. 516. VII. 554 ff. XI. 272 ff. 367.
Honduras, das Land X. 445. 446. XI. 668. 907.
Honegger, der Schultheiß I. 582. 583.
Honig, der V. 311—312.
Honolulu, die Stadt X. 465. 466.
Honoratus, der heilige, Stifter von Lerins IV. 155. V. 151. 184. VI. 482. 483. 650.
Honoratus, der heilige, Bischof von Toulouse XI. 92.
Honoratus Antoninus, der hl. Bf. v. Constantine XI. 540 ff.
Honoratus à S. Maria, der Karmeliter VI. 150.
Honoratus, Ebf. v. Mailand VI. 152. 753.
Honorius von Augustodunum, kirchlicher Schriftsteller des 12. Jahrhunderts V. 312—313. IV. 536. VI. 299. VIII. 871. 872 ff. (*).
Honorius, Sohn Theodosius d. G., erster Kaiser von Westrom V. 313—314. Vgl. Arcadius, s. dazu I. 395. II. 84 ff. 537. 663. 845. III. 126. 260 ff. 750. IV. 231. 347. 777. VII. 663. — 847 (ein Bücherverbot des). VIII. 5. 621. IX. 43. 344. X. 112. 388. 858 ff. XI. 725. 729. 1297. XII. 512. 1021. 1222.
Honorius, Name von vier Päpsten V. 314—323. Honor. I. (ein Campanier; reg. 625—638) II. 971. V. 102. 747. VII. 247. 250 ff. VIII. 103. 522. X. 102. 248. XI. 569. 1216. XII. 118. — Honor. II. (Lambert von Ostia, Gegenpapst Alexanders II.; gest. 1310), s. Cadolaus. — Honor. III. (Cencius Savelli; reg. 1216—1227) I. 737. II. 25. 139. 509. 563. 566. 679. 734. 801. 805. III. 238. IV. 23. 129. 227. 623. 649 ff. 712 ff. V. 38. 39. 192. 458 ff. 690. 735. VI. 34. 241 ff. 253. 269. VII. 823 (*). IX. 144. 547. 609 ff. 636. 673. 676. X. 220. 345. 346. 353. 355 ff. 359. 372. 463. 892. 910 ff. XI. 254. 540. 634. 724. 812. 1271. XII. 120. 271. — Honor. IV. (Jacob Savelli; reg. 1285—1287) II. 357. 701. VII. 585. XI. 438.
Honover, das Wort VIII. 157.
Honscotte, Klstr. XI. 257.
Honter, Johann, der Luther Siebenbürgens V. 323—324. VII. 731. X. 154.
Hontheim, Johann Nicolaus von, der Weihbischof (Justus Febronius) V. 324—328. Vgl. Emser Congreß und Punctation, Gallicanismus, Joseph II., Pistoja, Aftersynode von, s. dazu II. 016. III. 4. V. 795 ff. 930. 933. VI. 768. VII. 665. VIII. 485. XI. 249. 252. 253.
Hoogstraten, Jacob van, der Theologe des Dominicanerordens V. 328—329. 108. III. 635. IX. 238. 239 ff. XI. 384.
Hoogts, van der, Bibelausgabe I. 917.
Hook, der Puseyit XI. 110.
Hoorn, Philipp, Graf von Montmorency Neville (hinger. 1568) VII. 600 ff. XII. 574.
Hophra von Aegypten I. 111 ff.
Hopital, der Kanzler, s. l'Hopital.
Hor, der Berg VI. 7. 8. VII. 304. X. 30.
Hora, Mahommed auf dem Berge VII. 186.
Horan, Vater Lots VI. 601.
Horae canonicae, s. Brevier.
Horaz, der Dichter (st. 9 v. Chr.) II. 574. III. 510. 754. IV. 118. 396. 866. 868. VI. 635. VII. 388. 392. VIII. 839. X. 190. 380. 642. 643. XI. 56. 61. XII. 444. 566. 1276.
Horch, Heinr., s. Schwärmerei.
Horeb, der Berg V. 329. 98. I. 384. III. 623. VII. 106. 359. VIII. 385. X. 176 ff.
Horebiten (Orebiten), hussitische Partei V. 416 ff. 419 ff.

Horich, Dänenkönig I. 271.
Hörigkeit, s. Leibeigenschaft (XII. 711).
Horiter, Volk der V. 329. S. Canaan, dazu I. 384. III. 398. X. 29. 31.
Hormisdas, der Papst V. 329—333. 109. 741 ff. II. 86. 446. III. 924. VI. 483. 649. VII. 238. 240 ff. X. 59. 145. XII. 213. 512. 523.
Hormisdas, Mönche des heil. VII. 169.
Hormuz, arian. Kirche zu V. 302.
Hormuzd, parsische Gottheit, s. Ormuzd.
Horn, Graf Gustav, der Schwedengeneral (st. 1659) III. 295. IV. 827 ff. XI. 881.
Hornbach, Klst. I. 707. IV. 107.
Hornejus, prot. Thlg. X. 585.
Hornerconvent VII. 738.
Hornschlange, s. Cerastes.
Horsa, der Angelsachse I. 244.
Horst, prot. Thlg. IV. 843.
Horstius, Jacob Merlo, theolog. Schrift. XII. 593.
Hortig, kathol. Kchnhist. VI. 154.
Horus, altägypt. Gottheit VIII. 36. 203.
Hosanna (Hosiana) V. 333. Vgl. Hallel, großes.
Hosea (Osee), der Prophet V. 334—336. 514. 808. VI. 17 ff. VII. 108. 109. 833. VIII. 451.
Hoseas (Ozeas), letzter König von Israel, s. Ussia.
Hosenbandorden, der IV. 429. IX. 329.
Hosius (Osius) von Cordova V. 336—339. I. 429 ff. 433. 493. III. 257. 545. 547. 928. IV. 305. VI. 515. VII. 452 ff. IX. 025. X. 202. 550. XII. 253.
Hosius, Stanislaus, der Cardinal V. 339—345. I. 146. II. 708. 845. III. 181. 682 ff. IV. 722. VI. 213. 534 ff. 723. 948. VIII. 375. 538. 554. 557. 567. 704. 705. 740. X. 340. XI. 206. 216. 232. 236. XII. 500.
Hospinian, der Züricher Theologe V. 428. 552.
hospitalarii in Klöstern VI. 65.
Hospitaliter des hl. Antonius, s. Antoniter.
Hospitaliter, Hospitalbrüder V. 345. S. Brüder, barmherzige, Johanniter, Teutschorden, dazu I. 592. II. 175. VI. 270 ff. IX. 328. X. 725. 744.
Hospitaliterinnen a) zum heiligen Geiste, b) Elisabetherinnen, c) von der christlichen Liebe, d) U. L. F. von der Zuflucht, e) zu Loches in Touraine, f) von der Barmherzigkeit Jesu, g) des hl. Joseph, h) der Congregation des hl. Thomas von Villeneuve, i) U. L. F. der christlichen Liebe, k) der hl. Martha zu Pontarlier, l) von der Vorsehung V. 345—350. S. Hospitaliter, Johanniter, Tertiarier, vgl. Schwestern, barmherzige.
Hostien, s. Abendmahlsfeier, Hochwürdigstes Gut, dazu I. 20. II. 160 ff. VII. 668. 784. VIII. 209. IX. 207. XII. 1125.
Hottentotten, die IX. 423. XI. 745 ff.
Hottinger, Johann Jacob, der Züricher Kirchenhistoriker V. 350—351. I. 583. II. 360. VI. 157.
Hottinger, Nicolaus, der reformatorische Schuster IX. 816. XI. 1318.
Hottinger, Johann Heinrich, der Züricher Theologe V. 351—353. 907. IX. 605.
Houbigant, Carl Franz, der Oratorianer XII. 593—594. I. 918. VI. 292.
Houdry, Vincenz, gl. Jesuit XII. 594.
Hovius, Matth., Ebf. XII. 787.
Howara, der Brunnen VI. 809.
Howich, der Lord IV. 801 ff.
Höxter in Westphalen II. 809 ff. XI. 917.
Hoym, Graf Carl Georg Heinrich, Minister (1770—1807) VIII. 740.
Hromglai, Synode zu I. 443. 444.
Hroswitha, s. Roswitha.
Hu, kelt. Gottheit VIII. 40.
Huan-ti, chines. Kaiser XII. 183.
Hubald, s. Hucbald.
Huber, Samuel, Theologe der Reformationszeit, und die Huberianer V. 353—355. 399. I. 906 ff. VI. 509.
Huber, J. C., der Pfarrer XI. 1051.
Huber, der Poet XII. 342.
Huber v. Weißenborn, Maler VI. 786.
Huberianer, s. Huber, Samuel.
Huberin, Caspar, Prediger der Reformationszeit V. 355.
Hubertiner Chronist (Chronicon S. Huberti Andaginensis) V. 355.
Hubertus, der heilige, und der Hubertusorden V. 355—356. VI. 321. 679.
Hubmayr, der Prediger IX. 236.
Huc, der Missionär VI. 318. XI. 12 ff. 15. XII. 198.
Hucarius, der Diacon II. 306.
Hucbald (Hubald) Mönch des St. Amandusklosters zu Elnon, ein um das Wiederaufblühen der Wissenschaft und der Schulen sehr verdienter Lehrer des neunten und zehnten Jahrhunderts V. 356—357. IV. 109. VII. 400. 401. VIII. 873.
Hucbert, Theutbergens Bruder VII. 574.
Hucsca, Judenschule zu XII. 1111.
Huetbert, Abt V. 505.
Huetius, Bischof von Avranches V. 357—359. 810. III. 388. VII. 321. 838. IX. 314. XI. 61.
Hug, Joh., der Buchdrucker II. 199.
Hug, Johann Leonhard, der berühmte Gelehrte V. 359—362. I. 890. 908. II. 158. 428. III. 392. 491. 782. 788. 840. IV. 190. 311. 813 ff. V. 275 ff. 660. 711. VI. 22. 293. 541. VII. 600. VIII. 243. 247 ff. 608. 901. IX. 768. X. 162. 163. 821. XI. 908 ff. XII. 672. 1252.
Hugel, prot. Thlg. d. 16. Jhhdts. X. 412. 413.
Hugenfeld, Gel. d. 16. Jhhdts. VII. 377.
Hugenotten oder Hugonotten V. 362—388. I. 23 (Vereinfachung der Abendmahlsfeier). 220 (ein Theologe der). 230. — 673 (der Bauernkrieg). 755 (-kriege). 861 (ein Bekehrer). 903 ff. (und Beza). II. 48 ff. (Bartholomäusnacht). 223 (ein Gegner der). 275 ff. (und Calvin). 287 (die sevennischen Propheten). 508 (verfolgen die Katholiken). 597 (eine Grabschändung). III. 10 (ein Kanzelredner der). 105 (Verwüstung von St. Denys). 340 (und Duperron). 535 (und Elisabeth von England). 537. IV. 100 ff. (Zerstörungswuth der). 172 (Vorbereitung der Kriege). 406 (Zerstörungen durch). 669 (und Granvella). V. 448 ff. (und Jacob II. von England). 555 (und die Jesuiten). 646 (Louis XIV. verfolgt die). VI. 633 (Louis XIV.). 907 (Kirchenräubereien). VII. 508 (und die Oratorianer). 761 (Caspar Olevian). VIII. 392 (und Philipp II. von Span.). 484 (Pius V. gegen die). IX. 192 (Religionseinigung). 205 ff. (und der Cardinal von Lothringen). 312 (und Richelieu). X. 207 ff. (Sixtus V.). 572 (Bekenntnißschriften). 702 (le Tellier). XI. 96 (-kriege). 100 (und die Studenten von Toulouse). 204 (das Tridentiner Concil). 223. — 657 (die Cevenols). 384 (Zerstörungswuth). 578. 582 (wandern nach Holland). 701 (und das Edict von Nantes). 733 ff. (der Cardinal von Lothringen). 1052 (das Edict von Nantes).
Hugh, Peters, der Prediger VI. 580.
Hugo, Abt von Farfa III. 904. 906.
Hugo, Aebte von Clugny II. 640. 641. IV. 702. XI. 94.
Hugo von Cryndonio, gl. Mönch V. 389.
Hugo, Ebf. v. Auxerre (im J. 1152) II. 336.
Hugo, Ebf. v. Lyon VI. 682. XII. 89.
Hugo, der heilige, Bf. v. Paris VIII. 144.
Hugo von Die, s. Die.
Hugo Falcandus, s. Falcandus.
Hugo von Flavigny, der Chronist V. 390. XII. 355.
Hugo von Folieto, Mönch von Corbie V. 393.
Hugo, Bf. v. Grenoble II. 260.
Hugo, Ebfe. v. Rheims I. 129. IX. 292. 295.
Hugo v. Allmishofen, Abt v. Rheinau XII. 1035.
Hugo, Bfe. v. Naumburg-Zeitz VII. 682.
Hugo von St. Charo, Cardinal, Verfasser der ersten biblischen Concordanz V. 388—389. I. 72. 948. II. 740. V. 393. VI. 682.
Hugo Capet, der König, s. Capet Hugo, dazu XII. 377.
Hugo von Rouen, Scholastiker IX. 717.
Hugo von St. Victor (von Paris) alter Augustinus V. 390—393. 719. I. 426. III. 221. VI. 91. 583. 877. VII. 302 (als Moralthlg.) 446. 447. 717. 803 (*). VIII. 420. IX. 310. 311. 317 ff. 727 (seine Stellung in der Scholastik). 742. 745 ff. 896. X. 477. XII. 1002. 1066. 1070.
Hugo, Gefährte des hl. Norbert VII. 65.
Hugo, Mitstifter des Templerordens X. 716. 718. 724.
Hugo Blancus, Cardinal, der verläumderische Gegner Hildebrands IV. 703. V. 20. XII. 198.
Hugo von Chalons, Canonist II. 396.
Hugo von Reutlingen, musikalischer Schriftst. VII. 406.
Hugo, König von Burgund I. 816. V. 756.
Hugo, König von der Provence VI. 637. IX. 31.
Hugo, König von Italien V. 734. VI. 734.
Hugolino, der Cardinal, s. Gregor IX. Papst.
Huguccio von Pisa, der Canonist III. 140. 151. IV. 543.
Hubyodjacono, Subdiacon bei den chald. Christen VII. 527.
Huitzilopochtli, mexikan. Götze VII. 139.
Hulagu, der Mongolenfürst I. 666. VI. 15. VII. 525.
Hulda, s. Holda.
Hulda, die jüdische Prophetin V. 912. VIII. 817. 820.
Huldigungsact durch den Kußkuß IV. 902.
Hülsemann, prot. Thlg. X. 587. 954.
Hulsius, Gl. II. 647.
Hülz, Johann, der Baumeister X. 489.
Human, Humanität, Humanismus XII. 594—605. Val. Pädagogik, s. dazu I. 511 ff. II. 924. III. 253. 633 ff. VII. 480. VIII. 56. 603. XI. 383. 439. 443 ff. 951. 985. XII. 1237 ff.
Humanisten, berühmte I. 204. II. 567. 924. III. 639. IV. 64. 69. 733. V. 108. VI. 896. VII. 28. VIII. 154. 535. 602. 603. IX. 233. 869. XII. 1273 ff.
Humann, Jac. Joh., Ebf. v. Mainz VI. 769. XII. 247. 248.
Humbaldus, Papst, s. Lucius II.
Humbelina, die heilige II. 553.
Humbert, Cardinal des 11. Jhhdts. XII. 605—606. II. 441 ff. VII. 540. IX. 102. X. 358. 364.
Humbert, Bf. v. Basel XII. 102.
Humbert, Bf. v. Würzburg XI. 1185.

Humbertus reclusus V. 703. 704.
Humbertus de Romanis, Dominicanergeneral V. 393—394. I. 948.
Humboldt, Alexander von, der Naturforscher (geb. 1769, gest. 1859) I. 201. 203. VII. 524.
Humboldt, Wilh. von, der Sprachforscher (st. 1835) XII. 177 ff.
Hume, David, der skeptische Philosoph und Geschichtschreiber V. 394—396. III. 88. IV. 509. 702. V. 237 ff. 848. 923. VI. 237 (*) VII. 324. 672. IX. 426. XI. 1112. XII. 609.
Humerale, s. Amictus, dazu VII. 98.
Humiliatenorden (Barettiner) V. 396—397. I. 792. II. 117. V. 635. 665. VII. 230. VIII. 454 (?)
Humilitas, die heilige XI. 537.
Hund, Wiguleus, der Historiker, s. Gewold (IV. 506).
Hundertpfund, Maler VI. 786.
Hunebert, der heilige, s. Cunibert.
Hunerich, der Vandalenkönig, s. Vandalen, dazu III. 747. IV. 3. XI. 545. 690.
Hunerich, der Ungarkönig V. 633.
Hunfried, hl. Bf. VIII. 841.
Hunfried, Ebf. v. Magdeburg VI. 731.
Hunfried, der Normanne VI. 467.
Hunnäus, Aug., Gl. XII. 1176.
Hunnavaren, s. Avaren, Hunnen.
Hunnen, die V. 397—399. S. Attila, Avaren, Magyaren, Völkerwanderung, dazu I. 129. 462. II. 210. 848. IV. 214. 218. 282. 415. 583. 601. 821. V. 948 ff. VI. 32. 34. 650. 821. VIII. 73. 172. 241. X. 90. 221. 223. 559. 860. XI. 367. 453. 485. 521. 539. 723 ff.
Hunnius, a) Aegidius, der lutherische Theologe; b) Nicolaus, Urheber des Planes eines beständigen collegium irenicum seu pacificatorium; c) Ulrich, der Convertit V. 399. I. 461. V. 354. 428. X. 558. XII. 1052.
Hunolt, Franz, Jesuit und Kanzelredner XII. 606. VII. 333. VIII. 647.
Hunyades, Johannes Corvinus, Statthalter von Ungarn V. 399—402. 91 ff. II. 284. 381. 387. IV. 658. XI. 978.
Hurerei VI. 80 ff. X. 416. XII. 890.
Hurerei macht irregulär V. 836.
Hurter, Friedrich Emanuel, der Geschichtschreiber (geb. 1787) I. 219. 591. II. 25. 33. 508. 836. III. 118. V. 634. VI. 158. VIII. 926 ff. X. 720. XI. 445. XII. 728. 1056 ff. 1137.
Hus, Johannes, der Vorläufer Luther's V. 402—413. S. Constanzerconcil, Hieronymus v. Prag, Sigismund, dazu I. 137. III. 371. 400. 899. V. 458. 489. VI. 240. VII. 145. VIII. 636. 707. IX. 81. 684. 729. X. 128. 328. 814. XI. 791. 1159. 1175. 1229 ff. XII. 852. 1211.
Husim, der Sohn Dans III. 17.
Hussiten und Hussitenkriege V. 413—427. S. Hus, dazu I. 19 (Forderung des Laienkelches). 94. 643 ff. (u. das Baselerconcil). 646. 845. II. 65 (die Picarden). 153 (Einfälle in's Breslauische). 323 (Bekehrungen durch Capistran). 381 (vergebliche Unterhandlungen mit den). 929 (ein Nachkomme von). IV. 360 (communistische Bewegungen). 657 (ein Gegner der). 735 (politische Folgen). 783 (Folgen des Wicliffitismus). V. 473 (eine Berühmtheit der). 483 (und Jagello). 612 (greift in Böhmen um sich). 911 (ein Kreuzzugsprediger wider die). VI. 15 ff. (und das Baselerconcil). 74 (Verwerfung der Ketzertaufe). 243 (Verwüstungen). 433 (ein Beutestück der). 445 (ein Geschichtschreiber der). 733 (Verwüstung des Stiftes Magdeburg). VII. 24 (Verheerungen). 74 (im Merseburg'schen). 593 (und Nicolaus von Cusa). VIII. 527 (Dichtkunst der). 600 (dringen im Pommer'schen vor). 636. 637 (Bisthum Prag). IX. 81 (Verhältniß zur wahren Reform). 110 (Anhänger im Regensburg'schen). 822 (religiöse Schwärmerei). X. 129 (und das Concil von Siena). XI. 789 (und die Waldenser). 976 (in Wien). 977. XII. 228 (veranlassen die Entfernung von Reliquien). 685 (und die Kreuzherren). 854 (vor Nürnberg). 1311 (Verwüstungen Prags).
Hutcheson, Francis, Moralphilosoph (st. 1747) VII. 323.
Huther, prot. Thlg. V. 586.
Hutten, Ulrich von, s. Ulrich von Hutten.
Hutter, Leonhard, luther. Theologe V. 428. 389.
Hutter, Elias, Polyglotte des VIII. 584.
Hüttwel, der Reformator VIII. 553.
Huzitha, Joseph, Vorsteher der Schule von Nisibis VII. 621.
Hy, das Kloster, s. Columba, dazu I. 288. 252. II. 433. 694 ff. III. 403. XI. 1216. [VIII. 869.
Hyacinth, der heilige III. 14. VI. 442.
Hyacinth, Stifter einer Genossenschaft zur Verbreitung des Glaubens II. 274.
Hyacinth, der Edelstein II. 241. III. 384.
Hyaden, das Gestirn IV. 493 ff.
Hycaert, Bernh., Tonsetzer VII. 406.
Hyde, Thomas, der Orientalist I. 942.
Hydroparastaten, s. Aquarii, Encratiten. [VIII. 56. 58.
Hygin, der Sohn Valestrinas VII. 410.
Hyginus, Papst V. 428—429. II. 434. VIII. 490. X. 700. XI. 526.
Hyginus, Bf. v. Corduba VIII. 778.
Hykios, die I. 110. VI. 618.
Hyliker, s. Gnosis (IV. 556 ff.).
Hylozoismus, Lehre von Gott als Weltseele V. 429—430. S. Absolut, Pantheismus, Substanz, Welt, vgl. Grund.
Hymnen, kirchliche V. 430—431. S. Poesie, christliche, dazu I. 190. IV. 118. VII. 398 (die Sequenzen auch). X. 86. 694. XI. 578. [858.
Hyndfort, der englische Gesandte VI.
Hynko Kruffina, Führer der Horebiten V. 419.
Hypatia, die Philosophin V. 431—432. II. 972. VII. 547. X. 595.
Hyratius von Erbejus VII. 239.
Hyperbel, Uebertreibung V. 432.
Hyperius, Andreas, der friedfertige Marburger Theologe V. 433. 150.
Hypnorinchiten VII. 830.
Hypodorische, hypolydische, hypomixolydische, hypophrygische Tonarten VII. 392.
Hypolitus, s. Hippolyt.
Hypostasen, s. Trinität.
Hypothek, gesetzliche der Kirche V. 433—434. VI. 192 ff. XII. 1225.
Hypothekarische Versicherung der Kirchendarlehen V. 434. VI. 192 ff. [IV. 736.
Hypsistarier, Secte der V. 434—435.
Hyrkan, Name von 2 jüdischen Fürsten: H. Johannes, reg. 136—106 v. Chr. I. 208. 340. III. 518. IV. 915. V. 528. VI. 68. 707. VIII. 661. IX. 602. 603. — H. der Jüngere, König im J. 96 v. Chr. IV. 916. V. 138. 139. 529.
Hyssus, Bm. VI. 933.

J.

Jaballah, Missionär der Chinesen XII. 607.
Jabbok, der heutige Zerka, Fluß im Ostjordanland V. 436. IV. 268 ff. 271. VI. 791. VIII. 51 ff.
Jabesch in Gilead I. 208.
Jabin, König von Asor V. 436. 477. I. 481.
Jablonsky, Daniel Ernst, der Hofprediger V. 436—437. S. Herrnhuter, dazu I. 917. 918. VI. 157. XI. 1288.
Jablonsky, Paul Ernst, der Sprachforscher V. 437—438.
Jabne, Jamnia, die Stadt V. 438. 857 (Schule). I. 138. IV. 574. VIII. 400. IX. 5 (Schule). X. 153 (Schule). XI. 2 (Synedrium zu) 803. XII. 1005 (Schule).
Jacob, der Patriarch V. 438—440. I. 136 (Mittel, um gefleckte Lämmer zu erhalten). 181 (baut Altäre). 313 (angebliche Schriften des). 885 (Erscheinung Gottes bei Lus). II. 529 (Geburtsjahr). III. 484 (Einbalsamirung). 704 ff. (und Esau). 895 (Begräbnißort). IV. 268 (der siebente Sohn). 490 (Wanderungen). 646 (Begräbnißort). 866 (Wanderungen). 903 ff. (und die Hebräer). 919 (Hebron). V. 791 (und Joseph). 838 (der Vater des). 861 (ein Sohn des). VI. 60 (Weiber des). 306 (und Laban). 500 ff. (ein Sohn des). 790 (ein Adoptivsohn). VII. 105 (Messiasverheißung). 468 (ein Sohn des). 755 (und die Offenbarung). IX. 9 (und sein Weib Rachel). 434 (und Ruben). X. 114 (und die Stadt Sichem). 147 (ein Sohn des). XI. 1232 (ein Sohn des). 1257 (Gelöbniß des Zehnten). XII. 281 (Verheißung des hl. Landes).
Jacob ab Ancharano, ein Commentator des Lombarden, s. Ancharano.
Jacob, Anna Eva, die Blutschwitzerin X. 281.
Jacob Baradäus, s. Baradäus.
Jacob de porta Ravennate, Jurist V. 832. [526.
Jacob der Deutsche, Baumeister III.
Jacob du Puy XI. 208.
Jacob Picenus, der Inquisitor IV. 177.
Jacob I., König von England V. 440—445. I. 10 (ein Katholikenfeind zur Zeit). 456 (und Moritz von Oranien). 761 (verfolgt als Regent und Theologaster die Katholiken). III. 90 (und Cherbury). 244 (und M. A. de Dominis). 258 (der Winterkönig). 312 (eine Replik wider). 535 (und seine Mutter). IV. 703 ff. (und Großbritannien). 801. V. 227 (Abänderung der englischen Bibelübersetzung). 229 ff. (als Papst). 610 ff. (und die Independenten). 829 (verfolgt die irischen Katholiken). VI. 258 (und seine Mutter). 300 (und Laud). 853. 855 (und Maria Stuart). VII. 609 (und die Niederlande). VIII. 212 (Katholikenverfolgung). 658 (als Papst). 862 (die Pulververschwörung). 863 (und die Puritaner). IX. 190 (will die Protestanten unter Einen Hut bringen). XI. 500 (u. Erzbischof Usher).

XII. 93 (und Bacon von Berulam). 231 (ein literarischer Gegner des).
Jacob II., König von England V. 445—454. I. 688 (und die Presbyterianer). II. 221 (ein Gegner des). III. 188 (ein Anhänger). IV. 800 (und Großbritannien). V. 231 (die Torys und Whigs). 388 (und die Hugenotten). 450. 408 (die Anhänger des vertriebenen). 640 (und Innocenz XI.). 830 (ein Gönner der Katholiken). VI. 480 (sein Nachfolger). 634 (und Louis XIV.). VII. 874 (Revision eines Processes). VIII. 278 (und William Penn). 680 (Gewährung der Gewissensfreiheit). 875 (gewährt Religionsfreiheit). IX. 190. 192 (will die Protestanten unter Einen Hut bringen). 480 (und die Kriege Ludwigs XIV.).
Jacob III., Kronprätendent von England (st. 1766) II. 70. 610. V. 468.
Jacob IV. v. Schottland V. 60. VI. 851.
Jacob V. von Schottland VI. 851. XII. 150.
Jacob VI. von Schottland, s. Jacob I. König von England.
Jacob von Brescia, Generalinquisitor V. 454—455.
Jacob, Bf. von Constanz, Synodalstatuten des I. 828. [193.
Jacob Joseph, Bf. v. Hildesheim V.
Jacob v. Marchia, der Minorit V. 454 ff. VII. 682.
Jacob von Nisibis, der heilige Bischof V. 455—457. I. 393. 440. III. 613.
Jacob von Sarug, der syrische Kirchenvater V. 457. VI. 546.
Jacob von Vitry, der Kreuzzugsprediger V. 457—459. IV. 427.
Jacob, L. H., Kantianer VII. 326.
Jacob der Siegreiche von Aragon (13. Jhhdt.) II. 90. 785. VI. 640. VII. 627. XI. 468. XII. 960.
Jacob, König von Sicilien VII. 585.
Jacob, Markgraf von Baden und Hochberg XII. 1052.
Jacobellus a Misa, s. Jacobus v. Mies.
Jacobi, der Philosoph XII. 607—611. 395 ff. 436. 1055. 1151. VI. 486. VII. 328. 374. VIII. 718. IX. 674. X. 290. 283. XI. 623. 626. 876.
Jacobi, Gl. VIII. 266.
Jacobinerkloster in Paris III. 230. V. 389. 459. VII. 400.
Jacobiner, die Dominicaner in Frankreich V. 459.
Jacobiner, die Montagnards von 1793 in Frankreich IV. 675. V. 459. IX. 270 ff.
Jacobiten, die Monophysiten in Syrien V. 459—467. S. Baradäus, Monophysiten, vgl. Armenier, Kopten, Melchiten, s. dazu I. 301 (Mönchsregel der). 606. 608 (berühmte). 631 (ein Heiliger der). II. 418 (Chaldäer). III. 748 (Einigung mit Rom). IV. 715. V. 718 (ein Gegner der). VI. 248 ff. (die Kopten). 400. 546 (Liturgien). VII. 243 (die Monophysiten). 523 (die Nestorianer). VIII. 52 (in Syrien und Palästina). IX. 206 (Liturgien). 527 (haben gleichfalls sieben Sacramente). X. 247 ff. (Religionsvereinigung). 424 (sollen noch Styliten haben). 624 (in Syrien). 626. XI. 337 (in der Türkei). 1208 (strenges Fasten).
Jacobiten, die englischen V. 468. IX. 483.
Jacobo, P., Musiker VII. 407.
Jacobsfeld, das X. 114.
Jacobson, Peter, der Bischof VIII. 323.
Jacobson, der Historiker VIII. 695 ff.
Jacobsorden, s. Compostella.
Jacobus major, Apostel V. 468—469. I. 369 ff. (und die übrigen Apostel). 732 (eine Schilderung des). II. 181. 735 (u. Compostella). III. 785 (Tod). 795 (der Bruder des). IV. 770 (angeblich in Britannien). V. 140 (Hinrichtung). 578 (und Jesus Christus). VIII. 332 (Hinrichtung). IX. 583 (die Mutter des). 622 (in Saragossa?) X. 260 (als Apostel Spaniens). XII. 128 (ordinirt angebl. spanische Bischöfe).
Jacobus minor, Apostel V. 469—472. I. 181 (der Vater des). 318 (angebl. Schriften von). 369 (und die übrigen Apostel). II. 158 (Briefe). 170 (inwiefern ein Bruder Jesu). 521 (ein angebliches Porträt von). III. 139 (Enthauptung). 357 ff. (ein Petriner). 524 (erster Bischof von Jerusalem). 810 (Flavius Josephus über). 882 (der Bruder des). VI. 543 (Liturgie des). 836 (und die Mutter Gottes). VII. 717 (Brief des). VIII. 253 (und Paulus). 335 (und Petrus) 397 (Fest des). XII. 1189 (und Thebutis).
Jacobus, das Haupt der Pastorellen in Ungarn V. 472—473. 893. S. dazu Pastorellen.
Jacobus von Mies, der Hussite V. 473—474. II. 107 ff. (sein erstes Auftreten). V. 402. 408. 414. 420. 450 (Hus und die Hussitenkriege).
Jacobus de voragine V. 474—475. I. 89 (seine Legende). II. 515 (und St. Christophorus). VI. 412 (seine Legende). XII. 329 (ein Verächter der Legende des).
Jacobus, Ebf. von Gnesen VIII. 541.
Jacobus von Edessa III. 394.
Jacomello, Cäsar, Philosoph VII. 506.
Jacopo, zugenannt Passavanti, der Prediger V. 175.
Jacoponi da Todi (de Benedictis) der Dichter V. 475—477. VI. 885. VIII. 521. X. 86.
Jadona, Phystr. VII. 773.
Jadera, s. Zara.
Jadicherah, brahmanische XII. 171.
Jael, das Weib Hebers des Keniters V. 477—478. I. 669. III. 51.
Jaen, die Inquisition in V. 652. XII. 981.
Jaffa, s. Joppe.
Jaffé, Gl. XI. 1238.
Jaffna, das Christenthum in X. 184.
Jagd bei den Hebräern V. 478.
Jagd der Geistlichen V. 478. III. 816. XII. 271 ff. 751.
Jagd, ob an Feiertagen gestattet XII. 551.
Jagdrecht XII. 1308.
Jagel, Abraham ben, jüd. Dogmatiker, Convertit V. 903.
Jagello (Jagal), Großfürst von Lithauen u. Polen V. 479—484. 418. VII. 531. VIII. 550. 555. IX. 464 ff. X. 813.
Jäger, J. N., Mtphilsph. VII. 329.
Jäger von Dornheim, s. Crotus, Johannes.
Jago, San, Orden von, s. Compostella, dazu I. 565.
Jagon, Bf. v. Brandenburg II. 110.
Jahel, s. Jael.
Jahiel, Jahieliten XI. 1232.
Jahn, Johann, der Orientalist V. 484—485. 910. III. 491. IV. 855. VI. 219 ff. 224. 293. 708. XI. 35. 1059. XII. 1006.
Jahn, die pseudoprophetischen Schwestern X. 281.
Jahn, der Turnvater (st. 1852) V. 100.
Jahr, gregorianisches, julianisches, s. Chronologie, Kalender, Kirchenjahr, Neujahr, Sonnenjahr.
Jahr der Hebräer V. 485—486. IV. 922. VII. 539. 876.
Jahr, mahommedanisches, s. Hedschra.
Jahresepacten II. 862.
Jahresrechnung, s. Aera, Jahr.
Jahresrente (pensio), s. Census.
Jahressabbath, s. Sabbathjahr.
Jahrtag, Wiederholung der Todtenfeier am 3. 7. 9. 30. und am III. 846. VII. 117 ff.
Jahrtags-Stiftungen V. 486—487. S. Anniversarius. Vgl. Quarta pauperum et scholarum, s. dazu I. 257. 735 ff. VI. 186 ff. IX. 212.
Jähzorn, den Geistlichen besonders untersagt XII. 273.
Jahzeel, der Sohn Nephtalis VII. 468.
Jailam, pers. Gm. VIII. 309.
Jaime, König von Aragon IX. 621.
Jainur, pers. Gm. VIII. 309.
Jair, a) der Sohn Segubs, b) der Gileadite, c) Vater des Mardochai, d) der Synagogenvorsteher zu Kapharnaum V. 487—488. IV. 908.
Jais, Aegid, der Schulmann VIII. 29.
Jakar, Jacob ben, Rabbi IX. 15.
Jaldabaoth, der Demiurg VII. 788.
Jalkut, die rabbin. Schrift VI. 288.
Jamaika, das Christenthum auf der Insel II. 383. VII. 167. X. 412. 445. XI. 898. 900. 906. 908. 910 ff.
Jamblichos, der s. g. Wunderthäter, Neuplatoniker des 4. Jhhdts., s. Neuplatonismus, dazu II. 362. VII. 383. X. 894.
Jambres, der Zauberer I. 343 ff.
Jamnia, s. Jabne.
Jamujel, s. böhmische und mährische Brüder.
Janeiro, Rio de, Hauptstadt Brasiliens II. 141 ff. VII. 189. XII. 52.
Jannes, der Zauberer, s. Jambres.
Janow, Mathias v., einer der s. g. Vorläufer Husens V. 488—489. 463. 473.
Janow, die Schismatiker in XII. 117.
Jansenius, Cornelius, und der Jansenismus V. 489—500. S. Arnauld, dazu a) Jansenius I. 12. 688. 690. 859. IV. 841. V. 147. VI. 604. 750. XI. 227. 480. 565. XII. 748. b) Jansenismus I. 12. —157 ff. II. 46. (der 5. Satz des). 125 ff. (und Bossuet). 554 (und die Nonnen von Portroyal). 611 (und P. Clemens XI.). 786 ff. (die congregatio de auxiliis d. g.). III. 579 (und die Encyclopädisten). 923 (Verhältniß zum Fatalismus). IV. 10 (und Fenelon). 291 (und der Gallicanismus). V. 258 (verworfene Grundsätze). 641 ff. (und Innocenz XI.). 647. VI. 476 (Unterdrückung der letzten Reste des). 557 (und Llorente). VIII. 146 ff. (und die Bischöfe von Paris). 161 (und Pascal). 315 (und Petavius). 468 (die Synode von Pistoja). 485 (und Pius). 787 (und der Probabilismus). IX. 91 (und der Regalienstreit). 233 (Verbindung mit dem Cardinal Retz). 252 (hilft die Revolution vorbereiten). 258 (und die Revolution). 489 (und Sabatier). 506 (ein Martyrer des). 618 (gegen Sanchez). X. 159. 162 (und Richard Simon). 701 (und le Tellier). 702. XI. 18 (Portroyal und Tillemont). 97 (und die Bischöfe von Toulouse). 101 (ein eifriger Gegner der). 328 (und der Marschall Turenne). 500 (und die Kirche von Utrecht). 639 (ein Gegner der). 658 (die Convulsionaires). 730 (und Voltaire). 902 (veranlaßt Kirchenwirren auf Haiti). 1287 (und Zinzendorf). XII. 243 (und Bischof Colmar). 430 (und Garasse). 480. 466 (und Gerberon). 546 (Erzb. Harlay). 581 ff. (in Holland). 588. —701 (und Lachaise). — c) Jansenisten, namhafte II. 607. 668. III. 711. 712. V. 321. 550. 565. 815.

798. VI. 151. 307. 376. VIII. 828. IX. 506. X. 185 ff. XII. 825.
Januarius, hl. Martyrer V. 500. III. 938. IX. 625. XII. 1136.
Januarius, Ebf. v. Cagliari XII. 201.
Januarius, Aebte von Rheinau XII. 1036.
Jao, s. Jehova.
Jao, portugies. Könige, s. Johann.
Japan. Blüthe und Sturz des Christenthums V. 500–503. I. 529. II. 665 (Christenverfolgung). IV. 138 ff. (Christiania.). 721. 723 (Reich). V. 617. IX. 774 Anmrkg. (Schrift in). X. 450 ff. 453. XII. 70 ff. 74 (die Holländer auf). 152. 254. 256. 564.
Japhet, der Sohn Noe's, und die Japhetiden V. 503. Vgl. Cham, Sem, s. dazu II. 419. 528 ff. IV. 424. 572. V. 784. VII. 624. VIII. 215. X. 958.
Japhet (Jaffa? Safet?) V. 503–504.
Japhia, armen. König VI. 311.
Jaraboeti, Arcangela, die Nonne XII. 611.
Jarchi, Rabbi, s. Raschi.
Jarento, der Abt V. 300.
Jarke, Carl Ernst, Jurist und politischer Schriftsteller XII. 611–615. 214. 538. IV. 200. XI. 1067.
Jarmar, der Wendenfürst IX. 445. 446.
Jarmuth, a) canaanit. Königsstadt — Jarmut. b) eine Levitenstadt V. 504.
Jaroslaw, die Eparchie III. 605.
Jaroslaw I., Rußland christlich unter dem Großfürsten III. 720. IX. 460.
Jarrow (Weremouth-Jarrow), Kloster in Northumbrien V. 504–506. I. 248. 251. 752. II. 432 ff. III. 251. VI. 145. X. 843. 844. XI. 1223.
Jarub, der Stammvater V. 606.
Jason a) Sohn des Eleazar, Gesandter des Judas Maccabäus; b) der Cyrenäer, Chronist; c) Bruder Onias III.; d) ein Verwandter des Apostels Paulus V. 506. III. 368. VII. 55 ff. 773.
Jaspis, der Edelstein III. 385.
Jassa, der Sthavira XII. 173.
Jassy, Synode zu X. 566.
Jathreb, die Stadt I. 261 ff.
Jauduno, s. Johannes von Jauduno.
Jaufret, Bf. v. Metz IV. 180.
Jaum al Dschoma, s. Freitag bei den Mahommedanern. [417.
Jaumann, von, der Domdecan IX.
Javan, Sohn Japhets, Repräsentant der griechischen Volksstämme V. 507. 563. II. 486 ff.
Javouhey, Stifterin der Josephitinnen V. 809. X. 219. [319.
Jaworsky, Stephan, der Exarch VIII.
Jay, Claude le, der erste Jesuit II. 799. V. 551. VII. 728. XII. 1257.
Jay, Guy Michel le, Gl. VIII. 579 ff.
Ibas von Edessa, Gönner des Nestorianismus V. 507–508. I. 629. II. 448. III. 276. 392. 394. 611. 882. VII. 240 ff. 522. VIII. 128. IX. 7. 8. 670. X. 848. XII. 769.
Iberien (das heutige Georgien und Grusien) Christianisirung V. 508. XI. 129 ff.
Ibrahim Pascha, der Stiefsohn Mehmed Alis (st. 1848) IV. 919.
Icelia, die fromme Matrone VI. 881.
Iconium, Stadt in Phrygien, das heutige Kunjah oder Koniech V. 508–509. VI. 71. 691 (Stadt). VII. 285 (Syn.). VIII. 241 (Paulus in). X. 353 (Syn.). 578 (Synagoge). XII. 692 (Schlacht bei). 1180 (Syn.).
Iconoclasten, Bilderbrecher V. 509–511. II. 10 ff. IV. 757.
Iconolatrie, s. Bilderanbetung.
Iconomachen, s. Bilderstreit, Iconoclasten.
Ida von Toggenburg IV. 413.
Idacius, Bischof v. Merida VIII. 778 ff.
Id al Fitr, Korban, s. Beiram.
Iddo, bbl. Pf. VIII. 819. XI. 1236.
Ideenlehre, platonische VIII. 500.
Ideler, Schriftstlr. I. 230. IV. 921. VII. 879 ff. XI. 658.
Idiomatum communicatio, s. communicatio idiomatum, vgl. Ubiquitätslehre.
Idiosomnambulismus XI. 651 ff.
Idololatrie, s. Götzendienst.
Idumäa, s. Edom.
Jean Paul, der Dichter, s. Richter.
Jebus, Jebusiter V. 511. S. Canaan, Palästina, dazu I. 152. 527. 687. III. 48. VII. 353. X. 191.
Jechiel, Rabbi IX. 234.
Jechonias, s. Jojachin.
Jedidia, die Königin V. 810.
Jeduh, der Kämmerer VI. 16.
Jehoasch, Könige, s. Joas.
Jehova, der Name; Jehovadienst V. 511–513. I. 60. 90. III. 470. 604. IV. 61. VI. 11 ff. 241 ff. 281 ff. VII. 342 ff. VIII. 287.
Jehovabilder, s. Bilder bei den Hebräern.
Jehova Sabaoth, s. Himmelsheere.
Jehu, a) Sohn Hananis, der Prophet, b) ein König von Israel, reg. 887–858 v. Chr. V. 513–514. I. 133. 134. 491. 583. III. 511. IV. 268. 883. 910. V. 592. 688. 777. 798. VIII. 819. IX. 602.
Jehuda Ha-Levi, Rabbi, s. Ha-Levi.
Jehuda bar Jechesiel, Rabbi XII. 1108.
Jehuda ben Ilai, Rabbi XII. 1106.
Jehuda ben Isaac IX. 15.
Jehuda, der heilige XII. 1106. 1107.
Jejunium, s. Fasten.
Jemen, das Land I. 398 ff. V. 890. IX. 485.
Jena, Stadt und Universität I. 215. II. 201. 269. 815. IV. 87. 444. 867. V. 152. VI. 772. IX. 14. X. 412. 413. 588. 591. XI. 450. 783 ff. 923. 1289. XII. 029.
Jenne, der radicale Schulmeister IX. 855.
Jenningen, der Apostel des Riefes XII. 615–617.
Jenno, Abt von Reichenau I. 847.
Jenseitige und ewige Vergeltung IV. 445 ff. V. 199. 285. XI. 603 ff.
Jenseits, das III. 705. 929. V. 199. 285. VI. 536. IX. 660. XI. 39.
Jephte, der Galaaditer V. 514–515. I. 599. IV. 906. VII. 183.
Jerach, der Sohn Joctans V. 697.
Jeremias, der Prophet V. 515–520. I. 229. 328. 345. 637 ff. III. 352. 650. 862. IV. 258. 569. V. 539. 540. 776. 777. 794. 811. VI. 711. VII. 112. 409. 833 (*,*). VIII. 534. 817. 819. 821. IX. 123. 922. XI. 172. 1283. XII. 219. 282. [521.
Jeremias, Klagelieder des V. 520–
Jeremias, Brief des V. 521.
Jeremias II., Patriarch von Konstantinopel V. 521–526. IV. 772 (Gesetze gegen simonistische Besteurung des Klerus). VI. 437 (flüchtig in Litthauen). IX. 467 (errichtet das russ. Bisth.). 469 (und Hiob). X. 590 (Protestantisirungsversuche). 615 (und die russische Kirchenordnung).
Jeremias, Ebf. von Sens V. 779.
Jericho, die Stadt V. 526. I. 8. 83. 594. III. 339. IV. 857. V. 146. 613. VIII. 50. 822. XI. 1239.
Jerobeam (Jerobeam), der I. und II. König des Reiches Israel V. 526–527. — Jerob. I. I. 45. 277. 698. 691. 785. IV. 908 ff. VI. 464. — Jerob. II. I. 195. 212. 883. II. 5 ff. III. 12. IV. 911. V. 334. 691. 777. VI. 12. IX. 126. 887. X. 100. 115. XI. 508. 1236.
ἱερόν, das des Patriarchen von Alexandrien VI. 217.
Jerubbaal, s. Gedeon.
Jerucham, der Karäer VI. 29.
Jerusalem, Geschichte und Lage der Stadt V. 527–534. S. Hebräer, Jebus, Sion, dazu I. 160 (Absalom gegen). 133 (belagert). 153 (Alexander d. Gr. in). 195 (erobert). 208 (erobert). 288 (durch Antiochus IV. geplündert). 146 (die Erstchristen in). 478 (eine Stadt bei). 487 (Astartedienst bei). 579 (die Syrer in). 657 (Basilica über dem hl. Grab). 678 (Bauwerke). 802. II. 87 (erobert durch Chosroes). 241 (die Moschee El-aksa). 211 (und Cäsarea). 273 (Golgatha). 422 ff. (Bach Kedron). 446 (und die Chaldäer). 447 (erobert). 927 (Kreuz Christi). III. 48 ff. (David'sche Zeit). 358 (eine Auswanderung der Christen). 397 (und die Edomiter). 517 (Elam). 660 (wenig Erdbeben). 852 (nach dem babylon. Exil). 860 (und die Assyrer). 862 (und Ezechiel). IV. 56 (Befestigungen von). 80 (Fischmarkt in). 371 (eine Münze von). 380 (Wallfahrt nach). 425 (das heutige). 450 (das fortwirkende Judenthum). 494 Gethsemane). 641 (heiliges Grab). 615 (Begräbnißstätten). 845 (zu Hadrians Zeit). 857 (Bibelcodex). 892 (Bauart der Häuser in). 916 (zu Herodes Zeit). 927 (Erstchristen). V. 101 ff. (zu Heraclius Zeit). 277 (und die Stadt Thirza). 460 ff. 506 (von Jason erobert). 516 ff. 520 ff. (Jeremias über). 539 (Jesajas in). 687 (zu Joabs Zeit). 690 (und Jehoasch). 775 (Jechonias und Jojada). 776 (König Jojakim) VI. 266 (heilige Stätten). 268 (erobert). 342 (die Procuratoren). 518 ff. (Libertiner in). 541. — 691 (Aufstand). 705 ff. (zur Zeit der Maccabäer). 873 (Geburtsort Mariens). VII. 55 (Unruhen in). 336 (der Berg Moriah). 463 (Nachtwächter in). 497 (und Nabuchodonosor). 501 (Wiederaufbau durch Nehemias). 713 (Oelberg). 693 (Observanten in). 769 (die Omarmoschee). VIII. 50 ff. (und Judäa). 242. 244 ff. 253 (und der Weltapostel Paulus). 331. — 430. 431 (und Phönicien). 454 (und Pontius Pilatus). 733 (das protestantische Bisthum). IX. 6 (der Nabsace vor). 75 (Wallfahrt nach). 317. 319 (Buch der Richter). X. 100 (und Sesak). 142 (Siloah). 578 (Synagogen). 827 (Gemara und Thalmud von)). XI. 2 (Synedrium weg von). 32. — 466 ff. (erobert). 332 (prot. Bm.). 503 (und König Ussia). 664. — 782. — 795 (Wallfahrt nach). 798 (u. Mahommeds Himmelfahrt). 1101 (Wallfahrt nach). 1294 (u. Serubabel). XII. 60 ff. (Ausbreitung des Christenthums von). 71 ff. (protest. Bisthum). 491 ff. (das heutige). 086 ff. (u. die Kreuzzüge). 1103. 1115 (und hohe Schulen).
Jerusalem, das neue V. 537–538. VIII. 321. XI. 863.
Jerusalem, das befreite, Dichtung, s. Torquato Tasso (XII. 1185).
Jerusalem, mittelalterliches Königreich I. 591 (die Könige Balduin). 810 (Kreuzzugszeit). II. 357 (und Carl von Anjou). 591 (Folgen von Saladins Eroberung). 801 (u. K. Friedrich II.). 803 (kommt an Cypern). 809 (und Conradin). IV. 224 ff. (und Barbarossa). 227 (K. Friedrich II.). 217 (König Fulco)

Indeterminismus III. 121. VI. 606.

Index librorum prohibitorum et expurgandorum V. 611–616. I. 353. II. 344. 376. 426. 711. 719. 879. III. 110. V. 701 ff. VII. 641. VIII. 90. 232. IX. 647. X. 131. 563. 683. XI. 207. 209. XII. 251.

Indianer, die americanischen I. 203. II. 382 ff. III. 529. IV. 59. VIII. 121. X. 439 ff. XII. 35 ff. [809.

Indictionscyclus I. 115. II. 860. VI.

Indiculus des Arn I. 461.

Indien, christliche Missionen daselbst V. 616–620. S. Franciscus Xaverius, Singhalesen, Tamulen, vgl. Buddhismus (XII. 151), s. dazu I. 76. — 179 (Jesuiten in). 632 (ein Apostel von) II. 175 (barmh. Brüder in). III. 97 ff. (Pantänus in). 285 (heilige Bücher). 520 (Kriegselephanten). 521 (Elfenbein). 547 (Religion). 790. IV. 135 ff. (Christianisirung). 560 (Goa, Erzbisthum). 724 (der Apostel von). V. 360. 503 (Japan). 898. 899. (Juden in). VI. 318 (Lamaismus). VII. 167 (Missionäre in). 523. 525 (Nestorianer in). 791 (Religion der). VIII. 13 (Erziehung). 34. 37 ff. (Religion). 75 (ein Apostel von). 77 (pantheistische Weltanschauung). 159 (der Parsismus). 305 (und Persien). 588 (Religionen). X. 14 (Seelenwanderung). 180 (Religion). 264 (Christenthum). 303 (Religionen). 896 (die Brahmanenschnur). XI. 278 (Culturgeschichtliches). 668 (apostolische Vicariate). 815 (die Frauen bei den). XII. 8 (und der Accommodationsstreit). 142 ff. (ein Apostel von). 150 (Missionen, Christenthum). 1323 ff. (Religionen in).

Indifferentismus, religiöser V. 620. IV. 200. VI. 325. 575. VII. 157. VIII. 493. 712. IX. 656. 797. X. 211. XI. 90. 1061.

Indigenat, Nothwendigkeit desselben zum Erwerb eines Beneficiums V. 620–621. XI. 766.

Indios bravos, fideles VII. 139 ff.

Indisch-China, Missionen in VII. 167.

Indische Schrift, s. Schriftzeichen.

Indult, indultarius V. 621. I. 51. 305. II. 345. 405. VI. 22 ff. 206. IX. 75. 814. XII. 600. 1079.

Indra, indische Gottheit XII. 176.

Industrieschulen, s. Schulen.

In eminenti, die Bulle I. 693. V. 494. 495.

Infallibilität, s. Kirche, dazu II. 313 (päpstl.). III. 545 (der Synoden). 824 (des Lehramtes der Kirche). IV. 533 (Vorurtheile wider die päpstliche). 679 (päpstl.). V. 615 (päpstl.). VI. 105 (der Kirche). 669 (und Luthers Widersprüche). VIII. 96 ff. (päpstl.).

Infamatio, die verstärkte diffamatio III. 145. XII. 811.

Infamia, Ehrlosigkeit V. 622–623. III. 151. XI. 1273. 1274.

Infel, Mitra V. 623. I. 70. II. 23. 31. VI. 217. VII. 511. VIII. 501. XI. 1. XII. 1002.

Infeudation, s. Kirchenlehen.

Infidelität, Ungläubigkeit V. 624; S. Unglaube, vgl. Glaube, Orthodoxie.

infirmarii VI. 65.

informatio praevia und specialis, s. Disciplinarverfahren.

Informativproceß V. 624. II. 30. 714. VI. 411. VII. 630. VIII. 627.

Infralapsarier, Supralapsarier V. 624–625. IV. 752. X. 79.

infula, s. Infel.

Inge, der Schwedenkönig IX. 881 ff.

Ingeburg, das Weib des Philipp August von Frankreich II. 654. 679. V. 633. 677. XII. 385. 925. 969.

Ingeburg, Mutter der hl. Birgitta von Schweden II. 100.

Ingelberga, Kaiserin VIII. 443.

Ingelheim, Versammlungen zu V. 29. VIII. 379. XI. 390 ff.

Ingelheim, Anselm Franz von, Chfst.-Ebf. v. Mainz XII. 772.

Ingenuin, der heilige, Bischof von Seben I. 701. 702. 706. II. 164.

Ingersdorf, der Protestantismus in VII. 734. 735. 743.

Ingham, der Methodist VII. 121 ff.

Inghirami, Vater Johannes, Haupt der Piaristen VIII. 448.

Ingo, der Karantanenherzog VI. 33 ff.

Ingolstadt, Stadt und Universität I. 589. 871. II. 299. III. 186. 370. 506. IV. 15. 114. 289. 309 ff. 735. V. 403. 559. 603. VII. 725. 859. (Landtag zu) IX. 241. 565. X. 340. 635. XI. 437. 438. 447. 522. 1080. 1057. 1290.

Ingulf, Abt und Geschichtschreiber des Klosters Croyland V. 625—626.

Injunctum Nobis, die Bulle XII. 486.

Injur. parf. Bm. VIII. 309.

Injurie, s. Ehre (III. 458), dazu VIII. 782. X. 387. XI. 580.

Injurirung der Geistlichen s. privilegium canonis.

Inkeua, Klstr. V. 460.

Inmestar, die Kreuzigung zu V. 868.

Innere Mission, s. Mission.

Innere Sünde X. 501.

Innichen, Stift II. 165.

Innocenz, Name von 13 Päpsten V. 626—648. Innoc. I. der heilige (reg. 402—417) I. 397 (ein Schreiben des Chrysostomus). 569 (eine Hypothese). II. 100 (falsche Folgerung aus einem Briefe). 127. 150 (für die Echtheit der katholischen Briefe). 247 (erneuert das Cölibatgesetz). 394 (als Beschützer des Chrysostomus angerufen). 404 (*). 418 (*). 537 (für Chrysostomus). 539 (Briefe des Chrysostomus an). 965 (cyprische Verhältnisse). III. 249 (für das Mönchthum). 296 (Osterbriefe des). 407 (anerkennt die Ehe als Sacrament). 775 (und Johannes von Jerusalem). 805 (Briefe ein Hilfsmittel des Pseudoisidor). 855 (Schreiben an Bischof Exuperius). IV. 300. 302. V. 536 (und die Synode von Jerusalem). VI. 74 (über die Ketzertaufe). 830 Anmkg. (*). VII. 663 (gegen die Novatianer). 718 (**). VIII. 268. 269 ff. (und der Pelagianismus). IX. 72 (über die Wiederaufnahme der Büßer). X. 347 (*). 562 (Unfehlbarkeit in Glaubenssachen). XI. 92 (gegen den Ketzer Vigilantius). 679 (und St. Victricius). 1295 (der Nachfolger des). XII. 25 (ein angebl. Zeitgenosse). 76 (bannt den Atticus). 507 (u. die Kirchenstatistik). 511 (*). 705 (sein Ausdruck: reconciliatio communis). 766 (*). 802 ff. (u. der Pelagianismus). — Innoc. II. (Gregorius Papareschi, ein Guidoni; reg. 1130—1143). S. Anaclet II., dazu I. 6 (verurtheilt den Abälard). 106 (billigt die Erhebung Portugals zum Königreich). 406 (u. Arnold von Brescia). 838. 839 (St. Bernhard kämpft für). II. 43 (Schirmbulle für St. Blasien). 262 (in Deutschland). 424 (*). 641. 642 (und der hl. Bernhard). 653 (sein Nachfolger). III. 69 (decretum Gratiani). 435 (**). 594 (und die Engelsburg). IV. 551. 568. V. 53 (Heinrich I. von England für). 771 (für die Johanniter). VI. 358 (hält die zweite Lateransynode). 645 (hebt das Bisthum Hamburg). 756 (sein Anhang gewinnt Mailand). 776 (und Malachias von Armagh). VII. 21 (bestätigt die Kirche von Meißen). 490. — 638 (Concil von Rheims). 916 (Bisthum Julin). VIII. 95 (gegen seine Wahl). 783 (*). 881 (*). IX. 203 (Concil von Rheims). 331 (und Robert Pulleyn). 387 (Römer Zinsgeld). 453 (Robert von Deutz). X. 350 ff. — 422 (canonisirt den Sturmius). 470 (Versammlung zu Etampes). XI. 1 (*). 341 (gegen Turniere). 370 (begünstigt die Kirche von Angers). 571 (und das Patriarchat Venedig). 674 (ein Gegenpapst). 1090 (ein Gegner des). XII. 55 (weiht die Kathedrale von Autun ein). 229 (Synode zu Clermont). 384 (und Ludwig der Heilige). 443 (soll den Gebhard von Constanz canonisirt haben). 463 (Genua wird Erzbisthum). 757 (eine Mainzer Synode). 985 (Syn. von Piacenza). 1032 (Concil zu Rheims). 1321 (und Gaudius v. Spalato). — Innoc. III. (Johann Lothar, Graf Trasimund; reg. 1198—1216) I. 142 (bestätigt die Schwertbrüder). 143 (für die Hohenstaufen). 144 (gegen die Albigenser). 155 (und P. Alexander IV.). 178 (*). 192 (gegen Amalrich von Bena). 230 (anerkennt das Patriarchat von Constantinopel). 490 (Beschränkung des Asylrechtes). 565 (bestätigt die Statuten des Apiserbens). 590 (und Balduin). 737 (und Albert der Böhme). 740 (erklärt die Privatbeichte für nothwendig). 741 (**) 844 (und Bernhard von Compostella). 869 (*). II. 98 (bringt Ordnung unter die Grammontenser). 139 (fördert die Christianisirung der Preußen). 209. 211 (Bullarien und Bullen). 231 (befiehlt das Beten der Bußpsalmen während der Fastenzeit). 379 (begünstigt die Carthäuser). 400. 401 (Castelneau). 474 (Entstehung des Bisthums Chiemsee). 505 (streng monarchische Richtung der Kirche). 509 (Christianisirung der Preußen). 554 (gegen priesterliche Functionen der Nonnen). 563 (*). 660 (*). 679 (und Cardinal Johannes Colonna). 731 (die compilatio Romana). 746 (Friedrich II. verzichtet auf das Regalienrecht). 801 (und Friedrich II.). 808 (und Conrad von Marburg). 841 (u. das lat. Pcht. in CStpl). 865 (*). 935 (seine collectio). 941 (*). III. 76 (*). 79 (**). 105 (das 4. Laterenconcil). 121 (*). 143 (ein Gegner des). 114. (Lateranconcil). 238 (begünstigt den hl. Dominik). 253 (fördert das Schulwesen). 401 (Eduard III. von England). 443. 444 (*). 722 (bestätigt die Schwertbrüder). 843 (*). 887 ff. (*). IV. 128. 222. 220 ff. 285. 301. 516. 551. 665. 648. 682. 713. 752. 819. V. 319 (sein Nachfolger). 396 (bestätigt die Humiliaten). 431 (*). 458 (veranlaßt den Jacob von Vitry wider die Albigenser zu predigen). 623 (kennt die Infel). 649 (und die Inquisition). 667 (*). 677 (Interdict über Frankreich). 706 (und Johann ohne Land). 833 (gebraucht zuerst den Ausdruck irregularis). VI. 198 (Abhaltung von Provincialsynoden eingeschärft). 218 (*). 242 (gegen die Patarener in Bosnien). 278 (Art des Kreuzmachens zur Zeit des). 281 (und die Kreuzzüge). 299 (*). 319 (ein Freund des). 358 (die 4. Lateransynode). 409 (*). 418 (Eherechtliches von). 497. 498 (Erbrechtliches). 620 (angebl. Erscheinung des). 621

Interim, badisches (1854—1859) XII. 890.
Interlocut, ſ. Decisivdecrete, dazu III. 58. VIII. 800. IX. 63.
Internuntien, päpstliche, ſ. Legaten.
Interpretation, ſ. Exegese, Hermeneutik, Kritik.
Interregnum, das deutsche I. 155. II. 186. IX. 436. XI. 853.
interruptio missae, ſ. defectus missae.
Interstitien, Zwischenräume zwischen dem Empfang der geistlichen Weihen V. 678—679. S. ordines (VII. 821).
Interventor, Intercessor V. 679. Vgl. Capitel, Capitularvicar, Generalvicar, sedes impedita.
Intestaterben, ſ. Notherben.
Intestaterbfolge der Kirche V. 679—680. S. Verlassenschaft der Geistlichen, vgl. Erbrecht, Letztwillige Verfügungen, dazu VI. 186 ff. 495. VIII. 202 ff. 359. XI. 613.
Inthronisation, päpstliche u. bischöfliche V. 680—681. II. 35 (bſl.). VIII. 113 (päpstl.). 835 (bſl.). XI. 1. (päpstl.).
Intoleranz, ſ. Toleranz.
introitus der hl. Messe, ſ. Messe, dazu I. 215. II. 653. VI. 551.
Intrusion, Usurpation einer Pfründe V. 681. VI. 121. XI. 28. 710.
Investitur, ſ. provisio canonica.
Investiturcid III. 166.
Investitur- oder Installationspredigt V. 681—682.
Investiturstreit V. 682—687. S. d. Artikel über die Kaiser Friedrich II., Heinrich II—VI., Heinrich der Löwe, Calixt II., Innocenz II., Concordate, dazu II. 260. 314. 715 ff. V. 952. VI. 299. VIII. 167. 175. 224. IX. 136. 594. 710. 715. X. 403. XI. 321. XII. 659 ff. 779. 831. 1011. 1232.
invitatorium, ſ. Brevier.
Invocation, die X. 28.
Joab, der Feldherr Davids V. 687—688. I. 56. 60 ff. III. 49. VII. 474. IX. 584. XI. 481.
Joachas, König a) von Israel, b) von Juda, c) anderer Name des Achasja V. 688. a) von Israel IV. 883. 910. V. 516. 691. b) von Juda IV. 912. V. 776. 786. IX. 651.
Joachim, ursprüngl. Name des Moses VII. 437.
Joachim, Gemahl der hl. Anna und Vater der seligsten Jungfrau V. 688—689. I. 255. VI. 837. 873.
Joachim, Abt von Flora in Calabrien, der Chiliast V. 689—690. II. 77. 480. IV. 102. 173. VI. 358. 584. VII. 257. IX. 729. X. 300 ff. XI. 269. XII. 335 (Thomas v. Aquin über).
Joachim, Pich. v. Rußland IX. 468.
Joachim, Fürsten von Brandenburg II. 140. 708. 779. IV. 897.
Joachimsfest V. 110.
Joachin, ſ. Jojachin.
Joakim, ſ. Jojakim.
Joas, Jehoasch a) Nachfolger des Achasja von Juda, b) König von Israel V. 690—691. a) jüd. Kg. I. 195. IV. 883. 910. V. 688. 775. 776. VII. 185. 676. VIII. 818. — b) von Israel I. 27. 491. 891. III. 539. IV. 311. 911. V. 527. 528. X. 192.
Joasaph, 2 Patriarchen von Cstpl. IV. 771—773.
Joasch, Könige, ſ. Joas.
Job, der Sohn Issaschars V. 861.
Job, Person und Buch V. 691—695. I. 330. 311. 820. II. 879. III. 368. IV. 687. VII. 385. 832. VIII. 455. X. 773. 839. 847. XI. 513. 833.
Job, Metropolit von Moskau VI. 437.
Job, Stifter der armen Schulschwestern VIII. 30. IX. 782.
Job, Sebast., Beichtvater IX. 782.
Jobeljahr, ſ. Jubeljahr.
Jochai, Simon ben, ſ. Simon ben Jochai. [1104. 1105.
Jochanan, Hhprstr. IV. 913. XII.
Jochebed, Vater des Moses VII. 357.
Joctan, Sohn Hebers V. 695—698. 860. I. 387. IX. 485.
Jodocus Pratensis, der Tonsetzer, ſ. Josquin.
Joël, der Prophet V. 698—700. 701. VII. 108. 109. 675. VIII. 821.
Joel, Bſ. v. Tours XI. 105.
Johann von St. Arnulf, ſ. Johann von Gorz. [V. 700—703. 721.
Johann von Avila, der Prediger
Johann Aneonitanus, ſ. Augustinus Triumphus.
Johann-Boniten, ſ. Augustiner-Eremiten.
Johann, der Propst, ſ. Wazo.
Johann, Bſ. v. Auxerre XII. 1032.
Johann I., Bſ. v. Breslau II. 151.
Johann von Freiburg II. 406.
Johann, 3 Metropoliten von Kiew IX. 400 ff. [414.
Johann, Bſ. von Leitomischl V. 410.
Johann II., Ebſ. v. Mainz III. 661.
Johann, Bſe. von Meißen VII. 21. 25. 26.
Johann IX. von Haugwitz, letzter Bſ. von Meißen VII. 26. XII. 298. 716.
Johann, Bſe. v. Merseburg VII. 74 ff.
Johann III., Bſ. v. Naumburg VII. 493.
Johann aus Neumark, Bſ. v. Olmütz VII. 768.
Johann, 2 Bischöfe von Paderborn VIII. 6. 7.
Johann Philagathos, ſ. Johannes XVI.
Johann III., Bſ. v. Prag VIII. 636.
Johann I., Bſ. v. Salzburg IX. 592.
Johann I., Bſ. v. Samland VI. 609.
Johann, 4 Bſe. v. Straßburg X. 402.
Johann der Schotte, Bſ. v. Schwerin IX. 864. [Toulouse XI. 90.
Johann II. von Orleans, Ebſ. von
Johann, Infant-Erzbischof v. Toledo XI. 70.
Johann, Bſ. v. Tours XI. 105.
Johann, Chfstu. v. Trier XI. 251. XII. 772.
Johann, schles. Bſe. IX. 683 ff.
Johann, 3 Bſe. v. Würzburg XI. 1190.
Johann Friedrich, Bſ. v. Konstanz XII. 443. [XI. 585. 586.
Johann Friedrich, der Coadjutor
Johann, 2 Aebte v. St. Blasien II. 43.
Johann v. Minden, Abt II. 221 ff.
Johann, Afterabt von St. Gallen VII. 893.
Johann von Parma, der Franciscanergeneral X. 299 ff.
Johann von Salzburg, Mönch und Dichter VIII. 526.
Johann Peter de Oliva, der Franciscaner, ſ. Oliva.
Johann v. Leyden, Chronist XI. 1182.
Johann Bockhold von Leyden, ſ. Bockhold.
Johann von Gorz, Gelehrter des 10. Jahrhdrts. V. 703—705. VII. 273.
Johann von Falkenberg, ſ. Jagello.
Johann ohne Land, König von England V. 705—706. II. 314. IV. 516. V. 633 ff. 677. 894. VI. 349 ff. XII. 971.
Johann von Osnabrück, der Reformator VI. 605 ff.
Johann Paläologus, ſ. Paläologen, die letzte byzantinische Dynastie.
Johann, der reformator. Chfst. von Brandenburg II. 140.
Johann Georg, Chfst. v. Brandenburg II. 897.
Johann Sigismund, Chfst. von Brandenburg II. 140. V. 270 ff. VIII. 706. 735.
Johann II., griech. Kaiser VI. 807.
Johann von Cornwallis VI. 584.
Johann I., König von Frankreich (J. 1302) XI. 470. XII. 389.
Johann II., König von Frankreich, Vater Carls V. V. 883. XII. 399.
Johann, König von Cypern VII. 589.
Johann I., Fürst von Mecklenburg IX. 865.
Johann, Könige von Neapel II. 598.
Johann, Könige von Polen, a) Johann II. Casimir († 1672) V. 698. VI. 384. VII. 607. XII. 117. b) Joh. III. Sobiesky († 1693) V. 646. 898. VI. 439. 683. VIII. 564.
Johann, Könige von Portugal; Joh. I. (reg. 1383—1433) II. 99. III. 553. IV. 26. X. 263; — Joh. II. (reg. 1481—1495) I. 7. II. 758. 784. III. 553. — Joh. III. (reg. 1521—1557) II. 785. IV. 135. 137. V. 552. X. 264. — Joh. IV. (reg. 1640—1656) V. 641. XI. 480. 679. XII. 142. — Joh. V. (reg. 1707—1750) I. 781. 783. VIII. 500. XII. 731. 732. — Joh. VI. (reg. 1796—1826) X. 206. XII. 750.
Johann, Churfürsten von Sachsen; Joh. der Beständige (reg. 1525—1532) V. 148. IX. 607. 699 ff. XII. 420. 421. — Joh. Friedr. I. (reg. 1532—1547) I. 520 ff. 524. II. 352. X. 258. 259. XI. 187. — Johann Friedr. II. († 1595) IV. 811. VII. 494. — Johann Georg I. VII. 747. XII. 663.
Johann, König v. Sachsen XII. 296.
Johann, Könige von Spanien II. 839. III. 559. IV. 839. 840.
Johann von Schwaben, parricida XII. 25. 26.
Johann III., König von Schweden II. 163. 544. V. 343. VIII. 615 ff. 618. IX. 842.
Johann Basil, der Czar I. 651.
Johann Friedrich, prot. Hzg. v. Gotha X. 412. 413.
Johanna d'Albret, Fürstin von Bearne II. 51 ff. XI. 96.
Johanna d'Arc, ſ. Orleans, die Jungfrau von.
Johanna, französische Königinnen V. 714. 810. XI. 1210 ff.
Johanna, neapolitan. Königinnen II. 598. 599. 652. VI. 177. XI. 471. 473 ff.
Johanna, die Mutter, und Postellus VIII. 621 ff.
Johanna, Tochter Balduins IX. von Flandern I. 591.
Johanna papissa, das Mährchen von V. 706—711. I. 771. II. 48. V. 718. 753. VII. 101. 857. IX. 893. XI. 69.
Johanna von Valois, ſ. Annunciaten.
Johanna, die Mutter Carls V., Kaisers II. 349. V. 840. XI. 1210.
Johannes, Apostel und Evangelist, ſ. Evangelien, dazu I. 311 ff. (seine Offenbarung). 353 ff. (angebliche Schriften des). 369 (und die Mitapostel). 732 (moralische Anschauungen). 741 (und das Beichtinstitut). II. 179 (und die Mutter Gottes). 438 (ein berüchtigter Zeitgenosse des). 440. III. 172 (und Diotrephes). 246 (Verbannung nach Patmos). 795 ff. (und sein Evangelium). 802 (sein Sinnbild). IV. 550 (Gegner des Gnosticismus). 881 ff. (u. sein Evangelium). V. 468 (der ältere Bruder des). 575 (und Jesus Christus). 578. — 583 (ein Schüler des). 585 (und Ignatius von Antiochien). 793 (und die Mutter Gottes). VI. 387 (und Jane Leada). 546 (Litge. des). 619 (sein Evangelium). 825 (der letzte Jünger des) VII. 442 (und die Musik). 571 (und die Nicolaiten). 833 (***). 873 (als Autorität im Osterfeierstreit).

VIII. 90 (ein Schüler des). 143 (*). 191 (Vorlesen aus seinem Evangelium). 213 (und die Insel Patmos). 292 (Bischof von Ephesus). 401 (Philo über). 573 (ein Schüler des). IX. 563 (die Mutter des). X. 63 (Semler über sein Evangelium). 120 (und die Mutter Gottes). 157. — 232 (und Smyrna). XI. 282 ff. (Trinitätslehre). XII. 53 (apokryphe Schriften). 665 (und Griechenland). 619 (ein Fest des). [II. 158 ff.
Johannes, Briefe des V. 710—714.
Johannes, seine Offenbarung, s. Apocalypse.
Johannes Andreä, s. Andreä.
Johannes, Anführer der Zeloten V. 530.
Johannes, ppstl. Archicantor VII. 391.
Johannes à S. Andrea, der Canonicus VI. 543. 545.
Johannes, Schüler des hl. Gallus, Bf. von Constanz IV. 297 ff.
Johannes, Abt in Constpl. VI. 815.
Johannes Buridanus, der Scholastiker V. 714—715. I. 425. IX. 725. 726. 735.
Johannes, Ptch. von Antiochien, s. Johannes (III.) Scholasticus, dazu II. 302. 303. III. 502. 608. IV. 766. 767. V. 843. VII. 521 ff. IX. 8. X. 851.
Johannes, Ptchn. v. Cstntpl., s. Beccus, Johannes Jejunator.
Johannes Canonicus IX. 726.
Johannes von Capistran, s. Capistran.
Johannes Cassianus, s. Cassian.
Johannes Chrysostomus, s. Chrysostomus.
Johannes Kalybita, d. heilige XII. 28.
Johannes Kantakuzenos, s. Kantakuzenos.
Johannes Climacus (Sinaita, scholasticus), Abt und Kirchenschriftsteller V. 715—716. 739. VII. 301. 630. X. 176.
Johannes Komnenus, s. Komnenen.
Johannes von Damaskus, Kirchenvater V. 716—718. I. 75. 255. 418. II. 469. 523. 832. 929. III. 379. 932. V. 467. 820. 948. VI. 185 ff. 873. 876. 892 (*). VII. 245. 545. 592. VIII. 119. 519. IX. 712. X. 89. 247. 583. XI. 153. 157 ff.
Johannes Diaconus, Biograph der Erzbischöfe von Neapel VI. 908.
Johannes Eleemosynarius, Ptch. von Alexandrien V. 718—720. I. 177 ff. 879. V. 770. VII. 54. 357. X. 217. 362.
Johannes vom hl. Elisäus VIII. 310.
Johannes von Erfurt VII. 401.
Johannes von Goch, s. Goch.
Johannes Galensis, s. compilationes decretalium.
Johannes geometra, Dichter VIII. 519.
Johannes von Gott, Stifter der barmherzigen Brüder V. 720—721. S. Brüder, barmherzige, dazu II. 408. III. 150. V. 702.
Johannes von Gott, Canonist IV. 543. VIII. 879. [VIII. 579.
Johannes Hesronita, gl. Maronite
Johannes Hispalensis, Uebersetzer des Aristoteles I. 421.
Johannes, Ptchn. von Jerusalem III. 775. V. 628. VII. 845 ff. 857.
Johannes von Jandunn, Parteigänger Ludwigs des Bayern V. 766. VII. 696. XI. 931. XII. 33.
Johannes Jejunator, s. Johannes Nesteutes.
Johannes vom Kreuze, erster unbeschuhter Carmeliter V. 721—722. S. Carmeliter, dazu II. 306. 608. VII. 309. 447. X. 901 ff. XI. 600. 662.
Johannes a lapide IV. 159.
Johannes Longinus, s. Dlugossus.
Johannes der Maccabäer, s. Hyrcan, Johannes.
Johannes der Gute, Erzbf. von Mailand VI. 753. [arch I. 442.
Johannes Mantacunensis, der Patri-
Johannes, der heilige, von Matha XI. 256 ff. [V. 332.
Johannes Maxentius, der Fanatiker
Johannes, der Mönch, Vicar der oriental. Ptchn. beim 2. Nicäner-concil VII. 562. 564. 566.
Johannes de Mercuria, der Cistercienser VIII. 894.
Johannes de Monte Corvino, Missionär der Mongolen V. 722—725. S. Persien, dazu II. 595. V. 734 ff. VII. 596. [VI. 869.
Johannes de Montesono, gl. Domnkr.
Johannes de muris, Musiker IV. 619. VII. 401.
Johannes von Nepomuk, der heilige, V. 725—732. I. 745. IX. 815. XI. 1020.
Johannes Nesteutes, der Faster, Patriarch von Constantinopel V. 732—733. I. 715. 716. II. 641. III. 291. IV. 682. 762. VII. 248. 251. VIII. 264. 427.
Johannes parvus, ein Vertheidiger des Tyrannenmordes V. 733. VIII. 796. XI. 1230.
Johannes der Paulicianer VIII. 235.
Johannes von Parma, Franciskergnl. II. 77. XII. 336.
Johannes Philoponus, s. Philoponus.
Johannes von Piacenza (Philagathos) Ggppst., s. Johannes XVI.
Johannes de plano Carpini, s. Johannes de monte Corvino.
Johannes presbyter, der fabelhafte Priesterkönig V. 733—737. Vgl. Persien, s. dazu V. 723. VII. 525. XII. 496.
Johannes von Ragusa, Dmnkrgnl. VI. 16. 627.
Johannes von Ragusa, Flottenpräses VII. 590. [578 ff. 902.
Johannes, Ezbf. von Ravenna VII.
Johannes von Salerno, der heilige XII. 358.
Johannes vor der lateinischen Pforte XII. 619—620.
Johannes von Salisbury (Sarisberiensis), der gelehrte V. 737—739. I. 3. 420. 423. 580. II. 313. III. 842. V. 59. VIII. 346. IX. 390. 393. 720. XII. 597.
Johannes III. Scholasticus, Apocrisiar an der Kirche zu Constantinopel V. 739. Vgl. Johannes, Patriarch von Antiochien.
Johannes Scotus, Bischof, s. Gottschalk, der Wendenfürst.
Johannes Scotus Erigena, s. Scotus Erigena.
Johannes von Syrien, Abt VII. 242.
Johannes Talaya, Ptch. v. Alxdn. IV. 3.
Johannes der Täufer V. 739—742. I. 115. 131. 241. 877. II. 781. III. 314. 530. 859. 790. 908. IV. 818. V. 141. 154. 573. 575 ff. 578 ff. 769 ff. 787. 810. VI. 219. 332. 503. VII. 701. 703. 775. VIII. 330. IX. 578 ff. 583. 613. X. 670. 905. XI. 133. 1231. 1208. XII. 357.
Johannes Teutonicus, a) der Kanzelredner, b) Friburgensis? der Scholastiker V. 742. III. 70. IV. 543.
Johannes Teutonicus, Bf. v. Bosnien VI. 242.
Johannes von Turrecremata (Torquemada), der gelehrte Dominicaner V. 742—744. IV. 36. VI. 737.
Johannes und Paulus, die Heiligen des Canons XII. 620—621. [1322.
Johannes Ursinus, der heilige XII.
Johannes Vellicernensis, Bf. v. Florenz XII. 358.
Johannes verus, Theolog VI. 870.
Johannes von Wesel, s. Wesel.
Johannes v. Wessel, s. Wessel.
Johannes Zapolya, s. Zapolya.
Johannes, Name von 23 Päpsten V. 744—769. Joh. I. der heilige (reg. 523—526) IV. 558. V. 333. VIII. 110. IX. 44. 350. 351. XII. 69. — Joh. II. (ein Römer; reg. 532—535) I. 127. 140. II. 86. V. 333. — Joh. III. (ein Römer; reg. 560—573) I. 770. IV. 678. VIII. 203. — Joh. IV. (Venantius aus Dalmatien; reg. 640—642) II. 62. 926. VII. 248. X. 222. 562. XII. 791. — Joh. V. (ein Syrer; reg. 685—686) I. 770. II. 798. VI. 65. — Joh. VI. (ein Grieche; reg. 701—705) V. 707. — Joh. VII. (ein Großgrieche; reg. 705—707). II. 833. IX. 859. XI. 1064. — Joh. VIII. (ein Römer; reg. 872—882) II. 833. IV. 114. 115. 207. 764. V. 210. 309. VI. 477. 547. 548. 750. 902. VII. 824. VIII. 445. X. 227. 228 ff. XI. 572. 666. XII. 129. 355. 535. 630. 1022. 1321. — Joh. IX. (reg. 898—900) I. 771. 815. II. 89. IV. 116. 887. VII. 766. IX. 131. 132. 386. X. 88. 350. XII. 1022. — Joh. X. (reg. 914—928) I. 815. 816. IX. 93. XII. 1371. — Joh. XI. (reg. 931—936) I. 120. V. 309. VI. 461. VII. 583. X. 88. — Joh. XII. (reg. 956—964) I. 771. 817. 818. II. 745. III. 508. 694. IV. 224. V. 710. VI. 423. 462. VII. 690. IX. 32. 132. 133. X. 693. XII. 14. 821. — Joh. XIII. (reg. 965—972) I. 372. 772. II. 150. IV. 303. 629. VI. 751. VII. 19. 699. 900. XII. 426. — Joh. XIV. (reg. 984—985) I. 773. II. 88. 911. VII. 902. VIII. 105. XI. 1104. XII. 936. — Joh. XV. (ein Römer; reg. 985—996) I. 713. II. 88. 911. 912. IV. 694. VIII. 105. X. 551. XI. 382. 1105. XII. 350. — Joh. XVI. (Philagathos; Gegenpapst 998) IV. 694. VII. 615. VIII. 106. XII. 936. — Joh. XVII. (Sicco; reg. 1103) II. 630. — Joh. XVIII. (Fasanus, reg. 1103—1109) II. 639. XI. 93. 1108. — Joh. XIX. (Bruder des Herzogs Romanus; reg. 1024—1033) I. 774. II. 319. 689. IV. 517 ff. VII. 492. XI. 570. 1090. XII. 391. — Joh. XX. (XXI.) Petrus Juliani, (reg. 1275—1277) I. 165. 847. VII. 492. VIII. 107. XI. 438. 1152. XII. 387. — Joh. XXII. (Jacob von Ossa; reg. 1316—1334) I. 252 (führt das Ave-Maria-Läuten ein). 501 (Folgen der Uebersiedelung nach Avignon). 729 (schützt die Begbinen). 777. 778. 779 (und d. Gegenpäpste). 783 (und die Benedictiner). II 98 (fördert die Grammontenser). 516. 517 (u. der Christorden). 541 (bannt Ludwig den Bayer). 567 (und Angelo di Cordona). 597 (sein Vorgänger). 598 (u. Ludwig der Bayer). 829 (und die Clementinen). 681 (und Cardinal Colonna). III. 45 (schafft die Datarie). 70 (Extravaganten des). 281. 282 (führt das Dreifaltigkeitsfest ein). 344. 345 (und Durandus a S. Portiano). 373 (verdammt den Meister Eckhart). 400 (seine Gegner). 503 (fördert die Einsiedler des hl. Paulus). 858 (Extravaganten des). IV 131 174. 175. 176. 537. 769. V. 155 (Bullen wider die Zauberei). 479 (hilft Polen und Litthauen christianisiren). 724 (und Christianisirung der Mongolei). 828 (und die Irländer). VI. 22 ff. 24 (Urheber der römischen Kanzleiregeln). 411 (*). 624 ff. (und Ludwig der Bayer).

732 (Erzb. Magdeburg). 757 (Ebm. Mailand). 887 (**). 897 (verwirft eine Schrift des Marsilius Paduanus). VII. 275 (Bulle vom J. 1321). 409 (gegen Mißbräuche der Kirchenmusik). 599 (fördert den Prediger Niklas von Straßburg). 695 (und Occam). VIII. 108. — 206 (u. Philipp V. von Frankreich). 310 (erhebt Sultanieh zu einer Metropolitankirche). 550 (und Polen). IX. 141 (und das teutsche Reich). 221 (die Constitution ex deblio). 304 (und Ludwig der Bayer). 354 (Rom, Bauten daselbst). 404 (richtet die rota Romana ein). X. 13 (Ansichten über den Zustand der Seele im Jenseits). 203 (macht Saragossa zum Erzbisthum). 686 (Folgen des Streites mit Ludwig dem Bayer). 912 (Einführung des Canonisationsprocesses). 924 (canonisirt Thomas von Aquin). XI. 95 (macht Toulouse zum Erzbisthum). 99 (fundirt spanische Capitel). 100 (studirte in Toulouse). 319 (und Ubertin von Casalis). 655 (und die Clementinen). 1094 (Thesen aus der Zeit). XII. 26 (bietet Albrecht dem Weisen von Oestreich die Kaiserkrone an). 33 (ein Vertheidiger des). 83. 84 (und Augustinus Triumphus). 91 (*). 123 (und die Universität Bologna). 337 (verdammt Sätze des Oliva). 358 (und der König von Frankreich). 389. — 644 (vertheidigt das Eigenthumsrecht der Kirche). — Joh. XXIII. (Balthasar Cossa; reg. 1410—1419) I. 137. 156. II. 44. 796. 849 ff. 903. III. 144. IV. 69. 70. 210. 471. 720. V. 175. 404. 405 ff. 743. VI. 23. 641. VII. 678. VIII. 95. 150. 535. X. 136. 137 ff. XI. 578. 1229. XII. 1270. 1272.

Johannisevangelium, s. Messe.

Johannisjünger, s. Zabier.

Johannisfest VII. 701.

Johannisfeuer, das V. 769. 742.

Johanniskirche in Rom IX. 358.

Johannissegen, der V. 769.

Johannistanz, der XII. 1182.

Johannistaufe, s. Zabier, dazu X. 752.

Johanniter, Hospitaliter des hl. Johannes zu Jerusalem, Rhodiser, Malteser V. 769—775. I. 784. II. 301. III. 714. 804. V. 345 ff. VI. 431. VII. 46. VIII. 615. IX. 305. 328. X. 200. 263. 717. 802. XI. 480. 535. 683. 967. XII. 665. 695. 1038.

John, der Labadist VI. 308.

Jojachin oder **Joachin** (Jechonjas), König von Juda V. 775. III. 805. 850. IV. 912. V. 516. 776.

Jojada, Hoherpriester V. 775—776. S. Joas, dazu I. 491. V. 282. 334. 690 ff. VII. 670. IX. 607.

Jojakim, Joakim, König von Juda V. 776—777. S. Joachim, dazu III. 850. IV. 912. V. 510. 688. 910. VII. 155. 495. VIII. 618. XI. 481.

Jolantha, Kaiser Friedrichs II. Gemahlin II. 801. V. 320.

Joly, Claude, der Cardinal VI. 878.

Jona, s. Columba, St.

Jonas, der Prophet V. 777—779. IV. 81. 311. VII. 108 ff. 619. IX. 615.

Jonas, Bf. v. Autun VIII. 664.

Jonas, Bischof von Orleans, Kirchenlehrer des 9. Jahrhunderts V. 779—780. II. 573. 574. VII. 302. X. 70.

Jonas, s. Mon, Priester.

Jonas, Abt von Elnon u. Schriftsteller des 7. Jahrhunderts V. 780—781.

Jonas, Justus, Reformator des 16. Jahrhunderts V. 781—782. I. 520. II. 146. III. 274. 275. 637. VI. 810. VII. 11. 30. XI. 91. 179. 1164.

Jonathan, der Freund Davids V. 782—784. III. 47. 48. IX. 637.

Jonathan, der Maccabäer I. 154. 579. III. 3. 90. 511. V. 528. VI. 8. 700 ff. 720. VII. 462. VIII. 385. IX. 563.

Jonathan, der Sohn Usiels, Bibelübersetzer I. 935. VI. 587. VII. 115. 736. XII. 1105.

Jonathas, Hbpstr. IV. 4.

Jonischen Inseln, die Katholiken auf den X. 623.

Joppe, das heutige Jaffa V. 784—785. I. 164. IV. 855. VII. 994. VIII. 50. X. 624. 625.

Joram, König a) von Israel, Nachfolger des Ahasja, b) v. Juda V. 785—787. a) von Israel I. 42. 134. 398. 491. III. 518. 539. IV. 853. V. 513. 775. 790. VI. 518. VII. 185. — b) von Juda III. 397. IV. 855. 910. V. 592. VII. 676. VIII. 309.

Jordan, der Fluß V. 787—788. S. Perda, dazu III. 397. IV. 855. 910. V. 436. 740. VIII. 46 ff. X. 235.

Jordan de Pisa, der Prediger, s. Jacopo.

Jordan, Ordensgeneral V. 368.

Jordan, der Chronist IV. 173.

Jordan, 1. Bf. v. Posen VI. 730. VIII. 537 ff. 612.

Jordan, Bruder, aus Sachsen III. 239. 240.

Jordan, Camille, der Deputirte IX. 287.

Jordanes, Ebf. v. Mailand VI. 756.

Jordanis, Raimund, der Mystiker IX. 728.

Jordanus Brunus, s. Bruno (Giordano).

Jörger, Christoph, Aktor VII. 723.

Jörger, Helechart von, der Lutheraner VII. 734.

Joristen, Anhänger des David Georg oder Joris V. 788—789. I. 296. III. 896. 900. IV. 393. VII. 58. 59. XI. 427. 957.

Jornandes, Geschichtschreiber der Gothen V. 789. IV. 215. 227. XI. 539.

Josaphat, Sohn und Nachfolger Asas, Königs von Juda V. 789—791. I. 133. 134. 206. 388. 806. III. 397. 518. IV. 855. 910. V. 513. 785. 796. VIII. 399. 819.

Josaphat, das Thal II. 422. 641.

Joscelin II. von Edessa III. 385.

Joscelin, der Schulvorstand XII. 342.

Joscion, Bf. XI. 105.

Jose, Rabbi XII. 1106. 1283.

Joseba, Jojadas Weib V. 775 ff.

Joseph, der Sohn Jacobs, der Patriarch V. 791—793. I. 341. 343. 806. II. 529. III. 484. IV. 268. 400. V. 349. VI. 838 ff. IX. 593. XI. 898.

Josephs, des Patriarchen, Stamm, s. Ephraim.

Joseph, der Nährvater Jesu V. 793. I. 349. 780. 898. II. 181. V. 349. VI. 839 ff. IX. 583. XI. 908.

Joseph, armen. Ptch. I. 441.

Joseph ibn Aknin, Rabbi XII. 1111.

Joseph der Blinde, Rabbi I. 935 ff. XII. 1108.

Joseph Karo, s. Karo.

Joseph der Hymnograph V. 793. VIII. 510. 732.

Joseph, Ptch. v. Cstpl. I. 441. 470.

Joseph Manuel, Ptch. v. Lissabon XII.

Joseph Clemens von Bayern, Ezbf. v. Cöln II. 675.

Joseph le Clerc de Tremblay, der Capuciner I. 796 ff. IX. 312 ff. XI. 478.

Joseph von Calasanza, s. Calasanza.

Joseph I., Kaiser (st. 1711) I. 290. II. 609. IV. 11. V. 480. VII. 678. XI. 1010. 1014. XII. 296. 896. 1036.

Joseph II., Kaiser V. 794—808. I. 59. II. 68. 208. 285. 335. 554. 671. 670. III. 5. 27 ff. 260. 433. 568 ff. 814. 859. 895. IV. 6. 148 ff. 399. 403. 404. V. 359. 418. 427. 598. 929. VI. 35. 159. 233. 244. 340. 433. 474. 525 ff. 583. 604. 859. VII. 67. 169. 551. 661. 665 ff. VIII. 29. 186. 457. 471. 494 ff. 570. 715. IX. 41 ff. 173. 259. 321. 350. 873 ff. 915. X. 60. 818. XI. 175. 458. 498. 743. 1020. 1024. 1027. 1034 ff. 1053 ff. 1062. 1295. XII. 12. 22. 190. 391 ff. 444. 490. 608. 713. 728. 820. 896 ff. 938. 1030. 1099. 1185. 1294.

Joseph, König von Portugal, s. Pombal.

Joseph, Napoleons I. Bruder († 1844) V. 658. VI. 585. VIII. 457. XII. 749.

Josephiten, französ. Missionspriester V. 808. IX. 782. 783.

Josephitinnen, a) der Marie Delpech de l'Etang zu Bordeaux, b) Schwestern des heiligen Joseph zu le Puy, c) zu Clugny, d) zu Lyon, e) der Frau Vialar in Albi V. 808—809. IX. 784.

Josephinismus, s. Joseph II., Kaiser, dazu V. 873. VII. 53. IX. 69. 406. XII. 131. 1279.

Josephsehe V. 809—810. III. 448.

Josephus Flavius, Geschichtschreiber der Juden V. 810. I. 95. 153. 242. 256. 290 ff. 310. 327 ff. 331. 335. 338. 398 ff. 403. 469. 565. II. 457. 583. 652. 990. III. 52. 264. 514. 715. 716. ff. 838. 864 ff. IV. 475. 913. 917. 919. VI. 17. 505. 519. 541. 695. VII. 358. 450. 774. VIII. 242. 386. ff. 446. 454. 764. 827. 900. 902. IX. 484. 485 ff. X. 142. 143. 154. 704. 710. 714. 838. 909. 959. XII. 571.

Josephus, der ewige Jude, s. Ewiger Jude.

Josephus Epaphroditus, der Paulicianer VIII. 237.

Joses, angebl. Bruder Jesu II. 179 ff.

Joses, s. Barnabas.

Josias, König von Juda V. 810—812. I. 207. 885. IV. 635. 843 ff. V. 96. 287. 515 ff. 520. 688. 776. IX. 603. 606. 651. 921. X. 245 ff.

Josquin, Tonsetzer VII. 403. 404. 408.

Jost, Isaak Marcus, jüd. Gl. (geb. 1793 zu Bernburg) V. 880. 857 ff. VI. 28. IX. 16 ff.

Jost, Mkgf. v. Mähren, s. Sigismund.

Jost, Hildebrand, Bf. v. Sitten X. 197. XII. 1309.

Josue, der Stammfürst V. 812—816. I. 11. 89. 136 ff. 138. 208. 479. 491. II. 259. 968. III. 17. 264. 349. 406. 514. 518. IV. 274. 425. 853. 905. 919. V. 436. 511. 526 ff. 810. VI. 311. 518. 818. 911. VII. 263. 362. 832 (**). VIII. 282. 821. IX. 604. X. 63. 115. 142. 191. 372. XI. 1232.

Josue, der nachexilische Hohepriester, Sohn Jozadoks IV. 912. V. 260. IX. 603. X. 710.

Jota, s. Jutta.

Jotham, König von Juda V. 816—817. I. 33. 206. IV. 274. 911. V. 334. X. 115. XI. 503.

Jourdan, Jean Baptiste, franz. Marschall (st. 1833) XII. 856.

Journal de Trevoux, das I. 854.

Jout-ching, chines. Kaiser XII. 10.

Jouvency, Jos., gl. Jesuit VII. 850.

Jovellanos, Don Gaspar Melchior de, der Staatsmann (st. 1811) VI. 557 ff.

Jovian, der römische Kaiser XII. 621—623. I. 494. II. 249. 974. VI. 865. VII. 620. XI. 461. 522. 723.

Jovinian, Ketzer des 4. Jahrhunderts V. 817—818. I. 275. V. 172. VI. 843. VII. 220. VIII. 662. X. 200.

Jovinus, der heilige, Bf. von Trient XII. 1200.

Jovita, St., s. Faustinus und Jovita (XII. 341).

Jovius, Paul, der Historiograph V. 818. II. 602. 685. 686. III. 103. VI. 713. IX. 467. 880.

Jozadak, Hhpstr. V. 280.
Iphigenia, ein Vorbild der antiken V. 514. 515.
Irak Adschemi, Großmedien, s. Medien.
Iran, s. Persien.
Iranier, s. Persien, Zendvolk.
Irenäus, Bischof von Lyon, der Kirchenvater V. 818—821. I. 221. 223. 255. 320 ff. 324. 334. 504. 653 ff. II. 16. 17. 255. 434. 440. 477. 479. 584. 636. 928. III. 421. 520. 524. 576. 750 ff. 786. 801. 910 ff. IV. 524. 559. 603. 870. V. 89. 121. 289 ff. 428. 597. 712 ff. 937. 939 ff. VI. 9. 36 ff. 681. 763. 816. 830. 845. VII. 147. 258 ff. (für die 40täg. Fasten). 267. 297. 571 ff. (*). 873 (*). VIII. 90. 93. 331. 337. 353. 573 ff. 628. 660 ff. 862. IX. 489. 526. X. 3. 13. 154. 657 ff. 665. 675. 679 ff. 778 ff. 864. XI. 123. 144 ff. 274. 275. 529. 645 ff. XII. 372. 451. 500 ff. 1165.
Irenäus, Bf. v. Barcellona V. 167.
Irenäus, Christoph, prot. Hofprediger IV. 88. X. 413. 414.
Irene, Kaiserin V. 821—822. I. 102. II. 632 ff. III. 756. X. 244 (Heilige der Griechen).
Irenik und Ireniker V. 823—825. S. Polemik, Spinola, vgl. Symbolik, Syncretismus, dazu I. 367. III. 391.
Irenopolis, s. Berßa.
Ireton, Henry, Oliver Cromwells Schwiegersohn (st. 1651) V. 830.
Iria, ehemal. Bm. II. 736.
Irkutsk, Ebm. III. 865.
Irland, Kirchengeschichtliches V. 825—831. I. 252. 757. 789. II. 184. 433. 606. 694. 697. 921 ff. 936. III. 251. 536. 538. IV. 465. 691. 790 (Aufstand in). V. 59 (wird englisch). 316 ff. (Christianisg). 468 (Jacobiten in). 573. 746. VI 270 (Kreuzherren in). 847 ff. VII. 130 (Methodisten in). 167. 168 (Missionäre in). 693 (Obsvtn. in). 699 ff. VIII. 232. IX. 783. X. 55 (Krsg.). 742. XI. 500. 703. 713. XII. 100 (Bangor in). 310. 671 (Krls.). 921 (Christianisg). 1059.
Irmengard, Ludwigs d. F. Gemahlin VI. 621. X. 357.
Irmensäule, die IX. 502.
Irnerius, Rechtslehrer zu Bologna V. 831—832. 35. XII. 122.
Irokesen, die IV. 730.
Irolph, Bf. v. Passau V. 399.
Ironie, die V. 832—833.
Irregularität V. 833—837. 622. I. 518. III. 137. 415. 871. V. 622. VI. 419. VII. 505. 518. 821. VIII. 810. X. 514. XI. 221. 313. 581 ff. 766. XII. 6. 7 (Strafe der). 86 (Leprosen). 275. 716 (der Sklaven und Leibeigenen). 805 ff. 835.
Irreligiosität V. 837. Vgl. Religiosität.
Irrendes Gewissen XII. 623—624.
Irritation, s. Kol-Nidre.
Irritation der Gelübde, s. Gelübde.
Irrlehre, s. Häresie.
Irrthum, der V. 837—838.
Irsemes, s. Bethsemes.
Irvingianer, von dem Schotten Edward Irving (gest. 1621) gestiftete Secte IX. 838 ff. X. 81. 545. XII. 951.
Isaac, der Erzvater V. 838—839. I. 46. 56. 181. II. 529. IV. 603 ff. 919. V. 438 ff. 860. VI. 60. VII. 336. 451. 453 (Vorbild Jesu). 755. IX. 613. 622. XII. 281.
Isaac der Große, der heilige Sänger V. 839. VII. 76 ff.
Isaac, armen. Bch. I. 441.
Isaac, griech. Ksr. aus dem Hause der Komnenen, s. Komnenen.
Isaacius, der Patricier III. 612.
Isaaki Rabbi, s. Raschi.
Isabel, die Königin, s. Jezabel.
Isabella, Wittwe Zapolyas VII. 731 ff.
Isabella von Kastilien (und Ferdinand der Katholische V. 839—841. S. Ferdinand der Katholische, dazu I. 201. II. 353. IV. 25. V. 650 ff. 894. VI. 836. VIII. 347. XI. 1209. XII. 35. 249. 365.
Isai, s. Jesse.
Isaias, s. Jesajas.
Isangrim, Bfe. v. Regensburg IX. 95. 96.
Isarc, Bf. v. Toulouse XI. 94.
Isäus, der Redner XII. 749.
Isboseth, der Sohn Sauls V. 841. 667. I. 56. IX. 638.
Ischyrat, der Priester, s. Athanasius, dazu VII. 41 ff.
Isdegerd, der Perserkönig, s. Jezdegerd.
Isebel, s. Jezabel.
Isenbiehl, J. Lor., der unglückliche Exeget V. 841—843.
Isenbiehl, Aug., Thlg. VII. 307. 666.
Isenburg, Graf Friedrich von III. 591. 592. IV. 228.
Isenburg, Valentin von, Chfst. von Cöln IV. 338. VIII. 7. IX. 38.
Isfoaraimi, mohammed. Gl. V. 850.
Isfried, der heilige, Bf. v. Ratzeburg.
Isidor, Priester, Origenist VII. 847. 848.
Isidor Mercator VIII. 840.
Isidor von Pelusium, gelehrter Priester und Abt des 5. Jahrhunderts V. 843—845. I. 418. 787. II. 177. 178. VII. 301. 453. VIII. 61.
Isidor, Sohn des Gnostikers Basilides I. 653.
Isidor pyromalus VI. 547.
Isidor von Sevilla, kirchl. Schriftsteller V. 845. I. 448. 651. 789. II. 34. 144. 306. 492. 735. IV. 215. 421. 475. 585 ff. 870. V. 162. 301. 339. 601. VI. 39. 114. 209. 388. 399. 406. 595. 832. VII. 301. VIII. 196 ff. 522. 756. 770. 774. 820. IX. 167. 629. 711. X. 105. 107. 347. XI. 63. 85. 157. 676. 1242. XII. 1000.
Isidor, Mtrplt. v. Rußland VII. 580. 590. IX. 465 ff.
Isidorische Decretalensammlung, s. Pseudoisidor (VIII. 849).
Isis, die altägyptische Gottheit VII. 752. VIII. 36. 203. 867.
Islam, der V. 845—858. S. Mohammed, dazu I. 73. 74. 137 ff. 167. 261 ff. 342. 368. 359. 606 ff. 750. II. 10. 88. 278. 481. 504. 785. III. 311 ff. 471 ff. 924 (Fatalsm.). IV. 208. 506. 625. 921. V. 103. 303. 617. VI. 14 (Kalifat). 249. 250 (Koran). 279 (zur Zeit der Kreuzzüge). 413 (Eherecht). VII. 188 ff. (Mohammed). 457. 522 (auf Ceylon). 769 ff. 868 (Ausbreitung). VIII. 154. IX. 12. 13. 458. 665. 710. X. 31. 32. 120. 230. 243. 452. 462. XI. 130. 293. 322 ff. 331 ff. 339 ff. 363. 795. 812. 1242. XII. 66. 68. 71. 1110.
Island, das Christenthum auf der Insel V. 858—860. II. 319. IV. 774. IX. 84.
Isle, d', Abtei III. 1.
Isleif, der Isländer V. 859.
Islo, Bf. XI. 93.
Ismael, Ismaeliten V. 860—861. I. 56. 386. II. 241. III. 332. V. 518. 685 ff. 698. 701. 847. VI. 60. 722. VII. 402. IX. 665. X. 837. XI. 462.
Ismael, der Mörder Godolias IV. 569.
Ismael, Rabbi VII. 114.
Ismail, Sohn des Mohammed Taminl III. 314.
Iso, gl. Mönch IV. 281.
Isokrates, Vater der Wohlredenheit (st. 338 v. Chr.) XII. 749. 1277.
Isolani, Joh. Ludw. Hector, der Kroatengeneral (st. 1640) XI. 877.
Israban, Ebm. VIII. 310. XI. 509. XII. 72.
Israel, das Reich und Volk, s. Hebräer (IV. 908 ff.), regum libri, Juda, Chronologie, dazu I. 42. 86 ff. 133. 134. 401. 570. 576. 863. II. 5. 530 ff. 958. 960. III. 306. 523 ff. 530. 816. 691 (Anklänge bei den). 860. IV. 60. 346. 491. 906 ff. V. 334. 438 ff. 477. 513 ff. 526 ff. 687 ff. 691. 735. 785 ff. 789. VI. 94 ff. VII. 104 ff. 346 ff. VIII. 399. 425 ff. IX. 1. X. 20. 115. 169. 172 ff. (in der Wüste). XI. 347. 402.
Israel, der Kuchen VII. 883.
Israel, irländ. Bf. V. 827.
Issachar, Issaschar, Stammvater und Stamm V. 861—862. I. 81. IV. 372. V. 335. 439. VI. 791. VIII. 49. 50.
Isserles, R. Moses IX. 796.
Isserninus, Gefährte des hl. Patrik V. 825.
Issy II. 40.
Issy, Conferenzen zu IV. 839. VIII. 896.
Istachri, arab. Geograph V. 696.
Istakhar, s. Persepolis.
Istrien, Kirchengeschichtliches X. 222. 741. XI. 255. 570. 922. 1062.
Itala, die Bibelübersetzung I. 914. XI. 34 ff.
Italien V. 862—874. S. Völkerwanderung, Rom, Papst, Pistoja (Aftersynode von), Sardinien (XII. 1083 ff.), die Artikel über die einzelnen Päpste und Diöcesen, dazu I. 624. 675. 677 (christl. Baukunst). 728. 796. 814 ff. (Lombardei). 816 ff. 881 (Oratorien in). II. 105 (Jesuiten in). 488. 758 ff. (Concordate). 800. III. 186 ff. 253. 398. IV. 63. 711 (Lombardei). V. 551 (die Jesuiten in). 889. 890 (die Juden in). 918 ff. VI. 112 (christl. Baukunst). 108 (eremit. Bmr.). 384 (Lazaristen). 589 (Longobarden). 780 ff. (Malerei in). 806 ff. 820 (Maroniten in). VII. 177 (Mithradenkmale). 227 (Cluniacenser). 260 (das erste Kloster). 632 (die ersten Nonnen). 692 (Obsvtn.). 703. 824 (Orakeln in). 873 (Osterpraxis). 901 ff. (Otto II. in). VIII. 390. 448 (Piaristen). IX. 133. 303. 578. 807 (plast. Kunstwerke in). X. 620. 725. 741. 797 (Kirchenstatists.). XI. 713. 714 (Krls.). XII. 214. 361. 484 (Oblaten in). 598 (Humanisms.). 670 (Krls.). 1085 ff. 1110. 1113. 1116 (jüd. Gelehrte in).
Italienische Kirchenhistoriker VI. 152 ff.
Italinern, Reductionen bei den VIII. 123. 127.
Ite missa est VII. 93. 882.
Ithacius, Bf. von Ossonoba in Spanien VI. 906. VIII. 778 ff.
Ithamar, Bruder des Eleasar III. 519.
Ithobaal, Kg. VIII. 431.
Itinerarium clericorum XII. 624.
Itio in partes V. 874. II. 882. IX. 173.
Ittig, prot. Kchnhist. VI. 155.
Ittner, Staatsrechtslehrer XII. 867.
Ituräa, die Landschaft V. 874—875. I. 40. 640. IV. 890. VIII. 51. XII. 1014.
Juan d'Austria, der Sieger von Lepanto, s. Austria, dazu VII. 309.
Juan de pace, Missnär. und Martrr. VII. 139.
Jubal, der Sohn Lamechs VII. 421. 524.
Jubeljahr, Jubiläum V. 875—878. Vgl. Sabbathjahr, s. dazu I. 51. 52. 88. 454. 780. 783. II. 94. 95. 97 ff. 599. 604. 608. 609. 614. IV. 386. 390. 854. VI. 475 (vom J. 1825). VII. 254. 859 (das sechste). 593 (vom Jahr 1451). VIII. 230. IX. 605. XI. 476. XII. 246.
Jubelpredigten V. 878—879. IX. 917.

Jubiläen der s. g. Reformation des 16. Jhrhdts., s. Reformation.
Jubiläum, s. Jubeljahr.
Jubiläumsablaß, s. Ablaß, Jubeljahr, dazu I. 52. 55. VI. 120.
Jubiläumsablaßpredigten V. 879.
Jubilate, der dritte Sonntag nach Ostern V. 879.
jubilatio, s. sequentia.
Juching, Klstr. IV. 206.
Juda, der Stammvater und Stamm V. 879—880. I. 478. 480. 807. 891. 909. III. 616. 727. IV. 313. V. 439. 511. 527. 545. 739. 814. 841. 879. 880. VI. 208. 311. 504. VII. 105. 497. VIII. 49. 50. 309. 765. X. 200. 836.
Juda, genannt Hakkadosch, Rabbi V. 880—881. I. 139. V. 887. VII. 145. X. 526 ff. XI. 2.
Juda, das Reich, s. Hebräer, regum libri, vgl. Israel, das Reich, s. dazu I. 133. 134. 471. II. 530 ff. III. 397. 709. 850. IV. 266. 908. V. 335. 527. 539 ff. 690. 698. 775 ff. 810 ff. 817. IX. 23 (Kg. Rezin). 125 (erster König von). 325. — 921 (Sedecias).
Juda, das Gebirge V. 152. 817. VIII. 45 ff.
Juda, die Wüste VI. 509.
Juda ben Botta, Rabbi XII. 1106.
Judä, Leo, der Reformator V. 881—882. II. 2. 771. VI. 671. XI. 1310. 1319. 1320.
Judäa, das Land, s. Palästina, dazu I. 404. V. 139 ff. 529 (Kgrch.). 534 (Christen in). 572. 577 ff. 884. V. 270 (Kreuzigungsstrafe in). 341. 680. VII. 501. VIII. 50. 53. 54. 900 (unter Quirinus).
Judas, Lebbäus oder Thaddäus, der Apostel V. 882—884. I. 348. 369. 370. II. 158 ff. 179 ff. 181. III. 246. VIII. 307. X. 152. 824.
Judas, der Galiläer V. 884. 572.
Judas Iskarioth, der Erzschelm V. 884—886. I. 620. VI. 9. 357. 933. VIII. 331. 772. X. 153.
Judas der Maccabäer, s. Maccabäer, dazu I. 95. 579. 609. III. 95. 617. 930. IV. 51. 574. 919. V. 506. 528. 783 ff. VI. 69. 95. 105. 140. 167 ff. 690. 705 ff. VII. 462. IX. 815. X. 90.
Judas bar Saba, s. Barsabas.
Jude, ewiger, s. Ewiger Jude.
Juden, Geschichte derselben seit der Zerstörung Jerusalems V. 886—899. I. 7 (Abarbanel). 23 (Aben Esra). 27. —59. 90. 138 (Rabbi Akiba). 159 (in Alexandrien). 163 (Septuaginta). I. 175. — 274 (und der Antichrist). 277 (Antinomisten). 309 ff. 327 ff. (Apokryphen). 360 (und Apollonius von Tyana). 363 (die christl. Apologeten). 381. 388 (in Arabien). 399 (der Geschichtschreiber der). 471 (Arzneikunst). 481 (Ködmodi). 505 (Secten). 553. 666. — 915 (Bibelausgaben). II. 143. 154. 323 (in Rom). 481. — 571 (zu Claudius Zeit). 603 (im Kirchenstaat). 677 (Col-Nidre). 740 (Concordanzen). 904 (und Koërl). III. 3. 41 (Tempelbau). 54. 95 ff. — 412 (Ehe). 414. — 416. — 471 (Eid bei den). 527 (Levita). 553 (in Portugal). 710. — 712 ff. (Esra). 715 (die Essener). 722 ff. — 840. — 915 (Fasten). IV. 52 (Feste). 274. — 586 ff. (in Spanien). 611 (Gottesdienst). 646 (Gräber bei den). 654 (eine rabbin. Sage). 695 (zu Gregors I. Zeit). 844. 845 (zur Zeit K. Hadrians). V. 269 (Hochzeiten). 302 (in Arabien). 903 (Name der). 651 ff. (in Spanien). 846 (und der Islam). 899 (Ehe mit Christen, Emancipation). 917 (zur Zeit Julians d. A.). VI. 1 (Kabbala). 27 (eine Secte). 86 (die Kimchi). 349 (der lange Tag). 428 (Behandlung der Leichen). 476 (in Rom). 485 (und Lessing). 672 ff. (Luthers Intoleranz wider die). 759 (Maimonides). 905 (der Mantelgriff). 912 (Masora und Masorethen). VII. 48 (Melito über die). 143 (Midrasch). 183 (Mizpa). 186 (und Mohammed). 381 (das Musaphgebet). 515 (und Nero). 519 (in Rom). 537 (Jahresanfang). 771 (das Omerzählen). VIII. 143 (die griechisch-redenden). 178 (im Mittelalter). 352. — 400 (der Philonismus). 608 (in Pontus). IX. 4 (die Rabbiner). 15 (Jarchi). 235 ff. — 492 (Sabbath). 651 (Schechina). X. 82. 112. — 153 (ben Jochai). 214. 216. — 239 (der Sohar). 636. — 825 (der Thalmud). 844 (Thephilla). 897 (Gebetriemen). 908. 918 (in Spanien). 950 (Thora, Thoralesen). XI. 2. 25 (Tischgebet). 31 ff. (zu Neros Zeit). 61. 66 (in Spanien). 283 (in Tripoli). 331 ff. (in der Türkei). 795 (Wallfahrten). XII. 11 (Uriel Acosta). 91 (im Mittelalter). 117 (Verfolgung in Polen). 201. 202. 207 (in Sardinien). 281 (in der Diaspora). 310 (ein Extrafeind). 312. 503 (in Griechenland). 536 (großes Hallel). 762 (in Spanien). 800 (und der Erzengel Michael). 811 (und die Mormonen). 900 (in Oestreich). 970 (verfolgt in Frankreich). 1014. — 1103 (Akademien der).
Juden, Eid bei den, s. Eid bei den Juden.
Judenemancipation III. 899. V. 899.
Juden, Gelehrsamkeit bei den spätern, s. Rabbiner der spätern Zeit, Schulen, hohe (XII. 1102).
Juden, Gottesdienst bei den spätern, s. Gottesdienst bei d. sp. J.
Juden, das Grab bei den neuern, s. Grab, das jüdische (IV. 645).
Juden, Hochzeiten bei den, s. Hochzeit bei den alten Hebräern.
Juden, langer Tag bei den, s. Langer Tag bei den.
Juden, Priester bei den neuern, s. Cohen.
Juden, Reinigungen bei den, s. Reinigungen (IX. 165).
Juden, Secten bei den neuern, s. Karäer.
Juden, Synagogen der spätern, s. Synagogen.
Juden, Vorabend eines Festes bei den, s. Vorabend e. F. b. d. J.
Juden, Zerstreuung derselben in alle Länder, s. Diaspora.
Juden, Ehe mit Christen, Emancipation V. 899—902. XII. 926.
Judenbekehrungen VII. 565. X. 102. 279.
Judenburg, der Protestantismus in VII. 736.
Judenchristen, s. Ebioniten, Paulus, dazu I. 80. 81. 620. II. 477. 571. III. 75. 172. 223. 356 ff. 780. V. 90. 470. 534 ff. VIII. 408. XII. 644.
Judenschulen, s. Schulen, hohe d. J.
Judenthum, das neuere rabbinische V. 902—908. S. Juden, Geschichte derselben, Karäer, Pharisäer, Rabbiner, Schulen, hohe (XII. (1102), dazu I. 139. 175. 274. 292. 378 ff. 367. 577. 623. 667 ff. 736. II. 242. 464. — 485 (Einbalsamirungen). 715 (zu Christi Zeit). 716. 760 (Eusebius über das). 905. III. 156 ff. 220. — 412 (Ehe im). 426 (Eid). 670. — 694 (Erstgeburt). 916 (Fasten). IV. 41. 52. 124. 450 ff. 535. 558 (Alexandns.). VI. 1. 805. VIII. 415 ff. 507. 774. X. 207. 751 ff. 895. XI. 25 (Tischgebet). 795 (Wallfahrten). 830.
Judenverfolgungen, s. Juden, Geschichte der, dazu I. 774. 840. IV. 369. 586. V. 102. VI. 759. 766. VIII. 179. 180. 206. 406.
judex delegatus, s. delegirte Gerichtsbarkeit.
Judex, Math., der Centuriator II. 430. IV. 87.
Judica, der Sonntag V. 908. S. Passionssonntag.
Judica, Psalm VIII. 193. XII. 276.
Judicatum Vigilii III. 277.
judices in partibus IX. 65. 214.
judicium der Astrologen, s. Astrologie (XII. 75).
judicium occultum, s. Fehmgerichte des Mittelalters (XII. 342).
judicum libri, s. Richter, Buch der.
Judith, Person und Buch V. 908—911. 478. VI. 647. XII. 745.
Judith, Karls d. G. Gemahlin II. 900.
Judith, Gemahlin Ludwigs d. F. VI. 624.
Judith, Polenkönigin VIII. 541.
Juigné, Ex-Erzbischof von Paris IX. 275. XII. 315.
Julia, die heilige XI. 541.
Julia Domna, Gemahlin des Alexander Severus VIII. 425.
Julia Mammäa, röm. Kaiserin VII. 829. VIII. 387.
Julia, Herzogin von Anhalt-Köthen I. 254.
Julian, Ebf. v. Alxdn. III. 97. 99.
Julian von Apamea, Montanist VII. 253.
Julian, monophys. Bch. v. Halikarnaß I. 309. VII. 241.
Julian Cäsarini, der Cardinal V. 911—912. I. 643. 644. 646 ff. IV. 32. V. 400. 421. VII 591 ff. IX. 142. 815.
Juliana, hl. Jungfrau und Märtyrin V. 912—913.
Juliana, die Klosterfrau zu Lüttich IV. 239.
Juliani, Petrus, s. Johannes XX. (XXI.) Papst.
Julianischer Kalender, s. Kalender, julianischer.
Julianisten, s. Aphthartodoketen, Gajaniten.
Julianus, der heilige, ein Sohn der hl. Symphorosa X. 575.
Julianus apostata, der Kaiser V. 913—917. 531. I. 128. 204. 357. 363. 367. 434 ff. 494. 574. II. 1. 240. 503 ff. 521. 641. 808. 927. 972. 974. III. 9. 155. 259. 501. 763. 766. IV. 274. 736. VI. 140. 156. 508. 612. 905. VII. 43. 290. 547. 863. 824 (*). VIII. 73. IX. 190. 487. X. 112. 204. XI. 31. 519. 522 ff. 556. 723. 964. 1127. XII. 233. 621 ff. 646. 785. 1041.
Julianus, der heilige, Erzbischof von Toledo V. 917—918. II. 735. XI. 64.
Julianus von Eclanum, der Pelagianer I. 197 ff. VI. 445. VIII. 272.
Julianus, der Einsiedler, s. Sabas.
Julias, die Stadt V. 341.
Jülich, das Ländchen, Gschls. V. 356.
Julin (Wollin) Bm. VII. 913. 914 ff. 916. VIII. 597.
Julirevolution, die französische II. 461. IV. 393 ff. 727. VI. 327. VII. 159. VIII. 147. IX. 269. 570. XII. 464.
Julitta, die hl. IX. 199.
Julius, Name von 3 Päpsten V. 918—921. Jul. I. (der heilige; reg. 337—352) I. 127. 431 ff. II. 825. III. 765. V. 206. VI. 515. 815. VII. 233. IX. 350. 625. XI. 1147. — Jul. II. (reg. 1503—1513) I. 165. 196. 768. II. 104. 207. 252. 288. 551. 567. 682 ff. 697. 898. IV. 785. V. 339. 877. VI. 177. 348. 359. 370. 469. 597. 783. 944. VII. 153. 276. 341. 408. 657. VIII. 483. 690. IX. 38. 342. 346. 351. 375 ff. 378. 397. 900. 903. 912. X. 123. 306. 632. XI. 575. 1210. 1211. XII. 35. 302 ff. 740. 937 ff. 1377. —

Jul. III. (del Monte; reg. 1550—1555) I. 624. II. 289. 414. 415. 448. 516. 670. 648. 707. III. 280. IV. 119. V. 330. 677. VI. 534. 536. 813. 849. VIII. 56. 189. 571. 601. IX. 295. 357. X. 700. 833. XI. 185. 189. 194. 196. 197 ff. 200. 215. 218. 273. 244 ff. 476. 607. XII. 121. 738. 937 ff. 959.
Julius Cäsar, s. Cäsar, Cajus Julius.
Julius Africanus, christl. Chronograph des 3. Jahrhunderts XII. 624—625. III. 499. 760. VI. 136. VII. 830. IX. 77. X. 583.
Julius, engl. Martyrer IV. 777.
Julius Cassian, der Doket IV. 560.
Julius. Julius-Universität. Julius-Hospital (in Würzburg) V. 921—927. VII. 680. 681. XI. 1191.
Julius, prot. Hzog. v. Braunschweig II. 896.
Jumiges, Klstr. bei Rouen X. 420.
Jünger Christi, s. Apostel Christi.
Jünger, die 72 VI. 833. VIII. 650. X. 142. XI. 343. XII. 805.
Jungfernehe, s. Josephsehe.
Jungfernkranz, s. Brautkranz.
Jungfrau, die heilige, s. Maria (VI. 835).
Jungfrau, Frauen von der Barmherzigkeit der heiligen IV. 181.
Jungfrauen, die 11000, s. Ursula.
Jungfrauen, Verschleierung der (bei den Montanisten) VII. 260.
Jungfrau von Orleans (Jeanne d'Arc), s. Orleans, Jungfrau von.
Jungfrauenvereine XII. 1217. 1325.
Jungfräulichkeit, s. Keuschheit, vgl. Cölibat, s. dazu I. 474. IV. 385 ff. 745. V. 95 ff. X. 925. XI. 821.
Jungingen, von, die 2 Hochmeister X. 814.
Jungius, der Schulmann XII. 1235.
Junkherrot, Bibelübersetzer XI. 886.
Jüngster Tag, s. Gericht, jüngstes.
Junilius, african. Bischof und Schriftsteller des 6. Jahrhunderts V. 927.
Junius, Franz (du Jon), der reformirte Theologe V. 927—928. XI. 369. 389.
Jupiter, die Gottheit I. 570. IV. 308. 641. 845. V. 512. VII. 458. VIII. 41. 437. IX. 663.
Jura circa sacra (I. Recht der Aufsicht. II. Schutzrecht des Staates) V. 928. 934. S. Amortisation (Amortisationsgesetze), Frankreich, Gallicanismus, Hontheim, Genehmigung, landesherrliche, Joseph II., Kaiser, Landeshoheit, Reformationsrecht, dazu II. 668. 778. VII. 630 ff. VIII. 224. 814. IX. 406. XI. 640.
jura pastoralia, s. Pastoralrecht.
Jürgens, K., prot. Thlg. VI. 677.
Jurieu, Peter, der Streittheologe XII. 625—626. II. 124. 125. 632. VI. 359.
jurisdictio delegata, mandata, s. delegirte, mandirte Gerichtsbarkeit.
Jurisdiction, kirchliche, besonders über Amtsvergehen der Cleriker XII. 626—629. S. Gerichtsbarkeit, Gesetzgebungsrecht der Kirche (IV. 460. 487), dazu II. 817. 821. IX. 696. X. 536 ff. XI. 199. 635.
Jurisprudenz, Ausübung derselben den Geistlichen untersagt XII. 271.
jus, justitia, s. Recht.
jus ad rem und jus in re V. 934—935. S. Praeconisatio, Investitur, Postulation, provisio canonica, Variationsrecht.
jus adhaesionis IX. 66.
jus advocatiae, s. jura circa sacra, Kirchenvogt.
jus canonicum, s. Kirchenrecht, corpus juris canonici.
jus cavendi, s. jura circa sacra.
jus decimandi, s. Zehentrecht.
jus deportuum, s. Abgaben.
jus devolutionis, s. Devolutionsrecht.
jus dioecesanum, s. Bischof, Diöcesanrecht.
jus exuviarum, s. Spolienrecht.
jus gistii vel metatus des Mittelalters V. 935.
jus inspectionis, s. jura circa sacra.
jus optandi, s. Optionsrecht.
jus parochiale, s. parochiale.
jus patronatus, s. Patronatsrecht.
jus postliminii, s. Devolutionsrecht.
jus praeventionis II. 26.
jus primarum precum, s. Anwartschaften, vgl. Collationsrecht.
jus reformandi, s. Reformationsrecht.
jus regaliae, s. Regalienrecht.
jus sepulturae ecclesiasticae, s. Begräbniß, christl., Kirchhof.
jus spolii, s. Spolienrecht.
jus tuendi, s. jura circa sacra.
jus talionis (Wiedervergeltungsrecht) VI. 420.
jus variandi, s. Variationsrecht.
Jussanum, das Kloster III. 262. 263.
Just, St., das Kloster II. 353. V. 167.
Just, Saint, der Terrorist IX. 281.
Justeau, Gl. II. 049.
justificatio, s. Gerechtigkeit, Rechtfertigung.
Justin, der heilige, Philosoph und Martyrer V. 935—947. I. 18 (über das Abendmahl). 206. 222 (über die Anagnosten). 255. 209. 320. 361 ff. 364. 369. 397 ff. 805. 808. II. 477 ff. 910. 929. III. 156 ff. 231. 273. 353. 376. 680 ff. 789. IV. 244. 264. 592. 891. 895. V. 290. 673. 883. VI. 19. 124. 247. 337. 405 408. 816. 824 ff. 843. VII. 82. 147. 259. 295 (als Moralthlg.). 297. VIII. 294. 334. 337. 490. 504 ff. IX. 526. 813. X. 2. 13. 112. 117. 155. 376. 647. 675. 778 ff. 864. XI. 142 ff. 274. 839. XII. 453. 759. 985. 1165.
Justin, Name von 2 byzant. Kaisern; Just. I (reg. 518—527 n. Chr.) V. 99. 330. VI. 891. VII. 239. — Just. II. (Sohn Justinians; reg. 565—578) I. 770. III. 810. IV. 588. V. 774. VII. 213. XI. 205. 675. XII. 512 Anmkg.
Justina, die heilige XII. 917.
Justina, Kaiserin, Beschützerin der Arianer V. 947—948. I. 199. 436. VI. 752. 905. XII. 1221 ff.
Justinian I., byzant. Kaiser V. 948—950. I. 101 (*). 115. 128. 181. 227. 255. 309. 447. 489. 605. 659. II. 245. 302. 309. 558. 651. 657. 737. III. 276 ff. 813. 892. IV. 65. 70. 251. 347. 366. 757. 761. 765. V. 531. 594. 732. 739. 745. 746. 831. VI. 24. 274. 356. 419. 690. 802. 862. VII. 57 ff. 226. 239. 243. 522. 525. 548. 849. VIII. 110. 223. 263. 639. 809. IX. 8. 45. 309. 498. 679. X. 58. 178. 214. 244. 359. 396. 479. 432. 825. XI. 554. 675. 692. XII. 201. 301. 352. 512. 618. 646. 769. 1011. 1024.
Justinian II., byzant. Kaiser († 711) II. 799. 833. V. 748. VII. 251. VIII. 236. IX. 47. X. 58.
Justinianeus codex, s. codex Justinianeus.
Justiniani, Laurentius, der heilige, erster Patriarch von Venedig V. 950—951. XI. 571 ff.
Justiniani, Benedict, ein Commentator der paulin. Briefe V. 951.
Justinianopolis XII. 512.
Justinus, der hl., Sohn der hl. Symphorosa X. 575.
Justinus, der Häretiker XII. 629—631.
Justus, der hl., Bf. v. Lyon VI. 681.
Justus, ein Apostel der Angeln I. 245.
Justus, der hl., von Straßburg X. 397.
Justus, Erzbf. von Toledo XI. 63.
Justus, Frauen des hl. IV. 193.
Jüterbock, der Convent zu X. 570.
Juthia, siamesische Stadt XII. 564.
Juvavia, s. Salzburg.
Juvenal, Decimus Junius, Satiriker der römischen Kaiserzeit III. 754. IV. 396. VIII. 347. XI. 61. 443. XII. 506.
Juvenal, Bf. von Jerusalem VI. 445. 876. VII. 235 ff.
Juvencus, Cajus Vectius Aquilinus, der erste bedeutende christl. Dichter V. 951—952. IV. 475. VIII. 520. 838. IX. 924.
Juventius, der heilige XII. 936.
Juxon, der Doctor VI. 360.
Ives, gl. Capuciner II. 339.
Ivo, Abt v. St. Denys X. 469.
Ivo, heiliger Bischof von Chartres V. 952—953. 887. I. 29 (*). II. 308. 310. 600. 781. VI. 215. 512. VIII. 73. 167. IX. 298. 389. 692. 886. XI. 464. XII. 831. 1000. 1032.
Iwan, Czaren: Iw. I. (Wassiljewitsch; reg. 1462—1505) III. 604. IX. 18. 466. X. 617. — Iw. II. (der Schreckliche; reg. 1533—1584) III. 539. IX. 617 ff. X. 19. 467.
Izates I. Abgar VII. 620.
Izeds, die 28 parsischen VII. 172 ff. VIII. 38.

K.

Kaaba, s. Caaba.
Kab, hebr. Hohlmaß VI. 694 ff.
Kabaas, der Paulicianer VIII. 237.
Kabbala VI. 1—7. S. Emanation, Gnosticismus, Akiba, Simon ben Jochai, Ficinus, Bruno (Giordano), dazu I. 139. — 243 (Abraham ein Kabbalist). IV. 269 (macht den Engel Gabriel zu einem Lehrer). V. 201 (die 7 Himmel der). 897 (u. Sabbathai Zevy). VII. 154 (und Pico de Mirandola). 771 (das Omerzählen). 789 (ein verwandtes System). VIII. 402 (und die Rosenkreuzer). IX. 19 (in Rußland). 235 (und Reuchlin). 238. 240 (Streitigkeiten wegen). 653 (und die Schechina). X. 154 (und Simon der Magier). 238 ff. (der Sohar). XII. 1104. 1116 (und die Judenschulen des Mittelalters).
Kabiren, die 8 phönicischen VIII. 436.
Kachian, s. Joctan (V. 696).
Kadan, Vertrag von XI. 394.
Kadaris, mohammedanischer Orden der III. 113. V. 849 ff.
Kades, Kadesbarne, der Grenzort VI. 7—8. VII. 364. VIII. 395. X. 169.
Kades, Cedes Nephthali, bbl. O. VI. 8—9. 7. VII. 468.
Kâdis bei den Mohammedanern, s. Ulema.
Kadlubec, poln. Chronist VIII. 538.
Kadscharen, s. Chazaren.
Kafarah, s. Eid b. d. Mohammedanern.

Käfer als Symbol I. 216. 218.
Kaffa, latein. Bm. IX. 464.
Kaffern, die, s. Vorgebirge der guten Hoffnung.
Kahes, Karavanen-Serais, die V. 104.
Kahlan, —iden V. 698.
Kahlweis, der Abt von Lilienfeld XII. 728.
Kahn, Ferdd., Bf. IX. 475.
Kain, s. Abel, dazu V. 97. VII. 764. VIII. 215. X. 101. XII. 1216.
Kainan, der Sohn Arphaxads, angebl. Schriftsteller I. 343.
Kainiten, Secte der VI. 9. S. Gnosis, Cajaner, Ophiten, dazu I. 11 ff. 188. 278. 279. 353. II. 250. III. 753. V. 886.
Kaiphas, Hoherpriester zu Christi Zeit VI. 9. 385. I. 256. V. 282. X. 192 (das Haus des).
Kairo (Kahira, Siegesstadt), heutige Hauptstadt Aegyptens III. 312 ff. (Academie zu). V. 896 (Judenverfolgung). VI. 15 (Kaliphen in). 30 (Karaiten in). 249 (Patriarchenwahl). VII. 633 (gegründet). 694 (Obsvtn. in). IX. 804 (Samaritaner in). XI. 335. 339 (Christen in). XII. 1112 (Judenschule zu).
Kairovan, Judenschule XII. 1112.
Kaiser, der teutsche, s. Reich, teutsches, Reichsgerichte, Synode, dazu III. 817 ff. IV. 223. 700 ff. V. 749. 895. VI. 291. VII. 54. 678. VIII. 72. IX. 816. X. 786.
Kaiser, der heidnisch-römische V. 585 ff. (Vergötterung). VII. 473. X. 749 ff.
Kaiser, Peter Leopold, Bf. v. Mainz VI. 769.
Kaiser, Leonh., der Vicar III. 371.
Kaiserebersdorf, Wallfahrtsort XI. 1021.
Kaisersberg, Dr. Joh., s. Gailer.
Kaisersheim, die Cistercienserabtei VI. 9—10.
Kaiserswerth, prot. Diaconissinnen in IX. 876.
Kaiserthum, griechisches, s. Griechisches Kaiserthum.
Kaiserthum, römisches, s. Rom.
Kaiserthum, römisch-teutsches, s. Reich, teutsches.
Kalandgesellschaft, Kalandsbrüder VI. 10—11. VII. 25.
Kalastoka, indischer König XII. 173.
Kalb, goldenes, Kälberdienst VI. 11—12. I. 1. 41 ff. II. 5. V. 514. VII. 383.
Kaldi, Georg, der Bibelübersetzer VI. 12. XII. 1106.
Kaleb, s. Caleb.
Kalender, gregorianischer und julianischer VI. 12—14. vgl. Aera, Cyclus, Tag, Kirchenjahr, s. dazu I. 550. II. 611. IV. 275 (greg.). 722 (jul.). VI. 560 (jul.). VII. 596. 881. VIII. 672. XI. 1049 (in Oestreich).
Kalender, historischer des Paul Eber III. 355.
Kaliph, Kaliphat VI. 14—15. I. 159. 161. 167. VII. 769.
Kalir, der jüdische Poet VI. 721. XII. 1113.
Kalkberner, der Diacon XII. 4. 5. 6.
Kalladelus, s. Philadelphia.
Kallikles, Sophist VII. 314.
Kalliniko, Peter v., Ptch. v. Antioch. VII. 242.
Kalmanczy, der Reformator X. 124. XI. 402.
Kalteisen, Heinr., gel. Dominicaner und Namensgenossen VI. 15—16. V. 422.
Kaltenbäck, der Historiker, s. Wien, dazu IV. 549.
Kaltern, Klstr. VII. 679. 693.
Kalthoff, Gel. II. 470.
Kaluga, Bm. III. 905.
Kameel, das, s. Wallfahrt der Mohammedaner.
Kamehamea, Herrscher der Sandwichsinseln I. 558. X. 460. 461. 465.
Kamel, Sultan von Aegypten XII. 695.
Kamieniecz, das unirte Bisthum VI. 436. 444. IX. 472.
Kamireligion, die XI. 325.
Kammer, apostol. s. curia Romana.
Kammerlengo, der II. 344. 946. 952.
Kammerer, s. Definitoren.
Kammin in Preußen VII. 913. VIII. 597. 599. 612 ff.
Kamp, van, Bf. v. Herzogenbusch XII. 583 ff.
Kana, s. Cana.
Kanaan, s. Canaan.
Kandace, die äthiopische Königin VI. 16. II. 957. IX. 485.
Kandy, das Königreich X. 184 ff.
Kang-hi, Kaiser von China II. 784.
Kanischka, buddhist. Kge. XII. 174 ff.
Kännchen, s. Gefäße, hl.
Kanobin, Klstr. VI. 511.
Kanon, Kirchengesetz, s. Canon.
Kanon, biblischer VI. 16—22. I. 910 ff. (und die Bibel). 933 (Bibelübersetzungen). II. 158 (katholische Briefe). 300 (Bedeutung des Wortes). 859 (in den constitutiones apostolorum). III. 712 (hebr.). VI. 352 (eine Bestimmung des Concils von Laodicea über den). VII. 49 (Melitos über den). 834 (Fixirung des). VIII. 239 (der Paulicianer). IX. 564 (hebr.). X. 62 (Semler und der). XI. 190 (das Tridentinerconcil über den).
Kanon, buddhistischer XII. 173. 174 ff.
Kanonisches Alter, s. Alter, canonisches.
Kant, Immanuel, der einflußreichste Philosoph der Neuzeit (st. 1804). I. 69. 118. 422 ff. 724. II. 763. III. 80. 195. 731 ff. 830 ff. 638 ff. IV. 318 ff. 812. V. 104 ff. 395. 620. VI. 923. 926. VII. 325 (als Pripbil.). VIII. 82 ff. 381. 496. 721. 726 ff. IX. 26. 53. 69. 500. 661. X. 16. 139. 64. 71. 75. 210 ff. 344. 348 ff. XI. 51. 616. 619 ff. 624. 630 ff. 767. 811. 1113. XII. 307. 395 ff. 608. 977. 1118 ff.
Kantakuzenos, der Historiker I. 613. 615. 618 ff.
Kanut, Könige von Dänemark, s. Canut.
Kanzel, die VI. 22, s. Ambon, Basiliken, Kirche (als Geb.).
Kanzelberedtsamkeit, s. Beredtsamkeit, dazu IV. 10.
Kanzelredner, berühmte, s. Prediger.
Kanzlei, päpstliche, s. curia Romana (II. 952), liber diurnus pont. Rom. (VI. 511 ff.).
Kanzleiregeln VI. 22—24. II. 854. IX. 276.
Kanzleitaxen VI. 24—25. s. Taxen, vgl. Abgaben.
Kanzler, s. Chartophylar.
Kanzler, academ., s. Universitäten.
Kanzler im byzantin. Reich, s. Logotheta.
Kapelle, s. Bethaus.
Kapernaum, s. Capharnaum.
Kapfing, Ecker von, Bf. v. Freysing IV. 213.
Kapharsaba, die Ebene, s. Antipatris.
Kapitel, s. Capitel.
Kapitel und Verse der Bibel, s. Abtheilung.
Kapitular, s. Capitular.
Kapitulation der Bischöfe, s. Capitulation.
Kaplan VI. 25—27. I. 830. V. 195. X. 789.
Kaplane, anglican. V. 246 ff.
Kapland, das, s. Vorgebirge d. g. H.
Kappadocien, s. Cappadocien.
Kappel, Klstr. II. 212.
Kapphoret II. 213 ff. IX. 651. 652.
Kapuze, s. cucullus.
Kapuziner, s. Capuciner.
Karäer, Karaiten, jüd. Secte VI. 27—31. 760. II. 652. VI. 760. VII. 883. IX. 565. X. 829. 830. XII. 1109.
Karaït, das Tartarenreich V. 734 ff. VII. 525.
Karantanen, s. Kärnthen.
Kararich, Suevenfürst († 559) VI. 900.
Karkuphische Bibelübersetzung I. 939 ff.
Kardinal, s. Cardinal.
Karena, die Bußzeit VI. 31. I. 51.
Karg, Gegner der luth. Imputationslehre VI. 31—32.
Karl, s. Carl.
Karl von Borromeo, s. Borromäus.
Karlsberg, Cbm. XII. 900.
Karlstadt, s. Carlstadt.
Karmeliterorden, Karmeliterbarfüßer, s. Carmeliterorden (II. 366).
Karnaïn, Karnion, s. Astaroth.
Karneval, s. Faßnacht.
Karnkowski, Stanislaus, Primas von Polen XII. 632—633. III. 181.
Kärnthen, Kirchengeschichtliches VI. 33—36. I. 194. IV. 15. 820 ff. V. 397. 398. VII. 737. 739. X. 222 ff. XI. 710.
Karo, Joseph, Rabbi, s. Schulchan Aruch (IX. 786), dazu III. 471. V. 907. IX. 786. XII. 115.
Karoly, Caspar, der Bibelübersetzer VI. 12.
Karpokrates, der Gnostiker, und die Karpokratianer VI. 36—39. 9. 811. I. 278. 347. 506. II. 519. 521. IX. 821. X. 5.
Kartenspiel, ob den Geistlichen erlaubt, s. decorum clericale.
Kartenspiel, den Methodisten untersagt VII. 128.
Kartesius, s. Cartesius.
Karthago, s. Carthago.
Kasan, Eparchie III. 605.
Kascha, nestorr. Priester VII. 527.
Kaschau, Bm., s. Erlau (III. 664); Lutherthum in der Freistadt VII. 730; Kirchen in VII. 741.
Käser, Leonh., der Lutheraner VIII. 182.
Kasimir, s. Casimir.
Kasjapa, der Sammler indischer Schriften XII. 155. 172 ff.
Kast, Gegner des Hermesianismus V. 134.
Kasten, die indischen VI. 319. XII. 151 ff. 160 ff.
Kastenmeister, s. Kirchenkastenmeister.
Kastenvogt, der VI. 39—40. 191. 199.
Kastner VII. 712.
Katachresis, rhetor. Figur VI. 40.
Katafalk, s. Tumba, dazu I. 737.
Katakomben, die römischen VI. 40—44. I. 674. II. 6. IV. 810. V. 863. VI. 62. 69. 110. 177. 300 ff. 701. VII. 232. 507. IX. 335. XII. 778.
Kataphrygier, s. Montanisten, dazu X. 354. 665.
Katechese VI. 44—45. I. 25. 750. II. 975. IV. 610. X. 17.
Katechet VI. 45—46, s. Concursprüfung, vgl. Pastoral.
Katechetenschulen XII. 633—637. S. die Citate im Artikel, dazu I. 160 (Lehrer der alexdn.). II. 672. III. 375. VIII. 18. IX. 7. X. 46. 107. XII. 1189.
Katechetik, die VI. 46—50, vgl. Homilie.
Katechetische Beredtsamkeit, s. Beredtsamkeit.

Katechismen, verschiedene I. 759 (des Bellarmin). II. 3. 273 (des Carranza). 299 (des Canisius). VII. 727 (des Canis.). XII. 772 (des Martin Kochem).
Katechismen, protestantische, s. Luther, Symbolische Bücher der Protestanten (X. 587 ff.).
Katechismus VI. 50–51. S. Katechese, Katechetik, Symbolische Bücher.
Katechismus, anglicanischer V. 228. 236.
Katechismus, baden-durlach'scher XI. 74.
Katechismus, Heidelberger s. Heidelberger Catechismus.
Katechismus, hugenottischer X. 572.
Katechismus, mexikanischer XII. 38.
Katechismus von Rakau X. 233.
Katechismus, quäkerischer, s. Barclay.
Katechismus, socinianischer X. 573.
Katechismus, tibetanischer XI. 12. 15.
Katechumenen, Katechumenat VI. 51–52. S. Clinische Taufe, Erleuchtung, Gläubigenmesse, dazu I. 396 (und die Arcandisciplin). 653 (Ausstellung des Hochwürdigsten). 657 (Platz in der Kirche). III. 286 (Taufe der). 561 (dürfen dem Exorcismus nicht anwohnen). 752 (die Eulogie ihnen verweigert). 853 (Exorcismen). IV. 264. — 553 (eine Ceremonie des). V. 624 (werden den Gläubigen nicht beigezählt). VIII. 18 (Religionsunterricht der). IX. 205 (und der Sonntag Reminiscere). X. 678 (Taufceremonien auf sie berechnet). XI. 587 (und das Vaterunser).
Katechumenen, Abhören der, s. Abhören der Katechumenen.
Katechumenenmesse, s. Gläubigenmesse.
Katechumenentaufe VII. 886. VIII. 377.
Kategorien der allerheiligsten Dreifaltigkeit, s. Trinität.
Katercamp, J. H. Th., der Theologe XII. 637–639. 436. 820. III. 152. VI. 36. 153 ff. 209. VII. 374. X. 383.
Katharer, s. Albigenser, dazu I. 281. 282. 295. 372. 506. 893. II. 99. III. 237. 531. 602. IV. 570. V. 649. 658. 819. VI. 499. VIII. 178 ff. 180. 209. 238. 349. IX. 449. 518. 822. X. 6. 304. 677. XI. 484. 786. 973. 1225. XII. 359.
Katharinenfeld, die Colonie IX. 822 ff. 839.
Katholica, chald. VII. 527.
Kathedrale in Rheims, s. Rheims, Cathedrale in.
Katholicismus VI. 52–56. S. Amt, Katholisch, Kirche, vgl. Protestantismus, s. dazu I. 568. IV. 201 ff. V. 234. VI. 173. 485. VIII. 147 ff.
Katholicität, s. Kirche.
Katholikenverfolgungen, vgl. Christenverfolgungen, s. dazu I. 126 (in Nordafrica). 435 (durch die Arianer). 440 (in Armenien). 490 (und Attila). II. 843 (arianische). 919 ff. (in England). III. 286 ff. (im 17. Jahrhundert). 307 ff. (in Preußen). 570 (in moderner Weise). 607 (nestorianische). 635 (in moderner Weise). 758 (westgoth.). IV. 252 (in Nordafrica). 582. 584 (durch die Gothen). 786 ff. (in England). 793 ff. (unter Elisabeth und Jacob I.). 800 (und Wilhelm von Oranien). V. 67 (durch Heinrich VIII.). 330 (zu Hormisdas Zeit). 441 ff. (durch Jacob I.). 447. — 553 (in England). 501 (auf Japan). 509 (in der bilderstürmenden Zeit). 566 (und die Jesuiten). 828 (Irland). 918 (durch Arianer). VI. 239 (in Schottland). 372 (moderne in der Schweiz). 424 (Leibnitzens Ansichten über). 446 ff. (zu Leo's I. Zeit). 590 (durch die Longobarden). VII. 670 (in England). VIII. 657 ff. (in England). 802 (in Preußen). 863 (in England). IX. 272 (moderne durch die Revolution). 471 (in Rußland). X. 184 (in Ostindien). 356 (durch die Bilderstürmer). 461 (auf den Südseeinseln). 465. 466. — 531 (in England). 622 (in Vorderasien). XI. 501 (in England). 504 (in den Niederlanden). 521 (arianische). 545 (vandalische). XII. 578 (holländische).
Katholiken, griechische, s. Griechische Kirche; Unirte Griechen.
Katholikos, Titel des monoph. Patriarchen in Armenien VII. 243.
Katholisch, das Prädicat VI. 56–59. 53. 173.
Katholische Briefe, s. Briefe, kath.
Katholische Kanzelberedtsamkeit, s. Beredtsamkeit.
Katholischer König, der Titel VI. 837.
Katholische Universitäten, neu errichtete seit dem 16. Jhhdt. X. 447.
Katholischer Verein Teutschlands, s. Piusverein.
Katrivier, prot. Missionsstation XI. 747. 749.
Katzenellenbogen, Graf Hermann, Bf. v. Münster XII. 817.
Kauf, s. Vertrag, Rentenkauf.
Kaufen, die Frauen IV. 177. V. 269 (hebr. Braut).
Kaufbeuern I. 728 (Beghinen in). XI. 921. XII. 663.
Kaufungen, Kunz von, der Prinzenräuber XII. 835.
Kaukasien, das Christenthum in XI. 335. XII. 74.
Kaulbach, Wilh. von, der Maler (geb. 1805) VI. 748.
Kaunitz, Anton Wenzel, Fürst v., Minister Maria Theresiens († 1794) II. 335. V. 795 ff. 804. VI. 859 ff. XI. 1021. 1063.
Kaunitz, Diplomat des 17. Jhhdts. IX. 481. 482.
Kauphenbutter, der vorgebliche Beichtvater VI. 860.
Kautz, Jacob, der Wiedertäufer X. 77.
Kautzer, Georg, Gesangbuch des VIII. 530.
Kaye, Bf. v. Olmütz VII. 767.
Kazwini, mohammed. Gel. V. 853.
Keble, der Puseyit XI. 110.
Kebsweib, das VI. 59–60. VII. 352 (bei den Hebrn.).
Kedar, der Sohn Ismaels, Kedariten VI. 60. 722. I. 386. V. 861.
Kedarlaomer, der König VI. 7. 601. VII. 36.
Kedes, s. Kades.
Kedron, s. Cedron.
Keerens, letzter Bf. v. Neustadt VII. 551.
Keerens, von, 1. Bf. v. St. Pölten VIII. 570.
Kees, J. G., Gl. IV. 111.
Kehat, der Sohn Levis VI. 500 ff.
Kehrein, Gl. XII. 1210. 1212.
Keiblinger, Geschichtschreiber von Melk VII. 60.
Keil, K. A. G., der prot. Exeget VI. 60–62. IV. 274. V. 276 ff. 695. IX. 123. 585.
Keil, F. S., Gl. VI. 677. VII. 219.
Keith, Gg., der Quäker VIII. 875. 877.
Keith, der Pastor IV. 95.
Kelch im Abendmahl, s. Abendmahl, Abendmahlsfeier, Laienkelch, Hussiten, Utraquisten.
Kelch, der VI. 62–63. III. 188. VI. 160. VIII. 769. 863 ff. X. 428 ff. XI. 462. XII. 446.
Kelchlöffelchen VI. 63. XII. 447.
Kelchtüchlein VI. 63–64. VII. 101.
Kelchvelum, s. Velum.
Kelchweihe VI. 64.
Keller, 1. Bf. v. Rottenburg IX. 406. 407 ff. 412 ff. XII. 873 ff. 983.
Kellermann, Bf. v. Münster XII. 639–642.
Keller- und Küchenmeister, in Klöstern und Canonicaten VI. 64–65. II. 327. VII. 712.
Kellner, der Pastor IX. 655.
Kelten, s. Fränkisches Reich in Gallien, dazu IV. 272. VIII. 40. XI. 720. 721.
Kemnade, Klstr. VII. 150.
Kempe, Steph., Hauptreformator Hamburgs VI. 65–66.
Kempff, Friedr. Bonif., Bf. v. Fulda XII. 428.
Kempis, Thomas von, s. Thomas v. K.
Kempten, gefürstete Abtei VI. 66–69. 740. 741 (St. Mang in). IV. 296. VII. 892. IX. 697. XI. 378.
Kenas, bbl. Pf. VII. 893.
Kenchreä, s. Korinth.
Kendall, Missionär X. 459.
Kendebäus, der Feldherr VI. 69.
Keneth, der Schottenkönig IV. 640.
Keniskter, Volk der VI. 69. II. 295.
Keniter, Volksstamm VI. 69. I. 384. II. 295.
Kennikot, B., der Bibelherausgeber I. 919. VI. 287. 292. VII. 394 (greg. Kirchengesang in).
Kent, das Königreich, s. Angelsachsen, dazu IV. 778. XI. 1218.
Kentucky, Jesuiten in VII. 167.
Kepler, Joh., der große Astronom († 1630) I. 239 ff. 870 ff. III. 294. IV. 276.
Kerbela, die Ebene IX. 665 ff.
Kerbela, die Stadt XI. 613.
Keren, die altgriech., s. Parzen.
Keri und Ketib, s. Masora.
Kerkermann, Barthol., Mriphls. VII. 320.
Kero, Mönch in St. Gallen IV. 280. 298.
Kerschbaumer, Mssndr. X. 454.
Kerssenbrock, Rembert v., Bf. v. Paderborn VIII. 7.
Kerst, Paul, der Reformator VIII. 553.
Kerz, Friedrich von, Fortsetzer Stolbergs XII. 642–644. 153. IV. 110.
Kerze, die VI. 69–70. 407. I. 213. 736. IV. 497 (geweihte). VI. 407. VII. 97. VIII. 710. 712. 806 ff. (bei Processionen).
Kerze, dreiarmige, s. Trikerion.
Kerzentragen, Kerzenweihe VI. 70–71.
Kerzenträger, s. Leuchter.
Keschihscha, chald. Priester VII. 527.
Kesita, die IV. 372.
Kesrwan, der Berg, s. Maroniten (VI. 801).
Kette, goldene, der Neuplatoniker VII. 547 ff.
Ketteler, Fr. v., Bf. von Mainz VI. 769. X. 53. XII. 246.
Kettenburg, von, der Kammerherr XII. 780. 1031.
Kettenfeier, Petri, s. Petri Kettenfeier.
Kettler, Bf. v. Münster II. 391.
Kettler, Gotthard, der Heermeister VI. 305. 520. X. 817.
Kettler, Wilh., s. Cassander.
Ketura und ihre Söhne V. 860. 861. VI. 722. XI. 462.
Ketzer, Ketzerei, s. Häresie.
Ketzer, Ableitung des Wortes I. 143.
Ketzerei, Abschwörung der, s. Abschwörung der Ketzerei.
Ketzergericht, s. inquisitio haereticae pravitatis.
Ketzertaufe, Ketzertaufstreit VI. 71–77. a) Ktaufe I. 197 ff. 437. II. 101. 968. VI. 352. VII. 38. 260 ff.

X. 679. 753. XII. 1190. — b) K.-Kreit, s. Abgefallene, Felicissimus, dazu III. 161. 258. IV. 74. 76. VI. 363. IX. 511 ff. X. 353.
Ketzmann, der Prediger VI. 37.
Keuschheit, die VI. 77—84. III. 690 (Restitution der verletzten). VII. 131 (eine Schrift über). VIII. 207 216. IX. 24. X. 759 ff.
Keutschach, Leonh. von, Ebf. v. Salzburg IX. 507.
Kezbaja, Songgtn. v. VII. 168.
Khalage, sagenhafter Sohn Japhets V. 503.
Khaissa, nestorian. Bf. VII. 527.
Khi-long, chines. Kaiser XII. 151.
Khiesel, s. Kiesel.
Khorschid, ein Name der Sonne VII. 174.
Khozar, sagenhafter Sohn Japhets V. 503.
Khuen-Belasi, Joh. Jacob von, Ebf. v. Salzburg IX. 595.
Khüenburg, Graf Ferdd., Ebf. von Prag V. 728.
Khüenburg, Max Gandolf, Ebf. von Salzburg IX. 599.
Khuniñan, Nestorr. in VII. 525.
Kiaking, chines. Kaiser II. 485.
Kiang-si, Männer. in VII. 167.
Kibinger, Augustin, Bf. v. Neustadt VII. 519.
Kibla, die mohammedanische II. 242. VII. 356. XI. 1244.
Kidron, der Bach, s. Cedron.
Kiel, Universität VI. 253. XI. 444 ff.
Kiesewetter, Kantianer VII. 326.
Kiew, die Metropole Rußlands III. 605. IV. 770. VIII. 349. IX. 18. 456 ff. 459. 466. 469. 472. X. 230. 616.
Kijun, Bel, Kronos, Saturn VI. 84. VII. 220.
Ki-Khan, der Chinese XI. 14. 15 ff.
Kilian, St., der Glaubensprediger VI. 84—86. I. 707 ff. II. 80 ff. 219 ff. 795. XI. 1151. 1153.
Killidsch Arslan, der Sultan von Iconium XII. 655.
Kilkenny, das Statut von VI. 628.
Kimchi, jüd. Gelehrtenfamilie zu Narbonne VI. 86—88. 804. I. 915. II. 239. 437. 915. III. 527. IV. 269. 859. V. 274. 591. VI. 604. XII. 1111.
Kimmerier, s. Gomer.
Kinder VII. 345.
Kinder bei den Hebräern VI. 88—89. S. Pädagogik.
Kinder, ausgesetzte, rücksichtlich der hl. Taufe VI. 89—90, dazu Ausgesetzte Kinder.
Kinder, Exequien der III. 847.
Kinder, Rechte über die, s. Gewalt (IV. 494), dazu III. 550.
Kinder, uneheliche, s. Ehelich, dazu VI. 417. VIII. 211.
Kinder, ungetauft sterbende II. 254. IV. 639. V. 284. VI. 530 (Zustand im Jenseits).
Kinder, unschuldige, s. Unschuldigen-Kinder-Fest.
Kindercommunion VI. 90—92. V. 257. VIII. 211. XI. 199.
Kindermord, bethlehemit. V. 140.
Kindertaufe, s. Taufe (X. 661), dazu I. 820. 911. II. 195. III. 656. V. 109. 624. VIII. 211. IX. 513. X. 671 ff. XI. 952.
Kindesstatt, Annahme an I. 101. VI. 417.
Kindheit, Verein der hl. XI. 260.
Kind-Jesu-Schwestern IX. 781.
Kindliche Beicht, s. Generalbeicht.
Kindschaft Gottes, die Kinder Gottes VI. 92—96. S. Erbsünde, Erlöser, Jesus Christus, Rechtfertigung, Reich Gottes.
Kindsmord, s. Mord.
Kings, die chinesischen II. 752 ff.
Kingswood VII. 122. 124. 126.
Kink, Rudolf, Geschichtschreiber der Wiener Universität, s. d. Art. Wien.
Kintlitz, Heinrich, Ebf. v. Gnesen VIII. 546 ff.
Kir a) Landschaft, b) fester Ort VI. 96—97. VII. 51. 462. X. 30. 31.
Kirchmeier, s. Naogeorgus.
Kirche, die christliche VI. 97—110. Siehe a) Erlöser, Jesus Christus, Christenthum, Glaubensbekenntniß, Gläubige, Kindschaft Gottes, Reich Gottes, Sacramente, Schule, Unglaube; b) als äußere Institution, s. Abt, Hierarchie, Kirchenamt, Bischof, Papst, Kirchenrecht, Reformation, Religionsvereinigung, Synode, Katholicismus, inquisitio haereticae pravitatis; c) Wissenschaft, der, s. Aristotelisch-scholastische Philosophie, Mystik, Scholastik, Theologie, dazu I. 53 ff. (ihre Lehre vom Ablaß). 173 (communio Sanctorum). 431 (Asylrecht) 573 (Lokes Ansicht von der). II. 29 (ojchd. Communionritus). 366 (Apologetik der). 523 (und die Bilder Christi). 547 (und die Circumscriptionsbulle). III. 213 ff. (ihr Charakter). 258 (donatist. Lehre von der). IV. 255 ff. 259 ff. 295. — 454 (und die Gesellschaft). 457 (Gesetzgbgrt.). 622 ff. (Ordalien). 929. V. 23 (Helvetius Ansicht). 263 (Himmelreich). 275 ff. 452 (Unfehlbarkeit der). 538. — 589 ff. — 612 ff. (ihr Verhältniß zur Literatur). 664 (der hl. Geist in der). 653 ff. VII. 66 (und der Mensch). 285 ff. — 293 (als Heils- und Lebensanstalt). 423 (Mutterkirche). 441 ff. — 784 ff. VIII. 223 (patroni, patronatus). 371 (ecclesia parochialis). 469. IX. 162. 575. 675 ff. 816. X. 544 (die neue der Swedenborgianer). 560 ff. XI. 1325. XII. 293 (das Wort). 324 (erziehende Kraft der).
Kirche, Gebet der, s. Gebet der Kirche.
Kirche, Gesetzgebungsrecht der, s. Gesetzgebungsrecht der Kirche.
Kirche, Intestaterbfolge der, s. Intestaterbfolge.
Kirche, Reconciliation der, s. Reconciliation der Kirche.
Kirche, Reformation der, s. Reformation der Kirche.
Kirche, Gnadenschatz der, s. thesaurus meritorum.
Kirche als Gebäude VI. 110—118. I. 674 (Baukunst). 679 (Baulast). II. 319 (in Dänemark). 416 (Kathedrale). III. 505 (Einweihung). 601 ff. 821 ff. IV. 315. 497. 639. V. 676 (Interdicirung einer). VI. 22. 40 ff. 123. 169. 188. VIII. 120. 217 ff. 373. XI. 219 (Bauten). XII. 299 ff. (Dom). 1232.
Kirchen, Bilder in den, s. Bilder in den Kirchen.
Kirchenärar, Kirchenkasten, s. fabrica ecclesiae.
Kirchenagende, s. Agende, Ceremoniale.
Kirchenamt a) Begriff; b) Gattungen; c) Errichtung; d) Verleihung; e) Erledigung VI. 118—123. S. beneficium, causae majores, Collation, Concursprüfung, Confirmation, Consens des Capitels, Cumulation, Deposition, Expositur, Hierarchie, innovatio, Patronatrecht, Präbende, Präconisation, provisio canonica, Renunciation, Resignation, Simonie, Suspension, translatio, dazu I. 79. 376. 405. 501. II. 941. III. 527. IV. 364. 472. V. 620. 648. 653. 934. VII. 118. VIII. 223 ff. 301. 302. 358. 639. 640. IX. 220 ff. 222 ff. 367. X. 193. 625. 602. 736. XI. 29. 515. 765. XII. 1162.
Kirchenamt, Consens, s. Consens der Betheiligten, des Capitels.
Kirchenämter, Dotation der, s. Dotation.
Kirchenbann, s. Bann, Interdict.
Kirchenbaupflicht, s. Baulast.
Kirchenbeamten, Reverse der, s. Reverse der Kirchenbeamten.
Kirchenbesuch VI. 123—126. S. Gebote der Kirche, Heiligung der Sonn- und Festtage, vgl. Cultus, Gottesdienst.
Kirchenbücher im weitern und engern Sinne (Pfarrbücher) VI. 126—129. Vgl. instrumentum, s. dazu III. 173 ff. 730. 779. 829. V. 65. VI. 404. 409. VIII. 607. X. 561. 684. XI. 58. 175.
Kirchenbücher, koptische I. 110. VI. 250.
Kirchenbücher, russische X. 467.
Kirchenbücher, slavische X. 20.
Kirchenbuße, s. Bußcanones, Bußgrade, Bußwerke.
Kirchenbuße, protestantische VIII. 711
Kirchenbußen, Redemption der, s. Redemption der Kirchenbußen.
Kirchendiener VI. 129. S. Hierarchie, Ordines.
Kirchendiener, niedere, s. d. vor. Art., dazu II. 859. IV. 530. VI. 38. VII. 117.
Kirchendirectorium, s. Directorium.
Kirchendirectorium, das preußische VIII. 713.
Kircheneinweihungspredigten, s. Einweihungspredigten.
Kirchenfabrik, s. fabrica ecclesiae.
Kirchenfahnen, s. Fahnen.
Kirchenfahnenweihe, s. Fahnenweihe.
Kirchenfarben, s. Farben (III. 881).
Kirchengebet, s. Gebet, Gebetformeln.
Kirchengebot, s. Gebote der Kirche.
Kirchengefäße, s. Gefäße, hl., Kirchengeräthe.
Kirchengeräthe VI. 129—130. S. Altarschmuck, Kleider, hl., Gefäße, hl., Segnung, vgl. Sculptur, kirchliche, s. dazu I. 185. II. 6. IV. 831. VI. 69. 188. 330. IX. 41. 857.
Kirchengesang, s. Musik (christl.), ambrosianischer, Gregorianischer Kirchengesang, dazu I. 807. II. 88. III. 304. IV. 517. V. 431. VIII 230. IX. 109. X. 814.
Kirchengeschichte, Begriff, Aufgabe, Eigenschaften, Eintheilung, Quellen und Literatur derselben VI. 130—158. S. Kirchenhistoriker, berühmte, dazu I. 784 (ein Förderer der). II. 857 (und die constitutiones apostolorum). X. 567 (Stellung zu den theolog. Wissenschaften).
Kirchengesetz, s. Canon, Gesetzgebungsrecht der Kirche, vgl. capitularia regum Francorum, Concordate.
Kirchengesetzbuch, anglicanisches V. 228. 231.
Kirchengesetzbücher, s. corpus juris canonici.
Kirchengewalt, s. Gewalt, dazu II. 316. 317. IV. 365. 366.
Kirchenglaube, Kirchenlehre VI. 158—161. S. Dogma, Dogmatik, Dogmengeschichte, Integrität, Kirche, Orthodoxie, vgl. Häresie, s. dazu III. 191 ff. IV. 523. VII. 568. X. 561.
Kirchenglocken, s. Glocken.
Kirchengut, s. Kirchenvermögen.

Kirchengut, Geschichte desselben XII. 644—671.
Kirchenhistoriker, berühmte, s. Kirchengeschichte, dazu I. 665. 718. 723. 854. II. 221. 429. III. 330. 761. 778 ff. 885. 987. IV. 96 ff. 372. 560. 864. 927 ff. V. 96. 352. VI. 257. VII. 143. 155. 191. 366. 371. 380. 469. 495. 614. 818. 858. VIII. 42. 89 ff. 455. 491. 810. IX. 442. 447. 479. 780. X. 203. 350. 384. 852. XI. 19. 349. 352. 794. 1124. XII. 362. 638. 1039. 1317.
Kircheninventar (repertorium, ἀναγραφή) Bedeutung des Ausdruckes VI. 161.
Kirchenjahr VI. 161—163. S. Feste, vgl. Advent, Cyclus, Kalender, s. dazu I. 105 ff. II. 703. III. 175. IV. 30. 610. 755. VII. 103. 721. 876 ff. 892. VIII. 295. 379. XI. 668. XII. 1075.
Kirchenkalender, s. Directorium.
Kirchenkasten, s. fabrica ecclesiae.
Kirchenkastenmeister, Kastenmeister VI. 162. Vgl. fabrica ecclesiae, Kirchenvermögen.
Kirchenlehen (Krummstabslehen, infeudatio) VI. 164—165. S. Kirchenvermögen, vgl. Emphyteuse, dazu I. 452. III. 856 ff.
Kirchenlehre, s. Kirchenglaube, vgl. Orthodoxie, inquisitio haereticae pravitatis.
Kirchenlehrer (doctores ecclesiae), s. Kirchenväter.
Kirchenlied, s. Hymne, Poesie (christl.), vgl. Musik (christl.).
Kirchenmatrikel, s. Kirchenbücher.
Kirchenmitgift, s. Dotalgut der Kirche.
Kirchenmusik, s. Musik, christl.
Kirchenordnung, chursächsische I. 730.
Kirchenordnung, Osiander'sche VIII. a. 689 ff.
Kirchenordnung, preußische VIII. 691. 693 ff.
Kirchenpatron VI. 165. S. Patron, Patrocinium, vgl. Namenspatron, Schutzpatron.
Kirchenpfleger oder Heiligenpfleger, s. Kastenvogt, Kirchenvermögen.
Kirchenpfründe, s. beneficium ecclesiasticum, Kirchenamt.
Kirchenpolitische Obedienz, s. Obedienz.
Kirchenpolizei, s. Disciplin.
Kirchenpragmatik, die neue vom J. 1830 XII. 896.
Kirchenpropst, s. Kastenvogt.
Kirchenprovinz VI. 166. S. Bisthum, Erzbischof, Metropolit, vgl. Patriarch.
Kirchenrath, der französische IV. 167 ff.
Kirchenrath, der würtembergische IX. 416 ff.
Kirchenraub, s. sacrilegium.
Kirchenrecht (Begriff, Behandlung, berühmte Lehrer) VI. 166—169.
Kirchenrecht, französisches, s. Gallicanismus.
Kirchenrecht, altöstreichisches, s. Emser Congreß und Punctation, Hontheim, Joseph II.
Kirchenrecht, russisches, s. Cäsareopapismus, Russisch-griechische Kirche, Synode, dirigirende zu St. Petersburg.
Kirchenrechtsbücher, s. corpus juris canonici.
Kirchenrechtslehrer, berühmte, s. Kirchenrecht, dazu Canonisten, berühmte.
Kirchenregierung, s. Hierarchie, Papst.
Kirchenregiment, protestantisches III. 629. VI. 606 ff. IX. 196. [249.
Kirchenregiment bei den Kopten VI.
Kirchensache (res sacrae, consecratae, benedictae) VI. 169—170. S. Eigenthumsrecht, Geistliche Sache, Kirchengeräthe, Kirchenvermögen.
Kirchensatz, s. Patronatrecht.
Kirchenschatz, s. fabrica ecclesiae.
Kirchenslavische Sprache, s. Kirchensprache.
Kirchenspaltung, s. Schisma.
Kirchensprache VI. 170—175. a) im weitern Sinne, s. Breve, Bulle, Canon, curia Romana, Curien, Decretalen u. s. f., ferner Doxologie, Gebet, Gebet der Kirche, Gebetsformeln; b) im engern Sinne, liturgische Sprachen, s. Liturgien, dazu I. 125 (in Westafrica Ausbildung des Lateinischen als). 411 (das Altarmenische eine). 651 (slavische). II. 55 (kathol. Einheit der). 250 (koptische). 749 (slavische). VII. 243 (der Kopten). X. 227 (slavische).
Kirchenstaat, der VI. 175—178. S. Avignon, Carl Martell, Exarchat, Italien, Rom, ferner die Artikel über die einzelnen Päpste, Erzbisthümer und Bisthümer, dazu II. 507 (Einverleibung mit dem 1. französ. Kaiserreiche). 755 (zur Zeit Napoleons I.). 944 (und der päpstliche Hof). V. 6 (Heinrich II. gewährleistet den). VI. 146 (Unächtheit der donatio Constantini nachgewiesen). 658 (Luthers Projecte mit dem). VIII. 91 ff. (und der Papst). 457 ff. (die Pipine). 461 (von Neapel besteuert). IX. 275 (und die französ. Revolution). 404 (der oberste Gerichtshof). 438 (und Rudolph der Habsburger). X. 355 (und die Longobarden). XII. 192 (Besatzungsrecht Oestreichs im).
Kirchenstaatsrecht, s. jura circa sacra.
Kirchenstatuten VI. 178—179. S. Diöcesanstatuten.
Kirchensteuer im modernen Spanien X. 268.
Kirchenstrafen VI. 179—180. S. Bann, Bußgrade, Censuren, communio laica, Correctionsanstalten, Decanica, Degradation, Deposition, Disciplinarvergehen, Gefängnißstrafen, Geldstrafen, Interdict, Klosterverweisung, Privation, Suspension, translocatio, Züchtigung (körperliche), dazu I. 227 (Anathem), 737 (Entziehung des christlichen Begräbnisses). II. 231 (Bußwerke). 913 (Criminalgericht, gstls.). III. 423 (wider den Ehebruch). 545 (und die Synode von Elvira). IV. 488 (Gesetzgebungsrecht der Kirche). V. 645 ff. (die Inquisition). 930 (und der Recurs). IX. 551 (die Sacramentensperre). 562 (des sacrilegii). XI. 193 ff. 200. 237 (Bestimmungen des Tridentinerconcilles hinsichtlich der).
Kirchenstrafen, hebräische X. 392.
Kirchenstühle VI. 181.
Kirchenstühle der Geistlichen, s. faldistorium.
Kirchentage der Protestanten XII. 997.
Kirchentrauer VI. 181—182. S. cessatio a Divinis, vgl. Interdict.
Kirchentrauer, ein Beispiel aus der neuesten Zeit III. 334 ff.
Kirchenväter und Kirchenschriftsteller und zwar a) die großen lateinischen: Ambrosius, Augustinus, Bernhard von Clairvaux, Bonaventura, Gregor d. Gr., Hieronymus, Leo d. Gr., Thomas von Aquin; b) die griechischen: Athanasius, Basilius, Chrysostomus, Gregor von Nazianz, Johannes von Damaskus VI. 182—186. S. Patrologie, dazu I. 159. 160 (in Alexandrien). 513 (die Beredtsamkeit der). III. 10 (eine Geringschätzung der). 220 ff. (und die Dogmengeschichte). 312 (***). 612 (Ephraim der Syrer). 828 (als Exegeten). IV. 505 (eine irrige Meinung von den). VI. 19 (und der biblische Canon). 452 (Leo d. G. durch Benedict XIV. unter den). VII. 285 (Gültigkeit ihrer Aussprüche über Moral). VIII. 210 (der Ausdruck). 418 ff. (und die Philosophie). 494 (Hilarius Pictaviensis unter den). IX. 705 ff. (und die Scholastik). XI. 840 (eines ihrer Hauptverdienste). XII. 750 ff. (Angelo Mai's Verdienste um die). 1061 (ein Puseyit über die).
Kirchenverbrechen, s. Verbrechen und Vergehen.
Kirchenverfassung, s. Hierarchie, vgl. Pseudoisidor.
Kirchenverfassung, angelsächsische I. 245.
Kirchenverfassungen, protestantische, s. Collegialsystem (Collegialrechte), Episcopalsystem, Territorialsystem, vgl. Cäsareopapie, Hochkirche von England, Independenten, Presbyterianer, Schwärmerei und schwärmerische Secten der neuesten Zeit, s. dazu III. 822 ff. 854 ff. V. 239. 351. X. 523. 738.
Kirchenverfolgungen, s. Christenverfolgungen, Katholikenverfolgungen.
Kirchenvermögen a) Vermögenserwerb und Eigenthumsrecht; b) Substanz desselben und Verwendung, c) Verwaltung und d) Veräußerung desselben VI. 186—195. S. Kirchengut, Geschichte desselben (XII. 644 ff.), dazu I. 26. 35 ff. (Abgaben). 185 (Altarschmuck). 209 (Amortisationsgesetze). 257 (Jahrtage). 446 (und die Armuth). 657 (Basiliken). 801 ff. (Pfründe). 882 (Bethaus). II. 22 ff. (Rechte des Bischofs hinsichtlich des). 417 (Cathedrale). 648 (die Gier der Reformatoren nach dem). 666 (Sammlungen). 816. 817. (Zustimmung der Betheiligten, des Capitels). III. 6 (Einsäckelungen). 246 (D. O. M.). 268. 269 (Totalgut). 562 (und die Emphyteusis). 652 ff. (und das Erbrecht). 695 (primitiae). 855 (Extraditionen). 870 (Kirchenfabrik). 886 (quarta Falcidia). IV. 65 (Fideicommisse). 365 (res spiritualis). 497 (Geweihte Sachen). 537 (Glocken). V. 433 (Hypothekenrecht der Kirche) 673 (Intercalargefälle). 932 (freie Verwaltung ein Recht der). VI. 39 (der Kastenvogt). 115 (Kirche als Gebäude). 129 (Kirchengeräthe). 161 (synopsis bonorum). 164 ff. (und die infeudatio). 176 ff. (der Kirchenstaat ist). 334 (und der Kammerer). 430 (Leichen ballen gehören zum). 495 (Legate). VII. 117 (Anniversarien). 118 (Meßstipendien). 712 (der Oekonom). 784 ff. (und die Opfer). VIII. 4 (Bedingungen der Verpachtungen). 71 (und die Panisbriefe). 209 (die patena). 223 (jus patronatus). 358 (die Pfarreinkünfte). 371 (ecclesia parochialis). 614 (Precarien). 740 (in Preußen besteuert durch Friedrich II.). 825 (die Kirchenpröpste). 850 ff. pseudoisidorische Lehren). 878. 879 (Armen- und Trebellianische Quart). IX. 32 (etwas Geschichtliches vom). 216 (und die Reservatfälle). 227 (die restitutio in integrum). 257 ff. (und die 1. französ. Revolution). 600 (die Säcularisation). 659 (Schenkungen). IX. 25 (Segnungen). 165 (Simonie). 307 (Spolienrecht). 374 (fromme und milde Stiftungen)

386 (jura stolae). 603 (der Kämmerer). 696 (moderne Einsäckelungstheorien). XI. 244 (und das Tridentinum). 609 (usucapio). 612 (und die Verlassenschaften der Geistlichen). 833. 938 (Lehren Wicliffes in Bezug auf das). 1258. 1262 ff. (und der Zehente).

Kirchenversammlung, s. Synode.

Kirchenvisitation, a) bischöfliche; b) erzbischöfliche VI. 195—199. S. Berichte, Visitationsreisen, vgl. Sendgerichte, s. dazu I. 32. 778. 791. 793. 827. II. 540. 913. VII. 157. 665. VIII. 811. X. 66 ff. XI. 193 ff. 207. 219.

Kirchenvisitationen, preußisch-protestantische VIII. 694 ff. 707.

Kirchenvogt, Klostervogt IV. 199—200. 39. III. 73. VIII. 223 ff. XII. 656.

Kirchenwesen im Königreich Jerusalem XII. 691.

Kirchenwürden, s. Capitelswürden. Dignität.

Kirchenzehent, s. Zehente.

Kirchenzeitung, die Wiener vom Jahr 1784 XI. 1049. 1050 ff.

Kirchenzucht, s. Disciplinargesetze, Kirchenstrafen.

Kircher, Athanas, der gelehrte Jesuit VI. 200—201. VII. 625. IX. 369.

Kirchgang, s. Aussegnung der Wöchnerinnen.

Kirchhof (atrium ecclesiae) VI. 201—203. I. 489 (Antheil an der Freiung). 735 (frühzeitiges Aufkommen). III. 601 ff. (Entweihung). 894 (und die Familiengrüften). IV. 365 (ist geistliche Sache). 637 (und das christliche Grab). V. 606 (ein anderer Name). 670 (Interdicirung). VI. 189 (gehört zum Kirchenvermögen). 430 (die Leichenhallen). VIII. 368 (und die Pfarrrechte). 372 (in der Regel mit der Pfarrkirche verbunden). IX. 72 ff. (Reconciliation des). 562 (Entweihung). X. 168 (Kirchenrechtliches hierüber).

Kirchhofkreuz, s. Kreuz.

Kirchliche Auctorität, s. Gewalt.

Kirchliche Gebäude, s. Gebäude, kirchl.

Kirchliche Gefängnißstrafen, s. Gefängnißstrafen.

Kirchliche Gefäße, s. Gefäße, hl.

Kirchliche Hierarchie, s. Cäsareopapie, Collegial-, Episcopal-, Territorialsystem, Exarchen, Kirche, Papst, Priester, Priesterweihe, Schlüsselgewalt Petri, dazu V. 890. 834 ff. VI. 118. 129. 224 ff. 424. 774. VII. 820. 821. VIII. 61. 213 ff. 453. 650 ff. 659. 773. IX. 328. 695. XI. 222. 259. 511 ff. 742. XII. 587. 588.

Kirchliche Institutionen, s. Institutionen, kirchliche.

Kirchliche Person, s. Person, kirchliche.

Kirchliche Sache, s. Geistliche Sache.

Kirchspiel, s. Pfarrei.

Kirchweihablaß VI. 126.

Kirchweihe, die VI. 203—208. II. 579. III. 505. 601. VII. 701. 713. VIII. 373. IX. 73.

Kirchweihpredigten III. 505.

Kirgisen, Lamaismus der VI. 317 ff.

Kir-Hareseth VII. 185.

Kirjath, die Stadt VI. 208.

Kirjath-Arba, s. Hebron.

Kirjath-Jearim I. 571. II. 214.

Kirjath-Sepher (Debir) IX. 317.

Kison, der Grenzfluß VI. 208—209.

Kistemaker, Joh. Hyacinth, der Theologe VI. 209—210. und XII. 671—674. VII. 374. XII. 593. 820.

Kitchin, Bf. v. Llandaff VIII. 150.

Kittim, die, s. Chittim.

Kitzingen, das Kloster II. 82. III. 532. X. 419. XI. 498 ff.

Kladrau, Kloster V. 725.

Klage, processuale VI. 210—213. III. 493. XI. 942 (Wider-).

Klagelieder des Jeremias V. 520 ff. VII. 144.

Klagenfurt, Bisthumssitz VI. 35. — Lutherthum in VII. 737.

Klageweiber I. 734. 735. XI. 170.

Klagpsalmen, s. Psalmen.

Klappern in der Charwoche II. 458.

Klatscherei, die III. 458.

Klaubauf, der, s. Nicolaus, St. (VII. 508).

Klausenburg, Landtag zu VII. 731.

Kleber, Jean Bapt., fr. General (ermordet 1800) XII. 429.

Klebiz, Wilh., der prot. Diacon V. 151. VIII. 354. IX. 560.

Klee, Heinr., der Dogmatiker VI. 213—214. I. 397. V. 134. VI. 53 ff. IX. 74. X. 8. 770. 870 ff.

Kleid, heiliges, s. Rock, der hl.

Kleid, das weiße der Neugetauften VI. 214. X. 678.

Kleider, hl., bei den Hebräern V. 291 ff. VIII. 763. 810.

Kleider, heilige VI. 214—217. 129. II. 114. III. 901 (Farbe der). IV. 497. VII. 95 ff. 805. VIII. 804. X. 386. 553. 630. XI. 1208.

Kleider der morgenländischen Geistlichen VI. 217. VII. 771. VIII. 832.

Kleider der protestant. Geistlichen beim Gottesdienst VI. 217—218.

Kleiderausſatz, der I. 552.

Kleidung der hebräischen Könige VI. 246.

Kleidung der Männer u. Frauen bei den alten Hebräern VI. 219—224. S. dazu Putzsachen.

Kleidung der Ordensleute, s. Ordenshabit.

Kleidung der päpstl. Notare VIII. 831.

Kleidung, geistliche VI. 218—219. II. 631. 653. VIII. 479. X. 630. XI. 200. XII. 268 f.

Kleidung, päpstliche XI. 606.

Klein, G. M., schelling. Mtphilsph. VII. 327.

Klein, Anton, der Historiker IV. 234.

Klein, Magnus, Abt von Göttweih IV. 632.

Klein, Pancraz, Exdominicaner und Reformator VIII. 704.

Kleinarmenien VII. 620.

Kleinasien, s. Asien, dazu I. 545. 693. VI. 679. VII. 225 (Mönchthum in). 243 (Monophys. in). 265 (Montanisms. in). 547 (Neuplatonkr. in). 872 (Osterfeierstreit in).

Klein-Emmaus, s. Emmaus.

Kleiner Rosenkranz IX. 308.

Kleinkinderschulen VIII. 31. IX. 799.

Klein-Phrygien, s. Phrygien.

Kleinzehnten XI. 1260.

Kleist, Heinr. v., der Dichter (†. 1811) XII. 342.

Kleophas, s. Cleophas u. Alphäus.

Kleph, der Longobardenkönig VI. 590.

Klerus, der VI. 224—225, s. Hierarchie, Stand, geistlicher.

Klerus, Abgaben des I. 27 ff.

Klesel, Bischof von Neustadt und Wien, Cardinal und Staatsmann VI. 225—227. III. 287 (verhaftet). VII. 52 (ein Freund des). 550 (bewirkt die Gegenreformation in seinem Bisthum). 734 ff. (und das Bisthum Passau). 742 (ein Rath an Kaiser Mathias). VIII. 192 (und Passau). IX. 222 (gibt einmal den Protestanten zu sehr nach). 349 (Kirche in Rom, woher er seinen Cardinalstitel). XI. 988. 991. 995 ff. 1000. 1005 (und Wien). XII. 1279 (und die Wiener Universität). 1282 (will die Universität mit dem Jesuitenorden vereinbaren).

Kleuker, thlg. Schftstlr. VII. 268.

Kleve, s. Cleve.

Klimo, Bf. IV. 662.

Klingelbeutel, der VI. 227—228. II. 866. III. 877. VII. 784.

Klinkowström, die Familie VI. 527.

Klobusitzky, Ebf. v. Colocza XII. 1006.

Klodwig, s. Chlodwig.

Klopas, s. Cleophas.

Klopfen an die Brust, s. Brustklopfen.

Klopstock, Friedr. Gottlieb, der Sänger des Messias (†. 1803) III. 7. 102. IX. 162. X. 381. XII. 1157.

Kloster (monasterium) VI. 228—231. S. Abt, Capitel, Capitelswürden, Chor (Chordienst), Doppelkloster, Eigenthumsrecht der Klöster, Mönchthum, Orden u. s. f., Nonnen, Schottenklöster, dazu I. 246 (der Angelsachsen). 248. 251 (und Britten). 271 (und Ansgar). 446 (und die Armen). II. 114. 116 (und Carl Borromäus). 424 (der Cellarius). 604 (und das Collationsrecht). 563 (der Convent). 865 ff. (und die conversi). III. 219 ff. (die Wissenschaft in den). 480 (Eigenthumsrechte). 506 (Einweihung). 552 (ersetzen die Emeritenanstalten). 738 f. (und Eugendus). 751 (Eulogienvertheilung). 841 (Exemtionen). IV. 61 (und die Reformation). 135 (in Frankenreich). 265 (die Fußwaschung in den). 277 (ein Haupt-). 538 (Recht auf mehrere Glocken). 678 (und P. Gregor). 816 (der Guardian). V. 95 (trübe Schilderung aus dem 14. Jhhdt.). 181 (und St. Hilarius von Arles). VI. 64 ff. (Keller- und Küchenmeister). 365 (die Lauren). VII. 443 (Pflanzstätte der christl. Mystik). 620 (in Syrien). VIII. 1 ff. (und St. Pachomius). 175 (und Engelbert von Passau). 227 (und das jus patronatus). 362 (und Pfarreien). 468 ff. (und die Synode von Pistoja). 824 (Pröpste in den). IX. 2 (zur Zeit des Rhabanus Maurus). 27 (Chorgebet). 574 (à la Saint Simon). 854 (in der Schweiz). X. 311 (Servilienrecht). 365 (Stift). 417 (im 8. Jahrhundert). 437 ff. (in Südamerica). 696 (Tegernsee). 844 (Wissenschaften und). 901 ff. (und St. Theresia à Jesu). XI. 27 (ersetzten die Demeritenhäuser). 250 (im Trierschen). 742 (Friedrichs II. Ansichten über die). XII. 109 (Renaissance). 909 (früheste in Frankreich).

Klosteraufhebungen, verschiedene, s. Säcularisation, Schweiz, dazu III. 186 ff. (in Bayern). IV. 757 (in England). V. 71 (in England). 149 (Hessen). 558. — 800. 908 (zu Josephs II. Zeit). IX. 42. 258.—263 (in Frankreich). 473 (Rußland). X. 638. XI. 1037 ff. 1044 (in Wien). 1060. 1062. 1321. XII. 665. 1085.

Klosterbruder, s. conversi.

Klostercapellen, s. Bethaus.

Klosterfrauen, s. Nonnenorden.

Klosterfrauen des Hospitals von der Observanz, s. Humiliaten.

Klostergeistlicher, s. Geistlicher, Regulargeistlicher.

Klostergeistlichen, keine fidejussio der XII. 352.

Klostergelübde, s. Gelübde, Kirche, evangel.

Klostergesinde, s. familiares.

Klostergrab, Kistr. V. 560.
Klostergüter, s. Klostervermögen.
Klosterhabit VII. 833. 807.
Klosterhöfe, s. grangia.
Klosterkirche, s. Münster (VII. 374).
Klosterleben, s. Mönchthum.
Klosterleben, angebl. des Propheten Elias III. 525.
Klosterleute, Erbrecht am Nachlasse der III. 654.
Klosterneuburg, s. Neuburg.
Klosternovizen, s. Novizen.
Klosterorden, s. Orden, gkl., Mönchthum, Nonnen, vgl. Ritterorden.
Klosterpredigten, s. Ordenspredigten.
Klosterrath, der s. g. in Oestreich VII. 725.
Klosterreformen I. 787. 791. IV. 443. VII. 273 ff. 594. 763. XI. 977 ff. 1045 ff. 1059 ff.
Klosterregel, s. Ordensregel.
Klosterschulen, s. Dom und Klosterschulen.
Klostervermögen, s. Kirchenvermögen, dazu II. 872. III. 490 ff. VIII. 71.
Klosterverweisung, detrusio in monasterium VI. 231. 180. IV. 349.
Klostervisitation, s. Kirchenvisitation.
Klostervogt, s. Kirchenvogt.
Klosterwesen, s. Mönchthum.
Klöster, buddhistische und tibetanische, s. Buddhismus, Tibet.
Klösterliche Obedienz, s. Obedienz, klösterliche.
Klösterliche Reservatfälle, s. Reservatfälle.
Kloß, Kstr. VII. 731.
Kloßprediger, die X. 590.
Klüber, Joh. Ludwig, der Publicist († 1837) V. 900. IX. 300 ff.
Klugheit, s. Pastoralklugheit.
Klüpfel, Engelbert, der Theologe VI. 231—234. 643. III. 190. V. 359. VI. 428. XI. 1043.
Knabenseminarien, s. Seminarium, clericales, dazu II. 117. 494. 758. V. 922. VIII. 753. IX. 411. 598. 601. X. 48. 49. 701 ff. XI. 254. 633. XII. 245. 281. 870. 965.
Knade, Jac., der Reformator VIII. 552. 934.
Knapp, Gg. Christian, prot. Theol. VI. 234—235. VIII. 724.
Knauff, Cosmas, Prior von Brünn VIII. 843.
Knechtschaft, s. Leibeigenschaft, vgl. Sclaverei und Christenthum.
Kneph, s. Emanation.
Kneph, Knuphi, altägypt. Gottheit VIII. 30.
Knidos, s. Cnidus, Stadt.
Knin, Bm. XII. 1323.
Kniebeugung, genuflexio VI. 235—236. 556.
Knigge, Ad. Frz. Frdr. Ldwg., Freiherr von, der Illuminat († 1796) V. 601. X. 344.
Knipperdolling, Bernhard, der Wiedertäufer (hinger. 1536) VIII. 323. XI. 953 ff. 956 ff.
Kniprode, Winrich von, der Hochmeister X. 813.
Knobbersburg, Abtei IV. 262.
Knobel, Aug. Wilh., prot. Exeget (geb. 1807) IV. 842. 846. IX. 456. 908.
Knoller, Maler VI. 786.
Knoodt, der Doctor XI. 686.
Knöpken, Schulmeister und Reformator VI. 520.
Knorr v. Rosenroth, Orientalist X. 238.
Knox, der schottische Reformator VI. 236—239. 854. II. 506. 513. V. 610. VIII. 559. 864.
Knut, s. Canut.
Knut, Magnus, der Bischof VIII. 323.
Knute, seine Immunität wider die III. 606.
Knutsen, Math. von, der Atheist II. 815.
Koba, Moschee bei Medina VII. 356.
Koblenz, Kistr. VI. 16.
Koch, Conrad, s. Wimpina.
Koch, der Kirchenrath XII. 866 ff.
Koch, Gl. VII. 588.
Koch-Sternfeldt, Gl. VII. 752.
Kochen, ob an Feiertagen erlaubt XII. 553.
Kochhafen, s. Chyträus.
Kochlöffel, s. Cochläus.
Kochlsee, Kistr. X. 696.
Kodde, die 3 Brüder II. 869 ff.
Koddianer, s. Borborianer.
Kodrus, König VII. 145.
Kohelet, s. Ecclesiastes.
Kohen, s. Cohen.
Kohlbrügge, der Schwärmer IX. 832.
Kohlbürger, s. Brassicanus.
Kohlenbrenner, F. von, der Pädagog VIII. 29.
Kohler, Hieronymus u. Christian, die Sectenstifter VI. 239—240. VI. 654. IX. 835 ff.
Κοινὴ ἔκδοσις, s. Alexandrinische Uebersetzung, Handschriften des neuen Testamentes.
Kolb, Franz, der Reformator in Bern IX. 847 ff. XI. 1312.
Kolbatz, Kistr. VIII. 598. IX. 446.
Kolberg, Bisthum VI. 240. II. 151. IV. 551. VII. 904. 914. VIII. 540. 597. 612.
Kol Bo, das Buch V. 907.
Kolchis, Lasten, s. Transcaucasien.
Kolenda, Gabr., Metropolit v. Kijow 439.
Köllner, prot. Thlg. II. 884.
Kollonits, die Grafen Leopold und Sigismund, Erzbischöfe IV. 659. (v. Gran). VII. 550 (L.). X. 195 (v. Gran). XI. 1007 ff. (v. Neustadt). 1017. 1019. 1025 (in Wien).
Kollyridianer, s. Antidicomarianiten.
Köln, s. Cöln.
Kol-Nidre, das Gebet, s. Col-Nidre.
Kolocza, ungar. Kirchenprovinz VI. 240—243, vgl. Gran, s. dazu XI. 711 ff. XII. 1006.
Koloman, s. Coloman.
Kolossä, s. Colossä.
Kolping, Adolph, der Domvicar, Gründer des Gesellenbundes (geb. 1813) XII. 193. 963.
Kolweis, Mathias, Abt von Lilienfeld XI. 1002.
Kolzin, der Berg I. 300.
Komensky, s. Comenius.
Kometen, Schwanzsterne V. 84.
Komotau, Jes.-Colleg. VII. 727.
Komnenen, Herrscher aus dem Hause der, s. griechisches Kaiserthum, Kreuzzüge, Manuel I., dazu II. 449. 879. 965. III. 772. 773. V. 42. VI. 30. 145. XI. 401. XII. 893.
Konarsky, Adam, Bischof von Posen VI. 243.
Konczewicz, Bf. v. Polok VI. 438.
Kong-Fu-Dsu, s. Confucius.
Könige, Bücher der, s. regum libri.
Könige, die hl. 3, s. Dreikönigsfest.
Könige, Krönung der VI. 294 ff.
Königgrätz, Bisthum in Böhmen VI. 243—244. VIII. 637.
Königliches Amt Christi, s. Amt, Christus, vgl. Papst, s. dazu II. 519. III. 675. 681. VII. 107. 111. 441. VIII. 64.
Königsberg, Stadt und Universität II. 148 (Osiander'sche Streitigkeiten). 269 (auf Seite des Calixt). 466 (Chemnitz in). V. 144. — VII. 339 (Osiander'sche Streitigkeiten). 868 (und A. Osiander). VIII. 685 (Reformation). 693 (Syn.). 695 (Un.). 696 (Osianderisten). 700 (Syn.). 704 ff. (Un.). 734 (Lichtfreunde). 735 (Katholiken in). X. 337 ff. 340 ff. 697 (Un.).
Königsbuch, Heinrichs VIII. V. 75.
Königsegg-Aulendorf, Graf Max, Ebf. v. Cöln II. 876.
Königsegg-Rothenfels, Max Friedr., Fbf. v. Münster XII. 428 ff.
Königsleute, s. Leibeigenschaft (XII. 713 ff.).
Königsmark, General III. 301. XI. 368.
Königstein, Kloster XII. 772.
Königthum, das hebräische VI. 244—248, vgl. Theokratie, s. dazu I. 27. IV. 907 ff. VII. 107 ff. 347. IX. 616. 636 ff.
Konon, s. Conon.
Konrad, s. Conrad.
Konrad von Halberstadt V. 389.
Konradin, s. Conradin.
Konstantinopel, s. Constantinopel.
Konstantinopel, Sophienkirche zu, s. Sophienkirche.
Konstantius, s. Constantius.
Konstanz, s. Constanz.
Konvertit, s. Convertit.
Koornhert, Gegner der absoluten Prädestination V. 624.
Kopacsy, ein Reformator Ungarns XI. 402.
Kopacsy, Josephs II. Primas von Ungarn IV. 659. XII. 1006.
Kopenhagen, Stadt und Universität II. 510. III. 20 ff. IX. 836.
Kopfbedeckung, gewöhnliche der Geistlichen XII. 270.
Kopfbedeckungen, s. Biret, cucullus, Tiara.
Kopfbedeckungen im Orient VI. 220 ff.
Köpflin, Wolfgang, s. Capito.
Kopflose, s. Akephaloi.
Kopitar, Barthol., der Slavist († 1844) VI. 33.
Koppe, Joh. Benjamin, prot. Thlg. VI. 248.
Köppen, Philos. VII. 328.
Kopten VI. 248—250. S. Armenier, Jacobiten, Melchiten, Monophysiten, dazu I. 124 (african. Kirche). 162 (Pchat. in Kairo). 301 (wollen die ächte Regel des hl. Antonius besitzen). 651 (Klöster der). 741 (Lehre von der Beicht katholisch). II. 604 (Einigungsversuch mit Rom). III. 408 (betrachten die Ehe gleichfalls als ein Sacrament). IV. 32. 38 (und das Concil von Ferrara-Florenz). V. 459 (und die andern Monophysiten). VI. 64 (Kelchweihe bei den). 217 (Cultkleidung). 408 (Lectoren). 540 (die 3 Liturgien der). VII. 243 (und die übrigen Monophysiten). 246 (ein Vertrag mit den). 718 (letzte Oelung bei den). VIII. 214 (Patriarchat). IX. 206 (Kirchengeschichte der). 527 (Sacramentenlehre). XI. 339 (Franciscaner als Missionäre bei den).
Koptische Bibelübersetzungen I. 942.
Koptische Sprache VI. 540.
Korostynski, Bf. v. Przemisl VI. 438. XII. 1015.
Korah, die Rotte, s. Core (II. 876).
Korahs Söhne, levit. Sängerfamilie VIII. 844 ff.
Koran (Ckoor-ân) VI. 250—252. S. Mohammed, Islam, Caaba, Sonniten, Schiiten, dazu I. 137. II. 74 ff. (und Abubekr). 137 (und Aischa). 343 (kennt Schriften Abrahams). 368 (Gottesbegriff des). 400 (Quelle für biblische Archäologie). III. 109 (und

bisthum Rheims). 360 (Richard Löwenberg). 827 (und die Ritterorden). 439 (auch Rudolf v. Habsburg für). 461 ff. (und die Russen). 730 (und die Scholastik). 820 (und Schwärmerei). 860 (die nordischen). X. 117 (Sichem zur Zeit der). 351 (wider die Stedinger). 471 (und Abt Suger). 717 (die Templer). 726 ff. — 811 ff. (der Teutschorden). 823 (und der Thabor). XI. 99 (wider die Mauren). 293 (Tripolis in Phönicien zur Zeit der). 332 (und die Türkei). 348 (Tyrus zur Zeit der). 465 ff. (und Papst Urban). 674 (Papst Victor). 796 (Anlaß zu den). 803 (und Walter von der Vogelweide). 1068 (und Wien). 1096 (ein Geschichtschreiber der). 1261 (der Saladinszehnte). XII. 2 (ein sagenhafter). 69 (und Asien). 386 (die Franzosen und die). 423 (ein Prediger). 713 (Einfluß auf rechtliche Verhältnisse). 967 (Philipp II. von Frankreich). 1196 (Torquato Tasso). 1234 (das Schulwesen zur Zeit der).
Krich, der Missionär XI. 16.
Kriecherei, s. Ehre (III. 450).
Krieg, heiliger der Mohammedaner VII. 187.
Krieg, Kriegsdienst XII. 697—698. III. 936.
Krieg bei den Hebräern VI. 284—287. I. 895. IV. 66.
Kriegsbeute, s. Beute.
Kriegsconsistorium, das für die Militärgeistlichen in Preußen VIII. 713.
Kriegsdienst, ultramontanistisch VII. 260; — unquäkerisch VIII. 674.
Kriegsfahnenweihe, s. Fahnenweihe.
Krim, Karaiten in der VI. 30.
Krippe, die XII. 698—699. XI. 829 (an Weihnachten).
Krit, der Bach V. 767.
Kritik, biblische VI. 287—293. 353. 435. 911. III. 880. VII. 834.
Kritik der Offenbarung VII. 763 ff.
Kroaten, Kroatien, Kgschls. VI. 293—294. IV. 708. X. 221. 222 ff. XII. 895. 808.
Krok, slavische Gottheit VIII. 40.
Kronberg, Walther von, der Hochmeister VIII. 691 ff. X. 516.
Kroncardinäle, s. Cardinal (II. 343), dazu I. 784. VIII. 829.
Krone, die XII. 268.
Krone, dreifache des Papstes, s. Tiara.
Krone des Priesters, s. Tonsur.
Krone, die königliche X. 957.
Krone, vgl. Brautkranz.
Kronenberg, die Congregation von II. 284.
Kronleuchter III. 94.
Kronos, griech. Gttht. VI. 84. VIII. 41.
Kronstadt, die Reformation in V. 328. 324. VII. 731.
Krönung des Papstes, s. Inthronisation, Tiara.
Krönung der Kaiser und Könige VI. 294—295.
Krönung Carls d. G. II. 317. VI. 456 ff.
Krozingen, Propstei VII. 834.
Krucifix, s. Crucifix.
Krüdener, Juliane, Freifrau von VI. 295—298. IX. 836. XI. 1063.
Krug, Kantianer VII. 326.
Kruto, der Wendenfürst IV. 630. VII. 691.
Kruman, Jesuitencolleg VII. 727. 748.
Krummacher, G. D. und F. W. IX. 829.
Krummacherianer, die Pseudo- IX. 829.
Krummstab, der VI. 298—300.
Krummstabsleben, das VI. 104 ff.
Kruschwitz, Bm. VIII. 612.
Krypten zur Zeit der Christenverfolgungen VI. 300; vgl. Grüfte, Katakomben.
Kryptocalvinismus VI. 300—302. 950. IX. 860. XI. 912.
Krzycki, Bf. VIII. 552.
Ktesias, der Historiker I. 464. III. 40.
Ktesiphon, s. Calne.
Ktistolatrai, Secte der Aphthartodoketen VII. 241.
Kubbet, Rahel, s. Bethlehem.
Küchenmeister, s. Kellermeister.
Kufa, arab. Bm. VII. 525.
Kufaian, buddhist. Mönch XII. 183.
Kugelherren, Gogelherren VI. 302. X. 832.
Kugler, Franz Theod., Kunsthistoriker und Dichter (geb. 1808) IX. 299. XII. 104 ff.
Kuh, die rothe VII. 451. 781 ff. IX. 165.
Kuhlmann, Quirin, der Schwärmer VI. 302—303. 201.
Kuhn, Joh., Dr. von, Dogmatiker (geb. 1806) I. 417. III. 282. V. 684. VI. 589. VII. 213. IX. 668. 738 ff. 891. XII. 415. 1152.
Kuinöl, Dr. Christian Gottl., prot. Thlg. VI. 303—304.
Kuldner, s. Culdner, Freimaurer.
Kulm, Stadt und Bisthum II. 29. 139. 509. IV. 551. 552. V. 339. VIII. 548. 612. 667. 673 ff. 704. 746. 748. IX. 612.
Kultus, s. Cultus.
Kumanen, Bekehrung der VI. 304—305. V. 115. XI. 401.
Kumerans, die hl., s. Dacommera.
Kunibert, s. Cunibert.
Kunigunde, St., Kaiser Heinrichs II. Gemahlin I. 507. V. 7. 45. VIII. 8.
Kunigunde, Böhmenkönigin VII. 22.
Kunst, die christliche, s. Baukunst, Malerei, Musik, Poesie, Sculptur, vgl. Bilderstreit, dazu I. 118 (Theorie der). II. 601 (und das Christenthum). 519 (Christusbilder). 937 (und der Cultus). III. 568. IV. 933 (die gloria). VI. 779 ff. IX. 2 (im 8. Jhhdt.). 335 ff. (in Rom). 462 (Aufschwung in Rußland). X. 401 ff. (und das Straßburger Münster). 699 (in Tegernsee). XI. 104 (in Tours). 830 (und der Glaube). 961 ff. (in Wien). XII. 851 (in Nürnberg).
Kunst bei den Hebräern V. 96. VII. 421. X. 703 ff. XII. 528.
Kunst, phönicische VIII. 434.
Kunst, Gelehrter VIII. 650 ff.
Künste, die 7 freien, s. Quadrivium.
Künstler, berühmte, s. Rom.
Kunstmann, prot. Thlg. II. 609. VIII. 855. 858.
Kunstverein, katholischer XII. 998.
Kupa, der Empörer VI. 745.
Kuppelei, die XII. 699.
Kurden, die fanatischen VII. 528.
Kurdistan, Nestorr. in VII. 525.
Kurhessen, s. Hessen-Kassel.
Kurland VI. 305—306. III. 720. IV. 823. VIII. 679. XII. 712.
Kurmal, s. Carmel (II. 162).
Kurel III. 005.
Kurtz, prot. Thlg. IV. 476. X. 373. 374.
Kusch, s. Cusch.
Kuschan-Rischathaim, s. Cuschan Rischathaim.
Kuß, s. Friedenskuß, Fußkuß.
Küssen des Altars, des Evangeliums VI. 306.
Küster, Küsterer, Meßner VI. 306, s. custos, Meßner.
Kutais, die russ. Stadt VII. 169. XI. 31.
Kutasso, Ebf. IV. 638.
Kuttenberg, Religionsgespräch und Religionsfriede zu V. 425. 426.
Kyaxares, med. Herrscher VII. 9. 10.
Kybele, die phryg. Gottht. V. 161. VIII. 447.
Kyburg, Eginolf von, Bf. VI. 369 ff.
Kynegil, Kg. v. Wessex IV. 760.
Kynochoriten, die VIII. 237.
Kyot, der Bearbeiter der Gralsage XII. 497.
Kypharas, Constantin, gel. Mönch II. 205.
Kyrie eleison, das VI. 538. VII. 357. VIII. 808.

L.

Labadisten, Secte der VI. 307—308. X. 275. 278. XI. 1227.
Laban, bbl. P. VI. 308—309. V. 439. 639. IX. 9. X. 907.
Labarum, die Reichsfahne VI. 309—310.
Labat, Peter Daniel, der Maurimer XII. 700.
Labbé, Philipp, gel. Jesuit VI. 310—311. 158. V. 390.
Laborans, Cardinal II. 309.
Labynetos (des Herodot), s. Belsazar.
Lacabona, Bm. V. 462.
La Celle, Pierre de, s. Petrus von La Celle (VIII. 340).
Lachaise, père, Beichtvater Ludwigs XIV. XII. 700—701. II. 120. V. 385. 498. VII. 670. IX. 91. X. 701.
Lachis, canaan. Hauptstadt VI. 311. VII. 499.
Lachmann, Karl, Philolog und Kritiker († 1851) I. 925 (Bibelausgabe).
Lachmi, Goliaths Bruder IV. 570. XI. 1129.
Lacombe, der Barnabite und Quietist, s. Combe, la.
Lacordaire, Henri, der berühmte Kanzelredner (geb. 1802) III. 240. VI. 327 ff. VIII. 755. 670. XI. 43. 45 ff. XII. 913. 923.
Lacroix, Claudius, der Casuist VI. 311. VII. 266. 306.
Lacroix d'Azolette de, Bf. XII. 79.
Lactantius Firmianus (Lucius Cälius) VI. 311—314. I. 43 (bringt die Religion in innigste Beziehung zur Abhängigkeit von Gott). 123 (*). 363 (als Bekämpfer des Heidenthums). II. 716 (**). 828 (vom Traum des Constantin). III. 153 (Diocletians Gattin und Tochter christlich?) 353 (**). V. 165 ff. (*). 300 (*). 560 (Todesjahr Jesu). VI. 337 (Christengebet für die Heidenkaiser). VII. 232 (**). 289 (Schilderung der Früchte des Christenthums). 298 ff. (als Moraltheolog). 488 (*). 657 ff. (**). VIII. 338 (u. Petri Aufenthalt in Rom). 519 ff. (als Dichter). IX. 107 (Ableitung des Wortes Religion). 886 (***). X. 7. 13 (über Seele und Seelenschlaf). 15 (*). 112 lehrt die sibyllinischen Bücher). 218 (Zeugniß, wie das Christenthum die Sclaverei milderte). 778 (Unzucht, die Sünde der gefallenen Engel). XI. 754 ff. (Lehre

von der Vorsehung). 840 (Gegenüberstellung Christi und des Apollonius von Tyana).
Lactleinien VI. 314—316.
Ladenberg, Philipp von, preuß. Minister (st. 1847) VIII. 754.
Ladislaus, s. Wladislaus.
Ladronen (Diebsinseln, Marianen), Missionen auf den X. 453.
Ladung, gerichtl., s. Citation.
Ladvocat, Jean Baptiste, Gelehrter XII. 701—702.
Lätare, der Sonntag VI. 316., s. Cantate, dazu IX. 397.
Lag Beomer, das Fest IV. 52.
Lagiden, Dynastie, s. Ptolemäus.
Lagny, Kloster bei Paris IV. 262.
Laibach, Bisthum und Stadt, s. Kärnthen, dazu VI. 35. 166. IV. 263. VII. 724. 737 (Lutherthum in). X. 790. 793. XI. 255. XII. 490.
Laien, s. Klerus (VI. 224 ff.), dazu I. 930 ff. II. 768. IV. 366. 460 ff. VI. 274. 774. VIII. 825. X. 330 ff.
Laien, Bibellesen der, s. Bibellesen der Laien.
Laienäbte I. 70. 71. 791.
Laienbrüder, s. conversi.
Laiengemeinschaft, Zurückversetzung eines Clerikers in die, s. communio laica.
Laienhospitalbrüder II. 795.
Laieninvestitur, s. provisio canonica.
Laienkelch, s. Abendmahl, Utraquisten, dazu I. 98. II. 114. 168. IV. 212. 887. V. 407. 473 ff. 459. VIII. 183. 484. 616. IX. 194. XI. 198 ff. 216 ff. 220 ff. XII. 278.
Laienpatron, —ate, s. Patronatsrecht.
Laienpriesterthum, das VIII. 767 ff.
Laienschwestern, s. conversi.
Laienstand, s. Laien.
Laimann, s. Laymann.
Lainez, Jacob, Gefährte des Ignaz von Loyola VI. 316—317. I. 757. 758. II. 105. 106. III. 871. V. 368. 550 ff. VIII. 705. IX. 581. XI. 191. 199. 221. 226. 228. 232. 235.
Laing, Dan., der Grobschmied IV. 90.
Lainz, der Wallfahrtsort XI. 1017.
Lais, Lesem, bbl. Stadt III. 18.
Laisa, s. Eleasa.
Laisirung der Geistlichen, s. communio laica.
Lama, die XI. 12. 14. 16. XII. 176. 180.
Lamaismus, der VI. 317—321. X. 184. 303. XI. 325. XII. 151 ff. 180 ff.
Lamartine, Alphonse Prat de, der Dichter (geb. 1790) VIII. 369. IX. 277. X. 210.
Lambach, Kloster IV. 631. VII. 50. XI. 1167.
Lambecius, Peter, der gelehrte VI. 321—322. II. 702. V. 136. X. 620.
Lamberg, v. Grafen Dominik und Johann Philipp, Fürstbischöfe von Passau VIII. 185 ff.: — Carl, Ebf. von Prag VII. 741. 744.
Lambert von Aschaffenburg, der Chronist VI. 322. 147. IV. 705. XI. 1110 ff.
Lambert, Franz, Apostat und Hessens Hauptreformator VI. 322—323. V. 73. 148 ff. 150. 356.
Lambert, St., Bischof von Mastricht VI. 323—324. 335. 679. VII. 1.
Lambert, St., Bf. v. Freysing IV. 207.
Lambert le Begnes I. 727. 728.
Lambert, Pierre de la Mothe, Missnär. XII. 564.
Lambert, Freund des hl. Vincenz v. Paula VI. 384.
Lambert, der treulose Mönch VII. 893.
Lambert, Priester der Revolutionszeit IX. 277. 278.
Lambert von Spoleto, Kaiser IV. 115. V. 750 ff. 754.
Lambillote, gl. Jes. VII. 654.
Lambinus, Dionys, Philolog (st. 1572) XII. 600.
Lambrecht, heiliger Bischof, s. Lambert.
Lambruschini, Luigi, der Cardinal-Staatssecretär XII. 702—704. 463. 749. III. 406. IV. 728. V. 133 ff.
Lamech, der Erzvater I. 188. 342 (angebl. Schriften des). VII. 623. VIII. 200. X. 959.
Lamechin, Fürst von Kurland VI. 305.
Lamego, Bm. XII. 732.
Lamennais, der Abbé, Socialist VI. 324—330 und XII. 704—706. IV. 393. 729. V. 132 ff. 410. IX. 647. X. 252. 931. XI. 619. XII. 124. 407. 913. 781.
La Mennais, Schulbrüder von IX.
Lameth, Charles Malo François, der constitutionelle (st. 1832) IX. 258.
La Mettrie, de, der Atheist III. 578. 621. V. 91. 92. VI. 922. 924 ff. VII. 323. X. 72.
Lammbilder I. 131.
Lamormain, Lämmermann, Jesuit und Beichtvater Ferdinands II. XII. 1284.
Lamourette, der Afterbischof IX. 281.
Lampedusa, die Insel XI. 324.
Lampelbrüder V. 802. XI. 1039.
Lampen, die in den Kirchen VI. 330—331. 60. III. 94.
Lampen in der Stiftshütte X. 369; — in den Synagogen X. 579.
Lampetianer, s. Messalianer.
Lampridius, der augusteische Historiker II. 519.
Lampsacus, Bisthum VIII. 346 ff. — Syn. zu XII. 1199.
Lamspringe, Kloster IX. 648.
Lamy, Bernhard, der Oratorianer VI. 331—332. VII. 259.
Lamy, Franz, der Mauriner VI. 332—333. IV. 878. XII. 264.
Lamy, Magdalena, die fromme IV. 170.
lanceae et clavorum festum III. 705—706, s. Lanze, Lanzenfest.
Lancellot, Joh. Paul, der Canonist VI. 333. III. 65.
Lancelot, Dom Claude, der Grammatiker XII. 706. V. 493. 494.
Lancelot, das Gedicht XII. 496. 498.
Lanciano, Eb. XI. 218. 220.
Lancisi, der Leibarzt IX. 371.
Landauer, der Orientalist X. 239.
Landavia, Synode zu IX. 76; — Kirche zu III. 520.
Land, gelobtes, s. Canaan.
Landbischof, s. Chorbischof.
Landcapellen, s. Bethaus, Feldcapellen.
Landcapitel, s. Archipresbyter, Landdecane.
Landcisternen, s. Cisternen.
Landdecane, das Institut der VI. 333—335. S. Archipresbyter, Berichte, Conferenzen (geistl.), Definitoren in Decanaten, deputatus in Landcapiteln, Kirchenvisitationen, Sendgerichte, dazu II. 496 (macht Chorbischöfe überflüssig). 733 (Competenz der). 914 (Strafcompetenz der). 958 (curia decani). III. 248 (und die Domscholaster). 891 (Facultäten der). V. 104 (Stellung in der Hierarchie). VI. 196. 197 (und die Kirchenvisitationen). VIII. 605 (Facultäten der). 831 (entspricht den griechischen Protopopen). IX. 214 (Erwerbung der Facultäten). X. 523 (entspricht dem der Superintendenten der Protestanten). 603 (Rechte u. Auszeichnungen). XI. 764 (Wahlen der Decane).
Landdecane, anglicanische V. 275.
Lande, de, Gl. II. 738.
Landebert, s. Lambert.
Landelin und Landoald, St., Apostel Belgiens VI. 335—336. I. 151. IV. 148.
Landenberg, Hugo von, Bf. v. Konstanz XI. 1312 ff. 1315. 1319.
Landericus, Bf. v. Paris IV. 112.
Landesherr, Gebet für ihn VI. 336—339.
Landesherrliche Commissäre, s. Commissarius.
Landesherrliche Genehmigung, s. Genehmigung, landesherrliche.
Landesherrliche Gewalt, s. Gewalt, jura circa sacra, Staatskirche.
Landesherrliches Nominationsrecht, s. nominatio regia.
Landesherrliches Patronatrecht, s. Patron, Patronatrecht.
Landesherrliche Rechte, s. jura circa sacra.
Landesherrlicher Tischtitel, s. Tischtitel (XI. 27).
Landesherrliches Reformationsrecht, s. Reformationsrecht.
Landesherren, geistliche Gewalt der protestantischen III. 629 ff.
Landeshoheit, s. jura circa sacra, Reichsabschied, Religionsübung, dazu VIII. 225. IX. 315. 406 ff. X. 310 ff. 738. 749.
Landeskirche, die VI. 339—341, s. Reformationsrecht, Staatskirche.
Landespatron, s. Patron.
Landespatronsfest hat eine Octave VII. 701.
Landessprache als Kirchensprache, s. Kirchensprache.
Landessprache, palästinensische, s. Palästinensische Landessprachen.
Landesverfassungseid, s. Constitutionseid.
Landfried und dessen Brüder, Klosterstifter X. 696. XII. 114. 115.
Landfriede, treuga Dei, s. Gottesfriede.
Landgerichte, kaiserliche XII. 343.
Lando, der Gegenpapst (Innocenz II.) II. 266. V. 754.
Landoald, St., s. Landelin.
Landolino VII. 401.
Landpfarrer, s. Pfarrer, Pfarrei.
Landpfleger, der VI. 341—342.
Landrecht, das preußische VIII. 741 ff. 744 ff. 750.
Landry, die Wittwe XI. 705.
Landshut, Universität IV. 405. VII. 143. IX. 874. XI. 1286.
Landsperger, Johann, Carthäuser und ascetischer Schriftsteller VI. 342.
Landulph II., Ebf. v. Mailand VI. 755.
Landulph, Fürsten von Benevent und Capua VII. 272. 273. 496.
Landulph, s. Pataria.
Landward, Bf. v. Minden VII. 149.
Lanfranc, der Scholastiker VI. 342—348. I. 264 (und Anselm v. Canterbury). 794 (stiftet in England eine Benedictinercongregation). 821 ff. (*). 948 (reinigt die Vulgata von Schreibfehlern). II. 314 (und Canterbury). 409 (Commentar zu Paulus). III. 253 (das Kloster Bec). V. 625 (u. Abt Ingulf). 632 (u. Guarnerius). 952 (ein Schüler des). VI. 485 (reinigt sich vom Verdachte der Häresie). VIII. 872 (wissenschaftliche Verdienste). IX. 714 (und die Scholastik). XI. 136 (*). 159. — 1108 (ein Schüler des). XII. 383 (und das Kloster Bec).
Lanfranc, St., Bf. v. Pavia V. 832. XII. 937.
Lanfranco, G., der Maler VI. 796.
Lang, Math., Cardinal und Ebf. v. Salzburg VI. 348—349. IV. 822. V. 920. IX. 597. X. 351. 684 ff. XI. 387.

Lang, der Ritter I. 380 ff.
Lang, Gel. VIII. 221.
Lange Tag der Juden, der VI. 349.
Lange, Joach., luth. Thlg. VI. 349. V. 942. VIII. 710. IX. 14. XI. 557.
Lange, R., Humanist XII. 601.
Langen, Rudolf v., Domherr zu Münster XII. 818.
Längenmaße der Hebräer VI. 093 ff.
Langeron, der Abbé IV. 7. 8.
Langhorne, Advocat VII. 673.
Langthon, Stephan, Cardinal und Erzbischof v. Ctrbry. VI. 349–350. V. 634. 705.
Langnau, Judengemeinde in V. 809.
Langres, Bisthum I. 771. II. 579. IV. 159. VI. 464. 082. VII. 163. XI. 252 ff.
Lanjuinais, Benedictiner, Apostat V. 797.
Lanka, die buddhist. Mission in XII. 181 ff.
Lankowitz, Klstr. VII. 737.
Lanoy, Nicol., der Jesuit XII. 1257.
Lanneau, apost. Vicar von Siam XII. 504.
Lansac, Louis de, Gesandter beim Tridentinerconcil XI. 213 ff. 220. 235.
Lanspergius, Johann, der Carthäuser IV. 474.
Lantbert, der Klausner V. 704.
Lanto, Bf. v. Augsburg († um 830). VI. 742.
Lanz, der Illuminat V. 005.
Lanze, die heilige, Lanzenfest VI. 350–351, s. lanceae et clavorum festum, dazu V. 640. 642. VI. 370. 631.
Lanzia, die beiden II. 811.
Laodicea am Flusse Lykus, früher Diospolis, dann Rhoas genannt VI. 351. II. 680. IV. 423. V. 161. VII. 574. VIII. 204. 446.
Laodicea, Synode zu VI. 351–353. I. 62. 219. 230. 305. II. 159. 496. III. 232. IV. 77. V. 884. VI. 216. 896. VII. 261. 387. 806. VIII. 294. XI. 1207. 1208. 1267.
Laodike, Königin I. 287. 288.
Laon, Bisthum V. 208. VII. 636 (Klstr.) XII. 1148.
Laon, der Jesuit I. 351.
Laos, Missionen unter den XI. 327 ff. XII. 566.
Lao-tse, der Religionslehrer VIII. 36.
Lapide, s. Cornelius a Lapide.
La Plata-Staaten, die VII. 166. X. 447 ff.
Lappenberg, Joh. Martin, der Geschichtsforscher (geb. 1794) IV. 515. IX. 001. XI. 672 ff.
lapsi, s. Abgefallene, dazu I. 231.
Lardner, Nathanael, anglican. Theolog VI. 353. II. 583. VII. 659.
Lardner, der Socinianer VIII. 772.
Laren, lares IV. 450. VIII. 41.
La Reveillière-Lepaux, der Director und Theophilanthrop IX. 296 ff. XII. 127.
Largus, St. II. 971.
Larissa, Kirchenprovinz V. 522. XII. 513 ff. Anmkg. (Bmr.).
La Rochefoucauld, Bischöfe dieses Namens IX. 259. 264. 270. 271. X. 73. — letzter Abt v. Clugny II. 612; Cardinal II. 552; Herzog X. 34. 39.
La Rochefoucauld, der Moralist III. 021. V. 92. VII. 322.
La Rochelle V. 370 ff. (das feste). 383 (Versammlung zu). 384 ff. (belagert). X. 572 (Nationalconcil). VII. 159 (das Bisthum). XII. 1248 (Bm.)
larvae, s. Gespenst.
Lasča (Apg. 27, 8.) VI. 353.
Läsare, Leser, Secte der IX. 637. XI. 656 ff.
Lasaulx, Ernst von, Archäolog und Historiker (geb. 1805) XII. 1219.
Lascasas, s. Casas.
Las Huelgas de Burgos, Kloster II. 553. 554.
Lasius, Christoph, Gegner der Flacianer VI. 353–354. X. 590. 592.
Laskaris II., Kaiser von Nicäa (1255–1259) und sein Sohn, s. Arsenius, Ptch. II. 47. IV. 759. 769.
Laskaris, Constantin († 1493) und Andreas Johannes († 1535), die gelehrten Griechen VI. 469. XII. 660.
Laskary, Andreas, Bischof von Posen VI. 354.
Lasko, Johannes von, Primas von Polen VI. 354–356. 534. VIII. 551 ff. 554.
Lasko, Johannes, der Reformator Polens VI. 356–357. VIII. 558. 560. XII. 540.
Laspeyres, prot. Jurist XII. 865. 870. 875. 878.
Lassa in Tibet, s. Hlassa.
Lassen, Christian, der Orientalist (geb. 1800) III. 389. VIII. 305.
Läßliche Sünde, die X. 493 ff.
Lasso, Orlando di, berühmter Componist (ft. 1595) VII. 412. VIII. 58.
Lastaria, Aloys, Bf. v. Zante und Cephalonia XII. 1319.
Laster, Lasterhaftigkeit VI. 357. X. 513 ff.
Latopolis, Synode zu VIII. 3.
Lateinische Bibelübersetzungen I. 944 ff.
Lateinische Concordanzen, s. Concordanzen.
Lateinisches Kaiserthum, s. Griechisches Kaiserthum, Rom.
Lateinisches Kreuz VI. 247 ff.
Lateinische Sprache von L. Valla gefördert VI. 366.
Lateinische Sprache als Kirchensprache, s. Kirchensprache.
Lateran, Lateransynoden (in den Jahren 1123 unter Calixt II.; 1139 unter Innocenz II.; 1179 unter Alexander III.; 1215 unter Innocenz III.; 1512 unter Julius II.) VI. 357–359. I. 52. 53. 178. 306. 550. 740. 744 (vierte). II. 46. 252 (fünfte). 474. 644. 734. 735. 841. III. 70. 125. 238 (vierte). 495. 581. 632 (fünfte). IV. 752 (*). V. 257. 286 ff. 208. 630. 635. 617 (der Palast). 690. VI. 195. 218. 348. 350. 354. 361. 470. 735 ff. (dritte). 808. 944 (fünfte). VII. 22. 424. 496. 721. 796. 809. VIII. 111. 151. 167 ff. 367. 605. IX. 36. 81. 202. 240. 294. 342. 376 ff. (der Palast). 757. 818. 819. X. 9. 358 ff. 390. 434. 561. 605. 607. 609. 771. 896. XI. 136. 198 (vierte). 272. 341. 419. 619 (fünfte). 685. 825. 1095. 1211. 1259. XII. 86. 87 (über Reliquien). 288 (vierte). 059. 660. 675. 1321.
Lateransynoden, verschiedene I. 713. 632. III. 16. VI. 901. XII. 832.
Lateransynode v. J. 1059 VII. 580 ff. 582.
Latil, de, Ebf. v. Rheims IX. 297.
Latitudinarier VI. 359. X. 79.
Latomus, prot. Thlg. d. 16. Jhhdts. VI. 660.
La Trappe, s. Trappisten.
Laitre, Roland de, der Musiker, s. Lasso.
Laubenberger, Th., d. Gegner Kortholts VI. 253.
Laubes, Kloster IX. 31.
Laubhüttenfest, s. Feste der Hebräer, dazu V. 527. VII. 502. 701. IX. 495. X. 642. XII. 536.
Laucome, Klstr. III. 738.
Laud, William, der Verfechter des Absolutismus (enth. 1645) VI. 360–361. I. 10. II. 663. IV. 795. XI. 501. 762.
lauda Sion, der Hymnus VI. 361–362. VII. 98. X. 86.
Laudemium VI. 362; s. Pacht- u. Miethvertrag, Leibeigenschaft.
laudes, s. Brevier, dazu II. 704. IV. 55. VII. 333. XI. 646. XII. 1005.
Laufenberg, H. von, Dichter VIII. 527.
Lauingen, Reformation in I. 236 ff.
Launoi, Jean de, der Theologe VI. 362–365. 857. IV. 704. VII. 469. IX. 214.
laura, die, der Mönche VI. 365. 288. II. 798. 979. III. 276. VII. 225. 849. VIII. 2. IX. 487. XII. 920.
laura maxima (Saba) X. 68.
Laure, de la, Cdl.-Ebf. v. Turin IX. 194.
Laureacum, s. Lorch.
Laurensen, der Trappist XI. 169.
Laurent, der Afterbischof IX. 266.
Laurentius, der heilige VI. 365–366. 62. III. 705. IV. 810. 885. V. 402. VII. 701. VIII. 839.
Laurentius, Gegenpapst des Symmachus IV. 587. VIII. 66. 102. IX. 091. X. 574.
Laurentius Valla, der Humanist VI. 366–367. 146. 699. II. 288. III. 041. VII. 319. VIII. 603. XI. 383. XII. 598. 599.
Laurentius, der Canonist X. 034.
Laurentius, 1. Ebf. v. Mailand (490–512) VI. 752.
Laurentius, 2. Ebf. v. Ctrbry. IV. 779.
Laurentius, 1. Bf. v. Posen IV. 551.
Laurentiuskirchen in Rom IX. 345. 348.
Lauresheim, s. Lorsch.
Lauretanische Litanei, s. Litanei (VI. 539).
Lausanne, Bisthum (Gründung in Aventicum; Uebertragung des bischöfl. Sitzes nach Lausanne; Geschichte des Bisthums und der Bischöfe; Reformationszeit; Klöster und Spitäler; weltliche Herrschaft der Bischöfe; Verfassung und Einkünfte) und Stadt VI. 367–377. I. 903 (Academie in). II. 758 ff. (Suffraganbisthum von Besançon). III. 3 (eingetheilt von Dagobert I.). 903 (Reformation). IV. 411 (Katholiken in Genf unter). VII. 585 (Afterconcil). IX. 438 ff. (Papst und Kaiser in). 850 (Mission). XI. 708 (Mission).
Lausitz, die, Kgschte. VI. 377–378. s. Meißen, dazu XII. 712. 717.
Laussus, der Statthalter XII. 920.
Lauterbeck, Gg., der Schriftsteller XII. 1237.
Lauterwald, Math., luth. Thlg. VII. 33.
Laval, der Missionär I. 559. VII. 898. X. 463.
Lavalette, s. Valette, la.
Lavant, Bisthum, s. Kärnthen, dazu II. 474. IV. 263. VII. 630. IX. 915. 916.
Lavardin, französ. Gesandter in Rom V. 645.
Lavater, Joh. Caspar, Schriftsteller (ft. 1801) VI. 378–379. II. 697. IV. 310. V. 793. X. 344. 383. XII. 146. 638. 1055.
Lavaur, Bm. I. 253. IV. 94. XII. 1316 (Syn.).
Lavius, s. Levi.
Lawry, der Missionär X. 458.
Laxismus, der VI. 379–383. 311 (Laxisten) VII. 795. VIII. 753 ff. XII. 320.
Layard, Austen Henry, der Alterthumsforscher (geb. 1815) VII. 520 ff. XI. 1215.
Layer, Joh. von der, Chfst. v. Trier VII. 761 ff.
Laymann, der Canonist VI. 383. XII. 251. 277.
Laymann, Pl., Moralthlg. VII. 306.
Layming, Achaz von, Bistor. VII. 859.

Leisentritt a Juliusberg, der Domdechant XII. 716—720. VI. 377.
Leitmeritz, Bisthum VI. 432—434. 378. VIII. 637. X. 51.
Leitomischl, Bisthum VI. 244. 432. VII. 147. VIII. 636.
Leland, Gelehrter II. 70 ff. VII. 332. IX. 878.
Lellis, Camillus de, s. Camillus, dazu II. 795.
Le Long, Jacques, der Oratorianer VI. 434—435. VIII. 849.
Lemaire, franz. Philosoph VI. 925.
Le Maitre, Anton de, der Jansenist V. 493.
Lemberg, Stadt und Kirchenprovinz VI. 435—444. VII. 693 (Obsern. in). IX. 464. 470. XII. 1114 (Judenschule). 1185.
Lemczyk, Synode zu VI. 354. VIII. 551. 554.
Lemgo, Kloster VII. 150.
Lempp, Aftor. I. 582. 583.
Lemnius, Simon, der Epigrammatiker VII. 31.
Le Moine, Cdl. II. 93. 94.
Lemos, Thomas de, gl. Dominicaner II. 701. 793.
lemures IV. 489.
Lenfant, Jacques, der Kirchenhistoriker VI. 444—445. V. 708. VI. 153. 158.
Lenfant, der beredte Jesuit IX. 272 ff.
Lening, Johann, der Reformator V. 150.
Lennig, F. A., der Domcapitular [XII. 989.
lenocinium, s. Kuppelei.
Lentulus, Publius, Brief des II. 523.
Lenz, prot. Thlg. III. 218.
Leo, Name von 12 Päpsten VI. 445—477. L. der Große (reg. 440—461) I. 162 (protestirt wider das Patriarchat Konstantinopels). 230 (und Anatolius). 255. 370 (beginnt Bischöfe zu bestätigen). 405 (*). 442 (sein dogmatischer Brief verworfen). 499 f. (und Attila). 770. II. 155 (und das römische Brevier). 248 (trennt Vienne und Arles). 307 (gegen die Nestorianer). 405 (Umgestaltung der frühern Bußdisciplin). 445. 448 (*). 533 (Eutyches schreibt an). 840 (und die orientalische Kirche). 937 (und der Cult). 961 (und der Ostercyclus). III. 171 (beruft die Synode von Chalcedon). 256 (Osterbriefe des). 610 (und die Nestorianer). 612 (Protest wider die Räubersynode). 753 (und Pch. Eulogius v. Alxdr.). IV. 91 (Urtheil über die Eutychianer). 238. 239 (*). 371 (**). 686 (ruht neben Gregor d. Gr.). 760 ff. (und die orientalische Kirche). V. 98 (Brief an Flavian). 182. 183 (trennt Vienne und Arles). 186 (sein Nachfolger). 258 (*). 295 (*). 309 (seine Homilien). 331 (Brief an die Synode von Chalcedon). 497 (***). 732 (der Titel „ökumenischer Patriarch“). VI. 42 (ruht in den Katakomben). 90 (*). 165 (*). 365 (*). 650 (und Attila). 752 (und Mailand). 874 (*). VII. 89. 99 (*). 234 (und die Monophysiten). 238. 240 (die Monotheleten). 880 (und die Osterfeier). VIII. 220 (über die 2 Naturen in Christo). 296 (Homilien des). 339 (und der Peter- und Paulstag). 647 (Homilien des). 780 (Brief an Toribius). 828 (und Prosper von Aquitanien). 880 (und Pseudoisidor). IX. 118 (hohes Ansehen der regionarii). 337 (und Attila). 813 (Engelfest). 815 (Lehre vom Schutzpatron). 918 (Briefe). X. 46 (*). 168 (*). 347 (und die Fasttage). 575 (theilt Vienne und Arles). 852 (und Theodoret). XI. 830 (ein berühmter Zeitgenosse). 542. 543 (und die Vandalen). 692 (u. P. Vigilius). 711 (über Provincialconcilien). 727. 728 (Attila und die Vandalen). 825. 826 (*). 1297 (Arles und Vienne). XII. 37 (*). 452 (über den Ursprung des Leibes und der Seele). 511 (*). 778 (**). 782 (und die Diöcese Mailand). 916 (Bisthum Parma). 1016 (und die Kaiserin Pulcheria). 1042 (sacramentarium des). 1223 (und Attila). — L. II. (der Heilige; reg. 682) I. 770. V. 316. 918. VII. 648. IX. 47. XI. 64. — L. III. (der Heilige; reg. 795—816) I. 101. 462. II. 347. III. 349. 497. IV. 207. 767. VI. 790. VIII. 808. 839. IX. 341. 351. X. 231. 357 ff. XI. 67. 1185. XII. 1. 236. 557 ff. 1129. 1202. — L. IV. (der Heilige; reg. 847—855) I. 770. 771. III. 751. V. 204. 623. 706. 709. VI. 879. VII. 573. VIII. 104. IX. 351. 352. — L. V. (reg. 903) I. 771. II. 514. X. 359. — L. VI. (reg. 928) X. 359. — L. VII. (reg. 936—939) II. 638. IV. 98. 101. 196 ff. VIII. 173. — L. VIII. (Gegenpapst; reg. 963—965) I. 772. II. 745. III. 498. V. 758 ff. VI. 637. VIII. 899. — L. IX. (Bruno, der heilige; reg. 1048—1054) I. 116. 142. 774. 775. 822. II. 209. 210. 441. 640. 661. IV. 208. 698. 767. V. 10 ff. 215. 300. 623. 682. 685. 709. VI. 177. 590. VII. 221. 406. 581. 650. — L. X. (Johannes von Medici; reg. 1513—1521) I. 147 (und Aleander). 258 (bestätigt die französischen Annunciaden). 410 (und Arcimboldi). 768. 769 (fördert den gelehrten P. Bembo). 920. 921 (und die Bibelausgaben). II. 46 (*). 191 (und Sanct Bruno). 252 (Ablaßbulle). 281 (begünstigt die Congregation von Kronenberg). 288 (und Campegius). 328 (hebt den Kapito). 341 (ein Diener des). 342 (45 Cardinalpriester). 387 (Canonisation des hl. Kasimir). 413 (hebt den A. Katharinus). 425 (*). 475 (und Ghieregati). 600 (Julius von Medicis). 683 (restituirt den Fabricius Colonna). 736 (*). 754 (Concordat mit Frankreich). 756 (Wiederherstellung des Concordates mit Frankreich). 862 (Bannbulle wider Luther). 901 (Handschrift des Tacitus). 945. 946 (Reformation der Curia). III. 66 (befreit seinen früheren Lehrer vom Banne). 241 (gibt die Censur den Dominicanern). 371 (ruft den Dr. Eck nach Rom). 642. 645 (und D. Erasmus). 867 (macht J. Faber zum Bf. v. Wien). IV. 133 (und der Franciscaner-Orden). 158. 171 (Concordat mit Frankreich). 291. 307 (und Garcia de Loaysa). 539 (*). 784 (und Heinrich VIII.). 897 (*). V. 60. 61 (und Heinrich VIII. v. E.). 217 (die Abtei Hirschfeld). 347 (die Hospitaliterinnen). 621 (Concordat mit Frankreich). 654 (mildert die Inquisition). 818 (Paul Jovius am Hofe des). 912 (und Cesarini). VI. 266 (die Cruzada). 354 (Lasko vor). 359 (die 5. Lateransynode). 658 (und Luther). 730 (Kloster für verirrte Mädchen). 783 (und Raphael). VII. 148 (und Miltiz). 154. 630 (Concordat mit Frankreich). 692 (und der Franciscaner-Orden). 823 (rituum ecclesiasticorum libri III). VIII. 109. 366 (Besuch der Pfarrmesse). 453 (und A. Pighius). 458 (und die Reformatoren). 814 (Ebm. Gnesen). 682. 683 (die Reformation). IX. 112 (Bulle wider Luther). 235 (und Reuchlin). 240. 331 (eine Wette des). 338. 349. 353. 369. 375. 377. 380 (und die Stadt Rom). 399 (die Bulle Aeterni pastoris). 545 (*). 565. 566 (und Sadolet). 620. 621 (und Pagnino). 867 (bestätigt ein 7jähriges Kind als Bischof). 903 (und Buonarotti). X. 326 (Bulle wider Luther). 415. 563 (Decrete wider L.). 605 (*). 769 (und Tetzel). 832 (und Chieti). XI. 96 (der Cardinal v. Longueville). 383 (und Hutten). 443 (als Humanist). 962 (fördert die Congregation von Wiedesheim). 983 (*). 985 (Bf. Siatkonia). 1141. 1142 (und Wolsey). 1157 (Bannbulle wider Luther). 1160 ff. 1173 (und die Reformation). 1211 (Briefwechsel mit Ximenes). 1314 (und Samson). XII. 302. 303 (über das Haus von Loretto). 600 (fördert die humanist. Studien in Italien). 845 (Bannbulle wider Luther). 853 (huldigt dem heidnischen Formencult). 1198 (erhebt Turin zum Erzbisthum). 1270 (Bm. Wien). — L. XI. (ein Mediceer; reg. 1605) I. 627. 759. II. 605. III. 187. VIII. 232. IX. 352. 359. XII. 361. — L. XII. (della Genga; reg. 1823—1829) I. 929 (gegen Indifferentismus und Bibelgesellschaften). II. 548 (Bullen Provida solersque und Ad dominici g. c.). 671 (Jesuiten in Rom). 753 (Bm. Hildesheim). 758 (niederländ. Concordat). 759 (Bm. Basel). 815 (Wahl). 896 (Protestation gegen die Russen). 945. 946 (und die Curia Romana). III. 281 (bedient die armen Wallfahrer). 698 (Oberrhn. Kchnprov.). 881 (*). IV. 44 (Cardinal Fesch). 182 (*). 204 (Bulle wider die Freimaurer). 727 (und Gregor XVI.). V. 193 (Bulle Impensa Romanis). 878 (das Jubeljahr 1825). 872 (Concordate mit Sardinien). VI. 185 (*). 376 (und Lamennais). 532 (und Lingard). VII. 2 (niederländ. Concordat). 169 (fördert die Missionen). 869 (Bm. Hildesheim). VIII. 403 (Pius IX. zur Zeit). IX. 341. 357. 359. 363. 366. 368. 369. 370 (und die Stadt Rom). 406 (und Würtemberg). 410 ff. (Bm. Rottenburg). X. 552 (und die Sylvestriner). XI. 98 (Wahl). 175 (Bm. Trient). 447. XII. 23 (und Cardinal Albani). 212 (Cardinal Carpacini). 483 (bestätigt die Geweihten der hl. Jungfrau). 673 (Widmung eines Buches an). 702 (Lambruschini). 860. 875 ff. (Oberrhein. Kchnprov.) 1027 (Festordnung für Preußen). 1012 (beatificirt den Alfons Rodriguez). 1085 (und Piemont). 1208 (von den Zillerthaler Inclinanten als unrechtmäßig erklärt). 1214 (gegen Bibelgesellschaften). 1322 (Bm. Sebenico).
Leo Allatius, s. Allatius.
Leo, Bf. v. Bourges X. 69.
Leo, Bf. v. Ravenna IX. 17.
Leo, Bf. v. Rostow IX. 18.
Leo, Bf. v. Sens X. 69.
Leo, ein griech. Bf. XII. 746.
Leo, Abt v. Miesa. VII. 272.
Leo, Name mehrerer byzantin. Kaiser; L. I. der Große (reg. 457—474) I. 480. 660. VI. 450 ff. VII. 236 ff. — L. II. (reg. 474) I. 660. X. 224. — L. III. der Isaurier (reg. 717—741) II. 10. 831. 841. IV. 680. 746. 762. 765. V. 509 ff. 716. 822. VI. 176. VIII. 230. IX. 311. XII. 517. 618. — L. IV. Chazares (reg. 775—780) II. 832. IV. 765. V. 809 ff. 821. VII. 559. X. 887. — L. V. der Armenier (reg. 813—820) II. 10. 11. V. 509 ff. 600. VII. 568. VIII. 106. 237. X. 850. 888.
Leo VI., der Philosoph, byzantin. Kaiser VI. 477—478. I. 659. 815. II. 303. 864. III. 421 ff. V. 735. VII. 119. VIII. 445 ff. X. 358. XII. 511.

Leo, Heinrich, der Geschichtsschreiber (geb. 1799) III. 267. IV. 580. 710. 806. 834. V. 653. 919. VII. 604. VIII. 594. IX. 27 ff. XI. 445. 674. XII. 355. 359. 375. 473.
Leoba, die Nonne II. 82.
Leoben, das Bisthum VI. 35. IX. 915 ff. XI. 1240.
Leocritia, die heilige III. 765.
Leodebod, der Abt IV. 98.
Leodegar, der heilige VI. 478—479. VII. 701.
Leodium, Lüttich, s. d.
Leo Leonardo, Componist VII. 418.
Leo Marsicanus (Ostiensis), gl. Cdl. VII. 274.
Leon, Entstehung des Königreichs VI. 934 ff.
Leonard, Dominicanergeneral X. 127.
Leonardo da Porta Mauritio, Missionär und Prediger XII. 720—721.
Leonardo da Vinci, der Maler (st. 1519) III. 347. VI. 781.
Leonian, Leunian, Abt von Vienne VI. 479. IV. 661
Leonhard, der heilige, Abt in Limousin XII. 721—722.
Leonhard, Joh. Mich., Bischof und praktisch-theologischer Schriftsteller VIII. 570.
Leonidas, Vater des Origenes VII. 825.
Leonila, die Kaiserin IV. 685.
Leontius, Erzbf. von Arles 788. IX. 918. 919.
Leontius, arian. Bch. v. Antiochien I. 123.
Leontius von Byzanz, Kchschrftstlr. des 7. Jhhdts. III. 276. VI. 547. IX. 762.
Leopold I., Kaiser VI. 479—480. 244 (ernennt den 1. Bischof von Königgrätz). 321 (und P. Lambek). 631 (und Louis XIV.). 855 (Rosenkranzfest). II. 110 (liefert den Borro aus). 609 (und P. Clemens XI.). 689. IV. 106 (der Propst Farmann). 159 (sucht die Universität Freiburg zu heben). V. 560 (und der Protestantismus in Siebenbürgen). 618 (fördert Missionen der Karmeliter). 616 ff. (die Päpste Innocenz XI. und XII.). VII. 197 (und Abt Molanus). 550 (Bm. Neustadt). 678 (beobachtet die Obediengesandtschaften). VIII. 184 ff. (Bm. Passau). IX. 191 (fördert Religionseinigung). 469 (strebt Religionseinigung mit Rußland an). 481 (Ryswiker Friede). X. 791 ff. (und Spinola). XI. 426 (und die Raizen). 497 (begünstigt die Ursulinerinnen). 1006. 1020. 1023. 1053 (und die Stadt Wien). XII. 683 (Kreuzherrenorden). 696 ff. (und Oestreich). 1285 (die Universität Wien).
Leopold II., Kaiser VI. 480. 633. III. 573. VII. 667. VIII. 467 ff. 485. IX. 321. 915. XI. 254. 1018. 1060. XII. 728. 1206.
Leopold II., Markgraf von Oestreich VI. 744. XI. 906. XII. 728.
Leopold III. der Schöne von Oestreich VI. 480. VII. 50.
Leopold der Erlauchte, der Babenberger VII. 50.
Leopold IV., der Heilige, Markgraf v. Oestreich VI. 480—482. V. 642. VII. 50. 531 ff. VIII. 191. XI. 966. 982.
Leopold, Herzog von Oestreich, der Kreuzfahrer II. 501. XII. 968.
Leopold I., Erzherzog, Fkbf. v. Passau VIII. 183.
Leopold II., Wilhelm, Erzherzog, Fürstbischof von Passau, Feldherr, letzter kathol. Bischof von Halberstadt III. 301. IV. 849. VII. 743. VIII. 183 ff. XI. 1002.
Leopold, Propst von St. Florian IV. 106.
Leopold I., König der Belgier (geb. 1790, König 1831) XII. 113.
Leopold, Großherzog von Baden (st. 1852) IX. 875.
Leopoldinenverein, der in Wien XI. 1066; — für die Missionen in Nord-Amerika VII. 170.
Leovigild, arianischer König der Westgothen in Spanien, s. Gothen, dazu IV. 585. VI. 385. XI. 63. XII. 1051.
Lepanto, Schlacht bei IX. 309.
Lepelletier, Graf Louis Michel, der Revolutionär (hinger. 1793) IX. 278.
Leporius, der Pelagianer VIII. 273.
Leprosen, s. Aussätzige des Mittelalters.
Leprosenhäuser V. 771. VIII. 204. XII. 85. 86.
Lepsius, Karl Richard, der Archäolog (geb. 1813) I. 826. III. 483. X. 171. 173.
Leptines, Synode von II. 358.
Lepton, s. Geld.
Le Quien, Michael, der gelehrte Dominicaner VI. 482. 612 ff. 895. III. 241. 932. V. 718. XII. 203. 506. 508.
Lerida, Stadt und Bisthum II. 257. V. 161. XI. 1267.
Lerinum, das Kloster VI. 482—483. S. Honoratus, St., dazu I. 540. 543. II. 216 ff. 397. 639. III. 251. 625. 720. 927. IV. 98. 155. V. 504. 825. VI. 650. VII. 226. IX. 588. XI. 530. 607 ff.
Lerma, Herzog, span. Minister V. 444.
Lesbos, die Insel VII. 183.
Lesczinsky, Stanislaus, der Polenkönig II. 610. X. 955.
Lesdiguières, Marschall V. 383. 384.
Leser, s. Lamaro.
Lesestücke, biblische, s. Lectionen.
Lesevereine, s. Lehrervereine (XII. 710 ff.).
Lesina, Bm. XII. 1372.
Leslau, Bm. VIII. 540.
Lesley, Alxdr., Gel. VI. 554 ff.
Lessing, Gotthold Ephraim, der Classiker VI. 483—490. s. Fragmente, Wolfenbüttler, dazu IV. 121 ff. 191. V. 104. 328. VI. 121 ff. 191. 345 ff. X. 15. XII. 203. 286 ff. 605. 1057. 1151.
Lessius, Leonhard, der gelehrte Jesuit VI. 490—494. 604. I. 689. VII. 200. 201. 306 (Morlthlg.). X. 104 ff. (Propositionen des).
Leß, Gottfried, prot. Thlg. VI. 494. III. 731. V. 641.
Lestrange, Dom. Augustin, der Trappist XI. 167. 168.
Lestzek, polnischer Großfürst VIII. 540 ff.
Letech, hebrs. Hohlmaß VI. 694 ff.
Le Tellier, s. Tellier, le.
Leti, Gregorio, der Apostat und Geschichtmacher VI. 494—495. II. 634. V. 643.
Leti Pomponio, s. Pomponio Leti.
Letoudal, der Abbé XII. 565.
Lettner, der, s. Kirche als Gebäude VI. 118.
Letzte Oelung, s. Oelung, letzte.
Letzter Grund, s. Grund.
Letzte Woche IV. 890.
Letztwillige Verfügungen VI. 495—498. S. Fideicommisse, Testirfreiheit, Verlassenschaft der Geistlichen, dazu II. 419. 562. III. 651 ff. IV. 65 ff. 461. VI. 186 ff. 497. VII. 117. 647 ff. X. 374. XI. 221. 1282. XII. 642.
Leu von Ebersol, Joseph (ermordet 1845) IX. 856 ff.
Leubus, Kloster IV. 924.
Leuchter auf Altären VI. 498, s. Altarschmuck, Delphini, Dikerion.
Leuchter, goldener, s. Stiftshütte (X. 909).
Leucipp, der jonische Naturphilosoph VI. 921.
Leusden, Johann, der Orientalist VI. 499. VIII. 409.
Leutard, Vorläufer der Katharer VI. 499.
Leute, gute, s. Bons hommes.
Leutomischl, s. Leitomischl.
Leutschau, das Lutherthum in der ungar. Freistadt VII. 730.
Leuwarden, Bm. V. 490. XI. 504.
Leuwigild, der Gothenkönig, s. Leovigild.
Levavasseur, der Missionär XI. 327.
Leveller, die religiös-polit. Secte VI. 499—500. IV. 795 ff. V. 611. VIII. 659. 805.
Levi, der Kuchen VII. 883.
Levi, der Stammvater u. Stamm VI. 500—501. S. Aaron, Leviten, Hebräer, dazu IV. 368. V. 439. 527. VI. 31. VIII. 48. 136 ff. 757. X. 114. 147.
Levin, der heilige, s. Lebuin.
Leviratsehe, s. Ehe bei den Juden, dazu I. 88. III. 412. V. 879. VII. 354. IX. 617. XII. 1112.
Levita, Elias, s. Elias Levita.
Levita, Jacob, Rabbi IX. 6.
Leviten bei der Messe VII. 97.
Leviten, die hebräischen V. 501—506. S. Cohen, Priester bei den alten Hebräern, dazu II. 630. IV. 200. 312. 611. 612. V. 279 ff. VI. 631. VII. 350 ff. 781. VIII. 761 ff. X. 332. 371 ff.
Levitenamt, s. Subdiaconalsweihe.
Levitenamt, levitirte Hochämter VI. 506—507. Vgl. Amt mit Choral, figur., dazu II. 909. VII. 102.
Levitenrock, s. Kleider, hl.
Leviticus, s. Pentateuch, dazu IV. 611. VII. 832 (***).
Levitische Reinigungen, s. Reinigungen bei den Hebräern.
Lewicki, Primas von Galizien und Lodomerien VI. 444.
Lewis, der Prediger X. 456.
lex barbarorum VI. 507. 593 ff. I. 450. 461.
lex dioecesana, s. Diöcesanrecht, Abgaben.
lex Falcidia, s. Falcidische Quart.
lex jurisdictionis, s. Bischof, Diöcesanrecht, Gerichtsbarkeit.
lex Romana VI. 507—508.
lex Theodosiana, s. breviarium Alaricianum (XII. 142).
Leyden, die Universität III. 318. IV. 571 ff. 903. VI. 535. XII. 525 ff.
Leyser, die Gelehrtenfamilie VI. 508. V. 354. 399. 428.
Liafwin, St., s. Lebuin.
Liancourt, der Herzog, Jansenist V. 493.
Liansu I. 550.
Libanius, der Sophist, Lehrer des Basilius und Chrysostomus V. 508—509, dazu II. 534 ff. V. 913. 914. X. 846. 857. XII. 1277.
Libanon, das Gebirge VI. 509—511. S. Antilibanon, dazu I. 46 (Abilene am). 390 ff. (in Aram). 563 (Thal Aven). II. 367. 421 (die Cedern des). III. 311 (die Drusen). VI. 891 (die Maroniten). VII. 169 (Missionäre am). 231 (Maroniten). VIII. 44 ff. (und Palästina). 429 (Phönicien). X. 120 (Sidon). 708 (liefert Material zum Tempel in Jerusalem). XI. 340 (und die Türkei).
libellatici, s. Abgefallene.
libelli pacis, s. Abgefallene, dazu VII. 658.
libelli poenitentiales, s. Beichtbücher.
liber diurnus Romanorum pontificum VI. 511—512. V. 650 ff.

liber poenitentialis Romanus, s. Poenitentiale Romanum.
liber politicus, der II. ordo Romanus VII. 823.
liber pontificalis VI. 146. 813. VIII. 850. XI. 462.
liber septimus, Decretalensammlung VI. 512—513. II. 628.
liber sextus (3. Thl. des corp. jur. can.) VI. 513—514. S. Corpus juris canonici, Andreä, Johannes, dazu II. 628. 886. 887. III. 140. IX. 221. XI. 685.
liber status animarum VI. 127 ff.
liber Torgaviensis X. 560.
libera, das Gebet VI. 514—515.
Liberalen, die belgischen VI. 604.
Liberata, die hl., s. Oncommera.
Liberianischer Papalcatalog, der XII. 722—724. III. 638. V. 580.
Liberianus, Martyr V. 939.
Liberius, der Papst VI. 515—516. S. Athanasius, Constantius II., dazu I. 433. 435. 437. 403. 650. II. 844. III. 13. 766. 926. IV. 2. 305. V. 108. 185. 337 ff. VI. 611. 868. VIII. 102. IX. 3. 44. X. 201. XII. 213. 723 ff. 1200.
Libertiner in Jerusalem VI. 516—517.
Libertiner unter den Reformirten VI. 517—518. I. 506. II. 278. IV. 392.
Libna, bbl. O. VI. 518. V. 786.
Liborius, der heilige VI. 518. VIII. 5. XI. 916.
libri Carolini, s. Bilderstreit.
libri reconditi I. 326.
libri symbolici, s. Symbolische Bücher.
Libyen, das der Alten VI. 519—520.
Licentiat, Licentiatur, s. Grade, gelehrte (IV. 650), dazu XI. 431. 432 ff. Anmerkg. XII. 1261.
licentiatoriae literae, s. Dimissorialien.
Lichfield, Bm. XI. 1219. 1223.
Licht, ewiges, s. ewiges Licht.
Licht, das quäkerische VIII. 876 ff.
Licht beim Gottesdienst, s. Kerzen, Leuchter.
Lichtenburg, Johannes II., Bf. von Straßburg X. 402.
Lichtenstein, Carl von, Fürst II. 176. XI. 909.
Lichtenstein-Castelcorn, Graf Carl II., Bf. v. Olmütz VII. 768.
Lichter als Symbol VI. 407.
Lichter, Sabbathslichter X. 896.
Lichtfreunde, die modernen I. 297. III. 191. VIII. 734. XI. 1071.
Lichtmeß, s. Mariä Lichtmeß.
Lichtreligion, s. Parsismus.
Licinius, röm. Kaiser, Gegner Constantins d. G. († 323) II. 827 ff. 828. III. 763. VI. 186. 187. 495 900. VII. 557.
Liderius, 2. Bf. v. Tours VI. 904.
Lidwina, die selige XII. 724.
Liebe, s. Tugenden, die 3 göttlichen, dazu I. 890. IV. 564. 000 ff. VII. 293. 295 ff. 310. 345. 346. VIII. 198 ff. IX. 59. 242 ff. 507. 511 ff. X. 38 ff. XI. 310. 315 ff. XII. 419.
Liebe des Nächsten X. 298.
Liebe, Orden von der christlichen V. 213. IX. 785. XII. 1047.
Lieber, Moriz, Publicist VI. 770. XII. 629. 862. 874. 890. 992.
Liebermann, Frz. Leop. Bruno, der General-Vicar XII. 724—728. 216. 281. III. 960. VII. 428 (Dogmtlr.). IX. 647.
Liebesfamilie, engl. Secte, s. Familisten.
Liebesmahl, s. Agapen (I. 127 ff.).
Liebespflichten, s. Pflicht (VIII. 382), dazu IX. 49. XI. 317. 1125 ff.
Liebestrank, s. Philtrum.
Liebhaberinnen des Kreuzes XII. 564.
Liefland, Geschichtliches und Kirchengeschichtliches von VI. 520—521. S. Schwertbrüder, Teutschorden, vgl. Esthland, Kurland, s. dazu I. 141 ff. 855 ff. II. 185. III. 721 (Christiania). 70. 71. 823 (erobert). VIII. 620 (Häresie in). 665. 670 ff. 682 ff. IX. 36. 321. X. 517. XI. 1228. XII. 712.
Liemar, Ebf. v. Bremen V. 19. 25 ff.
Lienhard, St., s. Leonhard.
Liftinä, teutsches Nationalconcil zu II. 83. VI. 173. IX. 291.
Liga, die heilige in Teutschland IV. 16. 17. 19 ff. V. 929. IX. 598 ff. XI. 1089.
ligatura neonymphorum XII. 738.
Lightfoot, Joh., Gel. u. Orientalist VI. 520. II. 495. III. 524. V. 816. X. 581.
Ligorius, St. III. 43.
Ligue, die hugenottische V. 374 ff. 377. XI. 96.
Liguori, Alphonsus Maria, der heilige VI. 521—524. I. 741. 745. 765. II. 516. 621. III. 883. IV. 423. 729. V. 257 ff. VI. 315. 637. VII. 158. 289. 306. 307. VIII. 789. 791. IX. 209. X. 339. 491. 498. 514. XI. 867. XII. 353. 928.
Liguorianer, Redemptoristen, Orden der VI. 524—528. S. den vorigen Artikel, dazu I. 232. VII. 155 ff. 168 (Missionen). 230. 641 (in Nordamerika). X. 802. XI. 333. 1066. 1068. 1240. XII. 109. 546. 890 ff.
Ligugé, Kloster in Gallien VI. 904. XII. 990.
Lilienblatt, der Professor VI. 28.
Lilienfeld, das Kloster XII. 728—729. 545. VII. 736. VIII. 176. 567. 869. XI. 892. 885. 967. 971. 983. 1002. 1037.
Lilienthal, Theodor Christoph, prot. Thlg. VI. 528—529.
Lilith, die Dämonin V. 905.
Lillebonne, Synode zu XI. 87.
Lilly, der Humanist XII. 600.
Lima, Erzbm. XI. 330. XII. 41.
Limborch, Philipp van, der Remonstrant XII. 729.
Limborch, Freund Lockes VI. 561.
Limburg, Bisthum VI. 529—530. s. Oberrheinische Kirchenprovinz (XII. 857. 860. 869. 871 ff.), dazu II. 333. 752 ff. III. 125. 272. VIII. 747. X. 52. 51.
limbus, Aufenthaltsort der Unerlösten VI. 530.
liminum apostolorum visitatio, s. visitatio limin. apost.
Limoges, Bisthum IV. 613 (Syn.). 891. V. 265 ff. 891. VI. 681. 938 IX. 918. XII. 1248. [600.
Linacer, der Humanist III. 641. XII.
Lincoln, Bm. V. 211. 894. VI. 617.
Lindanus, Wilhelm, der Inquisitor und Bischof von Gent XII. 729. 798.
Lindau am Bodensee, die Stadt I. 571. II. 40. 430. 776. IV. 185. IX. 558. 807. XI. 200.
Linde, Casp., Ebf. v. Riga VI. 520.
Linde, Justin Timotheus Balthasar von, der Staatsmann (geb. 1797) XI. 79. XII. 789. 858. 1031.
Linde, Ignaz, der Schwärmer IX. 831 ff.
Lindenau, Sigismund II., Bf. v. Merseburg VII. 75.
Lindet, Afterbf. IX. 266.
Lindisfarne, Bisthum und Kloster II. 959. 960. IV. 779 V. 601 XI. 1081. 1219 1217 ff.
Lindsey, Theophil, der Unitarier VI. 530—531. XI. 427.
Lingard, der Geschichtschreiber VI. 531—532. II. 923 (über Thomas Cromwell). III. 402 (*). IV. 776 ff. (*). 787 (*). 802 (und Cobbet). V. 57 (über Thomas Becket). 64 (*). 412. 445. 447 (über die Jacobe). 631 (*). VI. 361 (**). 818 ff. (über Maria Blodby). VII. 340 (*). 612. 673 (Oates). XI. 810 (Lob des M. Marham). 932 (über Wikliffe und Wikliffitismus). 1141. 1225 (*). XII. 1080 (Beurtheilung des).
Lingendes, Claudius von XII. 729.
Linie, s. Verwandtschaftsverhältniß (XII. 1227 ff.).
Link, Wenzel, Reftor. I. 582. VII. 865.
Linus, Papst VI. 532—533. II. 881. 835.
Linz, Stadt und Diöcese in Oberöstreich VI. 533—534. VII. 724. 736. 750. VIII. 610. IX. 330. 578. XI. 1044. 1283. XII. 993.
Lioba, die selige Aebtissin I. 708. II. 82. IX. 410. XII. 722.
Liozgo, Bsmlg. zu VII. 110.
Lipp, Dr. Joseph, 2. Bischof v. Rottenburg IX. 420. 876.
Lippe, Kgschls. XII. 867.
Lippert, der Jurist XI. 503.
Lippi, Philippo, Maler VI. 781.
Lippomani, der Cardinal-Legat VI. 534—535. VII. 119. VIII. 558 ff. XI. 197. 202. 635. [VIII. 5.
Lippspringen, Reichsversammlung zu
Lipsius, Justus, der gelehrte VI. 535—536. 262. III. 319. IV. 671. VII. 320. XII. 279.
Liptina, s. Liftinä.
Liquidationsverfahren III. 820.
Liquoristischer Streit VI. 536.
Liranus, Nic., s. Nicolaus Liranus.
Lisch, der Historiker IX. 864 ff.
Lismanin, Franz, der Socinianer VI. 536—537. VIII. 559.
Lisoi, Ketzer, s. Orleans.
Lissa, Generalsynode zu VIII. 568.
Lissabon, Erzbisthum, Patriarchat und Stadt XII. 729—732. II. 183. 267. 297 ff. IV. 135. VII. 167. VIII. 215.
List, die VI. 537—538.
Liszczynski, s. Lyszczynski.
Litanei VI. 538—540. 780. IV. 333. VIII. 807. [Erlasse.
literae, Rescripte, s. Execution, päpstl.
literae commendatitiae, s. commendatitiae literae.
literae dimissoriae, s. Dimissorialien.
literae encyclicae VI. 540.
literae formatae VI. 540—541. II. 705. 721. III. 146.
literae obedientiales VII. 677.
literae testimoniales, s. commendatitiae literae, Testimonialien.
Literärgeschichte der Kirchenschriftsteller II. 420. 423.
Lithauen, Kgschls., s. Jagello (V. 479), dazu III. 605. VIII. 850. IX. 484. 808 ff. X. 613.
Litholatrie, Steindienst IV. 651.
Lithostroton, die Gerichtsstätte VI. 541.
Litis consortium, Streitgenossenschaft VI. 541—542. VIII. 797.
Litis contestatio VI. 542—543. III. 493. 494. VIII. 812.
Litispendenz XII. 732.
Litta, der Cardinal XII. 212.
Littlerock, Bm. VII. 639.
Littorius, St., Bf. v. Tours XI. 103.
Liturgien, I. Morgenländische, und zwar a) der Kirche von Jerusalem, b) Antiochien, c) Alexandrien, d) byzantinische, e) der Armenier, f) Nestorianer. II. Abendländische, und zwar 1) römische, a) sacramentarium Gelasianum, b) Gregorianum, c) missale; 2) mailändische oder Ambrosianische; 3) go-

thische, mozarabische; 4) gallische VI. 543—555. S. Rituale Romanum, vgl. Cultus, Ceremonien, s. dazu I. 197. 200 (mailändische). 602 (des hl. Basilius). II. 567 (des Clemens). 855. III. 175 (und die Diptychen). 802 (Meßliturgie). 934 (Beweise für das Fegfeuer aus verschiedenen). IV. 221 (osculum pacis in der katholischen). 708 (Gleichheit der). V. 255 (cultus latriae). VI. 57 ff. (kathol.). 171 (Kirchensprachen). 538 (und die Litaneien). VII. 527 (nestorian.). VIII. 293 (die Perikopen der kirchlichen). 813 (griech.). IX. 298 (röm.). X. 227. 228 ff. (slavische). 848 (des Theodor von Mopsueste). XI. 244 (und das Concil von Trient). 567 (das Pater noster u. die). 1212 (und Ximenes).
Liturgien, protestantische, s. Agende, dazu I. 23. 97. V. 236 ff. VI. 356. VII. 128. VIII. 658. IX. 106. 812. XI. 113.
Liturgik — scientia liturgica — und Liturgiker, berühmte VI. 555 —557. S. Liturgien, dazu I. 191. 784. III. 551. IV. 688. XII. 440. 441. 500.
Liturgische Bücher, s. Liturgien, Kirchenbücher.
Liturgische Casus, s. Casus.
Liturgischer Gesang, s. Musik (VII. 383 ff.).
Liturgische Schriftsteller, s. Liturgik.
Liturgische Sprache, s. Kirchensprachen (VI. 170 ff).
Liudger, Abt von Werden VII. 148.
Liupramnus, Ebf. v. Salzburg XII. 754. IX. 502.
Liutbirga, Stifterin von Winithohusen VI. 931.
Liutbert, Ebf. v. Mainz IV. 764. XII. 531. 755 ff.
Liutgardis, St. V. 635.
Liutprand, der Longobardenkönig II. 81. 358. III. 813. IV. 621. 690. 692. VI. 178. 591. XI. 1238. XII. 201.
Liutprand von Cremona, s. Luitprand.
Liutwart von Vercelli VII. 651. XII. 755.
Liverpool, die Katholiken in IV. 802.
Livia Drusilla, röm. Kaiserin XI. 3 ff.
Livin, der hl., s. Lebuin.
Livland, s. Liefland.
Livius, Titus Patavinus, der röm. Geschichtschreiber (st. 18 n. Chr.) IV. 272. 687. VI. 717. 720. X. 141. XII. 596. 1276.
Liverno, die Juden in V. 898; Judenschule zu XII. 1116.
Lizet, der Parlamentspräsident I. 903.
Lixheim, Klstr. VII. 381.
Lizan am Zab, Blutbad in VII. 529.
Llanos-Missionen, die XII. 41.
L'Hassa, s. Hlassa.
Llorente, Don Juan Antonio, der Geschichtmacher VI. 557—559. 401. II. 385. III. 241. V. 650 ff.
Lloyd, William, der Hofprediger III., 188.
Loanda, Bm. II 785.
Loaysa, s. Garcia de Loaysa.
Lobau, Capistran in VII. 25.
Lobbes, Klstr. VI. 316. V. 107.
Lobeck, Christian Aug., der Philolog (geb. 1781) VIII. 408. XII. 605.
Lobgebet, s. Gebet.
Lobgesang, s. Hymnen.
Lobgesang, ambrosian., s. Ambrosianischer Lobgesang, Te Deum laudamus.
Lobkowitz von Hassenstein, Dichter II. 65 ff. — Caramuel, Mrlst. VII. 306.
Loblied der 3 Jünglinge im Feuerofen VI. 559—561. VII. 498.
Lobopfer VII. 65 ff. 91. 779 ff.
Lobpsalmen, s. Psalmen.
Lobreden VI. 562.
Lobreden der Heiligen IV. 93.
Lobreden des hl. Chrysostomus II. 539.
loca pia, s. causae piae.
Localstipendien, s. Stipendium.
locatio, s. Pachtvertrag.
locator, s. Pachtvertrag.
Locherer, kathol. Kchhist. VI. 154. VIII. 272.
Lochowsky, der kaiserl. Notar XII. 684.
loci theologici (communes des Melanchthon) VI. 562 — 563. II. 512 ff. 885. VII. 29. 34. VIII. 220. X. 590. XI. 1320.
loci theologici des M. Canus II. 316. 317; — des J. Gerhard IV. 444.
Locke, John, der Philosoph VI. 564—574. 923. II. 764. III. 80. 93. V. 90. 232. 395. VII. 323. VIII. 25 ff. IX. 194. X. 72. 187. 210. XI. 625.
locus tentationis XI. 612.
Loë, Freiherr von VIII. 752.
Loe, Thomas, der Quäker VIII. 277.
Loen, Joh. Mich., der Unionist VI. 574—575.
Loer, Th., der Carthäuser III. 167.
Löffelchen, s. Kelchlöffelchen.
Löffler, Friedr. Sim., prot. Thlg. VI. 575. [381. 382.
Loetherich, schismat. Bf. v. Sens XII.
Log, hebr. Flüssigkeitsmaß VI. 605.
Logik, s. Grund (IV. 812 ff.).
Logos, die zweite Person der Gottheit VI. 575 — 581. S. Christus communio idiomatum, Jesus Christus, Trinität, dazu I. 357. III. 325. 666. 668 ff. 799. V. 212. VI. 845. VII 256 (der Montanisten). 840. 842 (Origenes über den). VIII. 401. 439. 507. 512 ff. X. 651. XI. 135. 152. XII. 948. 1171.
Logos, der gnostische, s. Gnosticismus, Gnostiker.
Logos, der kabbalistische VI. 1 ff.
Logotheta, byzant. Titel VI. 581 — 582.
Lohengrin, Gedicht IV. 578.
Lohner, Tobias, gel. Jesuit VI. 582. IX. 435.
Löhnis, der Bibelkritiker VI. 298.
Lojang, das buddhistische Kloster XII. 183. [475.
Loki, german. Gottheit VIII. 40. XII.
Lokum, Klstr. I. 141. VII. 197.
Loley, John, Stifter eines Collegiums VII. 168.
Lollharden, die des Mittelalters VI. 582—583, s. Wicliffiten, dazu I. 165. IV. 782 ff. 788 ff.
Lombard, Missionär XII. 47.
Lombarden, s. Longobarden.
Lombardenbund, s. Friedrich I. Kaiser.
Lombardisch-Venetianisches Königreich, s. Italien.
Lombardus, Petrus, und seine Commentatoren VI. 583—589. I. 4 (der Lehrer des). 113 (Albert der Große). 413 (und die aristotelisch-scholastische Philosophie). 539 (Augustinus eine Quelle des). II. 4 (G. Biel). 79. 820 (*). III. 69 (ein Seitenstück). 315 (Durandus a S. Portiano). IV. 512 (eines der vier „Labyrinthe" seiner Zeit). 850 (und Alex. v. Hales). V. 84 (Heinrich v. Gorkum). 690 (ein Gegner des). VI. 869 (*). VII. 302 ff. (als Moraltheolog). 417 (kein Mystiker). 717 (**). VIII. 141 (in Paris). 420 (Stellung in der Philosophie). IX. 331 (überragt den Robert Pullein). 512. 523. 520 (*). 717. 719 ff. 725. 727 (und die Scholastik). X. 427 (kennt nur 2 höhere ordines). XI. 413 (und die Universitäten). 804 ff. (und Walter v. St. Victor). XII. 1167 (*). 1286 (eine Hauptgrundlage theol. Vorträge).
Lomellini, Vicentina I. 288.
Lomenie, Ebf. v. Sens IX. 262. 263 ff. 267. 274.
London, Bisthum und Stadt I. 245. 248. 250 (Angelsachsen). 346 (Paulskirche erbaut). 544 (Bf. Mellitus). 578 (Paccanaristen in). 923 (Polyglotte). II. 87 (Bf. Mellitus). 767 (Syn.). IV. 273 (Syn.). 512 (Bf. Gilbert). 778. 781 (und Großbritannien). 802 (kathol. Kirche in). 891 (Syn.). V. 52 (Reichstag). 241. 894 (Judenverfolg.). VI. 530 (Unitarier in). 617 (Bf. Restitutus). VII. 121 ff. 132 (Methodisten in). 670 (No-popery-Lärm). VIII. 581 (Polyglotte). IX. 330 (Bm.). 878 (Diaconissen in). X. 216 (Syn.). XI. 167 (Trappisten bei). 1216 (und York).
Londoner Bibelgesellschaft, s. Bibelgesellschaften. [thum.
Londoner Polyglotte, s. London, Bis-
Long, s. le Long.
Longa, M. Laurentia v., Stifterin der Capucinerinnen II. 340. 367.
Longinus, s. Dlugossus.
Longinus mit der Lanze XII. 496.
Longinus, Neuplatoniker VII. 541.
Longland, der Poet IV. 781.
Longner, Schriftsteller VIII. 641.
Longobarden, Christenthum bei denselben und Religionszustand bis auf Carl d. Gr. Kirchengeschichtliches überhaupt VI. 589—594. Vgl. Italien, Kirchenstaat, s. dazu I. 502. 770. 789. II. 11. 346. 524 ff. III. 115 ff. 510. 813 ff. IV. 682 ff. 690. V. 311 ff. 510. 746. VI. 176. VII. 139. 270. VIII. 230. 264. X. 357. XI. 568. 574. 574. 729 ff. 964.
Longobardicae formulae IV. 113.
Longolius, Gisbert, Uebsr. VII. 567.
Lonjumeau, Friede von V. 370.
Lonsdorff, Otto von, Bf. v. Passau VIII. 177.
Loos, das Ordale IV. 618.
Loos, Cornel, Gegner der Hexenprocesse V. 159.
Loose, Gebrauch der, s. Sortilegium.
Lope de Vega, der Dichter VI. 594 — 596. V. 657. VIII. 305. 529.
Lope von Olmeda, führt die Hieronymiten in Sevilla ein V. 167.
Lopez de Avala, s. Lope de Vega.
Lopez, Präsident von Paraguay VIII. 129.
Loquis, Martin, der Hussite V. 418.
Lorch, Bisthum, s. Passau, dazu I. 129. 699. 700 ff. 701 ff. 772. III. 775. IV. 102 ff. V. 308. VI. 461. IX. 861. X. 221. 875. XI. 964.
Lorenz von Brindisi, Cpcr. VII. 739.
Lorenzana, Cdl.-Ebf. IX. 923. XII. 46.
Lorenzo von Medici, s. Medici.
Lorenzokirchen in Rom IX. 354. 358.
Lorettinerinnen, s. Frauen. relig. Congregationen (IV. 153) VII. 642. IX. 781.
Loretto, Reduction in Paraguay VIII. 122.
Loretto, illyr. Colleg. VII. 166.
Loretto, das teutsche, s. Oetting.
Loretto, der Wallfahrtsort VI. 596—597. 539. VII. 738. XI. 797. XII. 301 ff.
Loricatus, s. Dominicus Loricatus.
Lorinus, Johann, der Exeget VI. 597.
Loritt, H. von, s. Glareanus.
Lorraine, Hist. II. 272.
Lorsch, Laurissa, das Stift VI. 597 — 600. I. 92. II. 828. V. 216. XI. 1149. 1150 ff.
Lösy, Emmerich, Ebf. v. Gran IV. 859. 895.
Löscher, Caspar, luth. Thlg. VI. 600 —601.

Losſprechung von den Sünden, ſ. Abſolution, Beicht, Generalbeicht.
Lot, der Bruder Abrahams VI. 601—602. I. 56. IV. 310. V. 861. VII. 194. X. 235. XI. 1291.
Lothar, die 2 Caroling'ſchen Herrſcher VI. 602—603. a) L. I., weſtrömiſcher Kaiſer (ſt. 855) I. 103. 770. III. 349. 406 ff. 853. 741. IV. 620. 683. V. 203 ff. 709. VI. 459. 526. 648. VII. 137. VIII. 104. 166. 810. IX. 3. X. 88. XI. 593 ff. XII. 2. 12. 13. 230. 361. 924. — b) L. II., König von Lotharingien (reg. 855—869) I. 103. III. 432. VII. 573. 901 ff. IX. 130. X. 589. XII. 210. 230 ff. 530. 531 ff. 1232.
Lothar, deſſen Conſtitution vom Jahre 824 XII. 732—733.
Lothar II., Graf von Supplingenburg, Kaiſer (ſt. 1137) I. 838. II. 676. 799. V. 40. 77. 317 ff. 629. VI. 731. 807. VII. 496. 637. VIII. 6. 543. 894. XI. 671. 846. 927.
Lothringen, das Herzogthum I. 796. II. 157. IV. 96. VII. 137 ff. 896. 900 ff. IX. 313. 405. XI. 252. 321. 594. 704.
Lothringen, Carl, Cardinal von XII. 733—739. I. 173. 237. 904. II. 49 ff. 98. V. 363. 360 ff. 555. VII. 696. IX. 295. X. 402. 406. XI. 220 ff. 223. 225 ff. 228 ff. 238. 240 ff. 560 ff. XII. 211. 1032.
Lothringer, der Abbé IX. 278.
Lotti, A., Componiſt VII. 417.
Lottoſpiel verboten V. 647.
Lotulph I. 5.
Lotusblume, die als Symbol XII. 179.
Louis, ſ. Ludwig.
Louiſe von Frankreich, Carmeliterin II. 368.
Louiſe von Torelli, Stifterin der Angeliken, ſ. Angeliken.
Louisville, Bm. VII. 639 ff.
Louvois, François Michel le Tellier, Miniſter (1691) V. 558. VI. 633. IX. 490. X. 702.
Lovt, Dudley, Rechtsgelehrter und Orientaliſt VI. 603.
Löwe, der als ſymbol. Thier II. 409. 471 ff. III. 802. VI. 185.
Löwen (Lovanium), Stadt und Univerſität VI. 603—605. I. 659 (Bajus in). 758 (Bellarmin ſtudirt in). II. 796 (der Janſenismus). III. 272 (Muſter für Douay). 711 (van Espen in). IV. 404 (Generalſeminar). 406. — 706 (der Janſenismus). V. 147 (Heſſels in). 321 (der Febronianismus). 490 ff. (der Janſenismus). 581 (Jeſuiten in) 605 ff. (joſephin. Generalſeminar). VI. 490 (2 Univſ.-Lehrer). 535 (Lipſius in). 660. 671. 673 (und das Lutherthum). VIII. 450 (Picpusgenoſſenſchaft in). 787 (Erklärung wider den Probabilismus). X. 55 (Generalſeminar). 257 (Kanzler Stuard Tapper). XI. 412. 447 (Univſ.). 505 (und die Kirche von Utrecht). 718 ff. (Vives in). XII. 107. 111. 112 (und Belgien). 279 ff. (Delrio in). 583 (und Holland). 1191 (Thomas Cantipratenſis in).
Löwengrube, das Werfen in die X. 391.
Löwenherz, Richard, der König, ſ. Richard.
Lowicz, Synode zu VIII. 559.
Lowman, Moſes, thlg. Schrift. VII. 332.
Loyola, Ignaz von, ſ. Ignatius von Loyola.
Lübeck, Bisthum und Reformation VI. 605—606. 356. II. 204. 752. VII. 869. VIII. 35. 566. X. 810. XI. 071. XII. 887.
Lübeck, Arnold von, ſ. Arnold von Lübeck.
Ludentius, St. II. 463.
Lubienicki, Stanislaus, der Secktirer VI. 606—608.
Lubiensky, Ebſ. v. Gneſen VIII. 565.
Lublin, Stadt VI. 607. VIII. 583. IX. 473. XII. 1114.
Lubranski, Johann, Biſchof von Poſen VI. 608. X. 627.
Luby, Anton, Mrthlg. VII. 308.
Luca, der Canoniſt XII. 251.
Lucan, St. I. 698.
Lucanus, der Gnoſtiker, ſ. Lucianus.
Lucanus, Marcus Annäus, Rhetor und Dichter (hinger. 65 n. Chr.) IV. 805. XII. 597.
Lucaris, Cyrill, ſ. Cyrill Lucaris.
Lucas, der Evangeliſt, ſ. Apoſtel, Evangelien, dazu I. 332. 483 ff. II. 428. 321. III. 780. 787. 802. IV. 851. V. 100. VII. 650. 833 (***). VIII. 72. 171. 191. 241. 245. X. 316. 890. 909.
Lucas von Tuy, Biſchof VI. 608. IV. 23. 24.
Lucca, Erzbisthum und Stadt XII. 739—741. 40. II. 811. VI. 625. 801 (Manſis Academie).
Lucchesini, der Antimachiavelliſt VI. 716.
Lucena, die Judenſchule in XII. 1110.
Lucernarium, ſ. Brevier, Veſper.
Luchlth, Stadt VII. 185.
Lucia, die heilige VI. 608—609. XI. 903. 905. 910.
Luciacum, Kloſter XI. 1068 ff.
Lucian, Lukianos, der Satiriker und Religionsſpötter III. 3. V. 597. VI. 124. IX. 183. X. 938. XII. 301. 1276.
Lucian, der Martyrer, Kirchenſchriftſteller XII. 741—743. 291. I. 284.
Lucianus, Anhänger des Marcion VI. 609—610. IV. 560.
Lucidus, der Prädeſtinatianer VI. 610. III. 922. 928. X. 59.
Luciensteig, Lucienſöchlein, ſ. Lucius.
Lucifer, ſ. Teufel.
Lucifer von Calaris und deſſen Schisma VI. 610—614. 515. II. 844 ff. III 154. 766. 925. VII. 43. 844 ff. IX. 669. 670. XII. 201.
Luciferianer, ſ. Lucifer von Calaris.
Luciferianer, Secte des Mittelalters VI. 614; ſ. Stedinger.
Lucillius, Bſ. v. Breslau II. 151.
Lucilla, die Matrone III. 255 ff.
Lucina, St. VI. 609. 813.
Lucinian, der Marcionite VI. 820.
Lucius, Name von 3 Päpſten VI. 614—616. L. I. (252—253). IV. 295. X. 353. — L. II. (Cardinal Gerhard; 1144—1145) I. 839. 840. III. 742. IX. 331. 342. 345. XII. 123. 1249. — L. III. (Humbaldus; 1181—1185) 375. 619. IV. 225. 660. V. 631. 689. VII. 638. XI. 466. 636. 785. XII. 739. 926. 1135.
Lucius, Heiliger, König, Biſchof, Glaubensbote VI. 616—617. I. 698. II. 540. III. 820. IV. 776. V. 941. VII. 171. XII. 1200.
Lucius, arian. Bſ. v. Alxdr. VI. 704.
Luck, unirtes Bm. VI. 438 ff. IX. 472.
Lücke, Friedr. von, prot. Thlg. I. 314. 318. 319 ff. II. 223. V. 712. VI. 303. VII. 267. X. 115. 620. XI. 921. XII. 58.
Luco, portugieſ. Metropole XII. 129.
Luçon, Bm. IX. 312. XII. 18. 1248.
Lucretius, Carus Titus, philoſoph. Dichter (ſt. 52 v. Chr.) III. 619.
Lucretius, Bſ. v. Braga XII. 128. 130.
Lud, der Sohn Sems, Stammvater der Lydier VI. 617—619.
Luden, Heinr., der Geſchichtſchreiber (ſt. 1847) IV. 709. 808. VIII. 859. XII. 375.
Ludgaris, die heilige VI. 619—620.
Ludger, Lüdiger, I. Biſchof v. Münſter VI. 620—622. 469. IV. 848. VII. 271. 374. IX. 504. 506. XII. 815 ff. 1218.
Lüdke, German, der Prediger VII. 570.
Ludmilla, St., erſte chriſtl. Böhmenherzogin VI. 622—623. 751. II. 63. VIII. 635. XI. 864. XII. 1311.
Ludolph de Saxonia, der Carthäuſer-Prior VI. 623—624. IV. 476.
Ludolph, Bſe. VI. 732. IX. 36.
Ludolph, Kaiſer Ottos I. Sohn, Alemannenherzog II. 187. VII. 896. 898 ff. XI. 378.
Ludoviſi, Ludwig, der Cardinal IX. 365. 380.
Ludwig der Bayer und ſein Kampf mit den Päpſten VI. 624—626. I. 864. 778. II. 359. 511. 598 ff. 891. III. 38. 309. IV. 177. 210. V. 765 ff. VI. 10. 888. 896. VII. 557. 696. VIII. 108. 179. IX. 109. 141. 301 ff. 323. 598. X. 866. 887. XI. 929. 1152. XII. 388. 745. 850. 1233.
Ludwig, Name von 18 Herrſchern von Frankreich:
Ludwig der Fromme, Kaiſer (ſt. 840) VI. 626—628. I. 132 (Ebſ. Agobard wider). 177 (die Erzcapläne nach). 191 (Widmung eines Werkes). 325 (ſein Apocriſiar). 531 (und die Regel des hl. Auguſtin). 785 (Sammlung der Capitularia). 787 (und Benedict von Aniane). 791 (die Benedictiner). II. 24 (ſucht die alte Wahlform der Biſchöfe vergeblich herzuſtellen). 331 (Sammlung der Capitularia). 347 (der Vater des). 525 (fördert das Mönchsweſen). 541 (Bm. Chur). 572 (Claudius von Turin am Hofe). 899 (Korvey). III. 19 (die Dänen). 101 (Verbannung des Abtes Hilduin). 161 (Schriften des Dionys Areopagita). 252 (Schulweſen). 304 (Drogo von Metz). 333 (und Dungal). 349 ff. (und Ebbo von Rheims). 406 (Eginhard). 683 (der Sänger ſeiner Thaten). 741 ff. (und P. Eugen II.). IV. 09 (hospitale nobilium und pauperum in Fleury durch). 517 (ſendet Anſchar nach Schweden). 619 (*). 623 (und die Ordalien). 693 (und Gregor IV.). 821 (ſchlichtet den Grenzſtreit zwiſchen Salzburg und Paſſau). 851 (ſendet Halitgar nach Spanien). V. 87 (*). 190 (Bm. Hildesheim). 203 (Hincmar v. Rheims). 273 (die Hofcapläne). 397 (*). 779 (Jonas von Orleans). 889 (begünſtigt die Juden). VI. 66 (begünſtigt die Abtei Kempten). 293 (macht Dalmatien bayeriſch?). 458 (und die Verſchwörung wider Leo IV.). 807 (leges barbarorum). 598 (u. Lorſch). 602 (ſein Sohn Lothar). 617 (und Lupus Servatus). 754 (Mailand). VII. 220 (fördert das Mönchthum). 581 (beſtätigt Schenkungsbriefe an den Papſt). 622 (und Nithard). 630 (anerkennt die kirchliche Wahlfreiheit). 869 (die Obotriten fallen ab). VIII. 166 (päpſtl. Geſandtſchaften an). 457 (Pipin). 568 Anmkg. — 840 (Kl. Prüm). 855 ff. (und Pſeudoiſidor). IX. 3 (ein treuer Anhänger des). 892 (Salzburg). 688 (Bm. Schleswig). 925 (und die Schrift de rectoribus christianis). X. 224 ff. (die Slawen). 357 (und P. Stephan V.). 363 (auf dem Sterbebette). 400 (Straßburg). 836 (ein eifriger Anhänger). 861 (und Theodulf von Orleans). XI. 250 (und die Kirche von Trier). 583 (Theilung v. 843). 805 (Mönch Wandelbert). 842 (ſeine Gemahlin Judith eine Welfin). 1148 (hebt Worms). 1183. 1165 (und das

Bisth. Würzburg). XII. 2 (fördert die Klosterreform). 201 (die Schenkungen an den Papst). 558 ff. (und Hildebold von Köln). 651 (Freigebigkeit gegen die Kirche). 658 (Besetzung der Bisthümer). 732 (sein Sohn Lothar). 751 (Mainzersynoden). 936 (privilegirt Pavia). 1025 (*). 1123 (Abtei Seligenstadt).

Ludwig II., der Stammler (reg. 877—879) I. 225. V. 751.

Ludwig III. (reg. 879—882) II. 359.

Ludwig IV., Uebermeer (reg. 936—951) IV. 101. VII. 896.

Ludwig V., der Faule, letzter französ. Carolinger (reg. 986—987).

Ludwig VI., der Dicke (reg. 1108—1137). II. 280 ff. IV. 371. V. 318. 629 ff. 677. X. 409 ff. XII. 351. 1032.

Ludwig VII. (reg. 1137—1180) I. 722. 830 ff. II. 96. 800. III. 743. IV. 665. V. 53. 54. VI. 807 ff. IX. 294. X. 470. 725. XII. 355. 692. 908.

Ludwig VIII. (reg. 1223—1226) V. 321. 892. IX. 294. XII. 385. 966. 971. 1112.

Ludwig IX., der Heilige (geb. 1215, gest. 1270) VI. 630—633. I. 452 (Fürsorge für die Armen). 719 (griech. Gesandtschaft an). II. 25 (pragmat. Sanction dess. 90 (Heiligsprechung). 354 (und Carl v. Anjou). 583 (und Clemens IV.). 805 (Carl v. Anjou). III. 33 (Kreuzzug). 105 (Abt Matthäus von Vendome). IV. 290 (*). 715 (und die teutsche Kaiserkrone). V. 473 (Kreuzzug). 636. 638 (und Innocenz IV.). 657 (als Büßer). 722 (Gesandtschaft an die Mongolen). 771 (Einführung der Johanniter). 892 (maßregelt die Juden). VI. 270 (Kreuzherren in Paris). 280 (Kreuzzug). 883 (Lyonerconcil). VII. 467 (ein Biograph). 829 (und Rolaseus). VIII. 205 (die Pastoureaux). 637 (pragmat. Sanction). IX. 299 (Baukunst). 815 (Schutzpatron Frankreichs). X. 249 ff. (die Sorbonne). 812 (Teutschritter bringen Hilfe). 838 (St. Theobald). 922. 925 (und Thomas von Aquin). XI. 20 (Tillemont, ein Biograph des). 323 (eine Kirche am Sterbeorte des). 467 (Urbans IV. Ablaß an). 693 ff. (und Vincenz von Beauvais). 1003 (für die Dominicaner und Franciscaner). XII. 85 (schützt die Aussätzigen). 259 (Dornenkronenfest). 381 ff. (und Frankreich). 690 (Kreuzzug). 705 (Lanzenfest). 922 (Paris). 925. — 1032 (Rheims). 1112 (und die Juden).

Ludwig X. (reg. 1314—1316) V. 765. 803. XII. 388.

Ludwig XI. (reg. 1461—1483) I. 173. 253. 876. II. 98 ff. 755. VI. 907. 912. 941. VII. 152. 403. VIII. 145. 482. IX. 358. X. 313. XII. 390. 772.

Ludwig XII. (reg. 1498—1515) I. 157. 195 ff. II. 103. 252. III. 66. IV. 170. V. 60. 82. VI. 469 ff. 918. 944. VII. 404. XII. 922.

Ludwig XIII. (reg. 1610—1643) I. 220. 862. II. 274. 452. 552. III. 798. 803. 875. IV. 63. 405 ff. 829 ff. V. 218. 352 ff. 445. 858. VI. 879. 954 ff. VII. 138. VIII. 146 ff. IX. 71. 312 ff. X. 315. 702. XI. 702. XII. 269. 390. 1121.

Ludwig XIV., der sogenannte Große (reg. 1643—1715) VI. 633—635. I. 71 (mehrt die Laienäbte). 158 (Conflict mit P. Alexander VIII.). 452 (Verordnungen gegen den Bettel). 678 (der Hofstyl in Bezug auf Baukunst). 718 (Beausobre). 820 (verletzt der corporativen Freiheit den Todesstoß). II. 56 (Aufhebung des Edicts von Nantes). 123. 125. 128 ff. (und Bossuet). 132 (Bourdaloue). 507 (gegen Hugenotten und Papst). 513 (Christine von Schweden). 554 (gegen Portroyal). 606 ff. (und die Päpste Clemens). 608. 610. 675 (Churfürst Jos. Clemens von Cöln). 923 (trauert um Cromwell). III. 104. 105 (St. Denys). 328 (Cardinal Dubois). 555. IV. 8 ff. (und Fénélon). 92 (Fléchier). 94—96 (Fleury). 150 ff. (Frauen-Congregationen). 291 ff. (der Gallicanismus). 484 (l'état c'est moi). V. 91 (seine Zeit). 365 ff. (die Hugenotten). 448. 452 ff. (Jacob II. von England). 497 (wider die Jansenisten). 558 (und die Jesuiten). 821 (darf die Bisthümer Metz, Toul und Verdun besetzen). 645 (und Innocenz XII.). 899 (Verhalten gegen die Juden). VI. 149 (Kirchenhistoriker aus der Zeit). 422 (und Leibnitz). 479 ff. (und Kaiser Leopold I.). 699 (Mabillon). 918 (Massillon). 954 ff. (und Mazarin). VII. 918 (C. Oudin). VIII. 146 ff. (Paris). 551 (le Jay). 596 (Pombal). 709 (ein Wetteiferer seines Absolutismus). 897 (und Bossuet). 800 (Quietismus). IX. 71 (den Franciscaner Recollecten günstig). 90 (Regalienstreit). 148 (u. das teutsche Reich). 172 ff. (gibt den teutschen Protestanten Anlaß zu Beschwerden). 192 (will die Religionsparteien auf seine Weise vereinigen). 232 (Cardinal Retz). 258 (und die Revolution). 314 (Richelieu). 378—479 (Friede v. Ryswik). 852 (Staatsomnipotenz gegenüber der Kirche). X. 50 (geistliche Seminarien). 290 (als Mordbrenner). 400 (*). 402 (Niederträchtigkeit des Bischofs von Straßburg). 406 (fördert den Katholicismus im Elsaß). 701 ff. (le Tellier). 950 (Thomassin). XI. 78 (Edict von Nantes). 97 (und Bf. Bauyeau von Toulouse). 329 (Turenne). 657 (die Convulsionairs). 703 (Vincent de Paul). 731 (Voltaire). 910 (Bm. Paderborn). 920 (westphäl. Friede). 972.—1006. 1024 (und Wien). XII. 211 (Besetzungsrecht des Bisthums Cambray). 289 (ohne Part). 377. 390 (und Frankreich). 546 ff. (Brief Fenelons an). 561 (Missionen). 700 ff. (der Beichtvater Lachaise). 770 (nimmt Marseille die alten Freiheiten). 830 (Cardinal Noailles). 922 (Paris). 940 (Pellisson). 970. — 1052 (eine Folge des Edictes von Nantes). 1063 (de la Rue). 1312 (K. Witasse).

Ludwig XV. (reg. 1715—1744) I. 71. 846. II. 128. 256. 308. 704. III. 328. 329. IV. 96 ff. V. 559. 563 ff. 659. VI. 325. 635. IX. 255. 263. 268. 296. 371. 426. X. 402. XI. 735. XII. 390. 1050. 1128.

Ludwig XVI. (reg. 1770; hinger. 21. Januar 1793) I. 855. III. 330. 743. IV. 675 ff. 890 ff. V. 387. 790. VI. 941. IX. 259 ff. 265. 267 ff. 270 ff. 278 ff. 281. 284. X. 130. 631 ff. 636. XI. 322. 743. XII. 127. 221. 377. 1079. 1122.

Ludwig XVIII. (reg. 1814—1824) III. 330. IV. 159. 677. 756. VI. 475. VIII. 492. IX. 283. 353. X. 325. 633. XII. 124. 128. 222. 1060.

Ludwig, Name von 3 teutschen Kaisern:

Ludwig I., s. Ludwig der Fromme.

Ludwig II., Lothars Sohn (reg. 855—875) I. 225. 770. 815. IV. 763. V. 206. 208. 749. VI. 459 ff. VII. 149. 573. 574. 576. 577 ff. 650. VIII. 104. IX. 439. XII. 353 ff.

Ludwig III., das Kind, der letzte teutsche Carolinger (reg. 900—911) I. 771. IV. 556. VIII. 173. IX. 131. 593.

Ludwig Philipp I., König der Franzosen (1830—1848) IV. 188. IX. 209. X. 325. 633. XI. 323. XII. 8. 107. 109. 222. 305. 391.

Ludwig Napoleon, König von Holland, s. Napoleon.

Ludwig, der Teutsche, Ludwigs d. Fr. Sohn (st. 876) III. 349. IV. 2. 278. 301. 693. V. 217. VI. 66. 586. 601. 749. VII. 576. 577. 689. VIII. 173. 443. IX. 94. 95. 592. XI. 393 f. 782. 1149. XII. 230 ff. 530 ff. 752. 796.

Ludwig von Anhalt III. 297.

Ludwig von Anjou, König von Ungarn und Polen V. 641. VIII. 461. X. 133. XI. 473.

Ludwig von Nassau, der Oranier VII. 602. 805. [198. 199.

Ludwig, Großherzog von Baden IV.

Ludwig I., König von Bayern (geb. 1786) I. 598. 678. II. 83. 176. IV. 580. 581. V. 926. XI. 1172. XII. 240. 1097. 1102.

Ludwig, Landgraf von Hessen und Thüringen III. 531 ff.

Ludwig II., König von Neapel II. 86.

Ludwig von der Pfalz: L. II. VIII. 354. — L. V. VIII. 354. — L. VI. VIII. 355.

Ludwig von Sicilien, Bf. v. Toulouse XI. 95.

Ludwig, Ungarkönige; L. I. der Große (1312—1382) VIII. 550. XI. 401. 441. — L. II. (fiel 1526) IV. 656. 658. VII. 728. X. 124. XI. 402.

Ludwig von Blois, Thlg. V. 288.

Ludwig von Granada, der Redner und Ascet VI. 628—630. I. 633.

Ludwig de Leon, der Dichter VI. 635—636. I. 529.

Ludwig de Ponte, ascet. Schriftsteller VI. 636. 859. V. 549. VII. 309.

Ludwigskirche in Rom IX. 359.

Ludwigslied, das V. 357. [170.

Ludwigsmissionsverein, bayer. VII.

Lüft, gel. Thlg. VI. 171. 175. VII. 288. XII. 1152.

Luftspiegelung oder Kimmung der Wüste I. 385. [haftigkeit.

Lüge, die XII. 743—745. Vgl. Wahr-

Lügenfeld, das VI. 627.

Lugo, gel. Jesuit und Cardinal VI. 637. VII. 306. VIII. 58. 59. XII. 830.

Luido, Bf. v. Speyer I. 707.

Luigi, Andrea di, Maler VI. 782.

Luinez, Herzog, Jansenist V. 493.

Luini (Luvine), Bernardino, Maler d. 16. Jhdts. VI. 781.

Luipram, Ebf. v. Salzburg, s. Salzburg (IX. 592). [Liutgardis.

Luitberga, Luitgardis, s. Liutberga,

Luitprand, s. Liutprand.

Luitprand, Bischof von Cremona und Geschichtschreiber VI. 637—638. III. 814. V. 757. 758. VI. 350. 594. 754. VII. 699. X. 88.

Lukas, s. Lucas.

Lukasevangelium bei den Marcioniten VI. 819.

Lüken, Heinr., Gl. XII. 1219.

Lullus, Raymund VI. 638—643. 5. I. 125. II. 192 ff. V. 851. VIII. 894. IX. 724. XI. 687.

Lullus, Schüler des Bonifacius, Erzbischof von Mainz II. 53. V. 217. VI. 598. 706. X. 419 ff. XI. 1061. 1082.

Lumper, Gottfried, der gelehrte Benedictiner VI. 643. 158.

Luna, die Göttin IV. 269.
Luna, Graf di, ſpan. Botſchafter beim Tridentinerconcil II. 373. XI. 227 ff. 234. 236. 238 ff. 240.
Luna, Peter von, der Gegenpapſt (Benedict XIII.) VI. 643—644. I. 780 (und Benedict XIII.). II. 96 (Wahl). 203 (verleiht ein Canonicat an Alfons Borgia). 575 (Clemens VII.). 576 ff. IV. 69 (ein warmer Anhänger). V. 641 (und Innocenz VII.). VII. 371 (und Aegid Munoz). 678 (Piſanerconcil). VIII. 95 (Wahl). 108 (Characteriſtik). IX. 295 (ein ſtarrer Anhänger). 330 (und Clemens VII.). 357 (Bau eines Palaſtes in Rom). X. 128 (Abſetzung). 136 (und König Ruprecht). 137. XI. 71 (und Martin V.). 95 (erregt Wirren im Ebm. Toulouſe). 100 (die Univerſitäten Toulouſe und Montpellier für). 473 (und Urban VI.). XII. 1051 (Verſammlung in Salamanca).
Lund, däniſches Erzbisthum VI. 644—645. I. 507. II. 80. 145. 510. III. 20. 305. 720. V. 633. VIII. 773. IX. 386. 602. 841. XII. 1215.
Lüneburg, Kloſter IV. 629.
Lüneburg, die Stadt VI. 66. XI. 585. 588. XII. 712.
Lünemann, prot. Thlg. VIII. 255.
Lüneviller Friede VI. 645—647. VII. 374. IX. 152.
lunula, die, das Kirchengefäß VII. 252. XII. 448.
Lupicin, St. III. 738. 739.
Lüpke, apoſtol. Vcr. VII. 869.
Lupold von Babenburg, der Canoniſt XII. 745—746.
Lupold von Schönfeld, Bſ. v. Worms XI. 1151.
Lupoli, Vinc., der Canoniſt VI. 169.
Lupus, Chriſtian, der Auguſtiner VI. 647. I. 530. 553.
Lupus, Servatus, Abt von Ferrieres VI. 647—649. I. 702. VIII. 839. 811. IX. 3. 714. X. 70. XI. 1061. 1082.
Lupus, der Heilige, Biſchof von Troyes VI. 649—651. IV. 411. 403. 777. IX. 815. 920. X. 69.
Lupus, Bſ. v. Chalons X. 132.
Lupus, Bſ. v. Orleans IV. 536.
Lus, ſ. Bethel.
Luſchin, Eb. XII. 491.
Luſcinius, Othmar, der Theologe VI. 651.
Luſignan, Peter, v. Cypern XI. 470.
Luſignan, Veit von, Kronprätendent v. Jeruſalem I. 965. XII. 968.
Luſt, ſ. Begierlichkeit, Enthaltſamkeit.
Luſtparadies, ſ. Paradies.
Lutenbach, Mangold von, Pädagog IX. 407.
Lutgardis, St., ſ. Ludgaris.
Luthard, der heilige VIII. 6.
Luther, Johann II. 930.
Luther, Dr. Martin VI. 651—678. I. 19. 22 (Abendmahlslehre). 132 (und Agricola). 142 (Ebſ. Albert von Mainz). 145 (Teutſchmeiſter Albrecht). 147 (Aleander). 201 (der Humaniſt Amerpach). 214 (und Amsdorf). 276 (und der Antinomismus). 283.—467 (Freund Arnoldi). 515 (*). 520 (in Augsburg). 522 (Reichstag in Augsburg). 528 (ſein Orden). 530 (und Auguſtinus). 625 (und Robert Barns). 673 (der Bauernkrieg). 738. 739 (Lehre von der Beicht). 746 (*). 808 (wider den hl. Benno). 825 (und Berengar von Tours). 907 (Beza). 911 (und die Bibel). 915. 921 (Bibelüberſetzung). II. 13 (Billican). 40 (Ambros Blarer). 66 (und die böhmiſchen und mähriſchen Brüder). 73. 74 (und Bolzheim). 142 (ein geheimer Anhänger). 145 ff. (Joh. Brenz). 194 (ein Lobredner). 198 (M. Bucer). 204 (Bugenhagen). 212 (Bullinger). 220. 226. 229 (Lehre von der Buße). 232 (*). 252 (und Cardinal Cajetan). 280 (und der Calvinismus). 299 (und P. Caniſius). 327 ff. (Capito). 338 (Capucinerorden). 341 (Cardinal Caraccioli). 350 (und Carl V.). 359 ff. (Carlſtadt). 365 (und die heilige Thereſia). 470 (Chieregati). 506 (und die Toleranz). 510 (Freunde in Schweden). 601 (P. Clemens VII.). 645 (Cochläus). 655 (und der Carmeliterorden). 718 (ein neu aufgewärmter Irrthum). 779 (Confirmation). 860 (Contarini). 862 (Controverspredigten). 884 (corpus doctrinae). 894 (verbrennt das jus canonicum). 924 (R. Crotus). 929 (Caspar Cruciger). III. 20. 21. (und die Dänen). 53 (bleibt bei der alten Auffaſſung des Decalogs). 123 (M. Biro). 133 ff. (ein Freund und Gehilfe). 145 (Veit Dietrich). 275 (Draconites). 371. 372 (und Dr. Eck). 408—410 (über die Ehe). 433 (Doppelehe des Philipp von Heſſen). 564 ff. (und H. Emſer). 644. 645. (D. Erasmus). 662 (und Erfurt). 856 (Folgen ſeines Austretens hinſichtlich des Kirchenvermögens). 872 (und Faber Stapulenſis). 902 (W. Farel). 922 (de servo arbitrio). IV. 13 (und König Ferdinand). 15 (Kaiſer Ferdinand II.). 82 (Fiſher). 85 (der Zelot Flacius). 116. 117 (Joh. Forſter). 141. 145 (ein berühmter Zeitgenoſſe). 190 (und die Freidenkerei). 276 (ein eifriger Anhänger). 421 (Lehre von der Genugthuung). 517 (Glareanus). 631 (und das Stift Göttweih). 784. 785 ff. (ſeine Lehre in England). 920 (Kaſpar Hedio). V. 60 ff. (und Heinrich VIII. v. England). 126 (bibliſche Studien lange vor). 150 (und Heſſen). 227 (die engliſche Hochkirche). 290 (*). 323 (ſeine Lehre in Siebenbürgen). 328 (Hogſtraten). 339. 341 (ein tüchtiger Gegner ſeiner Lehre). 410 (und Hus). 551 (und die Jeſuiten). 781. 782 (ſein Freund Juſtus Jonas). 817 (ein Vorläufer aus dem 4. Jahrhundert). VI. 31 (ein Gegner ſeiner Imputationslehre). 65 (St. Kemre). 155 (Kirchenhiſtoriker ſeines Bekenntniſſes). 171 (und die Cultſprache). 217 (geiſtliche Tracht zur Zeit). 224 ff. (Lehre vom Prieſterthum). 257 (ein Gegner). 300 (und der Kryptocalvinismus). 323 (der Reformator Lambert). 348 (und Cardinal M. Lang). 354 (ein Gegner in Polen). 470. 471 ff. (und Leo X.). 520 (ſeine Lehre in Liefland). 665 (und in Lübeck). 770 (der Majoriſtenſtreit). 810 (Religionsgeſpräch zu Marburg). 889 (hl. Marina von Escobar). 928 (ein Vertrauter). VII. 11 (R. Medler). 26. 28 ff. (und Melanchthon). 121 (ſeine Lehre vom Glauben verworfen). 149 (und Miltiz). 376 ff. (und Münzer). 405 (und der Tonſetzer Senfl). 493. 494 (Bm. Naumburg). 708. 710. 711 (und Oecolampad). 717 (und die Lehre von der letzten Oelung). 858 (über die bayer. Herzoge). 864. 866 ff. (und die Oſiandriſten). VIII. 20. 23 (und die Pädagogik). 55 (ein italieniſcher Anhänger). 182 (ſeine Lehre im Bisthum Paſſau ohne Gedeihen). 297 (ſeine Nachfolger gegen das Perikopenſyſtem). 354 (ſeine Lehre in der Pfalz). 458 (und Pirkheimer). 527 (als Dichter). 530 (polemiſche Lieder). 551 (Anhang in Polen). 601 (in Pommern). 623 (ſeine Poſtille). 643 (ein Gegner). 682 ff. (Fortſchritte ſeiner Lehre in Preußen). 830 (und der Proteſtantismus). IX. 53 (*). 61 (und die wahre Reformation). 143. 145 (und das teutſche Reich). 158 (und die Religionsvereinigung). 236 (Reuchlin). 242.—403 (Wappen des). 519. 522. 545 (von den Sacramenten). 552 ff. (Sacramentſtreit). 569 (und Saint-Simon). 684 (ſeine Lehre in Schleſien). 698 (ſchmalkald. Krieg). 750 (und die Scholaſtik). 845 (die Schweiz). 861 (ein berühmter Zeitgenoſſe). 863. X. 63 (und Semler). 76 (die Separatiſten). 124 (ſeine Lehre in Siebenbürgen). 174 (**). 258. 260 (und Spalatin). 305 (der Spiritualismus). 326 (und Biſchof Stadion von Augsburg). 328 (Lehre von der Gnade). 337 (Staukar). 340 (und Staphylus). 350. 351 (und Staupitz). 365 (*). 401. 405 (und Straßburg). 412 (der Strigelianismus). 413.—568 (die ſymboliſchen Bücher). 584 (Syncretiſtenſtreit). 589 (der Synergismus). 769 (und Tetzel). 815 (der Teutſchorden). 830 (die Thalmudiſten). 876. 877 (die teutſche Theologie). 942 (und Thomas Morus). XI. 135. 159 (und die Lehre von der Transſubſtantiation). 177. 178. 187. 190 (ſeine Lehre und das Tridentinum). 251 (Trier). 352. 353. 356 (die Ubiquitätslehre). 383 ff. (Ulrich von Hutten). 390 (Ulrich von Württemberg). 402 (ſeine Lehre in Ungarn). 444 (und die Univerſitäten). 518 (ein diplomatiſcher Anhänger). 585 (Bisthum Verdun). 606 (Vergerius). 754 (***). 812 (und Wegſcheider). 889 (Weſel). 891 (Weſſel). 952 (und die Wiedertäufer). 1085 (und Wilhelm IV. von Bayern). 1109 (Wimpina). 1123 (ein Gegner). 1154. 1157 ff. 1162 ff. (Worms, Wormſer Reichstag und Edict). 1191 (Würzburg). 1215 (und die Zauberei). 1313. 1320 ff. 1323. 1325 (und Zwingli). XII. 340 (*). 417. 418 ff. (der ſ. g. weiſe Churfürſt Friedrich). 454 (für den Generalianismus). 540 (Hamelmann). 573 (ſeine Lehre in Holland). 602 (Humanität). 661 (und das Kirchengut). 718 (ein Gegner). 845. 850. 853 (und Nürnberg). 926 (ein Pariſerconcil wider). 1050 ff. (und die Rücktritte zur Kirche). 1141 (und Sickingen). 1212 (Bibelüberſetzung). 1235 (und das Schulweſen). 1275 (ſeine Lehre in Wien).
Lutherthum, ſ. Luther, Proteſtantismus.
Lutherus secundus, ſ. Andreä, Jacob.
Lütkemüller, Gl. XI. 58.
Lutomirski, der Apoſtat VIII. 559.
Lutpert, 1. Abt v. Hirſau V. 214.
Lutterbeck, der Profeſſor XII. 397.
Lüttich VI. 678—679; a) Stadt und Bisthum I. 727. IV. 239. V. 355 ff. 865. VII. 1. 2. IX. 31. X. 90. XI. 496. 878. 1175. XII. 97. 109. 111. 579. 1182. 1245 ff. — b) Synoden V. 194. VI. 64. X. 629.
Lütticher Schule XII. 746—747. 260. 321. IX. 450. XII. 832. 1245 ff.
Lutz, M., der Pfarrer XII. 628.
Lutz, gel. Thlg. X. 317.
Lützelberger, prot. Thlg. V. 712.
Lutzingen, Kloſter IV. 924.
Luxemburg, Stadt und Land IV. 404. V. 805. VI. 634. XI. 668.
Luxemburg, Hans, ſ. Sigismund.
Luxeuil, Kloſter I. 859. II. 696 ff. 872. III. 262. IV. 156. 298. V. 780. VI. 404. 478. IX. 254. XII. 16.

Luzern, Stadt und Canton, s. Schweiz, dazu I. 641 ff. II. 118. 234. 769. III. 109. VII. 252. 425. 664. VIII. 354. IX. 852 ff. XI. 497 ff.
Luzerne, de la, der Cardinal VI. 225.
Luzinsky v. Plock IX. 471 ff.
Luzius, St., s. Lucius.
Luzzato, David, Rabbi VI. 762.
Ly, Peter, der Martyrer XII. 258. 259.
Lycaonia VI. 679. V. 508.
Lyceen, s. Mittelschulen.
Lycien, die Halbinsel VI. 679—680. VII. 427. VIII. 69. 407.
Lydda, bbl. Ort VI. 680. I. 138 (Judenschule). 412. V. 858 (zerstört). VIII. 50.—268 ff. (Syn. zu). IX. 5. XII. 1106 ff. (die Schule in).
Lydia, die Purpurhändlerin X. 960.
Lydien, Lydier VI. 351. 617. VIII. 388. IX. 624. X. 44.
Lydische Tonart VII. 392.
Lykurg, der Gesetzgeber VIII. 14.
Lynch, Alndr. VII. 13.
Lynköping, schwed. Bm. IX. 842.
Lyon (Lugdunum), Bisthum VI. 680—687. A) (Stadt und Erzbisthum). 162. 219 (Agobard und seine Schule). 290.—738 (Albert Beham in). II. 151 (uralter Gottesdienst). 639 (und St. Odilo). III. 729 (Bf. Eucherius). IV. 43 (Pius VII. in). 70 (Findelhaus). 106 (Priester Florus). 179 (Orden in). 409 (Genf gehörte zu). V. 808. 809 (Orden in). 819 (Irenäus). 840 (Hauptsitz des jüdischen Handels). VI. 410 (Legation). 430 (Ebf. Leidrad). 798 (Klagschreiben des Papstes). 825 (Christenverfolgungen). 866 (Fest in). VII. 169 (Missionsverein). 253 (Montanisten in). 395 (Singschule). 587 (Convent in). VIII. 024 (Bf. Pothinus). 273. 280 ff. 286 (und die französ. Revolution). 781. 782 (Schulbrüder und Schulschwestern in). X. 195 (Bm. Sitten). XI. 495 (Ursulinerinnen). 718 (Bf. Viventiolus). — B) Synoden, die 2 allgemeinen in den Jahren 1245 und 1274. I. 614. II. 78. 443. 730. 862. III. 408. IV. 31. 147. 220. 689. 717. 709. V. 389. 636. 638. 746. 920. VI. 497. 513. VIII. 107. IX. 90. 107. 108. 274. 294. 436. 404. X. 725. XI. 1180. XII. 88. 648 (Syn. v. 507 n. Chr.). 973.
Lyon, Arme von, s. Waldenser (XI. 785).
Lyons, William, der Deist VI. 687—688.
Lyra, Nicol. von, der Exeget VI. 688—690. I. 185. III. 490. IV. 541. IX. 823.
Lyrik, christl., s. Poesie.
Lysanias, der Tetrarch X. 767.
Lyserus, s. Leiser.
Lysias, bbl. P. VI. 690—691. VII. 56.
Lysimachus, Bruder des Hohepriesters Menelaus VI. 691.
Lystra, die Stadt VI. 691. 679. I. 621. VIII. 244.
Lyszczynski, Casimir, der Atheist VI. 691.

M.

Maacha VI. 692, s. Aram.
Maanes, der gelehrte III. 394.
Maaruf, der Sufi V. 857 Anmkg.
Maaße bei den alten Hebräern VI. 692—696.
Mabillon, der gelehrte VI. 696—703. I. 253 (**). 372.—569 (über Oblationen). II. 75 (und Cardinal Bona). III. 1. 2 (Lehrer des). 751 ff. (*). IV. 84 (*). 114.—158 (belehrt über die Wirksamkeit der Klöster in Gallien). 297 ff. (**). V. 217 (über Hirschfeld). 277 (über Odilienberg). 307 (*). 390 (Heimath des Hugo v. St. Victor). 751 (***). VI. 404 (***). 431 (***). 555 (findet das Sacramentarium Gallicanum). 897 (ein Schüler des). 898. VII. 100 (über die Elevation). 823 (*). VIII. 109 ff. (***). 191 (*). 194 (**). 805 (*). IX. 2 (**). 75 (*). 446 ff. (und Ruinart). X. 167 (2 Briefe des St. Simpertus). 419 (**). 935 (*). XI. 25 (*). 165 (vertheidigt wissenschaftl. Beschäftigung der Mönche). 532 (und H. de Valois). 1196 (*). XII. 81.—164 (und Pierre Constant). 442 (**). 750 (und Angelo Mai). 1104 (gegen J. B. Thiers).
Mabsan, Sohn Ismaels V. 901.
Mabug, s. Hierapolis.
Macao, Bm. XII. 73.
Macarius, berühmte Männer dieses Namens und zwar a) M. der Aegyptier, der große Heilige (st. 390); b) M. der Alexandriner (st. um 395); c) M., ein Schüler des hl. Antonius; d) ein Abt von Pachnum; e) ein Bischof von Jerusalem (312—331) VI. 703—705. III. 973. VI. 266. 273. VII. 299. X. 8. XII. 635. 780.
Macarius, der Beamte III. 259.
Macarius junior VII. 225. [249 ff.
Macarius, Pch. v. CStpl. VII. 248.
Macarius, monotheletische Pch. v. Antiochien (684) I. 770.
Macarius, russ. Metropolit IX. 467.
Macarius, irischer Mönch V. 827.
Macarius, der selige, Schottenabt zu Würzburg IX. 772.
Macarsca, Bm. XII. 1321. 1322.
Macassar auf Ceylon XII. 563.
Maccabäer, Name, Geschichte, Bücher der VI. 705—712. S. Antigonus, Antiochus, Aristobul, Hyrcan, Jonathan, Judas, Mathathias, dazu I. 61 (Vater des Mathathias). 152 ff. (Alexander d. G.). 200 (Ammoniten wider die). 339 (das dritte Buch der). 386. 398 (und die Araber). 390. 469 (und Mithridates I.). 478 (Asdod). 488—491. 578 ff. (und Feldherr Bacchides). II. 539. III. 95. 96 (und Demetrius). 519 (Eleasar). 520. IV. 257 (Bücher der). 818 (Grab der). 914. 916 ff. (und die Hebräer). V. 139 (Herodes d. G.). 290 (Hohepriester). 518 (und Jeremias). 528 (Stadt Jerusalem). VII. 758 (und die Messiasidee). X. 153.
Maceejowski, Bf. v. Plock VIII. 704.
Macchiavelli, Nicolo, der Staatsmann VI. 712—719. I. 157. II. 104. 130. 923. IX. 68. XI. 734. XII. 906. [906.
Mac Donald, apostol. Vicar XI. 905.
Mac Duffin, Gegner der Abolitionisten X. 220.
Macedo, Antonio, Jesuit II. 512.
Macedo, Franz. gel. Jesuit XII. 748.
Macedonia, St. VIII. 456.
Macedonianer, s. Pneumatomachen, dazu III. 155. 273. 927. IV. 673. VII. 564. VIII. 219. 415.
Macedonien, das Land VI. 719—720, s. Griechenland, dazu II. 460. 487. VII. 497. VIII. 306. X. 908. XI. 333.
Macedonius, arian. Pch. von CStpl., s. Macedonianer, dazu III. 14. IV. 767. V. 329. 331. VI. 910. VII. 238.
Macedonius, Lehrer des Sedulius IX. 922 ff.
Machir, bbl. Psn. V. 487.
Machlinia, s. Mecheln.
Machmas, die Stadt VI. 720—721.
Machpelah (Macphelah), die Höhle VI. 790.
Machsor, hebr. Gebetritual für das Jahr VI. 721—722, s. Synagogen.
Mack, Alxdr., Stifter der Tunkers XI. 324; — kathol. Thlg. VII. 114.
Mackenzie, Gl. IX. 878. 883.
Mackintosh, Histor. IX. 300.
Macerata, Bm. und Universität II. 947. XII. 469.
Macerata, P. de, der Fraticelle IV. 173. 174.
Macon, Bm., s. Frankreich, Revolution, französ., dazu VI. 682. XI. 493.
Macon, Synode (Jahr 581) IV. 131. 157. VI. 91. 309. 891. X. 215. XII. 652.
Macrianus, Usurpator gegen Gallienus XI. 532.
Macrina, St., Schwester Basilius d. G. I. 850. 652.
Macrina, Schwester des Gregor von Nyssa IV. 638.
Macrobius IX. 616.
Madai, der Sohn Japhets V. 503.
Madarasz, der Superintendent X. 124.
Madeira, die Insel II. 257. X. 264. 286.
Madelveus, Bf. v. Verdun XI. 599.
Maddjama, buddhist. Mssnr. XII. 181.
Maddjantica, buddhist. Mssnr. XII. 181.
Madiai, die Eheleute XII. 1213.
Madian, Midian, Stammvater, Volk und Land VI. 722—723. 618. I. 384. IV. 345. 346. 808 ff. V. 791. 861. VII. 184. 358. 304. 468.
Madras, apostol. Vicrt. V. 619. IX. 781 (Schulbrüder in).
Madrid, Kgschls. X. 640; Univs. XII. 1082.
Madrigal, das VII. 406.
Madrisius, Gl. XII. 415.
Madruzzi, Christoph, der Cardinal VI. 723—725. II. 166. 700. IX. 598. XI. 232. 238. 240.
Madruzzi, Ludwig von, Cardinal und Fürstbischof von Trient, s. d. vorig. Art., dazu XI. 189.
Madura, apost. Vicariat in Indien VI. 619. VII. 167.
Maeniana, die X. 423.
Maffei, a) Gelehrte dieses Namens VI. 725—726. II. 671. IX. 626. 628. XI. 634. — b) M. Scipio II. 738. VII. 37. XI. 735. XII. 906.
Maflat, das Kupferland I. 626.
Magadha, das Reich XII. 181.
Magalhanes, Mssnr. II. 483.
Magas, König von Cyrene XII. 181.
Magdala, das heutige Madschel VI. 726.
Magdalena, Maria, die heilige VI. 726—727. 332. III. 872. 874. X. 153. XII. 235. 373.
Magdalena de Pazzi, die heilige VI. 727—729.
Magdalenerinnen, Orden von der Buße der hl. Magdalena VI. 729—730. X. 800.
Magdeburg, das Erzbisthum VI. 730—735. a) Erzbisthum I. 91. 97 (Adelbert). 142 ff. (Albert II.). II. 138 (Bm. Brandenburg unter). 218 (gestiftet). 352 (und Carl V.). III.

Maja, indische Gottht. VIII. 37.
Majestät Gottes, s. Gott.
Majestätsbrief Kaiser Rudolfs III. 266. V. 427. VII. 742. 744. 748.
Majestätsgesetz, das römisch-heidnische XI. 6.
Majestätsrechte, s. jura circa sacra (V. 929 ff.).
Majol, Orden der regulirten Cleriker von, s. Somasker.
Majolus (Maieul), Abt von Clugny, s. Clugny, dazu VII. 227. XI. 1089. 1104. XII. 15. 341. 378.
Major und Majoristenstreit, der VI. 770—774; a) Major, Georg I. 214. VI. 301. 432. 671. VII. 33. 56. 339. 894. IX. 500. X. 590. 592. XII. 1052. — b) Majorismus, Majoristen, die verschiedenen I. 98. 214 ff. II. 467. III. 355. IV. 80.
Major, Joh. VI. 508.
Majorca, Bm. VII. 371. XI. 447.
Majoris, latinis. Name des Dr. Eck III. 370. [III. 266.
Majorinus, Gabf. in Karthago
Majoristen, Minoristen, s. ordines majores, minores.
Majoritas, Vorrang, Amtsgewalt VI. 774. II. 733. VII. 676 (Unterschied von obedientia). X. 425.
Maipherkat (Tagrit), altes mesopotam. Bm. V. 461. VI. 910. [619.
Maissur, ap. Vicariat in Indien V.
Makowsky, prot. Thlg. VI. 563.
Malabar I. 783 (Verbot der Ceremonien auf). II. 367. IV. 134 (Franz Xaver). 143 (prot. Mission). V. 616 (Indien). 619 (apostol. Vicariat). VII. 169 (Missionäre in). 523. VIII. 595 (Jesuiten auf). XII. 143 (Missionen).
Malacca IV. 134 ff. (Franz Xaver). V. 617 (Bm.). X. 206 (Bm.). XI. 325 (ap. Vert.). 668. XII. 73. 563 ff. (Geschichte des Christenthums auf).
Malachias, der Prophet VI. 774—775. I. 668. IV. 816. VII. 113. VIII. 621. X. 576.
Malachias, Imarus, der hl. Ebf. von Armagh VI. 775—777. II. 654. V. 627. VII. 65. VIII. 437. IX. 815. XII. 100.
Maladan, Bm. V. 463.
Malagrida, der Jesuitenpater VIII. 591. 594. 595. [565.
Malaisien, das Christenthum in XII.
Malajoni, Bf. VIII. 192.
Malalas, byzant. Hstrkr. II. 523.
Malamocco, Bm. XI. 571.
Malan, der Momier VII. 132.
Malarus, Manuel, Canonist VII. 631 ff. [VIII. 460.
Malatesta, Carl, Fürst v. Rimini
Malauwi, Orden der III. 112. 113.
Malaval, Franz, der Molinist VIII. 865.
Malchion, der Priester VIII. 259.
Malchus, der Knecht VI. 777.
Malchus, hl. Einsiedler V. 169.
Malcolm, Schottenkönig VI. 834.
Malcontenten, die Partei der, in Frankreich V. 373 ff.
Malder, Joh., Mrlthlg. VII. 366.
Maldonatus, Johannes, der Exeget VI. 777—779. II. 650. IV. 140. V. 555. VI. 671. VIII. 769. XI. 1239. XII. 949.
Maleachi, s. Malachias.
Malebranche, Nicolas, der Philosoph († 1715) II. 126. III. 922. VII. 269.
Maledomim, s. Adummim.
maleficium, eine Art der Zauberei XII. 768—769. 1179. 1245.
Malek ibn Ans, arab. Gel. V. 848 ff.
Malerei, christliche VI. 779—786. I. 118 ff. 677 ff. II. 6. 11. 514. 524. III. 347. 707. 859. VI. 41 ff. (in den Katacomben). 470 VII. 260 (unmontanistisch). 386. XI. 1110. XII. 360.
Malermi, Nicolas, der Bibelübersetzer XII. 1213.
Malesherbes, der Vertheidiger Ludwigs XVI. (hinger. 1794). XII. 221.
Malespini, Histor. II. 809. XII. 1232.
Malizeid, s. Calumnieneid.
malleus maleficarum, Hexenhammer, s. Hexenprocesse.
Mallosus, St. VI. 415. XII. 332 ff.
Mallusius, St., s. Mallosus.
Malmedy, Kloster VI. 323. XI. 927.
Malmesbury, Kloster III. 22. 23. XI. 1090.
Malmesbury, Wilh. von, der Historiker, s. Wilhelm von Malmesbury.
Malo, St., Bm. XII. 518. [934.
Malon, J. B., Bf. v. Brügge X. 933.
Malta, die Insel, s. Melite.
Malteser-Orden, s. Johanniter.
Malvenda, Thomas, gel. Dominicaner VI. 787.
Malzagbino von Ravenna XII. 598.
Mamachi, Thomas Maria, gel. Dominicaner VI. 787—788. I. 303. 403 ff. V. 874. IX. 624.
Mamas, Abt in Palästina VII. 849.
Mameluken V. 632. 772.
Mameluken, die, in Brasilien XII. 46. 51; — in Paraguay VIII. 122.
Mamertus, Bf. v. Toulouse XI. 92.
Mamertus, der heilige, Ebf. von Vienne VI. 788—790. 457. I. 336. II. 39. 570. IX. 918.
Mamertus Claudianus, s. Claudianus Mamertus.
Mammäa, Mutter des Alexander Severus VI. 952.
Mammäa Julia, s. Origenes.
Mamre, der Hain VI. 790. IV. 919.
Mamum, Chalif VI. 252.
Man, Bm. V. 241. 321.
Manaar, Bekehrung der Inselbewohner von IV. 137.
Manasse, Hhprstr. IX. 603. 604.
Manasse, Ungarkönig XII. 1321.
Manasses VI. 790—792. a) Stammvater und Stamm I. 572. 880. III. 615. 708. IV. 269. 271. 300. 312. 345. V. 457. 528. 792 ff. 814. VI. 735. VII. 349. 304. 760. VIII. 49. IX. 209. — b) der Sohn Hiskias, König von Juda I. 207. 311. 473. II. 447. IV. 835. 911. V. 528. 539. VI. 156. VIII. 818.
Manasses Gebet, s. Apokryphen-Literatur.
Manasses, Bf. v. Cambray XII. 211.
Manasses, Gabf. in Arles und Mailand VI. 754.
Manasses, Ebfe. von Rheims II. 159. 190. V. 25. IX. 293.
Manasses, Ebf. v. Mailand VI. 754.
Manazgert, armen. Synode zu I. 442.
Manchester, die Katholiken in IV. 802.
Mandagato, Ebf. VI. 513.
Mandar, P. XII. 124.
Mandat, Geschäftsmandat, Mandatar, s. Procuration, Procurator, Verträge.
mandata de providendo, s. Anwartschaften auf Pfründen.
mandatum, s. Fußwaschung.
Manderscheid, Graf Joh. von, Bf. v. Straßburg X. 405. 406.
Manderscheid, Graf Joh. Moriz von, Ebf. v. Prag XII. 885.
Manderscheid, Graf Wilh. von, letzter Abt von Prüm VIII. 842.
Manderscheid-Blankenheim, Graf, Bf. v. Neustadt VII. 551.
Mandeville, Bernh. von, der Deist VI. 792—793. III. 89. VII. 324. IX. 184. X. 40.
Mandirte Gerichtsbarkeit VI. 793—794. S. Delegat, Generalvicar, Gerichtsbarkeit, dazu VI. 136. VII. 425. [178 ff.
Mandschustri, Verehrung des XII.
Manes, Manichäismus, Manichäer VI. 794—803. S. Albigenser, Bogomilen, Paulicianer, Priscillianisten, Waldenser, dazu I. 94 (Adamiten). 278. 280 ff. (und der Antinomismus). 351 (actus Andreae). 451 (Gratian gibt ihnen keine freie Religionsübung). 506 (Lehre von der Auferstehung). 533. 537 ff. (und Augustinus). 653 (ein verwandter Geist). 663 (Basilius). 774 (zur Zeit Benedicts VIII.). II. 204 (im Mittelalter). 491 (Manichäer in China). III. 155 (und Diodor v. Tarsus). 220 (Characteristik). 237 (zur Zeit des hl. Dominik). 376 (u. der Eclecticismus). 432 (Ehe bei den). 549 (und die Emanationslehre). 614 (und Ephräm der Syrer). 711 (Evnag wider die). 909 (Fasten bei den). 927 (Faustus). IV. 1 (Felix). 370 (und P. Gelasius I.). 555 (und der Gnosticismus). V. 10 (im Mittelalter). 333 (aus Rom vertrieben?). 718 (ein Gegner der). 744 (und P. Johannes I.). VI. 446 (aus Nordafrica nach Italien). 614 (die Luciferianer). 922 (und der Materialismus). VII. 81 (und die Messalianer). 241 (Gajaniten). 504 (ein Gegner). 857 (im Mittelalter). VIII. 235 (im Mittelalter). 264 ff. (und der Pelagianismus). 309 (in Persien). 777 (in Spanien). 837 (ein poetischer Gegner). IX. 449 (H. Muiswich). 821 (Characteristik). 917 (Secundinus). X. 153 (auf Ceylon). 200 (P. Siricius wider die). 391 (und der Spiritualismus). 351 (die Stedinger). 575 (in Rom). XI. 1214 (und die Teufelsanbeter).
Manethon, altägypt. Priester und Historiker X. 100.
Manetti, ein Stifter der Serviten X. 98.
Manfred, Sohn Kaiser Friedrichs II. (fiel 1266) I. 155. II. 809. 810. IV. 368. XII. 467 ff.
Manfredi, der Canonicus IX. 363.
Mang, St., s. Magnus, der heilige.
Mang, St., Klstr. IX. 104.
Mangareva, die Insel X. 465.
Mangold, der Exjesuit II. 794.
Mangold, Abt III. 899.
Manharter, die s. g. in Tyrol IX. 601. 633 ff. XII. 1207.
Manifestationseid III. 463.
manifestum, s. Notorietät und Gerücht.
Manikjala Stupa, die im Pendschab XII. 172. [73.
Manilla, Ebm. X. 453. XI. 447. XII.
Manipel, der VI. 215 ff. VII. 96.
Manna, das VI. 803—804. II. 876. VII. 262. 263.
Mannasammeln am Sabbath verboten IX. 491.
Mannay, Charles, Bf. v. Trier IX. 334. XI. 253 ff.
Männer, Gemeinschaft der, s. Gemeinschaft der Güter.
Mannert, Konrad, der Geograph († 1834) II. 647.
Mannsrecht, das XII. 713.
Manresa, die Höhle bei V. 849.
Mans, Bm., s. Frankreich, Revolution, französ., dazu V. 187. VI. 875. IX. 783. [371.
Mansfeld, Vollrad von († 1570) V.
Mansfeld, die 2 Grafen IX. 697.
Mansfeld, Graf Peter Ernst, Feldherr († 1626) III. 257. 258 ff. 292. VII. 748.
Mansi, Joh. Dominik, der Gelehrte VI. 804—805. II. 649. 738. III. 545. 907. 912. IV. 229. 673. VI. 146. 149. 150. 153. 787. VII. 479. IX. 624. X. 145. XI. 682. XII. 746.

mansionaticum, s. Abgaben.
Manso, Abt v. Micso. VII. 272.
Mansuetus, St. XI. 320.
Mansuetus, Bf. XI. 539.
Mansur, s. Johannes von Damask.
manuna, der VI. 805.
Mantel, vgl. pallium.
Mantelgriff, bei den Juden ein Rechtssymbol VI. 805.
Mantelkinder VI. 805 — 806.
Mantellaten, s. Serviten.
Manteufel (Mandüwel), Erasmus, letzter kath. Bf. v. Kamin II. 204. VIII. 601.
Mantra, Aberglaube der XII. 176. 178.
Mantua, Bisthum und Stadt VI. 806 — 807. II. 365 (Carmeliter in). III. 16 (Syn.). V. 319 (Syn.). VII. 585 (Fürstentag zu). VIII. 145 (Versammlung in). XI. 184.
Manualbeneficien, s. beneficium ecclesiasticum, Handpfründe.
Manuel, byz. Ksr. (J. 942) VII. 863.
Manuel I. Comnenus, griech. Kaiser (1143 — 1180) VI. 807 — 809. 844. I. 592. IV. 224. 708. VI. 864. IX. 465.
Manuel II. Paläologus (1391 — 1425) IX. 465.
manus mortua, s. Amortisation.
Manzl, Sebastian, der Sectirer IX. 634. XII. 1297 ff.
Manzoni, Alessandro, Dichter (geb. 1784) VIII. 529. IX. 1095.
Maon, die Wüste VI. 809. VIII. 45 ff.
Maphriane, syr. Bfe. I. 606. 607. V. 460 ff. 463 ff. VII. 243. [129.
mappa, tobaleum XII. 759. I. 185. VI.
Mapuico, Häuptling auf den Gambierinseln I. 558. X. 463. [362.
Mara, die Quelle VI. 809—810. VII.
Mar-Abas, der Gelehrte VII. 621.
Maraccius, Bearbeiter des Koran VI. 251.
Maradin, Mssnre. in VII. 169.
Maraga, Bm. VIII. 309.
Maran, Prudentius, der gelehrte Mauriner XII. 759 — 761. V. 136. 944 946. X. 649. 658. XI. 137.
Maranatha, das Anathem XII. 761 —767. I. 229. V. 651.
Marangoni, Gl. VI. 44.
Marani, Maraniten, s. Maranatha (XII. 762).
Maranos, die in Spanien III. 553. V. 630. 651. VI. 937.
Marat, Jean Paul, der Terrorist (erstochen 1793) IV. 899. IX. 268. 278.
Marathonianer, s. Pneumatomachen.
Marathonius, der Pneumatomache VIII. 517.
Marava, die Könige XII. 144. 145.
Marbach, Joh., prot. Thlg. d. 16. Jhdts. II. 777. VIII. 354.
Marbeuf, Ebf. IX. 281. 286.
Marbod, s. Marcomannen (VI. 821 ff.)
Marburg, das Religionsgespräch zu VI. 810. III. 146. VI. 667. VII. 710. IX. 568. XI. 392.
Marburg, Stadt und Universität III. 269. 275. 392 (Univs.). V. 109 (Univs.). 116 (Ordenscapitel in). 149 ff. (Univs.). 348 (die hl. Elisabeth in). 433 (Univs.). VI. 323 (Univs.). VII. 29 (Reformation). IX. 870 (Unterhandlungen in). X. 588 (Univs.). 912 (Teutschorden in).
Marburg, Konrad von, s. Conrad von Marburg.
Marburg in Oestreich VII. 737. 739.
Marca, Petrus de, der Canonist VI. 810—811. I. 595. V. 753. VI. 462. VII. 556. VIII. 146. 410. 814. IX. 232. 322. XI. 97.
Marceininus, Procl. I. 379.
Marcella, die heilige III. 773. V. 172 ff. VII. 846 ff. VIII. 66.
Marcellina, die Gnostikerin VI. 811 —812.
Marcellinus, der Papst VI. 812. II. 255. III. 154. VIII. 191.
Marcellinus, der Luciferianer V. 330.
Marcello, Benedetto, Tonsetzer VII. 417.
Marcellus, Name von 2 Päpsten VI. 812—813. M. I. (reg. 308—310) I. 127. II. 970. 971. VI. 112. VIII. 192. IX. 348. — M. II. (Cervini; reg. 1555) I. 757. II. 2. III. 768. VIII. 56. 109. 231. IX. 205. X. 201. 833. XI. 194. 196. 203. XII. 738. 821.
Marcellus, Apostelschüler XII. 57.
Marcellus, Kriegshauptmann und hl. Martyrer VI. 813—814. III. 153.
Marcellus von Ancyra und die Marcellianer VI. 814—815. I. 432 ff. V. 918. VI. 795 ff. 811. VII. 552 ff. 844. VIII. 438 ff. IX. 625 f.
Marcellus, ein Beamter des Honorius III. 260. 261.
Marcellus von Apamea, der Abt VI. 815 — 816.
Marcelluskirche in Rom IX. 348.
Marchelm, Gefährte des hl. Lebuin VI. 402. [401.
Marchena, der Pater I. 201. 202.
Marchettus de Muris, Tonsetzer VII.
Marchi, gel. Jesuit VI. 44.
Marcia, Buhlerin des Commodus II. 717. XII. 207.
Marcian, der heilige IX. 117.
Marcian, röm. Kaiser (reg. 450 — 457 n. Chr.). II. 445. V. 839. VI. 449. 451. 876. 881. VII. 235. 522. X. 388. XII. 648. 1017. [XII. 522.
Marcianopolis, die Kirchenprovinz
Marcion, der Gnostiker VI. 816 — 821. a) Marcion I. 254. 276. 279. 281. 308. 506. 611. II. 434. III. 224. IV. 560. V. 428. 820. 937. VI. 609. 832. VII. 48. 49. 331. VIII. 451. 573. X. 753. 756. 764. 891. — b) Marcioniten I. 279 ff. III. 711. VII. 348. VIII. 837. X. 6. 665. 850. XI. 118. XII. 1005. 1176.
Marco Polo, der berühmte Reisende III. 33. V. 722. VII. 532. X. 183 ff.
Marcos, Mich., gel. Jes. II. 786.
Marcosianer, s. Marcus, der Gnostiker.
Marcomannen werden Christen VI. 821. Vgl. Alemannen, Gothen, Hunnen, s. dazu I. 760. II. 62. VI. 413. 822 ff. IX. 963.
Marculph, s. Formelbücher.
Marcus, der Evangelist, s. Evangelien, Marcustag. dazu I. 124. 161. 382. 620 ff. II. 39. 964. III. 350. 875 ff. 902. IV. 581 ff. V. 887. VI. 845. VIII. 61. 90. 171. 214. 244 ff. IX. 577. XI. 254. 568. 570. 574. 577 ff.
Marcus Aurelius, der römische Kaiser VI. 821 — 825. I. 254 ff. 357. 361 ff. 397. 499. II. 41. 503. 717. 910. III. 930. V. 818. 820. 839. 941. VII. 46. 48. 253. 260. 319. VIII. 455. 624. XI. 721. 963.
Marcus, der Papst VI. 825—826. 545 (Liturgie des). III. 56. 170. V. 918. VII. 555. VIII. 61. 193.
Marcus Eugenicus, Bischof von Ephesus VI. 826—829. I. 874. 875. IV. 34 ff. 37. 770. V. 911. VI. 543. X. 565. 626.
Marcus, Name von 3 Gnostikern VI. 829 — 832. I. 506. II. 691. IV. 560. V. 101. VIII. 777.
Marcus, ein Manichäer V. 95.
Marcus, der Anachoret VII. 504.
Marcustag VI. 832—833. S. Bittgänge, Processionen.
Mar Horan, Rabbi XII. 1008.
Mardin, Bm. V. 461. XI. 336.
Mardochäus III. 722 ff. IV. 51.
Mareb, Mariaba, Stadt IX. 486.
Marenzio, Musiker VII. 411.
Mares, Apostelschüler VIII. 307.
Maresa, bibl. Ortsname VI. 833— 834. [841.
Maret, relig. Schriftsteller II. 393. X.
Margaretha, a) heilige Jungfrau (Marina); b) hl. Königin v. Schottland; c) von Cortona; d) von Aegypten VI. 834 — 835.
Margaretha von Navarra, Königin, s. Calvin, Hugenotten, dazu II. 603. III. 873. V. 362 ff. VI. 517. XI. 96. 701. XII. 1314. [606.
Margaretha Maultasch IV. 210. VII.
Margaretha von Oestreich, Statthalterin der Niederlande II. 604. IV. 667. VII. 600. 601. XI. 237.
Marguerye, de, der 106. Bischof von Autun XII. 57.
Marheinecke, Phil. Cdr., prot. Thlg. VI. 835. II. 9. IV. 580. V. 305. 307. VII. 294. 312. VIII. 391. X. 554 ff. 565. [Maria.
Maria Magdalena, s. Magdalena,
Maria, Mirjam, die Gottesgebärerin VI. 835—847. S. Anna, Antidikomarianiten, Christus, cultus latriae, Jesus Christus, Marienfeste, dazu I. 151 (ihre Schwester). 252 (Ave-Maria-Läuten) 253. 349 (Apokryphen). 755 (Verehrung der). 783 (Benedict XIII. hebt den Cult). II. 100 (Bonosus wider die). 109 (Auffassung des Borre). 162 (und St. Brigitta). 179 ff. (die Brüder Jesu). 361 (und das Scapulier der Carmeliter). 446 (die Nestorianer wider). 521 (angebliches Porträt). 629 (Schwester der). 780 (im Confiteor). 941 (cultus hyperduliae). III. 37.—764. 498 (Verehrung der). 530 (u. Elisabeth). 607 (u. das Concil von Ephesus). 659 (u. die Erbsünde). 893 (Idol der Mütterlichkeit). IV. 110 (ein ihr geweihter Orden). 564 (ihre Mutter). 934 (Abbildungen). V. 602 (eine Schrift für). 688 (ihr Vater). 793 (und Joseph). VI. 165 (Patronin). 523 (und St. Liguori). 539 (in den Litaneien). VII. 526 (die Nestorianer wider). 538 (Neujahrsfest). 564 (und das Nicänerconcil). 637 (und der Schwärmer Tanchelin). 651 (Haupt der Nothhelfer). VIII. 70 (ein Gebet zur). IX. 397 (psalterium Marianum). 622 (eine fromme Sage). X. 738 (ihre Terebinthe). 905 (Gnadenschatz der). XI. 401 (Patronin Ungarns). 797 (Gnadenorte und Gnadenbilder). 1124 (der Samstag ihr geweiht). XII. 1197 (Cult). 1288 (reine Empfängniß und die Wiener Universität).
Maria, Moses Schwester VI. 833.
Maria, die übrigen neutestamentl. II. 180. V. 489 (Schwester der Mutter Gottes, Mutter des Jacobus min. und Joses). VI. 8 (*). 385 (Schwester des Lazarus). VIII. 120 (Prophetin).
Maria von Aegypten, die heilige Büßerin XII. 768. V. 515. VI. 268. 835. [VI. 847.
Maria von Agreda, die Seherin
Maria von Oigny, die selige V. 457 ff.
Maria von Cassobolis V. 595.
Maria, die Katholische, Königin von England VI. 847—851. 237. 356. II. 163. 873. 707. 908. III. 533. 553. IV. 83. 667. 781 ff. 791 ff. V. 61. 69. 72. 75. 229. 829. VIII. 389. 390. 655. X. 257. 258. 531. XI. 1227.
Maria de Mercede, s. Gregor IX., Marienfeste, übrige.
Maria Stuart, Königin von Schottland VI. 851—856. 238 ff. 595. II. 49. III. 534 ff. V. 440. VI. 238 ff. 595. 961 ff. X. 206. XI. 227. XII. 150.

Maria von Burgund, Kaiser Max I. Gemahlin II. 790. VI. 942 ff.
Maria Theresia, die große Kaiserin VI. 856—863. Vgl. Joseph II., Kaiser, s. dazu I. 90 (Fortsetzung der Bollandisten). 211 (Amortisationsgesetze). 816 (Bündniß mit Frankreich). II. 184 (Errichtung des Bisthums Brünn). 208 (gegen die Nachtmahlsbulle). 620 (der Jesuitenorden). III. 859 (und Eybel). IV. 159 (Univs. Freiburg). 659. 660 (das Bisthum Gran). 663. V. 895 (die Judenordnung). VI. 153 (Beginn der teutschen Kirchengeschichtschreibung). 282 ff. (schützt den Klüpfel). 242 (ein neues Bisthum). VII. 159 (begünstigt die innere Mission). 789 (Olmütz wird Erzbisthum). VIII. 481 (und Pius VI.). IX. 320 (Univs. Freiburg). X. 122 (Siebenbürgen Großfürstenthum). 610 (Jesuitenorden). 817 (Teutschritter gegen Preußen). XI. 403 (Wiedertäufer bekehrt). 498 (begünstigt die Ursulinerinnen). 735 (und Voltaire). 1017. 1021 ff. 1047. 1065 (und Wien). XII. 266 (und die ehrwürdige Crescentia von Kaufbeuern). 391 (und Franz h). 597 (und Oestreich). 940 (und eine Abhandlung des Pellicia). 1180 (befördert den Tamburini). 1271 (und Wien).
Maria Antoinette, Königin von Frankreich (hinger. 16. Okt. 1793) V. 796. VI. 863. IX. 277. 283 ff.
Maria Caroline, Königin von Neapel X. 640.
Maria Eleonore, Gemahlin Gustav Adolphs IV. 623 ff.
Maria Louise, Gemahlin Napoleons I. (st. 1847) VIII. 490 ff.
Maria Louise, Infantin von Spanien, Herzogin von Lucca XII. 741.
Maria von Medici, Königin von Frankreich (st. 1642) V. 362 ff. IX. 312. 313.
Maria von Meran XII. 385.
Maria, Königin von Portugal VIII. 594. XII. 557.
Maria Theresia von Frankreich IV. 93. 96. IX. 283 ff.
Mariabrunn, Wallfahrtsort XI. 1001.
Maria della scala, Chorherrenstift von II. 117.
Mariadaghen, Mstnr. XII. 144.
Maria del Pilar, Wallfahrtsort IX. 622. 624.
Mariä Gegner, s. Antidikomarianiten.
Mariahilf, Wallfahrt XI. 1009. 1021.
Mariamne, Herodes Weib V. 139. 140. VIII. 397.
Mariana, Joh., Jesuit und Historiker VI. 863—865. I. 379. 380. IV. 42. V. 558. 651. 657. VII. 61. VIII. 59.
Marianen, Chrstthm. auf den I. 560. VII. 139. X. 453. 455.
Marianum officium, s. Brevier.
Marianus ab angelis, Mrithlg. VII. 307.
Marianus Scotus, s. Scotus Marianus (IX. 892).
Maria-Schnee, Klstr. V. 176.
Mariaschutz, Wallfahrt XI. 1009.
Maria, St., dänisches Kloster II. 319.
Maria-Plain, Wallfahrtsort IX. 599.
Mariastein, Kloster und Wallfahrt XII. 767—768. I. 642.
Maria-Taferl, Wallfahrtsort XI. 1021.
Mariazell, Kloster und Wallfahrt VI. 481. XI. 797. 1009.
Mariä Empfängniß VI. 865—872. I. 599. II. 259. III. 242. 559. VII. 701. VIII. 233. 346. IX. 861. X. 540. XI. 192. 962. 1005. 1017. XII. 91. 627. 1288.
Mariä Empfängniß, Orden von der unbefleckten XI. 477.
Mariä Erwartung VI. 872—873.
Mariä Geburt VI. 873—874.
Mariä Heimsuchung VI. 874—876. XI. 475.
Mariä Heimsuchung, Orden von der, s. Heimsuchung, Orden von der.
Mariä Himmelfahrt VI. 876—880. I. 517. VI. 460.
Mariä Lichtmeß oder Reinigung VI. 880—883. IV. 371. VI. 70. VIII. 803. 807. 809. XI. 133.
Mariä Namensfest VI. 883. XI. 1109.
Mariä Opferung VI. 883—884.
Mariä Reinigung, s. Mariä Lichtmeß.
Mariä Schnee, Fest der Kirche (zu Rom) VI. 883.
Mariä sieben Schmerzen VI. 884—885. X. 175 ff. XI. 133.
Mariä Verkündigung VI. 885—887. 744. 872. VII. 537. XI. 132.
Mariä Verlobung VI. 887.
Mariä Vermählung, s. Mariä Verlobung.
Marianischer Ritterorden, s. Teutschorden.
Marienberg, Kloster II. 165.
Marienborn, Herrnhutersynode zu V. 143.
Marienbrüder, die IX. 782. X. 400.
Marienburg, die Reformation in VIII. 704; — der Teutschorden X. 812. 814 ff. 817.
Marienfeld, Cisterzienserabtei XII.
Marienfeste VI. 865. 844 ff. III. 893. IX. 399. 649. XII. 301. 1082.
Marienfeste, übrige VI. 887—889.
Marienkirchen, berühmte, s. Loretto, Rom.
Marienpsalter, s. psalterium Marianum.
Mariens Loblied V. 430.
Marienstern, Klstr. VII. 23. 24.
Marienthal, Klstr. VII. 22. 23.
Marienwerder, gegründet VIII. 667; — Reformation in VIII. 580. 691.
Marigny, Phil., Ebf. v. Sens, Feind der Templer X. 733. XI. 652.
Marilley, Etienne, Bf. v. Lausanne-Genf (geb. 1804) IV. 411. VI. 372.
Marina, St., s. Margaretha (VI. 834).
Marina von Escobar, die Seherin VI. 889—890. 636. II. 163. III. 344.
Marini, Leonh., Ebf. XI. 216.
Marinianus, Ebf. v. Ravenna IX. 46.
Marino, San, die Duodezrepublik II. 613.
Marino da Fregeno, Bf. VIII. 600.
Marinus, Martyrer in Cäsarea VI. 890—891.
Marinus, die Päpste VI. 891, s. Martin.
Marinus, Bf. v. Arles III. 256.
Marinus, Leonh., Ebf. v. Lanciano X. 563. 564.
Marinus, der Neuplatoniker VII. 549.
Mario, Berühmtheiten dieses Namens XII. 769—770. V. 507 (Bf. v. Hardaschir). VII. 524. 552 ff. 555.
Marskencongregationen I. 557. VII. 168. X. 466. 468. XII. 484.
Marius, der heilige, Bischof von Lausanne I. 363.
Marius Aventicus, der Bischof VI. 891.
Marius Mercator, der gelehrte, s. Marius Aventicus, dazu IV. 308. VIII. 263. 266. XI. 547.
Mark, Wilhelm und Erhard, die Grafen von der XII. 492 ff.
Markio, Versammlung zu VI. 402.
Märkte, Jahrmärkte, ob an Festtagen statthaft XII. 551.
Markulf, Formelbuch des Mönchs XII. 770. IV. 112. 114.
Markus, s. Marcus.
Marlaine, Bf. VII. 370.
Marlborough, John Churchill, Herzog von, Feldherr (st. 1722) V. 453.
Marmont, Auguste Frederic Louis Viesse de, Marschall (st. 1852) VIII. 496.
Marmontel, frz. Schriftsteller V. 364.
Marmoutier, das Klstr. VI. 904 (Erbauung). X. 103. 105 ff. XII. 700.
Marnix, Phil. van, der Empörer VII. 602.
Maro, St., s. Maroniten.
Marokko, das Reich III. 925. IV. 571. V. 896. VI. 519. XI. 257.
Marokkianer, s. Adamiten (XII. 12).
Marolles, der Afterbischof IX. 265 ff.
Marolus, der ehrwürdige, Ebf. von Mailand VI. 752.
Marongiu, Ebf. von Cagliari XII. 202. 1081.
Maroniten, die VI. 891—896. 511 (im Libanon). I. 301 (Klöster der). 483 (Colleg in Rom). 606 (eine Berühmtheit der). II. 107 (Azymiten). III. 409 (katholische Anschauung der Ehe). 742 (nehmen den römischen Meßritus an). 746 (anerkennen den Primat Roms). 903 (Ritus des Evangeliums). IV. 32. 38 (und das Concil von Florenz). VII. 165 (Hospiz in Rom). 168 (baladitische). 251 (und die Monotheleten). VIII. 52 (Statistisches). 214 (Patriarch von Antiochien). X. 626 (Statistisches). XI. 337 (Statistisches). XII. 72 (geeinigt mit Rom).
Maroquin, Bf. XII. 40.
Marot, der Hoftheologe II. 278.
Marozia, die berüchtigte I. 129. 815. 816. III. 904. V. 710. 755. VI. 461. 638. VIII. 106. X. 88. XI. 379.
Marquesasinseln, Chrstthm. auf den I. 558. VIII. 451. X. 464.
Marriot, der Basler Doctor X. 739.
Marroquin, Bf. v. Guatemala XII. 46.
Mars, altröm. Gottheit VIII. 41. IX. 602.
Mar Saba, Klstr. X. 88 ff.
Marseille, a) Bisthum XII. 770—771, s. Massilianer, Frankreich, Revolution, französ., dazu V. 889. IX. 588. X. 308. XI. 1296. XII. 1326. — b) Stadt II. 395 (Kloster). IV. 70 (Findelhaus). IX. 273. X. 56 (Mönche in). XI. 472. XII. 463. — 1113 (Judenschule).
Marsham, prot. Thlg. II. 362.
Marsilius Ficinus, s. Ficinus.
Marsilius Ingenuus VI. 895—896.
Marsilius Patavinus VI. 896—897. V. 766. VII. 696. XI. 931. XII. 33. 84. 746.
Mar Sutra, Rabbi XII. 1166.
Martell, Carl, s. Carl Martell.
Martene, Edmund, der Mauriner VI. 897—898. I. 404. 506. II. 457. III. 147. IV. 840. V. 265. IX. 488. 813. XII. 264.
Martensen, hegelian. Mrlphlsph. VII. 328.
Martha, die heilige (Schwester des Lazarus) XII. 771—772. IV. 373. VI. 385. X. 834.
Martial, der heilige I. 594. II. 34. III. 939. VI. 299. XII. 16. 999.
Martian, novatian. Bf. v. CStpl. IX. 495. 496.
Martianay, Jean, der Mauriner VI. 898—900. II. 633.
Martianus Capella, s. Capella.
Martin von Duma, der hl., Ebf. v. Braga VI. 900. VIII. 522. XII. 129. 130.
Martin, Name von 5 Päpsten VI. 901—903. M. I. (der heilige; reg. 649—655) I. 194. II. 526. III. 740. 812. VI. 335. VII. 248. X. 223. 630. XII. 784. 1320. — M. II. (Marinus I.; reg. 882—884) VI.

Matter, J., der gel. Elsässer (geb. 1791) VI. 157. VII. 310. X. 156.
Mattes, Prof. in Hildesheim IV. 499 ff.
Matthäus, der Apostel, s. Evangelien, dazu I. 151. 133. 346 ff. 369 ff. 622. III. 320. 780 ff. 802. IV. 881. VII. 833 (***). VIII. 75. 90. 190 ff. X. 316. 317. XII. 505.
Matthäus Blastares, s. Canonensammlungen (II. 303).
Matthäus Florigerus, s. Matthäus von Westminster.
Matthäus Parisius, der Chronist VI. 932. II. 99. 804. 805. III. 806. IV. 130. 229. X. 726. XI. 1125. XII. 779. 1141 ff.
Matthäus von Westminster, Chronist VI. 932—933.
Matthiä, der Hofprediger II. 511 ff.
Matthias, der Apostel VI. 933. I. 351. 653. VII. 100. XII. 917.
Matthias, Kaiser (st. 1619) II. 176. III. 266 ff. IV. 16. V. 427. VI. 227. VII. 606. 735. VIII. 260. X. 407. XI. 402. 997 ff. 1000. 1153. XII. 5. 1282.
Mattsee, Kloster, s. Passau.
Maturus, St., Bf. VIII. 624 ff.
Matutin, s. Brevier, Mette.
Matzen, Nicol. Seyringer von, Abt v. Melk VII. 50.
Maubeuge, Klstr. XII. 12.
Maudjalagana, buddhist. Weiser XII. 174.
Mauerbach, Karthause VII. 723.
Mauerkirchner, Friedrich I., Bf. v. Passau VIII. 181.
Mauermann, apostol. Vicar in Sachsen XII. 296. 297.
Maugier, Dom. Stephan, Gen.-Vicar II. 552.
Maulbronn, Religionsgespräch zu VII. 868. IX. 561.
Maulbronn'sches Buch I. 237.
Maupertuis, Pierre Louis Moreau de, Gelehrter XI. 734. 736.
Mauren, die, in Spanien VI. 933—938. I. 565 (veranlassen die Gründung des Avisordens). 771 (Alfons III. kämpft glücklich wider die). II. 258 (Orden von Calatrava wider die). 264 (Kreuzzug gegen die in Granada). 346 (Carl d. G. und die). 516 (ein neuer Orden wider die). 599 (Alfons glücklich wider die). III. 553 ff. (und Emmanuel von Portugal). 631 (die episcopi in partibus). 754 (Erzbischof Eulogius). IV. 22 ff. (Ferdinands III. glückliche Kämpfe). 25 ff. (und Ferdinand der Katholische). 29 ff. — 40 (Ferrer bekehrt viele). 708 (zur Zeit Gregors VII.). V. 319 (zur Zeit Honorius III.). 633 (Hauptschlacht). 642. — 652 (und die Inquisition). 530 ff. (in Granada). 891 ff. (die Juden unter den). VI. 553 (die Mozaraber). 939 (Gefährdung der Staatseinheit). VII. 627 (P. Nolaskus). VIII. 280 (ein Bekehrer der). 347 (Petrus Martyr). 391 (und Philipp II.). IX. 623 (in Saragossa). X. 105 (Sevilla). 261 ff. (und Spanien). 725 (Templer gegen). 918. XI. 65 ff. (und Toledo). 98 (Toulouse). 558 (und die Vandalen). XII. 129 (Braga). 499 (Granada). 998 (Schlacht bei Poitiers). 1081 (Salamanca). 1110 (die Juden unter den). [637.
Maurer, Staatsrath, G. L. von VII.
Maurer, Gg., Gf. XII. 348. 349.
Mauriner, berühmte, s. Maurus, dazu I. 794. 797. II. 551. 552. 795. III. 1. 103. 106. 254. IV. 101. 808. VI. 332. 896. 895. 897. 898. 920. VII. 279. 657. VIII. 221. IX. 446. 465. 469. XII. 228. 264. 465. 700. 750.
Mauritanien, s. Nordafrika.
Mauritius, die Insel X. 461. XI. 760.
Mauritius, Heilige dieses Namens VI. 938. 414. II. 300. III. 139. V. 50. 149. X. 194. XII. 1124.
Mauritius, heil. Bf. v. Florenz VII. 357.
Mauritius, der Aristoteliker I. 421.
Mauritius, byzant. Kaiser (reg. 582—602) III. 778. 811. IV. 679. 682. 685 ff. 687. VI. 582 ff. 870. VIII. 427.
Mauritius, Ritterorden des hl. VI. 415.
Mauriz, St., Kloster am kleinen Bernhard im Walliserland II. 848. VI. 415. X. 194. 197. 198. XI. 1379.
Maurus, Congregation des heiligen VI. 938 — 939. a) Maurus der heilige I. 542. 794. II. 87. III. 14. IV. 155. VII. 274. IX. 2. 448. XII. 985. 997. — b) Mauriner und der Orden, s. Mauriner, berühmte, dazu II. 44. 642. 738. 795. IV. 465. 653. VI. 452. VIII. 427. IX. 85. X. 100. XI. 562. 739. XII. 355. 365.
Maurus, der selige, Bf. v. Fünfkirchen VI. 746. XI. 400.
Maurus, St., Abt v. Martinsberg IV. 662.
Maurus, Ebf. v. Ravenna IX. 46.
Maurus, Frauen vom heiligen IV. 180.
Maurus Rabanus, s. Rabanus Maurus.
Maury, Jean Siffrein, Cardinal-Erzbischof VI. 939 — 942. IX. 259. XII. 124. [1162.
Maury, Alfred, Schriftsteller XII.
Mäusethurm, der im Rheine IV. 850.
Mauvillon, Schftst. VII. 289.
Maxentius, röm. Kaiser (303—312 n. Chr.) II. 827. 927. VI. 309 ff. 813. VII. 35. XI. 726.
Maxentius, Joh., der Mönch V. 332 ff. VII. 240.
Maxfeld, der Schwärmer VII. 126.
Maxim, Mönch vom Berge Athos IX. 467.
Maxima, St. XI. 544.
Maximian Herculeus, Mitregent des Diocletian (hinger. 310 n. Chr.) II. 650. 842 ff. 918. 919. III. 152. IV. 1. V. 336. VI. 414. 737. XII. 780.
Maximian, Ebf. v. Ravenna IX. 45.
Maximianisten, donatist. Nebensecte III. 259.
Maximilian, der heilige (von Lorch) I. 690. III. 153. VIII. 171. IX. 591.
Maximilian I., Kaiser VI. 942—946. I. 106 (Hadrian VI.). 196 (beruft das conciliabulum von Pisa). 896 (und Churfürst Bertold von Mainz). II. 252 (Cardinal Cajetan). 349 (und Carl V.). 542 (erhält das Leben der Grafschaft Tyrol). 683 (und P. Colonna). 889 (*). III. 346 (adelt den A. Dürer). 869 (sein Hofprediger). IV. 12 (sein Sohn). 230 (Vater des). V. 60 (und Heinrich VIII.). 156 (bestätigt den Hexenhammer). 919 ff. (und P. Julius II.). VI. 470 (und die Franzosen). 482 (Leopold der Heilige). VII. 404 (sein Hofcapellmeister). VIII. 350 (C. Peutinger). 458 (W. Pirkheimer). 569 (erobert St. Pölten). IX. 143. 155 ff. (und das teutsche Reich). 237 (*). 239 (*). 334 (der hl. Rock). 906 (Grabmal). 912 (ein Günstling). X. 137 (Landfriede). 198 (M. Schinner). XI. 321 (und Alexander VI.). 385 (und Ulrich von Württemberg). 388. — 985 (und Wien). 1153 (Worms). XII. 416. 418 (sein Vater). 855 (Nürnberg). 896 (und Oestreich). 1264. 1273 ff. 1278. 1287 (und Wien).
Maximilian II., Kaiser VI. 946—951. II. 67 (begünstigt die böhmischen und mährischen Brüder). 153 (ein Freund des). 391 (und Cassanders Summa). 543 (gibt den Protestanten freie Religionsübung). 705 (ein päpstl. Gesandter an). 706 (seine Gemahlin). III. 296 (bereitet den 30jähr. Krieg vor). 331 (und A. Dudith). 506 (der Judenfeind Eisengrein). 878 (ein poeta laureatus). IV. 13 (seine Wahl). 663 (für Toleranz). 812 (*). V. 270. — 346 (und St. Hosius). 372 (die Hugenotten). 427 (Zugeständnisse an die Protestanten). VII. 732 ff. 740 (und Oestreich). VIII. 182 (Concessionen an die Protestanten). 374 (ein Hofprediger). 484 (und Pius V.). 615 (A. Possevin). 701 (ein Mißgriff). IX. 222 (und der geistliche Vorbehalt). 295 (eine Tochter). X. 335 (wider die Jesuiten). 405 (Gymnasium in Straßburg). 413 (gibt Gefangene frei). XI. 216. 224. 228. 247 (und das Tridentiner Concil). 608 (Bergerius). 990 ff. 994. 998 f. (und Wien). 1123 (und G. Wizel). XII. 896 (und Oestreich). 1196 (F. Toledo). 1264. 1281 (und Wien).
Maximilian, Churfürsten v. Bayern: M. I., der Große (st. 1651), s. Dreißigjähriger Krieg, dazu I. 590. III. 287. 289 ff. 304. 595. IV. 17. 213. 506. 725. 755. 828 ff. V. 976. VII. 751. 860. VIII. 355. XI. 478. 878 ff. 1068. — M. III., Joseph (reg. 1745—1777) VI. 858. VIII. 742.
Maximilian I., Joseph, König von Bayern (st. 1825) II. 751. IV. 213. VII. 370. VIII. 148. IX. 563. XII. 189.
Maximilian, Erzherzog Franz Xaver Joseph, letzter Churfürst von Cöln II. 676. III. 568. XII. 430. 870. 962.
Maximilian Joseph, F.-Ebf. v. Olmütz XII. 340.
Maximilla, die Prophetin VII. 253 f. 255. 256. XII. 74.
Maximin, St., Bf. v. Aries VI. 482.
Maximin, St., Bf. v. Trier X. 132. XI. 249. XII. 21. 249 ff. 721. 771.
Maximin, Bf. v. Straßburg X. 397.
Maximinus, röm. Kaiser VI. 951—953. 905 ff. I. 300. 609. II. 828. III. 59. 60. IV. 673. VII. 830. VIII. 369. 779. X. 842. 856. XI. 485.
Maximus, berühmte Männer dieses Namens: a) Bischof von Jerusalem. b) Bischof von Turin; c) Abt und Confessor; d) der Kaiser; e) 2 Philosophen XII. 780—786. I. 493. II. 702. 826. V. 295. 305. 947. 948. VI. 248. 301. 538. 539. VIII. 64. 339. IX. 591. X. 564. XII. 916. 1198. 1221.
Maximus von Bostra VIII. 259.
Maximus, I. Bf. v. Constanz II. 546. 548.
Maximus, Bf. v. Ephesus VII. 517.
Maximus, Bf. v. Genf IV. 416.
Maximus, St. (in Mailand) XII. 1223.
Maximus, Bf. v. Nola III. 62. IV. 5. 6. [962.
Maximus, novatian. Ggbf. VII.
Maximus, Bf. v. Salona IV. 652.
Maximus v. Saragossa X. 630.
Maximus, St., v. Trier IX. 625 f.
Maximus Petronius, Nachfolger Valentinians III. 450. XII. 1223.
May, Rud. Wilh., Domherr I. 298.
Mayer, Joh., s. Eck, Dr.
Mayer, J. F., Superintendent, Gegner Speners X. 262. 284.
Mayerhoff, prot. Thlg. VIII. 233.
Mayfredia, die Päpstin XI. 1085.
Maynas-Missionen, die XII. 43.
Maynooth, das Seminar in V. 831.

Mayuz, s. Mainz.
Mayr, Beda, der moderne Apologet VI. 958.
Mayrom, Franz, s. Franciscus Mayrom.
Mazarin, Cardinal und Staatsmann VI. 953—955. 633. I. 158. II. 923. III. 301. V. 559. VIII. 146. IX. 229 ff. X. 702. XI. 479.
Mazas, Alxdr., Schriftstlr. IX. 262.
Mazenod, K. J. E. de, Bs. v. Marseille XII. 453. 771.
Mazor, ein Name von Aegypten s. d.
Mazotta, Mrlst. VII. 306.
Mazzen, Mazzoth, die VII. 883.
Mazzini, Giuseppe, der Verschwörer (geb. 1808) XII. 214.
M'Crie, ein Lobredner des Knox VI. 236 ff.
Meaux, Bisthum II. 124. III. 344. IV. 159. IX. 273. X. 215. XI. 437.
Mecca, mohammed. Wallfahrtsort I. 73 ff. 365. 388. 594. II. 241. III. 109. IV. 922. V. 855. 860. VII. 186 ff. X. 795 ff. 812 ff. 1244.
Meccau, Melchior v., Cdl.-Bsf. v. Brixen II. 168.
Mecheln, Erzbisthum VII. 1—2. a) Erzbm. IV. 563. 668. V. 805. 808. IX. 449. XII. 573. 858. — b) Stadt VI. 470. 586. 604. VII. 609.
Mecheln, Synoden XII. 786—788. II. 767. VII. 411. XI. 447.
Mechiltha, d. Midrasch I. 139. VII. 144.
Mechitaristen-Congregation VII. 2—7. I. 443. II. 522. III. 614. VIII. 165. 168. 243. X. 101. 502.
Mechtildis von Andechs, die heilige XII. 788.
Mechtildis, hl., Schwester der hl. Gertrude XII. 788.
Mechtildis von Schottland, s. Mathilde (XII. 780).
Mechthildis vom hl. Sacrament I. 797.
Mecklenburg, Katholiken daselbst XII. 788—789.
Mecklenburg, Kirchengeschte., s. Schwerin, Bm., dazu II. 139. 543. 752. III. 302. IV. 630. 826 ff. V. 78. VIII. 825. IX. 35. 38 ff. 187. 416. XI. 670. 671. XII. 712. 807.
Mecum, s. Myconius, Frdr.
Medad und Eldad, das Buch I. 314.
Médaille, der Jesuit V. 908.
Medardus, hl. Bischof v. Noyon und Tournay VII. 7—8. VI. 335. IX. 10. 315. X. 661.
Mede, Jos., engl. Bblkrtkr. XI. 1237.
Medgyes, Synode zu X. 124.
Media vita in morte sumus VII. 655.
Mediasch, Synode zu V. 323.
Mediceer, berühmte II. 602. 654. 902. IV. 63 ff. VI. 467. 473. 712. 713. VII. 222. VIII. 232. IX. 610 ff. X. 205.
Medici, Julius von, s. Leo X.
Medici, Katharina von, s. Catharina v. M.
Medien und Meder VII. 8—10, s. Perser, Zendvolk, dazu I. 575. 576. II. 980. III. 301. IX. 12.
Medina, s. Ansar, Jathreb, dazu I. 73 ff. III. 109. IV. 922. V. 858. VII. 187 ff. 356. XI. 798 ff. 812 ff.
Medina, Barthol., Urheber des Probabilismus VIII. 786 ff.; — Mssnr. X. 464.
Medina-Celi, Herzog VII. 606.
Mediomatricum, Metz; s. d.
Meditation, s. Betrachtung.
Meditation, quietist., s. Molinos.
Medler, Nicol., der Refor. VII. 11.
Medwisch, Syn. zu VII. 731.
Medzpin, armen. Name für Nisibis; s. d.
Meer, adriatisches, s. Adriatisches Meer.
Meer, todtes, s. Meere, bbl., Sodoma.
Meere, biblische VII. 11—15. IV. 409. VIII. 48.
Meersburg, plastische Kunstwerke in IX. 896.
Megemont, Abtei IX. 265.
Megerle, Ulr., s. Abraham a S. Clara.
Meghavahana, buddh. Kg. XII. 183.
Megiddo, s. Mageddon.
Megillah, s. Esther.
Megilloth, die fünf VII. 144. X. 576. 951.
Megingaud, Bs. v. Würzburg XI. 1184.
Megingoz, Bs. v. Würzburg II. 82. IV. 237. 238.
Meginhard, Mönch, Chronist III. 939.
Meginrad, Bs. V. 214.
Megliorati, Cosmas, s. Innocenz VII. (V. 640).
Meglitz, Ebs. v. Prag XI. 207. 210. 217.
Mehemet Ali v. Aegypten VI. 895. VIII. 51. IX. 341.
Mehl, Bestandtheil des hebr. Opfers VII. 783.
Mehrerau, Klstr. I. 151. II. 690. XI. 1238. XII. 1203.
Meibomius (Meybaum), Joh. Heinr. der ältere (st. 1625), der jüngere (st. 1638), Gelehrte IV. 563. V. 390.
Meichelbeck, Carl, der gelehrte Benedictiner XII. 789—791. 115. IV. 213.
Meier, prot. Thlg. II. 431. III. 53. V. 595; — der Staatsschreiber IX. 956 ff.
Me'il, das V. 281.
Meile, die altrömische VI. 694.
Meindarts, jansen. Ebs. v. Utrecht V. 499. XI. 510.
Meineid, perjurium VII. 16, s. Eid, dazu II. 677. III. 473 ff. V. 249. VI. 231. IX. 216. 217. XI. 180. 1273.
Meineidsverwarnung III. 478.
Meiners, Christoph, Histor. (st. 1810) XI. 333. 436.
Meinhard, Apostel der Liven, s. Liefland, dazu I. 141. 555. 556. II. 139. III. 721. IV. 71. IX. 868.
Meinhard, Gegenbischof v. Würzburg XI. 1187.
Meinhold, Joh. Wilh., Verfasser des „getreuen Ritters" XII. 792—793.
Meiningen, Reformation in II. 776.
Meinolph, St. VIII. 5.
Meinrad, der heilige, s. Einsiedeln.
Meinrad von Hirsau, Gl. XI. 1120.
Meinung, gute XII. 793—794.
Meinung, theolog., s. Dogma.
Meinwerk, Bischof von Paderborn VII. 16—18. 74. III. 959. VIII. 6. XII. 31. 596.
Meiosis, s. Hyperbel.
Meir, Rabbi XII. 153. 1106.
Meißen, Bisthum VII. 18—27. 32. 70 ff. 427. 492 ff. 897. I. 907. II. 122. 139. 218. 649. IV. 629. V. 759. VI. 315. 377. 730. XII. 296.
Mekka, s. Mecca.
Mel, St. II. 160.
Melac, der Mordbrenner (st. 1709) VI. 415.
Melan, Colleg in VII. 166.
Melander, Dionys, der Apostat V. 150. VII. 27.
Melander, der General III. 301.
Melanchthon, Philipp (Schwarzerd), der Reformator VII. 27—35. s. Luther, dazu I. 98 (u. die Adiaphoristen). 132 (und J. Agricola). 145 (Rath an den Teutschmeister Albrecht). 283.—520 (beim Augsburger Reichstag). 522 (seine widersprechenden Confessionen). 903. 907 (und Beza). 911 (alles nicht in der Bibel Enthaltene sei Teufelslehre). II. 13 (seine Bildnisse). 40 (und Ambros Blaarer). 145 (und Brenz). 201 (Dr. Pomeranus). 228 (betet Luthern in der Lehre von der Buße nach). 232. 233 ff. (*). 260 (neben G. Calixt). 277. 290 (und der Calvinismus). 289 (Wormser Colloquium). 360 (und Carlstadt). 431 (die Centuriatoren). 466. 467 (und Chemnitz). 543 (Chyträus). 770 (*). 779 (protestant. Firmung). 925 (ein Gegner). III. 53 (bleibt bei der alten Auffassung des Decalogs). 123 (und M. Devai). 145 (ein Brief an). 355 (und Paul Eber). 432 (Ansicht von der Ehe). 828 (*). 868 (ein Gegner). IV. 80 (und Chr. Fischer). 116. 117 (ein Schüler des). 277 (der Regensburger Eherstreit). 492 (huldigt der Astrologie). 903 (ein Geistesverwandter). 920 (Casp. Hedio). V. 72 (und Heinrich VIII.). 109 (ein später Lehrer). 117 (und Hermann V. von Cöln). 148 (und der Landgraf von Hessen). 150. 151 (ein Zelote). 323 (Lob des Honter). 340 (St. Hosius). 428 (ein Gegner). 572 (Versuche, den Orient zu reformiren). 651 (lobt Servets Verbrennung). 781. 782 (und J. Jonas). VI. 31 (G. Karg). 116 (Flacius). 300 ff. (und der Kryptocalvinismus). 321 (ein Consequenzenmacher). 348 (und Cardinal Lang). 353 (ein bedeutender Anhänger). 356. 357 (und Lasko). 432 (Leipziger Interim). 534 (Lippomani). 563 (seine loci theologici). 770 (der Majoristenstreit). 810 (Marburger Religionsgespräch). 947 (und Kaiser Max II.). VII. 11 (ein Vertrauter des). 56 (und J. Menius). 150 (Schulwesen). 319 (in der Ethik ein Platoniker). 340 (Mörlin). 352 (Musculus). 467 (Kirchmeier). 706 ff. (und Oecolampad). 730 (Reformat. in Oestreich). 865 (die Osiandristen). 894 (ein Gegner). VIII. 20 (Schulwesen). 325 (die beiden Petersen). 558 (Reformation in Polen). 696. 699 (die Reformation in Preußen). IX. 189 (Einigungsversuche zwischen Lutheranern und Reformirten). 242 (und Reuchlin). 519 (Lehre von den Sacramenten). 556. 559 ff. (der Sacramentstreit). 654 (Bischof Turzo). 750 (und die Scholastik). X. 76 ff. (Separatismus). 92. 94. 97 (und Servet). 233 (Socinianismus). 320 (und Bischof Stadion). 340 (und Stathylus). 412 ff. (die Strigelianer). 567. 568 (die symbolischen Bücher). 584 (der Syncretismus). 590 (und Synergismus). 591. — 830 (ein Schüler des). XI. 91 (Mitverfasser der Torgauer Artikel). 96 (bei Margaretha von Valois?). 175 ff. 200 (und das Tridentinerconcil). 402 (Reformation in Ungarn). 515 (ein spanischer Verehrer). 912 (ein Gegner). 1123 (G. Wicelius). XII. 241 (und das Erzstift Cöln). 417 (und der „weise" Churfürst Friedrich). 537 (ein Vertrauter). 854 (Reformation in Nürnberg). 971 (seine Anhänger). 1052 (Ulenberg). 1235 (und das Schulwesen).
Melanesien, s. Salomonsinseln.
Melania, heilige XII. 294—295. VI. 287. IX. 410. 411. X. 211.
Melanthius, Bs. v. Toledo X. 62.
Melas, Fluß VI. 70.
Melbourne, Bm. X. 462. 649.*
Melchiades, Papst VII. 35—36. I. 436. 569. II. 828. III. 256. VIII. 850. IX. 658. XII. 356.
Melchior, einer der hl. 3 Könige III. 285.
Melchior, Otto, Bs. v. Bamberg I. 596; — Bs. v. Würzburg XI. 1191.
Melchisedech VII. 36—37. V. 527. VII. 64. 450. IX. 579.
Melchisedech, Ptch. v. Groß-Armenien VI. 441.
Melchisedechianer I. 293. III. 155

Melchisua, Sauls Sohn IX. 637.
Melchiten VII. 87. I. 124. 287. V. 459. VI. 545. 546. 583. VII. 213. IX. 206. X. 625. XI. 336.
Melciades, s. Melchiades.
Meletianisches Schisma VII. 87—46. 555 ff. I. 285. 428. 430 ff. 492 ff. III. 768. 770. IV. 90. 740. VI. 612. VIII. 339. IX. 668. 669.
Meletius, Ptch. v. Antiochien, s. Meletianisches Schisma, dazu II. 535. III. 764. IV. 740. 743. V. 525.
Meletius, Ptch. v. Alexdn. IX. 669.
Meletius, Bf. v. Sebaste III. 154. 155.
Melfi, Syn. zu VII. 582 ff.
Melguell, Pontius, Abt v. Clugny II. 640 ff.
Meliapur, Bisthum in Indien IV. 137. X. 911. XII. 72.
Melisende, Königin IV. 248.
Melissus, jon. Philsph. VIII. 78 ff.
Melitianer, Melitonier, chiliast. Partei VII. 47.
Melite (Malta) VII. 46. I. 126. IV. 671. V. 569. 848. XI. 536.
Melitina, Bm. V. 460. 461.
Melito, Apologet VII. 46—50. 874. I. 362. VI. 17. 19. 876.
Melk, das berühmte Stift VII. 50—53. IV. 632. VI. 354. 480 ff. 585. 748. VIII. 174. 567. IX. 600. X. 799. XI. 905. 977. 978. 983. 995. 1004. 1037. XII. 310. 962. 963.
Melleray, Trappistenkloster XI. 169.
Mellersbach, Wallfahrt VII. 377.
Mellitus, Gefährte des hl. Augustin, 1. Bf. v. Essex I. 245. 246. IV. 779.
Mello, St. XII. 1048. [781.
Mellon-Joly, Ebf. v. Sens X. 71.
Melote, die VIII. 3.
Melun, Bm. X. 69.
Memento der Lebendigen u. Todten VII. 99. [XI. 166.
Memento mori VII. 53—54. III. 503.
Memmingen, Stadt I. 521. II. 40. IX. 558. 697. 700.
Memnon, Bf. III. 609.
Memoria VII. 54.
Memphis, s. Noph.
Memra, Wort Gottes VI. 560.
Menäen, griech. Kirchenbuch VI. 909.
Menahem, König v. Israel VII. 54—55. I. 485. IV. 911. V. 684. VIII. 384. IX. 651.
Menander, der gräcisirende Gnostiker VII. 55. I. 278. 506. IV. 559. IX. 632. [X. 157.
Menandrianer, s. Menander, dazu
Menard, Hugo, Mauriner I. 622. V. 623. VIII. 604.
Mendai, Mandäer, s. Zabier.
Mendelssohn, Moses, der jüdische Sokrates (st. 1786) III. 362. IV. 596. V. 902. VII. 325. 570. IX. 6. XII. 1089. 1116.
Mendelssohn-Bartholdy, Felix, der Componist VII. 420.
Mendez, Bf. XI. 40. 41.
Mendicantenorden, s. Bettelorden, Mönchthum.
Mendog (Mendowe), 1. Großfürst v. Lithauen V. 478. 479.
Mendoza, Don Diego Hurtado de, span. Hist. (st. 1575) IV. 41.
Mendoza, Pedro Gonsalez de, Cdl.-Ebf. v. Toledo XI. 72. 1208 ff.
Menelaus, Hoherpriester VII. 55—56. I. 242. V. 290. VI. 691. VII. 773. 774. X. 153. 391.
Menevia, Bm. III. 50. IV. 515.
Menezes, Alexius, Bf. v. Goa V. 617.
Meni, babylon. Götze IV. 269.
Menius, Justus, der Superintendent VII. 56—57. 340. VI. 773. XII. 1235.
Menken, Gottf., Sectirer IX. 829; — Ludwig, Legationsrath VIII. 728.
Mennas, Patriarch von Cstpl. VII. 57—58. I. 128. III. 276 ff. VII. 239 ff. 245. 849. VIII. 263.
Menno, Mennoniten VII. 58—61. III. 122. 476. VII. 732 (in Ungarn und Siebenbürgen). VIII. 711 (in Preußen). IX. 187. 822. X. 78. XI. 957 ff.
Menochius, Joh. Stephan, der Jesuit VII. 61—62. I. 401.
Menologien, Martyrologien der Griechen VI. 909.
mensa capitularis und episcopalis VII. 62. II. 816. VIII. 626.
mensa pauperum VII. 62—63. 164.
Mensch, der VII. 63—66. 341 ff. 478. 754 ff. 841. I. 68. II. 469 (symbol. Gestalt). 721 (Person). VI. 185 (als Symbol). IX. 768 (Erschaffung). X. 1 ff. (Seele). XI. 38. 856. 948.
Menschenliebe der Essäer III. 717.
Menschenopfer der alten Araber V. 846.
Menschenvergötterung, s. Apotheose.
Menschensohn, s. Christus.
Menschwerdung Christi, s. Christus, Erlöser.
Menschwerdung, Congreg. von der, s. Cistercienserorden.
menses papales VII. 66—67. VIII. 225. IX. 221.
Menstruation macht unrein IX. 164. 165.
Mensuralgesang, s. Musik.
Mensurius, Bf. v. Carthago III. 254. 255. [talis.
Mentalreservation, s. reservatio men-
Menzel, Carl Adolph, Geschichtschreiber (st. 1855) I. 520. 521. 522. II. 369. III. 287. 508. 570. 572 ff. IV. 201. 203. V. 158. VI. 158. 861. 949. VIII. 305. IX. 430. X. 130. 292. XI. 206. XII. 663 ff. 905. 828.
Menzel, Wolfgang, Schrftst. (geb. 1798) IV. 579. VII. 164. IX. 859. X. 193. XI. 1161. XII. 1062.
Menzils, die oriental. V. 104.
Mephiboseth, a) Sohn Sauls, b) Jonathans VII. 67. III. 49.
Merari, Söhne Levis VI. 500. 501. 503. [IX. 435.
Mercati, G. M., Gl. VI. 549. 550 ff.
Mercator Marius, s. Marius Aventicus.
Mercede, festum B. V. de VI. 889.
Mercenarierorden XII. 43. 47.
Mercien, das Christenthum im angelsächs. Reich I. 249 ff. IV. 780. 781. V. 625. X. 814.
Mercurian, Eberh., 4. Jesuitengeneral I. 758. [745).
Mercurius, s. Johannes II. P. (V.
Mercy, Frz., kais. General (st. 1645) XI. 881 ff. 883.
Mercyorden (ordo de Mercede) VI. 889. XII. 1021.
Merenda, Ant., Gl. II. 407.
Mergentheim X. 812. 816.
Merici, Angela, Stifterin der Ursulinerinnen VII. 67—68. XI. 487.
Merida, Ebm. II. 262. III. 750. XII. 730.
Merida, südamerican. Bm. X. 445.
Merinthianer, s. Cerinth.
meritum de congruo et de condigno VII. 68—69. 200, vgl. Werke, gute.
meritorum thesaurus, s. thesaurus meritorum.
Merkel, gl. Thlg. VII. 267. [851.
Merlin, Jac., Gl. II. 738. VIII. 849.
Merlin, der Zauberer, s. Mörlin.
Merobaudes, Flavius, Dichter VIII. 521.
Merobach Baladan, König von Babel VII. 69. III. 862.
Merode, die Grafen XII. 108.
Meroë, der Staat I. 76. 77. II. 957. VI. 16. IX. 494 ff.
Merom, Bittersee VII. 69—70. V. 787. VIII. 46.
Meropius von Tyrus I. 76.
Merovdus, angebl. Stifter von Merseburg VII. 70.
Merovinger, Geschlecht der II. 346. 357. III. 2. 3. IV. 149 ff. 750. 751. VIII. 457. XII. 12. 998. 999.
Merseburg, Bisthum VII. 70—76. I. 19 ff. 25. 492. II. 121 ff. 218. III. 182 ff. V. 759. VI. 730. X. 121. 122.
Mersenne, Marinus, Exeget XII. 796.
Meru (Merw), Stadt VII. 525.
Merwan II., Chalif III. 710.
Merz, der Illuminat V. 604.
Mescha, Moabiterkönig V. 785. VII 185.
Meseritz, Elisabeth von II. 930.
Mesmer, Franz, Begründer der Lehre vom thierischen Magnetismus (st. 1815) XI. 654.
Mesopotamien VII. 76—78. 188. I. 390. 606. 608. II. 443. 444. 986. IV. 866. X. 537. XI. 18.
Mesrop, der armen. Apostel VII. 78—80. I. 441. 943. III. 540. 711. IV. 574. 575.
Messalianer, Secte der VII. 80—82, s. Psallianer, dazu I. 213. 615. IV. 325. V. 435. VI. 910. VIII. 593. IX. 23. 518. X. 671.
Meßapplication, s. Messe.
Meßbuch, missale Romanum I. 97. II. 115. III. 730. 779. VI. 62. 135. 551. VIII. 57. 206. 484. IX. 211. 434. X. 86. 87. 201. 563. 695. XI. 244. 579. XII. 276. 543.
Meßdiener, Ministrant VII. 82—83. I. 58. 181. VI. 129.
Messe, Meßopfer VII. 83—104. 113. 118. 156. 335 ff. (am Morgen). 441 (und die Mystik). 473.—754 (das Opferbrod). 804 (Wirkungen der). I. 56 (Ablution). 79 (Gebet vor der). 182 (Privatm.). 135. 215 ff. 225. 523 (und das Interim). 558 (Ausstellung des Hochwürdigsten). 710 (und die Heiligen). 890 (Orte der Feier der). II. 300 (canon Missae). 424 (und der Celebrant). 457 (in der Charwoche). 704. 705 (commemoratio). 790 (das Confiteor). III. 174 (die Diptychen). 234 (und der Tag des Herrn). 558 ff. (das Engelamt). 802 ff. (Litgie. der). IV. 2 (in den Gräbern der Martyrer). 95 (flectamus genua). 221 (osculum pacis). 245 (der Frühmesser). 328. 329. 330 (und das Gebet). 573 (Gedicht über). 610 (Gottesdienst). 653 (das Graduale). 853 (Handauflegung über die Opfergabe). 891 (und die Hauscommunion). V. 212 (Hirscher's Anschauung). 254 (Hochw. Gut). 265 (für Brautleute). 333 (das Hosanna). VI. 62 (Kelch). 124 ff. (Besuch der). 173 (Sprache). 235 (genuflexio). 306 (Küssen des Evangeliums und Altares). 316 (an Lätare). 467 (feierl. des Papstes). 506 (Levitenamt). 547 (vsch. Liturgien). VIII. 190 ff. 193 (Passionssonntag). 209 (die patena). 200 (bursa). 365. 366. 371 (Pflicht des Pfarrers gegenüber der Gemeinde). 377 ff. 766 (Priesterweihe). 775 (Primiz). 851 (im Pseudoisidor). 803 ff. (die Purificationen). IX. 21 (und die Raskolniks). 207 (Renovation der Eucharistie). 211. 212 (das Requiem). 435 (die Rubriken). X. 18 (Seelsorger). 20 (Segen). 86 (die Sequenzen). 88 (*). 404. 414 ff. (Staffelgebet). 426. 428 ff. (Diacon). 540. 541 (Strafe der Suspension). XI. 112 (und die Puseyiten). 199. 220 ff. (und das Concil von Trient). 298. 299. 507 ff. (Sacramte.). 567

(Vater Unser). 1318 ff. 1326 (und Zwingli). XII. 276 (Orationen). 335 (und Andersgläubige). 446 (die kirchl. Gefäße). 618 (Liturgie der). 1076 (und die Sacramentalien).
Messe, Anhören der hl. eine Pflicht IV. 341. XII. 519 ff.
Messe von Bolsena, s. Bolsena.
Messe in der Landessprache VIII. 469. 471. 616.
Messe in teutscher Sprache XII. 717 ff.
Messe, stille, s. Messe, dazu V. 223. VI. 498. XII. 1000.
Messe, trockene (Schiffsmesse), s. missa praesanctificatorum.
Messe, erste, s. Primiz.
Messe beim Priesterjubiläum, s. Secundiz.
Messe, feierlichste, s. Hochamt.
Messe, für die Todten, s. Exequien, anniversarius, Jahrtagsstiftungen.
Messe der Katechumenen, s. Gläubigenmesse.
Messen, hl. vor Weihnachten XI. 526 ff.
Messias, der VII. 104–117. 756. I. 145. 331. 307. II. 517 ff. (Christus). III. 668 (Erlöser). V. 571 (Jesus Christus). VI. 29. IX. 181 ff. (-idee). 605. XI. 260 (Trinität). 837 (Prophetie).
Messiasanhänger, s. Christen.
Messiasreich, s. Reich Gottes.
Messiasse, falsche I. 139. III. 767 ff. V. 531. 687.
Messina I. 653.
Meßgebete, s. Collecten.
Meßgeräthe, s. Gefäße, hl.
Meßgewand VI. 188. 215 ff. VIII. 710. S. auch Kleider, hl. (XII. 446).
Meßkännchen, s. Gefäße, hl.
Meßkanon, s. canon missae.
Meßner, der VII. 117. VI. 308. IX. 802.
Meßopfer, s. Abendmahl, Messe.
Meßstiftungen, fundationes missarum VII. 117–118. I. 257. V. 488. XI. 241.
Meßstipendien VII. 118. 104. 689, s. Stipendium, Jahrtagsstiftungen.
Metae, Name v. Metz, s. d.
Metapher, die VII. 118–119. 458, s. Tropen, bbl.
Metaphrastes, Simeon, der Heiligenbiograph VII. 119–120. 588. V. 138. VI. 412. 884. VIII. 519. X. 152.
Metaphysik, Metaphysisches I. 414 ff. IV. 512 ff. 535 ff. 573 ff. XII. 976. 981. [325.
Metaphysik der Sitten, Kant'sche VIII.
Metaphysik, buddhistische XII. 158 ff.
Metellus, Mönch und Dichter in Tegernsee IV. 209. VIII. 523. X. 697. 700.
Metempsychose, Metensomatosis, s. Seelenwanderung.
Meth, Ezechiel, der Separatist X. 78.
Methoden, s. Unterrichtsmethoden.
Methodisten VII. 120–132. I. 555. 557. II. 587. III. 180. V. 251. VIII. 311. IX. 622. X. 79 ff. 458. 450. XI. 900. 903 ff. XII. 623.
Methodius, Slavenapostel, s. Cyrill, Mähren, dazu II. 63. 184. V. 753. VI. 022. 891. VII. 768. IX. 458.
Methodius, der hl. Kirchenvater VII. 132–134. 845. 844. I. 505. III. 377. X. 778. 779. 835.
Methodius, Pich. v. Constpl. VII. 864.
Methone, Nicol. von VI. 543. 544.
Methusala, der Patriarch I. 188. 312. VIII. 215.
Metlach, Kistr. IX. 405.
Metonymie VII. 134–136. 458, s. Tropen, bbl.
Metretes, s. Maaße.
Metrische Choral, der VII. 418.
Metrophanes, I. Bf. v. Cstpl. (307 n. Chr.) IV. 760; — Pich. v. Cstpl. im 15. Jhhdt. IV. 770. VI. 828.
Metrophanes, Ebf. v. Berda V. 523. 524 ff.
Metrophanes Kritopulos, griech. Thlg. X. 567.
Metropolit VII. 136. I. 161 ff. 286. 325. V. 165. VI. 166. 410. VIII. 773. 850 ff.
Metropolitangewalt, — rechte VIII. 850 ff. 857 ff.; — in Frankreich IV. 152.
Metropolitankirche, s. Cathedralkirche.
Metropoliten, jacobit. unter dem Patriarchat Antiochien V. 461. 462. VIII. 527; — in Rußland III. 685. IX. 459 ff.
Metropolitenum VII. 136–137. 700. 819. VIII. 214.
Mette VII. 137.
Metten, Abtei XII. 1102.
Metternich, Clemens Wenzel Nepomuk Lothar, Fürst von, k. k. Haus-, Hof- und Staatskanzler (geb. 1773) IV. 575. XII. 190. 191. 213. 392. 537. 613. 814. 876. 1000. [117.
Mettmann, Peter, der Intriguant V.
Mettrie, de la, s. La Mettrie.
metus reverentialis, s. Ehehinderniß.
Metz, Stadt und Bisthum VII. 137–138. 159. 271. — 395. 853 (Singschule). I. 468. 862. II. 49. 353. 473. 524 ff. III. 301. 903. IV. 181. 280. 297. V. 021. 703. VI. 720 (Magdalenerinnen in). VIII. 190. IX. 16 (Judenschule). 700. X. 390. 400 XI. 202. 250. 320. 498. 704. XII. 379. 960. 1115 (Thalmudschule.).
Metz, Bisthum und Synoden XII. 795–796. 575 ff.
Meuchelmord, s. Mord.
Meunim, die, s. Maon.
Meusel, s. Musculus.
Mexico VII. 138–139. 167 (Jesuiten in). II. 602 (Christthm. in). V. 213 (ein Orden in). X. 219. 267. 441. 442. 444. XII. 37 ff. 42 (Christianisirung). 260 (Cortez in).
Meyer, Livin, der Jesuit II. 794.
Mezzofante, Joseph, Cardinal VII. 140 und XII. 796–799. IV. 728. XII. 750. 1214.
M'Hale, irischer Ebf. XII. 300.
Micha, der Sohn Jimlas, s. Micha, Prophet.
Micha, Prophet VII. 140–141. 108. 109. I. 587. V. 202. VI. 311. VIII. 819. IX. 317.
Micha, der Ephraimite III. 18.
Michael, der Erzengel XII. 799–801, dazu I. 332. 344. 345. II. 100. 781. III. 580. 594. 800. VI. 614. VII. 112. IX. 33. 813.
Michael Cerularius, s. Cerularius.
Michael de Causis, s. Causis.
Michael Scotus, Schrfst. d. 13. Jhrhdts. VII. 141–142.
Michael, I. Metropolit der Russen IX. 459.
Michael, Frauen vom hl. IV. 179 ff.
Michael, Paläologus, s. Paläologen, Michael VIII.
Michael, Name von byzantin. Kaisern: M. Curopalates (J. 803) X. 888. — M. I., Mangabe (811–813) V. 600. VIII. 441. X. 850. — M. II., der Stammler (820–825). III. 741. 742. V. 609. 779. XII. 33. — M. III., der Trunkenbold (reg. 842–867) I. 771. II. 404. V. 600. VII. 573 ff. X. 226. — M. IV., der Paphlagonier (reg. 1034–1041) II. 441. — M. V. (1041–1042). — M. VI., Stratonicus (1054–1057) II. 412. — M. VII., Ducas (1071–1078) X. 863. — M. VIII., s. Paläologen.
Michael, Bulgarenfürst IV. 703.
Michaelfeld, Kistr. VIII. 615.
Michaelis, Joh. Heinr., prot. Thlg. VII. 142. I. 391. 917 (Bibelsgbe.). II. 321. 469. 876. III. 516. 731. IV. 844. 855. V. 274. 311. 841. VI. 223. 246. IX. 14. 403. XI. 1237. XII. 286. 414. 415.
Michaelistag, der VII. 143.
Miche, Bf. v. Darsara XII. 566
Michel Angelo (Buonarotti) VI. 781 ff. IX. 377. 902 ff.
Michelade, die II. 52.
Michelet, Jul., Histor. VI. 678; — Karl Ludw., Hegelianer VII. 328.
Michelianer IX. 839. [153.
Michl, Anton, Thlg. VII. 143. VI.
Michmas, s. Machmas.
Michol, Davids Frau III. 47. VII. 67.
Micrologus, s. Ivo von Chartres.
Micy, Kistr. V. 779. XII. 721 ff.
Middelburg, Bm. V. 499. VI. 308 (Labadisten in der Stadt). XI. 504.
Middleton, Dr., anglic. Thlg. IV. 507. XI. 72.
Midian, s. Madian.
Midrasch VII. 143–145. V. 002. VI. 288. VIII. 401. 402. XII. 1103. 1109.
Mieczyslaw, Name von 3 polnischen Königen: M. I. (christianisirt Polen) II. 150. VI. 254. VII. 899. 903. VIII. 517. 612. X. 229. — M. II. (reg. 1025–1034) VIII. 540. 541. — M. III. (reg. 1139–1202) VIII. 545.
Mieronesien, s. Salomonsinseln.
Mies, Jacob von, s. Jacobus v. Mies.
Mieslaus, s. Mieczyslaw.
Mietau in Kurland, die Redemptoristen in VI. 526.
Miethvertrag, s. Pacht- oder Miethvertrag.
Miethvertrag für geistliche Güter, s. Verträge (XII. 1228).
Migazzi, Ebf. v. Wien IV. 404. 486. V. 799 ff. 803 ff. IX. 323. XI. 1026 ff. 1030 ff. 1051. 1063.
Migetianer, die XI. 66.
Migne, der gelehrte Abbé XI. 639. 1238. XII. 471.
Mihrab, d. Nische VII. 356.
Mikweh, das IX. 165. 166.
Milchspeisen beim Fasten, s. Lacticinien.
Milcom, der Götze IX. 557.
Milde, Vinc. Edd., F.-Ebf. v. Wien XI. 1066 ff. 1072.
Milde Stiftungen II. 418 ff. X. 374 ff.
Miles, St., Bf. v. Susa V. 456.
Miletus VII. 145.
Mileve, Bm. X. 102.
Mileve, Synode XII. 801–804. V. 628. VII. 780 VIII. 269.
Milhard, Bf., Probabilist VIII. 787.
Milicz, Joh., einer der Vorläufer Hussens VII. 145–147. V. 403. 488.
Miliczin, Paul von, Bf. v. Olmütz VII. 765.
Militärdienstfeld III. 466 ff.
Militärgottesdienst VI. 407.
Militär-Kirchenordnung, preuß. von 1832 VIII. 750.
Milkovia, Bm. VI. 241.
Milkovinus, der Bischof X. 123.
Mill, John, Bibelausgabe des I. 923.
Millenarier, s. Chiliasmus.
Miller, William, der Schwärmer IX. 840. [586.
Millo, Burg in Jerusalem V. 528. IX.
Milner, prot. Kchnhist. VI. 157.
Milo, der Meister V. 357.
Milo, Afterbf. IX. 291 ff.
Milo, Ebf. v. Benevent IV. 665; — Bf. v. Minden VII. 149; — Padua XII. 917; — Rheims IV. 150.

Miltenberg, Stadt III. 275.
Miltiades, Papst, s. Melchiades.
Miltiades, Apologet VII. 147. 202. I. 362. 364.
Miltitz, Carl v., Nuntius VII. 147—148. VI. 472. 657. X. 769.
Milton, John, Dichter des verlorenen Paradieses († 1074) VIII. 529. XI. 59. XII. 1187.
Milwaukie, Bm. VII. 639.
Mimate, Bm. III. 346.
Mimigardefort, s. Münster.
Mimschad, der Guss V. 857 Anmkg.
Minarets der Moscheen VII. 356.
Mincius, Joh. (von Velletri), s. Benedict X., P.
Mindanao, Insel X. 462.
Minden, Bisthum VII. 148—152. 860. IV. 830. IX. 501. 505. XI. 916. 919.
Mine, s. Geld.
Minerva, die Göttin VII. 458. VIII. 41.
Mingrelien, s. Transcaucasien.
Ming-ti, chines. Ksr. XII. 183.
Mini, Frz. Vinc., Mitstifter der Jesuaten V. 546.
Minias, St. XII. 356.
Miniato, Bm. VIII. 472.
Minisanisch, Dorf VII. 529.
Minimen, Orden und berühmte Mitglieder VII. 152—153. II. 89. 90. III. 203. X. 299 ff. XII. 795.
ministeria sacra, s. Gefäße, kchl.
Ministerium, das Ifache kirchliche, s. Kirchendienst, Kirchenamt.
Ministranten, s. Meßdiener.
Minithun, Minden, s. d.
Minnesang, Minnesänger VIII. 527. XI. 803. 1129.
Minoristen III. 226. VIII. 774.
Minoriten, s. Franciscanerorden.
Minsk, unirtes Bm. IX. 472.
Minutius Felix, Kirchenschriftsteller VII. 153—154. 460. I. 362. 509. II. 926. 928. X. 778.
Mirabeau, Honoré Gabriel Victor Riquetti, Graf von, der Revolutionär († 1791) V. 387. VI. 841. IX. 257. 258. 268. X. 129. 130.
Miramionen, s. Genovefanerinnen (IV. 414).
Miranda, Barthol., s. Carranza.
Mirandola, Pico de VII. 154—155. 310. I. 427. II. 251. V. 642. 912. VI. 5. 408. VIII. 344. IX. 234. 639 ff. 640. X. 238. XII. 300. 600.
Miräus, Aubertus, Gl. VII. 155. VIII. 221. X. 131. XI. 1090.
Mirepoix, Gl. II. 123.
Mirer, Af. v. St. Gallen IV. 289. 299.
Mirel, Missionäre. in VII. 169.
Mirjam, s. Maria.
Mirocles, St. VI. 552.
Miron, Bf. v. Angers VII. 337.
Misael, Gefährte Daniels III. 23.
Mischna, die, s. Thalmud (X. 826 ff.), dazu IV. 46. 49. 375. 459. 404. 646. 855. V. 282. 841. 887. VI. 27. 421. 721. 759. 760. VII. 143. 144 ff. 774. IX. 492. 776. X. 239. 317. 830. 905. XI. 1180. XII. 1105. 1106.
Miserere, das VII. 155—156. 410. 417 (Composition).
misericordia, der Sonntag VII. 156.
Misnia, Meißen; s. d.
Miß, Jacob v., s. Jacobus v. Mies.
missa praesanctificatorum, sicca, nautica, bifaciata, revocata VII. 156. II. 460. IV. 491. VIII. 190.
missa aurea VII. 102 ff.
missa catechumenorum, fidelium, s. Gläubigen- u. Katechumenenmesse.
missa defunctorum, s. Seelenmesse.
missa matutina, s. Frühmesse.
missa pontificalis, episcopalis VII. 823.
missa papae Marcelli von Palestrina VII. 400.
missa praesanctificata II. 460.
missa pro infirmis VI. 256.
missa pro vitanda mortalitate II. 600.
missa SS. sacramenti XII. 1078.
missa solitaria VII. 103.
missa solemnis, s. Hochamt.
missae de festis, de tempore VII. 103.
missae de requiem VII. 103, s. anniversarum dies, Exequien, Requiem.
missae votivae pro rege VI. 339.
Missale, s. Liturgien.
Missalien, verschiedene I. 97. II. 145. 781. III. 548. VIII. 191 (Passauer). X. 301 (Goths). XII. 1034 (S. Fintani).
Mißbrauch der Amtsgewalt XII. 804—806.
Mißbrauch der Kirchengewalt, s. jura circa sacra.
Mißgeburt, Taufe der, s. Monstrum.
Mißheirath, disparagium VII. 156—157.
missi dominici VII. 157, s. Sendgerichte.
Mission des Priesters, kirchl., s. Approbation.
Mission, Priester von der, s. Lazaristen, Liguorianer.
Missionspriester von Jesus und Maria, s. Eudisten.
Mission, äußere u. innere VII. 157—164. 230. 523. 887. I. 202 ff. 555. 894 (der Bettelorden). II. 506. 507. 535. 604. 620. 653. 753 (in China). III. 242 (der Dominicaner). 848 (der Jesuiten und Redemptoristen). IV. 69. 71. 72. 128. 132 ff. 730. V. 616 (in Indien). 809. VI. 54. IX. 449. X. 23. 184 ff. 441 (Südamerica). 452 (Südseeinseln). XI. 14 ff. (in Tibet). 323 (Tunis). 506. 508 (Holland). 609 (nordische). XII. 8 (Jes. in China). 41. 42. 43. 106 (der Jesuiten). 117 (des sel. Bobola). 149 (des P. Brydaine). 193 (der Jes.). 772 (des P. Cochem). 972. 993 (teutsche in Paris).
Mission, äußere und innere bei den Protestanten I. 928. III. 405. 529. 530. IV. 143. 775 (in Grönland). VII. 528. X. 456 ff. XI. 326 (in Tunkin). 740. 747. 1281. XII. 73 (in Indien).
Missionen, Geschichte der, s. Ausbreitung des Christenthums, vgl. Ausbreitung des Protestantismus.
Missionen der Herrnhuter V. 143 ff. XI. 1289.
Missionen der Mormonen XII. 813.
Missionen, buddhist. XII. 181 ff. 187 ff.
Missionsanstalten und Stationen VII. 164—171, s. Propaganda, dazu I. 173. 554 ff. III. 427. 820. 530. VIII. 192. 419 ff. 459. XI. 746 (prot. im Kapland). XII. 257 (Congregn. der auswärtigen). 298 (sächs.).
Missionskreuz VI. 262.
Missionspredigten VII. 171—172.
Missionspriester, s. Eudisten, Lazaristen.
Missionsvereine, s. Missionsanstalten.
Missouri, Jesuiten in VII. 167.
Mistewoi, der Wendenfürst IV. 620. VII. 690. 902.
Mitgift, dos, s. Mahlschatz, Paraphernalgut (XII. 921).
Mitgift bei den Juden III. 411.
Mitgift bei den Mohammedanern III. 414.
Mitgift einer Kirche, s. Dotalgut der Kirche, Dotation der Kirchenämter.
Mitgliedschaft, Beweis der kirchlichen XII. 116.
Mithra, die personif. Sonne VII. 172—178. 435. VIII. 38.
Mithridates, Könige von Pontus; M. I. I. 469; — M. VI. (der Große) I. 469. VII. 183. VIII. 808.
Mitpatronat, s. Compatronat.
Mitra, bischöfl., s. Infel.
mitrella, Kopfputz der Gottgeweihten VII. 632.
Mittagläuten, s. Abendläuten, angelus Domini.
Mittelamerica XII. 40 ff.
Mitteldinge, s. Adiaphora.
Mittelfastensonntag, s. Passionssonntag.
Mittelländisches Meer VII. 11.
Mittelschulen, die VII. 178—183. Vgl. quadrivium, XII. 1259.
Mittelzweck, s. Zweck.
Mitterndorfer, Abt von Kremsmünster VI. 260.
Mittler, s. Christus, Erlöser, Jesus Christus.
Mittwoch, der IV. 238. 614. VIII. 297. X. 347. 348.
Mitvaterschaft, s. Compaternität.
Mitwesenhaftigkeit, s. consubstantialis.
Mitwirkung, göttliche, s. concursus divinus.
Mitylene VII. 183. XII. 523. 524. 317.
Mizislav, Obotritenfürst VII. 690.
Mizuepheb, das V. 281.
Mizpa, bbl. On. VII. 183—184. IX. 616.
Mizraim, s. Aegypten.
Mizvothkuchen, die VII. 883.
Mnevis, der hl. Stier, s. Apis.
Moab, Moabiter VII. 184—185. 219 (ein Götze der). 364. 497. 709. I. 134. 205. 353. 394. 571. 573. 596 ff. III. 461. 663. IV. 425. 846. 906 ff. V. 146. 506. 785. 790. VI. 601. 615. VIII. 292. IX. 4. 209. 922. X. 31. XI. 482.
Moawia, Chalif IV. 346.
Moallakât, die II. 241.
Mobile, Bm. VII. 639.
Mochillow, Missionäre. in VII. 168.
Modena, Herzogthum u. Bisthum IV. 119. VII. 341. 379 ff. XI. 1234.
Modestus, Chorbf., Apstl. v. Kärnthen VI. 33; — St. XII. 266.
Modius, s. Maaße.
Modon, Bm. VI. 534. 535. VII. 3.
Modrus, Bm. VI. 243. XI. 606. 607.
Moessin, die XI. 364.
Mogilas, P., s. Petrus Mogilas.
Mohadscherun, s. Ansar und M., dazu VII. 187.
Mohammed, Prophet VII. 185—189, s. Hedschra, Sonniten, dazu I. 73. 74. 137 ff. 167. 261 ff. 342. 368. 369. II. 88. 131. 504. III. 109 ff. 314. IV. 205. 268. V. 607. 845 ff. (Islam). 890. 905. 950. VI. 14. 250 ff. (Koran). 796. 839 Anmkg. VII. 356. 523. XI. 795. 800.
Mohammed II., Sultan, Eroberer Konstantinopels († 1481) IV. 739. 771. V. 402. VII. 534. 689. X. 565.
Mohammed (Darasi), Glaubensvertheidiger der Drusen III. 312 ff. 317.
Mohammed, Name einiger span. Chalifen III. 754. IV. 200. VI. 750 (des Tomeut). XII. 499 (Almasar).
Mohammedaner, Eid bei den, s. Eid b. d. M.
Mohammedaner, Ehe bei den, s. Ehe b. d. M.
Mohammedaner, Freitag bei den, s. Freitag b. d. M.
Mohammedaner, Wallfahrten der, s. Wallfahrten b. d. M.
Mohammedanismus, Mohammedaner, s. Islam, Saracenen, dazu I. 606. 750. II. 241. V. 323 (Bekehrungsversuch). IX. 12. X. 192. XI. 342.
Mohammedia, s. Mages.
Mohammeds Gefährten, s. Gefährten Mohammeds.
Mohila, P., Mtrplt. (P. Mogilas?) VI. 439.

Mohilew, Ebm. III. 605. VIII. 566. IX. 472. 475.
Mohl, Rob. v., Staatsrechtslehrer (geb. 1790) IX. 876.
Möhler, Joh. Adam v., der große Theologe VII. 189—197. 131. 133. 797. 801 (*). I. 373 (Ap. Väter). 492. 494. 495 (*). 687 (Sendschreiben an Bautain). II. 68 (*). 586 (Clemens I. ad virgines). III. 156 (*). 163 (*). 223 (*). 231. 659. 804 (*). V. 122 (**). 938 ff. (über Justins Tod). VI. 158. 183 ff. 213 (und Klee). 835 (ein Kritiker des). VIII. 222 (die Patrologie). 851 ff. (Hypothese über Pseudoisidor). IX. 701 (erklärt das Wesen der Scholastik). X. 131 (*). 483 (*). 545. 555. 557 ff. (und seine Symbolik). 564 (*). XI. 678 (über einen Kommentar der Apocalypse). XII. 804 (*). 1058 (verherrlicht den Katholicismus). S151 ff. (und Staudenmaier).
Mohr, der Prediger VII. 11.
Möhrit, der Romier VII. 132.
Moiren, s. Keren.
Molanus, Abt von Loccum VII. 197—199. 550. II. 127. 128. 515. VI. 26. IX. 192. X. 294. 532.
Molay, Jacob von X. 720. 732. 735 ff.
Moldau, die XI. 332. 333. 669.
moles Adriani, s. Engelsburg.
Molina, Molinismus VII. 199—213, s. congregatio de auxiliis, dazu I. 381. 859. II. 605. 787 ff. IV. 109. 548. VI. 492. IX. 581. X. 830. XI. 872. 1117. XII. 33. 1257.
Molina, Anton, der Carthsr. V. 494; — Stephan, Obsvt. VII. 602.
Molinia, Omer, VII. 139.
Molinos, Michael von VII. 213—218. 308. I. 766. III. 341. IV. 837. V. 645. VIII. 890. 895 ff. IX. 821. X. 24. XII. 601.
Moliri, Mssnre. in VII. 169.
Molitor, Ulr., Thlg. d. 15. Jhhdts. V. 155. [XII. 529.
Molitor, Theosoph VI. 4. 6. 7. X. 238.
Mölk, Klstr., s. Melk.
Molkenbuhr, Marcellin VII. 218—219.
Moller, Canonicus VI. 66.
Möller, Nicol., Gl. IX. 580.
Möllers, Rftor. in Rostock IX. 868.
Moloch, Molochsdienst VII. 219—221. I. 42. 162. IV. 352. 635. V. 287. VI. 791. VIII. 35. IX. 587.
Molokani, Secte IX. 23.
Molter, Herrnhtr. VII. 121.
Molukken, Chrstthm. auf den II. 106. XII. 567.
Mome, Ritter Wulbrand VII. 150.
Momiers in der Schweiz VII. 132. X. 61.
Mommsen, Gl. XII. 570.
Mömpelgard, Colloquium zu I. 906.
mona, Nonne, s. d.
Monade, s. harmonia praestabilita, Karpokrates.
Monadismus, Monismus IV. 196. VII. 478 ff. XI. 1113 ff.
Monabam, I. Bf. v. Roseau XI. 908.
Monaldi, ein Stifter der Serviten X. 98. [406.
Monaldina, casuist. Summe II.
Monarchia Sicula VII. 221—223. S. Sicilien. [Unitarier.
Monarchianer, s. Antitrinitarier,
Monas, die neuplaton. VII. 792 ff.
monasteria duplicia, s. Doppelklöster.
Monat, s. Chronologie, Jahr, Kalender, Römermonat. [485 ff.
Monate, die des hebr. Jahres V.
Monate, die mohammedan. IV. 922 ff.
Monate, päpstl., s. menses papales.
Monchi de Valeso, Bf. VIII. 27.
Monchal, Charles, Ebf. v. Toulouse XI. 97. [I. 262.
Moneta, der. Thlg. XII. 806—807.
Mönche, buddhist. XII. 163. 188. 196.
Mönche, mohammed. III. 100 ff.
Mönche des hl. Antonius, s. Antonius. — des hl. Basilius, s. Basilius; — des hl. Hormisdas, s. Hormisdas.
Mönche, faule, s. gyrovagi.
Mönche, die 7 von Capsa XI. 548.
Mönchsorden, s. Orden, gstl.
Mönchsregel, s. Ordensregel.
Mönchszell, Kloster I. 151.
Mönchthum, a) Begriff und Idee; b) Geschichtliches VII. 223—231. 196 (Möhler über das). 357. 589. 723. 805. I. 124. 143. 155. 202. 300. 301. 303 ff. 475. 493. 527. 542. 563. 580. 612. 630. 650 ff. 661 ff. 728. 762. 765. 787 ff. 834. 865. 887 ff. II. 173. 177. 217. 248. 319. 394. 416. 536 ff. 538. 583. 831 ff. 865 ff. 915. 932. 971 ff. III. 35. 250 ff. 258. 402 ff. 501. 610 (Orient). 625 ff. 738 ff. 765. 771. 772 ff. IV. 92. 387. 389. 396. 510. 563 ff. 681. 691. 738. 840 ff. 801. V. 179. 330 ff. 396. — 417 (vom Hussitismus verfolgt). 610 (inclusi). 764. 822. VI. 228 (Kloster). 355. 365. 704. 715 ff. VIII. 204. 210. 263. 469. IX. 25. 191. 241. 302 ff. 780. X. 46 ff. 57 ff. 151. 215. 301. 304. 430. 739 ff. 887. XI. 29. 84. 208. 291. 366. 383 ff. 487. 576 ff. 742. 786. 1222. XII. 832 ff. 920. 1215. 1291.
Mond, der IV. 404.
Mondcyclus, s. Cyclus.
Mondmonate, -jahre, s. Chronologie, bbl., Kalender.
Mondsee, Klstr. I. 705.
Mondsüchtige, s. Sympathie.
Mone, Franz Joh., gl. Archivdirector (geb. 1792) IV. 220. XI. 578. 579.
Mongal, gl. Mönch VII. 652.
Mongolen, Mongolei, s. Tartaren, dazu I. 779. II. 367. IV. 551. V. 722 ff. (Christianisg.). 734. — 772 (Verbündete der Johanniter). VI. 304. 317 (Lamaismus der). 620. VII. 167 (Mssnre. in). 250 (verfolgen d. Christen). VIII. 548. XII. 152. 174.
Mongus, Petrus VII. 231. 236 ff. V. 329. 331.
Monheim, Klstr. XI. 783.
Monica, die heilige, Mutter des heil. Augustinus, s. Augustinus, dazu IV. 640. VIII. 18.
Monismus, s. Monadismus.
monita secreta V. 563.
monitio canonica, s. Warnung, canon. (XII. 1245).
Monitorische Fristen, s. Fristen.
Monitorische Ladung, s. Citation.
Monmouth, Stadt IV. 273.
Monmouth, James, Herzog von (hinger. 1685) V. 448.
Monnaye, de la, Gl. V. 607.
Mönnighausen (?), letzter Bf. v. Kurland VI. 305. [VII. 620.
Monobazus, Vater des Izates Abgar
Monogamie, s. Ehe, dazu V. 267. VII. 352. X. 750. XI. 816.
Monogramm Christi VII. 232.
Monoimos, arab. Ketzer XII. 807.
Monophysiten VII. 232—244. 57. 226. 231. 214 ff. — 523 (auf Malabar). I. 75. 77. 124 ff. 131. 161. 162. 287. 309. 325. 380. 412. II. 80. 444. 718. 708. 841. III. 17. 161. 171. 220. 276. 353. 770 (Name). 776 ff. 842. 927. IV. 91. 254. V. 99. 102. 330. 459 (Jacobiten). 537. 919. VI. 248. 893. VIII. 417. IX. 290. 670. X. 167 ff. 193. 561. 624. XI. 294. 337. 602.
Monotheismus, s. Gott, dazu I. 69. 292. 368. III. 210 ff. 324. V. 816 ff. 945. VII. 457. 755 ff. VIII. 155. XI. 274 ff.
Monotheleten, Monotheletismus VII. 244—251. I. 129. 161. II. 518. 701. 828. 830 ff. 834. 841. III. 220. 263. 710. 812 ff. V. 315 ff. 718. 919. VI. 891 ff. 901. X. 89. 102. 247 ff. 841. 819. XII. 783 ff.
Monroy, Mssnr. VIII. 123. X. 454.
Monsperger, der Jesuit VI. 890 ff.
Monstranz, ostensorium VII. 251—252. IV. 644. IX. 207. X. 22. XII. 448.
Monstrum (Taufe des) VII. 252. X. 663.
Montacutius, ref. Gl. VI. 149.
Montag, der IV. 611. IX. 5. 74.
Montaigne, Michel Eyquem de, der Skeptiker (st. 1592) VII. 321 ff. VIII. 24. 104. IX. 497.
Montalcino, Bm. VIII. 475.
Montalembert, Charles Forbes, Comte de, der Staatsmann (geb. 1810) II. 805. VI. 827 ff. IX. 311. XII. 306.
Montalto, Bm. VIII. 493.
Montanus und die Montanisten VII. 252—268. 147. — 622 (Rigorismus der). I. 38. 40. II. 250. 477. 478. III. 409. 432. 937. V. 713. 819. IX. 821. X. 80. 87. 251. 301. 611. 717 ff. 762. XI. 821. 1270. XII. 30. 74.
Montanus, der heilige IX. 204.
Montanus, Ebf. v. Toledo XI. 62.
Montanus, Benedict Arias, Gelehrter VII. 268—269. IV. 671. VIII. 577. 570. 583.
Montauban, Bm. I. 195. IV. 159; — Versammlung zu V. 373; — Josephin. in V. 809.
Montbars, Mitstifter des Templerordens X. 710.
Monte, del, s. Julius III., P.
Montecassino, Kloster VII. 269—276. 508. 525 (Schule). 577 (Jussit.). 615. 892. I. 71 (Abt von). 195 (Chronik des Traversari). 774. 785 ff. 788. 789. 795. II. 82. 83. 283. 358. 641. 655. III. 842. 903. 905. IV. 98. 248. 249. 371. 691. 718. V. 6. 8. 704. VI. 145. 147. 464. 467. 621. VIII. 201. X. 359. 360. 419. 912. 915. XI. 189. 215. 673. 674. 927. 1102. 1204. XII. 14. 34. 534. 606. [prara.
Montecuculi, Grafenfamilie, s. Ca-
Montefortino, der Minorit IX. 881.
Monte Granelli, Carlo, Stifter der Hieronymitencongregation von Fiesole V. 167.
Montemajor, Prudentius, gl. Jesuit II. 786 ff.
Montenegro, Kgschls. XI. 331.
montenses, s. Donatisten.
Monte-Oliveto, Congregation von I. 792. 793. VII. 229.
Montepulciano, Bm. VIII. 475.
Monterey, Bm. VII. 640.
montes pietatis, Leihanstalten VII. 276—277. IX. 207. 601. XI. 1181.
Montesino, der Mssnr. XII. 807. 38.
Montesquieu, der gelehrte VII. 277—279. III. 578. IV. 509. V. 90. 387. XI. 741.
Montesquieu, der Abbé IX. 250.
Monteverde, Cl., Componist VII. 415.
Montfaucon, Montefalconius VII. 279—282. 566. I. 240. 195. II. 540. VI. 299. VIII. 69. IX. 371. X. 183. XII. 56. 750.
Montfaucon, Seb. von, Bf. v. Lausanne VI. 371 ff.
Montferrat, Conr. von, König v. Jerusalem XII. 998.
Montfort, L. M. Grignon de XII. 1248. [627.
Montforte, andere I. 144. II. 541. VII.
Montserrat, s. Klöster, dazu V. 549. VI. 220. IX. 622. X. 547. XI. 797. [606.
Monumentes, Einweihung eines III.

Montgelas, der Minister XII. 180.
Montigny, Trappistenkloster XI. 168.
Montijo, Gräfin VI. 557 ff.
Montlosier, Schriftstlr. IX. 280.
Montmorency, das Geschlecht V. 303 ff.
Montoya, jes. Mstnr. VIII. 123.
Montbelliard, Religionsgespräch zu V. 353.
Montpellier, Bisthum IV. 160; — Synode zu V. 350. VIII. 343. XI. 88; — Friede von V. 354; — Inquisitionstribunal zu V. 658; — Universität VIII. 327; — Reformation in XI. 709; — Judenschule XII. 1113.
Montreal II. 400 (Religionsgespräch). VII. 167 (Jesuiten in). 763 (Seminar in).
Montsalvaz, der sagenhafte Berg XII. 496. 497.
Moore, Henry, Theosoph VI. 6.
Moore, Thomas, der Dichter XII. 807—810. 1060.
Moosburg, Johann I., Bf. v. Regensburg IX. 110.
Mopsuestia, Bm. X. 846.
Mora, Christianisirung der Insel IV. 138.
Moral, Moraltheologie VII. 282—309. 470. 485 (Naturgesetz), s. Casuistik, Probabilismus, Räthe, evangelische, reservatio mentalis, dazu I. 276 ff. II. 71. 224. III. 100 ff. 194 (Vhltß. zur Dogmatik). 332. — 730 (Eudämonismus). VI. 379 ff. (Laxismus). IX. 23 ff. (kathol.). 332. X. 866 ff. (-theologie). XII. 367 ff. 623 ff. 1178.
Moral, buddhistische XII. 159. 162 ff. 173. 185 ff.
Moral der Drusen III. 316 ff.
Moral der Jesuiten V. 495.
Moral der Illuminaten V. 608 ff.
Moral, häret. I. 655 (des Basilides). VI. 38 (der Karpokratianer). 790 ff. (manichäist.).
Moral, ein Feind der christlichen VI. 792.
Moral der Mohammedaner V. 854.
Moral der Stoiker, s. Stoische Moral.
Morales, Ambrosio, der Historiograph VII. 309. III. 755.
Morales, Christoph, Musiker VII. 407. VIII. 58.
Moralgesetz, s. Gesetz (XII. 479 ff.), Moral.
Moralische Casus, s. Casus.
Moralische Exegese III. 832 ff. 838 ff.
Moralischer Beweis für das Dasein Gottes IV. 601.
Moralität, die VII. 309—311. I. 807 ff. II. 121.
Moralphilosophie VII. 311—329. [illegible] 557 (gnostische). V. 91. X. 108. XI. 690 (Kant'sche). XII. 471.
Moralprincip III. 622. VII. 282 ff. 311 ff. XI. 781.
Mord, Selbstmord VII. 329—330. IX. 820. XI. 580.
More, Thom., s. Thomas Morus.
Morea III. 398.
Moreira, der Beichtvater VIII. 590. 591.
Morel, N., gl. Thlg. XII. 264.
Morelli, Canonist XII. 44.
Morenhout, american. Consul VII. 888. 889.
Morenu, der Titel IX. 6.
Moréri, Lexicograph XII. 810—811.
Morgan, Thomas, der Deist VII. 330—332. 312. III. 80.
Morgan, s. Pelagius.
Morganatische Ehe, s. Ehe zur linken Hand.
Morgaw, Methodist VII. 120.
Morgengebet, kirchliches VII. 332—334.
Morgengebet der Juden, s. Thephilla.
Morgengottesdienst VII. 334—336.
Morgenländische Kirche, s. Griechische Kirche.
Morgenläuten, s. Abendläuten, angelus domini.
Moria, Berg VII. 836. V. 533. 534. VIII. 45 ff. X. 703.
Morigia, Catharina, Stifterin der Barnabitinnen I. 625.
Morigia, J. A., ein Stifter der Barnabiten I. 624. XI. 1233.
Morillo, Inquisitor V. 651.
Morillon, Anton, Secretär Granvellas XI. 365; — Univer. I. 691. 602.
Morin, Samuel, der reiche Armenier VII. 6.
Morinus, Johannes, Oratorianer VII. 336—338. III. 580. 583. 802. IV. 78. VI. 149. 291. IX. 605. X. 582. XII. 294.
Moriskos, s. Mauren.
Moriz, Heilige dieses Namens, s. Mauritius.
Moriz, Adolf, Herzog, Bischof VII. 338.
Moriz, der treulose Churfürst von Sachsen (st. 1553) I. 98. 524. II. 352. III. 134. IV. 86. 775. V. 678. 782. VI. 431 ff. VIII. 189. IX. 86 ff. 697. 699. XI. 200. 201 ff. 593.
Moriz, Wilhelm, Herzog v. Sachsen-Zeiz VII. 338—339.
Moriz v. Oranien, s. Oranien, Moriz v.
Moriz, Bf. v. Ermeland III. 682.
Moriz, J., kath. Schriftstlr. VI. 153.
Moriz, St., Kloster im Walliserland, s. Mauriz, St.
Morley, Componist VII. 413.
Mörlin, Joachim, luth. Thlg. d. 16. Jhhdts. VII. 339—340. 33. 867. II. 467. IV. 88. VIII. 606 ff. 698. 699 ff.
Mörlin, der Zauberer VII. 340—341.
Mörll, Maria von, die stigmatisirte XII. 1160.
Morlot, F. M. N., Ebf. v. Tours XI. 107.
Mormonen, die XII. 811—814. 49 ff. 951. II. 480. IV. 394 ff. IX. 836. 837 ff. XII. 50.
Morochini, Schriftstlr. IX. 300.
Morolf und Salomo I. 345.
Morone, Giovanni, Cardinal VII. 341—342. 367. II. 373. IV. 119. V. 341. IX. 347. XI. 183. 184. 213. 226 ff. 239 ff. 242 ff. 245. 246.
Morotius, Jos., gl. Jesuit IV. 63.
Morra, s. Petrus Beneventanus.
Mors, Graf Dietrich, Ebf. v. Cöln, s. Dietrich II., Graf von Mors.
Morton, J., Ebf. v. Ctrbry., Gegner der Maria Stuart VI. 854. 855. X. 938.
mortuarium, das I. 34 ff. XI. 614.
Morus, Thomas, s. Thomas Morus.
Morus, S. F., prot. Gl. d. 18. Jhhdts. III. 193. VIII. 142.
Mosaische Offenbarung VII. 755 ff. IX. 181.
Mosaische Opfer, s. Opfer, mos.
Mosaische Speisegesetze, s. Speisegesetze, mos.
Mosaisches Gesetz VII. 342—356. I. 176. 384. 551 ff. III. 55. IV. 347. 855. 905. V. 329. 472. VI. 244 ff. 270. VIII. 280 ff. (Pentateuch). 351. 817. IX. 449. 490. X. 352. 838. XII. 480. 1012.
Mosaisches Recht IX. 817.
Mosaismus, der IX. 169 ff.
Moschee, die VII. 356—357. IV. 206.
Moschus, Johannes, Kchschriftstlr. VII. 357.
Moser, Joh., ber. Prediger VIII. 647.
Moser, J. J., Jurist IX. 66.
Moses VII. 357—365. 105 ff. (und die Messiasidee). 231 (ein Deist über). 312 ff. (sein Gesetz). 497 (sein Sterbeort). I. 1. 2. 8 (der Berg Nebo). 87. 88 (*). 181 (Altäre). 327. 329. 337. 341. 343. 344 (angebl. Schriften). 368 (und der Islam). 384 (Araber zur Zeit). 390 (*). 488 (erobert Astaroth). 668 (Vorrang vor allen alttestamentl. Propheten). 681. 682. 683 (*). 800 (sein Segen). 863 (und die Beschneidung). II. 56 (und die Blutrache). 259 (und Kaleb). 293 (Kanaan). 529. 530 (und die Zeitrechnung). 878 (die Rotte Korah). III. 54 (der Decalog). 314 (Lehre der Drusen von). 390 (und das Paradies). 518 (und Eleasar). 543 (*). 581 (*). 834 (angeblich mythisch). IV. 177. 178 (und die Frauen). 312 (Sanson Freistatt). 374 (Geld zur Zeit). 418 (seine Strafe). 424 ff. (*). 458 (und Christus). 611 ff. (Einrichtung des Gottesdienstes). 853 (*). 904 ff. (und die Israeliten). V. 98 (und Henoch). 488 (die ägypt. Zauberer). 512. 513 (und Jehova). 607 (de tribus impostoribus). 812 ff. (und Josua). VI. 5 (und die Kabbala). 11 (das goldene Kalb). 501. 502 (die Leviten) 618 (Lud). 809 (die Quelle Mara). 914 (die Masora). VIII. 281. 282 ff. (der Pentateuch). 386 (und die Pharisäer). 511 (und Plato). 760 ff. (Priester). 844. 845 (und die Psalmen). IX. 181 (und die Religionsphilosophie). 490. 493 (und der Sabbath). 569. 571 (und Saint Simon). 775 (Schrift zur Zeit des). X. 178. 181 (am Sinai). 365 ff. (und die Stiftshütte). 653 (Tatians Hypothesen über). 894. 896 (und das Gebet). XI. 50 (schweres Verbot der Todtenbeschwörung). 1144 (ein Freidenker über). XII. 1012. 1018 (und die Proselyten). 1217 (und die Uroffenbarung).
Moses, Bch. von Großarmenien VI. 441.
Mosesgebirge, s. Sinai (X. 175 ff.).
Mosheim, Joh. Lorenz von, der gelehrte VII. 365—367. 265. 602. 785. 788. 881. I. 205 (**). 727 ff. II. 183. 198. 271. 574. IV. 518. 580. V. 768. VI. 36. 37. 155. 893. VIII. 23. IX. 790. XI. 61. XII. 1124.
Mosheim, Ruprecht v., der Schwärmer VII. 367—368. 365. VIII. 182.
Mosken, das alte VII. 427. XII. 515 ff.
Mosis, die 5 Bücher, s. Pentateuch.
Moskau, Patriarchat II. 841. III. 605. VI. 303 (Verbrennungen in). 437. VIII. 319. IX. 19. 20 (Synode). 461 (wird Metropolitansitz). 467. 468 (Syn.). X. 615 (Syn.). 618.
Moslim, s. Islam.
Moslim Sabih II. 242.
Mosoch, Sohn Japhets V. 503.
Mostaraber VI. 722.
Mosul V. 461. VII. 168. 526. 818. 820.
Motasalen, mohammed. Secte V. 850. VI. 28. 252. X. 243.
Mothe, le Vayer de la, Sceptkr. VII. 321.
Motiv, s. Beweggrund.
Motolinia XII. 38.
Mouben, Syn. V. 761.
Moulins, Versöhnungskomödie zu V. 309; — Bm. IV. 159. X. 71.
Moulu, Componist VII. 405.
Mount St. Bernard, Kloster II. 553.
Mouskes, Ph., Histor. III. 331.
Moutier, Klstr. XII. 16.
Mouton, Componist VII. 405.
Movers, Franz Carl, Orientalist (st. 1856) II. 192 ff. III. 3. 714. V. 819. 846. 910. VI. 247. VII. 219. 220. VIII. 428 ff. X. 61. 623. XI. 346.

Ney, Freiherr Ernst von, Rechtsgelehrter und Publicist (geb. 1790) II. 819. XI. 615. [XII. 40.
Neya, Math. de, Jst. VIII. 787.
Nosmir, Herzog von Mähren X. 221. 725.
Noyses confessor VII. 660.
Nozaraber, s. Arabien (II. 170).
Nozarabische Liturgie, s. Liturgie, dazu IV. 654. VI. 406. 553. VII. 98. VIII. 191. XII. 544.
Mozart, Wolfgang Amadeus, der große Componist (st. 1791) VII. 420.
Mozzi, Al., gl. Jesuit XII. 748.
Mucker, Muckerei VII. 368. II. 236. IX. 523.
Mudscheb, s. Arnon.
Muessin, Muezin der Mohammedaner V. 554 ff.
Mufti, der VII. 368—369. XI. 364.
Mugellanus, s. Dinus.
Mugello, Klstr. II. 285. [235.
Muglitz, Ebf. v. Prag XI. 231. 234.
Mühldorf, Syn. in VII. 722.
Mühlfrauen, Wallfahrt VI. 625.
Mühlhausen, Christian von, Bf. v. Samland VIII. 674.
Mühlhausen, Wiedertäufer in IV. 391; — Münzer in VII. 377; — Königswahl in VII. 906; — Judenschule in XII. 1113.
Mühlhausen im Elsaß, der Oelberg bei XII. 464.
Muis, Simon de, gl. Thlg. VI. 291.
Muley Abul Hasen, König v. Granada VI. 935 ff.
Müller, Adam Heinrich, der Romantiker in der Politik XII. 814—815.
Müller, Bernh., Abt v. St. Gallen IV. 287.
Müller, Heinr., Pietist VIII. 452.
Müller, Ignaz, Beichtvater v. Maria Theresia VI. 861.
Müller, Johannes v., der Geschichtschreiber (st. 1809) I. 760. II. 848. III. 576. IV. 709. VII. 601. IX. 309. 814. X. 195. XII. 1151.
Müller, J., thlg. Schftstlr. VII. 491. XI. 397. 604.
Müller, Thadd., Hofthlg. XII. 527 ff.
multa praeclare, Bulle V. 618.
Mumien, die ägyptischen III. 482 ff.
Mummolus, Abt v. Fleury IV. 98.
Münch, Ernst Jos. Hermann von, der Holpublicist III. 634. 637. XI. 800.
München, die Stadt I. 174. 658. 678 (Kirchen in). 808. III. 400. 568. 573. 395 (engl. Frln. in). IV. 661 (Revolution in). V. 70. 659 (Jesuit. in). 985 (Judenpflgn.). 1026 (Abschluß der hl Liga). VI. 411 (Nuntiatur). 430 (Behandlung der Leichen). 786 (Malerschule). VII. 515 (Oratorn. in). 664 (Nuntiatur). 693 (Obsvtn.). 696 (Cram in). IX. 874 (barmh. Schwestern in). X. 810 (Nuntiatur). XII. 259. 260 (Kirchenfest in).
München, Universität VI. 213. VII. 191. 370. X. 51. 55.
München-Freysing, Erzbisthum VII. 369—371. 137 (Krls.). I. 795. II. 333. III. 270. IV. 191. 206 ff. (Freysing). VI. 202. VIII. 187. 606. IX. 783. X. 790. 792.
Munkacs, Bisthum IV. 662 ff. XI. 463 ff. 426.
Münnerstadt, Klstr. V. 924.
Munoz, Aegid, Gegenpapst (Clemens VIII.) VII. 371. II 263. 603. VI. 641. VIII. 109. XI. 71. 573.
Münscher, Wilh., prot. Thlg. VII. 371—372. III. 218.
Münster, Sebastian, der teutsche Strabo VII. 372—374. VI. 911. XI. 35. XII. 1276.
Münster, die Stadt II. 333. IV. 391 (Wdtfr.). V. 109 (Wdtfr.). 127. 128 (Univst.). VI. 209 (Univst.). 302 (Kugelherren). VII. 919 (Overberg in). VIII. 749 (Academie). IX. 874 (barmh. Schwstn.). X. 365. XI. 448 (Univst.). 953 ff. (Wdtfr.). XII. 116 (Univst.). 637. 671 (Academie).
Münster, Bisthum VII. 374 und XII. 815—820. II. 753 ff. III. 270. 306 ff. 310. 418. 570. VI. 620 ff. 679. VII. 869. VIII. 748. IX. 505. X. 348. 382. 790. 793. XI. 167. 669. XII. 428 ff. 584. 639. 1249.
Münster, monasterium VII. 374—376. VI. 113 ff. XII. 297 ff.
Münstereifel, Klstr. VIII. 841.
Münsterlingen, Klstr. II. 40.
Muntadas, P. Miguel X. 547.
Münter, Friedr., Bf. (st. 1830) II. 6. III. 801.
munus Christi, s. Amt Christi.
munuscula VII. 539.
Münze, Münzwesen, s. Geld und Gewicht.
Münzer, Thomas, der Schwärmer VII. 376—379. 727. I. 678. III. 103. 809. IV. 391. VI. 664 ff. X. 390. XI. 952. 1167.
Murad II., Sultan (reg. 1421—1451) V. 400 ff. 911. 912. VI. 826.
Murano, Klstr. IV. 726.
Murat, Joachim, Marschall Napoleons I. (erschossen 1815) II. 249. VIII. 492.
Muratori, L. A., der gelehrte VII. 379—380. 561. I. 321. II. 256. III. 683. 885. 905. IV. 113. 692. V. 58. 119. 475. 764. 789. 873. VI. 20. 462. 549. 638. VIII. 208 ff. 231. 256. 889. IX. 45. 752. X. 105. 261. XI. 1234.
Murawieff, Andr. Nicol., thl. Schftst. IV. 535. VI. 547.
Murdac, Heinr., Ebf. v. York XI. 1224. [XII. 443.
Murer, Verfasser der Helvetia sancta
Muret, Marc. Antoine, der Latinist II. 55. 659. IX. 380.
Murghi, Dorf VII. 529.
Murhard am Kocher, Klstr. XI. 1185.
Muri im Aargau, Klstr. I. 642. IX. 856. XII. 1207.
Murillo, Bartolomeo Esteban, der größte Meister der spanischen Malerschule (st. 1682) VI. 788.
Muritta, der Glaubensheld XI. 553.
Murner, Thomas, Satiriker (st. um 1536) I. 582. 583. X. 405.
Muro, Joh. de, Francsfrgnl. VII. 705.
Murphy, Missnr. X. 463.
Murr, Histor. IV. 833.
Murray, der Ränkeschmied VI. 852 ff.
Murrone, Peter von, s. Cölestin V., Cölestinerorden.
Musa, Anton, Prediger VI. 674.
Musa, Feldherr VI. 934.
Musaph-Gebet VII. 380—381.
Musäus, prot. Gel. II. 393. IV. 87. 88. X. 413. 688.
Muschler, Gg., Pädagog VI. 948.
Musculus, Andreas und Wolfgang VII. 381. I. 237. 740. V. 353. VI. 683. VIII. 643 (A.). X. 121 (W.). 560.
Muselmann, s. Islam.
Musen, die 9 VIII. 41.
Museum der Propaganda VIII. 815.
Musik VII. 382—421. 653 ff. (Kirchenlied). 824 (Orgel). I. 196 ff. 200. 215. 847. II. 243 (Patronin der). 491. 540. III. 513. IV. 689. 817 (Guido v. Arezzo). V. 431 (Hymnen). VI. 120. 556 ff. VIII. 50 (Palestrina). 774 (Lehrer der). 872 (Theil des quadrivium).
Musik und musikalische Instrumente bei den Hebräern VII. 421—423.
Musikunterricht, inwiefern den Geistlichen untersagt XII. 274.
Muspelheim VIII. 39.
Mussati, A., Histor. und Poet XII. 918.
Musso, Cornel., Cdl.-Lgt. XI. 185.
Muston, Geschichtschreiber der Waldenser XI. 790.
Mutation eines Festes, s. Translation.
Mutianus, Conrad, Humanist II. 924. IX. 239.
Mutran, Ebf. der Chaldäer VII. 52.
Mutschelle, Sl. VII. 307. 326.
Mutter Gottes, s. Maria (VI. 844).
Muttergottesbilder, s. Bilder, Gnadenbilder.
Mutter-Gottes-Feste, s. Marienfeste.
Mutter Gottes, 7 Schmerzen der, s. Sieben Schmerzen d. M. G.
Muttergotteslitanei, s. Litanei.
Muttergottesschwestern IX. 784.
Mutterkirche, ecclesia matrix VII. 423—425.
Mutti, Bsch. v. Benedig XI. 575.
Muzi, Cdl. VIII. 493. [425.
Muzzarelli, Alfonso, Theolog VII.
Myconius, Oswald (Geißhäusler), der Zwinglianer VII. 425—426. II. 770. 771. IV. 517. XI. 1164. 1311.
Myconius, Friedr. (Mecum), luth. Thlg. der Reformationszeit VII. 426—427. II. 146. V. 73. VI. 323.
Mylitta, die Gottheit VII. 174. VIII. 35. IX. 602. [VI. 680.
Myra in Lycien VII. 427. 597. 598.
Myrocles, der heilige, Bf. v. Mailand III. 752. VI. 624.
Mysien VII. 427, s. Pergamus.
Mystagog, der VII. 427—428.
Mysterien VII. 428—437. 427 ff. II. 268. III. 196 ff. IX. 398 (die göttlichen). X. 587. XII. 448. 1068 ff.
Mysterium, des Mithra, s. Mithra.
Mystik, die VII. 437—448, vgl. Theosophie, s. Scholastik, dazu I. 413 (und die Scholastik). 476 (und die Ascese). II. 79 (des Bonaventur). III. 221 (und die Dogmengeschichte). 253 (und die Dom- und Klosterschulen). IV. 130 (des hl. Franciscus). 361 (und die Geister). 474 (der hl. Gertrud). 580 (und Görres). V. 290 ff. (ruht auf der Eucharistie). 392 (Hugo und Richard von St. Victor). 722 (Schriften). VII. 304 ff. (Stellung in der christlichen Moral). IX. 30 (*). 311. 750 ff. (Scholastik). 889. 890 (und Scotus Erigena). X. 534 (und H. Suso). 685 ff. (und Tauler). 868 (und die Theologie). 875 (der teutschen Theologie). 889 (der hl. Theresia). XI. 412 (und der Unglaube). XII. 141 (und Brentano). 394 (des Franz v. Baader). 496 (der Gralsage). 788 (eine Vertreterin). 1045 (Rosa von Lima und Viterbo).
Mystik, falsche, Mysticismus, s. Schwärmerei, dazu I. 293 (und der Antitrinitarismus). II. 65 (Böhme). III. 164 (die Schriften des Dionys Areopagita). 373 (des Meisters Eckart). IV. 309 (des Gaßner). 361 (und Geisterseherei). V. 350 (in der Schweiz). VI. 378 (Lavater'sche). VII. 543 ff. (neuplaton.). 556 ff. (der Mystiker von Orleans). IX. 402 (der Rosenkreuzer). 449. — 479 (des Ruysbroek). 750 ff. (Scholastik). X. 66 (des Semler). 305 (Spiritualismus). 544 (Swedenborg). XI. 57 (und die Necromantie). 416 (der Pietisten). 821 ff. (Weigelianismus).
Mystiker, berühmte II. 58. 79. III. 49 (teutsche). 373. 530 ff. IV. 473. 563. 580. V. 100. 392. 722. VI. 619. 623. 847. 890. VII. 304 ff. 856. IX. 311. 478. 653. X. 534. 685. 877 ff. 890. 933. 946. XI. 821 ff. XII. 724. 788. 997. 1045.

Mystiker, jüdische, s. Kabbala, dazu X. 154. XII. 1116 ff.
Mystischer Sinn der Bibel VII. 448—456. S. Exegese, Mysterien, Typen, dazu VII. 143. 455. 545. 832. VIII. 402. IX. 763. XI. 343 ff. 1143.
Mythische Bibelauslegung III. 834 ff. 839.
Mythologie, Mythologien VII. 456—461. 130 ff. (altamerican.). IV. 636. VI. 318 ff. (indische). VIII. 435 ff. (phönicische). IX. 35 (wendische). 180. 765 (griech.). XII. 178 ff. (buddhistische). 473 ff. (germanische). 629 (griech.-röm.). 1323 (des Zendvolks).
Mythus, Mythenbildung, s. Mythologie, dazu V. 554 ff. VIII. 113.
Myxolydische Tonart VII. 392.

N.

Nabajoth, Nabaibäer VII. 462. I. 384. 386. V. 861. VI. 60. IX. 487. X. 31. 60. 171. XI. 514.
Nabal, bbl. On. VI. 800.
Nabal, der habsüchtige III. 48.
Nabaibäer, s. Nabajoth.
Nabelschauer, s. Barlaam, dazu VII. 81. 230. VIII. 893. XII. 1037.
Nabia, s. Aischa.
nablium (Harfe) VII. 422.
Nablus (Neapolis) in Palästina, der heutige Name von Sichem, s. d.
Naboz, Götze I. 438.
Nabomed (des Berosus), s. Belsazar.
Nabopalassar VII. 498.
Nabuchodonosor, s. Nebucadnezar. [pen.
Nachfolge Christi, s. Thomas v. Kem-
Nachfolge Christi, armen. VII. 3.
Nachjahr, Nachmonat, Nachquartal III. 854. X. 381.
Nachsitzfrist, s. Sterbejahr.
Nachtfahrt Mohammeds, s. Mohammed.
Nachtgebet der Juden, s. Thephilla.
Nachhaltung, s. Exequien.
Nachtmahlsbulle, s. Bulla in coena Domini.
Nachtwachen VII. 463, s. Tag, Vigil.
Nack, Carl Alois, Pädagog VII. 463—464. VIII. 30.
Nadab, isr. König VII. 464. IV. 909.
Nadasdy, Thomas, Palatin v. Ungarn III. 123. VII. 730.
Nadelgeld, s. Paraphernalien.
Nadir, Thamasp Kulikhan, Schah der Perser (ermordet 1747) VIII. 310.
Nächstenliebe XI. 317 ff.; — bei den Hebräern VII. 315. 316 ff.
Nagardschuna, der Philos. XII. 183.
Nägel, Fest der heiligen, s. lanceae et clavorum festum (XII. 705).
Nahardea, die jüdische Academie zu III. 851. IX. 5. XII. 1108.
Nähen, ob an Feiertagen erlaubt XII. 552.
Nahr, David, Fürst von Damascus XII. 695.
Nahr el Kebir, der Fluß, s. Eleutherus.
Nahum, der Prophet VII. 464—465. 105. 109. 618. I. 473. 487. VIII. 821.
Nain, bbl. On. VII. 465. VIII. 50.
Naissa, Bm. II. 100.
Naitan, Pictenkönig II. 433.
Nakschibendi, moham. Orden III. 110. 112. [511.
Namen Gottes I. 90. IV. 603. 604. V.
Namengebung, s. Taufname.
Namen Jesu XII. 1065. [VI. 9.
Namen-Jesu-Fest VII. 465—466.
Namen Jesu, Litanei vom VI. 538. 540.
Namen Jesu, Taufe im VI. 75.
Namen, die göttlichen IV. 603 ff.
Namen, hebräische III. 543.
Namensänderung bei der Papstwahl XII. 821. [mensfest.
Namensfest Mariä, s. Mariä Na-
Namenspatron, der VII. 466. VI. 165. IX. 814. 816. X. 682. Vgl. Taufname.
Namenstag, VII. 466.
Namenstag des Landesherrn, s. Landesherr.
Namur, Bm. VII. 2. XI. 689. [250.
Nancy, Bm. I. 682. IX. 873. 874. XI.
Nangis, Wilh. von, Chronist VII. 466—467. XI. 684.
Nanini, G. M., Musiker VII. 408. 411. VIII. 57.
Nanker, Bf. v. Breslau II. 152.
Nanking, Missionäre in VII. 167.
Nantes, Bm. und Syn. III. 504. IV. 150. VI. 464. VIII. 361. IX. 286. X. 432. XII. 1248. 1326.
Nantes, Edict von, s. Hugenotten.
Naolologen VI. 45. [250.
Nantonville, J. de, der Einsiedler XI.
Naogeorgus, Thomas, der Prädicant VII. 467.
Naphis, Sohn Ismaels V. 861.
Naphtali, Nephtali, der Stamm VII. 468. I. 481. V. 439. 477. VI. 48 ff. 50. 208. IX. 13. X. 162. XI. 33. 37.
Naphtali, das Gebirge VIII. 45 ff.
Napin, Jesuit IX. 91.
Napoleon I., Kaiser der Franzosen (st. 1821) I. 840. II. 44. 70. 335. 676. 755. 812 ff. 815. III. 5. 7. 8. 9. 116 ff. 306. 857. IV. 43. 158. 299. 406. 575. 677. 726 ff. 834. V. 658. 773. 872. 899. VI. 325. 394. 474 ff. 527. 558. 633. 941 ff. VII. 53. 140. 159. 610. VIII. 1. 51. 148. 496 ff. 566. 611. 743. 746. 813. IX. 195. 269. 287. 300 ff. 334. 367. 406. 797. 831. 873. X. 131. 199. 206. 251. 346. 632 ff. 816. XI. 107. 253. 758. 918. XII. 6. 101. 102. 127. 147. 189. 190. 193. 222. 244. 217. 315. 316. 391 ff. 403. 497. 537 ff. 562 ff. 594. 618. 665. 669. 704. 726. 741. 787. 820. 859. 863. 919. 922. 926. 938. 1019. 1028. 1079. 1080. 1090. 1207.
Napoleon, Louis, König von Holland XII. 569. 582.
Napoleon III., Charles Louis, Kaiser der Franzosen (geb. 1808) IX. 269. XI. 323. XII. 391. 922.
Naponans, Christian, Bf. v. Neustadt VII. 519.
Narbonne, Stadt und Erzbisthum V. 185. — 658 (Inquisitionstribunal). VI. 86 (Kimchi in). 644 (Vertrag von). 681. 758. VII. 765 (Congregation). IX. 252. 254. 918 (Syn.). X. 262. XI. 1295 ff. XII. 1112 (Judenschule in). [536.
Narciß, Bf. v. Jerusalem V. 534 ff.
Nardini, Bf. VI. 757. [803.
Narni, die Stadt, wird christlich V.
Narrenfeste III. 710. IV. 755. XII. 925.
Narses, der Feldherr Justinians I. III. 810. IV. 588. 675. V. 948 ff. IX. 340. 341. XI. 577.
Narses, Gelehrter VII. 621.
Narthex, Theil der Basilika VII. 468—469.
Naruscewicz, Primas, der polnische Tacitus VI. 442.
Narvaez, Don Ramon, General (geb. 1795) XII. 305.
Nas, der Doctor V. 176.
Nasara, türk. Name der chaldäischen Christen.
Nasarder, was Nosairi.
Nasenringe VIII. 866.
Nashville, Bm. VII. 640.
Nasi, Würde der jüdischen V. 880. XII. 1108 ff.
Nasiräat bei den Mohammedanern V. 856. [762.
Nasiräer, Nasiräat IV. 386 ff. VIII.
Nasirweihe IX. 614. 615.
Nassau, das Herzogthum, s. Limburg, oberrheinische Kirchenprovinz, dazu II. 326. 560. 707. 868. 869 (Krls.). 752 (Kgschls.). V. 674 (Krls.). VI. 26 (Krls.). VIII. 837. IX. 167 (Krls.). X. 524 (Krls.). XI. 252. — 614 (Krls.). XII. 712. 860. 867. 885.
Nassau, Graf Adolph I. v., Chfst. v. Mainz VI. 767.
Nasst, David, der Judencolonist V. 808.
Naszera, s. Nazareth.
natale genuinum, ingenuinum, s. natalitia sanctorum.
Natalia, hl. Martr. XI. 503.
Natalis Alexander, Kirchenhistoriker VII. 469—471. 588. II. 14. 407. III. 164. 242. 321. 915. 933. IV. 704. 896. V. 316. 593. VI. 130. 149 ff. 685. 727. 815. 878. VII. 306. IX. 358. 629. 630. X. 71.
Natalis Hervaus, s. Hervaus Natalis.
natalitia sanctorum VII. 471—474. XI. 658.
Natanger, s. Preußen, Einführung des Christenthums.
Natchez, Bm. VII. 610.
Nathan, Prophet VII. 474. 156. III. 49. V. 275. VI. 248. VIII. 817. 818 ff. IX. 584. XI. 451. 944.
Nathanael VII. 474.
Nathanael, griech. Thlg. X. 587.
Nationalconvent, der französ. IX. 276 ff.
Nationalität VII. 474—478.
Nationalitätsverband X. 323.
Nationalkirche, die teutsche III. 4. XI. 1157. XII. 190. 191. 193. 865 ff.
Nationalsynode, s. Synode.
Nationalsynode, die erste teutsche II. 83.
Nationalsynode, französ. IV. 44. IX. 288. XII. 127; — ungarische XII. 1006.
Nativitätstellen, das IV. 492.
Natur, s. Gott, Seele, Welt, harmonia praestabilita.
Naturalismus und Supranaturalismus VII. 478—485. I. 368. III. 70. IV. 120. VI. 528. IX. 172. X. 68. 341. XI. 420. 616. 624.
Naturdienst, s. Götzendienst, Paganismus, dazu V. 479. 480 (der Letten). VII. 220 (altcanaanit.). VIII. 40. 435 ff. (phönicr.). 885 ff.
Naturerkenntniß, s. Philosophie.
Naturgesetz (ethisches) VII. 485—491.
Natürliche Ekstase, s. Verzückung.
Natürliches Gesetz, s. Gesetz (XII. 480).
Natürliche Stigmatisation, s. Stigmatisation.
Naturphilosophie, s. Philosophie.
Naturphilosophie, Manes macht das Christenthum zu einer VI. 798.
Naturrecht, s. Rechtsphilosophie.
Naturrechtlich-politische Moral VII. 320 ff.
Naturreligion, s. Religion, dazu I. 570. VII. 457 ff. IX. 175. 427 ff. (eine).
Nauclerus, Johannes, Canonist und Chronist VII. 491—492.

(Cthik des). 320. 440. 792 ff. 863. I. 200. 201. 206 ff. 413. 464. 465. II. 672. III. 377 ff. IV. 64. V. 586. VI. 5. VIII. 79. 90. 401. 415. 511. IX. 235. 755 ff. X. 6. 303 ff. 595 ff. 594. 929. XI. 275. 277 ff. (angebl. der Kirchenväter). XII. 190.
Neu-Pythagoräismus I. 360.
Neu-Rom, s. Constantinopel.
Neuseeland, Christianisirung I. 559 ff. X. 459. 646 ff.
Neuser, Adam, Antitrinitarier VIII. 355.
Neusohl, Bisthum IV. 600.
Neu-Spanien, s. Mexiko.
Neustadt, Wiener-, Bisthum VII. 548—551. 590. 726. 734 ff. (Reformationszeit). VI. 226. XI. 963 ff. 979. 990. 1044.
Neustadt am Main, Klstr. XI. 1184 ff.
Neustift, Klstr. II. 165. VII. 532.
Neustrien, das alte IV. 146.
Neutestamentliches Gesetz, s. Gesetz (XII. 451 ff.).
Neutra, Bm. IV. 600. VII. 730.
Neutscherkask III. 605.
Nevers, Bm. X. 71.
Nevers, die Damen von IX. 784.
Nevill, Alexdr., Georg, Ebfe. v. York XI. 1226 ff.
Newman, John Henry, der berühmte Theologe (geb. 1801) VII. 514. XI. 109 ff. 110. XII. 310. 1061. 1062.
Newton, berühmte Männer dieses Namens, besonders Isaac XII. 823—824. II. 568. IV. 276. XI. 734.
New-York V. 144. VII. 168 (Missionäre in). 639 ff. (Bm.). IX. 839 ff. (Perfectionisten in). X. 545.
Nhutscelle, Klstr. III. 23. 251.
Nibelungenlied IV. 578. VIII. 528. XI. 1205.
Nicäa, erste allgemeine Synode zu VII. 551—559. I. 39 (Strafe der lapsi). 228 (*). 232 (*). 261 (Trinität). 286 (bestätigt die Vorrechte der großen Metropoliten). 287 (Jerusalems Vorrang). 295 (wider Arianismus und Sabellianismus). 430 (*). 437 (canones hinsichtlich der Disciplin). 478 (Bischöfe v. Rhodus). 480 (und Novatianer). 492 (und Athanasius). 552 (*). 798 Anmkg. (*). II. 404 (Subintroducte). 454 (*). 496 (Chorbischöfe). 648 (cod. canon. eccles. Afric.). 660 (und der Cölibat). 827. — 829 (und Constantin d. Gr.). 859 (über die Trinität). 980 (macht die Osterfeier gleichförmig). III. 11 (Bestätigung der Beschlüsse). 409 (für Monogamie). 422 (Canon über die zweite Ehe). 547 (der Cölibat). 758 (und Eusebius von Cäsarea). 769 (Eustathius von Antiochien beim). 910 (das 40tägige Fasten altbekannt). IV. 214 (ein gothischer Bischof beim). 305 (und die Synode von Gangra). 372 (eine Geschichte des). 737 (Gregor v. Nazianz auf der Reise zum). V. 257 (die Eucharistie zum Heile nothwendig). 362 (Bestimmungen über die hl. Dreifaltigkeit). 337 (und Hosius von Corduba). 455 (Jacob von Nisibis beim). 535. 536 (Vorrang der Kirche von Jerusalem). VI. 21 (über den bibl. Kanon). 73 (über die Wiederaufnahme der Novatianer und Paulianisten in die Kirche). 135 (und der Kirchenhistor. Eusebius). 166 (die Jurisdiction der Metropoliten). 352 (und die Synode von Laodicea). 545 (Ehrenvorrang Jerusalems). 546 (Liturgien). 814 (und die hl. Dreifaltigkeit). 925 (canones angeblich verbrannt). VII. 41 (der sechste Canon). 504 (über die Neophyten). 598 (und St. Nicolaus). 663 (sucht die Novatianer zu gewinnen). 774 (*). 878 (endigt den Osterfeierstreit). 882 (das Osterfest). VIII. 214 (Vorrang von Rom, Alexandrien und Antiochien). 294 (beschränkt das Vorlesen nichtcanonischer Schriften). IX. 64 (Entwicklung der Jurisdiction). 668 (und die Novatianer). X. 237 (ein Bischof von Sodoma beim). 354 (Entscheidung über die Ketzertaufe). 431. 432 (subintroductae). 550 (und P. Sylvester I.). 607 (in der Reihe der Synoden). 609 (alle 2 Jahre Privatconcilien). XI. 260. 272 ff. (und die Lehre von der Trinität). 308 (und Ulfila). 1140 (gegen Zinsleistung). XII. 518 (Heracleas Exarchat über Thracien). 781 (Theilnehmer an der).
Nicäa, zweite allgemeine Synode daselbst (J. 787) VII. 559—567. I. 70 (*). 102. — 488 (Predigten des hl. Asterius). II. 7. 9. 11. 521. 832 (wider die Bilderstürmer). III. 588 (erlaubt, Engel zu malen). 742 (Bilderverehrung bestätigt). IV. 767 (und die Lehre vom heiligen Geist). V. 511 (ihre Decrete umgestoßen). VII. 863 (Kaiser Manuel stellt die Bilder wieder her). 864. VIII. 767 (über die Priesterweihe). X. 247 (**). 583 (macht ein altes Unrecht gut). 897 (2 berühmte Theilnehmer). XII. 1318 (ein Redner zu Gunsten der Heiligenbilder).
Nicäa, Stadt und Reich I. 430. 431. 874 (Ebm.). II. 39. 47. 250. 446. IV. 750. VII. 235 (projectirte Synode). 662 (Novatianer in).
Nicander, der Stylite X. 424.
Nicänisches Glaubensbekenntniß, s. Glaubensbekenntniß.
Nicänus, Cardinal, s. Bessarion.
Nicanor, Feldherr VI. 708. 710. IX. 48.
Nicasius, der heilige VII. 552 ff. IX. 290.
Niccoli, Nicolo, Philolog XII. 360.
Nicephorus, der heilige, Patriarch v. Constantinopel VII. 567—568. I. 227. X. 846. 848.
Nicephorus, Xanthopulos (Callisti), der Kirchenhistoriker, s. Kirchengeschichte (VI. 143 ff.), dazu IV. 243. 548. V. 88. 843. 852. VI. 838. 833. 876. 882.
Nicephorus Gregoras aus Heraclea, byzantin. Histor. († 1359) I. 613 (*). 614. 615. 617 ff. VI. 144.
Nicephorus, Name mehrerer byzantin. Kaiser: N. I. (reg. 802—811) V. 822. VI. 438; — N. II. Phocas (reg. 963—969) VII. 809; — N. III. Botoniates (reg. 1078—1081) IV. 708.
Niceron, Jean Pierre, Literärhistoriker XII. 824—825.
Nicetas (Paphlago), Biograph VII. 568—569.
Nicetas, Pch. v. CPel. VIII. 441.
Nicetas, Ebf. v. Thessalonich IV. 769.
Nicetius, Bf. v. Lyon, Bruder Gregors v. Tours IV. 789.
Nicetius, der heilige, Bischof von Trier IV. 152. VI. 560. XI. 250.
Nichtigkeitsbeschwerde IX. 66 ff.
Nichtigkeitserklärung, Aufhören eines Gelübdes durch IV. 379.
Nichtigkeitserklärung der Ehe III. 446. 447.
Nichtigkeitsgründe der Ehe, s. Ehehindernisse, vgl. Ehescheidung.
Nichtschlafende, s. Akoimeten.
Nichtswisser, s. Agnoeten.
Nichtwissende, s. Fehmgerichte (XII. 341 ff.).
Nicobaren, das Christenthum auf den XII. 568.
Nicocles, der Kryptoheide V. 913.
Nicodemus, Jesu Freund VII. 569—570. I. 349. II. 521 ff. IV. 390.
Nicolai, Friedr. Christoph, der Aufklärer († 1811) VII. 570—571. II. 4. III. 102. VI. 340. 494. VIII. 717. 722. IX. 390. X. 313 ff.
Nicolai, Heinrich, Stifter der Liebesfamilie III. 896.
Nicolai, Heinrich, der Socinianer III. 896 ff. XI. 296.
Nicolai, der Jesuit VIII. 615.
Nicolai, Melchior, der Tübinger Theolog XI. 350.
Nicolai, Philipp, Gegner des Calvinismus III. 897.
Nicolaiten, Secte VII. 571—572. I. 277. II. 101. III. 432. 789. IV. 559. 560. VI. 9.
Nicolaus, der Diacon VII. 572—573.
Nicolaus, Name von 5 Päpsten VII. 573—591. N. I. der Große (reg. 858—898) I. 270. 271. 771. II. 63. 144. 205. 302. 496. 585. 820. III. 351. IV. 114. 702. 888. V. 103. 204. 246. 601. VI. 116. 477. 603. 879. VIII. 104. 113. 144. 442 ff. IX. 48. 85. 355. 543. 602. 630. 869. 883. 896. X. 66. 226. 562. 672. XI. I. 362. 549 ff. 1267. XII. 201. 272. 532. 533 ff. 755. — N. II. (reg. 1058—1061) I. 154. 531. 776. 823. II. 339. III. 16. 818. IV. 699. V. 13. VI. 553. VII. 221. 273. 496. VIII. 106. 111. 207. IX. 130. 135. X. 195. 380. 542. XI. 674. XII. 188. 356. 646. — N. III. (Johann Cajetan, ein Orsini; reg. 1277—1280) II. 77. 567. IV. 173. 174. 399. V. 690. VI. 177. 304. 513. VIII. 107. IX. 360. 439. 602. XI. 321. 341. XII. 387. — N. IV. (ein Franciscaner; reg. 1288—1292) I. 371. 551. II. 88. 89. 151. 210. 481. 612. 640. IV. 657. V. 347. 463. 474. 708. 722. VI. 868. VII. 638. IX. 345. X. 725. 741. XII. 653 ff. 731. — N. V. (Thomas Parentucelli; reg. 1447—1455) I. 171. 191. 382. 649. 845. 876. II. 2. 263. 365. 390 ff. 551. 654. 681. 749 f. 756. III. 185. 594. IV. 177. 429. 771. V. 877. 951. VI. 16. 23. 367. VII. 548. IX. 116. 721. 338. 342. 348. 371. 375. X. 264. 413. 573. 978. XII. 390. 598. 840. 740. 1027. 1203. 1270. 1273.
Nicolaus V., Gegenpapst (Peter von Corbario) V. 766. VI. 625. 757. VII. 696. 657. 658 f.
Nicolaus von Basel, der Mystiker X.
Nicolaus Catanensis (Siculus), s. Panormitanus.
Nicolaus de Clemangis, s. Clemangis.
Nicolaus von Cusa, Cardinal VII. 591—597. I. 615. 616 f. 640. II. 166. 272. 263. 340 ff. 748. III. 143. 166. 221. IV. 31. 34. 734. 735. V. 192. 911. VI. 146. 733. 867. VII. 180 ff. 729. VIII. 482. 831. IX. 142. 235. 725. 729. X. 700. XI. 868. 975. XII. 601. 1053. 1203.
Nicolaus, der Eremite, St. II. 390.
Nicolaus, Ebf. v. Gnesen IV. 532.
Nicolaus di Lorenzo, s. Rienzi Cola.
Nicolaus Liranus, s. Lyra, Nicolaus v.
Nicolaus von Myra, der heilige Bischof VII. 597—599. IX. 464.
Nicolaus Mysticus, Pch. V. 735. XI. 477.
Nicolaus de Pistorio, Msnr. V. 772.
Nicolaus von der Flue, s. Flue.
Nicolaus von Straßburg, der Prediger VII. 599. III. 58.
Nicolaus von Tolentino, der heilige XII. 825. 363.
Nicolaus I., Kaiser von Rußland († 1855) III. 419. IV. 729. VIII. 568. IX. 471. 473 f.

Norimberga, Nürnberg; s. d.
Noris, Heinrich, der Cardinal VII. 644—645. 471. I. 530. 593. V. 591. VIII. 90. IX. 371.
Normaljahr, s. annus decretorius, directorius. [tor VIII. 325.
Norman, Gg., ein schwed. Reforma-
Normannen, Einführung des Christenthums bei denselben VII. 645—647.
Normannen, Geschichtliches und Kirchengeschichtliches I. 166. 791. III. 104. 352. 773. IV. 99. 273. 774. V. 2. 6. 8 ff. 25. 49 ff. 208. 505. 506. 750 ff. 827 (Einfälle). VI. 466 ff. (in Italien) 602. VII. 396 (Einfälle). 496 (Belehnung mit Neapel). 592 ff. (in Italien). 818 (eine Geschichte der). VIII. 144. 841. IX. 113. 114. 327. 899. 841 ff. (Schweden). XI. 927. 1149. 1222. 1259.
Nornen, die altgerman. XII. 476.
Northampton, Syn. V. 56.
Northumbrien, Christianisirung des Königreichs I. 248. IV. 779. V. 504. XI. 1216 ff.
Norwegen, s. Normannen, Schweden, dazu I. 166. 408 ff. II. 25 (Kris.). 319 (Christiansg.). 509 ff. III. 305 ff. IV. 774. 889 ff. V. 633. 637. VI. 932. IX. 396. 837. XI. 1221.
Norzi, Salomo, jüd. Gel. I. 918 ff. III. 54. VI. 287. 912. XII. 1114.
Nosairi, mohammed. Secte III. 317.
nosocomia, s. causae piae.
Nösselt, der Neologe VIII. 724.
Nostrification, der Grundsatz der XI. 439. [IX. 115 ff.
Notar V. 668 ff. VIII. 115. 830 ff.
Notger, Bischof v. Lüttich, s. Notker.
Notha, s. Kanon.
Nothburga, die heilige XII. 833.
Nothеid, s. Eid.
Notherben, Intestaterben VII. 647—648. 806. III. 597. V. 679. X. 776.
Nothfristen IV. 234 ff. VIII. 800.
Nothhelfer, die vierzehn VII. 648—651. I. 609. II. 516. 971. III. 649. 768.
Nothrecht, s. Selbsthilfe.
Nothsteuer I. 31.
Nothtaufe III. 552. IV. 898. X. 604.
Nothwehr, die XII. 833—837, s. Selbsthilfe.
Nothwendiger Eid III. 408.
Nothzucht, die XII. 837—838. 12. 836. III. 345. VI. 80 ff. IX. 215. X. 410.
Notker balbulus VII. 651—657. 98. 398. II. 735. III. 513. IV. 290 ff. 284. 657. VI. 268 ff. VIII. 523. 525. X. 86.
Notker, Bischof von Lüttich XII. 832. 746 ff. 1245. V. 107. XI. 1104. XII. 97.
Notker Labeo III. 512. IV. 219. 284. VII. 657. XII. 1210.
Notker physicus III. 508. 509. 510. IV. 284. VII. 657.
Notorietät und Gerücht XII. 838—
Nott, Missionär. X. 457. [845.
Nourry, Dom Nicolaus, der Gelehrte VII. 657—658. IV. 308.
Nous, der neuplatonische VII. 543.
Novalzehenten, s. Zehnten.
Novatianisches Schisma VII. 658—663. a) Novatian II. 879. III. 160. 837. V. 300. VI. 168. VIII. 102; — b) Novatianer, Novatianismus I. 40. 232. 285. II. 227. 535. 637. 968. 971. III. 285. 409. 432. 545. 614. IV. 74. VI. 71. 814. VII. 558. VIII. 604 ff. IX. 495. 667 ff. 821. X. 90. 201. XII. 764.
Novatus, der Schismatiker I. 40. 125. 232. II. 879. 968. III. 937. VII. 658 ff.
novissima, s. Dinge, die 4 letzten (XII. 281 ff.).
Noviomagus, Speyer; s. d.
Noviziat, Novizen VII. 663—664. 633. 808. 813. III. 486. 655. XI. 30. 243. XII. 821.
Nowogorod, Erzbisthum II. 387. III. 604 ff. IX. 19. 468. 816.
Nowojschenil, Secte der IX. 72.
Noyer, du, die Madame X. 731.
Noyon, Bm. III. 528. VII. 7.
Noyon, der Tag von XII. 377.
Nuatscheta, Nestorr. in VII. 525.
Nubien, s. Chub, dazu I. 70. 77 Anmkg. IX. 206. 488 ff.
Nüchternheit zum Empfange des hl. Abendmahls, s. Hochwürdigstes Gut.
Nuenar, der humanistische Graf V. 108.
Nullitätsklage, s. Ehescheidung, Ehehindernisse.
Numa Pompilius, röm. König VI. 13. VII. 537.
Numenius, Sohn des Antiochus VII. 664.
Numenius von Apamea, Philos. VII. 541.
Numentius, Neuplatr. VIII. 512.
Numeri, s. Pentateuch, dazu IV. 611. VII. 832.
Numidicus confessor III. 61.
Numidien, das Land III. 251 ff. XI. 372.
nummus vicesimus, centesimus etc. I. 34. 35.
Nuntiaturen in Deutschland VII. 664 ff. X. 409 ff.
Nuntiaturstreit, teutscher VII. 664—668. VI. 411.
Nuntius, s. Legaten.
Nürnberg, die alte Reichsstadt XII. 845—856. 228. 298. I. 708. II. 380. 475 ff. (Reichstage). 430. III. 141. 142 (Fürstenvsmlg.). IV. 831 (Gustav Adolf bei). V. 406 (Hus in). 418. 421 (Reichstage). 632 (Bischofsversammlg.). VII. 592 (Reichstg.). 961 ff. (Revolution in). VIII. 458. — 681. 687 (Reichstage). IX. 697. 700. 816. — 905 (plast. Kunstwerke in). XI. 1066 (Rchstg.).
Nürnberger Friede, Vergleich von 1552. I. 147. XI. 396. XII. 662.
Nurono, s. Ignatius der hl. von Antiochien.
Nur-Ullah Bey, der Kurdenhäuptling VII. 529.
Nutzeigenthum VII. 678.
Nuyts, Canonist XII. 1084.
Nye, Steph., anglic. Gl. XI. 59.
Nyon, Bm. I. 862.
Nymwegen VI. 626. XII. 583.
Nyssa, Bm. IV. 743.
Nyssa, Gregor von, s. Gregor von Nyssa.

O.

ω und α, s. Alpha und Omega.
Oasis, Verbannungsort VII. 522.
Oates, Titus, der schändliche VII. 669—674. IV. 799.
Obadjas, der Prophet VII. 674—676. 108. 109. V. 169. VIII. 821. IX. 602.
Obal, der Sohn Joctans V. 697.
Obedienz, canonische und Obedienzeid VII. 676—677. II. 732. III. 408. VI. 774. X. 425.
Obedienz, kirchenpolitische VII. 677—678.
Obedienzgesandtschaften VII. 678.
Obelisken in Rom IX. 374.
Oberaltaich, Klstr. IX. 103.
Oberaufsicht VII. 678.
Oberconsistorium, das preuß. VIII. 713. 723. 734.
Oberdefensor, s. defensor ecclesiae.
Obereigenthum VII. 678.
Oberhäuser, P. Benedict XI. 1051.
Oberhelfer bei den Protestanten I. 407.
Oberinnen, s. Ordensobere.
Oberkirchenrath, der preuß. VIII. 734.
Oberlin, Joh. Friedr., der Vater des Steinthales VI. 31 (st. 1826).
Obermarchthal, Kloster I. 152.
Obermünster, Kloster III. 6. IV. 185. IX. 772. [node X. 615 ff.
Oberprocureur, der der russischen Sy-
Oberrabbiner, s. Rabbiner.
Oberrauch, Herculan, der Pater VII. 678—680.
Oberrheinische Kirchenprovinz XII. 857—981. II. 300. 325. 327. 330. 333. 548. 665. 742. 743. 762 ff. 778. 814. 872. 870. 958 ff. III. 125. 270 ff. 844. 916. IV. 400 (Kris.). 720. V. 621 (Kris.). VI. 197. 341. 476. 529. 709. X. 51 ff. 291. XI. 27. 28 (Kris.). 900. 1156. [1866. XI. 1193.
Oberthür, Dr. Franz VII. 680—688.
Obertus, Ebf. v. Mailand VI. 756.
Oblaten (Hostien) VII. 688.
Oblaten della torre de Specchi, s. Francisca Romana.
Oblaten, oblati (Mönche) I. 700. II. 806. V. 215. VII. 168. 814. X. 185. XI. 492. XII. 483.
oblationarii, s. Subdiaconat.
Oblationen, gottgeweihte Gaben VII. 688—689. 98. 118. 711. I. 569. 804. II. 436. VI. 190 ff. (an Geld). VIII. 358. 774. X. 386. XII. 645. 650. 1725 ff.
Oblieten, s. Obedienzen.
Obotriten, Bekehrung der VII. 689—691. 897. 902. IX. 31. 564. XI. 670. 927.
Obrecht, Jacob, Componist VII. 405.
Obregonen, die X. 744.
Obrigkeit, Gebet für die, s. Landesherr.
Observanten VII. 691—694. 909. II. 305 ff. 567. 865. IV. 133. VII. 106. 711 (in Nordamerika).
Observanz VII. 694—695.
obsessio, s. Besessene.
O. C., die Bezeichnung VII. 715.
Ocana, Missionscolleg in VII. 166.
Occam, der doctor singularis VII. 695—699. 458. I. 425. 758. II. 598. III. 186. 344. 400. IV. 177. V. 766. 767. VI. 624. 808. IX. 725 ff. 735. 842. XI. 718. 893 (ein Anhänger). XII. 84. 746. [1116.
Occasionalismus IV. 875 ff. XI.
Occidentalische Bibelübersetzungen I. 944 ff.
Occurrenz der Feiertage, Ferien und Vigilien XII. 881—892. 250.
Oceanien, s. Australien, Südseeinseln.
Ochino, Bernardino, der Apostat (st. 1564) I. 905 ff. 908. II. 338. 414. IV. 183. 536. VIII. 561.
Ochs als symbol. Thier II. 469. 472. — der verurtheilte X. 392.
Ochsenfurt, Klstr. II. 62.
Ochsenhausen, Klstr. VI. 383.
Odenheim, Musiker VII. 403 ff.

O'Connell, Daniel, der Befreier VII. 699—701. III. 4. 535. V. 631. XII. 1137 ff.
Oropa, Colleg von XII. 43.
Octava Domini, Fest der Beschneidung Christi VII. 538.
Octavarium, das XII. 893—894.
Octave VII. 701. VIII. 379. XI. 825 ff. XII. 892. 893 ff. 1005.
Octavia, Neros Gemahlin VII. 515. 518.
Octavian, s. Johannes XII. (V. 756).
Octavius, der Dialog VII. 153 ff.
Oculi, der Sonntag VII. 701.
Obed, Prophet VIII. 819.
Odense, Bm. III. 19.
Odericus, s. Orderich.
Oderisius, Aebte von Mtcio. VII. 274.
Odescalchi, s. Innocenz XI. (V. 641).
Odescalchi, Marc Anton, der Priester IX. 361; — Thomas, der wohlthätige IX. 362 ff.
Odessa, Missionäre in VII. 109.
Odiamper, Syn. zu IV. 561.
Odianer, s. Anthropomorphiten.
Odilia, die heilige VII. 701—703. III. 663. V. 277. X. 400.
Odilienberg, Nonnenkloster, s. Hohenburg.
Odilo, der heilige Abt von Clugny I. 174. 774. II. 839 ff. 795. III. 15. 105. 905. IV. 614. V. 763. VII. 227. 273. VIII. 523. XI. 1096. XII. 15. 484.
Odilo, Bf. v. Paris I. 550.
Odilo, Bayerherzog II. 52. 172. IX. 93. XI. 709.
Odin, Bischof XII. 40.
Odin, s. Wnotan.
Odo, heiliger Abt von Clugny II. 638. 795. III. 901. 905. IV. 99. 657. V. 756. VI. 461. VII. 227.
Odo, hl. Bf. v. Cambray XII. 211. 212; — Bf. v. Paris II. 173. X. 629.
Odo de Duaco, Magister XI. 1092. 1093 ff.
Odoaker, König von Italien VII. 703—705. I. 700. 770. II. 398. III. 624. 625. IV. 3. 557. VI. 569. VIII. 110. IX. 301. X. 168. XI. 545. 728. XII. 927.
Odollam, s. Adullam.
Odolricus von Rheims IX. 202.
Oecolampadius, der Reformator VII. 705—711. 28. 377. I. 582. 583. 921. II. 13. 163. 145 ff. 199. 327. 328. 360. 770. III. 103. 372. 669. VI. 356. 663. 668. 810. IX. 190. 556 ff. 816. X. 91. 92. 95. 326. XI. 786. 1320 ff. XII. 602.
Oeconom VII. 711—712. I. 448 ff. II. 325. 326. VI. 39. 65. 191. 199. VIII. 115. 774. XII. 619 ff.
oeconomia salutis, s. Heilsordnung.
Oecumenischer Bischof, s. Johannes Nesteutes.
Oecumenischer Patriarch, Titel V. 732.
Oecumenischer Patriarch der heutigen Griechen VII. 534.
Oecumenische Synode, s. Synode.
Oecumenius, Scholiast des 10. Jhdts. IX. 764.
Oeffentliche und feierliche Messe VII. 102.
Oel, ein Bestandtheil des hebr. Opfers VII. 763.
Oelberg, der (Dschebel-et-Tur) VII. 713—714. II. 423. IV. 494. 642. VIII. 485 ff.
Oele, heilige VII. 712—713. 715. IV. 79. VI. 334. VIII. 851. IX. 533. 590. X. 609. XII. 1065.
Oelenberg, Trappistenkloster XI. 169.
Oelgefäß, das VII. 714—715.
Oellampen, s. Lampen.
Oels, Herzog Conrad von, Bischof v. Breslau II. 152.
Oelung, letzte VII. 715—721. 527. 713. 974. II. 780. IV. 402. VI. 25. 249. VIII. 290. 367. IX. 531 ff. XI. 199 ff. 666. 1327. XII. 563.
Oelweihung, s. Oele, heilige, dazu II. 458. III. 554.
Oerebro, Versammlung zu VIII. 324.
Oersted, Hans Christian, Naturforscher IX. 753.
Oeschprocession, s. Bittgänge.
Oesel, Bm. VI. 645. VIII. 679.
Oesterliche Zeit VII. 721. S. Kirchenjahr, Osterfeierstreit, Beicht, Communion, Fasten, Fastenmandate, Fastnacht, Gebote der Kirche.
Oestreich, Geschichtliches und Kirchengeschichtliches bis zur Reformation, s. Wien, dazu I. 773 (Begründung der Diöcesanrechte Passaus über Ober- und Niederöstreich). 787 (Benedictiner in). IV. 103 (Stift Sanct Florian). 298 (St. Gall). V. 416 ff. (die Husiten in). VI. 269 (Kreuzbeere). 583 (Lollharden in). 614 (Manichäer in). VII. 548 (Wiener Neustadt). 741 ff. — VIII. 568 (St. Pölten). X. 184 ff. (König Sigismund). XI. 24. 26 ff. (Kaiser Albrecht und seine Zeit).
Oestreich, Reformation und Gegenreformation VII. 721 —750. S. die Namen der einzelnen Kronländer, ferner Wien, dazu I. 624 (Barnabiten). II. 114 (und das Tridentinum). 513 (und Max II.). III. 181 (die polnischen Dissidenten). 273 (der Reformator Drabik). 298 ff. (und der dreißigjährige Krieg). 868 ff. (und Bischof Joh. Faber. IV. 276 (u. St. Hahn). IX. 913 (im Seckau'schen). XI. 220 (und das Tridentinerconcil). 389 (u. Ulrich v. Würtemberg). 958 (die Wiedertäufer). 1086 (Herzog Wilhelm von Bayern.).
Oestreich als Kaiserstaat in kirchlicher Beziehung XII. 894—911. S. Wien, die einzelnen Kronländer, Bisthümer und Stifte, dazu Kirchenrechtliches bis 1855, ferner I. 211 (Amortisationsgesetze in Betreff der Klöster). 445 (Armenier in). 579 (Baccauaristen gedeihen nicht in). 783 (und Benedict XIV.). 784 (Görz und Udine errichtet). II. 176 (barmh. Brüder in). 208 (die Nachtmahlsbulle) 609 (und Clemens XI.). III. 182 (wider Rongeanismus). 254 (das Schulwesen und die geistlichen Orden). 817 (ein Vorrecht des Kaisers). IV. 182 (Frauenorden in). 285 (die Fußwaschung). 403 (die Generalseminarien). V. 796 ff. (Kaiser Joseph II.). 898 (die Juden in). VI. 528 (Liguorianer in). 433 (Leitmeritz). 646 (Lüneviller Friede). 856 ff. (Maria Theresia). VII. 159 (Missionen in). 166 (das Borromeum in Mailand). 460 (ein Ablaß). VIII. 118 (Piaristen in). 488 ff. (und Pius VII.). 714 (siebenjähriger Krieg). IX. 678 (Salesianerinnen in). 804 (Schulwesen). 873. 875 (barmherzige Schwestern in). X. 219 (und der Negerhandel). 451 (Missionäre aus). XI. 255 (Triest). 340 (seine Mission im Orient). 638 (Verona). 791 (und die Walachei). XII. 109 (und Belgien). 495 (die Väter am hl. Grab). 681 (ein Ritterorden in). 713 (und die Leibeigenschaft). 866 (und die Oberrheinische Kirchenprovinz).
Oestreich, Kirchenrechtliches bis 1855. I. 35. 36 (Abgaben der Geistlichen an d. Staat). 307 (Anwartschaften der Ehrencanoniker). 603. 800 (und die congrua). II. 23. 25. 26 (und der Bischof). 326 ff. 333 (die Capitel). 426 (und die Censur). 560 (*). 661 (nominatio regia). 761 (Concursprüfung). 778 (erzb. Privilegien). 796. 819. 823. 841. 861. 867 (Convertiten). 895 (beschränktes Strafrecht der Bischöfe). III. 72. (congrua). 75 (Deficientenpfarrer). 137 (demeriti). 246. 247 (*). 269 ff. (Dotationen). 418 ff. 423. 428 (Eherecht). 433. 459. 460 (Ehrencanoniker). 476. 700 (Titel und Rang der Bischöfe). 841 (Exemtion des Militärs). 857. 895 ff. 916 (Fastenmandate). 936. IV. 263 (die Fürstbischöfe). 399. 401 (das placetum regium). 639 (und das Begräbniß). V. 197. 434 (*). 620 (u. die Erwerbung des Indigenats). 673 (Intercalarfrist). 680 (*). 930 (jura circa sacra). VI. 191 (Kirchenvisitation). 202 ff. (Begräbniß). 334 (der Bezirksvicar). VII. 630 (nominatio regia). 618 (Erben der Geistl.). 814 (in Bezug auf den Ordensprofeß). VIII. 211 (Eherlds.). 225 (Patronatrecht). 610 ff. (Patronatrecht). 896 (ein Revers der Geistlichen). IX. 186. 187 (Andersgläubige). 221 (und die Residenzpflicht). 659 (fromme Schenkungen). 818. 819 (Eherechtliches). X. 37 (Selbstmörderbegräbniß). 51 (geistl. Seminarien). 109 (das simultaneum). 524 (die Superintendenten). 706 (Testirfreiheit der Geistlichen). XI. 28 (der Tischtitel) 173 (Eherechtliches). 612 (Verkehr mit Rom). 614 (*). 668 (*). 1262. 1264 (Zehentrechtliches). XII. 562 (Begräbniß der Hingerichteten). 668 ff. (und das Kirchengut).
Oestreich, gemeines Recht in III. 599. XI. 47. 50.
Oestreich, Kirchenstatistisches, s. Oestreich als Kaiserstaat, dazu VIII. 567 ff. X. 786. 787. 800 ff. XI. 425. XII. 901 ff. 1209 Anmkg.
Oestreichisches Concordat von 1855, s. Oestreich (XII. 907—911), Wien (XII. 1289 ff.)
Oetting, Alten-Oetting, Wallfahrtsort VII. 750—752. IV. 549 (und andere Gnadenorte). VI. 528 (Liguorianer in). VIII. 173. XI. 709. 797.
Oettinger, Eduard Maria, Convertit und Schriftsteller IX. 811; — Theosoph VI. 6.
Of(r)eg, luth. Bf. VI. 536.
Ofen, das Lutherthum in VII. 730.
Offa, König von Mercien II. 834. VIII. 326. IX. 503. XII. 558.
Offenbarung bei den Juden, s. Bathkol.
Offenbarung, im theologischen Sinne VII. 752—759, s. Uroffenbarung (XII. 1216 ff.), Glaube, Unglaube, dazu I. 7. 292. 365 ff. (Theorie der). 503 ff. (Auctorität). 667 ff. (ihre Grade nach jüd. Meinung). II. 409 (Christenthum). 517 (Christus). 783 (und die chinesische Religion). III. 81 (und der Deismus). 192 (und das Dogma). 217. 876 ff. (und die Erlösung). IV. 122 (Lessing und die). 518 (Glaube). 532 (Glaubenssache). 589 (Gott). V. 129 (und der Hermesianismus). 571 (Jesus Christus). 690 (Inspiration). VI. 158 (Kirchenglaube). 488 (Lessing über). 567 (die natürliche). VII. 101 (Messias). 342 ff. 355 ff. (Mos. Gesetz). 429 ff. (Mysterien). 481 (Naturalism.). 839 ff. (Origenes über die). VIII. 161 (Pascals Nachweis der Wahrheit und Nothwendigkeit der). 509 (Unterschied von d. Philos.). 588. 815 (Propheten). IX. 29 (des freien Willens). 48. 167 (Religion). 175. 178 ff. 181 ff. (Philosophie der). X. 11. 32 (Selbsterkntnß.). 109. 234 (u. F. Socin). 526 (der Supranaturalismus und die). XI. 22 (Tindal gegen). 406 (Unglaube). 616 (Ver-

nunft). 1196 (Wunder). XII. 912 ff. (und die Perfectibilität des Christenthums).
Offenbarung Johannis, s. Apocalypse.
Offenbarungen der hl. Elisabeth von Schönau III. 531.
Offenbarungsgläubige Exegese III. 822 ff.
Offene Schuld II. 762.
Offenherzigkeit XI. 769.
Offertorium VII. 97. 98. 397. 784. I. 215. IX. 92.
Officia curata, non curata, sacra etc., s. Kirchenamt.
Official, Officialat VII. 759–760. 136. 519. IV. 406 ff. (Gen. Vicar). VI. 794. IX. 64. 214. X. 67. XI. 669.
officium divinum, s. Brevier, vgl. Chor.
officium Ss. sacramenti, s. Sacramentis Ss. officium et missa (XII. 1078).
Offonzell, Klstr. I. 151.
Og, der König VII. 760. 184. 364. 365. I. 639. III. 398. IV. 268. 272. 570. VI. 692. 791. IX. 209.
Oggerius, d. hl. X. 194.
Ogier, der Kanzelredner XII. 419.
Ohme, die, ltg. Gefäße XII. 417.
Ohne-Popen, die, s. Raskolniks.
Ohrenbeicht, s. Beicht, dazu I. 738. 739. X. 282. VII. 527. XI. 117.
Ohrenbläserei III. 458.
Ohrenringe bei den Hebräern VIII. 866.
Ohrenringe bei den Geistlichen XII. 289.
O. I., die Bezeichnung VII. 715.
Ojeda, de, Inquisitor V. 651.
Oigny, Klstr. V. 457. 458.
Oischinger, J. N., gl. Thlg. X. 8. 921.
Okenski, A. O., Bischof von Posen VII. 760.
Okkal, die der Drusen III. 316.
Olaf, der heilige III. 305. 306. VII. 645.
Olafe, andere III. 305. V. 859. VII. 645. IX. 841.
Olah, Ebf. v. Gran, Primas von Ungarn III. 330. IV. 658. VII. 732. XI. 402. 1007.
Olat, Ericus, schwed. General XII. 1216.
Olbert, Abt v. Gemblours V. 107. XII. 450.
Oldcastle, der Lollharde IV. 783.
Olden-Barneveldt, s. Barneveldt.
Oldenburg, kirchengeschichtliches, s. Lübeck, Schleswig, Vicelin, St., dazu II. 138. 752. 753 ff. 895. IV. 630. IX. 864. XI. 670 ff 918 ff. XII. 541 ff. 867.
Oldendorp, der Apostat IX. 866.
Oldoin, Augustin, gel. Jesuit VII. 761.
Olearius VIII. 409.
Olevian, Caspar, der Calvinist VII. 761–763. VIII. 355. X. 570. XI. 251. 482.
Olga, s. Helena, dazu II. 901. III. 720. VIII. 546. IX. 456. X. 229. XII. 546.
Olgerd, Großfürst von Lithauen V. 450.
Olier, Jean Baptiste, Stifter von St. Sulpice VII. 763–764. XII. 314. 390.
Olimpiodor, Neuplatniker VII. 547.
Olisipon, Lissabon, s. d.
Oliva, Name von 8 kirchengeschichtlichen Personen VII. 764–766. — O. Peter Johann, Haupt der Spiritualen IV. 173. 174. VII. 765. XI. 685. XII. 336. 337; — O. Peter, Jes. Gel. VII. 671. VIII. 419. 758. X. 301. 302; — O. Perez VII. 909.
Oliva, Klstr. bei Danzig II. 139. VIII. 665. 667 ff.
Olivarez, Graf V. 445.
Olivenöl, Materie des Sacraments der letzten Oelung VII. 719.
Oliver, Bf. v. Paderborn VIII. 6.
Olivers, Thomas, der Prediger VII. 128 ff.
Olivetan, Bibelübsẓr. II. 275.
Olivetaner, s. Monte Oliveto.
Olivolo, Bm. XI. 572 ff. 578.
Olmedo, Pater, Begleiter des Cortez XII. 260. 261.
Olmütz, Erzbisthum und Stadt VII. 766–769. 147. 630. II. 184. 186. IV. 404 (Seminar in). V. 414. VI. 244. 432. VIII. 562 (Jesuiten in). 635. 636. IX. 96. X. 221. 788. 790.
Olof, s. Olaf.
Oloper, der Missnär. II. 491.
Olshausen, Herm., prot. Thlg. († 1839) VII. 449. 455. VIII. 333. IX. 60. X. 115.
Oltingen, Burkard v., Bf. VI. 370.
Om mane padme, die Formel XI. 13. XII. 178 ff. 184.
Omar, Kalisch VII. 769–770. 868. I. 74. 150. 161. IV. 346. 921. V. 532. VI. 14. 240. 477. X. 248.
Omar II., Kalisch VII. 770.
Omer, althebr. Hohlmaß VI. 694 ff 803.
Omer, Saint, Kloster und Bisthum I. 859. II. 319. VI. 335. VII. 669. VIII. 67.
Omer-Zählen, das VII. 770–771.
Ommajaden, die in Spanien VI. 14. 933. 935. X. 243.
Omnibonus, Bischof von Verona VII. 771. XI. 636.
Omnium sollicitudinum, Bulle V. 818.
ὁμοούσιος, mitwesenhaft, s. consubstantialis, dazu V. 309 ff. X. 202.
Omophorium VII. 771. VI. 217.
Omri, isr. König IV. 909. IX. 602.
On, Heliopolis in Unter-Aegypten VII. 771–772. I. 571. 572. II. 6. IV. 491. VI. 539. VIII. 438. IX. 1.
Onan, Sohn Judas V. 879.
Onanie VI. 80 ff.
Oncommera, Kumernus, die heilige VII. 772.
Onega, Mssnr. VIII. 123.
Onesimus, der bekehrte Sclave VII. 772–773. VIII. 253 ff. 340.
Onesterfeld (Nesterfield), Syn. zu V. 748.
Onias, die Hohenpriester VII. 773–774: — On. I. und II. X. 153. 578; — On. III. I. 242. III. 40. IV. 914. V. 500. VII. 55. IX. 815; — On. V., s. Menelaus.
Onkelos, Rabbi I. 587. 915. 935. V. 508. VII. 115. 756. VIII. 53. 577 ff.
Onolzbach, Klstr. XI. 1183. 1189.
Ontologischer Beweis für das Dasein Gottes IV. 596 ff.
Onuphrius, der heilige VII. 774–775.
Onuphriuskirche in Rom IX. 381.
Onyx, Edelstein III. 384. 386. 612.
Opfer des neuen Bundes, s. Abendmahl, Meßopfer, Priesterthum (VIII. 755 ff. 762 ff. 767 ff.).
Opfer, freiwillige, s. Oblationen, Kirchenvermögen.
Opfer, stellvertretendes Christi, s. Erlöser.
Opfer, mosaische VII. 775–784, s. Feste der alten Hebräer, Stiftshütte, vgl. Gelübde, s. dazu III. 893. IV. 611 ff. (und der Gottesdienst). V. 311. 909. VI. 503 ff. 555 ff. VII. 350. 350. 539. IX. 165. 401. X. 778. 826.
Opfer, buddhistische XII. 171. 188.
Opfer, chinesisches (für Himmel und Erde) II. 784.
Opfer der Fetischdiener IV. 59.
Opfer, germanische VIII. 40. XII. 474.
Opfer, heidnisch-jüdische V. 311. X. 778.
Opfer, mohammedan. XI. 800.
Opfer, parsische VIII. 158.
Opfer, phönicische VIII. 438.
Opfer, wendische X. 513.
Opferbrod VII. 784.
Opfergang, der VII. 784–785.
Opferkasten VII. 785.
Opferritus, vormessianischer IX. 29.
Opferstock VII. 785. II. 666. III. 577.
Opferthiere, s. Opfer, mosaische, dazu IV. 50. XI. 342.
Opferung Mariä, s. Mariä Opferung.
Opferung Mariä, s. Schwestern von der IX. 784.
Ophara, bbl. On. III. 817.
Ophel, der Hügel V. 817. VII. 336.
Ophianer, s. Ophiten.
Ophiomorphos, der große ophitische Teufel VII. 787.
Ophir, s. Arabien.
Ophir, Sohn Joctans V. 697.
Ophir, der ophitische Genius VII. 787. 788.
Ophiten, serpentini VII. 785–789. I. 60. 278. 279. 506. 611. II. 250. 251. IV. 560. VI. 9. 819. XII. 629. 807. 1127.
Ophra, Stadt VII. 789. III. 616.
opinarii, opinati, s. Doketen.
Opitz, Josua, der Pastor I. 917. IV. 88. IX. 993. 995.
Opizo, Bf. v. Lucca XII. 739.
Oppas, Ebf. v. Sevilla VI. 934. X. 105.
Oppenheimer, David, Gl. XII. 1114; — Samuel, General-Commissär V. 898.
Opser, Joachim, Abt v. St. Gallen IV. 287.
Optatianus Porphyrius, der Dichter X. 104.
Optatus von Mileve, der heilige VII. 789–790. 95. I. 405. 436. III. 258. 259. 261. VI. 334. XI. 83.
Optimismus (des Leibnitz) VII. 790–796, s. Sünde, harmonia praestabilita, Parsismus, Welt, dazu I. 6 (des Abälard). X. 840.
Optionsrecht, das VII. 796. II. 309. VIII. 626.
Opus operatum VII. 796–804. IX. 512 ff. X. 086 (Begriff). XII. 1072.
opus supererogatorium, s. Werke, gute.
Orach-Chajim, s. Schulchan Aruch.
Orakel, s. Mysterien, sybillin. Bücher, Teraphim, Weissagung, dazu X. 253. 856. XI. 762.
Orakelsprüche über Christus VII. 545 ff.
Oran, erobert XI. 1211.
Orange, Synoden zu VII. 804–805. II. 248. III. 729. 928. IV. 437. VI. 610. VIII. 634. X. 50.
Orangemänner VII. 700. XII. 107.
Oranien, das Haus XII. 584. 588.
Oranien, Moritz von I. 626. II. 668. 669. III. 261. 266. 291. IV. 805. 806. VII. 647. X. 78. XI. 512; — O. Wilhelm II. I. 458. 583. IV. 670. VII. 600 ff.; — O. Heinrich Friedrich IV. 606. XII. 572; — O. Wilhelm III. (von England) VIII. 865. 875.
Orarium VII. 805. 387. VI. 217.
Orate fratres, s. Messe.
Oratio Dominica, s. Vaterunser.
Oratio Manassae, s. Apokryphenliteratur.
oratio super populum VII. 102.
Orationen, die festgesetzten im heutigen missale VII. 98.
Orationes, Allocutionen II. 403.
Oratorianer, s. Neri, dazu I.

881. 882 (die französ. gestiftet). III. 234. 332. V. 819. VI. 383 ff. VII. 158. 167. 181. 230. VIII. 880. IX. 85. XI. 497.
Oratorianer, berühmte I. 627. II. 40. III. 733. VI. 152. 331. 434. 435. 917. VII. 513. 514. X. 157. 158. XI. 699. XII. 432. 548. 593.
oratorium, Oratorien, s. Bethaus.
Orb, darmb. Schwestern in IX. 874.
Orbais, Klstr. IV. 676.
Ordalien, s. Gottesurtheile.
Orden der Essäer, s. Essener.
Orden, geistliche VII. 805—808, s. Mönchthum, vgl. Ritterwesen und Ritterorden, s. dazu II. 19. 98. 258. 794. III. 481 ff. 701. 704. IV. 168 (in Frankreich). V. 665. VI. 228 ff. VII. 153. 632. 663. VIII. 211 ff. 805. IX. 71. 81. X. 106. 739 ff. 798 (in Teutschland). XI. 235. 243. 1092 ff. XII. 771.
Orden, Uebertritt von einem zum andern, s. Uebertritt (XII. 1215).
Orden, weibliche, s. Nonnen.
Ordenscongregationen, s. Congregationen, Frauen.
Ordensgeistliche, Säcularisirung der, s. Säcularisirung der Ordensgeistlichen.
Ordensgeistlicher, s. Geistlicher, Regulargeistlicher.
Ordensgelübde VII. 808—809, vgl. Gelübde, s. dazu VII. 817. IX. 567. XI. 243.
Ordensgenerale VII. 809—810. 808. 810. 813. 816. II. 963. IV. 367. VI. 119 ff.
Ordenskleid, s. Ordenstracht.
Ordensobere VII. 810—812. 632. 809. 812. 816. VIII. 610. 777. 825. IX. 215. 217.
Ordens- oder Klosterpredigten VII. 812—813. II. 133.
Ordensprofeß VII. 813—816. 496. 633. 663. 677. 806. 811. 812. I. 188 (nothwendiges Alter). III. 486. IX. 224. XI. 243.
Ordensprofeßtitel, s. titulus ordinationis.
Ordensprovinz und Ordensprovincial VII. 816. 809.
Ordensregel, die VII. 816—817. 808. 810. 811. 816. IV. 244. 816. X. 811. 817. 832 ff. XI. 692.
Ordensregeln, die verschiedenen, s. die Artikel über die einzelnen Orden.
Ordenstracht, s. Orden und Ordensregel.
Ordensusurpation VII. 817—818.
Orderich (Ordericus Vitalis), Historiker VII. 818. VI. 146.
Orderich, Raynald, gl. Oratorianer VI. 149.
Ordinariat VII. 818—819, s. Consistorien, päpstliche und bischöfliche, dazu VI. 198. VII. 136.
ordinarius VII. 819. 818.
ordinatio absoluta XII. 911. IX. 220.
ordinatio eccles. Apostol., s. Canonensammlungen.
Ordination, sacramentum ordinis VII. 819—821, s. Priester, Priesterweihe, Cölibat, ordines. Simonie, titulus ordinationis, s. dazu I. 187 (Alter für die, nothwendiges). 801. II. 629. 690. 706. 733. III. 692 (Erschleichung). 816. IV. 371. V. 522. 523. VI. 24. 225. VII. 562. 713. VIII. 280. 650 ff. 813. IX. 605 ff. X. 19.
Ordination des Lectors bei den Kopten VI. 408.
Ordination bei den Methodisten VIII. 126 ff.
ordines (minores, majores) VII. 821—822. S. Priesterweihe. vgl. Simonie, s. dazu II. 436. 631. III. 692 (Erschleichung). IV. 766. V. 878. 833 ff. 831 ff. VI. 129. VII. 611. 817. VIII. 650 ff. 813. 819. IX. 208. 664. X. 258. 426. 536. 539. XI. 27. 88. 90. 219 (unentgeltliche Ertheilung). 582. 766. 939.
ordo Romanus VII. 822—824, s. rubricae, dazu I. 553. VI. 306. VII. 98. 883. X. 672. 683.
ordo Salvatoris, s. Brigittenorden.
ordo vulgatus, s. ordo Romanus.
Ordruf, Klstr. I. 708. II. 82.
Orebiten, s. Horebiten.
Oregon City, Bm. VII. 840.
Orel, Orenburg, Bmr. III. 605.
Orestes, der Statthltr. V. 432.
Orfa, s. Edessa.
Organische Artikel, die, s. Artikel, organ.
Organisches Gesetz von Epidaurus (1822) VII. 535.
Organist, s. Cantor, Chorregent, Schullehrer, dazu VI. 129.
Organtini, Jes.-Miss. XII. 256.
Orgel, die VII. 824—825. 394. 415. I. 215. II. 243. XII. 851.
Orientalische Bibelübersetzungen I. 933 ff.
Orientalische Sprachen, s. Semitische Sprachen, Palästinensische Landessprache, vgl. Philologie, bbl.
Orientalismus als Culturstufe VII. 701.
Orientius, chrstl. Dichter VIII. 522.
Oriflamme VII. 825.
Origenes, der große VII. 825—844. 134 (**). 290. 295. 298 (als Moralist). 451 (als Exgt.). 472 (*). 505 (gegen den Chiliasmus). 541 (sein Lehrer). 584 (das 2. Nicänerconcil verdammt seine falschen Lehren). 709 (*). 735. 798 (über die Ophiten). I. 124 (Schulvorstand). 161 (Synoden wider). 164 (Tetrapla und Hexapla). 198 (ein Verdienst). 200 (ein Plagiator). 206 (ein Lehrer des). 321 (*). 357 (veranlaßt einen Irrthum). 358 ff. (in Alxdn.). 492 (Athanas). 504 (*). 505 (*). 568 (*). 600 (eine Schülerin). 611 (**). 638 (Buch Baruch). 731 ff. (als Moralist). 751 (*). 877 (**). 934 (Hexapla). 937. II. 158 (katholische Briefe). 177. 178 (und die langen Brüder). 231 (*). 478 (und der Chiliasmus). 536 (und Chrysostomus). 623 (und Clemens v. Alxdn.). III. 52. 54 (*). 59. 60 (*). 63 (Martyrium). 97 ff. (und Bf. Demetrius). 103 (ein moderner Nachbeter). 133 (ein Verehrer). 160 (ein Schüler). 201 (*). 232 (*). 270 (Dreicapitelstreit). 358 (**). 376 ff. (als Eclectiker). 390. 410. 624 ff. (ein Gegner). 760 (ein Anhänger). 775 (in Konflict mit Hieronymus). 930 (*). IV. 74 (ein Verehrer). 258 (*). 269 (*). 417 (*). 493 (*). 524 (*). 550 (**). 738 (Philokalie). 740. 748 ff. (Gregor von Nazianz und der Wunderthäter). V. 89 (Julia Mammäa). 100 (*). 119 (*). 166 (contra Celsum). 173 (und St. Hieronymus). 275 (als Exgt.). 296 (*). 298 ff. (*). 308 (Homilie). 357 ff. (***). 535 (Alexander von Jerusalem). 540. 583. 568. 597 (*). 712. 713 (*). 983 (und der Brief des Judas). VI. 17. 19. 20 ff. (der Kanon). 291 (Hexapla). 707 (*). 774 (**). 812 (Marcellianer). 832 (**). 862 (und Julia Mammäa). VIII. 69 (Hexapla). 75 (Pantänus). 119 (**). 131 (Chronik nur ein Buch). 254 (*). 256 (*). 263 (ein Gegner). 333 (*). 335 (*). 337 (*). 397 (Julia Mammäa). 513 ff. (und Plato). 606 (Absetzung). 629 (*). 647 (Homilien). 662 (*). 845 (über die Psalmen). IX. 440 ff. (Anhänger). 761 ff. (Scholien). 764 (*). 767 (*). 776 (kennt die Quadratschrift). 869 (und Scotus Erigena). X. 4 ff. 6 (über die Seele). 13 (*). 65 (Christenvflg.). 108 (Brief an). 213 (*). 364 (Stercoranist). 373 (*). 532 (Brief an). 534 (*). 598. 599 (Irrthümer). 657 (*). 676 ff. (*). 682 (Name vor der Taufe). 777 (*). 821 ff. (Bibeltext). 847 (gegen die allegor. Exegese). 864 (*). 911 (vom Apostel Thomas). XI. 140 ff. 145 (*). 274 (*). 278 (*). XII. 53 (**). 60 (für Kriste). 298 (Apokatastasis). 570. 571 (*). 624 (ein Correspondent). 631 (Glanz der Alexandr. Schule). 742 (und der Bibeltext). 1190 (und Theognost). 1233 (und die Katechetenschule zu Alexdrn.).
Origenes der jüngere, s. Pierius.
Origenis philosophumena, s. philosophumena Origenis.
Origenistenstreit VII. 844—850. I. 75. 161. 276. 272. II. 177 ff. 526. III. 133. V. 200. VII. 564. VIII. 263. IX. 498. X. 590. 671. 772. XI. 890. 902.
Originaltext des Alten und Neuen Testamentes, s. Text des Alten und Neuen Testamentes.
Origo, Competenzgrund für die Ordination VII. 820.
Orion, das Gestirn IV. 498.
Orlamünde, Karlstadt in IX. 852.
Orlandini, N., Geschichtschreiber des Jesuitenordens VII. 850—851. V. 570.
Orlando di Lasso, s. Lasso.
Orleans, die Jungfrau von VII. 851—856. V. 158. 420. VIII. 145. 451. IX. 295. XII. 390.
Orleans, a) Bisthum und Stadt XII. 911—912. 78. 1248. I. 281. 902. II. 629 (Univst.). III. 250 (Schule zu). V. 367 ff. 473 (Pastorellen in). 779. 891 ff. (Judenvflg.). VI. 696 (Academie). VII. 395 (Singschule). IX. 273. X. 861. XI. 103. 727. XII. 912. — b) Synoden I. 395. 489. 892. II. 72 (Hugenott.). 847. IV. 148. VI. 348. 679. VII. 226. VIII. 144. X. 69. 107. 432. XI. 676. 678. XII. 220.
Orleans, Haus III. 328.
Orleans, Philipp II. von, der Regent († 1723) I. 865. IV. 11. VI. 919. IX. 498. XII. 211.
Orleans, Hzg. Philipp Egalité (guillot. 1793) IX. 277 ff.
Orleans, Musiker von VII. 856—857.
Ormanetti, Univer. II. 116; — Bf. v. Padua XII. 919.
Ormuz, Bm. VII. 525. VIII. 309.
Ormuzd, s. Emanation, Parsismus, dazu V. 508. VII. 172 ff. 521. VIII. 38 ff. 303. 306. XII. 1323. 1324.
ornaturae VII. 398.
Orontius von Merida. Gbs. XI. 64.
Orofius, Paul VII. 857—858. 519. I. 186. 384. 574. II. 215. 683. III. 260. V. 536. 580. VI. 142. VIII. 268. 269. X. 102. 361. XI. 530.
Orotal, l. Name des Moloch VII. 219.
Orphaniten (Waisen), s. Hussiten (V. 419 ff.).
orphanotrophia, s. Waisenhäuser.
Orpheus, Verehrung des I. 360.
Orseln, Werner von, Hochmstr. X. 513.
Orsi, J. A., der gelehrte Cardinal VII. 858. I. 221 (**). VI. 152. 549. 787.
Orsini, die Familie II. 90 ff. 94. 690. 692. 694. V. 640. VII. 583.
Orte, heilige, s. Gnadenbild, Wallfahrten.
Ortenburg, die Grafen von VII. 858—860. VIII. 176 ff. XI. 1087.

Ortliebenser, s. Brüder und Schwestern des freien Geistes.
Orthodoxie VII. 860—863. I. 2. 315. 502. IX. 19. 20 ff.
Orthodoxie, Fest der VII. 863—864.
Orthodoxie, protestant., s. Protestantismus, Symbol. Bücher.
Ortiz, Bf. v. Maria XII. 41.
Orte, die Stadt, wird christl. V. 863.
Ortuinus, Gratius, s. epistolae obscurorum virorum.
Oruma, Königreich auf Japan V. 500.
Ory, Math., Generalinquisitor X. 95.
Orzechowsky, Domherr und Apostat VIII. 558 ff.
Osbert, Abt II. 218.
osculatorium, s. Friedenskuß, instrumentum pacis (XII. 618).
Osdag, Bf. v. Hildesheim IV. 303. 304. XI. 1105 ff.
Osee, Prophet, s. Hosea.
Osiander, Andreas VII. 864—867. 33. 56. 339. 351. I. 870. 895. 906. II. 148. 204. 466. 885. 907. IV. 88. V. 74. VI. 810. 850. VIII. 692. 698 ff. X. 337 ff. 340. 619. 815. XII. 849. 854. 1052.
Osiander, Lucas VII. 867—868. I. 463. II. 431. V. 524. VI. 508. XI. 350. 710.
Osimo, die Stadt, wird christlich V. 863.
Osiris, ägypt. Gtthl. VI. 11. VIII. 36.
Osius von Corduba, s. Hosius.
Oskitell, Ebf. v. York XI. 1220.
Osma, span. Bm. III. 237. IV. 306. 307.
Osma, s. Castelnau, Dominicus, [d. hl.
Osman, der 3. Kalif VII. 868. IV. 346. VI. 14. 251.
Osman II., Sultan (reg. 1617—1619) IV. 823.
Osman Pascha, Besieger der Kurden VII. 530.
Osmund, St., Bf. v. Salisbury II. 265.
Osnabrück, Bisthum und Schule VII. 868—870, vgl. Westfalen, dazu II. 753. III. 251. 271. IV. 313. 818. VI. 166. IX. 505. 506. XI. 417. 815. 918.
Osorius, der portugies. Cicero VII. 870.
Osrhoëne, s. Edessa.
Ossat, Armand d', Staatsmann und Cardinal VII. 870—871. III. 340.
Ossäer, s. Essener.
Ossener, die III. 359.
Ostanglien, Ostangeln I. 248 ff. III. 395. IV. 262 ff. 780.
ostensorium, s. Monstranz.
Osterbrief II. 178. III. 286.
Ostercyclus, s. Cyclus, dazu V. 211. VI. 162 ff. VII. 597. VIII. 61.
Ostereier VII. 871.
Osterfeierstreit, der VII. 871—882. 47 ff. 537. 555. I. 230. 247 ff. 252. 255. 272. 437. 544. II. 433. 696 ff. IV. 691. V. 337. 536. 746. 819. VI. 450. VIII. 573. IX. 495. X. 811. XI. 66. 673. 1083. 1216.
Osterfest, das VII. 882—883, s. Charwoche, dazu I. 510. II. 960. V. 577 ff. (das 1., 2. und 3.). VII. 701. VIII. 70. 192. 366. 379. 668. 851. X. 85 ff. XI. 678. XII. 901.
Osterfest der Juden, s. Pascha.
Osterfeuer, s. Charwoche, Ostervigilie.
Osterkerze, die, s. Charwoche, Ostervigilie, dazu I. 132. 510. VI. 78. VII. 387. XI. 1208. XII. 1066.
Osterkuchen, der VII. 883. 885.
Osterlamm VII. 883—885. X. 27. XII. 1066.
Osteroctave, s. Octave.
Osterreden IV. 312.
Ostertaufe IV. 265.
Ostervigilie VII. 885—887. VIII. 376. X. 678.
Osterwoche, s. Osterfest, dazu VIII. 823.
Osterzeit, s. Oesterliche Zeit.
Ostgothen, s. Gothen, dazu I. 382. III. 810. IV. 3. 582. V. 860. 948. VII. 704. IX. 44. XI. 729 ff.
Osti, Bernardin von, Gulver. II. 238.
Ostia, Bisthum und Stadt II. 342. V. 863. VIII. 110. X. 358.
Ostiarius, s. ordinem, dazu IV. 539. V. 161. VI. 129.
Ostiensis, Summe des Cardinals IV. 542.
Ostindien, s. Indien, dazu III. 530. IV. 560. V. 723. 724. X. 911. XII. 67. 68. 72.
Ostjordanland, s. Peräa.
Ostphalen, s. Sachsen.
Ostrom, s. Constantinopel.
Ostrorog, Graf Jac. von VIII. 562.
Ostrowski, Histor. VI. 442.
Oswald, hl. König von Northumbrien I. 248. 249. IV. 630. 779. 780. XI. 1216.
Oswald, hl. Bischof v. Worcester III. 338 ff. IV. 100; — hl. Ebf. v. York XI. 1220.
Oswio, König von Northumbrien I. 249 ff. 252. IV. 780. 781. VIII. 71. X. 842. XI. 715.
Otaheiti, Christianisirung VII. 887—889. I. 555 ff. III. 384. X. 456. 463. 464. 467.
Otfried von Weißenburg VII. 889—892. IV. 279. 476. VIII. 525. 647. IX. 3. X. 400. 407.
Otgar, Bf. v. Mainz, angebl. Verfasser der pseudoisidor. Decretalen VIII. 856 ff.
Otgar, Bf. v. Speyer V. 750.
Otgar, ein Stifter v. Tegernsee X. 806.
Othilia, St., s. Odilia.
Othiot, kabbalist. Buch I. 139.
Othlo, Chronist IX. 98. 99 ff. 102.
Othmar, der heilige (von St. Gallen) VII. 892—898. IV. 277. 281. 298. IX. 100. XI. 762.
Otho, röm. Ksr. XI. 861.
Othoniel, der Befreier VII. 893—894. IV. 906.
Otranto, Judenschule in XII. 1113.
Ottenbeuern, Kloster I. 707. III. 940. XI. 378.
Ottersmang, das Christenthum frühe in I. 152.
Ottilia, s. Odilia.
Otting im Chiemgau VII. 782.
Otto, Anton, der Flacianer VII. 894.
Otto, Name von 4 teutschen Kaisern VII. 895—910; — O. I., der Große (reg. 936—973) I. 129 (Agapet II.). 771 ff. (Benedict IV.). 817 ff. 818 (seine Züge nach Italien). II. 38 (*). 43. 63. 121 ff. (Bf. Boso). 138. 187 ff. (St. Bruno). 218 (Bm. Meißen). 541. 639. 745. 911 (seine Aufgabe in Italien). III. 19 (schützt das Christenthum). 408. 508. 511. 558. 594 (Folgen von Alberichs Absetzung). 720 (sichert die Christianisirung Scandinaviens). IV. 1 (Münster in Zürich). 101 (Flodoard). 283 (reformirt St. Gallen). 299 (*). 629 (stiftet slavische Bisthümer). 694. 701. 880 (2. Zug nach Rom). 897 (Bisthum Havelberg). V. 2 (sein Vater). 78 (slav. Bisthümer). 705 (Gesandtschaft nach Cordova). 756 ff. (und die Päpste Johannes). VI. 67 (*). 462 (und Leo VIII.). 637 (Luitprand). 730 (Magdeburg). 743 (Ungarn). 751 (Mähren). 754. 766. 929 (die Mutter des). VII. 19 (Meißen). 70 (Merseburg). 140 (Minden). 664 (Schenkung an d. Papst). 649. 690 (und die Obotriten). 869 (hebt Osnabrück). VIII. 19 (Schulwesen). 105 (und die Päpste). 111 (Papstwahl). 612 (Posen Bm.). 880 ff. (und Quedlinburg). IX. 31 ff. (Ratherius). 96 ff. (Regensburg). 131 ff. (teutsches Reich). 292 (Rheims belagert). 347 (Kirchenbau in Rom). 457 (und Olga). 691 (Feldzug nach Schleswig). X. 299 (*). 359 (P. Stephan IX.). 401 (und das Elsaß). XI. 251 (hebt Trier). 376 ff. 380 (und Ulrich v. Augsburg). 809 (Ungarn christianis.). 590 (Verdun). 670 (und St. Vicelin). 842 (Kaiserkrone). 1088 (ein Pathenkind). 1104 (ein Kaiserpapst). 1121 (eine Quelle für die Zeit). 1149 (Richowo v. Worms). 1198 (ein Vetter). XII. 3 (Krönung). 13 ff. (St. Adelheid). 252 (Bf. Conrad von Constanz). 426 (Fulda). 449 (*). 658 (schützt die Kirche). 739 (*). 745 ff. (Theorien). 832 (ein Verwandter). 917 (Bm. Padua). 1072 (Synode in Ravenna). 1034 (Kloster Rheinau). — O. II. (K. 983) I. 772. 773. II. 43. 68. 138. 187. 639. 911. III. 511. IV. 207. 302 ff. V. 3. 750 ff. VI. 638. 929 ff. VII. 149. 272. 690. 900. VIII. 105. 569. 880 ff. IX. 98. 100. X. 398. 550. 897 ff. XI. 590. 1103 ff. 1150. 1166. XII. 14. 15. 442. — O. III. (K. 1002) I. 772. 820. 819. II. 150 ff. 184. 515. 639. 912. III. 494. IV. 383. 391. 410. 551. 695. V. 2. 3. 760 ff. VI. 240. 730. VII. 17. 20. 149. 492. 615. 690. VIII. 6. 176. 539 ff. 612. 635. 952 ff. IX. 100. 101. 133. X. 550 ff. 831. XI. 553. 590. 1104. 1196. XII. 2. 15. 355. 442 ff. — O. IV. (reg. 1198—1218) I. 143. II. 746. III. 70. 143. 590. 653. IV. 226. 717. V. 319. 632. 663. VII. 594. IX. 130. X. 310. XI. 613. 903. 851 ff. 1188. XII. 61. 657. 971.
Otto, der heilige Bischof von Bamberg und Pommernapostel VII. 910—916. I. 597. II. 262. VIII. 167. 175. 542 ff. 597. 865. IX. 103. 526. XI. 256.
Otto, Bischof von Freysing IV. 208. 209. V. 707. VI. 147. 481. IX. 390. 393. XI. 971. XII. 693. 705 (*).
Otto von Passau, Verf. des „goldenen Thrones" VII. 916—917.
Otto Truchseß, Bischof v. Augsburg und Cardinal VII. 917—918. IV. 337. X. 50. 257. XII. 81. 82.
Otto II., Bf. v. Passau VIII. 174.
Otto, Bf. v. Regensburg IX. 102 ff.
Otto, Mkgf. v. Brandenburg VIII. 677. 678.
Otto, König von Griechenland (geb. 1815) VII. 535.
Otto, von, Minister IX. 109.
Otto, Joh. Carl Theodor, prot. Thlg. (geb. 1816) III. 156 ff. V. 938.
Otto Heinrich, Churfürst von der Pfalz VIII. 351.
Ottokar I., Böhmenkönig VII. 907.
Ottokar II., Przemisl, Böhmenkönig (reg. 1253—1278) II. 810. IV. 289. VI. 609. VII. 23. VIII. 178. IX. 436 ff. 683. XI. 968.
Oudin, Casimir, der Prämonstratenser VII. 918. 651. V. 392. VI. 156. 933.
Outermann, Mennonit VII. 60.
Ovando, der Ritter XII. 35.
Overbeck, Friedr., Stftr. der religiös-romant. Malerschule (geb. 1789).
Overberg, Bernard, der Pädagog VII. 818—819 und XII. 912—915. VI. 200. VII. 374. VIII. 29. 30. X. 382. XII. 430. 436 ff. 671. 820.
Ovidius, Publius Naso, der Dichter

(geb. 43 v. Chr.) II. 215. IV. 866. IX. 420. 643. XI. 443. XII. 1276. 1290.
Oviedo, Reich, s. Leon.
Oviedo, Stdt. III. 631; — Syn. zu IX. 623.
Owaihi, Insel X. 466.
Owais, Stifter eines mohammed. Mönchsordens III. 109 ff.
Owen, Robert, der Socialist (geb. 1771) XII. 50. 1147 ff.
Oxenstierna, Axel Graf von, schwed. Staatsmann (st. 1654) II. 511. 512. 513. III. 298. IV. 20. 806. 822 ff.
Oxford, Universität VII. 919—920. 695. I. 166 (gegründet). 172. 580. III. 80. V. 221. 248 ff. 251. 436. VI. 603. VIII. 277. 348. IX. 193 ff. 331. 878. 987. X. 257. 938. XI. 109 ff. (Tractarianes.). 412. 929 ff. 1141. XII. 1007.
Oxford, Stadt und Synoden IV. 429. V. 625. VI. 350. 501. XI 490. 687. XII. 780. 1004.
Oxus, Fluß IV. 353.
Oyan, St., Klstr. XII. 225.
Ozanam, A. Friedrich, ber. Schfist. XII. 913—915. IX. 701. XI. 678.
Ozenne, der Lazarist VI. 384.
Ozias, s. Usia.

P.

Paba (Pau) Klstr. VIII. 2.
Pabst, Joh. Heinr., der Güntherianer (st. 1838) XII. 1172.
Pacatus, der Panegyriker, s. Drepanius.
Pacca, Bartolomeo, Cardinal VIII. 1. 485. 490 ff. 492. 743. II. 620 ff. III. 869. 571. VI. 328. 329. 474. VII. 669 ff. XII. 703.
Paccanaristen, s. Baccanaristen.
Pacheco, Cdl. XI. 191 ff. 195; — Missionär XII. 568.
Pacher, Alfons, Abt XII. 319.
Pachmann, gl. Thlg. VI. 169.
Pachomius, St., Begründer des Klosterlebens VIII. 1—3. I. 475. II. 798. IV. 367. VI. 228. VII. 37. 225. 632. 865. 841. XII. 920.
Pachomius, Pch. v. Cstpl. V. 525.
Pacht- oder Miethvertrag VIII. 3—4. 615. III. 501 ff. X. 647 ff. XII. 1220.
Pachtvertrag für geistliche Güter, s. Verträge.
Pacianus, der Kirchenschriftsteller VIII. 5. III. 126. IX. 668.
Pacifica, die casuistische Summe II. 106.
pacis instrumentum, s. instrumentum pacis (XII. 618).
Pack, Otto von, der Betrüger VI. 667.
pacta, s. Vertrag.
pactum antichreseos, legis commissoriae, contractus Mohatrae III. 45.
pactum Calixtinum, s. Calixtinum pactum.
Paderborn, Bisthum und Stadt VIII. 5—10. I. 35 (Synodalbeschluß von 1099). II. 215 (Errichtung). 333 (Mitgliederzahl des Capitels). 899 (und Corvey). III. 270 (Dotation). 310 (und Droste-Vischering). 418 (das Breve litteris altero). IV. 238 (Gründung). 562 (ein berühmter Pfarrer in). VI. 200 (und Kistemaker). 518 (St. Liborius in). 765 (unter Mainz). VII. 17 ff. (und Meißen). 375 (die Stadt). 693 (Observanten in). VIII. 171 (Engelbert von). 747 (Gschls.). 853 (und Usendolfsdor). IX. 505 (Gründung). 566 (säcularisirt). X. 422 (Sanct Sturm). 801 (Jesuiten in). XI. 918 ff. (und Westfalen). 1185 (Errichtung). XII. 31 (Domschule). 487 (Univs.).
Pädagogik, Begriff, Geschichte VIII. 10—32, s. Erziehungsanstalten, dazu VII. 610 ff. 682. IX. 796. 790. 803. XII. 707. 1233.
Pädagogium, s. Mittelschulen.
Padmapani, buddhist. Gottheit XII. 179.
padri della dottrina christiana, s. Doctrinarier.
Padua, Bisthum und Stadt XII. 916—920. 1111 (Judenschule). II. 813 ff. VII. 5 (Mechitaristen). XI. 175; — b) Universität IV. 140. 275. V. 339. 511. VII. 591. VIII. 458. 620. IX. 141. XI. 433.
Paganismus (Ethnicismus, Heidenthum, Polytheismus) VIII. 32—42. Vgl. Abgötterei, Confucius, Emanation, Fatalismus, Fetischismus, Götzendienst, Lamaismus (VI. 317) und Buddhismus (XII. 151). Mithra, Mythologie, Parsismus, Polytheismus, s. dazu I. 6.—25 (und der Aberglaube). 175 (und die Allgemeingültigkeit der Religionen). 275 (und Antichrist). 367 (und die Apologeten). 370 (der Apostel des). 445. 546 (und die Ausbreitung des Christenthums). 690. II. 502 (und die Christenverfolgungen). 623 (zur Zeit des Klemens Romanus). 716 (ein Dichter wider den). 825 (Gesetze gegen). III. 157 (alte Meinungen über den). 220 (geschichtliche Stellung). 670 (und die Erlösung). IV. 231. 356. 413. 416. 440. 447 ff. 450 ff. (und das jüngste Gericht). 498 (Begriff vom Gewissen). 535. — 673 (und Kaiser Gratian). 684 (der Angelsachsen). 711. 817 (und die Haine). V. 358 (eine interessante Hypothese). 541 (sein Verhältniß zur Theocratie). 585 (und Jesus Christus). 846 ff. (der alten Araber). 913 (und Julian der Abtrünnige). VI. 203 ff. (weihen Statuen, Steine u. s. w.). 336 (und die Erstchristen). 928 (eine Erklärung des). VII. 457 (und die Mythologien). 539 (und der Neuplatonismus). 645 (bei den Normannen). VIII. 77 (und Pantheismus). 415. 422 ff. (und die Philosophie). 498 (und der Platonismus). IX. 168 (und die Religion). 180 (religionsphilosophisch betrachtet). 603 (und die Samaritaner). 815 (und Lehre vom Schutzpatron). X. 14 (und die Seelenwanderung). 44 (und Semiten). 103 (am Ende des 4. Jahrhdts). 181 (der Singhalesen). 212 ff. (und Sklaverei). 302 (und Christenthum). 645 ff. 652 (und Tatian). 740. 748 ff. 757 (ein Gegner des). 778 (und der Teufel). 853 (eine Schrift über). 855. 859 (Theodosius I. und II.). XI. 10 ff. (der Lamaismus). 50 (und Necromantie). 256 (bei den Wenden). 422 (und der Unglaube). 795 (Wallfahrten im). 830 (Bedeutung des Wassers im). 963. — 1127 (und Wohlthätigkeit). 1274. XII. 506 (spät in Griechenland). 622 (und Jovian).
Pagano della Torre, Bf. v. Padua XII. 917 ff.
Pagi, Anton, der gelehrte VIII. 42—43. 101 ff. I. 628. 667. III. 777. IV. 736. V. 428. 694. 753. 919. VI. 149. 454 ff. 462. 812. 902. VII. 119. 773 (*). XI. 1.
Pagi, Franz, Neffe und Mitarbeiter des Vorigen VIII. 43.
Paglitariceï, s. Palearius.
Pagninus, s. Santes Pagninus.
Pahl, prot. Kchrlslhr. II. 894.
Paiva d'Andrada, s. Andrada.
Palacky, Franz, Histor. (geb. 1798) V. 406. 488. 729 ff. VII. 147. XI. 791. 792.
Palafox, Bischof v. Osma VIII. 43—44. VI. 788.
Palamas, Haupt der Nabelschauer I. 615. 616. 617.
Palamiten, s. Barlaam, Hesychasten.
Palämon, der Anachoret VIII. 2.
Paläologen, die letzte byzantin. Dynastie: P. Michael (VIII.; 1261—1281) I. 470. 719. III. 933. IV. 31. 707. 708. 716. 769. V. 639. 722. VI. 685. 696. VII. 594; — P. Johann VI. und VII. I. 198. 618. 874. IV. 32. 769. V. 400. 639. 912. VI. 826 ff. XI. 471.
Paläste in Rom IX. 375 ff.
Palästina VIII. 44—52. I. 393 (und Aram). 579 (die Syrer in). 678 (Bauwerke in). 777 (und Benedict XI.). II. 214 (Cäsarea in). 361 (der Karmel). 428 (Reich des Herodes). III. 659 ff. (Erdbeben in). 708 (die Ebene Esdrelom). 780 (die Entstehung des Evangeliums Matthäi in). IV. 4 (Landpfleger Felix). 80 (Fische in). 309 (Gärten in). 425 (geographisch). 568 (Gedalja). 855 ff. (Handel im alten). 890 (Hauran). 901 ff. (und die Hebräer). V. 179 (Mönchthum in). 282 (Höhlen häufig in). 787 (Jordan). 874 (Ituräa). 896 (Juden des Mittelalters in). VI. 7 (Kades). 8. — 279 (Zeit der Kreuzzüge). 820 (Marcioniten in). VII. 225 (Mönchthum). 235 (rebellische Mönche in). 213 (Monophysiten in). 318 ff. (und das Volk Israel). 586 (saracenisch). 846 (Origenisten in). 873 (Osterpraxis). VIII. 290 (Peräa). 384 (Pharan). 398 (Philistäa). 427 ff. (Phönicien). IX. 6 (das Rabbinerthum). 200 (die Rephaiten). 303 (die Sarabaiten). 488 (Sabas). 602 (Samaria). X. 30 (die Wüste Seir). 120 (und Sidon). 623 (Syrien). 909. 910 (Orte in). XI. 332 (die Katholiken in). 340 (Mission Oestreichs für). 684 (und das Concil von Vienne). 793 (Wallfahrten nach). 1101 (Sanct Willibald in). XII. 60. 68. 72 (und Asien). 494 (Väter des hl. Grabes in). 686 (Kreuzzüge).
Palästinensische Bibelübersetzung I. 940.
Palästinensische Landessprache VIII. 52—54. VI. 80. VII. 828. VIII. 403. IX. 234. 621. X. 60 ff.
palatii sacri magister, s. magister sacri palatii.
Palatinaldiacone IX. 116.
Palatio, Joh., Gl. VI. 826.
Palatius, Histor. V. 703.
Palatyrus, s. Tyrus.
Palawan, die Insel X. 462.
palea, Aufschrift von beiläufig 80 Canonen des decreti Gratiani VIII. 54—55.
Palearius, Aonius, der Ketzer VIII. 55—56.
Palec, der Professor V. 403. 408. 410.
Paleotti, Cdsl. von Bologna IV. 332. XII. 121.
Palermo, Ebm. I. 618. VII. 133 (Minimen in). 165 (ein Seminar in). VIII. 74. XII. 19 (Stdt).

Palestrina, die Stadt, s. Praeneste.
Palestrina, Musiker VIII. 56—58. I. 716. VII. 408. 409 ff.
Palingenesie, s. Seelenwanderung, Wiedergeburt.
Palithi, Syn. zu IV. 304.
palla, s. Corporale.
Palladius, 1. Bf. in Irland II. 653. V. 825.
Palladius, Freund des Chrysostomus X. 101.
Palladius, der Origenist IX. 440.
Palladius, Bf. v. Saintes in Gallien VIII. 71.
Palladius, Verfasser der historia Lausiaca XII. 990—991. VI. 703. 704. VIII. 623. X. 101.
Pallavicini, Sforza, Geschichtschreiber des Tridentinerconciles VIII. 58—60. I. 949. II. 315. 373. III. 66. IV. 89. V. 342. 610. 920. VI. 153. 158. 637. 813. VIII. 789. XI. 179 ff. 213. 217. 243. 606. 607. 760.
Pallas, kaiserl. Günstling IV. 4. 5.
Pallas Athene, s. Minerva.
Pallegoix, Bf. v. Mallos XII. 565.
Palliengelder, s. pallium.
Pallium, das VIII. 60—63. 113. 214. II. 23. 209. III. 400. 700. IV. 290. 683. VI. 316. VII. 076. 777. VIII. 214. IX. 43. 44. 46. X. 703. XII. 712.
Pallium oder Frontale, s. Altarschmuck.
Pallium bei der Einsegnung der Ehe, s. Hochzeit.
Pallulien, s. Ruben.
Palm, der Buchhändler (erschossen 26. Aug. 1806) VIII. 610.
Palma, Kirchr. VII. 702. XI. 105.
palmatae, die Bußübung VIII. 63—64. IX. 75.
Palmen, geweihte, s. Palmsonntag.
Palmen- oder Weidenfest, hebräisches XII. 537.
Palmenstadt, s. Zoar.
Palmer, der Puseyit XI. 110.
Palmerston, Henry John Temple, Viscount, Minister (geb. 1784) IX. 858.
Palmier, P., Ebf. v. Vienne X. 93.
Palmius, der Jesuit II. 116.
Palmosa, s. Patmus.
Palmprocession VII. 503. 804 ff. 807 ff.
Palmsonntag, Palmfest VIII. 64—66. IV. 26. 497. IX. 415. XII. 1006.
Palmsynode VIII. 66—67. III. 596. X. 574.
Palmweihe, geweihte Palmen, s. Palmsonntag.
Palmyra, s. Thadmor.
Palmyrenische Schrift IX. 776. 777.
Paltar, german. Gotth. XII. 475.
Palluzzio Paluzzi, Cdl. II. 607.
Pamelius, Jacob, der gelehrte VIII. 67—68. X. 632. [(V. 643).
Pamfili, Giambattista, s. Innocenz X.
Pamiers, Bm. I. 777. II. 59. 92. IV. 159. V. 496. 555. X. 315.
Pammachius, der heilige VIII. 68—69. IX. 348. X. 301.
Pamphili, s. Eusebius von Cäsarea.
Pamphylien VIII. 69—70. 282. 467.
Pamphylus, der heilige VIII. 69. III. 759. 760. XII. 453.
Pamphylus, gl. Priester, Anhänger des Origenes VII. 844.
Pamplona, Mynr. XII. 42.
panagia, Festgebrauch der Griechen zur Osterzeit VIII. 70—71.
Panama, Staat X. 446.
Panchartbullen, s. Bulle (II. 210).
Pancosmismus, s. Pantheismus.
Pancratius, der heilige VIII. 71.
Pandecten, s. codex Justinianeus, vgl. corpus juris canonici.
Pandulf, Herzog von Capua u. Benevent VII. 496. 901.
Panneas, alter Name von Cäsarea Philippi, s. Cäsarea.
Panflöte, syrinx VII. 422. 824.
Pange lingua, der Lobgesang VIII. 71. 193 ff. 807. 908. II. 570. IV. 118. 241. V. 431. VIII. 523.
Panisbriefe VIII. 71—72. I. 306. VIII. 280. 026.
Panist, s. Panisbriefe.
Pannilini, Bf. v. Chiusi und Pienza VIII. 478.
Pannonie, de la, der Priester IX. 272.
Pannonien VIII. 72—73, s. Passau, dazu IX. 363. X. 224. 226 ff. XI. 677. 963 ff.
Panormia, die Sammlung VIII. 73—74. II. 308. 309.
Panormitanus, der Canonist VIII. 74—75.
Pantaleon, St., Kirchr. in Cöln II. 184.
Pantaleon, St., einer der 14 Nothhelfer VII. 649.
Pantänus, der heilige VIII. 75. I. 76. 124. 632. II. 622. III. 97. 98. VII. 525. IX. 762.
Pantelaria, die Insel XI. 324.
Pantheismus, pantheistische Systeme VIII. 75—88. S. Absolut, Fatalismus, Polytheismus, Schöpfung, Substanz, Welt, Zufall, dazu I. 193 (mittelalterlicher). 281 (und die Gottesanschauung). 283 (und die Antitrinitarier). 485 (und Atheismus). 495 (in Athen). II. 181 (mittelalterlicher). 192 (des Giordano Bruno). III. 221 (mittelalterlicher). 373 (des Meister Eckhart). 547 (und die Emanationslehre). IV. 59 (und der Fetisch). 144 (des Kaspar Frank). 319 (und das Gebet). V. 429 (und der Hylozoismus). 493 (und jansenist. Anschauungen). 857. 858 (und der Islam). 904 (und Judenthum). VI. 318 (im Lamaismus). 329 (des Lamennais). 797 (im Manichäismus). 926 (und der Materialismus). VIII. 31 (und Paganismus). 415 (und die Philosophie). 435 (phönicischer). IX. 50 (und das katholische Dogma von der Rechtfertigung). 269 (practisch in Paris). 479 (und Ruysbroeck). 754 (und die Scholastik). 891 (des Scotus Erigena). X. 96 (des Servede). 296 (des Spinoza). 377 (und die Moral der Stoiker). 481 (und Sünde). 525 (und der Supranaturalismus). 656 (des Tauler). 878 (und die s. g. teutsche Theologie). 929 (Thomas von Aquin angeschuldigt des). XI. 11 ff. (buddhistischer). 98 ff. (mittelalterlicher). 610 (Vernunft). 803 (und Welt). 937 (des Wicleff). 1116 (und Wirkung). 1198 (und das Wunder). XII. 180 (buddhistischer). 410. 412. 414 (und die Lehre von Freiheit und Gnade).
Pantheon, das in Rom VIII. 88—89. 427. II. 87. IX. 355. 370.
Panvini, Onofrio, der gel. Augustiner VIII. 89. I. 530. II. 432. 527. 602. VII. 385.
Paoluccio, der Observant VII. 601 ff.
Päon, St. V. 938.
papa, der Name III. 596.
Papalcatalog, Liberianischer, s. Liberianischer Papalcatalog.
papales menses, s. menses papales.
Papalsystem I. 705. 948. V. 690. VI. 365. VIII. 94 ff. 327. 427. IX. 315. 330. 386 ff. XI. 842. XII. 84.
Papebroch, Daniel, Bollandist VIII. 89—90. 101 ff. 301. I. 90. 303. II. 383. V. 748. 938. 942. VII. 412. 812. 891. XI. 494. XII. 302. 554 ff. 777.
Paphlago, s. Nicetas.
Paphlagonien IV. 305.
Paphnutius, Bischof, s. Nicäa, 1. allg. Syn., dazu II. 660. VII. 41. 552 ff. 774 ff. X. 432. XII. 780.
Paphos, Stadt auf Cypern VIII. 90; — Bm. XI. 343.
Papias, der heilige, Bf. v. Hierapolis VIII. 90—91. 871. I. 319. 373. II. 477. III. 780. 782. 785. V. 161. 712. 818.
Papinian, Bf. XI. 539.
Papistische Verschwörung, s. Oates (VII. 669).
Pappenheim, Ulrich von, Reichsmarschall XI. 1165. 1166.
Pappenheim, Gottfried Heinrich, der Feldherr (st. 1632) I. 549. III. 289. 295. IV. 528. ff. XI. 587.
Pappenheim, Gg. von, Bf. v. Regensburg IX. 112.
Pappus, prot. Thlg. X. 405.
Papst VIII. 91—100. S. Hierarchie. Primat, dazu I. 21 ff. (Abgaben an den); 221 (die ersten Nachfolger Petri). II. 418 (Reservatrecht). 613 (ernennt bischöfl. Coadjutoren). 733 (und der Begriff Competenz). 915 (Strafgewalt des). 944 (und seine Curia). III. 124 ff. (Provisionsrecht). 176 (und die Disciplinarvorschriften). 424 ff. (Dispensationsrecht). 460 (Ehrengeschenke an den). 565 (in Luthers Zeit). 569 (moderne Theorien über den). 879 (die von ihm verliehenen Facultäten). IV. 61 (ein besonderer Brauch des). 263 (der Fußkuß). 289 (und Gallicanismus). 398 (das placetum regium). 406 (der Generalvicar). 700 ff. (zur Zeit Gregors VII.). 932 (Canonisation). V. 686 (die notarii apostolici). 743 (die Meinungen des J. de Torquemada vom). VI. 101 (und Kirche). 119 (Stellung in der Hierarchie). 175 (und der Kirchenstaat). 274 (ein Gebrauch). 299 (der Krummstab). 320 ff. (und Dalai-Lama). 407 (feierliche Messe des). 409 (Legaten). 419 (*). VII. 66 (menses papales). 284 (eine Erkenntnißquelle der Moral). 593 (und Nicol. v. Cusa). 677 (und die kirchenpolitische Obedienz). 808 (und Ordenswesen). 820 (und die Ordination). VIII. 62 (Palliengelder). 208 (und Pataria). 210 (der Titel „Vater"). 326 (der Peterspfenning). 331 (der erste). 339 (und der Festtag Peter und Paul). 353 (papa). 627 (die Präconisation). 741 (und der preußische Staat). 906. 908 (und Processionen). 832 ff. (provisio canonica). IX. 64. — 73. — 79 (und die wahre Reformation). 174 (Juramentum professionis fidei). 214. 215 (Reservatrechte des). 220 (Reservatpfründen). 397 (die goldene Rose). 626 (und das Concil von Sardica). 691 (Schlüsselgewalt Petri). 920. 921 (Sedisvacanz). X. 21 (Segen des). 307 ff. (Spolienrecht). 406 (und der Straßburger Magistrat). 540 (und die Strafe der Suspension). 562 (Glaubensdecrete des). XI. 1 (die Tiara). 112 (und Puseyismus). 223 (und das Tridentinerconcil). 603 (die Synoden und der). 927 (3 Weihnachtsmessen). 931. 933 (und Wicliffe). XII. 186 (und der Dalai-Lama).
Papst, Verkehr mit dem, s. Verkehr mit dem päpstl. Stuhle.
Papstes, Patriarchalsprengel des in Illyricum XII. 513 Anmkg.
Päpste, Reihenfolge derselben VIII. 101—110.
Päpstliche Consistorien, s. Consistorien, päpstl. und bfl.
Päpstliche Gewalt, s. Papst, dazu IV. 291. IX. 315.
Päpstliche Gnadenbriefe, s. Gnadenbriefe, päpstl.

Päpstliche Hofcapläne, s. Hofcaplan (V. 272).
Päpstliche Inthronisation, s. Inthronisation.
Päpstliche Kanzleitaxen, s. Kanzleitaxen (VI. 21).
Päpstliche Pönitentiare, s. Pönitentiar, ppstl.
Päpstliche Rescripte, s. Rescripte, ppstl.
Päpstliche Reservatpfründen, s. Pfründen.
Päpstliche Rundschreiben, s. litterae encyclicae.
Päpstliche Tiara, s. Tiara.
Päpstliche Vicare, s. vicarius apostolicus (XI. 667).
Päpstliche Visitation, s. Kirchenvisitation (VI. 199).
Papstmonate, s. menses papales.
Papstthum, s. Papalsystem.
Papstthum, das geschichtliche, s. Kirche, Kirchengeschichte, Reich, teutsches.
Papstwahl VIII. 110–113. S. Cardinalcollegium, Conclave, Fußkuß, dazu I. 770. 773. 815 (Zerrüttung der). II. 84. 600. 831. III. 750. 817 ff. IV. 588. 717. 719. V. 6. 920. VII. 581 (eine Urkunde über die). VIII. 230 ff. 464. IX. 671. X. 574. XI. 1. 223. 765. XII. 470.
Papstwahl, Namensänderung bei der, s. Namensänderung bei der Papstwahl (XII. 821).
Parabel VIII. 113–114, s. Fabel, Gnome, Allegorie.
Parabolani, Todtengräber VIII. 114–115. 204. I. 631. XI. 1127.
Parabrahma, s. Brahma, dazu VI. 318.
Paracelsus Theophrastus, s. Theophrastus.
Paraclet VIII. 115–116, vgl. Trinität, Geistesgaben, Griech. Kirche, dazu I. 5. 6 (des Abälard). VI. 29. 795. 801.
Paraclet, montanist. VII. 255.
Paradies, das VIII. 117–120, s. Eden, dazu III. 756. V. 852. XII. 497.
Paradies, der unterste Raum der Kirche VIII. 120.
Paraguay, die Jesuiten in VIII. 120–130. 501. V. 561. X. 442. 448. XII. 39. 46.
Parämesen, Exhorten VIII. 120. V. 211. 300.
Paralipomena, die Bücher der Chronik VIII. 130–138. I. 936. III. 714. IX. 124 ff. X. 63.
parallelismus membrorum, s. Poesie, hebräische.
Parallelstellen, biblische VIII. 138–140. 533. X. 318 ff.
Paramente VIII. 140. VII. 97.
Paramus, Sultan Masuds Feldherr XII. 692.
Paranymphen, s. Braut (II. 142. 143).
Paraphernalgut, Paraphernalien XII. 921–922.
Paraphrase VIII. 140–142. XI. 1108.
Paraphrasen, chaldäische I. 934.
Parasceve, vespera sabbathi VIII. 143.
Paraschen, s. Abtheilung, dazu X. 550. 950.
Paraver, Bekehrung der IV. 136.
Parawadi, indische Gottht. XII. 176.
Parcival, das Gedicht VIII. 528. XI. 1120 ff. XII. 495. 498.
Pardubic, Ernst v., Ebf. v. Prag VII. 146.
Pardulus, Bf. von Laon IV. 627. VIII. 838.
Paredes, St. XII. 44.
parentelae respectus, s. respectus parentelae.
Parenti, Histor. IX. 646.
Parentucelli, Thomas, s. Nicolaus V., Papst.
Parenzo-Pola, Bisthum XII. 922. XI. 255.
Parhammer, Beichtvater Maria Theresiens u. Erzieher Josephs II. V. 794. VI. 560.
Paris, das Erzbisthum VIII. 143–147, sowie XII. 922–926. a) Erzbisthum I. 754 (Ebf. Beaumont). II. 416 (die französ. kathol. Kirche in). 641 ff. (und Giugny). 651 (und das Constanzer Concil). III. 164 (1. Bf.). IV. 411 ff. (St. Genovefa). 466 (Bischof Germanus). V. 267 (Hochzeitsgebräuche). 473 (Pastorellen im). 553 (Jesuiten im). 608 (Josephitinnen). VI. 329. 384. 651. 652. 811. 941. VIII. 378 (religiöse Gebräuche im). IX. 229 (der Cardinal Retz). 578. 580 (Orden im). 872 (barmh. Schwestern im). X. 727. 733 ff. (der Templerorden). XI. 493. 496 (Ursulinerinnen im). XII. 18 (d'Affre). 211 (und Cambray). 220 (und Chartres). 546 (Harlay). 830 (Noailles). 1325 (ein Orden im). — b) Stadt, s. Revolution, französische, Julirevolution, dazu I. 137 (d'Ailly in). 147 (Aleander in). 451. 452 (Armenpflege in). 566 (ein berühmter Prälat in). 797 (ein Orden in). 948 (Bibelübersetzungen in). II. 274 (Calvaristen in). 574 (Clemange in). 906 (Bibliothek in). III. 2 (Dagobert in). 19 (Normannen bei). 104 (Patron von). 105 (und St. Denis). 239 (die ersten Dominicaner in). 241 (Kloster in). 528 (Kloster). 640 (D. Erasmus in). IV. 70 (Findelhaus). 180 (Orden in). 293 (Parlament). 369 (Flagellanten in). 515 (und Girald von Cambrien). 809 (und Hebert). V. 348 (Orden in). 377 (Hugenotten). 383 (Reichsstände). 585 (das Parlament). 892. 899 (Juden in). 914 (Julian. apostata in). VI. 631 (Capelle in). 729 (Magdalenerinnen in). 954 ff. (das Parlament). VII. 5 (Mechitaristen in). 631 (Capellen in). 167 (Missionsanstalten). 229 (das Parlament). 396 (Singschule). VIII. 449 (religiöse Bräuche im). IX. 90 (das Parlament). 153 (und der Reichsdeputationshauptschluß). X. 129 (Etienes). 589 (eine Secte in). XI. 704 (Spitäler). 579 (und Jean de Vert). XII. 18 (d'Affre). 104 (goth. Kirchen in). 259 (ein Kirchenfest). 384 (und Frankreich). XII. 923. — c) Universität I. 137–140 (Alanus). 156. 192.–268 (Anselm von Laon). 421. 424 ff. (Scholastiker in). 580. 776 (und Benedict XI.). II. 76. 131. 275 (und König Franz I.). 411 (Patronin der philos. Facultät). 563 (Verbot des Civilrechtes). 629 (die Clementinae). 858 (canon. Recht). III. 66. 67 (Decretisten und Legisten). 242. IV. 134. 137. 163 ff. (und Frankreich). 248 (Schweizer in). 406 (und Napoleon I.). 470 (und Gerson). 563 (Goch in). 819 (Al. v. Hales). V. 84. 146. 494 ff. 714. 733. 737. 767 (gegen Johann XXIII.). 842. VI. 362. 370. 550. 583. 588. 621. 673. 688. 778. 869 ff. VII. 396. 695. 765. 853. 919. VIII. 346. 461 ff. 622. 757. IX. 233. 331. 750. 879. X. 127. 249 ff. (die Sorbonne). 312. 916 ff. 922. 958. XI. 433 ff. 437. 442. 447. 565. 718. 1091 ff. (Wilhelm von St. Amour). XII. 336. 388. 389. 914. 925. 1079. 1141. 1257. — d) Synoden I. 252 (im J. 1346). 622 (wider Berengar v. Tours). II. 572 (falsche Vermittlung im Bilderstreit). 637 (Bestimmung in Betreff der clinischen Taufe). 654 (wider Ingeburg). III. 413 (Synedrium von 1806). IV. 410 (die 4.). 466.–676 (Nationalconcil). 850 (Verbot der aristotelischen Philosophie). V. 204 (im J. 847). X. 308. XI. 687 (Bestimmungen in Bezug auf die Universität). XII. 1032 (im J. 614).
Pariser Friede von 1814 V. 774. XII. 159. 392.
Pariser Polyglotte VIII. 579 ff.
Parisinus, Diacon XI. 635.
Parisio, Ebf. XI. 181.
Parisius, s. Rathaus v. Paris.
Parisot, der Capuciner VIII. 128.
Parität, Gleichstellung der christl. Confessionen VIII. 147–149, s. Toleranz, vgl. corpus Catholicorum, dazu III. 308. VII. 743 (in Oestreich). VIII. 151. IX. 155. XI. 457.
Paritätische Universitäten XI. 449.
Parker, Matth., Ebf. v. Cterbry VIII. 149–150.
Parma, Bisthum, Stadt, Universität II. 208. 610. 616. 619 ff. IV. 229. V. 567. VI. 888. VIII. 74. XII. 198.
Parmenian, Ggbf. v. Carthago III. 259; — donatist. Lehrer VII. 759.
Parmenides, altgriech. Philosoph III. 148. VIII. 78 ff.
parochiale, jura pastoralia XII. 926.
Parochialeintheilung, Parochialrecht, s. Pfarrei, Pfarrer.
Parochialschulen, s. Pfarrschulen.
Parochianen, Pfarrgenossen VIII. 150–151. 365. 549.–679 ff. (Baupflicht). IV. 934.
Parochie, s. Pfarrei.
parochus, s. Pfarrer.
parochus proprius VIII. 151–153.
Paros, Insel X. 621.
parricidium, s. Aeltern- u. Verwandtenmord (XII. 17).
pars sustentationis, s. congrua.
Parsismus, der VIII. 153–160, vgl. Manes, Manichäismus, s. dazu III. 415. 540. 548. 711. IV. 558. V. 435. VII. 10. 172. 791 ff. VIII. 38 ff. 155. 404. 588. IX. 160. 766.
Parsisprache VII. 10.
Parthenius, Pch. v. CPtpl. IV. 773. 918.
Parther, -reich VIII. 160. 307 ff. I. 469. VI. 622.
particula, s. Opferbrod.
Particularconcilien X. 609.
Particularprocurator, s. Procurator.
Parus, Convent zu IX. 496.
Parusie Christi, s. Gericht, vgl. Seele.
Parzen, die altgriechischen III. 920.
pasagii, pasagini, s. circumcisi.
Pascal, Blaise, der Theologe VIII. 160–166. 787. 792. II. 407. III. 381. IV. 509. V. 493. 496 ff. 559. 571. VII. 306. X. 34. 39. 190. XII. 267. 329. 484.
Pascal, J. B. E., der Uebersetzer VI. 548.
Pascha, s. Feste der Hebräer (IV. 45 ff.). Osterlamm, dazu III. 806. IV. 48. 52. VII. 85. 872 ff. 883. 884. VIII. 341. IX. 517. XII. 538.
πασχα σταυρωσιμον καὶ αναστασιμον, s. Charwoche, hebdomas magna.
Paschal, der primicerius VI. 455.
Paschalamm, Opfer des VII. 782.
paschale chronicon, s. chronicon paschale.
Paschalis, Name von 2 Päpsten VIII. 166–168. P. I. der heilige (reg. 817–824). II. 573. III. 741. IV. 093. VIII. 104. IX. 347. 262.

355. XII. 732. — P. II. (Raynier; reg. 1099–1118) I. 71. 243. 260. 266. 284. 549. 640. 679. 745. III. 105. IV. 110. 371. 469. 712. 817. V. 27. 28. 31. 50 ff. 52. 188. 655. 770. 952. VI. 91. VII. 274. 910. VIII. 542. 544. IX. 136. 293. 349. 387. 594. X. 131. XI. 1. 105. 321. 591. 711. XII. 361. 659. 691. 831 ff.
Paschalis, ein Gegenpapst II. 266. IV. 224.
Paschasius Radbertus VIII. 168—171. 419 ff. II. 409. 901. VII. 308. IX. 3. 526. 713. 894 ff. X. 364. XI. 136.
Paschastreit, s. Osterfeierstreit.
Paschel, Katholikenführer VII. 727.
Paslan, der Günstling Philipps des Schönen X. 728.
Pasitigris, der Fluß, s. Euphrat.
Pasius, Missnr. II. 481.
Pasquier, Stephan, der jesuitenfeindliche Parlamentsrath III. 67. V. 558. XII. 439 ff.
Passa, s. Pascha.
Passagier, oberital. Secte des Mittelalters XII. 926—927, s. circumcisi.
Passau, Bisthum VIII. 171—189. I. 462. 705. II. 82. 675. III. 271. 371. 684. 841. IV. 104. 821. 895. V. 397 ff. 805. VI. 34. 226. 633. VII. 370. 734. 768. 916. VIII. 378. 568 ff. IX. 566. 593. X. 50. 54. XI. 963 ff. 1016. 1018. 1019. 1029. 1044. XII. 31 ff. 1202. 1250. 1270.
Passauer Friedens-Präliminarien VIII. 189. II. 353.
Passavanti, s. Jacopo.
Passeran, Albert Radicati, Freidenker VIII. 189—190.
Passion in der Charwoche VIII. 190.
Passionale, das XII. 927.
Passionei, Cardinal-Staatssecretär VIII. 542. IX. 371. XII. 760.
Passionisten, Congregation der VIII. 191—192. I. 555. VII. 168 (Missionen der).
Passionspredigten, s. Fastenpredigten.
Passionssonntag, der VIII. 192—194. V. 908. VI. 263.
Passive Assistenz des Pfarrers bei gemischten Ehen, s. Einsegnung, priesterliche.
Passive Wahlfähigkeit für Kirchenämter, s. eligibilitas.
Pasteauraux, s. Pastorellen.
Pastophorien, die XII. 447.
Pastor, St. IV. 244.
Pastor, s. Hirtenamt, Pastoral.
pastor Hermae, s. Hermas.
Pastoral, Pastoraltheologie VIII. 194—198. II. 120. VI. 49.
Pastoralanweisung, eine XII. 674. 681.
Pastoralbriefe Pauli, s. Paulus, Ap.
Pastoralconferenzen, s. Conferenzen, gstl.
pastorale, s. Ritual, Ritualbücher.
pastoralis officii, Bulle, s. Jansenius.
Pastoralklugheit VIII. 198—202. XI. 309. 1062. XII. 1010.
Pastoralmedicin VIII. 202—205.
Pastoralrecht VIII. 205. XII. 926.
Pastoraltheologie, s. Pastoral.
Pastorellen, die mittelalterlichen VIII. 205—206. V. 472. 473. 893. XII. 388.
Patach, Einsiedler von III. 502. 503.
Patagonien, das Land X. 418.
Patäken, Götzenbilder VIII. 35.
Patara, Stadt in Lycien VI. 680.
Pataria, die mittelalterl. Verbindung VIII. 206—209. I. 151. 269. III. 16. XI. 466.
Patariner, Katharer in Italien VIII. 209. 238. I. 143. II. 807. III. 237. IV. 300. V. 649 ff. VI. 242. 304. XII. 358 ff.
Patena, die VIII. 209–210. 789. 864. VI. 64. 169. 188. X. 428. XII. 447.
pater und frater, im kirchl. Sprachgebrauche VIII. 210.
Paternität, Vaterschaft VIII. 210—211.
Paternon, Sectenbf. XII. 359.
Paternoster, s. Vaterunser, Rosenkranz.
Paternus, Bf. v. Saragossa IX. 624.
Pathen, die VIII. 211—212. 813. II. 731. 732. III. 893 ff. V. 262. VI. 204. X. 666. XII. 75. 1262.
Pathengeschenke VIII. 212—213.
Patinus, Bf. v. Metz VII. 138.
Patmus, Palmosa, die Insel VIII. 213. I. 317. 319. 324. XII. 519.
Patin, die Salesianerin IV. 179.
Patna, ap. Vert. v. V. 619.
Patrae veteres, Ebm. XII. 514.
Patras, Em. VII. 535. XII. 1319.
patria potestas, s. Gewalt, Familie.
Patriarch, die hierarch. Stufe VIII. 213—215. 61. 427 (Würde). I. 29. 161 ff. 325. 382. 440 ff. 651. II. 733. 838. IV. 406. V. 459 ff. VI. 119 ff. 511. VII. 527. IX. 46. 222. X. 625. XI. 207. 574. 712.
Patriarchalische Offenbarung IX. 181.
Patriarchalkirchen in Rom IX. 342 ff.
Patriarchalsitze II. 445 ff.
Patriarchat, s. Patriarch.
Patriarchat, Patriarchen, russische VIII. 318. IX. 407 ff. 469. X. 614.
Patriarchen, Reihenfolge der von Cstpl. XII. 508 ff. 518 Anmkg.
Patriarchen, Erzväter VIII. 215—217. 402. I. 188 ff. 339. III. 609. IV. 919. V. 105. 846. 858. X. 578.
Patriarchen, das Testament der 12, s. Apokryphenliteratur, dazu IV. 268. V. 201. 299. XII. 501.
Patriarchenwahl zu Constpl. unter der Türkenherrschaft IV. 771 ff.
Patricianer, s. Symmachianer.
Patriciat, s. patricii.
patricii, die im spätern Rom und mittelalterlichen Teutschland XII. 927–928.
Patricius, Haupt der Symmachianer XII. 1178.
Patricius, der heilige Apostel Irlands II. 160. 697. IV. 464. V. 825. VI. 770. VII. 617. IX. 815. 917.
Patricius, ein Hauptgegner der Scholastik I. 427; — 2. normänn. Bf. v. Dublin VII. 646.
patrimonium Petri, s. Kirchenstaat, dazu III. 115. 811. IV. 691.
Patripassianer, s. Antitrinitarier, Praxeas, dazu I. 204. 444. XII. 208.
Patristik, s. Patrologie.
Patrocinium, Schutzfest VIII. 217—218. VI. 165. IX. 814.
Patrociniumspredigten VI. 562.
Patroclus, Ebf. v. Arles XI. 1296. 1297.
Patrologie, Patristik VIII. 218—222. I. 361. XI. 1080.
Patron, Schutzheiliger VIII. 222—223, s. Kirchenpatron, patrocinium, Schutzpatron.
Patron, Patronat einer Kirche VIII. 223. 640 (Präsentsrt.) I. 450. II. 668. IV. 365. V. 934. VI. 165. IX. 814. XII. 562.
Patronatrecht VIII. 223—230. 280. 822. II. 427. 732. 816. IV. 461. VI. 122. 192. IX. 90. XI. 194. 200. 612. 1060.
Patronatrecht in der engl. Hochkirche V. 247 ff.
Patrone, buddhistische XII. 178. 179.
Patrophilus, arian. Bf. I. 429. 431. III. 706.
Patscheider, P. Albuin X. 99.
Patto, 1. Bf. v. Verden IX. 504.
Pätus, Thrasea, der Stoiker VII. 519. 520.
Patuzzi, J. V., der Moraltheologe XII. 928. VII. 286. 306.
Paucopalea, der Glossator III. 70. IV. 542.
Paul, Name von 5 Päpsten VIII. 230—233. — P. I. (der heilige; reg. 757—767) II. 209. 526. III. 115. VII. 390. 394. IX. 47. 353. X. 356. — P. II. (Pietro Barbi; reg. 1464—1471) I. 10. 31. 173. 878. II. 43. 288. 380. 382. 630. IV. 429. 497. 735. V. 426. 877. VI. 597. 894. VII. 548. VIII. 4. 603. 831. IX. 216. 346. 348. 377. X. 205. XI. 980. XII. 302 ff. 432. — P. III. (Alex. Farnese; reg. 1534—1549). I. 147 (und Aleander). 196 (und Georg Amboise). 203 (gegen die Sclaverei der Indianer). 243 (und die Angeliken). 624 (begünstigt die Barnabiten). 709 (Bembo Cardinal). II. 103 (unsaubere Verwandtschaft). 289 (und Campegius). 298 (bestätigt die Jesuiten). 337 (Minoritencapuciner). 344 (errichtet die congregatio inquisitionis). 415 (und Catharinus). 475 (und Ghieregati). 681 (und die Colonnas). 686. 688—860 (und Contarini). III. 101.—372 (und Eck). 594 (befestigt die Engelsburg). 646 (und Erasmus). 871 (und die Jesuiten). IV. 84 (Fisher Cardinal). 89 (und Flaminius). 119 (und Foscarari). 171 (und Franz I. von Frankreich). 723 (und Gregor XIV.). 786 (Fisher Cardinal). V. 70. 73 ff. (und Heinrich VIII.). 117 (gegen Hermann von Wied). 249 (und die Hochkirche). 551. 671 (und die Jesuiten). 649. 654. 659 (und die Inquisition). VI. 177 (erwirbt Camerino). 723 (und Madruz). 870 (Tridentinerconcil). 857 (Fest Mariä Verlobung). VII. 30.—68 (hebt die Ursulinerinnen). 341 (und Morone). 917 (*). VIII. 189. — 453 (und Pighius). 571 (und Pole). 601 (*). IX. 82 (und die Reformation der Kirche). 223 (*). 376. 379 (und die Stadt Rom). 565 (und Sadolet). 581 (das Tridentinerconcil). X. 121 (und Helding). 165 (Simoneta). 218 (gegen die Sclaverei). 242 (ein Orden). 264 (das Vicariat Thomar). 396. 397 (*). 568 (Concil v. Mantua). XI. 160 ff. 163. 190. 218. 223. 226. 244 ff. (und das Tridentiner Concil). 488. 491 (und die Ursulinerinnen). 606 (und Bergerius). 637 (Bf. Giberti). 760 (und van der Vort). 1233 (Barnabitenorden). XII. 39 (für die Indianer in America). 121 (Em. Bologna). 129 (Em. Braga). 302 (St. Loretto). 733 (der Cardinal von Lothringen). 938 (Em. Pavia). 1035 (belobt das Kloster Rheinau). 1131 (und Sfondrati). — P. IV. (Joh. Pet. Caraffa; reg. 1555—1559) I. 352. II. 416. 662. 698. 688. 707. 860. 887. III. 56. 534. IV. 119. 560. 667 ff. 775. V. 340. 363. 653. VI. 316. 333. 534. 948. VII. 1. 341. 495. 726. VIII. 56. 329. 390. 483 ff. 558. IX. 290. 295. 519. X. 340. 832 ff. XI. 203. 989. XII. 211. 302. 330. 563. 733. 736. 786. 966. — P. V. (Camillo Borghese; reg. 1605—1621) I. 377

(und Aquaviva). 625 (*). 652 (und die Basilianer). 759 ff. (und Bellarmin). 798 (und die Benedictinerinnen). 861 (*). 880 (*). II. 120 (und Carl Borromäus). 174 ff. (*). 551 (stiftet eine Congregation). 791 (congregatio de auxiliis). 945 (und die römische Curie). III. 106 (*). 157 (fördert die Doctrinarier). 244 (und Dominis). 341 (endigt eine lange Kontroverse). 503 (bestätigt die Brüder des Todes). 595 (und die englischen Fräulein). V. 139 (Seligsprechung des Fr. Xaverius). 662 (Bm. Gran). 710 ff. (canonisirt Gregor VII.). V. 352 (die Zahl 666). 412 (und Jacob I. von England). 554 (der Jesuitenorden). VI. 294 (Bm. Kreuz). 316 (und Lainez). 339. 888. VII. 158 (und das Missionswesen). 512 (Seligsprechung Neris). 533 (der Erzherzogshut von Oestreich). 838 (und die Norbertiner). VIII. 59 (und Pallavicini). 148 (*). 391 (und Philipp II.). 417 (erhebt die Piaristen zu einer Congregation). IX. 296 (*). 315 (ein Gegner). 329 (rituale Romanum). 313. 315 ff. 350. 357. 359. 372 ff. (und die Stadt Rom). 469 (und Rußland). 578 (hebt die Salesianerinnen). 663 (benedictio novae navis). 814 (*). X. 264 (stiftet Bisthümer in Indien). 407 (die Universität Molsheim). 931 (und Campanella). 949 (*). XI. 494 ff. (und die Ursulinerinnen). 561 (Bisthum Vanne). 575 (und Venedig). 712 (die visitatio liminum Apostolorum). 1000 (und Wien). XII. 105 (Seligsprechung des Baylon). 304 (ein Biograph). 314 (Sanct Emerentiana). 365 (*). 1064 (rituale Romanum). 1156 (die Sterbkerze). 1195 (und Toletus).

Paul von Bernried, Anhänger Gregors VII. VIII. 233.

Paul von Burgos, bek. Jude, Bf. VI. 698. 699 ff.

Paul von Camerino, Jesuit IV. 135. 137.

Paul de Castro, s. Castro, Paul de.

Paul, ein monophys. Bf. v. Tela in Mesopotamien I. 938.

Paul vom Kreuze, s. Passionisten, dazu VII. 168.

Paul, St., in Kärnthen VII. 534.

Paul Warnefried (Paulus Diaconus), Geschichtschreiber der Longobarden (st. um 797). I. 382. II. 528. V. 307. 431. VI. 145. 590. 591. VII. 270. 395. VIII. 427. 522. 622 f. IX. 909.

Paul I. Petrowitsch, Kaiser von Rußland (ermordet 23. März 1801). II. 113. V. 560. IX. 470. 472. XI. 167.

Paula, die heilige, Schülerin des hl. Hieronymus VIII. 233—234. II. 47. III. 773. 774. V. 167 ff. 628. XII. 698.

Paula, Franz von, s. Franciscus von Paula.

Paulaner, s. Barnabiten, Einsiedler des hl. Paulus.

Pauli Bekehrung, das Fest VIII. 234—235.

Pauli, J., der Franciscaner IV. 271.

Paulianisten VIII. 259. X. 354.

Paulicianer, Secte der VIII. 235—239, s. Bulgari, dazu I. 281. 603. IV. 530. 820. VI. 803. VII. 856. VIII. 778.

Paulina, Tochter der hl. Paula VIII. 233. 234.

Pauline von Lippe-Detmold VIII. 31.

Pauliner, s. Paulaner.

Paulinianus, Bruder des hl. Hieronymus VII. 846.

Paulinus, berühmte Männer dieses Namens VIII. 239—241; a) P. von Antiochien I. 493. III. 154. 708. IV. 90. V. 170. VII. 43 ff. XII. 739; — b) P. von Trier I. 433. 437. II. 844. XI. 249; — c) P. von Nola II. 570. 928. III. 755. 855. IV. 5. 536. VI. 267. 273. 331. IX. 442. X. 104. 475. 778. XI. 462. 678 ff. XII. 301. 795; — d) P., Diacon des hl. Ambrosius I. 200. VI. 821; — e) P., des Angelnapostels Augustin Gefährte I. 215. 218. IV. 779. XI. 1216; — f) P. von Aquileja, Patriarch I. 463. V. 390. VI. 752. VIII. 283. 572. IX. 670. 713. X. 432. XI. 67. 568. XII. 415.

Paulinus, Benedictus P., Bischof und Dichter VII. 472. VIII. 521.

Paulinus, Bf. v. Tyrus I. 429.

Paulinus von Scythopolis, Neuplatoniker VII. 541.

Paulo, Vincentio de, s. Vincentius von Paulo.

Paulowsky, Stanislaus, Bf. v. Olmütz VII. 768.

Paulus der Weltapostel, und die paulinischen Briefe VIII. 241—258. I. 61. 81. (pädagog. Accommodation). 102 (in Adramyttium). 127 (Weissagung des Agabus). 150 (Reisen). 197 ff. (ein Commentar zu den Briefen). 214 (in Amphipolis). 228 (*). 276 (und der Antinomismus). 296 (und Antiochien). 291 (in Antipatris). 334 (untergeschobene Schriften). 350 ff. 353. — 370 (und die andern Apostel). 381 (bei Aquilas und Priscilla). 388 (predigt in Arabien). 410 (vor dem Areopag). 463 (in Assos). 497 (in Athen). 605 (*). 619 (und Barnabas). 629 (und Judas Bar Saba). 732 (*). 826 (und Berenice). 913 (und die Bibel). II. 131 (ein Lästerer des). 155 ff. (und die katholischen Briefe). 334 (ob in Cappadocien). 438 (und Cerinth). 490 (und Chloe). 520 (angebliche Bildnisse des). 532 (Chronologisches). 540 (Tarsus). 572 (Aquilas und Priscilla). 580 (und Clemens Romanus). 642 (bei Knidos). 683 (und Epaphras). 781 (*). 877 (in Korinth). 880. 909 (und Crescenz). 913 (auf Kreta). 919 (ein von ihm Bekehrter). 964 (auf Cypern). III. 13 (und Damaskus). 95 (und Demas). 108 (in Derbe). 163 (und Dionys der Areopagite). 231 (*). 416 (*). 601 (Epaphras und Epaphroditus). 608 (in Ephesus). 650 (und Erastus). 656 (*). 751. 785 ff. (und die Evangelien). IV. 4. 5 (vor dem Landpfleger Felix). 58 (vor Agrippa). 118 (in Forum Appii). 139 (ein würdiger Genosse). 273 (in Galatien). 295 (und Gallio). 300 (und Gamaliel). 356 (*). 362 (*). 382 (*). 431 (Ethisches aus den Briefen). 553 (und die Gnosis). 637 (Begräbnißstätte). 776 (predigt angeblich in Britannien). 930 (*). V. 119 (und Hermas). 201 (*). 259 (*). 506 (Jason, ein Verwandter des). 508 (in Ikonium). 530 (Apostelconcil). 593 (und Ignatius von Antiochien). 644 (eine häretische Ansicht in Bezug auf Petrus und). 620 (und Irenäus). 833 (*). 863 (und Italien). 951 (Briefe des). VI. 123 (Versammlungsort der Gläubigen). 165 (Patron vieler Kirchen). 336 (*). 400 (*). 564. 589. 617 (predigt angeblich in Britannien). 720 (in Macedonien). 853. 819 (Briefe des) VII. 100 (*). 145 (Abschied in Milet). 258 (ein Gegner der zweiten Ehe). 331 (und Morgan). 423 (als Mutterkirche). 427 (Leben des). 442 (als Mystiker). 450 (als Exeget). 497 (in Neapolis). 600 (in Nicopolis). VIII. 32 (erklärt den Ursprung des Heidenthums). 54. — 72 (predigt angeblich in Pannonien). 217 (Fest des). 235 (Gedächtnißfeier der Bekehrung). 235 ff. (und die Paulicianer). 332. 336. 338 (und Petrus). 389 (und Philemon). 402 (und Philo). 651 (*). 821 (***). 848 (*). 865 (in Puteoli). IX. 57 (*). 198 (Reliquien des). 290 (in Reggio). 305 (auf Rhodus). 345 (in Rom). 577 (auf Salamis). 612 (auf Samos). 664 (Schiff des). 667 (und das erste Schisma). X. 89 (und der Proconsul Sergius Paulus). 142 (und Silas). 212 (*). 232 (nicht in Smyrna). 261 (möchte nach Spanien). 376 (Ethik des). 623 (und Syrien). 613 (und Tarsus). 682 (sein Name). 715 (in der Burg Antonia). 745 (und Tertius). 775 (*). 835 (und Sanct Thekla). 852 (Commentar zu den Briefen). 905 (in Thessalonich). 960 (und Lydia). XI. 21 (und Timotheus). 30 (und Titus). 281 ff. (und die Lehre von der Dreifaltigkeit). 298 (in Troas). 313 (und Tychicus). 315 (und Tyrannus). 789 ff. (und die Waldenser). 796. — 1146 (möchte nach Spanien). XII. 58 ff. (apostolorum divisio). 66 (seine Missionsthätigkeit). 372 (und die Christianisirung Galliens). 399 (und Baader). 504 ff. (in Griechenland). 1197 (visitatio liminum apostolorum).

Paulus, Pch. v. Alxdn. VII. 239 ff.

Paulus, der Antiochener, Gnostiker VII. 825 ff.

Paulus, der Armenier, Paulicianer VIII. 236.

Paulus, Congregation der regulirten Kleriker des hl., s. Barnabiten.

Paulus Burgensis, s. Lyra.

Paulus Diaconus, s. Warnefried.

Paulus Magyar, der selige XI. 401.

Paulus, Pchn. v. Cstpl. VII. 240. 248. 550. X. 849.

Paulus, der Paulicianer, s. Paulicianer.

Paulus von Samosata VIII. 258—259. 516. I. 178. 230. 285. 292. 475. III. 162. 750. IV. 2. 71. 748. V. 310. VI. 559. 844. VII. 557. X. 201. 431. 742.

Paulus Silentiarius XII. 301.

Paulus von Theben, der erste Einsiedler VIII. 260. I. 221. 475. III. 62. 503.

Paulus der Franciscaner IV. 176.

Paulus von Popolonia, Bulgarenapostel IV. 763.

Paulus, Heinr. Eberhard Gottlob, der denkgläubige XII. 928—930. II. 833. III. 362. 830. 833. 839. V. 361. VIII. 901. XI. 629. 812. 923. XII. 335. 445. 638.

Pauluskirche in Rom IX. 339. 313 ff.

Paulustonsur, die s. g. XII. 209.

pauperes Lugdunenses, s. Waldenser.

Pauperismus, Massenverarmung XII. 930—936. 1143 (und der Socialismus). I. 415 (Armenpflege). 457 (und die Armuth). 460. II. 723 (und der Communismus). IV. 388 (Communismus). IX. 568 (und Saint Simon). XI. 1128.

pauperum quarta, s. pauperum et scholarum quarta.

Paure, Bf. v. St. Pölten VIII. 570.

Pavasius, St., Bf. v. Mans VI. 518.
Pavest, der Afterbischof VIII. 479.
Pavia, das Bisthum XII. 936—939; a) Bisthum I. 409. 844. II. 918. III. 596. 624 ff.; — b) Stadt, Synoden und Universität I. 841 (Un.). II. 525. 854. III. 333. 811. 813. (Univs.). IV. 224. — 404 (Cultusmnr.). 706. V. 318. 464. 737 (Syn.). 749 (Versamml. zu). 755 (Syn.). VI. 590. — 594 (Kirchen in). VII. 578. 903. 904 ff. X. 242. — 127 (Syn.). XII. 985 (Bm.). 201. 1181 (Univs.).
Pavillon, Bf. v. Alet IX. 90. 91.
Pawlowicz, Ebf. IX. 474.
pax dissidentium, s. Dissidenten.
pax tecum, s. Friedenskuß.
pax vobis, s. dominus vobiscum.
Payen de Montdidier, Mitstifter des Templerordens X. 716.
Payne, Gg., der Freimaurer IV. 1107 ff.
Payne, Thomas, der Philosoph (st. 1809) VIII. 772. XI. 59.
Pappa, Antonio, der Kaufmann XII. 567.
Pazman, Peter, Cardinal-Erzbischof VIII. 260—262. IV. 659. VII. 749 ff. XI. 403. 1005. XII. 1006. 1234.
Pazzi, s. Magdalena de Pazzi.
Peada, Kg. von Mercien IV. 768.
Pearson, anglican. Thlg. XII. 939. 526. VI. 157.
Pébrac, Klstr. VII. 763.
peccatum naturae, peccatum originale, s. Erbsünde.
Peckham, Joh. VII. 919.
Pecs, s. Fünfkirchen.
Pectorale, Brustkreuz VIII. 262. VI. 217. XII. 1001.
peculium clerici VIII. 262—263. 358. I. 801 ff. III. 280. XI. 612 ff.
Pedana, Missionäre in VII. 169.
Pedena, Bm. XI. 255.
Pedro von Aragon, s. Peter.
Pedro I. von Brasilien VI. 476.
Pedro Calderon, s. Calderon.
Peel, Sir Robert, engl. Minister (st. 1850) XII. 309.
Pegau, Convent zu VII. 32.
Pegu, apost. Vicariat VII. 168. XI. 325.
Pehem, Josephin. Canonist V. 801.
Pehlwi-Sprache VII. 10.
Peinlicher Proceß, s. Criminalrecht, Proceß, Strafverfahren, gstl.
Peitanim, die hebr. VI. 721.
Pekach, isr. Kg., s. Phacee.
Pekachja, isr. Kg. s. Phaceia.
Peking, die Christen in II. 452. 481 ff. VII. 107 (Missnäre. in). 525 (Nestorr. in). XII. 74.
Pelagius, Name von 2 Päpsten VIII. 263—264. P. I. (reg. 555—560) III. 276. 280. 282. 853. V. 746. VI. 225. VIII. 71. 103. 397. X. 606. XI. 568. XII. 357; — Pel. II. (reg. 579—590) I. 770. 789. III. 811. IV. 670. 778. V. 732. VII. 849. XI. 560. XII 357.
Pelagius, der heilige, von Laodicea VIII. 264.
Pelagius, der Apocrisiar VII. 849.
Pelagius, Pelagianer, Pelagianismus VIII. 264-277, s. Semipelagianismus, dazu a) Pelagius I. 246. 437. 539 ff. 544. III. 656. 928. IV. 411. V. 536. VI. 680. VII. 300. X. 65. 164. 378. XI. 42. 1207. XII. 100. 801 ff.; — b) Pelagianer II. 146. III. 237. 379. 775. IV. 370 ff. 439 ff. V. 173. VII. 891. VIII. 220. 621. IX. 821. X. 671; — c) Pelagianismus I. 649. II. 85. 138. 396 ff. 398. 789. 791. III. 51. 220. 329. IV. 319 ff. 411. 463 ff. 548. 777. V. 164. 628. VI. 445. 440 ff. 650. 916. VII. 300. 857. IX. 66. 425. 545. X. 847. XI. 679. 761 ff.
Pelagius, s. Pelayo.
Pelargus, Ambros, prot. Thlg. X. 571. XI. 199.
Pelasger, die alten III. 187.
Pelayo, Alvaro, der Mönch IV. 175. IX. 852.
Pelayo, der Held, Gründer eines christl. Reiches in Spanien IV. 23. VI. 934. [XII. 939—940.
Pelbart, Oswald, der Prediger
Peldrzimowsky, husit. Thlg. V. 422.
Pelopia, s. Thyatira.
Pelier de Lacroix, Kchhist. VI. 152.
Pella III. 58.
Pellican, prot. Thlg. d. 16. Jhdts. V. 881. VII. 373.
Pelliccia, Alexius Aurelius, der Archäologe XII. 940. 1125.
Pellisson-Fontanier, der gelehrte XII. 940—941. 1053. II. 123.
Pelplin, Abtei VIII. 748. 749.
Peltanus, Theod., thl. Schrfst. XII. 54.
Pelusium, die Stadt V. 843 (ein Kloster bei). X. 170.
Pempflinger, Graf, ein Reformator Siebenbürgens V. 323. VII. 729. X. 124.
Penaten, die altröm. VIII. 41.
Penda, König von Mercien IV. 262. 780.
Penn, William, der Quaker VIII. 277—279. 875. II. 611. X. 218.
Penna, Missnär. II. 330.
Pennaforte, Raymund von VIII. 279—280. II. 405. III. 40. IV. 752. V. 893. VI. 869. VII. 628. IX. 48. X. 918. XI. 260. 468.
Pennsilvanien, der Staat, s. Penn, W., dazu IV. 882. IX. 493.
pensio und titulus pensionis VIII. 280. XII. 911.
Pensionate für Frauenzimmer III. 703 ff. [167.
Pensionen der französ. Geistlichen IV.
Pentateuch, der VIII. 280—290, s. Mosaisches Gesetz, dazu I. 162 ff. 561. 915. 935 ff. 940 ff. II. 880. III. 208. IV. 857. VI. 17. 832 (***). VII. 331. 332 ff. 364. 776. 832 (***). IX. 564. 661. X. 238 ff. 819. 950.
Pentateuch, samaritan., s. Samaritanischer Pentateuch (IX. 604).
Peor, s. Baal-Peor.
Pepuza, Bm. VII. 254. 255. 265.
Pepuzianer, s. Montanisten.
Pera, bursa VIII. 290.
Peräa, Landschaft VIII. 290—292. 50. I. 404. IV. 269. 271. V. 146. 436. 439.
Perabesco, G., Mstr. VII. 407.
Perault (Peraldus), Gl. VII. 303. 306. [1127.
Peratiker, gnostische Secte XII. 941.
Peragim, Berg I. 573.
Percepilo, Gebet VII. 101.
Perceval, der Puseyit XI. 110.
Percy, der Verschwörer VIII. 862 ff.
Perefixe, Erzbf. v. Paris II. 126. V. 496. XII. 1027.
Peregrinus, der heilige XII. 941.
Peregrinus, Ebf. v. Cöln IX. 771.
Peregrinus, Jacob, Kstor. VII. 722. [492. 494.
Peremtorische Einreden III.
Peremtorische Fristen IV. 235 ff.
Peremtorische Ladung, s. Citation.
Pererius, Benedict, gel. Jesuiten-Missionär XII. 941—942. II. 453. [614. 620.
Pererius, portug. Hofcanonist II.
Pereyra, s. Pererius.
Perez, Antonius, Ordensgeneral XII. 942.
Perez, Pietro, Sänger VII. 407.
Perez di Valencia, Bf. III. 490.
Perfectibilität des Christenthums XII. 942—955. Vgl. Exegese.
Perfectionisten, die IX. 839 ff.
Perfectus, St. (in Spanien) III. 754.
Perfetti, Dichter I. 761.
Pergamus, die Stadt VIII. 292. VII. 546 (neuplat. Schule in).
Perge, Stadt VIII. 292. 244 (Paulus in).
Pergolese, Giambattista, der Musiker (st. 1736) VI. 885. VII. 418.
Perhorrescenz VIII. 292—293.
Perhorrescenzeid, s. Perhorrescenz und Eid (III. 469).
Peri, Jac., Mstr. VII. 411.
Pericopen VIII. 293—301. 623. 648. III. 802. 803. V. 309. XI. 29.
Pericopenzwang, s. Pericopen.
periodeutae, s. circuitores, Kirchenvisitation.
Peripatetiker, s. Aristoteles, dazu VII. 317.
Peristerium, das XII. 447.
Perkun, der slav. Donnergott V. 479. VIII. 669.
Permaneder, Michael, der Kirchenrechtslehrer (geb. 1794). III. 654. VI. 169. VIII. 222. XII. 841.
permutatio beneficii VIII. 301.
Peronne, Synode von IX. 232.
Perpetua und Felicitas, die heiligen VIII. 301—304. 18. I. 125. III. 832. 938 ff. X. 85.
Perpetuus, der heilige, Bf. v. Tours IV. 152. VI. 907. XI. 103.
Perpignan, Versammlung zu IV. 720.
Perrin, der Geschichtmacher XI. 789.
Perron, du, s. Duperron.
Perrone, Giovanni, gelehrter Jesuit (geb. 1794) IV. 44. V. 134. VI. 76. 563. VII. 428. 429. VIII. 759. X. 528.
Pin, du, s. Dupin.
Pont, du, s. Dupont.
Perseigne, Kloster XI. 165. [41.
Persephone, hellenische Gottheit VIII.
Persepolis, die alte Residenz VIII. 304. VI. 219. 221. 223 (Ruinen von). IX. 12.
Perser, Religion der alten, s. Parsismus.
Perser, die alten, s. Artachschatha, Cyrus, Medien, Parsismus, Mithra, Zendvolk, dazu VI. 421 (Strafen bei den). VII. 172 (Sonnendienst). 241. 756. VIII. 14 (Erziehung). 809 (ein Schriftsteller über). XI. 615 (Frauen bei den). XII. 67. 68. 72.
Perser, die spätern, s. Neuperser.
Persiano, Rosa, Priester VII. 507 ff.
Persien, das Christenthum in VIII. 304—311. I. 605. 629 ff. 653. II. 367. 531. 652 (Juden in). III. 361. 391 ff. — 394 (Schulen in). 516. 540. IV. 374. V. 887. 890 (Judenverfolgung). VI. 680. — 820 (Marcioniten). 910. VII. 225 (Mönche in). 522 (Nestorianer). 621 (Christianisirung). VIII. 31. 51. IX. 665 (Mohammedanismus in). X. 151.
Persische Bibelübersetzungen I. 942.
Persische Schrift, s. Schriftzeichen.
Persius, Aulus Flaccus, der Satiriker (geb. 34 n. Chr.) IV. 396. XII. 598. 1276.
Person, kirchliche VIII. 311.
Person, Robert, der Jesuit XII. 955—956. V. 442. [linus.
Persona, Gobelinus, s. Gobe-
Personat VIII. 312. II. 327. III. 146. 700. VI. 240. 248.
Personenzweifel XI. 1308.
Personius, s. Pearson.
Persönliche Einreden III. 493.
Persönliche Servitute, s. Servitut.

Perth, Bisthum in Australien X. 462. 546. 549.
Pertinax, röm. Kaiser X. 83.
Pertz, Gg. Heinr., Herausgeber der monumenta Germaniae historica (geb. 1795) III. 653 ff. V. 355. VI. 147. 423. 638 ff. IX. 648. X. 531. 538.
Peru, Peruaner III. 106. VI. 214. VII. 139. 168. 764. X. 441 ff. 449. XII. 42. 43. 1045.
Perückentragen den Geistlichen verboten XII. 269. 1194.
Perugia, Ordensgnl. VII. 805 ff.
Perugia, die Stadt IV. 368. V. 863. VI. 469. XI. 471.
Perugino, Pietro, Maler VI. 782.
Perun, der slavische Götze VIII. 40. IX. 457. 459 (bei den Russen).
Perusa, Graf, bayer. Gesandter VI. 554. [XII. 868.
Pervenerat non ita pridem, die Bulle
Pescara, fran. Botschafter beim Tridentinerconcil XI. 211. 214 ff. 220.
Peschia, Bm. VIII. 475.
Peschito, die I. 607. 937 ff. 941. V. 982. VII. 620. VIII. 815. 816.
Peshiba, Commtr. VII. 144.
Pessimismus, s. Optimismus (VII. 795 ff.).
Pest, die VIII. 312—313. III. 861.
Pestalozzi, Joh. Heinr., der Pädagog († 1827) VIII. 22. 24. 28 ff. IX. 792. 803. XII. 321 ff. [XI. 403.
Pesth, die Stadt IV. 404. X. 224.
Pestpatron IX. 909.
Pestprocessionen VI. 833.
Petau, Petavium, vom den Avaren zerstörtes Bisthum V. 397. VIII. 72.
Petavius, Dionys, der große Gelehrte VIII. 313—316. 440. 504. 901. I. 618. II. 633. 905. III. 177. IV. 437. 809. V. 290. VI. 49. 437. 669. VII. 176. IX. 371. X. 263. 778 ff. XI. 275. 532. 534. XII. 761. 1235.
Peter und Paul, Apostelg. vom I. 351.
Peter und Paul, Festtag VIII. 338 ff.
Peter von Amiens, der Einsiedler VIII. 316—319. II. 635. VI. 281. XII. 124. 687. 688. [IV. 852.
Peter von Andlo XII. 956—958.
Peter, Bf. v. Augsburg XII. 81.
Peter von Bruys, s. Bruys.
Peter de la Brosse XII. 397.
Peter von Capua XII. 385. [nau.
Peter von Castelnau, s. Castel-
Peter d'Ailly, s. Ailly.
Peter de Luna, s. Luna.
Peter d. Domsänger, s. Petrus Cantor.
Peter Ignitus XI. 537.
Peter, Amonist. Bf. v. Florenz XI. 537. XII. 358.
Peter von Gent, der Bruder VII. 179. XII. 37 ff. [152.
Peter II. Nowack, Bf. v. Breslau II.
Peter von Nonantula XII. 33.
Peter von Rusia XII. 425.
Peter, Sanct, Klstr. IV. 187 ff. XII. 572. 1034.
Peter VII. Ebf. v. Spalato VI. 243.
Peter venerabilis von Clugny, s. Petrus venerabilis.
Peter, Bf. v. Westerås IV. 73.
Peter der Große, Czar VIII. 319—321. 215. I. 951. III. 419. IX. 23. 469. X. 614.
Peter II. von Aragon (um 1223) II. 354. V. 633. VI. 889. VII. 583. 877. X. 119. 268.
Peter der Grausame, von Castilien und Leon (1350—1369) V. 639. 893.
Peter I., Kg. v. Ungarn I. 241. 242.
Petersfls. Gl. II. 738.
Petermann, Professor in Berlin V. 598 ff. 600. VII. 5. [145.
Petersburg, die Stadt III. 605. V.
Petersburg, dirigirende Synode zu, s. Synode, dirigirende (X. 614).
Petersen, Joh. Wilh., der Chiliast VIII. 321. II. 490. X. 281. 286. [412. 526.
Petershausen, Kloster IX. 275. XII.
Peterskirche in Rom, s. Rom (IX. 342 ff.), dazu I. 409. IV. 224. V. 317. 757. 759. 876. VI. 450. VII. 825. IX. 894. X. 207. 768.
Peterson, die Gebrüder Lorenz und Olaf VIII. 321—326. I. 235. X. 842. XII. 1218.
Peterspfennig, der VIII. 326—327, s. Römergeld, dazu III. 401. IV. 698. 708. V. 59. VI. 346. IX. 683. 812.
Peterwardein, Mechitaristen in VII. 5.
Petilian, Donatist VI. 812.
Petion de Villeneuve, Jérôme, Girondist († 1793) IX. 270.
Petisco, J., Bibelübers. XII. 1214.
Petit, Adrian, Componist VII. 405.
Petit, Jean, s. Johannes parvus.
Petra (deserti), das alte Kir, s. d.
Peträisches Arabien, s. Arabien.
Petrarca, der Dichter VIII. 327—328. 23. I. 565. 768. 779 ff. 781. II. 507. 681. V. 640. VI. 757. VII. 319. IX. 323. XII. 360. 390. 597. 747. 1095. 1162. 1186. 1231.
Petre, der Jesuit V. 449. 450 ff.
Petre, Lord XII. 444.
Petri, luth. Bf. VI. 536.
Petri Kettenfeier VIII. 329.
Petri Schlüsselgewalt, s. Schlüsselgewalt Petri.
Petri Stuhlfeier VIII. 329—330.
Petri tonsura II. 433. XI. 85 ff.
Petrikau III. 180 (poln. Nationalconcil zu) V. 340 (Vsmmlg.). VI. 354 ff. (Syn.). 531. VIII. 553 (Syn.). 551. 556. 561 (Colloquium). 562. XII. 1315.
Petriner, die III. 357. 359. XII. 269.
Petrobrusianer, s. Bruys, dazu I. 282. II. 261. X. 677.
Petronius, Bf. v. Bologna XII. 120.
Petronix, St., Abt von Monte-Cassino IV. 691. VII. 270.
Petrus, der Apostel, und petrinische Briefe VIII. 330—338. S. Hierarchie, Papst, Primat, dazu I. 61. 223 ff. (Ananias und Sapphira). 241 (ein Bruder des). 296 (in Antiochien). 333 ff. 347. 352. 353 (unterschobene Schriften). 369 (und die andern Apostel). 653 (ein angeblicher Dolmetscher des). 890 (Heimathsort). II. 31 (der Stab des). 154 (der Fischerring). 158 ff. (Briefe des). 370 (sein Haus in Kapharnaum). 334 (an die Kappadocier). 438 (Opposition wider). 520 (angebl. Bildnisse des). 590 (und Clemens Romanus). 589. — 638 (sein 2. Nachfolger). 653 (und Sanct Maternus). 781 (mit Paulus Repräsentant der Heiligen). 878 (und der Hauptmann Cornelius). III. 358 (und die Ebioniten). 781. 785 ff. 791 (und die Evangelisten). IV. 357 (Briefe des). 637 (Grab des). 776 (predigt angeblich in Britannien). V. 289 (*). 468. 469 (die beiden Jacobus). 534 (die Gemeinde Cäsarea). 578 (und Jesus Christus). 593 (Ignatius von Antiochien). 644 (eine häretische Ansicht über). 862 (in Italien). 872 ff. (der 2. Brief des). VI. 42 (und die Katakomben). 101 ff. (die Kirche und). 165 (als Patron). 272 (Kreuzigungstod). 290 (der Stab des). 357 (und sein Fall). 532 (und Linus). VII. 116 (*). 450 ff. (als Exeget.) VIII. 72 (angeblich in Pannonien). 214 (und das Patriarchat Antiochien). 241. 249 (und Paulus). 608 (**). IX. 43 (ein Schüler des). 345 ff. 351 ff. (in Rom). 667 (und das erste Schisma). 894 (potestas clavium). X. 90 (Servatius am Grabe). 153 (Namensgenossen). 205 (der 6. Nachfolger). 261 (soll Schüler nach Spanien gesendet haben). 355 ff. (Schenkung an). 397 (**). 774 (und der Teufel). XI. 2 (die Peterskirche in Tiberias). 65 (seine Tonsur). 249 (Schüler angeblich in Trier). 254 (sendet den Marcus nach Aquileja). 280 (u. die Trinitätslehre). 320 (**). 574 (und Venedig). 634 (und die Kirche von Verona). 796 (Wallfahrten zum Grabe des). 1146 (und Worms). XII. 19 (erscheint der hl. Agatha). 56 ff. (apostolorum divisio). 66 ff. (und die Christianisirung Asiens). 288 (Tonsur des). 873 (von ihm für Frankreich angeblich ordinirte Bischöfe). 916 (ein Schüler des). 936 (Bm. Pavia). 1041 (Fischerring). 1197 (gebotene Wallfahrten zum Grabe).
Petrus II., künftiger Papst XII. 621.
Petrus und Paulus, Festtag VIII. 338—339. VII. 701. VIII. 217.
Petrus von Alcantara XII. 958—959. [spalt.
Petrus von Aichspalt, s. Aich-
Petrus, der heilige, Erzbischof v. Alexandrien VIII. 339—342. I. 428. VII. 37 ff. 424. IX. 868. [illegible]
Petrus ab Ancharano VIII. 342.
Petrus ab Aliaco, s. Ailly.
Petrus ab Aquila, Commentator des Petrus Lombardus VI. 546.
Petrus, Pch. v. Antiochien III. 17. IV. 768.
Petrus aquilanus, Petrus aureolus, s. Lombardus.
Petrus Beneventanus VIII. 343.
Petrus Bernardinus VIII. 343—344.
Petrus Blesensis VIII. 344—345. III. 542. V. 620.
Petrus Cantor VIII. 345—346. I. 52. VII. 653 (in Metz). X. 427. XII. 422 ff.
Petrus, Pch. v. Cstpl. III. 741.
Petrus von Chartres, Scholastr. IX. 720. [land IV. 769.
Petrus Chrysolanus, Ebf. v. Mai-
Petrus Chrysologus, der hl., s. Chrysologus.
Petrus von La Celle VIII. 346.
Petrus comestor (manducator) VIII. 346. 315. IV. 476. 515.
Petrus Damiani, s. Damiani.
Petrus Diaconus, s. Montecassino (VII. 274 ff.).
Petrus, Abt v. Farfa III. 904.
Petrus Fullo, s. Fullo, Mongus.
Petrus, der Gerber VII. 231. 236 ff.
Petrus Hispanus, s. Johannes XXI. (XX.)
Petrus der heilige von Lampsakus VIII. 346—347. [dus.
Petrus Lombardus, s. Lombar-
Petrus von Luxemburg, der selige, Cardinal XII. 959—960.
Petrus de Marca, s. Marca.
Petrus Martyr VIII. 347. II. 2. 149. V. 657. 840. VI. 761. X. 257. XI. 519.
Petrus Martyr Vermiglio VIII. 347—348. II. 140. V. 366.
Petrus Mogilas, Metropolit in Kiew VIII. 348—349. X. 566.
Petrus Moglianus, der Minorite VIII. 349. [Monophysiten.
Petrus Mongus, s. Mongus,
Petrus Mathäus von Lorn, Verf. des liber septimus VI. 512.
Petrus Nolascus, s. Nolascus.
Petrus Johann von Oliva, s. Oliva.
Petrus von Ostia, Cardl VI. 686 ff.
Petrus Paludanus, Commentator des Lombarden VI. 596.

Petrus Paludanus, Pich. II. 91.
Petrus Paschasius, der heilige XII. 960—961.
Petrus von Pisa, der selige XII. 961.
Petrus von Poitiers, ein Commentator des Lombarden, s. Lombardus, dazu IV. 512. VI. 584. 585 ff. IX. 720. 727. XI. 804. 805. 812.
Petrus von Ravenna V. 328.
Petrus Ramus, s. Ramus.
Petrus Regalati, s. Regalati.
Petrus Siculus, Kchschrftstll. VIII. 235. 238 ff.
Petrus a Soto, s. Soto. [218.
Petrus de Stale, I. Bf. v. Braga XII.
Petrus Urseolus, der heilige Doge XII. 961—962.
Petrus a valle, Gl. IX. 605.
Petrus von Vallombrosa, Mönch XII. 354.
Petrus, Bf. v. Verdun XI. 589.
Petrus, d. hl. von Verona X. 921. XII. 359.
Petrus venerabilis, Abt von Clugny I. 838 ff. II. 195. 641. VI. 251. VII. 228. [349—350.
Petrus Veronensis, der heilige VIII.
Petrus de Vineis, der Kanzler IV. 229. V. 636. 638.
Pettau, Bisthum XI. 677.
Peucer, Caspar, Leibarzt und Kryptocalvinist VI. 300 ff. VII. 35. IX. 561.
Peuerbach, Gg. v. XII. 1273.
Peuger, Leonh., Mönch und Dichter VII. 51. [XI. 1171.
Peutinger, der Humanist VIII. 350.
Peyne, P., hussit. Thlg. V. 419. 422. 425. [VII. 350—352.
Peyrere, Isaac de la, theol. Schriftst.
Pez, Bernh., der Bibliothekar und Historiker XII. 962—963. III. 589. IV. 470. V. 118. VI. 555. 921. VII. 53. X. 164. 470.
Pez, Hieronymus, Mitarbeiter des Vorigen XII. 963. III. 749. IV. 103. 106. V. 312. VII. 53. [301.
Pezelius, Christ., Kryptocalvinist VI.
Pfaff, Christ. Matth., der gelehrte Kanzler VIII. 352—353. II. 667. VI. 313. 550. IX. 169.
Pfaffe, das Wort VIII. 353.
Pfalz, a) Einführung der Reformation VIII. 354—355. V. 155. VII. 762 ff. XI. 482.; — b) Geschichtliches II. 265. III. 265. 260. V. 897. VI. 634. IX. 480. 560 ff.
Pfäfers, das Stift IX. 855. XI. 370.
Pfandhäuser, s. montes pietatis.
Pfandvertrag XI. 617. XII. 1220.
Pfarramt, s. Pfarrer, Pfarrkirche, Kirchenamt.
Pfarrangehörige, s. Parochianen.
Pfarrbücher, s. Kirchenbücher.
Pfarrconcurs, s. Concursprüfung.
Pfarrei, parochia, Kirchspiel VIII. 356—358. S. Filial, Pfarrer, Hilfspriester, dazu I. 549. 801 ff. II. 19. 35. 36. 272. III. 667 (Erlöschen der). IV. 70 (Findelhäuser). III. — 934 (Heimathlose). VI. 187. VII. 712. VIII. 374 (Pfarrrector). 469. 476. 836 (institutio corporalis der). IX. 223. X. 380 (Pfründe). 750. XI 237 ff. 669 ff.
Pfarreien, anglicanische V. 245. 246 ff.
Pfarreinkünfte VIII. 358—359. VI. 188. XII. 1265. [247.
Pfarreinkünfte in der Hochkirche V.
Pfarrer VIII. 359—371. I. 304. 549. 552 ff. II. 733. 798. 914. 956. 871 ff. (Cooperator). III. 116 ff. (in Frankreich). 220. 480. 668. IV. 165 ff. 169 (in Frankreich). V. 193 ff. (Hilfspriester). 220. 834. VI. 26 (Caplan und). 121 (Kirchenamt). 191. VIII. 151. 223 ff. (Patronat). 832 (provisio canonica). IX. 214. 216. 223. X. 425. 603. 651. XI. 173. 237 ff. 575 (Wahl der). 669 (vicarius perpetuus). 766.
Pfarrgemeinde, s. Pfarrei.
Pfarrgottesdienst, s. Kirchenbesuch, Pfarrei, Pfarrer.
Pfarrhaus, s. Pfarreinkünfte.
Pfarrhofbauten, s. Baulast.
Pfarrkinder, s. Parochianen.
Pfarrkirche, ecclesia parochialis VIII. 371—374. 358. 365. II. 310. 417. IV. 877. V. 838. VI. 931. 877 (fabrica der). [Matrikel.
Pfarrmatrikel, s. Kirchenbücher,
Pfarrmesse VIII. 365.
Pfarrpfründe, s. beneficium ecclesiasticum, Pfarrei.
Pfarrpurification VIII. 374.
Pfarrrechte, s. parochiale (XII. 926), Parochianen, Pfarrer.
Pfarrrector, der VIII. 374. 372.
Pfarrrelationen I. 827 ff.
Pfarrsatz, s. parochiale.
Pfarrschulen, die alten XII. 963—965. 1233.
Pfarrverweser, s. Hilfspriester, Pfarrer, dazu II. 798 ff. 871. III. 116.
Pfarrvicar, s. Hilfspriester, Pfarrer, dazu V. 195. 834. IX. 223. XI. 667. 669.
Pfarrzehenten, s. Zehenten.
Pfarrzwang VIII. 150 ff. 374. 737.
Pfauser, Joh. Sebast., der Hofprediger VIII. 374—375. VI. 948. 949.
Pfeddersheim, Schlacht bei III. 141.
Pfefferhardt, Johannes, Bf. v. Chur II. 541.
Pfefferkorn, berühmte Leute dieses Namens XII. 965. III. 635. 636. IX. 235. 236 ff. 241.
Pfeffinger, luth. Thlg. d. 16. Jhhdts. I. 98. VI. 432. X. 412. 490.
Pfeiffer, Frz., prot.-thlg. Schriftst. III. 490. VI. 292. VII. 590. X. 876 ff.
Pfeiffer, der Wiedertäufer VII. 378.
Pfenning, der 10. in den Niederlanden [VII. 605.
Pfingstcyclus VI. 162 ff.
Pfingstfest VIII. 375—379. 823 ff. III. 901. VII. 701. X. 675. XI. 658.
Pfingstfest der Juden IV. 45. 47. 922. XII. 536. [ritus.
Pfingstsequenz, s. Veni Sancte Spi-
Pfingsttaufe, s. Pfingstfest.
Pflicht, Pflichtbegriff VIII. 379—383, vgl. Recht, s. dazu I. 898. III. 730. IX. 27. X. 378. XI. 800 ff. XII. 1231.
Pflicht, ehel., s. Eheliche Pflicht.
Pflicht des Glaubens, der Hoffnung und Liebe, s. Tugenden, göttl.
Pflichten, Widerstreit der, s. Widerspruch der Gesetze und Pflichten.
Pflichtenlehre, s. Moral, Pflicht.
Pflichttheil, s. Notherben.
Pflug, Julius von, der Präsident VIII. 383—384. I. 97. 214. 236. 523. VII. 31. 368. 493. XII. 662.
Pfründe, s. beneficium ecclesiasticum, Kirchenamt.
Pfründe-Fassion, Fassionen der Pfründen. [der Pfr.
Pfründe, Privation der, s. Privation
Pfründentausch, s. Tausch der Pfr.
Pfründentitel, s. titulus ordinationis (XI. 29).
Pfründenvacatur, s. Vacanz.
Pfründenvermögen, s. peculium clerici.
Pfründner, s. Beneficiat. [855.
Pfyffer, Eduard, der Staatsrath IX.
Phacee (Pekach), Kg. VIII. 384. III. 12. IV. 911. V. 334. 528. VI. 96.
Phaceia (Pekachja), Kg. VIII. 384. IV. 911. VII. 468.
Phädrus, Fabeldichter XII. 958.
Phagiphania, s. Dreikönigsfest.
Phala Tak, König von Siam XII. 565.
Phallus, der I. 218. VII. 458.
Phäna, Bischofssitz VIII. 51.
Phantasiasten, s. Aphthartodoketen, Doketen.
Phanuel, bbl. Ps. IV. 864.
Pharan, altes Bisthum X. 173 ff.
Pharan, Gebirge, Wüste, Stadt VIII. 384—385. III. 48. V. 860. VI. 7. 8. VII. 383. [358 ff.
Pharao I. 110. III. 12. 274. VII.
Pharisäer, Secte der VIII. 385—388, vgl. Sadducäer, dazu III. 916. IV. 274. 915. VII. 569. VIII. 242. 455. 825 ff. IX. 579. X. 15. XI. 1257. XII. 282. 1104.
Phariolatrai, s. Monophysiten.
Phasael, Bruder Herodes d. G., Statthltr. IV. 916. V. 138.
Phaselis, Stadt in Lycien VI. 680.
Phatuel, der Vater Joels V. 696.
Phausania, sardin. Bm. XII. 201.
Phavorinus, Varinus IV. 540.
Phea-Phel-Raza, Reichsverweser von Siam XII. 564.
Phekach, s. Phacee.
Phelett, s. Crethi und Phleti.
φελώνιον VI. 217.
Pheresiter, s. Canaan, dazu VI. 618. VII. 353.
Pherez, ein Sohn Judas V. 879. 880.
Phibioniten, s. Borborianer.
Phihachiroth, bbl. On. VII. 362.
Philadelphia, das biblische VIII. 388. S. Rabath-Ammon, dazu III. 58. [639 ff.
Philadelphia, american. Bm. VII.
Philadelphier, des hl. Ignaz von Antiochien, Brief an die V. 805.
Philadelphische Gesellschaft, s. Leada (VI. 387).
Philagathos, Joh., Gegenppst., s. Johann XVI.
Philanthropen, die in Paris III. 88.
Philanthropie, die VIII. 23 ff. IX. 360 ff.
Philanthropin, das in Dessau IX. 809.
Philaret, russ. Ptch. IX. 469.
Philaster, St., s. Philastrius.
Philastrius, der hl. Bischof v. Brescia, Kirchenschriftstlr. VIII. 388—389. I. 502. IV. 312. 870. VII. 252. 260. X. 42. 43. XII. 1176.
Phileas, Bischof und Märtyrer XII. 965—966. XII. 37.
Philemon und Paulus VIII. 389. 253. 255 (Pauli Briefe an). VII. 772.
Philibert, Bf. V. 425 ff.
Philippi, St., ein Sohn der Felicitas III. 938.
Philipp II. von Spanien VIII. 389—398. I. 529 (und die Recollecten). 633 (Herrscher von Portugal). 673. II. 107 (und der Jesuitengeneral Borgia). 163 (unterstützt den Brigittenorden). 175 (unterstützt die barmherzigen Brüder). 315 (und M. Canus). 353 (u. Karl V.). 368. — 373 (u. Carranza). 603 (u. Heinrich IV. von Frankreich). 686 ff. (und die Colonnas). 789 (und die Moriskos). 809. III. 272 (Universität Douay). 533 (und Elisabeth von England). 537 ff. 705 ff. (und der Escurial). III. 13 (und König Ferdinand I.). 108 (und Fonseca). 171 (erwirbt Mailand). 667 (und Granvella). V. 363. 370 (und die Hugenotten). 440 (und Elisabeth von England). 499 (Utrecht wird Ebm). 561 (und die Jesuiten). 653 (und die Inquisition). VI. 339 (ein angebliches Privileg). 725 (und S. Maffei). 849 (Maria Stuart). 851 (Mary the bloody). 947 (und Max II.). VII. 1 (Mecheln). 268 (A. B. Montanus). 309 (Historiograph des). 537 (*). 600. 601 (und der Abfall der Niederlande). VIII. 67 (und Pamele). 121 (und die Indianer Südamerica's). 484 (u. Papst Pius V.). 577 (biblia regia). 579. IX. 624 (und die

Kirche von Saragossa). 769. X. 207. 208 (und Sixtus V.). 452. XI. 220. 236. 247 (und das Tridentinerconcil). 330 (und St. Toribio). 438 (hebt Universitäten). 504 (Utrecht). 560 (für die Beschlüsse des Tridentinerconcils). XII. 100 (B. Barbosa). 219 (und Alfons de Castro). 283 (betreibt die Canonisation des hl. Didac). 492 (die Martyrer von Gorkum). 573 (die Niederlande). 729 (hebt den Lindanus). 918 (und Padua). 956 (und Person). 1038 (P. Ribadeneira). 1195 (und Toletus).

Philipp, spanische Könige; Ph. III. (1598—1621) II. 551. 604. 690. 790. III. 289. IV. 25. V. 230. 052. 871. 894. VI. 864. 871. 938. VIII. 122. — Ph. IV. (1621—1665) II. 161. 689. VI. 871. VIII. 42. 43. 316. IX. 479. X. 291. XI. 1212. XII. 203. — Ph. V. (1701—1746) I. 140 ff. II. 610. V. 646. XII. 304.

Philipp I. der Hohenstaufe, Kaiser (1198—1208) V. 632. VII. 906 ff. XI. 803. 851. 1168.

Philipp I. der s. g. Großmüthige, Landgraf von Hessen (reg. 1509—1567), s. Doppelehe Philipps, dazu I. 673. II. 146. 199. 362. III. 533. 878. IV. 13. 171. V. 117. 148 ff. 997. VI. 300. 323. 667. 670. 677. 810. 949. VII. 29. 30 ff. 378. VIII. 189. IX. 145. 558 ff. 697. 699 ff. 816 ff. X. 816 ff. 830. XI. 392. 395. 397. 1165. XII. 1140. [167.

Philipp, Ebf. v. Cöln V. 81. 82. XI.

Philipp de Caserta VII. 401.

Philipp de Monte, Mstr. VII. 412; — de Vitriaco, Mstr. VII. 401.

Philipp, Pfalzgraf, Bf. v. Freysing IV. 211.

Philipp, Bf. v. Fermo, Legat VI. 304.

Philipp, Bf. v. Naumburg VII. 493.

Philipp Neri, s. Neri.

Philipp, Name von 6 französischen Königen:

Philipp I. (reg. 1060—1108) I. 860. II. 640. VIII. 167. IX. 293. X. 469. XII. 88. 383. 659.

Philipp II. Augustus (reg. 1180—1223) XII. 966—971. I. 300. II. 654. 679. III. 432. V. 58. 621. 633 ff. 677. 892. VII. 906. 909. XI. 257 ff. 1095. XII. 384 ff. 693 ff. 922. 925. 1054. 1112.

Philipp III. der Kühne (reg. 1270—1285) V. 893. VI. 177. VII. 407. XII. 387.

Philipp IV. der Schöne (reg. 1285—1314). I. 564. 776. II. 89 ff. 92 ff. 357. 594 ff. 598. 700. III. 399 ff. IV. 290. V. 658. 893. 952. VI. 177. VII. 606. IX. 90. X. 719. 727 ff. XI. 464 ff. 679 ff. XII. 25. 229. 387 ff. 975. 1000. 1032. 1113. [XII. 388.

Philipp V. (reg. 1316—1322) VIII. 206.

Philipp VI. (reg. 1328—1350) I. 778 ff. V. 893. XII. 388. [Orleans.

Philipp von Orleans, der Regent, s.

Philipper, Brief Pauli an die VIII. 255; — Polycarps an die VIII. 574.

Philippeville, Jesuiten in VII. 167.

Philippi, Stadt VIII. 396. VI. 720. VII. 497. VIII. 246 (Paulus in).

Philippinen, das Christenthum auf den I. 560. VII. 130. X. 267. 451 ff. 546. XI. 325. 694.

Philippiner, s. Neri.

Philippisten, Melanchthonianer XII. 971. S. Melanchthon. [22.

Philipponen, Secte in Rußland IX.

Philippopolis, Stadt und Kirchenprovinz I. 432 (Winkelsynode). V. 919 (Eusebianer in). VII. 169 (Missionäre in). IX. 028. XII. 531 (Statistisches).

Philippsburg, Belagerung von XI. 892.

Philippus, der Apostel VIII. 396—397. I. 361. 369 ff. 478. 631 ff. 890. VI. 16. XII. 988.

Philippus, bibl. Personen außer dem Apostel: a) der Tetrarch; b) Mann der Herodias; c) einer der 7 Diaconen VIII. 397. I. 640. 800. II. 245. IV. 017. V. 140. 741. VIII. 51. IX. 564. X. 767.

Philippus, Gegenpapst des Pseudopapstes Constantin IX. 103. X. 357.

Philippus Benitius, der heilige XII. 971—973.

Philippus Sidetes, letzter Vorsteher der alexandrinischen Katechetenschule I. 160. VI. 140. X. 201. XII. 633 ff. [nig I. 152. VI. 719 ff.

Philippus II. von Macedonien, Kö-

Philippus Arabs, röm. Kaiser VIII. 397—398. I. 573. 574. III. 59. 60. 875. VII. 830 ff.

Philippus Bardesanes, Kaiser III. 813.

Philips, die wiederläuferischen Brüder VII. 58 ff.

Phillips, Georg, Mitbegründer der Historisch-Politischen Blätter IV. 580. VII. 558. VIII. 759. 851. 858 ff. IX. 301 ff. XII. 477. 058.

Philistäa und die Philister VIII. 398—400. a) Philistäa I. 478. 486. 491. II. 190. 321. IV. 311. 313 ff. 425. VIII. 44. 428; — b) Philister I. 47. II. 205. 438. III. 317. 514. 519. 860. IV. 266. 314. 492. 589 ff. 906. V. 438. 782 ff. 781. VI. 618. 720. IX. 318. 613 ff. 616. 637. X. 14. 909. XI. [503.

Philisthim, die, s. Philistäa.

Philo, der alexandrinische Philosoph VIII. 400—403. I. 159 ff. 310. 399 ff. III. 3. 51 ff. 220. 224. 285. 375 ff. 548. 715 ff. 838. IV. 52. 431. 558. V. 311. 513. 515. 587. VI. 5. 17 ff. 577 ff. (seine Logoslehre). VII. 115 ff. 358. 449 ff. 540. X. 6. 156. 308. 372. XI. 277. 343 (de mundi opificio). XII. 604. 571. 749.

Philo, Bischof von Carpasia XII. 973.

Philologie, biblische VIII. 403—409. 138 (Parallelstellen). X. 60 (semit. Sprachen). 158 ff. (und Simon, Richard). 315 (Sprachgebrauch, bibl.).

Philologie, allgemeine II. 933 ff.

Philopatris, der Dialog XII. 973—974.

Philoponiaci, s. Cononiten.

Philoponus, Johannes, der Tritheist I. 417 ff. 508. II. 798. 799. III. 17. VII. 241. 242. 548. XI. 294 ff.

Philosophen, die altrömischen als Christenfeinde VI. 824.

Philosophie, Weltweisheit VIII. 409—425. A) Philosophie, s. Aristotelisch-scholastische Philosophie, Scholastik, Mystik, vgl. Theologie, s. dazu I. 64 (das absolute). 68.—405 (Atheismus). 510 (Aufklärung). II. 349 (eine Definition der). III. 920 (Fatalismus). 321 (Dualismus). 374 (Eclecticismus). 517 (Emanation). 711 (griech.). 730 (Eudämonismus). IV. 191 (Freiheit). 357 (Geist). 518 (Glaube). 589 (Gott). 812 (Grund). V. 429 (der Hylozoismus). 585. 588 (griech.). VI. 621 (der Materialismus). VII. 260 (verachtet von den Montanisten). 539 (Neuplatonismus). 791 (griech.). 827—830 (griech. und das Christenthum). VIII. 75. 78 ff. 415. 418. 498 (und der Platonismus). 776 (Princip). IX. 172. 183. — 765 (griech.). X. 32 (Selbsterkenntniß). 238. — 303 (Spiritualismus). 376 (Stoa). 893 (und die Theosophie). XI. 275 ff. 294 ff. 559. 616 (Vernunft). 769 (Wahrheit). 811. 832. 834. 1043. 1111 (Wirkung). 1196 ff. XII. 125 ff. 217 (Naturphilosophie). 393 ff. 454. 570. 806. 785. 942 ff. 1104. 1109. 1114. 1155. — B) berühmte Philosophen I. 2. II. 58. 09. 192. 201. 374. 910. 935. III. 617. IV. 64. 144. 345. V. 106. 391. 394 ff. 914. 986. VI. 312. 425. 564. 639. VIII. 400. IX. 235. 497. X. 62. 108. 295. 892. XII. 93 ff. 484. 607 ff. 987. 1047. 1060.

Philosophie, christliche, s. Aristotelisch-scholastische Philosophie, Scholastik, Gnosis, Mystik, dazu I. 274. 473 (Ascesen). 498 (Athenagoras). 531 (Augustin). 696. II. 69. 173. 626. 763. III. 101 ff. (und das Dogma). 221. 378 ff. 583 (über die Engel). 668. 716. IV. 7 (Fenelon). 450. — 518 (und Glaube). 663 (Gnosis). 746. 879. — 897 (harmonia praestabilita). V. 127 ff. 131 ff. 137 (der Hermesianismus). 313. 431 (Hypatia). 936 (Justin). VI. 325 (Lamennais). 425 (Leibnitz). VII. 596 (und Cusa). 752 (der Offenbarung). IX. 674 (und Schleiermacher). 881. 888. X. 477 ff. (und die Sünde). 585 (Syncretismus). 595. 646. 754 (Tertullian). 810 (die Theodicee). 893 (Theosophie). 903. XII. 393 (Baader).

Philosophie, deistische und sensualistische des 17. und 18. Jahrhunderts I. 405. II. 70 (Bolingbroke). 614. III. 570 (die Encyclopädisten). IV. 190 (Freidenker). V. 91 ff. — 221 (Hobbes). 283 (Holbach). 603 (der Illuminaten). VI. 481 (Lessing). 931 (der Materialismus). IX. 256 (und die erste franzöſ. Revolution). 422 (Rousseau). 561. X. 71 (Sensualismus). 108 (Shaftesbury). 342 (ein tüchtiger Gegner der). 889 (und die Theophilanthropen). XI. 731 (und Papa Voltaire). [III. 211 ff.

Philosophie, die s. g. himmlische

Philosophie, jüdische, s. Kabbala, Philo, vgl. Thalmud.

Philosophie der Moral, s. Moralphilosophie, vgl. Antinomismus, Stoicismus.

Philosophie, socialistische, s. Communismus, Gemeinschaft der Güter, Socialismus (XII. 1113), dazu Campanella, Lamennais, Rousseau, Saint Simon.

Philosophischer Rationalismus, s. Vernunft (XI. 610 ff.).

Philosophische Religion, s. Religion, Religionsphilosophie.

Philosophumena des Hippolyt XII. 206 ff.

Philosophumena des Origines, s. Origenes, dazu IX. 017. X. 101. XI. 1270.

Philostorgius, der Kirchenhistoriker II. 520. 521. 827. VI. 140. VII. 650. XI. 366. 368.

Philostratus, Flavius, der Sophist VIII. 425—426. I. 300. [187.

Philotheus, der Macedonianer V.

Philoxenus, s. Xenajas.

Philumena, die heilige XII. 984—985. I. 308.

Philtrum, Liebestrank XII. 758.

Phiruz, Perserkönig V. 890.

Phison (Pischon), s. Eden.

Phitom, ägypt. Feste IX. 1.

Phöbus-Apollo, s. Apollo, griech. Gilbt.

Phocas, byzantin. Kaiser VIII. 427. 68. II. 87. 971. IV. 685. 686.

Phoe, altägypt. Sonnengott VII. 521.

Phol, s. Baltar.

Phönicien, Phönicier a) Phönicien VIII. 427—438. II. 290 ff. III. 361. 521. V. 512. VI. 518. VII. 221. 626. 873. IX. 580. X. 60. 120; — b)

Phönicier I. 570. II. 57. III. 884. IV. 374. 908. X. 57. 703. 710.
Phönicische Religion IV. 558. VIII. 35.
Phönicischer Handel, s. Handel, Schifffahrt, Sidon, Tyrus.
Phönix, der Vogel IV. 641.
Photias, russ. Mtrplt. IX. 465.
Photinus, Bischof v. Sirmium, Irrlehrer VIII. 438—441. 73. V. 919. VI. 815. X. 201.
Photius, Patriarch, Urheber des griech. Schisma VIII. 441—446. I. 103.—488 (excerpirt den Asterius). 568 (*). 771 (Bischof Gregorius von Syracus weiht den). II. 205 (und die Bulgaren). 302 (beruft eine Synode wider Ignatius). 441 (und Cerularius). 840 (und das Bicht. Constantinopel). IV. 744.—746 (*). 758.—762 (und die griech. Kirche). V. 601 (und Patriarch Ignatius). 751 (und P. Johannes VIII.). 939 (*). 946. VI. 134. 139 (und die Kirchengeschichte). 477 (und Leo der Philosoph). 777 (*). 902 (P. Marinus I.). VII. 133. 134 (literarische Verdienste). 242 (und die Monophysiten). 573. — 594 (Nomocanon des) 631. VIII. 75 (*). 235 (Quelle für die Geschichte der Paulicianer). 238 (*). 427 (ein Rescript des Phokas). 451 (*). IX. 18 (und der Mönch Martin). 455 (und die Russen). X. 89 (*). 358 (Verbannung und Tod des). 820 (die Canonensammlungen des). 847 (*). XI. 271 ff. (und die Lehre von der heiligen Dreifaltigkeit). 1293 (Canonensammlungen). XII. 532 (ein unsauberer Verbündeter). 1189 (ein literar. Verdienst).
Phra-Chao-Ham-Phuck, Kg. XII. 564. [110. VIII. 38.
Phra (Ra), ägypt. Sonnengöttin I.
Phraortes, der Meder VIII. 306.
Phrat, s. Euphrat.
Phrygien VIII. 446—447. 467. II. 692. IV. 272 ff. V. 161. 508. VI. 351. VII. 662.
Phrygier, s. Montanisten.
Phrygische Tonart VII. 392.
Phtha, altägypt. Gttht. VIII. 38.
φθαρτολατραι, s. corrupticolae.
Phthartolatrie, s. Aphthartodoketen.
Phul, Kg. von Assyrien VII. 54.
Phylacterien, s. Thephillin (X. 898).
Physico-theologischer Beweis für das Dasein Gottes IV. 600 ff.
Physisches Naturgesetz VII. 455 ff.
pia causa, s. causae piae.
Piacenza, Bisthum XII. 985—986. II. 610. IV. 703. VI. 26. XI. 88. 465. [fügungen.
pia corpora, s. Letztwillige Ver-
Piaristen, Orden der VIII. 447—448. 21. II. 258. III. 254. VII. 158. 181. IX. 85. X. 802. XI. 1023. 1025. 1033. XII. 566. 1238.
Piaseki, Bf. u. Chronist VIII. 704.
Piasten, poln. Königsgeschlecht VI. 403. VIII. 550.
Piazza, Oblatenabt IX. 360.
Picarden, s. Adamiten, Böhmische und mährische Brüder.
Piccolo, Mssnär. XII. 39.
Piccolomini, s. Pius II., P.
Piccolomini, Aug., Bf. v. Piacenza VII. 823; — Franz, der Peripatetiker VII. 320. [449.
Piccolomini, Jesuitengeneral VIII.
Piccolomini, kaiserl. Genl. (st. 1656) XI. 878. 885.
Piceninus, ref. Gl. XII. 493.
Picpus-Genossenschaft VIII. 449—451. I. 557. VII. 165. X. 463 ff. 465. XI. 668.
Pictavium, s. Poitiers.
Picten, Bekehrung der II. 694. IV. 464. 777 ff. VII. 817.
Picus von Mirandola, s. Mirandola.
Pidou, L. M., gl. Theatiner VI. 548.
Pie, Desiderius, L. F. Desiderius, Bf. v. Poitiers XII. 990.
Piemont, Kirchengeschichtliches II. 756. V. 862 ff. VIII. 492. XI. 167. 786. XII. 1083 ff.
Pieria, s. Seleucia.
Pierius, Presbyter und Katechet zu Alexandrien VIII. 451. VII. 844. XII. 835.
Pierluigi, Giovanni, s. Palestrina.*
pietatis montes, s. montes pietatis.
Pietisten, die protest. VIII. 451—453. vgl. Zinzendorf, Pädagogik, s. dazu I. 464. 805. II. 236 (Guill. Norte). III. 173. 180. 383. IV. 141 ff. 867. 890. V. 142 ff. 350. VI. 295. 307. 349. 600 ff. VII. 368. 444. IX. 839. X. 274. 949. XI. 418.
Pietro de Tartaris, Abt v. Monte Cassino VII. 270.
Pigbini, Cdl.-Legat IX. 197. 202.
Pighius, Albert, der gelehrte VIII. 453.
Pignatelli, die Familie V. 646; P., Ebf. v. Cosenza XI. 469; P. Jos. XII. 721.
Pikering, der Laienbruder VII. 669.
Pilat, A. von, Publicist XII. 1090.
Pilatus, Pontius VIII. 453—455. I. 333. 349 ff. II. 523. IV. 917. V. 580. 862. 884. VI. 270. 342. 541. 811. IX. 381. 917.
Pilger, s. Wallfahrt.
Pilger, mohammed., s. Wallfahrten der Mohammedaner.
Pilger, die weißen II. 681.
Pilgram, Friedr., christl. Philosoph XII. 935 ff.
Pilgrim, Bischof v. Passau I. 772. IV. 567. VI. 744. VII. 767. VIII. 174. IX. 98. XI. 399.
Pilitrud, die fränkische II. 874.
Pillar, Wenzel, Jes., der. Redner VII. 748.
Pillenreuth, Klstr. XII. 854.
Pillius, Canonist II. 167. VI. 542.
Pilsen, Obsvtn. in VII. 693.
Pinchas (Pinees), der Sohn Eleazars VII. 364.
Pinczow, luther. Synode zu II. 41. VI. 536 ff. VIII. 559. 561. X. 338.
Pindar, der größte Lyriker Griechenlands (st. 441 v. Chr.). VI. 519.
Pineda, Joh. von, gel. Jesuit VIII. 455.
Pinelli, Dominicus, Cdl. VI. 512.
Pinius, Joh. Gl. VI. 553 ff. 881. XII. 960. [ler VI. 782.
Pinturichio, Bernardino (Betti), Ma-
Pinytus, Bf. v. Gnossia, kchl. Schriftst. XII. 986—987.
Pionius, der heilige und seine Gefährten VIII. 455—457. III. 64.
Pipin, die 7 Fürsten des Frankenlandes VIII. 457. a) Pipin von Landen (st. 639) I. 468. III. 2. IV. 155. 473; — b) P. von Herstall (st. 714) II. 357. 358. IV. 156. VI. 324. XI. 1097. XII. 234; — c) P. der Kleine (st. 768) II. 83. 220. 359. 524 ff. III. 103. 115. 304. 814. IV. 156. 232. 249. 277. 469. 619. V. 510. VI. 176. 597. VII. 138. 226. 824. 892. VIII. 230. 839 ff. X. 355. 357. 420 ff. XI. 250. 709. 806. 1183. XII. 1. 32. 408; — d) P. von Aquitanien, Sohn Ludwigs d. Fr. (st. 838) III. 349. IV. 693. VI. 626 ff.; — e) P., Carls d. G. 2. ächter Sohn (st. 810) IV. 821. V. 398. 399; — f) P. Sohn Carls d. Kahlen IV. 357.
Piquigny, Bernh. von, Capuciner VIII. 142.
Piratininga (St. Paul) XII. 46. 50. 51.
Pirhing, Ehrenreich, Canonist XII. 987. VI. 168.
Piritu-Missionen XII. 42.
Pirke Aboth, s. Machsor.
Pirkheimer, Wilibald VIII. 458—459. IX. 239. 557. X. 384. XII. 819. 853.
Pirkheimer, Ladislaus, Humanist VII. 706. [ff. IX. 149. XII. 1155.
Pirmin, der heilige I. 148. 151. 705.
Pirna, die Festung VII. 24. [706.
Pirol, Vertheidiger der Jesuiten VIII. 163. 787. [II. 475. X. 884.
Pirstinger, Berthold, Bf. v. Chiemsee
Pisa, Concil von 1409 VIII. 459—466. I. 137. 158. 642. II. 505. 579. 737. 840 ff. IV. 189. 471. 720. V. 59. 403. 768. VI. 348. 358. 445. 944. VII. 24. 331. VIII. 85. 108. 342. IX. 80. X. 136. 313. 606. XI. 613.
Pisa, Stadt und Erzbisthum, Universität IV. 275. V. 898. VI. 468. VII. 644. 698. VIII. 458. 472. 773 IX. 897. X. 125. XI. 636. XII. 463.
Pisa, Conciliabulum vom J. 1511 I. 190. II. 252. V. 920. VI. 470.
Pisanella, casuist. Summe II. 408. VII. 303.
Pisani, Franz, Cdl. XII. 918.
Pisani, die Künstler IX. 890. 897 ff.
Pisari, Componist VII. 416. [889.
Piscator, Name mehrerer Gelehrten XII. 987—988. II. 238 (P. Joh.).
Pischon, Edens Strom III. 387 ff.
Pisidien, Land VIII. 466—467.
Pistis-Sophia, die Schrift XII. 988.
Pistna, Nicol. von, s. Hussinec.
Pistoja, a) Aftersynode von VIII. 467—480. I. 285. IV. 7. VI. 172. 450. X. 904. XII. 1151; — b) Stadt und Bisthum III. 30. XII. 359.
Pistorius, Joh. von, der Hofrath XII.
Pithom, bbl. On. IV. 491. [988.
Pithou, Franz und Peter, die gelehrten Zwillinge XII. 988—989. II. 869 898. III. 69. VII. 572.
Pitoni, Componist VII. 416.
Pitra, gel. Benedictiner IX. 924. X. 104. XI. 676. [1806) X. 216.
Pitt, William, engl. Minister (st.
Pittsburg, Missionäre in VII. 165; — Bm. VII. 639 ff.
Pityus, Verbannungsort des Chrysostomus II. 537.
Pitzner, der Pater VIII. 739.
Pius, Name von 9 Päpsten VIII. 480—494. P. I. (reg. 142—157). III. 750. V. 119 ff. 428. VII. 255. VIII. 101. XII. 1016. — P. II. (Aeneas Sylvius Piccolomini (reg. 1458—1464). I. 10 (abbreviator major). 165 (bestätigt die Alexianer). 173 (der Titel rex christianissimus). 376 (verbietet Appellationen vom Papst an Concilien). 585 (feindlich wider die Türken). 649 ff. (und das Baselerconcil). 876 (und die Griechen). II. 2 (seine Bibliothek). 152 (*). 222 (bestätigt die Bursfelder Congregation). 266 (Idee eines Türkenzuges). 323 (und Capistran). 364 (Reform der Karmeliter). 380 ff. (und Carvajal). 412 (eine Canonisation). 681. — 749 (Concordate). III. 141. 142 (und Diether von Isenburg). 166 (und Dionys Carthusianus). 498 (Ablaß für Einsiedeln). 642 (designirter Bf. v. Ermeland). IV. 132 (*). 734 (und Gregor von Heimburg). V. 405. 426 (Hus und die Hussiten). 454 ff. (ein Religionsgespräch). 500 (*). VI. 768 (und Diether von Isenburg). 806 (Versammlung in Mantua). 884 (*). 888 (*). VII. 587 (und Nicolaus V.). 589. — 592 ff. (und Nicolaus von

Cusa). 639 (und der Norbertinerorden). 764 (und Cardinal Oliva). VIII. 95 ff. (und das Papstthum). 109.—145 (Versammlung in Mantua). IX. 142 (und das teutsche Reich). 338. 357 (und die Stadt Rom). 598 (und die Hussiten). X. 313 (das Spolienrecht). 743 (die Tertiarierinnen). XI. 255 (das Bisthum Triest). 476. — 961 (*). 982 (und Wien). XII. 23 (und Cardinal Albergati). 120 (und Albergati). 390 (und Frankreich). 600 (und der Humanismus). 853 (der Humanismus). 937 (und Jacob Borromeo). 1273 (und Wien). — P. III. (reg. 1503). I. 196. 876. II. 682 ff. IX. 338. 357. XII. 918. — P. IV. (reg. 1559—1565) I. 178. 632. 691. 930 ff. 950. II. 105. 111. 112. 114 ff. 342. 344. 365. 373. 425. 428. 688. 707. 708. 895. 945. III. 68. 187. 594. 712. IV. 44. 110. 119. 332. 527. 668. 721 ff. 725. V. 340. 341. 613. VI. 432. 812. 852. 948. VII. 1. 408. 409. 729. VIII. 56. 183. 700. IX. 174. 223. 342. 343. 348. 350. 368. 377. X. 89. 166. 201. 242. 313. 340. 563. 605. 742. 900. XI. 98. 115. 203 ff. 215. 223. 244. 246. 869. XII. 211. 480. 786. 938. 1281. 1320. — P. V. (Michael Ghisleri; reg. 1566—1572) I. 173. 178. 378. 528. 691. 692. 693. 694. 695. 733. II. 106. 107. 116. 155. 157. 175. 207. 231. 254. 342. 344. 426. 517. 603. 611. 708. 761. 781. 895. 945. III. 187. 331. 504. 506. 535. IV. 14. 267. 671. 721 ff. V. 167. 343. 371. 396. 849. 889. 952. VI. 68. 185. 206. 338. 552 ff. 871. 883. 888. VII. 400 ff. 511. VIII. 55. 109. 232. 290. 492. IX. 205. 296. 346. 399. 434 ff. 484. X. 206. 208. 531. 563. 924. XI. 30. 564. 991. XII. 72. 276. 278. 717. 911. 956. 1196. 1316. — P. VI. (Giov. Angelo de Braschi; reg. 1775—1799) I. 578. II. 108. 184. 335. 368. 507. 622. 671. 690. 691. 812 ff. III. 418. 568. 571. 659. IV. 7. 44. 293. 310. 486. 849. V. 326 ff. 567. 568. 803 ff. 807 ff. 842. 864. VI. 411. 473 ff. 523. 524 ff. 921. 940. 941. VII. 53. 868. VIII. 1. 254. 467. 469 ff. 480. IX. 41 ff. 259 f. 774. 287. 300. 343. 351. 363. 365. 373 ff. 378. 472. 601. X. 632. 904. XI. 167. 175. 1036 ff. 1051. 1279. XII. 218. 280. 470. 472. 556. 557. 720. 740. 783. 1027. 1206. 1213. — P. VII. (Barnabas Chiaramonti; reg. 1800—1823) I. 575 (und Baccanari). II. 108 (und der Cardinal Stephan Borgia). 154 (Diöcese Breslau vergrößert). 332 (*). 333 (und Cappacini). 335 (und Caprara). 507 (die Christenverfolgungen). 547 (*). 620 (etwas über Ganganelli). 671 (erneuert das Collegium Germanicum). 676 (Cöln). 751. 752 ff. 758 ff. (verschiedene Concordate). 812 (und Consalvi). 817 (*). 849 (Aufhebung des Bisthums Constanz). 918 (canonisirt den Crispin von Viterbo). 955 (*). III. 7 (und Dalberg). 116 (vergeblich gegen die organischen Artikel). 418 (über Mischehen). 600 (*). 881 (verleiht außerordentliche Facultäten). IV. 43. 44 (und Napoleon). 121 (*). 129 (die Reliquien des hl. Franciscus). 158 ff. (und Frankreich). 186 (Errichtung des Ebms. Freiburg). 201 (Bulle wider die Carbonari). 411 (*). 677 (und Grégoire). 726 ff. (und Mauro Capellari). V. 569 ff. (und die Jesuiten). 658 (Restauration der spanischen Inquisition). 869. 869. 872 (und Italien). VI. 474 (und Leo XII.). 525 (*). 532 (will den Lingard zum Cardinal erheben). 941 (und Maury). VII. 140 (und Mezzofanti). 168 (fördert das Missionswesen). 169. — 222 (*). 425 (und Muzzarelli). VIII. 1 (und Pacca). 450 (bestätigt die Picpusgenossenschaft). 490 (und Toscana). 506 (und Polen). 749 (*). IX. 207 (und das Erzbisthum Rheims). 309 (Wiederherstellung der Jesuiten). 344. 353 ff. 363. 365. 370. 376. 384 (und die Stadt Rom). 407 (und das Bisthum Rottenburg). 472 (Rußland). 566 (die Säcularisationen). 601 (Salzburg). 834 (und Napoleon I.). X. 51 ff. (über die Frankfurter Beschlüsse). 200 (Jesuiten im Walliserland). 461 (die Südseemissionen). 632. 634 (und Talleyrand). XI. 107 (ein Werkzeug wider). 175. 176 (Bisthum Trient). 468 (die Ursulinerinnen). XII. 101 (und Barruel). 127 (bestätigt den Bf. Boulogne). 147 (und Beckmann). 189 (Ungerechtigkeit der europ. Coalition wider). 218 (eine Canonisation). 244 (und Bischof Colmar). 280 (und Devoti). 296. — 316 (*). 428 (Bm. Fulda). 470 (und Gerdil). 702. 704 (und Lambruschini). 741 (Bm. Lucca). 749. 750 (und Angelo Mai). 797 (Mezzofanti). 869 ff. 875 (die oberrheinische Kirchenprovinz). 920 (und Napoleon I.). 1027 (*). 1208 (und Tyrol). 1303 (*). — P. VIII. (Frz. Xav. Castiglione; reg. 1829—1830) I. 929. III. 307. 308. 418. 408. IV. 181. 726. VII. 169. VIII. 750. IX. 338. 418. XII. 23. 1214. — P. IX. (Joh. Maria Mastai-Ferretti; reg. seit 1846). I. 920 (gegen Bibelgesellschaften). II. 945 (Reformator der Curia). IV. 730 (und Gregor XVI.). V. 136 (und die Hermesianer). 272 (beschränkt den Hofstaat). 535 (Patriarchat Jerusalem). 864. 869 (und Italien). VI. 805 (die Universität Löwen). 777 (crux de cruce). VII. 169 (das Missionswesen). VIII. 110. —487 (und Pius VII.). IX. 297 (Cardinal Gousset). 475 (errichtet das Bisthum Cherson). 601 (Cardinal Schwarzenberg). X. 266. 268 (und Spanien). 447 (errichtet ein Bisthum in Südamerica). 549 (und Australien). 602 (*). 625 (stellt das Patriarchat Jerusalem wieder her). XI. 331 (errichtet die apostol. Präfectur Trapezunt). 903 ff. (und Westindien). XII. 19 (und d'Affre). 47 (ein Bisthum in Südamerica). 72 (neue Bisthümer in Asien). 99 (und Balmes). 109 (Aufschwung der Kirche in England). 110 (eine Seligsprechung). 118.—196 (*). 214 (und die Revolution). 226 (eine Seligsprechung). 281 (und Diepenbrock). 310 (wider die königlichen Collegien in Irland). 495 (Patriarchat Jerusalem). 704 (und Lambruschini). 750 (und Angelo Mai). 771 (Bf. Mazenod). 799 (und Mezzofanti). 898 (und die Oberrheinische Kirchenprovinz). 991 (der Piusverein). 1084 ff. (und Sardinien). 1302. 1306 (und das östreichische Concordat).

Piusverein, der XII. 989—997. VIII. 754.

Pizamar, wendischer Götze IX. 443.

Pizarro, Franz, der Entdecker (st. 1541) XII. 35. 42.

Placentia, s. Piacenza.

Placet des Klerus X. 614.

placetum regium, s. Genehmigung, landesherrliche.

Placidas, s. Eustachius.

Placidia, Kaiserinnen II. 845. IV. 465. V. 314. VI. 448 ff. XII. 1222.

Placidus, der heilige und seine Gefährten XII. 997. VI. 938.

Placidus, der Prior XII. 831 ff.

Placky, Jesuit III. 301.

Placzeck, der Unist V. 425.

Plagale Tonarten VII. 891.

Plagen, die ägyptischen VII. 359 ff.

Platen, Gebh. von, Bf. v. Passau VIII. 177.

planeta, die VI. 216.

Planeten, die IV. 494.

Planck, Gottl. Jac., prot. Thlg. VIII. 494—496. 32. 408. I. 904. II. 146. 883 ff. V. 156. 835. VII. 31. 56. 339. 381. IX. 195. X. 554. XII. 928.

Planck, Heinr. Ldwg., der Exeget VIII. 496—497.

Plantagenet, das Haus V. 705.

Plantinische Bibelausgaben, s. Bibelausgaben, dazu VIII. 577.

Plaoul, Pierre, Gl. VIII. 492.

Plasian, Wilh. von, Ankläger des P. Bonifacius VIII. II. 94.

Plastik, s. Sculptur.

Plata, s. Rio de la Plata.

Platen, Graf August von, Dichter (st. 1835) VIII. 530. XII. 204.

Plater, Thomas, der Schulmann XII. 1231.

Platina, Barthol., der Humanist VIII. 497—498. 231. V. 753. 768. VI. 473. 825 ff. VII. 35. 591. X. [206.

Platner, Meiphil. VII. 325.

Plato, der hl. Abt X. 215. 849.

Platonischer Staat VI. 793.

Platonismus, der VIII. 498—515. I. 413. 414 ff. (und die aristotelisch-scholastische Philosophie). 458 (Anschauungsweise der Armuth). 496 (und Atheismus). 505 (und die Lehre von der Auferstehung). 535 ff. (und Augustinus). II. 904 (und die Mediceer). III. 147 (Lehre vom Menschen). 323 ff. (und der Dualismus). 375 (und der Eclecticismus). 452 (Lehre von der Selbstachtung). 548 (und die Emanationstheorie). 633 (der Humanisten). 704 (Neubelebung seiner Erziehungslehre). 931 (und die Lehre vom Fegfeuer). IV. 64 (und Marsilius Ficinus). 357 (und Christenthum). 360 (Lehre vom Geist). 429 (und Georg von Trapezunt). 499 (**). 591 ff. (Lehre von der Erkenntniß Gottes). 594. V. 137 (und Hermogenes). 211 (eine Schrift wider). 431 (und Hypatia). 936 (Justin über Meinungen des). VI. 5 (und die Kabbala). 36. 39 (und Karpokrates). 579 ff. (und Logoslehre). VII. 133 (Symposion). 155 (und Mirandola). 315 ff. (Ethik des). 540 (und der Neuplatonismus). 771 (Plato in Heliopolis). 792 (und der Optimismus). 826 (und Origenes). VIII. 79 (und Pantheismus). 401 (und Philo). IX. 199 (*). 638 (und Savonarola). 640.—672 (u. Schleiermacher). 743 (Verhältniß zur Scholastik). 746. X. 5 (Seelenlehre). 15 (Seelenwanderung). 34. 39 (und die Selbsterkenntniß). 187 (Ideenlehre). 303 (und der Spiritualismus). 931 (Socialismus des). 960 (*). XI. 276 ff. (und die Dreifaltigkeitslehre). 309 (Ethik). 443 (auf Universitäten). 529 (und ein Gnostiker). XII. 360 (Platoniker in Florenz). 415 (über Freiheit und Gnade). 975 (und Aristotelismus). 1145 (Socialismus im). 1219 (und die Uroffenbarung).

Platonopolis, das projectirte VII. 541.

Plautianus, der Reichsverweser X. 81.

Plautus, altröm. Lustspieldichter (st. 184 v. Chr.) IV. 489. V. 170. VI. 220. IX. 320. XII. 749.

Plaza, der Pater XII. 44.

Plectrudis, Wittwe des Pipin von Heristall XII. 234. 235. 238.
Plejaden, Gestirn IV. 403 ff.
Pleroma, das gnostische IV. 555. 557.
Plessis-le-Tour, Zusammenkunft zu V. 378.
Plethon, gel. Grieche VIII. 603.
Plettenberg, Domherr II. 511.
Plettenberg, Walter von, Heermeister VI. 305. 520. [—516.
Pley, Jos., thlg. Schftst. VIII. 515
Plinius major, Cajus Secundus, der Naturforscher I. 218. 400. II. 321. III. 58. 515. IV. 868. VI. 16. 922. IX. 458. 907 ff. X. 825.
Plinius junior, Cajus Cäcilius Secundus, Statthalter (st. 110 n. Chr.) III. 231. VII. 333. VIII. 517. X. 65. XI. 128. [IX. 472.
Plock, poln. Bisthum VIII. 540. 542 ff.
Plotho, der preuß. Gesandte VIII. 714. 715.
Plotin, der Neuplatoniker (st. 270 n. Chr.) I. 200. 206. VII. 540. 541 ff. VIII. 512. X. 6. 894.
Plotina, Kaiser Trajans Gemahlin XI. 127. [792.
Plumbinus, der Augustiner II. 790.
Plunkett, Ebf. v. Armagh V. 530. VII. 674. [Cumulation d. B.
Pluralität der Beneficien, s.
Plutarch, Martyr VII. 526.
Plutarch, Neuplatoniker VII. 547.
Plutarch, der Biograph (st. zwischen 120—134 n. Chr.) I. 400. III. 591. V. 553. VII. 173. 384. IX. 420. X. 212.
pluviale, s. Chormantel. [551.
Pneuma der Ophiten VII. 786.
Pneumatiker, die IV. 556 ff. VII. 260.
Pneumatomachen VIII. 516—517. V. 741. XI. 260 ff.
Poach, Andr., Pstor V. 781.
Poblat, Trappistenkloster XI. 167.
Pocci, Graf Franz, Dichter, Zeichner, Musiker (geb. 1807) XII. 459.
Pockes VI. 517.
Pococke, Richard und Edward, Orientalist (st. 1691) V. 846. VI. 144. IX. 577. XII. 526. 1007.
Podarge, der Böhmianer II. 61.
Podiebrad und Kunstat, Georg Boczko von, Böhmenkönig (st. 1471) II. 65. 265. 351 ff. IV. 230. 735. V. 426. VIII. 230. XI. 978 ff.
Podivin, der Hausmeier XI. 805.
Podium, Puy, s. d.
Poesie, christliche VIII. 517—531. III. 25 (des Dante). 507 (der Ekkeharde). IV. 277 (in Sanct Gallen). 573 (Berkey). 426. 689. 840. V. 430 (Hymnen). 476. 742. 951. VI. 361. 401. 403. 504. 635. VII. 268 ff. 889. 890 ff. VIII. 20. 837 ff. 868. IX. 566. 922 ff. XI. 99 ff. 103 ff. 476. 670. 671. XII. 134. 139 (die Brentano's). 221 (Chateaubriand). 405 (Gralsage). 1185 (Torquato Tasso).
Poesie, französische XII. 383. 384. 386.
Poesie, hebräische VIII. 531—535, s. Psalmen.
Poggi, Julius, kath. Gelehrte des 16. Jhhdts. VI. 552. X. 563 ff.
Poggio Bracciolini, der Humanist VIII. 535—536. 603. VI. 367. XII. 360. 598.
Poglus, Gel. II. 901. V. 413.
Pogoda, slav. Götze VIII. 40.
Poiret, Peter, myst. Philosoph XII. 997—998. II. 135. 136. IX. 524. X. 276. 282.
Poissy, Religionsgespräch zu I. 237. 895. 104 ff. II. 302. V. 341. 365. 555. VI. 317. VIII. 348. IX. 102. XI. 804.
Poitiers, Bisthum, Stadt und Synoden XII. 998—1000. I. 70 (Syn.). 795 (Klöster). 811. III. 251 (Schule). 556. IV. 117. 159. 219. 512. V. 185 ff. (Hilarius von). 375 (Edict von). VI. 419 (Syn.). 479. 904. VII. 159. 852. IX. 10. XI. 677. XII. 1218. 1325.
Pola, Bm. XI. 607.
Polaben, die IX. 34 ff.
Polamon, der Neuplatoniker VII. 541.
Polanus, Amandus, Exeget V. 298.
Pölde, Synode zu XI. 1106 ff.
Polding, 1. Ebf. v. Sidney X. 462. 516. 548 ff.
Pole, Reginald, s. Polus.
Polemar, der Archidiacon V. 422. VI. 16. [XII. 147.
Polemianer, apollinaristische I. 359.
Polemik und Polemiker VIII. 536—537. a) Polemik, s. Apologetik, Irenik, dazu I. 466 (des Arnold). III. 222 (und die Dogmengeschichte). 568 (zwischen Luther und Emser). 828. X. 553 ff. (und die symbolischen Schriften). 584 (im Synergistenstreit). b) Polemiker, berühmte, s. die im Artikel angegebenen und verwiesenen Namen.
Polen, Kirchengeschichtliches VIII. 537—567. Kirchengeschichtliches und Geschichtliches, s. I. 634 (Bartholomiten in). 794 (Benedictiner in). 906 (die Protestanten in, und Beza). II. 26 (Mittelsystem bei Bischofswahlen). 41 (ein Patron des Socinianismus in). 66 (und die böhmischen Brüder). 113 (ein Nationalconcil in). 176 (ein Orden in). 269 (religiöse Parteiungen). 324 (Capistran in). 386 (König Kasimir d. G.). 507 (Königreich). 603 (von den Türken bedrängt). 617 (die Dissidenten in). 705 (und Commendone). 755 (Concordate mit). 775 (Protestantismus in). 800 (und Kaiser Conrad III.). 854 (veranlassen das Verbot der Appellation an ein allgemeines Concil). 976 (Cyrill Lukaris in). III. 150 (die Dissidenten). 503. 504 (ein Orden in). 682 (das Bisthum Ermeland). 966 (Antitrinitarier in). IV. 21 (und Kaiser Ferdinand III.). 103 (Patron von). 550 (Erzb. Gnesen). 708 (und Gregor VII.). 722 (Gregor XIII.). 729 (Gregor XVI.). 822 ff. (und Gustav Adolph). V. 269 (jüdische Hochzeiten in). 339 (Reformationszeit). 405. 416 (der Hussitismus in). 479. 480 (die Jagellonen). 569 (Vertreibung der Jesuiten). 637 (und Innocenz IV.). 796 (Theilungen). 898 (die Juden in). VI. 30 (Karaiten in). 243 (Bf. Konarski). 254 ff. (Krakau). 351 (Bf. Laskary). 355 (Lasko). 394 (Lazaristen in). 520 (und Liefland). 534 (Reformation in). 607 (Lubienski). 608 (Lubransky). 801 ff. (Theilungen). VII. 227 (Cluniacenser in). VIII. 448 (Piaristen in). 612 (Bm. Posen). 617 ff. (Possevin in). 620 (im J. 1541). 635 (und Prag). 680 ff. (Preußisch-). 741. 745 (Friedrich II. in). IX. 6 (Juden in). 387 (der Peterspfennig in). 470 (und Russen). 651 ff. (und Schlesien). 873 (Orden in). X. 133 ff. (und König Sigismund). 206 (und Sixtus V.). 229 (und die Slaven). 234 (Socinianismus in). 334 (St. Stanislaus). 335 (St. Stanislaus Kostka). 571 (protestantische Bekenntnißschriften). 813 (und der Teutschorden). 953 (Religionsgespräch und Blutgericht zu Thorn). XI. 222. 238 (und das Tridentinerconcil). 425 (unirte Griechen in). 427 (Unitarier). 608 (Vergerius in). 958 (Wiedertäufer in). XII. 58 (P. Arcudius in). 116 (St. Bobola). 632 (Ebf. Karnkowsky). 712 (Leibeigenschaft in). 898 (Oestreichisch-). 1114 (Juden in).
Polenz, Georg v., letzter kathol. Bischof von Samland VII. 866. VIII. 681 ff. 693. IX. 611.
Polignac, Cdl. II. 130. IV. 509.
Politianus, der Humanist IV. 764. VI. 467. XII. 360. [VII. 310. 320 ff.
Politik, ihr Verhältniß zur Moral
Politik, machiavellistische, s. Machiavelli. [Vorsehung XI. 707.
Pollalion, Stifterin der Töchter der
Pollen, s. Robert Pullein.
Pollheim, Wichard von, Bf. v. Passau VIII. 178. [XII. 417.
Pollich, Martin, der Doctor XI. 1109.
Polling, das bayer. Kloster I. 205. 707. X. 696.
Pollio, Pstor. II. 320. [hung.
pollutio ecclesiae, s. Entweihung.
Pollutionen machen unrein IX. 164.
Pollux, s. Dioscuren. [Polo.
Polo, der berühmte Reisende, s. Marco
Polo, Cdl. IV. 119.
Pölten, Sanct, Bisthum (Stadt und Kloster) VIII. 567—571. 173 (Klstr.). 178 (Syn.). 868 (Pyrker in). VI. 526. VII. 551. 734 (Reformation in). X. 696. XI. 965. 967 (Klstr.). 973 (Syn.). 1042. 1044. 1061. 1063.
Polterot, der Meuchler I. 905. II. 52. V. 368.
Polus, Reginald, Erzbischof von Canterbury und Cardinal VIII. 571—572. I. 451. II. 860. 923. III. 330. IV. 89. 780. 792. V. 73. 74 ff. 339. 816. 920. VI. 849 ff. VII. 341. X. 257. 531. XI. 181. 185 ff. 180. XII. 311. [v. Chr.) III. 517. VII. 8.
Polybius, griech. Historiker (geb. 203
Polychromius, Bf., Brüder des Theodor von Mopsuestia VII. 250. X. 848.
Polycarp, der heilige, Bf. v. Smyrna VIII. 572—575. 217. 338. I. 89. 254 ff. 319. 373. 806. 905. III. 223. 785. 800. IV. 55. V. 289. 593. 595. 597. 712. 819. 857. 936. VI. 165. 182 ff. 337. 816. 825. VII. 296. 472. 874. IX. 198. 816. X. 232. XII. 363.
Polygamie, s. Ehe, Weib, vgl. Gemeinschaft der Güter, s. dazu I. 276. III. 409. 411. 414. IV. 136. 177. V. 267. VI. 59 ff. 508. VIII. 672. IX. 838. X. 949. XI. 815. 817 ff. 956 (in Münster). XII. 813 (der Mormonen).
Polyglottenbibeln, die verschiedenen VIII. 575—585. I. 915 ff. 938. 941. 943. II. 568. III. 275 ff. 383. VI. 401.
Polytheismus, Vielgötterei VIII. 585—590. S. Abgott, Fetischismus, Götzendienst, Mythologie, Paganismus, Pantheismus.
Pomare, Herrscher auf Taiti I. 555. 556. VII. 887. X. 450 ff. 463 ff.
Pombal, der Minister VIII. 590—597. 127 ff. II. 614. V. 564. 652. X. 442. 635. XI. 739. XII. 732.
Pömer, Pstor. VII. 805.
Pomeranus, s. Bugenhagen.
Pomerius, Julianus, der Abt XII. 1000. IX. 910.
Pomesanien, das Bisthum II. 139. VIII. 673. 683 ff. 690. 693.
Pommern, Kirchengeschichtliches VIII. 597—602. 540. 737 ff. I. 843 ff. II. 154. 202. IV. 825. VII. 911 ff. IX. 446. X. 594. XII. 712.
Pomoranen, Secte der IX. 22.
Pompadour, Jeanne Antoinette Poisson, Marquise de (st. 1764) I. 846. II. 615. V. 563. 567. VI. 859. XI. 735.
Pompallier, J. B., Bschf. [illegible] 559. 560. X. 406 ff.
Pompejus, african. Bf. VII. 661.
Pompejus d. G., Cnejus Publius Strabo (ermordet 48 v. Chr.) III. 13. VII. 183.
Pomponacci, Pietro, der Philosoph VIII. 602—603. I. 369. 427. VII. 319. IX. 736. XI. 550. XII. 1162.

Pomponius Letus, der Humanist VIII. 603—604.
Pomposa, Kloster IV. 817 ff.
Pondichery, apost. Vert. V. 619.
poena sensus et damni, s. Hölle. [I. 600.
poenae medicinales, vindicativae
Poniatovia, K., die Prophetin III. 273. [nig VIII. 561.
Poniatowsky, Stanislaus, Polenkö-
Pönitentialbücher, s. Beichtbücher.
Poenitentiale Romanum VIII. 604. IX. 76.
Pönitentiar, bischöflicher VIII. 604—606. II. 327. V. 835. IX. 74. 214. 215.
Pönitentiar, päpstlicher VIII. 606. II. 945.
Pönitentiarie, s. curia Romana (II. 953 ff.), dazu II. 949. V. 833. XI. 191. 224.
Pönitentiarier, s. Sendgerichte.
poenitentium reconciliatio, s. reconciliatio poenitentium.
Pönitenzen, s. Bußwerke (II. 231).
Pontanus, Jacob, Gl. X. 148. [356.
Pontarlier, Hospitaliterinnen in V.
Pont-à-Mousson, Colleg zu XII. 738.
Ponte, s. Ludwig de Ponte.
Pontianus, Papst und Märtyrer VIII. 606. I. 272. VI. 953.
Ponticus, St. VIII. 624.
pontifex maximus VIII. 606—607.
Pontificalamt, das XII. 1000—1004. I. 909. VI. 506.
Pontificalbuch VI. 146.
Pontificale, das VIII. 607—608. 63. I. 602. 603. II. 816. III. 730. 884 ff. IV. 537. V. 120. VI. 204. 205 ff. IX. 72. 329. X. 427. 428. [464.
Pontificale der syrischen Jacobiten V.
Pontificalien, s. Ceremoniale.
Pontificalsegen X. 21.
Pontiniac, Klstr. VI. 350.
Pontius de Melgueil, s. Clugny, dazu VII. 228.
Pontius Pilatus, s. Pilatus.
Pontoise, die Kreuzigung zu V. 692.
Pontremoli, Bm. VIII. 480.
Pontus VIII. 608. 335. 336 ff. I. 661. VII. 145. 662. 873.
Poole, Cardinal, s. Polus.
Pope, Alxdr., der Dichter († 1744) XI. 22. XII. 823.
Popen, Protopopen, s. Protopresbyter, vgl. Raskolniks.
Popo, Bf. v. Brixen, s. Brixen, Damasus II.
Popone, Pch. XI. 570.
Poppa, I. Bf. v. Schleswig III. 19.
Poppäa Sabina, die Buhlerin VII.
Poppo, Missnar. VII. 897. [517.
Poppo, Ebf. v. Trier XI. 250. 251.
Poppo I., Bf. v. Würzburg XI. 1180.
Porcarius, Abt VI. 483.
Porchau, Friedenscongreß bei VIII. 615. [VI. 387.
Pordage, der Schwärmer II. 237.
Porenut, ein Götze der Wenden IX. 442. 445.
Porga, Kroatenfürst VI. 293.
Porphyrianer, nennt Constantin d. G. die Arianer VII. 545.
Porphyrius von Gaza VIII. 605.
Porphyrius Optatianus, Dichter X. 104.
Porphyrius, der Neuplatoniker († 305) I. 200. 207. 363. 367. 417. 419. III. 25. 483. V. 65. 512. VII. 134. 541. 544 ff. 627. IX. 713. 743. XII.
Porpora, Musiker VII. 418. [749.
Porré, Guido, Cdl. VII. 906.
Porré, Gilbert von, s. Gilbert von Porré.
Porrée, Bf. v. Arras VIII. 786.
Porreta, Margaretha, die Schwärmerin VIII. 608—609.
Porretanus, s. Porré, Gilbert v.
Portadius, der heilige VII. 376.
Portalegre, Bm. XII. 732.
Portaleone, Abraham ben David, jüd. Gl. XII. 1114.
portio canonica, s. Abgaben.
portionarii VI. 25.
Portiuncula, Portiuncula-Ablaß VIII. 609—610. I. 57.
Port-Mahon, Stadt X. 102.
Port-Natal, s. Weihnachtsland.
Port-Nicholson, Bm. X. 467.
Porto, P. Antonio de, Missnar. V. 617.
Porto, Bm. II. 342. V. 765. 863.
Portorico, die Insel II. 384. XI. 901. 908.
Port-Royal, Klosterfrauen von II. 126. 554. 561. V. 493 ff. 497. 498. VI. 307. VIII. 161. 165. 468. IX. 506. X. 838. XI. 18 ff. XII. 467. 826.
Port-Victoria, Bm. X. 546. 547.
Portugal und Portugiesen, s. Spanien, dazu I. 165. 653. 781. 783 (und die Pp. Benedict). II. 25. 99. 141 (Eroberungen). 208. 516. 526. 614 ff. 758 (Concordat). 784 ff. (Eroberungen). III. 553 (König Emmanuel). 559 (Orden in). IV. 26 ff. (zur Zeit Ferdinands des Katholischen). 561 729. V. 500 (in Japan). 564 (Aufhebung der Jesuiten). 616 (in Indien). 630. 633 (und Innocenz III.). 653 (die Inquisition in). 894 (Juden in). VI. 935 (die Mauren in). VII. 158. 167 (Missionsanstalten). 523 (in Indien). VIII. 127 ff. (und Paraguay). 392 (und Philipp II. von Spanien). 590 (Pombal). IX. 328 (Ritterorden in). 387 (freiwillige Abgaben nach Rom). X. 184 (Eroberungen in Indien). 437 ff. 450 (in Südamerica und Australien). 725. 735 (der Tempelorden in). 742 (Tertiarier in). XI. 202. 230. 238 (und das Tridentinerconcil). 480 (und Urban VIII.). 745 (Entdeckung des Caps). 827 (ein Privilegium für Allerseelentag). 901 (in Westindien). XII. 46 (in Brasilien). 72 ff. (in Ostindien). 128 (Ebm. Braga). 563 (Colonien). 670 (Krls.). 729 (das Patriarchat Lissabon). 1051 (und Salamanca). 1111 ff. (Juden in).
Posaunen bei den Hebräern VII. 423.
Pöschel und Pöschelianer VIII. 610—612. VI. 533. IX. 833. 835.
Poseidon, altgriech. Gttht. VIII. 41.
Posen, Bisthum VIII. 612—615. 537. 547. — 558 (Protestn. im). II. 752. III. 310. 334 ff. IV. 551. 552. VI. 243. 354. 907. VII. 760. X. 229. 627.
Posen, prot. Syn. VIII. 561.
Posonium, s. Preßburg.
Posrichal, Gg. Ign., Ordensgeneral der Kreuzherren v. r. St. XII. 650.
possessio, s. Besitz.
Possessor, african. Bf. V. 332. X. 59.
Possevin, Anton, kirchl. Diplomat und Schriftsteller VIII. 615—621. 221. II. 163. IV. 722. VI. 716. IX. 193. 467. 842. X. 934. XII. 1196.
Possidius, Schüler des hl. Augustin VIII. 621. XI. 530. 640. [101).
Postcommunion, s. Messe (VII.
Postellus, Wilh., der Schwärmer VIII. 621—622.
Postille, die VIII. 622—623.
Postulation, die II. 28 ff. III. 529. 551. V. 935. VIII. 834. [X. 85.
Potamiäna, die heilige VIII. 623.
Potamius, Bf. v. Lissabon XII. 730.
Potcamp, ap. Vicar v. Holland XI. 508.
Potentian, Apostelschüler XII. 210.
Pothinus, der hl. und seine Leidensgenossen VIII. 624—626. II. 41. V. 818. VI. 555. 681. 825. XII. 210. [841.
Potho, Abt von Prüm III. 262. VIII.
Potiphars Weib V. 791 ff.
Potitus, der Marcionite VI. 820.
Potken, Joh., der Propst XII. 1004.
Poto, Abt v. Mteso. VII. 270.
Potsdam, die kathol. Kirche in VIII.
Pott, prot. Thlg. V. 269. [737.
Potter, John, anglican. Thlg. XII. 1004—1005. II. 628. [554.
Pourlan, die Mutter Johanna von II.
Powondra, Thlg. V. 307.
Präadamiten, s. Peyrere.
Präbendar VIII. 626. VI. 25.
praebendati, s. Präbende, Chorvicar, dazu X. 788. [III. 247.
Präbende, die VIII. 626. 642. II. 310.
Prach, der Antinomist I. 284.
Prachatic, der Husite V. 414.
Pracher, Pädagog VIII. 30.
Präceptivrubriken, s. rubricae, dazu XII. 276.
Präclusivfrist IV. 235.
praecanonisatio V. 935.
Präconisation VIII. 626—627. S. Bischof, protectores cardinales, jus in re, dazu II. 245. 344. 418. 777. 778. VI. 119.
Prädestinatianer X. 50.
Prädestinatianismus, der alte I. 437. IV. 319. VI. 610. X. 481 ff.
Prädestination, Lehre von der Vorherbestimmung VIII. 627—634. I. 284 (Ausgang der englischen Antinomer). 540 ff. (und Augustinus). II. 72 (und Bolsec). 138 (Bradwardin über). 277 (und der Calvinismus). 281 ff. 773 (und der consensus Genevensis). 788. 789 (die congr. d. a. d. g. über). III. 121 (und der Determinismus). 264 (Moritz von Oranien über). 928 (ein Gegner der). IV. 548 (und Gnade). 628 ff. (Lehre des Gottschalk). V. 621 (Calvin). VI. 490. 492 ff. (und Lessius). 648 ff. (und Lupus Servatus). VII. 124 ff. (und John Wesley). 190 ff. (und der Molinismus). 208 ff. VIII. 276 (und der Pelagianismus). 419 ff. (und die christliche Philosophie). 838 (Lehre des Prudentius von Troyes). IX. 53 ff. (und Rechtfertigungslehre). 854 (u. Scotus Erigena). X. 58 ff. (und der Semipelagianismus). XI. 754 (und Vorsehung). 937 (der Wiclifiten). 960 (der Wiedertäufer). 1116 (absol.) 1324 (und Zwingli). XII. 109 (und die Lehre von der Freiheit und Gnade). 467 (krasse Sätze über).
Prades, der Abbé VI. 151. XII. 761.
Prädeterminismus II. 786. 787 ff. III. 121.
praedicatio Petri, s. Petrus, Ap., dazu I. 334. 350. 352.
Pradschna, Paramita, buddhist. Schrift XII. 157. 162. 178.
Präexistentianer, Präexistentianismus V. 465. VII. 504. 844. X. 5 ff. XII. 438. [99. XI. 263.
Präfation in d. Messe II. 617. VII.
praefecti synodales X. 613.
Präfecturen des röm. Reiches unter Constantin d. G. XII. 510.
Präfecturen, apostol. in der Türkei XI. 339 ff.
Präscienz, göttliche VII. 199 ff.
Prag, Erzbisthum, Stadt und Universität VIII. 635—637. I. 63 (und Böhmen). 151 (und die Diöcese Breslau). 203 (und Budweis). 381 (Carrajal in). 600 (wird Ebm.). IV. 310 (warnt vor Gaßner). 401 (Seminar in). V. 174 ff. (Hieronymus von). 320 (Schrift des Febronius verboten). 413 ff. (und die Husiten). 489 (Syn.). 660 (Jesuiten in). 725 (und Johannes von Nepomuk). 759 (wird Bm.). VI. 244 (Bm. Königgrätz). 251 (und Kra-

lau). 269 (Kreuzherren in). 380 (die hl. Lanze). 410 (Legation). 432 (Bm. Leitmeritz). 623. VII. 24 (und Meißen). 146 (Ebm.). 693 (Obsonin. in). 724 (Landtag). 727 (Jesuiten in). 730 (Ebm.). 743 (Aufruhr in). 746 (das Jesuitencolleg aufgehoben). 747 ff. (im 30jähr. Krieg). 766. 767 (Ebm.). IX. 41 (Syn.). 96. 98 (und Regensburg). 207 (Syn.). 875 (barmh. Schwestern in). X. 788 (Ebm.). XI. 496 ff. (Ursulinerinnen). 665 (Legation in). 718 (Reliquien des hl. Vitus in). 791 (Conrad Waldhauser in). 864 (und St. Wenzeslaus). 989 (Ebm.). XII. 682 ff. (Kreuzherren in). 1111 (Judenschule). 1310 (und der Wissehrad). — b) Universität II. 167. 858. III. 70. V. 402 ff. 473 ff. VII. 742. VIII. 637. IX. 321. X. 635. XI. 442.
Prager-Compactaten, s. Compactaten, die Prager. [VI. 731.
Pragerfriede vom J. 1635 III. 300.
Pragmatische Sanction, a) Ludwigs IX. von Frankreich; b) Carls VII. oder die von Bourges, und c) der Teutschen VIII. 637—639. II. 25 (Ludwigs IX.). 747 ff. (der Teutschen). 754 (von Bourges). IV. 158 (von Bourges). VII. 630 (französ.). XII. 385. 390 (französ.).
Pragmatik, die sg. Ferdinands und Isabellas VI. 937.
Prajectus, St. XII. 355.
Praius, Histor. IV. 255.
Präjudiz, Präjudicien VIII. 639.
Prälaten I. 70. II. 643. V. 623. VII. 8(1. VIII. 262. X. 613. XI. 713. 714. 760.
Praelati VIII. 639—640.
praelati inferiores V. 164.
praelati nullius dioeceseos VIII. 640. III. 140.
Praelatura VIII. 640.
Prämonstratenser, Orden der, s. Norbert, der hl., dazu IV. 474 ff. V. 279. 686. VI. 599. VII. 228. 634 ff. IX. 36. 38. 167. X. 739. 802. XII. 570. — b) berühmte IV. 569. V. 279. 484. VII. 918. VIII. 178. XII. 492.
praemunire, das altenglische Recht des V. 224 ff. 228.
Pranbach, Bernh. von, Bf. v. Passau VIII. 178.
Prandiner, Wolfg., letzter Großmeister des St. Georgenordens VII. 540.
praepositus capituli, s. Dompropst, Propst. [(wb. chrstl.).
Präneste, die Stadt II. 312. V. 863
Pranze, der Silberschmied VII. 692 ff.
Präsanctificatenmesse, s. missa praesanctificatorum.
praescriptio, s. Verjährung.
Präsentation VIII. 640. 223 (Patron). II. 733. 777.
Präsentationsrecht VIII. 640—642. 223. 834. II. 669. 732. V. 935. VII. 811. IX. 251. XI. 341. 562.
Präsenz VIII. 642. II. 492. IX. 223.
Präsenzgelder VIII. 642—643. 626. II. 492. 497. IX. 223. 220. XI. 221.
Prästabilirte Harmonie, s. harmonia praestabilita.
praestimonia VIII. 643.
Prätextatus, der heilige Bf. v. Rouen IV. 153. 154. XII. 924. 1048.
Prätorius, Abdias u. Stephan VIII. 643—644.
Prätorius, Mich., Capellmeister VIII. 413. 416.
Prato, Bm., s. Pistoja. [357.
pratum spirituale des Moschus VII.
Pratt Orson, Gelehrter der Mormonen XII. 812.
praevaricati, s. Collision, Proceß.
Prawoslawnije (Rechtgläubige) in Rußland IX. 20.
prax apostolus (Vzchnz.) VIII. 205.
Praxeas, der Antitrinitarier I. 294. X. 754.
Praxedes, St. XII. 1016.
Prayerbook, das V. 217. 228. 231. 236. 251.
Praylus, Bf. v. Jerusalem VIII. 272. XI. 1297.
Precarien VIII. 644—645. 3. I. 801. VI. 190. XII. 650. 653. 1226.
preces dominicales, feriales XII. 1005. II. 156.
preces primae, s. Anwartschaften.
preces des Breviers, s. preces dominicales.
Prechtl, Max, Abt VIII. 645.
Precipiano, Ebf. XII. 467.
Precist, precista XII. 1005.
Prediger, das Buch, s. Ecclesiastes.
Prediger, wandernde in England XI. 936.
Prediger, berühmte I. 542. 813. 857. II. 99. 129. 131. 530. IV. 39. V. 700. 742. VI. 817. VII. 599. IX. 163. X. 693. XII. 148. 720. 939.
Predigerkrankheit, die in Samland XI. 656 ff.
Predigerorden, s. Dominicus.
Predigerrevue, die Berliner VIII. 710.
Predigt, Anhören derselben, ob an Feiertagen geboten VIII. 650.
Predigt, anbefohlene Dauer derselben in Preußen VIII. 709 ff.
Predigt VIII. 645—650. S. Beifall, Beredtsamkeit, dazu Casualreden, ferner I. 61 (Abschieds-). 63 (Absicht des Redenden). 304 (Antritts-). II. 453 (am Charfreitag). IV. 53 (Fest-). 365 (eine geistliche Sache). 610 (und der Gottesdienst). V. 309 (Homilie). VI. 172 (macht die Volkssprache zu einer Cultsprache). 558 (Liturgik). VII. 444 (apostol. Wurzel der Mystik). 471. VIII. 365 (und Pfarrer). 622 (und die Postille). 775 (Primiz-). IX. 695 ff. (gehört zum Schlüsselamt). X. 17.—302 (Straf-). 520 (vermittelt die göttlichen Wahrheiten). XI. 192 (das Tridentinerconcil über). 417 (und Unglaube).
Predigtamt, s. Lehramt, dazu X. 286. XI. 1092.
Predigten für wohlthätige Zwecke, s. Wohlthätige Zwecke, P. für.
Predigtliteratur VI. 552.
Pregizerianer IX. 839.
Prémonstre, Klstr. VII. 036.
Prenner, Mart., Bf. v. Seckau IX. 913. 914.
Prepon, der Marcionite XII. 1005.
Presbyter, s. Pfarrer, Presbyterat, Priester, Hierarchie.
Presbyter, anglican. V. 250.
Presbyter, Johannes, s. Johannes Presbyter.
Presbyterat VIII. 650—652. 363. 650. 660 ff. II. 15. 17 ff. VI. 224. 506. X. 425. XI. 90.
Presbyteratsweihe VIII. 652—657, vgl. Priesterweihe, s. dazu V. 821 (Alter für die). VII. 821 ff. IX. 208.
Presbyterialsystem, -Verfassung II. 281. 822. VI. 360. VIII. 659 ff. 755. X. 285. XI. 501 ff.
Presbyterianer, die VIII. 657—660. 864 (Puritaner). I. 687. 688. II. 3. III. 118. IV. 790. 800. V. 449. 611. VI. 225. XI. 424. XII. 40.
Presbyterium VIII. 660—664. 651 ff. 659. I. 658.
Presbyterium, s. Kirche als Gebäude (VI. 115).
Prescott, William Hikling, Geschichtschrbr. (geb. 1796) XII. 38. 261. 262.
Presdokimos de Baldomandis, Musiker VII. 401.
Preßburg, Stadt V. 420. 742. VII. 731. 732. 750. [1007. IV. 659.
Preßburg, Synoden XII. 1005—
Presse, s. Buchdruckerkunst, Censur, index l. p. [729.
Presse, Aufgabe der periodischen II.
Pressede, Kirche der hl., in Rom IX. 352. [802 ff. XI. 1052.
Preßfreiheit, die II. 344. 424. V. 811
Preußen, Einführung des Christenthums in VIII. 664—679. I. 91 (Sanct Adalbert). II. 184 (der hl. Bruno). 508 ff. (der erste Bischof von). II. 138 (in Brandenburg). IX. 868 (die Schwertbrüder). X. 812. 813 (Kreuzzüge wider die heidnischen).
Preußen, Geschichtliches und Kirchengeschichtliches bis zur Reformation II. 138. III. 267 (die Schutzheilige von). IV. 370 (Geißler in). V. 113 (Lehnin'sche Weissagung). 115 ff. (Hermann von Lehnin). 416 (Hussiten in). VII. 593 (Cusa in). VIII. 540 (und Posen). IX. 609 (Bm. Samland). 611. XII. 712 (Leibeigenschaft in).
Preußen, die Reformation in VIII. 679—735. I. 145 (der Hochmeister Albrecht). II. 140 (in Brandenburg). III. 181 (Sectirerei). V. 144 (Herrnhuter in). VII. 61 (Mennoniten in). 339 (theologische Klopffechtereien). 866 ff. (desgleichen). VIII. 452 (Pietisten in). IX. 196 (Einigung der prot. Confessionen). 600 (und die Salzburger). 654 (die Altlutheraner). 673 (und Schleiermacher). 836 Sectirerei in). 876 (Quäker in). X. 233 (Socinianer in). 571 (Bekenntnißschriften). XI. 332 (prot. Bm. in Jerusalem). 330. — 788 (Sectirerei in). 1285 (Tyroler wandern nach). XII. 191 (und der Wahn einer Nationalkirche). 1208 (intriguirt in Tyrol).
Preußen, die katholische Kirche in (seit der Reformation). VIII. 735—754. I. 577 (die Jesuiten geschützt). II. 66 (böhmische und mährische Brüder in). 389 (Lebensvertrag mit Polen). 475. 814 (Consalvi). III. 181 (die Dissidenten in). 306 ff. (die Kölner Wirren). 571. 572 (die Emser Punctation). 651 ff. (Diöcese Ermeland). IV. 21 (im 17. Jhhdt.). 582 (Bm. Gnesen). 729 (Kölner Wirren). V. 794 ff. (zur Zeit Friedrichs II.). 888 ff. (die Juden in). VII. 309 (ein Fetwa wegen). VIII. 9 (Königreich). 300 Liturgik). 563 (und Polen). 614 (J. 1702). 889. 887 (Quedlinburg fällt an). IX. 152 ff. 155 (und das teutsche Reich). 611 (in Ostpreußen). 803. 804 (Lehrerseminarien in). X. 66 (Deismus in). 219 (gegen Sclaverei). XI. 742 (und Friedrich II.). XII. 106 (und Belgien). 147 (Brockmann). 190 (und der teutsche Bund). 664 (und das Kirchengut). 703 (Kölner Wirren). 904 (der Piusverein). 1239. 1240 (das Schulwesen in).
Preußen, Kirchenrechtliches in I. 31. Anmkg. 4 (Abgaben). 36 (Abgaben der Geistlichen an den Staat). 307 (über Anwartschaften). 800 (Pfründeeinkommen frei vom gerichtlichen Zugriff). II. 23. 26 (Stellung der Bischöfe). 211 (*). 309 (eigene Häuser der Domcapitularen). 325. 326 (Rechte der Capitel). 327 (nur 2 Dignitare an Capiteln). 329 (*). 333 (Zahl der Canoniker an den Stiften). 547 (die Bulle de salute animarum). 560 (Civilgerichtsstand der Geistlichen). 664 ff. (Besetzung erledigter Capitelwürden und De-

canate). 741 ff. (Uebereinkunft mit Rom). 762 (Prüfung der theolog. Candidaten). 778 (Confirmationsrecht). 798 (*). 814 (Concordat). 819. 820. 822 (*). 823 (Consistorien in). 864 (stipulatio poenae). 867. 868 (Convertiten in). 870 (geistl. Seminarien). 893 ff. (Geltung des canonischen Rechtes). 958 (die Dompfarrseelsorge in den Händen des Capitels). III 138 (Sorge für dienstunfähige Geistliche). 246 (die Dompröpste). 270 (Dotation der Bisthümer). 335 ff. (Kirchenstreit in). 418. 423. 433 (Eherechtliches). 459. 460 (Ehrencanoniker in). 476. 478 (Bestimmungen über den Eid). 599 (Landrecht). 632 (Titularbischöfe). 700 (Rang der Erzbischöfe). 704 (Erzpriester in). IV. 263 (Fürstenrang des Bischofs von Breslau). 309. 401 (das Placet). 885 (in Bezug auf Heimathlose). V. 434 (das Hypothekenwesen in Bezug auf Kirchengut). 674 (Intercalargefälle). 929 (jura circa sacra). VI. 186. 194 (in Bezug auf Kirchenvermögen). 202 (*). 334 (die Landdecane in). 419 (*). VII. 64 (*). 814 (geistl. Orden in). VIII. 149 (die Parität in). 211 (Eherechtliches). 226. 228 (*). 240 ff. (jus praesentationis). 836 (provisio canonica). IX. 187 (in Bezug auf Religionsübung). 224 (*). 659 (in Bezug auf Schenkungen). 818 (Eherechtliches). 819. X. 37 (Selbstmörder kein kirchliches Begräbniß). 51 (die Studenten der Theologie). 521 (die Superintendenten in). 768 (*). 792 ff. (Erziehung der künftigen Geistlichen). 888 der theologus cathedralis). XI. 27 Demeritenhäuser). 170 (das Trauerjahr nur 9 Monate). 173 (Eherechtliches). 612. 614 (Erbrecht). 669 (apostol. Vicare in). 785 (in Bezug auf canonische Wahlen). 1262 ff. 1264 (in Bezug auf Zehentrecht). XII. 1027 (Rectordnung für die westlichen Provinzen).

Preux, J. G. de, Bf. v. Sion X. 198.

Prevorst, die Seherin von XI. 653 ff.

Priapismus I. 573.

Pribil, der Prädicant III. 181.

Prideaux, John und Humphrey XII. 1007–1008. [II. 406.

Prierias, Sylvester, s. Luther, dazu

Priester, Priesterthum, christliches VIII. 754–760. I. 798. 799. V. 103. VI. 129. VII. 83 ff. VIII. 162. 646. 650 ff. 659. X. 19. 332. XI. 827.

Priester des Calvarienberges, s. Calvaristen. [s. Bus.

Priester der christlichen Lehre,

Priester von der Mission, s. Lazaristen.

Priester, nestorianische VII. 527.

Priester bei den alten Hebräern VIII. 760–765. I. 1. 2. IV. 695 (Gaben der). V. 279 (Hober.). VI. 220 ff. 223. 502. VII. 350. 781. X. 332. [Cohen.

Priester bei den neuern Juden, s.

Priester, altrömische VIII. 41.

Priesteramt, s. Kirche (VI. 101 ff.) Priester.

Priesterärzte VIII. 203.

Priesterehe, s. Cölibat. [458 ff.

Priestergerichte, bei den Hebräern IV.

Priestergewalt, s. Gewalt. [diz.

Priesterjubiläum, s. Primiz, Secun-

Priestermord IX. 218.

Priesterseminar, s. Seminarium, clericalisches.

Priesterthum Christi, s. Amt, Christus, Erlöser, dazu VII. 110 (Messias). 441 ff. 444 ff. [geistlicher.

Priesterthum, s. Priester, dazu Stand,

Priesterthum, heidnisches, zur Zeit Julians des Abtrünnigen V. 915.

Priesterthum des St. Simon, s. Saint-Simon.

Priesterthum in Tibet VI. 317.

Priesterweihe, sacramentum ordinis VIII. 766–772. S. Ordination, ordines, Presbyteratsweihe, dazu I. 181. 187 ff. 437. II. 18. 451. III. 880. IV. 78. 853. VII. 827 (chaldäische). 821. VIII. 775 (Primiz). IX. 84. 208 ff. 807 ff. (Sacramente). X. 68. 332. 667. XI. 29. 222. 225. 228 ff. 1231. 1327. XII. 605.

Priesterweihe im engern Sinne, s. Presbyterat.

Priesterweihe, anglicanische V. 240 ff.

Priesterweihe, hebräische VIII. 761.

Priestley, Joseph, der Socinianer VIII. 772–773. III. 923. VI. 531. XII. 445. [IX. 857.

Prifling, Klstr. V. 216. VI. 252.

Prim, s. Brevier, dazu II. 780. VII. 333. XII. 1005.

Prima Justiniana, s. Justinianopolis.

primae preces, s. Anwartschaften.

Primas, der VIII. 773. VII. 534 (bei den Griechen).

Primasius, african. Bf., Catenensammler II. 409. V. 927.

Primat, s. Papst, Hierarchie, Petrus, dazu I. 613. II. 419. 843. 879. IV. 36. 808. V. 325. VI. 101. VIII. 831. 850 ff. IX. 191. X. 582. 949. XI. 1316. [VI. 882.

Primaten I. 833. III. 698. 699. V. 165.

Primatialkirche Spaniens, s. Toledo.

Primatialkirche Teutschl., s. Mainz.

Primian, Bf. in Karthago III. 259. 260.

Primianisten, donatist. Secte III. 259.

Primicerius VIII. 773–774. IX. 119. XI. 577.

Primitivus, St., Sohn der hl. Symphorosa X. 575.

Primitien, Weihgeschenke VIII. 774.

Primiz, prima missa VIII. 774–775. IX. 917. X. 20.

Primizpredigten VIII. 775.

Princip, das VIII. 775–777. VII. 290 (theolog. der Moral).

Principalintervenient, der VIII. 797.

Principius, Bf., s. Remigius.

Prinz, der standhafte IV. 20 ff. XII.

Prinz, der schwarze III. 400. [205.

Prior, Priorin VIII. 777. 825. IV. 367. VII. 810. 811. 812.

Priorat VIII. 777. II. 714.

Prioris, Componist VII. 405.

Prisca (Priscilla), s. Aquilas, Montanisten VII. 253 ff. 256.

prisca canonum translatio, die II. 305.

Prisca, die heilige XII. 1008.

Priscakirche in Rom IX. 352.

Priscian, Grammatiker des 6. Jahrhunderts n. Chr. VIII. 871. XII. 806.

Priscilla, Katakombe der hl. XII. 981.

Priscillian, Priscillianisten VIII. 777–780. I. 87. 219. 280. 295. II. 238. IV. 559. V. 95. VI. 142. 447. 803. 832. 906. IX. 623. 821. X. 6. 200. 475. XI. 62. 92. 551. XII. 785.

Priscus VII. 547.

Pritchard, prot. Missnär. X. 463 ff. 468; — Consul VII. 888.

Privatbeicht VIII. 709. 710.

Privatcapellen, s. Bethaus.

Privatcommunion, s. Hauscommunion (IV. 891).

Privatconcursprüfungen, s. Concursprüfung (II. 762). [752).

Private Eulogien, s. Eulogie (III.

Privatgottesdienst VIII. 452. IX. 185 ff.

Privation der Pfründe VIII. 780–781. III. 106. VI. 123. 190. IX. 226. XI. 133. 515. 765.

Privatmessen VII. 99. 102. IX. 212. 415. XI. 828. [verse d. P.

Privatpatrone, Reverse der, s. Re-

Privatreligion, die X. 64 ff.

Privatseelenmesse VII. 101.

Privatseelsorge, die XII. 1008–1011. X. 17.

Privatus, Ketzer III. 875. [keit.

Privatwohlthätigkeit, s. Wohlthätig-

Privilegien des Clerus XII. 1011–1012. I. 35. 799. II. 558. 559. 664. 732. 914. III. 841 ff. VI. 224 ff. VIII. 782 ff. XI. 87.

Privilegien der Rabbi IX. 5.

Privilegien der Armen bei den Hebräern I. 454 ff. [VI. 497.

Privilegien, erbrechtliche der Kirche

Privilegien, Erschleichung von III. 692.

Privilegien für kirchlichen Gütererwerb XII. 646 ff. 653.

Privilegirte Einreden III. 494.

Privilegirter Altar, s. Altäre, Frohnaltar XII. 421.

Privilegirter Gerichtsstand, s. Gerichtsbarkeit (gstl.), privilegium canonis.

Privilegium VIII. 781–782. II. 427. VI. 22 ff. IX. 214.

Privilegium canonis VIII. 782–783, s. Stand, gstlr., dazu III. 496. 881. VIII. 795. IX. 562. XII. 1011.

privilegium competentiae, s. beneficium (I. 799).

privilegium fori VI. 218.

privilegium religionis, das VIII. 560. 701. 705. [887.

privilegium Sabbathinum, das VI.

Priwina, Herrscher von Pannonien X. 224. [VI. 572.

Proast, Jonas, der Oxforder Theolog

Probabiliorismus, s. Probabilismus (VIII. 785. 789. 790 ff.).

Probabilismus, der VIII. 783–792. I. 593. II. 407. 739. V. 491. 495. 645. VII. 306. IX. 161. 581. XI. 565. 1307 ff. XII. 55. 491. 928.

Probus, röm. Kaiser (ermordet 282 n. Chr.) I. 148. II. 152. XI. 722.

Probus, der Jacobite V. 485 ff.

Probus, antioch. Priester, der Niobite VII. 242.

Proceß, a) allgemeiner, b) Civilproceß, c) Criminalproceß VIII. 792–803. S. audientia episcopalis, Civilgerichtsstand der Geistlichen, Criminalgericht, Criminalrecht, Criminalproceß (gstl.), Decisivdecrete, Delict, Disciplinarvergehen, Einreden, Eid, Fristen, Execution, Gerichtsbarkeit, gstl., Klage, litis contestatio, Kirchenstrafen, Rechtsmittel, Strafverfahren, Verbrechen und Vergehen, Urtheil, Widerklage, dazu II. 736. IV. 462. V. 621 (Informativproceß). VIII. 292 ff. 630. 811. IX. 63. 168 (Straf-). 277 ff. X. 538. 589. XI. 461. 1271 (Zeugen). XII. 840.

Proceß, peinlicher, s. Criminalrecht (II. 917). [tification.

Proceß bei Heiligsprechungen, s. Bea-

Proceß, peinlicher, bei den geistlichen Gerichten, s. Strafverfahren.

Processe wegen Hexerei, s. Hexenprocesse.

Processionen VIII. 803–809. II. 39 (Bittgänge). III. 884. IV. 241 (am Frohnleichnamstag). 892 (theophor.). V. 254 (Hochwürdigstes Gut). VI. 70 (theophor.). 216 (die casula cucullata bei). 274 (Kreuzweg). 538 (Litanei). 832 (am Markustag). VIII. 20 (im Mittelalter). 65. IX. 295. 296. 657. X. 22. 955. XI. 1019.

Processionen in Wien, s. Wien.

Processualer Glaubenseid, s. Glaubenseid, proc. (XII. 485).

Proclamation der Verlobten, s. Ausrufung.

Proclianer, montan. Secte VII. 266.

Proclus, Bisch. v. CStpl. III. 155. VI. 896. IX. 8.
Proclus, der Montanist I. 321. II. 255. VII. 255. 256 ff.
Proclus, der Neuplatoniker VII. 547 ff. X. 696. 894.
Proclus, Bf. v. Cyzicus X. 204.
Procopius von Gaza, der Scholiast, s. Procopius v. Cäsarea, dazu II. 409. V. 944. IX. 764.
Procopius von Cäsarea, der byzantin. Herodot VIII. 809—810. V. 715. VI. 380. 580. XI. 485. 545. 554. 558.
Procopius, der große (Andreas, fiel 1434) und P. der kleine, Hussitenführer I. 645. V. 419 ff. XI. 520.
Proculus, Bf. v. Marseille XI. 1205. 1298 ff. XII. 1190.
procuratio abortus und sterilitatis VIII. 810—811. IX. 215. 217. X. 514. XII. 6. 7.
procuratio canonica VIII. 811.
Procuration VIII. 811. X. 589.
Procurationsgeld I. 33.
Procurator VIII. 811—813. 798. X. 589. XII. 1227.
Procurator, s. Landpfleger.
procurator urbanus, foraneus cleri X. 613.
Prodatar II. 956. III. 45 ff.
Prodicianer IV. 560.
Profanation IV. 498.
Profeß der Ordenspersonen, s. Ordensprofeß.
Professio fidei, s. Glaubenseid.
Professio fidei Tridentina, s. Glaubensbekenntniß.
Projectus, Gegner des Hilarius von Arles V. 182 ff.
Prokeimenon, das VIII. 813.
Proklinianiten, die X. 43.
Proletarier, Proletariat, s. Communismus, Pauperismus, Socialismus.
Promissorischer Eid III. 466. 473. 477 (Wirkgn.). 478 ff. (Verweigerung).
promotio per saltum VIII. 813.
Promotion zu den academ. Würden, s. Grade, gelehrte.
Promotion zum Rabbi IX. 5. 6.
promotor fidei (advocatus diaboli), s. fidei promotor.
Promotores X. 613.
Promulgation, Publication VIII. 813—815.
Propaganda, die römische VIII. 815, s. Cardinalcongregationen, dazu I. 578. II. 613. IV. 724. VI. 433. VII. 165. 170. IX. 367. XII. 798.
Propheten im alten und neuen Bunde VIII. 815—821. 765. I. 310 ff. 330. 668. II. 230. III. 268. 670. 675 ff. V. 662. VI. 93. VII. 106 ff. 108. 140. 674. 787. X. 576.
Propheten, Bücher der VIII. 821.
Propheten, falsche I. 653.
Propheten, die in Münster, s. Wiedertäufer.
Propheten, sevennische, s. Camisarden.
Prophetenamt Christi I. 215. II. 519. III. 675. IV. 487. VII. 110. 440 ff.
Prophetenschule, die hugenottische XI. 657.
Prophetenschulen VIII. 821—823. 819. I. 212. V. 526. IX. 617. XII. 1102.
Prophetie, montanistische VII. 255 ff. 261.
Prophetie I. 328. 667. II. 460. IV. 364. VII. 756. XI. 837.
Prophetien am Charsamstag VIII. 823—824. VII. 898.
Prophetische Periode der Offenbarung, s. Messias.
Prophezeiungen des Hermann von Lehnin V. 110 ff.; — des Erzbischofs Malachias VI. 777; — angebl. des Merlin VII. 340.
proprium de tempore, s. Brevier VII. 381.
proprium dioeceseos XII. 893.
Propst, Meltbsg. VII. 308.
Propst, der VIII. 824—825. I. 406. II. 327. III. 246. VI. 119 ff. VII. 63. 712. 819. X. 521.
Propstei VIII. 825.
Prosdocimus, der heilige, Bischof von Feltre XII. 916. 1200.
Proselyten (im heutigen Sinne) VIII. 825—827, vgl. Conversion, s. dazu XI. 74. 316.
Proselyten bei den Hebräern XII. 1012—1015. II. 663. IV. 121. V. 435. VIII. 246.
Proselytenmacherei im heutigen Rußland IX. 471.
Proselytentaufe XII. 1013.
Prosen, s. Sequenzen.
Proserpina, Göttin VII. 458.
Proseuche VIII. 827—828, s. Synagogen.
Prosper Tiro, s. Tiro Prosper.
Prosper, der hl. von Aquitanien VIII. 828. 521. I. 690. II. 397. V. 580. 864. VI. 891. 916. IX. 919. X. 59. XI. 23. XII. 1000.
Prosphora, s. Anaphora.
Prosphoren, s. Oblationen, Brodbrechung.
Protagoras, griech. Philos. im 4. Jhhdt. v. Chr. X. 33. XI. 756.
Protasius, der heilige, Bischof von Mailand, s. Gervasius, dazu VI. 752. IX. 625 ff. X. 194.
protectores cardinales VIII. 829. 627.
Proterius, Bsch. v. Alxdn. VI. 451 ff. VII. 231. 236.
Protestanten und Protestantismus VIII. 829—830. S. Reformation des 16. Jahrhunderts, Ausbreitung des Protestantismus, Religionsvereinigung, Rücktritte in die Kirche, vgl. Katholicismus, Katholisch, Kirche, christliche, s. dazu I. 22 ff. (Abendmahlsfeier der). 130 (Agende und Agendenstreit). 293 (Antinomismus der). 295 (Antitrinitarier). 320 (und die Apokryphen). 502 (und der Autoritätsglaube). 517 (Convertiten). 547 (hindern die Ausbreitung des Christenthums). 555 (Missionäre in Australien). 738 (über die Beicht). 741. 745 (über den Beichtpfennig). 747 (Wahl des Beichtvaters). 894. 895 (und die Bettelorden). 902 (Beza). 910 (Canon). 928 (Bibelgesellschaften). II. 49 (und die Bartholomäusnacht). 112 (und Carl Borromäus). 146. 226 (und das Sacrament der Buße). 315 (und das Tridentinerconcil). 351 (und Carl V.). 431. 453 (in Frankreich). 601 (der Name). 708 (und Commendone). 779 (Confirmation bei den). 822. 882 (und der teutsche Reichstag). 894 (betrachten das canonische Recht als Hilfsrecht). 928 (Bilder und Kreuze bei den). III. 79 (und der Deismus). 103 (Antitrinitarier unter den). 119 (in Frankreich). 123 (ein Apostel des). 132 Diaconissinnen). 181 (und Dissidenten). 186 (u. Italien). 222. 253 (Schulwesen). 321 (* *). 339 (eine der unsinnigsten Secten des). 417 (Mischehen). 475 (und die Eidesleistung). 490 (und die Wissenschaft). 498 (gemischte Ehen). 628 ff. (das Episcopalsystem). 828. IV. 77 (Confirmation beiden). 85 ff. 121 (die Wolfenbüttler Fragmente). 171 (König Franz I. von Frankreich für die teutschen). 258 (keine Fürbitten für die Seelen). 358 (philosophische Ergüsse über). 395 (keine Gelübde). 502 (und die Gewissensehe). 527 (die 3 ältesten Glaubensbekenntnisse nur Menschenwerk). 773 (Aufnahme des bei den Griechen). V. 158 (und die Hexenprocesse). 237. 427 (in Böhmen). 522. 802 (in Oestreich). VI. 73 (und der Katholicismus). 109 (keine Kirche). 170 ff. (und die Kirchensprache). 217 (Cultkleidung). 353. 432. 438. VII. 113 (über Propheten). 261. 265 (bei den Montanisten). 278 (und Montesquieu). 747. 798 (ein Dogma des). VIII. 56 (in Italien ohne Erfolg). 104 (eine Lieblingslüge des). 142 (nicht viel in Bezug auf die biblische Paraphrase). 212 (Pathen). 231 (in Italien). 260 (und Pazman). 297 (über Pericopen). 299. — 368. 374 (die Pastoren). 451 (die Pietisten). 454 (Pius IV.). 488 (Pius VII.). 561. 650 (Gewicht der Predigt bei den). 674 (und die Quäker). IX. 25 (Verwerfung der evangel. Räthe). 54 (Rechtfertigungslehre der). 144 ff. (und das teutsche Reich). 172 (die Religionsbeschwerden). 187 (Religionsvereinigung). 302 (Gleichstellung der Katholiken durch den Rheinbund). 529 (Lehre von den Sacramenten). 671 (* *). 709 (und die Scholastik). 822 ff. (Secten im). X. 168 (Simultaneum). 233 (und der Socinianismus). 256. 257 (und das Tridentinerconcil). 279. 293 (Bf. Spinola und die). 337 (Streitigkeiten im). 344 (und J. A. Starck). 436 (wühlt in Südamerika). 447. — 523 (die Superintendenten). 558 (Symbolik). 567 ff. (Bekenntnißschriften der). 584 (Streitigkeiten unter den). 589. — 632 (Cultusfreiheit in Frankreich). 676 (die Taufe bei den). 738 (das Territorialsystem). 774. 783 (und der Teufel). 875. 877 (die s. g. teutsche Theologie). 954. XI. 96 (in Frankreich). 332 (in der Türkei). 348. 349 (ob revolutionär). 415 (und der Unglaube). 418 (und die Universitäten). 457 (Unterrichtsfreiheit). 482. 567 (der Zusatz zum Vaterunser). 593 (in Trier). 622 ff. (und der Rationalismus). 747 (am Kap). 912. 915 (der Gesellschaftskreis in Münster). 958. 967. 995. 1071 (in Oestreich). 1143 (ein Fortschrittsmann unter den). XII. 70 (hemmt die Ausbreitung des Christenthums). 106. 109. 111. 113 (in Belgien). 540. 632 (in Polen). 898 (in Oestreich). 943 (und die Perfectibilität des Christenthums). 1049 (Rücktritte von). 1141 (und der Socialismus). 1174 (über die Person Christi). 1205 (in Tyrol).
Protestantische Agende, s. Agende.
Protestantische Beredtsamkeit, s. Beredtsamkeit.
Protestantische Bibelauslegung III. 827 ff.
Protestant. Bibelgesellschaften, s. Bibelgesellschaften.
Protestant. Consistorien, s. Consistorien, prot.
Protestant. Cultkleidung, s. Kleider der prot. Geistlichen.
Protestantischer Kirchengesang VII. 411 ff.
Protestgemeinde III. 181.
Protestantisch-katholisch, das Prädicat VI. 59.
Protocanonische Schriften I. 910. VI. 17. X. 819.
Protocoll, s. instrumentum, Proceß.
Protoevangelium Jacobus des jüngern I. 348.
Protogenes, Presbyter XII. 1233.
Protoktisten, s. Origenistenstreit (VII. 850).
protonotarius apostolicus VIII. 830—831.
Protopaschiten, s. Osterfeierstreit.
Protopopen, s. Protopresbyter.
Protopresbyter VIII. 831—832, s. Archipresbyter, Consistorien (russ.), Exarchie, Erzpriester, Landdecan.
Protoscriniarius, s. Archiv.
Proto-Syncellus, s. Syncelli.
Prototectus, Priester VII. 830.
Protopop, s. Protopresbyter.
Protus, der heilige III. 14.

Q.

s. Penn, William, dazu I. 23. 610. II. 251. III. 476. IV. 798. 800. IX. 167. 518. 822. X. 79. 218. 573. XI. 1146. XII. 49. [V. 655.
Qualificatoren, die der Inquisition
quam oblationem, das Gebet VII. 700.
Quandt, der Oberhofprediger VIII. 719.
Quaresimus, Histor. XII. 494 ff.
quarta canonica, decimarum, de emeritis, funeraria, legatorum, mortuariorum, s. Abgaben, Kirchhof, Letztwillige Verfügungen.
quarta compilatio II. 734.
quarta Falcidia, s. Falcidische Quart. [VIII. 878—879.
quarta pauperum et scholarum I. 34.
quarta Trebellians VIII. 879. II. 582.
Quarti, gl. Theolg. IX. 435. [VI. 198.
Quartodecimaner, s. Osterfeierstreit, dazu I. 272. II. 697. VII. 48. 200 (die Montanisten auch). 663. 873 ff. 881. IX. 495 ff. XI. 1083.
Quasiaffinität IX. 517.
Quasiinspiration, s. Reclamation I. 79. II. 27.
Quasimodo, s. Cantate. [879.
Quasimodogeniti, der Sonntag VIII.
quasi-possessio, s. Besitz.
Quasititel, kchle. XII. 911.
Quästionen, Thesen VIII. 879.
quaestores, s. Almosenprediger.
Quatemberfasten, s. Frohnfasten, dazu X. 347.
Quatremère de Quincy, Antoine Chrysostome, Orientalist (st. 1849) VII. 462. XII. 1251. [in XI. 495.
Quebek in Canada, Ursulinerinnen
Quedlinburg, Stift VIII. 879—888. I. 71. V. 2 (Gründung). VI. 930. 931. VII. 903.
Quedlinburg, Synoden XII. 1018.
Queinfurt, Conr. von, Dichter VIII. 525. 526.
Queis, Eberh. von, Bsbf. von Pomesanien VIII. 683 ff.
Quelen, Graf Hyacinth L. von, Erzbf. v. Paris VIII. 147. IX. 269. 207.
Quelen, Abbé X. 460. [XII. 914.
Quelle der Jungfrau, s. Siloam.
quem terra, pontus, aethera, Hymne IV. 119. VIII. 522.
Quenstedt, Joh. Andr., luth. Thlg. VIII. 888—889. I. 464. IX. 521.
Quercum, synodus ad, s. Chrysostomus.
Querfurt, Kirche zu II. 184. [mus.
Querfurt, das Geschlecht, s. Bruno, Ap. d. Pr.
Querfurt, Ebfe. VI. 731. 733.
Querini, Antonio, der gelehrte VIII. 889. 231. IV. 497. XI. 1234.
Querinianus, Histor. VIII. 558.
Quesnel, Pasquier, Haupt der Jansenisten (st. 1719) I. 782. II. 126. 649. III. 332. IV. 11. V. 497. VI. 448. 453. VIII. 469. 473. X. 257. XI. 500. XII. 466. 467. 1312.
Quicunque, s. Athanasisches Glaubensbekenntniß.
Quien, Le, M., s. Le Quien.
Quierzy, Synode von IV. 626. 627. VIII. 830.
Quietif, J., der Dominicaner III. 370.
Quietismus, der VIII. 889—900, s. Guyon, dazu I. 614. II. 127. III. 373. IV. 8 ff. VII. 213 ff. 308. 414. IX. 479. X. 984.
Quignon, Cdl. II. 155.
Quimper, Bm. IV. 159. IX. 260. XII.
Quindennia, s. Abgaben. [1248.
Quinet, Edgar, Philosoph (geb. 1803) V. 549.
Quinisextasynodus II. 302. 833. 842. III. 813. V. 748. XI. 305.
Quinquagesimae VIII. 900, s. Pfingsten.
Quinquennalfacultäten, s. Facultäten, dazu III. 424 ff. 569. VII. 666. XII. 1197.
Quinta, Bibelübersetzung I. 934.
Quintasius, 1. Bf. v. Cagliari XII. 201.
Quintavalle, Bernh. von IV. 127.
Quintilian, Marcus Fabius, der Rhetor (st. 118 n. Chr.) II. 286. 903. III. 700. IV. 539. V. 432. VI. 56. VII. 118. VIII. 604. 871. XII. 1277. 1290.
Quintilla, montanist. Prophetin, s. Cajaner, dazu II. 251. VII. 255 ff. 266.
Quintin, Libertiner VI. 517.
Quintus, der Phrygier VII. 263.
Quirin, J., der Arzt VI 494.
Quirinal, der Palast IX. 376.
Quirini, Cdl., s. Querini.
Quirinus, altröm. Gttht. VIII. 41.
Quirinus, der Statthalter VIII. 900—902. V. 572. 884.
Quirinus der heilige, Bischof v. Siscia VIII. 902—903. 72. IV. 661. X. 697. XII. 98. [gossa IX. 769.
Quiroga, Casp., Cdl.-Ebf. v. Sara-
Quiroga, Vasco de, Bf. XII. 39.
Quito, Land XII. 42.
quod jam diu, Bulle II. 758.
Quodvultdeus, Bf. XI. 541.
quota de emeritis, funeralis, s. Abgaben, Kirchhof.

R.

Raab, Bm. IV. 661. VII. 730. 750. XI. 963.
Raamses, Ramses, bbl. On. IX. 1. IV. 491. VII. 623 (Sesostris).
Rab, s. Rabbi.
Rabanus Maurus IX. 1—3. II. 409. 490. IV. 249. 250. 279. 620. V. 217. 310. 610. VI. 214. 235. 617. 760. VII. 302. 472. VIII. 168. 169. 770. 523. 839. 855. 872 ff. IX. 114. 439. 713. 811. X. 104. 364. 365. XI. 751 ff. 1081 ff. XII. 595 ff. 752. 753.
Rabatta, Graf Raymund von VIII. 185.
Rabba, heutiger Name von Ar; s. d.
Rabbaniten, s. Judenthum, Karäer.
Rabbath-Ammon IX. 3—4. VII. 760. [VII. 141.
Rabbi, Rab, Rabboni IX. 4.
Rabbiner der späteren Zeit IX. 4—6. I. 7 ff. 600 (Bann der). 863. III. 3. — 110 (in Frankreich). 365. — 412 (über die Ehe). IV. 300 (-titel). XI. 428. — 1065 (in Oestreich). 1103 —1111 (in Spanien). [Thalmud.
Rabbinismus, s. Judenthum, d. neuere,
Rabboni, s. Rabbi.
ῥαβδος VI. 217.
Rabida, de la, Klstr. I. 201.
Rabsace, der Name IX. 6. Vgl. Ezechias, Jesaias.
Rabulas von Edessa IX. 6—9. I. 629. III. 392. 394. XI. 818. [512.
Rache, s. Wiedervergeltung, dazu X.
Rachel, das Weib Jacobs IX. 9—10. 12. I. 887. V. 439. 791. VI. 308. X. 897.
Rachis, Longobardenkönig III. 115. 814. VI. 176. VII. 270. XI. 1238.
Racine, Bonaventur, Jansenist, Kirchenhistor. VI. 152. XI. 522.
Racine, Jean de, Dichter (st. 1699) IV. 94. XII. 706.
Rad, das, Symbol des Buddhismus XII. 167. 172.
Radagais, Herzog V. 314. XI. 725.
Radbertus, s. Paschasius.
Radbod, Friesenherzog, s. Willebrord, dazu II. 81. IV. 232. XI. 1195. 1196. XII. 235.
Radbod, Ebf. v. Trier XII. 796.
Radegast, der Götze IX. 35.
Radegundis, die heilige IX. 10—11. IV. 117. VI. 904.
Rader, M., gel. Jesuit IX. 11. 771. IV. 213. V. 715.
Radet, General VIII. 490.
Radevicus, der Domherr IV. 208 ff.
Radewin, Florentius, Nachfolger des Gerhard Groot IX. 11—12. [855 ff.
Radicalismus, der schweizerische IX.
Radislaw, Mährenhäuptling VI. 749.
Radkersburg, Capcr. in VII. 739; —Protstnts. in VII. 737.
Rado, der Palatin IV. 662.
Radowitz, General XII. 1019—1020. 613. 1241. [V. 892.
Raduls, der Mönch, Judenverfolger
Radulf, Decan von Tungern XII. 776.
Radulphus, Ebf. v. Rheims IX. 293.
Radziejowski, Ebf. v. Gnesen VI. 440. [558. 558. 563.
Radziwill, Fürst Nicol. II. 41. VIII.
Raffred, Abt v. Farfa III. 904.
Rages, Stadt IX. 12. III. 848. XI. 36. 37.
Ragnachar, Frankenherzog XII. 210.
Raguel, bbl. Psn. IV. 864.
Ragusa, Bm. VI. 242. XII. 1320.
Ragusio, der Theolog V. 422.
Rahosa, Michael, Metropolit von Kiew IV. 772. VI. 437 ff. IX. 469.
Rahula, Sohn des Buddha XII. 153. 154.
Rai, s. Rages.
Raia, Nestorianer in VII. 525.
Rakoczy, die Fürsten III. 274. VI. 479. VII. 750. XI. 403.
Raimund Lullus, s. Lullus.
Raimund von Pennaforte, s. Pennaforte.
Raimund von Sabunde, s. Sabunde.
Raimund, Grafen von Toulouse II. 400 ff. III. 238. IV. 625. XI. 91. 94. 99. XII. 858. 925.
Raimundus nonnatus XII. 1020—1021. VII. 629.
Rainald, Ebf. v. Cöln, s. Cöln.
Rainalducci, Peter (Petrus de Corberia), der Minorit, s. Nicolaus V. Ggp.
Rainer, St., Märtyrer XII. 1321.
Raitenau, Wolf Dietrich von, Ebf. v. Salzburg IX. 598.
Rakauer Katechismus, s. Socinus. [XI. 1214 ff.
Ralesch bei Raadri, Wallfahrtsort
Rama, Stadt IX. 12—13. 616. VIII. 822 (Prophetenschule).
Ramadan, der Monat IX. 13. I. 750. III. 112. V. 855.
Ramath-Lehi. On. III. 520.
Ramazotti, Bf. v. Pavia XII. 938.
Rambach, J. J., prot. Theolog IX. 13—
Rameses, das Land, s. Gessen. [15.
Ramette, Mssnär. XII. 47.
Ramford, Judenvsfg. V. 894.
Ramiro, Mönch, König (um 1035) V. 631. VI. 934.
Ramla, Obsvtn. in VII. 694.
Ramon Pane, Mssnär. XII. 35.
Ramoth, Stadt in Gilead V. 786. 790.
Ramsay, Histor. VII. 218.
Ramses, s. Raamses. [99. 100.
Ramuald, Abt v. St. Emmeram IX.
Ramünsch, Kirche zu VII. 892.
Ramus, Petrus (Pierre de la Ramée), Gegner der Scholastik (ermordet 1572) I. 424. 906. VII. 319. XII. 432.

Ramward, Bf. v. Minden VII. 149.
Rancé, Bouthillier de, Stifter der Trappisten, s. Bouthillier.
Rando, Alemannhzg. VI. 764.
Rangel, S. Miguel, Msndr. XII. 568.
Ranih, v. Thlg. IV. 843.
Ranke, Leopold, Geschichtschreiber (geb. 1795) I. 157. II. 513. III. 491. 536. IV. 723. 725. V. 643. 646. 652. 919. VI. 473. VIII. 392. 395. XI. 394. 1086. XII. 737 ff.
Ranna, Kistr. VII. 734.
Ranulf, Abt v. Gens XII. 1032.
Ranzo, Antonio, Bf. v. Piacenza XII. 986.
Rapallo XI. 167. [1086.
Raphael, Erzengel III. 596. XI. 34.
Raphael Sanzio d'Urbino, der Maler II. 243. III. 707. VI. 738. IX. 370. 375.
Raphana III. 58.
Rapite capito, s. Spolienrecht.
Rapp, Georg, Stifter der Harmonisten IV. 832. IX. 839.
Rappert, Mönch von St. Gallen VII. 653 ff. [Entführung.
raptus violentiae, — seductionis, s.
Räß, Andreas, Bischof v. Straßburg (geb. 1794) VI. 412. 427. X. 463. XII. 197. 726. 727.
Raschi, Jarchi, rabbin. Exeget IX. 15—17. I. 24. 915. II. 437. V. 698. 777. 871. VI. 689. X. 577. XII. 1112.
Raskolniks, russische Ketzer IX. 18—23. IX. 822.
Raspe, Heinrich, s. Heinrich Raspe, Conrad IV., Kaiser, dazu II. 863. III. 532. V. 636.
Rassin, Resin, letzter König von Syrien IX. 23. I. 393. V. 911. VI. 96.
Rastler, gl. Thlg. VIII. 789.
Rastatt, Rastatter Congreß XII. 627. 664. 869. 871.
Rastigniac, General-Vicar IX. 272 ff.
Rastislaw, Mährenherzog X. 225 ff.
Ratbert, der Mönch von St. Gallen IV. 280. 281 ff. VIII. 523. 525.
Ratbod, Friesenherzog, s. Radbod.
Ratgar, Abt von Fulda IX. 2.
Rath des Capitels, s. Consens des Capitels.
Ratharius, Bischof von Regensburg IX. 92.
Räthe, evangelische IX. 23—30. Vgl. Gebot, Gelübde, s. dazu I. 459. V. 235. VI. 77. VII. 608. XI. 498. 1126.
Ratherius von Verona IX. 31—34. 714. I. 501. II. 197. IV. 170. VI. 754. VII. 302.
Rathmelsing, Klosterschule zu III. 402.
Rathschluß Gottes, unbedingter, s. Prädestination. [24. 25.
Ratich, Wolfgang, Pädagog VIII.
ratihabitio, Genehmigung, s. Consens.
Ratihaz, Bm. VII. 639 ff.
ratio studiorum der Jesuiten, s. Aquaviva. [Derborn VIII. 6.
Rationale, das der Bischöfe von Pa-
Rationalismus, Rationalisten, s. Vernunft (XI. 616 ff.). [446.
Ratisbonne, der Convertit I. 843. VII.
Ratpert, s. Ratbert.
Ratramnus, der Mönch IV. 627. 764. VIII. 168. 169. 170. 441. 839. IX. 713. 714. 865. X. 159.
ratum, s. Definitoren in Decanaten.
Ratzeburg, Bisthum IX. 34—39. 964 ff. II. 139. IV. 630. V. 78. X. 670.
Rau, J. C., Gel. IX. 651. X. 577.
Rau, J. W., Gegner der myst. Exegese VII. 455.
Raub, s. Diebstahl, Entführung.
Raub macht irregulär V. 836.
Rauber, von, Bf. v. Seckau IX. 912 ff.
Räubersynode, s. Ephesus.
Rauchaltar im Tempel zu Jerusalem X. 370. 373. 708. 714.
Räucherpulver, s. Galbanum.
Räucherung IX. 39—41.
Rauchfaß IX. 41. XII. 447. 448.
Rauchmantel, s. Chormantel.
Raumer, Friedrich Gg. Ludw. von, Geschichtschreiber (geb. 1781) III. 184. IV. 285. 672. 714. 918. VI. 158. 281. 856. VII. 181. IX. 431. 795. XI. 1106. XII. 359.
Raumer, Carl Georg von, Geolog u. Geograph (geb. 1783) IV. 313.
Raupach, Histor. XI. 988.
Rausan, Abbé VII. 159.
Rauscher, Joseph Othmar, Ritter von, Cardinal u. Fürst-Erzbischof von Wien (geb. 1797) VI. 164. IX. 916. X. 1072. XII. 905. 994. 1302.
Rautenstrauch, Frz. Stephan, Canonist IX. 41—48. II. 760. V. 799 ff. 801. 804. XI. 1024. 1026. 1029. 1033. 1043. 1052. 1056.
Rauter, preuß. Beamter III. 592.
Rauzan, Abbé IX. 209.
Ravaillac, François, Königsmörder (hinger. 1610) V. 558.
Ravenna, Erzbisthum und Stadt, Synoden IX. 43—48 und XII. 1021—1025. I. 178. 451 (*). II. 532 (Peter Chrysologus). 781 (*). III. 32 (Dantes Grab in). 810. 812 (Staat). IV. 371 (und Gelasius II.). 465 (St. Germanus in). 817 (Ebf. Wibert). V. 750. 759 (P. Johann VIII. und XIII.). VI. 176 (päpstl.). 637 (Syn.). VII. 578 ff. (Nikolaus I.). 584 (Nikolaus III.). VIII. 110 (das Exarchat). IX. 43. X. 357 (und Stephan IV.). XI. 200 (Stadt). 715 (Auflehnung wider Rom). 1238 (Stadt). XII. 119. 121 (Stadt).
Ravenna, Exarchat von, s. Exarchat von Ravenna.
Ravensburg, Reichsstadt XI. 921.
Ravesteyn, Theol. I. 890 ff.
Raymond, Ebf. v. Toledo I. 421.
Rawlinson, Henri Creswicke, Gl. VII. 619. X. 69.
Raymund Martini, Verfasser des pugio fidei IX. 48.
Raymund von Pennaforte, s. Pennaforte. [bunde.
Raymund von Sabunde, s. Sa-
Raymund, Grafen von Toulouse, s. Raimund.
Raymundiana, s. Casuistik.
Raymund Lullus, s. Lullus.
Raymund Nonnatus, s. Raimundus.
Raynald, s. Baronius, Kirchengeschichte VII. 596.
Raynaldus, Gl. XI. 682. 684.
Raynold, Ebf. v. Rheims XII. 210.
Razias, der Jude III. 259.
Raziel, der Engel I. 342. VIII. 622.
Razis, der Aelteste, zu Jerusalem IX. 48—49.
Reading, Wilh., Gl. VI. 141.
Realinjurie III. 458.
Realismus, Realisten, s. Aristotelisch-scholastische Philosophie, Scholastik, dazu III. 221. 844. IV. 134. V. 176. VII. 181. VIII. 275. 419 ff. IX. 498 ff. 882. XII. 390.
Realschulen VIII. 24.
Reba, ½ Schekel IV. 372.
Rebecca, die biblische, s. Abraham, Jacob, dazu III. 704. V. 438 ff. 538. VI. 80. 308 ff.
Rebelle, Ferd., gl. Jesuit VIII. 786.
Rebla, das Dorf, s. Ribla.
Recafried, span. Bf. III. 754.
Reccared, Gothenkönige in Spanien IV. 585. V. 859. VI. 384. X. 63.
Recemund, Bf. von Elvira VI. 637.
Reception der Kirche im Staate, s. Reformationsrecht des Landesherrn.
Receptitzaut XII. 921.
Receswinth, Gothenkönig IV. 586.
Rechberg, Conrad von, Abt v. Einsiedeln III. 409. XI. 1311. [383.
Rechberger, Canonist XI. 1063. XII.
Rechiar, Suevenfürst in Spanien (st. 456) VI. 900. [531. X. 395.
Recht IX. 49—53. IV. 430 ff. 504.
Recht, canonisches, s. Kirchenrecht.
Recht, göttliches, historisches II. 727.
Recht der Erstgeburt, s. Erstgeburt.
Recht der ersten Bitte, s. Anwartschaften.
Rechtfertigung, justificatio IX. 53—62. I. 276 (und der Antinomismus). 731 (die concupiscentia). II. 226 (und die Buße). 231 (Bußwerke). III. 869 (und die Erlösung). IV. 259. — 315 (Gebet). 415 (Genugthuung). 433 (und die ursprüngliche Gerechtigkeit und Heiligkeit des Menschen). 547 (die Gnade). 929 (die Gerechtfertigten). V. 471 (und Jacobus d. J.). VI. 52. — 94 (und die Kindschaft Gottes). 652. 654 (und Luther). VII. 33 (und Melanchthon). 200 ff. (der Molinismus). 796 ff. (opus operatum). 865 (Osiander). VIII. 452 (pietistische Meinungen über). 628 (Prädestinationslehre). IX. 56. — 242 (Reue und Leid). 507 ff. (und die hl. Sacramente). 552 (die Sacramentirer). X. 255 (und das Tridentinum). 286 (Speners Meinung). 323 (Gnadenstand). 337 (Ansichten des Stankar). 589 (Syncretistenstreit). 931 (Lehre des Thomas von Aquin). 187. 191. 192 ff. (das Tridentinerconcil über die). 754 (und die göttliche Vorsehung). 780 (Wahrheit). 866 (die guten Werke). 959 (Lehre der Wiedertäufer). 1324 (und des Zwingli). XII. 409 ff. (Freiheit und Gnade).
Rechtfertigung Gottes, s. Theodicee.
Rechtfertigungslehre des Theosophen Baader XII. 405.
Rechtgläubigkeit, s. Orthodoxie.
Rechtsgleichheit, s. Parität.
Rechtskraft, s. Recht, Decisivdecrete. [—67. IX. 214. X. 538.
Rechtsmittel, remedia juris IX. 63
Rechtspflichten, s. Pflicht (VIII. 382).
Rechtsphilosophie IX. 67—71. I. 798. IV. 477 (Gesellschaft). V. 93. 281 (und Moral). 320.
Rechtsurtheil, s. Urtheil.
Rechtswohlthat der Competenz, s. beneficium (I. 709).
Rechtszweifel XI. 1308.
Recke, Elise von der X. 341. 342.
reclusi, s. inclusi.
recognitiones Clementinae, s. Clemens I. Pst.
Recollecten, Recollectinnen IX. 71. I. 529. II. 554.
reconciliatio poenitentium IX. 71—72. II. 458.
Reconciliation der Kirche IX. 72—73.
reconventio, s. Widerklage.
Rector IX. 73. [sacra.
recursus ab abusu, s. jura circa
Recusanten, Verweigerer des Suprematseides IV. 794. V. 230. 441 ff. 446.
Recusation des Richters, s. Perhorrescenz, Proceß.
Redekunst, geistliche, s. Beredtsamkeit, Homiletik.
Redenden, Absicht des, s. Absicht.
Redemption der Kirchenbußen IX. 74—77. VIII. 63.
Redemptoristen, s. Liguorianer.
Redepenning, Gl. VII. 827 ff.
Reding, Gl. III. 500.
reductio ad communionem

laicam, peregrinam, s. communio laica, peregrina.

Reduction der kirchlichen Festtage XII. 1025—1027. IV. 157. VIII. 739.

Reductionen der Jesuiten in Paraguay V. 564. VIII. 122. XII. 34 ff.

Redwitz, Oscar, der Dichter VIII. 531.

Refectorium, s. Kloster.

Reffle von Richtenberg, Hochmstr. IX. 610.

Reform, kirchliche, der weltlichen Fürsten XI. 233. 234 ff. 239.

Reform der Klöster s. Klosterreformen, dazu VII. 229.

Reformati, die Observanten VII. 692.

Reformation der Kirche IX. 77—85. S. Trient, allg. Kirchenversammlung von, vgl. Perfectibilität des Christenthums (XII. 942), Revolution, französische, Vernunft, s. dazu I. 612 (und das Baselerconcil). 706 (eine Heldin der). II. 4 (in Bezug auf das biennium canonicorum). 113. 114 (ein Held der). 125 (und Bossuet). 222 (ein Held der). 245 (im Franciscanerorden). 525 (und Chrodegang). 612 (und die Päpste Clemens). 612 (Clugny). 747. 749 (und die Concordate). 786 (die congreg. de auxil. d. g.). 849 ff. (und das Constanzerconcil). III. 667 (ein Held der). IV. 132 (im Franciscanerorden). 211 ff. (im Bisthum Freysing). 269 (Geiler von Kaisersberg). 291 (und der Gallicanismus). 443 (der hl. Gerhard). 470. 472 (und Gerson). 700 (und Gregor VII.). V. 85.—208 (und Hincmar). 340 ff. (und Stanisl. Hosius). 612 (und der index libr. prohib.). 921 (Bf. Julius von Würzburg). VI. 172 (in Cultsachen). 257 ff. (und A. Kranz). 345 (ein Held der). 348 (Cardinal Lang). 353 ff. (in Polen). VII. 52 (im Kloster Melk). 230 (und das Mönchthum). 591 ff. 597 (und Nicolaus von Cusa). 917 (und Cardinal Otto von Augsburg). VIII. 464 (das Pisaner Concil). 467.—548 (in Polen). IX. 187 (und die Religionsvereinigungen). 582 (ein Held der). X. 197 (im Wallis). XI. 457 (die Ursulinerinnen). 654 (Concil von Vienne). 915 (in Westfalen). 1211 (Ximenes). XII. 215 (ein Held der). 818 (und die Kirche von Münster). 1025 (ein Beispiel von).

Reformation des 16. Jahrhunderts, s. Calvin, Hugenotten, Gustav Adolf, Luther, Melanchthon, Zwingli, Protestantismus, vgl. Ausbreitung des Protestantismus, Hus, Husiten, Wicliffe, Wicliffiten, Rücktritte in die Kirche, s. dazu I. 118 (der Protestantismus und die Kunst). 147 (und Aleander). 235 (in Scandinavien). 253 (und der Antinomismus). 292 ff. (die Antitrinitarier). 512 (und die Aufklärung). 520 (Augsburger Reichstag). 759 (und Bellarmin). 949 (und die Bibelübersetzungen). II. 13 (und die Bilder). 140 (in Brandenburg). 163 (und der Brigittenorden). 245 (eine politische Folge). 275 (der Calvinismus). 289 (Campegius). 299 (ein gewaltiger Gegner der). 350 ff. (und Carl V.). 359 (Bodenstein). 391 (ein Vermittler). 478 (Chiliasten). 505 (ein Raisonnement über die). 655 (und die Cölestiner). 861 (Contarini). 882 (corpus Catholicorum et Evangelicorum). 883 (das corpus doctrinae). 923. 924 (der Minister Cromwell). 929 (ein Held der). III. 286 (und der 30j. Krieg). 305 (in Drontheim). 381 (und die protest. Dogmatik). 417 ff. (und die Ehe). 463 (die Diöcese Eichstätt). 628 (und das Episcopalsystem). 644 (und D. Erasmus). 662 (in Erfurt). 836 (Eingriffe ins Kirchenvermögen). 872 (und Faber Stapulensis). 899 (und der Fanatismus). 922 (und der Fatalismus). IV. 13 (und König Ferdinand). 61 (belebt den Katholicismus neu). 89 (und M. A. Flaminius). 190 (eine Consequenz der). 276 (ein Held der). 390 (eine Consequenz der). 517 (H. Loriti). 658 (in Ungarn). 775 (und Gropper). 781 (in England). 808 (und Hugo Grotius). 872 (läuft auf zu Recht gekommene Ketzerei hinaus). 920 (Caspar Hedio). V. 118 (und Hermann V. von Cöln). 362 (die Hugenotten). 427 (und die Husiten). 511 (eine Lehre für die). 522 (und Prch. Jeremias II. von Cstpl.). 537.—550 (und die Jesuiten). 751 (ein Held der). 881 Leo Judä). 897 (Verhältniß zu den Juden). 920 (P. Julius II.). VI. 149 ff. (und die Kirchengeschichte). 226 (Bf. Klesel). 236 ff. (Knox). 257 (ein Urtheil über die). 355 (in Polen). 517 (die Libertiner). 562 (loci theologici). 571 (ein philosophischer Vertreter derselben). 605 (im Bisthum Lübeck). 651 (Luther). 839 (eine Trauerrede über die). 947 ff. (und Max II.). VII. 75 (und Bischof Adolf von Meißen). 151 (Ausbreitung). 150 ff. (Einfluß auf das Schulwesen). 374 (im Münsterschen). 427 (und Myconius). 493 (im Naumburgschen). 700 (Hausschein). 761 (ein Held der). 894 (ein Fanatiker der). 917 (in Augsburg). 919 (Oxford). VIII. 55 (ein italienischer Parteigänger). 232 (und P. Paul V.). 343 (ein Vorläufer der). 353 ff. (Julius von Pflug). 551 ff. 561 (in Polen). 585 (in Quedlinburg). IX. 57 (und das Reformationsrecht). 112 (im Bisthum Regensburg). 141 (und das teutsche Reich). 184 (religionis exercitium). 157 (Unionsversuche). 597 (im Salzburg'ischen). 654 (in Schlesien). 683 (in Schleswig). 697 (und der Schmalkaldnerbund). 730. 750 (und die Scholastik). 816 (die Schwabacher Artikel). 842 (in Schweden). 845 (in der Schweiz). 861 (ein Sectirer unter den Hauptsectirern). X. 90 (und die Toleranz). 124 (in Siebenbürgen). 141 (und die Zeit Sigismunds). 230. 232 (Helden der). 258 (Spalatin). 291 (und Unionsversuche). 403 (in Straßburg). 496 ff. (und die Lehre von der Sünde). 566 (Glaubensbekenntnisse). 584. 580 (theolog. Klopffechtereien). 818 (und der Teutschorden). 831 (Ursachen der). 941 (und Thomas Morus). 953 (Religionsgespräch und Blutgericht zu Thorn). XI. 77 ff. (und die Toleranz). 177 ff. (und das Tridentinerconcil). 322 (hemmt die Spanier in ihrer Entwicklung). 402 (in Ungarn). 439 (und die Universitäten). 445.—884 (in Verden). 606 (ein Parteigänger der). 788 (und die Waldenser). 892 (und Wessel). 952 (und die Wiedertäufer). 985. 992 ff. (in Wien). 1085 (und Herzog Wilhelm IV. von Bayern). 1109 (Wimpina). 1130 (und die Dichtkunst). 1255 (die Zauberei). 1311 (der Zwinglianismus). XII. 240 (Köln wider die). 390 (und (Frankreich). 541 (und Hamelmann). 572 (in Holland). 604 (und der Humanismus). 661 (und das Kirchengut). 853 (in Nürnberg). 1203 (und Tyrol). 1235 (Verhältniß zum Schulwesen). 1275 (in Wien).

Reformation des 18. Jahrhunderts, s. Emser Congreß und Punctation, Hontheim, Joseph II., Pombal, Pistoja, Tanucci, vgl. Aufklärung.

Reformation, Jubelfest der V. 271. VIII. 712. 731. XII. 1058.

Reformationscommission, eine katholische in Oestreich VII. 745.

Reformationsdecrete, Baseler I. 643 ff. III. 746.

Reformationsdecrete, Tridentinische II. 344. XI. 243. XII. 1285.

Reformationsrecht des Landesherrn IX. 85—89. IV. 18. 399. 872. IX. 68. 85. 184 ff. 406. X. 164. XI. 921.

Reformationsregungen in Rußland, s. Raskolniks.

Reformdecret Carls V. XII. 82.

Reformirte Kirche II. 140. 822 ff. III. 121. 150. 828. VI. 217. 517 ff. VIII. 147. 299. 300. 706. IX. 196. 186 ff. 697. X. 570.

Regalati, Petrus, St. VII. 692.

Regalienrecht in Teutschland, s. Concordate, Reich, teutsches, dazu II. 128. 603. 746. IX. 131 ff. XII. 656.

Regalienstreit in Frankreich IX. 89—92. V. 645. XII. 466. 546.

Regenbrecht, Professor III. 182.

Regeneration, s. Wiedergeburt.

Regensburg, Bisthum und Stadt IX. 92—113. I. 143 (Bf. Albert d. G.). 695 (und Bayern). 702 ff. 705.—857 (der Prediger Berthold). II. 63 (Böhmen unter). 82 (und Bonifacius). 259. 601 (Bund zu). 848 (Reichstag). 875. 860 (Contarini in). III. 6. 7. 8 (u. Dalberg). 164 (Reliquien des Dionys Areopagita). 271 (Dotation). 295 (im 30j. Krieg). 556. 557 (der hl. Emmeram und sein Kloster). 663 (Bischof Erard). 841 (früher exempt). IV. 6 (Feller in). 16 (Reichstag). 209 (und Bm. Freysing). 276 (R. Gall in). 300 (und Gaßner). 409 (Gerboh in). V. 759 (Böhmen losgelöst von). 752 (Reformation in). VI. 461 (ein Schreiben an). 474 (Leo XII. in). 822 (Böhmenthum in). VII. 370 (und München-Freysing). 396 (Kirchenmusik in). 590 (Reichstg.). 693 (Nicolaus von Cusa in). VIII. 230 (Reichstag). 233 (Stdt.). 685 (und das Bisthum Prag). 607 (Carl d. G. in). IX. 160. 189 (Reichstage). 593 (Synode). 698 ff. (Reichstag). 771 (ein Schottenkloster in). 874 (barmherzige Schwestern). IX. 167 (Bf. Simpertus). 700 (Statistisches). XI. 187 (Reichstag). 201 (ein projectirtes Concil in). 370 (und Ulrich von Augsburg). 478 (Churfürstentag). 864 (und Wenzel von Böhmen). 1096 (Verhandlungen). 1121 ff. (Bischof Wittmann). XII. 858 (in der Zeit Napoleons I.). 993 (Generalversammlung des Piusvereins). 1101 (Bf. Schwäbl). 1113 (Judenschule). 1262 (unter Salzburg). 1270 (die Bischöfe Conservatoren der Universität Wien).

Regensburg, Religionsgespräche zu I. 214. IV. 755. VI. 670. VII. 31. XI. 190.

Regensburger Interim I. 523 ff. II. 328. 861. III. 372. IV. 775. VII. 361. 865. VIII. 383.

Reggi, Edm. II. 682.

Reggio, Stadt, s. Rhegium.

Reggio, Isaac, Gel. in Görz VI. 762.

Reggius, Honor., Schriftst. II. 921.

Regimentsnotizel, die preußische VIII. 694.
Reginar, Bf. v. Passau V. 397.
Reginard, Bf. v. Minden XII. 1018.
Reginfried, major domus von Neustrien XII. 234.
Regino, Abt von Prüm IX. 113—115. 76. II. 307. III. 69. VI. 147. 324. VII. 573. VIII. 841. 871. X. 66.
Regiomontan, Joh. XII. 1273.
regionarius IX. 115—118. XI. 666.
Regis, der heilige Joh. Franciscus IX. 118—119.
Regiswinda-Kapelle, eine I. 152.
Regiunkel, s. deputatus in Landcapiteln (III. 107. 108.).
Regius, Urban X. 326.
Regula, die heilige, s. Felix, dazu VI. 415.
regula fidei, s. analogia fidei, Glaubenssache.
Regulargeistlicher IX. 119. 167. IV. 367.
Regulirte Chorherren, s. Canonici.
Regum libri, Bücher der Könige IX. 119—125. 617. I. 335. VII. 632 (***). VIII. 130. 135. 821. X. 63.
regum trium festum III. 284 ff.
Rehabeam, Roboam, König IX. 125—126. 587. I. 138. 478. IV. 311. 908 ff. 919. V. 527 ff. VI. 311. 833. VIII. 819. X. 115.
Reher, Pius, Abt von St. Gallen IV. 287.
Reibelt, Würzburg. Kzlr. VII. 680. 682.
Reich Gottes, das IX. 126—128. 594. I. 371. V. 202. VI. 537.
Reich, 1000jähriges, s. Chiliasmus.
Reich, satanisches, s. Teufel.
Reich, teutsches IX. 128—149. S. Carl d. G., Gustav Adolf, Reichsabschied, Reichsgerichte, Reichsdeputationshauptschluß, Reichsgesetze, Säcularisation, Teutschland, Westphälischer Friede, dazu I. 229. II. 744 (Concordate mit dem). 882. III. 7. 398 ff. IV. 165. 171. 886. V. 77 ff. (unter den Heinrichen). 898 (Lage der Juden im). VI. 646 (Luneviller Friede). VII. 663. 899. VIII. 147 ff. 327. 701 (im 16. Jahrhdt.). IX. 85 ff. 172 ff. 303 (Rheinbund). 341. 479. 566. 697. XI. 841 (Welfen und Ghibellinen). 926 (Friede von 1648).
Reichenau, Kloster IX. 149. 386. I. 151. 847 ff. 849. III. 497. IV. 863 ff. 888. V. 117 ff. VI. 66. VII. 396. X. 401. XI. 379. 781 ff. XII. 791 Anmkg. 1326.
Reichenberger, Andreas, Theologe IX. 149—150. V. 307.
Reichenthal, Ulr., Canonicus V. 411.
Reichersberg, Klstr. IV. 469.
Reichlin, Castolus, letzter Fürstabt von Kempten VI. 68.
Reichlin-Meldegg, Anselm, Fürstabt VI. 68.
Reichlin-Meldegg, der Heidelberger Professor XII. 1056.
Reichsabschied IX. 150—152. 160.
Reichsapfel, der I. 773.
Reichsarchivar, s. Archivar.
Reichscollegien, s. Reichsabschied.
Reichsdeputationshauptschluß von 1803 IX. 152—155. 160. 302. 566. I. 641. II. 38. 750. III. 857. VI. 841. VII. 374. VIII. 743 ff. XI. 922. XII. 189. 191. 627 ff. 665. 667. 857. 859. 1030 ff.
Reichsdeputationsschluß, s. Reichsabschied.
Reichsfriedensdeputationsrecess X. 290.
Reichsgerichte, teutsche IX. 155—160. 156 ff. 173.
Reichsgesetze, teutsche IX. 160—161, s. Reichsabschied.
Reichsgesetze, Gültigkeit in der Gegenwart XII. 1027—1051.
Reichsgrundgesetze, s. Reichsgesetze, teutsche.
Reichsgutachten, s. Reichsabschied.
Reichskammergericht, s. Reichsgerichte.
Reichsschlüsse, s. Reichsabschied, Reichsgesetze.
Reichsstände, Versammlung der franz. in Paris III. 341 ff.
Reichsstandschaft des Clerus, s. Reich, teutsches.
Reichstag, s. Reichsabschied, Reichsgesetze, dazu II. 882. V. 874.
Reichstage, polnische III. 181.
Reichsverfassung, s. Reich, Reichsgesetze.
Reif, Aemilian, Mrithl. VII. 908.
Reiffenberg, Histor. II. 892.
Reiffenstuel, Anaclet, thl. Schrftst. IX. 161. II. 231. IV. 213. VI. 168. 250.
Reimarus, Herm. Samuel, der Fragmentist († 1767) IV. 424. VII. 325. XII. 286.
Reinbeck, J. G., p. Thlg. IV. 650.
Reinbern, 1. Bf. v. Colberg VII. 914.
Reinbert, erster u. letzter Bischof von Kolberg VI. 240.
Reineccius, Christ., Polyglotte des VIII. 884.
Reinfried, der Mönch X. 699.
Reinhard, Franz Volkmar, prot. Kanzelredner IX. 161—164. VIII. 381 ff. X. 344.
Reinbold, Ebf. v. Cöln u. kaiserl. Kanzler V. 60.
Reinhold, Carl Leonh., Philosoph († 1823) VII. 326.
Reinigung, s. Purification, vgl. Weihwasser, -kessel (XI. 630 ff.).
Reinigung Mariä, s. Mariä Lichtmeß.
Reinigungen bei den Hebräern IX. 164—166. 617. I. 2. 551. 552. VII. 351. 781 (-opfer). X. 827.
Reinigungen der Mohammedaner V. 854.
Reinigungseid, der IX. 166—167. S. Eid, dazu IV. 617. VIII. 801. XI. 461. 1275. XII. 841.
Reinkingk, Begründer des Territorialsystemes II. 64.
Reisach, Cardinal VII. 371. VIII. 367. XII. 1097.
Reisbach, Synode zu I. 462. 706. VIII. 379. IX. 592.
Reisen am Sabbath verboten IX. 492.
Reisen, ob an Feiertagen verboten XII. 552.
Reisen den Geistlichen in Preußen verboten VIII. 739.
Reisen der Bischöfe, s. visitatio liminum apostolorum.
Reiten, das, eine Auszeichnung I. 10.
Reithmayr, Franz Xaver, ausgez. Thlg. X. 209.
Reithmeier, Dr. Wolfgang, Gl. X. 685.
Reitthier, s. Esel.
Relationen, bischöfl., s. Berichte.
Relationsinstruction, bischfle. I. 832 ff.
Relaxation des Eides, s. Eidesentbindung.
religio, religiosus, religiosa IX. 167.
Religion IX. 167—172. I. 43 ff. 175. IV. 633. VI. 69. VII. 475 ff. (und Nationalität). 752 (Offenbarung). X. 64 ff. (Privatreligion). 525 (Supranationalismus). XI. 406 ff. (Unglaube). 616 ff.
Religion, absolute, s. Perfectibilität des Christenthums (XII. 945 ff.).
Religion, Abänderlichkeit der, s. Abänderlichkeit.
Religion, Allgemeingültigkeit der, s. Allgemeingültigkeit.
Religion, außerchristliche, s. Mythologie.
Religion der Zukunft, s. Saint-Simon.
Religion, Vielheit der, s. Polytheismus (VIII. 585 ff.).
Religion der Drusen III. 312 ff.
Religion der Phönicier VIII. 435 ff.
Religion der Südseeinsulaner X. 451.
religionis exercitium, s. Religionsübung.
Religionsänderung, s. Bedingung die Religion zu ändern, Conversion, vgl. Rücktritt zur Kirche (XII. 1049).
Religionsbeschwerden IX. 172—174. II. 852. XI. 922.
Religionsdiener der Drusen III. 314. 315.
Religionsedict von Romorantin V. 304. XII. 735 ff.
Religionsedict, das Wöllner'sche VIII. 719 ff. 743.
Religionsedicte XII. 660 ff.
Religionseid, juramentum professionis fidei IX. 174—175. II. 865. VIII. 835.
Religionseid, protest. II. 865.
Religionsexamen, s. Brautexamen.
Religionsfond, östreich. XII. 663. 1045.
Religionsfondsteuer XI. 1060.
Religionsfreiheit, s. Glaubensfreiheit, Religionsübung.
Religionsfriede von 1555, s. Augsburger Religionsfriede, Reformationsrecht des Landesherrn, Religionsübung.
Religionsgegenstände, s. Geistliche Sache.
Religionsgeheimnisse, s. Mysterien.
Religionsgesellschaft IX. 175—177.
Religionsgespräche, verschiedene I. 581 ff. (zu Baden). II. 51 (zu Poissy). 113. — 146 (Marburg). 150. — 217 (in Lyon). 790. 626. 929. III. 260 (in Carthago). VI. 810 (Marburg). X. 953 ff. XI. 1317 ff. 1322. XII. 730.
Religionsmengerei, s. Syncretismus.
Religionspflichten, s. Pflicht.
Religionsphilosophie IX. 177—183. 172. IV. 745. X. 585. XI. 275. 1196. XII. 471. 979.
Religionsphilosophie, jüdische, s. Kabbala.
Religionsphilosophie, buddhistische XII. 157 ff.
Religionsspötterei IX. 183—184.
Religionsübung (religionis exercitium) IX. 184—187. 88. 175 ff. IV. 610. XI. 72 ff.
Religionsvereinigung, Wiedervereinigung der protestantischen Bekenntnisse unter sich und der Protestanten mit der katholischen Kirche IX. 187—196.
Religionsvereinigung der Griechen mit den Lateinern, s. Unirte Griechen, dazu I. 169. 613. 719. 779. 874 ff. II. 46 (ein Freund der). 78. 455. 599. 604. — 613. 976 (mit den Protestanten). III. 741. 746. IV. 31 ff. (Synode von Ferrara-Florenz). 707 ff. 715. 768 ff. V. 323. 535. VI. 437 ff. 685. 808. 826 ff. VII. 337. 559. 589. VIII. 321 (und Peter d. G.). 618 ff. (und Possevin). 675. IX. 81. — 463 (mit den Russen). X. 128. — 149 (ein Gegner der). 565 (und die confessio Gennadii). 626 (in Syrien). 920 (und Thomas von Aquin). XI. 339 (in Syrien). 463. 466. 469. 792 (und Rußland). XII. 1015.
Religionsvereinigung der Protestanten und Katholiken, s. Rücktritt zur katholischen Kirche, vgl. Trient, allg. Kirchenversammlung, Indifferentismus, Irenik, dazu I. 97 (Adiaphoristen). II. 125. 127. 128 ff. (und Bossuet). 150. — 268. 269. III. 645 (eine Absicht des Erasmus). 807. IV. 268 (ein Gegner

der). 807. 808. V. 928. VI. 420. 606 ff. 849. VII. 197. 550. X. 292 (und Spinoza). 349 (ein Schriftsteller über). 571 ff. XI. 513 (ein Vermittler). XII. 262 (und Courayer). 472. 1053. 1054.
Religionsvereinigung der Protestanten unter sich, s. Union der Lutheraner und Reformirten, vgl. Syncretismus, s. dazu I. 130 (Agende). II. 268. 269.—452 (Synode von Charenton). 970. III. 897. V. 351. 437. VI. 357. 574. VIII. 557 ff. (in Polen). 561. — 708 ff. 731 (in Preußen). IX. 190. 196. — 582.—654 (und die Altlutheraner). 673 (ein Kämpe für). 817. X. 81 (und die Separatisten). XII. 625 (und Jurieu).
Religionsvereinigung aller christlichen Parteien VI. 572.
Religionsvereinigung aller protestantischen Secten VI. 422.
Religionsvereinigung der Kirche mit den Gothen IV. 584. V. 889.
Religionsvereinigung der Kirche mit den Armeniern I. 443. VI. 440 ff.
Religionsvereinigung der Kirche mit den Eutychianern, s. Monophysiten.
Religionsvereinigung der Kirche mit den Jacobiten II. 448. 604. V. 462. 464 ff. VII. 243. 245.
Religionsvereinigung der Kirche mit den Maroniten VI. 802. 894.
Religionsvereinigung der Kirche mit den Ruthenen II. 976. VI. 437 ff.
Religionsvereinigung der Kirche mit den Thomaschristen IV. 581. V. 617.
Religionswechsel, Enterbung in Folge von III. 597 ff.
Religios, der IX. 167.
Religiöse Handlung, s. Handlung, heilige.
Religiosität IX. 196—197. 327. V. 837.
Religionsunterricht II. 498. V. 303. VI. 44 ff. VIII. 32. 645 ff. XI. 237.
Relindis, Aebtissin V. 278.
Reliquien, reliquiae, Verehrung der IX. 197—203. I. 182. 184 ff. 219. 241. II. 345. IV. 637. VI. 25. 165. 201. 366. 562. 701. VIII. 806. 807. IX. 40. X. 794. XII. 86. 1125.
Reliquien, Translation, s. Translation der Reliquien.
Reliquienkasten I. 185.
Reliquienverehrung, buddhistische XII. 171. 182. 183.
Rely, Jean de I. 177 ff.
Rembrandt van Ryn, Maler (st. 1669) VI. 786.
Remedius, Bischof von Chur IX. 203—204.
Remi-Ceillier, Dogmengeschichte des VI. 158.
Remigiland, St., das I. 707.
Remigius von Autun, Grammtkr. VIII. 871.
Remigius von Auxerre, Mönch V. 357.
Remigius, Ebf. v. Lyon IV. 627. IX. 714.
Remigius von Rheims, der heilige IX. 204—205. II. 488 ff. III. 139. IV. 146. 147. 152. V. 208. 333. VI. 464. VII. 395. VIII. 144. IX. 129. 290. 292. 295. 815. XII. 210. 220. 374.
Reminiscere, der Sonntag IX. 205.
Remismund, Suevenfürst (st. 469 n. Chr.) VI. 900.
Remoboten, s. Rhemoboten.
Remonstranten, s. Arminianer.
Remusat, Jean Pierre Abel, Orientalist (st. 1832) II. 783. VI. 123. XII. 155.
Renatus, der gute König XII. 770.
Renaudus, Theoph. VI. 878.
Renaudin, de la, hugenot. Verschwörer XII. 734.
Renaudot, Eusebius, der gelehrte IX. 205—207. I. 123. VI. 91. 543. 545 ff. 895.
Rendsburg, prot. Inquisition in V. 654.
Renegaten, Begriff des I. 26.
Renner, Ad., Componist VII. 407.
Renner, der Illuminat V. 605.
Rennes, Diöcese IV. 100. 159. V. 953. VI. 328. 785. VII. 871. IX. 289. XI. 189. XII. 999. 1248. 1325.
Renovation der Eucharistie IX. 207. XI. 1161.
Rentenkauf IX. 207—208. VII. 276.
Renuntiation auf ein Kirchenamt, s. Resignation.
Renzi, Bernardina, Prophetin II. 621.
Reol, Kloster XII. 381.
Reolus, St. IX. 291.
Reordination IX. 208—209.
Reparata, die heilige XII. 361. 362.
Reparatur der Kirchen- und Cultgebäude, s. Baulast, kchl.
Reparatus, Bf. v. Carthago III. 277.
Reparatus, Ebf. von Ravenna II. 830. IX. 47.
Reparatus der heilige, Bf. v. Florenz XII. 357.
Repeal-Association, s. O'Connell.
Repertorium VI. 161.
Rephaim, die Thalebene, s. Rephaiten.
Rephaiten IX. 209—210. II. 290 ff. III. 574. IV. 570. VI. 618. VII. 760.
Replik, s. Duplik.
Reposition des hochwürdigsten Gutes IX. 210, vgl. Tabernakel.
Repositionsaltar IX. 210—211, vgl. Tabernakel.
Reprobation (Verwerfung, ewige) VII. 199 ff. 208 ff. VIII. 633.
Reprobation einer Secte im Staate, s. Häresie, Reformationsrecht d. L., Religionsgesellschaft, Religionsübung.
Repudium IX. 211.
Requesens, Aloys, Stalthltr. der Lombardei II. 119; — Don Luis de Zuniga y VII. 606.
Requiem, Todtenmesse IX. 211—213. VI. 306. X. 415.
requiescat in pace IX. 212 ff.
res arcanae VII. 428.
res sacra, s. geistliche Sache.
Resa, Sohn Zorobabels XI. 1295.
Resch-Glutha, s. Exilfürsten, die jüd. in Babylon.
Resch-Methibta, die V. 891.
Rescripte, päpstliche IX. 213—214. II. 154. 200. 850. III. 819. IV. 549 ff. VI. 512. VIII. 830. XI. 640.
rescriptum commissorium, s. commissorium.
Resen, Stadt Nimrods IX. 214.
Reservat, päpstl. und bischöfl. Reservationen IX. 214—215. I. 646 (p.). II. 418. 719. 854. III. 858. IV. 471 ff. (p.). V. 639. 767. VI. 22. VII. 66. VIII. 605. XII. 660.
Reservatfälle, reservirte Gewissensfälle IX. 215—217. IV. 380. 871. VII. 16. VIII. 605. XI. 200.
reservatio mentalis, amphibolia IX. 217—220, vgl. Cos-Nidre, Wahrhaftigkeit.
Reservatpfründen, päpstliche IX. 220—221. III. 125. VIII. 831. XII. 660.
Reservatrechte des Papstes I. 713 (Beatificat.). 798. II. 32. 95. 418. 665. 744. 747. 749. III. 699. VII. 676. XII. 7.
reservatum ecclesiasticum, geistlicher Vorbehalt IX. 221—222. 224. I. 525. IV. 872. VI. 227. 950. XI. 922. XII. 662 ff.
Residenzpflicht IX. 222—224. I. 259. 372. 414. 833. VI. 28 ff. VII. 585. VIII. 369. 642. 750. X. 258. 631. XI. 191. 193. 211 ff. 222. 228.
Resignation und Renuntiation IX. 224—226. VI. 128. VIII. 350. X. 694. XI. 133. 515. 765.
Resolutiones S. Congreg. conc. Trid. interpret. III. 66 ff.
Reson, Kg. v. Damascus III. 12.
respectus parentelae IX. 226—227.
Respighi, Superior VII. 140. XII. 796 ff.
responsales, s. Apocrisiar, Legaten.
Responsorien, Wechselgebete IX. 227. III. 100. VII. 388.
responsorium, responsum, s. Graduale (IV. 653 ff.).
restitutio in integrum IX. 227—228. 67. V. 434. VI. 192. 193.
Restitution, s. Ersatz.
Restitutionsedict vom J. 1629 III. 294. 300. IV. 19. 20. IX. 39. XI. 478. XII. 662 ff.
restrictio mentalis, s. reservatio mentalis.
Retention, retentio beneficii IX. 229.
Reticius, Bf. v. Autun III. 256.
Retorsionsrechte des Besitzers, s. Besitz.
Rettberg, Friedr. Wilh., Verfasser der Kirchengeschichte Deutschlands (geb. 1805) I. 253. II. 220. 943. 967. IV. 210. 297. 582. 848. V. 943. VI. 156. 158. 413. 414 ff. 783. IX. 291. X. 419. 697. XI. 494. 583.
Retz, wieder katholisch VII. 735.
Retz, Cardinal IX. 229—233. VI. 811. 954. VIII. 146. IX. 233.
Reuben, Jacob, der Karäer VI. 29.
Reuchlin, Johann, der Humanist IX. 233—242. II. 924. III. 564. 633 ff. 637. IV. 868. V. 328. VI. 5 ff. 68. VII. 27 ff. 373. VIII. 458. XI. 383. XII. 601. 603. 965.
Reue und Leid IX. 242—246. 74. 507. 511 ff. I. 741. II. 234. X. 200. 752.
Reuer und Reuerinnen, s. Magdalenerinnen.
Reugeld IX. 246.
Reuß, Heinrich, Graf von Plauen, Hochmstr. X. 814.
Reußischen Landen, die Katholiken in den VI. 378.
Reuter, der Prediger VII. 733.
Reutlingen, die Stadt IX. 697. XI. 200. 359. VI. 520. 645.
Reval, Stadt und Bisthum III. 722.
Revalidatio matrimonii IX. 246—251.
Revellis, Joh. von, Ebf. von Wien XI. 956.
Reverendae, s. Dimissorialien.
Reverse der Kirchenbeamten IX. 251.
Reverse der Privatpatrone IX. 251.
Reves, s. Servet.
Reveratus, der heilige VIII. 303.
Revolution, französische vom 1789 IX. 251—289. I. 258. — 797 (ruinirt einen Orden). II. 340 (und der Capucinerorden). 556 (eine Frucht der). 785 (und das Concordat von 1801). 812 (und Consalvi). III. 500 (das Kloster Einsiedeln und die). 857 (und die Säcularisationen). IV. 188 (beraubt die Universität Freiburg). 202 ff. (und die Freimaurer). 354 (ein Gegner der). 394 (und der Communismus). 576 (und Görres). 674 (ein Held der). 809 (ein Blutmensch der). V. 387 ff. (und die Protestanten in Frankreich). 458 (der Jacobinismus). 618 (benachtheiligt die Mission in Indien). 831 (und Irland). 899. 900 (und die Juden). VI. 384 (und Napoleon I.). 474 (und der Papst). 604 (und Belgien). 646 (Friede von Luneville). 941 (ein Held der). VII. 159 (schadet den Missionen). 374 (Münster). 377 (ein Vorläufer der). 668 (drängt andere Fragen in den Hintergrund). 763 (läßt die Congregation von St.

Ritter, Aug. Heinr., Geschichtschreiber der Philosophie (geb. 1791) II. 69. III. 344. 622 ff. IV. 498 ff. 514. V. 939 ff. VI. 642. IX. 704 ff. 723. 735 ff. 749. X. 892. XI. 277 ff.
Ritter, Jos. Ignaz, Kirchenhistoriker (geb. 1787) V. 133. VI. 154. VIII. 751. IX. 686.
Ritter, Carl, der Geograph (geb. 1779) V. 722. VII. 14 (über d. todte Meer). X. 89. 171 ff. 175 ff. 235. 1215.
Ritter, die 40, s. Martyrer, die 40.
Ritteracademien, die III. 702.
Ritter Christi II. 509. VIII. 663. IX. 325.
Ritter Jesu Christi (in Portugal und Italien), s. Christorden.
Ritterwesen und Ritterorden, geistliche IX. 326—329. I. 146. 166. 191. 258. 565. 592. II. 39. 164. 258. 509. 516. 714. 736. 902. IV. 728. V. 770 ff. 772. VI. 374. 415. VII. 548 ff. 809. VIII. 482. X. 263. 717. XI. 260. 1096. XII. 384.
Ritualbücher XII. 1041—1042, s. ordo Romanus, dazu II. 545. VIII. 295. XI. 298. XII. 1064. 1157.
rituale graecum VIII. 70 ff.
rituale Parisiense IX. 534 ff.
Rituale Romanum IX. 329—330. 434. 534. III. 543. 730. 844. 901. IV. 639. VIII. 212. X. 695. XI. 216. XII. 675 ff. 679. 1061.
Ritus, s. Ceremonie.
Ritus des neuern Judenthums V. 907.
Ritus, buddhistischer XII. 170.
Rivarola, Paul von Jesus Maria, Missnär. VIII. 310.
Rixner, Theod., schelling. Moralphilsph. VII. 327.
Rizpa, Sauls Nebenweib VII. 67.
Rizzarelli, Daniel, Maler VI. 752.
Roa, Antonio de, Missnär. VII. 139.
Robaldus, Ebf. v. Mailand VI. 756.
Robert Guiscard, der Normannenfürst IV. 675. 694. 702 ff. V. 24. VII. 221. 274. 496. 582 ff.
Robert von Arbrissel, Stifter des Ordens von Fontévraud III. 263. IV. 109 ff. XI. 370.
Robert, der heilige, Stifter der Cistercienser I. 837. II. 548.
Robert (II.), Cardinal-Erzb. von Cambray XII. 211.
Robert von Genf, Gegenpapst IX. 330—331. II. 95. 96. VIII. 108. X. 263. XI. 473. XII. 211. 380. 925. 960. 1062. 1081.
Robert, König von Frankreich (996—1031) IV. 613. 694. VII. 856. VIII. 623. XI. 579. XII. 380 ff.
Robert, Graf von Flandern und Herzog der Normandie, Kreuzfahrer XII. 688.
Robert von Lincoln, Uebsetzr. des Aristoteles VII. 319.
Robertson, William, Historiker (st. 1793) XII. 35. 37 ff.
Robert Pullein, gel. Cardinal IX. 331—332. VI. 583. VII. 919. IX. 717.
Robespierre, François Maximilian Joseph Isidore, der Terrorist (hing. 1794) IV. 120. 404. 676. 900. 901. IX. 270. 281. 284 ff.
Robiano, Kirchenhistor. VI. 152.
Robin, Missnär. XI. 16.
Roboam, s. Rehabeam.
Rochet (roccheinm), s. Kapitel, Kleider, heilige.
Rocci, Nuntius XI. 476.
Roche-Aymon, Carl Anton, Ebf. v. Rheims IX. 296.
Rochefaucauld, s. Larochefaucauld.
Rochelle, s. La Rochelle.
Rochester, Bm. I. 245 ff. II. 87. VII. 168.
Rochette, Louis de, Großinquisitor V. 659.
Rochow, Friedr. Ebd. von, prot. Domherr u. Pädagog (st. 1805) VIII. 28. IX. 803.
Rock, der heilige (in Trier) IX. 332—335. III. 161. 635 ff. VIII. 528.
Rock, heiliger der Mutter Gottes IX. 455.
Rokyzana, Ebf. v. Prag, s. Böhmische Brüder (II. 65), Carvajal, Hussiten (V. 419. 422. 423 ff. 427).
Rocque, M. de la, ref. Thlg. VIII. 440.
Rodalsdorf, Klstr. IV. 474.
Rodanim, s. Dodanim.
Roderich, letzter Westgothenkönig in Spanien IV. 566. VI. 934. XI. 65.
Roderich, Christoph, der Jesuit VI. 948. VIII. 375.
Rodersdorf, Klstr. XII. 768.
Rodoald, Longobardenkg. VI. 594.
Rodoald von Porto, Bf. VIII. 442.
Rodrigues, der Saint-Simonist IX. 570.
Rodriguez, 2 berühmte Jesuiten XII. 1042—1043. 226. V. 451. VII. 309.
Rodriguez, Weihbf. v. Lissabon XII. 732.
Rodt, von, Fürstbf. v. Constanz III. 5.
Rodulph, der Abt V. 390.
Roë, Klstr. XI. 370.
Roë, Gsndtr. II. 977 ff.
Roermonde, Bm. VII. 1.
Roeskilde, dänisches Bisthum I. 566. III. 19.
Rofal, Orden der III. 110 ff. 114.
Rogate, der Sonntag IX. 835.
Rogatianer, s. Donatisten.
Rogatianus, Neuplatoniker VII. 541.
Rogationen, Ursprung der VI. 788 ff.
Rogatus, donatist. Secilrer III. 259.
Roger aus Hoveden, Historiker X. 150.
Roger Bacon, s. Bacon.
Roger, Herrscher von Sicilien I. 839. II. 799. 800. V. 42. 318. 629 ff. 838. VII. 221. X. 869. XI. 463.
Roger de Wendover VI. 982.
Rogier, Charles, Haupt der belgischen Liberalen (geb. 1800) XII. 114.
Rohan, Prinzen, Bischöfe von Straßburg X. 402 ff.
Rohan, der Cardinal III. 329. VI. 860. VII. 764. IX. 254. 267. XII. 725.
Rohrbacher, der Abbé, Kirchenhistoriker VI. 130 ff. 152. 377. IX. 630. X. 836. XII. 1053.
Roland, Abbé IX. 579.
Rollo, Normannenherzog, s. Normannen, dazu IV. 99. VII. 647.
Rom IX. 335—385. a) Geschichtliches und Kirchengeschichtliches, s. die Namen der Päpste, die Art. Italien, Kirchenstaat, collegium Hungaro-Germanicum, Curia und Rota Romana, Propaganda, dazu I. 246. 249 (und die Angeln). 313. 317 (in der Apokalypse). 407 (Archidiaconen in). 466 (im Interdict). 493 (und Athanas). 500 (Attila). 546 (das heidnische). 578 (Vaccanari in). 622. 656 (Bauten in). 818. 839 (Unruhen). II. 2 (Vaticanische Bibliothek). 199 (Buchdrucker in). 253 (erobert). 342 (Suffragane von). 350 (geplündert). 446 (Patriarchat). 601. 685 (geplündert). 739 (Papstwahl). 911 (der Consul Crescentius). 927 (hl. Kreuz in). III. 14 (Reliquien in). 60 (das heidnische). 64 (Christenverfolgung). 115 (König Desiderius). 168 (Dionys der Kleine in). 249 (Schulen in). 250—257 (Donatisten in). 263 (verschönert). 576 (Encratiten). 593 ff. (die Engelsburg). 742 ff. (Unruhen). IV. 222 (Arnold von Brescia). 283 (Papstwahl). 524 (bewahrt allein die ursprüngliche Formel des Glaubensbekenntnisses). V. 167 (Hieronymus in). 551 (Jesuiten in). 886 (Juden in). 937 (Justin in). VI. 40 (Karpokratianer in). 40 (die Katakomben). 113 (Kirchen). 294 (Krönungen). 617 (lucifertan. Bm.). 730 (Magdalenen). 820 (Marcioniten in). 898 (ein Marienfest). VII. 153 (Minimen in). 388. — 390 (erste Singschule). 560. 584. — 662 (Novatianer in). 893 (Ordensleute in). 909 (Ordensgenerale in). 873. 880 (Osterpraxis). VIII. 214 (Patriarchat). 217. — 246 ff. (Paulus in). 294 (belagert). 329. 333 (Feste). 447 (Ursprung der Piaristen). IX. 116 (die 7 Diacone). 133 (und Deutschland). 323 (Cola di Rienzi). X. 146 (belagert). XI. 167 (Trappisten bei). 226 (und das Tridentinerconcil). 447 (Nationalcollegien). 483. — 496 (Ursulinerinnen in). 542 (Vandalen in). 865. — 823. 827 (Weihnachten in). XII. 1113 (Judenschule). — b) Synoden, s. Lateransynoden, Palmsynode, Trullanische Synoden, dazu I. 432. 436. 466. 483. 562. 818. 822. 824. II. 86. 87 ff. 826. 828. 879. 972. III. 256. IV. 116. 873. 762. V. 49. 612. 918 ff. VI. 344. 357. 406. VII. 45. 149. 222. 227. 249. 238. 578 ff. 662. 849. VIII. 67. 167. 662. X. 215. 348. 432. 574. 844. 849. XI. 85. 463. — c) Universität IV. 288. — d) Wallfahrten nach IV. 390. VII. 152. IX. 75. XI. 795.
Rom, das teutsche, s. Cöln.
Romain, P. Carl VIII. 192.
Roman, der Sänger IV. 260. VII. 362. 653.
Roman, hl. Abt (st. 460) III. 738. 739. IV. 410. VI. 367. 368.
Roman, Abt von Kempten VI. 69.
Romana, Francisca, s. Francisca Romana.
Romana lex, s. lex Romana.
Romanae ecclesiae codex canonum, s. codex can. R. e.
Romänen, die in Oestreich XI. 425 ff. 793 ff. XII. 899.
Romano, Julio, Maler und Baumeister (st. 1546) VI. 784.
Romanow, das Haus IX. 468.
Romantische Dichterschule VIII. 530. X. 351. XI. 875 (Werner Z.). XII. 1087 ff.
Romanus, der heilige, Erzbischof v. Rouen XII. 1048.
Romanus der hl. Abt, s. Roman.
Romanus, Papst (J. 897) IX. 385—386.
Romanus, griech. Kaiser V. 756. 760.
Romberg, Musiker VII. 416.
Romedius, St. I. 699.
Römer, die alten I. 40. 218.—341. 540 (Charakteristik). III. 430 ff. 436. 438. 442 (Ehe der). 550 (Emancipation). 464. 895 (Familiengräber). IV. 273. 414 (Weltreich der). VI. 270 (Kreuzigungsstrafe). VII. 179 ff. (Erziehung). 537 (Jahresanfang). 662. 758. VIII. 15 ff. (Erziehung). 41 ff. 589 (Religion der). IX. 180 (Religion). XI. 816 ff. (Ehe bei den).
Römer, Brief Pauli an die VII. 485 ff. 583. VIII. 252. IX. 565 ff.
Römer, Brief des hl. Ignatius an die V. 593. 595.
Römergeld, Römerzins IX. 386—387, s. Peterspfennig VIII. 327.
Romero, Missnär. VIII. 123 ff. 127.
Römerzinszahl, s. Aera (I. 115).
Römische Curie, s. Curia Romana.
Römische Kanzleiregeln, s. Kanzleiregeln.
Römische Liturgie VI. 549 ff.
Römisches Brevier, s. Brevier.
Römisches Recht II. 650 ff.; dessen Verhältniß zum canonischen II. 896 ff.; Glossatoren des IV. 542.
Römisch-katholisch, s. Katholisch.

Rommel, Dietr. Christoph von, Geschichtschreiber von Hessen (geb. 1781) II. 605. V. 81. XII. 417.
Romo y Gamboa, Cdl. X. 107.
Romorantin, das Religionsedict von V. 364. XII. 735 ff.
Romsey, Abtei XII. 770.
Romuald, der heilige, Stifter des Ordens von Camaldoli, s. Camaldulenserorden, dazu I. 774. II. 184. 185. 263. III. 15. VII. 229. XII. 962. [358.
Romulus, angebl. Missionär XII. 356.
Romulus Augustulus, der letzte röm. Kaiser (gestürzt 476) VII. 703. 705.
Roncaglio, s. Natalis Alexander, dazu VI. 149. VII. 400.
Roncalischer Reichstag IV. 223.
Ronge, Johannes, der Sectirer (geb. 1813) II. 196. 461. III. 181. 244. 334. VIII. 752. IX. 335. XI. 690. 1067. 1068.
Rongeaner, die III. 181 ff. IV. 872. VIII. 734. 752 ff. IX. 335. X. 76. 82. XI. 59. 1071.
Ronsdorf, Zioniten in IX. 826.
Roo, Gerh. von, Histor. IV. 506.
Roothaan, Jesuitengeneral XII. 1043. V. 133. 134 ff.
Röppel, Histor. VI. 254. VIII. 539 ff.
Rorarius, der 1. ordinirte luther. Prediger VI. 666.
Rorate, s. Advent.
Rorate-Aemter IX. 415.
Rore, Cypr. de, Componist VII. 407.
Rorius, Bf. v. Padua XII. 916.
Ros (Russen), sagenhafter Sohn Japhets V. 503.
Rosa von Lima, die heilige XII. 1043—1045. 44. X. 438. XI. 330.
Rosa von Viterbo, die heilige XII. 1045—1046.
Rosalia, heilige Jungfrau und Einsiedlerin XII. 1046—1047. IX. 397.
Rosalino, Bibelübrsßr. XI. 1033.
Rosario, Vincenz de, 1. Bischof von Ceylon X. 185.
rosarium, s. Rosenkranz.
Rosas, Don Juan Manuel, Dictator (geb. 1793) X. 443. 447. 448.
Rosati, Bf. v. St. Louis XI. 902.
Roscelin, der Nominalist IX. 388—397. 716. 738. 744. 746 ff. I. 8. 419. VIII. 872. XI. 285 ff. [IV. 286.
Rösch, Ulrich, Abt von St. Gallen
Roscoe, William, Dichter u. Historiker (st. 1831) I. 156 ff. II. 600. 602. VI. 156.
Rose, goldene, geweiht an Lätare IX. 397. II. 104. V. 638. VII. 148. X. 27. XI. 465. 471. XII. 418.
Roseau, westind. Bm. XI. 909. 910.
Rosella, casuist. Summe II. 406.
Rosella, Isabella, Stifterin der Jesuitinnen V. 571.
Roselli, Cosimo, Maler VI. 751.
Rosen, Carl, Histor. XI. 877. XII. 388.
Rosenau, ungar. Bm. III. 604.
Rosenberg, luth. Synode zu XI. 403.
Rosenheim, s. Rell (VII. 61).
Rosenkranz, Rosenkranzandacht IX. 397—399. S. Dominicus, dazu IV. 333. 336. VIII. 807. 808. 849.
Rosenkranz, tibetanischer XI. 113.
Rosenkranz, Johann Karl Friedrich, der Hegelianer (geb. 1805) XII. 953.
Rosenkranzandacht der Mohammedaner V. 555 ff. [VIII. 484.
Rosenkranzbruderschaften IX. 399.
Rosenkranzfeste VI. 858. VIII. 484.
Rosenkreuzer, die s. g. IX. 399—403, vgl. Theosophie, Illuminaten, Freimaurer I. 239. 240. VIII. 204. X. 66. XI. 1024.
Rosenmüller, Joh. Georg, prot. Theolog IX. 403—404. II. 322. III. 320. X. 321.
Roser, Joh., Astor. VII. 729.
Rosette, Obsvtn. in VII. 694.
Rosmini, Ordensstifter und Philosoph XII. 1047. [X. 855.
Rösner, Bürgermeister von Thorn
Roß, der berüchtigte Prediger VI. 850.
Rossal, Mitstifter des Templerordens X. 716.
Roßhirt, Joh. Eugen Konr. Franz, Canonist (geb. 1793) II. 419. VIII. 849 ff. 854 ff.
Rossi, Bernardo de, Bibelausgabe des I. 919 ff. VI. 287. 289.
Rossi, päpstl. Gesandter in Cstpl. (1624) II. 978.
Rossi, der Archäolog XII. 207.
Rossi, Pellegrino, Graf, Minister VIII. 403.
Rossignol, Revolutnr. IX. 272.
Rossignoli, Jesuit X. 934.
Rostislaw I., Großfürst IX. 4.2.
Rostock, Universität und Stadt II. 467. 542. 543. III. 275. V. 403. VI. 253. 257. VII. 356. IX. 866. 867. X. 594.
Rosweyd, Heribert, Legendenschreiber XII. 1047. VI. 412. X. 423. 935.
Roswitha, die Nonne von Gandersheim III. 633. IV. 300. 302.
Rota Romana IX. 404—405. II. 812. 849. XI. 224.
Rotger, Erzbf. v. Trier IX. 405. II. 306.
Roth, Cdl. XII. 1327.
Rothadius, Bf. v. Soissons, Gegner Hincmars V. 205. VII. 578. VIII. 858.
Rothaldus, Bf. v. Verona XI. 635.
Rothari, Longobdnkg. VI. 593. XII. 916. [IX. 219. XI. 767.
Rothe, pr. Thlg. I. 397. II. 16. V. 596.
Rothe, Johann, der s. g. Prophet VI. 303.
Rothe Kuh VII. 751. [11.
Rothes Meer, s. Meere, bbl. (VII.
Rothmann, der Prediger in Münster II. 328. V. 109. XI. 953 ff.
Rotland der Domcantor V. 703.
Rotomagus, Rouen; s. d.
Rotrude, Tochter Carls d. G. V. 822.
Rotte, s. Buttler'sche Rotte.
Rotte Korah, s. Core.
Rotteck, Karl von, Histor. (st. 1840) IV. 208. [1243.
Rotteis, Philosoph und Pädagog XII.
Rottenburg, Bisthum IX. 405—420. 576 (barmh. Schwstn. in). II. 333. 752. 849. III. 125. 272. 589. X. 52. XII. 857. 859. 860. 866. 869. 871 ff. 884 ff. [gensburg IX. 103.
Rotteneck, Heinrich II., Bf. v. Re-
Rottenkolber, Gregor II., letzter Abt von Tegernsee X. 699. 700.
Rotterdam, Synode zu I. 456.
Rottweil, Convict X. 52.
rotulus der Universitäten XI. 437.
Rouchouze, apost. Vicar VIII. 451. X. 465. 466.
Rouen (Rothomagus), Bisthum, Stadt u. Synoden XII. 1047—1049. a) Bisthum I. 145. 195. 196. IV. 169. 180. V. 526. VI. 345. 682 (Kirchenprovinz). IX. 264. 289. XI. 679. XII. 102. 312. 545 ff. 547. — b) Stadt V. 365 ff. — 891 (Judenverfolgungen). VI. 315 (Butterthürme in). 729 (Magdalenerinnen in). VI. 554 (Jeanne d'Arc in). IX. 783 (Schulschwestern in). XII. 104 (goth. Kirchen in). — c) Synoden VII. 326. 885. IX. 546. X. 537. XI. 87. [XII. 740.
Rouère, de la, gkl. Würdentrgr.
Rousin, Revolutionsgeneral IV. 809.
Rousseau, Jean Jacques, der Schwärmer IX. 420—433. 49. 269. 792 ff. II. 73. 764. III. 133. 579. 700. IV. 396. 478 ff. 530. 900. V. 283. 395. VI. 325. VIII. 23 ff. 26. X. 199.
Rousseau, Jean Baptiste, Dichter (st. 1741) XI. 731. 732.
Routh, Gl. VII. 37. 48. VIII. 340.
Roverella, Cardinal XII. 926.
Roverus, gl. Jesuit VI. 704.
Royko, josephin. Kchhistor. VI. 153.
Royaumont, Klstr. XI. 683.
Roz, Jesuitenmissionär, Bf. v. Angamala in Indien V. 617. [606.
Ruar, M., der Antitrinitarier VI.
Rubeanus Crotus, s. Crotus.
Rubeis, Leonardo de, ber. Prediger XII. 1062. X. 922.
Ruben, Stammvater und Stamm IX. 433—434. I. 208. 609. II. 876. IV. 271. 272. 546. V. 146. 439. 791. VII. 361. 394. 497. 760. VIII. 49. 291.
Rubens, Peter Paul, Maler (st. 1640) II. 213. VI. 756.
Rubeo, P. Johann, Ordensgeneral II. 368. [732.
Rüber von Pixendorf, Fldhr. VII.
Rubin, Edelstein III. 388.
Rubricae directivae, praeceptivae IX. 434—435. VII. 822. X. 22. XII. 270. 893.
Rubricistik IX. 435—436. [736.
Rubruquis, Missnär. II. 451. V. 722.
Rucelin, s. Roscelin.
Rudhart, Raubgraf VII. 593.
Rüdiger, Bf. v. Passau I. 737. 738.
Rudnay, Alexander, Primas von Ungarn IV. 659. XII. 303. 1003. 1007.
Rudolph I. von Habsburg, Kaiser IX. 436—439. I. 136. 564. II. 746. III. 809. IV. 13. 624. 717. V. 322. 764. VII. 554. VIII. 178. IX. 36. 505. 912. X. 196. 512. XI. 24. 1031. XII. 657. 858. 895. 972 ff.
Rudolph II., Kaiser, Sohn Max II. (reg. 1576—1612) II. 67. 208. 604. III. 209. 266. IV. 13. 16. 338. V. 270. 427. VI. 226. VII. 734. 740 ff. 743. 768. VIII. 182. 193. IX. 157. 222. 769. XI. 958. 998. 1000. XII. 683. 686. 854. 896. 988. 1281. 1287.
Rudolph von Eugubium, der heilige III. 15.
Rudolph, der selige, General der Camaldulenser II. 254. 285.
Rudolph, Bischof von Lüttich I. 727.
Rudolph, Ebf. v. Rheims I. 5. IX. 293.
Rudolph, Bf. v. Würzburg XI. 1190.
Rudolph von Fulda, Chronist IX. 439—440. III. 939.
Rudolph, Könige von Burgund; — R. II. I. 510. V. 5 (J. 1016); — R. III. VI. 369. 370. 375.
Rudolph von Schwaben, Gegenkaiser Heinrichs IV. (st. 1080) IV. 705 ff. V. 15 ff. 22 ff. VII. 71.
Rudolph IV., Gründer der Wiener Universität VII. 533.
Rückert, Friedr., Dichter (geb. 1789) IX. 486. [IX. 292. XII. 472.
Rückert, Heinr., Historiker (geb. 1823)
Rückfallsrecht, das III. 125.
Rücktritt zur Kirche XII. 1049—1062. I. 168. 254. 700. 870. 871. 877. II. 124. 269. 450. 511. 513. 605. III. 340. 374. 506. 887. IV. 144. 231. 507. 833. V. 301. 379. 380. 390. 416. 449. 629. 614. 877. VI. 226. 321. 350. 352. 422. 425. 527. 535. VII. 336. 338. VIII. 260. 458. 563. 564. IX. 312. 420. 877. X. 293. 315. 352 ff. 515. 508. 954. 956. XI. 22. 328. 364. 500. 702. 917. 999. 1110. 1123. XII. 613. 788. 792. 814. 828. 940. 988. 1059. 1117. 1143. 1315.
Rue, de la, XII. 1062—1063. VII. 833.
Ruem, Joh., der Schulmann VIII. 21.
Ruf, guter, s. Ehre.
Ruffach, Klstr. VII. 373.
Rufsi, Libertiner VI. 517.
Ruffo, L., Nuntius VIII. 490; — V., Musiker VII. 407.
Rufina II. 342.

Rufinian, ein Angelnapostel I. 246.
Rufinus von Aquileja, Kirchenschriftsteller IX. 440—442. I. 226. 369. IV. 524. V. 172 ff. 295. 297. VI. 142 ff. 183. 612. VII. 47. 553 ff. 837. 845 ff. (*). VIII. 550. XII. 453. [735. XI. 728.
Rufinus, Minister des Arcadius I. 111.
Rufus, der heilige XII. 90.
Rufus, Bf. v. Thessalonich II. 85.
Rügen, die Insel IX. 442—446. 692. 884. I. 567. VIII. 598. IX. 416. X.
Ruga, Rugiani, s. Rügen. [543 ff.
Rugier, s. Odoaker, dazu VI. 589. VII. 704. XI. 964.
Ruhenden, die, s. Barlaam (I. 614 ff.).
Ruhejahr, s. Sabbathjahr.
Ruhetag, s. Sabbath.
Ruillé sur Loire, Schulschwestern zu IX. 783. [445.
Rujevit, wendischer Götze IX. 442.
Ruinart, der Mauriner IX. 446—449. 489. I. 89. III. 188. IV. 400. V. 429. 938. VI. 412. 702. 813. 881. 868. VIII. 301. XI. 708.
Ruisbroch, s. Ruysbroek.
Ruiswich, Hermann, der Irrlehrer IX. 449.
Ruli, Besamin, Mirpit. VI. 438 ff.
Rumilly, Eugen von, Ordensgeneral VII. 165.
Rummel, Franz Ferdd., Fübf. v. Wien XI. 1016 ff.
Rummel, von, Director IX. 416.
Rumohr, Historkr. XII. 358.
Rummon, s. Rimmon.
Rumoldus, der heilige, Patron von Mecheln IX. 449. VII. 1.
Rumpelmette II. 457.
Rumpler, Abt Angelus VIII. 175.
Rundschreiben, s. litterae encyclicae.
Runge, prot. Thlg. X. 594.
Ruotger, Rutger, s. Rotger.
Ruodbert, gel. Mönch IV. 281.
Ruodmann, Abt v. Reichenau III. 510 ff.
Rupert, St., Apostel der Bayern I. 703. 704. II. 473. 873. IV. 866. V. 398. VI. 32. VII. 751. IX. 91. 92. 93. 591. XI. 303. 964. XII. 1201. [176.
Rupert, schismat. Bf. v. Passau VIII.
Rupert von Deutz IX. 450—465. VII. 447.
Rupp, Divisionsprediger VIII. 734.
Ruprecht (Rupert), Gegenkaiser (1400—1410) II. 97. 98. VIII. 180. 342. 400 ff. 465. X. 135 ff. XI. 584. XII. 345.
Ruraldecane, s. Landdecane.
Ruraldiacone, s. Archidiacon.
Ruremonde, Bm. XII. 729.
Ruricius, Bf., s. Sedatus.
Rurik, Fürst von Nowgorod, s. Russen, dazu X. 229.
Rusca, Nicol., Erzpriester IV. 68.
Ruska, der Mönch V. 350 ff.
Ruspe, african. Bm. IV. 232.
Russegger, Gl. VII. 12. 715.
Russen, Kirchengeschichte der IX. 455—475. Vgl. Cäsareopapismus, Eparchie, Gregor XVI., Griechische Kirche, Lemberg, Nestor, Peter der Große, Photius, Polen, Preußen, Protopresbyter, Raskolniks, Synode (dirigirende von St. Petersburg), s. dazu a) Christianisirung I. 241. 270. II. 184. 445. 835. III. 719 ff. IV. 758. VIII. 446. X. 219 ff.; — b) Kirchengeschichtliches I. 577. 651 ff. 951 (Bibel in). II. 387. 547 ff. III. 181. 604 ff. IV. 71. 732. 720 (im J. 1832). 744 (Einfluß auf den Orient). 771. V. 144 (Herrnhuter in). 264 (Hochzeiten). 525 ff. — 569 (Jesuitenvertreibung). VI. 77. 435 ff. 547. VII. 598 (Patron der). VIII. 215. 348. — 617 (im J. 1541). 679 (Bm.). 831. IX. 18 ff. 865 ff. X. 614. XI. 130 ff. — 168 (Trappisten in). 475 (Statistisches). 792 ff. XII. 58; — c) Kirchenrechtliches II. 210. 241. 407. III. 419. IV. 400. VIII. 831 ff. X. 614 ff.; — d) Geschichtliches II. 389. 509. IV. 72 ff. 822 ff. V. 479. 899 (Judenvertreibung). VIII. 542 ff. 565 ff. 670. 680 ff. IX. 148. 153. 908. X. 219. 451 (Gefahren und Colonien). XII. 71. (asiatisches Rußland).
Russinen, s. Ruthenen.
Russische Consistorien, s. Consistorien, russische.
Russische Kirche, s. Cäsareopapie, Griechisch-russ. Kirche, Peter d. G., Synode, dirigirende, vgl. Raskolniks.
Russisches Kreuz, s. Kreuzzeichen.
Rusticus, Heilige dieses Namens III. 103. 163. VI. 662. VII. 650. XII. 922.
Rusticus, berühmte Männer dieses Namens III. 277 (Bwndtr. des P. Vigil). IV. 561 ff. (Bf. v. Trier). IX. 920.
Ruth, das Buch IX. 475—477. V. 515. VII. 144. 181. X. 63.
Ruthard, Ebf. v. Mainz VI. 766.
Ruthe, hebr. Längenmaß VI. 693 f.
Ruthenen, die unirten und schismatischen I. 651 (Basilianer). II. 223. 976. IV. 662. V. 177. VI. 436. IX. 469 ff. XI. 425 ff. XII. 898.
Ruttenstock, Jacob, der Propst IX. 477—478. VII. 532. 533.
Ruysbroek, Johannes, der Mystiker IX. 478—479. 726. III. 198. VII. 304. 446. VIII. 690. X. 656.
Ruzolio, Wilhelm von, Ebf. v. Mailand VI. 757.
Rwaka, Professor in Prag V. 415.
Rykel, der Abt I. 727. 729; — Commentator des Lombarden VI. 597.
Rymer, Thomas, Histkr. II. 567.
Ryswiker Friede (vom 20. Sept. 1697) IX. 479—483. 173. IV. 910. V. 454. VI. 633. XI. 922.
Rzepnicki, Histor. VIII. 615.

S.

Sa, Emanuel, gel. Jesuit IX. 484. VII. 61. 305.
Saadia, Rabbi († 942) V. 891. 902. 905. VI. 29. XII. 1109. 1116.
Saal, Margaretha von, Kebsweib des Landgrafen Philipp VII. 27.
Saarbrück, Graf Adelbert I., Chsft.-Ebf. v. Mainz VI. 760 ff.
Saatzeit bei den Hebräern, s. Ackerbau.
Saba a) Seba, Sohn des Cusch, und der Staat Meroë; — b) Scheba, Sohn Joctans, und die Sabäer; — c) Scheba, Bruder des Dedan, und die Dedaniten IX. 484—487, s. dazu I. 387. V. 302. 696. VII. 437. VIII. 77 ff. IX. 1214. [487 ff. X. 815.
Saba, Klstr. V. 716. VI. 229. IX.
Saba, Insel XII. 593. [bier.
Sabäer, Johannischristen, s. Za-
Sabaiten, Mönche des Sabas IX. 487.
Sabareth, König von Essex I. 216. 541. IV. 779.
Sabaria, Bm., s. Stein-am-Anger.
Sabas, Name mehrerer berühmten Heiligen, a) eines gothischen Soldaten, b) Beiname des Einsiedlers Julian von Edessa, c) der Mönchspatriarch IX. 487—488. V. 949. VI. 865. VII. 819. X. 68. [488—490. II. 41. III. 725.
Sabatier, Pierre, der Mauriner IX.
Sabbas, Beiname des Einsiedlers Julian von Edessa, s. Sabas.
Sabbas, hl. Märtyrer der Walachei XI. 426.
Sabbath, der 7. Wochentag IX. 490—493. III. 230. 231. 233. IV. 305. 459. V. 887. VIII. 143. IX. 5. 606. XI. 744.
Sabbatharier, Sabbatianer, Sabbatiler IX. 493. X. 124 ff. 300
Sabbathbrod X. 896.
Sabbathfeier, s. Sabbath.
Sabbathfeier bei den Christen, s. Heiligung der Sonn- und Festtage (XII. 549 ff.).
Sabbathjahr, Erlaßjahr IX. 494—496. I. 454. V. 875. VII. 354.
Sabbathlichter X. 896.
Sabbathopfer, s. Sabbath.
Sabbathweg (½ Stunde) VI. 694. VII. 714. IX. 492.
Sabbathschändung, s. Sabbath.
Sabbatianer, Secte der Novatianer IX. 495—496. VII. 663. 881.
Sabbatius, s. Sabbatianer.
Sabech, Sohn Joctans V. 697.
Sabellianer, Sabellianismus III. 121. 155. 170. 207. 220. VII. 43. 264. VIII. 415. X. 434. XI. 272 ff.
Sabellius I. 193. 428. III. 161. 377. 770. 926. VI. 559. VIII. 516. X. 201. XI. 673. XII. 570.
Säben, Bisthum, s. Seben.
Sabler, s. Zabler.
Sabin, St. XII. 965.
Sabina, die heilige († um 125 n. Chr.) IX. 496—497. VIII. 454.
Sabina, die Christianisirung der V. 863.
Sabina, altes Bisthum II. 342.
Sabinakirche in Rom IX. 352.
Sabine, Mich. de, Stifter einer Einsiedlercongregation III. 502.
Sabine, Erwins von Steinbach Tochter IX. 599.
Sabine, die Herzogin, s. Ulrich, Herzog von Württemberg.
Sabinianus, Papst IX. 497. II. 87. IV. 536.
Sabinus, Melanchthons Schwiegersohn VII. 35.
Sabiona, s. Seben.
Sabunde, Raymund von, der Dogmatiker IX. 497—500. IV. 621. IX. 920. 935.
Saccarelli, Kchhist. VI. 152.
Saccas Ammonius, s. Ammonius Saccas.
Sacchi, B., s. Platina.
Sacchini, Frz., Fortsetzer des Orlandini V. 570. VII. 850.
Sacchoni, Rainer, der Dominicaner I. 282.
Saccos-Patak, erste protest. Kirche und Schule zu VII. 779. 736.
sacellanus, s. Kaplan (VI. 25).
sacerdotale, das XII. 1064, s. Ritualbücher (XII. 1041).
sacerdotium, s. Presbyterat.
Sacharja, s. Zacharias.

geistliche, s. Geistliche
weihte, s. Geweihte Sache.
lige, s. Kirchensache.
smus, s. Parallelstellen,
[851.
der Poel (st. 1567) XII.
zum Christen-
l IX. 500—506. S.
Wittekind I. 528.
ff. III. 805. IV.
91 ff. (Lebuin).
58 ff. VIII. 5.
1 ff. XI. 671.
994. 1097 ff.
nrecht.
20. 822.
3, 478.
837.
524.
562 (Ge-
nzeten).
ittelalterliche,
Heinrich der Löwe,
benbürgen, s. dazu I. 548
85. IV. 703 ff. V. 2. 78 (Bisthum Altenburg) VI. 322. VII. 689. 695 ff. VIII. 300 (Liturg.). 452. IX. 648. XI. 1181. 1185.

Sachsen seit der Reformation, s. Luther, Friedrich III., Churfürst (XII. 416), dazu II. 613. 824. 882. 885. III. 151. 302. IV. 627. VI. 377 (apostol. Vicariat). 666. 670 (Organisation des Lutherthums) IX. 192. 503 (Lehrerseminare in). X. 139 (S.-Wittenberg wird Churhaus). 280 ff. 570. XI. 200. 201. 1264. XII. 295 ff. (Bischof Ditrich).

Sachsen, die Herzogthümer II. 560. 752. 819. 869 ff. 895. IV. 400. 811 ff. VI. 197. 378. VII. 494. VIII. 211 (Eherecht). 220. 300. IX. 187 (Krls.). XII. 867. 1211.

Sachsen-Altenburg, Colloquium zu, s. Altenburg, dazu V. 343.

Sachsen-Lauenburg, Herzog Friedrich von, Churbischof IV. 340. 341.

Sachsenspiegel, der XII. 1064—1065. II. 917. V. 411 (Strafe der Ketzer).

Saci, le Maistre de, der Jansenist IX. 506—507. V. 493. 496. VIII. 162. XI. 19. 20.

Sack, Friedr. Aug. Wilh., Oberhofprediger (st. 1786) VIII. 731.

Sackbrüder, s. boni homines.

Sacki, Paul, Jesuit und Märtyrer V. 501.

Säckingen, Kloster IV. 219. 220.

Sackpfeife, die VII. 422.

Sackträger-Mönche I. 528.

Sackzehent, der XI. 1200.

sacra, s. Religionsgegenstände.

sacrae tabulae, s. Diptychen.

Sacramentalien, die XII. 1065—1078. I. 478. III. 751 ff. IV. 365. VII. 435. 441. X. 25 ff.

sacramentaires, s. Anbetung, ewige.

Sacramentarien, verschiedene II. 781. III. 730. VI. 549 ff. 846. VII. 473. VIII. 22. X. 85. XI. 25.

sacramentarium Gelasianum, Leoninum, s. Ceremoniale, Lectionen, Liturgien, Mabillon.

sacramentarium Gregorianum VI. 549 ff. 608. 878. [Euchologium.

Sacramentarium der Griechen, s.

Sacramente, die sieben IX. 507—551. 893. I. 13 ff. (Altarssacrament). 742 (Buße). III. 345 (Lehre von den). 407 ff. 494 ff. (Ehe). IV. 74 ff. (Firmung). 365. 557 (bei den Gnostikern). V. 61 (von Heinrich VIII. vthdgt.). 235 (der anglican. Kche.). 465 (Siebenzahl). 523 ff. 675 (-spende). VI. 173. 555. 602 (von den Manichäern verworfen). VII. 58 (Menno über die). 83 (Messe). 293. 435. 441. — 527 (der chald. Christen). 715 ff. 717 (der Sterbenden). 790 ff. (Wirkung). 819. 821 ff. (Priesterweihe). VIII. 468. 477. 766 (Priesterweihe). X. 435. 881 (Taufe). 928. XI. 194. 196. 952. 958 ff. 1119. 1249 (Wirkung der). 1326. XII. 1060 ff.

Sacramente, Frauen vom heiligen IV. 183.

Sacramentensperre (excommunicatio minor) IX. 551—552, s. excommunicatio.

Sacramenthäuschen XI. 1320.

sacramenti SS. officium et missa XII. 1078—1079.

Sacramentirer, s. Sacramentsstreit.

Sacramentsstreit, Sacramentirer der Reformationszeit IX. 552—562, s. Abendmahlsstreit, dazu I. 84. II. 13. 360. VI. 671. VII. 33. X. 405. XI. 352. 912. 1320 ff. 1326.

sacramentum ordinis, s. Priesterweihe.

sacrarium, s. Kirche als Gebäude (VI. 110).

sacra Rota, s. Rota Romana.

sacré coeur, dames du IV. 151. 485 ff. V. 871. VI. 374 ff. IX. 794.

sacrificati, s. Abgefallene, dazu VI. 812.

sacrilegium, das IX. 562—563. I. 741. V. 836 (macht irregulär). VI. 203. X. 165. XI. 590. XII. 277 (ein). 448.

Sacristan, der II. 958. VI. 129. 306.

Sacristei III. 57. 130. VI. 116.

sacrum officium, s. inquisitio haereticae pravitatis.

Säcularcanoniker, s. Canoniei.

Säcularcanonissen, s. Canonissen.

Säcularfest, s. Säcularpredigten.

Säcularisation und Säcularisationen IX. 566—567, s. Reichsdeputations-Hauptschluß, Kirchengut, Geschichte desselben (XII. 656 ff.), dazu I. 235. 805. II. 313. 676. 750. III. 302. 334. 463 ff. 537 (in England). 553 (eine Folge der). 856. 857. IV. 213. 675. VI. 165. 190 ff. (Kirchenvermögen). 230 ff. 649 (Folgen in England). VII. 152 (vom J. 1803). VIII. 148. 167. 321. 325. 692 (im 16. Jhhdt.). 750 (in Preußen). IX. 85 ff. 148. 173. X. 107. 267. 345. 617. 631 ff. 698. XI. 27. 253. 669. 1078. 1239. 1321. XII. 188 ff. (in Teutschland). 576. 577 (in Holland). 857. 919. 1236.

Säcularisirung von Klöstern, s. Klosteraufhebungen.

Säcularisirung der Ordensgeistlichen IX. 567.

Säcularpredigten IX. 567.

Sacy, der Jansenist, s. Saci.

Sacy, Silvester de, der Orientalist XII. 1079—1080. 1251. V. 606. VI. 29. IX. 778.

Sacy, de, der Jesuit V. 563.

Saddharma, buddhist. Schriften XII. 157.

Sadducäer, die Secte der IX. 563—565, vgl. Pharisäer, s. I. 505. III. 268. IV. 915 ff. VI. 922. VIII. 387. XII. 11. 1104.

Sadis, Ordensstifter III. 156.

Sadock, s. Zadok.

Sadolet, Jacob, der Cardinal IX. 565—566. I. 767. 768. II. 74. 279. 860. VII. 31. VIII. 231. 453. 571. X. 87. XI. 768. XII. 1130.

Saffarach, Bf. v. Paris XII. 220. 924.

Saffi, Bm. X. 263 ff.

Sagan, Stift III. 934. IX. 680.

Sagan, Stiftsvrtr. d. Hhrstrs. V. 282.

Sagarelli, der Chiliast, s. Segarelli.

Sagilo, Priester IX. 280.

Sahag, armen. Pich. I. 441.

Sahidische Bibelübersetzung I. 942.

Said ibn Batrik, s. Eutychius.

Saida, s. Sidon.

Saig, ibn VI. 759.

Sailer, Johann Michael, Bischof von Regensburg IX. 567—568. 113. 608. 829. 830. III. 731. V. 307. VI. 174. 213. 539. VII. 307. VIII. 29. 201. 380. 647. X. 385. XI. 1122. 1286. XII. 141. 146. 147. 253. 393. 526 ff. 1096. 1101. 1243. 1255 ff.

Saint Jean d'Acre, s. Acco.

Saintes, Claude de, Bf. v. Evreux VI. 543.

Saint-Honorat, s. Herins.

Saint-Martin, der Theosoph XII. 1080. VI. 0. X. 894. XII. 400. 404.

Saint-Simon und der Saint-Simonismus IX. 568—577. 790 ff. II. 73. XII. 1147.

Sais, Stadt VII. 771. X. 170.

Saisset, Bf. v. Pamiers II. 89. 92.

Saiteninstrumente bei den Hebräern VII. 422.

Sakai, David ben V. 891.

σακκος, der VI. 217.

Sakti, die indischen Göttinnen XII. 176. 177.

Saladin (Salah-ed-din, Jussuf-ebn-Ayub) Sultan (K. 1193) I. 891. II. 809. IV. 223. 224. 919. V. 44. 832. 772. 785. 896. VI. 15. 616. 760. X. 149. XI. 407. XII. 603. 691. 969.

Saladins-Zehnten, s. Zehenten Saladins.

Salamanca, Bisthum, Stadt und Universität XII. 1080—1082. II. 315. 746. V. 850. 701. 721. VI. 400. 401. 554. 588. 635. 638. VII. 268. VIII. 347. IX. 306. 580. 881. X. 254. 946. XI. 70 (Synode). 81. 687. 1208.

Salamis, Stadt und Bisthum IX. 577. II. 964. III. 026. X. 578. XII. 521 ff.

Salarien, die XII. 448.

Salat, Jacob, theol.-philos. Büchermacher (st. 1851) VII. 328. XII. 610.

Salath, s. Jalath.

Salazar, span. Jesuit V. 494.

Salbe, s. Putzsachen bei den alten Hebräern.

Salböl, s. Oele, hl.

Salbung der hebr. Könige VI. 246.

Salbung der Kaiser und Könige, s. Krönung der Kaiser und Könige.

Salbung mit geweihtem Oele, ein Moment des Benedictionsritus X. 28.

Saldanha, Cdl.-Pich. v. Lissabon, Jesuitenfeind V. 564. VIII. 592 ff. XII. 732.

Salem, s. Jerusalem, Melchisedech.

Salerno, Stadt, Erzbisthum und Universität IV. 707 (Syn.). V. 750. VII. 221 (Unterredung in). 525 (Schule). VIII. 204. XI. 442. XII. 1137.

Sales, Franz von, s. Franciscus [von Sales.

Salesianerinnen, Orden der IX. 577—578. II. 450. IV. 141. VII. 230. X. 808.

Salim, bbs. Ou. IX. 578—579.

Salisbury, Bisthum III. 23. IV. 781. V. 241. XI. 668.

Salisbury, Joh. von, s. Johannes von Salisbury.

Salische Ehe, s. Ehe zur linken Hand.

Salle, Jean Baptiste de la, Stifter der Brüder der christlichen Schulen IX. 579—580. 751.

Sallum, israel. König IV. 911. VII. 54. XI. 1236.

Sallustius, Cajus Crispus, röm. Ge-

schichtschreiber (st. 35 v. Chr.) V. 355. XII. 598. 1270. 1290.
Salm, Graf Wolfgang von, Bf. v. Passau VII. 724. VIII. 182.
Salmanassar, der König IX. 580. I. 111. 566. II. 959. III. 848. IV. 57. 911. IX. 317. 602. X. 52. 121. XI. 33. 37. 347. [581.
Salmanticenses sc. theologi IX. 580—
Salmasius (Claude de Saumaise), der Polyhistor (st. 1653) IV. 809. VI. 225. VIII. 314. 332. XI. 532. XII. 525.
Salmaz, Nestorianer in VII. 525.
Salmaz, armen. Bf. VIII. 311.
Salmeron, der Jesuit IX. 581—583. I. 950. II. 105. 106. III. 871. IV. 42. V. 550 ff. 712. VI. 316. XI. 191. 199.
Salmone (Cap Sideron) IX. 583.
Salmur, Synode zu X. 311.
Salome, Name der Mutter Jacobus des ältern und des Johannes, dann der Tochter der Herodias IX. 583—584. III. 795. V. 468. 741. XII. 771.
Salomo, der weise König IX. 584—588. 317. 496. I. 42. 100. 132. 135. 205. 327. 330. 340. 345. 398. 481. 487. 571. 678. 769. 807. 889. II. 213. 242. 530. III. 12. 49. 302 ff. 366. 367. 397. 411. 518. 519. 521. 717 (angebl. Schriften des). 728. 860. 865. IV. 56. 196. 266. 374. 852. 908. V. 90. 213. 274 ff. 282. 526. 528. 784. VI. 120. 121. 125. VII. 185. 219. 383. 474. 714. VIII. 131. 134. 430. 844. 845. X. 45. 100. 115. 148. 192. 320. 703.
Salomon, Bischöfe von Constanz IV. 278. 279. 282. VI. 67. VII. 889. 893. IX. 95. X. 407. XI. 371. XII. 530.
Salomon, Abt von Lorsch VI. 599.
Salomonischer Tempel, s. Tempel zu Jerusalem.
Salomonsinseln, Mission auf den X. 468. [lomos.
Salomons Sprüche, s. Sprüche Sa-
Salomonsteich, s. Siloam.
Salomons Weisheit, s. Weisheit, Buch der.
Salona, Stadt X. 222. 223. XII. 1320.
Salonichi, Lazaristen in VII. 167; — Mission zu X. 622; — Judenschule XII. 1115.
Salonik, s. Thessalonik.
Salonius, Bf. v. Genf III. 729.
Salophaciolus, s. Timotheus Salophaciolus.
saltum, ordinatio per, s. Ordensusurpation.
salutatorium III. 130. [X. 547.
Salvado, Dom, Missionär und Bischof
Salvador, Schriftstlr. VI. 681.
Salvandy, Narcisse Achille, Comte de, frz. Unterrichtsminister (st. 1856).
Salvatierra, Msnär. XII. 39.
Salvator, Klstr. II. 99. VII. 693.
Salveandacht I. 13.
Salve Regina, Antiphon IX. 589.
Salvi, s. Sassoferato.
Salvianus, Kirchenschriftsteller IX. 588—589. X. 214.
Salvianus, Bischof VIII. 777 ff.
Salvatororden, s. Brigittenorden.
Salviati, Historiker XI. 584.
Salvius, heiliger Bischof X. 194.
Salz, das IX. 589—590. X. 667. XI. 831.
Salza, Jacob v., Bf. v. Breslau II. 153. IX. 684. 685. 861.
Salzbund, s. Salz.
Salzburg, Juvavia IX. 590—601; a) Erzbisthum und Universität I. 92. 129. 460 ff. 698. 701. 705. 772. 773. II. 82. 473 ff. 675. 778. III. 462. IV. 310. 661. 820 ff. 865. 895. V. 754. VI. 32. 316. 348. 410 (Legation). 461. 875. 882. VII. 370. 630 (Besetzung des Bms.). 664 ff. 786. VIII. 645 (Univs.). 675. IX. 94. 566. 910. 911 ff. X. 50. 223 ff. 793. XI. 215. 303. 447. 668. 963 ff. 1086. 1239 (Univs.). 1284. XII. 316. 560 ff. 895. 1202. 1206 ff.; b) Stadt VII. 693 (Obsvtn. in). VIII. 773 (Primatialsitz). IX. 155 Chsstnthm.).
Salzburg, Synoden XII. 1082—1083. VII. 725. 859. X. 432. 685.
Salzlecker, die IX. 600.
Samachschari, Erklärer des Koran VI. 251.
Samandrachi, s. Samothrace.
Samaria IX. 601—602. 434. 578. I. 404. 805. 806. II. 530. III. 12. 268. IV. 57. 274. 307. V. 139 (Stadt). 534 (Christen in). 688. 785 (Stadt). VI. 343. 680. VIII. 53. 331. X. 910.
Samarinus Franciscus XII. 1064.
Samaritaner, das Mischvolk der IX. 602—605. I. 153. 206. 505. II. 959. III. 349. IV. 310. 913. VII. 501. 883. VIII. 309. 454. X. 115. 117. 155. 710. XI. 1294.
Samaritanische Bibelübersetzung I. 936 ff. 941.
Samaritanischer Pentateuch IX. 605—608. VII. 337. 361.
Samarkand, Nestorianer in VII. 525.
Samarkandi, mohammed. Moralist III. 414 ff.
Samarthaner, die Gallia christiana der VI. 158.
Sambuddha, buddh. Msnär. XII. 183.
Sambuga, der Freund Sailers IX. 608—609. X. 344.
σαμβυκη bei den Hebräern VII. 442.
Samgar, jüd. Richter IV. 906.
Samland, Bisthum in Preußen IX. 609—612. II. 139. VII. 866. VIII. 684 ff. (Refmtion im). 701 ff. 703 (protest. Bm.).
Sammael, Giftgott I. 450. V. 905. X. 770 ff.
Sammlungen, s. Collecten.
Samo, der Slavenherrscher V. 397.
Samogitien, Christianisirung von V. 482. [IX. 23.
Samokreschtschina, Secte in Rußland
Samos, die Insel IX. 612. [461.
Samosata, Bm. III. 764. V. 460.
Samosatener, s. Paul von Samosata.
Samothrace, Insel IX. 612.
Sampsaer, die III. 359.
Samson, der starke IX. 613—616. III. 17. 728. IV. 313. 906. VIII. 309. XI. 1293.
Samson, Bernhard, der Ablaßkrämer III. 867. XI. 1313 ff.
Samson, Bf. v. York I. 247. XI. 1215.
Samstag, der IV. 201. 238. VIII. 297. IX. 74. 76. X. 347. 348.
Samsumim I. 205. IX. 209.
Samuel, der letzte Richter IX. 616—617. 13. 119. 121. 316. 317 ff. 470. 613. 630. I. 45. 102. 208. 570. 885. 886. III. 48. 514. IV. 313. 489. 645. 861. 906. V. 86. 87. 545. 698. VI. 245. 504. VII. 107. VIII. 130. 135. 618 ff. 822. 845. X. 63. XI. 58.
Samuel, Loblied der Mutter des Propheten V. 430.
Samuel, Rabbi, Arloch XII. 1108.
Samuel, gl. Mönch IX. 2.
Samuel, Bf. v. Toulouse XI. 93.
Samuelian, Malachias, der Mechitarist II. 522.
Samum, der Wüstenwind I. 395.
Sämund, der weise, isländ. Priester V. 860. [439.
Sanatrug, der Apostelmörder I.
Sanballat, der Statthalter IV. 913. VII. 501. IX. 603.
Sanbatjon, der sagenhafte Fluß III. 850. 852.
Sanbenito, der s. g. V. 658 ff.
Sancha, die Königin V. 774.
Sanchez, Thomas, der gelehrte Jesuit IX. 617—620. 249. VII. 305. 306. XII. 251.
Sancho, Ebfe. v. Toledo XI. 70. 71.
Sancho III., Major von Navarra VI. 934.
Sancho, Herrscher II. 735. V. 633. 637.
Sanchuniathon V. 512.
Sancio, der Maler, s. Raphael.
Sanctarellus, s. Santarel.
Sanctinus, der heilige XI. 588.
Sanction, pragmatische, s. Pragmatische Sanction. [Gnt.
Sanctissimum, s. Hochwürdigstes
Sanctissimus, die Konstitution VI. 538. [V. 515. VIII. 142.
Sanctius, Kaspar, der Exeget II. 959.
Sanct-Mariens-Ritter, s. Teutschorden.
Sanctorius, gl. Cdl. XII. 1064.
sanctorum acta, s. acta sanctorum.
sanctorum natalitia, s. natalitia sanctorum.
sanctorum sortes, s. sortilegium.
Sanctulus, der Priester VI. 501.
Sanctus, der heilige VIII. 624 ff.
Sanctus, der Rhetor X. 103.
Sanctus, das, s. Messe, dazu I. 215. V. 333. VII. 397.
Sand, Kotzebues Mörder (hinger. 1820) XI. 925.
Sandalen, s. Kleidung der a. Hebräer.
Sandalen, als bischöfl. Insignien II. 23. VI. 216. XII. 1001.
Sandau, Klstr. X. 606.
Sandoval, der Negerapostel XII. 41. 226. [511. IV. 283.
Sandrat von Cöln, der Mönch III.
Sanduhren, s. Uhren.
Sandwichsinseln, kirchliche Zustände auf den, s. Australien, dazu VIII. 451. X. 441. 460. 465 ff.
Sangerhausen, die Flagellanten in IV. 370.
Sanghamitra, der Mönch XII. 190.
Sanguinis pretiosi festum XII. 1063.
Sanhedrin, s. Gericht b. d. Hbrn.
Sanherib, s. Sennacherib.
San Jago di Compostella, s. Compostella.
Sanscritsprache und -schriften VII. 10. XII. 154. 1323.
Santa Cruz, s. Brasilien.
Santaëcla, der Canonicus X. 107.
Santa Fé in Spanien VI. 936.
Santarel, gel. Jesuit XII. 1083.
Santen, Santum, s. Xanten.
Santes (Xantes) Pagninus, der gelehrte IX. 620—621. III. 490. X. 93. XII. 1213.
Santorin, Bm. VII. 167. X. 622.
Sanville, der Protestant IV. 881.
Sapandomad, parsische Gottheit VIII. 157.
Sapaudus, Bf. v. Arles VIII. 263.
Sapham, der Schreiber V. 811.
Saphar, Stadt und Berg V. 462. 497.
Saphat, Stadt XI. 2.
Saphir, der Edelstein II. 342. III. 384.
Sapientia, die heilige, s. Sophia.
Sapientiae liber, s. Weisheit, Buch der.
Sapienza, die in Rom IX. 369.
Sapor, Name von 3 sassanidischen Königen Persiens, worunter besonders Sapor II. als Gegner Julians d. A. und Christenverfolger berühmt (reg. 309—380 n. Chr.) I. 440. III. 392. V. 456. — 897 (l.). VI. 695 ff. 910. VII. 620. VIII. 307. XII. 622. 775. 1324.
Sappa, Msnäre. in VII. 168. XI. 333.
Sapphira, s. Ananias.
Sara, das Weib Abrahams IX. 621

—622. I. 57. 379. V. 836. 860. VI. 60. VII. 450. [XI. 34.
Sara, die Tochter Raguels IX. 622.
Saraa, bbl. On. IX. 613.
Sarabaiten, s. Rhemoboten.
Saracenen, Geschichtliches von den, s. Arabien, Homeriten, Kreuzzüge, dazu I. 773 (in Italien). 814. 815. 840. II. 364. 679. 811. 831. 833. III. 904 (in Italien). IV. 223. 283. V. 532. 716. 718. 750 ff. 754 ff. VI. 249. 350. 455 ff. 483. 630 ff. VII. 243 (und Kopten). VIII. 445. X. 248 ff. 810. XI. 256 ff. 927. 1101. XII. 1021.
Saracho, Abt von Cervey IX. 443.
Saragossa, Erzbisthum, Stadt und Universität IX. 622—624. 769 (Univs.). VIII. 778 (Syn.). X. 261. 261. 263. 267. 269. 630. XI. 167. XII. 1111 (Judenschule zu).
Sarantapechy, der Jude V. 509.
Sarbäa, Märtrr. III. 392.
Sarbelius, Märtrr. III. 392.
Sarbiewsky I. 590.
Sarcerius, Schftst. XII. 1236 ff.
Sardes, Bisthum IX. 624. VII. 46.
Sardica in Illyrien (Sophia, Triadiza) Bisthum II. 100. X. 201. XI. 332 ff. XII. 517.
Sardica, Synode daselbst IX. 624—630. 43. I. 125. 432. 489. 493. II. 674. 825. 843 ff. III. 169. 775. V. 337. 678. 918. VI. 352. 678. 681. 787. 815. VIII. 365. 439. 662. X. 87. 90. 397. XI. 1298.
Sardinien, das Königr., s. Italien (V. 871 ff.), dazu I. 781. 783. 784. II. 610. 814. IV. 685. 708. VII. 584. VIII. 433 (phönic. Handelsübrifsgn.). IX. 397. XI. 758. XII. 200 ff. 207 (Insel).
Sardinien, kirchliche Zustände der neuesten Zeit XII. 1083—1086. 670.
Sardonyx, der Edelstein III. 356.
Sared, Sarediter XI. 1232.
Sarepta, Stadt IX. 630—631. III. 522. V. 777.
Sarepta, Herrnhuter in V. 144.
Sarg I. 735.
Sargon, äthiop. König VII. 465.
Sariphäa, Bm. IX. 631.
Sarkander, Joh., der Dechant VII. 746.
Sarkolaträ, s. Polemianer.
Sarmaten, s. Slaven.
Sarolta, Weib des Ungarherrschers Geysa VI. 744. X. 123. XI. 400.
Saron, die Küstenebene IX. 631—632.
Sarpi, Paolo, der Historiker (st. 1623) I. 760 ff. II. 373. 414. III. 10. 244. V. 69. 342. VI. 158. 813. VIII. 59 ff. (und Pallavicini). 232. IX. 315. X. 89. XI. 247. 248 Anmkg. 575. 606. 607. XII. 267.
Sart, s. Sardes.
Sarti, Canonist III. 67. 69 ff. IV. 542.
Sarto, Andrea de, Maler (st. 1530) VI. 782.
Sarug, jacobit. Synode zu V. 466.
Sarug, Jac. von, s. Jacob von Sarug. [von Sarzana.
Sarzana, Thomas von, s. Thomas
Sassaniden, das Geschlecht der I. 577. VII. 620. 760. IX. 12.
Sassari, sardin. Erzbisthum XII. 202.
Sassoferato (Giambattista Salvi), Historienmaler (st. 1685) VI. 786.
Satan, s. Teufel.
Satanianer, s. Messalianer.
Sathanael, der der Bogomilen I. 663. 664.
Saturn, heidn. Gttht. I. 570. II. 6. VI. 84. VII. 221. VIII. 41.
Saturnin, der heilige I. 350. III. 855. IV. 250. VIII. 303. X. 397. XI. 92.
Saturnin von Arles, arian. Bf. V. 185.
Saturnin, die Abtei des hl., s. Toulouse.
Saturninus, der Gnostiker IX. 632—634. I. 279. 506. III. 549. IV. 560. VI. 36. 832.
Saturus, hl. Märtrr. VIII. 301. 302.
Saz, verschiedene Arten IX. 634—636.
Saufstadt, s. Sichem.
Saul, der König IX. 636—638. 119. 318. 616. I. 86. 93. 135 ff. 192. 208. 391. 807. II. 530. III. 46 ff. 191. 580. 616 IV. 311. 372. 560. 846. 907 ff. V. 782 ff. 841. 880. VI. 245. 284 ff. 294. 618. VII. 1107. 183. 185. 421. 623. VIII. 131. 309. 844. X. 45. 114. 200. 372. 773.
Saul, s. Paulus.
Säulenheilige s. Styliten, Simeon der Stylite.
Saumur, die Stadt II. 775. V. 382.
Saunier III. 794.
Saurier, Aftor. IV. 410.
Saurin, der Prediger (st. 1730) IX. 162. XII. 625.
Saurine, der constitutionelle Bischof IX. 266. XII. 244. 725. 728.
Sausen, Franz, Gelehrter III. 727. VI. 153.
Säuß, Seuß, s. Suso.
Saussay, And. du, Bf. v. Toul VII. 512.
Saussure, Horace Benoit de, Naturforscher (st. 1799) V. 796.
Sauter, Canonist VIII. 758.
Savanna, Bm. VII. 610.
Savarie, Bf. v. Auxerre IV. 150.
Savelli, der kaiserl. General III. 294. IV. 826 ff. XI. 879. 880.
Savigny, Kloster X. 89.
Savigny, Friedr. Karl von, der große Rechtsgelehrte (geb. 1779) II. 419. 563. 564. VIII. 74. XI. 430. 442.
Savile, Gl. XI. 1091.
Savines, Bf. v. Viviers IX. 202.
Savinian, der heilige X. 69. XII. 219.
Savona, der Papst in VIII. 491.
Savonarola, der Demagog IX. 638—648. 620. I. 157. IV. 64. VI. 468. VIII. 343. XII. 360.
Savoyen, das Land VI. 370 ff. 375 ff. X. 196. 107.
Sawtres, der Ketzer IV. 782.
Saxo annalista und grammaticus I. 567. V. 190. IX. 648.
Saxo poeta IX. 648.
Sayn, Graf v. II. 808.
Sbinko, s. Zbynek.
S. C., die Bezeichnung VII. 715.
Scala, Bisthum VI. 521.
Scala, Nicodemus della, Bf. v. Freysing IV. 210 ff.
Scalholt, isländ. Bisthum V. 850.
Scalich, Paul, tschr. Thlg. (st. um 1577) I. 146. VI. 948.
Scaliger, die Philologen Giulio Cesare (st. 1558) und Joseph Justus (st. 1609) III. 225. 319. IV. 803. V. 942. VI. 136. VII. 373. IX. 877. X. 583. XII. 217. 279. 600.
Scaliger, die Familie XI. 636 ff.
Scanderbeg, d. h. Fürst Alexander (eigentl. Georg Kastriota) der Held Albaniens (st. 1466) II. 265. V. 400. VI. 807.
Scandinavien, s. Dänemark, Norwegen, Schweden, dazu II. 506. III. 305 (Bisthümer). 719. 720 (Christianfg.). IX. 132.
Scandinavische Götterlehre VIII. 39 ff.
Scapulier, das IX. 648—649. II. 304.
Scapulierbruderschaft VI. 363.
Scapulierfest, Fest Mariä vom Berge Carmel VI. 897. IX. 649.
Scardona, Bm. XII. 1323.
Scarlatti, Alessandro, der Tonsetzer (st. 1728) VII. 418 ff. 419.
Scepter, der X. 957.
Schabbath, der Tractat, s. Sabbath.
Schabbathai Zevi, s. Juden.
Schächer, die beiden II. 8. 118.
Schachspiel, inwiefern den Geistlichen erlaubt XII. 273.
Schad, J. B., der Apostat XII. 1119.
Schadbal, el IV. 604.
Schade, J. C., der Pietist X. 280. 281. 282. [führung.
Schadenersatz, s. Ersatz, Ver-
Schadenfreude III. 458.
Schadenlüge, s. Lüge.
Schadlanden, Joh., Bf. v. Worms XI. 1152. [Selbsthilfe.
Schadloshaltung, geheime, s.
Schadow, Joh. Gottfried, der Künstler (st. 1850) VI. 786.
Schafarik, Gl. IX. 907. 908.
Schafei, mohammed. Gl. V. 840.
Schäferseete, s. Pastorellen.
Schaffgotsch, Graf Phil. Gotthard, Fbf. v. Breslau II. 153. IX. 657 ff.
Schaffhausen, Canton I. 641. II. 759.
Schäffler, Msnär. XI. 327.
Schaggas, Volk der II. 755.
Schägger, Leonh., Sectirer IX. 848.
Schahriver, pars. Gtthl. VIII. 157.
Schakal, das Thier IX. 649—650.
Schaker, Secte, s. Leada. [813.
Schaleph, Sohn Joctans V. 697.
Schall, Adam, der berühmte Jesuitenmissionär in China II. 482 ff. XII. 8. 256 ff. [651.
Schallum, bbl. Personenname IX.
Schaltjahr, s. Kalender.
Schaltmonat, hebr. V. 486.
Schamanen, Schamanismus, s. Fetisch, Paganismus, Buddhismus.
Schamhaftigkeit IV. 351. VI. 77 ff. X. 762.
Schammai, der Rabbi und dessen Schule I. 672. VIII. 389. IX. 4. 777. XII. 536. 1103. 1106.
Schammascha, Diacon der chald. Christen VII. 527.
Schammata, jüdische Excommunicationsformel XII. 762. 764.
Schamum, Simon, Name des chald. Ptchn. VII. 528.
Schandglocke, die IV. 537.
Schang, J. M., der Decan VIII. 826.
Schang-ti, der Ausdruck II. 783. 784. VIII. 36.
Schannat, J. F., der gelehrte XII. 1086—1087. 1101.
Schanze, Wenzel, Mrist. VII. 308.
Scharffenberg, Bblkrkr. VI. 292.
Schärtlin von Burtenbach, Sebastian, der Ritter (st. 1577) IX. 699 ff.
Schalag, armen. Ptch. I. 440.
Schatten, Zurückgeben des III. 861 ff.
Schatz der Verdienste Christi und der Heiligen, s. Thesaurus meritorum.
Schätzungseid, s. Eid.
Schaubrod, Schaubrodtisch X. 368. 707. 714. 715. [Gottes, Glaube.
Schauen Gottes, s. Anschauen
Schauenburg, Alb. von, Gegenbischof von Passau VIII. 151; — Graf Bruno von, Bf. v. Olmütz VII. 767; — Heinrich von, Bf. v. Samland IX. 610.
Schaufäden, s. Arba Kanphot.
Schauspiel, s. Theater.
Scheba, s. Saba.
Schebiit, der Tractat IV. 495.
Schebisteri, Sufi und Dichter V. 858.
Schechina, die IX. 651—653. II. 214. X. 710. 895.
schedula confessionis, s. Beichtzettel.
Scheelstrate, Emanuel von, der Gelehrte IX. 653. I. 397.
Scheffler (Angelus Silesius) IX. 653—654. VI. 890. VIII. 529.
Scheffmacher, Jesuit IV. 231.
Scheftlare, Klstr. IV. 206. 208.
Schegg, Theolog VIII. 849.
Schehäb, das Haus VI. 511.
Scheibel, F. G., der Altluthe-

raner IX. 654—657. I. 131. VIII. 732. X. 81.
Scheidebrief bei den Hebräern III. 411 ff. IV. 178. VII. 353.
Scheideglocke, s. Sterbeglocke.
Scheidung der Apostel, s. apostolorum divisio (XII. 56).
Scheidung von Tisch und Bett, s. Ehescheidung.
Scheidzeichen, s. Freitag.
Scheinehe, s. Concubinat.
Scheiner, Matthäus, der Cardinal V. 920. X. 195. 196 ff. XI. 60. 380. 1313.
Scheingeben, s. Gottesurtheile.
Scheit, M., Bf. v. Seckau IX. 912.
Schekel, der IV. 372 ff.
Schellen, die IX. 657, vgl. Glocken.
Schelling, Friedr. Wilh. Jos. von, der Philosoph (st. 1854) I. 118 ff. (als Aesthetiker). 497. II. 194. 763. III. 924. IV. 359. 606. VI. 6. 926. VII. 327 (Ethik des). VIII. 81 ff. (Pantheism.). IX. 674. X. 6. 894. XI. 778. 876. 1115. XII. 134. 307. 335. 396 ff. 928. 929. 977. 1060.
Schelstrate, s. Scheelstrate.
Schelwig, Gegner Speners X. 282. 286.
Schemagebet X. 895. [1105.
Schemaja, Rabbi VIII. 819. XII.
Schematha, was Halacha; s. d.
Schemone Esre, s. Thephilla.
Schenk, Eduard von, Dichter VIII. 531.
Schenk, Jacob, Hofprediger VII. 31.
Schenk, letzter Erzbischof v. Utrecht XI. 505. [XI. 159.
Schenkel, Daniel, prot. Thlg. I. 623.
Schenken, der Betrieb von, den Geistlichen verboten XII. 271.
Schenkl, Maurus, Theologe IX. 657—659. VII. 308.
Schenkung, constantinische, s. donatio Constantini.
Schenkungen an Kirchen IX. 659—660. V. 486. VI. 196 ff. 596 ff. VIII. 227. XII. 644 ff. 1227.
Scheol, der IX. 660—664. I. 2. V. 280. VI. 392.
Scherer, Georg, der Jesuit VI. 226. VII. 735.
Scherira, Rabbi XII. 1109.
Schermer, Gl. XI. 679.
Scherpf, der luther. Zelot X. 587.
Scherzlüge, s. Lüge.
Scheuchzer, Verfasser der physica sacra VII. 625. [IV. 209.
Scheuern, Konrad von, der Mönch
Scheyern, Benediktinerklstr. XII. 330.
Schicksal, s. Fatalismus, Glück und Unglück. [920.
Schicksalsidee, die altgriechische III.
Schieder, Bm. VIII. 5.
Schiedseid III. 467. 476. 479.
Schiedsrichter, s. Compromiß.
Schiedsrichtergewalt der Bischöfe, s. audientia episcopalis.
Schies, der Syndicus XII. 169. 866.
Schiff der Kirchengebäude VI. 113 ff.
Schiffchen, s. Rauchfaß.
Schifferinseln, Missionen auf den X. 457. 459. 467.
Schifffahrt bei den Hebräern IX. 664. [626.
Schifffahrt bei den Phöniciern VII.
Schiffsmesse, die VII. 158. IX. 661. [669.
Schiffstaufe, die IX. 664—665. X.
Schiiten, die IX. 665—667. I. 167. III. 925. V. 849 (Islam). VI. 15. X. 243 (Sonniten). XI. 1243.
Schild, s. Krieg bei den Hebräern.
Schile, chines. Kaiser XII. 151.
Schillem, Sohn Nephthalis VII. 468.
Schiller, Friedrich von, der große Dichter (st. 1805) III. 4. 211. 453. 622. 733. IV. 459. 672. V. 512. VI. 82. 856. VIII. 391. 530. IX. 820. 844. X. 34. XI. 877. XII. 134. 203. 642. 929. 1055. 1087.
Schimon, Rabbi, V. 890.
Sching-tsu, chines. Kaiser II. 784.
Schinner, Cardinal, s. Scheiner.
Schirmvogt, s. Kirchenvogt, jura circa sacra.
Schisma, Schismatiker IX. 667—671. S. Avignon, Päpste, Reihenfolge derselben, Pisa, dazu II. 968. IV. 89 ff. 365. V. 631. 650. VI. 76. 130. VII. 677. 820. 861 ff. VIII. 66. 263. 261. IX. 47. 80. 216. 205 ff. XI. 580. 581.
Schisma, anglicanisches VI. 359.
Schisma, von Antiochien IV. 743.
Schisma, von Aquileja XI. 568.
Schisma, des Baselerconcils VII. 588.
Schisma, das gegen Cyprian gerichtete III. 937.
Schisma, das erste III. 358.
Schisma, donatistisches III. 254 ff.
Schisma, französisches II. 94. 96 ff. XII. 350 ff.
Schisma, griechisches, s. Griechische Kirche, Russen, vgl. Religionsvereinigung, s. dazu I. 651. II. 441. 505. V. 481. VI. 685. VII. 238. IX. 670. X. 358. XI. 339. XII. 58. 68. 71.
Schisma, jacobitisches V. 403. 406.
Schisma, indisches V. 618. XII. 73.
Schisma, luciferianisches VI. 610 ff.
Schisma, meletianisches, s. Meletianisches Schisma.
Schisma, novatianisches VII. 658 ff.
Schisma, päpstliche, s. Päpste, Reihenfolge der.
Schisma, das große päpstliche, s. Avignon (Exil der Päpste in), Constanzerconcil, Clemangis, Gerson, Luna, Pisa, Sigismund, dazu I. 242. 517 ff. 838 ff. II. 364. 390. 575 ff. 746. 950 ff. III. 242. IV. 210. 290 ff. 470 ff. 719 ff. VIII. 342. IX. 330. X. 312. 574. XI. 71. 613. 933. 976. 1230. XII. 1062.
Schisma der Kirche von Ravenna (im J. 648) III. 812. 813.
Schisma der Kirche von Utrecht, s. Utrecht, Kirche von. [368.
Schismatiker I. 719. 737. VIII. 176.
Schittim, die Ebene II. 492.
Schiwa, der Gott der Zerstörung, Gegensatz des Wischnu VI. 318. VII. 219. VIII. 38. XII. 151. 158. 175 ff.
Schlaf der Seele, s. Seelenschlaf.
Schläfer, die sieben, s. Decius und decische Christenverfolgung.
Schlagbeck, der s. g. Erzbischof II. 510.
Schlaginstrumente bei den Hebräern VII. 423.
Schlange, s. Drache.
Schlange, die eherne III. 860.
Schlangenbrüder, s. Ophiten.
Schlangencult I. 756. VI. 818. VII. 788.
Schlangengeist, der ophitische VII. 787.
Schlayer, Johannes von, der württemb. Minister (geb. 1792) IX. 415 ff. XII. 308.
Schlegel, Klstr. VII. 724.
Schlegel, Name mehrerer prot. Kirchenhistoriker VI. 155. 698. X. 204. XII. 1057.
Schlegel, Friedrich und August Wilhelm, die Romantiker XII. 1087—1092; a) A. Wilh. I. 589. XI. 876. XII. 204; b) Friedrich IV. 123. VI. 6. 391. 770. VII. 341. IX. 672. 768. X. 383. XII. 134.
Schlehdorf, Klstr. X. 696.
Schleier der Braut V. 264 ff.
Schleier der hebräischen Frauen IV. 178. VI. 223. X. 761.
Schleier der Nonnen XII. 1092. 1314.
Schleiermacher, der große Theologe IX. 672—681. I. 43. 44. 297 ff. III. 622. 781. 786. VI. 157 (Kchnbist.). 498. VII. 311. 312 ff. 327 (als Moralphilosoph). VIII. 240. 496. 731. X. 783 ff. 896. XI. 55. 266 ff. 358. 605. 924. 926. XII. 258. 323. 1087. 1088. 1175.
Schleiermacher, der Mucker IX. 824. 826 ff.
Schleinitz, Rudolf von, 1. Bf. v. Leitmeritz VI. 433; — Vincenz von, Bf. v. Merseburg VII. 75.
Schlesien, Kirchengeschichtliches IX. 681—688. VII. 748 (Gegenreformation in). VIII. 740. 741. 750 (Friedrichs II. System in). 752 ff. (Jesuitenriecher und Rongeaner in). X. 387. XI. 922. XII. 712.
Schleswig, Bisthum IX. 688—694. III. 19. 720 (Mkgfschft.). VIII. 300 (Litgs.).
Schleupner, Dominik, Pstor. VII. 665.
Schleyer, Professor VI. 838.
Schlichting, Jonas, der Socinianer VI. 606. X. 233 ff.
Schlick, Caspar, der Kanzler V. 424.
Schliersee, Klstr. I. 705. IV. 206. 208.
Schlittbacher, Joh. von, gel. Mönch in Melk VII. 52.
Schlosser, J. F. H., der Uebersetzer XII. 1093—1096. IV. 130. VIII. 523. X. 693.
Schlosser, Friedr. Christoph, der Geschichtschreiber (geb. 1776) I. 904. 906. IX. 324. XI. 896.
Schlözer, Aug. Ludw. von, Historiker und Publicist (st. 1809) XI. 1030. 1057.
Schlüsselgewalt Petri, sacramentale IX. 694—696. X. 907.
Schlüsselgewalt des Lutherthums XI. 823.
Schlußformel des Gebets: per eundem dominum, s. Gebet im Namen Jesu.
Schlüter, die Gebrüder, Labadisten VI. 308.
Schmähsucht, s. Ehre.
Schmalfuß, unbedeutender Kirchenhistoriker VI. 153.
Schmalkalden, Versammlungen in II. 146. 772. V. 551. VII. 31. IX. 863. XI. 179. 180.
Schmalkaldische Artikel, s. Artikel, schmalkald., dazu XI. 181.
Schmalkaldischer Bund IX. 697—698. II. 351. 352. 777. IV. 171. V. 72. 150. VII. 137. 467. VIII. 384. IX. 659. X. 230. 569. XI. 397. 1057.
Schmalkaldischer Krieg IX. 698—700. I. 236. II. 147. VI. 770. VII. 917. XI. 187. 192 ff. 398. 1087.
Schmalz, Valentin, der Antitrinitarier X. 234.
Schmalzgrueber, F., Canonist VI. 168.
Schmeller, J. A., Gl. V. 87. IX. 738.
Schmerzenfest, s. Mariä 7 Schmerzen, Sieben Schmerzen der Mutter Gottes.
Schmerzenfreitag, der VI. 885.
Schmerzhafter Rosenkranz IX. 396.
Schmid, Schmied, s. Faber.
Schmid, Conrad, der Flagellant IV. 370. [430.
Schmid, Joh. Andr., prot. Thlg. II.
Schmid, Joh. Wilh., Mrlphls. VII. 312. [VII. 326.
Schmid, K. Christ. Erh., Kantianer
Schmid, Franz Xaver, Liturgiker III. 779. VI. 175. VIII. 656. IX. 212.
Schmid, Christoph, der Jugendschriftsteller XII. 1096—1098. VIII. 30. [XII. 883.
Schmidlin, der Minister IX. 412 ff.
Schmidt, prot. Kchnhistor. VI. 156.

Schmidt, Joh. Lorenz, Hrsgber. der Wertheimer Bibel XI. 858. XII. 155. 179 (?).
Schmidt, Michael Ignaz, der Geschichtschreiber XII. 1098—1099. III. 928. IV. 711 (?). VI. 14.
Schminke der hebräischen Frauen VIII. 867.
Schmitt, der Pfarrer XII. 382.
Schmitz-Grollenburg, der Staatsmann IX. 408. 409. XII. 867. 869.
Schmuck der Frauen, Tertullian über den X. 761.
Schmuel, Rabbi V. 904.
Schnallenschuhe bei den Geistlichen XII. 270.
Schneider, Jos. Al., Bf. VI. 377.
Schneider, Eulogius, der Revolutionär (hinger. 1794) III. 929. VII. 666.
Schneiderbrüder, die II. 910.
Schnepf, Erhard, ein Reformator Württembergs (geb. 1497, st. 1558) I. 335. 337. II. 40. 145. 148. VI. 770. IX. 556 ff. X. 412. XI. 306. 307.
Schnitzer, prot. Thlg. VII. 827.
Schnorr von Karolsfeld, Julius, der ausgezeichnete Künstler (geb. 1794) VI. 786.
Schöffer, Peter, von Gernsheim, s. Buchdruckerkunst.
Scholastica, die heilige I. 795. IV. 88. VII. 269. 270. X. 661.
Scholasticus II. 327. III. 247. V. 835. VI. 735.
Scholasticus, Joh., s. Johannes Climacus, Johannes III. Pst.
Scholastik, Scholasticismus IX. 701—761. S. Aristotelisch-scholastische Philosophie. Philosophie, dazu I. 2. 143. 266 ff. 412 ff. 515. 550 ff. 689 (Theologie der). 813. 894. II. 403 (Casuistik). 631. 763. 924 ff. III. 28. 38. 221. 253. 325. 344 ff. 379. 922. IV. 107. 512 ff. 543. 564. V. 392. 401 (die neue, bekämpft von Jansenius). 686. 738. VI. 366. 812. VII. 229. 301 (Moralisten der). 319 (Ethik der). 416 (u. Mystik). 695. 697 ff. VIII. 315. 872. IX 55. 310 ff. 331 ff. 390 ff. 497 ff. 619. 690. X. 66 (protestantische). 254. 255. 434. 630. 685 ff. 908. 918 ff. 925. XI. 295 ff. 383. 695. 718. 770. 779. 804 ff. 893. 905. 1115. XII. 410. 506 ff. 1273.
Schollem IX. 761—764.
Schollmer, gl. Thlg. V. 122.
Scholz, J. M. Augustin, der Bibelkritiker XII. 1099—1100. I. 925. III. 491. IV. 864. X. 642. VI. 22. 288. 289.
Schön, Martin (Buonmartino), Maler (st. 1486) VI. 785.
Schönau, Kloster bei Bingen III. 530 ff.
Schönau, Cistercienserkloster bei Heidelberg III. 757. XI. 1150.
Schönberg, Caspar und Dietrich, Bischöfe von Meißen VI. 25.
Schönborn, geistliche Würdenträger aus dem reichsgräflichen Geschlechte der: Joh. Philipp (st. 1673) und Lothar Franz, Churfürsten von Mainz; Friedrich Carl, Fürstbf. v. Bamberg und Würzburg (st. 1746) I. 508. 877 (L. F.). III. 374. V. 159 (J. Ph.). VI. 422. 768 (Joh. Phil.). XI. 498. 1192 (J. Phil.). 1193 (F. C.).
Schönborn, Franz Georg von, Churfürst von Trier V. 324.
Schondelef, Johann III., Bf. v. Schleswig IX. 693.
Schönherr, Joh. H., der Mucker VII. 369.
Schönhofer, Joh. von, Mystiker IX. 729; — gl. Jesuit X. 955.
Schöning, Bf. VI. 520.
Schooß Abrahams, s. Hölle, Höllenfahrt Christi, limbus, Scheol.
Schooßtuch, s. Gremiale.
Schöpfung, Schöpfungslehre IX. 764—769. 178 (des Menschen). 428. 490 ff. 755 (der Welt). I. 93 (Adam). 242. IV. 356 ff. (der Welt). 442 (des Menschen). 855 (der Welt). 390 (ein Beweis für das Dasein Gottes aus der). V. 137 ff. (Lehre von der). 904 (rabbinistische Lehre). VI. 4 (kabbalist.). 797 (manichäische). 832 (eine gnostische). VII. 480 (Naturiss.). 787 (ophitische Vorstllg. von der). 841 (Origenes über die). VIII. 119 (des Paradieses). 277 (Logos als Schöpfer). 858 ff. (Welt). XI. 1115 ff. 1118 ff. 1197 ff.
Schöpfung der Welt, ein Gedicht über die IX. 823.
Schophetem, s. Richter.
Schoppe, s. Scioppius.
Schöppenthum, das XII. 343. 344 ff.
Schoreel, Jan van, Maler (st. 1569) VI. 785.
Schorich, der Jesuit VII. 726.
Schort, Mssndr. X. 465.
Schoster, Joh. Ernst, der Bürgermeister VII. 746.
Schott, Andreas, gel. Jesuit IX. 769—771. I. 310. V. 307. VII. 850.
Schottenklöster in Teutschland IX. 771—772. 102. V. 826. XI. 966. 971. 983. 1188. XII. 239 (in Cöln).
Schottische Moralphilosophen VII. 323 ff.
Schottland, Geschichtliches und Kirchengeschichtliches, s. Großbritannien, dazu I. 241. 265. 455. II. 282. 693 ff. 775. 852. 862. 921 ff. 936. III. 180. 348. IV. 464. 777 ff. V. 220 (mit England vereinigt). 440 ff. (Reformationszeit). 468 (Jacobiten in). 677. VI. 236 (Reformation in). 361. 834. 851 ff. (Maria Stuart). IX. 804 (Schulwesen in). 636. X. 572 (Bekenntnißschriften). 725. XI. 115. 227. 703. 1224. XII. 54. 779 ff.
Schrade, der Leinweber IX. 823.
Schramm, Mystiker VII. 300.
Schrank in Synagogen X. 579.
Schrattenbach, Graf Sigmund von, Ebf. v. Salzburg IX. 601.
Schraudolph, Johann, der Maler (geb. 1808) VI. 786. X. 291.
Schreibekunst, s. Schriftzeichen.
Schreiber, Heinrich, Historiker (geb. 1793) VII. 307.
Schreibtafeln der Alten, s. Diptychen.
Schreiner, Joh., Abt von Kremsmünster VI. 259.
Schriftauslegung, s. Exegese.
Schriftgelehrte, s. Pharisäer, Rabbi.
Schriftzeichen, hebräische IX. 772—780.
Schröckh, Joh. M., der Kirchenhistoriker IX. 780. 311. 453. I. 227. 275. 495. 805. II. 137. 269. 634. 660. III. 144. 262. 334. 873. IV. 709. V. 610. 644. 707. 708. 801. VI. 16. 154. 156. 521. VII. 553. 581. 789. VIII. 398. XI. 348. 560. 1043. 1059 Anmkg. XII. 330.
Schröder, thlg. Schrftst. VII. 117.
Schroffenberg, Jos. Conrad von, letzter Bischof v. Freysing IV. 213.
Schual, das Gebiet VII. 789.
Schubert, Gotthilf Heinrich von, Naturforscher, Philosoph und religiöser Volksschriftsteller (geb. 1780) II. 422. III. 294. IV. 408. VI. 790. 810. VII. 12 (*). 634. 714. VIII. 213. 216. IX. 289. XI. 58. 1254.
Schuhe des Bischofs, s. Sandalen als bischöfl. Insignien.
Schuhe der alten Hebräer, s. Kleidung der alten Hebräer.
Schulbildung II. 728. 729.
Schulbrüder und Schulschwestern IX. 780—785. 579. — a) Schulbrüder II. 117. V. 809. VII. 641 (in Nordamerica). X. 802. XI. 516. XII. 109. 112. — b) Schulschwestern IV. 180. VII. 642. VIII. 21. IX. 579 ff. X. 806. XII. 365.
Schulchan Aruch IX. 786, s. Aruch.
Schuld- oder Sündenbekenntniß, s. Confiteor.
Schuld und Strafe der Sünde, s. Ablaß, Buße, Bußwerke, Genugthuung.
Schuldopfer, hebräische VII. 777 ff.
Schule des Kreuzes, die VI. 261 ff.
Schule, Volks-, Elementarschule IX. 786—799, s. Lehrart (XII. 706), Volksschule (XII. 1233), Erziehung vom christlichen Standpunkte aus (XII. 321), Pädagogik, Stiftungen, vgl. Unterrichtsfreiheit.
Schulen, Kleriker der frommen, s. Piaristen.
Schulen des Jesuskindes IV. 190.
Schulen in Cordova XII. 253.
Schulen, gelehrte, s. Dom- u. Klosterschulen, Mittelschulen, Universitäten.
Schulen, hohe, der Juden XII. 1102—1117. V. 438. VI. 680. IX. 4 ff. 16. X. 591.
Schulen, hugenottische V. 392.
Schulen, vormittelalterliche u. mittelalterliche, s. Alexandrinische Schule, Dom- und Klosterschulen, Domscholaster, Lüttícher Schule, Katechetenschulen, Pfarrschulen (XII. 963 ff.), quadrivium.
Schulen, persische III. 302 ff.
Schulen der Propheten, s. Prophetenschulen.
Schulen in Rom IX. 386 ff.
Schulen, russische IX. 482.
Schulen, spanische V. 857.
Schullehrer, der IX. 799—803, s. Lehrervereine (XII. 707).
Schullehrerseminarien IX. 803—807. VII. 682 (eines in Würzburg).
Schulmantel, der große Talith, s. Arba Kanphot.
Schulmeister, s. Schullehrer, Schulzucht.
Schulmeister, herumziehende VIII. 19.
Schulordnung, die österreichische v. 1579 VII. 735 ff.
Schulprämien, s. Schulzucht.
Schulquarte in Bayern VIII. 878.
Schulrechte der Desservanten in Frankreich III. 119 ff.
Schulreden IX. 807.
Schulschwestern, s. Schulbrüder.
Schulseminarien, s. Schullehrerseminarien.
Schulstipendien, s. Stipendium.
Schultens, Orientalist VIII. 407. 455.
Schulterkleid des Hohepriesters, s. Ephod.
Schultheß, prot. Thlg. III. 388.
Schultz, Hieronym., Bischof IV. 897.
Schulwesen in Braunschweig V. 538.
Schulwesen in Frankreich IV. 166. 169. IX. 457.
Schulwesen in Holland XII. 586. 590 ff.
Schulwesen, lutherisches VII. 29.
Schulwesen im Münsterlande XII. 430 ff. 820. 913.
Schulwesen in Oestreich XII. 902 ff.
Schulwesen auf Sicilien V. 868.
Schulwesen in Tibet XI. 12 ff.
Schulz, prot. Thlg. VIII. 274.
Schulze, prot. Thlg. X. 352.
Schulze, G. E., Philosoph XII. 978.
Schulzucht, verschiedene Arten von Strafe und Belohnung der Kinder IX. 807—813.
Schurf, Hieronym., der Jurist IV. 117.
Schurman, A. M., die Labadistin VI. 308.
Schuster, gl. Thlg. VI. 51.
Schustergesellen, Genossenschaft der II. 919.
Schütteler, Gerte, s. Leada.
Schutlern, Klstr. I. 152. X. 406.

Schütz, cryptocalv. Hofprediger VI. 301.
Schütz, Heinr., prot. Kirchenmusiker VII. 413.
Schutzbar, Wolfgang, Landcomthur, Hochmeister X. 816 ff.
Schutzengel III. 587.
Schutzengelfest IX. 813—814.
Schutzfest, s. patrocinium.
Schutzfest Mariä VI. 889.
Schutzgeister, buddhistische XII. 178. 179.
Schutzheiliger, s. Schutzpatron.
Schutzpatron IX. 814—816, s. Kirchenpatron, Namenspatron, Nothhelfer, Patron, Patrocinium.
Schutzrecht des Staates zu Gunsten der Kirche V. 933 ff.
Schwabacher Artikel IX. 816—817. XI. 91.
Schwabenspiegel (corpus juris Suevici) XII. 1100—1101, vgl. Sachsenspiegel, dazu II. 888 (kennt bereits die päpstl. Decretalen) V. 411 (Strafe der Ketzerei).
Schwäbisches Syngramma II. 146.
Schwäbl, Franz Xaver, Bischof von Regensburg XII. 1101—1102 283. IX. 113.
Schwachheitssünden, s. Sünde.
Schwagerschaft IX. 817—819, s. parentelae respectus, Verwandtschaftsverhältniß.
Schwanthaler, Ludwig Michael, der Bildhauer (st. 1848) IX. 907.
Schwärmerei und schwärmerische Secten unserer Zeit IX. 819—840. IV. 7 ff. 564 ff. 836. V. 473. 768. VI. 230. 303. VIII. 608 ff. 610 ff. 621. X. 544. 738. XI. 1095.
Schwarmgeister, s. Sacramente, Sacramentsstreit, Wiedertäufer.
Schwartz, Godefrid, prot. Gl. X. 123.
Schwarz, F. H. Christ., Pädagog III. 701. 703.
Schwarz, der Dominicaner IX. 236.
Schwarz, Ildephons, der gelehrte Benedictiner XII. 1117—1120.
Schwarzach, Klstr. XI. 1185.
Schwarzel, der Josephiner VIII. 480. 530.
Schwarzenberg, Johann von, Dominicanerprovincial IV. 34.
Schwarzenberg, Fürst Euseb. von XI. 1108.
Schwarzenberg, brandenburg. Minister im 17. Jhhdt. IV. 826.
Schwarzenberg, Fürst Friedrich von, Cdl.-Ebf. v. Prag VIII. 637. IX. 601. XI. 1069. 1241. XII. 283.
Schwarzerd, s. Melanchthon.
Schwarzer Sonntag, s. Passionssonntag.
Schwarze Schwestern, s. Alexianer.
Schwarze Woche, ein Name der Charwoche, s. Charwoche, hebdomas magna.
Schwarzspanier, Benedictiner von Montserrat XI. 1104.
Schwaz, Obsvtn. in VII. 693; — Protestantismus in VII. 739.
Schweden, Kirchengeschichtliches IX. 841—843. a) Christianisirung I. 270 (Ansgar). II. 319. III. 305. IV. 312. X. 216. 742. XII. 1215. — b) Protestantisirung I. 235. 409 ff. II. 708. 977. VI. 670. VIII. 322 ff. 615 ff. (Posserin). IX. 837. X. 545. — c) Geschichtliches und sonstiges Kirchengeschichtliche, s. dreißigjähriger Krieg, Gustav Adolf, dazu I. 567. 791 (Benedictiner in). II. 25. 164 (Krls.). 160 (Sanct Brigitta). 265. 509 ff. (Christian II.). 511. III. 20. 305 (Drontheim). 503. IV. 21 ff. 71. 72. V. 86 (eine Heilige). 898 (die Juden in). 633. VI. 536 (theolog. Händel). 607 ff. IX. 356. 479. 491. XI. 1002 ff.
Schweden, Christine, Katharina von, s. Catharina (II. 412) Christina (II. 511).
Schwedenborg, s. Swedenborg.
Schwegler, Albert, der Philosoph (st. 1857) IV. 593. V. 122. 596. 711. 714. VII. 254 ff. 263 ff. VIII. 254. 333. XI. 1325.
Schweißtuch, sudarium, s. Kleider, heilige.
Schweißtuch der Veronica II. 522.
Schweiz, die IX. 843—861. 275. 578. 635. I. 581 ff. (Reformation). 641 (Bisthum Basel). II. 25 (Krls.). 118. 274 (Kstion.). 758 ff. (Concordate mit der). 770 (Bekenntnißschriften). III. 302. 265. 266. 497 (Einsiedeln). IV. 107 (Klaus, der Bruder). 277 (Sanct Gallen). 182. 400. 409 (Bisthum Genf). 411. V. 898 (die Juden in der). VI. 371 (Lausanne). 671 (Kstion.). VII. 159 (Missionen in der). 231 (Klöster). 705 (Kstion.). VIII. 658. X. 51 (Krls.). 193 ff. (Sion). 743. XI. 188 (Trappisten in der). 215. 389 ff. 393. 1310 ff. (Zwingli in der). XII. 25. 26 (Befreiung der). 670 (Krls.). 1326 (Stift Zurzach).
Schweizer, prot. Gl. VIII. 300. XI. 1324.
Schwendy, Lazarus, der Feldherr VII. 732.
Schwenkfeld und Schwenkfeldianer IX. 861—864. I. 236. II. 328. 360. V. 355. VI. 671. VII. 31. X. 78. XI. 396.
Schwerin, ehemaliges Bisthum IX. 864—868, s. Mecklenburg, dazu IX. 446. XI. 585. 586. XII. 758.
Schwertbrüder, Orden der IX. 868—871. 324. 328. I. 142. II. 139. 500. III. 722. V. 116. 635. VI. 305. VIII. 665. 670. X. 812.
Schwertmagen, s. Ehehindernisse.
Schwester in Klöstern IX. 871, vgl. subintroductae.
Schwestern vom armen Kind Jesu X. 806.
Schwestern vom hl. Carl Borromäus X. 604.
Schwestern der christlichen Lehre IX. 780 ff. X. 806.
Schwestern, graue, s. Hospitaliterinnen, Schwestern, barmh.
Schwestern des freien Geistes, s. Brüder und Schwestern d. f. G.
Schwestern, barmherzige IX. 871—877. I. 555. III. 307. VI. 383. VII. 230. 642. VIII. 499. IX. 65. 785. X. 743. 803 ff. XI. 704. 1068. XII. 590. 1207.
Schwestern des hl. Herzens Jesu IV. 181. 486. IX. 780 ff. X. 805.
Schwestern der Heimsuchung Mariä, s. Salesianerinnen, Schulbrüder.
Schwestern zum guten Hirten IV. 181. VII. 642 (in America). IX. 785. X. 806.
Schwestern des hl. Ignatius, s. Schulbrüder und Schulschwestern.
Schwestern des hl. Joseph, s. Josephitinnen.
Schwestern vom Leiden, s. Capuzinerinnen.
Schwestern von Loretto, s. Frauen, relg. Congg.
Schwestern von Nazareth VII. 642.
Schwestern der christlichen Schule, s. Frauen (rel. Congg.), Schulschwestern.
Schwestern der Vorsehung IV. 180. V. 808. VII. 642. X. 807.
Schwestern U. L. F. VII. 642. X. 805.
Schwestriones I. 726. II. 181. 282.
Schwetz, der Dogmatiker VII. 428.
Schwibrecht, s. Suibertus.
Schwörfinger, s. Eidesleistung.
Schwyz, Canton und Stadt II. 759. VI. 315. VII. 166. X. 872.
Schyn, der Mennonit VII. 59.
Sciarelli, Nicolo, Bf. v. Colle VIII. 470. 471.
Sciarra-Colonna, s. Colonna.
scientia media, s. Congregatio de auxiliis.
scientia media, visionis etc. bei den Molinisten, s. Molinos.
Scilitanische Martyrer (Martyrer zu Scyllite in Africa) XII. 1120.
Scio, die Insel VII. 169. X. 622. XI. 234.
Scioppius, Caspar, der streitsüchtige Convertit IX. 877—878. II. 432. V. 609. VII. 320. XII. 439.
Scitovsky, Ebf. IV. 660.
Scodra, ehemal. Kirchenprovinz XII. 516.
Scopia (Uskub), Ebm. XI. 333.
Scorey, prot. Bf. VIII. 150.
Scorsus, gl. Jesuit X. 889.
Scot, Wilh., der Trinitarier XI. 257.
Scoti, Bf. von Piacenza XII. 996.
Scotisten und Thomisten, s. Scotus, Duns und Thomas v. Aquino.
Scott, Walter, der Romanschreiber (st. 1832) I. 761. XII. 1060.
Scott, der Spiritualist X. 545.
Scotti, J. Cl., Exjesuit V. 610.
Scotus, Johannes Duns, der Scholastiker IX. 878—882. S. Scholastik, dazu I. 143. 423. 694. 897. 898. II. 791. III. 186. 221. IV. 134. V. 298. VI. 546. 869. 896. VII. 200. 302 (als Moralist). 319. 447. 488. 695. 700. 919. IX. 500. 512. 722 ff. 747. X. 251. 930. XI. 443. XII. 976.
Scotus, Johannes Erigena, der berühmte IX. 882—892. I. 18. 19. 413. 500. 822. III. 148. 164. 379. IV. 107. 627. 628. V. 827. VI. 5. 490. VII. 445. 447. VIII. 168. 171. 523. 839. IX. 708. 714. 734 ff. 737 ff. 754. XI. 195. XII. 288. 924. 1151.
Scotus, der Magiker IV. 338 ff.
Scotus, **Marianus**, der Chronist IX. 892—893. IV. 101. 102. V. 707. 760. 827. IX. 102.
Scotus, Michael, s. Michael Scotus.
Scotus Sedulius, s. Sedulius.
scriptores ecclesiastici, s. Kirchenväter.
Scrivener, M., anglic. Theolog III. 10.
Scriverius, Gl. XII. 525.
Scroop, Richard, Ebf. v. York XI. 1226.
Scrupulosität, s. Enges Gewissen (XII. 319).
scrutinium, s. Bischof, Dimissorialien, Ordination, Papstwahl.
Sculptur, christliche IX. 893—907. VII. 260. 386.
Scultetus (d. i. Schultes), Abraham, der Hofprediger (st. 1625) VII. 746. X. 230.
Scupi, alte Kchnprvz. XII. 517 Rumlz.
Scupoli, Laur., myst.-ascet. Schftstllr. VII. 309.
Scutari, die Stadt VII. 167. XI. 333.
Scythen, die IX. 907—908. IV. 748. VII. 9 (Angriffe auf Medien). XI. 721. 724 (Völkerwandrg.). XII. 523 (schl. Einthlg.).
Scythianus, der Handelsmann VI. 795. 796.
Scythopolis, altes Erzbsthm. I. 891. III. 57. 58. VIII. 51. IX. 909.
Seah, hbrs. Hohlmaß VI. 694 ff.
Seba, s. Saba.
Sebach, der Doctor VIII. 516.
Sebak, altägypt. Götze VIII. 30.
Sebaldus, der heilige I. 708. XII. 848 ff.
Sebaptisten, Secte der XII. 1122.
Sebaste, kleinarmenisches Bisthum III. 770.
Sebastian, König von Portugal (reg. 1557—1578) I. 520. II. 838. IV. 110. X. 264. XI. 247. XII. 52. 53. 100.
Sebastian, der selige, Erzbischof von Gran IV. 657. VI. 746. XI. 400.

Sebastian, Bf. v. Breslau II. 153.
Sebastianus, einer der berühmtesten Martyrer IX. 908—909. III. 876. V. 507. XII. 311.
Sebastianuskirche in Rom IX. 345 ff.
Sebbi, Kg. v. Essex I. 246.
Seben, Bisthum im heutigen Tyrol IX. 909—910. I. 92. 698. 701. 702. II. 164 ff. VI. 461. XI. 176. XII. 1201 ff.
Seben, das Lutherthum in der ungar. Freistadt VII. 730.
Sebenico, altes Bisthum, s. Zara (XII. 1321. 1322).
Sebennus, Bf. v. Eleutheropolis VII. 141.
Sebulon, s. Zabulon.
Sebunde, Raymund, s. Sabunde.
Seburaim, die V. 590.
Seckau, Bisthum in Steyermark IX. 910—917. II. 474. IV. 263. VI. 63. VII. 630 (Besetzung des). XI. 1029. 1240 ff.
Seckendorf, Veit Ludwig von, Staatsmann und Geschichtschreiber (st. 1692) I. 147. 718. V. 351. VI. 155. X. 230. XI. 1159 ff. 1161 ff. (*).
Seckenheim, Treffen bei III. 142.
secreta, die in der hl. Messe VII. 98.
secretaria apostolica, s. Curia Romana (II. 950).
Secte, s. Häresie, Schisma.
Secten, die 4 orthodoxen des Islam, s. Islam.
Secten, gnostische IV. 560.
Secten, jüdische IX. 563.
Secten, schwärmerische der neuesten Zeit, s. Schwärmerei.
Sectenwesen, buddhistisches XII. 174. 175. 180.
Sectenwesen in Nordamerica XII. 48 ff.
Sectenwesen in Preußen VIII. 711 ff.
Sectenwesen in Rußland, s. Raskolniks.
sectio beneficii, s. beneficium ecclesiasticum, Kirchenamt.
Seculargeistlicher, s. Geistlicher, Regulargeistlicher.
Secularisation, s. Säcularisation.
Secundianer, s. Borborianer.
Secundinus, a) ein Manichäer, b) Bischof von Domnach IX. 917.
Secundiz, Priesterjubiläum IX. 917.
Secunda, das zweite Fest der heiligen Agnes XII. 917.
Secundus, Martyrer VI. 415.
Secundus, der Valentinianer IX. 917—918.
Secundus, arian. Bf. v. Ptolemais I. 430. VII. 552 ff. 555.
Secundus, Bischof v. Tigisi III. 255.
Sedan, Akademie zu XII. 625.
Sedatus, Kurtelus und andere gleichzeitige Schriftsteller IX. 918—920.
Sedecias, der letzte König von Juda IX. 921—922. I. 112. III. 352. 551. IV. 912. V. 517. 775. 784.
Sedelius, Wolfgang, der Mönch X. 700.
sedes confessionalis, s. Beichtstuhl.
sedes impedita IX. 920—921. II. 326.
sede vacante und Sedisvacanz II. 325. 331. 344. 944 ff. IV. 408. XI. 669.
sedis apostolicae gratia, s. Apostolicae sedis gratia.
Sedlaczek, Propst v. Neuburg VII. 532.
Sedlnitzky, Leopold von, Fürstbischof v. Breslau 1835—1840. II. 153. VIII. 751.
Sedrah, die X. 950.
Sedschestan, Nestorianer in VII. 525.
Sedulius, Coelius, christl. Dichter IX. 922—926. I. 481. III. 250. 602. V. 431. VIII. 521. XII. 596.
Seedorf, der Jesuit IV. 231.
Seehandel, s. Handel.
Seehofer, Arsacius III. 370.
Seeland, Christianisirung v. VI. 324.
Seele, die X. 1—12. 72 ff. (ihre Unsterblichkeit geläugnet). 754 ff. I. 123 (Affecte). 193. 730 (Begierde). II. 799. III. 159 ff. (ihre Sterblichkeit behauptet). IV. 355 ff. (Geist). 458 (Gespenst). V. 905 ff. (jüdische Lehre von der). VI. 4. 798. 799 (die doppelte bei Manes). VII. 63 (Mensch). 214 ff. (Molinos Ansicht). 543 ff. (neuplatonische Meinungen). 841 (Origenes über die). VIII. 387. 401 ff. IX. 564 (Unsterblkt. geläugnet). X. 39 ff. (Tod). XI. 779 (Unsterblichkeit der menschlichen). XII. 158 (buddhist. Meinung). 451 ff. (Generatianismus).
Seele, Abhängigkeit des Leibes von der, s. Abhängigkeit des Leibes von der Seele.
Seelenamt, Seelenmesse, s. Exequien.
Seelenschlaf (Psychopannychia) X. 12—14. II. 276.
Seelenwanderung (Metempsychosis und Metensomatosis) X. 14—15. I. 654. 655 (gnostische). II. 141. III. 316. IV. 60. 495 ff. V. 905. VI. 38. VIII. 38. 40. 387.
Seelsorge, s. Hirtenamt, Kirchenamt.
Seelsorger, der X. 16—19, s. Andersgläubige, Pastoral, Priester, Toleranz, Sendung des Seelsorgers.
Seelsorgers, Achtung des, s. Achtung des Seelsorgers.
Seetzen, Ulrich Jasper, gel. Reisender (st. 1811) V. 506. 787. VI. 722. VIII. 290 ff. X. 637.
Senz, Bm. XII. 102.
Sega, Phil., Bf. v. Piacenza XII. 986.
Se-gan-fu, die Inschrift in VII. 522.
Segarelli, Gerardo, der Schwärmer I. 371. IV. 359. 480. X. 300.
Segen, der X. 19—23.
Segen bei den Juden II. 652. XI. 25 ff.
Segnert, Paul, der Prediger X. 23—24. VII. 214. VIII. 870.
Segni, die Stadt, wird christlich V. 963.
Segnung, die X. 24—29. I. 797. II. 430. III. 504. IV. 497. 610 (des Grabes). V. 431 (Hymne). VI. 62. 70. 130. 199 ff. 430. 555. VII. 804. IX. 40. 72. XI. 831. XII. 1005 ff. 1067. 1073 ff.
Segnung der Aebte, s. Benediction.
Segnung der Ehe, s. Einsegnung.
Segnung der Wöchnerinnen, s. Aussegnung.
Segor, die Stadt X. 230. XI. 1292.
Seguier, Pierre, der Kanzler, und Anton Louis, der Redner XII. 1121.
Seguier, Wilhelm, der Dominicaner XII. 1121.
Segur, berühmte Männer dieses Namens XII. 1121—1122.
Sehl aus Tusden, der Sufi XI. 1214.
Sehnsucht, Affect der I. 123.
Sehon, König der Amorrhiter I. 208. IV. 268. 272. VII. 194. 364. 780.
Sejan, der Günstling Tibers V. 550. XI. 6 ff.
Seihgefäß, das XII. 447.
Seinsheim, Graf Adam Friedrich, Fstbf. v. Würzburg VII. 780 ff. XI. 1193.
Seir, das Gebirge X. 29—31. III. 396. V. 252. VIII. 45 ff.
Seitenlinie, s. Verwandtschaftsverhältniß (XII. 1228).
Seitenstetten, Klstr. VIII. 507.
Seitz, Klstr. VII. 723. 737.
Seitz, gl. Thlg. IV. 538.
Sekel, s. Geld.
Seklab, sagenhafter Sohn Japhets V. 503.
Seklosy, Michel, der Reformator VII. 729.
Sela, die edomitische Felsenhauptstadt X. 31—32.
Sela, Musikzeichen, s. Musik bei den Hebräern.
Sela Rimmon, s. Rimmon.
Sela, Sohn Judas V. 379. 850.
Selau, Joh. von, der Husite V. 415. 418.
Selbstachtung, s. Ehre.
Selbstbefleckung, s. Keuschheit.
Selbsterhaltung X. 32. 36. III. 451. VI. 359 ff. XI. 946.
Selbsterkenntniß X. 32—36.
Selbstgefühl, s. Ehre, Ehrgeiz.
Selbstgeißelung III. 342. IX. 74.
Selbsthilfe X. 36—37.
Selbstliebe, die VI. 763. X. 35. 109 ff. XI. 317 ff.
Selbstmord, s. Mord, vgl. Selbsterhaltung, dazu V. 490 (rbbgl.). VI. 399 ff. VIII. 190. X. 379 (bei den Stoikern).
Selbstmörder X. 37. I. 737. VIII. 368. XII. 501.
Selbstpeinigung X. 37—38, vgl. Ascese, Spiritualismus.
Selbstprüfung, s. Gewissenserforschung, Selbsterkenntniß.
Selbstsegnung, s. Kreuzzeichen.
Selbstsucht, Egoismus X. 38—40. 73. 187 ff. 515. IV. 502 ff. VII. 322 ff.
Selbsttaufe, die XII. 1122.
Selbstverleugnung X. 40—42.
Seldschuken, s. Turken.
Seleonewitschitschina, die Secte IX. 19.
Seleucia, Pieria X. 42.
Seleucia-Ktesiphon, s. Caine, dazu I. 78. 415 (Syn.). 575. II. 448 (Pichl.). 974 (Syn.). III. 737 (Syn.). V. 185 (Syn.). 610 (nestor. Pichl.). VI. 910 (Syn.). VII. 522 (udm.). 524 (Halo. Schule). 525 (Picht.). 633 (Art der Erbauung). VIII. 307. 308 ff. (Doppelstadt u. Picht.). XII. 769.
Seleucianer, Secte der X. 42—43.
Seleuciden, syr. Königshaus der; a) Seleucus Nicator (ermdt. 280 v. Chr.) I. 116. III. 13. 301. IX. 12. X. 42. 623 (?); — b) Seleucus Pogon Kallinikos (st. 227 v. Chr.) III. 13. X. 623 (?); — c) Seleucus Keraunos (st. 221 v. Chr.) III. 13. X. 623 (?).
Seleuciden, Aera der, s. Aera der Seleuciden.
Seleucus Epiphanes von Syrien (reg. 95—93 v. Chr.) III. 13. X. 623.
Seleucus Philopator X. 43. 623 (?). III. 13. 95. IV. 914. V. 88.
Seligenstadt, Abtei am Main XII. 1123. II. 215. — 215 (Syn.). III. 406. IV. 238. 304 (Syn.).
Seligenthal, Kloster IV. 209. IX. 107. XI. 1189.
Seligkeit (auf Erden), s. Glückseligkeit, vgl. Leben, Mensch, Optimismus.
Seligkeit, beatitudo XII. 1123—1124. I. 262 ff. 308. 778. 899 ff. IV. 32. 445. 457. 545. 838. 920. V. 193. 280 ff. VI. 530. VIII. 628. X. 11. 13. 35 ff. 100. 256. 257. XI. 313.
Seligkeiten, die acht X. 43.
Seligmachend, s. Erlöser, Kirche, Rechtfertigung.
Seligmacher, s. Erlöser.
Seligsprechung, s. Beatification.
Selim, Name von 3 osmanischen Sultanen; S. I. (1512—1520) V. 532. VI. 15. VIII. 51; — S. II (1566—1574) I. 905. VI. 471. 951. VII. 309.
sella stercoraria, die V. 708.
Sellum, s. Schallum.
Selmon, s. Schalmon.
Selneder, Nicolaus, der gel. Superintendent (st. 1502) I. 273. IV. 88. X. 500.
Selvaggio, der Archäolog XII. 1124—1125.

Sem, der Stammvater X. 43—45, vgl. Cham, Japhet, dazu I. 57. 469. 570. II. 449. 528 ff. III. 514. IV. 424. V. 503. 696. VI. 617. VII. 36. 625. X. 60.
Semaja, Gegner des Propheten Jeremias V. 517.
Semeca, s. Decretum Gratiani.
Semei, der Sohn Gera's X. 45. IX. 584.
Semgallen, Bisthum III. 721. VI. 305 ff. 520.
Semiarianer, s. Arius, dazu I. 199. 232. 261. III. 736. 737 ff. 762. V. 309 ff. VIII. 440. 516 (Pneumatomachen). X. 202. XII. 1040 ff. 1199.
semiduplex, s. Festtage.
seminaria puerorum, s. Knabenseminarien.
seminaristicum I. 32. 190.
Seminarium, clericalisches X. 46—56. s. Alumnat, Convict, Generalseminarien, dazu I. 172 ff. (des Dr. Allen). 190. 835. II. 114. 118. 570. III. 248. 254. V. 922 ff. VI. 383. VII. 918. VIII. 450. IX. 407. X. 252. 269. 332. 791. 793 ff. XI. 191. 228. 229. 231.
Seminar der auswärtigen Missionen in Paris VII. 166.
Seminar, griech. in Palermo VII. 165.
Seminarien in Holland XII. 583.
Seminarien in Preußen VIII. 739. 745. 753 ff.
Seminarien für Schullehrer, s. Schullehrerseminarien.
Semipelagianismus X. 56—60, s. Pelagius, dazu I. 540. II. 218. 397 ff. 789. 791 ff. III. 656. 730. 928. IV. 411. 626. V. 494. VI. 445. 610. 916. VIII. 828. X. 412.
semipraebendarii, semipraebendati II. 310. VI. 25.
Semiramis, mythische Königin I. 574. 575. III. 12.
Semisch, Thlg. III. 150. 159. V. 938 ff.
Semitische Buchstaben, s. Schriftzeichen.
Semitische Sprachen X. 60—61. I. 357. 390 ff. II. 293. IV. 867. V. 512 ff. VI. 879. VII. 819. VIII. 53. 403 ff. 406. XII. 1323.
Semitische Völker, s. Sem, dazu V. 512. 875. VI. 84. 252. VIII. 35 ff. (Religion der).
Semler, Johann Salomo, prot. Theolog X. 61—66. 160. I. 80. 554. 856. II. 896. 897. III. 490. 830. 832. 837. IV. 124. V. 127. 362. VI. 155. 232. 456. VIII. 24. 142. XI. 629. XII. 321.
Semor, Bf. v. Saragossa IX. 623.
sempringensis ordo, s. Guilbert.
Sempronian, der Novatianer VIII. 5.
Sempronius, der heilige X. 194.
Sena, s. Sina.
Senate der Rota IX. 404.
senatus consultum Vellejanum, s. fidejussio.
Sendboten, Sendrichter, s. missi dominici, Synodalzeugen.
Sendgerichte, Synodalgerichte X. 66—68. 602 ff. II. 913. VI. 196. VIII. 605. IX. 166. XII. 843.
Sendomir, Stadt VIII. 561. 563. IX. 472. X. 338.
Sendung des Seelsorgers X. 68—69. 16 ff. I. 234. 376.
Seneca, Lucius Annäus, der Philosoph (st. 65 n. Chr.) I. 252. II. 276. III. 149. IV. 278. 295. 499. 810. VI. 535. VII. 319. 515 ff. IX. 309. X. 33. 212. 376. XI. 443. XII. 597.
Senfl, Ludwig, Tonsetzer VII. 405. 409.
Senging, Mari. von, Mönch von Melk VII. 52.
Sengler, Jacob, Philosoph III. 382.
Senir, ein Name des Hermon, s. d.
Senlis, Bisthum und Stadt V. 761. XI. 437.
Sennaar, s. Sinear.
Sennacherib, König X. 69. I. 111. 473. 484. 486. 487. II. 69. III. 517. 800. 861. V. 528. VI. 311. VII. 9. 69. 466. 623. IX. 6. XI. 134.
Senones, Klstr. II. 272. XII. 529.
Sens, a) Erzbisthum in Frankreich X. 69—71. I. 5. IV. 159. V. 496. VI. 652. IX. 254. XII. 220. 529. 531; — b) Stadt IV. 656 (Reliquien in). VI. 410 (Legation). VII. 395 (Singschule); — c) Synoden I. 839. IX. 315.
Sensualismus, der X. 71—75, vgl. Spiritualismus, dazu II. 764 ff. III. 621. VI. 922 (in England).
Sentenzbücher, mittelalterliche VI. 583 ff. IX. 331. 880.
separatio quoad thorum et mensam, s. Ehescheidung.
Separatisten, die innerhalb des Protestantismus X. 75—82, s. Schwärmerei, dazu III. 383. X. 544.
Separatus, der heilige X. 84.
Spharad, Ortsname (nur Abdias 20 vorkommend) X. 82. VII. 675.
Sepharvaim, Stadt und Landschaft X. 82. IX. 602.
Sephela, die Ebene X. 83. VIII. 46.
Sephirot, die kabbalistischen VI. 1 ff.
Sepp, Joh. Nepom., gl. Thlg. (geb. 1818) V. 533. 880. VII. 176. VIII. 901.
Sepphoris, Stadt IV. 311. VIII. 50.
Sept, s. Brevier.
septima, Bibelübersetzung I. 934.
Septimius Severus, röm. Kaiser X. 83—85. 117. 747. 758. II. 623. III. 59. V. 887. VI. 951. VII. 825. VIII. 823. XI. 963. XII. 518.
Septuagesimae, der Sonntag X. 85—86. 107. VII. 398.
Septuaginta, s. Alexandrinische Uebersetzung, dazu I. 607. 910. II. 741. III. 3. IV. 869. VII. 834 ff. VIII. 117. 576 ff. IX. 490. X. 207. 316. 847.
Sepulero, Gau, Bm. VIII. 472.
sepulcrum im Altar XII. 1125—1127.
Sepulveda, Juan Ginez, Reichshistoriograph (st. 1574) II. 385. VI. 588. X. 256.
sequentia, Sequenzen X. 86. I. 218. III. 140. 507. VII. 98. 398. 654. VIII. 523. XI. 579.
sequentiale, das X. 86—87. II. 86.
Serach, König v. Aethiopien I. 472.
Serah, Sohn Judas V. 879. 880.
Seraja, Hhpstr. III. 712; — Prophet V. 517.
Seraphim, die III. 550.
Seraphischer Orden, s. Franciscus.
Serapia, St., s. Sabina.
Serapion, a) Bischof von Antiochien; b) von Tunis; c) der heilige von Arsinoë; d) der heilige, der Sidonite; e) 3 andere X. 87—88. VI. 802. VII. 266.
Serapion, Bf. v. Tenthyra VIII. 3.
Serapion, der Neuplatoniker VII. 541.
Serapis I. 60. VIII. 36.
Serarius, Nicol., gl. Jesuit X. 88.
Serbalgebirge, s. Sinai.
Serbien, Serben I. 116. VI. 749. X. 221. 222. XI. 332. XII. 898.
Serenus, Martyrer VII. 626.
Serenus, Bischof von Marseille, Iconoclast II. 7. V. 509.
Seres, Albin de, der kirchentreue XI. 96.
Seret, Bm. in der Moldau VI. 444.
Sergius, Name von 4 Päpsten X. 88. Serg. I. der heilige (reg. 687—701) I. 131. 249. III. 813. IV. 680. V. 918. VI. 874. 879. VII. 390. 397. VIII. 803. IX. 356. XI. 64. 1097. XII. 618. — Serg. II. (reg. 844—847) I. 724. III. 351. IV. 300. 303. V. 204. VI. 458. VII. 573. VIII. 104. IX. 351. X. 653. XI. 570. XII. 821. — Serg. III. (reg. 904 bis 912) I. 815. II. 515. IV. 115. 116. V. 755. IX. 342. X. 653. — Serg. IV. (bocca di porco) I. 773. V. 762. X. 551.
Sergius, a) und Bacchus, Martyrer; — b) ein Martyrer zu Mar Saba; — c) von Cypern, Gegner der Monotheleten; — d) der Historiker; — e) der Syrer; — f) S. II. Pch. v. Cstpl. X. 88—89. VII. 245 ff. 248.
Sergius Paulus, der Proconsul X. 89. VIII. 241.
Sergius, der nestorian. Mönch und Mohammed VII. 523.
Sergius I., Pch. v. Cstpl., s. Monotheleten, dazu V. 315. 316. 747. X. 247 ff.
Sergius Tychicus, der Paulicianer VIII. 237.
Sericourt, Simon, der Jansenist V. 493.
Seripando, der gelehrte Cardinal X. 89. V. 341. XI. 206. 207. 210. 212 ff. 216. 224. 226.
Serlo, der Abt X. 89.
Sermisy, Tonsetzer VII. 405.
Seron, der Feldherr X. 90.
serpentini, s. Ophiten.
Serra Cassano, Franz XII. 214.
Serrano, Andr., Missnär. X. 455.
Serrarius, Gl. IV. 869.
Serristori, Ant., der Commissär VIII. 475 ff.
Serry, Hyacinth, der Dominer. II. 794.
Serubabel, s. Zorobabel.
Sermel, Hyacinth, constitür. Bf. v. Toulouse XI. 93.
Servatius, der heilige, Bischof von Tongern X. 90.
Servatius, Bf. v. Lüttich VI. 678.
Servet, Michael, der Arzt X. 90—98. I. 206 ff. II. 41. 212. 280. III. 903. V. 654. IX. 621. 851.
Serviten (Diener Mariä), Orden der X. 98—99. 125. 745. 802. 806. I. 777. 895. II. 165. IX. 167. XII. 941. 971 ff.
servitia communia, s. Abgaben.
servitia minuta, s. Kanzleitaxen.
Servitut, das XII. 1127.
Servus Dei, Bischof X. 99.
Servus servorum Dei, der Titel X. 99—100. IV. 682.
Sesak, Sisak, der Pharao X. 100. V. 528. IX. 126.
Sesostris, s. Sesak.
Sesto, Cesare da, Maler VI. 782.
Setara, H. de, Ebf. v. Mailand VI. 757.
Seth, der Sohn Noah's I. 188. 327. 342. VII. 787. VIII. 215. X. 101.
Sethianer, gnostische Secte der X. 100—101 und XII. 1127. I. 279. 342. IV. 560. VI. 9. VII. 788.
Setzen der Buchdrucker, ob an Feiertagen verboten XII. 552.
Severian, der selige II. 880. XII. 916.
Severian von Gabala X. 101—102.
Severianer, Secte der I. 309. III. 75. 161. 577. 753. IV. 560. V. 536. 739. VII. 241. XII. 1037.
Severin, der heilige, Bischof von Cöln XII. 1127—1130. 236. 237. II. 674.
Severinus, der heilige, Apostel von Noricum I. 699. 700. 787. II. 463. 748. IV. 103. VI. 650. VII. 703. 704. 705. VIII. 172. IX. 92. 891. X. 194. XI. 964. XII. 331. 333. 984.
Severinus, Papst X. 102. V. 746. VII. 248. XI. 571.
Severinusverein, der XII. 904.
Severus Sulpitius, s. Sulpitius Severus.

Severus, Stifter der Severianer VII. 238 ff.
Severus, Schriftsteller dieses Namens a) Bf. v. Mileve; — b) von Minorca; — c) von Lamaca; — d) aus Alexandrien; — e) der Rhetor; — f) Falconia Proba, Dichterin; — g) Ausonius; — h) Optatianus Porphyrius; — i) Antonius, Dichter X. 102—105.
Severus, eutych. Afterpatriarch v. Antchn. V. 330. 331.
Severus, heiliger Bischof v. Ravenna IX. 43. 625. X. 661.
Severus, einer der quatuor coronati II. 880.
Severus, Bf. v. Prag VIII. 635.
Severus, Bf. v. Trier IV. 465.
Severus Septimius, Kaiser, s. Septimius Severus.
Sevigné, die Marquise Marie de Rabutin-Chantal (st. 1696) XII. 546.
Sevilla, Erzbisthum, Stadt und Synoden X. 105—107. 168. 201. 207. 269. III. 239. IV. 22. 306. 307. V. 187 (Hieronymiten in). 701 ff. (Inquisition in). 845 (Syn.). 893 (Judnpflg.). VI. 39 (Syn.). 388. 586. 730 (Magdalenerinnen in). VIII. 773 (Primatialsitz). 894.
Sexagesimae, der Sonntag X. 107.
Sext, s. Brevier, dazu VI. 125. VII. 333.
Sexta, Bibelübersetzung I. 834.
Sextus (liber), s. liber sextus decretalium.
Sextus Empiricus, griech. Philosoph um 200 v. Chr. X. 210. XII. 571.
Sextus, JuliusAfricanus, gel. Freund des Origenes X. 107—108.
Seymour, Edd., der Protector IV. 790. 791. [863.
Sezze, die Stadt, wird christlich V.
Sfondrati, die Kirchenfürsten, a) Franz; — b) Gregor XIV.; — c) Paul; — d) Cölestin, Abt v. St. Gallen. XII. 1130—1132. IV. 257 ff. VI. 759. VII. 218. XI. 185.
Sforza, das letzte Geschlecht der mailändischen Herzoge II. 110. III. 745. VI. 468. X. 208.
Sforza, Alexander, Bf. v. Parma XI. 234.
Shaftesbury, Anthony Ashley Cooper, Graf von, der gewissenlose Staatsmann (st. 1683) V. 232. VII. 671. 673 ff.
Shaftesbury, Enkel des Vorigen, philos. Schriftsteller X. 108—111. III. 80. VI. 561. 574. VII. 289. 323 (*). IX. 184.
Shakers, nordamerican. Secte, gestiftet von Anna Lee I. 12. VI. 387. XII. 49.
Shakespeare, William, der große Dichter (st. 1616) II. 919. IV. 459. X. 189.
Sheffield, Lord IV. 510.
Sheridan, Richard Brinsley, Dichter und Redner (st. 1816) IV. 275.
Sherlok, Thom., Bf. XI. 1145.
Sherlock, Wilh., der Tritheit XI. 296.
Shiva, s. Schiwa.
Shrewsbury, John, der 16. Graf von XII. 1132—1135. 1061.
Siam, Missionen in XII. 73. 564; — Buddhisten in XII. 152. 172.
Sibirien, das Christenthum in XII. 74.
Sibour, Marie Dominique Auguste, Ebf. v. Paris (ermordet 4. Januar 1857) III. 118. IX. 289. XII. 923.
Sibthorp, der Puseyit XI. 115.
Sibyllen, s. Sibyllinische Bücher.
Sibyllinische Bücher X. 111—113. 959. II. 909. V. 937.
Sicard, a) Claudius, gl. Jesuit; — b) Sicardo; — c) Bischof von Cremona; — d) Ambroise Lucurron, Abbé de X. 113.
Sicard, Bischof von Cremona XII. 1135—1136, s. d. vor. Art.
Sicardo, s. Sicard. [V. 762.
Sicco, s. Johannes XVII. (XVIII.)
Siceleg, Philisterstadt X. 114. IV. 311. VI. 48. IX. 121.
Sic et Non, das scholastische, s. Abälard, Scholastik.
Sichar, Sychar, s. Sichem.
Sichem, a) der Sohn Hemors; — b) die Stadt X. 114—118. 147. I. 47. III. 348. V. 827. 935 ff. 937. VI. 501. VIII. 50. IX. 603. X. 116.
Sicherheit, s. Probabilismus.
Sicherungseid III. 467.
Sichor, Name von 3 Flüssen X. 118—119.
Sicilianische Monarchie, s. Monarchia Sicula, Sicilien.
Sicilianische Vesper X. 119—120. II. 354. VII. 584.
Sicilien, das Königreich beider XII. 1136—1140, s. Italien (V. 867 ff.), monarchia Sicula, dazu I. 653. — 784 (König ernennt 2 Bischöfe). 794. II. 25 (Arls.). 89. 92. 354 ff. 364. 592 ff. 610. 803 ff. III. 398. 399. 885. IV. 227. 685. 713. V. 652. VI. 410. VII. 46. 584. VIII. 275. 344. 433. 496. 583. IX. 289. 357. X. 119. 623. 741. 889. XI. 512. XII. 1046.
Sickingen, Franz von, der Ritter XII. 1140—1141. 405. I. 673. II. 198. III. 356. VII. 707. VIII. 842. IX. 240. XI. 251. 384. 385. 390. 1164.
Sickingen, Reinhard von, Bischof v. Worms XI. 1153. [VI. 439.
Sidawa, Anton, Mirplt. v. Kijow
Siddharta, s. Buddha.
Siddika, Beiname der Aïscha I. 138.
Siddim, das Thal VI. 601. X. 235 ff. XI. 1256. 1291.
Sideles, Philipp, s. Philippus Sideles.
Sidnacester, Bisthumsitz XI. 1218.
Sidney, s. Sydney.
Sidneytown, Bm. VIII. 192.
Sidon in Phönicien X. 120—121. I. 487 ff. II. 290 ff. (Kanaan). 293. III. 863. VI. 809. VII. 169. VIII. 428. 430. 431 ff. X. 625. XI. 336. 340. 347.
Sidonius, Anhänger des Novatus VII. 660.
Sidonius, Bf. v. Constanz IV. 277. VII. 503.
Sidonius, Michael, Bischof v. Merseburg X. 121—122. I. 97 ff. 523. VII. 75. VIII. 384. XII. 540.
Sirra, Adam, das Buch XI. 1231.
Sirra Jsai, das Buch XI. 1231.
Sieben, die Zahl II. 231.
Siebenbürgen X. 122—125. 232. II. 41 ff. IV. 12. 13. V. 523 (Mission. in). 560 (Jesuiten in). VI. 241 (Bm.). 746 (Christianisg.). 951. VII. 729 (Mission. in). 730 (Bm.). VIII. 670 (Häresie in). XI. 403. 427. 794.
Siebengebet der Juden, s. Thephilla.
Sieben Gebote des Noah VII. 624.
Sieben Himmel, s. Himmel, die sieben.
Siebenschläfer, die Martyrer III. 65. X. 87.
Sieben Schmerzen der Mutter Gottes X. 125—126, s. Mariä sieben Schmerzen.
Siebentäger, s. Tunkers.
Siebenter, s. Exequien.
Siebzig Wochen Daniels, s. Jesus Christus.
Siechenhäuser, s. Aussätzige des Mittelalters (XII. 85). Leprosenhäuser.
Siegbert, Kistr. VII. 634.
Siegbert, König von Essex, wird bekehrt I. 246.
Siege, Fest Mariä vom, s. Rosenkranzes Mariä, Fest des.
Siegebert, Frankenkönige I. 707. III. 2. IV. 296. 297. 582. 749. XII.
Siegelringe, s. Putzsachen. [233.
Sieger, Gegner des Hermesianismus V. 134. [IX. 841. XI. 1221.
Siegfried, ein Apostel der Schweden
Siegfried, Bf. v. Augsburg XII. 1018.
Siegfried, Ebfe. v. Mainz, s. Mainz, dazu IV. 702. 889. V. 15. 16 ff. 632. VI. 599.
Siegfried, Bf. v. Regensburg IX. 106.
Siegwart-Müller, der Luzerner IX. 658 ff. [471.
Siemaszko, Jos., der Verräther IX.
Siena, Erzbisthum, Stadt und Universität I. 845 (Bm.). II. 413 (Univs.). V. 545. VI. 782 (Malerschule). VII. 580 (Cardinsmmlg.). VIII. 74 (Univs.). 473 (Ebm.). IX. 897 (plast. Kunstwerke in).
Siena, Synode von 1423 X. 126—129. VII. 371. XI. 71.
Siestrzencewicz, ein Handlanger Katharina's II. von Rußland IX. 470 ff. [IX. 257.
Sieyes, der Abbé X. 129—130. 631.
Siffrid von Meißen, der Chronist X. 130.
Sigeardus, s. Sigehardus.
Sigeberg, Ebm. XI. 1228.
Sigebert von Gemblours, der Chronist X. 130—131. IV. 146. V. 83. 357. 707. VI. 147. 879. IX. 893. XI. 462. XII. 449.
Sigebert, Bf. v. Minden VII. 150.
Sigebert, König der Ostangeln I. 248 ff. IV. 780. 781.
Sigehardus, Biograph des hl. Aureus X. 131—132.
Sigehardus von Trier X. 132.
Sigericus, Bf. v. Regensburg IX. 93.
sigillum, s. Buße.
sigillum (sepulchrum) altaris, s. Altareinweihung. [siegel.
sigillum confessionis, s. Beicht-
Sigimbold, Ebf. XI. 636.
Sigismund, heilige I. 217. VI. 369.
Sigismund, Kaiser X. 132—141. 126. 128. I. 644. 645 (?). 845. II. 798. 849 ff. IV. 471. 657. V. 175. 400. 405 ff. 408. 413 ff. 416 ff. 483. 768. VI. 644. 808. IX. 142. XI. 976. 982. 1175. 1229 ff. XII. 847 ff. 896. 1035. 1327.
Sigismund, Ebf. II. 543. VI. 734.
Sigismund, Erzhzg. VII. 595.
Sigmund, die Könige; a) S. I. von Polen (reg. 1506—1548) V. 339. 418 ff. VIII. 550 ff. 614. 681. 703. 704. XII. 632; — b) S. II. August, König von Polen (reg. 1548—1572) III. 150. VI. 520. 534. 536. VIII. 555. 557 ff. 701. XI. 427. XII. 632; — c) S. III. von Polen und Schweden (st. 1632) II. 804. III. 150 ff. IV. 822 ff. VI. 243. 437. VIII. 864 ff. 706. 735. IX. 469. XII. 632.
Signatura gratiae, Justitiae II. 946. 948. 949 ff.
Signorelli, Lucca, Maler VI. 781.
Sigonius, Carl, der gelehrte X. 141—142. II. 527. VI. 454. 460. VIII. 104.
Siguenza, Jose de, Schftst. III. 708.
Sihon, Amorrhiterkönig, s. Sehon.
Sikel, Thlg. V. 307.
Silas, Gefährte des Paulus X. 142. I. 621. II. 877. IV. 273. VIII. 245 ff. 848. XI. 21.
Silberne Hochzeit, s. Hochzeit, goldene (V. 267).
Silberschekel, der IV. 373.
Silbert, Joh. Peter, der Schftstllr. (st. 1844) I. 590. 843. VI. 629. X. 936.
Silentiarius, Paulus, s. Paulus Silentiarius. [124.
Silesita, Gg., der Dominicaner X.

Silesius, Angelus, s. Scheffler, Joh.
Silhon, Skeptiker VII. 372.
Silo, bbl. Ort. X. 142. 372. III. 616. V. 814. VIII. 50.
Siloam (Siloë) X. 142—144. I. 887.
Siloam (Selwan), Dorf VII. 714.
Silpa, das Kebsweib Jacobs V. 439. IX. 9.
Silvanus, s. Silas.
Silvanus, der heilige, Sohn der Felicitas III. 938.
Silvanus, Bf. v. Cirta III. 256.
Silverius, der heilige Papst X. 144—147. V. 949. VII. 239 ff. VIII. 263. IX. 692. XII. 512. 765.
Silvester, s. Sylvester.
Silvesterkirchen in Rom IX. 351. 353. 360.
Silvestrina, casuistische Summe II. 406.
Silvius, der heilige III. 855. XI. 92.
Simbath, Stifter der Jezidi XI. 1214.
Simel, s. Semei.
Simen, Canonicus V. 799.
Simeon, der Sohn Jacobs, und sein Stamm X. 147—148. 114. 245. 321. IV. 842. V. 439. 501. 505. 880. VIII. 49. 50. 138. 765. 861.
Simeon, der fromme Greis X. 148. V. 430. 574. VI. 841.
Simeon, Sohn des Kleophas, 2. Bischof v. Jerusalem X. 148. 152. II. 179 ff. III. 358. V. 534.
Simeon, der heilige Mönch I. 774.
Simeon Metaphrastes, s. Metaphrastes.
Simeon, Ebf. v. Polock IX. 469 ff.
Simeon, der Paulicianer VIII. 236.
Simeon Studites, s. Studites.
Simeon, der Abt, s. Barlaam.
Simeon, Magister und Logotheta, s. Theophanes.
Simeon, a) der Theologe (um 1002); — b) die bei Allatius vorkommenden; — c) Maccimus; — d) Erzbischof von Thessalonich (st. 1429); — e) Jacumäus; — f) von Durham, Chronist; — g) von Tournay; — h) von Beaulieu; — i) Fidatus; — k) Boraston; — l) von Cremona; — m) Speyer und n) Harlem X. 148—150. II. 170.
Simeon, Stylites X. 151—152. 424. VII. 225.
Simeon der alte, Rabbi IX. 15.
Simeon, Bf. von Plock VIII. 540.
Simon, Apostel X. 152. II. 179 ff. IV. 776. VIII. 307.
Simon, a) Hhpstr., Sohn des Onias; — b) der Benjamite; — c) von Cyrene; — d) der Pharisäer; — e) Gerber; — f) Niger X. 153.
Simon von Cyrene I. 655. II. 970. VI. 271. X. 153.
Simon der Maccabäer, s. Maccabäer, dazu I. 98. IV. 314. 373. V. 528. 784. VI. 98. 706 ff. VIII. 861.
Simon Petrus, s. Petrus.
Simon, Sohn des Gioras V. 530.
Simon I. und II., Hohepriester III. 368 ff. V. 506. VII. 773. IX. 563. X. 153.
Simon ben Jochai, Rabbi X. 153—154. VI. 5. X. 238 ff. XII. 1106.
Simon Magus X. 154—157. 153. 165. I. 252. 278. II. 589. 589. III. 224. IV. 559. V. 819. 937. VII. 55. VIII. 244. 331 ff. IX. 821.
Simon, Richard, der Oratorianer X. 157—165. I. 908. II. 77. 129. 254. 632. 697. III. 319 ff. 321. 497. 775. IV. 111. V. 670. VI. 171. 292. 521. 779. 899. 911. VIII. 595. X. 62. XI. 640.
Simon von Tournay, der berühmte Lehrer XII. 1141—1143. V. 607. X. 150.
Simon, Metropl. v. Nowgorod X. 617.
Simon II., Ebf. v. Tours XI. 106.
Simon Zelotes, s. Simon, der Apostel.
Simoncelli, Cdl. VI. 777.
Simoncelli, Tonsetzer VII. 416.
Simonet, gl. Jesuit X. 165.
Simonetta, a) Bonifaz, gl. Abt; — b) Johann, Neffe des Vorigen; — c) Jacob X. 165.
Simonetta, Jacob, Bischof von Pesaro, Perusa, Cardinal XI. 182. 206. 216. 217. 220. 225. 232. 236. 246.
Simonianer, s. Simon Magus.
Simonie, die X. 165—167. I. 154. 773. II. 578. 591. 597. 635. 695. 747. III. 15. 16. 243. 252. 528. IV. 365. 472. 698. 701. 702 ff. V. 684. 745. 836 (macht irregulär). VI. 364. 455. 464. 465. 755. VII. 566. 581. 582. 583. VIII. 207. 834. IX. 33. 78. 81. 225. XI. 216. 224. 537. 580. 581. 673. 791. XII. 103. 199. 320. 906 (Strafen der).
Simonie in der Hochkirche V. 249. 249.
Simonieeid III. 469.
Simonis Magis tonsura XI. 86.
Simonis, Peter und Franz, 2 Schriftsteller X. 167.
Simonisten, s. Saint-Simon.
Simonsberg, -quelle, s. Samson.
Simpertus, der heilige Bischof X. 167. V. 398. VI. 742. IX. 93. XII. 80.
simplex, s. Festtage.
Simplician, Erzbischof von Mailand, Freund des hl. Ambrosius X. 167. VI. 752. VII. 848.
Simplicius, Papst X. 167—168. III. 877. IX. 44.
Simplicius, Abt v. Micso. VII. 270.
Simri, israel. Kg. IV. 009.
Simson, der starke, s. Samson.
Simson, Salomo ben, Rabbi IX. 15.
simultaneum, das X. 168—169. IV. 539. IX. 89. 172.
Sin, die Wüste X. 169—170. 173. 198. VI. 7. 803. VII. 362. VIII. 395.
Sina, s. Sin, Sinai.
Sinai, Halbinsel und Gebirge X. 170—182. 29. 169. 247. I. 227. 384. 826. III. 54. V. 99. 329. 518. 860. VI. 5. 804. VII. 225. 362. VIII. 385.
Sinai, Einsiedler und Kloster auf dem, s. Sinai, dazu II. 411. 515. V. 715. 847. VI. 229. VII. 612. 651. IX. 497.
Sinaita, Anastasius, s. Anastasius.
Sinaita, Joh., s. Johannes Climacus.
Sindered, Ebf. v. Toledo XI. 65.
Sinear, die babylonische Ebene X. 182—183. I. 576. II. 272. VII. 77 (Wüste).
Sinecuren, die X. 183. II. 705 ff. 749 ff. VI. 119. XII. 314.
Singen und Tanzen, den Geistlichen untersagt XII. 89.
Singhalesen (Ceylon), Christenthum bei den X. 183—185, s. Ceylon.
Singlin, Anton, der Jansenist X. 185—186. II. 407. V. 493. VIII. 161. 162.
Singschulen VII. 389 ff.
singularitas testium XI. 1275.
Sinicius, der heilige Bischof IX. 200.
Sinist, Oberpriester II. 215.
Siniter, Land und Volk der X. 186, s. Canaan, vgl. Sin.
Sinner, M., der Cardinal, s. Schelner. [Singlin.
Sinnich, Joh., der Jansenist, s.
Sinnlichkeit, die X. 187—190, s. Ascese, Begierlichkeit, Selbstpeinigung, Mensch, Sensualismus, Spiritualismus.
Sinsheim, Klstr. VI. 899.
Sintenis, prot. Prediger in Magdeburg VIII. 733.
Sintenis, Carl Friedr. Ferd., Jurist (geb. 1804) II. 890.
Sintram, gl. Mönch IV. 282.
Sinuessa, vermeintliche Synode zu VI. 612. [153. IX. 896 ff.
Sinzendorf, Cdlbf. v. Breslau II.
Sinzendorf, Pancraz von, Bf. v. Regensburg IX. 112.
Sion, der Berg X. 190—193. IV. 353. V. 528. 529 ff. 533. VII. 336. VIII. 445 ff.
Sion lauda, s. lauda Sion.
Sion (Sitten), Bisthum im Wallis X. 193—200. II. 758. XII. 1368.
Sionita, Gabriel, s. Gabriel Sionita.
Siph, Ziph, die Wüste X. 200. III. 47. 49. V. 783. VIII. 45 f.
siphon, s. fistula.
Sippharа, s. Sepharvaim.
Siphra und Siphri, Commtr. VI. 288. VII. 144.
Si quis suadente, Canon VIII. 793.
Sira, Missionäre in VII. 166.
Sirach, s. Ecclesiasticus.
Siria, Jesuiten in VII. 167.
Siricius, Papst X. 200—201. 432. I. 127. 226. 569. II. 100. 101. 347. III. 169. 249. 407. V. 197. 819. VI. 74. 900. VII. 45. VIII. 240. 662. 779. IX. 441. XII. 210. 511. 765.
Sirlet, Wilh., Cardinal X. 201. 564. II. 835. VI. 546. 552. VIII. 577.
Sirmium, Glaubensformeln und Synoden von X. 201—203. I. 433. 434. III. 736. 737. IV. 113. 428. V. 339. VI. 516. VIII. 72 ff. XII. 1040.
Sirmium, Erzbisthum, s. d. vor. Art., dazu V. 947. VI. 242. VIII. 172. 439. 440.
Sirmond, Jacob, der gelehrte Jesuit X. 203. 102. 850. 853. I. 354. 566. 569. 622. II. 167. 717. 738. 985. III. 748. 883. VI. 799. VIII. 316. 440. IX. 923. XI. 632. 675.
Siroes, Pfrkg. V. 102.
Sis, armen. Synode zu I. 443; — monoph. Bicht. V. 463. VII. 243.
Sisabul, der Mönch V. 431.
Sisak, s. Sesak.
Sisam, s. Sames.
Sisara, Feldherr I. 608. 609. V. 477. 478. (VIII. 72. 902.
Siscia (Sissek), Bisthum in Kroatien
Sisebert, Ebf. v. Toledo XI. 64 f.
Sisebut, Gothenkönig X. 204. IV. 553.
Sisenand, westgoth. König in Spanien IV. 556. XI. 63.
Sisera, s. Barak, Debora.
Sisinnius, a) der Novatianer; — b) Presbyter; — c) Magister, — d) Papst X. 204—205. VII. 521.
Sisinnius, der heilige XI. 691.
Sismondi, Jean Charles Léonard Simonde de, Historiker (st. 1842) V. 364. 631. XII. 206 ff. 497.
Sithianer, s. Sethianer.
Sitten, Bisthum, s. Sion.
Sittengericht, das in Genf I. 236.
Sittengesetz VII. 282 ff. 485 f. XII. 479 ff.
Sittenlehre, s. Moral.
Sittenlehre der Alexandriner, s. Alexandriner, ihre Sittenlehre.
Sittlichkeit, s. Moralität.
Siud, nestor. Bch. II. 449.
Siv und Siwan, s. Jahr der Hebräer.
Siverstatt, Klstr. X. 696.
Siviardus, Abt X. 205.
Siwa, ein Götze der Wenden VIII. 40. IX. 35.
Siwa der Indier, s. Schiwa.
Sixtus, Name von 5 Päpsten X.

205—208. S. I. (reg. bis 127 n. Chr.) IV. 810. VI. 72. X. 56. 700. XII. 985; — S. II. (reg. 257—258) III. 161. 189. VI. 73. 365 ff. XI. 531. XII. 1022. — S. III. (reg. 432—440) VI. 445. IX. 344. 345. XII. 511; — S. IV. (Franz Rovere; reg. 1471—1484) I. 165. 625. II. 2. 78. 258. 368. 425. 551. 651. 683. 755. III. 142. IV. 188. 497. 734. V. 451. 641. 651. 877. 919. VI. 468. 507. 870. VII. 25. 252. 404. 548. 765. VIII. 145. 181. 603. IX. 338. 346. 349. 371. 375. 399. 404. 466. X. 207. XI. 106. 575. 961. 970. 980. 983. XII. 54. 90. 432. 740; — S. V. (Peretti; reg. 1585—1590) I. 164. 200. 377. 379. 627. 758. 760. 832. 950. II. 209. 342. 344 ff. 386. 602. 657. 689. 895. 945. III. 340. 594. 921. IV. 62. 89. 376. 674. 723. V. 213. 376. 378. 644 ff. 649. 659. 896. VI. 184. 185. 419. 492. 512. 540. 597. 583. 881. 897 ff. VII. 511. VIII. 57. 831. IX. 116. 117. 343 ff. 353. 356. 360. 365. 367. 371 ff. 377. 399. X. 533. XI. 100. 467. 516. 576. 712 ff. 997. XII. 6. 7. 20. 218. 251. 283. 302 ff. 938. 1114. 1187. 1195. 1197.
Sixtus der Pythagoräer IX. 412.
Sixtus von Siena, gl. Thlg. X. 208—209. V. 127. [700 ff.
Skalich, Paul, der Abenteurer VIII.
Skanderbeg, s. Scanderbeg.
Skara, Bm. IX. 841. 842.
Skarbek Ankwicz, Graf Andr. Aloys, Primas VI. 444.
Skarga, Peter, der Jesuit XII. 1143.
Skepticismus, Skeptiker X. 209—211. I. 537. 709. III. 575 (französ.). V. 395 (Hume). VI. 923. VII. 321 (moral.). 539 (der alte). XII. 608 ff.
Skeuophylax, s. Chartophylax.
Sklasaz, jacobit. Synode zu V. 466 ff.
Sklaven bei den alten Hebräern VI. 221. 223. VII. 352. IX. 494 ff.
Sklaven, keine bei den Essäern III. 718. [814.
Sklaven, kein Ordensprofeß der VII.
Sklaven, Congregationen für Loskaufung der II. 795. XI. 235 (Eselsbrüder).
Sklavenhandel, s. Sklaverei, dazu II. 385. IV. 730. VII. 130.
Sklaverei und Christenthum X. 212—220. 335. 441. 443. 483, s. Weib, vgl. Leibeigenschaft, s. dazu II. 382 ff. (las Casas). 561 (durch die Kirche gemildert). III. 550. 553. IV. 152 (Abschaffung der). 684. 899 (eine Milderung der). VIII. 122. 123. 878 (in America die Quäker Abolitionisten). IX. 574 ff. XI. 323. 899 ff. 903 ff. 908 (in America).
Skoten, s. Schottland.
Skrobiszewski, Domherr VI. 442.
Skythen, s. Scythen.
Skytte, Joh., s. Gustav Adolf.
Slatkonia, Gg., Bf. v. Wien XI. 985. XII. 1270. 1275. 1279.
Slattery, Ebf. v. Cashel VII. 166. XII. 369.
Slaven, Bekehrung derselben zum Christenthum X. 220—230. S. Böhmen, Polen, Wenden, dazu I. 462 ff. 706. 807. 808. II. 172. III. 630. V. 317. VI. 33 (in Kärnthen). VII. 492. 690. 697. VIII. 40 (Mythologie der). 73. IX. 34 ff. 132. 592. XI. 671. 1104.
Slaven, Geschichtliches über die, s. Slaven, Bekehrung, dazu I. 596. II. 62. III. 2. IV. 604. V. 77 ff. (und Heinrich d. Löwe). VIII. 507 ff. IX. 442 ff. 908. X. 418. XI. 724. 965. 1184. 1185. XII. 553. 897 (in Oestreich). 1370 ff.
Slavische Bibelübersetzungen I. 961 ff.
Slavische Kirchensprache, s. Kirchensprache (VI. 170 ff.).
Slavonier, Kirchengeschichtliches V. 637. XII. 598.
Sleidanus, der Geschichtschreiber X. 230. 405. 531. XI. 607. 1168. 1169 ff. XII. 261. 330.
Slezan, Bimlg. zu VIII. 562.
Slomnitz, Bimlgn. zu VIII. 562. X. 338.
Slowaken, s. Slavonien.
Slütern, Joach., ein Reformator VI. 65. IX. 867.
Smaragd, der Edelstein III. 364.
Smaragdus, der heilige II. 971.
Smaragdus, s. Euphrosyne.
Smaragdus, der Exarch III. 811 ff.
Smaragdus, a) Abt und vielseitiger Schriftsteller; — b) Schüler des Benedict von Aniane X. 230—231. VII. 302. XII. 842.
Smetana, der Apostat VI. 260.
Smid, Mrlphlsph. V. 92.
Smith, Adam, Mrlphlsph. VII. 321.
Smith, Joe, Stifter der Mormonen IV. 391 ff. IX. 837 ff. XII. 49 ff. 811.
Smith, Richard, ap. Ver. XI. 906.
Smogra-Breslau, Bisthum II. 150. 151.
Smyrna, die Stadt X. 231—232. V. 595. 597 (Ignatius Brief an die Christen in). VI. 165. 824 (Christenpflgg.). VII. 167. 168. 169 (Missionäre in). VIII. 217 (Bm.). 450. (Picpusgenossenschaft in). 573 (Bm.). IX. 108 (Christen in). XI. 332. 334 (Ebm.).
Sniguiski, Bf. v. Przemisl XII. 1015.
Snorre-Sturleson, s. Island.
Snow, die Gebrüder, Missionäre der Mormonen XII. 613.
So (Sua), s. Aegypten.
Soana, Bm. VIII. 471.
Sobiech, Mrlst. VII. 307.
Sobiesky, der Held, s. Johann, Könige von Polen.
Socialismus, Socialisten XII. 1143—1148. 930 ff. (Pauperism.). II. 723 (Communismus). IV. 388 (Gütergemeinschaft). VI. 324 ff. (Lamennais). IX. 70. 280. 568 (Saint Simon). 838 ff. XI. 99. 1128.
Societätsphilosophie, die Baadersche XII. 406.
Socin, Lälius und Faustus X. 232—235. 573. II. 42. 102. 647. VI. 531. 534. 536. VIII. 555. XI. 608. XII. 1315.
Socinianismus, Socinianer, s. Socin, dazu I. 297. 487. II. 41. 632. III. 86. 906. 936. IV. 805. VI. 438. 486. 536. 606. VII. 732 (in Ungarn und Siebenbürgen). VIII. 561 (in Polen). 705. 712 (in Preußen). 772. 830. IX. 522. X. 10. 124. 338. 587. XI. 40. 358. 427. 518. XII. 632.
Socolovius, der Canonicus V. 523.
Socrates, der weise († 399 v. Chr.) I. 458. III. 323. 891. IV. 64. 489. 499. VII. 314 ff. (Ethik des). 439 (Ekstase des). VIII. 79. 772. IX. 571. 674. 746. X. 42. 376. 432.
Socrates, der Fortsetzer des Eusebius II. 843. IV. 214. 217. V. 432. VI. 138 ff. 140. 812. 795 ff. VII. 37 ff. 357. 500. 558. IX. 624. 762. X. 201. XI. 534. XII. 77.
Socratiten, s. Borborianer.
Socratiker, s. Socrates.
Socratische Methode, s. Lehrart.
Sodalität, s. Bruderschaft.
Sodoma X. 235—238. II. 294. VI. 9. 601. VII. 15. VIII. 117. XI. 1256. [1222.
Sodomiterei VI. 80 ff. IX. 215. XI.
Sodomsäpfel, s. Sodoma.
Sodor, anglican. Bm. V. 241.
Sodren, Bm. III. 305.
Soest, die Stadt IV. 775.
Soester Fehde VIII. 7.
Soferim, die XII. 1102. [240.
Sofismus, s. Islam, dazu X. 239.
Sohar, das Buch X. 238—240. 154. VI. 1 ff. VIII. 406.
Soissons, Bisthum, Stadt und Synoden XII. 1148—1149. 941 (Akademie). 1248. I. 5. 419 (Syn.). II. 83. 266. 628 (Syn.). IV. 159. 686 (Stdt.). V. 204 ff. (Syn.). 350 (Bm.). VI. 648 (Syn.). VII. 395 (Singschule). VIII. 168 (Bm.). IX. 297. 298. 388 ff. (Syn.).
Sola, St. IX. 440; — Mffnär. XI. 1103. [397.
Solarius, St., Bf. v. Straßburg X.
Soldaten, Erziehung der I. 703.
Soldaten, von den geistl. Weihen ausgeschlossen V. 835.
Soldaten dürfen nicht Bürgen sein XII. 351.
Soldatenpredigten X. 240—241.
Söldnergut, s. mansus.
Solennis, St. IV. 147. XII. 220.
Solesmes, Abtei X. 547. XI. 562.
solipsorum monarchia, die Schrift V. 609.
Solis y Ribadeneira, Antonio de, Geschichtschreiber u. Dichter († 1686) II. 619. IV. 41. V. 567.
solitaria sola, s. Nonne.
solitarii, s. Einsiedler. [813.
Soller, J. B., Bollandist VI. 727. IX.
Sollicitation, Verbrechen der X. 241. III. 817. IV. 725. IX. 216. XI. 582. XII. 805.
sollicita ac provida, Constitution V. 614. [IV. 728. VIII. 492.
sollicitudo animarum, Constitution
sollicitudo omnium ecclesiarum, Bulle V. 569. [819 ff. VII. 400.
Solmisation (ut re mi fa sol) IV.
Solon, der Gesetzgeber († 559 v. Chr.) VIII. 14. IX. 400.
Solothurn, Stadt und Canton, s. Schweiz, dazu I. 641. II. 750. VI. 415.
solstitium honoris I. 178.
Soltl, Histor. IV. 711.
Soltyk, Bf. VIII. 565.
Soliman II, der Prächtige, Sultan (1520—1550) I. 610. IV. 13. V. 773. VI. 951.
Solymer, die VI. 679 ff.
Somaglia, der Staatssecretär VI. 475. XII. 676.
Somasker, die X. 241—243. 833. II. 602. 604. III. 254. VII. 158. 230. XI. 516.
Somerau-Beckh, M. J. G. von, Ebf. v. Olmütz VII. 769. [227.
Somerset, Protector Eduards VI. V.
Sommier, Jean Claude, Historiker und Dichter XII. 1149—1150.
Somnambulismus, der IV. 6. VII. 283. XI. 650 ff. XII. 1177.
Sonderbund, der schweizerische und der Sonderbundskrieg IX. 857 ff.
Sonna, Sunna, die, s. Sonniten, dazu I. 138. IV. 922. V. 848. 849. VII. 186.
Sonnatius, der heilige, Bf. v. Rheims VI. 874. IX. 291.
Sonne, die vergötterte, s. Mithra.
Sonnenbaal, s. Baal.
Sonnenburg, Nonnenkloster VII. 595.
Sonnencult, s. Heliogabal, Mithra, On, Parsismus.
Sonnencyclus, s. Cyclus.
Sonnenfels, Joseph, Reichsfreiherr von, der moderne Reformator († 1817) IV. 403. V. 798 ff. VI. 859. XI. 1024. 1026. 1052. 1057. 1067. XII. 1271. 1294.
Sonnenjahr, s. Chronologie, Kalender, dazu I. 189. IV. 492. V. 485. VII. 626. VIII. 217.
Sonnenuhren III. 661. XI. 362.
Sonnenwendfeuer, s. Johannisfeuer.

Sonniten, die X. 243–244. I. 167. III. 925. XI. 1243.
Sonnius, der Dr., Bf. v. Antwerpen VII. 1. XII. 786.
Sonntag, Arbeiten am, s. Arbeit, knechtliche, am Sonntag.
Sonntag, s. Dominica, Feria.
Sonntag, weißer, s. Kleid, das weiße, Quasimodogeniti.
Sonntage, Heiligung der, s. Heiligung der Sonn- und Feiertage (XII. 549 ff.).
Sonntagsbuchstabe, s. Cyclus.
Sonntagsfeier, s. Dominica, Feria, Festtage, Commemoration, dies fixa, Kirchenjahr, Kirchengebot, Heiligung der Sonn- und Feiertage.
Sonntagsgottesdienst, anglican. V. 236 ff.
Sonntagsperikopen, s. Perikopen.
Sonntagsschule, s. Schule.
Sopater, Neuplatoniker VII. 548.
Sopherim, der Tractat IV. 856 ff.
Sophia (Triadiza), s. Sardica.
Sophia, Heilige a) Schwester der Fides, Spes und Charitas; — b) Gefährtin der Irene; — c) Märtyrin von Fermo X. 244.
Sophia, Frauen von der heiligen IV. 181.
Sophia, König Wenzels IV. Gemahlin V. 402. 413 ff. 416. 725 ff. 730 ff.
Sophia, Polenherzogin VII. 910.
Sophia, Aebtissin von Gandersheim IV. 303. 304. VIII. 883. XI. 1106.
Sophia von Brena, Aebtissin von Quedlinburg VIII. 884.
Sophia-Achamoth, ophitische VII. 786.
Sophienkirche zu Constantinopel X. 244–245. I. 675. V. 949. VI. 111.
Sophistik und Sophisten, die vorchristlichen III. 618. VII. 314. VIII. 79. X. 40.
Sophokles, der große Tragiker († 406 v. Chr.) VI. 394. VII. 488.
Sophonias, Zephanja, der Prophet X. 245–246. I. 346. V. 811. VIII. 821.
Sophronius, der heilige, von Jerusalem X. 246–249. V. 102. 315. 536. VII. 246 ff. 357. IX. 665.
Sophronius von Anchialus, Gegner der Union VI. 828.
Sophronius, der schismatische Mönch XI. 426.
Sora am Euphrat, die Judenschule zu III. 851. V. 891. VII. 144. IX. 5. XII. 1108 ff.
Sorbon, Robert von, s. Sorbonne.
Sorbonica (disputatio) X. 250.
Sorbonne, die X. 249–253. 917. I. 690. II. 76. 127. 178. 575 ff. 811. III. 341 ff. 642. 872 ff. IV. 9. 10. 189. 517. V. 83. 96. 155. 378. 498. 555. VI. 151. 778. VII. 229. VIII. 787. IX. 229. 233. 314 ff. 330. XI. 101. 273. 741. XII. 500. 914. 1083. 1312.
Soreth, Ordensgnrl. II. 365.
Soria, der Hugenotte II. 141.
Sorö, dänisches Kloster I. 567. VI. 645. [gium.
sortes sanctorum, s. sortilegium.
Sortilegium, Gebrauch der Loose X. 253–254. IV. 365.
Sosimus, s. Zosimus.
Sosiosch, der parsische Erlöser VIII. 157 ff.
Sosipatra, Philosophin VII. 547.
Sosteneis, Mitr. der Serviten X. 98.
Sotas, Bf. v. Anchialus VII. 253.
Soter, der heilige, Papst X. 254. III. 168. IV. 927. VII. 254.
Soto, Dominicus de, der gelehrte X. 254–256. II. 254. 374. 414. IV. 72. V. 701. VI. 599. 777. 878. VII. 309. IX. 244. 524. XI. 81. XII. 1195.
Soto, Petrus de X. 256–258. II. 116. XI. 227.
Sottana, Soutane, s. Talar.
Sotwel, Nathanael, gel. Jesuit VII. 851.
Souchis, Adj.-Ebf. v. Paris V. 349. X. 315.
Southcote, Johanna, die Messiasgebärerin IX. 493.
Southey, Robert, Dichter († 1833) VII. 855.
Souveränität, s. Rheinbund.
Sovegnino, Missionär. in VII. 168.
Soyncourt, die Madame II. 368.
Sozomenus, ein Fortsetzer des Eusebius im 5. Jhhdt. II. 521. III. 778. 779. 803. IV. 214 ff. V. 136. 810. VI. 139. 215. 309. 612. 764. VII. 40. 141. 500. VIII. 308. 808. 807. IX. 624. 762. X. 204. 432. XI. 308. 534. XII. 1200.
Spaccapietra, der Nuntius XI. 909.
Spada, Bernardino, Cdl. VIII. 59.
Spagnoli, der Mantuaner II. 365.
Spalatin, Georg, der Reformator X. 258–260. 568. I. 520. III. 134. VI. 472. XI. 1158 ff. XII. 416. 419.
Spalato, Bm. VI. 242.
Spalato-Malarsca, Bm., s. Zara (XII. 1320).
Spalding, J. J., der philos. Theolog X. 260. III. 381. VI. 378. [IX. 837.
Spalding, Samuel, Romanenschreiber
Spaltungen, s. Schisma.
Spalizettel, s. Cooperator.
Spangenberg, Cyriac († 1604) u. August Gottlieb († 1792) II. 926. IV. 88. V. 142 ff. VIII. 452.
Spanheim, Kstr. XI. 297.
Spanheim, Ezechiel von, Staatsmann und vielseitiger Gelehrter († 1710) V. 351. VII. 560 (**). X. 159. 160.
Spanheim, Friedrich, reformir. Kchnhistor. († 1701) VI. 157. VIII. 332. XI. 58.
Spanien und Portugal (Christianisirung), Geschichte, gegenwärtige kirchliche Gestaltung X. 260–271. Vgl. Brasilien, Südamerica, Westindien, s. dazu I. 158 (und Alexander VII.). 165 (Alfons I. von Portugal). 173 (rex fidelissimus). 379 (die Jesuiten in). 565 (die Ritterorden). 634 (Bartholomiten in). 652. 709 (Orden in). 789 (Benedictiner). 881 (Oratorien in). II. 25 (Krls.). 105. 107 (die Borgias). 113 (Tridentinerconcil). 163 (Brigittenorden in). 175. — 305 ff. (Canonensammlungen). 349 (und Karl V.). 383 (und die Indianer). 613 (Clemens XII.). 615 ff. (Jesuiten aus). 681 (der Cölibat in). 735 (Compostella). 757 ff. (Concordate mit). 842. 843 (Gschls). 852 (auf dem Constanzerconcil). III. 241. 242 (Inquisition). 257 (Donatisten in). 416. 537. 538 (und Elisabeth von England). 544 (Synode von Elvira). 553 (König Emmanuel). 576 (Enkratiten in). 705 (der Escurial). 718. 749 (Heilige in). 754 (Bf. Eulogius). 758 (Gothen in). 899. IV. 22. 25 (und Oestreich). 40 (Ferrer). 243 ff. (Fructuosus). 265 (der Fußkuß). 583 ff. (die Gothen). 667 (Granvella). 683. 708 (und die Päpste Gregor). 729 (im J. 1542). 854 (Handel im heidnischen). V. 166 (Hieronymiten in). 336 ff. (im 4. Jahrhdt.). 566. 569 (Jesuitenhetze). 606 (Alombrados in). 626 (und Innocenz I.). 650 ff. (die Inquisition). 708 (und Johanna papissa). 889. 890. 891. 892 (die Juden in). VI. 87 (Juden in). 195 (Krls.). 266 (Kreuzbulle). 454. 455 (und die Päpste Leo). 553 (mozarabische Liturgie). 557 (die Inquisition). 595 ff. (Poesie). 610 (Sectirer in). 761 (Stockthalmudisten in). 786 (Malerei). 863 (Geschichtschreibung). 883 (ein Marienfest). 889 (ein Orden in). VII. 152 (Minimen in). 166 (Missionsanstalten). 227 (Cluniacenser in). 286 (das erste Kloster in). 600 ff. (und die Niederlande). 692 (Observanten in). 873. 883 (Osterpraxis in). VIII. 89 (theolog. Streitigkeiten). 121 (in Südamerica). 290 (Liturg.). 389 ff. (Philipp II.). 433 (phönic. Niederlassungen). 448 (Piaristen in). 578 (die Polyglotten). 590 ff. (und Pombal). 777 ff. (die Priscillianisten). 804 ff. (Mysticismus in). IX. 275 (und die französ. Revolution). 328 (Ritterorden in). 357 (der Peterspfennig). 480 (Gschls.). 622 (Saragossa). 806 (die bildenden Künste in). X. 105 (Sevilla). 119 (Gschls.). 200 (und Sixtus V.). 450 (Entdeckungen). 462 (Südseemissionen). 630 (ein Bischof). 674 (Kgschls.). 725. 735 (Templerorden). 742 (Tertiarier in). XI. 62 (Toledo). 167 (Trappisten in). 211. 229. 230. 240. 241 ff. (und das Tridentinerconcil). 257 (Trinitarier in). 517 (Orden). 518 (Valdez). 538 (und die Vandalen). 668 (Krls.). 713 (Krls.). 729 (Völkerwanderung). 898 (in Westindien). 958 (das Land). 1210 (Ximenes). XII. 97 (Balmes). 105 (ein Heiliger). 201 (herrscht über Sardinien). 203 ff. (Poesie). 210. 214. 322 (Kgschls.). 600 (Humanismus in). 1081 (Salamanca). 1110. 1111 ff. (jüd. Gelehrte in). 1213 (Bibelübersetzung).
Spanien, die Mauren in, s. Mauren (VI. 933).
Spanische Inquisition, s. Inquisition.
Spanne, hebr. Längenmaß VI. 692 ff.
Sparta, das alte VII. 663. VIII. 14 ff.
Spartianus, Histor. X. 85.
Spaulding, anglican. Thlg. XII. 811 ff.
Spaur, berühmte Persönlichkeiten aus dem Geschlechte der Grafen von II. 186. VI. 723. VIII. 493. IX. 914.
Specklin, Chronist X. 699 ff.
Speculation, philos. III. 375 ff.
Speculative Mystik VII. 444.
speculatores, die III. 796.
Spedalieri, Vorläufer des Lamennais VIII. 486.
Spee, Friedrich von, der Dichter († 1635 zu Trier) II. 369. 807. V. 157. 159 ff. VIII. 529. IX. 854. XI. 1254. XII. 136.
Speier, s. Speyer.
Speise bereiten am Sabbath verboten IX. 491.
Speisegesetze, mosaische X. 271–274. I. 99. VII. 351. X. 175.
Speisen, Unterschied der, s. Abstinenz, Fasten, Fischspeisen, Lacticinien.
Speiseopfer, hebräische IV. 47. VII. 85. 782 ff. IX. 599.
Spencer, Ignaz, Provincial VIII. 192.
Spencer, der Lord II. 1. XII. 1061.
Spener, Phil. Jacob, und die pietistischen Streitigkeiten X. 274–288. 293. 558. I. 464. 466. 928. II. 370. 480. IV. 141. 847 ff. 967. V. 142. VI. 349. VIII. 22. 300. 352. 452. XI. 1297. XII. 1237.
Speratus, der heilige XII. 1120.
Speratus (Spretter), Paul, der Prediger VII. 772. VIII. 695. 698 ff. 706. XI. 985. [525.
Spervogel, der christliche Dichter VIII.

Spes, die heilige X. 244.
Speyer, Bisthum X. 288—291. I. 149. 701. 707. 859. III. 3. V. 213. VI. 765. IX. 405. 566. XI. 204. 594. 1097. 1189. XII. 557. 859; — b) Stadt IV. 368 (Geißler in). V. 29. — 892 (Judenpflgg.). IX. 156. 239 ff. (Commission in). 490 (Dom zu). XII. 1113 (Judenschule); — c) Reichstage zu V. 46. 150. VII. 29. VIII. 829. XI. 177.
Spiegel der hebräischen Frauen VIII. 867.
Spiegel zum Desenberg, Ferdw. Aug., Graf von, Erzbf. v. Cöln (st. 1835) II. 677. III. 304. V. 131. VIII. 750 ff.
Spiegel zum Desenberg, Heinrich Graf von, Bf. v. Paderborn VIII. 8.
Spiera, der Anwalt XI. 607.
Spina, geistl. Würdenträger II. 414. 415. IV. 159. XII. 463.
Spinnen, ob an Feiertagen erlaubt XII. 552.
Spinola, a) Aloys, Jesuit; — b) Basilius, gl. Domcr.; — c) Cajetan, der Prediger; — d) Christoph Royas de, der Unionist X. 291—295. V. 646. VII. 197. 550 ff. IX. 191 ff. X. 294.
Spinola, Ambros, der letzte große Feldherr der Spanier (st. 1630) VI. 290. XI. 876. 677. XII. 6.
Spinoza, der Philosoph X. 295—299. 164. 738. 840. I. 497. 516. II. 131. 865. III. 121. 864. 923 ff. IV. 350. V. 334. VI. 253. 332. 385. 496. 719. VII. 320 (Ethik des). 479. 482 (Nirlos.). VIII. 78. 81 ff. IX. 70. 874 ff. XI. 416. 621. 629. XII. 294. 608. 1115.
Spiridion, Bf. v. Cypern VII. 552 ff.
Spiritualen im Franciscanerorden X. 299—302, s. Franciscus, Minoriten, Observanten, s. dazu II. 567. V. 766 ff. VII. 695 ff. 765. X. 304. XI. 349.
Spiritualen unter den Montanisten VII. 260; — Reformirten VI. 517 ff.
Spiritualien (Amtspflichten) I. 803. III. 99. VIII. 362.
Spiritualismus, der X. 302—307, vgl. Materialismus, Sensualismus, Selbstreinigung, Naturalismus, s. dazu IV. 144 ff. 837 ff. IX. 518 ff. X. 659.
Spiritualisten, Secte der, s. Swedenborg.
Spiritus sancte adsit nobis gratia, Sequenz VII. 655.
Spitalbrüder, s. Hospitaliter.
Spitäler in Rom IX. 361 ff.
Spitäler in Genua XII. 463.
Spitihnew, Böhmenherzog VI. 623. 751.
Spittler, Ludwig Timotheus von, kirchenfeindlicher Schriftsteller (st. 1810) I. 547. 870. 873. IV. 697. 700. VI. 158. VIII. 351. 652 ff. IX. 630. XII. 928.
Spitzbogenstyl in der Baukunst XII. 104.
Spohn, die Prophetin IX. 823.
Spoleto, Erzbisthum, Stadt und Herzogthum V. 863. VI. 40. 586. VII. 584. VIII. 493.
Spolienklage, s. Spolium,
Spolienrecht, jus spolii sive exuviarum X. 307—313. s. Verlassenschaft der Geistlichen, dazu II. 746. III. 653. XII. 636 ff.
Spolium und Spolienklage X. 313—315.
Spondanus (von Sponde), Heinr., Bischof v. Pamiers X. 315. VI. 149. 777. XI. 666.
Sponsalien, s. Eheverlöbniß, Conventionalstrafe, Mahlschatz.
Sponsalieneid, s. Eid.
Sporen, das Tragen derselben den Geistlichen untersagt XII. 270.
Sporer, Adam, ein Reformator VII. 723.
Spork, Graf Johann von, General (st. 1679) XI. 881.
Sporschil, der Kirchenhistoriker VI. 154.
Spott, s. Religionsspötterei.
Sprache, s. Kirchensprache.
Sprachen, biblische, Richard Simon über die X. 163.
Sprachen, iranische VIII. 305.
Sprachen in Palästina zu Christi Zeit, s. Palästinensische Landessprachen.
Sprachen, phrygische VIII. 416.
Sprachen, semitische, s. Semitische Sprachen.
Sprachenfest der Propaganda VI. 54. VIII. 815.
Sprachengabe, s. Geistesgaben.
Sprachengabe des heiligen Franz Xaver IV. 137.
Sprachengabe der Somnambulen XI. 654 ff.
Sprachgebrauch des Alten und Neuen Testaments X. 315—317. XI. 1178. XII. 1118.
Sprenger, Placidus, gl. Bendictnr.
Springer, die methodist. VII. 129.
Sprüche Salomos, Sprüchwörter X. 317—321. I. 164. 692 ff. III. 368. IV. 652. VI. 366. 367. VII. 833. IX. 587. XI. 833.
Sprüchwort, s. Gnome.
Squillace, Bisthum II. 191. 377.
Srongdsan-Gambo, Herrscher in Tibet XII. 184.
Sfakia-Muni, s. Buddha.
Sramana Gautama, s. Buddhismus (XII. 153. 169).
Staat, der X. 321—324. I. 29. 35 ff. (Abgaben an den). 209. 449. 450. 452 ff. II. 235 (Cäsaropapismus). 656 (Civilehe). 723 (Communismus). 741 (Concordate). III. 891 (der christl.). IV. 388 (Communismus). 403 (als Gegner der Kirche). 477 (Gesellschaft). 504 (Gewohnheitsrt.). V. 222 (Hobbes Ansicht vom). 665. 683 ff. 928 ff. (jura circa sacra). VI. 170. 188 (Kirchengut). 197 ff. 199 (Rechte gegenüber der Kirche) 568 ff. (Locke's Ansicht). 711 (Machiavelli). VII. 66 (Mensch). 746 ff. (und Nationalität). IX. 49 (Recht). 67 (Rechtsphilosophie). 85 (jus reformandi). 173 (Religionsgesellschaft). 184 (religionis exercitium). 300 (Rheinbund). 420 (und Rousseau). 568 (Saint Simon). 709 (zur Zeit Carls d. G.). 788 (Schule). XI. 47 (Todesstrafe). 453 (Unterrichtsfreiheit). 1079 (die Omnipotenz des).
Staatliche Auctorität, s. Gewalt.
Staatliche Wohlthätigkeit, s. Wohlthätigkeit.
Staatsbürgerrecht, s. Indigenat.
Staatsgewalt, s. Auctorität, Gewalt.
Staatsinquisition, spanische, s. Inquisition.
Staatskirche X. 324—326, s. Landeskirche.
Staatskirche, englische, s. Hochkirche, dazu III. 81 ff.
Staatskirche, russische, s. Russisch-griechische Kirche.
Staatskirche, Ludwigs XIV. Ideal einer V. 365.
Staatsreligion X. 111.
Staatsschulen, die Hochschulen werden zu XI. 448 ff.
Staatssecretariat, päpstliches, s. Curia Romana.
Staatsuniversitäten, belgische VI. 604.
Stab, s. Bischofsstab, Ordensobere (VII. 811).
Stab Arons, s. Aaron.
Stabat mater, der Hymnus V. 635. VI. 885. VII. 419. VIII. 524. X. 68. 123.
Stabilität, Gelübde der IV. 841.
stabilitas loci et status, s. Gyrovagi.
Stabilius, Bf. v. Siebenbürgen VII. 731.
Stablo, 657 n. Chr. gestiftete Benedictinerabtei bei Lüttich III. 320. VI. 323. 324. XI. 927. 929. XII. 832.
Stadion, Christoph, Bischof von Augsburg X. 325—327. VII. 917.
Stadion, J. C. von, Teutsch- und Hochmeister X. 817.
Stadium, Längenmaß VI. 894.
Stadtcisternen, s. Cisternen.
Stadtjunker, s. patricii (XII. 927).
Stadtpatron, s. Schutzpatron.
Stadtpfarrei, s. Pfarrei, Pfarrer.
Staël-Holstein, Anne Louise Germaine, Madame von (st. 1817) X. 632. XI. 876.
Staffelgebet, s. Stufengebet.
Staffelsee, Klstr. X. 698.
Stafford, Märtyr. in VII. 168.
Stafford, Lord William Howard, der Stuart (hinger. 1680) VII. 673 ff.
Stagno, ehemal. Bm. XII. 1320.
Stahelin, prot. Thlg. VII. 114.
Stahl, Georg Anton von, Bischof v. Würzburg XI. 1191.
Stahl, Joh., Tonsetzer VII. 407.
Stahl, Friedrich Julius, der Rechtsphilosoph (geb. 1802) IV. 490. VI. 718. IX. 71. XI. 51.
Stahleck, Heinrich von, Bf. v. Straßburg X. 398.
Stain, Judenverfolgung in V. 995.
stallum, s. Chorstühle.
Stamm, Stammbaum, s. Verwandtschaftsverhältniß (XII. 1227 ff.)
Stamm Josephs, s. Ephraim.
Stamm, gl. Thlg. XI. 370.
Stämme und Stammfürsten der Hebräer, s. Jacob (Bch.). Hebräer, die Artikel über die einzelnen Söhne Jacobs.
Stams, Klstr. II. 165.
Standarte, s. Fahnen.
Stand Christi, s. Christus, Jesus Christus, Erlöser, Messias.
Stand der Gnade, status gratiae X. 827—830.
Stand der Unschuld des Menschen vor und nach dem Sündenfall, s. Adam, Gerechtigkeit und Heiligkeit, Erbsünde, Erlösung, Kindschaft Gottes.
Standesbücher, s. Kirchenbücher.
Standespflichten, s. Pflicht.
Standesrechte der Geistlichen, s. beneficium competentiae, communio laica, Ordination, privilegium canonis.
Standesvergehen der Geistlichen, s. Disciplinarvergehen, dazu XI. 581.
Standeswahl, die XII. 1150.
Standeswidrige Ehe, s. Mißheirath.
Stand, geistlicher X. 830—834. II. 630. XI. 1272. 1274. XII. 352.
Standhaftigkeit, die Tugend der X. 384.
Stanislaus, der heilige, Bischof von Krakau X. 334—335. IV. 708. V. 677. VIII. 541.
Stanislaus Hosius, s. Hosius.
Stanislaus Kostka, der heilige X. 335—337. IV. 724. IX. 815. XI. 990.
Stanitz, die Propstei IX. 814.
Stankar, Franz, der ungestüme Reformator X. 337—339. VII. 33. VIII. 555. XII. 1277.
Stanley, Thomas, der früheste Geschichtschreiber der Philosophie II. 632.
Stapf, Franz, theol. Schriftsteller X. 339.
Stapf, Joseph Ambros, der Moraltheologe X. 339. III. 427. 691. VII. 309. IX. 248. 219. XI. 1268. 1279.
Stapfer, Ritter I. 582. 583.

Staphylus, Friedrich, Theologe des 16. Jahrhdts. X. 339—340. I. 236. XI. 725. 989.
Stapleton, Thomas, anglic. Thlg. XII. 1150. XI. 489.
Starck, Joh. Aug. v., der Kryptokatholik X. 340—347.
Stargard in Pommern VI. 10. VIII. 600. 602.
Starke Geister, s. Freidenker.
Starodubowzen, Starowbradzi, die russischen IX. 20. 21.
Starowierzi, die Altgläubigen in Rußland IX. 20.
Stater, der IV. 375.
Stationen, s. Kreuzweg.
Stationen, niederländische, s. Holland.
stationes regularium, s. Hilfspriester.
Stationsfasttage X. 347—348.
Stationsfasttage, montanistische VII. 259.
Statius, Publius Papinius, der Dichter (st. 96 n. Chr.) XII. 597.
Statius, Martin, prot. Gl. VIII. 644.
Stattler, Benedict, der Vielschreiber X. 348—349. III. 382. IV. 310. XII. 146.
Statuen II. 521. VI. 274. VIII. 806. IX. 883 ff.
Statut, s. Observanz.
statuta dioecesana, s. Diöcesanstatuten.
Statuten, s. Kirchenstatuten, Gewohnheitsrecht.
Statuten der Domcapitel, s. Capitel.
Staudenmaier, Franz Anton, der Dogmatiker XII. 1151—1156. 1191. III. 382. 586. VI. 111. 163. 928. VII. 289. VIII. 87. 503. 515. 524. IX. 56. 183. 660. 769. 883 ff. X. 8. 866. 871. XI. 277. 830. 1115.
Stäudlin, Carl Friedrich, prot. Theologe X. 349—350. II. 431. VI. 139. 188. 346. 804. VII. 290. 294. 311. VIII. 792.
Stauf, Albert von, Bischof von Regensburg IX. 110.
Staunen, eine Grundlage des Affectes, s. Affecte.
Staupitz, Luthers Freund X. 350—351. I. 528 ff. VI. 348. 472. 652 ff. VII. 722. IX. 597. XI. 1100.
Stavanger, norweg. Bisthum III. 305. VII. 646.
Steck, F. X., thl. Schftst. VI. 548.
Stedinger, die X. 351. II. 806. VI. 514.
Steen, van den, s. Cornelius à Lapide.
Steenhoven, Cornel, 1. schismat. Ebf. v. Utrecht V. 499. XI. 509. 510.
Steffanelli, Ebf. v. Lucca XII. 741.
Steffens, Heinr., Philosoph, Naturforscher, Dichter (st. 1845) IX. 753. XII. 134.
Stefner, der Isländer V. 859.
Steiglehner, Cölestin, Abt VIII. 30.
Stein, Kistr. VII. 724.
Stein, Lutherthum in VII. 735.
Stein, der schwarze in der Kaaba II. 241. XI. 709.
Stein, Schriftsteller über Socialismus XII. 930 ff. 1148.
Steinamanger, Bisthum, s. Gran, dazu VI. 903. VIII. 73. 903.
Steinhebl, Math., der Chorherr IV. 105.
Steinheim, Gl. IX. 6.
Steinigung, Todesstrafe bei den alten Hebräern X. 352—358. 389. 892. I. 42. 600. VII. 353. VIII. 263. IX. 491. XI. 1283.
Steinklutsch, Crescentia, die Stigmatisirte XII. 1160.
Stekna, Conrad, s. Waldenser.
Stela, Reichstag zu VII. 896.
stellae festum, s. Dreikönigsfest.
stellionatus, s. Fälschung.
Stelzer, M., Pädagog VIII. 29.
Stendal, Katholiken in VIII. 737.
Stenkil, Schwedenkönig IX. 841.
Stenzel, Gustav Adolf Harald, Geschichtschreiber (st. 1854) IV. 709. IX. 653.
Stephan, Name von 10 Päpsten X. 353—360. St. I. (der Heilige; reg. 253—257) III. 161. 170. VI. 72. 73. 75. — St. II. (reg. 752) II. 346. 359. III. 104. 115. VI. 176. VIII. 103. IX. 47. X. 195. XII. 830. — St. III. (reg. 752—757) II. 524 ff. 526. III. 115. 814. VII. 138. 390. VIII. 230. IX. 354. XI. 1100. XII. 722. — St. IV. (reg. 767—772) VIII. 104. 166. XI. 570. — St. V. (reg. 816—817) I. 814. IV. 115. 623. VIII. 104. XII. 558. 756. — St. VI. (reg. 885—891) I. 615. II. 58. IV. 115 ff. V. 754. IX. 385. XI. 583. XII. 239. 1022. — St. VII. (erdrosselt 897) V. 756. IX. 385. — St. VIII. (reg. 929—931) II. 638. V. 758. — St. IX. (reg. 939—942) I. 775. II. 661. III. 16. IV. 690. VII. 272. 579. VIII. 197. IX. 135. 292. XII. 745. 747. — St. X (Friedrich von Lothringen (reg. 1057 —1058) V. 309. XII. 606.
Stephan der Heilige, der erste König von Ungarn (st. 1039) I. 241. 373. III. 664. IV. 255. 655. 660 ff. VI. 240. 754 ff. VII. 904. IX. 815. X. 123. 551. XI. 460. 401.
Stephan de Borbone, Thlg. V. 708.
Stephan III., Ungarnkönig IV. 657.
Stephan von Byzanz V. 508. [248.
Stephan von Dona, Bf. VII. 246.
Stephan Gobarus, s. Monophysiten.
Stephan, Bf. v. Lüttich III. 281; — v. Lyon II. 216. 217.
Stephan, Ebf. v. Paris XII. 384; — Bch. v. Großarmenien VI. 440.
Stephan Niobes, Phlsph. III. 17.
Stephan, ein Mystiker VII. 556.
Stephan von Tierno, Stifter des Ordens von Grandmont IV. 665 ff.
Stephan, ein Waldenserbischof II. 65.
Stephanisten, die Mucker VII. 368. IX. 823.
Stephanische Bibelausgaben, s. Stephanus, Philologen- und Buchdruckerfamilie.
Stephanus, der erste Blutzeuge X. 360—362. 836. I. 159. 353. II. 521. III. 734. VI. 433. VII. 701. 857. VIII. 212. XI. 828.
Stephanus, arian. Bf. v. Antiochien XII. 334.
Stephanus, ein african. Bf. VII. 661.
Stephanus, Bf. v. Larissa II. 86.
Stephanus, die Philologen und Buchdrucker: Robert (starb 1559) und Heinrich (starb 1598) I. 72. 916 ff. II. 741. III. 156. VI. 141. VIII. 409. 583. IX. 621. XI. 565.
Sterbablaßkreuz, s. Sterbkerze (XII. 1156).
[362.
Sterbebett, Eben auf dem X.
Sterbegebete X. 362—363.
Sterbeglocke X. 363—364.
Sterbejahr, -monat, -quartal X. 364. I. 260. 261. III. 654. XI. 614.
Sterbenden, Weihe der X. 665.
Sterbens, Väter des guten, s. Väter des guten Sterbens.
Sterberegister VI. 126. VIII. 369.
Sterbesegen X. 21.
Sterbkerze, Sterbkreuz XII. 1156 —1158. VI. 70. 71.
Sterbsacrament, s. Oelung, letzte.
Stercoranisten X. 364—365.
sterilitatis procuratio, s. procuratio sterilitatis.
Stern der 3 Könige III. 284.
Stern, Kreuzträger vom rothen, s. Kreuzherren (VI. 269 ff. XII. 651 ff.).
Sternberg, Ordensgnl. XII. 683. 684.
Sternberg, Albert von, Bf. v. Schwerin IX. 865 ff.
Sterndienst, s. Sabäismus.
Sterndienst der alten Araber V. 846.
Sternkunde der Hebräer, s. Gestirnkunde. [Kreuzherren.
Sternträger, die, s. Bethlehemiten,
Stero, H., der Caplan V. 114.
Stettin, Otto der Heilige in VII. 913 ff. 916. VIII. 598. 599; — kath. Kirche in VIII. 737.
Steuern, s. Abgaben.
Steuß, Peter der Neuerer VII. 762.
Steyer, die Reformation in VII. 723. 736.
Steyermark, Kirchengeschichtliches, s. Oestreich, Wien, dazu II. 541. IV. 15. VI. 32 ff. (Christianisg.). VII. 737. 739 (Protsts. in). IX. 595. 910.
Sthavira, Bsmlg. der XII. 173. 181.
Stichometrie, s. Handschriften des Neuen Testamentes.
Stickel, prot. Thlg. IV. 843.
Stiefel, Esaias, der Separatist X. 78.
Stiefel, Michel, ein Reformator VII. 723.
Stier, der als Symbol VI. 185.
Stier, Rudolf, der gelehrte V. 307. 513. VIII. 585.
Stieren, Gl. V. 939. VIII. 862.
Stift X. 365.
Stiftmessen VII. 117 ff.
Stiftsdamen, s. Canonissen.
Stiftsherren, s. Canonici.
Stiftshütte, die X. 365—374, s. Bundeslade, Tempel zu Jerusalem, dazu I. 77. 78. 181. 182. IV. 60. 274. 905. VII. 349. IX. 585. X. 628. 704. 708. 714. 715.
Stiftskirche, s. Collegiatkirche.
Stiftspropst, s. Propst.
Stiftsscholaster, s. Domscholaster.
Stiftsschulen, s. Dom- und Klosterschulen, Domscholaster.
Stiftungen, fromme und milde X. 374—375, s. causae piae, dazu I. 445. V. 456. XI. 221.
Stiftungen als Kirchenvermögen VI. 189 ff. 495 ff. XII. 669 ff.
Stiglmaier, Joh. Baptist, der berühmte Erzieher (st. 1844) IX. 907.
Stigmatisation, Stigmatisirte XII. 1158—1162. 313. IV. 130. XI. 663 ff.
Stiller Freitag, s. Charfreitag.
Stille Messe, s. Messe.
Stillgericht, s. Fehmgerichte (XII. 342).
Stilicho, der Oberfeldherr (st. 408) IV. 583. V. 314. XI. 725.
Stilling (Jung-), Joh. Heinr., Arzt und Schrftstllr. (st. 1817) IV. 361. 362.
Stillingfleth, Bf. XI. 59.
Stilting, Gl. VI. 532.
Stipa, M. da, Mssnär. VII. 165.
Stipendium X. 375—376, s. Meßstipendien, praestimonia, Stolgebühren, dazu III. 248 (Schul-).
stipulatio poenae, s. Conventionalstrafe.
Stirner, Max (Kaspar Schmidt), der wahnwitzige Literat (geb. 1806) X. 110.
Stobbio, Kistr. IX. 371.
Stock, Simon, Carmelitergeneral II. 364. VI. 363 ff. 897. IX. 640.
Stock, Simon von, josephin. Domherr V. 798.
Stockholm II. 510. VIII. 323.
Stöckel, Blasius, Prior, Reformator VII. 665.

Stockl, Matthias, der Empörer IX. 587.
Stockrecht, das XII. 713.
Stoffler von Justingen, Professor VII. 373.
στοιχαριον, das VI. 217.
Stoische Moral X. 376—381. I. 95. 458. 473 ff. 496. III. 377. 617 ff. 732. 921. IV. 431. V. 137. VI. 215. 216. 535. 821 ff. VII. 318. 539. 792. VIII. 401. XI. 311. 767. 778.
Stola, s. Stolgebühren.
Stola, die VII. 96. 805. VIII. 366.
Stolberg, Friedr. Leopold, der Kirchenhistoriker X. 381—386. 344. 346. II. 686. III. 736. VI. 130. 153. 209. 266. 390. 413 ff. VII. 218. 374. 626. XII. 436. 638 ff. 673. 820. 1055.
Stolberg, Graf, im 15. Jhhdt. VII. 376.
Stolberg, Graf Joseph von XII. 993.
Stolberg, Anna und Irmengard von, Aebtissinnen VIII. 885. 887.
Stolgebühren, Stolrechte X. 386—387. I. 804. VI. 170. 189. VII. 118. 689. VIII. 205. 358.
Stollo, Heinrich, prot. Thlg. d. 16. Jhhdts. VIII. 354. [bühren.
Stolrechte, Stoltaxen, s. Stolge-
Stolz, s. Ehre, Hochmuth.
Stölzel, die zwei Tonsetzer VII. 419.
Storch, der Wiedertäufer X. 387. VII. 377.
Storr, prot. Thlg. III. 797.
Störung des Gottesdienstes X. 387—389. [X. 591.
Stößel, der Superintendent VI. 301.
Strabo, Walafried, s. Walafried.
Strabo, der Geograph (geb. um 66 v. Chr.) I. 400. II. 689. 902. III. 515 ff. VII. 15. 771. 772. VIII. 305. IX. 485. X. 31. 643.
Stracteus, der heilige X. 575.
Strafe, zeitliche, s. Conventionalstrafe, Geldstrafe, Schulzucht, Todesstrafe, Züchtigung, körperliche.
Strafe, ewige, s. Buße, Bußwerke, Genugthuung, Ablaß, Fegfeuer, Hölle, Vergeltung.
Strafe, ihr Zweck IV. 419. [strafen.
Strafen, geistliche, s. Kirchen-
Strafen bei den alten Hebräern X. 389—392. 352 ff. I. 590. VI. 420.
Strafford, Thomas Wentworth, Graf von, Vicekönig von Irland († 1641) V. 629. VI. 361. XI. 501. 502.
Strafgelder der Leviten VIII. 765.
Strafgewalt der Kirche, s. Criminalgericht, geistliches, Gesetzgebungsrecht der Kirche.
Strafhäuser, s. Correctionsanstalten, geistliche.
Strafpredigten X. 392—394.
Strafrecht, s. Criminalrecht.
Strafverfahren oder Criminalproceß, geistlicher X. 394—395. II. 913 ff. III. 145. IV. 618. V. 649. VIII. 801 ff. XI. 461. 1271 ff. XII. 840.
Strafverfahren, Einfluß des Christenthums auf das weltliche, s. Criminalrecht und Criminalproceß.
Strafurtheil, s. Urtheil.
Strafwoche IV. 899.
Strahl, Histor. IX. 457. 460 ff.
Strahof, Stift VII. 767.
Stralsund VIII. 602. 737 (kath. Kche. in). IX. 607 (Mssion. in).
Strambino, Joh. Baptist, Bf. v. Lausanne VI. 372.
Strandrecht X. 395—397.
Straßburg, Bisthum, Stadt und Universität X. 397—411. a) Bisthum I. 174 (Syn.). 405 ff. 862. II. 153. 198. 545. III. 663. IV. 19. 169. 270. V. 267 (rituale von). VI. 765. IX. 272. 254. 558. 566. 697. X. 685 ff. 742. XI. 956. 1097. XII. 18. 243 ff. 725. 752. 8?7. 880. 1183; — b) Reformation im I. 521. 524. II. 328. 776. IV. 920. IX. 188. 553. 863; — c) Stadt II. 748. IV. 368 (Geißler in). V. 895 (Judenpflgg.). VI. 373 (Reformator Lambert in). VII. 50 (Mennonitenversammlung). 381 ff. (Museulus). IX. 299 ff. (Münster). 481 (Festung). 816. 817. —876 (barmh. Schwestern in). 899 (Münster). XI. 200. 201. 202. XII. 104 (Münster); — d) Universität II. 269. V. 842. X. 275. 588.
Strateich, Heinr. von, I. Bf. v. Ermeland VIII. 674. 675 ff.
Stratiotiker, s. Borborianer.
Strauding, Leonh. von, Abt von Welf VII. 51.
Strauch, Cornel, Abt von Lilienfeld XI. 882. 885. XII. 728.
Strauß, der Vogel X. 411—412.
Strauß, David Friedrich, der Hegelianer (geb. 1808) I. 295. 298. III. 703. 830 ff. 839. IV. 120. 319. V. 362. 584. 669 ff. VI. 395. VII. 114. VIII. 330. 901. IX. 856. X. 479. 784. XI. 138 ff. 269. 600. 601. 663 ff. 1113. 1143. XII. 289. 404. 792. 946. 953.
Strauß, Friedr. Adolf, Gardedivisionsprediger (geb. 1817) IX. 631. X. 178. 191 ff.
Stravius, G. P., der Weihbischof XII. 242.
Streichinstrumente in den Kirchen VII. 413. [tium.
Streitgenossenschaft, s. litis consor-
Streittheologie, s. Polemik.
Streitwagen, s. Krieg.
Stremonius, der heilige XII. 229.
strenae VII. 539.
Strengnäs, schwed. Bisthum VIII. 322. 323. [XII. 552.
Stricken, ob an Feiertagen erlaubt
Strigel, Strigelianer X. 412—414. 590 ff. II. 430. IV. 87. VI. 503. VII. 33.
Strigelli, Servitengeneral X. 99.
Strigl, Pädagog IX. 790.
Strittberg, Heinr. von, I. Bf. v. Samland VI. 609.
Strobbach, Mssnar. X. 454.
Stroth, Fr. A., Gl. VI. 141. X. 66.
Struensee, Graf Joh. Friedr. von, Minister (hinger. 1772) VIII. 724.
Struma, Abt Joh. von, s. Calixt III. Gap. (II. 206).
Stuard Tapper I. 690.
Stuart, Maria, s. Maria Stuart.
Stubbs, Histor. XI. 1225.
Studites, Theodor, s. Theodor Studites.
Studites, Simeon, die beiden X. 414. [I. 140. X. 411. 819.
Studium, Kloster in Konstantinopel
Stufen der Mystik VII. 443.
Stufen des Ahas III. 861 ff.
Stufengebet (Staffelgebet) X. 414—416. [psalmen.
Stufenpsalmen, s. Graduals-
Stuhlfeier Petri, s. Petri Stuhlfeier.
Stuhlweißenburg IV. 601.
Stuhlweißenburger Uebereinkunft V. 421.
Stumpff, Joh., der Chronist V. 411.
Stumpf, Kilian, Mssnär. II. 434.
Stunden, heilige, s. Tagzeiten des Breviers. [172. 182.
Stupa, die buddhistischen XII. 171.
Stuprum X. 416. III. 445. XI. 681.
Sturem, Wenzel, der erste böhm. Jesuit VII. 727.
Sturm, Sturmi, der heilige X. 416—422. I. 706. II. 63. 464. IV. 237. 245 ff. V. 217. VI. 766. VII. 270. IX. 1. 502. XI. 1061. XII. 426.
Sturm, Caspar, der Herold XI. 1163 ff. 1172.
Sturm, Johannes, der Schulmann († 1589) IV. 572. VII. 199. VIII. 21. IX. 566. XII. 1237.
Sturm, Jacob, der Stettmeister X. 404. 405.
Sturz, Gl. VIII. 408.
Stuttgart VII. 33. 164. 467.
Styliten, Säulenheilige X. 422—425. 151 (Simeon). IV. 156. VII. 225.
Stylo, P. Max, Mssnär. VII. 167.
Styrum, Ang. von, Fstbf. v. Speyer III. 571. VII. 667.
Suarez, Fr., gl. Jesuit X. 424—425. III. 343. VI. 339. 422. 490. 636. VII. 204. XI. 565. 648. XII. 1070. 1082.
Suarez, Thomas VII. 308.
Suarez, preuß. Oberjustizrath VIII. 742.
Subalterne Kirchenbeamte X. 425.
subdatarius, s. Datarius, dazu II. 961.
Subdelegation X. 425.
Subdiaconat X. 425—428 III. 893. V. 164. VI. 129. 216. 274. 406. 408. 506. VII. 97. 527 (bei den chald. Christen). 810. 818. 820. 821 ff. IX. 210. XI. 766.
Subdiaconatsweihe X. 428—431. I. 204. II. 329. V. 834 ff.
Subhadra, Schüler des Buddha XII. 154.
Subiaco, Klstr. I. 786. X. 548.
Subjectionseid, bischöfl. VII. 62.
subintroductae X. 431—433. XII. 275 ff.
Subislaw I., der erste christliche Pommernherzog VIII. 665.
Subsellien in Synagogen X. 579.
subsidium charitativum, s. Abgaben.
Substanz, die X. 433—436, s. Sünde, Trinität, consubstantialis, Gott.
Substantiarier IV. 88.
substrati, substratio, s. Bußgrade, dazu VI. 235. VII. 557.
subtile, s. Kleider, heilige.
Subunisten, s. Hussiten (V. 424).
succentio XII. 1162—1165.
Succursalisten, s. Desservant.
Suchem, Rud. von, Reisender X. 176. 179.
Südafrica, s. Vorgebirge der g. H.
Südamerica (spanischer Colonisation) X. 436—449. S. Brasilien, Westindien, dazu V. 144. X. 219. XI. 330. XII. 47.
sudarium, s. Schweißtuch.
Sudendorf, prot. Thlg. VI. 346.
Südseeinseln (Missionen) X. 449—468, s. Australien, Sydney, dazu X. 441.
Sueno, Dänenkönig IV. 222.
Suessa, Thaddäus von, s. Thaddäus.
Suessiones, s. Soissons.
Sueton, Cajus S. Tranquillus, Historiker († 121 n. Chr.) II. 428. 429. 572. VII. 115. 515. 756. 824. X. 155.
Sueven, s. Alemannen, Gothen, Vandalen, Martin von Duma, dazu II. 463. V. 314. XI. 721.
Suez, Stadt und Meeresarm VII. 12.
Sufeten, die tyrischen VIII. 432.
Suffraganbischof X. 468—469. III. 693 ff. VI. 166.
suffragia sanctorum, s. Brevier.
Sufi, Sufismus III. 109. V. 657 ff. XI. 1241.
Suger, Abt von St. Denis X. 469—473. I. 5. II. 641. III. 103. 105. IV. 371. VII. 467. XI. 1. XII. 386. 923.
suggestus, s. Ambon.
Sühnopfer bei den Hebräern VII. 351. 884. [III. 472.
Sühnpreis, mohammed. für den Eid
Sühnversuche X. 473—475.
Suibertus (Schwibrecht), ein Apostel

der Briefen X. 475. II. 80. IV. 232. VI. 402. IX. 501. XI. 583. 1097. 1098.
suicidium, s. Selbstmord.
Suidas, mittelaltl. Grammatiker II. 429. IV. 540. V. 844. VI. 777. VII. 427. 448. 598. IX. 761. 762.
Suintila, Gothenkönig IV. 585 ff.
Suire, la, Stifter von Schulschwestern IX. 783.
Suitbert, der heilige, s. Suibertus.
Suitger, Graf, Mitstifter von Eichstädt III. 462. [144.
Sully, Maurice, Bf. v. Paris VIII.
Sully, Maximilian de Bethune, Herzog von, Staatsmann (st. 1641) II. 50. V. 379. 384. 445. 558 ff. VI. 964.
Sulpice, Saint, Seminar und Congregation von (Sulpitianer) IV. 7. 185. VII. 167. 742 (in Nordamerica). 763 (Gründung). X. 701. 763. XII. 45 (in Canada). 314 ff.
Sulpicius Severus, Kirchenschriftsteller X. 475—476. I. 247. II. 697. V. 338. 580. VI. 142. 903 ff. VIII. 241. XII. 219. 220.
Sulpitianer, s. Olivier und Sulpice, Saint.
Sulpitius, die heiligen X. 194. 476.
Sultanjeh, die Stadt VIII. 309.
Suluinsein, die X. 462.
Summa, s. S. Sancti Thomae XII. 1175—1176. I. 143. 302. 303. II. 391. 405. 406. 712. X. 918 ff. 925 ff.
summa de casibus conscientiae, s. Casuistik, corpus juris canonici.
summa decretorum, s. Glossen des canonischen Rechts.
summum jus summa injuria, s. Gerechtigkeit.
summus episcopus der Protestanten, s. Episcopalsystem, protestantisches.
Sünde, Ursprung und Wesen der X. 476—523, s. Genugthuung des Menschen, Erlöser, Gott, Laster, Seelenschlaf, Sinnlichkeit, Tod, Tugenden (göttl.), Vergeltung, Versuchungen, Vorsatz, Werke, gute, dazu I. 117 (Aergerniß). 214. 523. II. 121. III. 93. 212. IV. 502 ff. VI. 38. VII. 355. (Erkiß. dess. ibn.). 484 (Nirles). VIII. 273 ff. IX. 215 ff. 242 ff. X. 650 ff. 838. 840. XI. 649 ff. 938. 1117. XII. 402 ff. [1175.
Sündelosigkeit Jesu XII. 1163—
Sünden, die der buddhistischen Moral XII. 162.
Sündenbekenntniß, s. Beicht, vgl. Fragepflicht des Beichtvaters.
Sündenbock IV. 50. VII. 451.
Sündenfall, s. Adam, Begierlichkeit, Erbsünde.
Sündenvergebung, s. Beicht.
Sunderland, der Günstling V. 449. 450 ff.
Sündfluth, die VII. 625 ff. 754. VIII. 119. 216. 351. X. 950. XI. 763.
Sündhaftigkeit, s. Sünde.
Sündopfer VII. 777 ff.

συνείσακτοι, s. subintroductae.

Sunniten, s. Sonniten.
Sunnia und Frelella IV. 218.
supererogatoria opera, s. Werke, gute.
Superintendenten X. 523—524.
Superior, s. Ordensobere.
superna magni, die Constitution II. 608. [Chorrock.
superpelliceus, Chorrock, s.
superpositio (inedia) X. 524—525, vgl. Xerophagien.
super speculam, die Decretale II. 563.
Supp, Friedr., Moralist VII. 308.
suppedaneum, s. Altarschmuck.
supplices te rogamus, das Gebet VII. 101.
suppressio beneficii, s. beneficium ecclesiasticum, Kirchenamt.
Supralapsarier, s. Infralapsarier, Arminianer, dazu IV. 572. X. 79.
Supranaturalismus, s. Naturalismus (VII. 478 ff.), dazu IX. 163. XI. 926.
Supranationalismus X. 525—530.
Suprematseid X. 530—531. 942. IV. 84. 794. V. 408. 831. VII. 671. 700. VIII. 149. 857.
Sur, die Wüste III. 728. VI. 809.
Sura, s. Koran.
Surafend, s. Sarepta.
Surah, s. Zora.
Surate VIII. 159.
Surinam, Juden in V. 898.
Surius, Laurentius, der Carthäuser X. 531—532. 535. 693. I. 89. II. 482. 738. VI. 228. 808. VII. 119. IX. 479. XII. 1047. [397.
sursum corda, s. Messe, dazu VII.
Susa, Hauptstadt von Susiana X. 532. III. 515. 517. VIII. 308.
Susa, Gonsalez, Seefahrer II. 785.
Susanna, die alttestamentliche X. 532—534. I. 61. XI. 1283.
Susanna, die heilige II. 255.
Susannakirche in Rom IX. 353.
Susato, Conrad von, Domherr VIII. 400.
Susiana, die Provinz III. 515. 516.
Suso, der Mystiker X. 534—535. 686. 687. IV. 580. VI. 623. VII. 304. 916. VIII. 647. 891. IX. 728. 751. X. 877. XII. 283.
Suspension X. 535—542, s. communio peregrina, dazu I. 600. 601. II. 426. III. 137. VI. 180 ff. (Kirchenstrafen). IX. 921 (eines Bischofs). X. 106. XI. 765. 1271. XII. 275 (des concubinarii). 804 ff.
Suspensiveffect, s. Rechtsmittel.
Sussex, Christianisirung I. 249 ff. IV. 790.
Sutane, s. Kleidung, gstl., Talar.
Sutra Pitaka, eine Schriftsammlung der Buddhisten XII. 155 ff. 161. 175.
Sutri, Synode von X. 542. I. 775. IV. 697. V. 8. 698. VII. 580
Sutri, das Städtlein, wird christlich V. 863. [671.
Swantepolk, Pommerherzog VIII. 667.
Swatopluk, Mährenfürst, s. Zwentibold. [456 ff.
Swatoslaw, russ. Großfürst IX.
Swatowit, Swantowith, der Götze X. 543—544. VIII. 40. IX. 442. 443. 444. [VIII. 601 ff.
Swawe, Bartholom., protest. Bischof
Swedenborg und die Swedenborgianer X. 544—546. 80. 894. I. 297. 506. II. 480. IV. 381. 580. V. 538. VIII. 772. IX. 872. XII. 951.
Swend, Dänenkönige III. 19. 720.
Swerker, Schwedenkönig IX. 842.
Sweiman, der Mönch V. 625.
Swibert, s. Suibertus.
Swieten, Gerard van, der Leibarzt (st. 1772) IV. 403 ff. V. 798. 801 ff. VI. 859. XI. 1024. 1027 ff. 1043. 1053. 1057. 1059. XII. 441. 1265. 1271 ff. 1292 ff.
Swift, Jonathan, der Witzkopf (st. 1745) IX. 184. XI. 22.
Sychar, s. Sichem.
Sydney, Erzbisthum in Australien X. 546—550. S. Australien, Südseeinseln, dazu VII. 168. X. 462.
Syene, die Grenzstadt X. 550.
Sylburg, St. III. 319. [VIII. 355.
Sylvan, Joh., der Antitrinitarier
Sylvanus, Constant., s. Paulicianer.
Sylvester, Name von 2 Päpsten X. 550—551. S. I. (reg. 314—335). I. 184. 440. II. 716. III. 763. IV. 30. 264. 305 ff. V. 337. VI. 42. 240 ff. 357. 814. 825. VII. 103. 388. 551. 559. VIII. 850. IX. 343. XII. 759. 985; — S. II. (Gerbert; reg. 999—1003) I. 373. 419. 580. 849. 850. II. 185. 639. 650. III. 253. IV. 100. 246. 655. 695. V. 7. 309. 761. 762. VI. 279. 642. VII. 903. 904 ff. VIII. 169. 170. 540. 572 ff. IX. 293. 714. X. 384. 831. XI. 400. 789. 1105. 1106 ff. XII. 16. 118. 378. 380. 595. 687. 1032.
Sylvester III., ein Gegenpapst Benedicts IX. (1033—1044) I. 242. 774 ff. II. 591. IV. 696 ff. VIII. 106.
Sylvester IV., ein Gegenpapst (1102) VIII. 167.
Sylvester, 1. Bf. von Olmütz VII. 766.
Sylvester, Stifter der Sylvestriner; s. d.
Sylvestrinus, s. Casuistik.
Sylvestriner X. 551—552. [IV. 675.
Sylvia, die Mutter Gregors d. G.
Symbole, Sinnbilder, s. Mythologie, Typen, dazu I. 219. 223 ff. II. 6 ff. 469. III. 655. IX. 532 ff. XI. 770.
Symbole IV. 61. IX. 500. X. 553. 661. 957. XI. 343.
Symbolik als Wissenschaft X. 553—561, vgl. Irenik, Möhler.
Symbolische Bücher, katholische und protestantische X. 561—574, s. confessio, confessiones, corpus doctrinae, Glaubensbekenntniß, vgl. Symbolik, s. dazu I. 237. 739. 912 (prot.). II. 226 ff. (prot.). 884. 885 ff. III. 222. 828 (über Bibelauslegg.). V. 234 ff. (der Hochkirche). VI. 162. 163 ff. (prot.). VII. 60 ff. (der Mennoniten). VIII. 893. 830. X. 285 (prot.). 593. XI. 181. 244. 482. 821 (prot.).
Symbolum, s. Glaubensbekenntniß, Symbolische Bücher.
Symeon, s. Simeon. [lites.
Symeon Stylit, s. Simeon Sty-
Symmachianer, die Secte der XII. 1176—1177.
Symmachus, des Ebioniten, Bibelübersetzung I. 934. VII. 835.
Symmachus, Papst X. 574—575. I. 226. II. 217. III. 596. 939. IV. 587. V. 329. 864. VIII. 66. 67. 172. 850. IX. 44. 204. 351. XI. 558 ff. XII. 201.
Symmachus, der Stadtpräfect II. 84.
Symmachus, der Rhetor XII. 749. 750.
Sympathie XII. 1177—1179. VII. 263.
Sympathie als Moralprincip VII. 321.
Symphorian, Kloster des hl. IV. 466. 487.
Symphorosa, heilige Martyrin und ihre 7 Söhne X. 575—576.
Synagoge, die große X. 576—577. 828 (Infallibilität der). XII. 1102.
Synagogen X. 577—581. 950 ff. IV. 52 (-dienst). VII. 356 (der Moschee nachgebildet). VIII. 804 (Processionen der). IX. 165. 166 (Besuch der). 492 (-dienst).
Synagogengebete, s. Thephilla.
Synagogenrollen, s. Handschriften, hebr., dazu VI. 288. X. 950 ff.
Synaxaria, Kirchenbücher der Griechen X. 581.
Synaxis, das Wort X. 591.
Syncelli in der griech. Kirche X. 581—582.
Syncellus, Georgius, der Byzantiner X. 582—584. 586. VI. 136.
Syncretismus, Syncretisten-

streit X. 584—588. 284. 965. II. 268 ff. 392. III. 878. IV. 518.
Syndicus, advocatus forensis X. 589. VIII. 798. 811.
Synedrium (Sanhedrin), s. Gericht bei den Hebräern.
Synedrium, Sanhedrin, der von 1806 zu Paris III. 413. V. 809.
Synekdoche, s. Tropen, bbl., dazu VII. 458.
Synergismus, Synergistenstreit X. 589—594. 412. IV. 86. VI. 353. 950. VII. 340. 894.
Syneros, der Marcionite VI. 820.
Synesius von Cyrene, der Philosoph X. 594—602. III. 378. VIII. 515.
Synesius von Ptolemais, Hymnendichter V. 431. VIII. 519.
Syngramma, schwäbisches, s. Brenz, Sacramentsstreit.
Synnada, Synode von XII. 1179—1180. VI. 71. X. 353.
Synodalexaminatoren X. 602—603. III. 810.
Synodalgerichte, s. Sendgerichte, Synode.
Synodalstatuten I. 827 ff. X. 614.
Synodalverfassung, protest. II. 823.
Synodalzeugen X. 602—603. 66 ff. 613. III. 108. VI. 334.
Synodaticum, s. Abgaben.
Synode, die X. 603—614. S. Canon, Canonensammlungen, Papst, dazu I. 32 (Cathedraticum). 376 (Appellation an eine allgemeine). II. 259. 579. 749. 851 (und d. Papst). III. 151 (statuta dioecesana). 545 (Infallibilität einer). V. 743. VII. 254 (Erkenntnißquelle der Moral). 809 (Occams Theorie über die). 810. 811 (Stimmrecht der infulirten Aebte und Ordensgenerale). VIII. 94 ff. (und der Papst). 280 (und Paul II.). IX. 315. X. 67. 949. XI. 237. [VII. 536 ff.
Synode, dirigirende zu Athen
Synode, dirigirende, zu St. Petersburg X. 614—619. IV. 774. VIII. 319 ff. IX. 471. 531. X. 614. [534 ff.
Synode, die ständige in CStpl. VII.
Synoden, africanische, s. Africanische Synoden.
Synoden, Congregationen auf allgemeinen, s. Congregationen auf allgemeinen Synoden.
Synoden, Provincial-, National-, s. Nationalconcilien, Provincialconcilien.
Synoden, buddhistische XII. 172 ff.
Synoden, Geschichte der I. 784. IV. 869. VI. 647. 805.
Synoden, lateranensische, s. Lateran.
Synoden, trullanische, s. Trullanische Synoden.
συνοδος ἐνδημουσα, s. Griechische Kirche.
Synodus palmaris, s. Palmsynode.
Synopse der Evangelien X. 619—620, vgl. Harmonie der Evangelien, Tatian, dazu III. 791 ff.
synopsis bonorum, s. Kircheninventar.
syntagma canonum X. 620—621.
Synteresis, conscientia habitualis I. 697 ff. VII. 486.
Synthetische Erkenntniß VIII. 412 ff.
Synusiasten, s. Dimöriten. [—623.
Syra in Griechenland X. 621
Syracus auf Sicilien X. 623. VI. 809.
Syrianus, der Neuplatoniker VII. 547.
Syrer, die unirten, s. Jacobiten.
Syrien, das alttestamentliche, s. Aram.
Syrien X. 623—626, s. Libanon, Maroniten, vgl. Hebräer, Wehabiten, dazu I. 300. 410 (Edle.). 606. 608. 611. III. 3. 96 ff. 613. V. 179 ff. (Mönchthum in). 525 ff. (Kriege mit den Juden). 783. 785 ff. VI. 341. 820 (Marcioniten in). 894. VII. 76 (Mesopotamier). 169 (Missnäre in). 195. 225 (Mönchthum in). 243 ff. (Monophysiten in). 528 (Nestorr. in). 547 (Neuplatoniker). 620 (Culturgeschichtliches.) 756. VIII. 312 (das Land). IX. 7. 23. 303. 631. X. 60. 61. XI. 332. XII. 68.
Syrigus, Ebf. II. 978. [I. 937 ff.
Syrische Bibelübersetzungen
Syrische Christen, s. Jacobiten, Nestorianer.
Syrischer Gnosticismus IV. 556 ff.
Syrische Sprache, s. Palästina, Landessprachen, Semitische Sprachen. [Juden XII. 282.
Syrisch-kleinasiatische Diaspora der
Syrlin, die Künstler IX. 905.
Syrmium, Bisthum, s. Sirmium.
Syrochaldäische Sprache VI. 171 ff. VIII. 53.
Syropulus, Sylvester, der Großecclesiarch X. 626—627. IV. 37. 770. VI. 827.
Syrus, gl. Mönch II. 639.
Syrus, Ebf. v. Genua XII. 463.
Système de la nature, das III. 821.
Szalmar, v., Ebf. X. 124. [665.
Szathmar, ungar. Diöcese III. 664.
Szegedy, Gg., gl. Mönch III. 123.
Szelesnewschtschina, ruff. Secte IX. 23.
Szoba, Dn. IX. 13.
Szoldrski, Bischof X. 627. [402.
Sztary, ein Reformator Ungarns XI.
Szubodniki, ruff. Secte IX. 23.
Szumlanski, griech. Bischof v. Lemberg VI. 440.

T.

Tabago, die Insel XI. 905. 910.
tabella concurrentiae, Vespertafel XII. 250.
tabellae secretarum I. 185.
Tabenna, Nilinsel VI. 228. VII. 225.
Tabennesus, s. Pachomius.
Tabenuiositen, die VIII. 2.
Taberna, Mrist. VII. 306.
tabernae, tres IV. 118.
Tabernaculisten, die nordamerican. XII. 49.
Tabernaculum gestatorium, s. Monstranz.
Tabernakel, armarium X. 628—629. I. 185. 568. 658. IV. 644. IX. 173. 210. X. 106. XII. 447. 448.
Tabor, der Berg, s. Thabor.
Taboriten, die hussitische Partei der II. 65 ff. V. 416 ff. 424 ff. VI. 241. 433.
Tabrestan, Nestorr. in VII. 525.
Tabu, das der Südseeinsulaner IV. 59. 409. X. 451.
tabulae sacrae, s. Diptychen.
Tacitus, Publius Cornelius, der Geschichtschreiber (st. um 117 n. Chr.) I. 205. 400. 489. II. 322. 428. 429. 693. 901. III. 516. IV. 617. 809. V. 563. VI. 470. 495. 535. VII. 115. 518. 622. 758. VIII. 900. IX. 273. 442. XI. 605. 721. XII. 473. 477.
Tadelsucht, s. Ehre.
Tafel, Dr. Eman., der Swedenborgianer III. 772. V. 594. X. 544 ff.
Tafelgelder, s. Abgaben (I. 33).
Tafelgut, s. mensa episcopalis.
Tag, Beginn, Schluß, Zählung der Stunden des X. 629—630. IV. 30.
Tag, der hebräische IX. 493.
Tag des Herrn, s. Dominica. [923.
Tag, mohammedanischer IV.
Tag, jüngster, s. Gericht, jüngstes.
Tagalen, die auf den Philippinen X. 452. 453.
Tagfahrt, s. Fristen.
Tago von Saragossa, s. Tajus.
Tagzeiten des Breviers, s. Brevier.
Tagzeiten, mohammedan., s. Zalath.
Taicosama, japan. Kaiser V. 500 ff. XII. 254. 256.
Taillandier, Sl. IX. 890.
Tailleur, Victoria IV. 181.
Taiti, eine der Gesellschaftsinseln, s. Otaheiti.
Tajus, Samuel, Bischof von Saragossa X. 630. IX. 712.
Taksony, Magyarenfürst VI. 744.
Tala, Chalif IV. 346.
Talasa, Johannes, der Patriarch VII. 231. 237 ff. [270.
Talar, Soutane X. 630—631. XII.
Talar der luther. Geistlichen VI. 217.
Talavera, Syn. zu XI. 1209.
Talbot, Lord, Feldherr VII. 851.
Talent, s. Geld.
Taler, Sigism., Abt v. Melk VII. 52.
Talionsrecht, s. Leibesstrafen bei den alten Hebräern.
Talisman, s. Amulet.
Talleyrand-Perigord, Charles Maurice, der Staatsmann (st. 1838) X. 631—634. II. 535. III. 7. IV. 675. VI. 841. VIII. 147. IX. 257 ff. 262. 270. XI. 98. XII. 127. 665.
Talleyrand-Perigord, Angelicus, Ebf. v. Rheims IX. 297.
Tallith, s. Arba Kanphot.
Talma, François Joseph, Schauspieler (st. 1820) IX. 260.
Talmud, s. Thalmud.
Tambourin, das Instrument VII. 423.
Tamburini, a) Peter, der Josephiner; — b) Thomas, Moraltheologe; — c) Michael Angelo, Ordensgeneral XII. 1181. VII. 306. VIII. 467 ff. XI. 1235.
Tamerlan, s. Timur.
Tamnatha, bbl. Ortsname VIII. 399
Tampersonntag, der IX. 205.
Tanberg, Sixtus von, Bf. v. Freysing IV. 211. [mer VII. 637.
Tanchelin (Tanchelm), der Schwär-
Tancred, berühmter Lehrer des canonischen Rechts X. 634—635. II. 734. 820. VI. 542.
Tancred, der Normanne, Neffe Boemunds, Kreuzfahrer (st. 1112) V. 42 ff. VIII. 318. X. 117. XII. 698.
Tanger, Bisthum X. 263.
Tangermünde, eine Verbrennung in VI. 614.
Tangmar, Chronist, s. Thangmar.
Tanis in Aegypten IV. 918.
Tanner, Adam, der Jesuit X. 635. II. 369. V. 159.
Tanner, Abt v. Engelberg XII. 319.
Tanner, Conrad, Abt von Einsiedeln III. 500.
Tanno, Missnär. VIII. 123.
Tantra, buddhistische Schriften XII. 157. 175. 177. 180.
Tantschei, Nestorr. in VII. 525.
Tantum ergo, s. Pange lingua.
Tanucci, der Pombal Neapels X. 635—641. V. 567. VII. 497.

Tanz, der X. 641—643.
Tänze, die der Derwische III. 110.
Tanzen, den Methodisten untersagt VII. 129. [1181—1185.
Tänzer, Secte des Mittelalters XII.
Tänzer (Messalianer) VII. 81.
Tao (Vernunft) bei den Chinesen VIII. 37.
Tao-Kuang, chines. Kaiser II. 485.
Tao-sse, die Religion II. 481.
Tapferkeit, die XI. 309. 310.
Taphar, arian. Kirche zu V. 302.
Tapia, Gonsalvo de, Missnär. VII. 139.
Tarabius X. 624.
Taran, celtische Gottheit VIII. 40.
Tarantaise, Ebm. X. 195.
Tarantismus, s. Tänzer (XII. 1184).
Tarascon, Fürstenconvent zu VII. 596.
Tarasius, Patriarch von Cstpl. IV. 767. V. 822. VII. 559 ff. 562 ff. 567. X. 552. 849. 857.
Tarbes, Bisthum IV. 159. XII. 1248.
Targmanitschk, die 6 armenischen Bibelübersetzer I. 441. 943. III. 711. IV. 575.
Targumim, s. Thargumim.
Tarichäa, Stadt V. 141.
Tarik, Feldherr VI. 934.
Tarisse, Gregor, Generalsuperior III. 2. VI. 939.
Tarmana, jacob. Synode zu V. 466.
Tarnoczy, Maximilian von, Fürst-Erzbischof von Salzburg (geb. 1806) IX. 601.
Tarnow, Bisthum in Westgalizien XII. 1185. VI. 444.
Tarphon, Rabbi V. 943. XI. 1282.
Tarquinius Priscus, der altrömische König X. 112.
Tarragona, Ebm. IV. 243. V. 197.
Tarschisch, die V. 507.
Tarsis, s. Handel der Hebräer.
Tarsus, Geburtsort des Völkerapostels Paulus X. 643. I. 435. 457. II. 798. V. 506. VIII. 241. 279. 773. X. 267. 269. XI. 70. 464.
Tart, Kistr. II. 553. 554 ff.
Tartaren, die IV. 229. 523. V. 636. 764. VI. 443. 684. 686 ff. VII. 525. 556. VIII. 309. 550. IX. 463 ff. XI. 470.
Tarugi, Antonio Maria, Cdl. VII. 508.
Tarza, Colleg zu VII. 166.
Taschenspielkunst, s. Zauberei.
Taskodrugiten, die Secte der X. 643—644. VI. 631. VII. 266.
Tassilo, die Bayerherzoge, s. Thassilo.
Tassin, Geschichtschreiber der Mauriner III. 2. XII. 466 ff.
Tasso, Torquato, der Sänger XII. 1185—1188. 792. 799. VIII. 529.
Tasso, die Eiche des VII. 510.
Tata, Giovanni, der Maurer IX. 363.
Tatian, der Gnostiker X. 644—661. I. 279. 347 ff. 362. 377. III. 376. 575 ff. IV. 475. V. 87 (Evangelienharmonie). 937 ff. VIII. 504. X. 2. 779. 865.
Tatianer, s. Encratiten.
Taube, die, als Opferthier V. 908.
Taube als Symbol und kirchliches Gefäß X. 661. II. 7. IV. 641. V. 509. VIII. 378. 379.
Tauber, Caspar, Mstor. VII. 722.
Taubstummenanstalten III. 703. IX. 366 ff. X. 113.
Taufbuch, Taufregister VI. 120. VIII. 369.
Taufbunderneuerung XII. 1188—1189.
Taufcapelle, s. Baptisterium.
Taufe, das Sacrament der X. 661—682. S. baptisterium, Clinische Taufe, Haustaufe, Johannistaufe, Ketzertaufe, Sacramente, vergl. Glockentaufe, Schiffstaufe, Wiedertäufer, s. dazu I. 437 (der Ketzer). 752 (und Bekehrung). 574 (und das Weihwasser). II. 229 (und das Bußsacrament hinsichtlich der Wirkungen). 250 (Wassertaufe). 441 (Kindertaufe). 451 (verleiht einen unauslöschlichen Character). 663 (der Himmelsanbeter). 669 (der Collegianten). 731 (geistliche Verwandtschaft durch die). 779 (und die Confirmation). III. 444. 445 (inwiefern sie ein Ehehinderniß begründet). IV. 74. 75 ff. (und die Firmung). 255 (neben dem Glauben absolut nothwendig). 264 (Katechumenen-). 553 (und die Handauflegung). 895. V. 161 (macht ein heiliges Volk). 235 (anglicanische). 624 (und die Ungläubigkeit). 740 (Jesu). 837 (abusus baptismi). VI. 51. 52 (der Katechumenen). 89 ff. (der Findlinge). 202 (der Todtgebornen). 431 (ein alter Schriftsteller über die). 502 (der Manichäer). 819 (der Marcioniten). 926 (L. Feuerbach's Ansicht über die). VII. 58 (Menno über die). 252 (der Mißgeburten). 365 (bei den Montanisten). 445 (mystische Anschauungen). 450. — 466 (Namenspatron und Namenstag). 527 (bei den Nestorianern). 702 (verleiht der hl. Odilia zugleich das Augenlicht). 713 (und das heilige Oel). 798 (Dogmatisches über die). 823 (im ordo Romanus). VIII. 271 (pelagianische Irrthümer hinsichtlich der). 304 (wer darf taufen?) 551 (auch in den pseudoisidorischen Decretalen). 729 ff. (Verweigerung der, in Preußen). IX. 18 (bei den Raskolniks). 62 (und Rechtfertigung). 73 (Vergleich mit der reconciliatio der Kirchen). 209 (wann zu wiederholen). 500 (Gebrauch des Salzes bei der). X. 70 (ein alter Schriftsteller über die). 327 (und Gnadenstand). 353 (P. Stephan über die). 753 (Tertullian über die). XI. 104 (das Tridentinum über die). 551 (und die Vandalen). 633 (Kant'sche Meinungen). 823 (und Weigel). 830 (das Weihwasser bei der). XII. 751 (und die erste Synode von Mainz). 805 (Mißbrauch der). 1157 (die Kerze bei der).
Taufe, bogomilische I. 664.
Taufe, hebräische XII. 1013 ff.
Taufe Johannis und Jesu, s. Johannes der Täufer, Jesus Christus.
Taufformel, s. Taufe, dazu VII. 265 (montanist.). XI. 274.
Taufgesinnte, s. Menno, Wiedertäufer.
Taufhemd, s. Kleid, das weiße der Neugetauften.
Taufkelch, s. Gefäße, kirchliche (XII. 446).
Taufkerze VI. 70. XII. 1157.
Taufkirche, s. Baptisterium.
Taufname X. 682. 809. VII. 466.
Taufpathen, s. Pathen.
Taufreden X. 683—684. IV. 312.
Taufschein, der X. 684. VIII. 151.
Taufschmäuse, die Theilnahme der Geistlichen an solchen XII. 274.
Taufstein, der X. 684—685. VIII.
Tauftuch VIII. 213. [372.
Taufwasserweihe II. 400. VII. 856. VIII. 377. X. 667.
Taufzeit V. 197.
Tauler, Johannes, der Mystiker X. 685—694. 274. 277. 305. 577. I. 463. II. 183. III. 221. VII. 120. 304. 376. 446. 447. VIII. 353. 647. IX. 479. 729. 751. XI. 622. XII. 997.
Tauromenium (Taormina), Bisthum
Taurusgebirge VIII. 467. [X. 889.
Tausch der Pfründen, permutatio beneficii X. 694. IX. 725.
Tausch, der XII. 1226.
Tauschvertrag, s. Vertrag.
Tausendjähriges Reich, s. Chiliasmus.
Taut (Hermes) I. 326. [569.
Taveira, P. Antonio, Missnär. XII.
Tavora, die Familie VIII. 593. 594.
Tawasten, Tawastehus IV. 72. 73.
Taylor, John, Missnär. der Mormonen XII. 813. [354.
Taxen I. 30 ff. 32. VI. 24 ff. VIII. 63.
Tebeth (Monat), s. Jahr der Hebräer.
Tectosagen, s. Galatien.
Te Deum laudamus X. 694—696. I. 197. II. 312. V. 430. VII. 397. VIII. 536.
Tegernsee, Kloster X. 696—700. I. 705. IV. 206. 209. 211. 277. 567. VII. 51. 892. VIII. 176. 569. XI. 806.
Tegetmaier, der Reformator VI. 520.
Teheran, Christen in VIII. 310. 311.
Teiche Salomonis, s. Bethlehem.
Tejas, Gothenkönig IV. 588.
Teleman, Tonsetzer VII. 419.
Teleologischer Beweis für das Dasein Gottes, s. Gott.
Telesphorus, Papst X. 700—701. V. 428. 431. VIII. 101.
Teller, Name mehrerer protest. Theol. II. 372. III. 381. V. 274. VII. 570. VIII. 728. [754. VI. 168.
Tellez, Gonzalez, der Canonist IV.
Tellier, le, Michael, der Jesuit X. 701—702. V. 498.
Tellier, le, Michael, Kanzler X. 702—703.
Tellier, le, Ebf. v. Cambray und Rheims IX. 92. XII. 211.
Tellus, die Göttin V. 161.
Temoana, der Häuptling X. 464.
Tempel zu Jerusalem X. 703—716. S. Jerusalem, Geschichte und Lage der Stadt (V. 527), dazu I. 182. 679. II. 469. 563. III. 41. 860. 863. IV. 611. 654. 912 ff. VI. 803. VII. 336. 463. 474. IX. 565 ff. X. 578. 703 ff. XI. 342.
Tempel, buddhistische in Tibet XII. 184.
Tempel, christlicher, s. Kirche als Gebäude.
Tempel, heidnische der Wenden auf Rügen, s. Rügen.
Tempel, mohammedan., s. Moschee.
Tempelberg, s. Sion.
Tempeldienst in Jerusalem VIII. 762 ff.
Tempelherrenorden, s. Templer.
Tempelmusik in Jerusalem VII. 353.
Tempelsteuer X. 711.
Tempelweihe, christliche, s. Kirchweihe.
Tempelweihe, jüdisches Fest der IV. 51. V. 529.
Temperantia, s. Enthaltsamkeit.
Templer, Orden der Tempelherren X. 716—736. I. 564. 592. 832. II. 258. 462. 516. 596. III. 33. V. 115. 155. 772. VI. 896. VIII. 599. IX. 104. 328. X. 203. 739. XI. 70. 680 ff. 967. 1226. XII. 388. 695. 925. 1061.
Temporalien X. 736. I. 603. 804. III. 99. 150. VIII. 362.
Temporalien-Abtrennung (diminutio beneficii) X. 736.
Temporalien-Sperrung X. 736—737. I. 648. IX. 91.
Temporalmessen VIII. 296.
Tempus clausum, s. Zeit, geschlossene.
Tencin, Abbé, der Cardinal und Minister (st. 1758) III. 329. XI. 736.
Teneriffa, Bisthum I. 126. II. 297.
Tentura, s. Dor.
Tennemann, Wilh. Gottlieb, der Kantianer (st. 1819) IX. 311. 708.
Tenorio Pedro, Ebf. von Toledo XI.
Teramo, Bm. II. 258. [71.
Teraphim, die IX. 9.

Terapia, Missionäre in VII. 168.
Terasson, Abbé IV. 9.
Terbaschel, Graf XII. 691.
Terebinthe, die X. 737—738. 114.
Terebinthenthal, s. Terebinthe.
Terebinthus, Schüler des Scythianus VI. 795.
Terentius, Publius Afer, der Lustspieldichter (st. um 155 v. Chr.) II. 574. 575. IV. 307. IX. 302. 643. XII. 596.
Tergeste, Triest; s. d.
Tergiversatio, s. Collusion, Proceß.
Terlekt, Cyrill, Bf. VI. 437.
Termiler, die VI. 680.
Termine, s. Fristen, Proceß.
Terminiren der Bettelorden X. 738.
Ternate, die Insel IV. 138. XII. 567.
Terni, die Stadt, wird christlich V. 863.
Terouanne, Bisthum I. 559.
Terracina, wird christlich, V. 863; — — Concordatsabschluß zu V. 868. VII. 222.
Territorialsystem, protestantisches X. 738, vgl. Collegialsystem, dazu I. 525. II. 64. 505. 507. III. 555. 628. IV. 399. VII. 143. VIII. 104. 352. IX. 85. 89. X. 949.
Terroristen, die französischen IX. 275 ff.
Tersate in Dalmatien XII. 303.
Tersteegen, Gerhard, ein Vertreter des ältern Pietismus (st. 1769) X. 738—739. IX. 624.
Tertiarier (fratres et sorores tertii ordinis) X. 739—745. I. 700. 729. II. 39. 340. IV. 132. 174 ff. 178. V. 166. 167. 346. 861. VII. 153. 229. IX. 329. X. 99. 811. XI. 1037. XII. 1045.
Tertionarii, s. Canonici.
Tertius, der Schreiber des Völkerapostels X. 745.
Tertullianus, Quintus Septimius Florens X. 745—765. I. 72. 125. 196. 222. 223. 257. 273. 275. 292. 293. 294. 308. 321. 362. 364. 474 ff. 479. 504. 505. 539. 944. II. 155. 250. 251. 478. 583. 926. 928. 929. 966. III. 59. 130. 230 ff. 234. 246. 353. 376. 407. 409. 431. 758. 913. 932. IV. 70. 417 ff. 459. 524. 559. 590 ff. 605. 891. V. 120. 138. 290. 572. 580. 863. 684. VI. 71. 125. 166. 183 ff. 224. 225. 235. 290. 306. 339. 382. 408. 413. 617. 816. 817 ff. VII. 46. 47. 116. 147. 153. 177. 253 ff. 256. 264 ff. 298 (als Moralist). 335. 356. 424. 488. 572 (über die Nicolaiten). 790. 824 (*). 875. VIII. 68. 338. 376. 588. 767. 801. 803. 901. IX. 514. 526. 543. X. 6 ff. 13. 43. 64. 85. 254. 658. 665. 676. 682. 778. 779. 835. XI. 122. 123. 140 ff. 146. 285. 528. 529 ff. 830. 840. 1207. 1230. 1271. XII. 128. 208. 209. 451. 570. 619. 1165. 1180.
Tertullianisten, s. Tertullian, dazu VII. 266.
Tertullus, Vater des Placidus, Gefährte des hl. Benedict VII. 269.
Terz im officium, s. Brevier, dazu VI. 125. VII. 333.
Terz in der Musik, s. Musik. [530.
Testacte, die englische IV. 798. X.
Testament, s. Letztwillige Verfügungen.
Testament, altes und neues (Wortbedeutung und Eintheilung) X. 765 —766. V. 105. [230.
Testament der 12 Patriarchen I.
Testamentum Mahomedi, das s. g. VII. 524.
Testeid, der V. 446. 451. 631.
Testes Synodales, s. Synodalzeugen, Kirchenvisitation, Sendgerichte, Synode.
Testimonialien (literae testimoniales) X. 766. Vgl. Commendatitiae literae. [VII. 648.
Testirfreiheit der Geistlichen X. 766.
Tetin, Kirche zu VI. 623.
Tetraditen, s. Damianiten, Monophysiten, Origenistenstreit, Tritheismus.
Tetrapla des Origenes VII. 835.
Tetrapolitana, s. Confessio Tetrapolitana.
Tetrarch, Vasallenfürst X. 767.
Tetzel, Johann, der Ablaßprediger X. 767—770. I. 142. VI. 471. 564. VII. 149. 426. XI. 1100. 1313.
Teufel, der X. 770—785. S. Hexenprocesse, Stigmatisation (XII. 1158), Wunder, dazu I. 2 (Abaddon). 113. 312. 450 (Asmodäus). 568 (Asasel). 570 ff. (und Baal). 611 (seine Rolle bei Bardesanes). 685 (und der Baum des Lebens). 865 (und die Besessenheit). III. 585 (und Engel). 655 (und die Erbsünde). IV. 555 ff. (in den Systemen der Gnostiker). V. 159 (und die Hexen). 251 ff. (in der Hölle). 576 (versucht Jesum). 609. 853 (der des Islam). VI. 614 (die Luciferianer). 674 ff. (und Luther). 741 (Sanct Mang). 797 ff. (im Systeme des Manes). VII. 177 (angebl. Vater der Mithramysterien). 787 (der Schlangengeist der Ophiten). 829 (einst selig). 841 (Origenes Lehre vom). VIII. 131 ff. (in der Chronik). X. 351 (Kinder des). 808 ff. (und die Sünde). 840 (und die beste Welt). XI. 642 ff. (Versucher). 1214 (Anbeter des). 1252 (Pact mit dem). XII. 434 (Anschauung der Gallitzin vom). 801 (und St. Michael).
Teufelsadvocat, s. advocatus diaboli.
Teufelsanbeter, s. Jezidis.
Teufelsbeschwörung, s. Exorcismus.
Teutal, celt. Götze VIII. 40.
Teutonicus, Joh., s. Johannes Teutonicus.
Teutschen, die in Brasilien X. 447.
Teutschen, die in Oestreich XII. 899.
Teutscher Baustyl I. 676. XII. 103 ff.
Teutsche Bibelübersetzungen I. 920. XI. 368. XII. 1210 ff.
Teutscher Bund, s. Bund, teutscher.
Teutscher Choralgesang VII. 411.
Teutsche Concordate, s. Concordate.
Teutsche Herren, s. Teutschorden.
Teutsche Kirche in Rom IX. 359.
Teutsche Kirchenhistoriker VI. 153 ff. 158.
Teutsches Kirchenlied VIII. 524 ff.
Teutsches Kreuz VI. 277.
Teutsche Kunst XII. 103 ff.
Teutsche Malerei VI. 784 ff.
Teutsche Mythen VIII. 39 ff.
Teutschen, pragmatische Sanction der VIII. 639.
Teutsches Reich, s. Reich, teutsches.
Teutsche Reichsgerichte, s. Reichsgerichte, teutsche.
Teutsche Reichsgesetze, s. Reichsgesetze, teutsche.
Teutsche Theologie, s. Theologie, teutsche.
Teutschherrn, s. Teutschorden.
Teutschkatholiken, s. Rongeaner.
Teutschkatholisch, das Prädicat VI. 59.
Teutschland, Kirchenstatistik X. 785 —810. VI. 166. XII. 903 ff.
Teutschland, Geschichtliches, s. Reich, teutsches.
Teutschland, Kirchengeschichtliches, s. die Namen der einzelnen Länder, dazu I. 251 (Christiansg.). 728. 729. 737. 778. 787. 789 ff. 796. 814. 840 (Beginn der Kreuzzüge). 857 (zu Max I. Zeit). 903 ff. (Gezas Reisen in). II. 80 ff. (Bonifaz). 163. 176. 264. 265. 323. 476 ff. 506 ff. 616 ff. 630. 872. 882 ff. III. 181 ff. 265. 267. 402 ff. 503. 603 (Hilfsbischöfe in). 720 ff. IV. 456. 525 ff. 575. V. 167 (Hieronymiten in). 559 (Jesuitenorden in). 659 (Inquisition in). VI. 181 (Kirchenstühle in). 650. VII. 61 (Mennoniten in). 153 (Minimen in). 177 (Mithradenkmale). 266 (1. Klstr. in). 270 (Benedictiner). 636 (Prämonstratenser). 821. 825 (Orgeln in). VIII. 88. 448 (Piaristen in). 460 ff. IX. 6 (Juden in). 71. 190 ff. 275. 873 ff. 895 ff. (plast. Kunstwerke in den Kirchen). X. 50. 55. 725. 735. 742. XI. 238. 247. 463. 465. 469. 498. 1149. XII. 228 (ein Particularfest in). 600 ff. (der Humanismus in). 1053. 1110. 1113. 1115. 1116 (jüdische Gelehrsamkeit in).
Teutschland, Kirchenrechtliches, s. d. Art. über die einzelnen Länder, dazu II. 559 ff. VI. 23. 26. VIII. 664. IX. 229. XI. 667. 668 ff. 713.
Teutschland, Schottenklöster in, s. Schottenklöster.
Teutschorden, Brüder des teutschen Hauses U. L. F. zu Jerusalem X. 810—819. I. 145. II. 130. 386 ff. 509. 654. 714. III. 267. 590 (in Cöln). 682. V. 114 ff. (Hermann v. Salza). 321. 345. 479. 451. 483 ff. 637. 928. VI. 270. 305. 520. VII. 593. 966 ff. VIII. 8. 544. 548. 551. 666 ff. IX. 106. 325. 328. 438. 610. 870. X. 134. 138. 139 ff. 803. XI. 907. XII. 665. 1188.
Teutschordensschwestern, die neuern X. 806.
Texas, Missionen in VII. 167. XII. 40 ff.
Text (Original-) des alten und neuen Testamentes X. 819—823. S. Bibelausgaben, Bibelübersetzungen, Handschriften der Bibel, dazu VI. 898. IX. 605.
Textus receptus, der biblische I. 908. 922 ff. 926.
Thabor, der Berg X. 823—824. II. 641. III. 524. V. 689. VI. 510. VII. 184. VIII. 45 ff. X. 182. XI. 129.
Thabor, der hussitische V. 415 ff. 424.
Thaddäus, Apostel X. 824. S. Abgar, Edessa, Judas, dazu I. 439. 938. V. 290.
Thaddäus von Suessa, der Kanzler IV. 229 ff. V. 636. VI. 683. 684 ff.
Thadmor, Palmyra X. 824—825. I. 571. IX. 596.
Thais, die Hetäre VIII. 304.
Thal Josaphat V. 790. 793.
Thales, der ionische Naturphilosoph III. 324. 921. VI. 232. VII. 145. VIII. 78 ff. IX. 400. X. 863.
Thalheim, Klstr. VII. 724.
Thalmai, König von Geschur I. 392. V. 687.
Thalmud X. 825—830. S. Archäologie, biblische, Gemara, Mischna, dazu I. 138. 139. 327. 400. 577. 671. 734. 934. III. 52. 471 (über den Eid). 543. 838. IV. 51. 374. 459. 686. V. 339. 887. 891. 902. VI. 17. 27. 258. 505. 521. 721. 759. 761 ff. 911 ff. VII. 463. 569. VIII. 534. 821. IX. 5. 16. 17. 236. 239. 434. 492. 495. 604. 605. 776. X. 154. 238. 239. 352. 576. 578 ff. XI. 2. XII. 312. 1104. 1107.
Thalmudisten, Bedeutung des Ausdruckes X. 830.
Thalmudschulen XII. 1115 ff.
Thamar, bbl. Person I. 60. V. 879.
Thamar, transkaukas. Königinnen XI. 130.

Thamer, Theobald, prot. Theolog X. 830. III. 275. VIII. 297.
Thamua, s. Thimna.
Thamuus, s. Götzendienst und Jahr der Hebräer.
Thanaim, Mischnalehrer VII. 144. XII. 1104. [VII. 645.
Thangbrand, der Missionär V. 859.
Thangmar, der Presbyter X. 831.
Thangmarsfelden, Kloster VII. 149.
Thankmar, Ottos I. Bruder VII. 808.
Thanner, Ign., der Schellingianer VII. 327.
Thapsakus, die Stadt VII. 77.
Tharaach, s. Mageddo.
Tharaka (Thirhaka), s. Ezechias.
Tharasius, Ptch. v. Cstpl. VI. 136.
Tharatai, Götze I. 438.
Thare, Vater des Abraham, s. Ur.
Thargumim, die, s. Bibelübersetzungen, dazu VI. 550. VII. 145. VIII. 406.
Tharin, Bf. v. Straßburg XII. 726.
Tharsis, s. Handel der Hebräer.
Thassilo, Name von 2 Bayerherzogen I. 164. 461. 563. 705. II. 165. 348. III. 115. VI. 33. 258. 598. VII. 752. VIII. 172. IX. 93. X. 421. XI. 710. XII. 60.
Thatzweisel XI. 1308.
Theater, Mitwirkung in demselben verboten I. 437.
Theater und Theaterbesuch III. 231. VI. 595 ff. VII. 128. 260. X. 757.
Theaterbesuch, den Geistlichen untersagt XII. 274.
Theatervorstellungen sollten am Sonntage unterbleiben III. 234.
Theatiner, clerici regulares Theatini vulgo Cajetani X. 831—835. II. 117. 602. III. 254. VII. 158. 230. VIII. 232. 788. IX. 81. 167. X. 242. 201. XI. 97. 477. 487. 492. 575. XII. 441. 568. 986.
Thebais, die Wüste I. 109. VI. 228. 820. VIII. 2. 260..
Thebaische Legion, s. legio Thebaica, dazu III. 153. VI. 414.
Theben, das altgriechische VIII. 15.
Theben, ehemal. Hauptstadt Oberägyptens, s. No.
Thebuthis, der Ebionite XII. 1189. S. Ebioniten, dazu III. 358. IV. 927. [II. 82. XI. 798.
Thecla, die heilige X. 835—836.
Theganus, der Chorbischof von Trier X. 836.
Theglath-Phalasar, König von Assyrien, s. Tiglath-Pilesar.
Theile, die Polyglotte des Doctors VIII. 585.
Theilung der Pfründe, s. beneficium ecclesiasticum, innovatio beneficii, Kirchenamt.
Theiner, die gelehrten Gebrüder (Augustin, geb. 1804; Johann Anton, geb. 1799) I. 877. II. 309. 563. 663. 895. 896. III. 68. 181. IV. 149. VIII. 74. 321. 448. 700. 851. 855. IX. 460. 470 ff. X. 294. 639. 640.
Theismus, s. Deismus.
Theismus und Deismus, Unterschied beider XI. 624 ff.
Theismus, christlicher VII. 481 ff.
Thekla, die heilige, s. Thecla.
Thekoa X. 836. I. 212. 213. V. 532. 791. VIII. 45 ff.
Thelassar, Stadt der mesopotamischen Ebene X. 837.
Thema der Astrologen XII. 75. [861.
Thema, Sohn Ismaels X. 837. V.
Thema, der Stamm VI. 722.
Theman a) Landstrich. b) Fürst X. 837.
Themis, die Gottheit VIII. 41.
Themison, der Montanist VII. 255. 260.
Themistianer, s. Agnoëten.
Themistius, Stifter der Agnoëten, s. Agnoëten.
Thenius. Otto, Gl. VI. 696.
Theobald. a) Graf von Champagne, der Einsiedler, b) Abt von Vaux de Cernay X. 837—838.
Theobald, Graf v. Champagne, der Kreuzfahrer VII. 636. XII. 425.
Theobald, Primas von Canterbury V. 737.
Theocratie, Gottesherrschaft X. 838—839. S. Hebräer, Königthum der Hebräer, Mosaisches Gesetz, Urim und Thumim, Canaan, Palästina, dazu I. 364. III. 800. 863. V. 141. 541. VI. 244. 284 ff. VII. 345. 348 ff. VIII. 761. 817. IX. 491. 652.
Theocratie in Thibet VI. 317.
Theodard, der heilige VI. 323.
Theodat, der Gothenkönig I. 128. II. 309. IV. 588. X. 145.
Theodebert, König von Austrasien II. 697. 608. 700. IV. 155. XII. 234.
Theodelinde, bayerische Prinzessin und Königin der Longobarden I. 702. 854. III. 811. 812. VI. 590. 591 ff. XI. 589. 729. XII. 357.
Theodemir, Abt von Psalmody II. 573.
Theodemir, der Suevenkönig XII. 129. 130.
Theodicee X. 839—842. Vgl. Gericht, jüngstes, Sünde, Vorsehung, s. dazu IV. 456. VI. 424. VII. 795 ff. X. 753. [456 ff.
Theodicee, das Weltgericht eine IV.
Theodicee, die historische des Bossuet II. 123.
Theodo, Name von 2 Bayerherzögen I. 702. 703. 704. II. 873. III. 556. 557. IX. 93. 591.
Theodofried, der heilige II. 872.
Theodomar, Abt von Mieso. VII. 271.
Theodor, der heilige, Galls Gefährte, s. Gallus, dazu I. 706. IV. 277. VI. 66. 740. 742. VII. 892.
Theodor, 2 heilige Bischöfe von Sitten X. 194.
Theodor, der heilige, mit dem Beinamen Tyro X. 842. XII. 774.
Theodor Askidas, s. Dreicapitelstreit, Origenistenstreit.
Theodor, Erzbischof von Canterbury X. 842—845. I. 742. II. 314. IV. 779. V. 267. 748. 834. VIII. 204. IX. 76. X. 215. XI. 86. 87. 1083. 1094. 1217.
Theodor Graptus, der Märtyrer X. 845—846. [(VI. 140).
Theodor Lector, s. Kirchengeschichte
Theodor von Mopsuestia, der Kirchenschriftsteller X. 846—848. I. 75. 284. 411. 539. 629. III. 155. 278 ff. 842. V. 274. 507. VI. 549. 814. VII. 240 ff. 521. VIII. 158. 272. IX. 7. 8. 670. X. 321. 850.
Theodor, Name von 2 Päpsten X. 848—849. I. 127. II. 826. V. 309. 753. VI. 901. VII. 246. VIII. 167. X. 84. XI. 678.
Theodor Studites, der gelehrte Abt X. 849—850. S. Bilderstreit, dazu VIII. 166. 519. IX. 526. X. 149. 215.
Theodor, ägypt. Bf. VII. 37.
Theodor, Ptch. v. Cstpl. VII. 249.
Theodor, Bf. v. Heraclea VII. 552 ff.
Theodor, Ptch. v. Jerusalem VII. 562. 563.
Theodor, Bf. v. Lorch VIII. 172.
Theodor, Bf. v. Pharan VII. 246.
Theodor, ein sicilian. Bf. VII. 561.
Theodor, der Neuplatoniker VII. 546.
Theodora, byzantin. Kaiserinnen I. 128. V. 600. 940. VII. 239. 861. VIII. 237. 441. X. 144. XI. 379. 692.
Theodora, Buhlerin, s. Marozia, dazu I. 815. II. 911. III. 904. V. 710.
Theodoret, Bischof von Cyrus, Kirchenschriftsteller X. 850—854. II. 434. 435 (über Cerdo). 693 (**). 832 (*). III. 270 (und der Dreicapitelstreit). 410 (**). 609 (Gesandter des Concils von Ephesus). 611. 778 (sein Fortsetzer Evagrius). 932 (*). IV. 215 (über die Gothen). 348 (***). 846 (**). 870 (sammelt Ketzereien). V. 138 (*). 274 (gegen die buchstäbliche Auslegung des hohen Liedes). 609 (*). 820. VI. 9 (über die Kainianer). 139 (als Kirchenhistoriker). 795 ff. (*). 820 (*). 891 (über Maro). VI. 37. 40. 45 (*). 231 (und K. Theodosius). 240 ff. (im Monophysitenstreit). 246 (und die Monotheleten). 256 (*). 521 (nennt den Nestorius). 546 (*). 671 (*). 827 (*). VIII. 502 (*). 510 (über Plato). IX. 487 (*). 626 (**). 763 (für grammatische Exegese). X. 113 (*). 153 (*). 644 (*). 778 (über den Teufel). 864 (über das Wort Theologie). XI. 141. 150 (*). 763 (nennt Votivtafeln). XII. 334 (*). 452 (über den Ursprung der Seele). 770 (über den Einsiedler Maris). 807 (*). 1016 (und die Kaiserin Pulcheria).
Theodori capitula, s. capitula episcoporum.
Theodorich von Minden, Ebf. VI. 732.
Theodorich von Riem, s. Dietrich von Riem.
Theodorich von Sanctinus XI. 590 ff.
Theodorich, Name von 2 Gothenkönigen II. 69. 248. 398 ff. III. 282. 624. 625. 818. IV. 4. 370. 583. 587. 588. V. 329 ff. 333. 744. 889. 948. VII. 385. 705. VIII. 66. 67. 102. 110. IX. 44. 301. 337. 340. 920. X. 574. XI. 255. 727. XII. 927. 936. 1025.
Theodorich III. von Neustrien und Burgund II. 697. 700. VI. 323. XII. 234. 236.
Theodosianer, s. Monophysiten, dazu I. 161. 178. III. 753. VII. 241.
Theodosier, s. Raskolniks (IX. 22).
Theodosius, Heilige dieses Namens V. 108. VII. 388.
Theodosius, Congregation des heiligen VII. 357.
Theodosius, Ptch. v. Alxdn. VII. 241.
Theodosius, Bf. v. Cäsarea XII. 784.
Theodosius, Bf. v. Echinus II. 66.
Theodosius, der Mönch VII. 235.
Theodosius I., oström. Kaiser (st. 395) X. 854—858. I. 123 (*). 199 (und der hl. Ambrosius). 395 (Theilung des Reiches). 435 ff. (und der Arianismus). 469 (und Arsenius). II. 395 (Aufruhr in Antiochien). 835 (vollendet Constantins Werk). 812 (II. ökumen. Concil). III. 14 (II. ökumen. Concil). 126 (und Dexter). 234 (*). 441 (*). 577 (gegen Ketzer). 765 (ruft Exilirte heim). 926 (und der Luciferianer Faustinus). IV. 94 (ein Biograph des). 673 (und K. Gratian). 739. 740 ff. (und Gregor v. Nazianz). 756 (vollendet die innere Umwandlg. des röm. Reiches). V. 313 (sein Sohn). 657 (als Büßer). 888 (die Juden zur Zeit des). 947. 948 (und der Arianismus). VI. 294 (bewirbt sich um den Segen der Kirche). 338 (Gebet für). 448 ff. (und Valentinian III.). 613 (schützt getäuscht die Luciferianer). 502 (Manichäer zur Zeit des). VII. 44 (eine Vision des). 499 (Ptch. Nectarius). 763 (für die Novatianer). 890 (und der Osterfeierstreit). VIII.

115 (und die Parabolanen). 441 (*). 779 (gegen die Priscillianisten). 837 (und Prudentius). IX. 344 (baut eine Kirche in Rom). X. 103 (Brief an Ausonius). 200 (und P. Siricius). 546 (ein Prediger vor). 859. XI. 551 (führt die Strafgesetze wider die Ketzer nicht aus). 724. 725 (und die Völkerwanderung). XII. 331 (der Arianer Euzous). 617 (*). 618 (apostol. Vicariat in Thessalonich). 648 (*). 1221 (und Valentinian II.).
Theodosius II., oströmischer Kaiser (reg. 408—450) X. 858—861. I. 272 (gegen Ketzer). 489 (*). 631 (und die Räubersynode). II. 85 (*). 415 (und Eutyches). 650 (codex Theodosianus). 737 (Räubersynode). 839 (und Constantinopel). 972 (eine Widmung an). III. 261 (*). 394 (vertreibt Lehrer aus Edessa). 607. 608. 610 ff. (und die Synoden von Ephesus). 731 (seine Gemahlin Eudocia). IV. 91 (und Flavian). 765 (*). V. 839 (ein berühmter Zeitgenosse). 888 (die Juden zur Zeit des). VI. 139 (eine Widmung an). 802 (und die Manichäer). 909 (ein Fest). 910 (und Sankt Maruthas). VII. 82 (gegen die Messalianer). 233 ff. (und die Monophysiten). 427 (Hauptstadt Myra). 603 (gegen die Novatianer). VIII. 441 (*). 517 (Macedonianer zur Zeit des). IX. 670 (und die Luciferianer). 922. 923 (und Sedulius). X. 204 (Pich. Proclus). 551 (gegen Ketzer und Schismatiker). XI. 726 (und die Völkerwanderung). XII. 120. 122 (und Bologna). 1011 (privilegirt den Klerus). 1016 ff. (und Pulcheria). 1222 (und Valentinian III.).
Theodotions Bibelübersetzung I. 834. VII. 635. X. 533.
Theodotus d. ä. oder der Gerber und Th. d. j. oder der Geldwechsler I. 178. 293. VII. 254. VIII. 272. XI. 673. XII. 30.
Theodrata, Aebtissin XI. 1185.
Theodul, Sohn des hl. Nilus VII. 612.
Theodulph, Abt von Fleury, Bischof von Orleans, Dichter X. 861—863. IV. 98. V. 103. 779. VI. 430. 457. VII. 333. VIII. 522. 656. XII. 558.
Theodulphi capitula, s. capitula episcoporum.
Theognis, altgriech. Dichter VI. 391.
Theognis, arian. Bischof v. Nicäa I. 430. 431. VII. 552 ff. 555.
Theognist, der Abt VIII. 443.
Theognostus, Vorstand der Katechetenschule zu Alexandrien XII. 1189—1191. 635. VII. 844.
Theogonie, die theosophische X. 503 ff.
Theoktist, Bf. v. Cäsarea III. 98. VII. 828. 829 ff.
Theokratie, s. Theocratie.
Theoleptus, Gegner des Patriarchen Jeremias II. V. 524 ff.
theologia rectrix, practica, s. Kirchenrecht.
Theologie X. 863—875. S. Apologetik, Dogmatik, Dogmengeschichte, Einleitung, Exegese, Kirchengeschichte, Irenik, Kirchenrecht, Moral, Pastoral, Liturgik, Patrologie, Polemik, Symbolik, vgl. Philosophie, Scholastik, s. dazu III. 215 (Verhältniß der Dogmatik zur). IV. 717. VI. 582 (die protestantische). VII. 321 (ethische). 418 (und die Mystik). 541 (Verhältniß des Neuplatonismus zur). IX. 42. 881 ff. 889 ff. X. 64. XI. 626 ff. (und Vernunft). 1043.
Theologie, biblische (Ergänzung des vorigen Artikels) XII. 1191—1193.
Theologie des Hermes V. 130 ff.
Theologie, karaitische VI. 30.
Theologie des Lessing VI. 486 ff.
Theologie, teutsche X. 875—886. I. 428. III. 222. VI. 852. IX. 751. X. 277.
Theologische Erziehungsanstalten, s. Alumnat, Convict, Dom- und Klosterschulen, Seminarium, Universitäten, vgl. Generalseminarien.
Theologischer Rationalismus XI. 629 ff.
Theologische Tugenden, s. Tugenden, göttliche.
Theologischer Unglaube, s. Unglaube.
Theologumenon, theolog. Meinung I. 95. III. 200. VII. 861.
Theologus, Amt an den Stiftern X. 886. S. Capitelwürden, Stift.
theologus S. palatii, s. magister S. palatii.
Theonas, Bf. v. Marmarica I. 432. VII. 552 ff. 555.
Theopaschiten, Secte der IV. 251. VII. 240, [450.
Theopempt, Metropolit von Kiew IX.
Theophanes, der Byzantiner, Fortsetzer des Syncellus X. 886—889. VI. 144. X. 583.
Theophanes, Bruder des Theodor Graptus, s. Theodor Graptus.
Theophanes Cerameus, Bischof von Taormina X. 889.
Theophanes, Mtrplt. v. Nicäa, Dichter VIII. 519.
Theophanes, ruff. Ebf. VIII. 320. X. 615.
Theophania, Kaiserin (st. 991) II. 911. IV. 694. V. 760. VII. 900. 902 ff. VIII. 881. XI. 1104. 1105. XII. 14. 15.
Theophilanthropen, die Secte der X. 889—890. IX. 287. XII. 127.
Theophilus, der biblische X. 890—891. III. 787. 788.
Theophilus von Alexandrien, Patriarch, ein Gegner des hl. Chrysostomus II. 177 ff. 535. 536. 971. III. 627. IV. 90. V. 627. VI. 450. VII. 847. 848 ff. 880. VIII. 337. X. 597. 598 ff.
Theophilus von Antiochien, Apologet, Bischof X. 891—892. I. 362. III. 376. IV. 475. 851. VII. 297. VIII. 504. XI. 274. XII. 453.
Theophilus, Missionär des Arianismus in Arabien V. 302.
Theophilus, ein Bischof der Gothen IV. 214. VII. 551.
Theophilus, Pch. v. Cstpl. VII. 984.
Theophilus, einer der bilderstürmenden Kaiser (um 842) II. 10 ff. V. 509. XII. 839.
Theophorische Bittgänge, s. Bittgänge.
Theophorische Processionen VIII. 803. 804 ff.
Theophorus, s. Ignatius von Antiochien.
Theophrastus Paracelsus Bombastus von Hohenheim, der Wunderdoctor (st. 1541) X. 892—893. 894. VI. 6. VIII. 159. 201. XII. 64.
Theophylactus, Erzbischof v. Achris (st. um 1107) X. 893.
Theophylactus, Pch. v. Cstpl. V. 758.
Theopneustie, s. Inspiration.
Theopolis, s. Antiochien am Orontes.
Theoren, Altardiener der Griechen III. 107.
Θεωρία der Alten VII. 443.
Theosophie X. 893—894. S. Neuplatonismus, Schwärmerei, Mystik, dazu Böhme, Saint Martin, Swedenborg, Weigel, Baader (XII. 393 ff.), dazu III. 716. IV. 511. IX. 30.
Theosophie, jüdische, s. Cabbala, Thalmud, vgl. Philo.
Theoteknos, Bf. v. Cäsarea VI. 500.
Theotgaud, Bf. v. Trier XII. 532. 533.
Theotokos, s. Maria, die hl. Jungfrau, Ephesus (III. 607), Nestorius, vgl. Antidikomarianiten.
Theotolach, Bf. v. Worms XI. 1140.
Thephilla (Gebet der Juden X. 894—896.
Thephillim (Gebetriemen der Juden) X. 896—897.
Ther, Katharina XII. 1080.
Therapeuten, s. Essener, dazu I. 326. 473.
Theraphim (Orakelfigur) X. 897. Vgl. Bilder bei den Hebräern.
Theres, Abtei I. 597.
Theresia, die heilige X. 897—903. I. 612. 801. II. 141. 385 ff. IV. 721. V. 702. 721. VI. 889. VII. 309. 447. XI. 660. 663. XII. 959.
Theresianum in Wien XI. 1023.
Thermä, s. Thessalonich.
Thermen, die in Rom IX. 384 ff.
thesaurarius, s. custos, Keller- und Küchenmeister.
Thesaurus meritorum, Gnadenschatz der Kirche X. 903—908. S. Ablaß, Erlöser, Gemeinschaft der Heiligen, Genugthuung, Gnade, Rechtfertigung, vgl. Pistoja, Synode von.
Thessalonica. Bisthümer der Kirchenprovinz XII. 513 Anmkg.
Thessalonich, die Hauptstadt Macedoniens X. 908—909. S. Paulus, Macedonien, dazu I. 199 (Blutbad von). 613. 614. III. 772 (Bm.). 773 (Stadt). V. 628 (kathol. Bm.). VI. 410 (Vicariat über Illyricum). 720. 828 (wird türkisch). VIII. 246 ff. (Paulus in). X. 149 (Sbm.). 225. 578 (Synagoge in). 857. XII. 618.
Theudas, der jüdische Volksaufwiegler X. 909.
Theudes, Gothenkönig IV. 584.
Theurgie I. 313. 326 ff. 360. VII. 546 ff. X. 693 ff.
Theutberge, die Gemahlin Lothars von Lotharingien, s. Hincmar von Rheims, Lothar, dazu V. 207. VI. 603. VII. 574. XII. 532.
Thibaut, König v. Navarra XII. 898.
Thibet, s. Tibet.
Thiemo, Erzb. v. Salzburg IX. 503 ff. XI. 971.
Thierdienst, s. Götzendienst, dazu I. 110 (ägyptischer). IV. 59 (Fetischismus). V. 479. 480 (der heidnischen Letten). VI. 11 (goldenes Kalb). VIII. 36. 890 ff. IX. 180.
Thiere, unreine, s. Speisegesetze.
Thierhaupten, Klstr. I. 707.
Thierkreises, Sternbilder des IV. 493 ff.
Thierry, Histor. V. 55.
Thiers, Joh. Bapt., Gelehrter des 17. Jahrhunderts XII. 1193—1194.
Thiersch, Gelehrte dieses Namens I. 911. 912. 913. II. 235. III. 781. 788. IV. 420. IX. 779 ff.
Thiersch, der Irvingianer IX. 836. X. 81.
Thierzehent XI. 1260.
Thietgaud, Ebf. v. Trier VII. 574. 575 ff. 579. [IX. 101.
Thietmar, Chronist, s. Dithmar, dazu
Thieto, Abt v. St. Gallen IV. 282.
Thilo, Bf. v. Merseburg VII. 74 ff.
Thilo, J. K., prot. Gl. I. 355.
Thimna (Thamna), Name mehrerer bibl. Ortschaften X. 909. IV. 266.
Thionville, Synode zu I. 132. X. 70.
Thiota, die Prophetin XII. 753.
Thiras, Sohn Japhets V. 503.

Thirhaka, König von Aethiopien III. 860.

Thirza, Hauptstadt des Reiches Israel X. 909—910. 115. V. 277. 527. VIII. 50.

Thisbe, der Ort X. 910.

Thisbite, s. Elias, Thisbe.

Thisri, der Monat, s. Jahr der Hebräer.

Thisrong, tibetan. Kg. XII. 184.

Thmuis, ägypt. Bm. X. 87. XII. 965.

Thnetopsychiten, die X. 14.

Thogarma, s. Armenien.

Thol, König von Hamath I. 302. IV. 852.

Thola, der Sohn Issaschars, Stammvater V. 861.

Tholey, Kloster XI. 589. 590.

Tholuck, Friedr. Aug. Gottreu, prot. Thlg. (geb. 1797) II. 281. III. 894. IV. 353. V. 858. VI. 4. VIII. 848 ff. 901. XI. 925. XII. 1261 Anmkg.

Thomas, der Apostel X. 910—911. I. 37. 351. 353. 360 ff. 439. II. 141. 481. III. 286. IV. 137. V. 616. 735. VII. 523. X. 950. XII. 505. 769. 988.

Thomas von Aquino X. 911—931. I. 143 (der Lehrer des). 233 (die Hymnen des). 423 (Charakteristik als Philosoph). 508 (*). 580 (und Roger Baco). 731. 733 (*). 764 (*). 894 (sein Orden). II. 76. 77 (und Bonaventura). 253 (ein Commentator des). 355 (Reise zum Lyonerconcil). 398 (seine Vorbereitung zum Studium). 409 (seine catena aurea). 700 (ein Schüler des). 786. 748. 791 (und die Gnadenlehre). III. 55 (*). 148 (*). 186 (doctor angelicus). 217 (*). 221 (und die Dogmengeschichte). 242 (schriftstellerische Fruchtbarkeit). 344. 345 (und Durandus). 440 (*). 456 (Definition des Argwohns). 600 (*). 657 (*). 073 (*). 920 (Annahme eines fatum). IV. 321 (*). 376 (*). 382 ff. (über Gelübde). 420. 423 ff. (*). 435 (*). 441 ff. (*). 490 (Theorie der Geistererscheinungen). 521 (und die Wissenschaft). 564 (*). 671 (***). V. 61 (Lieblingsschriftsteller Heinrichs VIII.). 63. 81 (ein Gegner). 146 (ein eifriger Anhänger). 260 (*). 301 (*). 431 (seine Hymnen). 491 (Gnadenlehre). 767 (Canonisation). VI. 6 (*). 91 (*). 92 (*). 171 (Landessprache auch Kirchensprache?) 183. 184 (kein Kirchenvater, sondern Kirchenlehrer). 205. 207 (*). 314 (*). 361 (Dichter des lauda Sion?) 381 ff. (*). 398 (Aristoteliker). 490 ff. (und die ratio studiorum der Jesuiten). 493 (*). 555 (*). 639 (*). 869 (*). 877 (*). VII. 98. 101 (*). 199. 202 ff. (und die Gnadenlehre). 275 (studirt in Montecassino). 302 ff. (als Moralist). 319 (und die Mystik). 447 (als Mystiker). 454 (als Exeget). 470 (und Natalis Alexander). 485 (*). 488. 491 (*). 794 (**). 798. 803. VIII. 50 (***). 71 (pange lingua). 523 ff. (als Dichter). 755 (*). 788 (Probabilismus). 872 (und das quadrivium). IX. 25 (*). 40 (*). 73 (*). 500 (ein Nachtreter). 510. 516 ff. (*). 580 ff. (und die Salmaticenses). 638 (ein Schüler). 708. 722. 736. 741. 742 ff. 755. 758 (und die Scholastik). 881 (und Duns Scotus). X. 96 (lauda Sion). 304 (*). 425 (*). 482. 484. 487. 489 ff. (über die Sünde). 528 (*). 592 (*). 680 (*). 685 (*). 931 (und Campanella). XI. 41. 44. 49 (*). 52 ff. (Einwendungen gegen die Todesstrafe). 92 (Grab in Toulouse). 307. 414 (*). 440. 443 (und die Hochschulen). 522 (***). 686 (*). 754. 757. 758 (*). 867. 870 (*). 893 (und Wessel). 1093. 1094 (und Wilhelm von St. Amour). 1116. 1120 ff. (*). 1315 (ein Verunglimpfer des). XII. 83 (ein Schüler). 91 (Azor). 98 (und Balmes). 335 (*). 304 (und F. v. Baader). 501. 543. 743 (*). 1067. 1070 (*). 1175 ff. (seine Summa). 1266 (und die Wiener Universität).

Thomas Becket, s. Becket.

Thomas Campanella, der Verfasser des Sonnenstaates X. 931—933. Vgl. Communismus, Gemeinschaft der Güter, Lamennais, s. dazu I. 427. IV. 393. VII. 320. XII. 977. 1145.

Thomas Cantipratanus, der gelehrte Dominicaner XII. 1194. VI. 620. XI. 935.

Thomas von Celano, der Dichter III. 140. VIII. 524.

Thomas à Jesu, s. Andrada.

Thomas von Kempen (Hämmerchen) X. 932—937. I. 463. II. 630. III. 221. IV. 473. 563. V. 260. VI. 216. 363. VII. 120. 304. 447. IX. 12. 506. 329. X. 41. 277. XI. 695. 961. XII. 224. 601. 1047.

Thomas Morus, der Staatsmann X. 937—945. I. 635. II. 923. III. 640. 642. IV. 83. 84. 393. 786. V. 61. 63. 66 ff. 69 ff. 226. VII. 319. VIII. 578. X. 531. XI. 719. XII. 600. 1145.

Thomas von Sarzana, s. Nicolaus V., dazu II. 381. VII. 587. XII. 120.

Thomas von Siena, der selige V. 166.

Thomas von Villanova, Erzbischof von Valencia X. 945—948. V. 349. X. 254.

Thomas de Vio, s. Cajetan.

Thomas de Argentina, der Commentator VI. 586.

Thomas, Sanct, die Insel II. 785.

Thomas, 2 Ebfe. v. York XI. 1222. 1223 ff.

Thomas II., Bf. v. Breslau II. 151 ff.

Thomas, Bich. v. Cstipl. VII. 248.

Thomas, Abt v. Farfa III. 903.

Thomas II., Ebf. v. Gran XII. 1006.

Thomas, der Missionär auf Korea XII. 258.

Thomas, Schüler des Manes VI. 795 ff.

Thomas, Prstr. IX. 280.

Thomas, Vicar beim 2. Nicänerconcil VII. 562.

Thomaschristen, s. Indien, Nestorianer, Thomas, Ap., dazu IV. 561. VII. 523.

Thomasevangelium I. 349. VI. 801.

Thomasius, Christian, der gelehrte X. 948—949. I. 298. II. 64. V. 159 ff. VII. 321. X. 282. 738.

Thomasius, Mich., corrector Romanus II. 895.

Thomasius, J. M. VI. 550. VII. 822. 831. 837. X. 834.

Thomaskirche in Rom IX. 853.

Thomassin, Ludwig, der gelehrte X. 949—950. I. 325. 372. 406. 407 ff. 418. 530. 802. III. 37. 38. 127. 712. VI. 169. 874. 878. VIII. 663. XI. 84.

Thomastag, der X. 950.

Thomisten, s. Thomas von Aquino, dazu II. 763. IV. 549. IX. 581. X. 255. 257.

Thor, s. Donar, Wuotan.

Thora und Thoralesen X. 950—953. V. 852. VI. 29. 30. VII. 144. IX. 495. XI. 1179.

Thorafest, s. Feste der Juden.

Thoralesen, s. Thora.

Thorarolle, s. Handschriften, hebr., Thora.

Thorat-Cohanim, s. Siphra.

Thorbecke, Minister XII. 586. 587.

Thoreida, Dietrich von, ein Apostel Lieflands IX. 669.

Thorgeir, der Isländer V. 859.

Thorglocke, s. Glocken (IV. 537).

Thoring, Matth., s. Lyra.

Thorismund, der Gothe IV. 583.

Thorn, Religionsgespräch und Blutgericht zu X. 953—957. II. 289. VIII. 564. X. 571 ff. 586.

Thorn, die Stadt VI. 354 (Verordnung von). VIII. 551 (Reichstag). 553 ff. (Reformation in). 556. 558 (Pikarden in). 560 (Protestnt. in). 667 (Gründung). 674 (Versammlung in). 704. 864 (Rfmtion. in).

Thorner Friede von 1466 und 1521 VIII. 679. 681. IX. 610. X. 615.

Thorseiche, s. Donnereiche.

Thorwald, der Isländer V. 858 f.

Thorwaldsen, der Künstler (geb. 1770) IX. 343. 379. 907.

Thou, de, s. Thuanus.

Thourel, der Präsident IX. 770.

Thracien, s. Macedonien.

Thrasimach, der Sophist VII. 314.

Thrasimund, der Vandalenkönig IV. 250. 252 ff. V. 333. XI. 556.

threni, s. Jeremias, Klaglieder.

Thron, der X. 957—958.

Thron des Bischofs, Papstes, s. Cathedra, Inthronisation.

Thuanus, Jacob August und Christoph X. 958. II. 267. IV. 805. V. 375. VIII. 579. X. 564. XII. 738.

Thuanus, Joh., Bf. v. Neustadt VII. 550.

Thuanus, Wilhelm, der Dominicaner IX. 911. 912.

Thubal, der Sohn Japhets X. 958. V. 503.

Thubalkain, der Erfinder X. 958.

Thuillier, Vinc., der Mauriner VI. 703.

Thuiskon, s. Wuotan.

Thukydides, der Geschichtschreiber V. 222.

Thummim, s. Urim und Thummim, s. Bath-Kol.

Thun, Berühmtheiten aus dem Geschlechte der Grafen von VII. 728. VIII. 184. 186. 187. IX. 589. 967. XII. 1257. 1303.

thuribulum, s. Rauchfaß.

thurificati I. 38. VI. 512.

Thüringen, Kirchengeschichtl. von, s. Bonifacius, der heilige, dazu I. 707 ff. 789. II. 80. 81. 82. 798. III. 680. IV. 368. 369. V. 16 ff. VI. 65. IX. 10.

Thüringen, Ludwig von, der Administrator VI. 733.

Thurm, s. Kirche als Gebäude (VI. 115).

Thurm, babylonischer X. 959—960.

Thürmayer, s. Aventinus (XII. 89).

Thürmchen, das XII. 447.

Thurn, Graf Mathias von III. 286. 287 ff.

Thurn, Heinrich, Feldobrist VII. 741.

Thuro Chusartis, der Kabire VIII. 437.

Thurstan, Ebf. v. York XI. 1224.

Thurzo, Stanislaus von, Bf. v. Olmütz VII. 768.

Thyatira, die Handelsstadt X. 960. VII. 285.

Thymiaterien, s. Rauchfaß.

Thyrsus, der heilige XII. 87.

Tiara, päpstliche XI. 1—2. II. 91. VIII. 113. XII. 1002.

Tibar, s. Thubal.

Tibbon, Jehuda ben, Gl. V. 906.

Tiberias, die Stadt XI. 2. I. 290. IV. 289. 852. V. 141. 887 (Synedrium zu). 889 (zerstört). 889 (Bisth. aufgehoben). VI. 726. VIII. 50.

Tiberias, Meer von, s. Genesareth.

Tiberias, Schule zu I. 290. V. 847. 880. VI. 914. 915. IX. 5. X. 525. XII. 1106. 1107. 1110. 1113.

Tiberius, Claudius Nero, röm. Kaiser XI. 2—10. I. 82. 290. 350. II. 571. V. 573. 590. 862. VIII. 454. XII. 201.

Tiberius, byzantin. Herrscher III. 778. IV. 679. V. 747.
Tibet (Tybet), a) religiöse, b) politische Zustände XI. 10—16. II. 339. V. 619 (und Agra, apostol. Vicariat). VI. 317 ff. (Lamaismus). VII. 160 ff. (Missionsanstalten). XI. 278. 325. XII. 74 (Christenthum in). XII. 152. 179. 180 ff. 184 ff. (die Buddhisten in).
Tibull, Albius, der Dichter (geb. 43 v. Chr.) IX. 643.
Tiburnia (Tabern), altes Bisthum V. 397. XII. 1201.
Tiburtiner, die VII. 905.
Tiburtius, der heilige II. 243.
Tichonius, der Donatist I. 198. III. 459.
Ticinum, s. Pavia.
Tieck, Ludwig, der Romantiker (geb. 1773, gest. 1859) V. 396. XII. 1088.
Tiedemann, Friedr., Geschichtschreiber der Philosophie (geb. 1781) VI. 642. 896.
Tiefenbach, General IV. 828. [815.
Tieffen, Joh. von, der Hochmeister X.
Tiefstrunk, der Kantianer VII. 320.
Tien, Himmel, Gott der Chinesen II. 784. VIII. 36.
Tien-tschu, der Name II. 484. XII. 8.
Tiferno, die Stadt, wird christlich V. 863.
Tiflis, die Stadt VII. 169. XI. 131.
Tigellinus, der Schandbube VII. 519.
Tiglath-Pilesar, der König, s. Abas, Assyrien, dazu I. 133. 481. 485 ff. III. 12. 848. IV. 811. VI. 8. 96. VII. 185. 465. VIII. 384. IX. 23. XI. 481.
Tigranes, der große VII. 620.
Tigris (tigra, der Pfeil) Fluß XI. 16—18. III. 388. 390. 756. VII. 8. 76. 618. VIII. 119.
Tih, Hochwüste von X. 170. 172.
Tijari-Bezirke, die VII. 528. 529.
Tillemont, Ludwig Sebastian le Nain, der große Gelehrte XI. 18—21. I. 253. 495. 519. II. 101. 137. 424. 902. III. 64. 157. 172. 768. 918. 938. 939. IV. 409. V. 428. 936. 938. VI. 151. 703. 727. VII. 152. 254. 265. 613. VIII. 870. IX. 496. 630. 908. 969. X. 90. 201. 836. XI. 678. 877. 916. 1215. XII. 219. 706. 769. 940.
Tilly, Joh., Tzerclas, Graf von, der Feldherr (st. 1632) I. 569. III. 289 ff. 297. IV. 18. 19. 827 ff. XII. 855. [292.
Tilpin (Turpin), Bf. v. Rheims IX.
Timium, das montanistische „neue Jerusalem" VII. 255.
Timon, Chronist IV. 255.
Timor, Mission auf XII. 568.
Timotheus, Schüler und Gehülfe des Apostels Paulus XI. 21—22. II. 677. IV. 273. V. 833. VIII. 246 ff. 248. 255. 292. [V. 303.
Timotheus III., Ptch. v. Alexandrien
Timotheus, nestorian. Ptch. auf Cypern II. 448.
Timotheus Aelurus, der Eutychianer V. 329. VI. 451 ff. VII. 231. 236 ff.
Timotheus Salophaciolus, Ptch. VII. 231. 239. [620.
Timur (Tamerlan, st. 1405) VII. 526.
Tina, Jesuiten in VII. 167.
Tinctor, Joh., Tonsetzer VII. 406.
Tindal, Matthäus, der Deist XI. 22—23. III. 80. VII. 312. VIII. 190. IX. 184. XI. 888.
Tinian, Insel X. 453.
Tinier, Bm. XI. 1283.
Tiniez, Klstr. VI. 254. XI. 1239.
Tinkhauser, Gl. IX. 900.
Tinninien, Bm. III. 330.
tintinnabula, s. Schellen.
Tippo Saib, der Sultan (fiel 1799) V. 618.
Tiran, Ptch. I. 440.
Tiridat d. G., von Armenien I. 439 ff. IV. 731 ff.
Tirinus, Jacob, der Bibelerklärer XI. 23. VII. 61.
Tiro, Prosper (chronicon imperiale und consulare) XI. 23. 675.
Tirsus, s. Tarsus.
Tischendorf, Gl. I. 927. VI. 288.
Tischgebet XI. 23—25.
Tischgebet der Juden XI. 25—27.
Tischgenossenschaft, s. commensalitium.
Tischri, der Monat V. 855. VII. 539.
Tischsegen XI. 829.
Tischtitel, a) im Allgemeinen, b) der landesherrliche XI. 27—28. VII. 821. IX. 251. X. 431. XI. 219. XII. 911.
Tischtitel, anglican. V. 245. 249.
Titel, der Rechtsgrund des Erwerbes und Besitzes einer Sache XI. 28—29.
Titian, Vercelli, der Maler (st. 1576) III. 707. VI. 784.
Titius, Dr. G. G., Gl. XI. 62.
Titlot, die Lesestücke des Neuen Testamentes XI. 29.
Titularbischof, s. episcopus in partibus (III. 631).
Titularfest, s. patrocinium.
Titularnotare, s. protonotarius apostolicus.
Titularpatriarchen VIII. 213 ff.
Titularprimaten VIII. 773.
titulati, die venetianischen XI. 575.
titulus ecclesiae, s. patrocinium, Pfarrei, titulus ordinationis.
titulus mensae, s. Tischtitel.
titulus ordinationis, der Ordinationstitel XI. 29—30. II. 629. V. 651. X. 429. XI. 27. XII. 911.
titulus pensionis, s. pensio.
Titurel, das Gedicht VIII. 528. XII. 496. 498.
Titus, Schüler und Gehilfe des Apostels Paulus XI. 30—31. III. 11. V. 833. VIII. 251.
Titus, gelehrter Bischof von Bostra XI. 31. VI. 802.
Titus Justus, der Proselyt zu Corinth XI. 31. 30.
Titus, Flavius Vespasianus, röm. Kaiser XI. 31—33. I. 526. IV. 917. V. 530. 886. IX. 385. VI. 664. XII. 619. 1105.
Titus Oates, s. Oates.
Tivoli, die Stadt III. 743. V. 863.
Tkhoma-District VII. 529 ff. [39.
Tlaskala, Bm. u. Univs. X. 447. XII.
Tob, das Land V. 514.
tobaleae, s. Mappa.
Tobia, Feind des Nehemias VII. 502.
Tobias, Personen und Buch XI. 33—38. I. 450 ff. III. 848. IV. 864. VI. 78.
Tobias, Bf. v. Prag VIII. 636.
Tobenz, Daniel, der gelehrte Mönch VII. 533.
Töchter des hl. Andreas, oder vom hl. Kreuze IV. 120. X. 806.
Töchter der hl. Genovefa, s. Genovefanerinnen.
Töchter Unserer lieben Frau, s. Schulschwestern.
Töchter des guten Heilandes, s. Schulschwestern.
Töchter der christlichen Liebe, s. Schwestern, barmherzige.
Töchter vom hl. Herzen Maria's, s. Schulschwestern.
Töchter der christlichen Zurückgezogenheit, s. Zurückgezogenheit, Töchter der christlichen (XII. 1325). [kirche.
Tochterkirche, s. Filial, Mutter-
Tod, der XI. 39—46. S. Krankenbesuch, Krankengebet, Sterbegebete, Sterbeglocke, vgl. Seele, Seelenschlaf, s. dazu I. 477. 684. 734. 736. IV. 360. VI. 389. VII. 715 ff. VIII. 351. XII. 284. 296 ff.
Tod, Bruderschaft vom guten XII. 1194—1195. III. 503.
Tod Christi, stellvertretender, s. Erlösung.
Tod Jesu V. 581 ff.
Tod, der mystische IV. 838 ff.
Tod, schwarzer, s. Pest.
Todeserklärung, s. Verschollenheit (XII. 1224).
Todeserklärung abwesender Ehegatten XI. 46—47.
Todesstrafe, Beleuchtung derselben vom christlichen Standpunkte XI. 47—56. 1283. IX. 504. X. 388. 389 ff.
Todesstrafen, verschiedene bei den Alten, s. Kreuzigung, Steinigung.
Tod- und läßliche Sünden, s. Sünde (X. 492. 493 ff.), dazu I. 738. II. 315. VII. 259. X. 327.
Todi, die Stadt IV. 304. V. 863.
Todi, s. Jacoponi.
Todte Hand, s. Amortisation (I. 209).
Todte Meer, das VII. 13 ff.
Todten, Absolution der I. 67.
Todten, Auferstehung der, s. Auferstehung der Todten.
Todtenamt, s. Exequien, anniversarius, Jahrtagsstiftung.
Todtenbeschwörung (Necromantie) XI. 56—57. I. 360. VI. 791.
Todtenbestatter, s. Copiatae Grab, dazu VI. 129. VIII. 115.
Todtenbuch, das der alten Aegypter III. 483.
Todtenbücher, s. Kirchenbücher (VI. 126).
Todtenerscheinung XI. 57—58. Vgl. Gespenst, Todtenbeschwörung.
Todtenfeier, s. Begräbniß, christl., Exequien. [glocke.
Todtenglocke, s. Glocken, Sterbe-
Todtengräber, s. Copiatae, Grab.
Todtenkleider VI. 429.
Todtenmesse, s. Seelenmesse.
Todtenschein XI. 58. VI. 129. VIII. 151. XI. 46. 173.
Todtensuppe, s. Leichenmahlzeiten.
Todtentanz VI. 819. X. 665. XII. 812.
Todtentrauer, jüdische II. 653. XI. 169.
Todtgeborne oder vor Empfang der hl. Taufe gestorbene Kinder, s. Taufe, limbus, Hölle, Kirchhof.
Todtschlag, der V. 836. IX. 74.
Todtschlagen als Strafe X. 391.
toga subtanea, s. Talar.
Tofat, Bm. XI. 336.
Tököly, ungar. Rebell XI. 403.
Toland, Johann, der Deist XI. 58—62. II. 563. III. 80. 189. VI. 353. 923. IX. 184. XI. 22.
Toledo, Erzbisthum und Primatialkirche von Spanien XI. 62—72. a) Stadt und Erzbisthum III. 559. 748. 754. IV. 23 (Kathedrale). V. 601. 652 ff. (Inquisition in). 890. 893. 894 (die Juden in). VI. 410 (Legation). 554. 834. VII. 649. VIII. 90. 773. 779. X. 106. 262. 267. 269. 271. XI. 464. 1208 ff. XII. 129. 203. 961. — 1111 (Judenschule); — b) Synoden II. 661. III. 253 ff. 582. 667. IV. 264. 585 ff. 654. 767. V. 298. 845. 917. VI. 290. 388. 447. 656. 805. 872. VII. 411. 805. VIII. 767. IX. 227. 918. X. 47. 428. 602. 630. 674. XI. 85. 272.
Toledo, Gutierre de, Ebf. XI. 72.
Toledo, Pietro di, Vicekönig XI. 186.
Toleranz XI. 72—81. S. Irenik, Polemik, vgl. Katholikenverfolgungen, Irland, Parität, s. dazu II.

208. VI. 572 (Lockes Briefe über). VII. 129 (methodistische). VIII. 277. 712. 718. XII. 941.
Toleranzacte, englische IV. 800. 801. XI. 81. 425. XII. 1085 ff.
Toleranzedict Josephs II., s. Joseph II., dazu II. 68. XI. 1036. 1038. 1039 ff. 1285. XII. 12. 78.
Toleranzedict des Constantin und Licinius II. 828. VI. 186. 187.
Toleranzedict, preußisches von 1847 VIII. 734.
Toleranzedict, türkisches XI. 79.
Toletus, Franz, Jesuit und Cardinal XI. 81—82 und XII. 1195—1197. I. 693. II. 106. 107. 604. IV. 722. VI. 777. VII. 305. IX. 350. X. 256.
Tolistobojen, die, s. Galatien.
Töllner, Joh. Gottlieb, protest. Theolog XI. 82—83.
Tölner, Justin, prot. Theolog XI. 83.
Tolomei, s. Olivetaner.
Tolosa, s. Toulouse.
Tölz, barmh. Schwestern in IX. 874.
Tomi, altes Bisthum XII. 523.
Tonarten, kirchliche VII. 391 ff.
Tonga-Tabu, Insel X. 458. 459. 467.
Tonge, der Pastor VII. 669.
Tongern, altes Bisthum und Stadt, s. Lüttich, dazu VI. 678. 765. X. 90. XI. 249. XII. 331. 332.
Tong-King, s. Tunkin.
Tonneins, Synode von IX. 190.
Tonschrift, s. Schriftzeichen.
Tonsur a) Geschichte, b) Bedeutung, c) Gesetzmäßigkeit, d) Ertheilung und e) Werth derselben XI. 83—91. I. 247. 252. 544. II. 631. IV. 366. V. 838 ff. VI. 218. VII. 506. 811. 821. VIII. 478. 833. XII. 268.
Tonti, Cdl. IX. 368.
Topas, der Edelstein III. 384.
Tophail, ibn VI. 759. XII. 1110.
Toresll, Louise von, Stifterin der Angeliken, s. Angeliken.
Torgau, die Universität Wittenberg zu VII. 33.
Torgauer Artikel XI. 91. S. Schwabacher Artikel.
Torgauer Buch oder Formel I. 237. II. 543 ff. X. 169.
Toribius, der heilige, s. Turibius.
Toribius, Bf. VIII. 780. XII. 38.
torneamenta, s. Turniere.
Tornobus, Ebm. XII. 523 Anmkg.
Toroszewicz, Nicol. armen. Ebf. VI. 441.
Torre, Cassone della, Ebf. VI. 757.
Torres, sard. Bm. XII. 201.
Torres, gl. Jesuit II. 48.
Torres, Christoval de, Ebf. XII. 42.
Torres, José Maria da Silva X. 266.
Torstenson, Leonhard, schwed. General (†. 1651) III. 300 ff. XI. 852. 1002.
Torquemada, Johannes, s. Johannes v. Turrecremata (V. 742).
Torquemada, Thomas, der Großinquisitor II. 457. V. 651 ff. VI. 037.
Tortona, Bm. VI. 593.
Tortosa, Religionsgespräch zu I. 145; — Synode VII. 371.
Tortur, Folter, die IV. 623. V. 157. 650. 654. X. 730. 731. 940.
Tory und Whig, die Parteinamen V. 231 ff.
Toscan, Peter, Bf. XII. 937.
Toscanische Eremiten, s. Augustiner-Eremiten.
Toscana, s. Italien, Pistoja, dazu I. 783. VI. 450. VII. 554. 614. VIII. 494. IX. 153. XI. 50.
Tosiphta, die, s. Thalmud.
Tosso, der Priester VI. 741. 742.
Tostatus, Tostado, s. Alfonsus Tostatus, dazu V. 328.
Tosti, der gelehrte Benedictiner VI. 153. VII. 276. IX. 732. 746.
Totila, Ostgothenkönig in Italien (reg. 541—552 n. Chr.) IV. 544. VII. 209. VIII. 263. IX. 45. XII. 357. 916.
Totman, Missionär II. 219. III. 262.
Totschareslan, Nestorianer in VII. 525.
Toucy, Synode zu IV. 628. XII. 531.
Toul, Bm., s. Tull.
Toulon, die Jesuiten in VII. 160.
Toulouse, Bisthum, Stadt, Synode, Universität XI. 91—100. I. 251. 930 (Syn. vom J. 1229). II. 223. 256. 261 (Syn.). 735. III. 241. 855. IV. 63. 120. 159 (Bm.). 181. 583 ff. (das Reich). V. 54 (Syn.). 547 (Jesuaten in). 626 (Bm.). 642 (hl. Kreuz in). 658. 659 (Inquisitionstribunal). VI. 307. 328. 811 (Ebm.). IX. 299 (Ebm.). 919 (Syn.). XI. 103. 436 (Univs.). 492 (Ursulinerinnen in). 516 (Bm.). 674 (Syn.). 726. XII. 386 (französ.). 358 (Ebm.). 1113 (Judenschule).
Tour, P. de la XI. 1288.
Tournay, Bisthum und Stadt IV. 668. V. 621. VII. 2. 7. VIII. 192. IX. 290.
Tournelly, L. F. de, der Jesuit IV. 182. 488. VI. 788.
Tournely, Honorat, der Dogmatiker XI. 100—101. IV. 437. VII. 200. IX. 517. 548. X. 365. 496. 672. XI. 100. 869. XII. 1172. 1313.
Tournemine, René-Joseph, der gelehrte Jesuit XI. 101—102. I. 852. 854. VII. 61.
Tournon, Bm. V. 555.
Tournon, Name von 2 Cardinälen (Franz, †. 1562; Charles Thomas Maillard de, †. 1710) II. 484. V. 618. IX. 192. XII. 10.
Tours, Bisthum, Stadt und Synoden XI. 102—109. I. 146 (Schule). 219. 449. 450. 452. 722 (Syn. v. 1163). 823. II. 357 (Schlacht bei). 416 (Syn.). III. 251 (Schule). 557 (Klstr.). IV. 114. 151. 150. 223. 469 (Syn.). 749 (Bm.). V. 103. 188 (Ebm.). 364 (das Gespenst in). 825 (Klstr.). 892 (Syn.). VI. 642 (Kirchenprovinz). VII. 226 (Klstr.). 542. 583 (Syn. v. 1060). IX. 10. 390. X. 69 (Kchnprvz.). 432 (Syn.). XI. 673. 674. XII. 909 (Ebm.). 1233 (Schule).
Toutté, der Mauriner XII. 780.
Toyogusama, japan. Kaiser V. 501.
Trachonitis, ein Bezirk der palästinensischen Provinz Perda I. 46. 404. 610. IV. 890. V. 140. 141. VIII. 50. 51.
Tracht der Geistlichen, s. Kleidung, decorum clericale (XII. 268).
Tractarianismus oder Puseyismus XI. 109—116. II. 267. IV. 563. V. 252. VII. 920. XII. 1061.
tractio sigilli, s. Verletzung des Beichtsiegels.
tractus I. 171. 215. IV. 653. VII. 98. 308.
Tradition, παράδοσις XI. 116—125. S. Bibel, Exegese, dazu I. 272. 911. 913 ff. III. 826. VI. 424. VII. 294 (eine Erkenntnißquelle der Moral). 718. VIII. 573. IX. 191. X. 161. 354. 526. 587. XI. 111. 190.
Tradition, chinesische, s. Confucius.
Tradition, jüdische VI. 2 ff. 30. XII. 1103 ff.
Traditionale Bibelauslegung III. 825.
traditores, s. Abgefallene, dazu I. 39. III. 255. 256. VII. 35. 663.
Traducianer, s. Seele, dazu VI. 613. 703. X. 754.
Traducianismus, s. Generatianismus, dazu III. 658. VI. 613. VII. 501. X. 6 ff.
Trägheit (acedia) X. 512.
Traghimmel I. 588. 589. VIII. 505.
Tragiker, die griechischen III. 921 ff.
Trajanopolis, Statistisches über die Kirchenprovinz XII. 522.
Trajanssäule in Rom IX. 374.
Trajanus, M. Ulpius Nerva, röm. Kaiser XI. 125—129. II. 584. III. 157. 231. 301. 392. 768. 796. 804. IV. 54. 687. V. 141. 534. 593. 594. 596. 886. VI. 821. 890. X. 148. XI. 721. 1205. XII. 823. 1106.
Traller, des hl. Ignatius von Antiochien Brief an die V. 583. 585.
Trani, Bm. VII. 582. XII. 33.
Trankopfer, hebr. IV. 49. VII. 783 ff.
transactio, s. Vergleich.
Transcaucasien, das Christenthum in XI. 129—131. S. Armenien, Iberien, Lazier.
Transfiguratio Christi, Verklärung-Christi-Fest XI. 129.
Transilvania, s. Siebenbürgen.
Translatio, Versetzung XI. 131—132. S. Kirchenamt, dazu VIII. 750. XI. 614.
Translation eines Festes, Verlegung XI. 132—133. (1197.
Translation der Reliquien XII.
Translocatio XI. 133. VI. 180. VIII. 750. IX. 224. XI. 132. 515.
Transsubstantiation XI. 133—163. I. 16. 103. II. 861. V. 177. 178. 254. VI. 344 ff. 426. 783. VII. 100. VIII. 168. 340. IX. 453 ff. X. 435. XI. 112. 933 ff. 936.
Trapezunt IV. 759. XI. 334. 336.
Trapp, der Pädagog VIII. 28.
Trappisten XI. 163—169. II. 795. V. 454. VII. 54. 642. X. 745. XII. 109. 463 ff.
Trau, Bm. XII. 1321. 1322.
Traubrief, jüdischer (Ketuba), s. Ehe bei den Juden. (VIII. 369.
Traubuch, Trauregister VI. 177.
Trauer der Kirche, s. Kirchentrauer.
Trauer bei den alten Hebräern XI. 169—170.
Trauerflöten I. 734.
Trauergottesdienst I. 735. XII. 337 ff.
Trauerjahr XI. 170. V. 622.
Trauerkleid, s. Trauer, Trauerzeit, dazu VI. 223. (102. IV. 93.
Trauerreden XI. 170—171. I. 133.
Trauerwoche IV. 809.
Trauerzeit XI. 171—172.
Traumdeuterei XI. 172. II. 447.
Trauring, s. Brautring, Hochzeit.
Trautmannsdorf, Minister V. 503.
Trautson, Graf Joh. Jos., Ebf. v. Wien V. 790. XI. 448. 1025.
Trauung, Eheabschließung XI. 172—174. II. 733. 761. 818. III. 491. 496. IV. 896. 934 ff. V. 263. 264. VIII. 151. XI. 232. 1266. 1278. 1279. XII. 1310.
Trauung im Hause, s. Haustrauung.
Trauung im Heidenthum XI. 816. 817 ff.
Trauungsreden XI. 174—175.
Trauungsschein XI. 175.
Travancor, Christianisirung der Küste IV. 137.
Traversari (Ambrosius Camaldulensis) I. 198. II. 903.
Trebellianische Quart, s. quarta Trebelliana.
Trebnitz, Kloster und Wallfahrt IV. 924. 927. IX. 683.
Trechsel, der Buchdrucker X. 92.

Treibjagden, an Sonn- und Feiertagen verboten V. 478.

Tremulius, J., Bibelübersetzer V. 928.

Trendelenburg, F. Adolf, der Philosoph (geb. 1802) X. 433.

Trennbach, Urban von, Bischof von Passau VIII. 182 ff.

Trennende Ehehindernisse, s. Ehehindernisse.

Trennung der Ehe, s. Ehescheidung.

Trennung der Pfarreien, s. Erlöschen der Pfarrei.

Trennung der Pfründe, s. Kirchenamt.

Trentis, Stephan von, Bf. v. Lucca XII. 740.

Trento, s. Trient.

Tressant, Bf. v. Nantes III. 329.

tres tabernae, s. Forum Appii.

Treue, die der alten Germanen XII. 476 ff.

treuga Dei, s. Gottesfriede.

Treuherzigkeit XI. 769.

Trevisano, Pch. v. Venedig XI. 208.

Treviso, Bm., s. Italien, dazu VI. 590.

Triangel, Instrument VII. 423.

Tribbechow, Gl. VI. 149.

Triberg, Redemptoristen in VI. 527.

Tribonian, der Jurist II. 651.

tribunale della Camera apostol. II. 916.

Tribur, Fürstentag zu IV. 701 ff. V. 36.

Tribur, Synode zu, s. Hatto, dazu IV. 886. IX. 76. 96. X. 310.

Tribut der griechischen Patriarchen an den Sultan IV. 771.

Tricca, Bm. V. 88.

Trichinapaly, Kirche in V, 619.

Trident, s. Trient.

Tridentiner Katechismus, s. catechismus Romanus.

Tridentinisches Glaubensbekenntniß, s. Glaubensbekenntniß.

Trient, Trento, Stadt und Bisthum XI. 175—177. I. 689. IV. 263. V. 706. VI. 723. IX. 506. 916. XI. 255. 691. XII. 1201.

Trient, allgemeine Kirchenversammlung von XI. 177—248. I. 24. 25 (wider den Aberglauben). 32 (Beschluß wegen des synodaticum). 40 (über den Ablaß). 53. 55 (ein Vorrecht der Aebte). 67 (über die Absolution). 88 (niedere Kirchendiener). 96 (Heiligenverehrung). 178 (Aufhebung der quaestores). 188 Alter für den Ordensprofeß). 190 (über Gründung von Lehranstalten). 307 (Verbot der Verleihung von päpstl. Mandaten und Anwartschaften). 377 (über die absolute Nothwendigkeit der Approbation eines Geistlichen). 406 ff. (beschränkt die Gewalt der Archidiacone). 409 (über die decani). 451 ff. (Armenpflege). 550 (Eheverlöbniß). 553 (Ausstellung des Hochwürdigsten). 602 (über den Bann). 679 (über die Baulast). 733 (über die Begierlichkeit). 738. 742 (Beicht). 744 (Bußsacrament). 747 (Beichtväter). 765 (über die Begierlichkeit). 778 (und die Seligen des Himmels). 827 (Kirchenvisitationen). 880. 883 ff. (über Privatcapellen). 910 (Tradition). 911 (bibl. Kanon). 949. 950 (über Bibelübersetzungen). II. 4 (biennium canonicorum). 7 ff. 9. 12 (über Bilder in den Kirchen und Bilderverehrung). 20 ff. (Rechte und Pflichten des Bischofs). 26. 28 (Bischofswahlen). 32 (Consecration). 33 (Einsetzung der Bischöfe). 228. 229 (Bußsacrament). 231. 232 (Bußwerke). 325 ff. (über Sedisvacanzen). 330. 331 (Capitulare und Capitularvicare). 313 (Cardinalswahl). 417 (Baulast). 425 (über Bücher). 493 (Breviergebet). 497 (Chordienst). 559 (Weihestand der Geistlichen). 563 (über die Dauer der Processe). 631 (Begriff eines Klerikers). 641 (Coadjutorie). 662 (Cölibatfrage). 708 (Commenden). 712 (über Bibelauslegung). 719 (Ertheilung der Weihen an Verheirathete). 721 (Communicantenunterricht). 760. 761 (Concubinat). 778 (Confirmation der Kirchenämter). 796 (über die congrua). 816 (Kirchenämter). 817 (consensus capituli). 818 (Form der Trauung). 820 (Consens der Eltern in Heirathssachen). 821 (beschränkt die Archidiacone). 870 (clericale Erziehung). 914. 915 (über geistl. Strafen). 942 (gegen Accumulation der Beneficien). III. 56 (über den Decalog). 72 (Festsetzung der congrua). 77 (über Degradation). 151 (über Diöcesananstalten). 178. 179 (Dispensen). 199 (über Heiligenverehrung). 222. 229. 247. 248 (über Schulämter). 408. 409 ff. (über die Ehe). 417. 420. 426. 435. 436. 441 (Eherechtliches). 482 (Vermögen der Ordensleute). 494. 495 (Eheeinsegnung). 546 (über Bilderverehrung). 599 (über Entführung). 631 (episc. in part.). 655. 656 (über die Erbsünde). 667. 668 (Vereinigung und Trennung von Pfarreien). 696 (über Erweckungen). 699 (über die Jurisdiction der Erzbischöfe). 816. 817 (Strafbestimmungen wider Geistliche). 819 (über die Execution päpstlicher Erlasse). 826 (über die Tradition). 843 ff. (über Exemtionen). 922 (über Rechtfertigung). 953 ff. (über das Fegfeuer). IV. 69 (über die Baulast). 77 (über Firmung). 210 (Frohnleichnamsfest). 256 (Fürbitte für die Seelen im Fegfeuer). 319. 370 (Strafen der Geistlichen). 402 (über die Generalabsolution der Sterbenden). 421 (Genugthuung). 431. 430 (Urzustand des Menschen). 461 (über die geistl. Jurisdiction). 527 (Glaubensbekenntniß). 528. — 547 (über die Gnade). 549 (Gnadenbilder). 550 (gratiae exspectativae). 653 (über die Graduirten). 755 (gegen das Gregori- und Narrenfest). 930 (über Heiligenverehrung). 935 (Trauung der Heimathlosen). V. 121 (über Bibelforschung). 162 (die 3 Stufen der Hierarchie). 191 (Chorvicare, vicarii perpetui). 221 (bischöfl. Predigtamt). 273 (Aufhebung der Exemtionen der Hofcapläne). 459 (über die Gnade). 612 ff. (über den Index). 660 (Prüfung der apostolischen Notare). 673 (Ueberwachung der Integrität der Bibel). 675 (über das Interdict). 678 (Interstitien). 693 ff. (über das Buch Job). 834. 835 (über Alter und Bildung der Weihecandidaten). 837 (Strafrecht.). VI. 20 (über den Kanon). 24 (unentgeltliche Ertheilung der Weihen und Dispensen). 26 (über den persönlichen Chordienst). 27 (Uebertragung zweier Beneficien). 40 (Verantwortlichkeit der Heiligenpflege). 71 (über die Ketzertaufe). 101 (über die Bischöfe als Mitglieder der Hierarchie). 106 (Rechte, die aus der Infallibilität folgern). 121 (über die Integrität der Kirchenämter). 122 (Hilfspriester). 123 (Unterdrückung eines Kirchenamtes). 125 (über Kirchenbesuch). 126. 127 (über Kirchenbücher). 172. 173. 175 (über die Volkssprache als Cultsprache). 180 (über Verhängung öffentl. Bußen). 196 (über Kirchenvisitationen). 218 (Kleidung der Geistlichen). 221 (Klassen des Klerus). 225 (Rangordnung der hierarchischen Gnaden). 314 (über den dilectus ciborum). 411 (Jurisdiction der Legaten). 499 (über die brennenden Lichter während der Messe). 551 ff. (über das Missale). 866. 870 (über die unbefleckte Empfängniß Mariä). VII. 86. 87. 90 ff. 93 (über die hl. Messe). 118 (über Reduction oder Umwandlung von Meßstiftungen). 335 (Empfang des hl. Abendmahles). 409 (Reform des Kirchengesanges). 455 (über die Exegese). 505 (über die Neophyten). 633 (Klosteraufsicht). 661 (über die Nuntien). 712 (Bestellung des Oekonomen). 717 (über Marc. VI, 13). 719 (die Wirkungen der letzten Oelung). 796 ff. (Art und Weise, wie die Sacramente wirken). 806. 808 ff. (über Ordenspersonen). 810 (Oberaufsicht über Klöster). 812 (über die Vorsteherinnen der Nonnenklöster). 822 (Annahme von 8 ordines). 824 (über das Orgelspiel). VIII. 4 (Verpachtung von Kirchengütern). 87 (über Kirchengesang). 151. 152 (Gültigkeit der Ehe). 212 (über die Pathen). 227. 228 (Patronatrecht). 356 (Pfarreintheilung). 358 (Verpachtung der Pfarrgüter). 362 (Visitation der incorporirten Pfarreien). 364 (über das Verhältniß des Pfarrers zu seiner Gemeinde). 370 (Residenzpflicht der Pfarrer). 605. 606 (öffentl. Bußen). 620 ff. (über die Präconisation). 634 (Prädestination). 642 (über Präsenzgelder). 664 (über Domcapitel). 758 (über das sichtbare und äußere Priesterthum). 759 (Bischöfe über den Priestern). 766. 768 (Priesterweihe). 813 (promotio per saltum). 814 (Promulgation). 821 (über den Kanon). 823 ff. (provisio canonica). IX. 81 (Rechtfertigungslehre). 63 (Appellation gegen Interlocute). 64. 65 (über Appellation). 83 ff. (Reformdecrete der). 171 (der Religionseid). 197. 202 (über Reliquienverehrung). 216 (Reservatfälle). 222 (Residenzpflicht). 225 (Entsagung auf ein Kirchenamt). 242. 244 ff. (über die Reue). 435 (über die Rubriken). 510 ff. (über die Sacramente). 696 (Schlüsselgewalt Petri). 849 (über Schwägerschaft). X. 48 ff. (clericale Erziehung). 52 (über Seminarien). 67 (Visitation). 162 (über die Vulgata). 167 (Simonie). 330 (Gnadenstand). 428 (Subdiaconat). 431 (über die niedern Weihen). 432 ff. (subintroductae). 493 (Eintheilung der Sünden). 489 (Sündenbekenntniß). 538 ff. (über die Suspension). 602 (Synodalexaminatoren). 609 (über Provincialconcilien). 612 (Diöcesansynoden). 631 (Talar der Geistlichen). 662. 665 ff. (über die Taufe). 886 (Amt des theologus). 906 (Verdienst Christi und Genugthuung des Menschen, Verhältniß des). XI. 27 (über den Tischtitel). 29 (Erwerb des Patronatrechts). 29. 30 (titulus ordinis). 39 (über den Tod). 87. 88 ff. (die Tonsur). 173 ff. (Trauung). 155 (über das hl. Abendmahl). 446 ff. (über die Universitäten). 578 (Pfarrconcurs). 576 (über kirchl. Weihen). 599 (ewiges Leben). 669 (über Vicare). 710 (über Doppelpfründen). 713. 714 (Reisen der kirchl. Würden-

träger nach Rom). 754 (über den Vorsatz). 766 (canonische Wahl). 1267 ff. (tempus clausum). 1278 ff. (Eingebung einer Ehe). 1309 (über das Duell). XII. 86 ff. (über Reliquien). 272 (Jagen der Geistlichen). 275 (über Umgang mit Weibspersonen). 338 ff. (Gebete für Andersgläubige). 485 ff. (Glaubenseid). 549 (Heiligung der Sonn- und Festtage). 626 ff. (über Immunität). 911 (ordinatio absoluta). 1012 (üb. Immunität). 1310 (üb. die Ehe). — B) Geschichte der I. 220 (Amvolheim). 229. 237 (Gegner der). 517. 521. 523. 561. 895 (Gesandtschaft zum). II. 111. 112 ff. 147. 212. 254. 289. 315. 372. 373. 390. 391. 414. 468. 474. 543. 554. 707. 860. III. 66. 106. 146. 222. 229. 330. 341. 432. 499. 659 (Abschluß der kathol. Reformation). 871. 875. IV. 14. 110 ff. 119. 133. 212. 606. 722. 775. V. 147. 150. 340 ff. 555. 868. 920. VI. 317. 333. 363. 428 (Leibnitzens Ansicht über das). 512. 534. 588. 669. 723 ff. 813. 870. 894. VII. 32. 33. 341. 424. 425. 495. 728. 918. VIII. 55. 58 ff. 94. 96. 146. 182. 183. 189. 231. 390. 483 ff. 571. IX. 192. 295. 329. 581 ff. X. 50. 121. 255. 256. 258. 276. 402. 563. 606. 808. 817. 948. XI. 96. 160. 446. 476. 560. 607. 638. 760. 999. 1057. XII. 52 (Andrada in). 81. 330. 736. 1280.
Triennalbericht der Bischöfe XII. 1197. VI. 35. 166. VII. 5 (Mechitaristen). 168 (Missionäre in). VIII. 482. XI. 255.
Trier, der frühere Churstaat, das heutige Bisthum und die Stadt XI. 248—254. I. 177. 198. 431. 493. 649. 772 (Mirplinkche.) II. 333. 874 (alte Kirchenprovinz). 748 (Stdt.). 749. III. 19. 141. 143 ff. 181 (der hl. Rock in). 251. 270. 310. 418. 568. 744. IV. 486 (Churfürstenthum). 561 ff. — 830 ff. (Churstaat). V. 135 (Hermesianer in). 169 (St. Hieronym. in). 159 (Eugen III. und Syn. in). 324 (Univst.). 326. 559 (Jesuiten in). 659. 812 (Univst.). VI. 91 (Syn.). 315 (Bm.). 410 (Legation). 621. 659. 905 ff. (das kaiserl. Hoflager zu). 933 (Reliquien). VII. 138. 149 (Provincialsyn.). 396 (Singschule). 409 (Concil vom J. 1227). 577. 664. 761 ff. (Calvinismus in). VIII. 239. 746. 748 ff. 753. 779 (Priscillianisten in). 842. IX. 114. 132. 153 (Ebsstnthm.). 290 (Stadt). 332 (Stadt). 405. 566. 874 (barmh. Schwestern in). 899 (plastische Kunstwerke in). X. 696. 836. XI. 204. 310. 669. 1146. 1175. XII. 33 ff. — 105 (Frauenkirche in). 657. 660. 1183.
Triest, Bm. XI. 254—256, s. Kärnthen, Oestreich, Teutschland.
Triffenstein, Klstr. XI. 1187.
Trigland, der Professor VI. 28.
Triglav, Götze der heidnischen Wenden XI. 256. VII. 690. VIII. 40. 598. IX. 443.
Trikerion XI. 256.
Trimurti, die Dreifaltigkeit der Inder VI. 318. VIII. 37. XII. 185.
Trinidad, die Insel X. 446. XI. 898. 903. 905. 910.
Trinitarier (Mathuriner, Eselsbrüder) XI. 256—260. V. 635. IX. 167. X. 87. 217. 745. XI. 258. XII. 656.
Trinität, das Dogma von der XI. 260—293. I. 193 (eine ketzerische Auffassung). 291 ff. 397. 538. 539. 548 ff. II. 206. 451. 569. 859. III. 17. 161. 162. 170. 196. 211 ff. 216. 273. 281. 345. IV. 33. 218. V. 571 ff. (Jesus Christus). 576. 643. 644. VII. 43. 431. 839 ff. (Origenes Lehre von der). VIII. 219. 439. 409. IX. 388. 391 ff. X. 64. 155. 233 ff. (Gegner der). 353. 434 ff. 528 ff. 654. XI. 550. 551. XII. 208. 1143. 1220.
Trinität, buddhistische, s. Trimurti.
Trinitätsfest, s. Dreieinigkeitsfest.
Trinitatiskirche in Rom IX. 353.
Trinoda necessitas XII. 1197.
Trionfi, Aug., Gl. XII. 33.
Tripelallianz, die IX. 490.
Tripitaka, Sammlung der buddhist. Schriften XII. 155.
Tripoli in kirchlicher Hinsicht XI. 293. 335. 337. 338. VII. 168. 169. XII. 691.
Tripolis (heute Terabius) XI. 298.
Triptychen, s. Diptychen.
Triregnum, s. Tiara, Papst, Papstwahl.
Trishagion, s. Messe, dazu VII. 236. 240.
Trisarana, die 3 Zufluchten der Buddhisten XII. 162.
Tritheismus, eine irrige Auffassung der hl. Dreifaltigkeit XI. 293—297. II. 798 ff. III. 17. 918. VII. 242. IX. 388. 392 ff. X. 434. XI. 267. 550.
Trithemius, Johannes, der gelehrte XI. 297—298. II. 79. 806. III. 373. IV. 134. 247. 497. V. 108. 118. 218. 312. 474. 876. 895. IX. 115. 450. 478. XI. 781 ff. 1191. XII. 320. 335.
Triumphbogen in Rom IX. 392.
Triusianer, s. Vandalen (XI. 550).
trivium, s. quadrivium.
Trizocobus, der Exarch III. 813.
Troas, Stadt in Kleinmysien XI. 298. VIII. 245. 253.
Trockene Messe, s. missa sicca.
Troemer, die, s. Galatien.
Trogyllium, Stadt und Vorgebirge XI. 298.
Troja, s. Xanten.
Troki, der Karaite VI. 29 ff.
Trolle, Ebf. v. Upsala I. 409 ff. II. 509.
Tromp, Martin, der Admiral VII. 609.
Trompete, das Instrument VII. 386. 421. 423.
Tronson, gl. Theolog VIII. 896.
Troparium (Troponarium, Troperium) XI. 298—299.
Tropen der hl. Messe XI. 299.
Tropen, biblische XI. 299—301. S. Metapher, Metonymie.
Tropen der Herrnhuter, s. Herrnhuter.
Tropen, musicalische VII. 398.
Trophimus, der heilige VI. 555. IX. 272. XI. 1295.
Tropologisch, s. Mystischer Sinn der Bibel.
Trosly, Synode zu VII. 227. X. 310.
Tröster (der heilige Geist), s. Paraclet.
Trostpredigten XI. 301—303.
Trotzendorf, der Rector VIII. 21.
Troubadours, die mittelalterlichen XII. 383.
Troxler, Ignaz Paul Vital, der Philosoph (geb. 1780) IX. 854.
Troyes, Bisthum, Stadt und Synoden I. 637 (Syn.). IV. 159. V. 205. 751 (Syn.). VI. 649. 650. VII. 159. VIII. 167 (Syn.). 839. IX. 15. (Judenschule). X. 71. 718 (Syn.). XII. 127. 1112 (Judenschule).
Truchseß, Georg v., s. Bauernkrieg.
Truchseß, Otto v., Cdlbf. V. 339.
Trudpert, der heilige, Missionär XI. 303—304. I. 148. 151.
Trudpert, St., Klstr. XI. 303. 304.
Trudo, der heilige II. 524.
Trujen, St., die revolutionäre Zusammenkunft in VII. 602 ff.
Trullanische Synoden XI. 304—305. I. 181. II. 302. 303. 304. 630. 631. 841. 855. 858. III. 416. 419 (über die Ehe). 496. IV. 765. 766. VI. 218. 314. 543. 896. VII. 249. VIII. 365. IX. 629. X. 88. 430.
Trunkenboldes, Strafe des geistlichen XII. 273.
Trunkenheit X. 512.
Truntheim, s. Drontheim.
Truttenhausen, Kloster V. 278. 279.
Truttvetter, Jodok, ein Lehrer Luthers I. 468.
Trygweson, Olaf, Normannenfürst VII. 645.
Tryphon, der Jude V. 784. 936 ff. VI. 706 ff. 843.
Tryphon, der Kronprätendent I. 289 ff. III. 96.
Tschaitya, die buddhist. XII. 171. 172.
Tschamitschemanz, armen. Histor. I. 445. VII. 4.
Tsche-Kiung, Missionäre in VII. 167.
Tschernobolzi, s. Raskolniks.
Tschiderer, Bf. XII. 491.
Tschinevad, die Brücke VII. 174. VIII. 157.
Tschirner, Kirchenhistor. VI. 186.
Tschu-Kor, der tibetan. Rosenkranz XI. 13.
Tschuvstvemniki, die Secte der IX. 23.
Tsin, die chines. Dynastie XII. 181.
Tübingen, Metropole des südwestdeutschen Protestantismus I. 225 ff. 870. II. 40. 148. 930. IV. 116. 624. 653. 773. V. 354. 522 ff. 557. 588. VII. 28. 189. 190. 373. 491. 868. VIII. 352. 494. IX. 408. X. 566. XI. 397. 436. 437. XII. 308. 350. 555. 1315.
Tübingerconcordie XI. 396.
Tuch, Gl. I. 469. V. 846. VI. 602. XI. 514.
Tudeschis, Nicol., s. Panormitanus.
Tudun, der Avarenfürst V. 398 ff.
Tugend XI. 305—311. S. Glückseligkeit, Laster, Pflicht, Räthe, evangel., Selbstsucht, Werke, gute, dazu III. 730 ff. IV. 192. 431. VI. 357. VIII. 273 ff. XII. 448.
Tugend, eine buddhist. Vollkommenheit XII. 164.
Tugenden, göttliche XI. 311—319. I. 445 ff. 710. X. 928. XI. 309. 310. 1305. XII. 448.
Tugendgöttinnen, die altrömischen VIII. 42.
Tugendlehre, s. Moral.
Tugendlehre, buddhistische XII. 160. 162 ff.
Tugendliebe der Essäer III. 717.
Tula, Bm. III. 605. VII. 735.
Tull (Toul, civitas Leucorum) Bisthum und Stadt XI. 319—322 und XII. 1197—1198. II. 49. 353. V. 621. VI. 463. 465. VII. 137 (Stadt). 395 (Singschule). VIII. 189. IX. 16 (Judenschule). XI. 202. 250. 704. 947. XII. 379.
Tumba, castrum doloris XI. 322. S. Begräbniß, Exequien, Requiem.
Tumba, Berg in der Normandie VII. 142.
Tundorfer, Leo, Bf. v. Regensburg IX. 108.
tunica, tunicella VI. 216. 218. VII. 97. VIII. 807. XII. 1001.
Tunis in kirchlicher Hinsicht XI. 322—325. II. 355. IV. 229. VI. 632 (Ludwig IX. in). 641 (Raym. Lullus in). XI. 258 (Staat). 293. — 324 (Stadt). 331. 700 (Vincenz von Paul in). 703.
Tunkers, die nordamerican. XI. 324—325, s. Dunkers, dazu XII. 49.
Tunkin (Tong-King) XI. 325—328. VII. 168. VIII. 595. XII. 73. 152.
Tunnanum, altes Bisthum XI. 675.
Turan XII. 72.

Turban, s. Kleidung bei den alten Hebräern.
turbatio sacrorum, s. Störung des Gottesdienstes.
Turberville, der Ankläger VII. 673.
Turcellinus, Jesuit, s. Tursellin.
Turchine, s. Annunciaden.
Turenne, Henri de la Tour d'Auvergne, der Marschall (fiel 1675) XI. 328—330. II. 124. III. 301. IV. 93. V. 351. 448. VI. 600. VII. 290. IX. 230. XI. 852.
Turgar, der Mönch V. 525.
Turgot, Anne Robert Jacques, der Minister (st. 1781) XI. 743.
Turibius, Bf. v. Astorga, s. Priscillian und Priscillianisten, dazu VI. 447.
Turibius (Toribio) der heilige XI. 330—331. XII. 44.
Turin, Augusta Taurinorum, Erzbisthum und Stadt XII. 1198—1199. S. Italien, Sardinien (XII. 1083 ff.), dazu II. 285. XI. 788. XII. 752 ff.
Türkei (in kirchlicher Hinsicht) XI. 331—341. S. Aegypten, Drusen, Griechische Kirche, Maroniten, Tripoli, Tunis, Syrien, Walachei, dazu I. 652. VII. 168. 693. XI. 322. 363. XII. 71.
Türkei, die Juden in der V. 896. XII. 1115. 1118.
Türken (Seldschuken), das Volk der, und dessen Kriegszüge I. 614. 643. 770. II. 107. 252. 253. 263 ff. 323. 352. 362. 601 ff. 610. 686 ff. 689. 800. 801. 838 ff. 868. 965. III. 141. 371. 400. IV. 12 ff. 31 ff. 37. 230. 535. 632. 658. 707. 722. 760 ff. 771 ff. 823 (im 17. Jahrhdt.). V. 25. 400. 532 (erobern Jerusalem). 641. 644. 911. VI. 266. 471. 477. 479. 634. 806 (Kriege wider sie durch den Papst befürwortet). 883 (vor Wien). 951. VII. 589. VIII. 6. 230. 316 ff. 391. 550. 618. IX. 142. 597. 598. 699. X. 133. 134 ff. 138. 149. 205 ff. 557. 931. XI. 162. 183. 393. 470 ff. 535. 966. 987 (vor Wien). 994. 1006 ff. (vor Wien). 1037 ff. XII. 71. 656 ff.
Turketul, Abt und Staatsmann V. 625. 626. XI. 1220.
Türkheim, der Freiherr von IX. 409. XII. 869.
Turlupins I. 143. II. 183.
turnarius, s. Chormesse.
Turnebus, Gl. XII. 433. 989.
Turniere (torneamenta) des Mittelalters XI. 341.
Turnour, Gl. XII. 154.
Turnus, der XI. 341.
Turones, s. Tours.
Turrecremata, s. Johannes von Turrecremata, dazu II. 161. 457. VI. 570.
Turrecremata, Thomas, s. Torquemada.
Turretin, prot. Kchnhistor. VI. 157.
Turrianus, Franz, gel. Jesuit II. 432. VIII. 851.
turris Crescentii, s. Engelsburg.
Tursellin, Horatius, Jesuit XI. 341—342. IV. 139. XII. 302.
Turstin, der Abt VII. 394.
Turteltaube, die XI. 342—343.
Turzo, der Bischof IX. 654.
Tusculum, Bisthum und Stadt (Frascati) II. 342. V. 764. 769. 863. 911.
Tusculum, Päpste aus der Grafenfamilie von, s. Johannes XIX. und XX.
Tussan, Bf. v. Quimper IX. 260.
Tutel, s. Tutor, Vormundschaft.
Tutela, s. Tull.
Tutilo, der Mönch IV. 280. 282. VII. 653 ff.
Tutiorismus, s. Probabilismus.
Tuto, Bf. v. Regensburg VI. 623. IX. 95 ff.
Tutor XI. 343. S. Vormundschaft, dazu VIII. 797. 795 ff.
Tuy, Bm. VI. 608.
Twer, Eparchie III. 605.
Twyford, Syn. zu X. 844.
Tyana, Synode von XII. 1199—1200.
Tyana, Apollonius von, s. Apollonius von.
Tychicus, Gefährte des hl. Paulus XI. 343. VIII. 252. 253 ff.
Tychonius. Berühmtheiten dieses Namens III. 259. V. 126.
Tyna, griech. Bm. X. 621.
Typen, Vorbilder XI. 343—345. VII. 116.
Typhon, altägypt. Gottheit III. 709. VII. 791. VIII. 38.
Typographische Armenbibeln, s. biblia pauperum.
Typus des Kaisers Constans II. II. 526. VI. 901. VII. 248. XII. 783.
Tyrannenmord, die angebl. Jesuitenlehre vom V. 733. 738. VI. 664.
Tyrannus, der Ephesier XI. 345.
Tyrnau, die Universität IV. 859. VII. 732. 750. VIII. 261.
Tyro, s. Theodor von Amasea.
Tyrol und die Tyroler XII. 1200—1209. S. Zillerthal, dazu I. 673. II. 165. 542. V. 807 (der Josephinismus in). VI. 625. VII. 370. 739 (der Protestantismus in). IX. 834. 909 ff. X. 137. 709. 800 ff. XI. 175. 176. 1064. XII. 805.
Tyrsus, Mart. VI. 415. 416. 417.
Tyrus, die Stadt XI. 345—348. Vgl. Sidon, s. dazu I. 431. 486. 493. 570. 657 (Basilica zu). III. 563. IV. 57. 247 (Bm.). 566. 913 (Stdt.). V. 213. VI. 205. 814 (Syn.). VII. 132 (Bm.). 221 (Molochdienst). 430. 431 ff. (der Staat). IX. 580 (Stdt.). X. 774. XI. 1095 (Ebm.). XII. 781 (Syn.).
Tyrus, Aftersynode zu, s. Athanasius.
Tzetzes, der Byzantiner V. 778.
Tzimeskes, der Usurpator VII. 899.
Tschirner, prot. Theolog XI. 348. VII. 143. X. 350.
Tzucamindono, Feldherr XII. 254.

U.

Ubaldini, Fr. Lälius II. 689.
Ubert, Bf. v. Lucca XII. 739.
Ubertinus von Cassalis (de Ilio) XI. 349. VII. 766. XII. 337.
Ubiquitätslehre XI. 349—358. II. 467. III. 873 ff. VI. 357. VII. 381. 869. X. 585.
Uchamo I. 36.
Uchanski, Primas von Polen XII. 632.
Ueuesius, Canonist IV. 542.
Udalrich I., Bf. v. Constanz XII. 252.
Uden, die Canonie zu XI. 963.
Udine, Erzbisthum I. 784. V. 871. VI. 35. XI. 255. 575. XII. 490.
Uditori, s. rota Romana.
Udo, 1. Bf. v. Havelberg IV. 897.
Udo, Bf. v. Hildesheim V. 191.
Uebel, das, s. Sünde (X. 517 ff.), vgl. Optimismus, Sünde, Theodicee.
Uebereinkommen, s. Vertrag.
Uebereinstimmung der Väter, s. Exegese, Tradition.
Ueberlieferung, s. Tradition.
Ueberlingen am Bodensee IV. 296.
Uebernatürliche Ekstase, s. Verzückung (658 ff.).
Uebersetzer, die s. g. armenischen I. 441.
Uebersetzung der Bibel, Regeln für die XI. 358—361.
Uebersetzungen der Bibel, neuere XII. 1210—1215. S. Bibelübersetzungen.
Uebertritt von einem geistlichen Orden in einen andern XII. 1215.
Uebertritte zur katholischen Kirche, s. Rücktritt (XII. 1040).
Uebertritte zu einer andern Religion, s. Abfall, Conversion, Bedingungen, die Religion zu ändern, vgl. Rücktritte (XII. 1040).
Ueberwasser, Frauenstift XII. 820.
Uebungen, geistliche, s. Exercitien.
Uexküll (Ykeskola), die Kirche von XI. 1228.
Ufnau, die Insel XI. 385. III. 497.
Ughelli, Ferdd., Verfasser der Italia sacra V. 873. XII. 59.
Ugliva, Antonio II. 315.
Ugo, der Rechtsgelehrte V. 832.
Ugnccioni, 1. Stift der Serviten X. 98.
Uhden, protst. Thlg. XI. 114.
Uhlich, Leberecht, ein Haupt der freien Gemeinden (geb. 1799) VIII. 734.
Uhren, Sonnenuhren XI. 362—363. III. 561.
Ukermark, s. Pommern.
Ukert, G. H. A., Gl. VI. 677.
Ulate, Insel IV. 138.
Ulber und Greith, philos. Schriftsteller XII. 979 ff.
Ulema, die Lehrer und Beamten der Mohammedaner XI. 363—364.
Ulenberg, Caspar, Verfasser der 22 Beweggründe XI. 364—365. VI. 677. XII. 1052. 1212.
Ulfila, der Bibelübersetzer XI. 365—370. 538. 793. I. 951. IV. 214. 215. XII. 1210. 1249.
Ulfsson, Jacob, Ebf. XII. 1216.
Ulgerius von Angers, Schulmann und Bischof XI. 370.
Ullano, Colleg in VII. 166.
Ullathorne, ap. Visitator X. 462.
Ullmann, Carl, prot. Thlg. (geb. 1796) I. 352. 620. 629. III. 891 ff. IV. 736. VI. 158. X. 936. XI. 891 ff.
Ulloa, die 2 Reisenden XII. 48.
Ulm, ehemal. Reichsstadt II. 40. V. 23. IX. 697. 816. 817. 864. 904. XI. 464. XII. 298.
Ulmervertrag (im 30j. Krieg) XI. 883.
Ulpian, Domitius, der Rechtsgelehrte (ermordet 228 n. Chr.) II. 259. 833.
Ulrich, der heilige, Bischof v. Augsburg XI. 370—383. I. 91. 713. II. 121. 767. III. 507. IV. 284. 932. V. 761. VI. 67. VII. 50. IX. 98. XII. 81.
Ulrich von Bamberg, gelehrter Sammler XI. 383.
Ulrich von Cahla, prot. Prediger XII. 1215.
Ulrich von Hutten XI. 383—385. II. 350. 924. III. 356. 633. 637. 645 ff. V. 106. 413. IX. 241. X.

939. XI. 387. 389. 411. XII. 1111. 1158. 1161. 1165 ff. 1172 Anmkg. 1274.
Ulrich (IV. und VI.), Aebte von St. Gallen IV. 285.
Ulrich von Landau, der Mönch X. 700.
Ulrich, der Orphanitenprediger V. 422. VI. 16.
Ulrich III., Bf. v. Passau VIII. 180 ff.
Ulrich, Bf. v. Padua XII. 917.
Ulrich von Straßburg, Schüler des Albertus magnus XI. 385.
Ulrich, Bf. v. Verden VIII. 460.
Ulrich, Herzog v. Mecklenburg II. 543.
Ulrich, Herzog zu Würtemberg 385–399. 383. II. 40. 117. IV. 12. 171. V. 150. 216. IX. 241. 700. XII. 1315.
Ulrico II., Pch. v. Aquileja XI. 571.
Ultramontanismus, s. Katholicismus.
Ululanten, s. Tunkers.
Umbrische Malerschule VI. 780 ff. 785.
Umschreibungsbullen, s. Circumscriptionsbullen.
Umsessenheit, s. Besessene.
Umstadt, Anselm Casimir von, Ebf. v. Mainz VI. 708.
Unam sanctam, Bulle II. 93. VI. 897 (eine Meinung über sie).
Unanimis consensus patrum, s. Exegese.
Unbegreiflichkeit, s. Gott, Mysterien.
Unbeschuhte Mönche, s. Barfüßermönche.
Unbewegliche Feste, s. dies fixa.
Unblutige Opfer bei den Hebräern VII. 777 ff. 783 ff.
Unbußfertigkeit, Zustand der X. 515 ff. [598.
Undankbarkeit, Enterbung wegen III.
Unde et memores, das 4. Gebet des Canon, s. Messe.
Unduldsamkeit, s. Toleranz.
Unehelich, s. Ehelich.
Unentgeltlicher Vertrag, s. Verträge (XII. 1226 ff.)
Uneza, Kolasker in VII. 634.
Unfehlbarkeit des kirchl. Lehramtes, s. Infallibilität.
Unfreie, s. Leibeigenschaft (XII. 711).
Unfreie, von den geistlichen Weihen ausgeschlossen V. 835.
Unfreiwillige Armuth, s. Armuth.
Ungarelli, B. Schriftstlr. IX. 371.
Ungarische Nationalsynode XII. 1090.
Ungarn, Kirchengeschichte von XI. 399–405. S. Siebenbürgen, Gran, Wien, dazu I. 211 ff. (König Andreas I.). 260. 373 (rex apostolicus). 631 (Bartholomiten in). 783 (eine noble Gesellschaft in). 791 (Benedictiner in). 815. 816. 817 (die alten). II. 122 (Schlacht bei Merseburg). 264. 265 (die Türken). 323 (Capistran in). 387 (und Casimir von Polen). 800 (Niederlage der Teutschen). 835 (Bekehrung). III. 123 (ein Reformator in). 330 (A. Dudith). 398 (französ. neapolitan. Dynastie). 419 (Kris.). 502. 503 (Einsiedler in). 663 (die erste Kirchenprovinz in). IV. 12 (Ferdinand I.). 104 (St. Florian). 207 (Bf. Ulo). 754 (Bm. Fünfkirchen). 708 (und Gregor VII.). V. 2. 7 ff. (und Heinrich, die Kaiser). 400 ff. (J. G. Hunyad). 416 (Hussiten in). 472 (eine Secte in). 560 (Jesuiten in). 757 (die alten). 807 (der Josephinismus in). VI. 67 (Einfälle der). 210 (Kolocza). 258 (Einfälle der). 301 (Kumanen in). 479 (durch Oestreich von den Türken frei). 481 und Leopold der Heilige). 742 (die alten). 951 (und Max II.). VII. 729 ff. (und Oestreich). 719 (Reformationszeit). 752 (Raubzüge). VIII. 230 ff. (Cardinal Pazman). 418 (Piaristen in). 513 (und Polen). IX. 292 (Raubzüge). 593 (Schlacht auf dem Lechfelde). X. 122 (und Siebenbürgen). 432 ff. (König Sigismund). 138.–573 (Bekenntnißschriften). 725 (Templer in). 712 (Tertiarier in). XI 465 (keine beim Concil von Clermont). 713. 794 (und die Walachen). 965. 998. 1006 ff. 1081 (und Wien). XII. 891 (und der Kaiserstaat Oestreich). 916 (Einfälle in Italien). 991 (katholisches Vereinsleben in). 1321 (und Zara).
Ungehorsam, der XI. 405.
Ungesäuertes Brod, s. Azymiten, Abendmahlsfeier.
Ungetaufte Kinder VI. 202 530.
Unglaube, der XI. 406—421. I. 737. VIII. 368.
Unglaube in Preußen während und nach Friedrichs II. Zeit VIII. 718. 721 ff.
Ungläubigen, Ehe mit III. 410 ff. 410 ff.
Ungläubigkeit, s. Incredulität.
Unglück, s. Glück.
Ungnad, David, der Gesandte V. 522.
Unhold, s. Teufel. [798.
Uniformitätsacte XI. 421–425. IV.
Unigenitus, die Bulle I. 780. 781. II. 120. 106. 181. 611. III. 332. 712. 922. IV. 11. V. 498 ff. 648. VI. 172. VIII. 117. X. 907. XI. 500. 1288. XII. 760. 830. 1122. 1312.
Unio beneficiorum, s. Incorporation, Kirchenamt.
Unio prolium, s. Einkindschaft.
Unio hypostatica, s. communio naturarum, communicatio idiomatum, Monophysiten, Substanz, Tritheismus, Ubiquitätslehre; dazu III. 607. [dreißigjähriger Krieg.
Union, protestantische, s. drei-
Union der Kirchenpfründen, s. Incorporation der Kirchenpfründen.
Union von Calmar III. 20.
Union von Utrecht VII. 607.
Union von Sendomir VIII. 563.
Union d. Thäler (Waldenser) XI. 787.
Unionsedict in Frankreich, s. Hugenotten. [vereinigungen.
Unionsversuche, s. Religions-
Unirte Griechen XI. 425–427. 791. I. 287. II. 451. 713. IV. 662. IX. 470. XII. 1015.
Unitarier XI. 427. I. 178.–292 (Antitrin.). II. 42. IV. 795. 800. VI. 486. 530. VIII. 712. 795. 800.
Unitus, Christus VII. 108.
Universae ecclesiae cod. canon., s. cod. canon. u. c. [miß.
Universalfideicommisse, s. Fideicom-
Universalia, s. Nominalismus.
Universalia (Allgemeinbegriffe, die Realität der) VII. 697. [II. 770.
Universalismus hypotheticus
Universalismus, der Herder'sche V. 105.
Universalisten in Frankreich IX. 193.
Universalisten in Nordamerica XII. 49.
Universalprocurator, s. Procurator.
Universitäten XI. 427–452. S. Grade, gelehrte, vgl. Mittelschulen, Seminarium, Schulen, hohe, der Juden (XII. 1102), s. dazu II. 4. 110. 285. 286. III. 227. 218. 253. 661. V. 66. 657. 798 ff. (in Oestreich). 922. VI. 361. 411. 736. 768. VII. 180 ff. 918 919. VIII. 712. 723 ff. 740. IX. 190. 295. 369. 599. X. 18. 50 ff. 107. 219. 250 ff. 465. XI. 99. 253. 429. 430 ff. (Facultäten der). 436 (Kanzler). 455. 823. 1190. XII. 27 (Alcala). 215 (Mainz). 309 (Dublin). 486.–577 (Holland). 596. 731. 820. 902 (in Oestreich). 917. 918. 922. 963 (katholische). 1137. 1190. 1216. 1257 ff.
universitates, s. Universitäten.
Universitätsverwandte XI. 435.
Universum, das, s. Welt.
Unkeuschheit, s. Unzucht, dazu VI. 78 ff. X. 511. 514.
Unmäßigkeit den Geistlichen besonders verboten XII. 273.
Unmündigkeit als Ehehinderniß, s. Ehehindernisse.
Unni, Ebf. v. Hamburg-Bremen III. 19. 720. IX. 630. 811.
Unquam, Missnäre. in VII. 168.
Unrein, s. Aussatz, Kleidung der Hebräer, Speisegesetze.
Unschuldigen-Kinder-Fest XI. 452. 828. IV. 751.
Unschuldsproben, s. Gottesurtheile.
Unsichtbarkeit Gottes, s. Gott.
Unsterblichkeit der Seele, Lehre von der II. 71. 182. III. 189 ff. 361. IV. 60. 122. 330 (Geist). 185 ff. 688. V. 905. VI. 925 (geläugnet). VII. 65 (Mensch). VIII. 387. IX. 419. 561. 605. 660 (Scheol). X. 10 ff. 12 ff. 42. 650 ff. XI. 60. 862. XII. 11. 81. 85. 462.
Unterbrechung der Messe, s. defectus missae (XII. 277).
Untereigenthum, s. Obereigenthum.
Untergang der Welt, s. Welt.
Unterricht, s. Christenlehre, Katechese, Schule.
Unterrichtsanstalten, s. Erziehungsanstalt, Schule, Mittelschulen, Seminarium (Generalseminar), Universitaten, Volksschule (XII. 1233). [110 ff. 112.
Unterrichtsfrage, die belgische XII.
Unterrichtsfreiheit, die XI. 453–461. III. 701. IV. 170.
Unterrichtsmethode, s. Lehrart (XII. 706), Pädagogik.
Unterscheidungsjahr, s. Alter, canon. (I. 186), annus discretorius.
Unterscheidungslehren, s. Symbolik.
Unterstift, s. Collegiatstift.
Untersuchungsproceß XI. 461.
Untertaucher, s. Tunkers.
Unterwalden II. 750. [Gott.
Unveränderlichkeit Gottes, s.
Unverfälschtheit der heil. Schrift, s. Integrität der heil. Schrift.
Unvordenkliche Verjährung XI. 611.
Unwan, Ebf. v. Bremen VII. 615.
Unwissenheitssünden X. 505.
Unzucht, Unzuchtsvergehen II. 731. 760. III. 722. VI. 78 ff. X. 211. 116. XI. 581. 695. XII. 689.
Unzurechnungsfähig, s. Zurechnungsfähig.
Upali, Sammler buddhist. Schriften XII. 155. 173.
Upasaka, die buddhist. XII. 168 ff.
Upsala, Erzbisthum, Stadt und Universität XII. 1215–1216. I. 409 ff. (Ebm.). III. 305 (Ebm.). IV. 71. VIII. 323 (Un.). 325 (prot. Ebm.). IX. 811 (Götzentempel). 817 (Kche.). XII. 368 (Univ.)
Ur in Chaldäa XI. 461—462. I. 1. II. 417. III. 391. VI. 601.
Uranius, Priester zu Nola XI. 462.
Uruguay, der Staat VIII. 120. 121. X. 477.
Uranus, Gestirn VIII. 41.
Urban, Name von 8 Päpsten XII. 462–481. Urb. I. (reg. 223–230). II. 213. 260. VIII. 606. IX. 317.

V.

Vadian (Watt), Reformator in St. Gallen IV. 286. IX. 846. 847. XI. 1310. XII. 1274.
Väter, apostolische, s. Apostolische Väter.
Väter vom Glauben Jesu, s. Baccanaristen.
Väter des hl. Grabes, s. Grab, Väter des hl.
Väter, heilige, s. Kirchenväter.
Väter der christlichen Lehre in Frankreich XI. 515—516. VII. 158.
Väter der frommen Schule, s. Piaristen.
Väter des guten Sterbens XI. 516—517. II. 287.
äter des Sieges, Name der Minimen in Spanien VII. 152.
Väter des Todes, s. Einsiedler des hl. Paulus.
Väterliche Autorität, s. Gewalt.
Vagabunden, s. Heimathlose.
Vagantes, s. clerici vagantes.
Vaison, der Bf. von IX. 267.
Valdesvino, J. de, der. Dominicaner XII. 1287.
Valdez, Alfons XI. 518 Anmkg.
Valdez, Johannes, der Häretiker XI. 518—519.
Valdo, Peter, s. Waldenser (XI. 785).
Valence, Bm. und Synode II. 103 ff. III. 250. IV. 160. 623. 628. XII. 1247.
Valencia, ehemal. maur. Königreich VII. 629.
Valencia, Erzbisthum und Universität III. 237. V. 893. VI. 629. VII. 166. 371. XI. 263. 267. 269. 945.
Valens, der arianische Kaiser XI. 519—521. I. 78. 365. 379. 431. 494. 661 ff. II. 250. 974. III. 764. IV. 214 ff. 583. 673. 739. V. 947. VI. 508. 704. VII. 44. 225. IX. 487. 496. XI. 367. 523 ff. 724. XII. 334. 835. 1190 ff.
Valens und Ursacius, arianische Hofbischöfe I. 78. 431 ff. III. 14. 736. IV. 428. V. 185. 339. 919. VI. 516. 611. VIII. 72. 73. X. 202. 203. XII. 1040.
Valenti, der Römer VII. 132.
Valentia, berühmter Theologe XI. 521—522. II. 791.
Valentinian I., Kaiser (reg. 364—375 n. Chr.) XI. 522—525. I. 198. 199. 435. 562. II. 927. III. 13. 234. 259. IV. 673. V. 947. VI. 802. 905. VIII. 240. IX. 969. X. 654. XI. 519 ff. 723. 964. XII. 617. 647. 1200. 1221.
Valentinian II., röm. Kaiser (ermordet 392) XII. 1221—1222. I. 199. 426. II. 441. 926. V. 947 ff. VI. 613. 802. IX. 670. X. 856 ff.
Valentinian III., röm. Kaiser XII. 1222—1223. 1023. I. 272. 500. II. 650. 845. III. 261. 734. IV. 465. V. 183. 186. 314. VI. 446. 449. 507. 802. VII. 235. IX. 43. 45. 922. X. 859. XI. 726. 727.
Valentinian, der Gnostiker III. 576. VII. 785.
Valentinian, Bf. v. Chur II. 540.
Valentinus, der heilige, ein Apostel Bayerns I. 699. 702. VIII. 171. 172. IX. 591. XII. 60. 1201.
Valentinus, hl. Bf. v. Straßburg X. 397.
Valentinus, der Papst (827) XI. 525. IV. 692. VIII. 104.
Valentinus, der Gnostiker, und sein Anhang XI. 525—530. I. 60. 254. 279. 308. 506. 611 ff. II. 439. 691 ff. III. 147. 224. 549. 800. IV. 555. 557. 559. 603. V. 100. 428. 819. VI. 9. 38. 829 ff. VIII. 481. 573. 862. IX. 917. X. 156. 659. 754. XI. 605. XII. 363. 988.
Valerga, kath. Pich. in Jerusalem V. 535. XII. 495.
Valeria, Kloster in der Provinz III. 638.
Valerian, Bräutigam der hl. Cäcilia II. 243.
Valerian von Abbenza, Bf. XI. 544.
Valerian, Bf. v. Aquileja V. 168.
Valerianus, Bischof von Cemele, Kirchenschriftstlr. XI. 530.
Valerianus, röm. Kaiser XI. 530—532. 366. 722. III. 162. IV. 243. 295. VI. 365. 614. VII. 650. X. 354.
Valerius, der heilige, Bischof v. Trier II. 673. X. 397 (Gefährte des hl. Maternus). XI. 249.
Valesius (Henri de Valois), der Gelehrte XI. 532—535. III. 779. V. 88. 939. 942. VI. 139 ff. 142. VII. 240. 554 (**). 558. 875. VIII. 301. 870.
Valette, Jean Parisot de la, der Großmeister XI. 535. V. 773.
Valette, la, der Jes. V. 565; — Cardinal XI. 479. [256.
Valignani, Jes.-Missnär. II. 491. XII.
Valla, L., s. Laurentius Valla.
Valladolid, Stadt und Erzbisthum II. 163. 164 (Brigittenklstr.). VI. 554. VII. 166 (Missnscollg.). 669 (Dates in). X. 209.
Vallarsi, Gelehrter in Verona VI. 136. 137. 910.
Vallombrosa, Orden von XI. 536—538. I. 792. II. 705. 866. III. 15. VII. 228. IX. 352.
Valmarana, Dianira, die fromme Wittwe IV. 178 ff.
Valois, Henri de, s. Valesius.
Valois, Felix von, s. Trinitarier.
Valotti, Componist VII. 420.
Valvaraiso, Picpusgenossenschaft in VIII. 450.
Valsainte (Trappistenklstr.) VI. 527. XI. 167. 168.
Vana observantia, s. Wahrsagerei.
Vandalen, die XI. 538—559. 675. 677. 690 ff. 725 ff. 728. 1147. I. 125. 409. II. 377. 398. III. 261. 746. 747. IV. 146. 414 ff. V. 314. 331. 948 ff. VI. 507. 590. VIII. 621. 809. IX. 290. X. 288. XII. 201. 512 Anmkg.
Vandiemensland X. 440. 456.
Vanegas, Jesuit V. 555.
Vanini, Julius Cäsar, der Atheist XI. 559—560. II. 467.
Vanne, Benedictinercongregation von XI. 560—562.
Vannes, Bisthum IV. 159. IX. 265. XII. 1248. 1326.
Vanozza, Buhlerin des Roderich Borgia I. 156.
Vapu, Insel X. 464.
Varaglia, der Excapuciner VIII. 56.
Várda, Paul, Primas von Ungarn IV. 658.
Varga, Joh., Commentator des Lombarden VI. 586.
Vargas, span. Gesandter am Tridentinerconcil XI. 241.
Vargas, Abt von Zion II. 551.
Varianten, s. Kritik, bbl., Bibelausgaben.
Variationsrecht XI. 562—565. V. 935. VIII. 641.
Varin, P., Superior IV. 496. [510.
Varlet, der Missionär XI. 508. 509.
Varlet, jansenist. Bf. V. 499.
Varnhagen, Carl August von Ense, der classische Biograph (geb. 1785) XI. 1290. XII. 814 ff.
Varro, M. Terent., Grammatiker V. 512.
Varscha, die der Buddhisten XII. 169.
Vasall, s. Kirchenlehen, vgl. Provasallen.
Vasalleneid VII. 676 ff.
vasa sacra, s. Gefäße, kchl. [71.
Vasco, Fernandez, Ebf. v. Toledo XI.
Vasillo, Andr., I. Bf. v. Wilna V. 481.
Vasquez, Gabriel, gel. Jesuit XI. 565. VII. 204. 305. VIII. 786. X. 424.
Vassy, die Schlägerei in I. 905. II. 52. V. 367.
Vatablus, Exeget XI. 565.
Vater, Gott, s. Trinität.
Vater, Name des Papstes, der Bischöfe und Mönche, s. pater. [ter.
Vater, apostolischer, s. Apostolische Vä-
Vater, Joh. Severin, pr. Thlg. und Orientalist (st. 1826) VI. 156. VIII. 258. X. 350. [495.
Väterliche Gewalt II. 561. 818 ff. IV.
Vatermord, s. Mord.
Vaterschaft, s. Paternität.
Vaterunser, das XI. 565—567. 312. I. 307. 563. II. 172. 460. IV. 118. 333. 337. VI. 172. 513. VII. 101. 307. IX. 397. X. 756. XII. 1065.
Vathal, der heidnische Ungar XI. 401.
Vatican, der VIII. 814. IX. 375.
Vaticanische Bibliothek, s. Bibliothek, Vaticanische; dazu II. 611. IV. 716. V. 301. VI. 422.
Vaticanische Handschrift, s. Handschriften der Bibel.
vaticinium Lehninense, s. Hermann von Lehnin.
Vatke, der Hegelianer II. 471. 472. VI. 11.
Vaussin, Claude, Generalabt II. 552. 553.
Vaugirard, Hauptnoviciat der Picpusgenossenschaft VIII. 451.
Vaux de Cernay, Abtei X. 638.
Vavao, Insel X. 458. [1040.
Vavasseur, gel. Jesuit II. 634. XII.
Vecchi, Horazio, Musiker VII. 411.
Veccus, s. Beccus.
Vechta, Conrad von, Bf. v. Olmütz, Ebf. v. Prag V. 405 ff. VIII. 636 ff.
Vedas, die indischen VIII. 13. 37. XII. 151. 160.
Vedastus, der heilige IV. 147. VI. 335. XII. 210.
Vedulfus, St. XII. 210.
Vega, Andreas, über die Vulgata I. 949. X. 255. [1267.
Vega, Gabriel de, der. Dominicr. XII.
Vega, Lope de, s. Lope de Vega.
Veggio, Cl., Musiker VII. 407.
Veglia, Bisthum XII. 1223.
Vehmgerichte, s. Fehmgerichte.
Vehus, der badische Kanzler XI. 1171.
Veit, der heilige, s. Vitus.
Veit, Propst von St. Florian IV. 105.
Veit von Lusignan XII. 693. 694.
Veith, Emmanuel, der berühmte Domherr (geb. 1788) I. 563. II. 459. V. 309. VII. 781. 783 (*). VIII. 870.
Veitstanz, s. Tänzer (XII. 1183).
Velamen (nuptiale) XI. 567. V. 264.
Velasco, Peter II. 175.
Veldesius, Ferd., s. Muratori.
Velenus, pr. Thlg. VIII. 332.
Velleda, die Seherin XII. 232.
Velletri wird christlich V. 863.
Velum, das XI. 567—568, vgl. velamen.
Venaissin, die Grafschaft VII. 177. VIII. 486. 492. IX. 267. XI. 796. XII. 189. 192.
Venantius, hl. Märtyrer XII. 1320.
Venantius Fortunatus, der Dichter, s. Fortunatus.
Venatorius, Thomas, Rftor. VII. 865.
Vence, Bm. IV. 566.
Vendée, die IV. 8.
Vendidad, das parsische VIII. 159.
venditio, s. Verträge.
Vendôme, Klstr. III. 842. IV. 625.
Vendôme, Matth. von, Abt von St. Denys III. 105.
Venedig XI. 568—578. I. 158 (ein

Papst aus). 332 (u. Aquileja). 443. 500 (Gründung). 784 (und Benedict XIV.). 846 (Pernis in). 876 (gegen die Türken). II. 209 (Widerspruch gegen die Nachtmahlsbulle). 605 (und Clemens VIII.). 610 (Clemens XI.). 614 (und Clemens XIII.). III. 410 (die Griechen im Gebiete von). IV. 804 (Widmung eines Werkes an). V. 554 (die Jesuiten in). 644 (Innocenz XI.). 658 (die Inquisition). 871 (Italien). 896 (die Juden in). 950 (Patriarch Justiniani). VI. 270 (eine Schenkung an). 470 (u. Leo X.). VII. 158. 590 (wider die Türken). 693 (Observanten in). VIII. 215 (Gesch.). 232 (und Paul V.). 328 (Petrarca). 391 (Schlacht bei Lepanto). IX. 852 (Staatsomnipotenz gegen d. Kirche). X. 92 (Servet bekömmt Anhang in). 209 (und Sixtus V.). 215 (treibt Sklavenhandel). 243 (Somasker in). 840. XI. 181. 211. 230. 238 (und das Tridentinerconcil). 480 (und Urban VIII.). 638 (und Verona). 1062 (und Wien). XII. 731 (und das Patriarchat Lissabon). 916. 919 (Padua). 961 (Petrus Urseolus). 1319 (ehemal. Besitzungen).
Venedig, das in Prag VII. 146.
veneficium XII. 759.
Venerabile, s. Hochwürdigstes Gut, Tabernakel.
Venerius, Bf. v. Mailand V. 627.
Venetianische Malerschule VI. 784; — Musikschule VII. 406 ff.
Venezuela, der Staat X. 446. XI. 901. 905 ff. 911. XII. 42.
Veng, Kistr. II. 319.
Veni creator, Hymnus XI. 578—579. II. 312. 739. V. 635. VII. 815. VIII. 377 ff.
Veni sancte spiritus, Pfingstsequenz XI. 579. VII. 98. VIII. 377 ff. 523. X. 86.
Ventidius, Publ. (van der Wayen), Gel. II. 633.
Ventura, P., der berühmte Prediger X. 834.
Venturini, der selige Predigerbruder X. 869.
Venus, Venusdienst III. 3. IV. 841. 845.
Vercelli, Bf. v. Caserta XI. 194.
Veränderung der Kirchenämter, Pfründen, s. Kirchenamt.
Veraminus, Bf. v. Lyon III. 729.
Veranus, Bf. VI. 768.
Veräußerung des Kirchenvermögens, s. Kirchenvermögen.
Verbalinjurie III. 458.
Verbiest, Jesuitenmissionär II. 483.
Verbot, s. Gebot.
Verbot, sein Unterschied vom Gesetz XII. 479.
Verbrechen und Vergehen, geistliche XI. 579—582. II. 914. VIII. 801. IX. 72. X. 539.
Verbrechen und Vergehen, s. Delict.
Verbrechen, trennendes Ehehinderniß, s. Ehehindernisse.
Verbrennen der Leichname I. 734. 735.
Verbrennung als Todesstrafe X. 390. 391.
Vercelli, Bisthum, Synode, Stadt und Universität I. 371. 501. 822. III. 765. VI. 344. XI. 433. 1090.
Vercellinus von Vercelli V. 454.
Verdammniß, Verdammte IV. 445. V. 281. VIII. 629 ff. XI. 1 ff.
Verden, Bisthum XI. 582—588. 1185. II. 144. VI. 765. VII. 137. IX. 504. X. 475. XII. 379. 539. 540.
Verdienste Christi, s. Erlösung, thesaurus meritorum.
Verdienste der Gläubigen XI. 866 ff. 1119.
Verdun, Bisthum und Stadt XI. 588—593. 202. 250. 320. 560 ff. 704. II. 49. 353. IV. 152. V. 621. VIII. 189.
Verdun, Vertrag von XI. 593—594. II. 541. VI. 602.
Verehrung der Engel, Heiligen, Bilder, s. Engel, Heilige, Bilderverehrung, cultus latriae.
Verein, der katholische Teutschlands, s. Piusverein.
Verein der hl. Kindheit, s. Trinitarier (XI. 260).
Vereine für Verbreitung des Glaubens VII. 169 ff.
Vereine, katholische in England VII. 700.
Vereine, religiöse, s. Bruderschaften, Congregationen, Institute.
Vereinigung, die Damen von der IX. 784.
Vereinigung der Pfarreien, s. Erlöschen der Pfarreien.
Vereinigung der verschiedenen Religionsparteien, s. Religionsvereinigungen.
Vereinswohlthätigkeit, s. Wohlthätigkeit.
Verena, die heilige Jungfrau XII. 1223—1224. 1326.
Verena, die heilige, eine der 11000 Jungfrauen XI. 483.
Verfassung der christlichen Kirche, s. Hierarchie, Kirche.
Verfluchung, s. Anathema, Bann, Maranatha.
Verfügungen, letztwillige, s. Letztwillige Verfügungen.
Verführung XI. 595—596.
Verge, s. Nauclerus.
Vergebung der Sünden, s. Absolution, Beicht, Generalabsolution.
Vergehen der Geistlichen, s. Verbrechen.
Vergeltung XI. 596—606, vgl. Werke, gute, dazu III. 86 ff. 315 ff. IV. 257. 445. V. 284. VII. 790. VIII. 387 ff. IX. 662. X. 523.
Vergeltung, jenseitige, bei den Parsen VIII. 158.
Vergenius, der Doctor II. 236. 238.
Vergerius, Peter Paul, theolog. Abenteurer XI. 606—609. 179. II. 148. 236. VIII. 557.
Vergier de Hauranne V. 490.
Vergleich, der XI. 609.
Verhängniß, s. Fatalismus.
Verhärten, Verstocken, s. Sünde.
Verhüllung der Brautleute V. 264.
Vergniaud, Pierre Victorin, der Girondist (hinger. 1793) IX. 277.
Vergötterung der Menschen, s. Apotheose.
Verjährung (praescriptio, usucapio) XI. 609—611. 28 ff. 1262. II. 75. 562. III. 691. V. 434. VII. 186. 212 ff. VIII. 782.
Verissimus, Bf. v. Lyon IX. 625 ff.
Verkaufscontract, s. Vertrag, Verträge.
Verkehr mit dem päpstlichen Stuhle XI. 611—612.
Verklärung Christi V. 579.
Verklärung-Christi-Fest, s. transfiguratio Christi.
Verkündbuch VI. 127.
Verkündigung Mariä VI. 885.
Verlassenschaft der Geistlichen XI. 612—614. V. 679 ff. VIII. 263. X. 364.
Verlassung, böswillige XI. 615.
Verläumdungssucht III. 457.
Verleihung von Kirchenämtern, s. Collation, Collationsrecht, provisio canonica.
Verleihungspfründen, s. Wahlpfründen.
Verleitung, s. Verführung.
Verletzung des Beichtsiegels, s. Beichtsiegel, Mißbrauch der Amtsgewalt.
Verlöbniß, s. Eheverlöbniß.
Verlobte I. 550. III. 411. XI. 1274.
Verlobung, jüdische III. 412.
Verlobung Mariä, s. Mariä Verlobung.
Vermächtnisse, s. Letztwillige Verfügungen.
Vermählung Mariä, s. Mariä Vermählung (VI. 887).
Vermessenheit, die X. 516. XI. 314.
Vermilio, s. Petrus Martyr.
Vermögenscomplexe, kirchliche, zu wohlthätigen Zwecken, s. causae piae.
Vernunft, Vernunftglaube XI. 616—634. I. 274 (Charakteristik des heutigen Rationalismus). 293 Quelle von Ketzereien). 368 (Deisten, Naturalisten, Rationalisten). 503 (und der Auctoritätsglaube). 538 (Augustinus über Glauben und). II. 71 (ein Rationalist). 481 (und der Abbé Chatel). 491 (Tao-sse). 499 (und das Christenthum). III. 88 (und der Deismus). 222 (Entstehung des Rationalismus). 490 ff. 629 (Bibelauslegung). 832 (Kant). IV. 121 (Rationalismus des Wolfenbüttler Fragmentisten). 198 (die Freimaurer). 267 (der Name Rationalismus). 439 (die Rationalisten sind Pelagianer). 548 (Rationalismus und Gnadenlehre). V. 583 (rationalistische Meinungen über Jesus Christus). 602 (die Illuminaten). 611 (eine Secte von Rationalisten). VI. 278 (rationalist. Urtheil über die Kreuzzüge). 484 (und E. Lessing). 567 (Locke). 687 (ein rationalist. Narr). 925 (und der Materialismus). VII. 253 (eine Erkenntnißquelle der Moral). 348 (Rationalisten). 494 (und Naturalismus). 752 (und Offenbarung). 842 (Origenes über die). VIII. 31 (und die Erziehungslehre). 659 (eine Secte von Rationalisten). 727 (der Rationalismus in Preußen). 733. IX. 41 (ein rationalist. Benedictiner). 67 ff. (und die Rechtsphilosophie). 278 (Vernunftreligion der frz. Revolution). 281. 427 (J. J. Rousseau). 673 (Schleiermacher). 759 (und die Scholastik). 830 (Rationalismus und Scholastik). X. 64 (Väter des Rationalismus). 109 ff. (Characteristik). 233 (der Socialismus). 260 (und Spalding). 298 (Spinoza). 525 (und der Supranaturalismus). 847 (ein sehr früher Rationalist). 918 (einzig haltbarer Ausgangspunkt der Polemik). XI. 69 (Toland). 89 (ein merkwürdiges Concil zu Toulouse). 811 (Wegscheider). 920 (ein moderner Rationalist). XII. 410 (Freiheit und Gnade). 444 (Geddes). 928 (Denkgläubigkeit des Heidelberger Paulus). 942 (und die Vervollkommnungsfähigkeit des Christenthums).
Vernunft, absolute, s. Gott.
Vernunftglaube, Rationalismus, s. Vernunft; dazu I. 58. 60. 422. VII. 330. XI. 1143. XII. 1086.
Vernunftglaube, türkischer X. 243 ff.
Vernunftglaubens, Maimonides, ein Vater des modernjüdischen VI. 782.
Vernunftgläubige Bibelauslegung, s. Exegese.
Vernunftrecht, s. Rechtsphilosophie, Naturgesetz.
Vernunftreligionen, s. Vernunft, vgl. Auctoritätsglaube, Religion, Unglaube.
Veromandum, altes Bisthum VII. 7.
Verona, Bisthum XI. 634—639. 175.

1269 ff. VII. 771. IX. 31 ff. X. 212; — b) Stadt IV. 70. V. 320. 771. VII. 902. XI. 202.
Veronica, die heilige II. 522 ff.
Veronius, Franz, Controversist XI. 639—640.
Verordnung, kirchliche XI. 640.
Verpachtung, s. Pacht, Kirchenvermögen.
Verrez, Jacob de, Histor. IV. 184.
Versailles, Stadt und Bisthum VII. 639 (Friede von). IX. 273. XII. 1217. 1248.
Verschleierung der Jungfrau, ein montanist. Gebet VII. 260.
Verschnittene, s. Eunuchen.
Verschollenheit XII. 1224.
Verschwiegenheit XI. 769.
Verschwörung, ein päpstl. Reservatfall IX. 210.
Verschwörung, papistische, s. Oates (VII. 669).
Verse der Bibel, s. Abtheilung.
Versetzung, s. Translation.
Versitzen, s. anni cleri.
Versöhnungsopfer, die hl. Messe als VII. 90 ff.
Versöhnungstag, der große, bei den Juden II. 213. IV. 50 ff. VII. 782 (Opfer der Böcke).
Versöhnungsversuche, s. Sühneversuche. [556.
Versoris, P. de, Jesuitenfreund V.
Versprechen, s. Gelübde. [1227.
Versprechen, im jurist. Sinne XII.
Verstorbenen, Lossprechung der, s. Absolution.
Verstoßung, s. Degradation.
Versuchen — Gott XI. 640—642.
Versucher, Versuchung, s. Teufel.
Versuchung Jesu durch den Satan, s. Jesus Christus.
Versuchungen des Menschen durch den Satan XI. 642—646, vgl. Vorsatz, s. dazu X. 502 ff.
Vertauschung der Beneficien, s. permutatio beneficii, Tausch der Pfründen.
Vertilger, der, s. Abaddon.
Vertrag, conventio XI. 646—647. I. 724. II. 562. VIII. 611. X. 216.
Verträge, Arten der XII. 1224—1227. III. 269. 450. VIII. 3.
Verträge der Kirche mit dem Staate, s. Concordate.
Vertretung der Menschheit durch Christus, s. Erlöser (III. 680).
Verulam, Synode zu IV. 777.
Verus, Annius, Mitregent des Marc Aurel VI. 822 ff.
Vervins, Friede von VII. 669.
Vervollkommnung des Christenthums, s. Perfectibilität.
Vervollkommnungstheorien, s. Herder, Saint Simon, vgl. Perfectibilität des Christenthums.
Verwahrungscontract, s. Vertrag.
Verwaltung des Kirchenvermögens, s. Administration, Bisthumsadministration, Kirchenvermögen.
Verwandtenmord, s. Aeltern- und Verwandtenmord (XII. 17).
Verwandtschaftsverhältniß, das XII. 1227—1230. I. 101. 102 (Ehehindß.). III. 442 ff. 445 (Ehehindß.). IX. 226. 817. X. 759. XI. 237. 1272. 1274.
Verwandtschaft, geistliche, s. Compaternität.
Verweser der Pfarrei, s. Hilfspriester.
Verwirrtes Gewissen XI. 1231—1232.
Verzichtleistung, s. Bischof, Resignation.
Verzückung XI. 648—664. 837. 1217. IV. 126. 360. VI. 728. VII. 262. 439. 511. X. 898. 900. 923. XII. 1161.
Verzweiflung X. 516. XI. 311.
Vesalia, s. Johann von Vesalia.
Vesontio, s. Besançon.
Vespasianus, röm. Kaiser XI. 664—666. 2. 31. III. 617. IV. 917. V. 529. 785. X. 116. XII. 619.
Vesper, die XI. 666. 828 (an Weihnachten). I. 13. II. 438. 704. IV. … IX. 40. XII. 250.
Vesper, sicilian., s. Sicilianische Vesper.
Vespermantel, s. Chormantel.
Vesprim, Bm. IV. 661. VI. 350.
Vespucci, Amerigo, Beschreiber Americas (st. 1512) II. 111.
vestararius, vestiarius XI. 666.
vestibulum XII. 1232.
Veuillot, Louis, Redacteur des Univers XII. 303.
vexilla, s. Fahnen.
vexilla regis prodeunt, Hymnus IV. 118. V. 522.
Vezelay, Versammlung zu I. 840.
Viadana, L., Musiker VII. 413. 414.
Vialar, Stifterin der Josephsschwestern V. 809.
Viale Prela, der Nuntius XII. 281. 905. 994. XI. 333.
via purgativa et illuminativa, s. Quietismus.
Viard, Missionär und Bischof von Port Nicholson X. 467. 468.
Viaticum, das XI. 666—667.
Viator a Coccaleo, Gegner Hontheims V. 320.
Vicare, die in Frankreich IV. 166. 169.
Vicari, Hermann von, Metropolit der oberrheinischen Kirchenprovinz (geb. 1773) IV. 187. VII. 532 Anmerkg. IX. 875. 876. XII. 428.
Vicariat, s. Generalvicar, vicarius apostolicus.
Vicariate (Decanate) in Böhmen X. 791.
Vicariatsgericht XI. 667. 158. I. 106.
vicarii episcoporum, s. Official.
Vicarius XI. 667, s. Chorvicar, vgl. Pfarrer, Hilfspriester, s. dazu VI. 25. 122. VIII. 371. XI. 790.
Vicarius apostolicus XI. 667—669 (Vicariate). 339 (in der Türkei). IV. 407. 803. V. 619. X. 787. XI. 901 ff.
Vicarius capitularis XI. 669, s. Capitularvicar, dazu V. 161.
Vicarius foraneus und principalis XI. 669. X. 611.
Vicarius generalis XI. 669, s. Generalvicar.
Vicarius perpetuus XI. 669. V. 191 ff. X. 790.
Vicarius temporarius XI. 669—670.
Vicedominus, s. mensa capitularis.
Vicekanzler, apostol., s. Curia Romana.
Vicelin, der heilige, Apostel von Holstein und Oldenburg XI. 670—673. IV. 630. VII. 691.
Vicenza, Bm. IV. 178.
Vicenza, Joh., Bf., Stifter der boni homines II. 99.
Vicovaro, Klstr. I. 786.
Victimae paschali, Ostersequenz VII. 98. 416. 882. VIII. 523.
Victor, Name von 3 Päpsten XI. 673—675; V. I. (185—197) I. 192. 202. 293. III. 97. V. 819. VII. 117. 617. 875. XII. 207; — V. II. (Gebhard, Graf von Calw; 1055—1057) I. 775. 823. IV. 699. 817. V. 12. 13. IX. 102. 135. X. 195. 359. 360. XI. 93. 95. XII. 361. 606; — V. III. (Desiderius; 1087) II. 745. III. 591. V. 26. 685. VII. 273. 274. VIII. 304. XI. 463. XII. 609.
Victor IV., Gegenpapst (Gregorius Conti) I. 722. II. 263. IV. 223. V. 54. 631. 737. VI. 599. VIII. 636. IX. 105. XI. 674.
Victor, ein Gegenpapst Alexanders III. 99. 928. VI. 888. XI. 99. 928. XII. 937.
Victor, der heilige (theb. Legion) III. 596. IV. 410. XII. 1223. 1224.
Victor, hl. Bf. v. Metz VII. 138.
Victor, heiliger Bischof von Turin XII. 1198.
Victor, XI. 675—676. a) Priester zu Antiochien; b) V. von Cartenna, Bf.; c) V. v. Tunnunum, Bf.; d) V. v. Marseille, Rhetor; e) V. von Capua, Bf., dazu XII. 213. f) V. von Carthago, Bf.
Victor von Vita, Schriftsteller XI. 676—677. VIII. 213. [Victor.
Victor, St., Hugo von, s. Hugo v. St.
Victor, St., Richard v., s. Richard von St. Victor.
Victor Emmanuel III. von Sardinien V. 872.
Victor von Utica (de persecut. Vandalica), s. Victor von Vita.
Victorellus, Andreas V. 525.
Victoria, Franz, Thlg. IX. 244.
Victoria, Bf. v. Tucuman VIII. 121.
Victoria, die Siegesgöttin VIII. 867.
Victoria, Königin von England IV. 803.
Victoria, Joh., Ketzer VII. 727.
Victorinus, Grammatiker VIII. 871.
Victorinus, Scholiast des 3. Jhdts., s. Victorinus von Pettau.
Victorinus von Pettau, Märtyrer, Bischof, Kirchenvater XI. 677—678. II. 479. V. 295. VIII. 72. IX. 762. [VIII. 520. 838.
Victorinus, C. M., christl. Dichter
Victorius, der heilige II. 880.
Victorius aus Aquitanien VII. 889.
Victorius von Limoges XI. 678.
Victricius, der heilige XI 678—679.
Vida, Bischof und Dichter II. 516.
Vidar, s. Paganismus.
viduatus, s. diaconissae.
Vieira, Antonio, Prediger XI. 679. I. 203. XII. 46. 47.
Vielgötterei, s. Paganismus, Polytheismus.
Vielweiberei, s. Polygamie.
Vienne, Erzbisthum und Stadt XII. 1232. 1199. II. 39. 85. III. 502. IV. 409. V. 182. 183. — 914 (Julian d. A. in). VI. 417. — 479 (Klstr.). 681. 788. 759. 825 (Christusflaggn.). VII. 253. — 583 (Syn. v. 1060). VIII. 481. IX. 78 ff. 260. 274. X. 195. 575. XI. 1295.
Vienne, allgemeines Concil in den J. 1311—1312. XI. 679—688. 1181. I. 301. 305. 366. II. 250. 590. 597. 628. III. 346. 631. 813. IV. 174. 240 V. 32. 126. VI. 641. IX. 78 ff. X. 671. 734 ff.
Vierfürst, s. Tetrarch.
Viertaler, Pädagog VIII. 29.
Vierzehn Nothhelfer, s. Nothhelfer, 14.
Vierzig Märtyrer, die, s. Märtyrer, die 40. [die 40.
Vierzig Ritter, die, s. Märtyrer,
Vierzigstündiges Gebet, s. Gebet, 40stündiges.
Vierzigtägige Fasten, s. Quadragesimalfasten.
Viger, Franz, Jesuit, Philologe XI. 688.
Vigerini, Abbé VI. 367.
Vigil XI. 688—690. 825 ff. I. 105. II. 460. IV. 65. VI. 879. VII. 473. 885. VIII. 376 ff. IX. 295.
Vigilantius, Häretiker XI. 690. 689. II. 661. IX. 201.
Vigilien, Occurrenz der, s. Occurrenz (XII. 801 ff.).

Vigilienfasten III. 912.
Vigilius, Ebf. v. Arles IV. 683.
Vigilius, Bischof von Thapsus XI. 690—691. IV. 526.
Vigilius, der heilige, Bischof von Trient XI. 691—692. 175. I. 699. 713. XII. 1082. 1201.
Vigilius, der Diacon XI. 692.
Vigilius, Jurist IX. 234.
Vigilius, der Papst XI. 692—693. 503. II. 86. III. 277. 278 ff. 582. 843. IV. 251. V. 949. VII. 57. 239 ff. 245. 849. VIII. 102 ff. 263. IX. 45. 670. 920. X. 145 ff. XII. 513.
Vigilialva, Beichtvater II. 373. [523.
Vigilius von Nytta VII. 600.
Vihara, die buddhist. Klöster XII. 169 ff. 173 ff. 182.
Villa Bertrande, Klstr. XI. 245.
villa palmarum, s. Zoar.
Villani, Giovanni und Matteo, Chronisten XII. 1232—1233. IV. 226. V. 876 ff. XII. 679. 680. 681.
Villanova, s. Thomas von Villanova.
Villars, Ebf. v. Vienne VI. 917.
Villars, Aymer von, der Templer X. 731.
Villaume, Gel. VIII. 726 ff.
Villeconri, Bf. v. La Rochelle VIII. 826.
Villehardouin, Chronist III. 331. XII. 424. 425.
Villehardouin, der Fürst von Achaja XII. 1319.
Villen, die berühmtesten um Rom IX. 780.
Villerol, Ebf. v. Lyon VI. 917.
Villiers, Großmeister der Johanniter V. 772. 773.
Villingen VI. 643 (Benedictiner in). VII. 534. XI. 498 (Ursulinerinnen in).
Vilmar, Aug. Friedr. Christian, Literarhist. (geb. 1800) XI. 803. 1130. XII. 495. 497. 498.
Vinaya Pitaka, die buddhist. Schrift XII. 155. 156.
Vincennes, Bisthum in Indiana VII. 639 ff.
Vincentio, Nicolo, Componist VII. 407.
Vincentius von Beauvais XI. 693—697. I. 423. III. 242. IV. 476. VI. 632. VII. 304. IX. 722.
Vincentius de Brandulis, gel. Domkr. VI. 870.
Vincentius, Bischof von Capua, Stellvertreter des Papstes I. 433. 437. VI. 516. VII. 562 ff. IX. 625.
Vincentius Ferrerius, s. Ferrer.
Vincentius vom hl. Franciscus VIII. 310.
Vincentius Hispanus IV. 754.
Vincentius von Lerinum XI. 697—699. II. 268. III. 217. 218. 827. IV. 526. VI. 56. 74. 483. 917. X. 354. 555. XII. 934.
Vincentius von Paul XI. 699—707. I. 12. II. 56. 123. 493. 795. IV. 70. V. 348. VI. 353. 524. 940. VII. 158. 763. 764. IX. 229. 871 ff. XI. 50. 270. 385. XII. 324. 390.
Vincentius von Saragossa, heiliger Märtyrer XI. 707—708. VIII. 839. IX. 623. XI. 503.
Vincentiusverein VIII. 764. XII. 913. 992.
Vinci, Leonardo, s. Leonardo da Vinci.
Vindobona, s. Wien.
Vindonissa (Windisch), altes Bm. I. 148. 149. 862. II. 846. 847 ff.
Vinea, Peter de, s. Petrus de Vineis. [sentius.
Vineam Domini, Bulle, s. Jan-
Vinno, 1. Meister der Schwertbrüder IX. 869.
Vinzfasten, das III. 916.
Vio, Thomas de, s. Cajetan, Cardinal.
Viola, Alfons della, Tonsetzer VII. 411.
Violation der Kirchen, Gräber, Altäre, s. Entweihung, Sacrilegium.
Violine, Kircheninstrument VII. 394.
Viret, Reformator XI. 708—709. II. 276. III. 79. 902. 903. VI. 371. X. 94. XI. 95.
Virgilius, Publius Maro, der Dichter (st. 19 v. Chr.) II. 636. III. 510. 754. IV. 866. 868. V. 806. VII. 6. 392 (***). IX. 613. X. 103. 642. XII. 596. 1276.
Virgilius, der Subcollector XI. 1140.
Virgilius, der heilige Erzbischof von Salzburg XI. 709—710. I. 708. II. 473. IV. 716. VI. 33. VII. 752. IX. 592. XII. 60. 1201 ff.
Virginität, s. Keuschheit, dazu I. 199 ff. 474. 566. II. 538. 586.
virgo sanctimonialis VII. 632.
Virneburg, Graf Heinrich III., Ebfst.-Ebf. v. Mainz VI. 767. [gute.
Virtuelle Intention, s. Meinung,
virtutes infusae, s. Geheimnisse (in der Moral).
Visa, Bescheinigung XI. 710.
Vischer, Peter, Nürnberger Künstler (st. 1529) IX. 905. XII. 847.
Visconti, das Haus IV. 716. 718. VI. 625. VIII. 328. XI. 135. 136. 205. XII. 937. 945. [224.
Visconti, Carl, Cdlgt. XI. 214. 216.
Visconti, Galeazzo I. 156. 677.
Visconti, Giovanni degli VI. 757.
Visconti, J., Gel. VI. 552.
Visconti, Matth. II. 59.
Visconti, Otto degli, Ebf. v. Mailand VI. 757.
Vishave, Cornel, Jesuit III. 871.
Vision, Visionen, s. Bath-Col, Prophet, dazu I. 314. 866 (der Heiligen). III. 863. IV. 126. 263. 567. V. 158. VII. 112. 186. 447. VIII. 301 ff. 609. X. 704. 900. 921. XI. 661. VIII. 99.
Visipatam, ap. Provicariat V. 619.
Visitantinnen, s. Salesianerinnen.
visitatio liminum apostolorum XI. 710—715. I. 832. II. 646.
Visitationen, s. Kirchenvisitationen.
Visitationsartikel, s. Kryptocalvinismus.
Visitationsartikel, die sächsischen X. 570.
Visitationsinstruction, würtemberg. I. 829 ff.
Visitationsrecht II. 174.
Visitationsreden der Bischöfe II. 403.
Visitationsreisen II. 116. 118. XII. 354.
Visitatoren, s. Kirchenvisitation.
Vispach, Redemptoristen in VI. 527.
vita canonica communis, s. Canonici, Chrodegang, clerici vitae communis, Convict.
Vital, der heilige, Apostel des Pinzgaues I. 704. IX. 592.
Vitalian, Papst XI. 715. I. 250. II. 314. V. 330. 504. VII. 248. 394. 400. VIII. 71. IX. 47. X. 843. XI. 86. 87.
Vitalian, der Gothe I. 226. VII. 238.
Vitalianer, s. Dimöriten.
Vitalis, Abt v. Mieso. VII. 270.
Vitalis, Heilige dieses Namens III. 939 (Felicitas Sohn). VI. 415. X. 58 (in Carthago). XII. 119.
Vitalis Odericus, s. Orderich.
Vitelleschi, Mutius, Jesuitengeneral XI. 715—717. 479. VIII. 786.
Vitellius, Aulus, röm. Kaiser (erm. 69 n. Chr.) IV. 917. VIII. 454. XI. 664.
Vitellozo Vitellozi, Cdl. VII. 409.
Viterbo II. 918. VII. 583.
Vitiges, Gothenkönig II. 399. IV. 586. V. 789. [457 ff. 487.
Viti-Inseln, Missionen auf den X.
Viton, der heilige V. 390. [ff. 590.
Viton, Benedeinercongrg. des XI. 568
Vitré, Synode zu IX. 190.
Vitruvius, Marcus Pollio, der Baumeister XI. 362.
Vitry, Jacob von, Bischof v. Ptolemais, Chronist V. 735. XII. 691 ff.
Vittore, San, Missnär. X. 454.
Vitus, der heilige (Veit, Guido) XI. 717—718. VII. 149. 649. IX. 443. X. 544. XII. 266.
Vitus, Stellvertreter des Papstes in Nicäa VII. 552 ff.
Vitus Noricus, s. Dietrich Veit.
Viva, Moralist VII. 308. IX. 219.
Vivarese, Klstr. VI. 143.
Vivarium, Klstr. II. 398. 399.
Viventiolus, Bischof v. Lyon XI. 718.
Vives, J. Ludwig, der Humanist XI. 718—720. V. 475. VII. 319. XII. 600.
Vives, der span. Resident IX. 367.
Viviers, Kloster VII. 630; — Bm. IV. 160. XII. 1247. [VIII. 172.
Vivilo, Bf. v. Passau I. 705. II. 82.
Vizdom, s. mensa capitularis.
Vizzardelli, Cdl. V. 870.
Vlotho, Klstr. VII. 150.
Vocafoti, s. Fraticellen.
Vöcklabruck VII. 736. VIII. 611.
Vogel, gel. Thlg. I. 313. 314. VI. 292.
Vogelfang, Recht zum XII. 1308.
Vogelfang, inwiefern den Geistlichen erlaubt XII. 272.
Vögelin, der Prediger X. 326.
Vogelsang, J. H., Mrlthlg. VII. 308.
Vogelweide, Walter von der, s. Walter von der Vogelweide. [VII. 420.
Vogler, Abt, Componist (st. 1814)
Vogt, Carl, Verfasser der physiolog. Briefe VI. 927. [burg.
Vohburg, A. von, s. Arnold von Voh-
Voigt, Joh., Geschichtschreiber (geb. 1786) I. 103. 257. II. 185. IV. 703. 711. VI. 158. VIII. 700. 526. XII. 199.
Vojk, s. Stephan der Hl., Ungarkönig.
Voislar, Joh., Aftor. VII. 722.
Voit, Edm., Mrlthlg. VII. 306.
Volaterra, Bm. VIII. 475.
Volcmar, Abt IV. 209.
Volk, s. Nationalität (VII. 474).
Völkerrecht IX. 302.
Völkertafel der Genesis, s. Geographie, bibl., dazu VI. 519. 617 ff.
Völkerwanderung, die XI. 720—730. I. 226.—395 (Kfr. Arcadius). 449 (Armenstiftungen überdauern die). 450.—499 (König Etzel). 546 (und die Ausbreitung des Christenthums). 562 (die Avaren). 798 (und der Benedictinerorden). 848 (Reflexionen über die). II. 62 (die Czechen). 69 (und Boethius). 138 Brandenburg). 395 (und das Mönchthum). 398 (Cassiodor). 405 (Reflexionen über die). 463 (die Chatten). 504 (und die Christenverfolgungen). 541 (Chur). 674 (Cöln). IV. 150 (die Franken in Gallien). 214 (Fridigern). 295 (die Kaiser Gallienus und Gallus). 412.—414 (Genserich). 465 (und Germanus von Auxerre). 583 (die Gothen). 757 (und das griech. Kaiserthum). V. 313 (Kfr. Honorius). 397 (die Hunnen). 948 ff. (und Kfr. Justinian). VI. 142 (und die Kirchengeschichte). 279 ff. (und die Kreuzzüge). 367 (Lausanne). 368.—449 (und P. Leo I.). 452.—680 (die Longobarden). VII. 703 (Odoaker). VIII. 73 (Pannonien). 419 (Zustand der Wissenschaften). IX. 591 (Salzburg). 706 (und die Scholastik). X. 90 (St.

Servatius von Tongern). 194 (Bm. Sitten). 221 ff. (und die Slaven). 289 (Bm. Speyer). 398 (Straßburg). 631 (und die Kleidermode). 854 (Ksr. Theodosius). 856. 859. XI. 91 (Toulouse). 250 (Trier). 367 (Ulfilas). 523 (Ksr. Valentinian). 530 (Ksr. Valerian). 538 (die Vandalen). 568 (und Venedig). 1147 (Worms zur Zeit der). XII. 233 (Cöln). 894 (und Oestreich). 904. — 996 (Poitiers). 1201 (Tyrol). 1222 (Valentinian III.). 1320 (Zara).
Völkerwanderung des Abendlandes nach dem Morgenlande, s. Kreuzzüge VI. 279 ff.
Volksmission, s. Mission (VII. 159 ff.).
Volksschule, deren Wesen und Forderungen XII. 1233—1244, s. Schule, dazu III. 335. VI. 172. XI. 455. XII. 707. 963. 1102.
Volksschulwesen in England V. 251.
Volksschulwesen in Oestreich XI. 1071.
Volkssprachen in Palästina zur Zeit Christi, s. Palästinensische Landessprachen.
Vollkommenheit Gottes, absolute, s. Absolute, das, Gott.
Vollkommenheit des Menschen, vgl. Sünde, s. dazu I. 590 ff. IV. 267. 433. IX. 23 ff. X. 302 ff. XII. 62.
Vollkommenheiten, die 6 buddhistischen XII. 164.
Vollmacht im Allgemeinen XI. 739, vgl. commissorium.
Vollmachten, kirchliche, s. Facultäten.
Vollzug richterlicher Urtheile, s. Execution im processualen Sinne.
Volquin, Meister der Schwertbrüder IX. 869. 870.
Voltaire, der Patriarch des Unglaubens und der Revolution XI. 739—745. I. 665. 854. II. 133. 256. 461. 836. 903. III. 9. 578. 579. V. 90. 91. 284. 367. 496. 550. 564. 571. 796. VI. 646. 717. 924. VII. 455. VIII. 44. 165. 596. 742 ff. IX. 181. 268. 425. X. 110. XI. 1140. XII. 101. 196. 267. 435. 439. 701.
Volusianus, St., Bf. v. Tours XI. 103.
Vorabend eines Festes, s. Vigil.
Vorabend eines Festes bei den Juden XI. 745.
Voragine, s. Jacobus de Voragine.
Vorarlberg, s. Tyrol.
Vorbehalt, s. Reservat.
Vorbehalt, geistlicher, s. Reservatum ecclesiasticum.
Vorbehalt, geheimer, s. Reservatio mentalis.
Vorbescheid, s. Decisivdecrete.
Vorbeter in Synagogen X. 580.
Vorbilder, s. Typen.
Vorbotene Gerichte, s. Fehmgerichte.
Vorchristliche Denkmäler in und um Rom IX. 361 ff.
Vorderindien, Christenthum in XII. 72. 73.
Vorgebirge der guten Hoffnung, Kirchliches vom XI. 745—752. I. 126.
Vorherbestimmung, s. Prädestination.
Vorherwissen Gottes, s. Prädestination, Vorsehung.
Vorhöfe, die im Tempel zu Jerusalem X. 707 ff. 711 ff.
Vorhölle, die V. 284 ff. 288 ff. VI. 530. IX. 660 ff.
Vorklage XI. 942.
Vorleser, s. Anagnosten, Lector.
Vormundschaft (Curatel, Tutel) XI. 752.
Vormundschaftlicher Consens in Eheangelegenheiten, s. Consens der Eltern und Vormünder.
Vorrang, im canon. Sinne, s. majoritas.
Vorrang des Clerus vor den Laien XII. 1011.
Vorsänger, s. Cantor.
Vorsatz XI. 752—754. 200.
Vorsehung, göttliche XI. 754—760, vgl. Zufall, s. dazu IV. 448 ff. VII. 109 ff. X. 377. 522. 564. 853. 930. 181.
Vorsehung, Frauen von der IV. 190.
Vorsehung, Schwestern von der IX. 784.
Vorst, van der, s. Vorstius.
Vorsteher, die der alexandrin. Katechetenschule XII. 634.
Vorstius, Peter, Bischof von Aix XI. 760. 181.
Vorstius, der Arminianer V. 443. VIII. 409.
Vosmer, Sasbold, 1. Generalvicar von Utrecht XI. 505.
Voß, Joh. Heinr., der grobe Poet und Uebersetzer (st. 1826), s. Stolberg.
Vossius, Name mehrerer Gelehrten (Isaac; Joh. Gerhard) XI. 760—763. IV. 437. 808. 809. V. 595. 808. VI. 321. X. 371. XI. 159. 383. 385. XII. 525. 526. 672. 1055.
Vota, Joh., Jesuit IX. 469.
Votivmessen III. 851. VI. 339. XII. 103. 701. VIII. 775. X. 211. 212.
Votivtafeln XI. 763.
votum simplex et solemne XI. 763—764, s. Gelübde.
Vrie, Theodorich, Augustinermönch XII. 601.
Vulcan, Gotthf. X. 958.
Vulgata, s. Bibelübersetzungen, dazu I. 758. 759. 920. II. 115. 526. 604. 741. III. 389. IV. 840. VI. 171. 401. 899. VIII. 117. X. 201. 207. XI. 82. 190. XII. 20.
Vulgata, die früheste I. 941.
Vulpius, Joh., Geschichtschreiber von Merseburg VII. 74.

W.

Waadt (pays de Vaud), Canton VI. 869. VII. 132 (Romiers in). IX. 850 (Mission, in).
Waage, Exeg. V. 296 ff.
Wach, Longbdkg. VI. 590.
Wachsmuth, Ernst Wilh. Gottlieb, Historkr. (geb. 1784) IV. 203. X. 632.
Wachter, J. G., Gel. III. 719.
Wackenroder, Wilh. Heinr., der Romantiker (st. 1798) XII. 1088.
Wadding, Luc., gel. Franciscaner XI. 765. I. 269. II. 78. IV. 131. VI. 690. VII. 589. 696. IX. 368. 878. 879.
Wadis der Sinaigruppe, s. Sinai.
Wadstena, Klstr. II. 160. 161 ff. 183. 412 (Rchsltg.). VIII. 618.
Wadzek, Pädagog VIII. 31.
Waffen bei den Hebräern, s. Krieg (VI. 285).
Waffentragen den Geistlichen verboten XII. 270. 751.
Waghäusel, Klstr. XII. 773.
Waging, Bernhard, Abt von Tegernsee X. 700.
Wagner, Frz., Jesuit XII. 963.
Wagner, Dr. Tobias I. 871. 872.
Wagner, Valentin, ein Reformator Siebenbürgens V. 323.
Wagrier, s. Obotriten, Ratzeburg.
Wagulf, der Priester VII. 892.
Wahabiten, s. Webabiten.
Wahage, armen. Götze I. 438.
Wahl, canonische XI. 765—766. I. 79. II. 733. 777. VIII. 834.
Wählbarkeit, s. eligibilitas, Wahl.
Wahlcapitulation der Bischöfe, s. Capitulationen; — der Kaiser, s. Reichsgesetze (IX. 160).
Wahlfähigkeit, s. eligibilitas.
Wahlform, s. Wahl.
Wahlhof, Johann, der Reformator VI. 605 ff.
Wahlpfründen XII. 1245.
Wahnsinn, religiöser XI. 657 ff.
Wahnsinnige X. 663.
Wahrhaftigkeit XI. 766—769. IX. 217.
Wahrheit XI. 769—781, s. Gott, Vernunft, Zweifel, dazu I. 95. III. 192. IV. 520 ff. VII. 291. 540. X. 919. XII. 942.
Wahrheiten, die 4 erhabenen der Buddhisten XII. 160 ff.
Wahrheitseid III. 467. XII. 485
Wahrsagerei (divinatio) XII. 1245. IV. 492. V. 650. 846. IX. 215. X. 253. XI. 172 (Traumdeuterei). 1245 (Zauberei).
Wahrscheinlichkeit, s. Wahrheit, vgl. Probabilismus.
Waibel, Matth., ein Reformator VI. 68; — Aloys, Casuist VII. 308; — ein Mystiker VII. 309.
Waiblinger, s. Welfen u. Ghibellinen.
Waidhofen an der Tega und an der Ybs, Reformation in VII. 735.
Waimer, Herzog v. Champagne VI. 478.
Wäjnämöjnen, ein Götze der Finnen IV. 72.
Waisen, s. Wittwe, Rechtsschutz der (XII. 1313).
Waisenhäuser, orphanotrophia, s. Armenpflege, dazu II. 418. III. 701 ff. IV. 70. 142. VII. 390.
Waisenhäuser in Rom IX. 362.
Waitz, Georg, Histor. (geb. 1813) IV. 216. IX. 648. 892. X. 132. XI. 366. 367. 592. 1091.
Waitzen, Bm. IV. 662. XI. 402.
Wake, anglican. Thlg. IX. 193.
Wakthang V., Herrscher von Georgien XI. 129. 131. 139.
Wakusel, georg. Prinz I. 943 ff.
Walachei (in kirchl. Hinsicht) XI. 792—794. 333. 470. 721. V. 400 ff. VIII. 192.
Walachen, die, s. Romänen.
Walachische Sprache VI. 719.
Walafrid Strabo, Abt zu Reichenau XI. 781—782. 308. I. 269. II. 409. 574. 700. 735. IV. 279. 540 ff. V. 214. VI. 532. VII. 862. VIII. 522. 770. IX. 149. X. 836.
Walarschapat, armen. Nationalsynode zu I. 441.
Walburga (Walpurgis), die heilige XI. 782—783. I. 708. II. 82. 83. XI. 1103. 1204.
Walch, prot. Gelehrte dieses Namens XI. 783—785. 1158. I. 12 (G. E. W.). 654. 912. II. 674 (Christ.). 865. III. 544. IV. 871 (Christ.). VI. 155. 893. VII. 663.
Walchern, Insel XI. 1098.
Waldau, Histor. XI. 988.
Waldbert, Enkel Wittekinds XII. 816.
Waldburg, Georg v., der Truchses I. 673. XI. 389; — Otto v., Truchseß, Cdl. II. 299. VII. 917.

Waldeck, Kchlis. II. 752. XII. 867.
Waldeck, Graf Franz von, Bf. v. Minden VII. 151 ff.
Waldemar, Könige von Dänemark III. 721. VI. 645. VII. 907 ff. IX. 443. 444. 670. 870. XI. 470.
Waldemar, Ebf. v. Bremen (Schleswig) VII. 909. IX. 692.
Walden, Thomas (Th. Waldensis), gel. Mönch XI. 937.
Waldenser, die XI. 785—791. I. 262. 893. 963. II. 65. 106. III. 237. IV. 129. 173. V. 402. 649. 871. VI. 582. 615. VIII. 180. 767. IX. 542. 622. X. 677. XI. 424. 807. 1213.
Waldensis, s. Netter, Thomas.
Wälder, s. Haine.
Walderich, Einsiedler I. 152; — Bf. v. Passau VIII. 172.
Walderndorf, Ph. von, Chfst. v. Trier V. 324. [v. Speyer X. 200.
Waldersdorf, Graf, letzter Fürstbf.
Waldetrude, St. XII. 12.
Waldhauser, Conr., ein Vorläufer Husens XI. 791—792. V. 403. VII. 146.
Waldner, Wolfg., Rktor. VII. 866.
Waldo, Abt v. St. Denys III. 333; — Bf. v. Freysing IV. 207.
Waldrade, s. Lothar, Nicolaus I., dazu VII. 574 ff. XI. 589. XII. 632.
Waldsee (in Würtemberg) I. 728.
Waldstein, Ritter Wokfa von V. 175. 404.
Waldstein, Graf Eman. Ernst, Bf. v. Leitmeritz VI. 433. [IX. 191.
Walemburg, die Gebrüder VIII. 536.
Walhalla, die VIII. 39.
Walheim, Max v., Ebf. XII. 211. 212.
Walkow, Bf. v. Schwerin IX. 867.
Walkuren, die XII. 476.
Walla-Walla, american Bm. VII. 640.
Wallen, Walchen, die XII. 713.
Wallenrode, Conr. von, Hochmeister X. 814.
Wallenstein, Albrecht Wenzel Eusebius, Herzog von Friedland (ermord. 1634) I. 589. III. 292. 209. IV. 15 ff. 824 ff. VII. 748. XI. 476. XII. 855.
Wallerstein, der Fürst von Oettingen-, Staatsmann VII. 159.
Wallfahren, das XI. 794—798. 1101. II. 319. IV. 378. 642 ff. 942. VIII. 609. X. 75. 334.
Wallfahrt der Mohammedaner XI. 798—802. 812 ff. II. 242. IV. 922. IX. 666.
Wallfahrtsorte, die berühmtesten, s. Gnadenbild, dazu I. 743. II. 735 (Compostella). III. 497 (Einsiedeln). IV. 98. 108. V. 279. 531 (Jerusalem). VI. 586. VII. 377. 507 ff. (Rom). 750 ff. VIII. 599 (in Pommern). IX. 335 (Rom). XI. 1009 ff. (Wien). XII. 3 (Aachen). 301 (Loretto). 767 (Mariastein).
Wallfahrtspredigten XI. 802—808.
Wallfischfang, ob an Feiertagen erlaubt XII. 552.
Wallia, Wstgthkg. IV. 583.
Wallis, Canton, s. Sion, Schweiz, dazu VII. 166.
Wallis (Uwea), Insel X. 467.
Wallram (Warinus), Ebf. v. Cöln IX. 771.
Walo, Bf. v. Paris VIII. 542.
Walo, Bruder Adelheids v. Corbin II. 899. 900.
Walpurgis, s. Walburga.
Walram, Herzog von Limburg III. 590.
Walsh, Thomas, der irische Methodist VII. 130.
Walter Scott, s. Scott.
Walter, Ferdinand, Kirchenrechtslehrer (geb. 1794) III. 652. 653. 656. VI. 169. VIII. 851. 852. XI. 507 ff.
Walter, ein Msnär X. 455; — Freund Theobalds des Einsiedlers X. 637; — ein Canoniker VIII. 25; — von Mauritanien, Scholastkr. VI. 554.
Walther von Chatillon (Alexandreis) IX. 720. XII. 597.
Walther, ein Erzketzer des 14. Jhhdts. VI. 583.
Walther, Bf. v. Breslau II. 151.
Walther ohne Habe, der Ritter XII. 687. 688.
Walther von Orleans VI. 874.
Walther von der Vogelweide, Dichter XI. 803—804. V. 631. VIII. 527.
Walther von Sanct Victor XI. 804—805. IX. 720.
Walther, Joh., Musiker VII. 408.
Walther, Bf. v. Merseburg VII. 74.
Walton'sche Polyglotte (Walton Brian) I. 923. VIII. 551 ff.
Waltpert, der comes III. 940.
Waltram, s. Williram.
Waltram, gel. Mönch IV. 282.
Waltram, Graf VII. 892. [934.
Wamba, Gothenkönig IV. 558. VI.
Wambald, von, Domdecan XII. 159. 860.
Wan, Nestorianer in VII. 525.
Wandelbert, gel. Mönch in Prüm XI. 805—808. IV. 561. XII. 1130.
Wandelglocke, die IV. 538.
Wandlung, s. Messe (VII. 93. 97).
Wando II., Abt v. Fontenelle XII. 364.
Wandregisil, der heilige XII. 363.
Wangenheim, Carl August, Freiherr von, württembg. Minister (st. 1850) IX. 408. XII. 867 ff. 1027.
Wanker, Geminian, Moraltheologe XI. 808—810. III. 731. XII. 874. 875.
Wanker, Ferd., Mrltblg. VII. 307.
Wanner, Joh., Domprediger II. 74.
Waräger, s. Russen.
Waraka (Werka), Verwandter Mohammeds VII. 166 ff.
Warburton, angllc. Bf. II. 70 ff. VII. 332. XI. 741.
Ward, Maria, Stifterin der englischen Fräulein III. 595. IX. 783. X. 805.
Ward, Tonsetzer VII. 413. [879.
Ware, Wilh., mittaltl. Gel. IX. 878.
Warham, letzter kathol. Primas von Canterbury XI. 810. I. 635. 637. II. 314. III. 641. V. 226. 227. [893
Warin, der Raubgraf IV. 277. VII.
Warlaam, russ. Mtrplt. IX. 466.
Warmia, s. Ermeland.
Warmier, s. Preußen (Einführg. d. Chrstthms.).
Warnefried, s. Paulus Diaconus.
Warnekros, Gel. IV. 493.
Warnung, canonische XII. 1245. X. 537 ff.
Warschau, a) Erzbisthum II. 758. III. 605. VIII. 679. IX. 472 ff. 475; — b) Stadt VI. 439. 440 (Landtage in). 526. 527 ff. (Liguorianer in). VIII. 552 (Lutherthum in). 559. 562 (Reichstage). 613 (Collegiatkirche). IX. 587. XI. 167 (Trappisten in).
Wartburg, die, bei Eisenach III. 531. 532. VI. 659. 660. XI. 1129. 1173 ff. XII. 418. 419.
Wartenberg, Graf Franz v., Bf. v. Osnabrück VII. 869.
Warthanes, Ptch. in Armenien I. 440.
Wartherren, canonici in herbis, s. Ehrencanoniker.
Wasa, Gustav, s. Gustav Wasa.
Waschbecken in der Kirche, s. Weihwasserkessel. [X. 371. 708.
Waschbecken im Tempel zu Jerusalem
Waschungen, s. Handwaschungen, Reinigungen bei den Hebräern.
Washington, George, der Freiheitskämpfer (st. 1799) VII. 642. XII. 221.
Wasiljewitsch I. (reg. 1462—1505), russ. Großfürst III. 604.
Wasser, das II. 555 (Cisternen). IV. 497. X. 662. XI. 830. 951.
Wasser bei den Persern VIII. 39.
Wasser, das mittlere XI. 26.
Wasserprobe, die heiße und kalte IV. 619. 622. 623. V. 157.
Wasserschleben, Gel. VIII. 74. 851. 852 ff. XII. 230.
Wassertaufe, s. Taufe.
Wasseruhren, s. Uhren.
Wasserweihe III. 256. IX. 590.
Watergeusen, die, s. Geusen, dazu VII. 605 ff.
Waterland, Gl. II. 469.
Waterländer (Mennonitensecte) VII. 50. XI. 960.
Wattenwyl, Joh. von, Bf. v. Lausanne VI. 372. [849.
Wattenwyl, Propst Nicolaus von IX.
Wazo, Bischof von Lüttich XII. 1245—1247. 747. 832. V. 107. IX. 450. [XII. 553.
Weben, ob an Feiertagen erlaubt
Weber, Valent., Rktor. VII. 731.
Weber, Beda, Schrftstllr., Stadtpfarrer in Frankfurt (geb. 1798) VI. 529. X. 137. XII. 1096.
Weber, Histor. IV. 783 ff. V. 364.
Weber, Joseph, Theolog und Philosoph XI. 810—811.
Wechselgebete, s. Responsorien.
Wechselpfründe, Alternativpfründe XII. 1247.
Wegele, Gel. IX. 760.
Wegscheider, Jul. Aug. Ldw., rational. Thlg. XI. 811—812. 629. I. 223. V. 512.
Wehabiten, die Puritaner des Islam XI. 812—814.
Wehlau, Vertrag von VIII. 707.
Weib, seine Stellung im Heidenthum und Christenthum XI. 814—821, s. Ehe, Kebsweib, dazu IV. 157. VII. 397. XII. 351. 391.
Weiber bei den Hebräern, s. Frauen bei den alten Hebräern.
Weibergemeinschaft, s. Gemeinschaft der Güter.
Weibliche Vereine, s. Frauen, religiöse Congrgtn. u. V.
Weigel, Valentin, und die Weigelianer XI. 821—824. II. 490. X. 77. 894.
Weigl, gl. Thlg. V. 850. VIII. 901.
Weihbischof, s. episcopus in partibus.
Weihbrunnbecken, das XII. 449.
Weihecompetenz, s. Ordination, commensalitium.
Weihe des neuen Feuers, die VII. 885.
Weihe der hl. Oele VII. 713. 719. 721
Weihefasten, s. Frohnfasten.
Weiheformale VI. 24. [tirtafeln.
Weihegeschenke, s. Primitien, Vo-
Weihen, die 7, s. Ordines.
Weihen, Erschleichung der, s. Erschleichung (III. 692). [51.
Weihenstephan, Kloster II. 874. VII.
Weiheopfer, hebr. VII. 781 ff.
Weiheordnung der anglican. Bischöfe V. 228. 239.
Weihnachten, Christfest XI. 824—830. 688. I. 105. III. 893. V. 919. VI. 886. VII. 137. 701.
Weihnachtsbaum XII. 327.
Weihnachtscyclus VI. 162 ff.
Weihnachtskrippen XII. 698.
Weihnachtsland XI. 748. 751.
Weihnachtsmessen III. 588. VII. 103.
Weihnachtsschwestern XII. 1247.
Weihrauch, s. Räucherung, dazu I. 709. 738. VII. 783 (Bestandthl. d. hebr. Opfers). 885. XII. 1125.
Weihung, s. Segnung; — der

Aebte und Aebtissinnen, s. Benediction.
Weihwasser XI. 830—831. I. 481 ff. 736. 873. III. 505. 854. IV. 497. VIII. 616 ff. IX. 415. X. 552. XII. 1065 ff. 1072.
Weihwasseraustheilung, s. Besprengung mit Weihwasser, Weihwasser.
Weihwasserkessel XI. 831. III. 504.
Weil, die Stadt II. 13.
Weiller, Cajetan von, Mrkphil. VII. 328.
Weimar, s. Sachsen-Weimar.
Weimar, die Stadt IV. 87 ff. V. 105. VI. 430. VII. 687. XII. 1089.
Wein, Austheilung an Hochzeitsleute V. 265.
Wein, Opfergabe VII. 783. 784.
Wein, den Mohammedanern verboten V. 856.
Weinende, s. Bußgrade.
Weiner, Marcus, Abt v. Kremsmünster VI. 260.
Weingarten, Klstr. IV. 837; — Orgel im VII. 825.
Weinsberg, Treffen bei XI. 847.
Weinzehent, der XI. 1365.
Weis, Dr., Bf. v. Speier VI. 412. 427. XII. 142. 197.
Weisen, die der Juden I. 671.
Weise des Morgenlandes, s. Dreikönigsfest.
Weishaupt, Stifter der Illuminaten V. 603 ff.
Weisheit, die XI. 832—833. IV. 364. VII. 106 ff. 625. VIII. 167 ff. X. 379. 920.
Weisheit, eine buddhistische Vollkommenheit XII. 164. 166. 185.
Weisheit (Salomos), Buch der XI. 833-837. I. 159. 330. VII. 444.
Weisheit Sirach, s. Ecclesiasticus.
Weisheit, Schwestern der IX. 784.
Weisheit, Töchter der XII. 1247—1248.
Weisheit Gottes, s. Gott, Weisheit.
Weiskircher, Juliana, die stigmatisirte XII. 1160. 1161.
Weiß, Marilu, Dichter VIII. 527.
Weiß, Gel. IV. 672.
Weissagung, Prophetie XI. 837—841, vgl. Propheten, Verzückung, dazu I. 328. III. 676. IV. 124. IX. 639.
Weissagungen Daniels, s. Daniel.
Weissagungen Hermanns von Lehnin, s. Hermann von Lehnin.
Weissagungen Joachims, Abts von Floris V. 690.
Weissagungen Malachias, s. Malachias.
Weissagungen, sibyllinische, s. Sibyllinische Bücher.
Weiße, pr. Thlg. III. 794. [nen.
Weiße Frauen, s. Magdalenerin-
Weißenburg, Klstr. I. 707. IX. 687.
Weißenburg, Otfried von, s. Otfried v. Weißenburg.
Weißer Sonntag, s. Kleid, das weiße.
Weißmann, prot. Kchbistor. VI. 155.
Weisthümer, die des german. Rechts I. 742.
Weitenmaße der Hebräer VI. 694 ff.
Weitra, Synreslion. in VII. 735.
Weizel, gl. Thlg. VII. 881.
Welden, von, Bf. v. Freysing III. 568. 571.
Welfen und Ghibellinen, die Parteien der XI. 841—856. S. Reich, teutsches, dazu I. 143 (ein Welfe). 564 (und der Aufenthalt der Päpste in Avignon). II. 186 (Historiker über die Zeit der). 354 (und Carl v. Anjou). 593 (und Clemens IV.). 799 (Konrad III.). 801 ff. (Conrad IV.). 800 (Konradin). III. 20 (Dante). IV. 222 (Barbarossa). 368 (eine Folge des Kampfes der). 717 (P. Gregor XI.). V. 15. 40. 41 (die Kaiser Heinrich). 77 (Heinrich der Löwe). 636 (Innocenz III.). 638 ff. VI. 625 (Ludwig der Bayer). VII. 906 ff. (Otto IV.). VIII. 156 (das oberste Gerichtswesen). 436 (Rudolf von Habsburg). 438. X. 925 (und die Familie des Thomas von Aquin). XI. 469 (Urban IV.). 636 (in Verona). 803 (Walter von der Vogelweide). 928 (Erzbischof Wichmann). XII. 692 (und die Kreuzzüge). 937 (in Pavia). 972 (in Italien). 1033 (Stiftung von Rheinau).
Wellenberg, Abt von Rheinau XII. 1035.
Weller, Oberhofprediger X. 587.
Welprode, Klstr. VII. 150.
Wels, Synrstion. in VII. 736.
Welser, die in Augsburg XII. 42.
Welt XI. 856—863. I. 65. 168. 242. IV. 355. 457. 589. VII. 478. 841. VIII. 75. IX. 126. 764. XII. 409. 983.
Welt, die beste, s. Optimismus.
Weltalter, s. Gericht.
Weltalter, chiliastische X. 300 ff.
Weltanschauung, s. Leben (VI. 389).
Welte, Benedict, der Exeget (geb. 1805) II. 471. V. 513. 669. 693. 816. VI. 245. XII. 556. 1253.
Welten, die buddhist. XII. 166.
Weltende, s. Gericht, jüngstes, Welt.
Welterhaltung II. 763.
Welterkenntniß, s. Philosophie.
Weltgeistliche, Stiftsherren, s. Canonici, Geistlicher, dazu IV. 367. IX. 567. X. 795.
Weltgericht, s. Gericht, Hölle.
Weltgesetz, s. Naturgesetz, Welt.
Weltheiland, s. Christus.
Weltheiland, Orden vom, s. Brigittenorden.
Weltliche Beredsamkeit, s. Beredsamkeit.
Weltreligion, s. Christenthum.
Weltschöpfung, s. Schöpfung.
Weltseele V. 429 ff. IX. 75 ff.
Weltverachtung, s. Askese, vgl. Räthe, evangel.
Weltvergötterung, s. Pantheismus.
Wenck, Histor. XI. 604.
Wendelin, der heilige XII. 1248.
Wenden, Gesammtname der Slaven in Norddeutschland, s. Lausitz, Obotriten, dazu I. 139 ff. 800. IV. 629. V. 2. VI. 749. IX. 34 ff. 442. 543. XI. 256. XII. 713. 717.
Wendsyssel, altes Bm. III. 20.
Wenilo, Ebf. v. Sens VIII. 830. 857. XII. 531. [893.
Wening-Ingenheim, der Jurist II.
Wenkheim, Hund von, Hochm. X. 817.
Wenzel II., Böhmenherzog II. 184. V. 46. VIII. 636. [XII. 682 ff.
Wenzel III., Böhmenherzog (um 1235)
Wenzel (IV.), Kaiser (1378—1400) II. 97. 98. V. 174. 176. 403 ff. 413 ff. 725. VIII. 460. 540. X. 132 ff. XI. 1153. XII. 24. 847. 896.
Wenzel'sche Bibelübersetzung XII. 1211.
Wenzelhauser, J., Rector XII. 1275.
Wenzeslaus, der heilige, Böhmenherzog XI. 864—866. II. 63. VI. 623. VII. 897. VIII. 537. IX. 815.
Werden, Abtei (an der Ruhr) XII. 1248—1250. VI. 620 ff. VII. 148. XI. 368.
Werden, Bm., s. Verden.
Weremouth, Klstr., s. Jarrow.
Werinher, Bruder des Hermann contractus I. 847.
Werke, gute XI. 866—874, s. Genugthuung, Rechtfertigung, vgl. Prädestination, s. dazu I. 694 ff. II. 231. III. 285. V. 523 ff. VI. 69. 610. 671. IX. 59. X. 287. XI. 799. XII. 412 ff.
Werkmeister, der Oberkirchenrath XI. 874—875. VI. 340. VII. 463. VIII. 30. XII. 857. 866. 868.
Werktag XI. 875, s. Feria.
Werner, Bf. v. Mainz IX. 436; — v. Merseburg II. 185 ff. VII. 72; — 2 Bischöfe v. Straßburg X. 403. 407.
Werner, luther. Zelot X. 557.
Werner, Zacharias, der Romantiker XI. 875—876.
Werner, Güntherianer XII. 979; — Mrist. VII. 308.
Wernsdorf, prot. Gel. III. 516. V. 784. VI. 597.
Werth, Johann von, der letzte Landgraf des untern Elsasses (1352) X. 399.
Werth, Johannes von, der Quartieraufschlager XI. 876—885. III. 799 ff. IV. 807. [VIII. 711.
Wertheimer Bibel XI. 886—888.
Wesel, Johann von, ein Vorläufer der Reformation XI. 889—891.
Wesensverwandlung, s. Transsubstantiation.
Wesley, Charles und John, Stifter der Methodisten VII. 120. 121 ff. X. 80. XII. 811.
Wessel, Johann, ein Vorläufer der Reformation XI. 891—896. IV. 563. IX. 234. 750.
Wessenberg, Ignaz Heinr. Freiherr von, Generalvicar, Dichter und Schriftsteller (geb. 1774) I. 147. 650. II. 846. 849. VII. 824. VIII. 30. IX. 302. XII. 189. 190 ff. 243. 527. 863.
Wesser, Christianisirung von I. 244. IV. 780.
Wessobrunn, Kloster XI. 896. 372. I. 705. 707. X. 696. XII. 1318.
Wessobrunner Gebet, s. Wessobrunn.
Westenrieder, Lorenz, Schriftsteller XI. 896—897. VII. 751.
Westerås, Komödie zu I. 235; — Bm. IX. 842.
Westgothen, s. Gothen, dazu IV. 244. 542. 767. V. 589. 948 ff. XI. 91. 305. 542. 720 ff.
Westillyricum, Kirchenprovinzen XII. 517 ff.
Westindien (in kirchlicher Beziehung) XI. 897—911. I. 204. II. 383 (Cuba). X. 265. 287. XII. 47. 227. 592.
Westjordanland, das IV. 268. VIII. 290.
Westminster, Klstr. III. 339; — Synode v. 1102 V. 51.
Westminsterabtei in London VI. 932.
Weston, Mrlthlg. VII. 306.
Westphal, Joachim, der Lutheraner XI. 912—913. I. 004. II. 278. VI. 300. 356 ff. IX. 560.
Westphalen, Gschls. und Kgschls. XI. 913—920. S. Sachsen, die, Münster, Preußen, Widukind, dazu II. 557 (Kgch.). 873 (Krls.). III. 306. VII. 374. — 611 (Kgch.).
Westphälische Gerichte, s. Fehmgerichte (XII. 341).
Westphälischer Friede XI. 920—923. I. 259. II. 512. 842. III. 856. IV. 390. 539. 872. V. 427. 633. 844. 871. XI. 1003. [852.
Westpreußen, Reformation in VIII.
Wetin, Mönch in Reichenau IV. 864.
Wetstein, J. J. (st. 1754), s. Bibelausgaben (I. 924), dazu II. 586. 635. V. 434. 942. VI. 288.
Wette, W. M., Lebrecht de, prot. Thlg. XI. 923—927. I. 401. II. 9. 405. 470. III. 25 ff. 51. 491. 723. 728. 788. 830 ff. 534. 539. 840. V. 276. 520. 542. 544. 711. 712. 910. VI. 22

792. VIII. 136. 249. 254. 295 ff. 337. 683. IX. 60. 219. 319. X. 320. 321. 620. XI. 767.
Wetterkerze, -läuten, -segen XII. 1250—1251.
Wettingen, Klstr. I. 642. IX. 856.
Wetzer, H. J., Orientalist, Mitredacteur des Kirchenlexikons XII. 1251—1254.
Wezilo, Ebf. v. Mainz VI. 766. XII. 1018.
Wharton, Vffr. der Anglia sacra XI. 1221. III. 348.
Wheeling, Bm. VII. 640.
Whigs, Partei der V. 231 ff.
Whitby, Doppelkloster II. 244.
Whitefield, der Methodist VII. 120 ff. 129 ff.
Whithern, altes Bisthum VII. 617. XI. 1218.
Wibald, Staatsmann und Kirchenfürst XI. 927—928.
Wibert von Ravenna, s. Guibert.
Wiblingen, Klstr. bei Ulm XI. 1229. 1253.
Wiborada, die heilige Klausnerin II. 591. III. 507. IV. 282. 284. XI. 370 ff. 372.
Wiborg, Bm. III. 20; — Stadt IV. 73.
Wicbert, der heilige, Stifter v. Gemblours XII. 449.
Wicbert, Bf. v. Augsburg XII. 80.
Wicboldus, Verfasser der quaestiones in Octateuchum XII. 1254—1255.
Wicelius, Gg., s. Witzel.
Wichern, Johann Heinrich, Begründer der innern Mission (geb. 1806) VII. 164.
Wiching, Bf. v. Neutra VII. 766.
Wichmann, Erzbischof von Magdeburg XI. 928—929. V. 80.
Wichmann, Bf. v. Halberstadt VI. 732; — v. Naumburg-Zeitz VII. 493.
Wicliffe, John, Vorläufer der Reformation XI. 929—936. I. 376. 738. II. 98. III. 400. IV. 325. 781 ff. V. 174 ff. 768. VII. 919. VIII. 767. IX. 542. 598. 729. X. 177. 329. 814. XI. 1226. XII. 1214.
Wicliffiten, die XI. 936—940. V. 402 ff. VI. 74. VII. 531.
Wicterp, Bf. v. Augsburg VI. 741. XII. 114.
Wicterp, 1. Bischof von Regensburg I. 704. 705. III. 557. 559. IX. 93.
Widdum, Leibgeding XII. 1255.
Widdum, Pfarrwiddum, s. parochiale.
Widekind, Heerführer der Sachsen XI. 940—942. VI. 620 ff. 929. IX. 502.
Widemann, Enoch, Chronist XII. 1235.
Widensee, Eberh., ein Reformator VI. 734.
Widenfeldt, Jurist XII. 468.
Widerchrist, s. Antichrist.
Widerklage XI. 942. III. 313.
Widerold, Bf. v. Straßburg X. 401.
Widersprechende Stellen in der Bibel, Behandlung derselben XI. 942—946.
Widerspruch der Gesetze XI. 946—947. XII. 1231.
Widerspruchs, Princip des IV. 612 ff.
Widmänner, s. Gottesleute.
Widmanstetter, J. A., Orientlst. XII. 1277. 1281.
Widmer, Jos., gel. Theologe XII. 1255—1257. 527 ff. 529.
Wido (Guido), Cdl.-Ebf. v. Mailand VIII. 206. 207. IX. 271.
Widrad, St. XII 355.
Widricus, gel. Mönch XI. 947—948.
Widukind, der Heerführer, s. Widekind.
Widukind, Mönch von Korvey, s. Wittekind.
Wied, geistliche Würdenträger aus dem Geschlechte der, s. Dietrich II. Graf von Wied, Hermann von Wied.
Wiederbesetzung der Pfründe, s. Vacanz.
Wiederbringung aller Dinge, s. Gnosis, Origenes.
Wiedereinsetzung in den vorigen Stand, s. restitutio in integrum.
Wiedererstattung, s. Ersatz.
Wiedergeburt, regeneratio XI. 948—952, s. Taufe, Buße, dazu IV. 260. X. 285 ff.
Wiederkunft Christi IV. 453 ff.
Wiedersalder, Secte der IX. 21.
Wiedertaufe III. 899. 900. V. 197 ff. VI. 71. X. 354.
Wiedertaufe macht irregulär, s. Irregularität.
Wiedertäufer (Dunkers), Secte der XI. 952—960. S. Menno, vgl. Schwärmerei, Mormonen, s. dazu I. 236. 240. 295 ff. II. 195. 212. III. 103. 371. 536. IV. 391. V. 73. 109. 758. VII. 732. IX. 493. XI. 396. 402. 519. 1321. XII. 49.
Wiedervereinigung der christlichen Confessionen, s. Religionsvereinigungen.
Wiedervergeltung, talio XI. 961. Vgl. Bluträcher.
Wiedervergeltungsgesetz der alten Hebräer VI. 420. IX. 389 ff.
Wiedesheim, das Chorherrenstift XI. 961—963. II. 630. X. 932. 937.
Wiehrl, Martin, Professor VI. 233.
Wieland, Christoph Martin, der Poet (st. 1813) III. 4 IV. 475. XII. 132 ff.
Wien, Erzbisthum, Stadt und Universität XI. 963—1078 und XII. 1257—1307. A. Erzbisthum und Stadt I. 624 (Barnabiten in). II. 176 (Spitäler in). 284 (Camaldulenser in). 299 (Canisius in). 373 (Capistran in). 823 (Cousslerien in). III. 269 (Dotation des Erzbisthums). 775 (ein Heiliger angeblich in). 867 (Bischof Faber). IV. 103 (St. Florian). 149. 233. 404 (geistl. Bildungsanstalten). 498 (Orden in). 659. V. 420 (bedroht). 559 (Jesuiten in). 646 (belagert). 802 ff. (die Aufklärung in). 805 (K. Joseph II.). 898 ff. (Juden in). VI. 225 (Card. Klesel). 274 (nur 11 Stationen des Kreuzweges). 527 ff. (Liguorianer in). VII. 5 (Mechitaristen in). 515 (Oratorianer in). 588 (Concordatsverhandlungen). 664 (Nuntiatur in). 693 (Oblat. in). 704 (Urgeschichte). 722 (Lutherthum in). 728 (Reichstag) 741 (ein Friedensschluß). 743 (Protestantismus in). 744 (barmherzige Brüder in). 750 (Pazmaneum). VIII. 73. — 178 (ein Concil). 179. 180 (und Passau). 261 (Pazman in). 485 (P. Pius VI. in). IX. 600 (und Salzburg). 772 (Schottenklöster). 874 ff. (barmh. Schwestern in). X. 789. 790. 802 (und Teutschland). XI. 369 (Bibliotheken in). 450 (die Aula). 497 ff. (Ursulinerinnen in). XII. 993 (der Piusverein). 1113 (Judenschule). 1210 ff. — B. Universität II. 299. III. 28. 70. 506. 859. 868. V. 94. 175. 484. 714. 798. VI. 226 ff. 233. 808. VII. 533. 725. VIII. 179. 180. 815 ff. 822. IX. 42. 322. 477. X. 55. 635. XI. 428. 437 Anmkg. 447. 1239. XII. 89. 411.
Wiener Concordat, s. Aschaffenburger Concordat, dazu II. 381. III. 570. VIII. 482.
Wiener Concordat von 1855, s. Concordat, östreichisches, Wien.
Wiener Congreß XI. 1078—1079. S. Bundesacte (XII. 188 ff.), dazu I. 750. 814. IV. 299. 411. V. 774. 900. VII. 52. VIII. 492. 566. 614. 745. IX. 300. X. 219. 633. XII. 666. 1029. 1093 ff.
Wiener Friede III. 8.
Wiener Neustadt, Bm., s. Neustadt, Wiener.
Wiener, Paul, der Superintendent X. 124.
Wiesloch VII. 467.
Wießner, Schftstlr. VII. 294.
Wiest, Stephan, Dogmatiker XI. 1079—1080. VII. 428. VIII. 175. 221.
Wietka, Insel IX. 21.
Wigand, Joh., prot. Theolog des 16. Jhhdts. I. 99. II. 430. 431. IV. 87. 88. VI. 773. VIII. 702. X. 413. 414. XII. 1237.
Wigbert, der heilige, Mitarbeiter des heil. Bonifacius XI. 1080—1082, s. Bonifacius, dazu II. 80. III. 402 ff. IV. 231. 232. 235. V. 217. X. 417. XI. 1097. 1195.
Wigbert, Bf. v. Merseburg VII. 71.
Wiggermann, Pädagog VIII. 30.
Wiggers, J. (kchl. Statistik) VI. 804. IX. 867.
Wigkram, Peter, Nachfolger Geilers v. K., s. Geiler.
Wigold, Bf. v. Augsburg XII. 1018.
Wigwart, Bf. v. Hildesheim VIII. 204.
Wiho, 1. Bf. v. Osnabrück IX. 585.
Wildenspuck, die Kreuzigung in XI. 1082—1083.
Wilberforce, William, Philanthrop (st. 1833) X. 218. 219.
Wilbert, s. Gilberte.
Wilbirg (Wilburg), die heilige IV. 104.
Wilbye, Tonsetzer VII. 413.
Wild, J. G., s. Ferus.
Wilddiebstahl XII. 1308—1309.
Wildfangrecht XII. 712.
Wilfrid, Bischof von York XI. 1083—1085. 1217. I. 219 ff. 770. II. 80. III. 395. 396. 402. IV. 231. 780. V. 745. VII. 394. X. 843. 845.
Wilgefort, s. Oncommera (VII. 772). [IX. 451.
Wilhelm, ein paradoxer Magister
Wilhelm von Aquitanien, Kreuzfahrer I. 638. XII. 353 (Troubadour). 692.
Wilhelm von Auxerre IX. 532.
Wilhelm IV. von Bayern, Herzog XI. 1085—1088. III. 370. 371. V. 559. VII. 858.
Wilhelm V. von Bayern, Herzog VII. 412. VIII. 57. XI. 1088.
Wilhelm von Braunschweig, Herzog III. 143.
Wilhelm von Champagne, Cdl.-Ebf. v. Rheims IX. 294. XII. 967.
Wilhelm v. Champeaux, Scholastiker, Bf. v. Chalons I. 419. 837. II. 261. VI. 583. VIII. 672. IX. 392. XII. 384.
Wilhelm von Dijon, Klosterreformator XI. 1088—1090. 947. III. 905. V. 763. XII. 341. 342. 382. 491 ff.
Wilhelm Durand, s. Durandus.
Wilhelm Durantis, s. Durantis.
Wilhelm, Abt von Hirschau, s. Hirschau (V. 215).
Wilhelm, Graf v. Holland, Gegenkaiser (st. 1256) II. 503. 810. IV. 220. V. 636.
Wilhelm von Malmesbury, Chronist XI. 1090—1091. I. 621. III. 23. V. 94. VI. 932. IX. 852. X. 844. 848. XI. 1216.
Wilhelm, der Minorit V. 454.
Wilhelm von Modena, Legat, s. Preußen, Einführung des Christenthums.
Wilhelm von Rangis, s. Rangis.
Wilhelm von Nevers, Kzfhrr. XII. 692.

Wilhelm von Newbury, s. Neubrigensis.
Wilhelm, Könige der Niederlande; W. I. (1814—1840) II. 758. VI. 604. VII. 2. XII. 106. 109. 585. — W. II. (1840—1849) XII. 109 ff. 586 ff. 590 ff.
Wilhelm Occam, s. Occam.
Wilhelm der Eroberer, König von England (st. 1087) I. 265. IV. 702. V. 48. 49. 693. VI. 343 ff. VII. 394. VIII. 326. X. 207. XI. 1222.
Wilhelm der Rothe, König von England I. 265 ff. XI. 464. 466.
Wilhelm von Oranien, der Schweigsame (ermordet 1584), s. Oranien.
Wilhelm III. v. Oranien, König von Großbritannien (1688—1702) I. 688. 696. II. 221. III. 188. 530. IV. 600 ff. V. 232 ff. 239. 451 ff. 468. 497. 616. 830. VI. 564. 634. VIII. 675. IX. 479. 483. XI. 425. XII. 1059.
Wilhelm IV. von Großbritannien X. 633.
Wilhelm von Paris VII. 781.
Wilhelm von Rubruquis, s. Johannes de Monte Corvino.
Wilhelm von St. Amour XI. 1091—1094. II. 894. III. 77. X. 250. 917. 918. XII. 336.
Wilhelm, Bf. von Sherburne, Dichter VI. 608.
Wilhelm, Könige von Sicilien III. 885; — W. II. V. 41. VIII. 344.
Wilhelm von Thierry, Scholastiker VII. 447. IX. 727.
Wilhelm von Tocca, s. Thomas von Aquin.
Wilhelm von Tyrus, Chronist XI. 1094—1095. I. 5. 345. IV. 427. V. 532. 772. 692. X. 716. 726 ff. XII. 603. 966.
Wilhelm von Weimar, s. Gustav Adolf, dazu III. 290. 297.
Wilhelm I., König von Württemberg (seit 1816) IX. 408.
Wilhelmine, Schwärmerin XI. 1095.
Wilhelmiten, Orden der XI. 1095—1097.
Wilhering, Kloster VII. 724.
Wilke, prot. Thlg. III. 796.
Wilken, Friedr., Histor. (st. 1840) V. 112. 113. X. 719.
Will, M., Domherr von Sitten XII. 1309—1310.
Willaert, Adrian, Tonsetzer VII. 406 ff.
Willebrord, der heilige, Apostel der Friesen XI. 1097—1100. 504. I. 705. 789. II. 80. 81. III. 806. IV. 85. 231 ff. (Friesländer). 374. VII. 1. VIII. 639. IX. 501. X. 475. XII. 559 ff.
Wille, der freie, s. Freiheit des menschlichen Willens.
Wille Gottes, s. Gott, dazu VI. 652. VII. 292. 481 ff. XI. 649.
Wille, letzter, s. Letztwillige Verfügungen.
Willehad, St., der Sachsenapostel IX. 504 ff. XI. 683.
Willenserklärung, s. Consens.
Willenserklärung, letzte, s. Letztwillige Verfügungen.
William, Bf. v. Lincoln VI. 360.
Williams, Missnär. X. 459; — Puseyit XI. 110.
Williams, der Methodist VII. 130.
Willibald, der heilige, I. Bischof von Eichstätt XI. 1100—1103. I. 708. 871. II. 62. 83. 219. III. 462. VII. 270. X. 118. 823. XI. 762. 783. 1203.
Willibert, Ebf. v. Cöln XII. 239. 534. 535.
Willigis, Primas von Teutschland XI. 1103—1108. 1150. I. 849. 850. IV. 303. 304. 804. V. 3. VII. 17. 20. 149. 902 ff. XII. 372.
Willikar, Ebf. v. Vienne, Bf. v. Sitten X. 195.
Williman (de rebus helvet.) VI. 369.
Willimar, Pfarrer zu Arbon I. 150. IV. 295 ff. [1108.
Williram, Abt von Ebersberg XI.
Willeswinda VI. 597.
Wilna, Stadt und Bisthum V. 479. 480 ff. VI. 691. VII. 612. IX. 472. XI. 447.
Wilsnack, das heilige Blut zu V. 403.
Wilson, Capitain VII. 887.
Wilten, Chorherrenstift in Tyrol II. 165. VII. 169.
Wilton, Kistr. XII. 779.
Wiltram, s. Williram.
Wimpheling, J., Humanist (st. 1528) II. 73. IX. 234. X. 407.
Wimpina, Conrad, Theologe XI. 1108—1109. X. 568. 767.
Winathusen, Kistr. VIII. 880.
Winchester, Bm. III. 339. IV. 780. XI. 1141.
Windeln, geweihte II. 620.
Winden, s. Slovenen.
Windisch, Bm., s. Vindonissa.
Windischmann, Dr. Friedrich, Generalvicar u. gel. Theologe (geb. 1811) I. 397. 443. II. 783. V. 134. VIII. 243. 337. 609. XII. 612.
Windsheim, Kistr. VII. 229.
Winer, Gg. Benedict, prot.-theol. Schriftsteller (geb. 1789) IV. 570. 574. V. 252. 612. VI. 245 ff. 309. 541. 601. VIII. 408. X. 44. 178. 372. 555 ff. XII. 514.
Winfried, s. Bonifacius.
Winithar, Mönch in St. Gallen IV. 278. [1227).
Winkelcontracte, s. Verträge (XII.
Winkelehe XII. 1310, s. Geheirathen, vgl. Ehe, geheime, Concubinat.
Winkelmann, Archäolog XI. 1109—1110. V. 104. IX. 907. X. 32. XII. 22. 1051. 1055.
Winkelversammlung, s. Conventikel.
Winnitti, Bf. XII. 1015.
Winter, Gottfr. Justus, der Mucker II. 238; — ein Verschwörer VIII. 862.
Winton, die große Orgel zu VII. 825.
Wion, Arnold, Ordensnr. VI. 777.
Wipertus, Bf. v. Ratzeburg IX. 36.
Wippo, Biograph Carls d. G. XI. 1110—1111.
Wiricus, Abt, s. Wibricus.
Wirkliche Sünde, s. Sünde.
Wirklichkeit, gleichbedeutend mit Wahrheit XI. 772.
Wirkung, Ursache XI. 1111—1120.
Wirland, Bm. VIII. 679.
Wirmuth (Weremouth?), Kistr. I. 723.
Wiro, der heilige XII. 238.
Wirsberg, Friedr. von, Fürstbf. v. Würzburg V. 921. 922 ff. XI. 1104.
Wirth, Joh. Ulr., Philos. VII. 328.
Wirthshausbesuch, inwiefern d. Geistlichen gestattet VI. 352. XII. 274.
Wischehrad, der V. 417 ff.
Wischehrad, Collegiatstift XII. 1310—1312. V. 725. IX. 178. X. 788.
Wischnu, indische Gottheit VI. 318. 319 ff. XII. 151. 158. 170. 177.
Wiseman, Nicolaus, Cardinal (geb. 1802) III. 168. VI. 55. X. 107. 185. XII. 1060. 1218.
Wislicenus, Gustav Adolf, der Lichtfreund (geb. 1803) VIII. 734.
Wismar, Stadt VI. 356. IX. 867 (Ritlon in).
Wissen und Glauben, s. Glaube, (IV. 522 ff. 529), Scholastik, vgl. Philosophie.
Wissende, s. Schöppenthum.
Wissenschaft, eine buddhist. Vollkommenheit XII. 164, vgl. Abidschna.
Wissenschaft, Mangel an, macht irregulär V. 535. [234.
Wissowatius, A., der Socinianer X.
Wistremir, Ebf. v. Toledo XI. 68.
Witasse, Carl, frz. Thlg. XII. 1312—1313.
Witelo, Bf. v. Minden VII. 150.
Withold, Großfürst von Lithauen V. 177. 418. 481 ff. VII. 531. IX. 465.
Witigo, Bfe. v. Meißen VII. 23. 24.
Witiza, Gothenkönig in Spanien IV. 586. VI. 934. XI. 85.
Witmar, s. Gislemar.
Witt, Jean, de, Großpensionär (ermordet 1672) X. 296. [464.
Witta, I. Bf. v. Büraburg II. 82. 215.
Wittehad, I. Bf. v. Bremen II. 144.
Wittekind, Sachsenherzog, s. Widekind. [VIII. 880.
Wittekind, Chronist XI. 1120—1121.
Wittelsbach, Otto v., der Kaisermörder V. 632. VII. 908.
Wittelsbach, Conrad von, Ebf. v. Mainz V. 767.
Wittenberg, die Stadt II. 352. 622 (Consistorium in). III. 222. 275. V. 108. 323. 399. 428. VI. 31. 301. 323. 355. 432. 600. 652 ff. VII. 28 (Reformation in). IX. 552 (Reformation in). 681. X. 387. XI. 1321.
Wittenberger Universität I. 214. 907. II. 193. 201. 204. 894. 929. III. 134. 355. IV. 85 ff. V. 108. 323. 399. 428. VI. 31. 301. 323. 355. 432. 600. 652 ff. 928. VII. 28. 32. VIII. 322. 452. 654. 696. 698. 704. 709. 888. IX. 162. 242. 656. X. 259. 279. 350. 830. XI. 953. 1109. 1157 ff. 1159. 1287. XII. 416. 417 (Gründung).
Wittenberger Concordie II. 108. IX. 189. 559. 608.
Wittmann, Georg Mich., des. Bischof von Regensburg XI. 1121—1123. II. 516. IX. 113. 782. XII. 1101. 1255. [354.
Wittmann, Dr., Histor. I. 381. VIII.
Wittwe, Rechtsschutz derselben XII. 1313—1314.
Wittwen, die altrömischen XI. 819.
Wittwen, Trauerjahr der XI. 170.
Wittwendienst, s. Diaconissae.
Wittwenstand XI. 1123.
Witzel, Georg, prot. Theol. des 16. Jhhdts. XI. 1123—1124. II. 648. VI. 660. IX. 193.
Wiwilo, s. Vivilo.
Wizzenberg, Abt Conrad I. von Mell VII. 51.
Wladimir, Großfürst der Russen (980—1014) I. 951. III. 720. VI. 436. IX. 457 ff. X. 229.
Wladislaus (Ladislaus), der heilige, Ungarkönig (1077—1095) III. 664. VI. 240 ff. 294. 304. VII. 559. IX. 437. XI. 401.
Wladislaus (Ladislaus), Herrscher von Böhmen V. 426. VII. 22.
Wladislaus (Ladislaus), Herrscher v. Polen: W. II. V. 480 ff. VIII. 541. 542. 614; W. III. VIII. 546 ff.; W. VII. VIII. 564.
Wladislaus IV., König von Böhmen und Ungarn II. 381. V. 400. 401. 911 ff. VI. 304. 435 ff. X. 124. 953.
Wladislaus, König von Neapel und Ungarn (um 1412) IV. 125. V. 404. 768. VIII. 461. 464. X. 134.
Wladislaus, Bf. v. Passau VIII. 177 ff.
Wladislaw, Bm. IX. 472. XII. 632.
Wlodzimirz, Bm. VI. 443.
Woche, als Zeitabschnitt XI. 1124. IV. 30.
Woche, mohammedan. IV. 923.
Woche, die große, s. hebdomas magna.
Woche, die letzte IV. 699.

Wochenfasten, s. Fasten, Stationsfasttage.
Wochen, Fest der, s. Pfingsten.
Wochengottesdienst XI. 1124.
Wochengottesdienst, jüd., s. Gottesdienst bei den alten Hebr.
Wodan, s. Wuotan.
Wöchnerinnen, s. Aussegnen der Wöchnerinnen.
Wohlgemuth, Michel, Gründer der Nürnberger Malerschule VI. 785. IX. 905.
Wohlthätige Zwecke, Predigten für [XI. 1125.
Wohlthätigkeit, Tugend der XI. 1125—1129. S. Armenpflege, Almosen.
Wohlthätigkeitsanstalten I. 445. II. 119. 418. VII. 63. IX. 360. X. 374. 375. XII. 924.
Wohlwollen I. 899. VII. 323 ff. (als Moralprincip).
Woischelg, christl. Großfürst von Lithauen V. 479.
Wokaun, Anton, Weihbf. v. Prag V. 729.
Wol, german. Jagdgott XII. 475.
Wolbodo, St. XII. 97.
Wolcott, Missnär. X. 116.
Wolder'sche Polyglotte VIII. 583.
Wolf, unbedeutender Kirchenhistoriker VI. 153.
Wolf, Friedr. Aug., der große Philolog (st. 1824) XII. 605.
Wolf, s. Lupus.
Wolfen, Abt v. Rheinau XII. 1033.
Wolfenbüttler Fragmente, s. Fragmente, Wolfenbüttler.
Wolfenbüttel, Hexenwald bei V. 158; — Lessing in VI. 484 ff.
Wolff, Christian von (st. 1754) und seine Philosophie I. 896. II. 200. III. 381. IV. 879. 880. VI. 349. VII. 324. VIII. 82. X. 64. 260. XII. 608. 977. 978.
Wolfgang, der heilige, Bischof von Regensburg II. 63. III. 558. V. 11. VI. 466. 744. VIII. 174. IX. 97 ff. XI. 382. 399. 1186.
Wolfgang von Zweibrücken, Herzog V. 371.
Wolfgar, Bf. v. Würzburg XI. 1185.
Wolfker, Bf. v. Passau VIII. 178.
Wolfleoz, Bf. v. Constanz IV. 278.
Wolfradt, Anton, Bf. v. Wien XI. 1105.
Wolfram von Eschenbach, Dichter XI. 1129—1140. VIII. 528. XII. 493 ff.
Wolgast, Otto der Heilige in VII. 915.
Wolkensäule, s. Feuer- und Wolkensäule.
Wolko, Joh., Bf. v. Olmütz VII. 767.
Wöllner, Joh. Christian Heinr. von, preuß. Cultminister (st. 1800) VII. 610. VIII. 719. 723 ff.
Wöllnersches Religionsedict, s. Religionsedicte.
Wolmar, Melchior, der Humanist XII. 1314—1315. I. 902. 907. II. 275.
Wolny, Gg., gel. Benedctnr. II. 184.
Wolsey, Cardinal XI. 1140—1143. 1227. I. 635. II. 923. IV. 83. 783 ff. V. 60 ff. 225. X. 530. 940. 942. XII. 539.
Woolston, Thomas, der Freidenker XI. 1143—1146. III. 90. VI. 923.
Worcester, Bm. III. 334. IV. 101. 102 (Klstr.). V. 211. XI. 86 (Syn.). 1141. 1223.
Wordsworth, Christoph, Gel. V. 598 ff.
Worms, Bisthum XI. 1146—1156. a) Bisthum I. 149. II. 218. III. 570. VI. 765. IX. 156. 403. 666. X. 290. XI. 204. 594. XII. 857; — b) Stadt II. 748. IV. 703 (Versammlung in). V. 10 ff. (Tauschvertrag). 16 (Fürstenversammlung). 18. — 892 (Judenverfolgung). VI. 483 (Papstwahl). 466 (Leo IX. in). IX. 158. XI. 606 ff. (Convent v. 1541). XII. 4 (flüchtige Protestanten in). 32 (Tag von 1076). 1115 (Judenschule); — c) Reichstage in I. 856. III. 134. 645. IV. 603. V. 20. 44. VI. 628. 946. VII. 492. 906. XI. 186; — d) Religionsgespräche in I. 149. 236. II. 113. 289. VI. 670. VII. 31. 340; — e) Synoden in IV. 620. VII. 150. 718. IX. 103.
Wormser Concordat, s. Calixtinum pactum.
Wormser Reichstag und Edict vom J. 1521 XI. 1156—1178. I. 147. 214. II. 145. 341. 350. 476. 601. 925. III. 372. IV. 784. V. 148. 192. 683. 685 ff. 791. VI. 116. 472. 658 ff. VII. 28. 722. IX. 112. X. 328. 394. XI. 251. 894. 1085. XII. 420. 1275.
Wort (hermeneut. Bedeutung) XI. 1278.
Wortbildung, s. Etymologie.
Wort Gottes, s. Bibel, Logos.
Wort, Frauen vom fleischgewordenen IV. 179.
Wortparallelismus, s. Parallelstellen, bbl.
Wratislaus, Bf. v. Mähren VII. 767.
Wratislaw, 1. König von Böhmen II. 63. VI. 623. XII. 1311.
Wratislaw, Pommerherzog VII. 912. VIII. 507.
Wrede, Fürst Carl Theodor, Staatsmann (geb. 1797) VII. 159.
Wright, Gl. III. 23.
Wright, Verschwörer VIII. 862.
Wroclaweck, Bm. VIII. 612. 746.
Wucher, usura XI. 1178. 580. III. 45. IV. 366. VI. 352. IX. 270.
Wucher bei den Hebräern XI. 1179—1180.
Wucherzinse XI. 1180—1181. s. Wucher, dazu VII. 276.
Würde des Menschen, s. Kindschaft Gottes, Mensch.
Würfelspiel, inwiefern den Geistlichen untersagt XII. 273.
Würtemberg a) Geschichtliches XI. 200. 202. 608. I. 511. 524. 672. II. 819. III. 138. IV. 12. IX. 155. 236. X. 818; — b) Kirchengschte., s. Ulrich, Herzog II. 145 ff. 752. IV. 362. V. 897. VIII. 30. 300. IX. 561. 793. 803. 804. 839. 876. XI. 395 ff. 787. XII. 739. 861. 964. 895; — c) Kirchenrechtliches II. 23. 328. 560. 797. 824. 868. 914. III. 630. IV. 400. V. 674 (Intercalarfond). VI. 25. 128. VIII. 226. 836 ff. IX. 224. 518 ff. X. 52. 524. XI. 28. 612. 614. 1262. 1264; — d) kirchliche Zustände der Gegenwart, s. Oberrheinische Kirchenprovinz, Rottenburg.
Würzburg, a) Bisthum XI. 1181—1195. 804. I. 31 (Anmkg. 4.) 709. 858. II. 82. 215. 219. 675. III. 371. 374. 660. IV. 19. 730. 810 ff. V. 4. 326. VI. 85. 91. 196. 765. VII. 681. IX. 405. 504. 566. X. 790. XII. 857; — b) Stadt II. 262. V. 38. 80. 160. VI. 300. VII. 775. IX. 772. 874; — c) Universität III. 928. V. 921. X. 55. XII. 1098.
Würzburg, Versammlung des teutschen Episcopates zu VIII. 751. X. 53. XII. 688. 993. 1058.
Würzweihe, s. Geweihte Sache.
Würzweihe Mariä VI. 880.
Wüsten, s. Arabien, Pharan, Sin rc.
Wujek, Jacob, Jesuit XII. 1315. 633.
Wulfar, Priester III. 351. V. 204.
Wulfilaich, Säulensteher bei Trier IV. 156.
Wulflaich, angebl. Bf. v. Regensbg. IX. 92.
Wulfram, der heilige, Bischof von Sens, Friesenapostel XI. 1195—1196. II. 61. V. 781. X. 69. XII. 364.
Wulfstan, Erzbf. v. York; W. (I.) XI. 1219; W. (II.) XI. 1221.
Wulkes, Tonsetzer VII. 413.
Wullenweber, Jürgen, demokrat. Bürgermeister von Lübeck (hinger. 1537) VI. 606.
Wulphere, der Missionär auf dem Thron IV. 780. 781.
Wulpho, Gemahl der hl. Brigitta II. 160.
Wulstan, der hl. XI. 1090 ff.
Wulstan, Bf. v. Worcester X. 216.
Wundenfest, festum quinque vulnerum XII. 1315—1316.
Wunder XI. 1196—1203. I. 711. — 753 (einige). II. 290 (das erste Jesu). 311. III. 84 ff. 87. 345. 523 (des Elisäus). 676. IV. 60. 122. 121. V. 600. VI. 569 (Lockes Meinung). 673 (Luthers Meinungen). VII. 359 ff. (des Moses). 753 ff. VIII. 286. 351. 603. 671. IX. 169. X. 63. XI. 22. 373 (ein). 554. 633. 797. 840. 1144. XII. 445 (bibl.).
Wunderbare Stigmatisation XII. 1160 ff.
Wundercharismen IV. 364.
Wunnebald, der heilige, Stifter von Heidenheim XI. 1203—1204. I. 708. 870. II. 82. 83. XI. 782. 783. 1101. 1103.
Wunstorf, Nonnenkloster VII. 149.
Wuotan, der altgermanische I. 244. II. 215. IV. 777. VIII. 39. XII. 474 ff. 476. [523 ff.
Wupperthal, Schwärmer im IX.
Würgengel, der III. 960 ff.
Wyferslolh, Weihbf. XII. 585.
Wyttembach, Thomas, Reformator XI. 1204. 1310. II. 212. V. 891.

X.

Xaintonge, Francisca von XI. 495.
Xaintes, Syn. IV. 155.
Xanst, Missionsstation VII. 694.
Xanten, Stadt XI. 1205—1207. VI. 416.
Xantes, s. Santes Pagninus.
Xanthopulus, Beiname des Nicephorus Callisti VI. 143.
Xaverius, der heilige, s. Franciscus Xaverius.
Xenajas (Philoxenus), Bf. I. 309. 939. VII. 238 ff. 241.
Xenajas, Afterbf. v. Hierapolis, Iconoclast V. 331. 509.
Xenodochien, Fremdenherbergen I. 445 ff. 662. II. 418 ff. V. 345 ff. VII. 566. VIII. 69. IX. 871 ff.
xenodochii VI. 63.
Xenophanes, griech. Philosoph, Zeitgenosse des Pythagoras VIII. 78 ff.
Xenophon, Historiker (st. 360 v. Chr.) II. 447. 892. 960. VII. 10. 77. 314.
Xenst, Missionsstation VII. 694.
Xerophagien, aridus victus XI. 1207

—1208. III. 913. V. 465. VI. 314. VII. 259.
Xerxes, Perserkönig (485—465 v. Chr.) I. 134. III. 722 ff. 724.
Xiangsi, Missionäre in VII. 168.
Xianz, Versammlung in VIII. 561.
Ximenes de Cisneros, Francisco, Cardinal und Staatsmann XI. 1208—1212. I. 104. 125. 165. 203. 857. 915 ff. 920. 949. II. 349. 383 ff. III. 242. 559. IV. 25 ff. 133. 666. V. 549. 652. 840. VI. 401. 554. 937. VIII. 347. 576. 578. X. 218. 472. XI. 72. 322. XII. 27 ff. 600. [XI. 70 ff.
Ximenes de Luna, Cdl.-Ebf. v. Toledo
Ximenes, Franz, Mystiker IX. 729.
Ximenes, Johann, Minorit XII. 105.
Ximenes, Roderich, Ebf. v. Toledo und Historiker II. 755. IV. 24. XI. 69. XII. 1061.
Xiphilinus, Johann, Patriarch XI. 1212—1213. III. 852.
Xiphilinus, Johann, Historiker VI. 413. XI. 1213.
Xirillo, chrst. Dichter VIII. 522.
Xistus, s. Sixtus.
Xogunsama, Kaiser von Japan V. 501.
Xun-chi, Kaiser von China II. 452 ff.
Xylographische Armenbibeln, s. biblia pauperum.

Y.

Yacna, s. Parsismus.
Yamars, Stamm der VIII. 13.
Yemen, Arabia felix, s. Arabien.
Yenni, P. Th., Bf. von Lausanne VI. 372. 375.
Yezid, Chalif II. 10. V. 500.
Yezidi, Jesidis, Teufelsanbeter XI. 1214—1215.
Ykeskola, s. Yrküll.
Ymir, der Riese VIII. 39.
Yon, der Priester XI. 1215.
York, Erzbisthum XI. 1215—1227. 87. 1083. 1084. I. 146. 245. 248. 543 ff. II. 77. 87. 261. III. 403 ff. IV. 779. V. 224 ff. 240. 243 ff. (anglican.). VI. 344. 617; — b) Stadt III. 251 (Schule). V. 594 (Judenverfolgung). VIII. 773 (Primatialsitz). 894 (Judenvflg.).
Young, Brigham, der Mormonenapostel, s. Brigham.
Youghal, das Colleg von VII. 166.
Ypern, Bm. V. 490. VII. 1. X. 167.
Ypsilanti, Alexander, Haupt der Hetärie (st. 1828) VII. 535.
Yrnerius, s. Irnerius.
Ysop, Pflanze XI. 1227. IV. 46. VII. 782. 884. IX. 165.
Yucatan, Bm. VII. 139; — Staat X. 445.
Yugs, die indischen VIII. 38.
Yverdon, Bm. I. 862.
Yvo, s. Ivo.
Yvon, Peter, Labadist XI. 1227—1228.
Yrküll, Bisthum in Liefland XI. 1228. I. 141. 855. 856. III. 721. IX. 324. 869.

Z.

Zabarella, Francesco, Cdl. und Canonist XI. 1229—1231. II. 629. 851. IV. 69. V. 176. 178. 406. 408. VIII. 74. XII. 350.
Zabdiel, Araberfürst I. 154.
Zabier, Sabäer XI. 1231—1232. I. 40. 41. 342. III. 800. V. 302 (Homeriten). VII. 528 (Johanneschristen).
Zabuesnig, schl. Schriftstlr. II. 766. XI. 741.
Zabulon, Stammvater und Stamm XI. 1232. V. 439. 804. VI. 208. VIII. 49. 50. X. 152.
Zaccaria, A. M., Stifter der Barnabiten XI. 1232—1234. 243. 624.
Zaccaria, Francesco Antonio, gel. Jesuit XI. 1234—1236. I. 2. V. 326. VII. 285. 286. 306. VIII. 1. 60. 316.
Zacharia, Johann, Commentator des Lombarden VI. 587.
Zachariä von Lingenthal, Jurist I. 659.
Zacharias, König von Israel XI. 1236. IV. 909. 911. IX. 651.
Zacharias, der Prophet und sein Buch XI. 1236—1238. 562. 1259. III. 782. 915. IV. 846. 913. VI. 775. VII. 113.
Zacharias der Priester, Vater Johannes d. T. III. 530. IV. 268. V. 739 ff. VI. 837. IX. 583. XI. 1232.
Zacharias, Papst XI. 1238. 711. 1183. I. 372. II. 219 ff. 643. III. 104. VI. 176. VII. 270. IX. 349. X. 215. 356. 390. 421. 432. 562. 697. XII. 357. 426. 512.
Zacharias von Anagni, Bf. VIII. 442. 443.
Zacharias der Apokalyptiker I. 346.
Zacharias, Bischof von Chrysopolis XII. 1318.
Zacharias, Pich. v. CPtpl. V. 102.
Zacharias, Bischof von Grönland XII. 1318.
Zacharias, Bischof von Hierocäsarea XII. 1318.
Zacharias, Pich. v. Jerusalem VI. 268.
Zacharias von Mitylene, Scholasticus XII. 1317—1318. I. 417.
Zacharias, der Rhetor XII. 1317.
Zacharias, der russische Jude IX. 19.
Zacharias, Bf. v. Seben II. 165.
Zachäus XI. 1238—1239.
Zachuth, Rabbi Abraham VI. 759. XII. 1112.
Zadok, Stifter der Sadducäer V. 279. 282. 542. 884. IX. 563.
Zahl, goldene, s. Cyclus.
Zahlenmystik des Gnostikers Marcion VI. 830 ff.
Zählen des Omer, s. Omerzählen.
Zähringer, das Haus der IV. 187 ff. V. 17. VII. 906. X. 196.
Zängerle, Roman Sebastian, Fürstbischof XI. 1239—1242. IX. 916.
Zainkgraben, der Chorherr IV. 106.
Zalbaer, s. Borborianer.
Zalka, Ladislaw von, Primas von Ungarn XI. 402.
Zalath, Gebet der Mohammedaner XI. 1242—1245. X. 124.
Zallinger, J. A., Philosoph und Canonist XII. 1318. III. 573. VI. 109.
Zallwein, Adam, Canonist XII. 1318—1319. V. 614.
Zalmon, die Anhöhe XI. 1245.
Zaluski, Bf. VIII. 565.
Zama, Bf. v. Bologna XII. 119.
Zamblak, Gregor, Metropolit von Kiew IX. 465.
Zamboni, Graf, Jurist III. 67. IX. 370.
Zamet, Bf. v. Langres V. 493.
Zamora, Alfons von, gel. Thlg. VIII. 576.
Zamzumiter XI. 1245, s. Canaan, Enakiter.
Zante und Cephalonia, Bisthümer XII. 1319. VII. 169.
Zanzalus, s. Baradäus.
Zaphnat-Phaneach V. 792.
Zaphran, jacobit. Kloster V. 464. VII. 243.
Zappina, Johannes, der Prätendent (st. 1540) III. 123. IV. 12 ff. 659. 663. VI. 961. VII. 730. 731. X. 124. XI. 122. 124. 402 ff.
Zara, Erzbisthum und Kirchenprovinz XII. 1319—1323. XI. 574.
Zarathustra, s. Zoroaster.
Zarlino, Schriftsteller über Musik VII. 404. 407. 408. 411.
Zarvana akarana, das der Parsen VII. 172 ff. VIII. 38. 156.
Zasius, Ulrich, der Rechtsgelehrte und Humanist II. 327. III. 370. IV. 199. VII. 711.
Zathus, Fürst der Lazier VI. 396.
Zauberei, magia XI. 1245—1256. vgl. Sympathie, dazu I. 219 ff. 313. 328 ff. II. 1. III. 369. IV. 725. V. 445. 613. 642. VI. 352. 791. VIII. 204. 603. IX. 215. X. 451. XII. 750. 1178. 1245.
Zauberglauben, s. Zauberei.
Zauberprocesse V. 154 ff. IX. 322.
Zawihtha, der District VII. 528 ff.
Zawen, Pich. I. 448.
Zbignier, Polenprinz VIII. 542 f.
Zborow, die Pacten von VI. 439.
Zbrdewig, Kikr. VIII. 547.
Zbynek (Sbinko), Ebf. v. Prag V. 175. 177. 403. 404. 453. VIII. 636.
Zdik, Heinr., Bf. v. Olmütz VII. 767.
Zdislaw, Ebf. v. Gnesen IV. 551. VIII. 545.
Zebedäus, Vater der Apostel Jacobus major und Johannes V. 468. [601.
Zeboim, die Städte XI. 1256. VI.
Zebu, Bm. X. 452. 453. XII. 73.
Zechpröpste, die VI. 129.
Zedekias, König, s. Sedecias.
Zedlitz, von, preuß. Minister VIII. 740.
Zerland, die Gebrüder XII. 590.
Zehn Gebote Gottes, s. Decalog.
Zehente, der bei den Juden XI. 1256—1258. III. 694 ff. VI. 505. VIII. 764. 765.
Zehenten, decimae XI. 1258—1260. I. 450. 779. 801. 804. II. 320. 666 (Kleinzehnten). 854. III. 694. IV. 344. V. 16 ff. 20 (Gschte.). VI. 178. 190. 684. VIII. 178 (pärtl.). 358.—657 (in England). 693. 774. X. 267. 633. XI. 240. 654. 756. 936. XII. 652. 660. 751 (Gschte.).
Zehenten, anglicanischer V. 247.
Zehenten, mohammedan. V. 858.
Zehenten Saladins XI. 1260—1261. I. 29. XII. 966. 967.
Zehentablösung, s. Zehenten, dazu XI. 1262. 1263. XII. 667.
Zehentfreiheit XI. 1261—1262.
Zehentfrüchte, s. Zehnten.
Zehentherr, s. Zehentpflicht.
Zehentholb, s. Zehentpflicht, -recht.

Zehentjahr, s. Zehnten.
Zehentland, agri decumates I. 148 ff.
Zehentlast, s. Zehenten, Zehentfreiheit.
Zehentpflicht XI. 1262—1263, vgl. Zehentfreiheit.
Zehentrecht XI. 1263—1266, s. Zehenten, vgl. Zehentfreiheit, dazu IV. 461. VIII. 372. [V. 16 ff. 20.
Zehentstreit zu Heinrichs IV. Zeit
Zehntausend Märtyrer, s. Märtyrer, die hl. 10000.
Zeichen, s. Wunder.
Zeichendeuterei, s. Wahrsagerei.
Zeichenschrift, s. Schriftzeichen.
Zeil, Graf, Fürstbischof von Chiemsee IX. 601. 833.
Zeit, philos. Begriff der XII. 403.
Zeit, geschlossene XI. 1266—1269. 237.
Zeit, österliche, s. Oesterliche Zeit.
Zeitblom, Maler VI. 785.
Zeiten, heilige, s. Kirchenjahr.
Zeitliche Commissäre, s. Commissarius.
Zeitrechnung der Hebräer, s. Chronologie, bbl.
Zeitrechnung, christliche, s. Aera, Cyclus, Jesus Christus, Calender, Neujahr.
Zeitrechnung, mohammedanische, s. Hedschra.
Zeitz, Bisthum, s. Naumburg-Zeitz (VII. 492).
Zelada, de, Cdl. VII. 681. IX. 265.
Zelatoren, s. Fraticellen, Spiritualen.
Zeloten, jüdische V. 830 (in Jerusalem). X. 152 (Ap. Simon kein).
Zell, Mathias, ein Reformator II. 328. X. 401.
Zeller, Eduard, prot. Thlg. und Philosoph (geb. 1814) V. 711. VIII. 244. 333. IX. 650. XI. 1325. 1327. XII. 944 ff.
Zemariter, die XI. 1269, s. Canaan.
Zemen, Achaz von, der Unterhändler VIII. 687.
Zemzem, der Brunnen XI. 700 ff.
Zendavesta VII. 174 (*). VIII. 158 ff. XII. 1323.
Zendschrift VIII. 159.
Zendsprache VII. 10.
Zendvolk, das XII. 1323—1325. III. 814 ff.
Zeng, Bm. VI. 240 ff. 243. 294.
Zenkel, Peter, Wiedertäufer VIII. 693.
Zenki, Sultan IV. 248.
Zeno, St., Kloster in Isen IV. 206.
Zeno, der heilige, Bischof von Verona XI. 1269—1270. 634 ff. I. 506. VII. 538.
Zeno, oström. Kaiser (474—491 n. Chr.) I. 622. 660. III. 394. 468. 747. IV. 3. 254. 761. V. 829. 330. VII. 231. 237 ff. 525. X. 117. 167.
Zeno, der Philosoph VII. 318. VIII. 78 ff.
Zenobia, Gemahlin des Odenath, Königin von Palmyra (bis 273 n. Chr.). III. 162. V. 587. VIII. 258. X. 524. 625.
Zenobius, Schüler Ephräms V. 539.
Zenobius, heiliger Bischof von Florenz XII. 356 ff. 362.
Zenodot, der Neuplatoniker VII. 548.
Zenzelinus de Cassanis, Glossator IV. 543.
Zephania, s. Sophonias.
Zephyra, s. Halicarnaß.
Zephyrin, Papst XI. 1270—1271. 274. 275. I. 127. 293. II. 255. 259. VII. 254. 259. XII. 207. 763.
Zerib, s. Ewiger Jude.
Zerie, s. Sodreiom.
Zerka, s. Jabbok (V. 436).
Zerstäens, Strafe des X. 390.
Zerstreuung der Juden in alle Länder, s. Diaspora.
Zervane Akarene, s. Zarvana.
Zeuel, Adam von III. 4.
Zeugen, Blutzeugen, s. Märtyrer (VI. 908).
Zeugen und Zeugenbeweis XI. 1271—1282. 232 (Ehe-). III. 468. V. 668. VI. 542. X. 352. 862. IX. 1277.
Zeugen bei den Hebräern XI. 1282—1283.
Zeugenbeweis, s. Zeugen.
Zeugengeld III. 468. 472.
Zeugniß, falsches, macht irregulär V. 836.
Zeus, s. Jupiter.
Zewi, Schabbathai, der falsche Messias V. 687. 900. XII. 1117.
Ziani, Matth. II. 605.
Ziba, der Hofbediente VII. 67.
Zick, Maler VI. 788.
Zideck, Paul, Schftst. V. 728.
Ziegenhagen, Joh., Ascor. VI. 65. 66.
Ziegler, Gregor Thomas, Bischof von Linz XI. 1283—1284. 1239. VI. 533. IX. 578. XII. 1148.
Ziegler, Mich., Propst von St. Florian IV. 100.
Zierotin, Carl v., mähr. Landeshauptmann VII. 742. 748.
Zigabenus, s. Euthymius Z.
Ziklag, s. Siceleg.
Zillerthal, die Kryptoprotestanten im XI. 1284—1286. VII. 740. XII. 1207.
Zimmer, Patriz Benedict, Theolog und Philosoph XI. 1286. III. 382.
Zimmermann, P. Joh. Nepom., Gl. V. 730. VI. 141.
Zin, Wüste, s. Sin.
Zingerle, Dr. Pius, Orientalist (geb. 1801) II. 586. X. 152.
Zins, s. Römergeld, Wucherzinse.
Zinse bei den Hebräern IV. 854.
Zinsgeld, s. Census.
Zinsvertrag, s. Darlehen (III. 44).
Zinszahl, s. Aera.
Zinzendorf, N. L., Graf XI. 1286—1291. I. 22. 23. II. 69. III. 383. V. 142. VII. 122. 124. VIII. 23. 452.
Zinzinus, Afterpapst XII. 732.
Zio, Ziu, altgerman. Kriegsgott XII. 475. VIII. 40.
Zion, s. Sion.
Zioniten, die in Ronsdorf IX. 624.
Ziph, Wüste, s. Siph.
Ziphoria, Judenschule in IX. 5.
Zippora, Moses Weib VII. 358. 362.
Zips, ungar. Bisthum III. 664. VIII. 668.
Ziska von Troczmow, Jan, Hussitenführer († 1424) I. 94. 95. II. 184. III. 536. IV. 390. V. 415 ff. 417. XII. 11. 12.
Zitterer, s. Quäker.
Zizim, Sultan Bajazeths II. Bruder V. 642.
Ziziih, s. Arba Kanphot.
Zizwitz, N. von, Abt V. 112.
Zlota Baba, eine Göttin der Slaven I. 506. [408.
Znaim, Nicol. von, Professor V. 405.
Zoan, bbl. On. XI. 1291.
Zoar, bbl. On. XI. 1291—1292. 1258. VII. 155. X. 236.
Zoba, s. Aram Zoba.
Zobair, Chalif IV. 340.
Zobel, Melch. v., Bf. v. Würzburg XI. 1191. IV. 810 ff.
Zoccolanti, Franciscaner IV. 133.
Zoglio, J. C., Nuntius III. 569. VII. 665 ff.
Zohak, s. Nimrod.
Zohrab, Mechitarist VI. 137.
Zoilus, der heilige Martyrer III. 754.
Zollius, Bich. III. 277. 278.
Zölle, die XI. 1292—1293.
Zollern, Hohen- IV. 156. X. 132.
Zollern, Graf von, Cdl. II. 691.
Zollikofer, Caspar, Musiker VII. 411.
Zöllner, s. Zölle.
Zonaras, Joh., byzantin. Histor. XI. 1293 und XII. 1325. II. 303. III. 540. VIII. 340.
Zondandari, Nuntius V. 505.
Ζωνή, der VI. 217.
Zora, bbl. On. XI. 1293—1294.
Zorn, der XI. 1294. X. 512.
Zorn, Exeget VII. 623.
Zoroaster, der Religionsstifter, s. Parsismus, dazu I. 441. VI. 5. 796. VII. 9. VIII. 14. 36. IX. 918. XII. 1324.
Zoroastrismus, s. Parsismus.
Zorobabel (Serubabel, Sassabasar) XI. 1294—1295. IV. 912 ff. VII. 563. VIII. 131. IX. 603. X. 709.
Zorobabelischer Tempel VI. 711. X. 709 ff.
Zosima, der Archimandrit IX. 19. 466.
Zosimus, heil. Papst XI. 1295—1298. I. 125. 127. II. 84. 85. 658. III. 750. V. 182. VI. 447. 825. VIII. 266. 270 ff. IX. 627. 629. X. 562. XII. 920. 1199. 1320.
Zosimus, Bf. v. Neapel VI. 613.
Zosimus, byzantin. Historiker (um 490 n. Chr.) II. 584. V. 627. VIII. 606. 617. XI. 722. [VII. 253.
Zoticus von Kumane, Montanist
Zoto, Dux v. Benevent VII. 270.
Zouch, Wilh. le, Ebf. v. York XI. 1226.
Zozimus, I. Bf. v. Augsburg I. 706.
Zrajavich, Vincenz, Bf. v. Zara XII. 1319.
Zrinyi, Graf Niclas, der Held († 1566) VI. 851.
Zuantewit, s. Swatowit.
Zucht, kirchliche, s. Disciplinargesetze.
Zucht der Kinder, s. Erziehungsanstalten, Pädagogik, Schule, Volksschule.
Züchtigungen, körperliche XI. 1298—1299. 582. VI. 180.
Zuchtmittel in Schulen, s. Schulzucht.
Zufall, der XI. 1299—1300.
Zug, Stadt und Canton I. 641. 642. II. 750. VI. 315.
Zula, Bf. VI. 254.
Zulassung, göttliche XI. 1300—1303. VIII. 627 ff.
Zülpich, Schlacht bei I. 148. 140. XII. 234. [XII. 38.
Zumarraga, 1. Bf. v. Mexiko VII. 139.
Zunftwesen IX. 816.
Zunz, Leopold, jüd. Gelehrter (geb. 1794) V. 906. Anmkg. VI. 31. VII. 144. 626. IX. 6. 15 ff. 326.
Zürcher, Abt V. 218.
Zurechnung, Zurechnungsfähigkeit XI. 1303—1305. I. 731. 732. [1305.
Zurechtweisung, brüderliche XI.
Zureichender Grund, s. Grund.
Zürich, Canton, Stadt und Universität I. 466. 551. 582. II. 72. 212. IV. 1. 297. 928. V. 11. 13. 350. 595. VI. 378. VII. 426. VIII. 348. IX. 846. 856. X. 232. XI. 952. 958. 1311 ff.
Züricher Glaubensbekenntniß II. 773.
Züricher'sche Bibelübersetzung II. 2.
Zurita, Geronimo, span. Histor. († 1580) V. 657. VII. 309.
Zurla, Generalvicar in Rom VI. 475 ff.
Zurückerstattungen von Kirchenvermögen, s. Extraditionen.
Zurückgezogenheit, Töchter der christlichen XII. 1325—1326.
Zurzach, Stift XII. 1326—1328. 1223.
Zuständigkeit, s. Competenz.
Zustimmung des Capitels, s. Consens des Capitels.

Zuthalen beim hl. Meßopfer, s. defectus missae (XII. 276).
Zutphesd-Wartenberg, der Decan IX. 867.
Zwath, der Illuminate V. 601.
Zwang XI. 1305—1306.
Zwangspflichten VIII. 852.
Zweck XI. 1306—1307. VII. 443.
Zweck der Entwicklung des Menschen X. 11.
Zweideutigkeiten, s. reservatio mentalis.
Zweifel XI. 1307—1308. 946. VIII. 783 ff. IX. 67 ff. XII. 1231.
Zweifelsucht, s. Skepticismus.
Zweikampf, duellum, monomachia XI. 1308—1310. 580. II. 319 ff. IV. 622 ff. VII. 763. VIII. 795. IX. 216.
Zwentibold (Swatopluk), der Mährenfürst II. 63. VI. 622. 749. X. 228 ff. XI. 965.
Zwettl, Klstr. VII. 735. VIII. 567.
Zwickau, Münzer in VII. 376 ff.
Zwickauer Propheten, die X. 387.
Zwicker, Daniel, der Socinianer X. 234.
Zwiefalten, Klstr. XI. 386. 396.
Zwingli und der Zwinglianismus XI. 1310—1328. I. 19 (Abendmahlslehre). 23 (Abendmahlsfeier). 237 (und Andreä). 298 (ein Anhänger). 521 (die tetrapolitana). 581 (Religionsgespräch zu Baden). 625 (Abendmahlslehre). 911 (und die Bibel). II. 2 (Buchmann). 12 (Bilderstürmerei). 40 (ein Handlanger). 49 (und König Franz I. v. F.). 199 (und Bucer). 204 (Bugenhagen). 212 (Bullinger). 274 ff. (und der Kalvinismus). 327 (Capito). 360 (Carlstadt). 506 (moderne Christenverfolgungen als Folge). 601 (P. Clemens). 770 (confessio). 772. III. 123 (Biro). 222 (und der Doketismus). 372 (confessio). 409 (und das Stift Einsiedeln). 887 (Bf. Faber v. Wien). 868.—922 (und die Prädestination). IV. 290 (St. Gallen). 440 (Dogmatisches). 517 (Soritl). 920 (Caspar Hedio). V. 355 (Zwinglianismus in Augsburg). 561 (und die Jesuiten). 881 (Leo Judä). VI. 300 (der Kryptocalvinismus). 323 (der Apostat Lambert). 356 (in Polen). 663. 668 (und Luther). 810 (Marburger Religionsgespräch). VII. 426 (Friedrich Mecum). 707 (und Oecolampad). 710. VIII. 348 (Vermilio). 830 (und der Protestantismus). IX. 189 (und die Religionsvereinigung). 522 (Lehre von den Sacramenten). 554 (Sacramentsstreit). 559 ff. — 845, 849 ff. (und die Schweiz). X. 405 (in Straßburg). 677 (und die s. g. teutsche Theologie). XI. 134. 159 (Lehre von der Transsubstantiation). 362 ff. (die Ubiquitätslehre). 392 (und Ulrich von Württemberg). 417 (und der Unglaube).
Zwischenbescheid III. 58.
Zwischenreich, teutsches, s. interregnum.
Zwitsch, ein slavischer Götze VIII. 40.
Zwonimir, Kroatenfürst VI. 293.
Zwyfen, van, Ebf. v. Utrecht XII. 586. 587. 590.
Zygabenus, s. Euthymius Zigabenus.

www.ingramcontent.com/pod-product-compliance
Lightning Source LLC
Chambersburg PA
CBHW021823230426
43669CB00008B/850
9783337225964